Lehnert

Geschichte der deutschen Literatur
vom Jugendstil bis zum Expressionismus

Herbert Lehnert

Geschichte der deutschen Literatur vom Jugendstil bis zum Expressionismus

Mit 80 Abbildungen

Philipp Reclam jun.
Stuttgart

Die vorliegende Darstellung erschien erstmals 1978 als Band 5 der *Geschichte der deutschen Literatur* in Reclams Universal-Bibliothek und ist ein unveränderter Nachdruck dieser Ausgabe.

Universal-Bibliothek Nr. 9499

Umschlagabbildung: Holzschnitt von Franz Marc auf dem Titelblatt der Zeitschrift *Der Sturm* (Nr. 125/126, September 1912) zu dem Gedicht »Versöhnung« von Else Lasker-Schüler
Gesamtherstellung: Reclam, Ditzingen. Printed in Germany 1996

ISBN 3-15-009499-2

Inhalt

Vorwort

Im Jahre 1907 ließ der siebzehnjährige Schüler Tucholsky in einer Zeitschrift namens *Ulk* den folgenden Text erscheinen:

Märchen

Es war einmal ein Kaiser, der über ein unermeßlich großes, reiches und schönes Land herrschte. Und er besaß wie jeder andere Kaiser auch eine Schatzkammer, in der inmitten all der glänzenden und glitzernden Juwelen auch eine Flöte lag. Das war aber ein merkwürdiges Instrument. Wenn man nämlich durch eins der vier Löcher in die Flöte hineinsah – oh! was gab es da alles zu sehen! Da war eine Landschaft darin, klein, aber voll Leben: Eine Thomasche Landschaft mit Böcklinschen Wolken und Leistikowschen Seen. Reznicieksche Dämchen rümpften die Nasen über Zillesche Gestalten und eine Bauerndirne Meuniers trug einen Arm voll Blumen Orliks – kurz, die ganze moderne Richtung war in der Flöte.

Und was machte der Kaiser damit? Er pfiff darauf.

Dies ist der Witz eines jungen Menschen, der in die deutsche künstlerische Welt hineinwachsen will. Dort will er einen eigenen Bereich finden, dessen Zugang eine märchenhafte Zauberflöte vermittelt. Jedoch gehört diese Flöte eigentlich dem Kaiser, dem Repräsentanten von Reich, Volk und Macht, einer politischen Instanz also. Der Kaiser pfeift nur auf seiner Flöte, nimmt die künstlerische Welt nicht wahr, die in ihr liegt. Tucholsky hat Maler und Zeichner als Beispiel für die „moderne Richtung“ gewählt, wohl der Anschaulichkeit wegen. Er hätte auch Schriftsteller nennen können, wäre aber dann in Bedrängnis geraten, denn sehr viele hätten zur Auswahl gestanden.

Der Zeitraum dieses Bandes deckt sich mit der Regierungszeit Wilhelms II. Aber das ist eine zufällige Koinzidenz. Das offizielle Deutschland mit dem eitlen und verzogenen Kaiser an der Spitze nahm kaum Kenntnis von der neuen Literatur, die in seinen Grenzen entstanden war. Was in diesem Band dargestellt wird, ist *eine* große Epoche, die sich in der Qualität ihrer literarischen Leistungen mit der der Klassik und Romantik messen kann, in der Fülle der Talente diese übertrifft. Sie wurde getragen von den Söhnen des bürgerlichen Zeitalters, die ihre Freiheit in der Literatur suchten. Die noch bestehenden Adelsprivilegien behinderten ihren Aufstieg in leitende staatliche Positionen. Das Parlament bot keine lockenden Ziele; als Karriere war es eine Sackgasse. Den Bürgern blieb Handel, Gewerbe, Industrie und den Freiheitsdurstigen Literatur.

Der Bürger gehörte zur Oberklasse; seine Bildung war Auszeichnung, Privileg und Pflicht. Umgestaltung, Neuformung des in träger Sicherheit des Nationalstaates erstarrten ‚Lebens' durch Bildung, Literatur, das dichterische Wort erschien den jungen Literaten notwendig und lockend. Sie waren schon im neuen Reich von 1871 aufgewachsen. Sie wollten es am ‚Geist' reformieren, den Veränderungen der Gesellschaft im Industriezeitalter Widerstand leisten oder ihnen gerecht werden, das neue naturwissenschaftliche Weltbild einbeziehen. Sie wollten mit Nietzsche die alten „Werte umwerten", die auf Christentum, Feudalismus, Philosophie und altbürgerlichen Gewohnheiten beruhten. Denen setzten sie modernen Vitalismus entgegen; sie nahmen dessen Komplement, die Dekadenz verfeinerter Nerven, in Kauf. Der Hoffnung auf frühlingshafte Erneuerung stand apokalyptische Verdammung der verworfenen und falschen Welt des Bürger- und Massenzeitalters gegenüber.

Die jungen Literaten fanden ihre Vornehmheit im

Stil der Literatur. Aus England und Frankreich kamen damals Antriebe verfeinert zurück, die einmal deutschromantisch gewesen waren: Ästhetizismus und Symbolismus. Elitäre Vornehmheit, geheimnisvolle Andeutungen einer traumhaften Welt, die über banale Wirklichkeit erhaben war, esoterische Hermetik schlossen den gewöhnlichen Bürger als Leser aus, obwohl die Schriftsteller selbst bürgerlicher Herkunft waren, von bürgerlichen Vermögen lebten, ihre Leser im Bürgertum hatten.

Dieser Ausweg aus der gegebenen sozialen Umwelt in ein anderes Reich artistischer Freiheit erlitt im Ersten Weltkrieg einen schweren Schock, mit dem auch diese Literaturepoche endet. Wenn, wie es meistens geschieht, Stilepochen die Linien der literaturhistorischen Darstellung allein bestimmen, dann wird die literarische Wirkung des Ersten Weltkrieges verdeckt durch die Zeit des Expressionismus, der wenigstens an den Bühnen nach Kriegsende noch weiterlief. Läßt man textliche Strukturen, Orientierungen, hinter ihnen stehende Ideologien mehr hervortreten, dann gewinnt die Literaturgeschichte Profil als Beitrag zur allgemeinen Geschichte. Sie spiegelt freilich nicht direkt die politische Wirklichkeit, sondern bewegt sich in Alternativen der Phantasie, die der politisch-sozialen Wirklichkeit ferner oder näher liegen können. Literatur setzt Sehnsüchte, Träume, Wünsche, Befürchtungen in sprachliche Formen um, macht sie greifbar, verfügbar zum Vergleich mit der eigenen Wirklichkeit. Literatur ist das in sprachliche Form gebrachte Alternativbewußtsein interessierter Kreise in der gebildeten Oberschicht einer Kulturgemeinschaft. Wie sehr im Deutschland der Zeit von 1890 bis 1918 Literatur mangelhaftes öffentliches Leben vertreten, ja ersetzen konnte, beleuchtet ein rückblickender Satz von Gottfried Benn (an F. W. Oelze, 8. Februar 1942): „... das

Zeitalter vor den Kriegen wurde durch die Kunst bestimmt, von ihr aus drangen die Probleme in die Zeit, aus ihr ergaben sich die Probleme, sie war nicht Ausdruck der Zeit, sondern deren Schöpfer!"

Benn meint mit „Zeit" offenbar die Orientierung einer artistisch inklinierten Gruppe junger Menschen, zu der er selbst gehörte. Für sie war die Kunst das einzig öffentlich Lebendige, das was zählte, im Gegensatz zu der staatlich-politischen Öffentlichkeit mit Kaiser Wilhelm an der Spitze. Diese verhielt sich zu der neuen Literatur feindselig. Abgesehen von einigen Anklagen wegen Unsittlichkeit oder Majestätsbeleidigung, kümmerte sich der Staat nicht um die Literatur, gewährte ihr Narrenfreiheit, pfiff auf sie. Man konnte an diesem Zustand die Freiheit loben wie Thomas Mann in den *Betrachtungen eines Unpolitischen* oder die Narrheit tadeln und Einfluß des Schriftstellers auf die Politik fordern wie sein Bruder Heinrich und, ihm folgend, die Aktivisten. Auf jeden Fall ist diese Entfremdung von Literatur und Staatsmacht ein historisches Faktum ersten Ranges, das bis heute nachwirkt. Erst in jüngster Zeit zeichnen sich in der Bundesrepublik Deutschland Änderungen im Verhältnis von Literatur und politischer Führung ab.

Geschichtsschreibung verlangt die Integration widersprüchlicher Tendenzen. Wir haben eine glanzvolle Literaturepoche vor uns, getragen von gebildeten, urbanen, selbstbewußten Lesern, die überzeugt waren, das deutsche Nationalbewußtsein aus provinzieller Enge herauszuführen und von neureichem Bombast zu befreien. Und doch trug das Volk, das diese Schriftsteller und diese Leser hervorbrachte, ein Regime, das nicht ihm, sondern einem politisch unfähigen Monarchen verantwortlich war und die Existenz der Nation seit 1905 mehrfach aufs Spiel setzte. Andere Widersprüche sind mehr formaler Art. Unsere Epoche, nur als Ganzes voll zu begreifen, verstand sich selbst vielfach in Form von Stilbewegungen, und so ist sie bisher auch immer beschrieben worden, wobei die Literaturgeschichte noch zusätzlich Begriffsanleihen bei der Kunstgeschichte machte. Ein solches Verständnis behält seinen relativen Wert, und so erklärt sich die Gliederung. Stilformen, die man gerne ‚Strömungen' nennt, haben einen gewissen Mode-Konformitätscharakter, der im Widerspruch steht zu der bürgerlich-individualistischen Ideologie der Originalität, die wiederum in einer Wechselwirkung steht mit dem Bestreben, Werke von dauerhafter, überzeitlicher Qualität zu erzeugen (diese Tendenz im Kampf mit dem Streben nach Erfolg in der Zeit kann man im Briefwechsel Hofmannsthal–Strauss gut beobachten). Dem Originalitätsprinzip sucht meine Darstellung so weit wie möglich durch monographische Behandlung der Dichter gerecht zu werden. Die Werke eines Autors werden nach Möglichkeit zusammen betrachtet, so auch die frühen Dramen Ricarda Huchs im Kapitel „Erzähler". Andererseits möchte ich Gemeinsamkeiten zeigen, wenn ich an ihnen etwas Soziales oder etwas Typisches sichtbar machen kann. Deshalb habe ich den frühen George und den frühen Hofmannsthal sowie die Brüder Mann zusammen behandelt. Deshalb hat Wedekind, trotz seiner Wichtigkeit, kein eigenes Kapitel bekommen. Durch seine Werke wird Epochen-Typisches erkennbar: der Vitalismus, der desorientierte Moralismus und die Neigung zur Groteske.

Dem Bedürfnis des Lesers, sich über einen Autor, eine Gruppierung, eine Gattung zu orientieren, bin ich so weit wie möglich entgegengekommen. Was mich jedoch zur Darstellung dieser Epoche reizte, war, daß der Verlag die Möglichkeit bot, Beispiele zu interpretieren. Eine interpretierende Literaturgeschichte begnügt sich nicht damit, fertige Begriffe gleichsam auf Kunstwerke zu werfen, sondern läßt den Leser an der Begriffsbildung teilnehmen. Dieser Band, wie die vorangehenden, will also möglichst im Zusammenhang gelesen werden.

Sein Zustandekommen wurde 1970 gefördert durch ein „Humanities Grant" der University of California und vor allem durch ein 1973 gewährtes „Fellowship" des National Endowment for the Humanities in Washington D. C., das mir in einer kritischen Phase der Arbeit freie Zeit gewährte. Vielen Freunden habe ich für Anregungen und Hilfe zu danken, ganz besonders Ingeborg Lehnert für ihre Mitarbeit.

Irvine (Cal.) / Marbach a. N.
Frühjahr 1978 *Herbert Lehnert*

1. Das starke freie Leben und der bürgerliche Industriestaat

Als Friedrich Nietzsche im Januar 1889 in Turin zusammenbrach, hatte er an der Drucklegung seiner autobiographischen Programmschrift *Ecce Homo* gearbeitet, die schon Zeichen euphorischen Wahnsinns enthält. Sie schließt mit seiner Verdammung der christlichen Moral, wobei auch der Humanismus des 18. Jahrhunderts mit verdammt wird, ausdrücklich „der Begriff des guten Menschen". Die Freiheit der Instinkte sei in der Moral unterdrückt, und er selbst, Nietzsche, sei „ein Schicksal", weil er diesen Mechanismus entlarvt habe zugunsten des zukunftsverbürgenden dionysischen Menschen, der Ja zum Leben sage. *Ecce Homo* wurde erst 1908 veröffentlicht, aber Nietzsches Prinzipien wurden aus seinen anderen Schriften sehr langsam in den neunziger Jahren bekannt. Freilich waren sie nicht so isoliert und einzigartig, wie der Einsiedler Nietzsche sich das vorstellte.

Im Herbst 1890 begann Frank Wedekind (1864–1918) ein Drama, das 1891 mit dem Untertitel „Eine Kindertragödie" veröffentlicht wurde: *Frühlings Erwachen*. Es war ein ganz und gar ungewöhnliches Stück, das auf der öffentlichen Bühne in diesen dezenten Zeiten unmöglich war, behandelte es doch die Pubertät junger Menschen in einem Naturalismus, der nicht nur im Sexuellen ungewohnt offen war, sondern auch ins Groteske umschlagen konnte. Eine Szene spielt in einem altmodischen Abtritt, wo ein Jugendlicher eine Reproduktion der Venus des venezianischen Renaissance-Malers Palma Vecchio in die Tiefe des Loches versenkt, wobei er erzählt, daß schon sechs andere gemalte und reproduzierte Schönheiten diesen Weg genommen haben, darunter auch eine „zitternde, zuckende Leda von Makart“. Das Opfer wird die Qual der erzwungenen sexuellen Abstinenz jedoch nicht enden. Das Stück will zeigen, wie die Freiheit des Lebens unterdrückt wird. Groteske Schulmänner werden dargestellt, aber auch eine gutwillige Mutter mit reformistischen Erziehungsprinzipien, die innerhalb der Bürgerlichkeit freilich immer noch das freie wilde Leben begrenzen, ja, selbst die Offenheit in sexuellen Dingen scheuen. Melchior, die Hauptperson, schwängert ein Mädchen im sexuellen Probierspiel, betrachtet sich als ihren Mörder, weil sie an der Abtreibung gestorben ist, und will sich darum aus Selbstverachtung töten. Da schreitet eine geisterhafte Figur ein, „der vermummte Herr“. Er ist das Leben selbst. „Ich erschließe dir die Welt“, verspricht er. Moral versteht er als das reelle Produkt zweier imaginärer Größen, Sollen und Wollen. Die kantische Moral, die Nietzsche so hart angegriffen hatte, wird ins Imaginäre versetzt. Ihre Basis ist illusionär, nur ihre sozialen Folgen sind wirklich. Der von Schuld befreite Melchior erkennt, daß, wäre er seinem Selbstmord-Vorsatz gefolgt, nur seine Moral ihn getrieben hätte. Sein Freund Moritz dagegen, der sich getötet hat, weil seine Schulleistungen nicht den Erwartungen seiner Eltern entsprachen, hat Schuld, denn er ist dem Ruf des Lebens nicht gefolgt, das ihm vor seinem Tode erschienen ist, in Gestalt des erotisch erregten Malermodells Ilse.

Frank Wedekinds Vornamen waren eigentlich Benjamin Franklin. Die Ehe der Eltern war in Kalifornien geschlossen worden, wo der Vater während des Goldrausches durch eine ärztliche Praxis reich geworden war. Die Mutter war eine Sängerin ungarischer Herkunft. Frank wurde kurz nach der Rückkehr der Eltern 1864 in Hannover geboren. Nach Gründung

Albert Langen Verlag in München 1907

Umschlagtitel zu Frank Wedekinds Drama »Frühlings Erwachen«

des Bismarckreiches siedelte die Familie in die Schweiz über. Auf dem Schloß Lenzburg im Aargau hätten die Wedekinds, wohlhabende Eltern mit liberalen Überzeugungen und sechs Kinder, glücklich sein können. Aber schwere Konflikte zwischen Vater und Mutter verdunkelten Franks Jugendzeit. Frank setzte sich für die Mutter ein, hatte deswegen einmal eine handgreifliche Auseinandersetzung mit dem Vater, was ihn in schweres Schuldgefühl brachte. Ein juristisches Studium verbummelte er. In Zürich hatte er sich als Journalist und Reklametexter für die Firma Maggi durchzubringen gesucht. Im Zürcher „Pfauen" hatte er gelegentlich am Tisch Gottfried Kellers gesessen. Nach dem Tod des Vaters (1888) versuchte er einen Neuanfang als Schriftsteller in der Münchener Boheme. Verhaftetsein an das Bürgertum und ein groteskes Pathos der Befreiung von ihm sollten Wedekinds Leben und Werk charakterisieren.

Sein erstes Stück, *Der Schnellmaler* (1889), verarbeitet seine Erfahrungen in der kapitalistischen Wirtschaft. Schon hier benutzt er die Groteske als Stilmittel. Seine häuslichen Probleme hatte er einmal Gerhart Hauptmann erzählt, der sie in *Das Friedensfest* (1890) ausschlachtete. Voller Zorn schrieb Wedekind *Kinder und Narren* (1891), später *Die junge Welt* benannt. Hier macht er einen naturalistischen Dichter lächerlich, der mit einem Notizbuch der Wirklichkeit nachjagt. Eine solche Verengung war Wedekind zuwider, nicht nur Hauptmanns wegen. Die Handlung ist eine Satire auf einen Mädchenbund zur Erziehungsreform. Das Stück stellt aber auch die bürgerliche Ehe in Frage, der die reformwilligen Mädchen verfallen. Theorie führt nicht aus der Enge der Bürgerlichkeit. *Frühlings Erwachen* transzendiert das bürgerliche Milieu, nicht nur, indem es dessen Tabus ans Licht zerrt, sondern auch, weil es die Milieudarstellung ins Groteske wei-

Frank Wedekind
Tuschzeichnung von Thomas Theodor Heine

tertreibt, und endlich durch die letzte Szene, in der Figuren und Zuschauer das bürgerliche Leben und seine Moral von einem geisterhaften Außen her betrachten. Dennoch tritt der vermummte Herr im großbürgerlichen Anzug auf. Wedekind selbst wurde von dem großen Leben in Paris angezogen, er bewunderte Lebemänner, sogar Hochstapler. 1891, kurz nach der Veröffentlichung seines schockierenden Stükkes *Frühlings Erwachen*, fuhr er nach Paris.

Den Zusammenstoß des starken amoralischen Lebens mit der guten und großen bürgerlichen Gesellschaft bringt Wedekind in seinem Lulu-Drama zur Anschauung. Die Textgeschichte ist einigermaßen verwickelt. Eine erste Fassung ist 1892 bis 1895 entstanden, wurde aber nie vollständig veröffentlicht. Diese Version enthielt das Ganze als Monstretragödie unter dem Titel *Die Büchse der Pandora.* Veröffentlicht wurde 1895 nur der 1. Teil unter dem Titel *Der Erdgeist.* 1902, in der Zeitschrift *Die Insel*, folgten die 3 Akte des 2. Teils, umgearbeitet mit Rücksicht auf die Theaterzensur unter dem Titel *Die Büchse der Pandora.* Gekürzt, zusammengefaßt und z. T. verändert erschien 1913 wieder eine 5aktige Form des Ganzen unter dem Titel *Lulu.* Auch diese Fassung fand nicht die Billigung der Theaterzensur. Der ungedruckten 1. Fassung wie auch der letzten 5aktigen fehlt der in der Theatergarderobe spielende 3. Akt aus *Erdgeist.* Die letzte Fassung läßt den Frauenmörder Jack the Ripper am Ende nicht mehr auftreten.

Im Mittelpunkt von Wedekinds Tragödie steht die ungewöhnlich reizende Lulu, deren Herkunft unbekannt ist. Auf eine geheimnisvolle Weise ist sie mit der Figur des Landstreichers Schigolch verbunden, der eine Art von Todessymbolik verkörpert. Lulus Verhältnis zum Tod ist ebenso direkt und frei von bürgerlichen Konventionen wie ihre amoralische Erotik. Sie weiß aus Träumen, daß sie durch einen Lustmörder sterben wird. Ihre Erotik und ihre Todesnähe bilden den deutlichsten Kontrast zu ihrer bürgerlichen Umwelt, in der sie sich zu behaupten hat.

Lulus bürgerliche Umwelt wird beherrscht durch ihren Gegenspieler, den einzigen, den sie wirklich liebt, den Redakteur Dr. Schön. Er ist frei von allen Illusionen seiner Gesellschaft, die er skrupellos manipuliert. Er will auch Lulu manipulieren, aber das mißlingt ihm zuletzt. Wedekinds Drama ist zwar keineswegs marxistisch, will aber ebenso entschieden wie später das Drama Brechts eine Gesellschaft entlarven, in der es nur darauf ankommt, andere zu beherrschen. Wedekind mißtraut allen Theorien und Leitbildern, die das vieldeutige Leben festlegen wollen.

Eine Figur des Dramas, der Schriftsteller Alwa Schön, Sohn des mächtigen Redakteurs, reflektiert mehrfach über die Möglichkeit der vor den Augen des Zuschauers ablaufenden Handlung als Literatur. Auf die Frage Lulus, warum er seine Stücke nicht so interessant schreibe, wie das Leben ist, antwortet Alwa: „Weil uns das kein Mensch glauben würde." An einer anderen Stelle klagt er: „Seit zwanzig Jahren bringt die Literatur nichts als Halbmenschen zustande; Männer, die keine Kinder machen, und Weiber, die keine gebären können. Das nennt sich ‚modernes Problem'." Wedekind sucht hier die naturalistischen Problemstücke zu treffen wie an einer anderen Stelle:

Das ist der Fluch, der auf unserer jungen Literatur lastet, daß wir viel zu literarisch sind. Wir kennen keine anderen Fragen und Probleme als solche, die unter Schriftstellern und Gelehrten auftauchen. Unser Gesichtskreis reicht über die Grenzen unserer Zunftinteressen nicht hinaus. Um wieder auf die Fährte einer großen, gewaltigen Kunst zu gelangen, müßten wir uns möglichst viel unter Menschen bewegen, die nie in ihrem Leben ein Buch gelesen haben, denen die einfachsten Instinkte maßgebend sind. In meinem ‚Erdgeist' habe ich schon aus voller Kraft nach diesen Prinzipien zu arbeiten gesucht.

Alwa Schön nennt sich als Verfasser des 1. Teils der Tragödie, er ist also eine Art Selbstporträt Wedekinds. Die große Kunst, die ohne Theorien entstehen soll, ist nicht etwa primitiv, sondern ambivalent. Lulus starke erotische Wirkung liegt darin, daß sie unschuldig und raffiniert zugleich ist, daß sie liebt und zugleich kalt intrigiert. Lulus inkommensurable Erotik ist identisch mit ihrer Freiheit, umgekehrt äußert sich ihre Freiheit in ihrer Liebe. Aber diese Freiheit ist unmöglich in der bürgerlichen Gesellschaft. Darum fürchtet Dr. Schön die Verbindung mit Lulu. Als sie ihn endlich gezwungen hat, sie als Gattin anzuerkennen, verweigert sie ihm dennoch die Treue, weil sie kein Besitz sein will. Sie wehrt sich gegen das Benutztwerden, indem sie ihre eigenen Opfer als Werkzeuge gebraucht. Damit gerät sie in das Netz der Gesellschaft. Sie wird von Erpressern ausgebeutet, flieht nach London, wo sie als Hure sich verkaufen muß. Selbst dann sucht sie ihre Freiheit zu bewahren, indem sie ihren Kunden nicht nur ihren Körper, sondern auch ihre Liebe anbietet. Sie gerät unter das Messer des Lustmörders Jack the Ripper. Der Mord ist ein grotesker Geschlechtsakt. Lulus Ende ist tragisch, denn der Mörder macht sie zuletzt doch zum Objekt. In ihm siegt paradoxerweise die Gesellschaft, von deren Objektivierung Lulu sich freihalten wollte.

Ihre Schuld ist nicht ihre Treulosigkeit, sondern beruht in ihrer Verstrickung in das Netz der Manipulationen. Das gleiche gilt von ihrem Gegenspieler Dr. Schön, der sich zwar von den üblichen Illusionen befreit, aber sich in seinen eigenen Manipulationen fängt. Der 2. Akt der *Büchse der Pandora* spielt in Paris und stellt eine Groteske des kapitalistischen großen Lebens dar. Daß es sich um Aktien der Jungfraubahn handelt, ist ein Wortwitz, eine ins Groteske spielende Klage über die Schönheit des Elementaren, die von der bürgerlichen Gesellschaft, von der Industrialisierung und der Geldwirtschaft, vergewaltigt wird. Die dramatische Spannung entsteht dadurch, daß die Macht, die das Geld verleiht und die nur in der Gesellschaft ausgeübt werden kann, ihren Reiz behält.

In der Lulu-Figur steckt eine mythische Anspielung, sie ist eine Art von erotischer Elementargottheit, die von den Fesseln der Gesellschaft ins Banale gezwungen wird. Mythisches Interesse zeigte schon Heinrich Hart aus dem Friedrichshagener Kreis, der Teile eines großen Epos *Lied der Menschheit* schrieb, das seinen Stoff aus Mythen, Sagen und aus der biblischen Urzeit nahm. Eine Art von Mythos ist das biblische Thema der Salome, das in dem Zusammenklang von Erotik, Religion und spätantiker Pracht einen großen Erfolg hatte in der Fassung der Oper von Richard Strauss (1905), nach einem – französisch geschriebenen – Text von Oscar Wilde (der deutsche Text stammt von Hedwig Lachmann, der Frau Gustav Landauers). Auch von Mallarmé gab es Dialogszenen einer *Hérodiade*, aus denen Stefan George 1905 ein Stück in seine Übersetzungen zeitgenössischer Dichter aufnehmen sollte.

Die englische ästhetische Bewegung, die aus der Bewegung der Präraffaeliten entstanden war, hatte in der deutschen Kunstgewerbebewegung Nachfolge gefunden. Eine vornehme ästhetische Haltung gewann auf dem Wege über englische Kunstzeitschriften allgemein Einfluß auf Deutschland. William Morris und Dante Gabriel Rossetti hatten zusammen mit den Pariser Symbolisten auf den französisch schreibenden Maurice Maeterlinck (1862–1949) gewirkt, dessen Stimmungsdramen mit Märchen- und mittelalterlichen Motiven schnell berühmt wurden. Sowohl der englische Ästhetizismus als auch der französische Symbolismus wirkten auf Stilisierung hin, zähmten die naturalistischen Tendenzen und den Kult des Elementaren. Der deutsche Jugendstil (zu dem in der vorliegenden Darstellung nicht nur die kunstgewerblichen Kleinmeister, sondern auch Wedekind, George, Hofmannsthal, Rilke, Heinrich und Thomas Mann zählen) wollte das ‚Leben', den Vitalismus, in schönes Spiel verwandeln, über den ästhetischen Sinn in das Gefühl des Lesers eindringen. Ordnungsbegriffe, die in der Wirklichkeit fragwürdig geworden waren, sollten den schönen Schein des Lebens organisieren. Der deutsche Jugendstil ist damit ein Teil einer internationalen Bewegung, des Art Nouveau.

Maeterlinck hat einen Aufsatz über Novalis geschrieben. Daß der Symbolismus an die Romantik anknüpfte, ist unverkennbar. Ein Bindeglied waren die Musikdramen Richard Wagners, die sicher auch auf Maeterlinck wirkten. In einem Aufsatz seines Essay-Bandes *Le Trésor des humbles* (1896; deutsch: *Der Schatz der Armen*) beschwört er das Schweigen, ein Thema, das er aus Stéphane Mallarmés symbolistischer Lyrik übernommen hatte. Maeterlinck behandelte auch religiöse Themen, die zwischen Monismus und traditioneller Religion geheimnisvoll schimmern. All das gibt es auch in Deutschland, wo es Neuromantik genannt wird. Jugendstil, Symbolismus und Neuromantik lassen sich nicht eindeutig innerhalb der um 1890 modernen literarischen Bewegung als getrennte Größen behandeln. In dieser Bewegung muß man ebenso den Naturalismus und impressionistische Stilzüge als Ausdrucksmöglichkeiten gelten lassen. Denn Gerhart Hauptmann hat noch nach der *Versunkenen Glocke* im naturalistischen Milieustil geschrieben. Ob man Arthur Schnitzler zum Impressionismus oder zum vitalistischen Jugendstil rechnen soll, Rilke zum Ju-

Titelblatt der Zeitschrift »Jugend« (1897, Nr. 28)
von Franz Stuck

gendstil, zum Symbolismus oder zum Impressionismus, lohnt die Diskussion nicht. Die Literatur von etwa 1880 bis zum Ersten Weltkrieg bietet sich als eine große Epoche dar, in drei Phasen. Die erste verkündete einen Neuanfang gegen epigonale Dichtung, mit einem an Zolas Naturalismus ausgerichteten Programm. Sie führte damit Impulse des bürgerlichen Realismus fort. Schon bald durchsetzte sich diese mit einer zweiten, der vitalistischen, die ja auch schon im Realismus, etwa bei Keller oder im Renaissancekult Meyers, vorbereitet war und von Nietzsche wie vom Darwinismus und dem naturwissenschaftlichen Monismus Impulse bezog. Die vitalistische Phase war ebenso schon in Dehmels Gedichten vertreten und setzte sich in den großen Jugendstil fort. Die dritte Phase ist der Expressionismus, der sich vielfach auf Wedekind und Heinrich Mann berief und anfangs mit der älteren Bohemeliteratur verbunden war. Hauptmann, Holz und Schlaf nahmen an den ersten beiden Phasen zugleich oder nacheinander teil. Die Hauptwerke des Naturalismus, etwa Holz und Schlafs *Die Familie Selicke* (1890) und Hauptmanns *Die Weber* (1892), erschienen zugleich mit Stefan Georges *Hymnen* (1890), Wedekinds *Frühlings Erwachen* (1891) und Hofmannsthals *Der Tod des Tizian* (1892). Zeitlich läßt sich also keine klare Grenze ziehen.

Der Jugendstil wurde nach der Münchener Zeitschrift *Jugend* genannt, die ihrerseits von Max Halbes erfolgreichem Milieustück (1893) den Titel übernahm. Kunstgeschichtlich hat man langgezogene Ornamentfiguren, wellige Linien und vorpubertäre Mädchengestalten als Charakteristika des Stils angesehen. Wenn sich auch Parallelen in der Literatur herstellen lassen, so führte das doch zu einem engen Stilbegriff, der allzuviel Zusammengehöriges ausschlösse. Das Wort ‚Jugendstil' vereint den vitalistischen Wachstumsglauben mit einer stilisierenden Intention. Zum Komplex Jugend, Wachstum, Erotik gehören jedoch sozusagen komplementär Dekadenz und Tod.

Ein wichtiger Vermittler der neuen Pariser Literaturtendenzen war Hermann Bahr (1863–1934). Bahr hatte den Winter 1888/89 in Paris zugebracht, dort die literarische Szene beobachtet und darüber journalistisch berichtet. Schon 1887 hatte er in einem Aufsatz über Ibsen „die Synthese von Naturalismus und Romantik" als „die gegenwärtige Aufgabe der Literatur" bezeichnet. So nannte er gesammelte Studien über das in Paris Gelernte: *Die Überwindung des Naturalismus* (1891). Darin beschreibt er Paul Bourget, Maurice Barrès, Joris-Karl Huysmans und Maurice Maeterlinck, der eben erst in Paris entdeckt worden war. Ihre Kunst sei eine Nervenkunst, auch Dekadenz genannt. Am Naturalismus Zolas entdeckt er eine Inkonsequenz: Theorie und rhetorisches Temperament kämen nicht zur Deckung. In Stil und Rhetorik stecke noch Romantik. Aber Bahr ist nicht ohne Respekt für den Meister. Bahr hat Nietzsche gelesen; er glaubt nicht mehr an die Wahrheit, die von der Literatur zu verkünden sei.

Bahr will eine moderne Nervenkunst, die sensitiv, vorbewußt, nicht abstrakt und nicht rhetorisch ist. Er spricht auch von den neuen religiösen Stimmungen, die vom Neukatholizismus der französischen Literatur bis zum Interesse für Buddhismus reichen: „aus den Nerven kommt der Trieb zur Mystik". Er spielt mit Begriffen wie „neue Romantik" oder gar „nervöse Romantik". Alle Künste „brauchen nur getrost das Nervöse zu betreten, mutig an den biegsamen Rand hinaus, und, kaum daß sie nur zögernd sich leise darauf wiegen, so schwingt es sie von selbst in den Traum hinab, tief in den Grund des göttlichen, seligen Traumes, wo nichts mehr von der Wahrheit, nur Schönheit ist". Das Nervöse, also ein sensitiver, nicht-abstrakter Impressionismus, führt über sich hinaus, in eine traumhafte Schönheit, die mit religiösen Adjektiven bezeichnet wird. Bahrs sonst gewöhnlich plauderhafte, absichtlich leichte, manchmal schnoddrige kritische Prosa nimmt an dieser Stelle lyrisch-suggestiven Charakter an. Noch bezeichnender für das Gefühl der Befreiung von den Fesseln des naturalistischen Programmes ist der Schluß des Feuilletons, das der Sammlung den Namen gab, „Die Überwindung des Naturalismus":

Es wird etwas Lachendes, Eilendes, Leichtfüßiges sein. Die logische Last und der schwere Gram der Sinne sind weg; die schauerliche Schadenfreude der Wirklichkeit versinkt. Es ist ein Rosiges, ein Rascheln wie von grünen Trieben, ein Tanzen wie von Frühlingssonne im ersten Morgenwinde – es ist ein geflügeltes, erdenbefreites Steigen und Schweben in azurne Wollust, wenn die entzügelten Nerven träumen.

Das vegetative Frühlingsbild ist zwar ein Zug aus der deutschen Tradition, ist aber dennoch charakteristisch für den Jugendstil. Das Biologische kann zwischen dem Wissenschaftlichen und Geheimnisvollen schimmern, welche Möglichkeiten Maeterlinck in seinen Essays ausnützte. Bahr äußerte sich kritisch über einen Aufsatz von Paul Ernst (aus dessen sozialistischer Frühphase). Er sei unbefriedigt von ökonomischen und soziologischen Erklärungen des Wesens der Frau. Das eigentlich Natürliche, „die Geschlechtsnatur", bleibe ein Rätsel. Ihn interessiere „das eigentliche Problem zwischen Mann und Frau, daß ihre Körper voneinander nicht lassen und ihre Seelen miteinander sich nicht verbinden können, und daß die Spaltung der Geschlechter, welche die Liebe täglich erneut, täglich auch den Haß erneuen muß".

Wedekind, Bahr und sogar Thomas Mann in seiner

ersten Erzählung *Gefallen* protestierten gegen Theoretiker der Frauenemanzipation. Mann und Frau als Geschlechtswesen, der von der Konvention wie auch vom Milieu befreite Trieb als Bindung an „das Leben" beschäftigten den Jugendstilkünstler, sowohl in der Dichtung wie auch im Lebensversuch der Boheme. Ökonomisch-soziologische Erklärungen der Liebe kamen ihm genauso veraltet vor wie der konventionelle Gesellschaftsroman. Die freie Kunst bezog sich auf den freien Menschen, dessen Modell der Künstler selbst war. Nur das „allmächtige Leben" stand über ihm als Quelle von Glück und Qual. Am Rande vermerkt sei allerdings, daß Bahr, wie übrigens auch George, den „Haß der Geschlechter" als ein „natürliches" Verhältnis ansah, während es sich ebenso um eine literarische Tradition handelt wie die Vorstellung der reinen, natürlichen, unschuldigen Mädchenliebe.

Die naturalistischen Programme waren bestrebt, die Aufgabe der Kunst so zu bestimmen, daß sie mit dem modernen wissenschaftlichen Weltbild übereinstimmte. Sie wollten die Verfälschungen der Epigonen beseitigen und zu der einen Wahrheit zurückkehren, die nur noch die Wissenschaft zu bieten hatte. An der einen Wahrheit der Wissenschaft mußten aber die Nietzsche-Leser zweifeln, von denen es in den neunziger Jahren in Künstlerkreisen immer mehr gab. Nietzsches Denkmethode hatte sich an der voraussetzungslosen Wissenschaft geschult, seine Entlarvungspsychologie führte aber nicht zu der einen Wahrheit, sondern zu deren Leugnung als Moral, die nur Flucht vor der Macht des Lebens sei. Der Erkenntnistheoretiker Nietzsche lehrte den Perspektivismus, eine pluralistische Denkform.

Man braucht nicht einmal nur bei Nietzsche zu suchen, um den zeitgenössischen Relativismus und Nihilismus zu finden. Der Philosoph und Psychologe

Wilhelm Wundt, im Gegensatz zu Nietzsche ein anerkannter Gelehrter, hielt 1889 eine Rektoratsrede in Leipzig unter dem Titel *Über den Zusammenhang der Philosophie mit der Zeitgeschichte*, in der er den Relativismus des historischen Jahrhunderts so bezeichnete:

> Unser Zeitalter scheint seinen geschichtlichen Sinn auch darin zu bekunden, daß nahezu alle Standpunkte, die irgend einmal eine historische Berechtigung besitzen mochten, ein dauerndes Recht auf Existenz für sich in Anspruch nehmen.

Das ist vorsichtig formuliert; niemand kann den Gelehrten aufrührerischer Gesinnung wegen anklagen. Dennoch spürt man, daß Wundt ähnlich beunruhigt war wie der Außenseiter Nietzsche: der bürgerlichen Sekurität entsprach keine eindeutige metaphysische Sicherheit. Das Nebeneinander heterogener Weltbilder und philosophischer Systeme konnte zwar im Sinne voraussetzungsloser Wissenschaft genetisch aus den Niederschlägen historischer Epochen verstanden werden, aber die Frage der Verbindlichkeit und Gültigkeit jeden Standpunktes wurde dadurch nicht gelöst.

Die Naturalisten hielten biologische und soziologische Erkenntnisse ihrer Zeit für eindeutig wahr: die Vererbungslehre, die Bindung des Bewußtseins an das Nervensystem und seine Krankheiten und die prägende Kraft des Milieus. Mochte dies alles wahrer erscheinen als pseudoidealistische Beruhigungen, so reichte es als weltanschauliche Grundlage nicht aus. Sogar ein führender Monist wie Wilhelm Bölsche (s. Bd. 4, S. 749) stellte im 1. Jahrgang (1890) der Zeitschrift *Freie Bühne für modernes Leben* (der späteren *Neuen Rundschau*) unter der Überschrift *Hinaus über den Realismus* die folgende Frage:

> Sind ... die Vererbungsphänomene, die große Pioniere des Realismus aufgegriffen haben, volle Wahrheit? Sind sie

in der Form, die man ihnen gegeben hat, Wahrheit? Die Poesie liest sich schon die Augen halbblind an Stellen, wo die Schrift auf den Tafeln der Wissenschaft noch gar nicht deutlich vorhanden ist.

Zwar will Bölsche gerade daraus schließen, daß es mit dem Realismus noch nicht vorbei sei, weil es so viel Neues zu entdecken gebe, aber eine Beunruhigung ist doch unverkennbar.

Ein Jahr später erschien in der *Gesellschaft* ein Artikel, in dem eine Frau, Irma von Troll-Borostyani, tapfer die Illusionslosigkeit der „Liebe in der zeitgenössischen Literatur“ (dies der Titel des Aufsatzes) verteidigte. Brutalität und Häßlichkeit seien der modernen Dichtung auch dann nicht notwendig zuzuordnen, wenn sie auf materialistischer Grundlage zuruhe. Echte Wahrheitsdichtung müsse auch die Zukunft, „die folgerichtige, also naturgesetzliche Weiterentwicklung der Menschheit zur Darstellung bringen“. Die Kunst hat hier also die gleiche Aufgabe wie der marxistische Sozialismus, nämlich eine materialistische Konzeption in die schöne Zukunft hinein zu projizieren. In diesem Zusammenhang steht die folgende Stelle:

Die Krankheiten des Körpers zu heilen, ist Aufgabe des Arztes; als die Mission des Priesters betrachtete man die Heilung der Krankheiten der Seele. Doch Seele und Körper sind eines, sind untrennbar im Prozesse des Lebens, in ursächlichem, wechselwirkendem Zusammenhange. Und hier ist es, wo die Aufgabe des Dichters einsetzt. Arzt und Priester zugleich ist der Dichter. Denn die moderne Wissenschaft, welche die Menschheit von der Führergewalt des unhaltbare Dogmen verkündenden Zionswächters entmündet, ruft den Dichter heran, an die leergewordene Stelle als Führer des ringenden Menschengeschlechts zu treten. Er sei der Streiter für eine bessere, freiere, lichtere Zukunft, der Lenker der Menschheit dieser Zukunft entgegen.

Es liegt auf der Hand, daß man nur den materialistischen Kontext fallenlassen müßte, um die Stelle zur Beschreibung der Absichten von Jugendstil-Dichtern wie George und Rilke zu benutzen. In der Hoffnung auf schöne Zukunftsvisionen, auf die Ästhetisierung der Wahrheitsdichtung wird die materialistische Grundlage selbst schwankend.

Wie man sieht, ist das Priestertum des Künstlers nicht von George oder den Bewunderinnen Rilkes erfunden worden. Im Publikum war die Bereitschaft vorhanden, den Dichter als Priester anzunehmen. Das moralisierende Kirchenchristentum der Zeit war ebensowenig imstande, eine deutende Vision der Zukunft und einen gültigen Lebenssinn zu zeigen, wie das von Bismarck gedemütigte deutsche Fortschrittsbürgertum. Sozialismus und Nationalismus standen bereit, die Lücke auszufüllen. An ihre Seite trat die Bereitschaft, sich vom Dichter einen neuen Weg in eine neue Zeit zeigen zu lassen, in der die Kreatur Mensch ihre natürliche Bestimmung erfüllt und doch die Freiheit der Phantasie behält.

Der Gegensatz zwischen dem Bedürfnis nach freier Selbstbestimmung, nach Verwirklichung der bürgerlichen Ideologie des Individualismus, und dessen Bedrohung in der modernen Massengesellschaft, in der Großstadt, im Geldverkehr mit seiner Tendenz, alles zur Ware zu verdinglichen, beschäftigte den Philosophen Georg Simmel (1858–1918). Seine *Philosophie des Geldes* erschien 1900. Einen Vortrag *Die Großstädte und das Geistesleben* (1903) beginnt er so:

Die tiefsten Probleme des modernen Lebens quellen aus dem Anspruch des Individuums, die Selbständigkeit und Eigenart seines Daseins gegen die Übermächte der Gesellschaft, des geschichtlich Ererbten, der äußerlichen Kultur und Technik des Lebens zu bewahren – die letzterreichte

Umgestaltung des Kampfes mit der Natur, den der primitive Mensch um seine leibliche Existenz zu führen hat.

Die sozialen Zwänge, die Nietzsche als „Moral" verdammt hatte, werden hier mit den Naturzwängen gleichgesetzt, denen der primitive Mensch unterworfen ist, ein Zeichen für das Bedürfnis des Denkers, an elementare Grundlagen des Lebens anzuknüpfen. Simmel hatte für die soziale wie auch die individuelle Seite dieser Auseinandersetzung Verständnis. Seine Philosophie führte ihn zu sozialen Problemen, so daß er außerhalb Deutschlands zusammen mit Werner Sombart und Max Weber als einer der Gründer der deutschen akademischen Soziologie geschätzt wird. Zwischen der Soziologie und der Kunst fand er Analogien. Der Sozialismus wolle an Stelle des asymmetrischen Liberalismus, des Kampfes der einzelnen gegeneinander, eine Harmonie der Arbeit setzen:

> Die rationelle Organisation der Gesellschaft hat, ganz abgesehen von ihren fühlbaren Folgen für die Individuen, einen hohen ästhetischen Reiz; sie will das Leben des Ganzen zum Kunstwerk machen, wie es jetzt kaum das Leben des Einzelnen sein kann.

Simmel kannte Stefan George, über den er Aufsätze schrieb. Rainer Maria Rilke hörte Vorlesungen von ihm an der Berliner Universität und blieb mit ihm in brieflicher Verbindung. Das Wort ‚Leben', das die Epoche liebte, kommt in seinen Schriften häufig vor, weshalb man Simmel zur Lebensphilosophie rechnete. Er war eine Art von Modephilosoph in künstlerischen Kreisen der Jahrhundertwende, was ihm, zusammen mit seiner jüdischen Herkunft, in seiner akademischen Laufbahn schadete. Er ist jedoch ernst zu nehmen. Das Interesse, das er über akademische Kreise hinaus erregte, war nicht die Folge billiger Popularisierung, sondern entsprang einem Bedürfnis in der deutschen bildungsbürgerlichen Elite, die Formen des Gemeinschaftslebens neu zu bedenken, die Frage zu stellen, wie bürgerliche individualistische Freiheit mit den Folgen der Industrialisierung, der Vermassung vereinbart werden konnte.

Die Industrialisierung veränderte die soziale und physische Welt rapide. Das Gefühl der Veränderung aller moralischen und metaphysischen Grundlagen liegt der Literatur der Zeit zugrunde. Man wird nicht sagen können, daß das eine das andere verursachte, sondern man wird die Loslösung von uralten Fesseln der Fortbewegung, der beruflichen Möglichkeiten, die Veränderung der alten Städte, der Landschaft besser als einen Prozeß ansehen, der im Raum der Phantasie sowohl Glück als Unbehagen auslösen konnte.

Um 1890 war die deutsche Industrie auf dem Wege, dem großen englischen Vorbild nachzustreben. In Fabrikhallen trieben Dampfmaschinen große Schwungräder. Die mehrstöckigen Mietshäuser, Brandmauer an Brandmauer gerückt, manchmal mit prächtiger Straßenfassade, aber zumeist mit primitiv-grauer Hofseite, erhoben sich abrupt an den Stadtgrenzen, die sich von Jahr zu Jahr weiter ins Land schoben. Die Kohleproduktion hatte sich im Deutschen Reich seit 1871 verdoppelt. Schnellzüge verkürzten die europäischen Entfernungen. Die ersten Automobile knatterten über staubige Straßen. 1890 war das Sozialistengesetz gefallen, im gleichen Jahr Bismarck entlassen worden, der sich zuletzt durch eine Verschärfung des Klassenkonfliktes hatte an der Macht halten wollen. Sein Nachfolger, der General Caprivi, förderte die Industrialisierung und bemühte sich sogar um soziale Reformen wie z. B. Arbeitszeitregelungen. Derselbe Caprivi hatte den Neutralitätsvertrag mit Rußland nicht erneuert, was noch im gleichen Jahre zur Annäherung Rußlands an Frankreich führte. Da-

Die Mechanische Werkstatt von Krupp im Jahre 1900

mit bahnte sich paradoxerweise die Erfüllung eines schon wahnsinnigen Wunsches Nietzsches vom Dezember 1888 an, eine antideutsche Liga, mit der er Deutschland in einen Verzweiflungskrieg treiben zu wollen behauptete. Wilhelm II. vergrößerte seinen Hofstaat. Die Enge seiner militärischen Erziehung und ein bigottes Frömmlertum hinderten ihn, den Aufschwung der Literatur in seinem Lande auch nur zu bemerken. Er bemerkte allenfalls, wenn jemand kritisch auf ihn anspielte, wie Ludwig Fulda in dem Drama *Talisman* (1893) oder der Historiker Ludwig Quidde (der viel später den Friedensnobelpreis erhielt) in *Caligula* (1894). Dann war er böse. Er liebte den Wald-, Berg- und Volksschriftsteller Ludwig Ganghofer (1855–1920). Des Kaisers schlechtes Beispiel, sein Auftreten, seine Reden gaben dem preußischen Militarismus ein ganz unangemessenes Prestige, unangemessen seiner Tradition nach, die rationalistisch und bescheiden war, unangemessen aber auch der wirklichen historischen Lage nach. Wilhelms bombastischer, rhetorischer Militarismus, psychologisch erklärbar aus der Notwendigkeit, seinen von Geburt an gelähmten linken Arm zu verstecken, verdeckte und verfälschte die wirkliche Entwicklung Deutschlands zu einem bürgerlich dominierten Industriestaat, der von den Westmächten nicht grundsätzlich verschieden war, sich aber für anders hielt und auch so verstanden wurde. Der Adel hatte sich wirtschaftlich an das Großbürgertum anzupassen, dieses eignete sich Prestige und Vornehmheit des Adels an. Die englische Gesellschaft wirkte als Leitbild der Vornehmheit, was von ästhetisierenden Literaturzeitschriften bis zum WC reichte, aber auch die Bereitschaft förderte, ein Flottenwettrüsten mit der damals führenden Großmacht zu veranstalten, was an der langsamen Verwirklichung von Nietzsches Wahnsinnsidee mitwirkte. Erst nach einem

Vierteljahrhundert kamen der Krieg und das Ende des Kaiserreiches. In diesen Jahren der immer rapideren Industrialisierung brachte Deutschland ein immer selbstbewußteres national gesinntes Bürgertum hervor. Das wirkte sich auch im deutschen Österreich aus, nicht zum Vorteil dieses Vielvölkerstaates.

Dieses Bürgertum trug die Literatur. Arbeiterliteratur fristete ein Randdasein. Der Naturalismus wurde von den Arbeitern mit Skepsis angesehen, da er ihr Leben als niedrig darstellte, ohne der sozialistischen Zukunftshoffnung gerecht zu werden. Hinzu kam die Meinung, vertreten von Franz Mehring, daß eine klassische proletarische Literatur erst nach dem Sieg der Arbeiterklasse zu erwarten sei. Gedichte, einige Dramen und wenige fiktionale Prosa wie die Erzählungen von Ernst Preczang (1870–1949) waren Teil der Agitation für Solidarität und Ermutigung des Glaubens an eine sozialistische neue Zeit. Das harte Leben des Arbeiters wurde in einer Reihe von Arbeiter-Autobiographien anschaulich, z. B. der von Karl Fischer (1841 bis 1906), der als Arbeitsinvalide sein Leben aufzeichnete und es dabei unter eine vom Religiösen inspirierte Protesthaltung stellte. Diese Autobiographie mit dem Titel *Denkwürdigkeiten und Erinnerungen eines Arbeiters* wurde 1903 von einem ehemaligen Theologen, Paul Göhre, herausgegeben, der um 1900 aus der Kirche austrat, zur SPD überging und Reichstagsabgeordneter wurde. Göhre ließ die *Lebensgeschichte eines modernen Fabrikarbeiters* von William Theodor Bromme (1873–1926) folgen. Auch Bromme hatte, tuberkulosekrank, aus dem verzehrenden Arbeitsprozeß dieser Zeit ausscheiden müssen. Diese (und weitere) Arbeiter-Autobiographien erschienen im bürgerlichen Eugen Diederichs Verlag und wurden viel gelesen. Das literarische Interesse von Bürgern an den Lebensgängen der von ihnen durch eine Kluft Geschiedenen ist bemerkenswert und hat sicher dazu beigetragen, daß ein soziales Bewußtsein im Bürgertum langsam, allzu langsam, zunahm. Ein Typ von solchen Autobiographien, die in den Jahren vor dem Ersten Weltkrieg erschienen, schildert den Aufstieg aus dem Elend der geisttötenden Fabrikarbeit in eine Funktionärsposition, wobei das sozialistische Klassenbewußtsein als Mittel der Befreiung erscheint. Dazu zählt die *Lebensgeschichte einer Arbeiterin* (1909) der Österreicherin Adelheid Popp (1869–1939), herausgegeben von August Bebel. Solche sozialistischen Tendenzen störten natürlich die bürgerlichen Literaturverbraucher. Zwar schätzten viele diese Einblicke in eine ihnen fremde Welt, wie sie ja auch von bürgerlichen Schriftstellern geboten wurden (z. B. in Hauptmanns *Bahnwärter Thiel*, *Die Weber*, *Der Biberpelz*, *Fuhrmann Henschel*). Die Kunst wollten sie jedoch von ihnen fremden Ideologien frei halten. Deshalb mißlangen die Versuche des schon erwähnten ehemaligen Schriftsetzers Ernst Preczang, sich mit Dramen auf der öffentlichen Bühne durchzusetzen. Sein Stück *Im Hinterhaus*, das schon im Titel an einen Schauplatz von Hermann Sudermanns Erfolgsstück *Die Ehre* (1890) anknüpfte, wurde 1900 von Otto Brahm abgelehnt; es passe mehr auf die Freie Volksbühne, deren geschlossene Vorstellungen für Arbeiter gedacht waren, als vor das anspruchsvolle Publikum des Deutschen Theaters. Auf der Freien Volksbühne wurde es 1903 gespielt. Die bürgerlichen Zeitungen lobten die Mäßigung in der Tendenz, die aber als dennoch störend konstatiert wurde. Sozialistische Ideologie führte in öffentlichen Aufführungen, sogar im Falle von bürgerlichen Autoren, zum Zusammenstoß mit der polizeilichen Zensurbehörde. (Davon wird im nächsten Kapitel die Rede sein.) Es versteht sich von selbst, daß bürgerliche Ideologie, etwa Individualismus, relative wirtschaftliche Selbständigkeit, Heimatgefühl, als Ideologie gar nicht bemerkt wurde. Auf der Freien Volksbühne waren übrigens Dramen proletarischer Verfasser eher Seltenheit. Sie widmete sich vielmehr der Aufgabe, den Arbeiter an der bürgerlichen Bildung teilhaben zu lassen und ihn dadurch zu heben. Die Arbeiter wandelten sich zunehmend zu Kleinbürgern, die hier und da an der Bildung teilnahmen, während sie in Gewerkschaften und in der Sozialdemokratischen Partei in sozialem und politischem Selbstbewußtsein erstarkten.

Die Zahl der Bildungsbürger wuchs und damit der Markt für Literatur. Die Zeit von 1890 bis 1914 bot einen großen Reichtum an Talenten. Da die Bismarck-Verfassung bestehen blieb, die eine politische Laufbahn für junge Bürger unattraktiv machte, bot die Literatur Auswege an. Nationale Prominenz ließ sich als Dramatiker erreichen, wie Gerhart Hauptmann bewies, auch als Romanschriftsteller. Stefan George stilisierte seinen Kreis zu einem adligen Orden der Vornehmheit. Wer solche Geltung nicht erlangte, konnte wenigstens in der Boheme das Gefühl der Freiheit vom gesellschaftlichen Zwang genießen. Denn von Zwängen eingeschränkt fühlten sich auch junge Bürgerliche, von der Lernschule, von der langsamen Beamtenkarriere, von den sexuellen Tabus. Sowenig dieser Zwang mit dem der Fabrikarbeit verglichen werden kann, er wurde doch subjektiv stark empfunden als Gegensatz zu dem Recht auf individuelle Freiheit, das dem Bürgertum inhärent war. Die Phantasiewelt der Literatur bot einen Spielraum an. Der Künstler fühlte sich freier als der Bürger, er sah auf den Bürger herab. Aber diese Künstler waren durch Herkunft und durch die Ansprüche ihrer Leser dennoch fest mit dem Bürgertum verbunden.

2. Vermittlung und Konflikt: Bühnen, Zeitschriften, Dichter und der Staat

Der neuen Dichtung eine möglichst breite Basis im Bürgertum zu schaffen war das Ziel einer großen Anzahl von Vermittlern. Neue Zeitschriften entstanden, eine Reihe von Verlegern nahm sich besonders der Moderne an, Kritiker spezialisierten sich auf die neue Literatur. Wenig später gab es sogar Gruppen in der Oberschicht, die Zeitschriften förderten, sei es mit Geld, sei es mit eigenen literarischen und kritischen Beiträgen. Vermittelnd wirkten sie auch durch Bildung von Kreisen, durch Einladungen auf ihre Besitztümer, wo Dichter, Literaten, Industrielle und Angehörige des alten und neuen Adels literarisch diskutieren konnten (s. Kap. 10). Natürlich waren das eher Ausnahmen, die am Rande einer vorwiegend konservativ gestimmten Gesellschaft vorkamen, deren literarischer und künstlerischer Geschmack höchst unsicher war. Dennoch gab es sie, und hätte nicht der Erste Weltkrieg dem bornierten Nationalismus die Chance gegeben, sich als prädominante bürgerliche Orientierung festzusetzen, so hätte das Bemühen dieser Kreise, eine neue deutsche Lebensform mit pluralistisch-ästhetischen Zügen zu finden, vielleicht mehr Erfolg gehabt.

Der erste deutsche Verleger, der sich speziell der Moderne annahm, war Wilhelm Friedrich in Leipzig. Seine Geschichte ist ein Muster für das persönliche Risiko, aber auch die Gewinnaussichten eines Vermittlers zwischen der neuen Literatur und der gebildeten Oberschicht. Friedrich übernahm 1888 die Zeitschrift *Die Gesellschaft*, die den modernen Realismus, den Naturalismus, pflegte, aber keineswegs ausschließlich. 1890 stand Friedrich vor Gericht in einem Prozeß, der viel Aufsehen erregte, weil einer der Angeklagten, Conrad Alberti (d. i. Conrad von Sittenfeld, 1862–1918), den Verlauf des Prozesses in Artikeln unter dem Titel *Der Realismus vor Gericht* dokumentierte. Die Anklage lautete auf Verbreitung unzüchtiger Schriften. Albertis inkriminierter Roman hatte den bezeichnenden Titel *Die Alten und die Jungen* (1889). Das Gericht hatte seine eigene ästhetische Norm, die auf dem Wunsch beruhte, die bestehende Gesellschaftsordnung zu bewahren. Kunst soll das Bestehende verklären, weshalb das Gericht in Albertis Roman und denen der Mitangeklagten (Wilhelm Walloth, 1856–1932, und Hermann Conradi, 1862 bis 1890, der vor Beginn des Prozesses gestorben war) den „der Kunst immanenten Begriff des Strebens nach dem Schönen“ vermißte. Der Prozeß endete mit Geldstrafen, die der Verleger Friedrich bezahlte. Obwohl Friedrich finanziellen Erfolg hatte, wurde er der Streitereien mit den Behörden und des Gezänkes der modernen Schriftsteller untereinander bald müde und verließ das Geschäft.

Die *Gesellschaft* widmete sich nicht nur naturalistischer Dichtung, sondern auch der Lebensreform, der Beseitigung der Lebenslügen, die Ibsen in seinen Bühnenwerken enthüllte. Insbesondere die Tabus der alten Gesellschaft waren Ziel der Schriftsteller. Unter diesen tat sich Oskar Panizza (1853–1921) hervor. Er war ursprünglich Arzt. Seine Artikel, viele davon in der *Gesellschaft*, sind zumeist empirisch-soziologischer Natur, auch interessierte er sich für bayrischen Volksglauben; seine Bedeutung für die vitalistische Moderne, für den beginnenden Jugendstil lag in seinem Kampf gegen bestehende sexuelle Tabus. Das mußte ihn natürlich in Konflikt mit der Kirche bringen. 1894 ließ Panizza in der Schweiz das Drama

Das Liebeskonzil erscheinen. In dieser Satire läßt Panizza einen altersschwachen Gott Bestrafung der Renaissance-Liebeslust beschließen, nachdem er Einblick in die Sinnlichkeit am Hofe Papst Alexanders VI. genommen hat. Der Teufel wird beauftragt, der in einem schönen Weib die Syphilis in die Welt bringt. Panizza wurde in München wegen Beschimpfung der Religion zu einem Jahr Gefängnis verurteilt, zu einer für einen Bürger dieser Zeit sehr erheblichen Strafe, die er auch absaß. 1904 verschwand er in eine Heilanstalt. Nach einer Angabe von Wedekind, die Thomas Mann überlieferte, soll Panizza absichtlich nackt auf der Straße getanzt haben, um interniert zu werden.

Einer der hervorragendsten Anreger des Jugendstils war der schon genannte Hermann Bahr. Er beteiligte sich an den Anfängen einer neuen Zeitschrift, die 1890 in Berlin gegründet wurde und der nur fünf Jahre älteren *Gesellschaft* sehr bald ernsthafte Konkurrenz machte. Es war die *Freie Bühne für modernes Leben*, 1892 in *Freie Bühne für den Entwicklungskampf der Zeit* umgetauft, zwei sehr bezeichnende Titel. Den Anspruch, die führende deutsche Zeitschrift zu sein, erhob sie wieder zwei Jahre später, 1894, als sie sich *Neue Deutsche Rundschau* nannte, ohne jedoch die im bürgerlichen Realismus führend gewesene *Deutsche Rundschau* ganz zu verdrängen. Seit 1904 nannte sie sich *Die Neue Rundschau.* Ihr Verleger war Samuel Fischer, dessen Firma sehr schnell zum führenden Verlag der „neuen Richtung“ wurde.

Samuel Fischer stammte aus einer deutsch-jüdischen Stadt in der damals ungarischen Slowakei. Über Wien gelangte er als Buchhändlergehilfe nach Berlin, wo er seinen eigenen Verlag aufbaute. Er gewann Gerhart Hauptmann für sein Unternehmen und wurde der Verleger Ibsens. Fischer beteiligte sich am Verein „Freie Bühne“, der gegründet wurde, um den modern eingestellten Kreisen des wohlhabenden Bürgertums, großenteils jüdischer Herkunft, moderne Theaterstücke in geschlossener Vorstellung zu zeigen, ein Verfahren, das die polizeiliche Theaterzensur umging, die nur für öffentliche Aufführungen zuständig war. Die führenden Köpfe dieses Vereins waren Otto Brahm und Paul Schlenther. Beide leiteten zuerst auch die Zeitschrift *Freie Bühne.* Otto Brahm (d. i. Otto Abrahamsohn, 1856–1912) war der Sohn eines Hamburger jüdischen Kleinbürgers. Nach dem Studium der Germanistik, das er mit einer historisch-positivistischen Dissertation über Ritterdramen beendete, schrieb er ein Buch über Kleist. Aber die Möglichkeit einer akademischen Laufbahn schlug er aus. Als Theaterkritiker verband er sich mit seinem Studienfreund Paul Schlenther. Beide wurden zu Aposteln Ibsens und Hauptmanns.

Brahms Leitartikel *Zum Beginn* leitete die Zeitschrift *Freie Bühne* mit einem Bekenntnis ein. Ihr Prinzip sei

> die individuelle Wahrheit, welche aus der innersten Überzeugung frei geschöpft ist und frei ausgesprochen: die Wahrheit des unabhängigen Geistes, der nichts zu beschönigen und nichts zu vertuschen hat. Und der darum nur einen Gegner kennt, seinen Erbfeind und Todfeind: die Lüge in jeglicher Gestalt.

Dieses Programm richtete sich gegen die Kunst, die nur bürgerliche Konventionen reproduzieren wollte, berief sich aber zugleich auf das Prinzip des bürgerlichen Individualismus. Die neue Literatur habe ihre Wurzeln im Naturalismus, aber Brahm blickte schon weiter:

> Dem Naturalismus Freund, wollen wir eine gute Strecke Weges mit ihm schreiten, allein es soll uns nicht erstaunen, wenn im Verlauf der Wanderschaft, an einem Punkt, den wir heute noch nicht überschauen, die Straße plötzlich

sich biegt und überraschende neue Blicke in Kunst und Leben sich auftun.

In den ersten Nummern der Wochenschrift erschien Gerhart Hauptmanns *Friedensfest.* Die *Freie Bühne* setzte sich, ihrem anfänglichen Titel und ihrem Programm gemäß, für Lebensreform ein, auch im Sinne der Überwindung der Sexualtabus. So argumentierte Johannes Schlaf in einer der ersten Nummern (Heft 6, 1890) gegen Prüderie. Er beruft sich auf Nietzsches Vision des dionysischen Menschen und wendet sich gegen die traditionelle christliche Moral: „Der Mensch ist böse von Jugend auf, sagen die Kranken und die Prüden. Und alles Böse liegt im Eigenwillen.“ Daher werden dem jungen Menschen „die Daumenschrauben einer approbierten Moral“ angelegt. Dieser Absicht entspreche die Gymnasialerziehung, „die Zwangsjacke der lateinischen und griechischen Grammatik“. In einer Nebenbemerkung wendet sich Schlaf gegen die traditionelle Stellung der Frau in der guten Gesellschaft der Zeit. Mit der Frau werde einerseits ein Komplimentenkult getrieben, während sie andererseits herabgewürdigt und verachtet sei. Frauenbefreiung, Erziehungsreform und Nietzsches Kult des Lebens finden wir auch weiterhin in der *Freien Bühne.* Wilhelm Bölsche, ein Friedrichshagener Lebensreformer mit monistischen und (damals) gemäßigt sozialistischen Ansichten, bestimmte zeitweilig das Gesicht der Zeitschrift mit. Otto Brahm schied nach wenig mehr als einem Jahr aus. Eine Zeitlang war der modische und unruhige Literat Otto Julius Bierbaum an der Redaktion beteiligt. Seit 1894 kam der Wechsel in der Redaktion, der nicht selten mit Zänkerei verbunden war, zur Ruhe. Der neue Redakteur, Oskar Bie, und Fischer selbst entwickelten die kämpferische Wochenschrift zur repräsentativen Monatsschrift, unter Betonung des Ästhetischen, obwohl das soziale, lebensreformerische Interesse noch weiter mitlief.

Schon 1892 erschien eine Novelle von Schnitzler, *Der Sohn*, 1894 seine Meistererzählung *Sterben* in Samuel Fischers Zeitschrift. 1892 stellte Hermann Bahr den jungen Hofmannsthal, „Loris", vor. Dieser selbst veröffentlichte seit 1898 gelegentlich in der *Rundschau*, und seit 1897 findet sich der Name Thomas Manns. 1896 erschien ein Aufsatz über Schnitzler von Alfred Kerr (d. i. Alfred Kempner). Symbolist sei Schnitzler nicht, „er entnimmt dieser Kunstrichtung gerade soviel (oder sowenig) als nötig ist, um ein willkommenes, dreimalgesegnetes Gegengewicht gegen die tiefe Verbohrtheit des Holz-Schlaf-Naturalismus zu bieten ... Er stammt aus Apolloland, nicht aus Friedrichshagen." Nur drei Jahre zuvor war die *Freie Bühne* (unter Bölsche) großenteils in Friedrichshagen geschrieben worden. Hermann Hesse und Jakob Wassermann vermehrten neben Hauptmann und Thomas Mann die Reihe der Stammautoren.

Wie eng der Naturalismus und der Jugendstil zusammenhängen können, beweist das Schauspiel *Hanna Jagert* von Otto Erich Hartleben, einem Freund Samuel Fischers, das 1892 in der *Freien Bühne* erschien. Es ist eine soziale Aufstiegsgeschichte. Die Titelheldin ist zuerst Verlobte eines Sozialdemokraten, der aus dem Gefängnis heimkehrt (der Schatten des 1890 abgelaufenen Sozialistengesetzes war noch spürbar). Sie emanzipiert sich jedoch von ihm und seiner Ideologie und lernt von ihrem neuen Freund, einem Chemiker, der durch eine Erfindung reich wurde, die „Philosophie des freien Menschentums". Das Leben sei um des Lebens willen schön, an die Stelle des Sozialismus tritt eine neue Welt, „eine neue Religion – der Schönheit – der Kunst – des Genusses". Hanna Jagert wird zugleich wirtschaftlich selbständig, sie leitet eine Schneiderei. Freilich wendet sie ihre Emanzipation auch gegen ihren bürgerlichen Lehrer, als sie sich in dessen Freund, einen adligen Dilettanten, verliebt. Am Ende erwartet sie von dem jungen Baron ein Kind, um dessentwillen sie ihr selbstbestimmtes freies Leben aufgibt. Mit dem Kind siegt „das Leben" über die Emanzipation. Die neue Lebensauffassung beseitigt alte Vorurteile, Klassenschranken und sexuelle Tabus für das aufstiegsbereite Individuum, das somit reif wird, in die Oberklasse aufgenommen zu werden, um dort zur Ruhe zu kommen. Die Ausnahme-Chance wirkt als Beruhigung für die sozialen Spannungen – natürlich nur für die gebildeten Theaterbesucher.

Obwohl die Tendenz des Stückes nur bürgerlich-reformistisch, ja sogar antirevolutionär war, erregte es Anstoß bei der polizeilichen Theaterzensur. Die damalige Haltung der Berliner Polizei demonstrieren am besten die Worte des Polizeipräsidenten von Richthofen anläßlich seines Verbotes von Sudermanns *Sodoms Ende* (1890): „Die janze Richtung paßt uns nicht." Freilich herrschten die Konservativen nicht mehr absolut in einem Staat, in dem die Nationalliberalen wirtschaftliche Macht hatten. Der preußische Innenminister griff zugunsten von *Sodoms Ende* ein, was kaiserliches Mißfallen hervorrief. Was *Hanna Jagert* betrifft, so begründete die Polizei ihren Widerstand mit der Behandlung der sexuellen Tabus in dem Stück. Zwar wollte die Polizei nicht „jede Darstellung eines außerehelichen Geschlechtsverkehrs der Bühne verschließen", wie es in einem Bericht des Polizeipräsidenten an die vorgesetzte Behörde heißt,

> wohl aber müssen Werke der Kunst, die sich in Widerspruch mit den herrschenden Anschauungen von Anstand und Sitte setzen, von der Bühne ferngehalten werden. In der Figur Hannas werden die Grundsätze von der freien Liebe, wie sie die Sozialdemokratie lehrt, verkörpert. Es

soll gezeigt werden, daß es einem in materieller Beziehung unabhängig dastehenden Mädchen erlaubt, ja daß es ihr Recht sei, mit jedem Manne, zu dem sie eine Zuneigung verspürt, ohne Rücksicht auf die herrschenden Ansichten von Sitte in Geschlechtsverkehr zu treten.

Das Oberverwaltungsgericht hielt sich dagegen an den Schluß, in dem „das Prinzip der Ehe" (mit einem Baron) zur Anerkennung gelange, und hob das Verbot auf.

Auch die öffentliche Aufführung von Hauptmanns *Die Weber* wurde schließlich vom Oberverwaltungsgericht gerettet mit der bezeichnenden Begründung, das Stück könne das Publikum des Deutschen Theaters nicht zum Klassenkampf aufreizen, da die Eintrittspreise nur Schichten in das Theater gelangen ließen, die nicht zum Aufstand neigten. Trotzdem wurden *Die Weber* noch vielfach polizeilich verboten, und Wilhelm II. setzte seinen Fuß nicht mehr in das Deutsche Theater. Später wurde dort sogar die Hofloge gekündigt.

Ein Lehrling Samuel Fischers mokierte sich über das Scheinhafte der Revolution im Theater. Es war Heinrich Mann, der einige Jahre später in seinen satirischen Roman *Im Schlaraffenland* (1900) eine Szene einrückte, in der er die Uraufführung eines naturalistischen Dramas von der Art der *Weber* bespöttelte. Das neureiche Publikum steht in dieser Satire in einem komischen Gegensatz zu Not, Wut und Rache der Proletarier auf der Bühne.

Die Moderne hatte eine gewisse Unterstützung im gebildeten Publikum, das zu einem großen Teil jüdisch war. Otto Brahm leitete von 1894 an das Deutsche Theater, seit 1904 das Lessingtheater. Er brachte Ibsen, Hauptmann, Schnitzler und George Bernard Shaw zur Geltung, auch Sudermann gehörte zu seinen Stammautoren. Brahm führte oft selbst Regie. Er widersetzte sich dem Starkult und brachte es darum zu intensiven Ensembleleistungen. Aus seinen eigenen Reihen erwuchs ihm in Max Reinhardt (d. i. Max Goldmann, 1873–1943) ein Konkurrent. Seit 1905 leitete Reinhardt das Deutsche Theater, wo er durch farbige Aufführungen, überraschende Effekte und Massenszenen einen eigenen künstlerischen Stil entwickelte, der von Brahms puritanischer literarischer Treue deutlich abstach. Die Konkurrenz dieser beiden privaten Theater, nicht die kaiserliche Hofbühne, machte Berlin zur führenden Theaterstadt im deutschen Sprachraum, gegen harte Wiener Konkurrenz.

Nur das Theater war in Deutschland polizeilicher Zensur ausgesetzt, Druckerzeugnisse konnten jedoch gerichtlich verfolgt werden, wegen Gotteslästerung, Majestätsbeleidigung, gewöhnlicher Beleidigung und Unsittlichkeit. Dies geschah sogar einem so bürgerlichen Erfolgsdichter wie Richard Dehmel. Als der Gedichtzyklus *Die Verwandlungen der Venus* zuerst (1896) in *Weib und Welt* erschien, wiederholte sich eine Denunziation wie die der Jungdeutschen durch Wolfgang Menzel (1835). Der Angreifer war selbst ein junger Lyriker: Börries Freiherr von Münchhausen. Als zweiundzwanzigjähriger Student der Jurisprudenz in Tübingen veröffentlichte er im April 1897 in der Zeitschrift *Die Kritik* einen Artikel über Dehmel, in dem er sich über die Modernität von *Weib und Welt* beschwerte. Insbesondere die nackte Körperlichkeit in *Venus Consolatrix*, in welchem Bild Dehmel Venus, Maria und Maria Magdalena verschmolz, erregte Münchhausens Anstoß. Auch das Gedicht *Mit heiligem Geist* fand Münchhausen „polizeilich nicht ganz zu rechtfertigen“, weil darin eine geträumte Maria nackt und mit Schwert im Herzen eine Rede Jesu begleitet, der Frauen in unglücklicher Ehe rät, den falschen Mann ohne Reue zu verlassen.

Außerdem äußerte Münchhausen den (falschen) Verdacht, daß Dehmel Jude sei. Das Klischee vom zersetzenden jüdischen Literaten war damals schon fertig. Als der Artikel von selber nicht die erhoffte Wirkung zeitigte, stellte Münchhausen Strafantrag. Das Gericht verurteilte Autor und Verleger tatsächlich, einige Seiten von *Weib und Welt* herauszuschneiden. Das Gedicht *Venus Consolatrix* sei gotteslästerlich und unzüchtig. In der Urteilsbegründung heißt es:

> Sein Gedicht ist kein Kunstwerk, wie er es selbst bezeichnet, das vermöge seiner Form oder seiner edlen und tiefen Gedanken selbst die Schilderung der wirklichen Nacktheit als nicht unsittlich erscheinen lassen würde, sondern lediglich eine poesielose Zusammenstellung von Reimen, in denen unsittliche, gotteslästernde und verworrene Gedanken enthalten sind und in denen die Entblößung der mit dem weißen Plüschgewande und der roten Rüsche bekleideten Frau und ihre nackte körperliche Erscheinung „bis ins schwarze Schleierhaar der Scham“ nur deshalb beschrieben ist, um vollständige Vorstellungen in dem Leser wachzurufen.

Um dieses Urteil kam es zu einer Pressekampagne, in deren Verlauf Dehmel einmal als „Urheber der neudeutschen Unzucht“ bezeichnet wurde. Freilich wurde auch Münchhausens Denunziation in der Presse verurteilt. 1899 brachte Münchhausen noch einmal einen Prozeß gegen Dehmels Gedichtband *Aber die Liebe* ins Rollen, der jedoch zu einem Freispruch des inzwischen allgemein anerkannten Dichters führte.

Dehmel war eine der treibenden Kräfte bei Gründung der Zeitschrift *Pan*, einem ersten Kristallisationspunkt der Jugendstilkunst und -dichtung, die mit der Absicht auftrat, dieser Kunst ein nach neuen ästhetischen Kategorien ausgerichtetes Publikum zu gewinnen. Dehmel liebte allerdings seine Rolle bei der Gründung zu übertreiben. Herausgeber waren der Literat Otto

Julius Bierbaum und der Kunstschriftsteller Julius Meier-Graefe. Das Unternehmen wurde von einer Genossenschaft wohlhabender Bürger getragen, deren aktive Kraft Eberhard von Bodenhausen war, Jurastudent, später Industrieller und Kunsthistoriker und Freund Hofmannsthals. Einer seiner Mitarbeiter war Harry Graf Kessler, der junge Erbe eines großen Vermögens und ebenfalls später ein Freund Hofmannsthals. Zu den Trägern der Genossenschaft gehörten Schriftsteller, Künstler und auch einige hohe Adlige.

Mit ihrer vornehmen Ausstattung wandte sich die Zeitschrift naturgemäß nur an die reiche Oberschicht. Dehmel entschuldigte das in einem Brief an einen Freund (27. März 1895):

„Die Kunst für das Volk!“ Das klingt sehr schön und ist auch sehr schön: aber dann muß auch das ‚Volk‘ die Mittel dazu haben. Solange das nicht der Fall ist, wird, wie es von jeher war – die *höchste* Kunst nur dem begüterten Volk geboten werden können.

Das schreibt derselbe Dehmel, der noch wenige Monate vorher seiner (ersten) Frau von der Sitzung eines Zuckerkartells berichtete (31. August 1894), wobei er als Angestellter hatte protokollieren müssen, und zwar mit Unbehagen, das mit mephistophelischem Behagen wechselte, weil er meinte, daß das Kartell seiner eigenen Verstaatlichung vorarbeite: „Bequemer kann es der sozialistischen Zukunft gar nicht gemacht werden.“ In dem Brief von 1895 tröstet er sich, daß es der *Pan*-Genossenschaft vielleicht später möglich sei, mit den von den Begüterten gewonnenen Mitteln auch Unbegüterten große Kunst zukommen zu lassen. Aber das war bloße Illusion. Es ist übrigens nicht ohne Bedeutung, daß Dehmels damalige Affäre mit seiner späteren zweiten Frau Ida Auerbach ein Eindringen des akademischen Proletariers in die wohlhabenden jüdischen Kreise des Berliner Tiergartens war (das er in *Zwei Menschen* als Affäre eines Sekretärs mit einer Fürstin verschlüsselte). Verbindungen von Tiergartenreichtum und Literatur verspottete Heinrich Mann in *Im Schlaraffenland* (1900) als Korruption (ohne daß ihm selbst materieller und sozialer Ehrgeiz ferngelegen hätte). So weit darf man im Falle Dehmels nicht gehen. Dennoch ist deutlich, daß die Freiheit der Kunst auch im Zeichen des liberalen Bürgertums nur ein Spielraum war.

Die Geschichte der Zeitschrift *Pan* war kurz, sie dauerte von 1895 bis 1900, und sie zeigt, daß Literaten und Bürger-Mäzene auf die Dauer nicht reibungslos zusammenwirken konnten. Der *Pan* war repräsentativ und künstlerisch, aber nicht ohne übertriebenen Bombast, er war in Grenzen experimentell, ohne das bloß Modische ausschließen zu können (das gelang den *Blättern für die Kunst* des Georgekreises ebensowenig). Bildende Kunst stand von Anfang an etwas stärker im Vordergrund als Literatur, waren doch englische Kunstzeitschriften das Vorbild. Die literarischen Beiträge waren oft illustriert oder mit prächtigen Initialen oder Zierleisten versehen. Berühmt wurde Dehmels *Trinklied* mit dem Kehrreim „dagloni gleia glühlala“, der fast auf den Dadaismus vorausweist. Der Abdruck des Gedichtes war eingerahmt durch eine Randzeichnung, die dionysische Sinnlichkeit darstellte.

Dem Aufsichtsrat wurde Bierbaum als Redakteur bald unbequem: Er war zu unruhig, zu unsolide, aber auch zu international. Die Frage, wie international die repräsentative Zeitschrift für moderne deutsche Kunst sein dürfe, wurde mehrfach lebhaft diskutiert. Unverändert blieb das Hauptprogramm des *Pan*, die Erziehung des gebildeten Publikums zur Schätzung

Das Trinklied.

Noch eine Stunde, dann ist Nacht;
trinkt, bis die Seele überläuft,
Wein her, trinkt!
Seht doch, wie rot die Sonne lacht,
die dort in ihrem Blut ersäuft;
Glas hoch, singt!
Singt mir das Lied vom Tode und vom Leben,
dagloni gleia glühlala!
Klingklang, seht: schon knicken die Reben,
aber sie haben uns Trauben gegeben,
walla hei!

Noch eine Stunde, dann ist Nacht;
im blassen Strome ruckt und blinzt
ein Geglüh.
Der rote Mond ist aufgewacht,
da kuckt er übern Berg und grinst:
Sonne, hüh!
Singt mir das Lied vom Tode und vom Leben,
Mund auf, lacht! das ist zwar sündlich,
klingklang, sündlich! aber eben:
trinken und lachen kann man blos mündlich,
walla hei!

»Trinklied« von Richard Dehmel mit Lithographie

von O. Lührig aus der Zeitschrift »Pan« (1895)

moderner Kunst und Literatur. Kunsthistoriker und Museumsleiter wie Alfred Bode und Alfred Lichtwark gewannen stärkeren Einfluß. Redakteur wurde an Stelle Bierbaums Cäsar Flaischlen. Eberhard von Bodenhausen engagierte sich nach Bierbaums Ausscheiden stärker in der redaktionellen Leitung.

Alfred Lichtwark glaubte, es sei Aufgabe der lebenden Kunst, das deutsche Nationalgefühl zu fördern, das er nicht einfach durch Sprache und Abstammung erklärte, „denn dann hätten die Elsässer sich nie als Franzosen fühlen gelernt“, sondern als Kulturgemeinschaft, die in Deutschland besonders ungesichert sei, da sie nicht, wie bei den Engländern, von zwingenden Lebensformen getragen werde. Daß es in Deutschland mehrere Kulturzentren gebe, müsse man als Eigenart anerkennen. Im Jahrgang 1896 erschien je ein Heft, das Kunst und Literatur in Berlin, Dresden, München und Hamburg in den Mittelpunkt stellte. Ein Wiener Heft kam nicht zustande.

Die Mitarbeiter des *Pan* reichten von der Berliner Boheme bis zu Karl Wolfskehl, der einen Artikel über George beisteuerte, obwohl der Meister selbst ein Unternehmen, dem sein Feind und Rivale Dehmel nahestand, mit Nichtachtung behandeln mußte. Man findet Beiträge von Liliencron und Dehmel. Bemerkenswert ist die Mitarbeit Hofmannsthals, von dem Gedichte und Fragmente kleiner Dramen erscheinen, darunter *Das kleine Welttheater*. Französische Symbolisten und andere Ausländer werden vorgestellt, auch noch nach der nationalen Wendung der Zeitschrift. Nietzsches Philosophie spielte eine große Rolle im *Pan*, im 1. Heft steht ein Auszug aus *Zarathustra* am Anfang.

Zwei zeittypische Beispiele aus der großen Zahl der mittelmäßigen literarischen Beiträge seien genannt. Eine Erzählung von Heinrich Hart, *Ein Ringkampf*, erschien im Jahrgang 1896. Ein Dorfschulmeister gerät in einen Liebeskonflikt und tötet Frau und Kinder durch Telepathie, wozu er sich durch Nietzsche berechtigt fühlte. Er ist aber dann doch zum sühnenden Selbstmord bereit. Der Ich-Erzähler verweist ihn auf Natur und Landschaft als heilende Kräfte. Obwohl als Erzählung nicht stark, zeigt sich doch, wie der Spielraum der Literatur für moralische Experimente benutzt wird. Ein anderes Beispiel ist eine Erzählung *Die Nachtwandlerin* von Thomas Manns Freund Kurt Martens, ebenfalls im Jahrgang 1896. Dargestellt wird die eingebildete Hingabe eines Mädchens in nachtwandlerischem Traum. Ein wenig Erotik, ein wenig Psychiatrie wird benutzt, um das Bedürfnis nach sexueller Freiheit in einer unwirklichen Atmosphäre gleichzeitig zu verschleiern und spürbar zu machen.

Wie der *Pan* war die österreichische Kunstzeitschrift *Ver Sacrum* nach englischem Vorbild gestaltet. An ihrer Gründung war Hermann Bahr beteiligt. Der dominierende Kunstteil vertrat einen gepflegten Jugendstil. In den literarischen Beigaben findet man die österreichischen Namen Hofmannsthal, Rilke und Schaukal, unter den Deutschen Dehmel, Holz und den unvermeidlichen Bierbaum. Die Zeitschrift bestand von 1898 bis 1903.

Ebenfalls eine kleine Auflage hatte *Die Insel*, eine Zeitschrift, die bei hohen Qualitätsansprüchen keine publikumserziehenden Ziele verfolgte, sondern ein hochgebildetes Publikum voraussetzte. Auch für sie waren englische Kunstzeitschriften das Vorbild, was immer wieder das Bedürfnis nach einer ästhetisch kultivierten gesellschaftlichen Form verrät. Sie brachte es niemals auf mehr als 400 Abonnenten; ihr Leben, 1899 bis 1902, war noch kürzer als das des *Pan*. Sie wurde in München von den Vettern Rudolf Alexander Schröder und Alfred Walter Heymel gegründet, beide reiche und kunstbegeisterte Bremer. Beide waren 1899, im Gründungsjahr der *Insel*, 21 Jahre alt. Otto Julius Bierbaum fehlte bei der Gründung nicht. Schröder und Heymel finanzierten das Unternehmen. Sie erledigten außerdem den größten Teil der Redaktionsarbeit. Diese Umstände führten zu dem bösen Gerücht, sie hätten sich Bierbaum nur gekauft, um ihre Namen neben dem eines bekannten Lyrikers gedruckt zu sehen. So ließen Schröder und Heymel Bierbaum in Zusammenarbeit mit Franz Blei den 3. Band redigieren. Es half aber alles nichts, sie mußten sich von dem notorisch arbeitsscheuen Bierbaum trennen. Bierbaum rächte sich später durch seinen Roman *Prinz Kuckuck* (1907), in dem er Züge aus Heymels Leben in der Figur eines jungen reichen Mannes verwendete, der seinen Lebensstil nicht finden kann. Obwohl der *Insel* die Finanzierung dank Heymels Reichtum nicht die üblichen Schwierigkeiten machte, waren der finanziell abhängige, routinierte und oberflächliche Bierbaum, der noch unreife, rigorose künstlerische Enthusiast Schröder und der Dilettant und Herrenreiter Heymel ein seltsames Team für eine als vorbildlich gedachte Zeitschrift.

Die Zeitschrift wurde auf ausgesuchtem Papier gedruckt in ausgesuchter Fraktur (später bestand Schröder auf Antiqua) und mit graphischen Beigaben von hervorragenden Künstlern wie Thomas Theodor Heine, dessen Zeichnung zu einem Aufsatz über die Tänzerin Loie Fuller zu den besten Leistungen des Jugendstils gehört. Andere Künstler waren der Worpsweder Heinrich Vogeler und Emil Rudolf Weiß.

Der Mitarbeiterkreis reichte von dem Berliner Bohemien Paul Scheerbart bis zu dem mährischen Wiener Konservativen Richard Schaukal. Außer den Herausgebern und Redakteuren Schröder, Heymel, Bierbaum und Franz Blei findet man die Namen Hofmannsthal,

»Serpentinentänzerin« von Thomas Theodor Heine aus der Zeitschrift »Die Insel« (1900)

Rudolf Borchardt, Rilke, den des Schweizers Robert Walser, Frank Wedekind, Heinrich Mann, Dehmel, Liliencron, Arno Holz und Julius Meier-Graefe neben vielen anderen. Ausgesuchte Ausländer wie Edgar Allan Poe, Walt Whitman, Ralph Waldo Emerson, Charles Algernon Swinburne, Oscar Wilde, Henry van de Velde, Maurice Maeterlinck, Henri de Régnier, Jules Renard, Francis Jammes, André Gide, Ellen Key und Sigbjörn Obstfelder kamen in Übersetzungen zu Wort. Der Kreis der Mitarbeiter ist kleiner und selektiver als der des *Pan*, jedoch überschneiden sich beide. Eine Zeitlang wurde über die Vereinigung von *Pan* und *Insel* verhandelt. Als 1902 *Die Insel* wirtschaftlich nicht mehr zu halten war, führte der Insel Verlag wenigstens einige der Ziele der Zeitschrift weiter. Er druckte Hofmannsthal, der für sein bloßes Mitmachen ein kleines Jahresgehalt erhielt, Rilke, Ricarda Huch, Arno Holz, der inzwischen vom Naturalismus zum Jugendstil übergeschwenkt war, und den phantastischen Paul Scheerbart. Der Verlag förderte ohne viel Rücksicht auf finanzielle Verluste noch unbekannte oder esoterische Schriftsteller wie Ernst Hardt und Robert Walser. Oscar Wilde wurde vom Insel Verlag für Deutschland entdeckt. 1907 (Erstdruck 1905 in *Der Tag*, Berlin) erschien im *Insel Almanach*, einem Jahrbuch des Verlages, Hofmannsthals streng distanzierender Aufsatz *Sebastian Melmoth* über Wildes immoralistischen Ästhetizismus, die eigene Gefährdung im anderen verurteilend. Auch ältere Literatur druckte der Insel Verlag neu. Seit 1905 brachte Anton Kippenberg den Verlag auf eine solide wirtschaftliche Grundlage. Auch Kippenberg war Bremer. Zwar soll Heymel geäußert haben, Kippenberg habe Kartoffeln in seinem Rosengarten gepflanzt, jedoch war gerade Heymels irrlichthaftes Anteilnehmen am Verlagswerk eher hinderlich. Kippenbergs großes Interesse für die

Titelblatt der Monatsschrift »Die Insel« (1900) von Heinrich Vogeler

deutschen Klassiker, besonders Goethe, bestimmte Gesicht und Rang des Verlages mit.

Der Insel Verlag pflegte enge Beziehungen zu den kunstgewerblichen und kunstreformerischen Bestrebungen, die in zwei kleinen deutschen Residenzen entstanden waren: in Weimar und in Darmstadt. Im Buchschmuck bediente er sich des in Weimar ansässigen Belgiers Henry van de Velde und des in Darmstadt wirkenden Peter Behrens, der schon 1899 das Signet des Verlages, das Insel-Schiff, entworfen hatte. Die Reinigung des Jugendstils von allzu verspielten und frivolen Formen war diesen beiden und Kippenberg ein gemeinsames Ziel. Der abwertende Begriff ‚Jugendstil‘ im Sinne von modernem Kitsch wurde in diesem Umkreis gerne verwendet.

Eine Episode bildet das 1909 erschienene Jahrbuch *Hesperus* von den Freunden Hofmannsthal, Rudolf Borchardt und Rudolf Alexander Schröder, ein Versuch, hohe Qualität zu pflegen, ohne die Herrschaftsgebärde und blassen Mitläufer des Georgekreises. Freilich blieb es infolge der ausgeprägten Eigenart der drei Herausgeber bei diesem einen *Hesperus*.

Neue Autoren des Verlages wurden der einzelgängerische österreichische Kulturphilosoph Rudolf Kassner, der Rilke und Hofmannsthal verbunden war, Stefan Zweig, Hans Carossa, zeitweise auch Carl Sternheim und Heinrich Mann, diese Lehrmeister der Expressionisten, die gegen Ende des Ersten Weltkrieges in den Kurt Wolff Verlag überwechselten, womit die vorwiegend konservative Richtung des Insel Verlages wiederhergestellt war. Eine Leistung des Verlages war die Insel-Bücherei, die seit 1912 kleine Bücher zum Preise von nur 50 Pfennig herausgab, ohne dabei auf buchkünstlerische Qualität zu verzichten.

Franz Blei, der am 3. und letzten Jahrgang der *Insel* (1902) beteiligt war, gab 1908 bis 1910 die Zeitschrift

Hyperion heraus. Erschienen sind die 4 Bände des 1. Jahrgangs von 1908 und dann 3 Bände einer 2. Folge 1909 bis 1910. Das 1. Heft beginnt mit vier Stücken aus Rilkes *Neuen Gedichten*, einem Akt von Hofmannsthals *Das Bergwerk zu Falun* und einer Erzählung von Heinrich Mann, *Gretchen*, einer Bürgersatire, in der Diederich Heßling aus dem (späteren) *Untertan* als Familienvater auftritt. Auch Carl Sternheim ist mit einem Teil seiner Tragödie *Don Juan* (in Versen und Prosa) vertreten, die in späteren Heften fortgesetzt wird. Sternheim zeichnete den 1. Jahrgang als Herausgeber, zusammen mit Blei. Einige von Franz Kafkas Prosagedichten wurden unter dem späteren Buchtitel *Betrachtung* hier zuerst gedruckt. Im 2. Jahrgang steht sein *Gespräch mit dem Beter*, das er aus *Beschreibung eines Kampfes* herauslöste. Natürlich kommen auch zweitrangige Namen im *Hyperion* vor, aber das Niveau bleibt dennoch einzigartig. Gedichte und Prosa von Rudolf Borchardt, Rudolf Kassner, Max Brod, Max Mell, Hermann Graf Keyserling, Arnold Zweig, Max Dauthendey, Richard Dehmel, Carl Einstein, Hans Carossa, René Schickele, Paul Ernst, Robert Musil, Annette Kolb, auch von den Gründern der *Insel*, Rudolf Alexander Schröder und Walter Heymel, finden wir im *Hyperion*; Übersetzungen von Paul Claudel, André Gide, George Meredith, Alexander Block erscheinen in den Heften der beiden Jahrgänge; das ergibt ein breites Spektrum, das auch spätere Expressionisten einschloß. Sehr viele der Beiträge durchzieht die kultivierte Erotik, die der beste Jugendstil anstrebte. Das Bedürfnis nach einem verbindlichen Stil im deutschen Wesen ist auch in dieser Zeitschrift impliziert, wird aber nur hier und da offen ausgesprochen. Ein Aufsatz in Fragmenten, *Dilettantismus*, von Rudolf Kassner, der 1910 im *Hyperion* erschien, ordnet den Dilettantismus der Demokratie zu, die als ein Zeitalter des Reichtums bezeichnet wird, was nicht negativ gemeint ist, zumal Kassner viel Dilettantismus in dem allseits bewunderten England findet. Dennoch ist die Furcht vor einem Ende des vornehmen Humanismus in Kassners Essay spürbar, eine stille Vorliebe für hierarchische Ordnungen, die man in der Form von gültigen Kunstwerten verehrend anerkennen kann.

Von volkspädagogischem Willen getragen wurde das Verlagswerk von Eugen Diederichs. Die Friedrichshagener Bruno Wille, Wilhelm Bölsche und Julius Hart fanden hier eine neue Heimat. 1898 verhandelte Diederichs mit Stefan George, um das ganze Unternehmen des Kreises und der *Blätter für die Kunst* für seinen Verlag zu gewinnen, allerdings vergeblich. George entschied sich für den Bondi-Verlag. Maeterlinck wurde von Diederichs verlegt. Die *Sammlung Thule,* Übersetzungen alter nordischer Dichtung, Märchensammlungen und die Sammlung Diederichs, die deutsche und außerdeutsche literarische und kulturelle Phänomene greifbar machte, zeugen von der zeitgeschichtlichen Bedeutung des Verlages. Nach 1910 nahm die kulturpädagogische Tendenz mehr und mehr völkisch-germanische Züge an. Weltliteratur, Heimatkunst und Präfaschismus gingen eine charakteristische Mischung ein.

Eine solche Mischung stellt auch die populäre *Jugend* dar, eine Zeitschrift, deren Auflage in die Zehntausende ging. Sie hatte in München ihren Sitz. Die Initiative zu ihrer Gründung (1896) ging von dem Verleger Georg Hirth aus, der ein Gegengewicht gegen die modischen Dekadenzstimmungen schaffen wollte. Seine Zeitschrift sollte freimütig sein, mit Maßen auch satirisch. Er wollte das Nationalgefühl des Bürgers stärken, was zu peinlichem Chauvinismus entarten konnte. Zu den Mitarbeitern zählten führende Moderne wie Dehmel und natürlich Bierbaum. Rilke erscheint vor 1900, Hofmannsthal nur in einem Nachdruck. Die Brüder Mann hielten sich fern. Obwohl die Zeitschrift gegen den Gartenlaube-Stil des Spießbürgertums opponierte, obwohl sie dem Jugendstil den Namen gab und wenigstens seine zweitrangigen Produkte popularisierte, erreichte sie die Höhe der modernen Bewegung, die bedeutenden Leistungen des Jugendstils nur selten. Unter den graphischen Künstlern der Zeitschrift, die den ‚Jugendstil' popularisierten, wurde Hugo Höppener als „Fidus" durch seine stilisierten Nacktheiten sehr bekannt.

Eine andere Münchener Zeitschrift, die sich an die Massen wendete, wenn auch in ganz anderer Absicht, war der *Simplicissimus* des Verlegers Albert Langen, im gleichen Jahr wie *Jugend*, 1896, gegründet. Langen war eigentlich ein Dilettant, der aus Unlust, sein Abitur zu machen, den Kaufmannsberuf erlernt hatte. In Paris und München geriet er in Schriftstellergesellschaft zum Teil bohemischer Natur und, da er etwas Vermögen hatte, gründete er den Verlag und die satirisch-literarische Zeitschrift. Er stand gleichsam zwischen der Schwabinger Boheme und der soliden Bürgerwelt und vermittelte zwischen beiden. Der *Simplicissimus* war frech. Ab und zu wurde eine Nummer wegen Unsittlichkeit konfisziert. Als Zeichner ragten Thomas Theodor Heine und Eduard Thöny hervor, der den preußischen Leutnant in seiner entwaffnend dummen Schneidigkeit karikierte. Die Innen- und Außenpolitik des Kaiserreiches mußte sich Kritik gefallen lassen. Neben der politischen stand die gesellschaftliche Satire, nicht nur gegen Aristokratie und Militär, auch gegen die oberen Stände einschließlich der neureichen Emporkömmlinge jüdischer und nichtjüdischer Herkunft. Auch die Sozialdemokratie und der Münchener Spießbürger wurden nicht verschont.

Die Prüderie im Kaiserreich war ein beliebtes Angriffsziel, wozu die jahrelangen Beratungen über die Lex Heinze Anlaß boten, einen Gesetzesvorschlag, der die Sittlichkeitsparagraphen verschärfen sollte aus Anlaß eines zurückliegenden Mordes im Zuhältermilieu. Der Reichstag lehnte den Entwurf ab, ein Erfolg liberaler Publizistik.

Unter den literarischen Mitarbeitern erscheinen die Brüder Mann, Peter Altenberg (d. i. Richard Engländer), Arthur Schnitzler, Dehmel, Hermann Hesse, Roda Roda (d. i. Sandór Friedrich Rosenfeld), Erich Mühsam, Gustav Meyrink (d. i. Gustav Meyer), Alfred Polgar. Alle diese sind zwar zumeist nur in kurzen und relativ leichtgewichtigen Werken im *Simplicissimus* vertreten, sie bilden aber eine ansehnliche Reihe. Es versteht sich, daß auch von Otto Julius Bierbaum leichte und ein wenig freche Gedichte im *Simplicissimus* gedruckt wurden. Jakob Wassermann und Thomas Mann arbeiteten eine Zeitlang als Redakteure und Verlagslektoren. Am interessantesten ist jedoch die Mitarbeit Frank W e d e k i n d s, die groteske Geschichte seiner Strafe und die Reihe von Dramen, die aus seiner Ansicht über das Verhältnis von Kunst und Gesellschaft und die Rolle des Vermittlers zwischen beiden als Folge seines Konfliktes mit Langen entstanden.

Schon das erste Heft des *Simplicissimus* brachte Wedekinds Erzählung *Die Fürstin Russalka.* Langen druckte gern bänkelsängerisch-moralische Gedichte von ihm, oft unter Pseudonym, weil ab und zu ihretwegen eine Nummer der Zeitschrift konfisziert wurde, was natürlich die Neugier und den Absatz erhöhte. Langen regte Wedekind an, auch politische Gedichte unter Pseudonymen zu schreiben. Wedekind ging darauf ein, teils aus bohemischem Spaß an der Sache, aber auch weil er Geld brauchte, verhinderte die Zen-

Titelblatt der Zeitschrift »Simplicissimus« (1. Jahrgang 1896, Nr. 1)

sur doch ständig die Aufführung seiner erotischen Dramen. Hier sind 3 Strophen aus Wedekinds Reaktion auf eines der vielen Verkaufsverbote des *Simplicissimus* auf den Berliner Bahnhöfen:

Maulkorb, Maulkorb über alles;
Wenn der Maulkorb richtig sitzt,
Wird man immer schlimmstenfalles
Noch als Hofpoet benützt.

Aber glaubt nur nicht, ich rede
Hier von preußischer Dressur!
Nein bei Gott, ich meine jede
So im allgemeinen nur.

Heilig halt ich unser Preußen
Mit der Losung Bum-bum-bum;
Deutschlands Glück zusammenschweißen
Ist sein Evangelium.

Im Jahre 1898 machte sich der *Simplicissimus* über die prunkvolle Orientreise Kaiser Wilhelms II. lustig. Th. Th. Heine hatte Barbarossa und Gottfried von Bouillon sich darüber unterhalten lassen, daß ihre Kreuzzüge doch eigentlich *auch* keinen Sinn gehabt hätten, und Wedekind weckte den biblischen König David auf, um den Kaiser zu begrüßen:

Willkommen, Fürst, in meines Landes Grenzen,
Willkommen mit dem holden Eh'gemahl,
Mit Geistlichkeit, Lakaien, Exzellenzen
Und Polizeibeamten ohne Zahl.
Es freuen rings sich die histor'schen Orte
Seit vielen Wochen schon auf deine Worte,
Und es vergrößert ihre Sehnsuchtspein
Der heiße Wunsch, photographiert zu sein.
. . .
Der Menschheit Durst nach Taten läßt sich stillen,
Doch nach Bewund'rung ist ihr Durst enorm.

Der du ihr beide Durste zu erfüllen
Vermagst, sei's in der Tropenuniform,
Sei es in Seemannstracht, im Purpurkleide,
Im Rokokokostüm aus starrer Seide,
Sei es im Jagdrock oder Sportgewand,
Willkommen, teurer Fürst, im Heil'gen Land!

Die Hefte wurden in Leipzig gedruckt, und der sächsische Staatsanwalt erhob sofort Anklage wegen Majestätsbeleidigung. Der Zeichner Th. Th. Heine, der sich nicht unter einem Pseudonym verstecken konnte, rechnete höchstens mit einer Geldstrafe, fuhr nach Leipzig und wurde sofort in Haft genommen; Langen floh nach Paris. Wedekind war zunächst durch sein Pseudonym gedeckt. Aber der sächsische Staatsanwalt fand das Manuskript in der Redaktion. Langens „rechte Hand“, der Verlagsleiter und Schriftsteller Korfiz Holm, hat die Schwabinger Geschichte schön erzählt. Wedekind wollte nicht fliehen, weil die Aufführung seines *Erdgeist* bevorstand, an der er selbst als Schauspieler mitwirkte und von der er sich (vergeblich) den Durchbruch zum Erfolg erhoffte. Die Münchener Polizei, in ihrer bundesstaatlichen Selbständigkeit durch den sächsischen Staatsanwalt beirrt, ließ Holm wissen, sie werde spätestens den folgenden Tag mittags, also nach der Premiere, wissen, wer das Gedicht geschrieben habe. Die Premiere wurde ein Skandal, und Wedekind fuhr am nächsten Morgen über die österreichische Grenze bei Kufstein. In der Schweiz und später in Paris sorgte Langen für seinen Unterhalt und forderte ihn auf, weitere politische Gedichte zu schreiben. Wedekind hielt das für Erpressung und begann, Langen zu hassen. Nach acht Monaten reiste er plötzlich nach Deutschland, stellte sich den sächsischen Gerichten und wurde zu sieben Monaten Gefängnis verurteilt, die in Festungshaft umgewandelt wurden. Dem Gericht erzählte er, Langen habe ihn verführt, er habe die Gedichte nur auf Bestellung angefertigt, sie entsprächen nicht seiner Überzeugung. Auch glaubte Wedekind ernstlich, Langen habe die Entdeckung von Wedekinds Autorschaft arrangiert, um Reklame für sein Blatt zu machen. Diese Version ist nach allem, was wir von Langen und von Wedekinds Einbildungskraft wissen, unglaubhaft.

Langen wurde gegen Zahlung von 30 000 Mark schließlich begnadigt. Der Streit zwischen dem *Simplicissimus* und den Behörden ging jedoch weiter. 1906 mußte Ludwig Thoma drei Wochen im Stadelheimer Gefängnis verbringen, weil er in einem *Simplicissimus*-Flugblatt die Tagung einer Dachorganisation von Sittlichkeitsvereinen in Reimen glossiert hatte, so daß Beleidigung konstatiert werden konnte. Langen gründete 1907 die Zeitschrift *März*, die einen politischen und literarischen Teil hatte (für den letzteren wirkte Hermann Hesse neben Ludwig Thoma als Mitherausgeber). Der Name der Zeitschrift sollte an den März 1848, aber auch im Sinne des Jugendstils an Pflügen und Frühling erinnern. Sie sollte ein positives Gegenstück zum *Simplicissimus* bilden, für Frieden und Freiheit eintreten. Seit 1913, nach dem Tode Langens (1909), leitete Theodor Heuss sie mehr im politischen Sinne.

Während des Exils und der Haft (1898/99) schrieb Wedekind *Der Marquis von Keith* (1901), angeregt durch die Person Willi Gretors, eines schwindlerischen Kunsthändlers aus Dänemark, den Wedekind und Langen früher getrennt in Paris kennengelernt hatten und den sie jetzt gemeinsam wiedertrafen. Dazu kamen Münchener Erlebnisse vor der Flucht. Der Erstdruck in der *Insel* trägt den Titel: *Münchener Szenen: Nach dem Leben aufgezeichnet.* Schließlich war das Zusammensein mit dem gehaßten und dennoch nicht verachteten Langen ein Faktor in der Konzeption.

Wedekind setzte dem lebensreformerischen Optimismus eine tragische Skepsis entgegen und fragte, was einer künstlerischen Anlage geschehe, wenn sie ins bürgerliche Geschäft gezogen wird, was, wie er an sich erfuhr, ja unvermeidlich ist. *Der Marquis von Keith* leitete eine Reihe von Dramen ein, in denen Kunst und Gesellschaft zusammenstoßen.

Wedekind legte sein Selbstverständnis als Dichter und als neumoralischer Bürger auseinander in die Figuren Keith (ein angenommener Schwindlername) und Scholz. Keith wird beherrscht von seiner unbändigen Phantasie und starker sinnlicher Genußfähigkeit, Scholz von seinem moralischen Selbstbewußtsein.

Keith ist Journalist, Kunsthändler und Inhaber einer Konzertagentur. Sein Metier ist es, die Kunst an den Bürger zu bringen und dabei selbst zu genießen. In München will er mit den Geldern der Bürger den „Feenpalast“ bauen, einen Konzertsaal mit Theater und Kunstgalerie. Er steht schon nach seiner Herkunft in der Mitte zwischen Bürger und Außenseiter. Sein Vater war ein mathematisch begabter Hauslehrer, seine Mutter Zigeunerin. Trotz seiner eleganten Wirkung hat er Mängel, er hinkt und hat grobe Hände. Er sagt zwar von sich, seine Begabung beschränke sich darauf, „daß ich in bürgerlicher Atmosphäre nicht atmen kann“, und er hält den „allerergiebigsten Lebensgenuß“ für sein „rechtmäßiges Erbe“, aber seine Prinzipien sind dennoch bürgerlich-materialistisch, freilich in ungewöhnlich desillusionierter Form: „Es gibt keine Ideen, seien sie sozialer, wissenschaftlicher oder künstlerischer Art, die irgendetwas anderes als Hab und Gut zum Gegenstand hätten.“ Oder: „Sünde ist eine mythologische Bezeichnung für schlechte Geschäfte. Gute Geschäfte lassen sich nun einmal nur innerhalb der bestehenden Gesellschaftsordnung machen.“

Seine kleinbürgerliche Herkunft begleitet ihn, in Gestalt seines ihm treu ergebenen haushälterischen Mädchens Molly, seiner nicht ganz legalen Frau. Wie Goethes Gretchen hält Molly den Geliebten für „gut“, „groß“ und „lieb“; sie bietet ihm ein kleines Glück, das er verschmäht, weshalb sie in den Tod geht. Keith will statt ihrer die elegante Kurtisane Anna, die es fertiggebracht hat, Gräfin zu werden. Für sie möchte er ein Haus bauen „mit möglichst hohen Gemächern, mit Park und Freitreppe. Die Bettler dürfen auch nicht fehlen, die die Auffahrt garnieren.“ Mit Anna möchte Keith Kinder zeugen, die, im Gegensatz zu ihm, aristokratische Hände haben sollen. In Keith verbindet sich also der bürgerliche Emporkömmling mit dem künstlerischen Menschen, beide ohne moralische Grundlage. Die Künstler, die auftreten, sind entweder Fälscher oder von der Presse „aufgebaut“. Keiths zynische Amoralität scheint ihn zunächst dazu zu befähigen, jeden Menschen nach seiner Fähigkeit für sich zu „verwerten“. Er kann betrügen, aber er ist weder zielbewußt noch geizig genug. Der weniger phantasievolle, aber planmäßig vorgehende Großbürger Konsul Casimir ist ihm überlegen und hat noch dazu das Gesetz und den Schein der Moral auf seiner Seite.

Die wirkliche Moral vertritt Ernst Scholz, eigentlich Graf Trautenau. Er und Keith sind zusammen aufgewachsen. Scholz glaubt, er könne sich des Daseins nicht eher erfreuen, bis er seine „Existenz durch ehrliche Arbeit gerechtfertigt hätte“. Das ist ihm mißlungen, weil die Schuldethik sein Leben zerstört hat. Darum möchte er jetzt das Prinzip des Lebensgenusses von seinem Freund lernen. Auch das geht schief; das Glück (in der Gestalt der Kurtisane Anna) läßt sich nicht zwingen. Scholz zieht sich in eine Privatheilanstalt zurück. Der Versuch, sein Leben moralistisch zu leben, scheitert ebenso wie die schillernden Pläne seines Freundes.

Bürgertum und Kunst klaffen auseinander. Die Anspielungen auf Goethes *Faust* (die „zwei Seelen“ in Scholz' Brust, Molly als Gretchen, Anna als Helena, der hinkende Marquis als Mephisto) sind bittere Satire auf das bürgerlich-ästhetische Ideal der Goethezeit. Die Vermittlung von Kunst und Leben, von Schein und Moral, wird verneint. Die künstlerische Lebensform ist falsch, weil das Künstlerische auf dem Schein beruht, die moralistische ist falsch, weil sie den natürlichen Selbstbehauptungswillen untergräbt.

Thomas Mann, auf dessen *Krull*-Konzeption das Stück einwirkte, hat die Szene zwischen Scholz und dem Marquis, gespielt vom Dichter selbst, geschildert (*Über Frank Wedekind*, 1914, späterer Titel: *Über eine Szene von Wedekind*). „Eines Abends, oder gegen Morgen – es sind ja wunderliche Tageszeiten, zu denen man mit ihm plaudert –“, habe Wedekind ihm zugestanden, „daß er um dieser Szene willen das Stück geschrieben habe.“ Mann deutet die Szene als „das Mysterium der Abdankung“. Was hier abdankt, ist der moralische Führungsanspruch der Literatur, der aus der Goethezeit vererbt wurde. Moral ist lächerlich und gehört ins Irrenhaus.

In *Hidalla oder Sein und Haben* (1904), ein anderer Titel ist *Hetmann der Zwergriese*, bringt Wedekind einen Verleger auf die Bühne, dessen Name Launhart eine deutliche Anspielung auf Albert Langen ist. Launhart hat ein sozialwissenschaftliches Institut gegründet und möchte moderne Ideen zu Geld machen. Wedekind hält sich an seine persönliche Deutung der *Simplicissimus*-Affäre. Der Verleger spielt der Polizei einen provokatorischen Artikel des Rassentheoretikers und Idealisten Hetmann in die Hände, während er selbst flieht. Der darauf folgende Prozeß führt zu einer enormen Steigerung der Abonnentenzahl. Hetmanns Lehre der reinen körperlichen Schönheit hat großen Erfolg beim zahlkräftigen Publikum; sie wird sogar zum Gegenstand einer wissenschaftlichen Abhandlung. Nur eins tut sie nicht: sie ändert nichts und niemanden. Darum wendet Hetmann ein verzweifeltes Mittel an: er will sich als Märtyrer opfern. In öffentlichen Vorträgen polemisiert er gegen die Tabus der Gesellschaft. Die Jungfräulichkeit vor der Ehe, meint er, mache die Braut zur Ware, das Tabu diene zur Wertsteigerung. Deshalb sei es ein Sklavenmerkmal. Er hofft, die Menge werde ihn, den Häßlichen, zerreißen und seine Lehre von den schönen Rassenmenschen werde wie die von Jesu unaufhaltsam sich die Welt erobern. Aber er wird nur für verrückt erklärt. Als er schließlich ein Angebot erhält, im Zirkus aufzutreten, gibt er sein Bestreben, ernst genommen zu werden, auf und erhängt sich. Da stürzt der Verleger Launhart auf die Bühne und ergreift das Manuskript Hetmanns, „Hidalla oder die Moral der Schönheit", um den Publizitätswert des eben geschehenen Selbstmordes auszubeuten.

Mit *Hidalla* wird also die Fähigkeit der „Moral der Schönheit", das Leben zu reformieren und die Welt zu verändern, zu einem grotesken Ende geführt, obwohl, oder weil, die Lehre sich ausdrücklich nur an die Wohlhabenden richtet, die es sich leisten können, über die Moral des kleinen Mannes erhaben zu sein, und die von der Polizei in Ruhe gelassen werden. Ein Reicher, überlegt Hetmann am Ende, wird eher sein Leben einsetzen, um seinen Reichtum zu retten, als seinen Reichtum riskieren, um sein Leben zu bereichern. Warum also sollen gerade die Reichen von der Schönheit zu einer Reform des Lebens angeregt werden, während es ihnen doch um Erhaltung der Verhältnisse zu tun ist? Das konsequente Genie – das ist Hetmann – macht nur die Kulturmittler reich und sich selbst lächerlich.

Oaha (1908) ist eine Mischung aus der realen Geschichte des *Simplicissimus* und Wedekinds Wunschdenken. Das Stück ist auf weite Strecken hin ein karikierendes Schlüsseldrama der *Simplicissimus*-Affären. Die Majestätsbeleidigung stellt Wedekind natürlich nach seiner Theorie dar. Seine Dichterfigur, Bouterweck, fühlt sich vom Verleger völlig abhängig. Aus Hunger dichtet er, was er nicht wirklich meint. Der Verleger ist eine Art von Hochstapler, der auf großem Fuße lebt, aber Bouterweck – Wedekind – kurzhält. Der verlogene Geschäftsmann bringt seinen Schwiegervater, einen ausländischen Dichter (gemeint ist Björnson) dazu, eine rührende liberale und idealistische Ansprache an die Mitarbeiter zu halten, bevor er selber ins Ausland flieht. Auch der Liberalismus ist also manipuliert. Jedoch gewinnt der Verleger nicht. Als er zurückkehrt, reißt das Redaktionskollegium, zu dem Bouterweck nicht gehört, die Macht an sich, indem die Redakteure dem Verleger mit Gründung eines Konkurrenzunternehmens drohen. Sie zwingen ihn so zur Umwandlung des Blattes in eine Gesellschaft, in der die Zeichner und der Schriftsteller Dr. Kilian (gemeint ist Ludwig Thoma) den Ton angeben. Für den Verleger ist dann nur noch der Posten des Sitzredakteurs frei.

Die Rolle des Sitzredakteurs hat Langen in Wirklichkeit nicht gespielt, aber die Palastrevolution hat im Jahre 1906 tatsächlich stattgefunden. Der Verlag des *Simplicissimus* ging in die Hände einer Gesellschaft über, die aus den führenden Zeichnern und Autoren bestand und in der Langen selbst keine kontrollierende Mehrheit mehr hatte. Langen starb 1909, noch nicht vierzigjährig.

Wedekinds *Franziska* (1912) ist deutlicher als

Faust-Parodie angelegt als *Der Marquis von Keith*. Ihr Mephisto ist Veit Kunz, ein fragwürdiger Schriftsteller, Impresario und Versicherungsvertreter, der Franziska eine Fülle von Erlebnissen bietet, die aber alle durch Unwahrhaftigkeit verfälscht sind. Darunter ist auch die Teilnahme an der sittlichen Reformbewegung, die der Herzog von Rotenburg in seinem Lande einführen möchte. Veit Kunz bestärkt den Herzog, inszeniert ein Festspiel, hält es aber auch mit der reaktionären Gegenpartei und bewirkt so einen grotesken Skandal, wobei es ihm nur auf den Profit ankommt. Selbst schreibt und inszeniert er dann, wie Max Reinhardt, ein neuromantisches Mysterienspiel im Theater der Fünftausend, in dem die moderne Bewegung auf zahme Andeutungen reduziert wird. Er wird aber von einem Frauenchor hinweggefegt, in dem plötzlich dionysische Lust erwacht ist. Das ist Wedekinds Wunschdenken. Das anarchische „Leben" sollte die falschen Vermittler hinwegfegen, die nur faule Kompromisse mit der alten heuchlerischen Moral und den Bürgern schließen. In seinem idyllischen Schluß bietet er Mutterglück und eine schlichte Künstlerehe als Lösung aus der Falschheit an.

Zeitlebens hatte Wedekind mit dem Theaterzensor zu kämpfen. Die Aufführung von *Frühlings Erwachen* wurde erst 1906 nach Streichungen möglich, *Die Büchse der Pandora*, *Der Totentanz* und *Schloß Wetterstein* wurden am meisten behindert. 1904 wurde die Restauflage der Buchausgabe der *Büchse der Pandora* wegen Unsittlichkeit unter gerichtlicher Aufsicht vernichtet. In seinem Einakter *Die Zensur* (1909) suchte Wedekind seine moralischen Absichten darzustellen. Das geschieht in einem Dialog zwischen dem Dichter Buridan und dem geistlichen Zensor (in München stand die Zensur unter geistlichem Einfluß). Der Dichter vertritt als sein Ziel „die Wiedervereinigung von Heiligkeit und Schönheit als göttliches Idol gläubiger Andacht“. Er versteht seinen ästhetischen Monismus religiös, denn er möchte die schöne Natur und die Verehrung der ewigen Weltgesetze zusammenbringen. Wedekind identifizierte sich offensichtlich mit dieser Absicht, wenn auch nicht ganz mit der Figur Buridan. Der gebildete geistliche Zensor nennt den Dichter dagegen einen fanatischen Menschenverächter, dem es nur um die Schönheit von Zirkusspielen und niedrigen Ausschweifungen gehe. Er wirft ihm Unzuverlässigkeit und doppelzüngige Täuschung des Publikums vor. Scheinbar behält er recht, als die Geliebte des Dichters in verführerischem Kostüm hereintanzt. Jedoch wollte Buridan sich ernstlich von ihr lösen, um sich zu vergeistigen. Der Dichter Buridan, wie Buridans Esel, der zwischen zwei Heubündeln verhungert, quält sich, weil er zugleich angezogen wird von der schönen Oberfläche, von sinnlicher Schönheit, und dem Bedürfnis nach geistiger Distanz. Es müsse erlaubt sein, die Reize des Lebens zu zeigen, wenn dies nicht leichtfertig geschehe, sondern im Bewußtsein des moralischen Risikos. Dies will der Einakter sagen.

In München gab es den Zensurbeirat, bei dem die Polizei sich informieren konnte, ohne an die Beschlüsse seiner Mitglieder gebunden zu sein. Diesem Beirat gehörten zuerst angesehene Bürger an – besonders Gelehrte, auch der Hofschauspieler Basil und der Intendant Possart. An diese richtete Wedekind Ende 1911 einen offenen Brief. Er bezog sich auf seinen Einakter *Die Zensur* und wollte wissen, ob die Mitglieder des Beirates die darin enthaltenen Gedanken über „die Beziehungen zwischen Sittlichkeit und Schauspiel“ kennten und ob sie sich etwa auch Gedanken über das Thema gemacht hätten, aus denen er seine Ansichten über diesen Gegenstand korrigieren könne. Wedekind glaubte wohl mit Recht, daß seine Gegner sich unreflektiert auf die Konvention stützten. Der Münchener Polizeipräsident hatte ihm einmal, nach den Gründen eines Verbots gefragt, geantwortet: „Sie haben die öffentliche Meinung gegen sich." Die Forderung nach völliger Abschaffung der Zensur war zwar antiautoritär, aber kaum populär. Größere Sympathie allerdings dürfte Wedekind mit der Forderung nach Öffentlichkeit des Verfahrens gefunden haben. „Welcher wesentliche Unterschied", fragte er, „besteht zwischen dem Geheimverfahren eines Inquisitionsgerichtes und demjenigen des Münchner Zensurbeirats?" Wedekind wußte vielleicht nicht, daß die Behörde sein Drama *Schloß Wetterstein* 1908 gegen das Votum des Beirates verboten hatte. Für ihn waren die Mitglieder des Beirates greifbare Exponenten des Systems, wie der Polizeipräsident Freiherr von der Heydte, den er in einem Gedicht angriff, das 1912 in der Zeitschrift *Die Aktion* erschien:

Jüngst ward durch einen
Grausamen roten
Zensurstrich Minna
Von Barnhelm verboten.

Die Behörde berief nun auch Schriftsteller in den Zensurbeirat, darunter Max Halbe und Thomas Mann. Diese Mitwirkung von Kollegen griff Wedekind Ende 1912 an, durch ein Gedicht, durch öffentliche Erklärungen, durch Briefe an die Mitglieder. Max Halbe trat aus dem Beirat aus, Thomas Mann dagegen verteidigte seine Aufgabe, „die Aufseher der öffentlichen Ordnung vor Eingriffen in Werke von Dichtungsrang zu warnen". Genau das wollte er tun, als die Bühnenfassung einer Neubearbeitung von Wedekinds erotischem *Lulu*-Drama dem Beirat vorlag. Er befürwortete die Freigabe, gegründet auf das

Urteil, es handle sich „um eine moderne Dichtung, deren Bedeutsamkeit, Tiefe, Ernst und Wert in Kennerkreisen längst anerkannt ist...". Er erwähnt Anfeindungen Wedekinds gegen ihn, Thomas Mann, die in „der problematischen Menschlichkeit" Wedekinds begründet seien.

Aber problematische Menschlichkeit kann, wie die Geschichte lehrt, Träger bedeutender kultureller Sendung sein. Ich glaube mit Vielen, daß hier ein solcher Fall vorliegt. Und ich glaube schließlich, daß man dem Märtyrer-Wahn des Herrn Wedekind nicht durch eine neue ‚Unterdrükkung' Nahrung geben sollte.

Andere Mitglieder des Zensurbeirates waren anderer Meinung, besonders der Polizeipräsident selber war überzeugt, daß die „ganze brutale letzte Szene: Lustmord in einer Dirnenwohnung" nicht gezeigt werden dürfe. Die Aufführung wurde verboten. Wedekind brachte daraufhin den folgenden Beschluß der Münchener Ortsgruppe des Schutzverbandes deutscher Schriftsteller zustande:

Nach den neuesten Erfahrungen, die mit dem Zensurbeirat gemacht wurden, ist es mit der Würde eines deutschen Schriftstellers künftig nicht mehr vereinbar, dem Münchener Zensurbeirat anzugehören.

Thomas Mann trat aus dem Schutzverband und aus dem Zensurbeirat gleichzeitig aus. Dies führte zu einem Versöhnungsangebot Wedekinds, auf das Thomas Mann mit freundlicher Ironie antwortete:

Wenn ein bürgerlicher Einschlag in meine Produktion, in meine ganze Lebensstimmung und Lebenshaltung (ein Einschlag, der mich weder als Mensch noch als Künstler entehrt, denn bei sehr großen Künstlern war er vorhanden) – wenn, sage ich, dieser Einschlag den bürgerlichen Ordnungsmächten ein täppisches Vertrauen zu mir einflößte: warum sollte ich solches Vertrauen nicht benutzen, um zwischen

Genie und Ordnung politisch zu vermitteln? Sie hat mich sehr amüsiert, diese Art, mich öffentlich nützlich zu machen ...

Es ist dies derselbe Thomas Mann, der 1947 im amerikanischen Exil den *Doktor Faustus* veröffentlichen sollte, eine Selbstanklage der Absonderung deutscher Kunst von gesellschaftlicher Verantwortung. Es ist aber auch derselbe Thomas Mann, der einen bürgerlichen, würdigen, richtungweisenden Künstler in *Der Tod in Venedig* (1912) von den dionysischen Lebensmächten vernichten ließ, wie Wedekind seine, allerdings zweifelhaftere, Figur Veit Kunz in *Franziska.* Wedekind brachte seine eigene schillernde Unzuverlässigkeit auf die Bühne. Nicht nur die Vermittler, die Künstler selber sind dem Scheinhaften, Imaginativen zu stark verfallen, um wirklich Führer sein zu können.

Dieses Dilemma der Schriftsteller ist der Ambivalenz von Macht und Elend der Presse verwandt, dem Thema von Karl Kraus. Sein Gegner Maximilian Harden (d. i. F. E. Witkowski) bekämpfte in den Eulenburg-Harden-Prozessen 1907 bis 1908 das Kaiserreich tapfer, aber mit fragwürdigen Mitteln (dem Vorwurf der Homosexualität in Hofkreisen). Neben Harden und Kraus war der Berliner Theaterkritiker Alfred Kerr der dritte der feindlichen Brüder. Hardens *Die Zukunft* und Kraus' *Die Fackel*, obwohl vorwiegend politisch ausgerichtet, brachten auch literarische Artikel. Hardens, Kerrs, Kraus' Wirkung war bedingt durch ihr Schreibtalent. Die Macht, die eine hohe Presseauflage ihnen in die Hand gab (besonders vor der Einführung von Rundfunk und Fernsehen), nutzten sie nicht immer nur zur Vermehrung der Freiheit und des Guten und Schönen, sondern auch zur Vernichtung ihrer Feinde. Thomas Mann plante eine Zeitlang, sich in einer Novelle „Der Elende" für Kerrs boshafte Kritik seines Stückes *Fiorenza* zu revanchieren. Freilich hatte er in einem Streit mit Theodor Lessing wie dieser sein Talent zur persönlichen Herabsetzung des Gegners mißbraucht. Thomas Mann ließ den Erzähler des *Tod in Venedig* die Wurzel des ethischen Übels als „den unanständigen Psychologismus der Zeit" bezeichnen. Nietzsches Immoralismus, seine Entlarvungspsychologie, sein schlagkräftiges Deutsch, ist in dem „elenden" Autor seiner Tage auf den Hund gekommen. Dagegen stellt der Autor Gustav von Aschenbachs disziplinierte Würde. Aber er läßt sie nicht triumphieren. Nietzsches dionysische Lebenskräfte besiegen vielmehr Aschenbach durch eine homoerotische Liebe. Das Durchschauen, der Pluralismus, der Nihilismus und die Sehnsucht nach neuer Ordnung, nach Stil, Zucht und Geste, nach neuer Klassik, stehen nebeneinander in dieser Zeit, machen sie unsicher und reich.

Die klassisch-ästhetische deutsche Dichtung war schon zur Zeit ihrer Entstehung ein Religionsersatz für die Oberschicht. Bemühungen wie *Die Insel*, *Pan* und *Hesperus* suchten diesem Bedürfnis in einer neuen, komplizierteren Pluralität gerecht zu werden. Wedekinds moralistische Seite, ja noch Brechts gesellschaftsveränderndes Theater wollten das Bewußtsein des neuen Lebens stiften, was auch in der Absicht vieler Künstler der Boheme lag. Dieser Reformismus blieb auf das bürgerliche Publikum angewiesen, das auf seinem Eigentumsrecht beharrte und darum dazu neigte, das freie Leben bloß ästhetisch zu nehmen. Überdies war der artistische Reformismus in seiner politischen Wirksamkeit beschränkt durch die unzuverlässige Scheinverhaftetheit der Künstler.

Auf diesem Hintergrund muß man den Versuch Stefan G e o r g e s sehen, mit den *Blättern für die Kunst* zunächst einen Kreis von Künstlern aus der

Gesellschaftskonformität zu lösen und dann stilbestimmend auf die Nation zu wirken. Der Versuch ist ein bemerkenswertes Beispiel für den prophetischen Charakter des Jugendstils, für die Sehnsucht nach dem neuen Leben in Schönheit. Er mußte letzten Endes an seiner eigenen verkrampften Enge scheitern, deren Grund darin lag, daß der Kreis nur auf George hören durfte und wollte.

Die *Blätter* treten 1892 mit einem antinaturalistischen und antisozialistischen Programm auf. Die Zeitschrift und die neue Kunst will „alles Staatliche und Gesellschaftliche“ ausscheiden, eine „geistige Kunst“, eine „Kunst für die Kunst“ solle in Gegensatz „zu jener verbrauchten und minderwertigen Schule“ stehen, „die einer falschen Auffassung der Wirklichkeit entsprang“. Die neue Dichtung werde sich nicht „mit Weltverbesserungen und Allbeglückungsträumen“ beschäftigen. Dagegen steht als Position der Satz: „In der Kunst glauben wir an eine glänzende Wiedergeburt.“ In der 2. Folge heißt es: „Einfach liegt, was wir teils erstrebten, teils verewigten: eine Kunst, frei von jedem Dienst: über dem Leben, nachdem sie das Leben durchdrungen hat.“ Von der Kunst, die über dem Leben steht, wird man erwarten, daß sie Gesetze gibt. Das war durchaus kein ungewöhnlicher Gedanke. So deutete Leo Berg, ein zeitweise der Boheme nahestehender Kritiker, den ‚Realismus‘ um: „Der große Künstler schafft Prototypen. Realistisch ist alle Kunst, die auf das Leben (lebendig) wirkt, deren Realismen sich auf das Leben verpflanzen.“ (*Der Naturalismus: Zur Psychologie der modernen Kunst*, 1892.)

Anfangs waren *Die Blätter für die Kunst* jedoch zu exklusiv für jede Wirkung. Sie waren öffentlich kaum zugänglich; sie lagen nur in ganz wenigen ausgesuchten Buchhandlungen aus. Die Anfangsauflage betrug 100 Exemplare. Die Ausstattung war schmucklos, ja billig, da die Mitarbeiter für die Druckkosten aufkamen. Honorare wurden nicht gezahlt. Die Leser wurden vom Mitglieder-Mitarbeiter-Kreis eingeladen. Dieses System machte die Zeitschrift erfolgsunabhängig, erschwerte es dem Berufsschriftsteller aber, in ihr zu veröffentlichen. Seit 1898 nahm sich der Verleger Bondi ihrer an.

Allmählich drang die Zeitschrift weiter vor. 1899 bis 1909 erschienen 3 Auswahlbände aus den *Blättern* für die Öffentlichkeit, 1910 bis 1912 ein *Jahrbuch für die geistige Bewegung*, das Aufsätze enthielt. Obwohl Jahrbuch-Pläne schon früher diskutiert wurden, war das aktuelle Hervortreten zu diesem Zeitpunkt wahrscheinlich beschleunigt durch Hofmannsthal-Schröder-Borchardts *Hesperus* (1909). Die exoterischen Bemühungen des Georgekreises ließen sich nicht auf Argumente ein. Sie urteilten und verurteilten auf Grund der Überzeugung, die auch, kürzer gefaßt, in Leitsätzen und Kunstbetrachtungen der *Blätter* enthalten war: durch George sei mit Hilfe der Jünger eine neue Epoche angebrochen, in der die Kunst in ihr eigentliches Recht trete, das ausschließlich von George gültig ausgelegt werden könne. Der Kunst dürfe kein Zweck, keine Weltanschauung oder Moral unterlegt werden. Sie solle sich in einer neuen „deutschen Geste" (5. Folge, 1901) äußern. Diese Geste ist natürlich im Grunde die gleiche Hoffnung auf nationalen Stil, die *Pan*, *Insel* und *Hyperion* getragen hatten, nur noch vergeblicher, weil sie sich nur auf Georges Gedichte gründet, da die zumeist blassen Mitläufer artistisch wenig zählten. Mit der 8. Folge, 1908, trat der Maximin-Kult, der Glaube an eine neue Jugend, in die *Blätter* ein.

Mochten sie das auch lebhaft leugnen, der Georgekreis und die *Blätter für die Kunst* schwammen im allgemeinen Strom der Zeit. Ihr ästhetischer Radikalismus bestand darin, daß George das naturalistische, soziale Gewissen der Literatur leugnete, die Frage ihrer sozialen Verknüpfung religiös-herrscherlich beantwortete und daraus allmählich einen Führungsanspruch in allen Wertfragen entwickelte. Da Widerspruch und damit Argumente ausgeschlossen waren, konnte George den bürgerlichen Verfall in seinem Kreis und Staat für überwunden erklären. Seine Lehre war das Neue, Wachsende, womit George wider Willen sich dem Jugendstil einordnet, wenn man den Begriff nicht mehr als negatives Werturteil betrachtet.

3. Die mißlungene Dichter-Diktatur

Am 19. Dezember 1891 saß der noch siebzehnjährige Hugo von Hofmannsthal im Wiener Kaffeehaus Griensteidl und las in einer englischen Revue. Dieses Kaffeehaus existierte seit 1847 in einem Wiener Palais. Ein zeitgenössisches Bild zeigt alte Gewölbe, von denen moderne Leuchter herabhingen, Marmortische und Stühle, die zwar offensichtlich einer Fabrik entstammten, deren Rückenlehnen in geschwungenen Linien und Ornamenten aber Eleganz zu zeigen beflissen waren. In den gleichen Räumen war schon Grillparzer zu Gast gewesen, und noch war das Café beliebt bei jungen Wiener Künstlern, die, ohne allzu revolutionäres Aufbegehren, ohne das soziale Pathos der Naturalisten, sich zur Moderne zählten. Hermann Bahr, Felix Salten, Arthur Schnitzler gehörten zu diesem Kreis, in dem auch der Gymnasiast Hugo von Hofmannsthal gleichberechtigte Anerkennung gefunden hatte. Wenige Jahre später wurde das Gebäude niedergerissen, was dem noch jungen Karl Kraus Gelegenheit gab, sich über die „demolierte Literatur" lustig zu machen.

Hofmannsthal war eine Art von Wunderkind, der neben der klassischen Schulausbildung mit Leichtigkeit die europäischen Hauptsprachen gelernt hatte. Kritische Aufsätze über zeitgenössische französische literarische Erscheinungen wie Paul Bourget und Maurice Barrès wurden von Zeitschriften gedruckt, die neuen literarischen Strömungen gegenüber aufgeschlossen, aber kurzlebig waren. Ein Aufsatz des jungen Hofmannsthal galt einer englischen Biographie, ein anderer einem Drama von Hermann Bahr, der die Rolle des Propheten der Moderne spielte und die Kenntnis der Nervenkunst der Barrès und Bourget von Paris mitgebracht hatte. In einem Wiener Hotel hatte Hofmannsthal Henrik Ibsen gesprochen und ihm die Verehrung eines jungen Geschlechtes, „dem es vor allem um innere Klarheit zu tun ist“, zu Füßen gelegt. Seine Generation betrachte Ibsen als ihr Vorbild, als Mittel, sich von einer toten Bildung zu lösen, als „Führer zur Selbstbefreiung“.

Zwei Jahre später, 1893, sollte Hofmannsthal, noch immer nicht 20 Jahre alt, einen Aufsatz mit dem Titel *Die Menschen in Ibsens Dramen* veröffentlichen. Hier will er die Hauptgestalten der mittleren und späteren Dramen (bis zum Baumeister Solness) als ‚moderne‘ Typen verstehen, wie sie der Pariser Romancier und Essayist Paul Bourget beschrieben hatte: „... der künstlerische Egoist, der sensitive Dilettant mit überreichem Selbstbeobachtungsvermögen, mit wenig Willen und einem großen Heimweh nach Schönheit und Naivetät.“ Dieser Außenseiter werde „dem Leben“, nämlich der Gesellschaft ausgesetzt, finde aber „zwischen den Menschen keinen rechten Platz“. Dies ist ein allzu zeitgebundener Ausdruck dafür, daß Hofmannsthal Ibsens Gestalten als bedrängend und gegenwärtig ansah. Das Dilettantenproblem war die Frage, welchen sozialen Sinn ästhetisches Empfinden haben könne, ein Ausdruck des Konfliktes zwischen der Orientierung an bürgerlich starrer Solidität und ästhetischer Verwandlungsfähigkeit. Ibsens Dilettant sei im Bürgertum nicht mehr zu Hause und hoffe daher auf etwas Wunderbares, Überwältigendes von außen. Indem der junge Wiener sich mit den fiktiven Gestalten identifiziert, läßt er die melancholische Skepsis des späten Ibsen beiseite, der seinen Figuren die Erfüllung stets versagt. Hofmannsthals Schlußurteil ist aus Faszination und Distanz gemischt. Es ist die genannte melancholische Skepsis Ibsens, die Hof-

»Cafe Griensteidl«. Aquarell von Rudolf Völkel

mannsthal in das Bild des Nächtlich-Schattenhaften umsetzt, wenn er seinen Eindruck der Dramen bildlich zusammenfaßt:

> ... man geht durch die reiche und schweigende Seele eines wunderbaren Menschen, mit Mondlicht, phantastischen Schatten und wanderndem Wind und schwarzen Seen, stillen Spiegeln, in denen man sich selbst erkennt, gigantisch vergrößert und unheimlich schön verwandelt.

Diesem Bild die Farben hinzuzufügen, fühlte Hofmannsthal sich berufen. So wird sein Stück *Der Abenteurer und die Sängerin* (1899) Ibsens Thema der ‚Lebenslüge' wiederaufnehmen und ganz anders wenden, die Lebenslüge aus der Lebensangst vor dem schillernden Hintergrund Venedigs rechtfertigen. Italienische und Renaissance-Motive, das Shakespeare-Theater, Swinburne, der Präraffaelismus der Engländer, die Antike, die farbige Landschaft heimatlicher oder exotischer Art, zu all diesem griff schon der junge Hofmannsthal, um aus dem grauen Kreis gesellschaftlicher und psychologischer Probleme hinauszugelangen.

Das hinderte aber nicht die Achtung vor einem Dichter wie Ibsen, der dem Gymnasiasten Hofmannsthal die moderne Welt zu erschließen half. Man kann die Wirkung Ibsens auf diese Generation kaum überschätzen. Rilke hat, freilich erst in Paris, den Ibsen der Nuance entdeckt und ihm in den *Aufzeichnungen des Malte Laurids Brigge* einen Abschnitt gewidmet. Thomas Mann spielte 1895 in einer Laienaufführung der *Wildente* und sollte später Ibsen essayistisch als einen Riesen des 19. Jahrhunderts feiern. Sogar der junge George hatte Proben aus den früheren Versdichtungen Ibsens übersetzt und in dem Bekenntnisbrief Georges an Hofmannsthal, von dem noch die Rede sein wird, erwähnt er *Rosmersholm*. Als „Freiheit von der toten Bildung", von der Hofmannsthal

Hugo von Hofmannsthal

in seinem Gespräch mit Ibsen sprach, als „Selbstbefreiung", haben wir die künstlerische Deutung einer modernen gesellschaftlichen Problematik aufzufassen, deren Ausdrucksweise Hofmannsthal zwar nicht übernehmen wollte, die ihm aber dennoch eine wichtige Orientierungshilfe bot.

Als modern empfand der Gymnasiast Hofmannsthal, die Welt als ein Gewebe von Beziehungen aufzufassen, nicht als wohlgeordneten Kosmos. Wenn Erkenntnis als „Zusammenhang der Dinge" gefaßt werde, schrieb er in seinem ersten veröffentlichten literarischen Aufsatz, „so ist auch jeder beliebige Angriffspunkt der Analyse ein Knotenpunkt aller Fäden: man kann nicht eine Saite berühren, ohne daß alle mitklingen ...". Weder die Epoche noch das Nationalgefühl sind für ihn prägende Kräfte, „die Einzelnen sind es, welche die Leiden der Zeit leiden und die Gedanken der Zeit denken ... in Qualen wird das ‚gute Europäertum', die vaterlandslose Klarheit von morgen errungen". Eine solche Haltung ist illusionslos auch gegenüber ihren eigenen Nachteilen: „Uns pflegt Glaube und Bildung, die den Glauben ersetzt, gleichmäßig zu fehlen. Ein Mittelpunkt fehlt, es fehlt die Form, der Stil. Das Leben ist uns ein Gewirre zusammenhangloser Erscheinungen; froh, eine tote Berufspflicht zu erfüllen, fragt keiner weiter."

Hofmannsthal hatte schon Nietzsche gelesen, und zwar war es der Kulturkritiker, der damals im Vordergrund stand, der Begriff ‚Wille zur Macht' war eine Formel des Philosophen unter anderen, noch nicht der Titel seines angeblichen ‚Hauptwerkes'. Auch für Hermann Bahr und andere Autoren der *Modernen Rundschau* waren Nietzsches Angriffe auf jede Art von geistig-kosmischer Kongruenz, auf alle metaphysischen Autoritäten gültiger Ausdruck der Epoche, ebenso wie der Reiz, den ‚das Leben' ausübte, ein ungreifbarer, aber als herrlich empfundener Religionsersatz.

Der junge Hofmannsthal besaß ein Gegengewicht, mit dem er den weltanschaulichen Nihilismus in sich ausglich. In unwillkürlichen Augenblicken konnte ein Ding seiner Umgebung, das Wasser in einem Krug oder ein Baum, vor allem aber ein Wort, zum Anlaß einer alles erfüllenden Einsicht werden, die er als das Dichterische in sich empfand. Der Dichter, schrieb er in sein Tagebuch, sei „ein umgekehrter Midas: was er Erstarrtes berührt, erweckt er zum Leben". Worte seien Perlen, auf denen wir gehen, ihren Glanz erwecke der Zufall. Dieser Gedanke findet sich schon 1890 im Tagebuch vorgebildet; er wird 1891, dem Jahr, von dem hier die Rede ist, in Hofmannsthals erstem kleinen Drama *Gestern* an wichtiger Stelle verwendet und geht schließlich in das Gedicht *Weltgeheimnis* (1894) ein. Das Wort, „das andern Scheidemünze ist", hatte schon der Sechzehnjährige in einem *Für mich* betitelten, noch unreifen Gedicht als „Bilderquell" in Anspruch genommen, den er „flimmernd reich" nennt, so daß „das längst Gewohnte, das alltäglich Gleiche" um den Dichter „einen goldenen Reigen schlingen kann". Damit näherte sich Hofmannsthal in einer merkwürdig unbefangenen Art dem Kultus des dichterischen Wortes als einer geheimen Potenz, wie er, ungleich ernster, von dem um eine Generation älteren Mallarmé geübt wurde. Dem Siebzehnjährigen boten sich zwei Lebensformen an: die dichterische wollte die ganze Welt als potentiellen Anstoß verherrlichender Verwandlung in das Wort betrachten, die des modernen Literaten dagegen wollte mit gefaßter Klarheit dem glaubenslosen Zeitalter ins Auge sehen.

Im Hintergrund waren jedoch auch die gesellschaftlichen Formen wirksam, die im aufgeschlosseneren Teil des österreichischen Adels und im Wiener Großbürgertum ihren Trägern gesellschaftliche Sicherheit, verbunden mit Freiheit des Ausblicks, verliehen. Hofmannsthal gehörte dieser Gesellschaft an, freilich in einer Art Stellung zwischen Adel und Bürgertum. Der Urgroßvater des Dichters, erfolgreicher Kaufmann, Industrieller und Philanthrop, jüdischen Glaubens, war 1835 geadelt worden. Der Großvater trat zur katholischen Kirche über und heiratete eine Mailänderin aus niederem Adel. Bürgerlich heiratete der Vater; die Mutter des Dichters, Tochter eines Notars und Richters, stammte von sudetendeutschen Bauern ab. Eher beschränkt war auch die finanzielle Lage der Familie, nachdem in einem Börsenkrach der Stamm des alten Vermögens verlorengegangen war. Der Vater war auf seine Einkünfte als Bankjustitiar angewiesen, Hofmannsthal daher später gezwungen, seinen Schriftstellerberuf einträglich zu gestalten. Aber von Armut und kleinbürgerlicher Enge konnte keine Rede sein. Auch durchlief Hofmannsthal eine geordnete Schullaufbahn mit sehr gutem Erfolg. Einen Generationskonflikt kannte er nicht. Mochte die langsam zunehmende neurotische Angst und Schwermut seiner Mutter ihn auch manchmal irritieren, Hofmannsthal war seinen Eltern, besonders seinem freisinnigen und kultivierten Vater, dankbar zugetan. Die Freiheit des Künstlers war ihm eine Art von Realisation seines Geburtsrechtes.

In dieser Lage wurde Hofmannsthal eine Begegnung zum einschneidenden Erlebnis. Sie fand an dem eingangs erwähnten 19. Dezember 1891 im Café Griensteidl statt. „Ganz ohne Vermittlung von Zwischenpersonen", so umschrieb Hofmannsthal viel später seine anfängliche Konsterniertheit, trat der dreiundzwanzigjährige Stefan George auf Hofmannsthal zu. George hatte von Hofmannsthal gehört und einiges gelesen, wohl nicht nur einen Aufsatz (wie es aus Hofmannsthals späterer Darstellung hervorzugehen scheint), sondern vermutlich auch das eine oder andere der frühen Gedichte. Sie sprachen über englische und französische Dichtung.

Stefan George, 1868 in dem Dorf Büdesheim geboren, war in Bingen am Rhein aufgewachsen. Seine Familie gehörte dem dörflich-kleinstädtischen Besitzbürgertum an. Seine väterlichen Vorfahren stammten aus Lothringen. Frankreich wurde in der Familie als eine Art zweite Heimat betrachtet. Stefan George besuchte das Gymnasium in Darmstadt, wo er zu dichten begann. Außer einer gewissen stolzen Abschließung von seinen Schulkameraden und ersten Liebesverwirrungen verlief Georges Schulbildung jedoch ganz normal. Der bescheidene Wohlstand der Familie ermöglichte ihm nach dem Abitur weite Reisen. Ein Studium kam nur andeutungsweise zustande. Als er nach Wien kam, war er schon in London und Paris gewesen, hatte an einigen der berühmten Dienstagabende in der kleinen Wohnung Mallarmés teilgenommen und war auch Verlaine begegnet. „Baudelaire, Verlaine, Mallarmé, Poe, Swinburne" nennt eine fast gleichzeitige Aufzeichnung Hofmannsthals als Themen des ersten Gesprächs. Von den deutschen Klassikern muß auch die Rede gewesen sein, freilich scheint George nur von den Grenzen ihrer Möglichkeiten gesprochen zu haben, die es in der neuen Dichtung zu überwinden gelte: „Unsere Klassiker waren nur Plastiker des Stils, noch nicht Maler und Musiker." So hält Hofmannsthals Tagebuch seine Äußerungen fest.

In einer späteren brieflichen Darstellung (an Walther Brecht, 20. Januar 1929) deutete Hofmannsthal die Wirkung der Begegnung mit George. Sie sei von entscheidender Bedeutung gewesen, weil sie ihm die Bestätigung gegeben habe, kein vereinzelter Sonderling gewesen zu sein, „wenn ich es für möglich hielt, in der deutschen Sprache etwas zu geben, was mit den großen Engländern von Keats an sich auf einer poetischen Ebene bewegte und andererseits mit den festen romanischen Formen zusammenhing...". Im gleichen Brief nennt er außer Baudelaire, Verlaine und Swinburne auch noch Rossetti, Shelley und d'Annunzio als Themen des ersten Gesprächs mit George. Vielleicht floß bei dieser Darstellung etwas zu viel von seinen Interessen auch späterer Jahre ein. Wie dem auch sei, klar genug ist, daß sowohl George als auch Hofmannsthal englische und französische Vorbilder im Auge hatten, als sie sich ihre eigene Vorstellung von zukünftiger Dichtung bildeten. Um eine neue Dichtung ging es zwischen beiden in diesen „Tagen schöner Begeisterung", wie George die positive Seite ihrer Begegnung in der Widmung der öffentlichen Ausgabe seiner *Pilgerfahrten* (1898) bezeichnete, eine Formulierung, auf die Hofmannsthal in *Ein Brief* (des Lord Chandos, 1902) zurückkam.

Aus noch frischer Erinnerung bezeichnete Hofmannsthal den Gegenstand des ersten Gesprächs: „über die andere Kunst". Nimmt man die genannten Vorbilder, nehmen wir hinzu, was wir von dem jungen George und dem jungen Hofmannsthal sonst wissen, dann ist klar, daß wir in dem Wort „andere" einen entschiedenen Widerspruch gegen die deutsche Kunst des 19. Jahrhunderts, auch einen entschiedenen Widerspruch gegen den Naturalismus vor uns haben. Beides war die bürgerliche Kunst, die sich vom Banalen nicht hatte lösen können. Bei George kam noch der entschlossene Wille hinzu, sich von der provinziellen kleinbürgerlichen Enge seiner Herkunft loszusprechen. „Du mußt übrigens wissen, daß ich in England immer kosmopolitischer werde", hatte George 1888 aus London an einen Schulfreund geschrieben.

England war für die Deutschen der beneidete große Bruder unter den Völkern. Das Weltreich, die Industrie, der Lebensstil der Oberschicht, das moderne Nützlichkeitsdenken, das alles war vorbildlich. Auf den jungen Dichter wirkte darüber hinaus die hohe literarische Kultur des Viktorianischen Zeitalters, der Ästhetizismus in Zeitschriften und in der Kritik, wie er von den Nachfolgern der Präraffaeliten geübt wurde. Die romantische Lyrik hatte sich in England bruchlos in die viktorianische fortgesetzt. Der Name Swinburne suggerierte einen Ästhetizismus, der sich um bürgerliche Maßstäbe nicht kümmerte. Hofmannsthal hatte schon in einem seiner Aufsätze aus dem Jahre 1891 (*Englisches Leben*) von der „glühenden prangenden Pracht" der Verse Swinburnes gesprochen. Hofmannsthal verstand unter ‚gentleman' einen Menschen mit der Fähigkeit, sich über das Leben zu erheben, sein Leben bewußt zu führen, eine ziemlich unorthodoxe Ansicht, in der natürlich eine Kritik der heimatlichen Gepflogenheiten steckte.

Georges persönlicher Kontakt mit dem modernen literarischen Paris dürfte Hofmannsthal besonders erregt haben. Zwar kannte er die Szenerie sowohl aus seiner Lektüre wie aus dem Kontakt mit Hermann Bahr. Nach den Themen seiner Aufsätze von 1891 zu schließen (die freilich Auftragsarbeiten waren), dürften die eher modischen Größen Paul Bourget und Maurice Barrès im Vordergrund seines Interesses gestanden haben, wie auch bei Heinrich und Thomas Mann. Auch für diese war Bahr der Vermittler. Andererseits war des jungen Hofmannsthals Belesenheit gerade in französischer Literatur bereits damals so erstaunlich, daß man eine wenigstens flüchtige Bekanntschaft mit Baudelaire und den Symbolisten annehmen kann.

George fand damals (1889) eigene Neigungen zu

einer verkrampften Sexualität bei Baudelaire bestätigt. Sie schlugen sich in Jugendgedichten nieder. Mallarmé hat ihn sicher beeindruckt, ohne daß man einen dominierenden Einfluß konstatieren könnte. Erst seit 1884, durch Joris-Karl Huysmans' *A rebours*, war Mallarmé in das Blickfeld des literarischen Frankreich getreten. Wieviel von der faszinierenden Hermetik des Symbolisten George damals deutlich wurde, ist schwer zu sagen. Seine zwei Jahre später veröffentlichte Lobrede auf Mallarmé verteidigt dessen Dunkelheiten damit, daß unverstandene einzelne Verse Gewicht und Kraft haben können und daß der Meister auch „deutlich greifbare Bilder" gegeben habe. George hat Hofmannsthal damals eine Abschrift des *L'Après-midi d'un faune* geschenkt. Das Spiel von traumhafter Phantasie, Musik und Erotik in diesem Gedicht hinterließ einen bleibenden Eindruck. Noch in späten autobiographischen Aufzeichnungen von 1926 erinnert Hofmannsthal sich daran.

Für George dürfte der esoterische Zug in der zeitgenössischen französischen Lyrik wie im englischen Ästhetizismus der wesentliche Eindruck gewesen sein. In diese Linie lassen sich auch Baudelaire, Poe und Verlaine einordnen. In Georges Rede auf Mallarmé findet sich der Satz:

> Jeden wahren Künstler hat einmal die Sehnsucht befallen, in einer Sprache sich auszudrücken, deren die unheilige Menge sich nie bedienen würde, oder seine Worte so zu stellen, daß nur der Eingeweihte ihre hehre Bestimmung erkenne ...

Wir haben es hier mit einer gleichsam sublimierten Boheme zu tun. Mallarmés Freund Joris-Karl Huysmans hatte in der Gestalt des Herzogs Des Esseintes in *A rebours* dem Bedürfnis Ausdruck gegeben, um jeden Preis dem Banalen zu entfliehen. Der eher langweilige Katalog von künstlichen Reizen, den der reiche degenerierte letzte Sproß eines Adelsgeschlechtes sich verschafft, konnte nur deshalb so faszinierend auf die modern eingestellten französischen (und englischen) Zeitgenossen wirken, weil das Bürgerliche als etwas völlig Undiskutierbares, Unerträgliches aus der fiktiven Welt ausgeschieden wurde. Das Verstehen und Genießen von Nuancen, nervösen Zartheiten, literarischen Kostbarkeiten (darunter Baudelaire, Verlaine und Mallarmé) erhebt den Ästheten über den trivialen Bürger, die Dekadenz ist hauptsächlich ein Zeichen für die Unerreichbarkeit dieser Genußfähigkeit, dieser Nerven-Verfeinerung, für banale Normalität. George konnte im literarischen Paris des Jahres 1891 kaum an diesem Manifest der Dekadenz vorübergegangen sein. Übrigens beschäftigt sich Huysmans' Des Esseintes ausführlich mit spätlateinischer Literatur und erwähnt dabei den Kaiser Elagabal. Hier kann man mit einiger Sicherheit die Anregung für Georges *Algabal* vermuten, einen Gedichtkreis, der in der Wiener Zeit fertig oder zumindest fertig konzipiert war.

Der englische und französische Ästhetizismus, der Glaube an die Kunst als Erlösung von der Trivialität, ist im Grunde ein romantisches Erbe. Unter deutscher Romantik verstand man damals freilich eher etwas Naturburschenhaft-Treuherziges. Das Wort ‚Romantik' bei Hofmannsthal bedeutet noch lange französische Romantik, bei Thomas Mann, ebenfalls sehr lange, Wagners *Tristan*. Es ist ein merkwürdiger Vorgang, wie vergessene deutsche Anregungen (zum Teil auf dem Wege über Richard Wagner), von französischer Genialität in faszinierend geformte Sprache umgesetzt, unerkannt nach Deutschland zurückfließen. Was Hofmannsthal und George damals als ihre moderne Ausdrucksmöglichkeit ins Auge faßten, war die Übertragung des europäischen Ästhetizismus der zweiten Hälfte des 19. Jahrhunderts auf Deutschland, und zwar so, daß die Bedürfnisse des bürgerlichen Publikums der Gewalt des überlegenen Künstlers unterworfen werden mußten. Das aber bedeutete einen bewußten Traditionsbruch gegenüber der deutschen bürgerlichen Literatur (des ‚Realismus') und ihrem naturalistischen Ausläufer.

Der Dichter fühlt sich dem Bürger nicht nur überlegen, weil er Kunstwerke schafft, sondern auch, weil er als Intellektueller Einsichten in die Nichtigkeit jeder konkreten Rechtfertigung der Welt hat (außer, wie Nietzsche wollte, der ästhetischen). Der Bürger darf solche Einsichten vermeiden, nicht aber der moderne Literat, der Nietzsche gelesen hat. Sogar George bewahrte eine *Teuflische Stanze* auf, in der er jugendliche Desillusionierungstendenzen in der Zeile gipfeln ließ: „Und ewige wahrheit bleibt nur das absurde." Später verbot George sich und anderen das Aussprechen negativer Gedanken in Kunstwerken. Dichtung solle aufbauend sein, weil der Dichter als Künder neuer Ordnungen und innerer Gesetze in seinem Volke wirken müsse. Mit dieser quasi-religiösen Auffassung vom Dichteramt stand George jedoch nicht einzig da, mochte auch der Kreis versichern, daß einzig dem Meister dieses Amt legitim zustand. Vielmehr finden wir pseudoreligiöse und metaphysische Tendenzen überall in der Dichtung der Zeit, bei Dehmel und Rilke, bei der langen Reihe kleiner Propheten bis in den Expressionismus hinein und darüber hinaus. Georges Dichtung verrät, von den jugendlichen Versuchen bis in die reife Dichtung, eine starke, sogar emotionale Anhänglichkeit an religiöse Formen. In der frühen Dichtung findet sich auch immer wieder eine Art von Sünden-Thematik, nämlich die Deutung erotischer Versuchungen als Sünde und Erniedrigung, als Ablen-

Stefan George um 1893
Aufnahme von Karl Bauer, München

kung von der hohen Aufgabe. Die heimatlose Religiosität des jungen George fand Ziel und Richtung unter dem Einfluß des französischen Symbolismus.

Georges erste gedruckte Gedichtsammlungen, *Hymnen* (1890) und *Pilgerfahrten* (1891), zeigen die quasireligiöse Tendenz, den Anspruch des Kunstwerkes auf religiösen Wert, schon in ihren Titeln. In ihrer Thematik sind sie von den übrigen Dichtungen des Jugendstils nicht allzu fern. Wir finden Park- und Gartenmotive, Fontänen, den Strand und das schilfbewachsene Ufer als Schauplätze, exotische Szenen, die Spannungen der Liebe, den Gegensatz von Erotik und dichterischer Aufgabe, die Versuchung durch den Eros, einen Dichtertod. Merkwürdiger ist der preziöse Wortschatz (obwohl natürlich keineswegs nur George auszeichnend), der ergänzt wird durch ein häufig hervortretendes Bemühen, den kommunikativen Charakter der Sprache zurückzudrängen. Dazu dienen auch Äußerlichkeiten, wie Fortfall der meisten gliedernden Satzzeichen und die Besonderheiten von Druck und Schreibung, manchmal auch in Wortbildung und Grammatik. Der Leser soll Einzelheiten des Gedichts als Kostbarkeiten genießen, es wird ihm oft (nicht immer) erschwert, eine integrierende Aussage zu finden. Das ist Nachahmung des Vorbilds der französischen Symbolisten. Dem Gedicht soll Hoheit und Einzigartigkeit verliehen werden; es soll sich als schönes Ding aus seiner Umgebung herausheben, nicht aus der Welt des Lesers verstehbar sein. In die gleiche Richtung weist die später ausgebildete psalmodierende Vortragsweise der Gedichte im Georgekreis. Andererseits sind Georges Person, seine Reisen, seine Erlebnisse und Gefühle viel stärker in diesen früheren Versen anwesend, als es in den hermetischen Dichtungen Mallarmés der Fall ist. Man darf nicht vergessen, daß George konservativ dachte; Goethe bedeutete ihm viel. Bei allem Unwillen gegenüber der im damaligen Deutschland herrschenden Lyrik ließ George nicht ganz von der deutschen Tradition des ‚Erlebnisgedichtes', in dem ein lyrisches Ich sich dem Leser erschließt. Er war kein konsequenter Symbolist. Dafür spricht auch, daß Baudelaire ihm mindestens ebenso, vielleicht mehr Vorbild war als Mallarmé und andere zeitgenössische Franzosen. Die Übersetzung der *Blumen des Bösen* wurde schon vor 1891 begonnen. Außerdem gab es in der deutschen bürgerlichen Dichtung selbst Tendenzen, die von der Tradition der Goethezeit fortführen. An Mörikes berühmtem Gedicht *Auf eine Lampe* läßt sich dies zeigen, vor allem aber an Gedichten Conrad Ferdinand Meyers.

Die schwermütig-gemessene Bewunderung der Größe und der Schönheit wie in Meyers historischen Versen bildet den Hintergrund von Georges *Algabal* wie Baudelaires *Rêve Parisien*, Mallarmés *Hérodiade* und Huysmans' *A rebours*. Der einsame Ästhet dieses Buches, Des Esseintes, ist eines der Vorbilder des einsamen Priesterkaisers, der sich mit einer selbstgeschaffenen Traumwelt umgibt. Das Bedürfnis nach künstlichen Reichen, die vor der Alltagswelt verschlossen sind, ist romantischer Herkunft, gehört zu einer ästhetischen Tradition, die von Novalis über Baudelaire zu George führt. So floß der Wille des Kleinbürgersohnes, sich in der ästhetischen Welt einen herrscherlichen Adel zu schaffen, zusammen mit der ästhetischen Zeittendenz nach religiöser Weihe der Kunst. Dazu muß bemerkt werden, daß nach Angaben aus der Georgekreis-Literatur, die vermutlich auf den Dichter selbst zurückgehen, George 1891, als der *Algabal* entstand, in Wien die Romantiker studierte, es also sehr wohl möglich ist, daß er den frühen deutschen Anteil an der europäischen ästhetizistischen Bewegung bewußt ergriff.

Der Name des orientalisch-spätrömischen Kaisers Heliogabal, oft auch Elagabal genannt, wurde von George zu Algabal zusammengezogen, wobei der zugleich exotische und preziöse Name auch eine Klangmonotonie erhielt, die gut zu George paßte. Algabal verkörpert den Wunschtraum eines absoluten Ästheten, der seine soziale Stellung als Weltherrscher benutzen darf, um sein Ästhetentum zu beschützen. Dieses stellt sich *Im Unterreich* als künstliche Landschaft dar.

Wo ausser dem seinen kein wille schaltet
Und wo er dem licht und dem wetter gebeut.

Sein Wunschtraum in diesem unterirdischen „heiligtum" ist es, eine „Dunkle grosse schwarze blume" zu erzeugen. Die tote Unterwelt weckt das Bedürfnis nach einem künstlich Lebenden, aufblühend in der Farbe des Todes; denn die Melancholie des künstlichen Reiches besteht in seiner Monotonie. Die Frage ist, ob der Autokrat seine Macht benutzen kann, um das ästhetische Gesetz, nach dem er lebt, auch in die *Tage* (dies der Titel des 2. Zyklus innerhalb des *Algabal*) der Menschenwelt zu tragen. Als Priester kann er den heiligen Bezirk sich allein vorbehalten.

Nur sein mund gebete lallt ·
Auch kein bruder sei zugegen:
Spricht des gottes zwiegestalt
Seinen immergleichen segen.

Zwar ist die Welt draußen zur Verehrung angehalten, die Pracht des Kultes kann sich dem staunenden Tage zeigen, aber im abgeschlossenen Tempelinnern herrscht tote Monotonie. Der Ästhet kann aus seinem Kreise nicht heraus, er kann die Gesetze der Welt nicht annehmen, da sie für ihn sinnlos sind.

Nicht ohnmacht rät mir ab von eurem handeln ·
Ich habe euren handels wahn erfasst ·
...

Der Autokrat, von keiner Moral gebunden, kann in Einzelfällen seine Stimmungen an der Welt auslassen: einen Sklaven töten, der ihn erschreckte (die Interpretation des Kreises milderte diesen Zug später zum Selbstmord des Sklaven), trunkene Festteilnehmer unter einer Flut von Rosen begraben, das Glück eines illegitimen Liebespaares vor der häßlich moralbewußten Mitwelt schützen, indem er beide im Schlafe tötet. Die Stimmungen des Ästheten verlangen nach dem Endgültigen, also nach dem Tode. Die Welt kann nicht unter ästhetischen Gesetzen bestehen, darum bedroht sie den Kaiser. Um sich Respekt zu verschaffen, kann er wiederum nur mit dem Tode drohen: der Hinrichtung seines Bruders als eines potentiellen Verschwörers. Diese Drohung wird zu einer zuchtvoll-ästhetischen Szene:

Hernieder steig ich eine marmortreppe ·
Ein leichnam ohne haupt inmitten ruht ·
Dort sickert meines teuren bruders blut ·
Ich raffe leise nur die purpurschleppe.

Das sind kunstvolle Verse. Nicht etwa nur, weil der metrische Rhythmus die Gebärde des unaufhaltsamen Herabschreitens dem Leser aufzwingt. Auch weil die beiden äußeren Verse der Strophe, die durch den Reim und durch die ähnliche Rhythmik der Wörter „marmortreppe“ und „purpurschleppe“ verbunden sind, die inneren Verse mit dem Todesbild umschließen. Deren Reime auf *u* erweitern sich durch „bruder“ zu einem Klangthema, das sich auf „purpur“ in der letzten Zeile ausdehnt und so die inneren und äußeren Verse der Strophe zusammenschließt, was auch durch den *ei*-Klang geschieht, der in jeder Zeile vorkommt.

Das Endgültige des blutigen Todes korrespondiert mit der Gebärde des Herabschreitens und der emotionalen Disziplin, der wiederum die formale Regelmäßigkeit entspricht. Übrigens ist diese Übereinstimmung von Strophenbau und Aussage erst in der letzten Strophe erreicht, was die vorhergehenden, gleichgebauten, aber erzählenden Strophen als bloße Hinführung auf die Schlußstrophe erscheinen läßt.

Über den kunstvoll komponierten Wortklängen wird der Leser aber nicht verkennen, daß ihm eine ästhetische Lust an einer grausigen Szene, noch dazu an einem tyrannischen Akt, suggeriert werden soll. Die Kunst will über der Moral stehen. Wir dürfen aber nicht vergessen, daß die Dichtung niemals von Wunschträumen getrennt werden kann, weder im Autor noch im Leser. Algabal hat viel von einem Wunschtraum. Wer soll unterscheiden, was noch Bild und was schon eine nachliberale und bedenkliche Moral ist, die es gestattet, um eines angeblich hellen und reinen Zieles willen Blut fließen zu lassen? Ein Hang zum Blutigen, zum Grausamen und Grotesken zieht sich durch den ganzen Jugendstil.

Eine gewisse Distanz zu der ausgefallenen Thematik des *Algabal* zeigt das Schlußgedicht des Werkes an, *Vogelschau*, ein Gedicht aus Bildern, von einem ich-sagenden Sprecher strukturiert. Das Thema der ästhetischen Reinheit, bezeichnet durch heimatliche Schwalben, streitet mit einer Neigung zu exotischen Bildern und einer makabren Tendenz.

Georges *Algabal* wurde zwar erst Ende 1892 gedruckt, die Konzeption muß aber schon während der Zeit der Begegnung mit Hofmannsthal festgestanden, und er muß sie ihm mitgeteilt haben. Denn in dem Bekenntnisbrief, den er Hofmannsthal am 9. Januar 1892 übergab, nennt er sein Werk noch mit einer früheren Namensform „Halgabal“, um eine Krise zu bezeichnen, in der er sich befangen fühlte. In der Freundschaft suchte George Rettung:

> Schon lange im leben sehnte ich mich nach jenem wesen von einer verachtenden durchdringenden und überfeinen verstandeskraft die alles verzeiht begreift würdigt und die mit mir über die dinge und die erscheinungen hinflöge. und sonderbar dies wesen sollte trotzdem etwas von einem nebelüberzug haben und unter einem zwang des gewissen romantischen aufputzes von adel und ehre stehen von dem es sich nicht ganz lösen kann ähnlich wie Johannes in Rosmersholm.
> Jenes wesen hätte mir neue triebe und hoffnungen gegeben (denn was ich nach Halgabal noch schreiben soll ist mir unfasslich) und mich im weg aufgehalten der schnurgrad zum nichts führt.

Was George an dem jungen Hofmannsthal faszinierte, war zuerst die intellektuelle Seite, er suchte keinen für das Schöne enthusiasmierten Jüngling, sondern einen „von einer verachtenden, durchdringenden und überfeinen Verstandeskraft". Hofmannsthal seinerseits fühlte sich von dem Herrischen in George abgestoßen und von den ästhetischen, exotischen und makabren Tendenzen, also gerade von dem, was im *Algabal* Gestalt gewann. Das belegt ein Gedicht, mit dem Hofmannsthal sich seinen Eindruck von der Seele zu halten suchte. Daß die Verse sich auf George beziehen, geht aus dem Tagebuch-Zusammenhang hervor, in dem sie stehen. Hofmannsthal erwog, die ‚Episode' eines großen Propheten in das kleine Drama *Der Tod des Tizian* einzubeziehen, das er damals konzipierte oder schon begonnen hatte. Für diese nicht ausgeführte Absicht sollten die folgenden Verse offenbar als Vorübung gelten.

Der Prophet

In einer Halle hat er mich empfangen,
Die rätselhaft mich ängstet mit Gewalt,

Von süßen Düften widerlich durchwallt:
Da hängen fremde Vögel, bunte Schlangen.
Das Tor fällt zu, des Lebens Laut verhallt,
Der Seele Atmen hemmt ein dumpfes Bangen,
Ein Zaubertrunk hält jeden Sinn befangen
Und alles flüchtet hilflos, ohne Halt.

Er aber ist nicht wie er immer war,
Sein Auge bannt und fremd ist Stirn und Haar.
Von seinen Worten, den unscheinbar leisen,
Geht eine Herrschaft aus und ein Verführen,
Er macht die leere Luft beengend kreisen
Und er kann töten, ohne zu berühren.

Hofmannsthals Zurückhaltung gegenüber Georges Freundschaftswerbung führte schließlich zu einem Konflikt, in dem beide auf das Bürgerlich-Gesellschaftliche zurückgriffen. George, indem er durch die Drohung mit einem Duell eine Entschuldigung Hofmannsthals erzwang, Hofmannsthal, indem er sich in dieser Lage den Schutz seines Vaters erbat und es diesem überließ, das Verhältnis so zu reduzieren, daß nur die literarische Beziehung erhalten blieb.

In Georges Abschiedsbrief an den Vater Hofmannsthals möchte er das Gemeinsame betonen. Es bestehe in dem „Getrennt-Sein von der einheimischen Kunstrichtung". Hofmannsthal hatte George als Gegengabe für dessen erste Gedichtbücher sein erstes gedrucktes Werk, das kleine Drama *Gestern*, geschenkt. Dieses Werk möchte George als Ausdruck der Gemeinsamkeit verstehen: „... mein Halgabal, sein Andrea sind trotz allem Verschiedenen Kinder eines Geistes."

Gestern (1891) bedeutet an sich weit weniger für Hofmannsthal als *Algabal* für George. Der Renaissance-Schauplatz folgt einer zeitgenössischen Vorliebe, die Hofmannsthals Bedürfnis nach Farbigkeit entgegenkam. Die Ähnlichkeit der beiden Helden liegt darin, daß sie ihre Lebensanschauung nicht in der Auseinandersetzung mit der Umwelt behaupten können, daß dieser Konflikt aber nicht gelöst wird, sondern nur als Anlaß für schöne Verse seine Rechtfertigung findet. Die Lebensanschauung Andreas, der Zentralfigur von *Gestern*, ist eigentlich impressionistisch. Im Gegensatz zu Algabal zweifelt er an der Selbstherrlichkeit des Ich (ein Zweifel, der im Wien der Zeit auch von dem Philosophen Ernst Mach theoretisch formuliert wurde).

Wer lehrte uns den Namen Seele geben
Dem Beieinander von tausend Leben?

Aus dem Zweifel an dem Ich als ordnendem Prinzip wird jedoch eine Dichtungstheorie entwickelt, die in die Nähe Algabals führt:

Ist nicht die ganze ewige Natur
Nur ein Symbol für unsrer Seele Launen?
Was suchen wir in ihr als unsre Spur
Und wird uns alles nicht zum Gleichnisbronnen,
Uns auszudrücken, unsre Qual und Wonnen?

Dieser Frivolität wird unter dem Eindruck des Sündenbewußtseins einer Gruppe von Flagellanten von dem Dichter in dem Stück, Fantasio, die Bedeutung des dichterischen Wortes hinzugefügt. Alltägliche Worte können

In unsre Seele plötzlich leuchtend brechen
Daß sich von ihnen das Gemeine hebt
Und daß ihr Sinn lebendig ganz erwacht.

Das dichterische Wort erhöht das Leben, dessen Sinn aus ihm selbst nicht erkennbar ist. Diesem Gedanken sollte Hofmannsthal Jahre später in der *Ballade des äußeren Lebens* einen bedeutend gelungeneren Ausdruck geben. Die Position Nietzsches und des europäischen Ästhetizismus, daß das Dasein nur als ästhetisches Phänomen zu rechtfertigen sei, ist George und dem jungen Hofmannsthal gemeinsam. Sie ziehen aber nicht ganz dieselben Folgerungen daraus. Denn es gibt eine moralische Tendenz in *Gestern.* Andrea wird belehrt, nicht nur seine augenblicklichen Stimmungen zu genießen, sondern auch seine vergangenen Erlebnisse als Teil seines Selbst ernst zu nehmen.

Im Mai 1892 trafen George und Hofmannsthal in Wien wieder zusammen, und George entwickelte seinen Plan, Dichter des neuen Stils um eine Zeitschrift zu versammeln, die esoterischen *Blätter für die Kunst.* George suchte sich durch diese Gründung seines ‚Kreises‘, später ‚Staat‘ genannt, eine Gesellschaft zu erzwingen, die bereit wäre, sich den ästhetischen Gesetzen unterzuordnen, die er zu geben hatte, in der Hoffnung, dadurch der neuen Dichtung einen quasi-religiösen Führungsanspruch zu sichern. Die Esoterik des Kreises konnte nur erzwungen werden, indem George den Eindruck erweckte, das Unternehmen der *Blätter* und damit der Kreis stelle sich außerhalb der bürgerlichen Ordnung. Dieses Bemühen führte zu Hofmannsthals Urteil, in der Leitung der *Blätter* seien „pedantisch manierierte und gleichzeitig manierlose Menschen“ (an Andrian 21. Februar 1894). Dennoch schickte er Beiträge, darunter viele seiner besten Gedichte. Er bewunderte Georges eigene Verse, und eine gewisse Faszination übte der Ästhetizismus der „sonderbaren Unternehmung“ immerhin aus. Jedoch ein Dichter, der die Weite der Natur und das ganze Menschenleben als Mittel seines Ausdrucks brauchen will, kann sich nicht auf esoterische Regeln eines anderen Dichters festlegen. Auch widersprach es Hofmannsthals Erziehung, die Gesellschaft gänzlich zu mißachten, denn er war ja kein schüchterner kleinbürgerlicher Emporkömmling, der auszog, sich Achtung zu erzwingen.

Hofmannsthals *Der Tod des Tizian* erschien als

Fragment in den *Blättern für die Kunst*, nachdem er es zuerst anderswo hatte unterbringen wollen. Ästhetizismus, Dekadenz und ihr Verhältnis zum ‚Leben' sind das Thema. Die venezianische Renaissance-Villa Tizians, ihr Garten und ihre Terrasse liegen „nahe bei Venedig", und zwar so, daß man die Stadt „drunten" liegen sehen kann (das zeigt, daß Venedig für Hofmannsthal damals noch eine Phantasiestadt war). Der Garten der Villa ist von hohen Gittern umgeben, die den Bereich der Schönheit von dem der „Häßlichkeit und der Gemeinheit" trennen. Dies ist die offizielle Lehre unter den Schülern Tizians. Diese sind stolz auf ihre Fähigkeit, künstlerische Reize zu genießen: „... die große Kunst des Hintergrunds und das Geheimnis zweifelhafter Lichter ... die halbverwehten Klänge ... die dunklen Worte toter Dichter ... der Zauber aus versunknen Tagen." Aber dieses Raffinement ersetzt nicht die eigentliche Kraft, die nur der Meister hat, während die Schüler „zu schaffen nicht verstehen und hilflos harren müssen der Enthüllung". Für den Meister dagegen, „der das Leben schafft", ist „jeder Augenblick ... Erfüllung". Denn seine Kunst deutet das Leben:

> Er hat aus Klippen, nackten, fahlen, bleichen,
> Aus grüner Wogen brandend weißem Schäumen,
> Aus schwarzer Haine regungslosem Träumen
> Und aus der Trauer blitzgetroffner Eichen
> Ein Menschliches gemacht, das wir verstehen,
> ...

Besessen malt er sein letztes Bild, mit dem großen Pan und der Göttin Venus, „diese war so schön, daß ihre Schönheit trunken machte". Sein Grab bestimmt er so:

> Im bläulich bebenden schwarzgrünen Hain
> Am weißen Strand will er begraben sein:
> Wo dichtverschlungen viele Pflanzen stehen,
> Gedankenlos im Werden und Vergehen,

Und alle Dinge ihrer selbst vergessen,
Und wo am Meere, das sich träumend regt,
Der leise Puls des stummen Lebens schlägt.

Wie hier Wasser und Pflanzen unter dem Zeichen des unbewußten Lebens verbunden werden, ist ein typisches Jugendstilmotiv. Auch beim frühen George finden wir diese Motive, ebenfalls unter dem Zeichen des Todes in *Ein Hingang* aus den *Hymnen.* Der Tod ist dort ein „göttliches Geschenk", wie es das „neue Lied" des Dichters gewesen wäre, an das er noch bis zuletzt glaubte, umgeben von der Strandlandschaft: Buchen, Wiesen, Gärten. Pflanzen und Landschaft sind Symbole für die milde, ergebene Stimmung des Ganzen. Hier wie dort finden wir eine merkwürdige Parallelität zwischen Kunstschaffen und Tod: beides ist Auflösen des Menschlichen in die Elemente. Hier liegt die Wurzel des ästhetischen neuen Glaubens.

Hofmannsthal ließ als Prolog einen Pagen auftreten, der sich dem Bild eines Infanten vergleicht. Gemeint ist Georges Bild-Gedicht *Der Infant* aus den *Hymnen.* Der Page berichtet von einem Gespräch mit dem Dichter des Stückes, der dem Sprechenden versichert haben soll: „Doch ich versteh dich, o mein Zwillingsbruder." Die letzten drei Worte sind wörtlich aus Georges Bekenntnisbrief entnommen, es ist der Höhepunkt seines Freundschaftswerbens. So ist der *Tod des Tizian* auch ohne die Episode des Propheten in engster Beziehung zu George zu verstehen.

Um so wichtiger sind die Unterschiede. Der ästhetische Bereich, die umgitterte Villa, birgt nicht nur den großen Künstler, sondern auch die Schüler, die bloßen Nachempfinder. Der Künstler, Tizian, gibt keine Gesetze, sondern erschließt nur die Natur, in die er wieder einzugehen hofft. Außer dem kreativen Künstler und den dekadenten Nachempfindern gibt es im *Tod des Tizian* noch den dritten Bereich, die Stadt „drunten“. Ihre Menschen sind zwar ungebildet und haben kein Organ für die hohe Deutung des Lebens, die Tizian gibt. Aber sie sind nicht wie im *Algabal* „Horde die zu gehorchen vergisst“, sondern in ihrer Stadt kann Gianino („er ist sechzehn Jahre alt und sehr schön“, sagt das Personenverzeichnis, zweifellos ist er als positive Figur gemeint) „des roten Bluts bacchantisch wilden Reigen“ sehen.

Wohl schlief die Stadt: es wacht der Rausch, die Qual,
Der Haß, der Geist, das Blut: das Leben wacht.
Das Leben, das lebendige, allmächtge –
Man kann es haben und doch sein' vergessen! . . .

Es ist die Abschließung, die den Schülern dieses Vergessen verursacht, dieselbe enge Esoterik, die George empfiehlt. Der junge Hofmannsthal meint mit „Rausch“, „Qual“, „Haß“, „Geist“, ja mit „Blut“ das soziale Leben, das bestimmt nicht von ästhetischen Gesetzen, nur ganz oberflächlich von moralischen beherrscht wird und gerade darum eine faszinierende Anziehungskraft, ja göttliche Qualität besitzt. Das „Leben“ ist so etwas wie der Gott des Jugendstils. Die Lebensphilosophie in der Nachfolge Nietzsches hat diesen Gott nicht geschaffen, sie ist eine Parallelerscheinung.

Hofmannsthal wollte „diese ganze Gruppe von Menschen [die Tizianschüler] mit der Lebenserhöhung, welche durch den Tod [die Pest] die ganze Stadt ergreift, in Berührung“ bringen. Die Schüler sollten in die Stadt hinuntersteigen und „das Leben in der höchsten Zusammendrängung“ im Bewußtsein des Pesttodes erleben (an Walther Brecht, 20. Januar 1929). Es ist außerordentlich bezeichnend, daß George, der den Druck beaufsichtigte, aus der ursprünglichen Fassung der Szenenanweisung: „Spielt im Jahre

1576, da Tizian neunundneunzigjährig an der Pest starb", die Worte „an der Pest" strich.

In einem Brief an Rudolf Pannwitz aus dem Jahre 1919 (15. November) urteilte Hofmannsthal über George: „... er läßt zu viel aus." Der Kreis, Georges führende und die für ihn selbst vorgesehene Rolle als „coadjutor sine jure succedendi" sei ihm „zu deutsch phantastisch und trotz allem in der letzten Tiefe zu bürgerlich" gewesen. „Ich glaube nämlich", fügt er hinzu, „ich habe unter einem starken bunten Schleier, ein viel nihilistischeres Verhältnis zur Gesellschaft als Sie vielleicht annehmen." Was Hofmannsthal und George unterschied und Freundschaft und Zusammenarbeit letztlich unmöglich machte, war eine Verschiedenheit in ihrer Auffassung von der Aufgabe des Dichters in nihilistischer Zeit. George glaubte, Kunst lege dem Schaffenden in erster Linie Zucht auf, die der vieldeutigen Zeit die Eindeutigkeit wiedergebe, dem Künstler jedoch die Würde neuen Adels und gesetzgebende Herrschaft verleihe. Hofmannsthal war dies eine quasi-bürgerliche Verengung; Kunst war ihm der Zugang zum Reichtum der Welt.

Hinzu kommt noch der skeptische Zug, der dem Wiener durch seine Umgebung nahegelegt wurde. Ernst Mach vertrat als Physiker und Philosoph den Zweifel an der Einheit des Ichs. Hermann Bahr, der diesen Zweifel in seinem *Dialog vom Tragischen* (1904) popularisierte, erklärte in demselben Essay den Impressionismus aus dem Zweifel an der Absolutheit fester Grenzen. Hofmannsthal drückte einen ähnlichen metaphysischen Zweifel in einem historisch-anachronistischen Text aus, *Ein Brief* (1902), den er einen Lord Chandos an Lord Francis Bacon schreiben läßt. Mit diesem Text muß man einen anderen eng verbunden sehen, in dem die metaphysische Skepsis ein Gegengewicht erhält, nämlich eine Symboltheorie, die auf der Grundlage antimetaphysischer, impressionistischer Skepsis die Welt von der Dichtung erschlossen sieht. In beiden Texten setzt sich Hofmannsthal mit dem George auseinander, der das Dichteramt als Gesetzgebung verstand.

Hofmannsthals fiktiver Lord Chandos hält es für unmöglich, einen abstrakten metaphysischen Zusammenhang in der Sprache auszudrücken. Weder erscheint ihm das Dasein wie im Lichte seines ehemaligen jugendlichen Enthusiasmus als eine große Einheit, noch vermag er den traditionellen Lehren der Religion oder der Philosophie des Briefempfängers Francis Bacon, „dem vor Ihnen harmonisch ausgebreiteten Reiche der geistigen und leiblichen Erscheinungen", eine sichere Ordnung abzugewinnen. Vielmehr ist Chandos „völlig die Fähigkeit abhanden gekommen, über irgend etwas zusammenhängend zu denken oder zu sprechen". Es kommt dabei auf das Wort „zusammenhängend" an, denn es sind die großen abstrakten Begriffe, „Geist", „Seele", „Körper" oder „die Notwendigkeit immer wahr zu sein", die ihm in Teile zerfallen, so daß es ihm nicht mehr gelingt, die Handlungen der Menschen „mit dem vereinfachenden Blick der Gewohnheit" zu erfassen. Auf der anderen Seite hat sich sein eigentliches Leben in „freudige und belebende Augenblicke" zusammengezogen, schlichte Erlebnisse, die eine ungeahnte Bedeutsamkeit gewinnen, wie die bloße Phantasievorstellung von sterbenden Ratten, die ihm Momente aus der antiken Tradition verlebendigen, oder auch nur ein Schwimmkäfer, der auf der Wasseroberfläche einer Gießkanne „von einem dunklen Ufer zum anderen rudert". Das Beispiel ist sicher nicht zufällig gewählt. Chandos empfindet eine Sympathie mit den Geschöpfen und Dingen der Welt, nicht Mitleid, wozu Überlegenheit gehörte, sondern „ein ungeheures Anteilnehmen, ein Hinüberfließen in jene Geschöpfe oder ein Fühlen, daß ein Fluidum des Lebens und des Todes, des Traumes und Wachsens für einen Augenblick in sie hinübergeflossen ist". Es sind dies die „guten Stunden", in denen Hofmannsthal selbst von Jugend auf sowohl Allsympathie wie das Dichterische empfand. Hofmannsthal sagt sich keineswegs durch Chandos von diesen los. Es geht nur um die Frage der Einordnung solcher Erlebnisse. Ihre Allgemeingültigkeit ist fraglich, sie leisten nicht dasselbe wie die Sprache abstrakter Begriffe. Noch einmal drückt Chandos aus, wie die Welt ihm als Ganzes nur in diesen sehr persönlichen Augenblicken lebendig wird:

> Diese stummen und manchmal unbelebten Kreaturen heben sich mir mit einer solchen Fülle, einer solchen Gegenwart der Liebe entgegen, daß mein beglücktes Auge auch ringsum auf keinen toten Fleck zu fallen vermag. Es erscheint mir alles, alles was es gibt, alles, dessen ich mich entsinne, alles, was meine verworrensten Gedanken berühren, etwas zu sein.

Diese Augenblicke erschließen also die Welt in Zusammenhängen, die ganz einzig, momentan sind und nicht abstrakt, allgemeingültig. Chandos scheint es dann, „als könnten wir in ein neues, ahnungsvolles Verhältnis zum ganzen Dasein treten, wenn wir anfingen, mit dem Herzen zu denken". Schreiben kann er nicht mehr in seiner alten Sprache, der von 1600 mit ihren weltordnenden Abstraktionen. Schreiben möchte er in der Sprache, „in welcher die stummen Dinge zu mir sprechen".

Wir wissen aus einem Brief an Leopold Andrian (16. Januar 1903), daß Hofmannsthals *Brief* aus Lektüre der Essays Bacons hervorging. Hofmannsthal hat einen Menschen aus einer anderen Zeit mit dem Bedürfnis nach seiner eigenen Gedichtsprache ausgestattet. Chandos ist ein Mensch aus einer Zeit, die zwischen Geist und Körper streng unterschied (worauf Hofmannsthals Text ausdrücklich hinweist) und so die Welt als rational erklärbare sich naturwissenschaftlich zu unterwerfen begann, eine Welt, die, andererseits, in der Antike ein Kompendium des Weltverständnisses schon zu haben glaubte. Ihm werden Erlebnisse zugeteilt, die eine Unterscheidung von Innen und Außen nicht mehr zulassen und darum eine andere Sprache brauchen, eine Sprache, die Dinge der Welt als Ausdruck des Bewußtseins aufleuchten läßt, als einen Ausdruck, der Bedeutung hat, aber keine eindeutige Allgemeingültigkeit besitzt. Der moderne Dichter spürt die alte Orientierung einer gedeuteten Welt mit einem Mittelpunkt zwar noch als Bedürfnis in sich, aber hat sie aufgeben müssen. Hieraus bezieht der Brief des Lord Chandos seinen Reiz. Die Skepsis gegenüber der impressionistischen, der augenblicksgebundenen, intensiven, aber nicht allgemeingültigen Gedichtsprache bezieht sich nur auf ihre beschränkte Anwendungsmöglichkeit, sozusagen auf eine soziale Insuffizienz, die Hofmannsthal in seinem reifen Werk zu überwinden suchte.

Das brauchte ihn nicht zu hindern, diese intensiven Momente dichterischer Erfüllung ohne Allgemeingültigkeit für das eigentlich Lyrische zu erklären. So geschieht es in *Das Gespräch über Gedichte.*

Sind nicht die Gefühle, die Halbgefühle, alle die geheimsten und tiefsten Zustände unseres Inneren in der seltsamsten Weise mit einer Landschaft verflochten, mit einer Jahreszeit, mit einer Beschaffenheit der Luft, mit einem Hauch? Eine gewisse Bewegung, mit der du von einem hohen Wagen abspringst; eine schwüle sternlose Sommernacht; der Geruch feuchter Steine in einer Hausflur; das Gefühl eisigen Wassers, das aus einem Laufbrunnen über deine Hände sprüht: an ein paar tausend solcher Erdendinge ist dein ganzer innerer Besitz geknüpft, alle deine Aufschwünge, alle deine Sehnsucht, alle deine Trunkenheiten. Mehr als geknüpft: mit den Wurzeln ihres Lebens festgewachsen daran, daß – schnittest du sie mit dem Messer von diesem Grunde ab, sie in sich zusammenschrumpften und dir zwischen den Händen zu nichts vergingen. Wollen wir uns finden, so dürfen wir nicht in unser Inneres hinabsteigen: draußen sind wir zu finden, draußen. Wie der wesenlose Regenbogen spannt sich unsere Seele über den unaufhaltsamen Sturz des Daseins. Wir besitzen unser Selbst nicht: von außen weht es uns an, es flieht uns für lange und kehrt uns in einem Hauch zurück. Zwar – unser „Selbst"! Das Wort ist solch eine Metapher. Regungen kehren zurück, die schon einmal früher hier genistet haben. Und sind sies auch wirklich selber wieder? Ist es nicht vielmehr nur ihre Brut, die von einem dunklen Heimatgefühl hierher zurückgetrieben wird? Genug, etwas kehrt wieder. Und etwas begegnet sich in uns mit anderem. Wir sind nicht mehr als ein Taubenschlag.

Hier fließt der Zweifel an der eindeutigen Ordnungsfunktion des Ich ein, der in der folgenden Gegenrede des Gesprächspartners Clemens bestätigt wird: „... es ist schwer, nicht daran zu zweifeln, daß es in der menschlichen Natur irgendeine Wesenheit gibt." Die Wendung von dem „unaufhaltsamen Sturz des Daseins" im obigen Zitat deutet auf den metaphysischen Hintergrund, auf die Erkenntnis, daß das Dasein nicht in eine schöne kosmische Ordnung gehört, sondern unbegreiflich dahinfällt. Die Seele spannt sich darüber als „wesenloser Regenbogen". Für Lord Chandos waren die „Geheimnisse des Glaubens" zu einer „erhabenen Allegorie" geworden, „die über den Feldern meines Lebens steht wie ein leuchtender Regenbogen ... immer bereit, zurückzuweichen". Wie für Chandos dagegen die Augenblicke belebend werden, in denen die Dinge ihm liebend entgegenkommen, so behauptet der führende Gesprächspartner Gabriel des *Gesprächs über Gedichte* die Verknüpfung des Innen mit dem Außen, den Ausdruck des Innen durch das Außen als die „Verfassung unseres Daseins", die „der Poesie entgegenkommt". Hierauf beruht sein Symbolbegriff, den er durch die Erzählung der Geschichte des ersten Opferers erläutert. Ein Symbol setzt nicht eine Sache für die andere, denn das würde eine allgemeingültige Ordnung voraussetzen. Ein Symbol setzt die Sache selbst, verlangt, daß wir uns einen Augenblick in ein fremdes Dasein auflösen, uns mit ihm identifizieren und so bezaubert werden. „In unserem Leib ist das All dumpf zusammengedrückt: wie selig, sich tausendfach der furchtbaren Wucht zu entladen."

Hofmannsthal geht aus von Gedichten Georges aus dem *Jahr der Seele.* Es sind Landschaftsgedichte, in denen Naturdinge einen Zustand der Seele bezeichnen. Aber er zieht nicht nur Gedichte seiner Zeit zu Beispielen heran. Er nennt auch antike Gedichte. Hier ist es wieder bezeichnend, daß mythische Augenblicke besonderes Interesse finden: z. B. wie aus dem Reiz eines kelternden Mädchens die Göttin Aphrodite entsteht. Immer wieder werden wir beobachten, wie die Sprache des Mythos sich anbietet, während eine gesicherte rationale oder geglaubte Weltordnung sich entzieht.

Mit dem Wort ‚Symbol' knüpft Hofmannsthal an Goethe an, vielleicht auch mit dem Bild des Regenbogens über dem Sturz des Daseins (vgl. *Faust I*, 3350; *II*, 4715–27). Goethe wollte das Symbol „als lebendig-augenblickliche Offenbarung des Unerforschlichen" verstehen (*Maximen und Reflexionen*, Hecker 314), „indem es vollkommen sich selbst darstellt, deutet es auf das übrige" (an Carl Ernst Schubarth, 2. April 1818). Aber im Symbol repräsentiert für Goethe „das Besondere das Allgemeine" (in der gleichen Maxime 314). Eine Hierarchie des Allgemeinen und Besonderen ruht auf der Grundlage einer grundsätzlich geordneten Welt, wie sie weder für Lord Chandos noch für den Gabriel des *Gesprächs über Gedichte* vorhanden ist. Eine solche Welt kann für Hofmannsthals nihilistische Metaphysik nicht mehr gelten. Freilich war auch Goethe dieser wohlgeordneten Welt nicht immer sicher. Er erklärt es ebenso für „die Natur der Poesie“, ein Besonderes auszusprechen, „ohne ans Allgemeine“ zu denken oder darauf hinzuweisen“ (Maxime 279; wie das vorige aus *Kunst und Altertum*). Goethe kann im Sinne der Zeit um 1900 modern verstanden werden, als Vorläufer des Monismus, der die Einzeldinge ausspricht, um auf einen nur vage angedeuteten kosmischen Zusammenhang hinzuweisen. Nicht aus Zufall steht Goethes *Selige Sehnsucht* am Schluß des *Gesprächs über Gedichte.* Das große Anwachsen des Respektes für Goethe bei Nachlassen des Interesses für Schiller ist überhaupt ein Kennzeichen der Dichtung dieser Zeit. Goethes Gedicht als intensive sprachliche Gestaltung des Augenblicks mit bedeutender Absicht und Goethes Weltanschauung mit ihrer Resignation vor dem Unerforschlichen kamen dem modernen Perspektivismus oder Pluralismus nahe genug.

Im Jahre 1902 fand ein Versuch von beiden Seiten statt, eine Zusammenarbeit auf neuer Grundlage herzustellen. George, immer noch und immer wieder irritiert durch Hofmannsthals „Rückhaltung und Ängstlichkeit“, wie er es nannte, sucht daraus eine historische Schuld zu konstruieren: „Ich war des festen Glaubens, daß wir, Sie und ich, durch Jahre in unsrem Schrifttum eine sehr heilsame Diktatur hätten üben können; daß es dazu nicht kam, dafür mache ich Sie allein verantwortlich.“ Nach Georges Ansicht wäre eine solche Diktatur möglich gewesen, wenn Hofmannsthal sich auf die Veröffentlichungen des Georgekreises eingeschränkt hätte. Hofmannsthal antwortete: „Ich hatte von der Kindheit an ein fieberhaftes Bestreben, dem Geist unserer verworrenen Epoche auf den verschiedensten Wegen, in den verschiedensten Verkleidungen beizukommen." George erwiderte, wie so oft ohne Verständnis für das Gemeinte und mit wenig Takt: „Wenn Sie es als schön preisen, sich von den vielfarbigen Tatsächlichkeiten treiben zu lassen, bedeuten sie mir nichts ohne Auswahl und Zucht." George mißbilligte besonders Hofmannsthals Theaterunternehmungen.

Hofmannsthal hat Georges Drängen, sich seiner Herrschaft zu unterwerfen, abwehren müssen. Er hat dem Älteren aber auch Sympathien entgegengebracht. Gegen Ende seines Lebens erinnerte er sich an die Bestätigung, die diese Begegnung seinem eigenen Dichtertum brachte; „jenes Communicieren webender Kräfte, das eben den Geist einer Zeit ausmacht" (an Walther Brecht, 20. Februar 1929). Auch Hofmannsthal war nicht bereit, sich dem bestehenden Publikumsgeschmack anzupassen. Beide Dichter empfanden die Notwendigkeit, für ein Publikum zu schreiben, das es erst zu erwecken galt. Ästhetizismus ist für sie eine Schule des Stils im weitesten Sinne, nicht nur der einsame Genuß von Nuancen.

Während alte Bindungen sich auflösten, gesellschaftliche und technische Entwicklungen neue Freiheiten eröffneten, entstand eine Unsicherheit, ein ‚Unbehagen in der Kultur', ein Vorgang, der auf der literarischen Spielebene feststellbar ist, auch wenn man die Eigengesetzlichkeit literarischer Formen beachtet. Deutschland, ohne allgemein anerkanntes kulturelles Zentrum, ohne eigentliche Hauptstadt, mit einer flexiblen Sprache, geographisch in der Mitte Europas gelegen, hatte den neuen Freiheiten eine weniger starke gesellschaftliche Konformität entgegenzusetzen als die westlichen Völker. Das Unbehagen mußte daher stärker sein.

George und Hofmannsthal antworteten damals auf die gleichen Herausforderungen: auf den metaphysischen Nihilismus, auf die Nivellierung der Klassenunterschiede in der Gesellschaft und zugleich auf den europäischen Ästhetizismus, der berufen schien, auf die metaphysische Frage eine Antwort zu geben. Das Wort ‚Diktatur' steht nicht zufällig in Georges Brief. Es ist eine letztlich ästhetische Lust an Zucht und Formung, die zur weltanschaulichen Diktatur auch in der Politik führt. Es ist auch nicht ohne Bedeutung, daß die Gegenposition bei Hofmannsthal nicht prägnant ausgebildet ist, daß vielmehr die ästhetisierenden Neigungen Hofmannsthals, sein impressionistischer All-Symbolismus, sich allzu leicht mit sozial und politisch konservativen Tendenzen verknüpften, vor allem später, als sein Österreich zusammengebrochen war, das er als übernationalen Staat verstanden hatte.

Der deutsche Begriff des Bürgers hat literarisch eine wenig festgelegte Bedeutung. Im Deutschland des 19. Jahrhunderts hat der bürgerliche Gesellschaftsroman nicht so wie in Frankreich orientierend und klischeebildend gewirkt. Figuren wie der Apotheker Homais in Flauberts *Madame Bovary* waren Schreckgespenster für die französischen Symbolisten. Dagegen gab es kaum deutsche Lyriker, die erlesene Gedichte mit der Idee schrieben, daß Frau Jenny Treibel sie nicht werde lesen können. Auch kann man Fontanes letztlich liebevolles Verhältnis zum Bürgertum schlecht mit dem Haß eines Flaubert vergleichen. Der deutsche Bürger erwartet von der Literatur, daß sie ihm eine höhere Ordnung zeige. Dies gibt dem Schriftsteller allenfalls Anlaß zu Spott, kaum zu Haß, schafft aber auch ein Potential für das Selbstbewußtsein des Dichters als Propheten und Verkünders.

Was der Jugendstil, von dem der Georgekreis nur eine besonders ausgeprägte Erscheinung ist, dem deutschen Bürgertum verkündete, war eine ästhetische Freiheit, die sich im Genuß der vielfältigen Phänomene des Lebens erfüllte. Die ästhetischen Formen sollten das Leben greifbar, fühlbar, erkennbar machen. Der literarische Jugendstil stieß allenfalls zu einer pluralistischen Weltsicht und zu neuen Möglichkeiten der Religion und Moral vor. Von politischer Freiheit ist kaum die Rede. Dem deutschen Bürgertum, dessen liberaler Teil von Bismarck so schwer gedemütigt wurde, war damals die Aufgabe auferlegt, dem neuen Reiche eine zukunftsmögliche Form zu geben. Die deutschen Liberalen, in sich politisch gespalten, die langsam aufsteigende Sozialdemokratie und die noch mächtigen Reste des feudalen Militarismus bildeten eine politische Landschaft, die, von wenigen Ansätzen abgesehen, nicht auf die Spielebene der Literatur gezogen wurde. Wir wissen, daß das deutsche Bürgertum keine Form fand, daß es politisch von abenteuerlichen Vorstellungen motiviert war, daß es einer Regierung folgte, die die Existenz des deutschen Volkes und Staates, ja die Europas leichtsinnig aufs Spiel setzte. Wir dürfen die Frage nicht vermeiden, ob das bewußt unbürgerliche, das freie künstlerische Selbstbewußtsein, das die Jugendstildichtung erfüllte, nicht mit dieser Entwicklung zu tun hatte.

4. Liebe, Tod und Rausch: Das Elementarthema des Jugendstils

Der Schwede August Strindberg (1849–1912), der in den neunziger Jahren sich oft in Deutschland aufhielt, hatte die erotische Aktivität der Frau in seinem Drama *Fröken Julie* (1888), deutsch *Fräulein Julie* (1889), zum Thema gemacht. Die jüngeren deutschen Jugendstildichter neigten im Gegensatz zu Strindberg dazu, das Motiv mit einem positiven Akzent zu versehen. Ein Gedicht von Richard Dehmel (aus *Erlösungen*, 1891) verbindet die lyrisch-wunschbildhafte Berufung auf intensive weibliche Erotik mit Verkündung der monistischen Religion. Die Überschrift läßt die Erotik noch im Bereich des Bürgerlichen begreiflich werden: es handelt sich um das Rollengedicht einer Braut, die der Hochzeitsnacht entgegenfiebert.

Nachtgebet der Braut

O mein Geliebter – in die Kissen
bet ich nach dir, ins Firmament!
O könnt ich sagen, dürft er wissen,
wie meine Einsamkeit mich brennt!

O Welt, wann darf ich ihn umschlingen!
O laß ihn mir im Traume nahn,
mich wie die Erde um ihn schwingen
und seinen Sonnenkuß empfahn

und seine Flammenkräfte trinken,
ihm Flammen, Flammen wiedersprühn,
o Welt, bis wir zusammensinken
in überirdischem Erglühn!

O Welt des Lichtes, Welt der Wonne!
O Nacht der Sehnsucht, Welt der Qual!
O Traum der Erde: Sonne, Sonne!
O mein Geliebter – mein Gemahl –

Das private Gefühl erstreckt sich ins Kosmische und will so mythischen Charakter erreichen. Das Bild von der Erde, die um die Sonne kreist, bringt neuzeitliche Astronomie in den Mythos ein, der aber männliche Überlegenheit zu bezeichnen hat. Dennoch hat die Intensität der weiblichen Erotik auf dem Hintergrund des damals noch weit verbreiteten Rollenvorbilds der sexuell zurückhaltenden, ja frigiden Frau etwas Rebellisches. Dehmel wurde schon in Band 4 (S. 815–827) als Dichter mit modernen Tendenzen charakterisiert, denen Vorbehalte gegenüberstehen. Dehmels Werk ist sowohl vom Naturalismus wie von einem gegenbürgerlichen Ästhetizismus geprägt. Sein erotischer Vitalismus wirkte im Jugendstil sehr stark, wenn auch sein Ruhm nach seinem Tode (1920) schnell verblaßte.

Suchte Dehmel der modernen Zeit gerecht zu werden, so lehnte George sie leidenschaftlich ab, soweit er sie nicht als Schreckbild polemisch in seine Dichtung einbeziehen mußte. Seine Welt waren die Menschen seines Kreises, im übrigen Bilder, die einen zeitenthobenen Bereich von Landschaft, Gärten und alter Kultur zu bezeichnen hatten.

In seiner Frühzeit, bevor er sich in Leben und Dichtung der homoerotischen Seite seines Wesens ganz verschrieb, konnte George auch intensive weibliche Erotik gestalten. Hier ist ein Gedicht aus *Pilgerfahrten*, aus dem gleichen Jahre 1891 wie Wedekinds *Frühlings Erwachen* und Dehmels *Erlösungen.*

Ich darf so lange nicht am tore lehnen ·
Zum garten durch das gitter schaun ·
Ich höre einer flöte fernes sehnen ·
Im schwarzen lorbeer lacht ein faun.

So oft ich dir am roten turm begegne
Du lohnest nie mich mit gelindrem tritt ·
Du weisst nicht wie ich diese stunde segne
Und traurig bin da sie entglitt.

Ich leugne was ich selber mir verheissen . .
Auch wir besitzen einen alten ruhm ·
Kann ich mein tuch von haar und busen reissen
Und büssen mit verfrühtem witwentum?

O mög er ahnen meiner lippe gaben
– Ich ahnte sie seit er als traum erschien –
DIE oleander die in duft begraben
Und andre leise schmeichelnd wie jasmin.

Ich darf so lange nicht am tore lehnen ·
Zum garten durch das gitter schaun ·
Ich höre einer flöte fernes sehnen ·
Im schwarzen lorbeer lacht ein faun.

Dies ist eines der besten Gedichte Georges. Es ist aber auch eines, von dem man seine Zugehörigkeit zum Stil seiner Zeit ablesen kann. Übrigens hat Ernst Morwitz, der seine Information vom Dichter selbst haben dürfte, auf eine Anregung zu diesem Gedicht aufmerksam gemacht, ein Bild Arnold Böcklins „Die Klage des Hirten“. Das Motiv des erotischen Traumes finden wir in Georges Gedicht wie in Dehmels *Nachtgebet der Braut.* Der Reiz des ersteren ist allerdings ein ganz anderer. Es kostet die alte repressive Sexualmoral aus. Die Wiederholung der 1. Strophe betont deren „ich darf nicht“. Die Situation wird dem Leser szenenhaft deutlich gemacht, andererseits aber auch symbolistisch in Bilder umgesetzt. Der Garten, in dem ein Faun lacht, die Klänge einer Flöte, der Duft des Oleanders, alles dies hat Bedeutung in der Szene, aber auch als Berufung des erotischen Glücksverlangens. Das Gittertor steht für die alte Moral und die Jungfräulichkeit, das Tuch für die Möglichkeit der Selbstentblößung. Hier ist die anarchische Seite der Erotik angedeutet, aber zurückgehalten in der Berufung auf den „alten ruhm“ der Familie des Mädchens. In der Zeile „ich leugne was ich selber mir verheissen“ ist

»Amaryllis oder Die Klage des Hirten«
Gemälde von Arnold Böcklin (1866)

die Ambivalenz zusammengefaßt. Was die Sprecherin sich verheißen hat, ist die Überwindung der alten Moral im entblößenden Angebot ihrer Liebe. Aber sie widersteht dennoch. Der angerufene Geliebte ist unberührt von der ihm zugedachten Gefühlsintensität. Nicht einmal ein Wechsel der Gangart zeigt an, daß er verstanden hat, welche erotische Gewalt auf ihn zukommt. Dem Unberührtsein des Mannes und der Beherrschung des Mädchens entspricht der verhaltene Fluß der Jamben. Und doch ist das Gedicht bei näherem Zusehen nicht regelmäßig. Die Normalzahl der Hebungen ist 5, einige Verse aber haben 4 Hebungen, verlangen also eine Pause am Versende. Das Gedicht endet mit einer solchen 4hebigen Zeile. Der Verhaltenheit wirkt auch das Bild des roten Turms entgegen, das mit dem Geliebten assoziiert wird und ein Sexualsymbol enthält, das auf den expressionistischen Stil vorausweist. In der Farbe Rot kommt das Anarchische im Erotikmotiv zur Geltung, das mit Berufung auf die traditionelle Moral durch Versmaß und die Motive der Selbstzucht mühsam gestaut ist.

Das Gedicht öffnet sich dem Leser und zieht sich zugleich in Bilder zurück, wie das Mädchen sich anbietet und sich zurückhält. Die Erotik verlockt, aber sie wird zugleich verschlüsselt. Diese Dichtung ist nicht hermetisch wie die von Mallarmé, sie begnügt sich, den Weg zum absoluten Bild anzuzeigen. Turm, Torgitter und Garten sind durch die Monologszene gedeutet, die Symbole öffnen sich dem Leser. Wären sie ohne die Szene miteinander komponiert, entzögen sie sich dem unmittelbaren Verständnis. Der Ambivalenz des Erotikthemas entspricht eine kommunikative Ambivalenz. Erotik zerstört eine geplante Ordnung, sie führt aber auch Menschen zusammen. Erotik ist Selbstentfremdung des Individuums und sein eigenster

Besitz zugleich. Die kommunikative Ambivalenz ist Zeigen und Entziehen.

Diese Ambivalenzen lassen sich besonders gut in Rilkes Dichtung verfolgen. Ein Gedicht aus dem *Buch der Bilder* von 1898 hat ebenfalls das erotische Verlangen eines Mädchens zum Gegenstand.

Die Braut

Ruf mich, Geliebter, ruf mich laut!
Laß deine Braut nicht so lange am Fenster stehn.
In den alten Platanenalleen
wacht der Abend nicht mehr:
sie sind leer.

Und kommst du mich nicht in das nächtliche Haus
mit deiner Stimme verschließen,
so muß ich mich aus meinen Händen hinaus
in die Gärten des Dunkelblaus
ergießen ...

Die Situation ist ähnlich wie in den Anrufungsgedichten Dehmels und Georges, jedoch wird der Sprache mehr zugemutet. Die Geliebte fordert, daß sie nicht allein ihr Verlangen aussende, was mit dem Bild des Rufens ausgedrückt ist. Der Geliebte soll das Verlangen teilen, seine Stimme soll laut rufen, dieses Rufen ist zugleich die sexuelle Vereinigung, was der Vers „mit deiner Stimme verschließen" ausdrückt. Diese Vereinigung ist aber nur potentiell. Tatsächlich ist die Braut allein mit dem Garten, in den sie vom Fenster ihre Hände ausstreckt. Wird ihr Verlangen nicht gestillt, so „muß" sie sich mit dem Garten vereinigen. Die Person der Sprecherin löst sich auf in das Bild. Dem entspricht auch der lockere Versbau. Das Gedicht setzt Liebeserfüllung und visionäre Gefühlsergießung mit den Bildern eines menschenleeren nächtlichen Parkes gleich. Die Erotik kann umgesetzt werden in dichterische Bilder.

Erotik spielt auch in Rilkes reifem Werk eine sehr große Rolle. In den *Neuen Gedichten* gibt es den *Gesang der Frauen an den Dichter.* Die Sexualität der Frauen wird mit dem Animalischen in Verbindung gebracht. Der sexuelle Schrei der Frau erreicht den Dichter aber nicht, der mit sich selbst beschäftigt ist. Ein symbolisches Spiel mit der Vagina ist das Gedicht *Die Laute.* In den *Duineser Elegien* ist die Geliebte das Symbol für die Anforderungen des Menschseins an den Dichter. Das Zerstörende und das Heilende der Erotik sind Gegenstände der *Dritten Elegie.* In der *Zweiten Elegie* ist eine Stelle an die Liebenden gerichtet:

> ... die ihr unter den Händen
> euch reichlicher werdet wie Traubenjahre;
> die ihr manchmal vergeht, nur weil der andre
> ganz überhand nimmt: euch frag ich nach uns.

Erotik bietet, wie bei Dehmel, einen Zugang zur monistischen Religion und wird dem dichterischen Wort ähnlich, das die Dinge verwandelt und sie aufbewahren soll. Dem Leser wird ein Zugang eröffnet, den er nachvollziehen kann. Aber Rilke gestattet seinem Leser nicht, Liebe als gemeinschaftsbildend aufzufassen. Um dem Dichter seine Sonderstellung zu erhalten, steht das Thema des Abschieds (besonders in der *Vierten Elegie*) dem Liebesthema entgegen. Ein allerdings nicht vollendeter Versuch, den Liebesakt mit Todesthemen, mythischen und religiösen Anspielungen in einen Gedichtkreis zu formen, haben wir in den Entwürfen für 7 Gedichte aus dem Jahre 1915 vor uns, deren phallische Kühnheit den Rilke-Leser erstaunt.

> Was sind wir viel, aus meinem Körper hebt
> ein neuer Baum die überfüllte Krone
> und ragt nach dir: denn sieh, was ist er ohne
> den Sommer, der in deinem Schoße schwebt.

Neben dem Baumsymbol steht das der Herme und des Turmes für den Phallus. Griechische und christliche Motive vermischen sich, darunter auch das der Auferstehung, das mit „Leiche" und „Tod" im Zusammenhang steht. Rilke hat diese Gedichte wohl nicht nur ihrer Anstößigkeit halber unveröffentlicht gelassen, sondern auch, weil die Eklektik ihrer Motive künstlerisch nicht gebändigt war. Gerade diese Eklektik, diese Trümmer sozusagen, diese Versuche noch 1915, als der Jugendstil im Ersten Weltkrieg sich pervertiert hatte, weisen auf den Pluralismus des Jugendstils und sein Bestreben zurück, Leben und Tod in neuen religiösen Symbolen zu fassen.

Der Zusammenhang von Erotik und Tod reicht in mythische Vorzeiten zurück. Die Romantik hatte diese alten Mythen neu belebt. Von *Heinrich von Ofterdingen* bis zu Wagners *Tristan und Isolde* wurden Liebe und Tod als Lebensmomente empfunden, die über den Alltag hinausweisen, als Ekstasen des Menschseins. Der Tod, der noch im Barock als schreckhaft und darum nur im christlichen Glauben annehmbar erschienen war, wurde seit der deutschen Klassik mehr und mehr als immanentes Ereignis, als bloß natürlich, als Moment des Alls dargestellt. Schopenhauers Philosophie lehrte den Tod als Zurücknahme der quälenden Individuation zu verstehen und beeinflußte Nietzsche, Wagner, Hofmannsthal, Thomas Mann und Rilke. In dem lyrischen Drama *Der Tor und der Tod* des jungen Hofmannsthal stellt der geigenspielende Tod sich vor:

> Aus des Dionysos, der Venus Sippe
> Ein großer Gott der Seele steht vor dir
> . . .

Im Jugendstil ist die Spannung von Immanenz und Transzendenz verschwunden, die noch die Romantiker beherrscht hatte; der Monismus hat sie aufgehoben. Das hinderte nicht, daß ein transzendentes Bedürfnis latent geblieben war; das göttliche Jenseits der christlich beherrschten Jahrhunderte wollte ersetzt werden durch eine vage Geistigkeit, durch Gefühlsintensität oder auch einfach durch die erhebende Wirkung der Kunst. Liebe und Tod hatten in diesem Bemühen den Vorteil, daß sie nicht bloße literarische Motive, sondern Fakten waren, die vor dem naturalistischen Gewissen der modernen Literatur nicht besonders gerechtfertigt werden mußten. Rilkes *Duineser Elegien* bieten solche monistische Ersatztranszendenz, aber die weltanschauliche und prophetische Dichtung der Zeit, bis in den Expressionismus hinein und darüber hinaus, sucht das Bedürfnis nach einer neuen Religion zu befriedigen. Ob man dies nun als fragwürdig ansieht oder nicht, die Dichtung hat die orientierende Funktion übernommen, die die Religion im gebildeten, lesenden Publikum kaum noch ausübte.

Der Rückgriff auf Mythen und die Rechtfertigung vor dem Naturalismus brachten das Staunen vor dem Grausamen und Schrecklichen in den Vordergrund. Literatur, die sich auf die Alltagswelt beschränkt, ist langweilig. Der Reiz an exotischer Grausamkeit ist zu allen Zeiten ausgekostet worden. Im Jugendstil fällt dieses Auskosten des Außerordentlichen zusammen mit dem Schwinden allgemeingültiger Moral. In Wedekinds *Frühlings Erwachen* gibt es eine sadomasochistische Szene, in der die liberal erzogene Wendla ihren Freund Melchior um Schläge bittet, um das Gefühl kennenzulernen, das ihre unglücklichere Freundin zu erleiden hat. Diese Nächstenliebe wird prompt zu sexueller Lust und Qual. Strafloses Vergnügen an solchen tabuierten Gefühlen, eine im Ästhetischen bleibende Gefühlsbefreiung, bietet das folgende Gedicht von Ludwig Jakobowsky, das im *Modernen Musenalmanach* von 1893 erschien:

Das letzte Weib

Lachend reckt sich im Sonnenglanze
Das letzte Weib auf meiner Gruft;
Die Brüste geschmückt mit dem Lorbeerkranze
Und Rosen im Haare voll Purpur und Duft.

Die Lüfte schimmern vor Glanz und Wonne,
Die Rosen atmen so schwül und satt;
Sie blinzelt schläfrig hinein in die Sonne
Und kaut mit den Zähnen ein Rosenblatt.

Und wie sich dehnt auf dem frischen Grabe
In Liebesbrünsten der leuchtende Leib,
Rauscht aus dem Walde ein riesiger Rabe
Und senkt sich herab auf das zitternde Weib.

Fest um die Hüften die pressenden Krallen
Treibt er das teuflischste Liebesspiel;
Blutstropfen purpurn zur Erde fallen,
Zum Lorbeer, der jäh von den Brüsten fiel.

Und wie an die zuckenden weißen Lenden
Die Federn peitscht das brünstige Tier,
Preßt sie mit zitternden heißen Händen
An sich die Flügel mit wütender Gier.

Da sinkt sie erschauernd zurück auf den Hügel,
Ihr Blut erstarrt in Grauen und Not,
Und rauschend erhebt sich mit mächtigem Flügel
Als krächzender Rabe der lachende Tod.

Der rapide Wechsel von Trochäen, Daktylen und Jamben bringt eine Unruhe in das Gedicht, das sein Thema, das erregende Grauen, unterstützen soll. Lebenslust und Todesgrauen mischen sich nicht im Sinne der alten Schuldethik; der Tod ist nicht der Sünde Sold, sondern wird in den sexuellen Taumel monistisch einbezogen. Dennoch zieht das Gedicht aus

Resten alter religiöser Vorstellung einen sensationellen Reiz. Die Wendung „das teuflischste Liebesspiel" verrät das. Der Sprecher des Gedichtes vergegenwärtigt ein Bild, das nach seinem Tode sein wird. Hier wird der ich-sagende Gedichttypus geradezu satirisch ins Absurde gewendet, was den Umschlag von der Erlebnislyrik, die durch ein sich mitteilendes Ich strukturiert ist, zum Symbolismus bezeichnet, der das Gedicht durch eine Komposition von Bildern konstituiert.

Die erotische Dichtung folgt natürlich leicht der Konvention des ich-sagenden Gedichts. Ein Produzent von allzu vielen Liebesgedichten in leichtem Stil war Otto Julius Bierbaum. Trotz vielen Mißlingens ist Maximilian Dauthendey (1867–1918) ernster zu nehmen. Farbige und visionäre Bilder erscheinen in Gedichten, die sich symbolistischen Kompositionen annähern. Vorübergehend war Dauthendey ein Mitarbeiter von Georges *Blättern für die Kunst*. Das folgende Gedicht ist aus *Die ewige Hochzeit* (1905).

Der Mund im Vollmond scheut sich nicht

Der reife Vollmond stillt die Nacht,
Er legt die Liebenden sich an die Brust,
Er nährt den Schwur und gibt den Lippen Macht.
Der Mund im Vollmond scheut sich nicht,
Er hebt das schwere Herz ans Licht,
Und Wünsche, die sonst ohne Stimmen gingen,
Singen im vollen Mond, wie Bräute singen,
Befreien lächelnd deine Brust
Und weihen dich der großen Lust.

In der Ansprache der Geliebten mit „du" am Ende ist eine erlebte Situation bezeichnet, während das Mondbild Tendenzen hat, zur autonomen Metapher zu werden. Ob der Mund dem Mond zugeordnet werden soll oder dem Liebenden gehört, der von dem Vollmond von seinen Hemmungen befreit wird, bleibt offen. Diese spielerische Ambivalenz trägt zu dem Wert des Gedichtes bei, während die Metapher der singenden Bräute, die an den frühen Rilke erinnert, als zeitgebundene Entgleisung wirkt.

In dem folgenden Gedicht wird eine Landschaftsstimmung in das Bild des Schmerzes um eine tote Geliebte umgesetzt, ein Vorgang, der im Gedicht selbst erklärt wird. Es ist ein frühes Gedicht (1894) von Alfred Mombert, der ein Freund Richard Dehmels war.

Schmerz

Ich sah ihn deutlich, einen irren Schmerz
der mondgequälten schwülen Sommernacht.
Auf bleichem Anger liegend in schwarzem Frost.
So leer – so tot! – man stöhnt nach einem Bild ...
Ein Jüngling schreitet aus dem Fichtentor.
Auf seinen Armen glänzt ein Frauenleib.
Die weißen Glieder träumen stumm herab,
ein müder eingeschlafner Gletscherbach.
Er küßt sie mild und raunt ihr was ins Ohr.
Sie rührt sich nicht. Er krampft sie heiß und wild.
Sie fließt ins Gras. Er horcht an ihrer Brust.
Er schreit! er brüllt! – – Der Mond geht seinen Lauf.

Das Gedicht hat symbolistische und impressionistische Stilzüge und weist auf den Expressionismus voraus. Wir sehen, wie eng sich diese Stile berühren können, wie sehr sie zusammengehören.

Rilkes lyrische „Scene am Meer“, *Die weiße Fürstin*, verfolgt, besonders in der 1. Fassung von 1898, die Absicht, intensives weibliches erotisches Verlangen mit dem Tod zu verbinden. Eine von ihrem Gatten „unerlöste“, noch jungfräuliche Fürstin hofft auf den Besuch ihres Liebhabers. Sie will ihr ganzes Dasein in diese Liebesnacht zusammenpressen. Die Botschaft, daß die Erfüllung ihres Verlangens bevorsteht, erhält sie zusammen mit der Nachricht von der im Lande umgehenden Pest. Der Tod setzt sich an die Stelle der erwarteten erotischen Erfüllung. Einmal gerät die Liebessehnsucht der Fürstin ins Masochistische:

Tu
mir weh.
Hack mir die Hände ins Herz.
Ich sehne mich so
nach einem Schmerz
oh!

Das Erotische erscheint als religiöse Qualität in dieser Stelle aus dem gleichen Drama (Erstfassung):

Ich schrie
danach. Meine bräutlichen Kissen
hab ich mit zitternden Zähnen zerrissen,
und von dem Kreuz aus Ebenholz
schmolz
der silberne Christus los,
so groß
war die Glut
meines Brautgebets.

Der Reim Ebenholz – schmolz hat etwas unfreiwillig Komisches, wie der ganze kunstgewerbliche Manierismus dieser sinnlichen Glut. Das Dramolett ist nach Arno Holz' Manier in Mittelachsenversen gedruckt.

Die Weise von Liebe und Tod des Cornets Christoph Rilke, deren 1. Fassung 1899 erschien, war lange Zeit Rilkes populärstes Werk. Eine illegitime, aber intensive vom Tode bedrohte Liebe gehört zu seinen Motiven, übrigens auch ein nacktes junges Weib, an einen Baum gefesselt. Die Erstfassung ist stellenweise sinnlicher als die revidierte. Sie zeigt dieselben Gefahren des Abgleitens ins Kitschige wie *Die weiße Fürstin*, auch in der endgültigen Fassung.

Als Rilke *Die weiße Fürstin* schrieb, konnte er nicht

wissen, daß Hofmannsthal in *Der Tod des Tizian* das Motiv der lebensbedrohenden Pest als Steigerung des Lebens hatte verwenden wollen. Ein Jahr früher als *Die weiße Fürstin* entstand Hofmannsthals lyrisches Drama *Madonna Dianora* (1897), das er später in *Die Frau im Fenster* umbenannte. Auch hier finden wir das Motiv des erotischen Verlangens einer jungen Frau, die in einer illegitimen Liebe die Erfüllung gefunden hat. Das Stück besteht aus einem langen Monolog und ganz kurzen Dialogen. Am Ende setzt Dianora ihren Lebensstolz gegen die rächende Naturgewalt ihres brutalen Gatten, indem sie ihre Liebe weder bereut noch verleugnet. Die Frau, die am Fenster die Nacht und den Geliebten herbeisehnte, wird gewaltsam in ihren Tod gestoßen. Die Nacht ist Erfüllung in Tod oder Liebe. Quelle ist eine Szene aus Gabriele d'Annunzios *Sogno d'un mattino di primavera*, einem lyrischen Drama, das für Eleonora Duse geschrieben wurde. Hofmannsthal wie übrigens auch Rilke war tief von deren Schauspielkunst beeindruckt. Hofmannsthals lyrisches Drama ist in seiner Sprache dem Rilkes, besonders der exaltierten 1. Fassung, überlegen. Exaltation fehlt Hofmannsthals Stück freilich nicht ganz. Die motivischen Ähnlichkeiten zwischen beiden Stücken sind auffallend groß. Religiös empfundene Alleinheit soll in einem intensiven weiblichen Liebesverlangen zum Ausdruck kommen, dessen Gewalt dadurch legitimiert wird, daß Liebe und Tod zusammenfließen.

Der Dichter der erotischen Gewalt war Frank Wedekind. Zugleich mit der Lulu-Tragödie entstand das Nachlaß-Fragment *Das Sonnenspektrum*, in dem ein Ideal-Bordell vorgeführt wird, dessen Insassen Freudenmädchen im wahren Sinne des Wortes sind. Deren Moral ist: „Es gibt nur einen Weg in dieser Welt, um wirklich glücklich zu sein, das ist, daß man alles tut, was man kann, um andere so glücklich wie möglich zu machen." Bibelzitate, wie „Es sind viele berufen, aber wenige sind auserwählt" oder „sich mit den Fröhlichen freuen", untermauern die Freudenmoral. Aber während das Fragment dieses Freudenhaus anziehend ausmalt, ist immer wieder von Minetta die Rede, einer Sechzehnjährigen, der begabtesten der Gruppe, die im Sterben liegt. Auch ist anzunehmen, daß die Fortsetzung die Kehrseite der Lust deutlicher gezeigt hätte.

Ausgeführt wurde ein Bordell-Drama *Der Totentanz* (1905), mit dem späteren Titel *Tod und Teufel.* Hier tritt der Mädchenhändler aus dem 2. (Pariser) Akt der *Büchse der Pandora*, Casti Piani, auf und hat Gelegenheit, die Moral der Freude ausführlich zu begründen. Die bürgerliche Gesellschaft habe das Liebesleben geknechtet. Es gilt, den „sonnigen lachenden Sinnengenuß" zu befreien, den „Lichtstrahl, die Himmelblume", „die einzige reine lautere Freude, die das Erdendasein uns bietet". Casti Piani erklärt dies einer Vertreterin der Bürgerwelt, einem Blaustrumpf, die ihr Leben der Bekämpfung des Mädchenhandels gewidmet hat. Casti Pianis Ideal ist kapitalistischer als die Bürgerwelt. Die Ehe will er durch einen freien Liebesmarkt ersetzen, auf dem jedes Weib sich ihren Platz erkämpft und damit ihren Wert bestimmt. Das Ziel des Dramas ist es, nicht nur die repressive Moral, sondern auch den hedonistischen Theoretiker zu widerlegen. Die Probe aufs Exempel mißlingt. In einem Freudenmädchen ist das Lustbedürfnis in Masochismus, in extremes Leidensbedürfnis umgeschlagen. Das Ende ist grotesk: die sittliche Bürgerin wirft sich brünstig dem Mädchenhändler an den Hals, der sich erschießt.

Auch *Schloß Wetterstein* (1910) ist eine Tragödie der freien Liebe. Der von der Zensur verfolgte Wedekind behauptete allerdings, ein Drama über Familie und Ehe geschrieben zu haben. Das stimmt nur insofern, als die Frage gestellt wird, wieweit freie Liebe in einer Ehe, d. h. in einem von der Bürgerwelt anerkannten Liebesbund, möglich ist. Leonore (vielleicht nach der treuen Ehefrau in Beethovens *Fidelio* benannt), die zweiunddreißigjährige Witwe eines Majors, sucht zu Anfang ihre Sinnlichkeit zu unterdrücken, verfällt aber dem Duellgegner ihres Mannes, der dessen Tod verursacht hat. Ihre freie Ehe schließt sie aus der „guten“ Gesellschaft aus, und Rüdiger, der Mann, muß erkennen, daß die Zugehörigkeit zur guten Gesellschaft die Voraussetzung für gute Geschäfte ist. So versuchen sie es in der „großen“ Gesellschaft im Wettbewerb hochstapelnder Betrüger. Rüdiger verliert sein Spiel, und Leonore muß sich für zwei Millionen verkaufen, wobei sie freilich den Bewerber zum Selbstmord treibt, indem sie Liebe heuchelt und so dem Käufer den Genuß der Erniedrigung nimmt. So protestiert Wedekind gegen die bürgerliche Gesellschaftsordnung. Wedekinds Utopie ist, daß Liebe, wenn auch nur geheuchelte, so stark ist, daß sie den häßlichen Geschäftsmann gänzlich aus der Fassung bringt. Vielleicht noch grotesker ist das Ende von Leonores Tochter Effie, die sich zur hochbezahlten Kurtisane ausgebildet hat, aber in ihrer freien Weltanschauung erschüttert wird, als sie erfährt, daß ihr Liebesbedürfnis krankhafte Ursachen hat. Sie wird vor Schreck menschlich und glaubt sich für einen Mann opfern zu müssen, der aber ein raffinierter Lustmörder ist. Leonore und Rüdiger leben zum Schluß in liebevoller Ehe; sie erhalten eine Rente, die ihre Tochter ihnen mit ihrem Hetärengewerbe erkauft hat. Aber in Wahrheit sind sie bloß zusammengezwungen durch die Erinnerung an ihre Untaten. Der Friede in ihrer Ehe wird durch den Rückzug von der bürgerlichen

Gesellschaft ermöglicht. Sie sind weder frei, noch haben sie eine soziale Funktion.

Sexualität und Herrschaft ist das Thema des „dramatischen Gedichtes“ *Simson oder Scham und Eifersucht* (1914). Simson der Kraftheld und die ungewöhnlich kluge und schöne Dirne Delila sind in Liebeshaß und gemeinsamem Schicksal verbunden. Auf seine Kraft gestützt, kann sie sich im Philisterstaat behaupten, obwohl sie als sexuell emanzipiertes Weib und Geliebte des Volksfeinds höchst unbeliebt ist. Als Simson sie jedoch durch Eifersucht demütigt, schmeichelt sie ihm sein Geheimnis ab und liefert ihn den Fürsten ihres Volkes aus. Bis zum Ende sucht sie sich durch Manipulation der aristokratischen gegen die monarchische Partei als Prophetin der Schamlosigkeit und durch Verführung des Königs an der Herrschaft zu halten. Den geblendeten Simson läßt sie als Gefangenen für sich arbeiten. Jetzt sind die Geschlechtsrollen umgekehrt. Er ist ihr Besitz.

S i m s o n. Durch meine Blindheit sind wir so vertauscht,
Daß ich das Weib bin, und daß du der Mann bist.
Blind weiß ich nicht, wie ich auf andre wirke.
Drum brauch ich Liebe, brauch Geborgenheit.
Was Millionen Weiber schweigend leiden
Das leid jetzt ich.

Simson ist seit seiner Blendung zum eigenen Trost Dichter geworden. Den Gesang des Blinden nutzt Delila schamlos zur Verführung des Königs aus. Damit spiegelt Wedekind seine Erfahrung, als Künstler nicht ernst genommen, aber trotzdem ausgebeutet zu werden. Simson macht der Herrschaft der Philister ein Ende, indem er die Tempel-Säulen umstürzt. Der Zuschauer kann und soll sich mit keiner der Figuren identifizieren. In dieser Hinsicht ist Wedekind Vorbild und Vorläufer Brechts.

Wedekinds Dramen enthalten eine Gesellschaftskritik, die jedoch nicht von einer greifbaren Utopie oder Theorie geleitet ist, denn seine Kritik richtet sich ja sowohl gegen die überkommene Geschlechtsmoral als auch gegen Emanzipationstheorien, weil beide den Menschen manipulieren. Ein Prototyp des manipulierten Menschen ist die bürgerliche Frau, die als Besitz betrachtet wird. In *Hidalla* entfacht der Theoretiker Hetmann die Wut des Volkes gegen sich, weil er die „Unberührtheit des jungen Weibes“ als „schmachvolle Spekulation“ bezeichnet, als „Sklavenmerkmal“ und als „Vergötterung der Selbstverachtung“. Gemeint ist, daß das junge Weib sich als zu verkaufende Ware betrachten soll, die ungebraucht sein muß. In *Franziska* führt die Heldin darum ihre Entjungferung herbei, indem sie den Partner ohne Eheabsicht verführt. Franziska (außer am Ende) und Delila in *Simson* stiften aber Unglück, wenn sie sich aus der Abhängigkeit befreien, weil sie in der Männerwelt mitspielen, um aus Objekten Subjekte der Manipulation zu werden. Dadurch entgehen sie der spezifischen Objektivierung bürgerlicher Frauen, aber nicht der Verdinglichung an sich, ähnlich wie Lulu.

Wedekind schrieb auch Erzählungen, in denen das Erotische im Konflikt mit der sozialen Welt dargestellt wird. *Der Brand von Egliswyl* ist die Geschichte eines Strafgefangenen, dessen Sexualität von der Gesellschaft verbogen wurde und der sich rächt. *Das Opferlamm* ist die Lebensgeschichte einer naiven Dirne, die sich im Bordell für ihr verfehltes Leben bestraft. Ein junger Mann, ihr Besucher, erlebt die Bürgerwelt am nächsten Tag, einem Sonntagmorgen, mit Distanz. *Die Fürstin Russalka* findet Glück mit einem Sozialdemokraten, nachdem sie das Verfehlte sexueller Selbsterziehung eingesehen hat. Diese Erzählungen wurden 1895 bis 1896 für den *Simplicissimus* geschrieben.

Wedekinds Gesellschaftskritik ist nicht marxistisch. Sie ist eher anarchistisch und steht sogar noch unter dem Banne von Nietzsches Ideal des starken, sich selbst bestimmenden Menschen. Er zeigt aber, deutlicher als Nietzsche, wie die moderne Geld- und Machtgesellschaft nur eine Scheinfreiheit in der Manipulation anderer bietet. Moderne Freiheitshelden und moderne Märtyrer enden im Grotesken.

Darstellung und Kritik einer verantwortungslosen, impressionistischen Weltauffassung ist Schnitzlers frühe Szenenfolge *Anatol* (entstanden 1888 bis 1891). Es sind witzige Szenen über Liebesaffären mit Frauen verschiedener sozialer Position, durchzogen von einem Gefühl der Melancholie darüber, daß nichts verläßlich ist, nichts dauert, vor allem kein bindendes Verhältnis unter Menschen. Ein Prolog in Versen von Hofmannsthal bezieht das Theater der jungen Wiener, das

Frühgereift und zart und traurig,
Die Komödie unserer Seele,
Unsres Fühlens Heut und Gestern,
Böser Dinge hübsche Formel
...

sei, auf die Spielhaftigkeit des Rokoko.

Das Märchen (1891, letzte Fassung 1902) erscheint weniger spielerisch, vielmehr als ernstes Problemstück in der Nachfolge Ibsens und in Konkurrenz mit dem jungen Hauptmann. Ein junger Mensch, Schriftsteller, vertritt in schöner Überzeugung die Notwendigkeit einer neuen Geschlechtsmoral und bindet so eine junge Schauspielerin an sich, die der berufsbedingten Promiskuität entkommen möchte. Aber er versagt dann doch, wird eifersüchtig auf seine Vorgänger und fin-

»Wäschermädlball«. Gemälde von Wilhelm Gause

det eine Frau mit Vorleben unglaubwürdig. Gute Theorien allein können die verbogene Geschlechtsmoral nicht bessern. Schnitzler änderte das ursprünglich sentimentale Ende, Zusammenbruch der jungen Schauspielerin, in den emanzipatorischen Entschluß zum selbständigen Leben. Trotz einer gewissen Neigung zur Sentimentalität ist die moralische Diskussion überzeugender und ernsthafter als bei Wedekind, wo sie ins Groteske überspitzt wird. Schnitzler zeichnet das Milieu einer Familie am Rande der guten Bürgerwelt sehr genau.

Klassenbewußtsein ist ein entscheidender Faktor der Handlung in Schnitzlers *Liebelei* (Uraufführung 1895, Druck 1896), wo er den Typus des Lebensdilettanten, den Paul Bourget geschildert hatte, in eine konkrete Wiener Umgebung stellt. Die problemlose Liebelei mit den „süßen Mädeln" aus der Vorstadt soll durch den Klassenunterschied vom Leben dieser jungen Herrn in ihrer eigenen Welt streng getrennt bleiben. Daß die Mädchen und ihre Gefühle dabei objektiviert werden, weil die jungen Herren über das Verhältnis verfügen, wollen diese mit einer modernen, positivistischen, impressionistischen Lebensauffassung verdecken.

> Du weißt ja doch nur eins, wie ich – daß du mich in *diesem* Augenblick liebst ... Sprich nicht von Ewigkeit. Es gibt ja vielleicht Augenblicke, die einen Duft von Ewigkeit um sich sprühen ... Das ist die einzige, die wir verstehen können, die einzige, die uns gehört.

Das Stück zeigt jedoch die Ungültigkeit dieses Prinzips. Schon die Fragen eines der beiden jungen Herrn nach dem amourösen Vorleben seines Mädchens entsprechen nicht dem impressionistischen Lebensgefühl. Am Ausgang des Stückes zeigt es sich, daß Christine, das eine der beiden „süßen Mädel", ganz anders ist als die andere, während die Theorie des Klassenarrangements darauf beruhte, daß eines dieser leichtsinnigen Mädchen wie das andere sei. Der Zuschauer soll erkennen, daß der junge Mann, der in einem Duell gefallen ist, der Liebe und Treue seines „süßen Mädels" nicht wert war. Der Sentimentalität dieses Motives wirkt die mehrfach wiederholte Frage Christines entgegen: „Was bin denn ich?" Als sie diese Frage das dritte Mal stellt, wird der gesellschaftskritische Unterton ganz klar:

Was bin denn ich –? Weniger als alle andern –? Weniger als seine Verwandten, weniger als ... Sie?

Das Stück wurde mit großem Erfolg vor einem Publikum gespielt, für das der Klassenunterschied noch durchaus wirklich war. Gesellschaftskritisch ist auch das Problemstück *Freiwild* (1896), mit dem Schnitzler den Hochmut der Offizierskaste und den Unsinn des Ehrenkodex deutlich macht. Der Titel bezieht sich auf Schauspielerinnen, von denen erwartet wird, daß sie den Herren zur Verfügung stehen.

Das zu Unrecht vergessene Schauspiel *Das Vermächtnis* (1898 aufgeführt, 1899 gedruckt) stellt das freie Liebesverhältnis eines Sohnes dem gesellschaftlichen Bewußtsein der älteren Generation gegenüber. Der Liberalismus eines Professors und Abgeordneten der „vereinigten Linken" besteht die Probe nicht. Das „Vermächtnis" des sterbenden Sohnes besteht in der Zumutung, sein illegitimes Kind und dessen Mutter in die Familie aufzunehmen. Dieser private Versuch, die Schranken von Klasse und bürgerlicher Moralordnung niederzulegen, scheitert sowohl an der Gesellschaft (die Familie wird von ihren Bekannten gemieden) als an den festsitzenden Standesvorurteilen des liberalen Professors und seines Schwiegersohnes, eines Emporkömmlings. Für die junge „illegitime" Frau ist kein Platz in der Familie. Auch die Schauspielerin

Anna in *Freiwild* fragt am Ende des Spiels, „(ins Leere schauend): Wohin?". Auf seine unaufdringliche Art legt Schnitzler den Klassencharakter des liberalen Bürgertums bloß. Die Selbstentfaltung, auf die eine liberale Ideologie stolz ist, ist im „Leeren" nicht möglich, möglich ist sie nur für den, der zu den richtigen Kreisen Zugang hat.

In dieser Umgebung muß man *Reigen* (entstanden 1896–97, Privatdruck 1900, öffentliche Ausgabe 1903) sehen, obwohl die gesellschaftskritische Seite der Konzeption nicht an der Oberfläche liegt. Vielmehr ist es die sexuelle Liebe selbst, die die Klassen-Prätentionen relativiert. Der Titel suggeriert einen Tanz der Figuren: Dirne, Soldat, Stubenmädchen, der junge Herr, die junge Frau, der Gatte, das süße Mädel, der Dichter, die Schauspielerin, der Graf. Nachdem der Reigen mit der Dirne und dem Soldaten begonnen hat, wird immer eine Figur in die nächste Szene hinübergenommen: Soldat und Stubenmädchen, Stubenmädchen und junger Herr, bis der Graf am Ende mit der Dirne aufwacht und den Reigen schließt. In der Mitte dieses Reigentanzes steht gleichsam der Gott des Sexus. Die Form erinnert an den mittelalterlichen Totentanz, von dem auch Hofmannsthals *Der Tor und der Tod* sich herleiten läßt. Statt der monologischen Texte des Totentanzes und des lyrischen Dramas haben wir im *Reigen* freilich Dialoge, die aber durchaus keine Handlung vorantreiben, sondern, wie die primitivere mittelalterliche Form, dem Zuschauer etwas veranschaulichen wollen. Wie die Standesunterschiede und der irdische Lebenszweck im mittelalterlichen Todesreigen in Frage gestellt werden, so führen Schnitzlers Dialoge charakteristische Redeformen und Lebensgewohnheiten der Wiener Stände vor, deren kleine Eitelkeiten vor dem alles beherrschenden Sexus ebenso zunichte werden wie alle die kleinen Vorwände und

Unwahrheiten, zu denen jede der Figuren sich verpflichtet glaubt.

Die Lebensweisheit des Grafen könnte impressionistisch genannt werden:

Aber sobald man sich nicht, wie soll ich mich denn ausdrücken, sobald man sich nicht dem Moment hingibt, also an später denkt oder an früher ... na, ist es doch gleich aus. Später ... ist traurig ... früher ist ungewiß ... mit einem Wort ... man wird nur konfus. Hab ich nicht recht?

Andererseits ist der Höhepunkt der Liebe doch wirklich, was mehrere Teilnehmer des Reigens durch Ausrufe des Entzückens und der Befriedigung nach der Vereinigung demonstrieren. Es wäre ganz falsch, wollte man daraus auf eine Verherrlichung oder auch nur Rechtfertigung des Lebens im Augenblick schließen. Vielmehr führt Schnitzler, wie sein Freund Hofmannsthal dies schon in seinem ersten Bühnenwerk *Gestern* (1891) getan hatte, immer wieder in seinen Stücken die Unmöglichkeit ins Feld, auf Erinnerung und auf das Bedürfnis nach Treue zu verzichten. Das Erinnerungsmotiv im *Reigen* wird oft, wenn auch nur leise, angeschlagen. Nur in der letzten Szene wird es gestisch unterstrichen, als der Graf die Augen der Dirne küßt, weil sie ihn an jemand erinnert. Das Bedürfnis nach Wiedersehen und Treue und die Melancholie der Untreue und Vergänglichkeit, der Glanz des Augenblicks und die Unmöglichkeit, ihn festzuhalten, liegen unter den glitzernden Halbwahrheiten der Dialoge, deren Naivität halb echt, halb gespielt ist. Die Sprache verdeckt und enthüllt dennoch das eigentlich Gemeinte. Das elementare Bedürfnis nach sexueller Erfüllung konkurriert mit dem psychologischen Verlangen nach Selbstbestätigung. Der sexuelle Akt wird ersehnt als Ekstase, als Erlösung von der Zeit, aber er wird immer wieder degradiert zur Episode, zu augenblicklicher Unterbrechung der Routine. Das ist am deutlichsten in den Szenen mit Partnern vom unteren Ende der sozialen Leiter; bei den Angehörigen der oberen Gesellschaftsschichten ist das Flüchtige der Liebe jedoch nur subtiler versteckt. In der letzten Episode, der des Grafen mit der Dirne, wird die Möglichkeit einer Ekstase, der Heraushebung eines Moments aus der leeren Routine angedeutet: der Graf glaubt einen Augenblick lang, er habe in der Nacht nicht mit der Dirne kopuliert. In der Meinung, er habe sie nur am Morgen auf die Augen geküßt, und beeindruckt von dem unschuldigen Aussehen der Schlafenden, glaubt er, ein „Abenteuer" erlebt zu haben. Es ist die Ekstase einer Dichtung, deren Unwirklichkeit sich gleich herausstellt. Es war nur der Alkohol, der das Gedächtnis auslöschte. Dichtung ist Erlösung von der leeren Zeit, aber um den Preis der Unwirklichkeit.

Das *Reigen*-Thema von Treue und Untreue, Wirklichkeit und gespielter Prätention wird in dem Einakter *Der grüne Kakadu* (1899) in einen historischen Rahmen gestellt. Das Stück spielt am Tage des Bastillensturms. Die Sexualität überspringt die Standesgrenzen. Der Unterschied von Dirne und Dame ist gering, wenn die Prätentionen fallen. Am Ende des Stückes steht der Eifersuchtsmord eines Schauspielers an einem hohen Adligen, der von seinen Mitspielern politisch gerechtfertigt wird. Der Einakter gehört mit Recht zu Schnitzlers berühmtesten Stücken.

Erotik, der Tod, die impressionistische Weltauffassung und ihre Grenzen sind Themen des 5aktigen Dramas *Der Schleier der Beatrice* (1901). Das Stück spielt zur Zeit der Renaissance in Bologna, das von Cesare Borgia mit grausamer Eroberung bedroht wird. Der fast sichere Untergang der Stadt schafft unwirkliche, traumhafte Verhältnisse, in denen Beatrice, ein sehr junges Mädchen, kleinbürgerlicher Herkunft, aber von großer Schönheit, zur Braut des Herzogs wird. Sie liebt aber auch einen Dichter, Filippo, dessen impressionistische Weltauffassung sich zur Todessehnsucht wandelt. Der Reiz des Stückes liegt in dem Spiel zwischen Phantasie und Wirklichkeit, das sich auch in Beatrices jugendlichem Schwanken zwischen mehreren Möglichkeiten der Lebenserfüllung ausdrückt. Liebestod, große Geste und dirnenhafte Lüge probiert sie nacheinander, bis sie von ihrem moralisch entrüsteten Bruder niedergestochen wird. Im Hintergrund findet eine Renaissance-Orgie statt, mit nackten und gefährlichen Kurtisanen. In *Der Schleier der Beatrice* wird der asoziale impressionistische Dichter gezeigt, den die Ablösung von der Gesellschaft in eine Art von Todestrieb hineinführt, und die tragisch endende Selbstbefreiung Beatrices von ihrer engen sozialen Umwelt. Wie bei Wedekind ist die Erotik gleichsam ein Prüfstein der existentiellen Wahrheit.

Auf eine märchenhaft-scherzhafte Weise wird das Sexuelle als Experiment mit der Möglichkeit menschlicher Treue in Schnitzlers früher Erzählung *Die drei Elixiere* (entstanden 1890, erschienen in *Moderner Musenalmanach* 1894) benutzt, auf ernste in *Sterben* (entstanden 1892, Erstdruck 1894). Das Motiv ist das des vorausgewußten Todes, das Conrad Ferdinand Meyer in *Die Versuchung des Pescara* behandelt hatte, einer Novelle, die nur sechs Jahre früher als *Sterben* erschienen war (1887). Während Meyers Pescara durch das Vorauswissen seines Endes eine beinahe übermenschliche Überlegenheit gewinnt, sinkt Schnitzlers Felix ab. Meyers Pescara lebt in der alten Form der kriegerischen Ehre und Treue, in der er sich erfüllen kann und die er bewahrt vor der Versuchung, sie durch die neue, nationale Ehre zu ersetzen. Schnitzlers Felix ist ein Schriftsteller, dem alte Formen nichts, die

Liebe zum Leben alles bedeuten. Das Leben verkörpert sich für ihn in seiner Geliebten Marie, deren Gesundheit er zuletzt bitter beneidet, so daß sein Sterben auch das ihrer Liebe wird. Marie hatte ihm versprochen, mit ihm aus dem Leben zu gehen. Damit hatte sie nur zum Ausdruck gebracht, daß sie sich ein Leben ohne ihn nicht vorstellen konnte. Dieser Zug schlägt ein Thema an, das Schnitzler immer wieder beschäftigte: das Verhältnis von Phantasie und Wirklichkeit, wie die eine auf die andere übergreift. Maries Wunsch, mit Felix zu sterben, war sozusagen Literatur, dramatischer Ausdruck ihrer Liebe.

Felix, der Schriftsteller ist, stellte sich zuerst vor, sein Testament werde „ein Gedicht sein, ein stiller lächelnder Abschied von der Welt, die er überwunden". Aber er überwindet das Leben nicht. „Das Leben verachten, wenn man gesund ist wie ein Gott, und dem Tod ruhig ins Auge schauen, wenn man in Italien spazieren fährt und das Dasein in den buntesten Farben ringsum blüht, – das nenn ich ganz einfach Poesie." Die Schriftstellereigenschaft, alles durchschauen zu müssen, wendet er auf die tröstenden Lügen an, mit denen die Gesellschaft den tödlichen Ausgang einer Krankheit zu verschleiern sucht. Dies hindert ihn jedoch nicht daran, daß sein Wille, Marie über seinen Tod hinaus zu besitzen, böser wird, während seine Kräfte verfallen. So stirbt er allein, während Marie, vor Angst davongejagt, dem Arzt-Freund entgegengeht, der dem Kranken seine lebensfreundlichen Lügen angeboten hatte. Schnitzlers *Sterben* beschreibt nicht nur einen psychologischen Fall, obwohl die Novelle das auch tut. Sie ist darüber hinaus eine skeptische Studie zum Wahrheitsbedürfnis der modernen Schriftstellergeneration. Leben und Wahrheit lassen sich letztlich nicht vereinigen.

Die Novelle ist sprachlich durchgebildet. Scheinbar

nebensächliche Gesten und deskriptive Wendungen erweisen sich bei näherem Hinsehen als strukturell begründet. Das ist in Schnitzlers Erzählungen nicht die Regel. Viele sind als Feuilletons geschrieben, Darstellungen eines merkwürdigen psychologischen Falles, imaginäre Experimente mit Alltagsmenschen in überraschenden Situationen. Die meisten dieser Geschichten haben als Stoff ein illegitimes Liebesverhältnis, sie sind aber nicht unmoralisch, vielmehr kann man oft genug des Autors Suche nach einer neuen, überbürgerlichen Moral erkennen. Die wohlhabenden Nichtstuer dieser bürgerlichen Epoche bedenkt Schnitzler mit einer scharfen, aber unaufdringlichen Kritik, mit der er zeigt, wie diese Menschen von ihren Verhältnissen abhängen. Dies gelingt ihm besonders durch das Mittel der erlebten Rede, durch das der Erzähler sich nahezu mit dem Bewußtsein der Mittelpunktsperson identifiziert, aber doch weiter in der 3. Person spricht, also den letzten Schritt zum inneren Monolog (in der 1. Person) verhält. Das gestattet Schnitzler, dem Leser seine Figuren aus der Wiener Lebewelt sehr nahe zu bringen, aber ihn dennoch zur Kritik zu veranlassen. Dies geschieht z. B. in *Ein Abschied* (1896), wo die nervöse Schwäche eines Mannes, und in *Die Toten schweigen* (1897), wo eine untreue Frau im Mittelpunkt stehen. In beiden Fällen erweist sich ihre Schwäche, als sie mit dem Tode des Partners konfrontiert werden. In dem berühmten inneren Monolog *Leutnant Gustl* (1900) spielt das erotische Motiv nur im Hintergrund eine Rolle. Des systemkonformen Leutnants moralische Schwäche zeigt sich auch in seinen Liebesverhältnissen.

Untreue, der schöne Augenblick, das Glück des schwerelosen Genusses, dem der ethische Wert abgeht, und als Gegensatz die Beständigkeit in den menschlichen Beziehungen, die Treue, die zur Schwerfälligkeit führt, dieses komplementäre Verhältnis ist ebenso eines der Lieblingsthemen Hofmannsthals. Die Melancholie der Vergänglichkeit ist auch bei ihm thematisch, jedoch erscheint die glänzende Schönheit des von Treue unbelasteten Daseins ungleich freudiger und herrlicher als in Schnitzlers Stücken. Das schöne, doch unbeständige Glück des Augenblicks ist in die Gestalt des erotischen Abenteurers Casanova zusammengezogen in *Der Abenteurer und die Sängerin* (entstanden 1898, gedruckt 1899). Das Klischee vom sterbenden Österreich muß man beiseite lassen, wenn man den Glanz abschätzen will, den Hofmannsthal der deutschen Sprache zu verleihen imstande war, um „die Geschenke des Lebens“ (das ist der Alternativtitel des Stückes) herauszuheben.

> Ich achte diese Welt nach ihrem Wert,
> ein Ding, auf das ich mich mit sieben Sinnen
> so lange werfen soll, als Tag und Nächte
> mich wie ein ächzend Fahrzeug noch ertragen.
> Leben! Gefangenliegen, schon den Tritt
> des Henkers schlürfen hörn im Morgengrauen
> und sich zusammenziehen wie ein Igel,
> gesträubt vor Angst und starrend noch von Leben!
> Dann wieder frei sein! atmen! wie ein Schwamm
> die Welt einsaugen, über Berge hin!
> Die Städte drunten, funkelnd wie die Augen!
> Die Segel draußen, vollgebläht wie Brüste!
> Die weißen Arme! Die von Schluchzen dunklen
> verführten Kehlen! Dann die Herzoginnen
> im Spitzenbette weinen lassen und
> den dumpfen Weg zur Magd ...

Dieser Casanova ist ohne präzise Erinnerung, ohne Heimat, ohne Familie, ein Flüchtiger unter dem falschen Namen Baron Weidenstamm. Hofmannsthal läßt ihn mit einer ehemaligen Geliebten zusammentreffen, einer Sängerin, Vittoria, jetzt Frau eines venezianischen Adligen. Sie hat einen Sohn von Casanova, den sie als ihren Bruder ausgibt. Diese Fabel ermöglicht, Casanova, den verkörperten impressionistischen Augenblicksgenuß, mit seinem Sohn zu konfrontieren. Die flüchtige folgenlose Begegnung demonstriert die ethische Fragwürdigkeit seiner Existenz. Auch sein Verhältnis zum Tod, den er so weit als möglich aus seinem Leben auszuscheiden bemüht ist, bezeichnet die Grenze seines Wertes. Veränderungen, die er an sich bemerkt, deutet er als

> ... deine unsichtbaren Boten, du,
> den ich nicht nennen will, und dem die Zeit
> auf leisen Sohlen dient.

Vittoria dagegen hat ihre Liebe nicht vergessen, konnte sie aber in Gesang, in ihre Kunst verwandeln. Dies, aber auch die Bewußtheit, mit der sie, im Gegensatz zu der Casanova-Figur des Barons, das Geschehen begleitet, macht Vittoria zum Schlüssel der Intention: das Spiel der schönen Oberfläche löst Kunst aus, ist aber nicht selbst künstlerisch. Kunst braucht ethisches Gewicht: Sinn, Ordnung, Treue. Andererseits ist Kunst nicht identisch mit diesen Werten. In der Handlung ist diese Ambivalenz durch den Betrug angedeutet, auf dem Vittoria ihr Leben aufgebaut hat. Ihr Gatte Lorenzo, ein zu Schwermut und Treue neigender Mensch, der Vittoria liebt, muß in seiner Täuschung über ihr Vorleben bleiben. Der alte Zweifel an der Wahrheit der Kunst klingt hier an. Die Erotik zeigt ihr Doppelgesicht, das mit der Zweideutigkeit der Kunst verbunden ist. Liebe lebt im Genuß des Augenblicks, sie löst das Individuum aus seinen Bindungen, verknüpft aber auch, leiht der langweiligen Treue und Ordnung Glanz. Dem entspricht der Charakter der Dichtung, die eine sinnvolle Ordnung, ihre Wahrheit auf dem Boden der Täuschung präsentieren will. Die Melancholie der skeptischen Entlarvung darf nicht überhandnehmen:

> Allein, muß nicht in dieser dunklen Welt
> sogar das Licht gewappnet gehen? Nun:
> wir wollen einen Harnisch von Musik
> anlegen und dann mutig alles tun,
> was uns gerecht und schön erscheint. Die Macht
> ist bei den Fröhlichen ...

Am Ende steht ein mythischer Hinweis. Vittoria, die Sängerin, singt

> ... das große Lied der Ariadne,
> ...
> die große Arie, wie sie auf dem Wagen
> des Bacchus steht ...

Hofmannsthals Text zu der Oper *Ariadne auf Naxos* (1912, endgültige Fassung 1916), entstanden aus einer Bearbeitung der Komödie *Der Bürger als Edelmann* von Molière, beruht auf dem gleichen Verhältnis von Treue und Untreue, von Oberfläche und Lebenssinn, von Lösung und Bindung der Kunst.

Hofmannsthals anderes Casanova-Spiel ist die Komödie *Cristinas Heimreise* (1908–10). Der Abenteurer ist hier jünger und nicht von dem Problem der verfließenden Zeit und des Alters beschattet. Dennoch sind die Gestalten ähnlich. Liebe als bindende Verpflichtung und Liebhaben als „glücklich machen, im Atem eines geliebten Wesens die ganze Welt einsaugen ... diese Zauberkraft von Geschöpf zu Geschöpf ..." stehen sich gegenüber in der Gestalt Florindos, wie Casanova hier heißt, und eines Kapitäns; die Gegensätze sind vermittelt durch Cristina, deren ländliche Naivität durch die Liebesnacht mit Florindo gewandelt wird. Das schillernde Venedig und das schlichte, aber verläßliche Dorf im Gebirge, das Ziel der „Heimreise“, machen den Unterschied sinnfällig. Florindo meistert das verbindende Wort im Gegensatz zu dem schwerfälligen Kapitän. Aber sonst gehört ihm nichts. So wird hier die Casanova-Figur zum Gleichnis des Dichters, der in einer glanzvollen Stunde mit der Kunst seiner Sprache sinnvolle Verbindungen vortäuscht, die nicht wirklich sind, aber von anderen auf ihre Weise ergriffen werden können. Florindo preist die ethische Bindung der Ehe, die ihm versagt ist. So lobt Hofmannsthals Komödie soziales und humanes Ethos, schlichte Tugenden wie Ehrlichkeit und Solidität und will doch zugleich das unsolide, zwar großzügige und glanzvolle, aber ganz und gar schwankende Dasein des den Impressionen hingegebenen Dichters rechtfertigen. Aufgabe des Dichters, meinte Hofmannsthal, sei es, die Welt der Bezüge zu schaffen. Die Aura der Erotik tut nichts anderes. Darum ist das Thema der Erotik in Hofmannsthals Werk so häufig. Es beherrscht das Fragment des Romans *Andreas* in der Form, wie es aus der Arbeitsperiode 1912 bis 1913 überliefert ist. Später wollte Hofmannsthal dem Roman ein politisches Hauptthema unterlegen. Außer in *Ariadne auf Naxos* herrscht das erotische Thema in *Der Rosenkavalier*, in gewissem Sinne auch in *Die Frau ohne Schatten*, eigentlich in allen Opern, die Hofmannsthal mit Richard Strauss schrieb, einschließlich der beiden späten *Die ägyptische Helena* und *Arabella*, die z. T. auf eine ungeschriebene, ausgesprochen erotische Komödie zurückgeht, deren Handlung Hofmannsthal 1910 unter dem Titel *Lucidor* in erzählter Form veröffentlichte.

Auch der erotische Roman ist im Jugendstil natürlich keine seltene Erscheinung. In Otto Julius Bierbaums *Prinz Kuckuck* (1907) spielt das Motiv der erotischen Potenz des fragwürdigen und schwachen Helden eine große Rolle. Der Untertitel des 3bändigen Werkes lautet: „Leben, Taten, Meinungen und Höllenfahrt eines Wollüstlings in einem Zeitroman". Dieser Anti-Bildungsroman will ein Zeitbild geben, das allerdings durch spielerische und groteske Züge so aufgelockert ist, daß man es nicht ernstlich als soziologisch relevant ansprechen kann. Im Gegensatz zu Bierbaums früherem Roman *Stilpe* (1897), der aus dem mittleren akademischen Bürgertum in die Berliner Boheme führte, reicht dieser vom Großbürgertum bis in Adelskreise, will also ein Bild der höheren Gesellschaft im Deutschland der Wilhelminischen Zeit geben. Züge literarischer Zeitgenossen Bierbaums wurden verwendet, insbesondere die des reichen Mäzenaten und Dichters Alfred Walter Heymel, dessen Biographie Motive für die Hauptfigur lieferte. Auch die Bohemiens Scheerbart und Przybyszewski, die Bierbaum schon in *Stilpe* hatte auftreten lassen, spielen Nebenrollen. Einmal wird der Garten eines Bordell-Pensionats geschildert mit Anklängen an das *Sonnenspektrum*, das Wedekind zwar niemals veröffentlichte, aber oft vorgelesen hatte.

Prinz Kuckuck ist ein Anti-Bildungsroman, weil er die Einflüsse aus Tradition und Gesellschaft auf eine Mittelpunktsfigur darstellt, aber den Leser auffordert, dem negativen Helden keine Sympathien entgegenzubringen. Der moderne Zug des Romans liegt darin, daß Henry Felix Hauert, der Prinz Kuckuck, mit einem Minimum von Bindungen aufwächst. Der natürliche Sohn einer rassestolzen Jüdin mit zwei möglichen Vätern, einem deutschen antisemitischen Künstler adliger Herkunft oder einem russischen Reitergeneral, wird von einem millionenschweren Deutschen adoptiert, der ihn im Sinne Nietzsches zu einem starken, vom schwachen Zeitgeist unabhängigen Individuum erziehen will. Da dieser dritte Vater früh durch Selbstmord endet, gerät Henry in die Familie eines christlich-bigotten Hamburger Kaufmanns, dessen Kinder sich mit raffinierter Verstellung von den Eltern gelöst haben und einem zuchtvollen Kulturideal nachstreben. Alle diese spezifisch modernen Einflüsse führen aber keineswegs zu einem Leben in freier Schönheit. Im Gegenteil, Henry Felix spielt nur anempfundene Rollen, die er mit Hilfe seines Geldes jeweils zu einem grotesken Ende treiben kann. Er braucht diese Rollen, um seinem Leben einen Inhalt zu geben. Dies gelingt ihm nicht, er scheitert. Dieses Scheitern erweckt aber keine künstlerische Befriedigung. Weder ist es exemplarisch noch notwendig. Die Groteske ist kein Stil-, sondern lediglich ein Reizmittel.

Dem Standpunkt des Autors, den der Leser teilen soll, steht ein moderner Schriftsteller am nächsten, dessen Name, Hermann Honrader, an Hermann Conradi (1862–90; s. Bd. 4, S. 756–759) anklingt, der einen radikalen, antibürgerlichen literarischen Standort vertreten hatte. Da Conradi früh starb, ist ihm hier ein literarisches Denkmal gesetzt. Aber Bierbaums Roman ist nicht geeignet, seine Leser von überlebten Vorstellungen zu befreien. Das Schicksal des Helden soll den Leser warnen, sich der Führung einer Theorie, Weltanschauung, politischen oder religiösen Richtung anzuvertrauen. Darin ähnelt Bierbaum Wedekind. Viel stärker als dieser zeigt Bierbaum sich jedoch den gesellschaftlichen Vorstellungen seiner Zeit verhaftet. Es ist kaum ein Zufall, daß dem Helden die schwersten Schläge versetzt werden, wenn er in reaktionäre Kreise eindringt, vor deren Forderungen er versagt: er „kneift“ während einer Mensur, entzieht sich als Offizier einem Duell und wird am Ende politisch von österreichischen großdeutschen Konservativen vernichtet.

Wie wenig zeitgemäß der modische Bierbaum

eigentlich ist, wird besonders deutlich, wenn man das erotische Motiv betrachtet. Zwar ist die Liebesfähigkeit des Helden ein Zeichen seiner Bindungslosigkeit, jedoch spielen sich alle diese erotischen Abenteuer, Ausschweifungen und Orgien im konventionellen Rahmen ab. Vom niedrigen über das höhere Bordell, verschiedene Typen von Kurtisanen, einem ehebrecherischen Verhältnis und einer haßerfüllten, jedoch anfangs erotisch intensiven Ehe hätte man alle diese Formen des Liebesthemas mit unwesentlichen Änderungen auch im Kostüm des 18. Jahrhunderts anbringen können. Auch daß sich manche dieser Vorgänge in stimmungsvollen Schlössern abspielen, ist kein Zufall.

Hofmannsthal liebte es, mit historischem Kostüm zu spielen, aber das erotische Thema hat bei ihm einen modernen, nämlich befreienden Charakter. Bei Schnitzler wird eher das Problematische dieser erotischen Befreiung in einer Übergangszeit deutlich. Wedekind überfällt den Zuschauer mit der grotesken Dämonie des entfesselten Eros. Bierbaum dagegen unterhält den Leser mit klischeehaften Bettgeschichten.

Ein anderer aufschlußreicher Vergleich ist der mit der Erotik in Heinrich Manns Prosa. Sein Roman *Zwischen den Rassen* (ebenfalls 1907) hat das Motiv einer unangemessenen Ehe, die mit hoher erotischer Intensität beginnt, mit *Prinz Kuckuck* gemein. Die Erotik bei Heinrich Mann ist jedoch wesentlich funktioneller in das Motivgefüge des Romans eingebaut als in Bierbaums *Prinz Kuckuck*. Während bei Heinrich Mann zwei Formen der Liebe, eine reaktionäre und eine zwar schwache, aber zukunftswillige, motivisch gegeneinander komponiert sind, regiert in Bierbaums 3 Bänden auf weite Strecken hin die Fabulierlust. Auch die Kritik an der Dekadenzfiktion des schwachen Helden wird bei Heinrich Mann deutlicher in Gestalt und Gedanken umgesetzt.

Die erotischen Erzählungen Bierbaums (*Studentenbeichten*, 1892–97; *Die Schlangendame*, 1896) und Otto Erich Hartlebens (*Die Geschichte vom abgerissenen Knopfe*, 1893; *Vom gastfreien Pastor*, 1895) sind einspurig bis zum Banalen, obwohl zu ihrer Zeit berühmt und wohl auch für kühn angesehen. Einige dieser erotischen Geschichten sind harmlose Scherze, deren gutmütiger Humor sie beliebt machte. So gerät der gastfreie Pastor in der Titelerzählung der erwähnten Sammlungen Hartlebens in ein Bordell, ohne zu merken, wo er sich befindet. Vor dienstlichen Schwierigkeiten wird er durch die freundliche Bordellwirtin bewahrt, deren soziales Gewicht auf der Bekanntschaft mit allzu vielen Honoratioren beruht. Hartleben versetzt das Schnitzler-Motiv der unglaubwürdigen Schauspielerin ins Preußisch-Puritanische in *Die Serényi.* Sie ist tatsächlich unberührt, wird von ihrem adligen Offizier verlassen, der das nicht glaubt, und erschießt sich in der Hoffnung, daß der Obduktionsbefund ihre Ehre wiederherstellt. Studentenliebschaften werden im Plauderton berichtet, im Nachgenuß der halb-erlaubten erotischen Ausschweifung. Wenn, wie in Bierbaums *Die Schlangendame* (1896), eine Kabarett-Tänzerin sich ihren Studenten auf dem unerlaubten Wege einer wilden Ehe erwirbt, beseitigt Bierbaum das Anstößige dieses Schlusses, indem er die Frau flugs zur entlaufenen Pastorentochter macht.

In Erzählungen des Grafen Eduard von Keyserling (1855–1918) finden wir erotische Motive auf einer anderen Ebene der Ausformung. Keyserling ist älter als die anderen hier behandelten Autoren, seine Erzählkunst ist jedoch erst um die Jahrhundertwende zur Reife gediehen. Er ist weniger von der Mode des nachlässigen Plauderns beeinflußt, vielleicht weil seine Bildungseindrücke vor dem Naturalismus lagen. Seine Erzählkunst hängt wesentlich stärker mit der deutschen Tradition zusammen. Konflikte zwischen erotischen und sozialen Bindungen, beliebt von jeher in der Literatur, wurden in der Dichtung des deutschen Bürgertums seit der Goethezeit gerne benutzt, um einerseits das innere Recht des Individuums auf Selbstbehauptung darzustellen, andererseits die Grenzen dieses Rechtes. Keyserling verbindet weder pietistischen noch neureligiösen Enthusiasmus mit seinen erotischen Motiven, er läßt vielmehr seine Leser die Erotik als eine Macht erkennen, die unterhalb der dünnen Schicht gesellschaftlicher Ordnung ihre eigene Wahrheit hat. Die gesellschaftliche Ordnung, die ihn vornehmlich interessiert, ist die der ländlichen Adelswelt, deren Fortbestand zweifelhaft geworden war.

Beate und Mareile: Eine Schloßgeschichte (1903) erzählt einen Ehebruch abwechselnd aus der Perspektive eines jungen Grafen und der Tochter seines Inspektors, Mareile, die im Schloß erzogen wurde und ihre starke erotische Ausstrahlung dazu benutzen will, sich ihren Anteil an der Adelswelt zu verschaffen. Sie verkörpert gleichsam das neue Leben. Ein Dialog der Liebenden möge das belegen:

„Ihr Frauen", sagte Günther, „Ihr seid nicht auszudenken."

„Ihr Frauen!" wiederholte Mareile, „das gibt's nicht. Jede Frau ist für sich da und kommt so nicht wieder. Wie die Wolken, weißt du. Eine Wolke ist auch nur so für den da, der sie gerade sieht. Also, wozu nachdenken!" Sie lächelte dabei, die Arme hoch in den Sonnenschein emporhebend.

Der moderne Individualismus behauptet sich gegen die Generalisierung der alten Welt, die im Munde des Grafen Günther nur noch leere konventionelle Phrase ist. Dabei geht aber dieser Individualismus sogleich über in die impressionistische Auflösung des Ich-Begriffes in dem Wolkenvergleich, um dann im Erzählerbericht in ein ausgesprochenes Jugendstilmotiv auszumünden.

Mareiles Gegenspielerin, die rechtmäßige Ehefrau Beate, ist in den Augen ihres Mannes „weiß", ihre Hände sind „kühl". Entsprechend wird der Adel charakterisiert: „diese von weißen, reinen Schleiern verhangene Welt". In ihr gelten ein „angeerbter Glauben und angeerbte Grundsätze". Daß diese Welt mit den „festen kalten Schranken" falsch ist, macht Keyserling durch übertreibende, leicht karikierende Züge deutlich: der Graf ist ein eitler und hohler Charakter, der seinen Diener einerseits als Spiegel seiner Eitelkeit braucht, andererseits unvornehm behandelt. Aber in das Bild dieser Adelswelt wird mehr gefaßt: eine auf Formen und Traditionen beruhende Gesellschaftsordnung überhaupt, die, um zu bestehen, sich von den Farben, der Fülle des Lebens abschließen muß. Gerade das ist durch das erotische Motiv gezeigt. Auf dem Höhepunkt der Erzählung, nach der Entdeckung, bekennt die adlige Ehefrau:

> „Und wer ... wer sagt dir – daß ich nicht auch heißes Blut habe ... daß ich nicht auch ...", sie kam nicht weiter. Mit beiden Händen bedeckte sie ihr Gesicht. Sie schämte sich. Die arme, geknechtete, verleugnete Sinnlichkeit wollte sich wehren, aber sie schämte sich davor, sich selbst zu bekennen.

Beate und mit ihr die gesellschaftliche Disziplin hat sich am Ende durchgesetzt; aber ein Sieg ist es eigentlich nicht, eher Resignation.

Die Erzählung *Schwüle Tage* (1906) benutzt ebenfalls das Thema der sexuellen Repression in der Adelswelt. Auch hier stellt die gesunde Erotik die gesellschaftliche Formstrenge in Frage. Der Ich-Erzähler ist ein „Jungherr", der seinen strengen Vater beobachtet und Zeuge von dessen Liebe zu einem adligen Mädchen aus der Nachbarschaft wird. Da der Vater ihrer „Partie" nicht im Wege sein will, fördert er die Verlobung seines geliebten Mädchens mit einem Vetter und hält während der Feier eine Rede über Ehe und adlige Frauen:

> Denn unsere Frauen sind die Blüte unserer adligen Kultur, sie sind Repräsentantinnen und Wahrerinnen von allem Guten und Edlen, das wir durch Jahrhunderte hindurch uns erkämpft. Das „unser" wurde mit einer weiten Handbewegung begleitet, welche die ganze Gesellschaft zusammenschließen und sehr hoch über die anderen, die nicht wir waren, emporzuheben schien.

Das Mädchen, um das es geht, freilich dankt ihrem älteren Liebhaber dessen Resignation nicht. Sie haßt es, eine Kulturblüte zu sein. Am Ende erschießt sich der Prinzipientreue, und nach seinem Tode findet der Sohn heraus, daß sein Vater Morphinist war. Die elementare Wahrheit hinter der Fassade wird durch eine auf der Jagd beobachtete Tierszene angedeutet: zwei Böcke werben um eine Ricke.

Der Rückgang auf die Sexualität als Untergrund des Menschlichen im Widerspruch zu kirchlichen Lehren, aber im Zusammenhang mit Darwins Entwicklungslehre war natürlich nicht auf die Literatur beschränkt, sondern beherrschte die Wissenschaft und noch mehr die Popularwissenschaft. Als wissenschaftlich verstand sich Otto Weininger mit seinem Werk *Geschlecht und Charakter* (1903), das damals sehr beachtet wurde. Weininger beging nach dem Erscheinen seines Buches Selbstmord. Es hatte eine antisemitische Tendenz, die im Falle Weiningers Selbsthaß war. Seine Theorie ist eine Spekulation, in der das Wesen der Frau als nach dem Koitus verlangend verstanden wurde. Die sexuelle Befreiung, die am Anfang dieses Kapitels in den Gedichten über sexuell erregte Frauen zu Wort kam (was natürlich auch immer männlichen, früher unterdrückten Wunschträumen entsprach), erfüllte die Gemüter so, daß Weiningers absurde Theorie ernsthafte Beachtung fand. Weininger empfahl freilich männliche Beimischungen für den weiblichen Charakter und asketischen Widerstand gegen die Verlockungen der Erotik, womit er vom Zeitgeist abwich.

Zugleich mit dem Jugendstil und seiner erotischen Grundthematik entwickelte sich die Psychoanalyse Sigmund Freuds. Freud ist ein Kind der Wissenschaft seiner Zeit, und er sucht sich in deren Sprache verständlich zu machen, auch dann noch, wenn er spekulativ seine Beobachtungen deutet. Wie nahe er dennoch dem Dichter stand, zeigen zwei Briefe an Arthur Schnitzler, dem er sich besonders verwandt fühlen konnte, weil Schnitzler auch Arzt war, der sich für den psychologischen Aspekt der Medizin seiner Zeit interessierte (8. Mai 1906 und 14. Mai 1922). Der erste dieser Briefe ist ein Dankbrief Freuds, geschrieben, nachdem Schnitzler dem Kollegen seinen Dank für Anregungen ausgesprochen hatte:

> Seit vielen Jahren bin ich mir der weitreichenden Übereinstimmung bewußt, die zwischen Ihnen und meinen Auffassungen mancher psychologischer und erotischer Probleme besteht ... Ich habe mich oft verwundert gefragt, woher Sie diese oder jene geheime Kenntnis nehmen konnten, die ich mir durch mühselige Erforschung des Objektes erworben, und endlich kam ich dazu, den Dichter zu beneiden, den ich sonst bewundert.

Die Jugendstilerotik sucht einerseits mit dem Elementarthema unter die unsicher gewordene soziale Oberfläche zu dringen, also eine den Menschen bindende Sicherheit im Elementaren zu zeigen, das daher nicht verfälscht werden darf. In dem Protest gegen gesellschaftliche Verbiegungen des Liebesbedürfnisses meldet sich ein kosmisches Freiheitsgefühl. Der Kult des Lebens schien Trost und Zuflucht zu bieten in einer Zivilisation, die ein immer dichter werdendes Netz der Organisation über die elementare Welt zog. Liebe und Tod erschienen als Grenzen der Rationalität, sie waren zugleich Anlaß uralter religiöser Probleme, die neu in dichterischer Vision gelöst werden wollten. Auch die Grenzen der elementaren Freiheit, die auflösenden Gefahren, die Gesellschaft und Kunst bedrohen, konnten zum Gegenstand dieser Dichtung werden. Eine Gefahr wurde allerdings kaum erkannt: daß nämlich die imaginäre Freiheit als Surrogat für wirkliche erscheinen konnte. Daß der Faschismus in Deutschland sich als Freiheitsbewegung vorstellte, hängt mit dem Kult des Elementaren im Jugendstil zusammen. Andererseits hat die erotische Thematik des Jugendstils daran mitgewirkt, die Entfremdung des Menschen zum Objekt am Beispiel der Frau deutlich zu machen. Die freie Liebe des Jugendstils will die Liebe freier Menschen sein.

Die erotische Thematik steht im Mittelpunkt des deutschen Jugendstils, und seine Neigung, zur Prophetie einer religiös empfundenen humanistischen Lebensphilosophie zu werden, läßt sich aus der Goethezeit herleiten. Jedoch darf man die Jugendstil-Erotik nicht national isoliert sehen. Die Internationalität des Salome-Themas weist auf die Zusammenhänge von alter Religion mit neuer Sinnlichkeit, Symbolismus und Lebensphilosophie, von romantischem Erbe und farbiger Modernität, von Nihilismus und ethischer Problematik hin. Der Jugendstil empfing Anregungen von Swinburne und Baudelaire, von Nietzsche und von der Vorurteilslosigkeit der modernen Biologie und

*»Fischblut«. Zeichnung von Gustav Klimt
für die Zeitschrift »Ver sacrum« (1898)*

Medizin, von Ibsen (besonders *Nora*), von der leidenschaftlichen, suchenden Offenheit der Spiele Strindbergs (von dessen Geschlechtshaß er aber nur wenig beeinflußt wurde), vom Sozialismus und der Frauenbewegung (auch im Widerspruch). Die deutsche Tradition regte dazu an, die ethischen Probleme der erotischen Befreiung im Experimentierfeld der Literatur zur Anschauung zu bringen. Dieses Experimentierfeld war freier in der deutschen als in der angelsächsischen Tradition, was daran lag, daß die innergesellschaftlichen Zwänge zur Konformität etwas geringer waren als in anderen europäischen Ländern. Die deutsche Gesellschaft war zwar autoritätsgläubig; sie war und ist aber gerade ihrer Restfeudalität wegen weniger konform, weniger kompakt, auch nicht in einer eindeutigen Hauptstadt zusammengefaßt. Damit hängt zusammen, daß die deutsche Sprache das Geschlechtliche weniger in den Untergrund verdrängt hat als z. B. die englische. Die Lebensreligion konnte sich trotz einiger Widerstände ziemlich frei entfalten. So wurde der vitalistische Jugendstil zum Ausdruck der Freiheitssehnsucht des deutschen Bürgertums der Vorkriegszeit.

5. Leben und Konformität: Das Kindheits- und Schulmotiv

Der Wunsch nach größerer Freiheit im persönlichen Leben beflügelt die Phantasie. Neben das Streben nach einer Freiheit der Erotik tritt der Wunsch nach größerer Freiheit menschlicher Entwicklung, nach Verringerung des gesellschaftlichen Zwanges. Eine Reihe von bedeutenden Dichtern des Jugendstils erfuhr diesen Zwang intensiv in der Schule und wehrte sich dagegen. Einige brachen ihre Schulbildung ab, nicht selten mit bitteren Erfahrungen. Gerhart Hauptmann führte die seinen auf die historische Situation nach 1871 zurück:

> Der deutsche Sieg durch das preußisch-potsdamsche Prinzip führte dazu, in ihm das einzige Heil zu sehen und es möglichst überall zu verstärken. Die Schulen mit ihren Reserveoffizieren als Lehrern spürten die erste Wirkung davon.
>
> ...
>
> Einfache Worte, gütiges Wesen, freundliche Unterstützung des Schülers waren als Sentimentalitäten verpönt. Sie galten als weichlich, sie galten als unmännlich. Der hinter den Pädagogen Stehende, unsichtbar Maßgebende war nicht Lessing, Herder, Goethe oder Sokrates, sondern der preußische Unteroffizier.

So Gerhart Hauptmann in der 1937 erschienenen Autobiographie *Das Abenteuer meiner Jugend.* Seine Schulbildung wurde schon in den Unterklassen abgebrochen. Mit Mühe brachte es Thomas Mann zur mittleren Reife, dem ‚Einjährigen'. Denn:

> Ich verabscheute die Schule und tat ihren Anforderungen bis ans Ende nicht Genüge. Ich verachtete sie als Milieu, kritisierte die Manieren ihrer Machthaber und befand mich

früh in einer Art literarischer Opposition gegen ihren Geist, ihre Disziplin, ihre Abrichtungsmethoden.

Arno Holz brachte es gerade zum Untersekundaner und dichtete seine früheren Lehrer an:

Offener Brief

Laßt euch begraben, ihr Philologen,
bei mir habt ihr den Kürzeren gezogen!

Drei winzige Jährchen erst ist es her,
Da habt ihr geflucht die Kreuz und Quer
...

So geht es noch 3 Strophen weiter, bis Holz mit Stolz schließt:

Er kapierte die deutsche Poesie
auch ohne die griechischen Verba auf mi.

Ein anderes Beispiel bietet Theodor Lessing, der Bohemien, Philosoph und Schriftsteller, in seinen Erinnerungen *Einmal und nie wieder* (1935 in Prag gedruckt). Man muß freilich wohl den Anteil der Genietradition von diesen Schulerinnerungen abziehen; schlechte Schulleistungen schienen durch den notwendigen Widerstand des Genies gegen die Konformität gerechtfertigt, wenn nicht sogar verherrlicht. Dazu kommt die mit dem Glauben an das Eigenrecht des Genies mehr oder weniger verbundene Tradition der Erziehungskritik seit Rousseau, in der deutschen Literatur seit Karl Philipp Moritz' *Anton Reiser*, fortgesetzt in Werken des bürgerlichen Realismus wie Kellers *Der grüne Heinrich* und Conrad Ferdinand Meyers *Das Leiden eines Knaben*. Dennoch muß man sagen, daß die bürgerliche Lernschule des späten 19. Jahrhunderts mit ihrem Nachdruck auf grammatischen Einzelheiten tatsächlich reformbedürftig war. Der Zwang der Lernschule als des einzigen Weges zum Aufstieg oder auch nur zum Sich-Behaupten in der Oberschicht wurde von den meisten Eltern (die Hauptmanns waren Ausnahme) als unvermeidbar angesehen. Die Schule wurde zum Disziplinierungsinstitut, in dem absolute Unterordnung gelehrt wurde. Jugendliche Selbstmorde aus Schulnöten kamen nicht nur in der Literatur vor. Die Schulreform wurde denn auch ein Ziel der Lebensreformbewegung, wie aus ihr auch die Jugendbewegung erwuchs, die das Recht der Jugend auf einen eigenen Lebensstil proklamierte.

Wedekinds *Frühlings Erwachen* (1891) enthält als Schulsatire die Sitzung eines Kollegiums, in der um das Öffnen und Schließen des Fensters symbolisch gestritten wird. Das Freundespaar Moritz Stiefel und Melchior Gabor, der treu und fleißig lernende Schüler, der dennoch versagt, und der hochintelligente überlegene, der die Schule verachtet, stellt zwei mögliche Typen des Verhältnisses zur Lernschule dar: ihr Opfer und ihr Verächter. In Variationen finden wir diese Typen in späteren, romanhaften Behandlungen des Schulthemas wieder.

Wedekind hatte in *Frühlings Erwachen* die lockere Szenenfolge aus der Tragödie der Stürmer und Dränger und Georg Büchners wiederaufgenommen. Der Bohemien Peter Hille (1854–1904) folgte ihm darin in der „Szenenfolge“ *Des Platonikers Sohn* (1896). Das Schauspiel spielt mit dem Renaissancekult, wie er von Nietzsche und der Gründerzeit überkommen war und noch lange nachwirkte (Thomas Manns *Fiorenza* ist von 1905). Da der Schulhumanismus ja aus der Renaissance stammte, wollte Hille gleichsam die Wurzel des Übels lächerlich machen. Die Handlung selbst ist nicht streng historisch. Petrarcas unehelicher Sohn von einer Magd, die Petrarca als zu vulgär verstößt, befreit sich von dem Zwang, Latein zu lernen, indem er bei fahrenden Vaganten unterschlüpft, wo er Verständnis bei einer Dirne findet, die Beatrice heißt. Die wahre Liebe gedeiht nur außerhalb der ordentlichen Gesellschaft, will Hille sagen.

Georg Kaisers frühe Komödie *Der Fall des Schülers Vegesack* stammt in der 1. Fassung aus den Jahren 1901/02. Kaiser hat 1912/13 und 1914/15 noch Revisionen vorgenommen. Die 2. Fassung erschien 1914 in einem Privatdruck, die endgültige Fassung erst 1971 in der Ausgabe der *Werke*. Sie beginnt mit einer satirischen Kollegiumssitzung im Stile von Wedekinds *Frühlings Erwachen*. Es stellt sich heraus, daß eine Lehrersfrau durch einen Schüler geschwängert wurde, während ihr Mann weiteren Familienzuwachs durch Enthaltung zu verhindern suchte. Als das bekannt wird, findet der Schüler lebhaftes Interesse bei den anderen Frauen der Internatslehrer. Komische Verwicklungen ergeben sich aus einer gleichzeitig geplanten Schillerfeier mit Serenissimus-Besuch. Die Verlogenheit der Bildung, die unter sittlichen Tabus überall hervorschauende Lüsternheit der Bürgerwelt, der Schüler, der weit weniger auf Erotik als auf seine Dichtung aus ist, schließlich ein geschäftstüchtiger jüdischer Impresario, der an Wedekinds Impresariofiguren erinnert, ergeben ein lustiges Spiel, das eine Ausgrabung lohnte. Das Schulthema dient auch hier dazu, einer als veraltet empfundenen restriktiven Moral eine Befreiungstendenz entgegenzusetzen, die sowohl ästhetisch als erotisch ist.

Aus dem Jahre 1903 stammt *Rektor Kleist*, ein Stück, das Kaiser Tragikomödie nennt. Komödienzüge führen zu einem Schluß, in dem eine Nebenfigur Selbstmord begeht; ein schwacher Schüler ist einem umstürzenden Erlebnis nicht gewachsen. Er beobachtete nämlich seinen Rektor dabei, wie er impulsiv gegen die Ordnung verstieß. Das Stück enthüllt Prätentionen der Autorität, die Ordnung stiftet, indem sie unnötige Leiden verursacht.

Wie weit das Interesse für eine Reform der Schule, sogar der Volksschule, damals verbreitet war, beweist noch der Erfolg einer an sich primitiven Komödie, *Flachsmann als Erzieher* (1901) von Otto Ernst (d. i. Otto Ernst Schmidt, 1862–1926), einem Schriftsteller, der selbst Lehrer gewesen war. Diese Komödie bringt einen Schultyrannen auf die Bühne, der einen begabten jungen Lehrer zu unterdrücken sucht, aber schließlich von der glücklicherweise einsichtigen und überlegenen Obrigkeit des Schulrates gestürzt wird.

Die satirische Kollegiumssitzung in Wedekinds *Frühlings Erwachen* hat wohl auch auf Jakob Wassermanns frühen Roman *Die Juden von Zirndorf* (1897, Neufassung 1906) gewirkt, nicht nur in einer ebenso satirisch gemeinten Rede eines Rektors vor dem Kollegium, sondern auch in der Absicht dieses Romanabschnittes, die fehlende sexuelle Aufklärung zu rügen. Es gibt dort freilich einen besseren Lehrer, der folgerichtig die Schule verlassen muß, weil er in einem Kabarett gesehen worden ist. Seine Liaison mit einer Kabarettkünstlerin ist hier ein Seitenmotiv, das in Heinrich Manns *Professor Unrat* (1905) zum Hauptthema werden wird. Das Erziehungsproblem spielt, der deutschen Tradition entsprechend, in viele Romane der Zeit hinein, einschließlich der Psychologie des Lehrers und Schülers, zu der Hermann Bahr in seinem Roman *Die Rahl* Beispiele liefert.

Das 2. Kapitel im 11. Teil des Romans *Buddenbrooks* (1901) von Thomas Mann stellt einen Schultag des jüngsten Buddenbrook dar. In seinen *Betrachtungen eines Unpolitischen* (1918) hat Thomas Mann dieses Kapitel kommentiert. Er habe gegen die „Verpreußung und Enthumanisierung des neudeutschen Gymnasiums protestiert“, was nicht als Protest gegen alles Preußische zu verstehen sei. Die Kritik sei, schreibt er an einer anderen Stelle der *Betrachtungen*, „gewiß eine Anklage, aber eine recht unverbindlich verklausulierte Anklage“, weil nämlich Hanno nicht nur an der Schule, sondern „am Leben überhaupt“ versage. Die Härte, der Hannos Sensitivität nicht gewachsen ist, liegt nicht nur in dem stumpfen Schulsystem, sondern vor allem in den konformen Mitschülern. Einer der (sparsam angebrachten) Erzählerkommentare in den *Buddenbrooks* lautet:

> Herangewachsen in der Luft eines kriegerisch siegreichen und verjüngten Vaterlandes, huldigte man Sitten von rauher Männlichkeit. Man redete in einem Jargon, der zugleich salopp und schneidig war und von technischen Ausdrücken wimmelte. Trink- und Rauchtüchtigkeit, Körperstärke und Turnertugend standen sehr hoch in der Schätzung, und die verächtlichsten Laster waren Weichlichkeit und Geckenhaftigkeit.

Der gefürchtete Direktor hatte die Begriffe „Autorität, Pflicht, Macht, Dienst, Karriere“ zu höchster Würde gebracht, und „der ‚kategorische Imperativ unseres Philosophen Kant‘ war das Banner, das Direktor Wulicke in jeder Festrede bedrohlich entfaltete“. Ein anderer Erzählerkommentar ist an die Erwähnung des renovierten Gebäudes angeschlossen:

> Allein es blieb die Frage, ob nicht früher, als weniger Komfort der Neuzeit und ein bißchen mehr Gutmütigkeit, Gemüt, Heiterkeit, Wohlwollen und Behagen in diesen Räumen geherrscht hatte, die Schule ein sympathischeres und segensvolleres Institut gewesen war.

Was Hanno Buddenbrook am meisten bekümmert, ist die Annahme der Zeugnismoral durch die Mitschüler, ja sogar ihre Wirkung auf ihn selbst, auch dann, wenn sie offensichtlich auf Täuschung beruht. Konformität, „von rechtschaffener Konstitution, stark und tüchtig für das Leben“ sein, ist eine Fähigkeit, die dem sensitiven Hanno fehlt. Dieses Motiv liegt in der Struktur des Romans begründet. Das Paar Hanno und Kai Graf Mölln ist eine Variation der Freundschaft von Schulopfer und Schulverächter, wobei hier das Opfer eher an sich selbst als an der Schule zugrunde geht. Weil das Schulkapitel nur gleichsam nebenbei das Schulsystem anklagt, hat es auch Platz für eine ganze Anzahl von humorvollen Zügen.

Dagegen beansprucht Emil Strauß' *Freund Hein* (1902, entstanden 1899–1901), als Schulkritik ganz ernst genommen zu werden. Der Roman ist im Stile des bürgerlichen Realismus erzählt. Obwohl er Schultragik vorführen will, übt er hauptsächlich Kritik an der Forderung, daß alle Schüler, auch die künstlerisch begabten, Mathematik zu lernen haben. Der Vater des Helden verlangt, daß sein Sohn Heiner das Abitur besteht. Der Sohn verinnerlicht diese Forderung und leidet, still sich nach Erlösung durch Musik sehnend, für die er einzig begabt ist, bis er sich am Ende ins Herz schießt, nachdem er Name und Adresse ordentlich in ein Büchlein Hölderlin-Gedichte eingeschrieben hatte (Hölderlin war damals noch nicht eigentlich entdeckt). Die bürgerliche Ordnung war ihm heilig. Güte und Wert des Helden liegen in seiner Ehrlichkeit und in der selbstverständlichen Unterordnung unter die Autorität des Vaters, der übrigens nicht unsympathisch geschildert wird. Der Held hat hier die Opferrolle, der Verächter ist ein begabter Bauernsohn, der Schriftsteller werden will. Heimatkunstmotive klingen vielfach an. Die Erotik spielt in diesem Roman eines Heranwachsenden nur eine dezente Nebenrolle.

Wie altmodischer Stil und Schulanklage sich zu einem unfreiwillig komischen Effekt vereinigen, zeigt die folgende Stilprobe:

Die Zeit verging, und mit der Sommerhitze kamen auch die Wochen, wo die Professoren nichts lieber in der Hand haben als ihre Notenbüchlein und, gleichwie die Hühner die unverdauten Körner aus dem Miste picken, jede schlechte Antwort aufspießen; – wo es hin und wieder einmal einem Schüler zu heiß wird, daß er in einer Art Sonnenstich den luftigen, mütterlichen Trockenspeicher aufsucht und zwischen den kühl und wohlig fächelnden Hemden und Sommerkleidern sein eigen irdisch Kleid an einen Balken hängt.

Hermann Hesses kleiner Roman *Unterm Rad* (1906, entstanden 1903–04) erzählt die Geschichte eines schwäbischen Bürgerssohnes, dem anstelle seiner kindlichen Natur- und Landschaftsverbundenheit der Ehrgeiz eingepflanzt wird, in der Schule Erster zu sein, und der daran zugrunde geht. Hans Giebenrath besteht das Landexamen, das ihn zum Eintritt in das württembergische Seminar Maulbronn berechtigt, ihm eine gesicherte Laufbahn bietet, ihn aber zugleich an naturfremde Wissenschaft und philisterhaften Ehrgeiz verkauft. Das Buch geht davon aus, daß „zwischen Genie und Lehrerzunft ... von alters her eine tiefe Kluft“ bestehe. Zwar ist Hans nicht das Genie, er spielt die Opferrolle, wohl aber sein Freund Hermann Heilner, der, wie Thomas Manns Graf Kai und Emil Strauß' Bauernsohn Karl Notwang, ein angehender Dichter ist. Auch er spielt die Verächterrolle wie seine beiden Vorgänger. Hermann Heilner (schon der Name will das verraten) ist eine autobiographische Reflexion des Starken, Genialen in Hermann Hesse. Hesse läßt diese Figur seine eigene Flucht aus dem ehemaligen Kloster Maulbronn wiederholen. Andererseits ist, wie im Falle Hanno Buddenbrooks, auch vieles in den Gefühlen Hans Giebenraths autobiographisch.

Anders als der Roman von Emil Strauß verhält sich Hesses Buch gegenüber dem Bürgerlichen ambivalent. Zwar ist das geschilderte Kleinstadtleben in der Heimat des Opfers voller Reize, aber der kleinbürgerliche Vater wird mit kaum gemilderter Verachtung behandelt. Die Ironie gegen die Schulmeister wird leicht beißend:

Seine Pflicht und sein ihm vom Staat überantworteter Beruf ist es, in dem jungen Knaben die rohen Kräfte und Begierden der Natur zu bändigen und an ihre Stelle stille, mäßige und staatlich anerkannte Ideale zu pflanzen. Wie mancher, der jetzt ein zufriedener Bürger und strebsamer Beamter ist, wäre ohne diese Bemühungen der Schule zu einem haltlos stürmenden Neuerer oder unfruchtbar sinnenden Träumer geworden!

Darin liegt auch eine politische Einsicht. Einmal macht sich der Erzähler über die Heimat Schwaben lustig (die er andererseits in liebevoller Schilderung zum Schaden der Einheit des Romans ausmalt):

... Schwaben versorgt sich und die Welt nicht allein mit wohlerzogenen Theologen, sondern verfügt auch mit Stolz über eine traditionelle Fähigkeit zur philosophischen Spekulation, welcher schon mehrmals ansehnliche Propheten oder auch Irrlehrer entstammt sind. Und so übt das fruchtbare Land, dessen politische Traditionen weit dahinten liegen, wenigstens auf den geistigen Gebieten der Gottesgelehrtheit und Philosophie noch immer seinen sichern Einfluß auf die Welt.

Die Schule ist in diesen Romanen Vertreter einer selbstsicheren Autorität, die aus Prinzip Zucht, Ordnung und Selbstverleugnung fordert, vor allem das letztere. Zugleich sind es Klassenromane. Arbeiterkinder kommen kaum vor. In *Freund Hein* verprügelt der Bürgerssohn einmal einen Volksschüler, um sich abzureagieren. Nur in der Kleinstadtwelt von *Unterm Rad* gibt es Handwerker-Kleinbürger als greifbare Gestalten. Daß der frühere Streber in diese Welt zurückkehrt, hilft jedoch mit, ihn sich selbst aufgeben zu lassen, was der Tod des Ertrinkens am Ende ganz deutlich macht. Die Bewährung in der Schule ist Bewährung in den bürgerlichen Tugenden, zugleich Training in klassenkonformem Verhalten. Die Freiheit ist künstlerisch, der Verächter-Typ ist darum angehender Dichter. Die Gefahr solcher Freiheit ist der Anarchismus, das innere Chaos, die bloß verträumte Phantasiewelt.

Heinrich Manns *Professor Unrat* (1905) enthält eine Satire auf die Lernschule, wirbt aber nicht für eine neue und verständnisvollere Erziehung, es sei denn auf einem Umweg, insofern der Roman mangelnde Liebe in der bürgerlichen Gesellschaft überhaupt feststellt. Das Interesse liegt auf dem Umschlag der lieblosen Tyrannei des Lehrers in haßerfüllten Anarchismus.

Eine ungewöhnliche Diagnose der Schulmisere gibt Rudolf Borchardt in seinen Erinnerungen *Aus Kindheit und Jugend* (1927–28, als Buch 1966). Die klassizistische Humboldtsche Ideenreform habe von der alten deutschen Gelehrtenschule

... deren Kernweisheit übernehmen müssen: daß eine Schule weder Stoffmassen des ‚Wissens' zu übermitteln habe noch das Individuum vielseitig auszugestalten: sondern formale Schulung auszuüben, ja daß alle Schule mit Formenlehre beginne, die meiste sich mit ihr begnügen dürfe, und erst wenn die Technik des Formalen blindgreifend beherrscht, im Traume richtig gehandhabt werde, zu Ideen aufgestiegen werden dürfe. Das war eine bittere und eine nüchterne Lehre, und die in den neuen Elternhäusern das Naschen und Prassen gewöhnten Kinder spien sie gesichterschneidend aus, die zu Maulhelden aufwachsenden spien sie den Lehrern ins Gesicht. Alles was von Tagesmoden abhängig war und ihnen schmeichelte oder nur ganz zum Scheine widersprach, wetteiferte miteinander, den allgemeinen Haß entlaufener Schüler gegen ihre alten Zuchtruten, der zu einem satirischen Gesellschaftspathos anwuchs und von den gewissenlosesten Rabulisten in der Pause zwischen Pornographie und Pazifismus rentabel gemacht wurde, immer wieder in eine Verkaufsgestalt zu bringen.

Der letzte Satz bezieht sich vermutlich auf Heinrich Mann, vielleicht auch auf Wedekind. Borchardt sieht das Unglück in dem Berechtigungswesen, das Ungeeignete in die Gelehrtenschule brachte, in die sie nicht gehörten. Das Anwachsen der bürgerlichen Masse geschieht zum Schaden des Elitären. Auf andere hier besprochene Literatur wie Strauß' *Freund Hein* und Hesses *Unterm Rad* bezieht sich ein Satz Borchardts aus dem gleichen Zusammenhang:

> Die Zeit hatte unrecht, wenn sie literarisch in Schülerselbstmorden schwelgte. Logisch verfolgt hätte die Linie nur ins umgekehrte führen können, in den Selbstmord der Lehrer.

Neben der Schulanklage findet man in den Romanen dieser Zeit ein differenziertes Interesse für die Psychologie des Jugendlichen. Friedrich Huchs (1873–1913) Roman *Mao* (1907) schildert das Entstehen einer übermächtigen Phantasiewelt in einem Großbürgerssohn, der sich von den Erwachsenen mehr und mehr abkapselt und folgerecht im Selbstmord endet. Sein Lebensraum hatte sich mit einem alten Stadthaus verknüpft, das sein Vater, ein bürgerlicher Emporkömmling, schließlich gegen ein modernes eintauscht. Hier ist es also die Phantasiewelt des Jungen, die sich konservativ gegen den bloßen Geld- und Tauschwert behaupten möchte. Bemerkenswert ist die nüchterne Neutralität des Erzählers, der das Verständnis für seine jugendliche Figur ermöglicht, ohne das sentimentale Mitgefühl des Lesers zu strapazieren.

Rilke wollte lange Zeit einen Roman schreiben, in dem er seine Militärschulzeit fiktionalisiert hätte.

Die Darstellung der Jungen als Gruppe interessierte ihn. In seinem Tagebuch von 1899 schreibt er:

> Denn der Einzelne ist ja eben, – auch der verdorbenste – Kind, was aber aus der Gemeinsamkeit dieser Kinder sich ergibt – das wäre der herrschende Eindruck –, eine schreckliche Gesamtheit, die wie ein fürchterliches Wesen wirkt, welches bald diesen und bald jenen Arm verlangend ausstreckt.

Fertig wurde außer einigen Gedichten nur eine erzählerische Skizze, *Die Turnstunde* (entstanden 1899, in verbesserter Form gedruckt 1902), in der ein schwächlicher Zögling plötzlich, sich selbst übertreffend, eine turnerische Leistung vollbringt und sie mit einem Herzschlag bezahlt. In dem herzlosen Übereifer eines polnischen Unteroffiziers und der distanzierten Vornehmheit des Oberleutnants mit deutschem Namen ist eine Kritik des Systems angedeutet, nicht ohne nationalistische Untertöne. Das Trauma der Militärschule beschäftigte Rilke noch gegen Ende seines Lebens, als er längst deutschen Nationalismus verdammte.

Robert Musil in *Die Verwirrungen des Zöglings Törleß* (1906) rückt die indirekte Wirkung der Erziehung, sadistische Herrschaftstriebe unter den Jungen selbst und die masochistische Annahme der Unterwerfung durch das Opfer, in den Mittelpunkt. Dazu kommt noch Homosexualität. Diesen Erlebnissen der Primitivschicht setzt der Zögling Törleß seine distanzierte Beobachterhaltung entgegen. Robert Musil hat in dieser romanartigen Erzählung eigene Erlebnisse in Kadettenanstalten verwendet.

Mehr autobiographisches Zeugnis als Darstellung ist Franziska Gräfin zu Reventlows *Ellen Olestjerne* (1903). Ein junges Mädchen revoltiert gegen die alte Gesellschaft, die ihr den Lebensweg vorschreiben will. Nicht die Gelehrtenschule, sondern die ernste Mutter, der störbare Vater, Gouvernanten und ein mitteldeutsches adliges Erziehungsinstitut vertreten die alte Ordnung. Ellen Olestjerne – wie Fanny Reventlow – ist nicht bereit, den vorgeschriebenen Platz eines jungen Mädchens der Gesellschaft einzunehmen. Auf immer neue Weise bricht sie aus.

Endlich – endlich ist es Frühling geworden, und ich komme mir wirklich vor wie ein Baum, der Knospen treibt. Ich sehe nun endlich das Leben vor mir liegen – in Schönheit und Freiheit, nur die letzten Schranken gilt es noch einzurennen, und sie sollen und müssen fallen ... Sollte ich etwa mit gebundenen Händen immer weiter zusehen, wie man mir mein Leben zertritt, bis die Jugend vorbei ist und alles zu spät?

Eine Schülervereinigung, der Ibsenklub, den es auch in der Wirklichkeit in Franziska zu Reventlows Leben gab, übrigens in Lübeck, wenige Jahre vor Thomas Manns Schulkonflikten, bietet zunächst eine literarische Ausflucht. Neben den Werken des Norwegers, des Apostels der Wahrhaftigkeit für die heranwachsende Generation, werden auch andere Autoren von den jungen Leuten diskutiert: „... sagt nicht Lassalle irgendwo, daß wir alle Gladiatoren der neuen Zeit wären?" Nietzsches *Zarathustra* „wurde ihre Bibel, die geweihte Quelle, aus der sie immer wieder tranken und die sie wie ein Heiligtum verehrten". In den Gesprächen der Freunde ist dies die Wirkung:

... die alte morsche Welt mit ihrer Gesellschaft und ihrem Christentum fiel in Trümmer und die neue Welt, das waren sie selbst mit ihrer Jugend, ihrer Kraft, mit allem, was sie schaffen und ausrichten wollten. Es war wie ein gärender Frühlingssturm in ihnen, jeder träumte von einem ungeheuren Lebenswerk, und sie alle hätten sich jeden Tag für ihr Lebensrecht und ihre Überzeugung hinschlachten lassen, wenn es nötig gewesen wäre.

So bricht Ellen Olestjerne aus Gesellschaft und Familie aus in die Schwabinger Boheme. Wie ihre Verfasserin verläßt sie auch die Sicherheit einer bürgerlichen Ehe, um eines Lebens willen, das sich selbst bestimmt und dazu auch die erotische Freiheit braucht.

6. Boheme in Berlin und München

Bohème (*bohême*), das französische Wort für ‚Böhmen', das seit dem Spätmittelalter auch ‚Zigeuner' und ‚Zigeunerwesen' bedeutet, wurde in der französischen Romantik zur Bezeichnung von Künstlern und anderen jungen Leuten, die außerhalb der etablierten Gesellschaft standen; sei es, daß sie ihren unbürgerlichen Zustand um der Freiheit von sozialen Zwängen willen erstrebten und behalten wollten, sei es, daß sie ihn nur als Durchgangsstadium des noch erfolglosen Künstlers ansahen. Von ihrem bürgerlichen Hintergrund ist die Boheme jedoch untrennbar. In Gesellschaften ohne individualistischen Spielraum, beispielsweise in puritanisch-bürokratisch geleiteten, sozialistischen oder in faschistischen Gesellschaftsordnungen, gibt es die Boheme nicht.

Daß Dichtung einen freien Zustand vor oder neben der bürgerlichen Ordnung verherrlicht, liegt in ihrer Natur. Denn Dichtung kann sich nicht einfach auf den gesellschaftlichen Zustand des Lesers beziehen, das würde ihn langweilen, sondern muß imaginäre Varianten anbieten, wenn sie fesseln will. Von der Vagantendichtung des Mittelalters, auf die der Bohemien Peter Hille sich berief, über die Schäferspiele führt der Weg zur Verherrlichung der Zigeuner in der Romantik, die dem Phänomen seinen heutigen Namen gab. Einen Markstein stellt Schillers Schauspiel *Die Räuber* dar, nicht nur, weil es von einer Sehnsucht nach Freiheit in den böhmischen Wäldern und von der Tücke des erfolgreichen Bruders handelt, sondern auch, weil es biographisch eng mit Schillers Flucht aus seinem Heimatland zusammenhängt. Literarische Vorbilder der deutschen Boheme waren

Scènes de la vie de bohème von Henry Murger (1851), auch in dramatischer Form und besonders als Oper Puccinis (1896) bekannt, *Röda Rummet* (Das rote Zimmer) von August Strindberg (1879) und Hans Henrik Jægers *Fra Kristiania-Bohêmen* (1885). Murger schildert aufstrebende Künstler, die sich ihrer unbürgerlichen Lebensform freuen, während sie noch nicht arriviert sind, Strindberg einen Bürger, der die Bürgerlichkeit erst flieht und dann in sie zurückkehrt. Jægers individualistisch-nihilistische Boheme-Existenzen versuchen, ihr Leben auf neue Grundlagen zu stellen, und scheitern am Ende, wofür der Gesellschaft die Schuld zugeschoben wird.

Obwohl es deutsche Bohemekreise schon früher gab, erreichten sie ihre eigentliche Ausbildung erst nach 1890. Es gibt wenige bedeutende Schriftsteller, die gar keine Beziehung zur Boheme hatten. Wedekind liebte es, sich als Bohemien darzustellen, trotz eines im wesentlichen bürgerlichen Privatlebens, George verschmähte es nicht, an den Schwabinger Künstlerfesten teilzunehmen. Thomas Mann, der gelegentlich Bohemeszenen schilderte, von denen noch die Rede sein wird, wundert sich einmal scherzhaft, daß er nicht selbst in der Boheme lebe, wo er doch eigentlich hingehöre: „Ich hocke verglasten Blickes und einen wollenen Schal um den Hals in einer Anarchistenkneipe? Ich liege in der Gosse, wie sich's gebührte? – Nein, Glanz umgibt mich ..." Die Boheme ist also nichts fest Begrenztes, sondern so etwas wie der Nährboden der großen Literatur dieser Zeit. Sie blieb es bis in den Expressionismus hinein und darüber hinaus. Obwohl während der Herrschaft totalitärer Systeme und durch die Kriegs- und Nachkriegsnot zurückgedrängt, sind Züge der Jugendstilboheme in den sechziger und siebziger Jahren des 20. Jahrhunderts auf beiden Seiten des Atlantik wiedererstanden (Amerika hatte im

Greenwich Village in New York und in San Francisco in Kalifornien für die Kontinuität gesorgt). Liest man in Romanen über die Münchener Boheme der Jahrhundertwende vom Haschisch-Rauchen oder von der „finsteren Gekränktheit", die langhaarige Malschüler zur Schau tragen, so ist man von der Dauerhaftigkeit mancher Symptome überrascht.

Die Boheme hat ein merkwürdig gespaltenes Verhältnis zur Arbeiterschaft. Die Boheme-Schriftsteller stammen aus bürgerlichen Kreisen, sogar aus wohlhabenden, und fliehen die geistige Enge der geldbürgerlichen Welt ebenso wie die materielle des Kleinbürgertums. Es gibt eine blasierte Boheme, die von der Masse nichts wissen will, deshalb aber doch zeitweise imstande ist, sich aus purer Langeweile oder Oppositionslust mit radikalen anarchistischen Theorien einzulassen. Dies wird deutlich in Kurt Martens' *Roman aus der Dekadenz* (1898). Eine andere Möglichkeit ist ein sentimentales Verhältnis zum ‚Volk', wie es in Wilhelm von Polenz' Roman *Wurzellocker* (1902) erscheint. Dessen Schriftsteller-Held hat sein bürgerliches Erbe verbraucht und lebt in Armut zusammen mit einer hübschen Proletarierin, ohne doch von seiner bürgerlichen Denk- und Fühlweise zu lassen. Ja, er verachtet seine Geliebte, ihres ungebildeten Geschmacks wegen, und behält sie aus Trotz gegen seine Familie, aus Besitzerstolz und aus Gewohnheit. Er hat die Berliner Boheme verlassen, um in der Provinz (gemeint ist Dresden) sich als Schriftsteller zu bewähren. Seine Anfangserfolge führen zu Versuchen der Geld- und Bürgerwelt, ihn zurückzulocken. Er widersteht aber standhaft allen Versuchungen. Aus Unabhängigkeitsbedürfnis läßt er jedoch auch seine proletarische Geliebte im Stich, als sie ein Kind von ihm zur Welt bringt, und erkennt ihren Wert erst nach ihrem Tode. Die Aufgabe, ein mögliches neues Verhältnis von Kunst und Volk zu zeigen, taucht auf, verschwindet aber ungelöst, während Motive aus dem literarischen Betrieb der Zeit in den Vordergrund treten, beispielsweise ein kleinbürgerlicher Schriftsteller, der phrasenhaft über die „deutsche Persönlichkeit" schreibt, sich dadurch eine Professur gewinnt und vom Autor ernst genommen wird. In der Nebenhandlung steigt ein jüdischer Redakteur in die Provinzgesellschaft auf, ein Vorgang, der mit antisemitischen Klischees unsympathisch dargestellt wird. Polenz war damals durch einen naturalistischen Roman vom vergeblichen wirtschaftlichen Kampf eines Hoferben, *Der Büttnerbauer* (1895), sehr bekannt. Daß er das Thema Literatur und Arbeiter, Kunst und Volk, das sich aus seinem Ansatz zwingend ergibt (einmal läßt er seinen ehrgeizigen Juden einen Bildungsvortrag vor sozialdemokratischen Arbeitern halten, was aber blindes Motiv bleibt), kaum bemerkt und darum abbiegt, ist vielleicht bezeichnend für das bürgerliche Empfinden der Zeit, woran die ähnliche wirtschaftliche Situation von Proletarier und bohemehaftem Schriftsteller nichts änderte.

In Berlin hatte es schon Zirkel einer spätromantischen und jungdeutschen Boheme um E. T. A. Hoffmann und später Grabbe und Bruno Bauer gegeben. Seit 1880 bildeten sich immer wieder neue Bohemekreise, die untereinander verbunden waren. Die Brüder Hart waren eine lange Zeit führend, die Künstlerkolonie Friedrichshagen und das Kommune-Experiment „Neue Gemeinschaft" (um die Jahrhundertwende) standen unter ihrem Einfluß. Der deutsche Naturalismus ist großenteils eine Wirkung des Boheme-Modernismus.

Peter Hille (1854–1904) war nach seiner Lebensform wohl der ausgeprägteste Bohemien Deutschlands. Er hatte einen langen Prophetenbart und trug

Peter Hille
Gemälde von Lovis Corinth

einen langen zerschlissenen Mantel. Berühmt war der Sack, den er immer mit sich führte und in dem er seine Schriften aufbewahrte, durcheinander auf Papierfetzen geschrieben. Er stammte aus bürgerlichen Verhältnissen, sein Vater war Rentmeister im Westfälischen. Hille machte sogar das Abitur und nahm anfangs Stellungen als Gerichtsschreiber und Redakteur an. Vorübergehend hatte er sozialistische Neigungen. Dann vagabundierte er durch Europa, unterbrochen von Perioden relativer Seßhaftigkeit. Seit 1891 lebte er vorwiegend in Berlin. Er war befreundet mit den Brüdern Hart. Mit Dehmel, Scheerbart, Przybyszewski erscheint er als Kern der Berliner Boheme in Otto Julius Bierbaums Roman *Stilpe.*

Hatte er sein Leben in der Boheme-Existenz auch selbst gewählt, so war er dennoch nicht ohne Erbitterung gegen die Bürgerwelt, die dem freien Künstler das Leben nur ermöglichen will, wenn er sich auf ihre Marktgesetze einläßt. Das bewies er in einer Skizze *Der heilige Abend*, in der er sich vorstellt, wie der Käufer eines Bildes von Lovis Corinth das Weihnachtsfest verbringt. Er hatte nämlich als Modell für das Bild gedient, das schnell berühmt wurde und einen hohen Preis erzielte, während es ihm am Nötigsten fehlte. Der deklassierte Bohemien empfand also die bürgerliche Lebensform als die ihm eigentlich zustehende, soweit sie ihm Freiheit von der Notdurft gewährt, nur nicht sofern sie ihm Zwang auferlegt. Franz Blei in seiner *Erzählung eines Lebens* (1930) meinte, Berlin habe Hille langsam aber sicher verhungern lassen. Der bürgerliche Realismus müsse sich solche Existenzen zum Beweise des „liberalen Idealismus" leisten: „Man muß nicht vergessen, daß diese Poeten ja, auch wenn sie Bohemiens sind wie Hille, nicht außerhalb, sondern innerhalb der Bürgerlichkeit leben, als schlecht bezahlte, weil ungefährliche Rebellen."

Der Versuch einer Kommune, die „Neue Gemeinschaft“ in Berlin-Schlachtensee, war von den Brüdern Heinrich und Julius Hart 1901 gegründet worden und hatte Peter Hille als prophetischen Mittelpunkt. Weltanschaulich wurde ein Monismus verkündet, der alle Probleme und Konflikte zu lösen hatte, insbesondere die zwischen Natur und Ich, sozialer Welt und Individuum. Peter Hille lebte dort mit Else Lasker-Schüler. Sein kurzer Aufsatz über sie, der die Rezeption ihrer Dichtung beeinflußte, und ihr nach seinem Tod (1904) geschriebenes *Peter Hille-Buch* (1906), das freilich im Raume der Phantasie spielt, sind Zeugnisse dieses Verhältnisses. Auch die späteren Anarcho-Sozialisten Erich Mühsam und Gustav Landauer waren anfangs Mitglieder der „Neuen Gemeinschaft“ sowie einige spätere Vertreter faschistischer Tendenzen wie Hugo Höppener (Fidus). Sie alle verstanden sich in der gemeinsamen religiösen Erwartung einer neuen Zeit. Typisch ist freilich, daß aus dem Plan der gemeinschaftlichen Landarbeit nie etwas wurde.

Der Wunsch nach Freiheit vom Bürgerlichen ohne die Armut der Boheme stellt sich oft dar in der Wahl fremdländischer und exotischer Motive, die bei Hille und Scheerbart zumeist der ungebundenen Phantasie entstammten, bei Max Dauthendey, der zeitweise der Berliner und Münchener Boheme nahestand, dagegen durch Erfahrungen unterbaut waren. Lange Gedichtzyklen, Prosa und Dramen Dauthendeys sind stofflich durch das Außereuropäische bestimmt. In Erzählungen brachte er den Deutschen die japanische Welt näher (*Die acht Gesichter am Biwasee*, 1911). Als Lyriker stand er zeitweise George nahe. Einige seiner frühen Gedichte erschienen in den *Blättern für die Kunst*. Auf einer seiner Weltreisen vom Ersten Weltkrieg überrascht, starb er 1918 auf Java.

Exotische Vielfarbigkeit ist auch die Absicht der

Schriften Bruno Küfers, der sich Paul Scheerbart nannte (1863–1915), nur spielt seine Exotik ganz in seiner Phantasie. Küfer stammte aus Danzig, sein Vater war dort Zimmermann. Da seine Eltern früh starben, wurde er von einer streng pietistischen Stiefmutter erzogen. Aus dem geordneten Studiengang eines aufstrebenden Kleinbürgers brach er aus, verließ das Studium der Theologie und wurde freier Schriftsteller. Da er sich weigerte, von etwas anderem als dem geringen Einkommen seiner Schriften zu leben, auch weil sein Alkoholkonsum beträchtlich war, kam er nie aus der Armut heraus. In Bohemekreisen waren seine Projekte berühmt, zum Beispiel die Gründung einer Zeitschrift mit dem Titel *Vaterland*, die nie eine wahre Nachricht bringen sollte. Einen kleinbürgerlichen Halt hatte er an seiner älteren Zimmervermieterin, der Postbeamtenwitwe Anna, die er schließlich heiratete, um, wie einer seiner Freunde es ausdrückte, gegen das Phantasiewesen ein Schwergewicht zu haben.

Mit der Titelfigur von Scheerbarts Roman *Tarub, Bagdads berühmte Köchin* (1897) ist natürlich Anna gemeint. Im Mittelpunkt steht der Dichter Safur, der sich zwischen dem Traum eines großen Gedichtes und seiner irdischen Existenz als Genießer nicht entscheiden kann. Allzu irdisch ist das Verhältnis zu der Köchin, von der er grob beschimpft wird, wenn er betrunken heimkehrt, ein zweifellos autobiographischer Zug. Der Schauplatz ist ein phantastisches Bagdad, angereichert durch einige Züge des historischen Orients. Die Gelage, die Betteleien und die Armut des Dichters sind Motive, die aus den Boheme-Erlebnissen stammen, aber darüber hinaus in eine phantastische Welt führen. Eine Menschenopferszene gehört zu der schaurig-grausamen Unterströmung des Jugendstils, die vagen religiösen Ideen sind zeittypisch. Wenn einmal der zwittrige Charakter der ägyptischen Sphinx in halb-komischer Weise erwähnt wird, dann ist das als Anspielung auf das Androgynenmotiv seines Boheme-Freundes Stanislaw Przybyszewski gemeint. Am Ende rennt Safur sich den Kopf an der harten Lehmwand seiner Hütte ein, in der Hoffnung, daß jenseits der Wand das große Gedicht erreichbar sein müsse.

In *Die Seeschlange* (1901) spinnt Scheerbart seine religiöse Thematik aus, indem er einen phantastisch reichen alten Mann sich einen ober- und unterirdischen Tempelbezirk an einsamer Felsenküste bauen läßt, nicht ohne Seitenhieb auf die traditionsverhafteten Künstler, die seine hohen Absichten nur unvollkommen auszuführen verstehen. Diese reichen von symbolischer bis zu gegenstandsloser Kunst. Scheerbarts Beschreibungen dieser Phantasie-Kunst weisen auf expressionistische, kubistische, abstrakte Malerei und Skulptur voraus. Aber der Ästhetizismus herrscht nicht vollkommen, denn Scheerbart kann sich nicht enthalten, Tafelfreuden naturgetreu zu schildern. Am Ende fährt der reiche Gastgeber in einem Motorboot auf die See hinaus, um sich mit der Seeschlange, der Vision der All-Einheit, zu vereinigen, denn der bloß wissenschaftliche oder bloß symbolische Monismus genügt ihm nicht. Sprachlich wird der Roman seinen Intentionen nicht immer gerecht.

Münchhausen und Clarissa (1906) enthält eine Stelle, die ein modernes Kunstprinzip ausspricht. Scheerbart läßt den 180 Jahre alten Baron Münchhausen in der Jugendstilvilla eines reichen Berliner Grafen von einem phantastischen Australien berichten, in dem eine neue und abbildfreie Kunst sich Bahn gebrochen hat:

Die hübsche Ästhetik des Impressionismus ist dem robusten Australier nicht angenehm; er versteht es einfach nicht, wie man hinter die Natur kommen will, indem man sie immerfort anstarrt und ihr immerfort nachgeht. Der australische Maler glaubt, daß er hinter das Wesentliche der Natur viel schneller kommt, wenn er die einzelnen Stücke der Natur voneinander trennt und sie nachher wieder in andrer Art zusammenbringt. Schaffen heißt für den Australier: Neues schaffen! Und Neues schaffen kann er nach seiner Meinung nur, wenn er die vorhandenen Naturbilder zerlegt – und mit den zerlegten Stücken neue – ganz neue – Bilder schafft.

In seinem Literaturprogramm ist Scheerbarts Münchhausen weniger deutlich. Auch hier „wird natürlich an den schweren Pforten der Natur mächtig gerüttelt". Jedoch fällt in diesem Zusammenhang ein Satz, der die Fragwürdigkeit der überwuchernden Phantasie entwaffnend deutlich bezeichnet: „Wer zu viel haben will, bekommt am Ende garnichts – oder ein Ding, mit dem er nichts anzufangen weiß."

Überwuchernde Phantasie ist ein allzu bequemes Mittel, literarisches Neuland zu betreten. Wir müssen aber bedenken, daß die Programme abbildfreier Kunst mit der Nuancenkunst Rilkes in den *Neuen Gedichten* jedenfalls das Bemühen gemeinsam haben, die Welt neu zu sehen, ein Motiv aus den gewohnten Zusammenhängen zu lösen und als neues Kunst-Ding darzustellen. Scheerbarts Naturwesen- und Götter-Phantastik weist andererseits auf das mythische Interesse voraus, das sich in der Dichtung des Jugendstils entwickelt. Wie bei seinem Freund Przybyszewski finden wir bei Scheerbart spiritistische Züge; wir finden sie bei Rilke und Thomas Mann wieder. Der gemeinsame Nenner ist das scheinbar Antibürgerliche. Scheerbarts Vorliebe für Figuren, denen unbeschränkte Mittel für ganz private ästhetische Zwecke zu Gebote stehen, zeigt, wie sehr er in Wahrheit der neureichen Geldgesellschaft Berlins verbunden war, wenn auch nur durch vergebliche Wünsche.

Stanislaw Przybyszewski (1868–1927) stammte aus dem preußischen Polen, der Provinz Posen; er war Sohn eines Lehrers. Auf preußischen Gymnasien erzogen – was für einen polnischen Jungen vom Lande nicht leicht war –, studierte er in großer Armut in Berlin, zuerst Architektur, dann Medizin und Psychologie. Er las deutsche Philosophen, vornehmlich Schopenhauer und Nietzsche. Anschluß fand er an Richard Dehmel, der als Versicherungsangestellter ein festes Gehalt bezog und damals mit seiner Frau in einer kleinen Wohnung in Pankow lebte. Dehmels Lebensstil war eher bürgerlich, er hielt aber enge Freundschaft mit deutschen und skandinavischen Bohemiens. Oft versammelte er den Kreis um Przybyszewski in seinen Räumen. Selbst anfangs der neunziger Jahre noch keineswegs arriviert, war Dehmel in den Kreisen der Boheme hoch geachtet.

Przybyszewski hatte enge Fühlung mit den Skandinaviern in Berlin, Ola Hansson, der eine Zeitlang in Friedrichshagen wohnte, August Strindberg und anderen, die im von Strindberg so getauften Lokal Zum Schwarzen Ferkel in der Wilhelmstraße ihr Stammlokal hatten. Als Redakteur einer polnischen sozialdemokratischen Zeitschrift fand Przybyszewski vorübergehend Anschluß an den Sozialismus. Noch unter dem Sozialistengesetz für kurze Zeit verhaftet, war er für die reaktionäre Berliner Universität als Student unmöglich geworden, und seine Laufbahn als Schriftsteller begann. Er heiratete eine Norwegerin, die sehr schnell zum Anziehungspunkt seines Kreises wurde. Der Berliner Kritiker Julius Bab lieferte in seinem 1904 erschienenen Buch *Die Berliner Boheme* diese Schilderung des Przybyszewski-Kreises:

Kern und Ziel der Zusammenkünfte war in allererster Linie doch der mit schier sakraler Hingebung betriebene Alkoholgenuß zwecks Erreichung des seelenlösenden wirklichkeitsüberflügelnden Rausches. Zuerst freilich bildet das Trinken nur die Begleitung des Gespräches, das sich in wildsprudelnden Paradoxen hin und her bewegt. Mystik und Katholizismus waren des Polen Lieblingsthemen – Goethe, „der Geheimrat", sein speziellster Haß, sein Hauptstoff, wenn es die deutschen Freunde zu reizen galt. – Eigene Produktionen werden, indes die Alkohollaune merklich steigt, vorgetragen – Dehmel mit seinem schweren eindrucksvoll pathetischen Organ ist für alle der gesuchteste Vorleser. Man kritisiert, man streitet, – man wirft wieder blendende Paradoxen umher über eigene und fremde Kunstübung. „Differenziert war Prädikat gut, idiotisch aber Ia" – Und plötzlich sitzt Przybyszewski am Klavier und phantasiert über Chopin – daß das Schweigen der Ergriffenheit sich über alle legt. – Oder Willi Pastor sitzt am Klavier – und Ducha Przybyszewski tanzt mit ihrem Mann einen Cancan – von wilder, verwegener, aufreizender Grazie – einen wahren Salometanz. – Und nun beginnt das Trinken immer mehr seine Alleinherrschaft zu üben – die Reden werden zu verstreuten Worten – zu unartikulierten Lauten – – nicht selten erblickte der Morgen die Zechgenossen eingeschlafen auf der Stätte ihrer Taten. – – –

Nach der Jahrhundertwende verlegte Przybyszewski seine Wirkungsstätte nach Warschau. Er wandelte sich zu einem nationalpolnischen und sehr katholischen Dichter. Seine Frühschriften erschienen jedoch in deutscher Sprache und galten als führend in der Moderne. Er suchte dem freien schöpferischen Außenseiter, dem Individuum, Sinn und Zweck innerhalb einer monistisch-naturwissenschaftlichen Weltanschauung anzuweisen. Die Bezuglosigkeit des intellektuellen Großstadtmenschen einerseits, die tabubefreite Geschlechtsliebe andererseits, die Frage, ob Gewissen und Moral atavistische Reste seien oder Sinn hätten, solche Probleme bildeten das Spannungsfeld in Przybyszewskis einigermaßen wirren Erstlingsschrift *Zur Psychologie des Individuums* mit dem Untertitel „Chopin und Nietzsche" (1891). Sie fiel

Hofmannsthal auf, der Przybyszewski ohne Erfolg an George als Mitarbeiter der *Blätter für die Kunst* empfahl. Ein Jahr später erschien eine Fortsetzung mit dem Untertitel „Ola Hansson“.

Das „Individuum“ faßt Przybyszewski im „sozialen Sinne“, als Außenseiter, für das es in der modernen Gesellschaft keinen Platz gebe, „in einer Zeit, wo die Herdeninstinkte sich zu einem mächtigen Gefühle der Zusammengehörigkeit kondensiert haben, wo die Rechte eines jeden Menschen genau abgegrenzt sind ...“ Das moderne Individuum wird als „artfördernd“ angesehen, obwohl es, seiner verfeinerten Nerven wegen, nicht recht lebensfähig ist. Chopin dient als hervorragendes Beispiel der Nervenkunst. Zwei Jahre später, in der Vorrede zu *Totenmesse*, wird Przybyszewski deutlicher. Der Leser solle nicht vor dem dargestellten Fall von Neurasthenie erschrecken, denn diese „scheint vielmehr die neueste und absolut notwendige Evolutionsphase zu sein, in der das Gehirn leistungsfähiger und vermöge der weit größeren Empfindlichkeit viel ausgiebiger wird“. Demgegenüber sei es „nicht schlimm“, wenn „die Neurose vorläufig noch tief den Organismus schädigt“. Wir haben hier zehn Jahre vor dem Erscheinen der *Buddenbrooks* die diesem Roman zugrunde liegende Theorie vor uns: das biologisch verstandene Entwicklungsgesetz der Verfeinerung der Nerven wird mit Schwächung der Vitalität erkauft, führt aber zur geistigen Entwicklung. Dieser Aberglaube gehörte zu den Vorurteilen der Zeit, er findet sich auch in Frankreich bei Huysmans und Bourget. Verfeinerung der Sensibilität, mit oder ohne Biologismus, ist auch der Glaube, auf dem der Impressionismus und die Kunst der Nuance beruhen.

Ein Jahr nach dem Erscheinen der *Familie Selicke* und trotz persönlicher Bekanntschaft mit beiden

Autoren Holz und Schlaf sowie nahezu allen anderen Schriftstellern des Berliner Naturalismus nennt Przybyszewski diesen „öde“, „dürftig“ und „geistesarm“. Er beruft sich auf den Nietzsche des *Zarathustra* als Sprachkünstler, der „Stimmungen als Symbole der Dinge“ schaffen könne, und auf die Modernität seiner eigenen „physiologischen“ Erklärung der Moral.

Przybyszewski fordert, daß das Sexuelle als Problem der Kunst zugänglich werde, es liege im Wesen der modernen Kunst, die Tabus des Sexuellen zu beseitigen. In der zweiten, Hansson gewidmeten Schrift betont Przybyszewski das Symbol als Kunstmittel und gerät durch Reflexionen über die Liebe auf mythische Wege in der Beschwörung der Androgyne, die ihm auf ästhetischem Wege Befreiung vom Zwang der Sexualität verschaffen soll. Während er den Naturalismus verwirft, will er den physiologischen Materialismus ins Dionysische und zugleich Symbolische erhöhen, wie das ja auch Rilkes Ziel werden sollte.

In *Totenmesse* (1893), Richard Dehmel gewidmet, und *Vigilien* (ebenfalls 1893) werden Bewußtseinsströme je eines an der Sexualität leidenden Sprechers vorgeführt, wobei eine fiktive Handlung nur ganz schwach angedeutet wird. Die Sexualität soll – wie später bei Rilke – verwandelt werden, wozu wieder das Androgyne-Symbol dient. Der Verzicht auf eine fiktive Handlung galt damals – wie heute – als avantgardistisch. Przybyszewski wollte den Leser direkt an dem Bewußtsein eines modernen neurotischen Menschen teilnehmen lassen. Er verlangte vom Leser, daß er den „Fall“ dieses Bewußtseins distanziert betrachte, ohne natürlich hindern zu wollen, daß die direkte Ansprache überredend wirkte, den Leser mit Sympathie oder Abscheu erfüllte. In dieser Technik der Bewußtseinsdarstellung fließt das impressionistische Prosagedicht zusammen mit der Absicht eines radikalen Naturalismus, der auf die Krücken der vorgestellten fiktiven Welt verzichten will. Rilkes *Aufzeichnungen des Malte Laurids Brigge* (1910), obwohl sie durch die Tradition des fiktiven Tagebuchs und durch deutlichere Einzelheiten dem Leser mehr entgegenkommen, folgen der gleichen Richtung, die Musil schon vorher (*Die Verwirrungen des Zöglings Törleß*, 1906) eingeschlagen hatte. Schnitzlers *Leutnant Gustl* (1901) macht es dem Leser leichter, sich von dem dargestellten Bewußtsein zu distanzieren, gehört aber technisch zur gleichen impressionistischen Tradition, deren deutsche Beispiele nicht von Virginia Woolf und James Joyce abgeleitet werden dürfen (beide 1882 geboren), die mit ihren maßgebenden Werken auch erst später, nach 1910, hervortraten.

Die folgenden Werke Przybyszewskis machen dem Leser romanhafte Zugeständnisse. Das Thema des Außenseiter-Individuums bleibt konstant. Ein dreiteiliger Roman *Homo Sapiens* (*Über Bord*, 1896; *Unterwegs*, 1895; *Im Malstrom*, 1896) hat als Hauptfigur einen Bohemien, der nacheinander Experimentalpsychologe, Schriftsteller und anarcho-sozialistischer Parteipolitiker ist. Man erkennt die zum Teil nur halb ausgefüllten Existenzen des Autors. Die Abenteuer des Geschlechts, denen auch dieser Held unterliegt, schaffen keine dauernden Verbindungen. Eine andere Figur, ein Anarchist, huldigt dem Glauben an ein selbstloses Opfer, das nicht des Zweckes, sondern der Begeisterung wegen gebracht wird, also nicht aus sozialem, sondern aus einem ästhetischen Motiv. Uferlose Reflexionen bestimmen, wie in den vorangegangenen kürzeren Werken, den Charakter der Romantrilogie.

Der blasse modernistische Monismus scheint Przybyszewski nicht genügt zu haben. Angeregt durch Huysmans' *Là-bas* (1891), verfaßte der aus katholischer Umwelt stammende Pole *Die Synagoge des Satan*

(1897), eine Beschreibung des Satanskultes. In der Nachfolge Dostojewskis unternahm er es in *Satans Kinder* (1897), das Bewußtsein eines Nihilisten vorzuführen, der einer internationalen revolutionären Geheimorganisation nur deshalb angehört, weil sie seiner Zerstörungslust Vorwände liefert. Der psychologische Grund dieses Seelenzustandes ist einigermaßen romantisch: enttäuschte Liebe. Aber es gibt noch einen anderen, nämlich den ästhetischen. Eine an sich unsympathische Nebenfigur darf ihn einmal bezeichnen: „Du denkst im Großen. Du baust Phantastereien." An Handlung bietet Przybyszewski diesmal viel: Brandstiftung, Raub, Mord und Selbstmord. Eine Dramentetralogie *Totentanz der Liebe* (1897–1902) schrieb Przybyszewski deutsch und polnisch. Der 1. Teil wurde 1897 von der „Freien Bühne" in Berlin uraufgeführt. Der Titel erinnert an den etwa gleichzeitig entstandenen *Reigen* von Schnitzler. Bei Przybyszewski jedoch führen Schuld und böse Vorahnungen zu Selbstmorden, während die Lebensskepsis, die Schnitzler vermittelt, subtilere Mittel verwendet.

Przybyszewski waren Vitalismus, Nihilismus, Ästhetizismus und einige sozialistische Utopien als Grundzüge des Modernen überliefert worden. Dieses Moderne, so fühlt er, läßt sich nicht als geordnet angeschaute Ganzheit darstellen. Er wollte es in einer hastigen, nirgends ausruhenden Sprache vermitteln. Diese Sprache kann man stellenweise impressionistisch nennen, aber sie will über das Passive und Zuständliche des impressionistischen Stils hinaus ins Visionäre vordringen.

Wir sind über Przybyszewskis Rolle in der Berliner Boheme aus seinen eigenen Memoiren unterrichtet, die zwar nicht ganz zuverlässig sind, aber an vielen Stellen sehr anschaulich und oft glaubhaft. Da schreibt Peter Hille „Notizen auf seine vom Bleistift schon ganz schwarzen Manschetten", Johannes Schlaf deklamiert sein Gedicht über die französischen Kommunarden von 1871, und Paul Scheerbart wirft sich trunken auf den Boden, schlägt die Erde mit Fäusten unter dem Ruf: „Weltgeist, wo bist du?" Besonderes Lob spendet Przybyszewski Dehmels Hilfsbereitschaft, er berichtet von Liliencrons ständiger Flucht vor seinen Gläubigern, von angeblichen Intrigen Gerhart Hauptmanns gegen die Aufführung von Schlafs *Meister Oelze*, von seinem (Przybyszewskis) Abenteuer, August Strindberg, diesem „Genie des Hasses", helfen zu wollen, obwohl dessen Gehirn sich ständig „krankhaft veränderte", von der Weinstube Zum Schwarzen Ferkel, in der die skandinavische Boheme ihre Stipendien verzehrte, während die deutsche sich nur zu Hause „ein paar Flaschen Bier, eine Flasche Nordhäuser" leisten konnte. Seine eigene Anfälligkeit für spiritistische und magische Kulte wird deutlich, ein Phänomen, das in der Epoche allgemein verbreitet war. Trotz seines literarischen Ansehens betrachtet Przybyszewski sich als fremder Außenseiter auch innerhalb der deutschen Boheme.

Przybyszewski war so originell, daß wir Spiegelungen seiner Figur in fiktiven Darstellungen der Berliner Boheme finden. In Arno Holz' satirischer Komödie über Friedrichshagen, *Sozialaristokraten* (1896), ist er als Redakteur von Styczinski porträtiert, der einen Artikel über „Chopin als Urbild des Zentrifugalen" ankündigt. Der Aufsatz verspricht nach der Inhaltsangabe seines Verfassers ein wortreicher Blödsinn zu werden, wird aber trotz Empfangs von Vorschuß niemals geschrieben. In Wilhelm von Polenz' Roman *Wurzellocker* (1902) ist Przybyszewski als Baron Chubsky leicht verfremdet, jedoch an seinen Ansichten zu erkennen:

Schwingungen sind es der Nerven, Ekstase der Sinne, Hybris, Delirium, Orgiasmus! ... Orgiastische Verzückung ist unser Kult, Wollust der Askese. Wieder einmal bricht das Okkulte mächtig hervor, welches der fade Rationalismus aus dem Christentum vertrieben hat ... Kunst, Religion, Gefühle, alles fließt zusammen wie ein leuchtender Strom in dem großen, heiligenden Bade des Genießens.

Sehr wählerisch in seinen Genüssen, überläßt er deren Bezahlung dem Romanhelden, um dessen Geldknappheit der Leser ohnehin schon besorgt ist.

Eine Darstellung der Berliner Boheme ist End- und Zielpunkt des Romans *Stilpe* (1897) von Otto Julius Bierbaum. Bierbaum war als Herausgeber des *Modernen Musenalmanachs*, als Redakteur der Zeitschrift *Die freie Bühne*, dann des kurzlebigen, aber dennoch wirksamen, ja berühmten Organs des Jugendstils *Pan*, später (1899) der Zeitschrift *Die Insel*, endlich auch als Dichter in vielen Stilen einer der führenden Anreger der Zeit. Deshalb ist sein Roman als ironisch-satirisches Zeitbild lehrreich, wenn auch schwach als künstlerische Leistung. Er ist nicht nur als Bild der Boheme gemeint, sondern auch als Kritik am Erziehungssystem im Untertanengeist. Der Leser soll Stilpes Lebensschicksal kritisch lesen, aber Bierbaum läßt auf weite Strecken auch gutmütige Sympathie zu, erlaubt dem Leser also, sich zu Stilpes Geschichte wie zu einem traditionellen Bildungsroman zu verhalten. So entsteht ein Zweifel an der deutschen Bildung der Zeit überhaupt, andererseits wird die Kritik abgeschwächt durch die humorvollen Züge, die leider nicht selten ins Alberne abgleiten.

Stilpe ist durchaus kein sozialrevolutionärer Held. Er wird zwar durch das Erziehungssystem verdorben, sein künstlerischer Anspruch ist aber so gut wie ganz unberechtigt. Der Leser soll Stilpes Bestreben, Henry Murgers *Vie de bohème* mit bürgerlichen Schulkameraden und Studienkollegen nachzuleben, ebenso belächeln wie die begleitende literarische Theorie, die der kritischen Mode der Zeit nachgebildet ist. Stilpes Bohemismus entsteht erst nach anfänglicher Begeisterung für den Naturalismus. Eine Zeitlang betätigt er sich als Journalist und, keiner Wahrheit und Moral verpflichtet, benützt er seine Macht als Kritiker grotesk-skrupellos. Gerade deshalb wird er wieder in die bürgerliche Gesellschaft eingegliedert. Endlich gerät er in einen Kreis reiner Bohemiens: „der Bärenführer“ ist ein Porträt Scheerbarts, in dem „Peripathetiker“ erkennt man ohne Schwierigkeiten Peter Hille. Der dritte heißt „Kasimir der Fugenorgler“:

> Es war ein gar wilder Pole voll von Dämonie und allen Künsten der Blague ... Sein Dichten war eine Art verzückter Drehkrankheit, und man wußte nicht, ob er sich drehte, um zu dichten, oder ob er dichtete, um sich zu drehen. Doch konnte sich keiner der Macht dieser grandios wirren Eintönigkeit entziehen. Es war schöpferische Besessenheit, die indessen mehr Beängstigung als künstlerischen Genuß hervorrief.

Gemeint ist Stanislaw Przybyszewski. Der vierte schließlich ist weniger eindeutig bestimmbar, er wird „Zungenschnalzer“ genannt, ein liebenswürdiger und feinsinniger Ästhet, der der Menschheit das Recht bestreitet, „in erotischen Dingen irgend etwas pervers zu nennen“, und deshalb alle erotischen Dinge mit Eifer studiert, wenn ihm auch praktische Erfolge seltener gelingen. Der spätere Kunstkritiker Julius Meier-Graefe soll hinter dieser Figur stehen, jedoch könnten auch Dehmel und Przybyszewski einige Züge geliefert haben, wenn man nicht überhaupt diese Figur als synthetisch, das erotische Interesse der Boheme verkörpernd, auffassen will.

Dieser Kreis plant ein Kabarett, ein Tingel-Tangel, das Kunst an den Bürger bringen will, wobei die befreite Sinnlichkeit anreizend wirken soll. Der kunstmissionarische Eifer:

> Wir werden eine neue Kultur herbeitanzen! Wir werden den Übermenschen auf dem Brettl gebären!

steht in komischem Kontrast zu banaler Geschäftigkeit:

> Wir wollen die Berliner ästhetisch machen. Es gibt hier immer noch Menschen, die Bücher lesen. Das muß aufhören. In den Spitzenunterhöschen meiner kleinen Mädchen steckt mehr Lyrik als in euren sämtlichen Werken, und wenn die Zeit erst so weit ist, daß ich ohne Unterhöschen tanzen lassen kann, dann werdet sogar ihr begreifen, daß es überflüssig ist, andere Verse zu machen, als solche, die bei mir gesungen werden.

Wie man sieht, ist die Prophezeiung vom Ende der Buchkultur nicht so ganz neu. Sie bringt Stilpe und seine Boheme-Freunde auseinander, weil diese an ihren künstlerischen Ambitionen festhalten wollen. Das Kabarett erleidet einen Mißerfolg. Bierbaum läßt Stilpe grotesk enden: er erhängt sich in der Rolle des gescheiterten Künstlers auf der offenen Bühne eines drittklassigen Varietés.

Trotz seiner vielen sprachlichen Schwächen ist der Roman deshalb als Zeitbild wichtig, weil er die Abhängigkeit des ganzen Bohemewesens vom Bürgertum so gut und humorvoll herausstellt. Stilpes Ende erfährt der Leser aus der Perspektive eines Bürgers, eines ehemaligen Freundes von Stilpe, der inzwischen als Staatsanwalt treu dem System dient. Stilpe selbst ist ja ein verirrter Bürger, der im Grunde seiner Seele immer zurück möchte ins Bürgertum, wenn er diese Rückkehr nur ohne allzu viel Anstrengung haben könnte. Sein Selbstmord bringt ihn auf groteske Weise von der Bühne direkt zur Wirklichkeit. Den Gedanken des Selbstmordes der Kunst, um die künstlerische

Distanz loszuwerden, hat es schon vor dem ‚Happening' und vor der ‚Pop-art' gegeben.

Ernst von Wolzogen ließ 1892 eine Komödie erscheinen, *Das Lumpengesindel*, in der er eine Frau im Konflikt zwischen ihrer kleinbürgerlichen Herkunft, der alten und neuen (individualisierten) Moral und der Bohemewelt zeigt. Sie ist mit einem Schriftsteller verheiratet, der mit seinem Bruder zusammenlebt. Gemeint waren die Brüder Hart. Wolzogen führt die Handlung bis nahe an den Selbstmord der sich überflüssig fühlenden Frau, ein Motiv, das in Wedekinds *Marquis von Keith* (1900) ausgeführt wird. Die folgende Wandlung ist kaum überzeugend. Dennoch ist der Konflikt in der Komödie typisch: der Theoretiker der neuen Zeit wird traurig altmodisch, sobald seine eigene Intimsphäre betroffen wird.

Otto Ernsts (d.i. Otto Ernst Schmidt) Komödie *Jugend von heute* (1906) konfrontiert zwei Typen der Berliner Boheme mit einer soliden Kleinbürgerfamilie. Ein Kunstwerk ist das nicht, die Maschinerie der Komödie klappert allzu deutlich. Dennoch ist die Satire gegen die „modernen Menschen", gegen die Absurditäten eines radikalen Individualismus beachtlich. Besonders gelungen ist eine Parodie von Gedichten Dehmels im Stile der *Zwei Menschen*, in der das Private sprunghaft ins Kosmisch-Religiöse aufgebläht wird. Hier ist schon parodiert, was später Expressionismus werden sollte:

Heute drücken mich meine Stiefel.
Der Schmerz bohrt sich
Wie ein Korkziehr

[nachdem der vorlesende Dichter sich über seine individuelle Orthographie verbreitet hat, fährt er fort:]

In meine Zehe.
Warum muß ich gerade heute immer an jenes Weib denken,

Das mich so polypenfingrig umklammert hielt
Diese Nacht?
O Liebe! Liebe!!
Du bist das Unklare –
Darum bin ich Gott!
Ja – Gott bin ich!
In meiner Linken dampft der blaue Mond,
In meiner Rechten brüllt die Sonne –
Meines Donners Wolken langen
Schwer herab auf meine Welt!

Das Kleinbürgertum erweist sich bei Ernst als zwar beschränkt, aber sittlich überlegen.

Die Münchener Boheme war mehr durch die malerischen Traditionen der bayrischen Hauptstadt bestimmt. Schwabing bedeutete Glanz und Elend der Boheme, eine gegenbürgerliche Moral, deren Maßstab die Intensität des künstlerischen Schaffens war, und ästhetisch-religiöse Strömungen jeder Art. In fiktiver Übertreibung stellt Thomas Manns Erzählung *Gladius Dei* die Dinge so dar:

Junge Künstler, runde Hütchen auf den Hinterköpfen, mit lockeren Krawatten und ohne Stock, unbesorgte Gesellen, die ihren Mietzins mit Farbenskizzen bezahlen, gehen spazieren, um diesen hellblauen Vormittag auf ihre Stimmung wirken zu lassen, und sehen den kleinen Mädchen nach, diesem hübschen, untersetzten Typus mit den brünetten Haarbandeaus, den etwas zu großen Füßen und den unbedenklichen Sitten ... Jedes fünfte Haus läßt Atelierfensterscheiben in der Sonne blinken. Manchmal tritt ein Kunstbau aus der Reihe der bürgerlichen hervor, das Werk eines phantasievollen jungen Architekten, breit und flachbogig, mit bizarrer Ornamentik, voll Witz und Stil. Und plötzlich ist irgendwo die Tür an einer allzu langweiligen Fassade von einer kecken Improvisation umrahmt, von fließenden Linien und sonnigen Farben, Bacchanten, Nixen, rosigen Nacktheiten ...

...

Die Kunst blüht, die Kunst ist an der Herrschaft, die

Schwabing um 1900
Photographie aus dem Besitz von Ludwig Klages

Kunst streckt ihr rosenumwundenes Zepter über die Stadt hin und lächelt. Eine allseitige respektvolle Anteilnahme an ihrem Gedeihen, eine allseitige, fleißige und hingebungsvolle Übung und Propaganda in ihrem Dienste, ein treuherziger Kultus der Linie, des Schmuckes, der Form, der Sinne, der Schönheit obwaltet ... München leuchtete.

„München" ist hier in Wahrheit Schwabing. Das wirkliche München war eine alte Bürgerstadt, die ihre enge Verbindung mit dem oberbayrischen Lande noch nicht aufgegeben hatte. Ihre Industrialisierung vollzog sich weniger auffällig als anderswo, aber doch unaufhaltsam. Die sozialen Spannungen der Zeit nach 1918 entstanden nicht über Nacht.

Das Schwabing der Maler und Malerinnen, der ungedruckten Schriftsteller und Studenten, der Privatdozenten und kunstbeflissenen Privatiers, mit seinem baltischen und slawischen Element ist oft geschildert worden. In Franziska Reventlows autobiographischem Roman *Ellen Olestjerne* findet sich die folgende Atelierszene:

... weil nicht genug Platz war, zogen sie Polster und Kissen aus dem Bett und legten sich damit auf den Boden. Die Luft füllte sich mit Zigarettenrauch, und es war ein solcher Lärm, daß man sich kaum verstehen konnte. Baldern und die Russin hatten sich auf dem Bett niedergelassen, er spielte Gitarre, und sie sang ein Lied nach dem anderen. Der Maxl, der einzige, der immer nüchtern blieb, saß auf einem Stuhl, die Beine weit von sich gestreckt, und sprach über Rembrandt, Ellen neben Walkoff an der Erde und hörte zu. Sie hatte den Kopf an ihn gelegt, seine Hand glitt über ihre Haare und ihren Hals – zwischendurch sahen sie sich an und tranken aus demselben Glas.

Dem lockeren Leben steht die Kunstforderung gegenüber:

Und arbeiten, Ellen, arbeiten! Den ganzen Tag davor hinsitzen ist noch kein Arbeiten. Lieber gar nichts tun,

Franziska Gräfin zu Reventlow

wenn du nicht fühlst, daß alles in dir zittert. Immer muß man daran denken, sich darauf stimmen wie zur Andacht.

Das ist 1901 geschrieben, bevor Rilke an den Beispielen Rodins und Cezannes das gleiche demonstrierte.

Die Schwierigkeit der Boheme-Existenz ist, den Anspruch der Kunst mit der Suche nach einem neuen, individuellen, unbürgerlichen und ganz eigenen Leben zu vereinigen. Denn die Forderung strenger Arbeit ist bürgerlich, was in dem eben zitierten Text (und bei Rilke) durch quasi-religiöse Metaphorik verdeckt wird. Auch muß sich ja das Geschriebene an ein Publikum richten und dessen Sprache sprechen. Dieses Problem war der Antrieb für Thomas Mann, *Tonio Kröger* zu schreiben, der nicht zufällig vor einem Schwabinger Hintergrund sich abspielt.

Eigentliche Kunstleistung kommt innerhalb der Schwabinger Boheme kaum zustande, allenfalls an ihrem Rande. In der Boheme gären die modernen Ideen, vor allem die erotische Befreiung. Schwabing, fern ebenso von protestantischem Puritanismus wie von berlinisch-nüchternem Zynismus, praktizierte die Emanzipationsideen, wobei die einheimischen Faschingsbräuche mithalfen.

In Franziska zu Reventlow stritt das (im Grunde bürgerliche) Bedürfnis nach geborgener Liebe mit dem einer hetärischen, allumfassenden Erotik. Sie löste den Konflikt für sich, indem sie, als sie schwanger wurde, ihr Kind ganz für sich beanspruchte, den Vater davon ausschloß und ihre uneheliche Mutterschaft als ihre Lebenserfüllung betrachtete. Sie gründete sich also ihre eigene Nest-Bürgerlichkeit, die in der wirklichen bürgerlichen Welt schockierend wirkte. Ihrem autobiographischen Roman *Ellen Olestjerne* gab sie die gleiche Lösung, wobei sie streckenweise ihr eigenes Tagebuch zugrunde legte.

Ernst von Wolzogens Roman *Das dritte Geschlecht* (1899), in einer Reihe von billigen Unterhaltungsromanen in großer Auflage erschienen, will die Schwabinger Frauenemanzipationsbestrebungen in einer den Bürgern annehmbaren Form popularisieren. Als Vorbild einer seiner Figuren diente die Gräfin Reventlow, deren uneheliches Kind beweisen soll, daß auch die moderne, freie, berufstätige Frau weiblich bleiben kann, also kein „drittes Geschlecht" darstellt. Es ist sehr bezeichnend für diesen Zug zurück ins Bürgerliche, daß Wolzogen seine Romanfigur am Ende einen erfolgreichen Modesalon besitzen läßt, welches Glück die wirkliche Gräfin Reventlow nie erreichte. Geschildert werden bürgerliche Randerscheinungen der Münchener Boheme: ein Privatdozent, der im Grunde ein Philister ist, wenn er auch zeitweise in wilder Ehe lebt, eine Frau, die ihr Bankgeschäft energisch führt, sich aber insgeheim nach Ehe und Kind sehnt, ein wohlhabender Literat und Schönredner, der sich den Individualismus als Weltanschauung leisten kann. Der Roman demonstriert, daß trotz aller pathetischen Unbürgerlichkeit die Boheme in die Bürgerwelt hineinwirkte. Als Kunstwerk kommt er trotz einiger gelungenen humorvollen Stellen noch weniger in Frage als Wolzogens Komödie über die Berliner Boheme *Das Lumpengesindel.*

Ein Bild der Schwabinger Boheme von konservativ bürgerlichem Standpunkt aus bietet Oscar A. H. Schmitz' Roman *Wenn wir Frauen erwachen: Ein Sittenroman aus dem neuen Deutschland* (1913), der seit der 7. Auflage (1918) den Titel *Bürgerliche Bohême: Ein Sittenroman aus dem Deutschland vor dem Weltkriege* trägt. Die Entwicklung eines großbürgerlichen Geschwisterpaares unter dem Einfluß von modernen weltanschaulichen, sozialen und künstlerischen Theorien wird sehr weitschweifig dargestellt. Der

Roman leidet an seiner unsicheren Perspektive. Schmitz behauptet in seiner Autobiographie *Ergo Sum* (1927), er habe ursprünglich Schwabing kühl als Ereignis darstellen wollen und unter der Hand sei er ins Satirische geraten. Die Mischung ist mißlungen, denn zur Satire fehlt dem Erzähler offensichtlich die Distanz. Er selbst suchte sich vor der Boheme in eine konservative Bürgerlichkeit zu retten. Dabei laufen antisemitische und irrationale Klischees unter (Schmitz hatte selbst einen jüdischen Elternteil). In der negativen Heldin wollte Schmitz offenbar Franziska zu Reventlow treffen. Als Milieudarstellung behält der Roman eine gewisse Bedeutung. So fragwürdig Schmitz' Position einer romantischen, geschichtsträchtigen Natürlichkeit auch ist, recht hat er, die ökonomische Abhängigkeit der Boheme von dem verachteten Bürgertum zu betonen.

Ein Schwabinger, dem Schmitz vergleichsweise Achtung zollt, ist der Privatgelehrte Oesterot, hinter dem Karl Wolfskehl steht. Dessen dionysische, kosmische Phase spielt in den Roman hinein. Die Zeit von etwa 1893 bis 1904 ist der eigentliche Höhepunkt Schwabings. Es ist die Zeit der „Kosmiker", Ludwig Klages, Alfred Schuler und Karl Wolfskehl. 1893 traten diese drei in Beziehung zu Stefan George und untereinander. Besonders eng waren die Kontakte seit 1898, als sich Wolfskehl nach seiner Heirat in München dauernd niederließ.

Karl Wolfskehl (1869–1948) stammte aus einer jüdischen Familie, die seit dem 17. Jahrhundert urkundlich in der Gegend von Darmstadt nachweisbar ist. Nach der Familiensage soll sie von einem durch Karl den Großen von Lucca nach Mainz verpflanzten Geschlecht herkommen, dessen Spuren freilich nur bis zur Ermordung der Mainzer Juden im Ersten Kreuzzug (1096) zu verfolgen sind. Wolfskehl

Karl Wolfskehl

glaubte jedoch fest daran, daß seine Familie seit über tausend Jahren in Deutschland lebte, und fühlte sich als alteingesessener deutscher Jude. Er studierte Germanistik und wurde unter Otto Behaghel mit einer Arbeit über *Germanische Werbungssagen* promoviert. Noch als Student hatte er zwei ihn bestimmende Erlebnisse: George und Bachofen. Er las die ersten Hefte der *Blätter für die Kunst* und schrieb an George über seine Begeisterung für die neue Lyrik. Er begegnete dem Dichter 1893 in München. Wolfskehls eigene Lyrik und Prosa wurden in den *Blättern* gedruckt. Seine Dichtung paßte sich an den Ton Georges an, spiegelt aber auch sein lebhaftes Interesse für antike Göttermythen. Wolfskehl wurde eines der treuesten Mitglieder des Kreises. Er ließ sich zeitweise von George vorschreiben, wer in seinem Hause verkehren durfte. Seine germanistischen Kenntnisse wendete er auf Übertragungen aus dem Alt- und Mittelhochdeutschen an. Mit George gemeinsam stellte er Auswahlbände deutscher Dichtung zusammen, denen der Kreis kanonischen Wert beimaß.

Seine frühe Begeisterung für die Schriften des Basler Mythenforschers Johann Jakob Bachofen teilte Wolfskehl Alfred Schuler und Ludwig Klages mit. Beide waren eigentlich Antisemiten und daher nur widerwillig bereit, sich von ihm belehren zu lassen. Aber sie ließen sich mitreißen. Den dreien war gemeinsam, daß sie neue Wahrheiten in den Überresten alter Kultformen suchten.

In der Inflation verlor Wolfskehl sein Vermögen und mußte sich darum durch Schreiben ernähren. 1933 emigrierte er zunächst in die Schweiz und nach Italien, 1938 nach Neuseeland, weiter Prosa und Verse in deutscher Sprache schreibend. Er starb erblindet und in seiner Heimat nahezu vergessen.

Alfred Schuler (1865–1923) stammte aus der

Rheinpfalz. Er war der Sohn eines Oberlandesgerichtsrats, der starb, als sein Sohn im Begriff war, die Universität zu beziehen. Seine Mutter siedelte mit ihm nach München um, wo beide von einer kleinen Pension lebten, denn Schuler brachte es nie zu einem Abschluß seiner Studien. Er studierte Jura, Geschichte und Archäologie und versuchte mehrere Monate lang, eine Dissertation zu schreiben, mochte sie dann aber keinem der Professoren anbieten, die er für unwissend hielt, weil sie seiner eigenen inneren Erleuchtung nicht teilhaftig waren. Der Gegenstand seiner Dissertation war das Swastika, wie er das Hakenkreuz nannte, für ihn ein Symbol einer mythischen Lebenseinheit, die er in Zeugnissen alter Völker fand.

Schon vor seinen archäologischen Studien waren ihm die heimischen Reste des Trierer Kaiserreiches zur Quelle seiner Imaginationen geworden. Er besaß die Fähigkeit, seine Visionen in Vorträgen auf die Zuhörer zu übertragen. Dabei ging er zumeist von einem Relikt aus, einer Münze oder einer Vasenscherbe, und entwickelte seine Überzeugung, daß ausgerechnet in der römischen Kaiserzeit, die mit dem alexandrinischen Hellenismus allgemein für eine Zeit der Dekadenz gehalten wurde, eine Erneuerung uralter Lebensquellen stattgefunden habe. Solch eine Erneuerung nannte er „Blutleuchte", was eines seiner Lieblingswörter war. Aller Aufklärung abhold, bestand er darauf, daß des Menschen Kontinuität nicht in der aufgezeichneten Geschichte, sondern in seinem Blut enthalten sei, aus dem von Zeit zu Zeit die alten Lebensquellen aufleuchten. An die aus dem Altertum geschöpften Überbleibsel der „Vollnatur" des Menschen wollte er die „keimende Jungwelt" aus dem dionysischen Geiste Nietzsches anschließen.

Nach Schwabing gehörte Schuler, weil er keine bürgerliche Laufbahn beschritten hatte. Seine geringen

Einkünfte wurden durch Spenden ergänzt, die man nach seinen enthusiastischen Vorträgen diskret auf einen Teller legte. Seine Loslösung aus der bürgerlichen Arbeitswelt führte seinen unruhigen Geist auf ausgefallene Ideen. Er plante, den an seiner progressiven Paralyse dahindämmernden Nietzsche durch korybantische Tänze zu heilen, und verlangte kupferne Geräte und besondere Kostüme zu diesem Zweck, die seine bürgerlichen Bewunderer ihm aber nicht finanzierten. Er glaubte, die Welt ändern zu können, wenn er die österreichische Kaiserin Elisabeth, eine bayrische Prinzessin, unter seinen Einfluß brächte. Er lauerte ihr auf einem Spaziergang in den Dolomiten auf, aber die erschreckte alte Dame ließ ihm sagen, er solle sich entfernen. Als er einen zweiten Annäherungsversuch plante, um ihr purpurfarbige Papptafeln zu überreichen, auf die er mit Goldschrift seine Lehre in „kosmogonischen Fragmenten" geschrieben hatte, erreichte ihn die Nachricht von Elisabeths Ermordung durch einen italienischen Anarchisten (1898). Als Ersatz wollte er George unter seinen Einfluß zwingen. Bei einem bescheidenen, aber römisch aufgemachten Gastmahl in seiner Wohnung las er mit beschwörender Stimme aus seinen Fragmenten, was George aufs höchste verwirrt haben soll. Der „Meister" vergaß all seine Hoheit und verlangte, mit Klages ein Glas Bier unter schlichten Bürgern zu trinken: „Das ist Wahnsinn. Ich ertrage es nicht."

All dies klingt lächerlich verschroben, aber die Zeugnisse von Schulers großem Einfluß auf seine Schwabinger Umwelt muß man ernst nehmen. Die Kosmiker, und besonders Schuler, eröffneten dem Georgekreis eine neue Perspektive, lösten ihn aus der ästhetischen Abschließung und drängten ihn in die Richtung der prophetischen Kulturerneuerung. Dies war eine Jugendstiltendenz überhaupt, die in Schuler eine bemerkenswerte Ausprägung fand. Schuler war nicht nur ein verhinderter Gelehrter, sondern auch ein verhinderter Künstler. Er plante große Romanzyklen aus der Römerzeit, z. B. über Nero, der zu Unrecht verteufelt worden sei. Es entstanden nur Fragmente, in denen er in Farben und geheimnisvollen Stimmungen schwelgte.

Während des Ersten Weltkrieges und danach hielt er im Hause der Verlegersgattin Elsa Bruckmann Vorträge, von denen übrigens Rilke Anregungen für die *Achte Elegie* empfing. Diese Vorträge sind in einer von Klages bearbeiteten Form überliefert. Schuler beschwört das Rom seiner Visionen, indem er Details der klassischen Altertumskunde in seinem Sinne umdeutet. Gastmähler werden zu Totenfeiern, ein „Seelenstein“ wird als „quintessentielles Symbol“ vorgeführt. Sein Ideal ist asexuelle Lebensliebe, die er Floreszenz nennt und in Knaben- und Mädchengemeinschaften findet. Darin verraten sich nicht nur homoerotische Neigungen, sondern eine Tendenz des Jugendstils, die neben dem Interesse für Erotik besteht, der geheime Wunsch, Epheben und Mädchen möglichst lange im Zustand vor der Reife festzuhalten, von jeder Verantwortung freizustellen.

Den Cäsarismus liebte Schuler geradezu schwärmerisch, während die Adelsherrschaft der Römischen Republik wegen ihrer entschiedenen Willensäußerungen, die Stoa, die Institution der Ehe mit ihrer Betonung der Geschlechtsunterschiede und sogar Horaz seiner Verdammung verfielen, außerdem selbstverständlich die Französische Revolution. Der Cäsar ist für ihn „der lebendige Punkt gegenüber dem lebendigen All“. Die Wirkung seiner Herrschaft auf die Gesellschaft sei „enorm. Denn nach Lösung und Anspannung aller Willenskräfte, die das bisher trennende Schrankenwerk geschaffen, bietet sie nun mehr oder minder das

Bild eines Faschings, in welchem die Insignien und Gewänder des Handwerks nur der Buntheit des Lebens dienen". Man kann kaum umhin, an 1933 bei diesen Worten zu denken, und es verdient erwähnt zu werden, daß nicht nur Schuler, sondern auch Adolf Hitler zu den Schützlingen der Elsa Bruckmann gehörte. Schuler entzog seine Funde und Erleuchtungen der wissenschaftlichen Diskussion, indem er sie nicht drucken ließ. Er bestand auf ihrer visionären Richtigkeit. Er war ein moderner Gnostiker, der in seiner Wahrheit lebte, von der er glaubte, daß sie Uneingeweihten nicht zuteil wird.

Ludwig Klages (1872–1956) stammte aus Hannover. Nach München war er als Student gekommen. Zufällig lebte er 1893 in der gleichen Pension wie George, und die beiden fanden sich, als sie sich gegenseitig Gedichte mitteilten. Klages studierte eigentlich Chemie, hatte aber stärkere Interessen auf dem Gebiete der Psychologie. Schon damals war er Graphologe. Er brachte George mit Schuler zusammen. Denn auch Klages war an den vitalen Geheimnissen alter Völker interessiert, freilich waren es die alten Germanen, für die er sich zuständig glaubte. Er schwankte zwischen dem Antrieb zum systematischen Denken und irrationaler Geheimnistuerei. Die Schwabinger Anregungen fanden viel später Niederschlag in seinem Buch *Vom kosmogonischen Eros* (1922), in seiner 3bändigen Philosophie *Der Geist als Widersacher der Seele* (1929) und in der Einleitung zu seiner Ausgabe der Vorträge von Alfred Schuler (1940), deren heftige Feindschaft gegen das Jüdische geradezu peinlich ist.

Anfang 1904 brach die „kosmische Runde" auseinander; der Antisemitismus Schulers und Klages' wurde Wolfskehl zuviel. Die Juden waren für Klages und Schuler die zersetzenden Träger der Intelligenz. Da

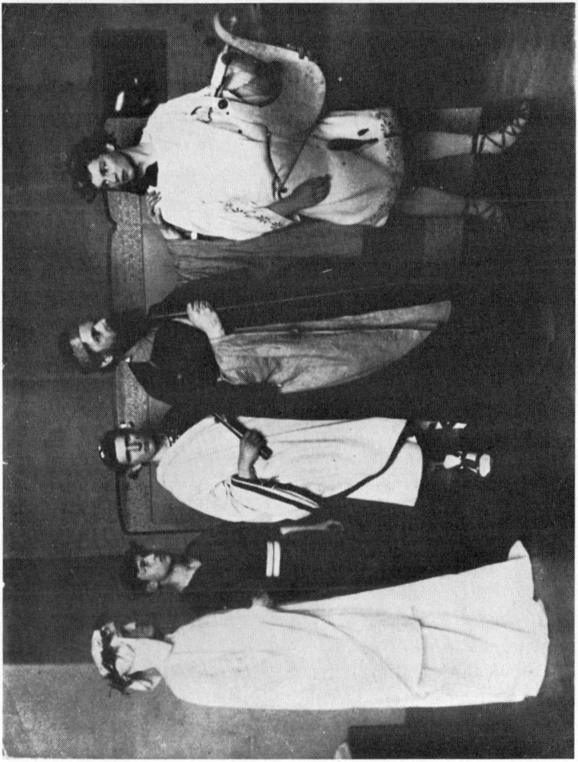

Maskenzug bei einem Faschingsfest im Hause Wolfskehl
Stefan George als Dante, Maximilian Kronberger als florentinischer Edelknabe, Karls Wolfskehl als Homer

Wolfskehl zu dieser Zeit dem Zionismus zuneigte, war ein Bruch unvermeidlich, der übrigens von dunklen Drohungen begleitet war. Es geschah aber nichts Polizeiwidriges. George hielt an Wolfskehl fest und trennte sich von den beiden anderen Kosmikern. In seinem *Siebenten Ring* erschien jedoch diese Strophe:

München

Mauern wo geister noch zu wandern wagen ·
Boden vom doppelgift noch nicht verseucht:
Du stadt von volk und jugend! heimat deucht
Uns erst wo Unsrer Frauen türme ragen.

Berlin dient hier als Gegensatz. Die modernistische Intellektualität und das Geldbürgertum des preußischen Deutschland waren George verhaßt, was ihn freilich nicht hinderte, in Berlin regelmäßig einige Winterwochen zu verbringen. Nur in München glaubt er „Volk und Jugend“ zu finden. Die Schwabinger Intellektualität charakterisiert George, trotz des Bruches, im Hinblick auf die Kosmiker. Durch seine hoheitsvollen Gebärden hatte er freilich sich das Treiben vom Leibe gehalten. Während der Empfänge bei Wolfskehl hielt er stets Hof in einem besonderen Zimmer, das nur Auserwählte betreten durften. Gerade dieses Zeremoniell ist jedoch Teil des Schwabinger Schein-Lebens, zu dem auch die Maskenzüge gehören, die Wolfskehl angeregt hatte und an denen George sich beteiligte. Im „Dichterzug“ (im Hause Henry von Heiselers) präsentierte Wolfskehl sich als Homer, George als Dante; auf dem „Antiken Fest“ erschien der Gastgeber Wolfskehl als Dionysos, George als siegender Cäsar. Schuler trat als römische Matrone auf, für die Eingeweihten war er die Magna Mater. Franziska zu Reventlow ist auf Photographien nicht weit von George entfernt als Bacchantin inmitten der Jün-

Umschlagtitel zu Franziska von Reventlows Roman »Herrn Dames Aufzeichnungen«

ger deutlich zu erkennen. Ein anderer Bacchant ist Oscar A. H. Schmitz.

Dieses Fest wird sowohl in Schmitz' Roman wie – wirklichkeitsgetreuer – in *Herrn Dames Aufzeichnungen* (1913) von Franziska Reventlow dargestellt. „Der Meister" kommt schon auf den ersten Seiten dieses Romans vor, der den Untertitel trägt: „Begebenheiten aus einem merkwürdigen Stadtteil". Ein Wahrsager hat seine Kunst an einem Ring Georges erprobt und den Träger für theatralisch und unecht erklärt, was der Erzähler dieser Episode für ein Versagen des Wahrsagers vor der echten Größe erklärt. Wie man sieht, zeichnet sich diese Darstellung Schwabings durch Ironie aus. Sie ist schon in der Erzählhaltung angelegt. Der fiktive Verfasser, der naive und schüchterne Herr Dame, wird nach München zum Studieren geschickt, hat aber dazu keine Lust. Seine Schwabinger Erlebnisse notiert er für einen Roman, den er aber nicht schreibt, verstört von den seltsamen Vorgängen. Der Roman besteht aus seinen Aufzeichnungen. Schwabing heißt Wahnmoching, was sich eher auf den Wahn der Kosmiker als auf Richard Wagner bezieht. Schuler als Delius, Wolfskehl als Hofmann spielen Rollen, die ihrer realen Existenz recht ähnlich sehen. Die Unterscheidung zwischen aufbauenden, kosmischen Ariern und zersetzenden Semiten ist hier noch komisch, wenn auch von den Personen ernst zelebriert. Das Buch endet mit dem Bruch zwischen Delius-Schuler und Hofmann-Wolfskehl.

Eine Ausdrucksform der literarischen Boheme in Berlin und besonders in München war das literarische Kabarett, das nach französischem Vorbild um die Jahrhundertwende entstand. In Berlin eröffnete Ernst von Wolzogen das „Überbrettl", in München wurde das Kabarett „Die elf Scharfrichter" von einem Franzosen und einem Deutschen gegründet, beide 1901. An den „Elf Scharfrichtern" waren Wedekind, Max Halbe und Franz Blei beteiligt, auch der junge Heinrich Lautensack (1881–1919), der später mit bayrischen Dramen hervortrat. Die Münchener waren lyrischer als das Berliner Kabarett. Parodien von Moritaten, Balladen und Schäferlyrik wurden mit antibürgerlichen Spitzen versehen.

Von Wedekinds Dramen steht *König Nicolo* (1902) den Problemen des Lebens in der Boheme am nächsten. Das Drama erzählt eine Geschichte, die auch von einem Bänkelsänger hätte vorgetragen werden können. Die groteske Diskrepanz zwischen dem Anspruch auf Würde, den der Dichter erhebt, und der Unmöglichkeit, in der bürgerlichen Gesellschaft diesen Anspruch zu realisieren, ist das Thema. König Nicolo ist ein träumerischer und genußfroher Mensch und darum als Herrscher ungeeignet. Der Schlächter Pietro, der Nicolo stürzt und die Königswürde usurpiert, ist ein besserer Techniker der Macht. Nicolo geht in den Untergrund. Bei den Versuchen, sich und seine Tochter zu ernähren, hindert ihn sein Glaube, daß die Menschheit unter ihm stehe. Er verflucht den König in sich, was seine Umgebung wörtlich nimmt, so daß Nicolo (wie Wedekind selber) wegen Majestätsbeleidigung ins Gefängnis gehen muß. Schließlich lernt Nicolo, seine Rolle zu spielen. Was ihm tragisch erscheint, ist dem Volk eine gelungene Posse. Auf diese Weise steigt er zum Hofnarren des Bürgerkönigs auf.

Diskrepanz zwischen einem imaginären Macht- und Hoheitsbewußtsein und nahezu völliger Isolierung markiert das Leben von Ludwig Derleth (1870 bis 1948). Aus bürgerlichen Kreisen stammend, wurde er, nach dem Studium in München, Gymnasiallehrer für klassische Sprachen. Schon als Kind zeigte er neurotische Züge, als Lehrer isolierte er sich völlig von seiner Umgebung. Er warb um eine polnische Adelige, die eine Zeitlang als Malerin in München lebte, und wurde abgewiesen. Unbeliebt bei den Kollegen und unzufrieden mit dem Lehrberuf, wechselte er von Schule zu Schule, bis er, nach dem Tod seines Vaters in den Besitz eines kleinen Vermögens gelangt, sich in München niederließ. Auf seinen Reisen war er, in Rom, einmal in einen Orden eingetreten, hatte ihn aber bald verlassen. Lyrik und Prosa erschienen im *Pan*, darunter ein Gedicht mit dem bezeichnenden Titel *Venus Maria.* Wie George suchte Derleth katholische Frömmigkeit mit Heidnischem zu vereinigen. Zwar hatte er selbst keinen Platz mehr in seiner Kirche, aber er veranlaßte andere zu konvertieren. Dichtung war ihm keine genügende Lebenserfüllung, er wollte einen Orden gründen, „Jünger" unter seinen Einfluß bringen. In Rom, in Paris suchte er durchreisende Deutsche zu werben und gab ihnen verrückte „Aufträge", z. B. auf einer Brücke Fremde anzusprechen. Er versprach ihnen eine neue Theokratie. Als er sich in München niedergelassen hatte, wurde er eine Art von Beichtvater für andere Neurotiker. In München fand Derleth auch Berührung mit George und den „Kosmikern", Klages, Schuler und Wolfskehl. Gedichte erschienen in den *Blättern*, und George schrieb Widmungsgedichte an Derleth und seine Schwester Anna. Trotz mancher Ähnlichkeiten mit Schuler begann Derleth ihn zu hassen. 1904 erschienen Derleths *Proklamationen*, eines der merkwürdigen Dokumente Schwabings. Derleth hatte sich an der Gestalt Napoleons berauscht und steigerte sich poetisch in die Haltung eines religiösen Weltherrschers, der zum heiligen Krieg gegen die bürgerliche Welt aufruft und sie zum Untergang verdammt. Diese eklektische Mischung aus vorexpressionistischer Vision und Predigt wurde zuerst in Vorlesungen bekanntgemacht, die in Derleths

Münchener Vorstadtwohnung stattfanden, aber ohne daß er selbst anwesend war. Thomas Mann hat eine dieser Vorlesungen in der Erzählung *Beim Propheten* (1904) geschildert:

Seltsame Orte gibt es, seltsame Gehirne, seltsame Regionen des Geistes, hoch und ärmlich. An den Peripherien der Großstädte, dort, wo die Laternen spärlicher werden und die Gendarmen zu zweien gehen, muß man in den Häusern emporsteigen, bis es nicht weiter geht, bis in schräge Dachkammern, wo junge, bleiche Genies, Verbrecher des Traumes, mit verschränkten Armen vor sich hinbrüten, bis in billig und bedeutungsvoll geschmückte Ateliers, wo einsame, empörte und von innen verzehrte Künstler, hungrig und stolz, im Zigarettenqualm mit letzten und wüsten Idealen ringen. Hier ist das Ende, das Eis, die Reinheit und das Nichts. Hier gilt kein Vertrag, kein Zugeständnis, keine Nachsicht, kein Maß und kein Wert. Hier ist die Luft so dünn und keusch, daß die Miasmen des Lebens nicht mehr gedeihen. Hier herrscht der Trotz, die äußerste Konsequenz, das verzweifelt thronende Ich, die Freiheit, der Wahnsinn und der Tod ...

Die bedeutungsvoll aufgeputzte Armut der Wohnung, die gemischte Gesellschaft, aus Schwabinger Typen und interessierten Bürgern zusammengesetzt, wird in dieser Erzählung anschaulich. Zu dem einleitenden Urteil über die Seite Schwabings, die Derleth darstellt, stimmt diese Beschreibung der Botschaft:

Ein fieberhaftes und furchtbar gereiztes Ich reckte sich im einsamen Größenwahn empor und bedrohte die Welt mit einem Schwall von gewaltsamen Worten. Christus imperator maximus war sein Name, und er warb todbereite Truppen zur Unterwerfung des Erdballs, erließ Botschaften, stellte seine unerbittlichen Bedingungen, Armut und Keuschheit verlangte er, und wiederholte in grenzenlosem Aufruhr mit einer Art widernatürlicher Wollust immer wieder das Gebot des unbedingten Gehorsams. Buddha, Alexander, Napoleon und Jesus wurden als seine demütigen Vorläufer genannt, nicht wert, dem geistlichen Kaiser die Schuhriemen zu lösen ...

Da die Gründung eines Männerbundes ihm nicht gelang, da er letztlich nur seine Schwester und ein junges Mädchen, das seine Frau wurde, zu dauernd ergebenen Jüngern gewann, wandte Derleth sich ganz der Dichtung zu. *Der fränkische Koran* heißt die im Titel Goethes *Divan* nachempfundene Sammlung welt- und zeitfremder Lyrik. 1932 erschien nur der 1. Teil. 1946 folgte noch ein Bändchen religiöse Lyrik, *Der Tod des Thanatos.* 1948 starb Derleth in der Schweiz.

Ein Schwanken zwischen kontemplativer Kunst und prophetischem Führungsanspruch findet sich häufig bei Schriftstellern, die mit der Boheme in Berührung standen. In ganz anderer Weise als bei Derleth äußerte sich die unentschiedene Haltung zwischen Kunst und sozialem Engagement bei dem philosophischen Schriftsteller Theodor Lessing. Und dennoch haben wir im Grunde dasselbe Phänomen vor uns: besitzbürgerliche Grundlage, deren Ablehnung und der vergebliche Versuch, ein neues Verhältnis zur Gesellschaft zu finden. Lessing wurde 1872 in Hannover geboren. Die jüdische Familie war alteingesessen, assimiliert, einige Verwandte waren getauft, die Eltern selbst religiös indifferent. Der Vater, ein beliebter Arzt mit gewissen Zügen des Scharlatans, hatte die Mutter der Mitgift wegen geheiratet und fühlte sich betrogen, was zu üblen Familienszenen führte. Der junge Theodor setzte der Lernschule zähen Widerstand entgegen. Ausgleich der Schulprobleme fand er in der Freundschaft zu einem Bürgerssohn aus der Nachbarschaft: Ludwig Klages. Lessing brachte es endlich zum Abitur und zu einem Medizinstudium, dessen klinische Semester er in München zubrachte, wo die Freundschaft mit Klages fortdauerte. Später wechselte er zu Philosophie und Psychologie über und wurde Lehrer und Privatdozent. Frühe Gedichte und Novellen, später philosophische Schriften kreisten um das Problem von Leben und Geist, dem Elementaren und dem Bewußtsein, im Grunde von Schopenhauer ausgehend. Dies hatte er mit Klages gemeinsam. Lessing behauptet, in dem Freundschaftsverhältnis lange Zeit der Führende gewesen zu sein; seinen Anteil an Klages' Bildung habe dieser nach dem Bruch verleugnet. Klages glaubte sich von Lessing trennen zu müssen, weil er überzeugt war, daß für den lebensfeindlichen Intellekt das Semitische oder, wie es in Schwabing verächtlich hieß, das Molochitische verantwortlich sei.

Lessing hatte lange am Schwabinger Treiben teilgenommen, suchte nach 1900 aber in die Wirklichkeit zu gelangen. Der folgende Abschnitt aus seinen Lebenserinnerungen zeigt die ohnmächtig bleibende innere Rebellion des bohemischen Medizinstudenten:

In den Kliniken empörte mich die Behandlung der Armen. Sie waren die Versuchstiere, die Demonstrationsfälle, an denen wir lernen sollten zu Gunsten der sogenannten „besser bemittelten". Am schlimmsten war das in der Klinik von Ziemssen, in die Scheler, der in seinen ersten Semestern auch Medizin studierte und mit dem Plan spielte, Schiffsarzt zu werden, mich gern begleitete. Unser Lehrer Ziemssen war imstande, am Bette eines armen Holzknechts den Studenten zu sagen: „Bei Herzschwäche geben Sie den Domestiken Anweisung, zur Belebung der Herztätigkeit etwas Sekt zu reichen." Das war, wie wenn man an Hand eines Armutsmodells zur Behandlung von Bankdirektoren angelernt werde. Ich erinnere mich eines Morgens im Pathologischen Institut, wo fünf Leichen von Kindern eingeliefert wurden, die in unserm Stadtteil an Hungertyphus gestorben waren. Bollinger, der Pathologe, hatte kein Wort der Empörung, und die Assistenten und Studenten begafften mit ihren frechen kalten Augen die kleinen Leiber, während mich ein Schluchzen in der Kehle würgte, als ob es meine eigenen Kinder seien. Ich ballte die Faust in der Tasche und schwur, um der Entrüstung Herr zu werden, den Tod dieser Kinder einst zu rächen an der Gesellschaft, der ich doch damals selber zugehörte und in deren Strom ich munter mitschwamm.

Er wurde Sozialist, ohne sich von einer individualistischen Grundlage zu lösen, er wurde Lehrer in der entstehenden Landschulheimbewegung, geriet aber mit deren antisemitischen Tendenzen in Konflikt. Dann wurde er aktiv in einer Anti-Lärm-Bewegung. Aus Trotz kehrte er zum Judentum seiner Vorväter zurück. Endlich habilitierte er sich für Philosophie an der technischen Hochschule Hannover und blieb bis 1926 Privatdozent. 1910 verwickelte er sich in eine auf beiden Seiten vergiftete Polemik mit Thomas Mann. Lessing hatte ein Buch des Kritikers Lublinski kritisiert, dem Mann sich verpflichtet fühlte, und so verteidigte Mann Lublinski mit einem Angriff auf Lessings Person, ein Verfahren, an dem Lessing nicht unschuldig war, da er Lublinskis Judentum, ungeachtet des eigenen, in seine Kritik einbezogen hatte.

1914 wurde Lessing Kriegsgegner und schrieb ein Buch, *Geschichte als Sinngebung des Sinnlosen* (1919). Andere seiner Buchtitel sind sprechend: *Schopenhauer – Wagner – Nietzsche* (1904), *Hypnose und Suggestion* (1908), *Untergang der Erde am Geist* (1923), *Die verfluchte Kultur* (1921), *Der jüdische Selbsthaß* (1930). In seiner Autobiographie erwähnt Lessing auch einen Titel, der das Konkurrenzverhältnis zum Jugendfreund Klages unterstreicht: *Der Geist als Parasit am Leben*, möglicherweise ein ungedrucktes Manuskript. Lessing teilte die Grundlagen der Lebensphilosophie und wollte sie doch auch entlarven. Er war außer Kontakt mit der jüdischen Religion und wurde doch als Vertreter jüdischer Geistigkeit abgestempelt. Er litt unter dem Antisemitismus, zog aber Lublinskis Judentum in seinen Angriff auf dessen Literaturkritik hinein. Lessing war ein mißglückter Bürger, wollte aber kein Bohemien bleiben. Er schrieb, um zu existieren, und behauptete sich nur mühsam in der wiedergefundenen Bürgerlichkeit, machte sich dauernd Feinde. Als er anläßlich der Wahl von 1925 eine Schrift gegen Hindenburg herausgab, geriet er in einen neuen schweren Konflikt mit seiner Umwelt und verlor seine Dozentur. 1933 floh er in die Tschechoslowakei und wurde in Marienbad, im Spätsommer 1933, von Nationalsozialisten ermordet. Die Erinnerungen seiner Jugend, *Einmal und nicht wieder* (1935), gehören zu den merkwürdigsten und faszinierendsten Dokumenten dieser Zeit, auch die dem Band beigegebene Auseinandersetzung mit seinem Jugendfreund, „Meine Beziehungen zu Ludwig Klages“. Seine Beschreibungen Alfred Schulers, Stefan Georges und seine Charakterisierung Rudolf Borchardts haben anschaulichen Quellenwert.

Die politische Einstellung der literarischen Boheme, obwohl niemals eindeutig faßbar, entspricht ihrer bürgerlich-unbürgerlichen Haltung. Sie will radikal individualistisch sein, neigt deshalb zu anarchistischen Theorien, entzieht sich aber jeder Parteidisziplin. In der naturalistischen Phase der achtziger und frühen neunziger Jahre war Sympathie mit der verfolgten sozialdemokratischen Partei üblich. Als die Sozialistengesetze aufgehoben wurden (1890), stellte sich schnell heraus, daß die Literaten und die Berufsfunktionäre der Partei nicht zusammenpaßten. Die Friedrichshagener Bruno Wille und Wilhelm Bölsche, die Gründer der „Freien Volksbühne“ für Arbeiter und deren Freunde, die sozialdemokratischen Reichstagsabgeordneten Werner und Wildberger, unterlagen

Bebel und Liebknecht, als sie deren Autorität in der Partei angriffen. Tatsächlich war ja der grundsätzliche Individualismus dieser Literaten niemals mit dem Marxismus der Partei zu vereinbaren. Nietzsche und Stirner wurden die Propheten der Boheme. In Arno Holz' Schauspiel *Sozialaristokraten* (1896, umgearbeitet 1908) wird der mühelose Übergang der Literaten vom Sozialismus zu einem individualistischen Anarchismus verspottet. Holz zeigt die in ihrer wirtschaftlichen Existenz bedrohten Schriftsteller am Ende sogar bereit, sich einer antisemitisch-nationalistischen Partei zur Verfügung zu stellen.

In Wilhelm von Polenz' Roman *Wurzellocker* (1902) wird eine fiktive kurzlebige Boheme-Zeitschrift so beschrieben:

> Die wenigen Abonnenten ... wußten nicht, was sie mit einem Blatte anfangen sollten, das sich auf der einen Seite sozialistisch-kommunistisch, auf der anderen aristokratisch-individualistisch gebärdete, das für Bismarck und das Germanentum schwärmte und gleichzeitig vaterlandslosen Anarchismus predigte. Ein Blatt, in dem die vierte Dimension spukte, das Übermenschentum, die freie Liebe und der Buddhismus sich ein Stelldichein gaben.

Aus dem Boden der Boheme wachsen anarchistische Sozialutopien wie antisemitische Ordensgründungen, wie z. B. der Neutempelorden des entsprungenen österreichischen Mönches Adolf Georg (manchmal: Jörg) Lanz von Liebenfels (d. i. Adolf Lanz), der übrigens von Karl Kraus beeinflußt war. Seine ariogermanischen Reinheitstraktate *Ostara* haben Adolf Hitler in seiner Wiener Jugend antisemitisch beeinflußt. Zwar waren sowohl Lanz als auch Hitler Einzelgänger, aber die Resonanz, die sie fanden, ist von den neureligiösen Tendenzen der Literatur dieser Zeit vorbereitet worden. Die aus dem gleichen primitiv-antisemitischen Gedankengut wie Lanz schöpfende

Thule-Gesellschaft in München, auf deren Initiative 1919 die Gründung der „Deutschen Arbeiter-Partei“ zurückgeht, der sich Adolf Hitler anschloß, steuerte das ziemlich mächtige Freikorps „Oberland“, das in der bayrischen Gegenrevolution eine große Rolle spielte. Bohemische Ideen von der Gründung eines überpolitischen reinen Reiches heldisch-nordisch-ursprünglicher Natur und frei vom bürgerlich-jüdischen Mammon waren da in die Hände entwurzelter Kleinbürger geraten. Auf der anderen Seite der bayrischen Revolution haben Anarcho-Sozialisten wie Gustav Landauer, Erich Mühsam, Kurt Eisner und Ernst Toller gestanden, die im ehrlichen Bestreben, an der Gründung einer neuen Gemeinschaft mitzuwirken, zwischen die Mühlsteine gerieten, weil sie einerseits der revolutionären Technik kommunistischer Funktionäre im Wege waren, andererseits der Rache der kleinbürgerlichen Gegenrevolution verfielen.

Die Biographie von Erich Mühsam (1878–1934) ist das klassische Beispiel eines bohemischen Schriftstellers, der den Abschied von der Bürgerwelt seiner Herkunft endgültig machen wollte, indem er sie politisch bekämpfte und Anschluß an anarcho-sozialistische Gruppen fand. Als Sohn eines jüdischen Apothekers 1878 in Berlin geboren, verbrachte er seine Jugend in Lübeck. Dort mußte er das Katharineum (dasselbe Gymnasium, dem Thomas Mann seinen indolenten Widerstand entgegensetzte) verlassen, weil er Artikel über Schulangelegenheiten in einer sozialdemokratischen Zeitschrift veröffentlichte. Auch als Apothekerlehrling schrieb er und gewann sich die Sympathien zurück, als er die Lübecker erfolgreich vor dem Abbruch eines ihrer ältesten Wohnhäuser warnte. Er verließ die bürgerliche Ordnung, als er, 1901 in Berlin, den Apothekerberuf aufgab und, gegen den Willen der Familie und ohne bestimmte Aussichten, beschloß, Schriftsteller zu werden. Eine Zeitlang nahm er an dem Kommune-Experiment „Die neue Gemeinschaft“ der Gebrüder Hart teil. Stärker als deren monistische Ersatzreligion zogen ihn Persönlichkeit und Lehre Gustav Landauers (1870–1919) an, der damals in der „Neuen Gemeinschaft“ Vorträge über Nietzsche und Tolstoi hielt und zum Theoretiker des anarchistischen Sozialismus wurde, dem Mühsam sich verschrieb. Jahrelang, so berichtete er aus späterer Erinnerung, sei sein Leben auf zwei Geleisen verlaufen, dem des bohemischen Literaten und dem des Anarcho-Sozialisten, der nicht selten mit der Obrigkeit in Konflikt geriet. Wie benachbart Lebensreformer und anarchistische Sozialisten damals noch sein konnten, zeigen Mühsams *Unpolitische Erinnerungen*, die 1927 bis 1928 in der Berliner *Vossischen Zeitung* erschienen und in denen man einer Fülle von Namen begegnet, darunter auch dem des Jugendstilzeichners Hugo Höppener, der in der „Neuen Gemeinschaft“ eine Rolle spielte und unter dem Namen „Fidus“ berühmt wurde. Sogar Arthur Moeller-Bruck, der spätere völkische Dichter, und der spekulative Ästhet Alexander von Bernus erscheinen hier neben den typischen Bohemiens wie Peter Hille und Paul Scheerbart. Mühsam ließ sich, nach einigen Wanderjahren, 1909 in Schwabing nieder, wo er sich besonders an Wedekind anschloß. Wedekind und Landauer waren seine Mentoren. Sein Anarcho-Sozialismus distanzierte ihn vom Georgekreis, aber nicht von der Gräfin Reventlow und dem übrigen Schwabinger Leben. Vor dem Ersten Weltkrieg leitete er eine kleine Zeitschrift, die er *Kain* nannte, um den Außenseiter herauszukehren. Gewalttätigkeit war jedoch nicht gemeint. Ihr Untertitel war „Zeitschrift für Menschlichkeit“. Auch war Mühsam entschieden pazifistisch. Diese Überzeugung brachte ihm 1918 Gefängnis und anschließende Ausweisung

Erich Mühsam

aus München ein, da er den Kriegshilfsdienst verweigerte. 1919 zog ihn Landauer in die Regierung der Münchener Räterepublik, nach deren Ende er zu einer Festungshaft verurteilt wurde, die bedeutend weniger milde ausfiel als die spätere Strafe Hitlers für das gleiche Verbrechen des Hochverrats. Nach seiner Entlassung nahm er am *Weltbühne*-Kreis teil. In dieser kurzen Zeit der Freiheit verteidigte er im Prinzip revolutionäre Geiselerschießungen. Deshalb wurden ihm die Geiselmorde der zweiten Münchener Räterepublik angelastet, für die er nicht verantwortlich war. 1933 wurde er in den Konzentrationslagern Brandenburg und Oranienburg furchtbar gequält und im Juli 1934 ermordet. Sein Selbstmord wurde vorgetäuscht.

Mühsam veröffentlichte 1906 einen Artikel mit dem Titel *Bohême* in Karl Kraus' Wiener Zeitschrift *Die Fackel.* „Was in Wahrheit den Bohémien ausmacht", schreibt er dort, seien nicht Äußerlichkeiten wie Haartracht oder Anzug, sondern „die radikale Skepsis in der Weltbetrachtung, die gründliche Negation aller konventionellen Werte, das nihilistische Temperament ...". Bohemiens seien Parias; Künstler gehören zur Klasse der Verbrecher, Landstreicher und Huren, von denen sie sich freilich durch ihr Künstlertum vorteilhaft unterscheiden. Dagegen sei der Bürger-Philister bestrebt, „den eigenen sittlichen Horizont als moralischen Schutzkordon um die Menschheit zu legen. Der Satz erhellt aus der Gegenprobe. Der einwandfreieste Nichtphilister ist der, dessen soziales Verhalten am wenigsten von Forderungen und Verboten gegen die Mitmenschen bestimmt ist." Der Text, für bürgerliche Leser bestimmt, zeigt den Übergang von bohemischer Bürgerkritik zu politischer Aktivität an. Der Wunsch, aus bohemischer Vereinzelung in eine neu konzipierte Gemeinschaft zu entkommen, zieht sich durch Mühsams Leben und hat sich auch in seinen Dichtungen niedergeschlagen.

Ein frühes Erlebnisgedicht, „Sie stehen hoch in den Gerüsten . . .“ (1904 veröffentlicht), erzählt, wie der Sprecher an Bauarbeitern vorübergeht, die „den lässigen Gang, die groteske Gestalt“ verspotten. Auch vorübergehende Dirnen kichern frech und ablehnend. „Die wissen ja nicht, / daß dem, um den ihre Roheit lacht, / Ihr Schicksal klagend zum Herzen spricht . . .“ Am Schluß des Gedichtes findet der Sprecher Aufnahme in einer Kinderschar, bietet also eine bloß rousseauistische Lösung. Hierher gehört auch die Sympathie mit dem Landstreicher als Ausdruck bohemischen Lebensgefühls:

Fest zugeschnürt der Hosengurt.
Der Darm ist leer, der Magen knurrt.
. . .
Die Nacht ist kalt. Es kratzt das Stroh.
Die Laus marschiert, es hupft der Floh.
Die Welt ist groß, der Himmel hoch.
Wer pumpt mir noch? Wer pumpt mir noch?
. . .

(*Im Bruch*)

Mühsam schrieb nach dem Vorbild seines Freundes Wedekind auch eine Reihe von balladesken Bänkelsängerliedern, die er im Kabarett selbst vortrug.

Als Dichter fühlt sich Mühsam so avantgardistisch, daß er fragt:

Wo bleibt ihr nur, Genossen meiner Zeit?
Ich schau zurück und kann euch kaum noch sehn.

(*Der Mahner, 1910*)

Dieser Avantgardismus ist weltanschaulich und politisch, nicht literarisch.

In der Boheme finden wir politische Tendenzen, die

erst beim Ende des Kaiserreichs und in der Weimarer Republik hervortraten. Präfaschistisch ist die Bewunderung des Cäsaren, von der allerdings damals niemand annahm, sie könnte je auf einen Kleinbürger wie Hitler angewandt werden. Präfaschistisch ist überhaupt die Neigung zur Vermengung literarischer Phantasievorstellungen mit politischen. Die Anarchistenbewegung, die von idyllischer rousseauistischer Freiheit kleiner Gruppen träumte, die Großstadtmassen und organisatorischen Staatszwang zu ersetzen hätten, waren nicht weniger phantasiegebunden. Beide hatten keine Beziehung zu den Massen. Sie hat erst Hitler für die Rechten unter den Bohemiens hergestellt. Vor 1914 blieben die Träume der Boheme von einer neuen Freiheit, einer neuen Gesellschaft, einem neuen Reich unpolitisch. Die zum Unerfüllbaren, zum Utopischen neigenden politischen Vorstellungen der Weimarer Republik wurden in der Bohemeliteratur vorbereitet. In der entschiedenen Bürgerfeindlichkeit dieser Bürgerssöhne und -töchter zeigt sich ein illiberaler Zug, der, mit dem reaktionären Illiberalismus vereinigt, die Weimarer Republik infizierte. Bohemeschriftsteller waren im Anfang an allen Zeitschriften des Expressionismus beteiligt. Die Bohemeliteratur ist eine seiner Wurzeln.

7. Stefan George

G e o r g e s Lebensleistung bestand in einer kleinen Anzahl von gelungenen Gedichten, die aus der Masse von monotonen, gestellten oder zeitgebundenen Jugendstilgedichten hervorragen. Sie bestand außerdem darin, durch die herrscherliche Disziplin, die er sich auferlegte, um sich eine Aura von Respekt zu legen, mit deren Hilfe er seinen Kreis, sein ‚neues Reich' regierte. Aufnahme und Ausschluß waren die Machtmittel. Der Stil des Kreises war zunächst an den prächtigen der französischen Symbolisten angelehnt. Sosehr George dem offiziellen Wilhelminischen Stil opponierte, er reproduzierte doch dessen Prachtliebe, die freilich durch einen Zug zu stilisierter Einfachheit allmählich diszipliniert wurde. Eine andere stilistische Anlehnung war die an die katholische Kirche, deren hierarchisches Priestertum bis in die Kleidung, die George wählte, vorbildlich wirkte. George war zwar durch eine neurotisch zu nennende Anlage gezwungen, Herrschaft über andere auszuüben, aber er war im Grunde anschlußbedürftig. Daß seine Jugendfreundin Ida Coblenz zuerst einen reichen Geschäftsmann, der wie sie aus jüdischen Kreisen stammte, dann Richard Dehmel, Georges Rivalen, heiratete, traf ihn schwer, auch daß es ihm nicht gelang, Hofmannsthal zu gewinnen.

George lebte, offenbar bescheiden, von Familienmitteln und als Gast seiner Bewunderer und Freunde. Sein Dichterkreis, zuerst freundschaftlicher Natur, dann in kultischen und autoritären Formen an den „Meister" gebunden, wurde sein hauptsächlicher Lebensinhalt. In der ersten Phase hatte der Kreis noch ein internationales Gesicht: der Pole Waclaw Lieder,

der Belgier Paul Gérardy, der Holländer Albert Verwey, der Engländer Cyril Meir Scott waren Georges Freunde. Aber bald nahm der Kreis einen deutschen Charakter an, besonders in den Jahren, in denen Schwabing zu seinem geographischen Mittelpunkt wurde. Auch stieß die nationale Prophetenrolle Georges manche früheren ausländischen Freunde ab. Dies ist eine zweite Phase, die sich mit der ersten überschneidet und bis zum „Schwabinger Krach", dem Bruch mit Klages und Schuler (1904), reichte. Danach entsteht der Kreis neu aus streng autoritären Jünger-Meister-Verhältnissen, jedoch ohne geographisch fixierten Mittelpunkt.

Für die Empfindlichkeit Georges in der Zeit nach den Enttäuschungen durch Ida Coblenz und Hugo von Hofmannsthal ist die Art bezeichnend, wie er (1894) Freundschaft mit dem Jugendstilkünstler Melchior Lechter schloß, der im Kreis dann lange Zeit eine wichtige Rolle spielen sollte. Lechter hatte die *Blätter für die Kunst* gelesen und an den Herausgeber Carl August Klein, Georges ersten „Jünger", geschrieben. George erschien in Lechters Berliner Wohnung unter dem Namen Kleins und gab sich erst zu erkennen, als Lechter seiner Bewunderung für die *Blätter* und besonders die Gedichte Georges Ausdruck gegeben hatte. Offenbar wollte George sichergehen, eine mögliche Enttäuschung ausschließen. Von Selbstsicherheit zeugt dies nicht. Er ließ häufig Briefe für sich von den Jüngern schreiben, gab auch seinen Freunden durch Freunde Nachricht, verheimlichte seine Anwesenheit nach Möglichkeit, wo immer er war, und verschlüsselte seine wenigen eigenhändigen Briefe durch Abkürzungen. Auch sonst neigte er zu Mystifikationen, manchmal fast kindlicher Art. Er entwickelte ein System der Abschließung, das seine bewundernden Freunde ermöglichten, die ihn schützend umgaben. Vom „Meister“ gesehen zu werden war eine wertvolle Auszeichnung, die geschenkt, nicht erworben wurde. Der Kreis entwickelte seltsame Formen des Byzantinismus; die Ansicht des Meisters galt absolut, was nicht hinderte, daß er manchmal zur Diskussion aufforderte. Er war schlicht in seinem Benehmen, was von dem Byzantinismus, der ihn umgab, merkwürdig abstach.

Die herrschsüchtige und neurotisch bedingte Kleinlichkeit Georges, die unter der vornehmtuenden Maske lag, ließ das Experiment der Gründung einer formbewußten Elite letztlich scheitern. Georges Mangel an Großherzigkeit ist dafür verantwortlich, daß kein bedeutender Dichter (vielleicht muß man Wolfskehl ausnehmen) neben ihm Platz im Kreis hatte und daß, später, als die hervorragenden Mitglieder des Kreises Gelehrte waren, sich nicht einmal der treue Gundolf oder ein so dezidierter Vertreter der ästhetischen Weltanschauung wie Max Kommerell im Kreise halten konnte oder wollte.

Man sollte jedoch das Experiment eines neuen ästhetischen Adels nicht von vornherein verurteilen. Der Versuch, der Nation eine geistig disziplinierte Elite zu geben, ist wenigstens eine soziale Funktionalisierung der Kunst. Georges Kritik an der seiner Ansicht nach samt und sonders zuchtlosen zeitgenössischen deutschen Lyrik hatte einige Berechtigung in einer Zeit, da Liliencrons und Otto Julius Bierbaums allzuoft sorglose Reimereien als maßgebend galten. Ästhetische Bildung als Mittel zur gesellschaftlichen Integration beruht auf einer guten deutschen Tradition. Georges Elitebildung war paradoxerweise antisoziale Ästhetik mit einem letztlich sozialen Ziel, das zur Lebensreform des Jugendstils gehört.

Er und seine Freunde wollten die Blüte einer individualistischen und antisozialistischen Weltanschauung sein und dennoch in einem neuen Orden eine neue Gemeinschaft bilden. Dieser Elitenkult war eigensinnig beflissen, die moderne Welt nicht zur Kenntnis zu nehmen. Nicht nur ihre soziale Organisation, nicht nur ihre Technik, auch ihre Wissenschaft wurde ignoriert oder abgewertet. Die vielen Gelehrten des Kreises suchten eine neue Wissenschaft zu demonstrieren, die sich der schöpferischen Kraft der Dichtung unterordnete. Ihre Bücher erschienen ohne Anmerkungen. Die Kritik der alten Wissenschaft geht auf Nietzsche zurück. George hat Nietzsche allenfalls als Vorläufer gelten lassen, für sich jede Nachfolge geleugnet. Jedoch geht Georges Verachtung der Masse, der Herde, in Nietzsches Spuren. Auch sonst ist die Autonomie des Georgekreises ebenso wie seine Antibürgerlichkeit eine Selbsttäuschung.

All das ändert natürlich nichts daran, daß sich sehr bedeutende Gedichte in den Sammlungen Georges finden. Nach *Algabal*, der ihm eine Zeitlang wie das Ende seiner Dichtungsmöglichkeiten vorkam, erschienen *Die Bücher der Hirten- und Preisgedichte, der Sagen und Sänge und der hängenden Gärten* (1895). Die Wahl der griechisch-idyllischen und mittelalterlich-heroischen Thematik in den *Büchern* ist von den belgischen Symbolischen Gérardy und Maeterlinck beeinflußt, die deutsch-mittelalterliche der *Sänge eines fahrenden Spielmanns* von dem Germanisten Wolfskehl. Gérardy, Wolfskehl und dem polnischen Freund Lieder ist der Band gewidmet. Das Ausgefallene der früheren Gedichte ist hier gemildert, die formale Präzision der Verse und Reime beibehalten. In den Themen des Bukolischen und Exotischen klingen Motive aus *Hymnen* und *Pilgerfahrten* nach. Der Weg zum National-Deutschen ist auch unter den antiken und orientalischen Verkleidungen erkennbar. Im Sinne des gemäßigten Symbolismus Georges sind diese Verfremdungen ein Spiel, mit dem Zweck, ein Stimmungsbild zu fassen. In einleitenden Worten, die einer Vorveröffentlichung von Gedichten aus den *Büchern* in den *Blättern für die Kunst* beigegeben waren, heißt es: „Spiel und Übung bedeute das scheinbare Ausbilden verschiedener Stile für solche, die nur auf den einen hinzuarbeiten raten: den unserer Zeit und der kommenden.“ Das Unverbindliche in dieser Äußerung muß George dann mißfallen haben, in den öffentlichen Ausgaben der *Bücher* fehlt sie. Der hier ausgesprochene Wille, einen „kommenden“ Stil zu produzieren, zeigt George der Jugendstilepoche verhaftet, deren andere Lyriker er so verachtete. In der Vers-Disziplin und dem Monumental-Bildlichen ist Georges Eigenart sichtbar, was Einflüsse natürlich nicht ausschließt.

Die herden trabten aus den winterlagern.
Ihr junger hüter zog nach langer frist
Die ebne wieder die der fluss erleuchtet ·
Die froh-erwachten äcker grüssten frisch ·
Ihm riefen singende gelände zu ·
Er aber lächelte für sich und ging
Voll neuer ahnung auf den frühlingswegen.

Diese Verse stehen denen Hofmannsthals nahe, ohne daß man genau angeben könnte, wer wen beeinflußt hat. Denn George mag unter dem Einfluß Hofmannsthals seine Neigung zu gravitätischer Schwere gelockert haben, während das festgehaltene Bild in diesen Versen wiederum auf spätere Gedichte Hofmannsthals eingewirkt haben könnte.

Ein sehr persönlicher Wunschtraum ist in dem Gedicht *Kindliches Königtum* aus dem *Buch der hängenden Gärten* enthalten:

Es waren nächte deiner schönsten wonnen
Wenn all dein volk um dich gekniet im rund
Im saale voll von zweigen farben sonnen
Der wunder horchte wie sie dir nur kund.

In anderen Gedichten des *Buches der hängenden Gärten* verliert ein König sein Königtum, flieht und läßt sich endlich in den Strom gleiten. Das Schlußgedicht *Stimmen im Strom* spricht von Wassergeistern, Nixen, die zur Selbstauflösung locken:

Trifft euch ein kuss: und ihr löst euch in ringen
Gleitet als wogen hinab und hinauf.

Das traditionelle Thema der Bedrohung aus der Tiefe ist hier von George noch einmal zugleich imaginativ und persönlich gestaltet worden. Er war nicht frei von Stimmungsabstürzen. Seine selbstgewählte strenge Lebensform erregte den Wunsch nach dionysischer Auflösung, den wir auch bei anderen Dichtern der Zeit finden.

Das folgende Gedicht aus den *Hängenden Gärten* ist auf das eindrucksvolle Schlußbild hin geschrieben:

Nachdem die hehre stadt die waffen streckte ·
Die breschen offen lagen vor dem heer ·
Der fluss die toten weitertrug zum meer ·
Der rest der kämpfenden die strassen deckte

Und der erobrer zorn vom raube matt:
Da schoss ein breites licht aus wolkenreichen ·
Es wanderte versöhnend auf den leichen ·
Verklärte die betrübte trümmerstadt

Und haftete verdoppelt an der stelle
Wo der Bezwinger durch die menge stob
Der kühn dann über eines tempels schwelle
Die klinge rauchend zu dem gotte hob.

Die Geste „zu dem gotte“ hat einen Hauch mythisch-religiöser Weihe, ist aber eigentlich die Selbstdarstellung des kriegerischen Triumphes eines einzelnen, der dem Gott der unterlegenen Stadt dessen Niederlage zeigt. Das Gedicht sucht den Leser zu überreden, daß die ungezählten Toten des Kampfes und die zerstörte Stadt versinken vor dieser Herrengeste, die durch ein Licht von oben erhellt wird, das zugleich versöhnt und verklärt. Die Phantasie dieser friedlichen Zeit bürgerlichen Gewerbefleißes wurde angeregt durch schaurige Kriegsbilder (nicht nur in Deutschland), das individualistische Zeitalter gefiel sich in dem von Nietzsche (und anderen, wie Carlyle) propagierten Glauben, daß Geschichte um der großen Männer willen geschehe, deren Gesten Sinn, Schönheit und Weihe haben. Dichtung darf und soll Gegenbilder zur vorhandenen Wirklichkeit herstellen. Daß darin eine Verantwortung liegen kann, daß kriegerischen Wahnsinn zu verklären schlicht unerlaubt ist, kam dieser Zeit nicht in den Sinn, solange das Unglück noch nicht da war.

Das *Buch der hängenden Gärten* enthält auch eine Folge von Liebesgedichten. Darin wird keine grenzenbrechende Leidenschaft gezeigt, sondern innere Hindernisse der Erfüllung, ein Versagen, an dem Leidenschaftsmöglichkeit gerade noch sichtbar wird. Das Thema erotischer Resignation durchzieht auch *Das Jahr der Seele* (1897), eine Sammlung, die vorwiegend in die Tradition deutscher Innerlichkeitslyrik und Natursymbolik gehört. Die Prätentionen sind geringer als vorher und nachher, sie belasten die Sprache weniger. Wie in den *Büchern* ist die moderne Arbeitswelt völlig ausgeschlossen. Nach einer von Ernst Morwitz, dem Jünger Georges und Kommentator seiner Gedichte, überlieferten Äußerung hat George mit dem Titel nicht bewußt auf *Menons Klagen um Diotima* von Hölderlin anspielen wollen. In Hölderlins Diotima-Gedichten wie in Georges *Jahr der Seele* herrscht dennoch eine ähnlich sublimierte (und gehemmte) Erotik. George wollte das Buch erst Ida Coblenz zueignen, widmete es dann aber seiner strengen, melancholischen und wahrscheinlich frigiden Schwester, um Ida für ihre Liaison mit Dehmel zu bestrafen.

Der 1. Zyklus des Buches, *Nach der Lese*, bringt Gedichte von verhaltener Erotik im Rahmen von Spätherbstbildern. Das Einleitungsgedicht, von dem hier nur die 1. Strophe zitiert sei, gehört mit Recht zu den berühmtesten deutschen Gedichten:

Komm in den totgesagten park und schau:
Der schimmer ferner lächelnder gestade ·
Der reinen wolken unverhofftes blau
Erhellt die weiher und die bunten pfade.

Hofmannsthal hat das Gedicht, zusammen mit einigen anderen aus dem *Jahr der Seele*, in seinem *Gespräch über Gedichte* kommentiert.

Das Resignative der Liebe ist am stärksten in den Wintergedichten *Waller im Schnee*. In *Sieg des Sommers*, der letzten Gruppe des 1. Teils, steht hinter dem „du" die Freundschaft mit dem Belgier Edmond Rassenfosse.

Nun sorgen wir dass uns kein los mehr dräue
Wenn eins des andren heisses leben trinkt
Und schauen einig in die sommerbläue
Die freundlich uns aus heller welle winkt.

Die letzte, 3. Gruppe des *Jahrs der Seele* ist *Traurige Tänze* überschrieben und nimmt sowohl das Natur- wie das resignative erotische Thema wieder auf. Dazwischen stehen *Überschriften und Widmungen*, teils Erinnerungen an Jugendträume des Dichters, teils Anreden an die Freunde, auch sie zu einem großen Teil voller Resignation.

Denn auf des rausches und der regung leiter
Sind beide wir im sinken ...

heißt es in dem Hofmannsthal gewidmeten Spruch,

der übrigens (mehr noch in der schärferen ursprünglichen Gestalt, die im Briefwechsel der beiden steht) ein Zeugnis für Georges Engherzigkeit ist. Denn er nennt Hofmannsthal hier „den frühern gegner“, während Hofmannsthal, wie er es selbst einmal ausdrückte, zwar sich, aber niemals George distanzierte. Auch Alfred Schuler bekommt seinen Spruch, der das irritierend Magische seiner Vorträge schildert.

Dass wir der sinne kaum mehr mächtig · wie vergiftet
Nach schlimmem prunkmal taglang uns nicht fassten ·

Der Spruch an Ludwig Klages versucht in dem ambivalenten Verhältnis der beiden das Positive zu sehen.

George blieb nicht frei von dem Phänomen der Isolierung, dem Preis, den ästhetischer Elitismus im Zeitalter industrieller Vermassung fordert. Dem merkwürdigen Widerspruch, daß der ökonomische Erfolg des Bürgertums Großstädte hervorbringt, die den Einzelmenschen allein lassen, daß der bürgerliche Individualismus, wenn erfüllt, pathetisches Leiden erzeugt, werden wir immer wieder begegnen.

Beklemmendes gefühl der schwere
Auf müd gewordner pein ·
Dann dieses dumpfe weh der leere ·
O dies: mit mir allein!

Diesem Gefühl der Entfremdung von der Gesellschaft sollte der Freundeskreis, eine Gesellschaft unter ästhetischen Gesetzen, entgegenwirken. Eine Zeitlang dachte George sogar daran, sich mit einer Zeitschrift (für die er Hofmannsthal als Mitherausgeber gewinnen wollte) an die „Masse“ zu wenden. Gemeint ist natürlich nur das bürgerliche Lesepublikum. Aus diesem Plan wurde nichts. Georges zeitweise Einordnung (bei Wahrung hoheitsvollen Abstandes) in die Schwabinger Boheme gewährte jedoch einen Ausgleich. Mitarbeiter und Leser der *Blätter für die Kunst* konnten sich überdies mit dem Gedanken trösten, daß strenge Kunstausübung auf die Dauer auch den allgemeinen Geschmack verbessern müsse.

Das Problem des dichterischen Selbstverständnisses, der Aufgabe des Dichters in der Gesellschaft, ist das Thema einer Gedichtreihe, die das nächste Buch Georges eröffnet, des *Vorspiels* zum *Teppich des Lebens* (1899). Das *Vorspiel* führt einen Engel ein, der die dichterische Bestimmung verkörpert und ihr Bedeutung und Weihe verleiht. Ihm fühlt der Dichter sich fast gleich. Der Engel steht nur insofern höher, als er eine von allem bloß Menschlichen freie ästhetische Position vertritt, ähnlich der des Engels in Rilkes (späteren) *Duineser Elegien.* Diese Hoheit wird durch religiöse Anspielungen illuminiert, was (wie bei Rilke) ein völliges Abstreifen christlicher Bindungen voraussetzt. Der christliche Kult bietet nur Material für die Zeichen, die Symbole des Dichters. Von diesem fordert der Engel den Verzicht auf das menschliche Treiben, verspricht aber dafür ein übermenschliches Glücksgefühl. Andererseits muß der Dichter auf die Wohltat menschlicher Gemeinschaft verzichten, auch der Kreis der Jünger ist nicht ganz zuverlässig: „Die jünger lieben doch sind schwach und feig."

Idealbilder des Jüngers gibt George im *Teppich des Lebens* in den Gedichten *Der Jünger* und *Der Erkorene.* Der Jünger folgt seinem Herrn in Verehrung und Treue nach; der Erkorene hat schon früh von den Meistern „im lied" Anerkennung errungen. Für dieses frühe Lob seines Wesens (nicht seiner Leistungen) wird er sich eines „lauteren" Lebens befleißigen. Hier wie im *Vorspiel* herrscht ein ästhetischer Kult, für den *Der Teppich des Lebens* eine Art von Bibel darstellt. Dem „Jünger" und dem „Erkorenen" ist eine negative Figur gegenübergestellt in einem Gedicht mit dem Titel *Der Verworfene.* George verwirft die impressionistische Aufnahmebereitschaft, die pluralistische Verwendungsfähigkeit. Er meinte Hofmannsthal mit dem „Verworfenen", obwohl die endgültige Trennung erst 1906 stattfand.

Beschämt und unstät blickst du vor den Reinen
Als ob sie in dir läsen . . unwert dir
So kamst du wol geschmückt doch nicht geheiligt
Und ohne kranz zum grossen lebensfest.

Demgegenüber hatte Georges Engel versprochen:

Sind auch der dinge formen abertausend
Ist dir nur Eine – Meine – sie zu künden.

Der *Teppich des Lebens* entwirft eine Welt aus bedeutsamen Landschaftsmodellen, aus ästhetisch angeschauten historischen Reminiszenzen, aus geistigen und künstlerischen Traditionen, die in Monumente, „Standbilder", verdichtet werden, nicht ohne dem Leser Rätsel aufzugeben. Weniger monumental sind *Die Lieder von Traum und Tod.* Hier kommen Georges „romantische" und dionysische Neigungen zur Geltung, die sich von dem Willen zum klassisch-deutlichen Bilden nicht unterdrücken ließen.

Alle Gedichte der 3 Teile dieses Buches haben 4 Strophen zu je 4 Versen. Jedes Buch enthält 24 Gedichte. Diese Gleichmäßigkeit ist ein wenig aufgelockert durch die unterschiedliche Länge der einzelnen Verse. Besonders die *Lieder von Traum und Tod* fallen durch rhythmische Variationen auf. Der Zug zum Schlichten, der im *Jahr der Seele* bemerkbar wurde, ist (wie auch im *Stern des Bundes*) zurückgedrängt, der Prunk einer angespannten Symbolik steht der Wirkung auf den Leser entgegen.

Für die Beurteilung Georges und seiner Wirkung

sind gerade die verborgenen Widersprüche wesentlich. Das Gleichmaß der äußeren Form soll den Betrachter überreden, daß er, von den Widersprüchen seiner Welt erlöst, am „schönen Leben“ teilnehme. Zugleich soll er aber auch wissen, daß sein Dichter nicht unempfindlich, vielmehr komplex ist, daß er um die schöne Form leiden muß. Der Leser soll sich mit dem Dichter in eine esoterische, von ästhetischen Gesetzen gelenkte Welt zurückziehen, an der die Masse nicht teilhat. Aber die Masse (gemeint sind immer die bürgerlichen Durchschnittsleser) soll doch ästhetisch gebildet werden. Der Kreis soll zugleich esoterisch und führend sein. Der brennende Ehrgeiz Georges, sein in Gedichten oft gestalteter Königstraum, muß durch Abschließung rein erhalten, soll aber auch verwirklicht werden.

Das letzte Gedicht der Sammlung, *Traum und Tod*, spricht von ehrgeizigem Jugendtraum, von Unterordnung unter ein gefundenes Vorbild (eine Empfehlung für die neuen Jünger), konfrontiert dann aber die selbstinduzierte Größe mit der menschlichen Sterblichkeit:

Bis ein ruf weit hinab uns verstösst
Uns so klein vor dem Tod so entblösst!

Als Lösung wird der Gedanke des Sternbildes, der Konstellation, als Symbol für gültige Form angeboten.

All dies stürmt reisst und schlägt blizt und brennt
Eh für uns spät am nacht-firmament
Sich vereint schimmernd still licht-kleinod:
Glanz und ruhm rausch und qual traum und tod.

Das Sternbild, in dem sich alles vereint, ist eine religiöse Richtungsmarke, denn seine Aufgabe ist ja, den Tod zu überwinden. Es gilt also für alle. Und dennoch ist es ein Zeichen für das menschliche Kunstwerk, in

Titelzeichnung zu dem Gedichtzyklus »Die Lieder von Traum und Tod« in Stefan Georges »Der Teppich des Lebens und die Lieder von Traum und Tod« von Melchior Lechter

dem sich Ruhmbegierde, der Rausch der Vision, die Qual der lebensfeindlichen Absonderung zum „Glanz“ vereinigen.

Erst acht Jahre später, 1907, erschien der nächste Gedichtband, *Der Siebente Ring*. Der Titel vergleicht die sieben bis dahin selbständig veröffentlichten Gedichtsammlungen Georges, einschließlich dieser neuen, mit Jahresringen. Der Band ist in sieben Teile eingeteilt, die Anzahl der Gedichte in jedem Teil ist durch sieben teilbar. Im Gegensatz zu dem Bemühen um Gleichmaß im *Teppich des Lebens* weist diese Sammlung große Variabilität der Formen auf. Das mittlere Buch heißt „Maximin“ und ist der Verkündung eines neuen Gottes gewidmet.

Maximin war Georges Dichtername für Maximilian Kronberger, einen Münchener Jüngling, dem George sich leidenschaftlich zugewendet hatte. Er lenkte seine Gefühle jedoch in die Form einer pädagogischen Beraterfunktion und hielt seinen Umgang innerhalb des ihm von den Eltern Kronberger Zugestandenen. Mit ihrer Erlaubnis nahm George den jungen Kronberger auf die Schwabinger Maskenzüge mit. Im „Dichterzug“ fungierte der junge Mann als florentinischer Edelknabe, der George-Dante begleitete. Auf Bildern zeichnet sich Kronberger nicht durch besondere Schönheit aus, er muß aber einen jugendlichen Charme gehabt haben, um den Meister so anziehen zu können. Auch stellte sich heraus, daß er Gedichte schrieb, die Todes- und Jenseitsvorstellungen des katholisch Erzogenen und natürlich Georges Einfluß verraten. Kronberger starb im April 1904 plötzlich nach kurzer Krankheit. Wenige Wochen vor seinem Tode hatte sich das Verhältnis wenigstens äußerlich abgekühlt. George war gekränkt, weil Kronberger ihn nicht nach seinen Wünschen besuchte, und bestrafte ihn mit (wohl gespielter) Gleichgültigkeit. Nach Kronbergers Tode jedoch setzte George den kaum Sechzehnjährigen mit dem Jüngling Antinous gleich.

Friedrich Gundolf hatte, als Spiegelung seines eigenen Verhältnisses zu George, 1901 ein Spiel, *Antinous*, gedichtet, in dem sich der Liebling des Kaisers nach einer ungnädigen Äußerung Hadrians tötet, um seine Liebe zu beweisen. Historisch ist, daß Hadrian Antinous zum Gott hatte erheben lassen. George, ohnehin erregt durch den Bruch mit den Kosmikern (um die Jahreswende 1903/04), vermutlich schuldbewußt wegen seiner Strenge gegen den geliebten Jüngling, begann aus dem Bedürfnis nach Lösung der gestauten Gefühle, das Erlebnis dichterisch zu konzipieren. Er verwandelte Maximilian Kronberger in den Gott Maximin, der als Symbol der Erneuerung, als Erfüllung der dichterischen Weissagung den Mittelpunkt des Kreises bilden sollte.

In eurem schleppenden und kalten jahre
Brach nun ein frühling neuer wunder aus ·
Mit blumiger hand · mit schimmer um die haare
Erschien ein gott und trat zu euch ins haus.

Maximins Vergottung ist ein Versuch, das Frühlingshafte, Jugendliche, Dichterische über den persönlichen Streit zu stellen, der George mit seiner mühsam bezähmten Eifersucht, seiner Haßfähigkeit und seinem Bedürfnis, liebend verehrt zu werden, so viel zu schaffen machte. Maximin ist ein Gott des jugendlichen Lebens, kein transzendenter Gott. Seine Nähe beruht auf dem dichterischen Enthusiasmus seines Verehrers. Daß George ihn nicht als fiktiven Gott darstellte, sondern als Gegenstand seiner religiösen Verehrung, ist wohl nur aus der Wirkung Schwabings zu erklären. Die angeblich lebenserneuernden Riten der Kosmiker hatten Eindruck auf George gemacht. Nun, da er Klages und Schuler verdammt hatte, brauchte er für sich und seine Freunde einen Religionsersatz, den er und sie als kühne Tat verstehen konnten. Dennoch ist diese Kreation nur auf dem Untergrund einer frustrierten Verzweiflung voll verständlich, der Angst, an der selbstinduzierten inneren Form zu ersticken, an ein Ende gelangt zu sein. Dazu stimmt, daß Maximin lange für George eine Art Privatgott war, an dessen dichterischer Verehrung die Jünger nur scheu teilnahmen. Der Kult ist im Grunde der Ausdruck des Ernstes, den George für seine poetische Welt forderte, zugleich aber auch eine Übersetzung des poetischen Erneuerungsbedürfnisses ins Kulturpädagogische. Die neue Zeit soll sich in einer neuen Jugend darstellen. Der Kreis wird zum Kunstwerk, das Kunstwerk in das manipulierbare Leben der Jugend des Kreises übertragen.

Die beiden äußeren Bücher des *Siebenten Ringes*, das 1., *Zeitgedichte*, und das 7., *Tafeln*, wenden sich an die Welt außerhalb des Kreises, an die Masse der Bürger des Deutschen Reiches, denen bisher nur Verachtung gegolten hatte. Das ist auch jetzt noch so, nur wird die Verachtung des Wilhelminischen Deutschlands in Verse gebracht. Der Verdammung verfallen Preußen und der Protestantismus, weil sie den unästhetischen Bürger groß gemacht haben. Verdammt wird der moderne Pluralismus, der, nach Ansicht Georges, nur zerstört, nicht bereichert; verdammt wird die Geldwirtschaft. Demgegenüber stellt die Hierarchie der alten Kirche in dem greisen Papst Leo XIII. „wahre majestät" vor Augen, „Heut da sich schranzen auf den thronen brüsten", was auf Wilhelm II. geht. Gegenüber der Reformation bezieht George Nietzsches Position, daß sie den Frühling der Renaissance durch „gezänk und starre sätze" vertrieben habe. Das Gewimmel in den Städten, besonders Berlins, verfällt ebenso der Ächtung wie die künst-

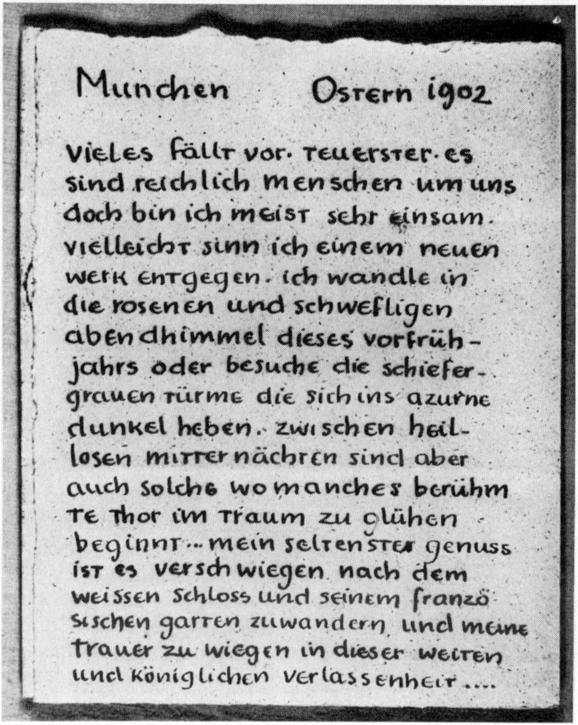
Munchen Ostern 1902

vieles fällt vor. teuerster. es
sind reichlich menschen um uns
doch bin ich meist sehr einsam.
vielleicht sinn ich einem neuen
werk entgegen. ich wandle in
die rosenen und schwefligen
abendhimmel dieses vorfrüh-
jahrs oder besuche die schiefer-
grauen türme die sich ins azurne
dunkel heben. zwischen heil-
losen mitternächten sind aber
auch solche wo manches berühm
te thor im traum zu glühen
beginnt ... mein seltenster genuss
ist es verschwiegen nach dem
weissen schloss und seinem franzö
sischen garten zuwandern und meine
trauer zu wiegen in dieser weiten
und königlichen verlassenheit ....

Brief Stefan Georges an Friedrich Gundolf

liche Düngung und die Industrie, die „rötel kalk und teer“ in den Rhein fließen läßt, womit die Farben Schwarz-Weiß-Rot gemeint sind. Goethe wird von den Deutschen mißverstanden, auch Nietzsche zu loben steht ihnen nicht zu. Napoleons „fuß im nacken“ der Deutschen war mehr wert als die „matten siege“ von 1870/71. Ein römischer Buhlknabe, der aus den Trümmern des alten Trier aufersteht, verurteilt die Welt, die er sieht. Das Gedicht *Porta Nigra* ist dem „Ingenium“ Alfred Schulers gewidmet, eine höchst zweifelhafte Ehrung.

In den Schwabinger Festen sei die alte Zeit der Götter wiedererweckt worden. Einige nicht-preußische Aristokraten ernten Lob, die beiden bayrischen Prinzessinnen Sophie und Elisabeth, Kaiserin von Österreich, und Georges hessischer Großherzog, der den Dichter empfangen hatte. München gegenüber Berlin, der Bamberger Reiter, die Madonna mit der Wicke eines Kölner Malers, die Erinnerung an die Staufer, besonders Konradin mit seiner Sehnsucht nach dem Süden, zählen zum Vorbildlichen in der deutschen Tradition. Georges Urteil gibt sich überzeitlich, es schlägt dem Konformismus des Wilhelminischen Bürgertums ins Gesicht. Wie zeitgebunden es trotzdem ist, zeigt sein Lob des Malers Böcklin, dessen südliche Motive er hervorhebt und den er seltsamerweise für in seiner Zeit verkannt hinstellt. Sich selbst hielt George für den Propheten des Neuen, das das verhaßte bürgerliche Zeitalter ablösen sollte. Die alte Welt wird in einem Krieg untergehen, während „die kleine schar“ des Georgekreises um sein „banner“ versammelt bleiben wird. Das „neue“, das er zu verkünden hatte, wird aber nicht zufällig mit Bildern aus der vorindustriellen Welt bezeichnet.

In *Traumdunkel* stehen heimische Landschaftsgedichte neben exotischen Träumereien. Anderswo, vornehmlich in *Gezeiten*, finden wir homoerotische Freundschaft und Liebe behandelt, oft resignativ, wie in *Das Jahr der Seele*. Liebeserfüllung war der gespannten Persönlichkeit Georges nicht möglich, sie ließ sich auch kaum mit der Aura der Weihe vereinbaren, die den Meister umgab. *Der Siebente Ring* enthält Erlebnisgedichte in der Tradition Goethes, wie auch *Das Jahr der Seele*.

Das nächste Buch, das George veröffentlichte, kann man nicht eigentlich eine Gedichtsammlung nennen. Allerdings besteht *Der Stern des Bundes* (1914) aus Gedichten, deren Anordnung einem Zahlenspiel folgt (es sind 100 Gedichte verschiedener Länge, aber mit zusammen 1000 Versen, geordnet in 3 Bücher zu je 30 und einen Rahmen von 10 Gedichten). Ursprünglich waren diese Verse als Geheimbuch nur für den Kreis gedacht. Wert hat es fast nur für den gläubigen Georgianer, für diesen freilich unschätzbaren. Die ästhetische Lebensvorschrift, die auch sozial gelten soll, wird in zumeist ungereimten, absichtlich „hart“ klingenden Versen fordernd vorgetragen. Die Lehre ist freilich nicht trocken und klar formuliert, sondern in einem mehr oder weniger verrätselten Spiel angedeutet; trotzdem soll die Forderung eindeutig verstanden werden. Wie schon im *Siebenten Ring* wird die moderne Welt verworfen, darunter besonders die Deutschen mit ihrer musikalischen und philosophischen Tradition (ausgenommen der neuentdeckte Hölderlin, der als Vorläufer gefeiert wird), die Wiener Impressionisten, die nicht an ihre eigene dichterische Welt glauben, sogar die „HELFER VON DAMALS“, die französischen Dichter, deren bester Nachwuchs auf den Hund gekommen sei (wörtlich: „einem rudel von verraßten hunden ... gleicht“), die Kosmiker, deren Schwabinger Aufbruch nur Schein war, überhaupt alle, die den Ruf des Dichters und seines neuen Gottes nicht hören und darum irren. Der neue Gott ist Maximin, „Du geist der heiligen jugend unsres volkes“, dessen göttlicher Charakter aus der Verkündung durch George stammt. Ohne dichterische Vision kein Gott, ohne den jugendlichen Gott keine Zukunftsfreudigkeit. Die Freude wird jedoch verdunkelt, ja verschwindet streckenweise völlig vor der apokalyptischen Weissagung des Unterganges dieser nicht mehr heilbaren Welt. Zukunft ist nur im kleinen Kreis, dem neuen Adel. Der alte Adel gilt nicht mehr, ebensowenig wie Kaiser Wilhelm und sein Reich.

Im Kreis herrschte Männerfreundschaft. Frauen hatten zurückhaltend und schlicht zu sein, wollten sie für würdig gehalten werden, den Samen der neuen Menschen zu empfangen. Obwohl George mit einzelnen ausgesuchten intellektuellen Frauen Gespräche führte, war er im allgemeinen überzeugt, daß Frauen im Kreis gefährlich seien, weil sie ihm Männer abspenstig machen könnten. Es war noch viel altmodische restriktive Sexualmoral in George lebendig. So hielt er Klages für korrumpiert durch Franziska zu Reventlow, ein Urteil, das ihr einen dämonischen Charakter zuschreibt, den sie nicht hatte. Sehr wahrscheinlich ist das Hexengedicht *Die Fremde* im *Teppich des Lebens* eine Spiegelung der Dämonisierung dieser Frau.

Merkwürdig innerhalb des *Stern des Bundes* ist das folgende Gedicht, in dem George vor neuromantischer Dekadenzdichtung warnt.

Durch die gärten lispeln zitternd
Grau und gold des späten tags.
Irr-gestalt wischt sich versonnen
Sommerfäden aus der stirne
Wehmut flötet. . dort in häusern
Bunte klänge laden schmeichelnd
Saugen süss die seele. . . Eilet!

Alles dies ist herbstgesang.
Stimme die in euch erklungen
Heischt nicht gift noch welken glanz.

Diesem Gedicht fehlt die Härte der meisten anderen Gedichte dieser Sammlung. Herbstliche Süße und Wehmut ist ein beliebtes Thema in der Lyrik des Jugendstils; es reicht in den Frühexpressionismus der Trakl und Heym hinein. Was die hier ausgesprochene Warnung so bemerkenswert macht, ist die offenbare Tatsache, daß der George des *Jahrs der Seele* selbst ein hervorragender Gestalter des Motivs ist. Man muß das Gedicht als Selbst-Kasteiung auffassen, was seinen Reiz ausmacht, aber dennoch bedenklich ist. Der Wille Georges zerstört zuletzt seine eigene Basis.

Ein anderes Gedicht wurde in der Jugendbewegung fast volkstümlich. Im Rahmen des *Stern des Bundes* drückt es die Treueverpflichtung der Kreisangehörigen aus, die für sie eine Lebensnotwendigkeit sein soll.

Wer je die flamme umschritt
Bleibe der flamme trabant!
Wie er auch wandert und kreist:
Wo noch ihr schein ihn erreicht
Irrt er zu weit nie vom ziel.
Nur wenn sein blick sie verlor
Eigener schimmer ihn trügt:
Fehlt ihm der mitte gesetz
Treibt er zerstiebend ins all.

George-Gemeinden gab es in mehreren Städten Deutschlands und der Schweiz, in Berlin, München, Basel, Heidelberg, Marburg, Kiel. Es waren also Universitätsstädte, und die den Weg zur Jugend vermittelnden Jünger waren zumeist Professoren. George hielt die Gemeinden zusammen. Novizen wurden nach Aussehen und Benehmen, besonders nach der Art ihres Ganges unter den Studenten ausgesucht. Ohne daß seine Ankunft bekannt geworden war, erschien der Meister eines Abends während einer Zusammenkunft der Jünger und zog die Novizen ins Gespräch. Er ließ sich über Leben und Bildung berichten, manchmal gab er Ratschläge, sogar in praktischen Fragen. Er bemühte sich um Toleranz, er wollte niemandem seine eigenen, persönlichen Entscheidungen abnehmen. Aber seine autoritäre Manier machte seine Absicht zunichte. Er wollte, daß die Jünger freiwillig sich in seinem Sinne entschieden. Wenn dies nicht geschah, konnte er rücksichtslos streng sein, auch wenn seine Strenge ihn selbst schmerzte, wie im Falle Gundolf, der seit seiner Studentenzeit Georges engster Vertrauter gewesen war.

Als germanistischer Professor hatte Gundolf sich schnell einen berühmten Namen erworben. An seinem *Goethe* (1916) hatte George mitgearbeitet, mehr noch an der übersetzerischen und darstellenden Arbeit über Shakespeare. Gundolf war leichtlebiger, als George wünschte. Seine jahrelange treue Ergebenheit hatte Grenzen, die er sich allerdings selbst als Schwäche auslegte. So hatte sich Gundolf einen Rest von Liberalismus bewahrt, den er als jüdischer deutscher Professor nötig zu haben glaubte. George erwartete dagegen, daß Gundolf als sein Jünger gleichsam neugeboren sei, alle seine alten Loyalitäten ablege. Er bestrafte den Lieblingsjünger, indem er sich ihm entzog. Die erhaltenen Zeugnisse lassen – angesichts des herzlichen früheren Verhältnisses – erkennen, daß George die Trennung mit einer fast unglaublichen Schroffheit vollzog. Gundolf seinerseits schmuggelte eine George nicht genehme Widmung in ein Buch, das mit der Marke der *Blätter für die Kunst* erschien. Zum endgültigen Bruch kam es, weil George die Frau, die Gundolf liebte und dann heiratete, mißbilligte. Gundolf hielt trotzdem an seinem Meister fest. Nach einer lebensgefährlichen Operation schrieb er in einer schlaflosen Nacht Verse, die eine Bitte um Wiederanknüpfung enthielten, und schickte sie an George. Der Meister schwieg.

An Gnade glaubte George weder im privaten noch im theologischen Sinne. „Es gibt keine Vergebung" ist sein Wort, das Edith Landmann aufzeichnete. Er wollte sich Jünger erziehen, die groß waren. Gnade und Vergebung ist Anerkennung menschlicher Schwäche. Deren Leugnung führt ebensowenig zur Größe wie das Verbot von Wörtern wie ‚unmöglich' oder ‚Kapitulation'. Die fast tragische Ironie seiner Person war, daß seine eigene Überlegenheit und die Aura von Weihe, unfehlbarer Genialität und Weisheit, die er um sich verbreitete, jedes unabhängige Denken, jede wirkliche Stärke und Größe der Jünger von vornherein ausschlossen. Es hinterläßt ein zweifelhaftes Gefühl, die Zeugnisse seiner Bewunderer zu lesen, die er durch seine Schroffheit verletzte, von denen aber die meisten nicht aufhörten, zitternd um seine Freundschaft zu bangen.

Andererseits muß man auch die vielen Zeugnisse ernst nehmen, in denen Georges verstehende Güte gerühmt wurde. Seine Energie hörte gegen Ende seines Lebens und unter dem Einfluß eines Nierenleidens auf, sich in Dichtung zu kristallisieren. Er gab sich aus in Gesprächen, in der ‚Regierung' seines platonischen ‚Staates', er suchte Einfluß auf einige junge Männer zu gewinnen, um zu wissen, daß sein kulturpädagogisches Werk nach ihm fortgesetzt werde. Ohne daß er es wollte, vielleicht auch ohne daß er es wußte, war dieses Werk durch ihn selbst gefährdet, ja im Grunde unmöglich gemacht. Zwar bemühten sich die Jünger, den Geist des Kreises, die Staatsgesinnung nachzuvollziehen, in der man von selbst, d. h. ohne formulierte Moral, wußte, was zu tun sei. Aber George verwirrte die Staatsgesinnung durch Widersprüche. So haßte er Bombast und liebte Schlichtheit, dem widersprachen aber die kultischen Elemente des Kreises, wie feierliches Gedichtlesen und Handkuß der Jünger. Er war sich seiner einfachen Abkunft bewußt, war praktisch, konnte Bücher einbinden und Wein abfüllen. Er benutzte in vertrauten Gesprächen seinen heimischen Dialekt. Aber der Kreis war auf die Oberschicht beschränkt, er funktionierte nur in Universitätsstädten. Daher produzierte der ‚Staat' Theorie, Wissenschaft, was George von Zeit zu Zeit als „Geist" mißbilligte. George mißachtete alles Bürgerliche, aber auch das Bohemische, das ihm in München vor dem Kriege so nahe gekommen war. Er brauchte die Umgangsformen der Oberschicht, um sich abzuschließen. Er verachtete den bürgerlichen Chauvinismus, besonders im Ersten Weltkrieg, gab aber in der Zeit der Weimarer Republik dem Nationalismus der Jünger Auftrieb, weil er das siegreiche bürgerliche Frankreich verachtete (während er Gundolf am Anfang des Krieges den Franzosenhaß verwiesen hatte). Er glaubte, nur aus Deutschland könne die fällige Erneuerung der Kultur kommen.

An einer solchen Erneuerung hatten in der Zeit von 1910 bis 1914 die *Jahrbücher für die geistige Bewegung* wirken sollen, auch die Auswahlbände der *Blätter für die Kunst.* Die alte Esoterik hatte sich zwar noch in der kleinen Auflage geäußert, aber die Absicht war werbend gewesen. Freilich ließen sich die Ansichten der professoralen George-Anhänger selten auf einen Nenner bringen, was wohl dazu führte, daß George diese werbenden und polemischen Aktionen nach dem Kriege nicht wieder aufnahm. „Von mir aus führt kein Weg zur Wissenschaft", äußerte George zu Gundolf und Edgar Salin, der dieses Wort überliefert. An Stelle der Polemik und der Lehre tritt die mythische Überzeugung von der Erneuerung, die George verkörpere. Das „neue Reich“, das „geheime Deutschland“, erfülle, was Goethe erstrebt, aber angesichts des Publikums seiner Zeit nicht erreicht, was Hölderlin gesehen habe.

Schon vor dem *Stern des Bundes*, nämlich 1908, wurde das Gedicht *Goethes letzte Nacht in Italien* in den *Blättern* veröffentlicht. Es eröffnet den letzten von George selbst zusammengestellten Gedichtband *Das Neue Reich* (1928). Goethe erscheint darin als Vorläufer der Visionen Georges. Goethes Publikum war für die Visionen der neuen Zeit noch nicht reif. Hölderlin, der im *Stern des Bundes* als Geheimnis vorkommt (sein Name ist in einem Gedicht verschlüsselt), spricht in drei Gedichten als „Hyperion“. Diese Gruppe erschien zuerst 1913 und wurde ebenfalls in *Das Neue Reich* aufgenommen. Hölderlin wird sozusagen visionär in den Kreis einbezogen. Er ist fremd unter den mitlebenden Deutschen und gerade deshalb neben George der Prophet der Erneuerung.

Das Neue Reich wird beschlossen von einer Gruppe schlichter Lieder, z. T. im Volksliedton gehalten. Die Gedichte im *Neuen Reich*, die eine Reflexion des Ersten Weltkrieges enthalten, sollen in einem anderen Zusammenhang noch besprochen werden. Im ganzen ändern die Gedichte des *Neuen Reiches* das Gesamtbild von Georges Dichtung wenig. Es ist kein einheitliches Bild. Prophetie und Schlichtheit, klassische Versstrenge und Ausdruck schmerzvoller Melancholie, Symbolismus und Volksliedton, Ablehnung seiner Zeit und offenbare Abhängigkeit von ihr mischen sich. Man darf sich von dem monumentalen Bild des Kreises nicht täuschen lassen, auch wenn es den Segen des Meisters hatte.

Eine irreführende Rolle bei der Entstehung dieses Bildes spielte die 1930 erschienene offizielle Geschichte des Kreises von Friedrich Wolters: *Stefan George und die Blätter für die Kunst* mit dem arroganten Untertitel „Deutsche Geistesgeschichte seit 1890". Das Manuskript war von George Blatt für Blatt durchgesehen worden und trug die Marke der *Blätter für die Kunst*, die nur der Meister selbst vergeben konnte. Obwohl George sich gelegentlich leicht distanzierend äußerte, gibt es über seine grundsätzliche Billigung dieser Mythengeschichte des Kreises keinen Zweifel. Gundolf, der einen großen Beitrag zum George-Mythos selbst geleistet hatte, sah (nach dem Bruch mit George) in dem Buch „das jesuitische Schillern zwischen Glaubenswahrheit oder -Aufrichtigkeit und Propagandatrug" und nannte es wenig später sogar „durch und durch verlogen". Die antisemitischen und nationalistischen Tendenzen dieser Geschichte passen schlecht zu einem Kreis, dessen Meister auf Wahrhaftigkeit drang, der sich wenigstens 1914 dem hysterischen Chauvinismus entzogen hatte und der von Juden umgeben war. Am schlimmsten sind jedoch die hochfahrenden Urteile über alles, was außerhalb des Kreises stand, wie z. B. über Rilke. Fast alle Jünger äußern sich giftig über die Schwäche des abtrünnigen Hofmannsthal, in späteren Erinnerungen auch über Gundolf und Kommerell. Solche Urteile gehen letztlich auf die kleinbürgerliche und rechthaberische Enge zurück, die George bei aller Selbstdisziplin und Selbstformung behielt.

George starb im Dezember 1933 im Tessin (wo er seit 1931 die Winter verbrachte), nachdem er das Angebot des nationalsozialistischen Kultusministers Rust, eine offizielle Rolle in der Deutschen Akademie der Künste zu spielen, durch seinen jüdischen Freund Ernst Morwitz hatte ablehnen lassen. Andererseits hatte er anerkannt, daß in der nationalen Bewegung, deren Erfüllung zu sein die nationalsozialistische Regierung prätendierte, seine Auffassungen widerklängen. Seine Erziehung hat die Brüder Berthold und Claus von Stauffenberg anfangs nicht gehindert, sich vom Nationalsozialismus täuschen zu lassen, sie aber endlich doch zur befreienden Tat getrieben.

Sein Glaube, er bringe eine Erneuerung, verankert George und sein Werk fest im Jugendstil, auch und gerade *Das Neue Reich.* Die Glaubensbereitschaft der Jünger ist ein Beispiel für den ersatzreligiösen Charakter, den besonders die deutsche Dichtung seit der Goethezeit angenommen hatte. Georges Größe war Produkt seiner dichterischen Fiktion, Teil seines kulturpädagogischen Werkes. Ein würdiger Platz in der deutschen Literaturgeschichte kommt ihm dennoch zu.

8. Hugo von Hofmannsthal

In einem Brief Friedrich Gundolfs an Karl Wolfskehl vom Mai 1900 bittet der Briefschreiber, der Empfänger möchte ihm Bericht erstatten über seine unmittelbare Anschauung des „Lebens". Gundolf meinte Hofmannsthal, der im Georgekreis mit diesem seinem Lieblingswort benannt wurde. „Leben" bezeichnet die vitalistische Religion im Jugendstil, nicht nur im Georgekreis. In Hofmannsthals Gebrauch schwingt eine Abneigung gegen ideologische und ästhetische Festlegung mit, das Wort zielt also auch in seinen Gegensatz zum Georgekreis. Neben dem schönen Leben konnten ihm die Qual, der Haß, die Gemeinheit stehen. Seinen Gianino aus dem *Tod des Tizian* ließ er diese dunklen Anziehungskräfte in der Stadt sehen, in die es ihn aus dem schönen Garten zieht. Eine Gestalt, die das lockende, aber auch moralisch fragwürdige Leben verkörpert, ist Hofmannsthals Casanova in *Der Abenteurer und die Sängerin* und in *Cristinas Heimreise*. Lord Chandos, dem die Einheit der Welt verlorengegangen ist, wird durch „freudige und belebende Augenblicke" getröstet.

Als „gute Stunden" empfand der junge Hofmannsthal die dichterisch inspirierten Augenblicke, die ihm einen Einblick in dieses Leben gestatteten. Diese Augenblicke wechselten mit Perioden ab, die er als öde und tot empfand. Hofmannsthal war psychisch sehr labil, ein Zustand, der im Alter noch zunahm. Diese Bedingung seines großen Talentes wirkte mit seinem sozialen Gewissen zusammen, um ihm die Grenzen des ästhetischen Zustandes immer bewußt zu machen. Darum war er später so überaus empfindlich, wenn man ihn auf die Stimmung seiner frühen Lyrik und seiner kleinen Dramen festlegen wollte.

Der von den Eltern, den Wiener Schriftstellerfreunden und von seinem eigenen Sprachtalent verwöhnte junge Mann erfaßte bald, daß die Leichtigkeit, mit der er Essays, Feuilletons und Verse schrieb, die Gefahr in sich barg, literarischen Moden zu verfallen. Er las Goethe und Gottfried Keller neben den modernen Franzosen, unter denen er bald zu differenzieren anfing. Er bewunderte Maupassant, Bourget wurde ihm schal. Auch englische Literatur, Thackeray, Browning, die Präraffaeliten, bedeutete ihm viel. An seine großmütterliche Freundin, Josephine von Wertheimstein, schrieb er, ein Lob seiner früheren Schriften zurückweisend, am 6. Juli 1893:

> ... ein ordentlicher Dichter ist doch nur der, der das Leben in seinen Büchern neu erschafft und besser als es ist, nicht moralisch besser, aber leuchtender, wärmer, lebendiger. An solchen Büchern kann man sich wärmen, wenn einen friert, die erfüllen den einen einzigen wirklichen Zweck der Kunst. Alles andere ist ungeheuer ehrenwert, aber überflüssig.

Hofmannsthals Lyrik beruht zum großen Teil auf dem Erlebnis der „guten Stunden“, der Verwandlungskraft des dichterischen Wortes. Der Wert dieser Kraft steigerte sich noch, als er während seiner Militärdienstzeit in unästhetische Situationen gezwungen wurde. Das Gedicht *Ein Traum von großer Magie* wurde sehr wahrscheinlich während der Dienstzeit geschrieben. Der in Terzinen gefaßte Traum bedeutet die dichterische Schöpfungskraft, wie sie auf einen Zustand der Offenheit folgt, der in einen Traumzustand mit ineinanderfließenden Bildern übergeht. Die Gestalt des Magiers repräsentiert das Selbstbewußtsein des Dichters mit der Gebärde des Schöpfergottes in Michelangelos Fresko in der Sixtinischen Kapelle. Hofmannsthals Bild vom dichterischen Wort als Edelstein stellt sich neben Goethes indisches Bild des sich ballenden Wassers. Der dichterische Magier durchdringt die Welt:

> Er fühlte traumhaft aller Menschen Los,
> So wie er seine eignen Glieder fühlte.
> Ihm war nichts nah und fern, nichts klein und groß.

Am Schluß des Gedichtes stehen jedoch sieben reflektierende Verse, deren Vorbild eine von Schopenhauer zitierte Äußerung von Paracelsus war. Der „Geist", der die Schöpferkraft bewirkt, ist „unser" Herr, wir nicht seiner; er „läßt uns viel verwaist".

Eine Notiz für dieses Gedicht beleuchtet noch deutlicher, daß die Schöpferkraft und die Fähigkeit, Verbindungen in der geistigen Welt zu schlagen, die Hofmannsthal auszeichnet, auf der Folie eines grauen Alltags zu sehen sind.

> Lebensweg; führt zu immer stärkerer Magie.
> Magie: Fähigkeit, Verhältnisse mit Zauberblick zu ergreifen, Gabe, das Chaos durch Liebe zu beleben. Chaos als totes dumpfes Hinlungern der Dinge im Halblicht.

Magie und Chaos sind Bilder für zwei ‚Weltanschauungen' im wörtlichen Sinne des Wortes. Im Gedicht ist die magische, dichterische in Bilder gebracht. Der Gegensatz ist das „Chaos", die von der Inspiration nicht erfaßte und verwandelte Welt. Sie ist in den Schlußzeilen nur angedeutet.

Ein Gedicht der Depression ist *Ballade des äußeren Lebens* (1895), in der das dichterische Wort ein inneres gegen das äußere, chaotische Leben stellt:

> Was frommts, dergleichen viel gesehen haben?
> Und dennoch sagt der viel, der „Abend" sagt,
> ...

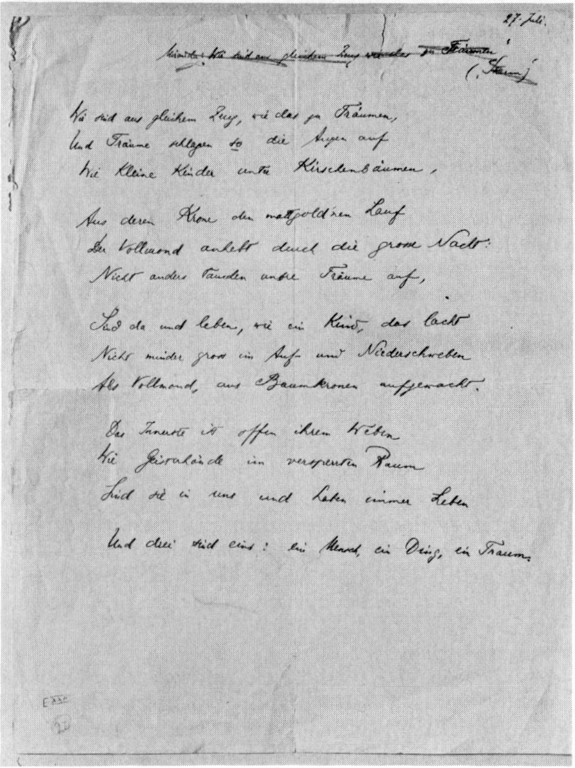

27. Juli.

(„Traum")

Wir sind aus gleichem Zeug, wie das zu Träumen,
Und Träume schlagen so die Augen auf
Wie kleine Kinder unter Kirschenbäumen,

Aus deren Krone den mattgoldnen Lauf
Der Vollmond anhebt durch die grosse Nacht.
Nicht anders tauchen unsre Träume auf,

Sind da und leben, wie ein Kind, das lacht
Nicht minder gross im Auf- und Niederschweben
Als Vollmond, aus Baumkronen aufgewacht.

Das Innerste ist offen ihrem Weben
Wie Geisterhände in versperrtem Raum
Sind sie in uns und haben immer Leben

Und drei sind eins: ein Mensch, ein Ding, ein Traum.

Reinschrift von Hugo von Hofmannsthals Gedicht
»Wir sind aus gleichem Zeug, wie das zu Träumen« (»Terzinen III«)

Auf der Seite des euphorischen dichterischen Allgefühls steht *Lebenslied* (1896), dessen Symbolismus den Zeitgenossen große Schwierigkeiten bereitete. Im Gegensatz zu der Vorstellung von der belastenden Spätzeit ist dem „Erben“ in diesem Gedicht erlaubt, die sorgsam bewahrten Güter der Vergangenheit in Gleichnisse aufzulösen. Das Gefühl der freien Verfügbarkeit des Erbes erzeugt ein traumhaftes Schweben, das den Tod und die „Abgründe“ des Lebens ignoriert:

> Die schwebend unbeschwerten
> Abgründe und die Gärten
> Des Lebens tragen ihn.

In dieser All-Sympathie kann auch ein soziales Motiv enthalten sein, das dem aristokratischen Individualismus entgegenläuft. In einem Brief an seinen Freund Karg von Bebenburg aus dem Jahre 1895 beantwortet er dessen Frage nach Hofmannsthals Gedanken über die Freiheitsbewegung unter den Arbeitern: „Das ‚Volk‘ kenne ich nicht. Es gibt, glaube ich, kein Volk, sondern bei uns [in Österreich] wenigstens, nur Leut, und zwar sehr verschiedene Leut, auch unter den armen sehr verschiedene, mit ganz verschiedenen inneren Welten.“ Diese Position eines individuellen sozialen Interesses schlägt sich später in Hofmannsthals Adaptionen barocker Dramen nieder. Die dichterische Aufgabe ist Vermittlung der Bereiche, aber so, daß Individuen, Menschentypen und Stände erhalten bleiben.

Hofmannsthals kleine Dramen enthalten beide Seiten im Lebensgefühl des jungen Hofmannsthal, die poetisch-euphorische und die depressiv-skeptische. Der Preis des schönen Lebens steht neben der sozial gemeinten moralischen Warnung vor ästhetischer Isolierung. Claudio in *Der Tor und der Tod* (1893) ist ein

Lebensdilettant nach dem von Paul Bourget beschriebenen Typus. Auch Heinrich und Thomas Mann sollten sich für den Typus des künstlerisch nachempfindenden jungen Menschen ohne Produktivität interessieren. Der Typus des Lebensdilettanten wurde schon vor Bourget in Goethes Werther gestaltet. Hofmannsthal vergleicht *Werthers Leiden* mit Bourgets Ansichten in einem Aufsatz von 1891. Claudio, der Tor, hat geglaubt, künstlerisches Nachempfinden und Kunstdinge würden ihm den Weg in das Leben eröffnen. Als er auftritt, ist er schon mit dem Bewußtsein erfüllt, daß dieser Weg ihn vom Leben isoliert hat. Sein Haus, angefüllt mit Kunstwerken, ist ihm eine „Rumpelkammer“ wie Fausts Studierzimmer. Symbole des wahren Lebens sind die Höfe der Bauern, die er im Abendsonnenglanz betrachtet. Erst die Musik des Todes entgrenzt die peinlich verschlossene Dilettantenexistenz. Der Tod stellt sich als „ein großer Gott der Seele“ vor, was nichts anderes als „Leben“ bedeutet. Claudios Verfehlung ist nicht nur moralisch, sondern auch künstlerisch, da seine Abschließung die Weltoffenheit vermissen läßt, die für Hofmannsthal zum Künstlerischen gehört. Nun zum ersten Male offen und erlebnisfähig, ohne sich selbst zuzuschauen, erfährt er die Versäumnisse seines Lebens.

> Ich will die Treue lernen, die der Halt
> Von allem Leben ist . . .

Die kostümierten Spieler des Todes sind Menschen, die Claudio nahegestanden haben und denen er sich nicht geöffnet hat. Er hat sie benutzt. Den Freund und das junge Mädchen hat er zu Objekten seines Spiels erniedrigt. Die nur angedeutete Vorgeschichte erinnert an Stücke von Hofmannsthals Freund Arthur Schnitzler wie *Anatol* oder die fast gleichzeitige *Liebelei*. Spielt dort der Klassenunterschied eine Rolle, so ist die Sünde der Objektivierung des Menschen hier in rein ästhetischen Zusammenhängen vorgeführt.

Die Beziehung von Menschen untereinander, die Treue als Bindung, die Sprache, die Versprechen und Lüge enthält, Leben und Tod sind Gegenstände eines anderen kleinen Dramas, *Der weiße Fächer* (1897). Eine junge Frau und ein junger Mann haben sich vorgenommen, besser zu sein als „das Leben" der gewöhnlichen Menschen mit seiner Untreue und seiner Sinnlosigkeit. Sie wollen ihren Gatten über ihren Tod hinaus die Treue halten. In ihrer Verehrung des Grabes kann man wohl eine Anspielung auf die dritte *Hymne an die Nacht* von Novalis sehen, hier jedoch durch das Spiel ironisiert. Denn die Liebe füreinander, die sie überfällt, ist stärker als die selbstgewählte Lebensform. Das Spiel, das Kostüm von etwa 1820 vorschreibt und auf einer Westindischen Insel stattfinden soll, gibt sich wie ein moralisches, hat aber keineswegs eine eindeutige Moral. Sowohl Untreue wie Treue können schlecht sein, sich gegen „das Leben" versündigen, dessen Gesetze zwar „ehern", aber nicht eindeutig bestimmbar sind. Eine Rede spielt auf Mörikes Gedicht „Ein Tännlein grünet wo ..." (*Denk es, o Seele*) aus *Mozart auf der Reise nach Prag* an. Wie dort unter dem heiteren Rokokospiel die Trauer über die Flüchtigkeit des Schönen und Lebenswerten liegt, so versteckt sich hier die monistisch-religiös gemeinte Hinnahme des unerforschlichen, nicht festlegbaren „Lebens" in ein „Zwischenspiel", wie Hofmannsthal es nennt, das er im Epilog ironisch entwerten, von seiner Schwere befreien will: „Ist solch ein buntes Nichts, vom Traum gewebt." Damit tritt Hofmannsthal, in seinem Stilwillen, in Gegensatz zu den pathetischen Vertretern der monistischen Religion des ‚Lebens' wie Dehmel und auch George.

Ebenfalls von 1897 ist das Stück *Der Kaiser und*

die Hexe, in dem es um das Problem der dichterischen Verfügbarkeit über die Sprache geht. Das Stück ist ein Märchenspiel, in dem der Kaiser von Byzanz sich von dem Zauber einer Buhlhexe befreit und seine Pflichten als Herrscher entdeckt. Unter dieser Handlung liegt eine Allegorie. Der Kaiser ist der Dichter, sein Reich, über das er verfügt, die Sprache. Die Hexe ist eine antizipierende, phantastische Traumsprache, und das Vergehen mit ihr besteht darin, daß sie ihn ganz ausfüllt, ihn damit seinem eigentlichen Leben entzieht. Sein eigentliches Leben, seine Aufgabe als Herrscher, ist es, Beziehungen herzustellen und diese Beziehungen auf ihre Echtheit zu prüfen. Während die Hexe den Kaiser wieder zu verführen sucht, entdeckt der Kaiser Menschen. In Variationen wird das Thema des gefährlichen Wortes entwickelt und eine Ethik der Wahrhaftigkeit verkündet. Dem bloß ästhetischen Leben steht als richtiges das soziale gegenüber, und zwar mit Einschluß des Politischen. Nicht nur sind Ethisches und Politisches letztlich nicht trennbar, der Dichter kann dem öffentlichen Leben nicht entgehen, weil sein Werkzeug, das Wort, betroffen ist. Schon in einer Buchbesprechung von 1895 (*Eine Monographie*) hatte Hofmannsthal von dem „Ekel vor den Worten" gesprochen.

Die unendlich komplexen Lügen der Zeit, die dumpfen Lügen der Tradition, die Lügen der Ämter, die Lügen der einzelnen, die Lügen der Wissenschaften, alles das sitzt wie Myriaden tödlicher Fliegen auf unserem armen Leben.

Der Kaiser und die Hexe zeigt aber auch, daß, wo Hofmannsthal den Zusammenhang von Wort, Ethos und sozial-politischer Ordnung ausspricht, eine konservative Grundhaltung zum Vorschein kommt. Der Kaiser muß zwar mehr Verständnis aufbringen, bleibt aber allein die Quelle der Gerechtigkeit. Denn die

Allegorie des Dichters reicht nur so weit, daß Dichter wie Kaiser in menschliche Beziehungen eintreten sollen.

Die Ethik des Stückes ist ein Niederschlag von Freundschaftsverhältnissen, die Hofmannsthal für wichtig in seinem Leben ansah. Es sind keine Einzelheiten in das Stück eingegangen, nur die Mentorenhaltung des Kaisers ist autobiographisch. Enge Jugendfreundschaft hielt Hofmannsthal mit dem angehenden Marineoffizier Edgar Karg von Bebenburg, der zwei Jahre älter war, aber dennoch zu dem Dichter aufsah, und mit Leopold von Andrian, ein Jahr jünger als Hofmannsthal. Andrian hat Gedichte geschrieben, von denen einige in Georges *Blättern für die Kunst* veröffentlicht wurden, sowie eine Erzählung *Der Garten der Erkenntnis*. Dennoch war dies eigentlich keine literarische Freundschaft, wie die mit Schnitzler und Beer-Hofmann, vor allem nicht mehr nach 1895, als Andrian zu schreiben aufhörte. Vielmehr wurde das Verhältnis getragen von Hofmannsthals Sorge für den neurotisch schwer belasteten Freund. Vielleicht erleichterte ihm das so viel schlimmere Beispiel Andrians, die eigene Nervosität, Irritierbarkeit und zyklische Abhängigkeit von Stimmungen zu ertragen. Jedoch ist Hofmannsthals Geduld mit dem Freund gerade darum erstaunlich; sie ist offenbar eine bewußte Disziplin, die er sich auferlegte.

Edgar Karg war Hofmannsthal sympathisch. Vielleicht interessierte er sich 1892, als sie sich kennenlernten, vornehmlich für die Weltreise, die Karg, dem Seekadetten, in der österreichischen Marine bevorstand. Als sich herausstellte, daß Hofmannsthal mehr der Gebende in diesem Verhältnis war, ließ er die Freundschaft nicht erkalten. An einer Stelle aus Hofmannsthals *Gespräch über Gedichte* ist vergleichsweise von einem Seemann auf Hundswache die Rede, der die ersten Strahlen der Morgensonne auf einem hochfliegenden Vogel erblickt, ein Motiv, das auch in *Die Frau ohne Schatten* und ähnlich in *Andreas* vorkommt. Hofmannsthal entnahm das Bild aus einem Brief Kargs an seinen Bruder. Wie sehr Hofmannsthal sich durch diese Freundschaft dem ,Leben' verflochten fühlte, zeigt eine Stelle aus einem der letzten Briefe, in denen von Kargs Tuberkulosefieber die Rede ist:

Lieber,
ja Du fieberst, obwohl Du mich lieb hast. Ja das ist sonderbar, das ist kaum zu fassen, und doch ist es so und das ganze Leben liegt darin, das ganze unausdenkbare Leben, daß dem so ist – obwohl es kaum zu fassen ist. Lieber, Deine Schmerzen und Deine Qualen und die dunklen leeren bösen Stunden sind in mir: ob ich bei Dir bin oder nicht, sie sind in mir – weil ich Dich lieb habe.

In den frühen Briefen an Karg finden sich außerordentlich schöne Selbstbekenntnisse des jungen Hofmannsthal:

Denn das Wesen der Kunst ist doch immer Unmittelbarkeit, Wesentlichkeit, Anschauen des Daseins ohne Furcht, Trägheit und Lüge. Künstler sind vielleicht, von dieser Seite gesehen, die Menschen, die das schauernde Begreifen der Existenz fesselnder finden als das Sichabfinden mit Hilfe toter nichts mehr sagender Formeln. Auf diese Art bin ich, glaub ich, von einer dilettantenhaften Beschäftigung mit Kunst zu einer gründlichen Zurechtsetzung mit dem Leben gekommen.

Hofmannsthals poetische Religion gibt sich ohne Dehmelsches Pathos, ohne Georges Abschließung und wird sich nicht in Rilkes solipsistische Kunstreligion versteigen. Hofmannsthals Moral ist freilich bloße Forderung, und sein mitmenschliches Interesse bleibt immer einem individualistischen Konservativismus untergeordnet. Hofmannsthal will die vielfältige Welt begreifen und dieses Begreifen in Bildern vermitteln. Die Phantasiewelt bleibt mächtig.

Deren Reichtum, ein Fest von nur ahnungsweise erfaßten Beziehungen feiert *Das kleine Welttheater oder Die Glücklichen*, das im Herbst 1897 geschrieben wurde. Eine Folge von untereinander kaum verbundenen Gestalten sprechen sich über ihr Verhältnis zum Leben lyrisch aus, gipfelnd in der Gestalt des „Wahnsinnigen“, eines übersteigerten Dichters. Er ist der Sohn eines reichen und mächtigen Vaters und möchte sein Erbe und sich selbst an das All verschwenden. Die Gestalt des verschwendenden Erben in dem Gedicht *Lebenslied* hat eine ganz ähnliche Bedeutung. Dort, wie in den Worten des Dichters aus dem *Kleinen Welttheater*, kommt ein Bild vor, das Hofmannsthal besonders lieb war, das von Wasserspiegeln, die am Abend das Licht länger reflektieren als die Umgebung. In *Lebenslied* andeutend:

Der Flüsse Dunkelwerden
Begrenzt den Hirtentag!

In *Das kleine Welttheater* ausgeführt:

Nun setz ich mich am Rand des Waldes hin,
Wo kleine Weiher lange noch den Glanz
Des Tages halten und mit feuchtem Funkeln
Die offnen Augen dieser Landschaft scheinen:
. . .

Dieses Landschaftsbild wird den Dichter inspirieren, so daß es ihm gelingen wird: „jenes künstliche Gebild / Aus Worten, die von Licht und Wasser triefen / . . .“ Künstlichkeit des Gedichtes soll zugleich ein Reflex der Landschaft sein, Phantasie und Welt sind im Einklang.

Die Frau im Fenster (1897) ist ein großenteils monologisches Drama der Lebenserfüllung durch Liebe, in das auch das Problem der Objektivation der Frau hineinspielt. *Die Hochzeit der Sobeide* (1899), in einem halb-märchenhaften orientalischen Milieu spielend, enthüllt eine lebenserfüllende Liebe als Illusion.

> ... Welch ein Narr ist das,
> der das Gemeine schmäht, da doch das Leben
> gemacht ist aus Gemeinem durch und durch!

Der Abenteurer und die Sängerin (1898) gehört zu den Versuchen, dem Lebenskult eine dramatische Form zu geben. Erste Bühnenaufführungen führten noch zu keinen dauernden Erfolgen.

Den Zug zur elitären, antisozialen Dichtung im Gegensatz zu den sozialen Forderungen des einfachen Lebens suchte Hofmannsthal in ein fünfaktiges Drama, *Das Bergwerk zu Falun*, zu fassen. Das Thema nahm er aus E. T. A. Hoffmanns Erzählung *Die Bergwerke zu Falun* aus den *Serapions-Brüdern* (1819–21). Der Stoff, der auch in einer Kalendergeschichte von Johann Peter Hebel (*Unverhofftes Wiedersehen*, 1810) behandelt wurde, war durch Gotthilf Heinrich Schuberts *Ansichten von der Nachtseite der Naturwissenschaft* (1808) in die deutsche Literatur eingeführt worden. Es handelte sich ursprünglich um den Fund einer Bergmannsleiche, die durch Kupfersalze konserviert worden war. Daß die inzwischen steinalte Braut des Bergmanns ihn sofort wiedererkannte, weil die Leiche im Jugendalter konserviert war, regte Gedanken über Dauer und Vergänglichkeit an. Das Ereignis wurde ein beliebter romantischer Stoff, der auch von Arnim und Rückert verwendet wurde. Hoffmann legte den Nachdruck auf den Abstieg in den Berg unter dem Einfluß von Novalis' *Heinrich von Ofterdingen* und Tiecks *Der Runenberg*. Hofmannsthal folgte ihm. Das Motiv der Zeitaufhebung, das ursprünglich den kuriosen Reiz der Geschichte gebildet hatte, ist märchenhaft verkörpert in der Gestalt der Bergkönigin.

Das in Blankversen geschriebene Stück beginnt in einer proletarischen Umgebung von armen Fischern, Seeleuten und Prostituierten, läßt den am Leben verzagenden Seemann Elis in die Unterwelt sinken und der Bergkönigin verfallen. Wieder an die Oberwelt gelangt, ist er, mit dem Wissen um das untere Reich der Phantasie, jetzt eine Allegorie des Dichters. Elis hat als Bergmann Glück, er wirkt erneuernd und stärkend auf das ihn umgebende bürgerliche Leben. Die Tochter des Bergwerkbesitzers, Anna, mit Zügen von Fausts Gretchen, verliebt sich in ihn. Aber Elis kann sich nicht anpassen, er geht am Hochzeitsmorgen endgültig in den Berg. Die Allegorie ist leicht auflösbar: der Dichter wirkt zwar belebend auf die Gesellschaft, aber ist ihr letztlich doch entfremdet. Die Gestalt der Anna als Opfer des dämonischen Dichters sentimentalisiert die Unentrinnbarkeit der Entfremdung, wie sie der 1. Akt zeigt. Trakls Elis-Gedichte knüpfen an das Entfremdungsthema an. Er dürfte nur den 1. Akt gekannt haben. Nur diesen erkannte Hofmannsthal als gelungen an. Nur diesen nahm er in seine *Gedichte und kleinen Dramen* auf.

Ein bühnenfähiges Drama mit Aussicht auf Erfolg war das *Bergwerk* nicht. Erfolg im großen Publikum war Hofmannsthals Ehrgeiz, aber er war nach der Eheschließung (1901) auch eine Notwendigkeit. Ein Jurastudium hatte Hofmannsthal fallengelassen, ein Studium der Romanistik zwar mit einer philologischen Dissertation *Über den Sprachgebrauch bei den Dichtern der Pléjade* (1898) abgeschlossen, dann aber die Habilitation aufgegeben, als man ihm zu verstehen gab, daß seine schnell geschriebene Habilitationsschrift über Victor Hugo den Erwartungen der Fakultät nicht entsprach. Nach der Heirat lebte die kleine Familie anfangs von Zuschüssen der Familie seiner Frau.

Hofmannsthal versuchte zunächst weitere Versdramen, nahm sich aber vor, seinen Gestalten mehr Selbständigkeit zuzubilligen, sie weniger als Allegorien oder Stimmungsträger, weniger zum Ausdruck eigener Probleme zu benutzen. Zuerst griff er eine Renaissance-Tragödie an, „Die Gräfin Pompilia“, ein Stoff, der aus Robert Brownings Epos *The Ring and the Book* (1869) stammte und ein Eheproblem wie in *Die Frau im Fenster* und *Die Hochzeit der Sobeide* behandeln sollte. Auch hier hätten Sexualität und Unschuld, die Freiheit der Frau und das Recht des Mannes eine Rolle spielen sollen, übrigens auch die bürgerliche Geldheirat eines verarmten Adligen wie in *Der Rosenkavalier*. Seit 1902 arbeitete er an drei Stoffen gleichzeitig, aus denen bedeutende Dramen wurden: eine Neubearbeitung der *Elektra* von Sophokles, eine ebenso freie Neufassung des Dramas *Venice Preserved* (1680) von Thomas Otway (*Das gerettete Venedig*) und eine Umarbeitung von Calderóns Drama *La vida es sueño* (1835), an der er mit Unterbrechungen lange arbeitete, das aber nicht als „Das Leben ein Traum“, sondern ganz umgedichtet als *Der Turm* viel später ans Licht treten sollte. In diesen Bemühungen um die Bühne wurde Hofmannsthal um 1904 durch die Aussicht angespornt, als Intendant der Weimarer Hofbühne einen vorbildlichen Spielplan gestalten zu können, eine Aussicht, die sich nicht verwirklichte.

Die Tragödie *Elektra*, „frei nach Sophokles“ (1904), wurde ein Theatererfolg. Das Stück wurde 1908 von Richard Strauss als Oper vertont und ist seitdem von der Sprechbühne verschwunden. Die sprachliche Intensität des Stückes hätte verdient, daß es auch in seiner ursprünglichen Gestalt weiterlebte. Das vorklassische Griechenland, in dem Hofmannsthal die Handlung stattfinden läßt, hat weder humanistische Einfalt noch stille Größe. Elektra ist wie die des Sophokles von der Hofgesellschaft ausgeschlossen, sie nimmt ihr Schicksal als notwendig an, nicht aber als göttlichen Auftrag. Monomanisch will sie nur den einen Gedanken denken: Ägisth und ihre Mutter Klytämnestra müssen sterben, um den Mord am Vater zu sühnen. Der Mord hat die Welt des Palastes zur Lüge gemacht, und kein Vergessen kann die Lüge zur Wahrheit machen. Ihre Sprache, die eigensinnig monoton ist, kann nur die alte Bluttat umkreisen. Neben ihr steht ihre Schwester, die aus der unerfreulichen Existenz einer Tochter des Mordhauses entkommen, Liebende und Mutter sein möchte. Ihr gegenüber hat Elektra eine wilde Größe, die aber tödlich ist.

Die Tragödie *Venice Preserved* von Thomas Otway hatte Hofmannsthal zuerst im Mai 1896 in einer elenden galizischen Garnison gelesen und seinem Freund Andrian einen begeisterten Brief darüber geschrieben. In diesem Brief steht der Satz: „Das Drama ist eine sehr sonderbare Kunstgattung und ich ahne, indem man es hervorbringt, verknüpft man sich gleichzeitig mit dem realen Leben und löst sich gleichzeitig davon ab.“ Die Erstauflage war Stefan George gewidmet, und in der handschriftlichen Widmung bemerkt Hofmannsthal: „Mögen die Gestalten dieses starken und dieses schwachen Menschen auch etwas Intimeres für Sie aussprechen, nicht als ob solche Figuren geradehin Gleichnisse zweier Menschen sein könnten – aber vieles, was im Leben wie Wellen andrängt und abflutet, ist in einem solchen Bilde gehalten.“ Der ganz undichterische Pierre ist ebensowenig George wie der Verräter Jaffier Hofmannsthal. Vielmehr ist das Intime, das reale Leben, „abgelöst“, also verwandelt worden.

Hofmannsthals *Das gerettete Venedig*, das im Januar 1905 in Otto Brahms Lessingtheater in Berlin ohne Erfolg uraufgeführt wurde und im gleichen Jahre im Druck erschien, ist seitdem nahezu vergessen. Es verdient dieses Schicksal jedoch nicht. In diesem Revolutionsdrama setzt sich ein neukonservativer Erbe des österreichischen Liberalismus mit der Frage auseinander, wie sich ein dichterischer Mensch benimmt, einer, der mit Worten umgeht und in seiner Phantasie lebt, wenn er sich ablöst von der Oberschicht, in der er parasitisch lebt. Hofmannsthals Stück ist, noch stärker als das Otways, auf dem Gegensatz zwischen dem soldatischen und treuen Rebellen Pierre und seinem phantasiebegabten Freund Jaffier aufgebaut. Hofmannsthal hat die ihnen zugeordneten weiblichen Figuren, die Senatorentochter Belvidera und die Kurtisane Aquilina, individualisiert und erhöht. Die vier Hauptfiguren variieren das Thema der Treue inmitten von korrupten Verhältnissen.

Das Motiv des korrumpierten Staates Venedig hat Hofmannsthal aus wenigen Zügen Otways zu einem Grundmotiv entwickelt. Gegen eine Aristokratie, die sich durch ein Agentensystem und Geheimjustiz an der Macht hält, ist eine Rebellion geplant, die ihrerseits korrumpiert ist durch außenpolitische Einwirkung (Spanien finanziert die Rebellion) und durch fragwürdige Geschäftemacher in ihren Reihen. In dem Rebellenführer Pierre mischt sich das Bedürfnis nach Rache für Klassenjustiz, deren Opfer er wurde, mit sozialer Sympathie.

Der Schlüssel des Dramas ist Pierres Bewußtsein, daß ihm, dem aufrechten Soldaten, dem zornigen Rächer und dem entschiedenen Tatmenschen, etwas fehlt, nämlich Wandlungsfähigkeit. Er kann Menschen, die nicht von seiner Art sind, nur schwer verstehen. Deshalb schätzt er den ganz anderen Jaffier, mit dem er als Soldat gedient hat. Jaffier ist zwar von dem herrschenden Regime verstoßen worden, nachdem er eine Senatorentochter verführt hatte, die sich zu ihm bekannte und ihn heiratete. Aber er hat das Regime, das ihn erniedrigt, dennoch verinnerlicht. Belvidera, seine Frau, hält zu ihm, bis Jaffier sie als Geisel braucht, Erniedrigungen aussetzt und damit objektiviert. In ihrem Wert als Person angegriffen, kehrt sie zu Vater und alter Ordnung, zum Adelswert zurück, während Jaffier als Verräter stirbt.

Auf der anderen Seite gewinnt die Kurtisane Aquilina wieder den Wert ihrer Person, indem sie sich zu dem schon verlorenen Pierre bekennt, in einer Rede-Arie, die eine Verherrlichung erotischer Lebensfreude ist. Die wahre Hure ist die Handelsrepublik Venedig. Jedoch ist Pierres Plan der Vergewaltigung der Handels-Hure kein befreiender Akt. Dies ist vielleicht die intime Nachricht, die Hofmannsthals Drama Stefan George zu vermitteln hatte. Die Bindung an den Umsturz erhöht nicht den Wert der Person, ersetzt nur Erniedrigungen durch andere.

Es lockte Hofmannsthal, die Gestalt des Phantasiemenschen Jaffier, bei Otway vorgebildet, in politische Entscheidungen zu stellen. Das Experiment ergab mit schmerzhafter Klarheit, wie sozial unzuverlässig der parasitische Typus des Phantasiemenschen war. Hofmannsthal war nicht schwach wie Jaffier; er hatte nicht nur wie dieser dichterische Anlagen, sondern die Kraft zur Produktion. Der Anteil von ästhetischer Selbstkritik trägt zur Bedeutung des Werkes bei. Diese liegt in der Kunst der Verse, die sinnliche Fülle, politische Unsicherheit, Leidenschaft der Rebellion, Erniedrigung und Würde der Person in die Sprache bringen. Die Politik wird vor einen individualistischen Maßstab gestellt und gerät darum in eine Ambivalenz, die letztlich konservativ ist. Dennoch wird sie ernst genommen.

Hofmannsthal hatte vor, die *Elektra* durch einen „Orest in Delphi" zu ergänzen. Er wollte auch eine Ödipus-Trilogie schreiben. Fertig wurde seine freie Übersetzung des *König Ödipus* von Sophokles (1906) und *Ödipus und die Sphinx* (1905), ein Drama, das Ödipus' Leben vom Empfang des Orakels bis zum Antritt der Herrschaft in Theben dramatisch auseinanderlegt. Es geht um Ödipus' Erschrecken vor dem Orakel, seinen Versuch, sich durch das Opfer der Selbstaussetzung zu befreien, ein Versuch, der jedoch in Theben endet, wo die Sphinx sich vor ihm in den Abgrund stürzt und er als Retter und König begrüßt wird. Das wortreiche Drama wirkt überladen in seinem Bestreben, mythischen Ernst zu demonstrieren und zu erklären. Es wurde angeregt von einem gleichnamigen französischen Stück von Joséphin Péladan (1903). Anspielungen auf Georges *Algabal* bestätigen, daß Hofmannsthal sich hier allzusehr vom Stil seiner Zeit hat gefangennehmen lassen. Sein weihevoller und humorloser Ernst sind für den späteren Leser schwer erträglich, wirkten aber zur Zeit der Entstehung. Das Stück wurde von Max Reinhardt mit Erfolg aufgeführt. Reinhardt reizte es, Massenszenen mit dem Volk von Theben zu inszenieren, übrigens gegen den Wunsch des Dichters. In diesen Szenen zwischen Ödipus und dem Volk kommt diese Rede des Ödipus vor, in der Hofmannsthals Konservativismus zur Karikatur entartet:

> Du Volk aus dieser Stadt,
> was schnaubst du hier vor dem verschlossenen Tor
> und bäumst dich wie ein reiterloses Roß?
> Wo ist dein König, daß er dir den Zaum
> nicht auflegt?

In den Bereich der konservativen Ideologie gehört die Mütter-Metaphorik in der Szene zwischen Jokaste und ihrer Schwiegermutter Antiope. Neben Ödipus steht der Dichter Kreon, der gerne ein Techniker der Macht sein möchte, der eine Volksbewegung zu seinen Gunsten mit Einsatz großer Geldmittel gekauft hat, aber scheitert, teils an seiner eigenen Grübelei und Abhängigkeit von Bräuchen, teils an dem starken Ödipus, teils an einem göttlichen Zeichen. Das Scheitern des Kreon ist wohl als eine Demonstration gegen den modernen Politiker gemeint, wie wir sie auch bei George finden.

An *Jedermann* hat Hofmannsthal seit 1903 gearbeitet, beendet wurde das Spiel 1911. Es beruht auf dem englisch überlieferten *Everyman* (gedruckt 1490) und auf Hans Sachs' *Comedi vom sterbend reichen Menschen.* Die alten Vorlagen wie Hofmannsthals Zutaten und Modernisierung enthalten eine Kritik der bürgerlichen Geldwirtschaft. Der Frühkapitalismus, der sich in den Vorlagen spiegelt, gemessen an christlicher Wirtschafts-Ethik, wird ergänzt durch Züge des modernen Kapitalismus.

Das Stück endet in Allegorie. Das christliche Mysterium der Vergebung der Sünden tritt in Gegensatz zu Jedermanns eigener wirtschaftlicher Härte gegenüber seinem Schuldner, einer Härte, die er nur notdürftig überdeckt hatte durch Versorgung von dessen Familienangehörigen. Gemeint ist eine Allegorie des Hochkapitalismus, der auch durch Milderung sozialer Härten immer noch Anbetung des Mammon bleibt. Die christliche Allegorie erinnert daran, daß Christentum und Kapitalismus eigentlich unvereinbar sind, obwohl sie sich in der gesellschaftlichen Praxis fast unlösbar verschränkt haben. Wie Goethes Faust wird Jedermann dem (manchmal mephistophelisch redenden) Teufel entzogen und geht trotz all seiner weltlichen

Rücksichtslosigkeit, begleitet von der Allegorie des Glaubens und der vom Glauben gekräftigten Werke, durch den Tod zu Gott.

Hofmannsthals eigene Religiosität war zweifelhaft, wie der gläubige Christ Leopold von Andrian versichert, der ihn bestimmt gut gekannt hat. Die Erneuerung des *Jedermann*-Spiels durch Hofmannsthal wurde später ein fester Bestandteil der Salzburger Festspiele und eine berühmte Regieleistung von Max Reinhardt. Es ist merkwürdig, sich vorzustellen, wie die reichen Kulturbürger dem Sterben des reichen Mannes und seiner Erlösung im Arrangement eines Agnostikers zuschauen, dargeboten auf einer vor dem Salzburger Dom errichteten Bühne. Aber man darf den Vorgang nicht *nur* unter dem Gesichtswinkel der politischen Reaktion sehen. Der *Jedermann* verhüllt die gemeinte Kulturkritik durch das anachronistische Spiel mit einer moralisch naiven Tradition. Mehr oder weniger tun dies alle Stücke von Hofmannsthal. Es ist das ein Weg der Verfremdung, d. h. der Absicht, den Zuschauer durch eine andere Welt, als die seine ist, anzusprechen. Durch anachronistische Anspielungen, durch Spielstrukturen mit dem Zuschauer zu kommunizieren reizte ihn sehr.

Zwei Probleme hatten Hofmannsthal immer wieder interessiert. Einmal die moralische Verpflichtung des Menschen, das Gemischte, sogar Unmoralische der Existenz anzunehmen, obwohl es doch ein traumhaftes, ästhetisches Bewußtsein gibt, von dem sich das Unangenehme, das Unangemessene und das Böse ausschließen lassen. Den traumhaften ästhetischen Zustand nannte er in Notizen zu einer Deutung seines Werkes „Präexistenz“. Das andere Problem ist die Sprache, die sowohl eine Welt suggerieren und damit beglücken, aber auch lügen kann. Die harte und dumpfe Existenz wird aufgelockert durch den ästhetischen Traum, und die Dichtung selbst ist sowohl Lüge wie Beglückung. Das Verhältnis von Treue und Untreue, Charakter und Verwandlung ist nur ein anderer Ausdruck im Spiel dieser Ambivalenzen.

Cristinas Heimreise (geschrieben 1908–09, gedruckt 1910, Uraufführungen der langen und der kurzen Fassung 1910) stellt die von Casanova abgeleitete Figur Florindo vor den Hintergrund der lichtschimmernden Stadt Venedig, läßt aber die naive Cristina in einem Dorf im Gebirge beheimatet sein. Zur städtischen Kultur gehört das Wort, das Beziehungen stiftet und verführt; in der ländlichen Naivität ist Treue und Solidität, aber auch stumpfe Verstocktheit. Beides, Naivität und Kultur, wächst zusammen zu einer Position, die Hofmannsthal mit dem Österreichischen identifiziert.

Hofmannsthals Bemühung um die Komödie führte zu intensiver Beschäftigung mit Molière. *Die Heirat wider Willen* (1910) ist eine Übersetzung der Komödie *Mariage forcé*, *Die Lästigen* (1915) eine sehr freie Bearbeitung von *Les Fâcheux. Der Bürger als Edelmann* (1911, uraufgeführt 1912), eine Bearbeitung des *Bourgeois gentilhomme*, sollte eine Einlage erhalten, zu der 1912 die zuerst selbständig konzipierte Spieloper *Ariadne* genommen wurde, die Hofmannsthal und Richard Strauss 1916 als Oper mit neuem Vorspiel wieder selbständig machten. Auch *Der Rosenkavalier* (fertiggestellt 1910, uraufgeführt 1911) gehört in den Zusammenhang der Komödienarbeit. Diese „Komödie für Musik" schrieb Hofmannsthal (sein Mitarbeiter war Harry Kessler) als Ersatz für den Cristina-Stoff, den er anfangs Strauss zum Komponieren zugesagt hatte. Die Arbeit an beiden Komödien fällt in die Jahre 1908 bis 1910. *Rosenkavalier* und *Ariadne* sind nebeneinander konzipiert worden, die *Frau ohne Schatten* etwa zwei Jahre später. Hofmannsthals

Opern sind keine Nebenwerke. Mag auch die Notwendigkeit, Geld zu verdienen, an ihrer Entstehung mitgewirkt haben, so gehören doch das Spielerische im Ballett und in der Oper, das Verfremdende des gesungenen Wortes, die Möglichkeit des Nebeneinandersingens und die leichtmachende Wirkung der Musik auf das Wort überhaupt zu Hofmannsthals Stilwillen.

Der Rosenkavalier ist eine Liebes-, Ehe- und Adelskomödie mit Anklängen an Molières *Le Bourgeois gentilhomme* und *Monsieur de Pourceaugnac*, sowie an *Figaros Hochzeit.* Freilich nur Anklänge, denn Sophie wird am Ende sogar einen ranghöheren Adligen heiraten, was, in die Umwelt des 18. Jahrhunderts verlegt, unter anderem als festliche Selbstbespiegelung der Oberschicht des 19. Jahrhunderts aus Adel und Geldbürgertum zu verstehen ist. Der Anachronismus des Walzers gehört in diesen Zusammenhang, indem er das 19. Jahrhundert mit dem 18. verschmilzt. Seine Verwendung geht auf eine Anregung Hofmannsthals zurück. Außerdem übersetzt der Walzer die Erdhaftigkeit des Barons ins Musikalische. Diese Erdhaftigkeit, sein falscher Adelsstolz, die Notwendigkeit, eine reiche Frau bürgerlicher Herkunft zu heiraten, stellt ein souveränes Spiel mit Standesvorurteilen, ja mit Standesorientierungen überhaupt dar, das freilich unter der hoheitsvollen Aufsicht der Marschallin bleibt. Hinter ihrer Hoheit schimmert die der Kaiserin durch, sie heißt auch selbst Marie Theres. Die satirischen Züge dieser Standeskomödie erinnern an *Figaros Hochzeit*; sie bleiben in Mozarts Fassung ja auch sehr gemäßigt.

Die Satire geht in eine Farce über; sie reicht kaum in das Gesellschaftskritische. Der literarische Reiz der musikalischen Komödie ist vielmehr ihre Leichtigkeit. Sie macht, wie Hofmannsthal das auszudrücken liebte, das Schwere leicht. Denn Schweres ist genug da: ein neuadliger Vater, der seine Tochter seinem Aufstiegsehrgeiz aufzuopfern willens ist, und Sophies entschiedener Widerstand gegen eine solche Objektivierung: „... ist das leicht ein Roßtäuscher und kommt ihm vor, er hätt mich eingekauft?" Die Marschallin ist selbst ein Opfer der Frauen-Objektivierung im Adel, sie ist „frisch aus dem Kloster in den heiligen Ehestand kommandiert wordn". Zwar lebt sie im Reichtum, aber sie ist dennoch unerfüllt und verschafft sich eine Scheinfreiheit damit, einen jungen Grafen zur Liebe anzulernen. Darum muß sie sich so vor dem Verblühen fürchten und fühlt sich von dem Vergehen der Zeit bedroht.

> Manchmal hör ich sie fließen,
> unaufhaltsam. (leise) Manchmal steh ich auf
> mitten in der Nacht
> und laß die Uhren alle, alle stehn.

Es ist dies Motiv, das ihre traurig-anmutige Resignation am Schluß mit Bedeutung füllt. Es kostet sie Überwindung, der sittlichen Forderung zu genügen, die sie an sich stellte:

> Leicht muß man sein:
> mit leichtem Herz und leichten Händen,
> halten und nehmen, halten und lassen
> ...

Oktavian, der junge Graf, ist Jugend, Geschick und Glanz. Sein Name Rofrano ist der des Rittmeisters in *Reitergeschichte* mit seiner bedenklichen Eleganz. Man soll den jungen Oktavian nicht ohne Ironie sehen, denn sein Glanz hindert ihn nicht, auf das erste beste hübsche Gesicht hereinzufallen. Die Hauptfigur ist die Marschallin, die, obwohl sie den jungen und glänzenden Rosenkavalier aufgibt, durch ihr Verständnis ihre Hoheit behält. Darin liegt wohl auch ein österreichischer Wunschtraum verborgen.

Thomas Mann, der den Text der Komödie für Musik gelesen hatte, bevor er die Oper hörte, fand eine Inkongruenz zwischen Hofmannsthals Schöpfung und der Musik:

> Aber wie, um Gottes Willen, verhalten denn Sie sich nun eigentlich zu der Art, in der Richard Strauss Ihr leichtes Gebild belastet und in die Länge gezogen hat?! Vier Stunden Getöse um einen reizenden Scherz! ... Alle die tausend sprachlichen Delikatessen und Kuriositäten des Buches werden erdrückt und verschlungen, und das ist am Ende gut, denn sie stehen in schreiendem stilistischen Widerspruch zu dem raffinierten Lärm, in dem sie untergehen, und der noch zweimal so raffiniert, aber viel weniger Lärm hätte sein dürfen.

Auch wer die Musik des *Rosenkavaliers* höher schätzt als Mann, muß zugeben, daß dieses Urteil einen Wahrheitskern enthält. Auch Schnitzler war die „unverstraußte Elektra" lieber als die „mächtige Musik-Begleitung", ohne daß er diese herabsetzte. Strauss folgte Hofmannsthal auf dessen Weg zur Leichtigkeit nicht immer. Seine musikalische Herkunft aus der Wagnerepoche, die Neigung des musikalischen Jugendstils zu pathetischer Bedeutungsfülle (z. B. in Strauss' symphonischen Dichtungen, *Tod und Verklärung* von 1889, *Also sprach Zarathustra* von 1896, *Ein Heldenleben* von 1898) standen im Wege.

In einem nicht abgeschickten Brief an Strauss (11. Juni 1916) zitiert Hofmannsthal Stellen aus dem *Rosenkavalier*, wo Strauss einen burlesken, operettenhaften Text „mit dicker Musik ganz zugedeckt" hat. In einem Brief an Kessler (12. Juni 1909) klagt er über „eine so fürchterliche Tendenz zum Trivialen, Kitschigen" in Strauss. Aber solche Klagen sind eher Ausnahmen. Hofmannsthal erkannte Strauss als ernsten und wahrhaftigen Künstler hoch an und schreibt ihm (8. Juli 1918): „Ihre wirkliche energische Person – noch mehr aber die ideale Person, die ich mir aus Ihrer Musik herausdestilliere – haben meine wirkliche Freundschaft . . ., mehr habe ich nicht zu vergeben." In dem Briefwechsel zwischen den beiden spürt man sowohl die Freude des Zusammenarbeitens an etwas, das künstlerischen Wert und Dauer haben sollte, als die Irritation Hofmannsthals, wenn Strauss um der Wirkung willen diesen Wert zu kompromittieren schien.

In der Zusammenarbeit mit Strauss wie in der mit Max Reinhardt lag ein für Hofmannsthal wichtiges Korrektiv. Denn völlig hat er die Neigung zum Elitären nie verloren. Strauss' wie Reinhardts Instinkt für dramatische Wirkung konnte Hofmannsthal – oft genug zähneknirschend – anerkennen als ein nötiges Mittel zur Wirkung auf das deutsche Publikum.

Man kann den Widerstreit zwischen Hofmannsthals Streben zur Leichtigkeit und Strauss' „dicker" Musik in *Ariadne auf Naxos* (1912; 1916) verfolgen. Das später geschriebene „Vorspiel" kommt dem Ideal einer kongenialen Musik zu Hofmannsthals Text am nächsten. Die Oper selbst wirkt, neben vielen kongenialen lyrischen Stellen, an manchen Punkten musikalisch überfrachtet, in der Rolle des Bacchus beispielsweise. Strauss hat seine Schwäche auch selbst erkannt. Durch *Ariadne* und das „Vorspiel" geleitet, hoffte er 1916 (16. August an Hofmannsthal) sich „ganz ins Gebiet der unwagnerschen Spiel-, Gemüts- und Menschenoper zu begeben". Ja er ging so weit zu schreiben: „Ich verspreche Ihnen, daß ich den Wagnerschen Musizierpanzer nun definitiv abgestreift habe."

In *Ariadne auf Naxos* ist das Bestreben, das Schwere leicht zu machen, thematisch geworden, und zwar in einem Spiel um die poetische Verwandlung, das selbst zweifach umspielt wird: durch die Commedia-dell'-arte-Parodie der ernsten Handlung und im

„Vorspiel“, in dem diesem merkwürdigen Verfahren eine Begründung gegeben wird. Der „reichste Mann von Wien“ (in der ersten Version Jourdain, der „Bürger als Edelmann“) hat es in einer Laune so angeordnet. Aber nicht das stiftet die Heiterkeit des „Vorspiels“, sondern das Dilemma des Komponisten, der zwischen seinen Kunstidealen und der einzigen Chance, seine Oper aufgeführt zu sehen, wählen muß, sich nicht entscheiden kann, bis ihm Zerbinettas verführendes Schmeicheln sozusagen die Entscheidung abnimmt. Strauss forderte Hofmannsthal auf, ihn selbst in der Gestalt des Komponisten zu persiflieren. Statt dessen hat Hofmannsthal sehr viel von sich in den jungen Komponisten übertragen. Und dennoch: des Komponisten Kunststrenge wird ins Heitere verwandelt, und der mangelnde Kunstverstand des reichen Protzen, repräsentiert durch seinen Haushofmeister, wird ebenso ins Komische gezogen. Das hindert nicht, daß Hofmannsthal hier die wirtschaftliche Abhängigkeit einer Kunst demonstriert, die er selbst gern als autonom aufzufassen wünschte. Dieser selbstironischen Erkenntnis entspricht die Heilung Ariadnes, die Reinheit im Tode suchte, denn: „Hier ist nichts rein! / Hier kam alles zu allem!“ Ariadne wird durch die Ankunft des Bacchus, der von der Zauberin Circe kommt, aus einer an ihrer Trauer festhaltenden, pathetischen Figur in eine Liebende verwandelt. Sie glaubt, dem Tod zu begegnen, und umarmt den Gott. Der Baldachin auf der Bühne verhüllt die gesungene Liebesvereinigung. In Hofmannsthals kommentierenden Worten: „Dies ist Verwandlung, das Wunder aller Wunder, das eigentliche Geheimnis der Liebe.“ In dem gleichen Aufsatz (*Ariadne*, 1912), der auf einem Brief an Richard Strauss beruht, nennt er Treue und Verwandlung sein eigenes widersprüchliches Thema:

Verwandlung ist Leben des Lebens, ist das eigentliche Mysterium der schöpferischen Natur; Beharren ist Erstarren und Tod. Wer leben will, der muß über sich selber hinwegkommen, muß sich verwandeln: er muß vergessen. Und dennoch ist ans Beharren, ans Nichtvergessen, an die Treue alle menschliche Würde geknüpft. Dies ist einer von den abgrundtiefen Widersprüchen, über denen das Dasein aufgebaut ist, wie der delphische Tempel über seinem bodenlosen Erdspalt. Man hat mir nachgewiesen, daß ich mein ganzes Leben lang über das ewige Geheimnis dieses Widerspruchs mich zu erstaunen nicht aufhöre.

Es ist kennzeichnend für den Stil dieses Werkes, daß die moralische Mahnung an Ariadne, sich nicht in die Trauer zu verhärten, den „niederen Figuren" der Komödie zugeteilt ist.

Von der *Frau ohne Schatten* soll, obwohl das Werk schon 1911 konzipiert wurde, im Kapitel über „Deutsche Literatur und deutscher Krieg in Österreich" die Rede sein. Die Konzeption hatte sich von einer Commedia-dell'-arte-Oper ins Ernste, Symbolische gewandelt, ein Prozeß, der durch den Krieg beschwert wurde und deshalb in dessen Zusammenhang gehört.

Eine Spielform von Hofmannsthals Essayistik sind die Gespräche und erfundenen Briefe, die zwischen 1900 und 1907 erschienen. Diese halbfiktive Form will im Gegensatz zur schwerfällig gelehrten deutschen Art auf anregende Weise höhere Geschmacksbildung in einem größeren Publikum bewirken. Manchmal werden lyrische Momente zum Thema, so in *Das Gespräch über Gedichte* (ursprünglicher Titel *Über Gedichte*, 1904), wo der Symbolgestaltung in Gedichten eine sowohl befreiende wie religiöse Funktion zugeschrieben wird. Ein Hetärengespräch über eine beglückende primitive Religion ist der Dialog *Furcht* (1907). Der erfundene Dialog zwischen Balzac und dem Wiener Orientalisten Hammer-Purgstall

Über Charaktere im Roman und im Drama (1902) verbindet Probleme des Schreibens, wie Hofmannsthal sie an sich selbst kannte, mit Verlebendigung der literarischen Tradition. Dies geschieht auch in der *Unterhaltung über die Schriften von Gottfried Keller* (1906) und in einem Höhepunkt dieser Gattung: *Unterhaltung über den ‚Tasso' von Goethe* (1906). Auch gleichzeitige Literatur wird einbezogen: *Unterhaltungen über ein neues Buch* (1906) befassen sich mit Jakob Wassermanns Novellenband *Die Schwestern.*

Die Briefe des Zurückgekehrten (1907), fiktive Briefe eines Geschäftsmannes, der von weltumspannenden Reisen zurückgekehrt ist, enthalten eine Kritik an Deutschland. Eine deutsche „Gebärde" vermißt der Briefschreiber, nennt die Deutschen „unfromm", unsicher im Handeln und im Reden, weil der „eine große Hintergedanke" fehle, Deutschland sei gespensterhaft, ein „Nichtleben" herrsche, obwohl die Deutschen den Ruhm, tüchtig zu sein, verdienten. „Sie erreichen das Unglaubliche – aber, es ist keine Freude, unter ihnen zu leben." Der irritierte Briefschreiber gewinnt von den Bildern Vincent van Goghs einen starken und lebensvollen Eindruck. Hofmannsthal zielt auf die Wirkung der Kunst, auf ihre Möglichkeit, einen verbindlichen Lebensstil zu setzen. Die Kritik an Deutschland betrifft den Vorgang der Industrialisierung und seine Folgen. Daß ein Geschäftsmann, der koloniale Geschäfte betreibt, die Folgen der Industrialisierung beklagt, enthält eine Ironie, die Hofmannsthal offenbar nicht bewußt war.

Hofmannsthals Abwehr des preußisch-deutschen Willens- und Militärstaates mit seiner Industriegesellschaft begründet seinen Antikapitalismus von rechts. Den modernen Staat sah er erkauft mit einem Verlust an Stil, für den Wilhelm II. das abschreckende Beispiel gab. Daß Hofmannsthal in Deutschland eine

Gesellschaft kritisierte, die ihm die wirtschaftliche Existenz ermöglichte, eine Gesellschaft, die eine ihm verwandte Kunst und nahe Freunde hervorbrachte, ist nichts anderes als die antibürgerliche Bürgerlichkeit, wie sie schon in seiner Generation im deutschen Sprachgebiet herrschte, dieselbe, die im Expressionismus sich provokativ verschärfen sollte.

Hofmannsthals Weltoffenheit bildete immer ein Gegengewicht gegen seine konservative Grundhaltung. Weltoffenheit bestimmt seinen Essaystil, der Traditionelles, Kulturelles, Geistiges auf eine leichte und anschauliche Art zu vermitteln sucht. Der gravitätischen Bildungstradition wirkt er entgegen, indem er den Leser auf einer persönlichen Ebene anspricht. So ist z. B. der Aufsatz *Die Briefe des jungen Goethe* „an den Schiffsleutnant E. K." gerichtet, er gibt sich als Brief an Edgar Karg von Bebenburg. Einer der Aufsätze über Gabriele d'Annunzio (*Die Rede Gabriele d'Annunzios*, 1897) ist begleitet von Reisenotizen über Stätten italienisch-österreichischer Kämpfe. Nicht nur der Ästhetizismus des Italieners, auch der Oscar Wildes beunruhigte den Essayisten Hofmannsthal.

Der Vortrag *Der Dichter und diese Zeit* (1907) präsentiert einen Begriff vom Dichter, der sich von dem des Georgekreises entschieden absetzt. Der Dichter ist der „lautlose Bruder aller Dinge", sein Umgang mit der Sprache bedeute, daß er aus dem Verborgenen regiere. Kein grundsätzlicher Unterschied herrsche zwischen Dichter und Nichtdichter, da alle mit der Sprache umgehen. In unserer Epoche, deren Wesen „Vieldeutigkeit und Unbestimmtheit" sei, produziere der Dichter „aus Vergangenheit und Gegenwart, aus Tier und Mensch und Traum und Ding, aus Groß und Klein, aus Erhabenem und Nichtigem die Welt der Bezüge". Aus „leidendem Genießen" schaffe er „die Vision". Die Betonung des Visionären als Probe des wahrhaft Dichterischen weist auf den Expressionismus voraus. Die Vision soll als etwas Seltenes und Großes verstanden werden. Sie ist ein aristokratischer Zug in diesem Vortrag, der sich so sehr um ein Verständnis der Dichtung bemüht, das von Prätentionen frei ist.

Das Entstehen einer dichterischen Vision stellt *Erinnerung schöner Tage* (1908) dar. Sie beginnt wie ein szenisches Reiseerlebnis. Der Zauber Venedigs setzt sich dann um in sinnliche Träumereien des dichterischen Ichs, das den Leser teilnehmen läßt am Entstehen von Gestalten, die „für mein geheimnisvoll begünstigtes Auge zugleich Menschen waren und zugleich funkelnde Ausgeburten der Elemente".

Die Aufsätze, in denen Hofmannsthal in eigener Sache spricht, sind zwar nicht selten, aber in der Minderzahl. Seine Prosa zeugt, ohne Arroganz, von seiner großen Belesenheit: Shakespeare, Molière, Grillparzer, Schiller, Beethoven, Napoleon, Stifter und Lessing sind herausgegriffene Gegenstände. Dazu kommen Zeiterscheinungen wie Graf Zeppelin oder die „unvergleichliche Tänzerin" Ruth Saint Denis. Neben diesen behauptet sich ein Feuilleton wie *Die Wege und die Begegnungen* (1907), wo Hofmannsthal aus fast nichts, einem französischen Zitat in einem Reisebuch, dessen Ursprung er nicht wiederfinden kann, ein Weltanschauliches im ursprünglichen Wortsinn macht: „... es ist sicher, daß das Gehen und das Suchen und das Begegnen irgendwie zu den Geheimnissen des Eros gehören." Der Aufsatz geht am Ende in eine fiktive Traumszene über, wie umgekehrt *Erinnerungen schöner Tage* von einer Szene ausgegangen war. Sein Reiz rührt von der Verflechtung des Abstrakten mit sinnlich Greifbarem her.

Diese Aufsätze wurden in sehr verschiedenen Zeitungen und Zeitschriften veröffentlicht, darunter in der *Neuen Rundschau*, in der *Zeit*, einer Wochenschrift, die Hermann Bahr mitbegründet hatte, und in der Berliner Zeitung *Der Tag*. Hofmannsthal hat sich lange gewünscht, über eine Zeitschrift bestimmen zu können, die ihn mit einem kleinen, aber treuen Leserkreis verbinden konnte. Die *Blätter für die Kunst* brachten viele seiner Gedichte, aber ihm widerstand schon vor der endgültigen Trennung diese „halb kostümierte, halb philiströse Vereinigung“ (an Harry Kessler, 16. August 1901). An der vornehmen, aber nicht exklusiven Zeitschrift *Die Insel* beteiligte er sich. Sie wurde ihm aber leid, als sein Freund Schröder als Herausgeber ausschied.

Hofmannsthals erzählerische Prosa diente ihm anfangs als Gegengewicht gegen das Enthusiastisch-Lyrische im Jugendwerk. Das kann man an einem 1895 geschriebenen Stück Prosa erkennen, das er *Das Märchen der 672. Nacht* nannte. Er schrieb es, als er sich von einer Krankheit erholte, die seine Militärdienstzeit unterbrach. Als Anregung für die Hauptfigur diente ihm sein Freund Richard Beer-Hofmann. Der Titel klingt an die Märchen von *Tausendundeine Nacht* an, die Zahl 672 ist aber willkürlich gewählt, und die Geschichte ist kein Märchen, keine unirdischen Kräfte und Figuren kommen vor. Die Perspektive ist, wie später bei Kafka, auf die Hauptfigur bezogen, einen jungen Kaufmannssohn, der sich von der Gesellschaft zurückgezogen hat und die Welt in schönen Kunstwerken anschaut. Er lebt in seiner abgeschlossenen Sommerresidenz mit vier Dienern. Diese vier verbinden ihn auf eine Weise mit dem sozialen Leben, die sich seiner Kontrolle entzieht. Im 2. Teil der Erzählung kehrt der Kaufmannssohn für einen Tag in die Stadt zurück, die er aus einem entfremdeten Abstand mit Angst erlebt, wobei er immer von den Gedanken an seine vier Diener geleitet wird.

Seltsam war alles von ihm gefallen, und ganz leer und vom Leben verlassen ging er durch die Gasse und die nächste und die nächste.

Am Schluß verendet er, von einem Pferd getreten, von Soldaten ausgeraubt, in einer Kaserne. Arthur Schnitzler, an einem naturalistischen Maßstab messend, schlug seinem Freund vor, die Geschichte als Traum zu bezeichnen. Tatsächlich hat sie etwas von einem bösen Traum. Aber für Hofmannsthal war das Wort ‚Traum‘ mit der dichterischen Antizipation der Alleinheit besetzt, und *Märchen* ist ein Korrektiv dagegen. Die Geschichte ist nicht einfach antiästhetisch. Zwar enthalten die Kunstwerke das Leben, das der Kaufmannssohn in ihnen suchte. Aber das „Leben“ läßt sich nicht durch abgesonderten Genuß von Kunstwerken beherrschen. Es ist stärker als der, der es zu „besitzen“ glaubt. „Leben“ und Kunst müssen in Verbindung sein. Erst dann bedeuten beide etwas. Das „Leben“, das dem Kaufmannssohn mangelt, ist ein enthusiastisches Glücksgefühl der Einheit mit allem Dasein, das gerade hier eine soziale Komponente hat.

In den folgenden Jahren versuchte Hofmannsthal eine Reihe von Novellen zu produzieren. Fertig wurde 1899 die *Reitergeschichte*, deren äußere Handlung von den Erfahrungen während seines Dienstjahres und der anschließenden jährlichen Waffenübungen angeregt wurde. Jedoch geht *Reitergeschichte* über die Reflexion der Diensterfahrungen hinaus und ist eines der wichtigsten Dokumente für Hofmannsthals Haltung zum Sozialen. Wie im *Märchen der 672. Nacht* steht eine geordnete bekannte gegen eine ungeordnete beunruhigende Welt. Die Erzählung spielt im Revolutionsjahr 1848, als österreichische Truppen die italienischen Liberalen niederwarfen. Zuerst scheint sich ein Gegensatz zwischen schöner militärischer Ordnung und irregulären Ordnungsstörern etablieren zu wollen, der aber schnell ins Schwanken gerät. Der österreichische Wachtmeister Lerch, die Mittelpunktsfigur der Erzählung, nimmt am Anfang „wohlerzogene und hübsche junge Leute“ gefangen. Er selbst sehnt sich nach einer behaglichen, kleinbürgerlichen Bequemlichkeit, die er sich durch den Mißbrauch seiner kleinen Macht verschaffen will. Der Rittmeister Rofrano, der die schöne Schwadron durch Mailand reiten läßt, was ein offensichtlicher militärischer Widersinn ist, bleibt undurchsichtig. Er erschießt am Ende den Wachtmeister aus Gründen der militärischen Disziplin. Die Erzählung stellt die Notwendigkeit dieser disziplinären Maßnahme jedoch in Frage.

Eine schöne Ordnung läßt sich nicht rein aus dem Ganzen des Lebens ablösen. Der Wille, nichts auszulassen, schließt ein Verstehen des „bestialischen Zorns“ im Wachtmeister Lerch ein wie ein Erschrecken vor der Gewalttat, mit der der Rittmeister, vom Kriegsrecht gedeckt, den seinen abreagiert. Auch ist dem Leser aufgegeben, dem Wachtmeister eine Tagtraumwelt zuzugestehen, deren Inhalt zwar beklemmend und beschränkt, deren Funktion aber vom Dichterischen nicht unterscheidbar ist. Und noch weitere Fragen liegen am Grunde dieser Erzählung. Wenn der Dichter um des vollen Lebens willen nichts auslassen darf, welche Dichtung entsteht dann aus dem bedrückten Vorwärtsquälen durch Bilder abstoßender Häßlichkeit? Ist Dichtung möglich, ohne ein Oben und Unten, ohne eine Verständigung mit dem Leser darüber, was bedeutsam ist und was nicht? Muß sich Literatur nicht an eine Elite wenden, an die, um in der Sprache des Gedichtes *Manche freilich* zu reden, die „bei dem Steuer droben“ wohnen und „Vogelflug und die Länder der Sterne“ kennen?

Diese Erzählung entstand in der Zeit, in der Sigmund Freud in Wien seine Lehre ausbildete. Eine Verwandtschaft ist offenbar: einem schön Geordneten steht Ungeordnetes gegenüber, wobei das Ungeordnete in das Geordnete unkontrolliert eingreift. Hofmannsthal las Schriften von Freud, schätzte sie aber nicht sehr. Sein Interesse für die Wirkung des Unterbewußten bezeugt die (von der Fürstin Marie Taxis, der Freundin Rilkes, angeregte) Lektüre einer amerikanischen Studie über den klinischen Fall einer Bewußtseinsspaltung, Morton Prince, *The Dissociation of a Personality* (1906). Aus diesem Buch bezog Hofmannsthal die Anregung für seinen Roman *Andreas oder die Vereinigten*, zu dem er seit 1907 mehrfach ansetzte und von dem leider nur ein Anfang vorliegt, der 1912/13 geschrieben wurde. Sein Plan suchte das Motiv der Persönlichkeitsspaltung zusammenzufügen mit der Lebensgeschichte eines jungen ungefestigten, aber grundsätzlich guten Mannes. Die traditionelle Form des Bildungsromanes wurde also angereichert durch die Anschauung eines psychologischen Falles, der dem Werk einen modernen Gleichnischarakter geben sollte, an dem auch der Hauptschauplatz, Venedig, teilhatte.

In Venedig trifft Andreas „die wunderbare Freundin“, wie eine Kapitelüberschrift lautet, die sich in eine übermäßig streng tugendhafte, fromme, lebensverneinende, aber vornehme Maria und eine kokette, neugierige, dem Leben zugewandte Mariquita gespalten hat. Andreas ist selbst nicht ganz, er wird durch jugendliches Großtun-Wollen, durch tagträumenden Ehrgeiz in Konflikt mit seinem Gewissen gebracht, er möchte vornehm sein, ohne es recht zu können. Im Kontrast zu Venedig steht ein Gehöft im österreichischen Gebirge, wo Andreas ein naives Mädchen getroffen hat. Diese Konstellation: verwirrend-schöne Stadt und naiv-solides Gebirgsleben, hat, wie in *Cristinas Heimreise*, symbolische Bedeutung.

Das Ziel des Romans ist, soweit wir sehen, einmal den Charakter, das Ich in Frage zu stellen, seine Verwirrungsmöglichkeiten zu zeigen, dann aber Geistiges und Sinnliches, Vornehmes und Naives in der Liebe zu vereinen. Auch politisch-historische Zusammenhänge sollten angedeutet werden. Andreas sollte während der österreichischen Erhebung 1808/09 hoher Beamter sein, sein Sohn Diplomat (wohl beim Wiener Kongreß), sein Enkel sollte 1848 in der Paulskirche auftreten.

Hofmannsthals konservativer Grundzug wird von einer weltaufgeschlossenen Neigung eingeschränkt, die vor dem verstörenden Erlebnis des Krieges und der Auflösung Österreichs noch stärker war. Ein Bedürfnis, in Gestalten der ländlichen Unterschicht einzudringen, seine Kritik der vornehmen Welt gehen mit verinnerlichter Anerkennung adliger Rangordnung einher. Seinen Widerstand gegen die Industriegesellschaft empfand er als österreichisch. Ideal war ihm eine vornehme Weltoffenheit, die Verbindung mit urwüchsiger Provinzialität hielt. Der Kult des farbigen Lebens ist in seinen Versen, Dramen, seiner Prosa. Hofmannsthals großes Verdienst war es, der deutschen Tendenz zu schwerer Bedeutsamkeit entgegengewirkt zu haben. Er verstand Dichtung als Orientierung, als Schaffung einer Welt aus Bezügen. Das Bedürfnis zu wirken, durch Schauspiel, Erzählung, Oper, der Wille, soviel wie möglich vom gesellschaftlichen Leben einzubeziehen, Kenntnis und Liebe anderer Literaturen machen seine Reife aus, die aus seinem lyrisch-enthusiastischen und dem melancholisch-selbstkritischen Frühwerk entwächst.

9. Pluralismus im Habsburgerreich

Eine österreichische Literatur von der deutschen rein zu scheiden geht nicht an. Dennoch bot die österreichische literarische Szene eine sozialpolitische Besonderheit, die freilich, unter Klischees versteckt, nicht leicht zu fassen ist. Da das Habsburgerreich 1918 endete, ist es allzu verführerisch, die literarische Mode der Dekadenz auf diesen politischen Ausgang zu beziehen und von einer Untergangsstimmung zu sprechen, die das Wien der Jahrhundertwende beherrscht haben soll. In Wien gab es jedoch auch ein Gefühl des Neuanfangs, von Jugendlichkeit, von Modernität. Wie anderswo kam die Dekadenzfiktion zusammen mit dem Frühlingsmythos vor. Zwar war der Naturalismus in Österreich noch weniger populär als in Deutschland, dafür der Impressionismus um so mehr. Das Wiener Feuilleton hatte sich aus einer gebildeten Unterhaltung in eine Kunstform entwickelt. Die Wiener Universität, damals auf einer bedeutenden Höhe, lehrte eine erkenntnistheoretische Skepsis, den Wiener Positivismus, die dem Impressionismus, dem Auskosten des Augenblicks, eine Theorie lieferte. Hermann Bahr hatte 1888 in Paris die neuesten literarischen Strömungen kennengelernt und schrieb darüber.

„Jung Wien“ nannte man eine lose Gruppierung von Schriftstellern um Hermann Bahr, Hofmannsthal, Schnitzler, Beer-Hofmann mit anderen, die sich im Café Griensteidl oder anderswo trafen. Eine Stelle aus einem Brief Hofmannsthals an Hermann Bahr aus dem Jahre 1891 vermittelt einen Eindruck von der literarischen Atmosphäre:

Zwischen 4 und 6 Uhr aber bin ich bei Dr. Schnitzler, Kärntnerring 12, 3. Stock. Wenn Sie dorthin kämen, würden Sie ihm und mir eine aufrichtige Freude machen. Man sitzt und plaudert besser wie im Kaffeehaus und ist ebenso allein, ungestörter als bei Griensteidl. Die Lampen haben rote Schirme. Es gibt Kognak. Man ist nicht Gast, und es gibt keine Hausfrau. Am Schreibtisch liegen Bahr, Barrès, Barbey d'Aurévilly und noch anderes das alliteriert. Es riecht nach der Bohème von Wien 1891 – Paris 1840, wie sie so hübsch im Märchen ist. Und Sie machen mir wirklich eine Freude, wenn Sie hinkommen. Ja sogar die „Freie Bühne" können Sie dort lesen und über Ola Hansson Freudentränen weinen. –

Hermann Broch, selbst Österreicher, hat in seinem Essay *Hofmannsthal und seine Zeit* dem Wien, in dem Hofmannsthal aufwuchs, ein „Wertvakuum" zugeschrieben. Die Ringstraße mit ihren Prachtbauten in imitierten Stilen ist ihm ein handgreiflicher Beleg. Nun ist aber die Ringstraße mit dem Parlament, mit der Oper, dem Burgtheater, dem kunsthistorischen und naturhistorischen Museum ein Dokument des liberalen Wien. Nach den Niederlagen von 1859 und 1866, nach dem Ausgleich mit Ungarn erhielt das liberale Bürgertum, bei fortdauernder Autorität des Hofes und der Aristokratie, Einfluß auf die Geschichte Österreichs.

Die Liberalisierung brachte den in Wien ansässigen und den aus der Monarchie, vor allem aus Galizien und Ungarn, zuwandernden Juden die Eingliederung in das Bürgertum. Freie Berufe wie Ärzte, Rechtsanwälte boten für die Söhne aufstiegswilliger jüdischer Familien die besten Chancen. Assimilierte jüdische Bürger nahmen mit Eifer und Stolz am Wiener Kulturleben teil. Die antisemitische Reaktion auf jüdische Einwanderung und assimiliertes jüdisch-bürgerliches Erfolgsstreben rief den Zionismus als Gegenreaktion hervor. Sein Begründer, Theodor Herzl (1860–1904), war Feuilletonredakteur der Zeitung der

Wien, Ringstraße mit Parlament, Rathaus, Universität und Burgtheater

Wiener Kulturbürger, der *Neuen Freien Presse.* Der Zionismus wollte mit einem modernen jüdischen Staat eine Alternative bieten für die Assimilation, die den Verlust der jüdischen Identität bewirkte, ohne doch zu voller Anerkennung als Mitbürger zu führen. Die liberale Führung des Landes dauerte freilich nur bis in die neunziger Jahre. Sie wurde zerrieben von modernen Massenbewegungen, von der nationalistischen Feindseligkeit zwischen Deutschen und Tschechen, von dem beginnenden Klerikofaschismus der antisemitischen Christlich-Sozialen Partei, von den ebenso antisemitischen Deutschnationalen. Die Liberalen waren in dem österreichischen Vielvölkerstaat naturgemäß weniger nationalistisch als das deutsche Bürgertum im Wilhelminischen Reich. Das Verfügen über viele Stile, die Offenheit gegenüber Einflüssen wurden gefördert durch ein gutes Bildungssystem für die liberale Elite. Die Wiener Schriftsteller der Jahrhundertwende waren die Söhne des liberalen Österreich, das, wie man in Stefan Zweigs Erinnerungen *Die Welt von Gestern* (1942) nachlesen kann, vertrauensvoll in die Zukunft blickte. Seine Niederlage betrieben die deutsch-chauvinistischen Kräfte, voran Korpsstudenten, die 1897 auf der Straße den Rücktritt des Grafen Badeni um seiner Sprachenverordnungen willen erzwangen. Dieser Sieg eines schon lange unmöglich gewordenen deutsch-nationalen Herrschaftswillens über die Tschechen trieb diese in eine Feindseligkeit, die unnötig war, weil das tschechische Bürgertum, im industrialisierten Böhmen dem deutschen wirtschaftlich nachstrebend, es vielfach überflügelnd, durchaus zu einem staatstragenden Element der Donaumonarchie hätte werden können.

Das Wien der Jahrhundertwende war bildungsstolz. Das Theater war sein Tempel, noch mehr als im übrigen Deutschland. Die Theaterleidenschaft reichte vom

Aristokraten bis zum Kleinbürger. Auf den Universitäten wurden in der Medizin, Philosophie, Soziologie, Physik, Ökonomie alte Vorurteile niedergelegt und nach neuen Grundlagen geforscht. Relativ frei von täuschenden Illusionen des nationalen Aufstiegs, dennoch erfüllt von dem liberalen Erbe der Hoffnung auf Zukunft, das temperiert war von modischer Melancholie, lag es für die Schriftsteller-Söhne des liberalen Wien nahe, nach gültigen Orientierungen des menschlichen Zusammenlebens in einer Literatur zu suchen, deren Modernität sich in impressionistischer Offenheit dokumentieren wollte. Hofmannsthals Bedürfnis, seine Werke auf der Bühne zum Erfolg zu bringen, ist auf diesem Hintergrund ebenso zu verstehen wie Schnitzlers skeptisches Wahrheitssuchen in der dramatischen Form.

Im Hintergrund stand die alte Barocktradition, die im spanischen Hofzeremoniell Franz Josephs noch fortbestand und in Prinz Eugens Belvedere und in den Adelshäusern der Innenstadt dem Wiener vor Augen stand. Die barocke Tradition des Zusammenstoßes von Tod und Leben, der harte Kontrast von weltlich-erotischer Sinngebung und der Konfrontation mit dem Ende des Zaubers lagen dem Wiener nahe. Schnitzlers *Reigen* in der Totentanz-Tradition und Hofmannsthals Aufnahme barocker Formen dokumentieren diese Nähe, die sich mit dem modernen Pluralismus verbindet.

Im April 1894 trägt Hofmannsthal den Eindruck eines Spazierganges mit seinem Freund Leopold von Andrian in sein Tagebuch ein:

23. IV. mit Poldy in der Abenddämmerung in Schönbrunn. Zwei Alleen, sternförmig ausgehend: in der linken fast Dunkelheit, auf dunklem Gewölk ein blasser Regenbogen; in der rechten heller metallisch blauer, leise grüner Himmel, mit matt silbernen Wolken und über Wipfeln

purpurn untergehender Sonne. In diesen zwei Alleen zweierlei Epochen, zweierlei Schicksale.

Dann in einem andern Teil des Gartens: fast ununterbrochener Vogelgesang; schwarze Kiefern, die beim langen Anschauen zu leben beginnen.

Wir glauben die Seele dieses Wien zu spüren, die vielleicht in uns zum letzten Male aufbebt; wir waren triumphierend traurig.

Man darf diese Äußerung nicht als Vorahnung des Habsburger-Unterganges lesen. Vielmehr wird hier ein Elitebewußtsein laut, das die „Seele Wiens“ im beginnenden Massenzeitalter sich verändern sieht. Das Bewußtsein der Gefährdung lag den literarisch kultivierten Söhnen des liberalen Wien nur allzu nahe: sie nahmen dessen „Seele“ für sich in Anspruch, die sie vor dem Massenzeitalter, vor reaktionärer Enge, vor der von den Vätern bewirkten Industrialisierung in ihre Kunst zu retten suchten. Diese „Rettung“ hat zwar einen konservativen Grundzug, muß aber, wie wir bei Hofmannsthal gesehen haben, nicht bloß reaktionär sein.

Die „Seele“ Wiens wollte der Wiener Bohemien Peter Altenberg (d. i. Richard Engländer, 1859 bis 1919) auf seine Weise in kleinen Prosaskizzen einfangen. Das Wiener Feuilleton suchte er durch eine Beimischung aus dem französischen Prosagedicht zu poetisieren. Er berief sich auf Huysmans, Baudelaire und Mallarmé, begnügte sich jedoch mit poetisierter Oberfläche, Szenen aus Wiener Straßen, aus Schönbrunn und aus dem Prater, aus dem Café, das ihm zur Heimat wurde, aus sommerlichen Landaufenthalten an Seen im Salzkammergut. Zum Jugendstil gehört seine Sinnlichkeit. Altenberg kann für ein reifenspielendes, nacktes dreizehnjähriges Mädchen schwärmen, das er sich vorstellt, für Frauen, die dem Poeten Stichworte liefern, für Seide und für duftende Kleider.

Kindliche Grausamkeiten, ein Vogel im Prater, abgerissene melancholische Stimmungsfetzen stehen in seinen Büchern nebeneinander, Anekdoten ohne Pointen, die zu ihrer Zeit große Zustimmung fanden. Seine erste Sammlung *Wie ich es sehe* erschien 1896. Altenberg propagierte milde Zivilisationskritik zugunsten des vielfältigen Lebens. Seine folgenden Bücher verwandelten Erinnerungsfetzen und Kunsteindrücke in Feuilletons, wiederholten bestenfalls die Methode aus *Wie ich es sehe.* Altenberg starb an den Folgen seines Alkoholismus.

Den vielseitigen Reichtum des modernen, intellektuellen Österreich dieser Zeit verkörpert Hermann Bahr (1863–1937). Seine Sammlung von Kritiken mit dem schlagwortartigen Titel *Die Überwindung des Naturalismus* war 1891 erschienen, in seinem *Dialog vom Tragischen* (1904) hatte er eine Grundlegung des Impressionismus versucht. Nach einer unruhigen Jugend, in der er vom deutschnationalen Studenten zum Studium des Marxismus gelangte, nach einem Pariser Aufenthalt, während dessen er die nachnaturalistischen Tendenzen der Moderne entdeckte, war er in Berlin an der *Freien Bühne* und im S. Fischer Verlag tätig, bevor er 1894 nach Österreich als Feuilletonredakteur zurückkehrte. Als Kritiker, Stükkeschreiber, zeitweise auch als Regisseur und Dramaturg war er dem Theater verpflichtet. 1909 heiratete er Anna Mildenburg, die damals als Wagner-Sängerin berühmt war. Bahr wurde mit Richard Strauss gut bekannt und regte den Text von dessen *Intermezzo* (1924) an. 1912 bis 1922 lebte er in Salzburg mit einer Unterbrechung im Jahre 1918, als er in der Leitung des Wiener Burgtheaters tätig war. Seine letzten Jahre verbrachte er in München. Nach 1904 näherte er sich dem katholischen Glauben seiner Jugend wieder, zu dem er sich 1916 ausdrücklich bekehrte. Im gleichen Jahr erschien sein Buch *Expressionismus.* Puristische Wiener wie Karl Kraus und Franz Blei haben das Theaterhafte und Falsche an Bahr kritisch überbetont. Zweifellos kannte er diese Seite der Moderne wie kein zweiter. Bahr repräsentiert jedoch die österreichische Moderne nicht nur negativ. Vielmehr vereinigt er das Theatralisch-Spielerische mit moralischer Kritik am bloß Dekorativen.

Schon als Student hatte er Dramen zu schreiben begonnen, zunächst vorwiegend moderne Tragödien in der Ibsen-Nachfolge, dann vorwiegend Lustspiele. Einige davon haben ein historisches Thema. *Josephine* (1899) ist eine Napoleon-Komödie, in der der Held das Heldische von dem Schauspieler Talma lernt. *Der Krampus* (1902) spielt in der Zeit des Rokoko, auf die man sich um die Jahrhundertwende überhaupt gern bezog. In den spezifisch österreichischen Stücken mit Titeln wie *Das Tschaperl* (1898) und *Wienerinnen* (1910) wird theatralische Spielfreude mit Problematik versetzt. Diese kann bei Bahr verschiedenes Gewicht haben. In *Wienerinnen* ist sie besonders leicht. Die oberflächliche, konventionelle Erziehung reicher, besonders neureicher, Mädchen wird, offenbar eine Spitze gegen Ibsens *Nora,* durch den starken Mann durchbrochen. Ein literarischer Salon und Emanzipationsparolen verstärken nur die Abhängigkeit von modischen Klischees. Ein Doktor Mohn wird als skeptischer Salon-Kritiker eingeführt, mit Anspielungen auf Arthur Schnitzler. Im letzten Akt tritt ein erzieherischer Diener auf, der als Vorgänger von Hofmannsthals unbestechlichem Theodor angesprochen werden muß (*Der Unbestechliche,* 1923).

In *Der Meister* (1904) ist die Titelfigur ein unakademischer Chirurg, der es in Amerika zu Erfolg und Reichtum gebracht hatte, jedoch in seiner Heimat zunächst auf die Anfeindungen der Schulmediziner stieß. Als er aber einen Prinzen erfolgreich operiert, strömt ihm die öffentliche Anerkennung zu. Der „Meister" ist ein Willens- und Vernunftmensch, der sich, kühl und ironisch seiner Kraft bewußt, von gesellschaftlichen Verhältnissen nicht beherrschen ließ. Er ist ein „neuer" Mensch. Das Stück will zeigen, daß es diesem Übermenschen an Menschlichkeit gebricht. Seine schöne junge Frau wendet sich einem lebensunsicheren Grafen aus der Nachbarschaft zu. Der gelassene und selbstsichere Meister kann sie weder durch großzügiges Verzeihen ihres ersten Fehltrittes noch durch einen Anflug von Brutalität halten. Ein kulturkritischer Japaner dient als Kommentator. Er setzt sich für das Recht auf Leidenschaft ein, das nicht durch übermenschliche Vernunft unterdrückt werden dürfe. Natürlich ist es kein Zufall, daß der Graf am Ende der glücklichere ist und daß erst das Eingreifen von Hofkreisen den bürgerlich-medizinischen Zunftgeist in seine Schranken weist. Das Stück widerlegt den modernen Typ des Erfolgsmenschen, ohne ihn unsympathisch werden zu lassen. Es suggeriert eine gemäßigt konservative, aristokratische Tendenz.

Daß Bahr jedoch nicht einfach als Reaktionär erledigt werden kann, zeigt *Sanna* (1905), ein Schauspiel in 5 Akten, in dem schwächliche bürgerliche Verlogenheit in den trübsten Farben gemalt wird. Falscher religiöser Trost wird dem selbstverschuldeten bornierten Elend aufgesetzt, was einen schreienden Mißklang ergibt. Das Stück spielt ein Jahr vor der Revolution von 1848. Der Vertreter der alten Ordnung, geil und gierig, fromm und vergreist, schwächlich und despotisch, könnte nicht unsympathischer gezeigt werden. Die gefesselten Emotionen der Töchter, die wegen fehlenden Vermögens nicht standesgemäß heiraten können und daher zum Verkümmern verurteilt sind, machen sich an einzelnen Stellen in hysterischen Schreien Luft. Das Stück greift einerseits auf den Naturalismus zurück und weist andererseits auf den Expressionismus voraus. Im letzten Akt, nachdem die eine der Töchter sich dem Verkümmern durch Selbstmord entzogen hat und bürgerlich-fromme Respektabilität an ihrer Leiche gespielt wird, gerät das Drama ins Groteske. Das letzte Wort ist: „Denn dies alles ist nichts wert."

In Bahrs Gegenwart spielt *Die Andere* (1906). Die Handlung beginnt in dem Wohnraum eines wohlhabenden liberalen Professors, der, von ihrer Musik bezaubert, sich in eine Geigerin verliebt hat, und endet in einem Elendsquartier, in dem dieselbe Künstlerin verarmt und verkommen stirbt, fortgeworfen von einem anderen Mann, dem sie sexuell hörig geworden war. Während sie stirbt, findet auf der Straße ein Sozialistenaufstand statt, von der russischen Revolution von 1905 ausgelöst, der von der Polizei niedergeschlagen wird. Dieses Motiv wurde von einer wirklichen Demonstration in Salzburg 1905 angeregt. Eine rote Fahne, von einem „großen, schweren, nackten Arm" aus einem Dachfenster geschwenkt, rückt als Dingsymbol an die Stelle von Blumen, die in den ersten beiden Akten, in schönen Vasen von den Spielern bewundert, symbolische Funktion hatten. Das Zerbrechen der alten Ordnung bezeichnet Bahr stilistisch, indem er seine Figuren in unvollendeten Sätzen sprechen läßt, das Gemeinte Gegenspieler und Zuschauer erraten lassend – ein moderner Zug.

Sein berühmtestes und erfolgreichstes Lustspiel *Das Konzert* (1909) setzt die desillusionierende Tendenz gegenüber der Kunstreligion der Oberklasse fort, ist aber harmloser. Es handelt von einem beliebten Pianisten, der seinen Ruhm für erotische Eroberungen ausschlachtet, und von einem jungen Intellektuellen, der Reichtum geheiratet hat und, wie der „Meister", auf den Ehebruch seiner Frau auf freie und moderne Weise, ohne Zorn, Eifersucht und Duell reagieren will. Beide werden widerlegt. Das „Konzert" ist Vorwand für einen Ausflug des Pianisten und seiner Favoritin auf eine Berghütte, wohin ihm die zwei anderen Beteiligten des geplanten Ehebruches peinlicherweise folgen. Der Titel kann jedoch auch in übertragener Bedeutung verstanden werden als konzertierendes Ensemblespiel der vier Partner des verhinderten Gattentausches.

Ein charakteristisches Detail findet sich in einer Szenenanweisung. Eine Nebenfigur wird folgendermaßen beschrieben:

> Eva, neunzehn Jahre; sehr schlank, phantastisch, auf Schlange stilisiert, Klimtaugen, Klimtfrisur, überhaupt ganz Klimt; versucht auf alle Weise nervös zu schillern; ist immer aufgeregt und hat immer Verdacht; unter ihrer Maske sieht, wenn sie sich zuweilen vergißt, ein argloses liebes Wiener Gesicht mit großen verwunderten Augen kindisch hervor.

Gustav Klimt war ein Wiener Maler, der von der überladenen Makart-Pracht über eine dekorative Stilkunst zu vorexpressionistischen Formen gelangte. In dem Hinweis auf das naive Wiener Mädel unter der Stilisierung ist eine Kritik der dekorativen Tendenzen in der Kunst der Zeit enthalten, die in der Linie von Bahrs Kritik am pseudoreligiösen Charakter des Ästhetizismus überhaupt liegt, vielleicht auch eine Anspielung auf Schnitzler. (Auf den Titel *Liebelei*, 1895, von Schnitzler spielt sicher Bahrs Komödientitel *Ehelei* von 1920 an.)

Auch Romane hat Bahr geschrieben. *Theater – Ein Wiener Roman* (1897) stellt die Falschheit der Theaterwelt aus der Sicht eines jungen jüdischen Gelehrten aus der Provinz dar. In ihrem Mittelpunkt steht eine

Darstellerin, deren bezaubernde, spielerische Poesie die Gemeinheit nicht zuzudecken vermag, die sie aus einer niedrigen sozialen Herkunft und demütigenden Jugend mit sich schleppt. So satirisch wie das Theater wird auch die Wiener soziale Umgebung geschildert, von dem Erzherzog, der auf das wirkliche Leben neugierig ist (ein Motiv, das Thomas Mann später in *Königliche Hoheit* ausgestalten wird), über den reichgewordenen Juden aus Odessa, der Hofräte demütigt, indem er den früheren Schweinehändler herauskehrt, bis zu kleinbürgerlichen Schwindlern. Diese Welt bewegt sich an der Grenze der Groteske, ohne sie jedoch dauernd zu überschreiten. Den trunkenen Reigen endet Bahr, indem er den verirrten Schriftsteller wieder in die Bürgerlichkeit zurückkehren läßt.

Auf das Theaterthema kommt Bahr zurück in dem Roman *Die Rahl* (1909), der der erste eines Romanzyklus werden sollte. Von den geplanten zwölf schrieb Bahr sieben. Der Roman verbindet ein Erziehungsthema mit dem des Wienerischen Theaterkultes. Der Begeisterung eines intelligenten und sympathischen Gymnasiasten steht die Leere des Kunstkultes gegenüber. In einer Laune nimmt die berühmte Burgschauspielerin Rahl den Gymnasiasten mit nach Hause, will ihn danach aber nicht mehr kennen. Die Falschheit der Theaterwelt zeigt sich als Folge der Glaubensbereitschaft der Bürger, das Theater als ihr falsches Objekt. Die traditionelle Erziehung reproduziert nur leere Phrasen, mit denen sich ihr Vertreter, der Lehrer des jungen Helden, über seine Ressentiments hinwegtäuscht. Daß Religion die Leere erfüllen könnte, wird nur zurückhaltend angedeutet.

Deutlicher ist das religiöse Motiv in dem Roman *O Mensch* (1910). Es wird getragen von einem ehemaligen Landstreicher, einem schönen Knaben, der nur „der Nußmensch“ genannt wird. Bahr läßt diesen

Nußmenschen mit der offiziellen Kirche in Konflikt geraten, es wird aber deutlich, daß er in ihm den Kern seiner neuen freudigen Religiosität darstellen will, der sich unter der Schale der modischen monistischen Sektierer-Neureligion herausbildet. Was den Zugang zu dem göttlichen Kern behindert, sind die individuellen Rollen, die sich die Menschen vorspielen. Mehrere solcher Rollen werden im Roman wegen innerer Widersprüchlichkeit komisch dargestellt. Worauf es ankäme, erkennt der Nußmensch nach seinem gescheiterten Versuch, einen sündenbewußten Priester zu bekehren: „Es muß eben erst eine neue Sprache gefunden werden, ... eine Sprache, mit der sich die Menschen aneinander reden werden, statt auseinander.“ Es ist dies dasselbe Sprachmotiv, das wir bei Hofmannsthal und Schnitzler finden. Es wird mit den Wörtern ‚Sprachkrise‘ und ‚Sprachskepsis‘ nur unvollkommen, weil zu negativ bezeichnet. Denn es ist natürlich der Ehrgeiz dieser Kunst, die neue, überzeugende, suggestive Sprache zu sein. Diese Absicht ist in Bahrs Roman der Gegenstand von Kunstgesprächen eines Malers, der schon in *Die Rahl* auftrat. Mehrere Hintergrundfiguren verbinden die Romane des Zyklus miteinander.

Von Bahr, dem Proteus der impressionistischen Lebensanschauung, bis zu Bahr, dem Vorboten und Verkünder des Expressionismus, von Bahr, der von Marx und Mach beeindruckt ist, bis zu Bahr, dem katholischen österreichischen Patrioten, erstreckt sich eine einigermaßen schillernde geistige Existenz, die aber, trotz des verwirrenden Bildes, das sie bietet, dokumentiert, wie geistig lebendig das Österreich Kaiser Franz Josephs war, mochte diese Lebendigkeit auch das Bewußtsein der vergreisten Vaterfigur nicht mehr erreichen.

Als Dichter formschöner Verse erlangte Richard

Schaukal (1874–1942) eine gewisse Berühmtheit. Er stammte aus Brünn und war Verwaltungsbeamter in Mähren und Wien. Obwohl Nachdichtungen nach Verlaine Schaukals Willen zeigen, über die Provinzialität hinauszukommen, sind seine Verse nur Anpassungen an die ästhetizistischen und symbolistischen Moden. In dem Gedicht *Ein Schloß* kommen diese Verse vor:

Im Rosenglührot schläft die Marmortreppe
...
Noch träumt der Sand von einer schweren Schleppe
...

Die Reimworte sind aus Georges *Algabal*, der Stil ganz der damals übliche, wie man ihn auch beim jungen Rilke findet. Die Schlußzeilen sind noch charakteristischer:

Ein Rosenduften hebt sich schmachtend, laut
...
Hoch vom Altan der Tod herniederschaut.

Symbolistische Requisiten, wie sie Gemälde von Hans Makart (1840–84) darstellten, füllen dieses Gedicht:

Wünsche

Zwischen blonden juwelengeschmückten Frauen,
Schlanken Gestalten in glänzenden, weichen Seiden,
Möcht ich sitzen und Qualen des Wählens leiden,
Wenn schmeichelnde Augen fragen unter den dunkeln Brauen.

Funkelnde Weine in Krystallkaraffen,
Brennende Rosen über Eisbärfellen,
Silberhörner, aus denen Früchte quellen,
Persergewebe, die sich um Säulen raffen.

Leise Musik aus fernen goldenen Harfen,
Sehnsuchtklagende Cremoneser-Geigen,

Schwarze Sklaven in harrendem Ehrfurchtschweigen,
An der Hüfte den Dolch, den wink-gewärtigen,
scharfen.

Hier ist greifbar, was auch in Rilke sehr lebendig war, das erotisch getönte Bedürfnis nach stilisierter Kunst-Vornehmheit, das Gefühl, der unaufhaltsamen Verbürgerlichung der Massen eine poetisch konzipierte Alternative entgegenhalten zu müssen, das auch George und Hofmannsthal teilten, wenn sie es auch auf höherer Geschmacksebene in Sprache umsetzten.

Der neuromantische Snobismus, das Bedürfnis, sich in eine vornehme Adelswelt zu versetzen, findet sich auch in Schaukals Erzählungen. Eine Sammlung von kleinen Geschichten, die, oft ohne Pointe, zwischen Feuilleton, Anekdote und Groteske spielen, entfernt Kafkas früher Sammlung *Betrachtung* (1913) verwandt, ist *Von Tod zu Tod* (1902). Der nächste Erzählungsband, *Eros Thanatos* (1906), dessen Titel, weil für den Jugendstil typisch, eine gewisse Berühmtheit erlangte, enthält Geschichten aus der vornehmen Welt mit der Tendenz zu grellen, grotesken Schlußeffekten. Als Zeitbild interessant ist *Die Sängerin*, eine Erzählung, in der ein zufällig vermögender Wiener Ministerialbeamter sich durch erotische Eitelkeit selbst zerstört. Hier befindet Schaukal sich auf dem Boden seiner Erfahrungen. Der Selbsthaß gegen seine bürgerliche Beamtenexistenz findet Ausdruck.

Sie bleibt aber Ausnahme. Der „Roman" *Leben und Meinungen des Herrn Andreas von Balthesser, eines Dandy und Dilettanten* (1907) legt um die fiktiven Äußerungen der Romanfigur einen schwachen erzählerischen Rahmen, angereichert durch fiktive Briefe, eine Duellaffäre betreffend, die zum „unrühmlichen Ende" des Dandy führt. Die Distanzierung des Autors gelingt nur unvollständig durch leichte satirische Übertreibung. Das Buch erregt vielmehr den entschiedenen Verdacht, daß es das Über-Ich des Autors darstelle: einen Schriftsteller, der jeden gebildeten Bürger von vornherein der Unvornehmheit für überführt hält, der demgegenüber Vorschriften tadelloser Bekleidung und unbefangen vornehmen Benehmens entwickelt und, folgerichtig, das Veröffentlichen von Büchern für unter seiner Würde hält.

Tadelloses Benehmen ist überhaupt nicht erlernbar, sondern eine „Rasse"eigentümlichkeit [sic], etwa wie die Hautausdünstung der Schwarzen. Das „Aristokratische" ist keineswegs immer tadellos. Aber sicherlich haben von 100 Aristokraten 90 ein sicheres Benehmen. Unter 100 Nichtaristokraten hingegen sind 98 in ihrem Benehmen ganz und gar unmöglich. Und ich ziehe es entschieden vor, mit weniger geistreichen Leuten, die sich „benehmen" können, zu verkehren als mit Leuten ohne Benehmen, sie mögen im übrigen das Gebildetste auf der Welt sein.

In einer Sammlung von „Sinnsprüchen und Glossen", deren Verfasser eher der Autor als seine Figur zu sein scheint, finden sich widersprüchliche Bestimmungen von ‚Rasse': „Rasse ist ein andres Wort für Gleichgewicht"; „Rasse ist Erziehung in Permanenz"; „Kriege haben nur zwischen Rassen Sinn. Kriege zwischen ‚Begriffen' sind sinnlos. Verständlich sind auch Sprachen- und Religionskämpfe, aber auch sie sind nicht so tief organisch begründet wie Rassenverfolgungen, Rassenkriege."

Ein aristokratischer, dann ein bürgerlicher Rassenbegriff und schließlich eine Vorstellung, die sich dem fatalen faschistisch-chauvinistischen Begriff der Rasse nähert, das ergibt eine charakteristische Konfusion. Rasse soll einerseits der Ausdruck einer überlegenen sozialen Position sein, andererseits Produkt einer Erziehung durch die richtige soziale Umgebung, endlich aber auch eine irgendwie fatalistisch organische Sache. In dieses Bild gehört Balthesser-Schaukals Feindseligkeit gegenüber dem industriellen und dem gebildeten Bürgertum, die offenbar nicht weiß, daß sie sich gegen die sozialen Grundlagen der eigenen Existenz richtet. Denn der in blütenweißer Badewanne kultivierte, täglich die Wäsche wechselnde Dandy ist ohne Industrie nicht denkbar; die von Schaukal so geliebten Aristokraten des vorindustriellen Zeitalters waren nicht wohlgebadet. Einmal wendet sich Balthesser-Schaukal gegen die Talmizivilisation, die der Europäer den „Insulanern" (in der Südsee) bringe, wobei er „Kultur" gegen „Zivilisation" ausspielt. Bemerkungen gegen demokratische Politik und die Presse vervollständigen das präfaschistische Bild. Im Hinblick auf Schaukals spätere Nobilitierung (1918) kann man eine Bemerkung gegen die Neuadligen des lügenhaften 19. Jahrhunderts nicht ohne Lächeln lesen.

Hier zeigen sich Leitvorstellungen, die sich aus dem lyrischen Ästhetizismus in Schaukals Frühzeit entwickeln und folgerichtig in den Faschismus führen. Die Anziehungskraft des Faschismus liegt ja darin, daß er seinen Anhängern die Teilnahme an der Größe bietet, es ihnen leicht macht, aus der modernen Mittelmäßigkeit auszubrechen. Das ist eine Bewegung, die in anderer Form auch in der Boheme stattfindet, letztlich die Übertragung einer in der literarischen Fiktion beheimateten Phantasiewelt auf die politisch-soziale Wirklichkeit.

Daß diese Richtung auf den Faschismus hin nicht etwa nur der fiktiven Figur Balthesser, sondern Schaukal selbst angehört, läßt sich aus dessen späteren essayistischen Büchern belegen. So zeigt eine Betrachtung über ‚Rasse' aus einem im letzten Kriegsjahr erschienenen Buch, *Erlebte Gedanken* (1918), den entschiedenen Übergang zu einem ideologischen Rassismus, „eine Weltanschauung, deren Ergebnisse den Schwaden der liberalen Phrasen zerreißen". Das Buch ist zugleich antidemokratisch und antikapitalistisch. So kann es nicht wundernehmen, wenn Schaukal 1934 in *Erkenntnisse und Betrachtungen* über die auflösenden Wirkungen des jüdischen Intellektualismus auf Volkstum, Rasse, Stand und Staatsgemeinschaft klagt.

Nach Schnitzlers Tod (1931) fühlte Schaukal sich verpflichtet, die Nachrufe als unangemessene Pressepropaganda „blutsverwandter Literaten und gefügiger Mitläufer" abzutun. Schnitzlers eigentliches Gebiet sei „erotisch prickelnde Unterhaltung" gewesen. Er hätte Schnitzler „Zersetzung" und „Auflösung" vorwerfen können. Schnitzlers große und weithin unterschätzte Bedeutung in der deutschen Literatur ist, daß er in seiner Epik und Dramatik die Prätentionen der bürgerlichen Welt sich selbst enthüllen ließ, ohne expressive Demaskierung und ohne zu dozieren. Das erotische Thema, das in Schnitzlers Werk übrigens nicht ausschließlich herrscht, ist eine besonders gute Gelegenheit, Prätentionen zusammen mit ihrem vitalen Grund zu zeigen. Das Gefühl, daß in der Liebe sowohl die prekären Konstruktionen unseres sozialen Lebens wie ein elementarer Instinkt des Menschen mitspielen, hat ja überhaupt zu dem großen Interesse an der Aufdeckung bürgerlicher Tabus beigetragen, das wir in der Literatur dieser Zeit finden und das sich bis in unsere Tage fortsetzt.

Arthur Schnitzler (1862–1931) war der Sohn eines tüchtigen jüdischen Arztes, der darauf bestand, daß sein Sohn ein Brotstudium betrieb. Als Arzt hat der junge Schnitzler sich für Hypnose und psychopathologische Erscheinungen interessiert. Aber sobald er konnte, hörte er auf zu praktizieren. Einschneidend in seinem Leben war die Bindung an Marie Reinhard, die 1897 ein Kind von ihm tot zur Welt brachte und 1899 nach ganz kurzer Krankheit an Sepsis starb. Schnitzler heiratete 1903 die Schauspielerin Olga

Gusmann, mit der er zwei Kinder hatte. Die Ehe wurde 1921 geschieden. Schnitzlers Lebensende wurde überschattet durch ein Gehörleiden und den Selbstmord seiner neunzehnjährigen Tochter Lili 1928.

In seinen frühen Stücken gerät das Bedürfnis der Figuren, eine impressionistische Weltanschauung zu praktizieren, im Augenblick zu leben, mit dem Bedürfnis nach Dauer und Wahrheit in den menschlichen Verhältnissen in Konflikt. Die erotische Motivik, in den *Anatol*-Einaktern (1889–93) und in *Liebelei* (1896), geht zusammen mit einer sozialkritischen, die in *Das Märchen* (1891), *Freiwild* (1898) und *Das Vermächtnis* (1898) dominant und in *Der Reigen* (entstanden 1896–97) versteckt ist. Schnitzlers Sozialkritik ist moralischer Natur. Sie weist immer wieder die Nichtanwendbarkeit der üblichen Moralbegriffe (alter und moderner) auf die gezeigten Fälle nach und erhebt so die Frage nach den Grundlagen des menschlichen Zusammenlebens überhaupt.

Wie für Hofmannsthal, Rilke und andere Zeitgenossen stellt sich für Schnitzler das Problem der Funktion des Dichters in einer Gesellschaft, deren moralische Grundlagen er anzweifeln muß. Im *Reigen* wird am Schluß die Möglichkeit angedeutet, daß sich aus der leeren, alltäglichen Routine ein imaginativer Moment erhebt, der sie unterbricht und zu Bedeutung erhöht. Der Graf im *Reigen* stellt etwas vom Wesen des Dichters dar, insofern er repräsentativ und deshalb seiner Umgebung überlegen ist. Die Außenseiternatur des Dichters findet ihre Spiegelung in *Paracelsus* (1898). Der Einakter ist eine neue und reichere Ausgestaltung des Motivs der Hypnose als Wahrheitsprüfung, das schon in *Anatol* als „Frage an das Schicksal" vorkommt (1890). Schnitzlers landfahrender und marktschreierischer Arzt besitzt die Fähigkeit zu einer unheimlichen Hypnose, mit deren Hilfe er die Wahrheit über das erotische Verlangen zweier Frauen in einem Bürgerhaus ans Licht bringt, womit er zugleich Rache nimmt an dem Bürger, der auf seine verläßliche Seßhaftigkeit stolz ist. Paracelsus deutet seine Aktion am Ende als Spiel. Alles, „das wir auf Erden treiben", sei Spiel: Kriege, Religionsgründungen, Astronomie wählt er als Beispiele, also Wirklichkeiten, die den alltäglichen Rahmen überschreiten, unsere Orientierungen umstürzen.

> Mit Menschenseelen spiele ich. Ein Sinn
> Wird nur von dem gefunden, der ihn sucht.
> Es fließen ineinander Traum und Wachen,
> Wahrheit und Lüge. Sicherheit ist nirgends.
> Wir wissen nichts von andern, nichts von uns;
> Wir spielen immer, wer es weiß, ist klug.

Das ist sicher eine auf den Dichter gemünzte Aussage. Die spielerische Einsicht, die Dichtung vermittelt, ist wahr und erfunden, wirklich und unwirklich, bietet keine Sicherheit, aber dennoch Einsicht. Dichtung in einer Welt, deren moralische Grundlagen fragwürdig, deren Metaphysik umstritten ist, kann nichts Sicheres bieten, hat aber gerade in der Auflösung von verfestigten Prätentionen ihre befreiende Funktion. Deshalb beschreibt der Vorwurf der Zersetzung, seiner hämischen Aggressivität entkleidet, etwas Richtiges und Notwendiges.

In *Der grüne Kakadu* (1899) ist eine Situation an der Grenze von Spiel und Wirklichkeit hergestellt. Schauspieler spielen im Paris von 1789 Verbrecherkneipe vor Adligen, die in einem wirklichen Kellerlokal an Tischen sitzen. Der Direktor-Wirt und die Schauspieler benutzen diese Situation, um den wirklichen Adligen ihren wirklichen Klassenhaß als scheinbares Spiel ins Gesicht zu sagen. Gespielte Eifersucht wird wirkliche, die erotische Neugier einer

Dame dirnenhaft. Draußen geht der Bastillensturm vor sich. Der Eifersuchtsmord wird von dem hereinströmenden Volk für politisch motiviert gehalten. Freiheitskampf und Verbrechen fließen zusammen, es kommt nur auf den Blickpunkt an.

Eine der Hauptfiguren in *Der Schleier der Beatrice* (1901), dem Stück, in dem Schnitzler der modischen Renaissance-Begeisterung Tribut zollt, ist Filippo der Dichter. Sein Versuch, aus der moralischen Ordnung auszubrechen und Beatrice, das schöne Leben, ganz zu besitzen, scheitert, weil er Beatrices noch halb kindliche Phantasie nicht mit besitzen kann. Seine eigene Phantasiewelt hindert ihn, sowohl seinen Platz in der Adelsgesellschaft einzunehmen, als auch mit Beatrice, dem schönen Mädchen aus dem Volk, ein neues Leben zu beginnen. In der von Vernichtung und Tod bedrohten Stadt verliert die alte moralische Ordnung ihren Wert. Aber der Dichter ist weder imstande noch willens, einen neuen Lebenssinn zu konzipieren noch auch nur für sich anzuerkennen. Er entzieht sich allen sozialen Beziehungen durch Flucht in den Tod. In *Paracelsus* floß wenigstens Einsicht aus der Anwendung des dichterischen Spiels auf die wirkliche soziale Welt. In *Der grüne Kakadu* ergibt die Mischung von Spiel und Wirklichkeit eher Täuschung als Wahrheit. In *Der Schleier der Beatrice* schließlich kommt tiefe Skepsis gegenüber möglichen sozialen Funktionen der Dichtung zum Ausdruck, sei es eine heilende, sei es eine sinngebende oder aufklärende.

Um die Jahrhundertwende entstand eine Reihe von Einaktern, die zentral oder am Rande mit dem Mißverhältnis von Schreiben und Erleben zu tun haben. Eine erste Gruppe von vier Stücken wurde 1902 unter dem Titel *Lebendige Stunden* veröffentlicht, dem Titel eines der Stücke, in dem die Frage gestellt wird, ob Kunstwerke das Selbstopfer eines Menschen wert sind. Im zweiten, *Die Frau mit dem Dolche* (das auch mit dem Gedanken der Erinnerung an eine frühere Existenz spielt), und im vierten, *Literatur*, geht es um die literarische Ausschlachtung von wirklichen Erlebnissen in literarischen Werken, die, wenn sie unverwandelt stattfindet, von Schnitzler als literatenhaft verurteilt wird. Hier und in *Die letzten Masken* wird das letztlich indezente Verhältnis des Schreibenden zu seiner Umgebung ebenso rücksichtslos herausgestellt wie in Thomas Manns fast gleichzeitigem *Tonio Kröger* (1903). Übrigens sollte Thomas Manns Erzählung ursprünglich „Literatur“ heißen, und in Schnitzlers Stück ebenso wie in Manns Novelle ist die Münchener Boheme ein Thema. In beiden Werken ist eine russische Malerin das Künstler-Boheme-Exempel.

Die drei Einakter, die 1906 unter dem Titel *Marionetten* gedruckt wurden, sind 1901 bis 1904 entstanden. Das dritte der Stücke, die „Burleske in einem Akt“ *Zum großen Wurstel*, ist ebenso ungewöhnlich in Schnitzlers Werk wie bedeutend. Auf der Bühne erscheinen ein Marionettentheater und dessen Zuschauer. Zwischen Zuschauertypen, dem Direktor und dem Dichter sowie der Handlung auf der Marionettenbühne, der Parodie eines Schnitzler-Stoffes, entsteht ein komisches und satirisches Wechselspiel, das auf Tiecks *Der gestiefelte Kater* zurück- und auf Züge des modernen desillusionierenden Theaters vorausweist. Bahrs „Meister“ und Richard Beer-Hofmanns Graf von Charolais treten auf. Am Ende trennt ein „Unbekannter“ die Drähte der Marionetten ab. Nicht nur die Marionetten, auch die Zuschauer sinken zusammen. Der Unbekannte ist vielleicht der Geist der Wahrheit. Als er abtritt, erheben sich Zuschauer und Marionetten und beginnen das Spiel von neuem. Trotz aller Satire, trotz aller Skepsis gegenüber der Funktion der Dichtung gehören Dichtung und Wirklichkeit letztlich zusammen, denn auch in der gesellschaftlichen Wirklichkeit werden Rollen gespielt.

Das Thema der Gewalt von Worten bringt Schnitzler zehn Jahre später noch einmal in eine Folge von Einaktern, *Komödie der Worte* (1915). Er wollte auch eine Tragikomödie über die ungewollte Wirkung eines Wortes im Munde eines Literaten schreiben, wobei er an Peter Altenberg dachte. Im Nachlaß gibt es Fragmente unter dem Titel *Das Wort*. Gelungen ist ihm ein subtiles, nicht leicht zu verstehendes Schauspiel über den Typ von Künstler, der zum impressionistischen Wien gehört.

Der einsame Weg (1904) verbindet das traditionelle Familiendrama in der von Ibsen überkommenen Version mit dem Thema des Künstlers, der sich der bürgerlichen Familie und damit der Gesellschaft entfremdet. Ein Akademiedirektor malt zwar auch selbst, fühlt sich aber als „Kunstbeamter", der treu seine Pflicht tut. Sein Familienglück beruht auf einer Lebenslüge. Seine Frau hatte zwischen ihm und einem genialen Maler geschwankt, von diesem einen Sohn empfangen und dann doch den Bürgerkünstler geheiratet, während jener bindungsscheue Maler Julian ein freies, unstetes Leben geführt hatte. Nach dem Verbrauch seines Vermögens ist er heimgekehrt. Ein Versuch, seinen natürlichen Sohn an sich zu ziehen, mißlingt ihm. Dieser, Felix genannt, Offizier, Symbol des Glanzes von Jugend und Gegenwart, entscheidet sich für seinen gesetzlichen Vater, den Akademiedirektor. Jedoch läßt er sich von dem Dichter Sala gewinnen, an einer archäologischen Expedition in Asien teilzunehmen, die einen ins Phantastische reichenden Charakter hat. Seiner Entscheidung fürs Bürgerliche steht also dann doch wieder die Verlockung ins Außerordentliche entgegen. Auch seine Schwester Johanna entscheidet sich für Sala, dem sie eine Liebesstunde abgewinnt. Weil sie weiß, daß ihr Glück nicht dauern kann, tötet sie sich. Intensität des Lebens ersetzt ihr dessen Dauer. Sala kann ebensowenig wie der Maler Julian Bindungen eingehen. Seine Beziehungslosigkeit ist andererseits Zeitlosigkeit oder Allgegenwart, was auch eine Form der Alliebe ist, die sein Dichtertum begründet. In dieser Hinsicht war Hofmannsthal Schnitzlers Modell für die Figur Sala, natürlich auch er selbst in seinem Verhältnis zu Marie Reinhard, die starb, bevor er seine Gewissensehe mit ihr legitimierte. Sala tötet sich am Ende, halb um einem qualvollen Todeskampf zu entgehen, halb um für Johanna zu sühnen. Er verurteile sich selbst gewissermaßen zum Tode, schrieb Schnitzler an Otto Brahm, der das Stück uraufführte, „um mich außerhalb des Stückes um so sicherer begnadigen zu können".

Zwischenspiel (1906), eine 3aktige „Komödie", hatte den Arbeitstitel „Neue Ehe". Zwei Künstler wollen ihr Leben auf gegenseitige Aufrichtigkeit gründen, scheitern aber, weil sie keine Übermenschen sind. Heiterer ist die einaktige Komödie *Komtesse Mizzi oder Der Familientag* (1908), wo individuelle Lebensentscheidungen, die von Mitgliedern des Hochadels halb gegen ihren Verhaltenskodex, halb mit Rücksicht auf ihn getroffen wurden, endlich ins Offene kommen. Die Frage, ob „Ehrlichkeit und Kühnheit" oder Rücksicht auf mitlebende Familienangehörige das Verhalten in Liebesfragen bestimmen soll, bleibt offen. *Komtesse Mizzi* ist mit hintergründiger Eleganz eines der besten Stücke Schnitzlers.

Auf dieses, wie auf viele Stücke Schnitzlers, paßte der Titel des Schauspiels *Der Ruf des Lebens* (1906), das Hermann Bahr gewidmet ist. Das intensive individuelle Erleben gerät hier in einen ernsten Konflikt mit sozialen Bindungen.

Marie, die Hauptperson des Stückes, anfangs pflichtbewußte Tochter, tötet ihren alten, bösen, unheilbar kranken Vater, um dem „Ruf des Lebens“ zu Leutnant Max folgen zu können. Der ist seinerseits zum Selbstmord verurteilt wegen einer Affäre mit der jungen Frau seines Obersten. Die Liebesszene unter dem Zeichen des Todes kommt jedoch nicht auf die Bühne. Schnitzler zeigt statt dessen seinen eigenen Lebensglauben, der tiefer und aktiver sein muß als die heroische Geste des Selbstmords. Am Ende bewahrt ein Arzt Marie vor Strafverfolgung, zeigt ihr aber den Weg zu einer tätigen Sühne in der Pflege Verwundeter im Krieg. Er selbst geht, einer Schuld wegen, diesen Weg. Wer seine Schuld tätig sühnt, hat eine Zukunft. Dagegen wird der kollektive Todesentschluß eines Reiterregiments, um die „Ehre“ wiederherzustellen, als sinnlos entlarvt. Schnitzler zeigt die Verlockung der Todesmystik als Komplement des Lebenskultes und enthüllt sie als unmenschlich. Der Todeskult wird im Faschismus eine große Rolle spielen. Schnitzler war mit dem 3. Akt nicht zufrieden; er wollte ihn noch am Ende seines Lebens umschreiben.

Das Thema des falschen Heldentums wird fortgeführt in *Der junge Medardus* (1910). Schnitzler nennt das Stück „Dramatische Historie in einem Vorspiel und fünf Aufzügen“. Es hat alle Charakteristika der modernen Tragikomödie und könnte auf weite Strekken von Friedrich Dürrenmatt geschrieben sein. Überdies hat es Züge des epischen Theaters. Nicht nur weil eine Geschichte erzählt wird, sondern auch weil der Zuschauer aufgerufen ist, falsche Züge in der Orientierung seiner politischen Wirklichkeit zu erkennen. Das Stück enthüllt Kriegs- und Waffenruhm als absurd, enthält eine Satire auf den monarchisch-legitimistischen Gedanken und kritisiert das seiner selbst nicht sichere Wiener Bürgertum. Schnitzler hatte lange ein „Altwiener Stück" schreiben wollen. 1910 wurde *Der junge Medardus* gedruckt und im Wiener Burgtheater mit Erfolg uraufgeführt, etwas mehr als 100 Jahre nach den Ereignissen, die behandelt werden. Medardus stirbt nach dem Friedensschluß des Krieges von 1809 „als dieses Krieges letzter und seltsamster Held". Der Bürgerssohn möchte gern ein Held sein, seine privaten Gefühle und Wünsche stehen ihm jedoch immerzu im Wege, vor allem eine besessene Liebe zu der adelsstolzen Tochter eines verrückten Prätendenten auf den französischen Königsthron, bis er es zuletzt dann doch erreicht, auf ganz private Weise sich heldisch zu benehmen und wegen versuchten Mordes an Napoleon erschossen zu werden.

Das Stück beginnt im „Vorspiel" mit dem Liebes-Doppelselbstmord der Schwester Medardus' und des französischen Adelssprosses Francis, der sich gerne in das Wiener Bürgertum eingeordnet hätte. Das Kind, das das Bürgermädchen von dem Sohn des Kronprätendenten trägt, wird nicht geboren werden. Die beiden Liebenden gehören weder in die adlige noch in die bürgerliche Ordnung und werden deshalb in den romantischen Liebestod gezwungen, dessen Absurdität deutlich durchschimmert. Ebenso absurd ist Medardus' Bindung an Helene, die Tochter des Kronprätendenten, die er aus Rache „entehren" will, wobei er sich jedoch rettungslos in sie verliebt und sie am Schluß aus Eifersucht tötet. Absurder noch ist der von seiner Umgebung genährte Glaube des alten und blinden Herzogs von Valois an seine triumphale Rückkehr nach Frankreich.

Die Absicht Schnitzlers ist in diesem Drama deutlicher als anderswo. Medardus' nutzlosem, absurdem und freiwillig-heroischem Märtyrertod steht der eindeutig achtbare seines Onkels, des schlichten, aber überlegenen Bürgers Eschenbacher, gegenüber. Über-

Arthur Schnitzler
Radierung von Emma Löwenstamm (1911)

legen ist dieser, weil er absticht gegen den Typ des neugierigen Wiener Bürgers, der sich den chauvinistischen Kriegsparolen ebenso schnell anpaßt wie der Besatzungswillkür Napoleons und dann wieder dem eigenen Kaiser zujubeln wird. Medardus ist Held und Narr. Das Närrische in ihm ist die Übernahme der heroischen Ethik, einer falschen Orientierung, vom Adel. Hofmannsthals *Rosenkavalier*, der gleichzeitig entstand, feiert die Verschmelzung von Bürgertum und Hochadel, die Schnitzler in Frage stellt, womit er die Anti-Duell-Motivik seiner Frühzeit mit anderen Mitteln fortsetzt.

Der dramatische Stil des *Medardus* bewegt sich am Rand der Groteske und ist fähig, karikaturistische Anspielungen aufzunehmen. Das symbolistische Drama wird verspottet, wenn Helene den Schlüssel zu ihrer Gartenpforte erst mit großer Geste in den Teich wirft, um ihn gleich darauf von ihrer Kammerjungfer wieder herausfischen zu lassen. Wenn Medardus, expressionistischen Stil vorwegnehmend, ausruft, „wohin mein Weg –?", so weist der Kontext auch diese Pathetik in den Bereich der verfremdenden Karikatur.

Tragikomödie nennt Schnitzler das 5aktige Drama *Das weite Land* (1911). Hier ist ein Generationsgegensatz in anderer Weise wirksam. Der erfolgreiche Fabrikant Hofreiter hat ein unheimliches Glück damit, aus gefährlichen Situationen zu entkommen, in denen andere Schaden erleiden. Am Ende des Dramas erschießt er einen jungen Mann in einem Duell, für das ihm jedes innere Recht fehlt. Dieser junge Mann und ein junges Mädchen, Erna, mit der Hofreiter seine letzte Affäre hatte, stechen durch Wahrheitsliebe ab von dem äußerlich glänzenden und gesellschaftlich geschliffenen Hofreiter-Kreis. Schnitzlers Kritik dieser leichtlebigen Oberfläche in den wohlhabenden Kreisen wird zusehends härter. Einen Arzt, der wie so häufig als dem Autor naher Sprecher auftritt, läßt er sagen:

... nicht das geringste hätt' ich einzuwenden gegen eine Welt, in der die Liebe wirklich nichts andres wäre als ein köstliches Spiel ... Aber dann ... dann ehrlich, bitte! Ehrlich bis zur Orgie ... Das ließ' ich gelten. Aber dies Ineinander von Zurückhaltung und Frechheit, von feiger Eifersucht und erlogenem Gleichmut – von rasender Leidenschaft und leerer Lust, wie ich es hier sehe – das find ich trübselig und grauenhaft – ... Der Freiheit, die sich hier brüstet, der fehlt es am Glauben an sich selbst.

Durch dieses subtile Stück und seine Ethik wird jedoch keineswegs die gleichsam impressionistische Wahrheit vom ethischen Pluralismus der Seele widerlegt, wie sie von einem alten Lebemann ausgesprochen wird, dessen Ehe an der Wahrhaftigkeit scheiterte:

Sollt' es Ihnen noch nicht aufgefallen sein, was für komplizierte Subjekte wir Menschen im Grunde sind? So vieles hat zugleich Raum in uns –! Liebe und Trug ... Treue und Treulosigkeit ... Anbetung für die eine und Verlangen nach einer anderen oder nach mehreren. Wir versuchen wohl Ordnung in uns zu schaffen, so gut es geht, aber diese Ordnung ist doch nur etwas Künstliches ... Das Natürliche ... ist das Chaos. Ja – mein guter Hofreiter, die Seele ... ist ein weites Land ...

Obwohl Schnitzler das 5aktige, von ihm „Komödie“ genannte Stück *Professor Bernhardi* (1912) als Charakterstudie verstanden wissen wollte, kann man ihre gesellschaftskritischen Züge nicht gut in den Hintergrund rücken. Die Charakterstudie ist die eines medizinischen Professors, der in einen Parteienstreit gerät, aus dem er sich heraushalten möchte, um nur seinem Gewissen verantwortlich zu sein. Das Experiment einer entschiedenen Individualethik macht dem Zuschauer zwar den Professor Bernhardi sympathisch, enthüllt aber zugleich die Unmöglichkeit seiner und jeder Moral, die das Individuum von seiner Gesellschaft isoliert. Vertreter des politischen Menschen ist ein Minister, der, mit allen fragwürdigen Eigenschaften des Politikers versehen, dennoch gegenüber Bernhardis unpolitischer Haltung recht hat. „Was geht mich denn die Politik an?“ Dieser bloß rhetorischen Frage Bernhardis, die nur ein Klischee des deutschen Bürgertums wiederholt, setzt der Minister Flint entgegen: „Sie geht uns alle an.“

Bernhardi hat einen Priester hindern wollen, eine im Zustand der Euphorie befindliche Sterbende mit der Letzten Ölung zu erschrecken, woraus die antisemitischen Parteien einen Fall zu machen versuchen. Zunächst mit Erfolg. Bernhardi wird wegen Religionsstörung verurteilt und sitzt zwei Monate ab. Danach schlägt die politische Lage um, die Liberalen erstarken. Überdies hat eine Zeugin gegen Bernhardi, eine Krankenschwester, durch ihren Beichtvater ermahnt, sich des Meineids bezichtigt. Aber Bernhardi möchte sich der ihm nun zufallenden Märtyrerrolle am liebsten entziehen. Am Ende steht ein Gespräch mit einem Hofrat, der fortschrittlicher Ideen fähig ist, sich aber angepaßt hat. Die Anpassung hält er für das ehrlichere Verhalten, denn ein einzelner kann nicht „das Richtige“ tun, ohne im Gefängnis zu enden. Freilich muß der Hofrat zugeben, er hätte vermutlich doch im gegebenen Falle wie Bernhardi gehandelt. „Da wäre ich halt ... grad so ein Viech gewesen wie Sie.“

Daß *Professor Bernhardi* eine politische Komödie ist, ergibt sich nicht nur aus der, wenn auch wohlwollenden, Widerlegung einer privaten Ethik, es wurde auch von den Wiener Zensoren erfaßt. Das Stück durfte vor 1918 in Österreich nicht gespielt werden. Ins Groteske wird Schnitzler das politische

Thema in der Journalistenkomödie *Fink und Fliederbusch* (1917) wenden.

Die Erzählungen Schnitzlers sind nicht alle psychologische Studien mit erotischem Thema, obwohl diese Art, mit *Sterben*, schon früh zu einem Höhepunkt gelangt, Schnitzlers und seiner Leser Interesse vielfältig gefangenhält. Es gibt auch parabolische Erzählungen: *Um eine Stunde* (1899) demonstriert die Stärke des Lebenswillens, *Boxeraufstand* (entstanden 1900; Nachlaß), eine Geschichte, deren reales Vorbild auch in Hofmannsthals Aufzeichnungen erscheint, zeigt die Gelassenheit eines Chinesen vor dem Tode, die der europäische Erzähler als fremd registriert. *Ein Erfolg* (entstanden nach 1900; Nachlaß) ist eine groteske Parabel über einen Polizisten, der das für sein Amt nötige Mißtrauen erst gewinnt, als er selber zum Amtsmißbrauch sich verleiten läßt. *Die grüne Krawatte* (1900, gedruckt 1903) ist ein Gleichnis des Antisemitismus, die *Geschichte eines Genies* (1907) wird von einem zu früh ausgekrochenen Schmetterling dargestellt. Diese und einige andere Geschichten sind gegen die Neigung des Lesers, sich mit der Hauptperson zu identifizieren, geschrieben. In *Die griechische Tänzerin* (1902) ist sowohl die Innenerzählerin wie der Rahmenerzähler unzuverlässig, da beider Objektivität durch Eifersucht getrübt ist. Schnitzler spielt mit den Erzählerperspektiven, um einen offenen Ausgang wie in vielen seiner Dramen zu erreichen.

Einige der Erzählungen sind soziale Studien. *Wohltaten, still und rein gegeben* (1900; Nachlaß) ist die Geschichte eines armen Studenten, der die Grenze zwischen dem Ehrgefühl der Oberklasse und der Erniedrigung der Besitzlosen überschreitet. *Der blinde Geronimo und sein Bruder* (1900) erzählt von einem Bettler-Brüderpaar, das aus dem Bürgertum abgesunken war und durch die Laune eines Wohlhabenden gequält wird. Einer der Brüder überschreitet die Schwelle der Kriminalität, um das Vertrauen seines Bruders wiederzugewinnen, das ihm wichtiger ist als die Gesetze. Schnitzlers bekannteste Erzählung *Leutnant Gustl* (1900, als Buch 1901) ist ebenfalls eine soziale Studie. Der Leser nimmt intensiv an des Leutnants Bewußtsein teil, die ganze Geschichte ist ein innerer Monolog. Die Idee, den inneren Monolog dominieren zu lassen, hatte Schnitzler von Edouard Dujardin, aus dessen 1888 erschienenen Novelle *Les Lauriers sont coupés*, von der sich später auch James Joyce anregen ließ. Jedoch dient Schnitzler die Form nicht zur lyrisch getönten Selbstaussage eines sensiblen Ichs, sondern dazu, den Leser vor Gustls Oberflächlichkeit, seiner Leere erschrecken zu lassen.

Leutnant Gustl gerät nach einem Konzert, in dem er sich gelangweilt hat, in einen Wortwechsel mit einem Bäcker, so daß ihm nach dem Ehrenkodex nichts übrigbleibt, als sich zu erschießen. Demonstriert wird dabei die Absurdität eines solchen Ehrenkodex, genauer gesagt, die Absurdität, die in Gustls Unfähigkeit liegt, dieselbe Orientierung zu verlassen, die ihn zum Tode verurteilt. Seine Versuche, sich auf seinen Tod vorzubereiten, mißlingen immer wieder, bis er durch einen Zufall, den jähen Tod seines Beleidigers, gerettet wird. Seine oberflächlichen Liebes- und Freundschaftsbindungen stellen den Leutnant ebenso in Frage wie das konventionelle Verhältnis zum Soldatenberuf. Mit einem Arzt, der den Wert des Militärs bezweifelt hat, wird sich ausgerechnet dieser Leutnant Gustl am gleichen Tage duellieren. Als Folge dieser Erzählung verlor Schnitzler seinen militärärztlichen Rang, weil er sich weigerte, seine Erzählung vor einem Ehrengericht zu verteidigen.

Eine Studie des Kleinbürgermilieus ist *Frau Berta Garlan* (1901), eine längere Erzählung, fast ein Ro-

S. Fischer, Verlag, Berlin

Umschlagtitel zur Erstausgabe
von Arthur Schnitzlers »Leutnant Gustl«

man. Zwei Frauen sehnen sich aus der Provinz in die große Welt, die für sie Wien ist, ohne daß ihre Träume sich erfüllen. Auf weite Strecken ist die Erzählung in erlebter Rede geschrieben. Während der Leser an der erotischen Enttäuschung Frau Garlans Anteil nimmt, sieht er die Parallelgeschichte der anderen Frau (die ihre Liebesgeschichten mit dem Tod an einer Abtreibung bezahlt) nur mit den Augen der Titelfigur.

Im Sande verläuft auch die Handlung von Schnitzlers Roman *Der Weg ins Freie* (1908). Wie in *Frau Berta Garlan* ist der Verzicht auf eine effektvolle Handlung ein bewußt eingesetztes Mittel, das den Leser zwingt, die Bewußtseinsdarstellung als eigentliche Intention ernst zu nehmen. Sie ist von ihrem sozialen Hintergrund nicht zu trennen. *Der Weg ins Freie* ist ein bedeutender Wiener Gesellschaftsroman, der, im Unterschied zu Joseph Roths und Robert Musils Romanen der k. u. k. Gesellschaft, vor der Katastrophe geschrieben ist. Wie in Schnitzlers „Altwiener Stück“ *Der junge Medardus* steht eine Verbindung von Adel und Bürgertum im Mittelpunkt. Hier wie dort geht diese Verbindung fragwürdig-bedenklich aus, und zwar zum Nachteil für die Vertreterin der Bürgerlichkeit. Im Mittelpunkt steht Georg von Wergenthin aus einem alten Adelsgeschlecht. (Schnitzler lehnte sich an das Leben der Freiherrn von Franckenstein an, Freunden Hofmannsthals, was bei diesem ambivalente Gefühle gegenüber dem Roman hervorrief.) Schon den Vater Wergenthin zeigt Schnitzler im Prozeß der Verbürgerlichung. Er hat eine Sängerin geheiratet, deren lange Krankheit das Vermögen aufzehrt. Die Söhne haben den Schein der Vornehmheit (von beiden Eltern) geerbt, müssen aber bürgerlich von eigenem Verdienst leben. Georg, der zu träumerischem Sich-gehen-Lassen neigt, wird Musiker, sein

Bruder Diplomat. Georg gerät in jüdische und kleinbürgerliche Kreise. Im Salon der Ehrenbergs kommt Wergenthin mit Juden in Berührung, deren politisch-soziale Auffassungen von snobistischer Anpassung an die Verhältnisse bis zu sozialdemokratischer Arbeit an ihrer Veränderung reichen, während der Vertreter des Liberalismus sympathisch, aber alt ist. Auseinandersetzungen über Antisemitismus und die Schwierigkeiten des Juden mit der Gesellschaft und mit sich selbst werden ironisch gebrochen durch das Bewußtsein des eleganten Georg von Wergenthin, den jüdische Selbstquälerei höchstens als Kuriosität berührt. Das neue jüdische Selbstbewußtsein, das die Assimilation zurückweist und nach Palästina strebt, wird von einem jungen Zionisten vertreten, der den Offizier, der ihn gequält hatte, im Duell erschießt. Das Entfremdungsgefühl des Juden wird in dem Schriftsteller Bermann durch Reflexion potenziert. Diese Gestalt ist ein ins Negative stilisiertes kritisches Selbstporträt Schnitzlers. Sein Prinzip ist weltanschauliche Offenheit, ein wissender Neuliberalismus artistischer und individueller, nicht politischer Natur. Die katholische und kleinbürgerliche Familie, aus der Georgs Geliebte stammt, hat einen Sohn, der im Antisemitismus der christlich-sozialen Partei eine neue Heimat findet. Georgs Geliebter Anna, die künstlerische Ambitionen hat aufgeben müssen, mißlingt der Ausbruch aus ihrem beschränkten Milieu, weil Georg sie verläßt, nachdem sie ein totes Kind von ihm geboren hat. Georgs „Weg ins Freie“ führt aus adligen und bürgerlichen Bindungen in eine Korrepetitorenstelle am Theater, ein banaler Ausgang. Ebendiese Reduktion auf das Banale ist die Intention des Romans. Nicht einmal Georgs Perfidie ist mehr als banal. Die künstlerischen Prätentionen werden am Schluß gegen die Banalität ausgespielt, indem Wagners *Tristan* zum Kontrastmotiv wird. Luegers christlich-soziale Partei in Wien, Wagners Kunst heroischen Scheins, ein sich verbürgerlichender Adel, Antisemitismus und Entfremdung bilden ein Panorama, in dem Keime des europäischen Faschismus sichtbar werden.

Schnitzlers Werk, von dem noch weiter die Rede sein wird, ist lange zu leicht genommen worden, nicht zuletzt, weil seine Rezeption durch Antisemitismus gestört wurde. Historische Gerechtigkeit wird den durchdachten Bau seiner Dramen, die Perspektiventechnik seiner Prosa, seine auf Wahrheit und Gerechtigkeit zielenden Intentionen höher einordnen.

Leopold Andrian (1875–1951), der Freund Hofmannsthals, trug einen hochadligen Namen, Reichsfreiherr von Andrian zu Werburg. Sein Vater war Gelehrter und Finanzbeamter, seine Mutter die Tochter des Komponisten Meyerbeer. Der Reichtum der Familie stammte von der mütterlichen Seite. Er ermöglichte ein Leben, das sich zwischen Wien, Nizza und dem Salzkammergut abspielte. Das väterliche Geschlecht, ursprünglich stadtbürgerlich aus der Gegend von Bergamo, hatte 1692 den Adel verliehen bekommen. Leopold Andrian bestand jedoch darauf, von dem tirolischen Uradelsgeschlecht der Andrians abzustammen. Obwohl er sich seiner jüdischen Herkunft von den Meyerbeers nicht direkt schämte, verleugnete er doch, soweit möglich, deren preußische Herkunft. Er war zufällig in Berlin geboren worden, als seine Eltern dort einer Erbauseinandersetzung wegen sich aufhielten. Seinen Geburtsort verheimlichte Andrian, um sich als entschiedenen Wiener darstellen zu können, der er zweifellos auch war. Seine Gesundheit galt von Kindheit auf als angegriffen, er erreichte jedoch ein hohes Alter. Er war ein entschiedener österreichischer Patriot, ließ sich aber nach wenigen Wochen Militärdienstes, seiner neurotischen Zustände wegen, von der Dienstpflicht befreien. Nach erfolgreichem Studium der Rechte wurde er österreichischer Diplomat; während des Krieges war er außerordentlicher Gesandter beim deutschen Heereskommando in Polen. 1918 übernahm er auf Betreiben Hofmannsthals als Intendant die Wiener Hoftheater. Zu Beginn der Revolution trat Andrian mit Abscheu von seinem Amt zurück. Man gewinnt aus den Briefen den Eindruck, daß Hofmannsthal sich von dem Chauvinismus des Freundes durch zartes Verschweigen seiner politischen Gedanken distanzierte. Andrian war einige Jahre später willens, in den diplomatischen Dienst der verschmähten Republik zu treten. Dazu kam es jedoch nicht, er zog sich ins Privatleben zurück, wurde Liechtensteiner Staatsangehöriger, schrieb ein katholisierendes metaphysisches Buch *Die Ständeordnung des Alls* (1930) sowie *Österreich im Prisma der Idee* (1937), einen legitimistischen „Katechismus", der sich „an die Führenden" wandte. Nach dem ‚Anschluß' Österreichs an Hitlers Reich 1938 floh er nach Südamerika. 1951 starb er in der Schweiz. – Diese Lebensgeschichte Andrians verführt dazu, ihn als Beispiel eines falschen Theater-Wiens anzusehen, eines Fassaden-Österreich, das sich den Realitäten verschloß. Manche Ähnlichkeiten mit dem Lebenslauf Rilkes sprechen dafür: der erdichtete Uradel und das gemiedene Bürgertum, von dessen Kapital beide dennoch lebten.

Mehrere von Andrians Gedichten erschienen in den *Blättern für die Kunst.* George widmete ihm im *Teppich des Lebens* ein Gedicht über österreichische Dichter, *Den Brüdern,* in dem er herablassende Sympathie für das „sieche Österreich" ausdrückt und „die schwanke schönheit grabes-müder" sowie „den farbenvollen untergang" bedauerlich findet. Die größere Lebendigkeit des deutschen Kreises setzte er dieser Dekadenz entgegen.

Andrians Dichtung bot Anlaß für eine solche Deutung, obwohl ihre Übertragung auf die österreichische Wirklichkeit bloß Resultat von Georges kunstreligiöser Ideologie war. George fand in Andrians Versen und seiner Erzählung *Der Garten der Erkenntnis* (1895) die Anregungen aus der französischen Dekadenz aufgenommen, die auch ihn bedrängt hatten. Da Andrians Dichtungen in Versen und Prosa nur aus der Zeit 1894 und 1895 stammen, als er neunzehn und zwanzig Jahre alt war, ist ihnen auch ein pubertärer Zug beigegeben, der die Dekadenz ins Melancholische verflüchtigt, zugleich aber auch den Anschluß an den Lebenskult des Jugendstiles wahrt. Es handelt sich gleichsam um eine naive, österreichische Variante der neurotischen Dekadenz französischer Herkunft. Die Naivität, die bei Hofmannsthal bei aller Intelligenz so viel stärker ist, war bei Andrian belastet durch dessen Homoerotik, die er vor sich selbst mißbilligen mußte, da er an seinem katholischen Glauben festhielt.

Es phantasiert in grauer Pracht
Der trübe, schwüle, monotone Süd,
Und wir sind traurig, wie nach einer Liebesnacht,
Wir sind sehr reizbar, wir sind krank und müd,

Und lehnen lässig an des Freundes Haus
In mattem und gedankendumpfem Schweigen,
Indes mit stumpf-einschläferndem Gebraus
Des Lebens Töne in die Stirn uns steigen,

Und vor uns seufzet die blasierte Stadt
In grauen violetten Schleiern,
Indes eintönig, lebenssatt
Drehorgeln ihre Klänge leiern.

So alltagstraurig, unerlöst und schwer
Wie oft im Traum phantastisch eine Stadt erscheint
Drin unsrer Seele uferloses Leidensmeer
Auf jeder Säule, jedem Steine weint.

Für den Druck in den *Blättern für die Kunst* (wo das Gedicht jedoch nicht aufgenommen wurde) änderte Andrian die oben wiedergegebene ursprüngliche Fassung des 1. Verses der 2. Strophe in „an der Freundin Haus“.

Vergleicht man Hofmannsthals Gedicht *Vorfrühling*, das ebenfalls vom Südwind handelt, dann entdeckt man Ähnlichkeiten:

Es läuft der Frühlingswind
Durch kahle Alleen
Seltsame Dinge sind
In seinem Wehn
...

Der Unterschied liegt aber darin, daß Hofmannsthal in ähnlich impressionistischer Technik auch lebensvolle Bilder einfügt:

Lippen im Lachen
Hat er berührt,
Die weichen und wachen
Fluren durchspürt
...

Berühmtheit, wenn auch nur in kleinem Kreise, erzielte Andrians Erzählung *Der Garten der Erkenntnis*, die er zeitweise auch *Das Fest der Jugend* nannte. Sie enthält den Lebenslauf eines jungen Mannes, eines österreichischen Fürstensohnes, der sich nach der Fülle des Lebens sehnt, ohne sie zu finden. Seine Erlebnisse und Begegnungen hinterlassen eine halb bedrückende, halb melancholische Stimmung, die den Reiz des Buches ausmacht. Ein namenloser Fremder weckt Furcht zugleich mit Verlockung. Er bleibt geheimnisvoll und wird am Ende zum Todesboten. Das ungelöste Geheimnis des Lebens verfließt in das des Todes. Das Motiv der unbeantworteten Frage nach dem Sinn des

Lebens hat die Erzählung mit Hofmannsthals fast gleichzeitigem *Märchen der 672. Nacht* gemeinsam.

Richard Beer-Hofmann (1866–1945) war ebenfalls ein enger Freund Hofmannsthals. Von seinem Jurastudium machte er keinen Gebrauch, sondern lebte von seinem Vermögen, als Schriftsteller außerordentlich langsam produzierend. Er neigte dazu, sich auf seine Familie, zu seiner schlichten und schönen Frau Paula, die er über alles liebte, und seinen drei Kindern zurückzuziehen. Hofmannsthals Briefe an ihn enthalten viele Klagen über Beer-Hofmanns Reserviertheit.

Der Tod Georgs (1900) ist ein lyrischer Roman, der sich beinahe völlig auf die Stimmungen, Träume, Erinnerungen und Reflexionen einer Hauptfigur, Paul genannt, beschränkt. Die Handlung ist minimal. Paul hat einen Freund, Georg, der eine Berufung als Professor erhalten hat, aber während eines Besuchs bei Paul stirbt. Ohne von dessen Sterben zu wissen, träumt Paul von der Ehe und einer Frau, der er ihren Kinderglauben nimmt. Nachdem sie an Krebs gestorben ist, reflektiert er:

> An ihn hatte sie geglaubt, als wäre ihm die Kraft und Tugend aller Dinge zugewachsen, die er ihr zerstört und die schwächer gewesen als sein Wort. Und nun starb sie; voll von schweren unruhigen Gedanken, die er in sie geworfen. Hilflos trieb sie den dunklen Fluß hinab – verfangen in die prunkende Vielfalt ihrer Seele, in die er sie gehüllt.

Wie das Beispiel zeigt, kann Beer-Hofmanns Sprache in Klang, Rhythmus und greifbarer Bildlichkeit der Hofmannsthals nahestehen. Jedoch beherrscht das Schwermütige und Traumhafte Hofmannsthals Dichtung nicht auf so lange Strecken. Das meinte Hofmannsthal wohl, als er, den Freund ungewollt schwer verletzend, von der „unbegreiflichen Unmenschlichkeit“ in Beer-Hofmanns Werken schrieb. Denn der Tod seines Freundes an der Schwelle des Erfolgs, des „Glücks“ und der bloß geträumte Tod dieser Frau, die sein Geschöpf geworden war, treiben Paul in Reflexionen über das Leben, die wir als intensive Frage an den Lebenskult des Jugendstils verstehen müssen. Dieser selbst wird in der träumerischen Vision eines syrischen Tempelkultes vorgestellt, in dem Opfer, Weihe, Eros, Orgie und Vernichtung sich mischen. Dunkle und melancholische äußere Eindrücke, oft in intensiver Sprache dargeboten, verstärken den Charakter des Ungelösten, der die Erzählung beherrscht. Paul wird auf einen extremen Individualismus verwiesen, den er gegen Ende als unerlaubt erkennt: „Keiner durfte für sich allein sein Leben leben.“ Paul ist Jude, der jüdische Gott der Gerechtigkeit wird in seinen Reflexionen angerufen. Auch Arbeiter erscheinen am Schluß des Romans, ohne in die Handlung und die Reflexionen Pauls integriert zu werden, offenbar als lebendige, aber stumme Frage an Pauls untätige Existenz.

Beer-Hofmanns Drama *Der Graf von Charolais* (1904, letzte Version 1941) geht in einigen Motiven von dem 1632 gedruckten Drama *The Fatal Dowry* von Philipp Massinger und Nathanael Field aus. Ein Graf, der buchstäblich nichts besitzt, löst die Leiche seines Vaters, eines Feldherren, durch seine eigene Person aus dem Schuldturm. Er wird durch den reichen Gerichtspräsidenten finanziell gerettet, dessen Tochter er heiratet. Als diese einer Verführung erliegt, schlägt die Liebe des Grafen in Haß um, und das Idyll der Rettung wird erbarmungslos zerstört. Am Ende steht die Frage nach einem gnädigen Gott, dem die Menschen nicht zu folgen vermögen.

Auch dieses Werk Beer-Hofmanns ist von dem gequälten Zweifel an der Möglichkeit sozialer Sicherheit erfüllt. Dem Bürgeridyll, in dem die Menschen nach Reinheit streben, wird das unreine Wirtshaus entgegengesetzt, dessen Besitzer einmal als Sänger erfolgreich war, bis er seine Stimme verlor. Jetzt ernährt er sich durch Kuppelei. Gegenüber dieser lügenhaften Niedrigkeit steht die Wohlanständigkeit, verkörpert durch den Gerichtspräsidenten. Aber die ruht auf dem Besitz, den Beer-Hofmann, der selbst von ererbtem Geld lebte, als unsichere Lebensgrundlage entlarven will. Der Jude Itzig drückt mit konsequenter Härte aus, daß es nur sein Geld ist, das ihn vor dem Abgrund von Haß und Qual schützt, den die Welt für ihn, den Juden, bereithält. Die Szene, in der er den Tod seines Vaters auf dem Scheiterhaufen schildert, ist eine der starken des Stückes. Den Juden nennt der junge Graf seiner Erbarmungslosigkeit wegen böse, jedoch führt das Drama den christlichen Grafen zu einer mindestens ebenso schlimmen Härte. Diese an der Humanität zweifelnde Intention wird merkwürdigerweise in Blankversen dargeboten, ohne daß die Wahl dieser Form als satirisch erkennbar wäre. Vielmehr stimmt der formale Anschluß an das Klassische zu der ständischen Moral der handelnden Personen, die durch das Fehlen menschlicher Güte ins Absurde gerät. Beer-Hofmann schließt an Hebbel an, während das Streben nach Reinheit, die Sentimentalität sowie die enge Sexualmoral an Schiller erinnern. Manches Harte in dieser Konzeption und einige Züge sinnfälliger Symbolik und greller Kontraste weisen auf das expressionistische Drama voraus.

Aus den Zweifeln seines Frühwerks rettete sich Beer-Hofmann, indem er sich entschieden dem jüdischen Glauben zuwendete. Die große geplante Trilogie *Die Historie von König David* blieb Fragment. *Jaakobs Traum*, ein Vorspiel, 1909 bis 1915 geschrieben, erschien 1918 und ist eine der Anregungen für Thomas

Manns *Joseph und seine Brüder*. Beer-Hofmann geht frei mit dem biblischen Bericht von Jakob und Esau (bei ihm Edom genannt) um, er läßt den um den Segen betrogenen Edom Jakob im Zorn verfolgen, ein Motiv, das Thomas Mann später halb ins Komische wendete. Bei Beer-Hofmann wird Edom zum Vertreter des Ungeistigen, der Jakob, den ersten Glaubensjuden, verfolgt. Das Verfolgtsein ist ein Teil der Erwählung, das Hinnehmen des Unglücks als Strafe Gottes eine Zumutung, die nur durch das unirdische Bewußtsein der Erwählung ausgeglichen werden kann. Die Stimme Gottes wendet diese religiöse Erkenntnis ausdrücklich gegen die christliche Lehre des sich erbarmenden Gottes:

Wenn andre, knieend, zum Erbarmer flehen,
Üb ich Erbarmen – wie der Herr am Knecht!
Doch *du* – sollst aufrecht vor dem Vater stehen,
Erbarmen – weig're ich! Fordere, *du* – dein *Recht*!
Um *meinen* Namen *magst* du Un-Erhörtes dulden –
Doch, noch in Martern, fühl, daß ich – dich nie verwarf!
Ich will ja nur – mein Sohn – mich dir so tief verschulden,
Daß ich – zur Sühne – dich erhöh'n vor allen darf!

Hofmannsthal, der außer Beer-Hofmann viele jüdische Freunde und einen (getauften) jüdischen Großvater hatte, störte der „Chauvinismus“ in *Jaakobs Traum*. Nach den Erschütterungen durch den deutsch-französischen Chauvinismus im Ersten Weltkrieg, nachdem es ihm mißlungen war, für Österreich als übernationales Vaterland zu werben, war ihm ein jüdischer Chauvinismus suspekt. Man darf sich jedoch von Hofmannsthals Unbehagen nicht leiten lassen. Beer-Hofmanns Schauspiel mit seinem Bekenntnis zum religiösen Sinn des jüdischen Leidens ist nicht zionistisch, ist nicht kämpferisch auf die Behauptung eines jüdischen Staates gerichtet. Stilistisch gehört die zentrale Traumszene entschieden zum Jugendstil. In der Neigung zum undramatischen Bild, in der Befrachtung mit Bedeutung, in dem Vorwiegen emphatischen Ausdrucks ist das Stück dem expressionistischen Drama verwandt, dem es ja auch zeitlich nahesteht.

Beer-Hofmanns weiteres Werk ist eine Ausgestaltung dieses Ansatzes. Bruchstücke der *Historie von König David*, einer Dramatisierung der heroischen Periode in der Geschichte Israels, erschienen 1933 (*Der junge David*) und 1936 (*Vorspiel auf dem Theater zu König David*). 1938 mußte Richard Beer-Hofmann vor Hitlers Besitzergreifung Österreichs fliehen. In der Schweiz, dem ersten Asylland, starb seine Frau Paula, was zu einer schweren Erschütterung führte. Er gelangte nach Amerika, wo er 1945 starb.

Zum Wiener Kreis um Hofmannsthal und Schnitzler, einer ganz losen Gruppierung, die aus dem „Jung-Wien" genannten Kreis der neunziger Jahre geblieben war, gehörten auch einige Schriftsteller, die vornehmlich Journalisten waren. Felix Salten (d. i. Siegmund Salzmann, 1869–1947) stammte aus Budapest, studierte in Wien und wirkte dort an Zeitungen, darunter auch der *Neuen Freien Presse*. 1938 entkam er nach Süd-Kalifornien; nach dem Kriege kehrte er in die Schweiz zurück. Er schrieb vornehmlich Prosa, Romane und Erzählungen, die, breit ausgesponnen und auf Wirkung bedacht, gelegentlich ins Sentimentale geraten. Sie spielen in einer phantastischen italienischen Kleinresidenz, auf einer märchenhaften Insel oder im Wien seiner Zeit. Eine Sammlung von Erzählungen, *Der Schrei der Liebe* (1904), variiert das Thema der Entjungferung. Die Erzählung *Olga Frohgemut* (1910) über einen Gymnasialprofessor, der seine Tochter verstoßen hat und sie erst nach ihrem Tode wiederfindet, erinnert entfernt an Motive in Hermann Bahrs *Die Rahl*. Saltens größter Erfolg war

1923 die Tiererzählung *Bambi*. Karl Kraus, der es vermutlich wußte, benennt Salten als Autor eines erotisch-pikanten Erfolgsbuches, der fiktiven Autobiographie der *Josefine Mutzenbacher*.

Ein Verehrer Schnitzlers war Raoul Auernheimer (1876–1948). Geborener Wiener, von der Mutterseite her mit dem Begründer des Zionismus Theodor Herzl verwandt (der Vater war nichtjüdischer Protestant), wurde er nach einem abgeschlossenen Jurastudium Theaterkritiker und Feuilletonredakteur der *Neuen Freien Presse*. Er schrieb Erzählungen und Theaterstücke, die zu ihrer Zeit erfolgreich waren (*Das Paar nach der Mode*, 1913). Nach dem ‚Anschluß' Österreichs 1938 wurde er verhaftet und im Konzentrationslager Dachau eingesperrt. Als es Freunden gelang, seine Entlassung zu erreichen, wanderte er nach Kalifornien aus. In Amerika veröffentlichte er 1940 *Prince Metternich: Statesman and Lover*, eine Biographie. Die Veröffentlichung seiner Autobiographie *Das Wirtshaus zur verlorenen Zeit* (1948) in Österreich hat er nicht mehr erlebt.

Den Kreis des Café Griensteidl, darunter besonders Bahr und Salten, karikierte Karl Kraus schon 1896/97. Kraus stellte sich selbst die Aufgabe, die gängigen Modetendenzen des Wiener Kulturbürgertums anzugreifen. Er wurde im gleichen Jahre wie Hofmannsthal, 1874, geboren. Sein Vater war ein erfolgreicher jüdischer Kleinbürger, der es als Fabrikant und Kaufmann zu Reichtum brachte. Er zog mit seiner Familie schon als Kind aus einer böhmischen Kleinstadt nach Wien. Karl Kraus hat niemals lange Zeit außerhalb Wiens zugebracht, wo er 1936, noch vor dem „Anschluß", starb, so daß die Nationalsozialisten, deren entschiedener Feind er war, „nur" Freunde und Verwandte und große Teile seines Nachlasses vernichten konnten.

Nach glücklicher Jugend und sorgfältiger Erziehung wollte der junge Karl Kraus zunächst Schauspieler werden, zu welchem Beruf er sich wegen einer Rückgratverkrümmung nicht eignete. Während eines Jurastudiums belegte er meist humanistische Fächer. 1894 brach er das Studium ab und wurde Journalist. Zwei Jahre lang hatte er in loser Verbindung mit Arthur Schnitzler und dem Kreis in den Cafés Griensteidl und Central gestanden. Jedoch wurde diese Verbindung bald unmöglich, weil sich Kraus entschieden gegen Hermann Bahr engagierte, von dem er Hofmannsthal und Schnitzler zu trennen suchte. Als dies nicht gelang, bezog er Hofmannsthal in seine Satiren ein, die er, aus Anlaß des Abbruchs des Café Griensteidl, *Die demolierte Literatur* nannte (1896/97, als Broschüre 1897). Ihm mißfiel das modisch Dekadente und Verspielte der jungen Wiener, er forderte stärkeres soziales Engagement, etwa wie in den frühen Dramen Hauptmanns. Damit traf Kraus sicher die Schwächen des neuen Stils, jedoch demonstrierte er auch die eigene Gefahr eines autoritären Besserwissens, das ihn hinderte, Hofmannsthals Eigenart von ihrem modischen Beiwerk zu trennen. Später war Kraus nicht mehr stolz auf diesen Anfang seiner Berühmtheit. Er hat jedoch, wie wir sehen werden, Hofmannsthal und Schnitzler weiterhin ihre seiner Ansicht nach schlechte Gesellschaft vorgeworfen.

Das entscheidende Jahr für die Entwicklung des jungen Journalisten war 1899. Damals verließ Kraus offiziell den jüdischen Glauben, und damals schlug er ein Angebot der *Neuen Freien Presse* aus, regelmäßig eine Wochenchronik zu schreiben. Ein Jahr vorher hatte er eine Schrift gegen den Zionismus, *Eine Krone für Zion*, erscheinen lassen, in der er diese Bewegung als jüdischen Antisemitismus karikierte. Da er durch sein Familienvermögen wirtschaftlich unabhängig war, gründete er seine eigene Zeitschrift, *Die Fackel*, in der er seit 1899 die Presse attackierte. Das Hauptziel seiner Angriffe war das einflußreichste und beste Wiener Blatt, eben die *Neue Freie Presse*, das Blatt des liberalen Kulturbürgers und der Kapitalisten, eine großenteils von freisinnigen Juden geleitete Zeitung.

Kraus hat gegen Österreich, seine (jüdische) Presse und ehrgeizigen Literaten polemisiert; er war selbst ein österreichischer jüdischer Journalist mit Literaten-Ehrgeiz. Für sein Wirken galt, was ein damals oft zitiertes Ibsen-Wort „Gerichtstag über sich selbst halten" nannte. Seine Bedeutung liegt darin, daß er die Macht der modernen Presse, Meinungen zu manipulieren, aufzeigte, daß er ihre bequeme Neigung angriff, sich dem herrschenden System anzupassen und ihren Profit darin zu finden, Lebensstile und Vorurteile zu bestätigen, statt sie zu kritisieren und in Bewegung zu bringen. Er suchte den Phrasennebel zu lichten, mit dem die kulturelle Liberalität soziale Mißstände verhüllte. Der Wert, den er auf Genauigkeit der Sprache legte, hat politische Bedeutung. Andererseits läßt sich Kraus oft von seiner Lust an Wortspielen und an überraschenden, künstlichen Formulierungen hinreißen, seine Sprache mehr, als zur Genauigkeit nötig ist, zu instrumentieren. Vor allem überschätzte er die Macht der Presse im sozialen Kontext maßlos.

Die Fackel begann als Zeitschrift, die über Korruptionsfälle, über literarische und politische Vetternwirtschaft, über Zionismus und Antisemitismus, über große Kapitalgesellschaften, über österreichische Politik, über harte Richter und ungleiches Recht, über das Wiener Theater und seine Politik berichtete.

Die Abhängigkeit der Presse von Interessengruppen und die Wiener schriftstellerische ‚Freunderlwirtschaft' waren ausgemachte Dinge im Wien von 1899.

Als Karl Kraus nun eine unabhängige Zeitschrift versprach, wurde sie ein unerwarteter Erfolg. Die roten Hefte der *Fackel* wurden überall gelesen, die kleine Auflage des ersten Heftes mußte nachgedruckt werden und erreichte 30 000 Exemplare. Anfangs hatte Kraus Mitarbeiter, darunter August Strindberg. Seit 1904 nahm ihre Zahl langsam ab, seit 1909 schrieb er einzelne Hefte der Fackel allein, seit 1911 wurde das die Regel. Aus der Unabhängigkeit wurde Egozentrik. Freilich wurde er durch das systematische Totschweigen seiner Leistungen, ja seiner Existenz in der Wiener Presse in eine psychische Situation getrieben, die Egozentrik, Besserwissen und Rechthaberei, ja Schimpfworte verständlich macht, zumal er allzuoft Recht und Moral auf seiner Seite hatte. Daß das Totschweigen nicht ohne Wirkung auf ihn blieb, kann man daran sehen, daß er manchmal seitenlang auswärtige Kritiken über sich selbst und seine Bücher abdruckte, aus Notwehr, wie er meinte. Auch stellte er großes Selbstbewußtsein zur Schau, indem er behauptete, seine kleinen Gegner würden durch seine Beschäftigung mit ihnen ihre Zeit überdauern. Ein bezeichnender Aphorismus von ihm ist dieser: „Haß muß produktiv machen. Sonst ist es gleich gescheiter zu lieben" (*Fackel*, Nr. 333, Oktober 1911).

Schon im Mai 1899, *Die Fackel* war erst einen Monat alt, wurde Kraus in einem Caféhaus von einem offensichtlich bezahlten Mann und dessen abschirmenden Helfern überfallen und verprügelt. Auch später geschah ihm dies wiederholt. Unter den Anstiftern des ersten Überfalls vermutete Kraus Hermann Bahr, dem er in der *Fackel* weiterhin zusetzte. Er wies ihm nach, daß seine Theaterkritiken über Aufführungen des Deutschen Volkstheaters sich stark ins Positive verschoben, seit dieses Theater Bahrs Stücke aufführte. Auch Baugrund für eine Villa sollte Bahr von dem

Nr. 1 Wien, Anfang April 1899

Nachdruck nur mit Angabe der Quelle »DIE FACKEL« erlaubt.

Titelblatt der Zeitschrift »Die Fackel«

Theaterdirektor erhalten haben. Vor Gericht konnte Bahr beweisen, daß er eine, wenn auch geringe, Summe gezahlt hatte. Kraus verlor den Prozeß. Das war eine Ausnahme. Obwohl es in der *Fackel* Kraus' Spezialität war, offen und mit Namensnennung anzugreifen, behauptete er fast nur Beweisbares. Diese Vorsicht war nur möglich, weil er sehr hart arbeitete, 12 bis 16 Stunden täglich. Trotzdem hatte er viele Auseinandersetzungen im Gerichtssaal, deren Protokolle er dann abdruckte.

Wien war die deutsche Stadt, die sich, auf den ersten Blick, einer leichteren Sinnlichkeit zu erfreuen schien als der puritanische Norden. Aber der Ehrenkodex der Oberklasse, die Kleinbürgergesinnung und die christliche Moral widersprachen dem literarischen Mythos des leichten Lebens mit dem süßen Mädel, was man schon bei genauerer Betrachtung von Schnitzlers Werk lernen kann. Kraus hatte es mit dem journalistischen Ausnützen enger Moralbegriffe zu tun. Sexualprozesse wurden zu Sensationen ausgeschlachtet mit dem Zweck, die Auflage der Zeitung zu steigern. Kraus trat für die Freiheit des Privatlebens ein. Er wandte sich besonders gegen Richter in Ehebruchs- und Skandalprozessen, deren sittliche Entrüstung das Ausgraben pikanter Einzelheiten zu Lasten einer Frau keineswegs hinderte. Kraus setzte sich gegen die genußfeindliche Moral im genußreichen Wien zur Wehr, einen Widerspruch, den er mit Recht als Heuchelei anprangerte.

Er nahm sich häufig armer Menschen aus dem Volke an, die in die Mühle der Justiz gerieten. Der folgende kleine Artikel (März 1905) spricht für sich selbst und ist zugleich ein bezeichnendes Beispiel für Kraus' Stil, wie er inmitten seiner Entrüstung durch Umkehrung von Redensarten sprachlich frappiert:

Die Herren Feigl [Richter] und Pollak [Staatsanwalt] haben neulich einem jungen Mädchen die Unschuld geraubt. Dies Wort, mit dem die Menschheit ihren Virginitätsschacher pathetisch verkleidet, muß endlich aus dem Marktverkehr der Geschlechter auf jene sadistischen Gewaltakte übertragen werden, die heute einzig noch das Gefühl bewegen und die Tragik des Opfers begreifen lassen: auf die Strafjustiz, die sich am jungen Leben vergreift. Herr Pollak, der Staatsanwalt, hat eine neunzehnjährige Näherin angeklagt, weil ihre Schwesterliebe sich von einem Betrüger die letzten Arbeitsgroschen für ihren angeblich notleidenden Bruder, der in einer Militärstrafanstalt sitzt, hatte entlocken lassen. Hat sie wegen „Verbrechens der Verleitung und des Beistands zu einem Militärverbrechen" angeklagt. Unkenntnis des Militärstrafgesetzes schützt in Österreich ein junges Mädchen nicht vor Strafe. Herr Feigl hat sie zu vierzehn Tagen Kerker verurteilt. Eine schwere Tat, die durch Kenntnis des Gesetzes nicht entschuldigt wird!

(Wiederabgedruckt in *Sittlichkeit und Kriminalität*)

Die sprachliche Gebärde will den Leser dazu gewinnen, zwischen Recht und Moral einen Unterschied gelten zu lassen, der zuungunsten des positiven Rechts ausfällt und damit dessen Bedienstete schuldig macht. Man sieht hier, wie literarisch diese politische Kritik im Grunde ist.

Seinen früheren Freund Maximilian Harden, dessen *Zukunft* in Berlin eine ähnliche Funktion erfüllen wollte wie *Die Fackel* in Wien, griff Kraus im Oktober 1907 hart an, als er gegen Wilhelm II. mit dem Mittel des Skandalprozesses gegen homosexuelle Hochadlige aus der Umgebung des Hofes vorging. In der Harden-Polemik kommt der für Kraus typische Satz vor: „Die Hölle der Neuzeit ist mit Druckerschwärze gepicht." Kraus kritisiert Hardens geschwollenen Stil. Übrigens ist Kraus' eigener Text eine wahre Wortorgie, die heute keineswegs mehr angenehm zu lesen ist.

Kraus hatte 1900 bis 1901 ein ernstes Liebeserlebnis mit einer tuberkulosekranken, sehr schönen Schauspielerin, Annie Kalmar, das mit deren Tod endete. Noch unter dem Einfluß dieser Liebe las er das 1903 erschienene Buch *Geschlecht und Charakter* von Otto Weininger, dieses merkwürdig verstiegene Buch eines psychisch labilen jungen Menschen, der sich seine Sexualität vom Leibe schreiben mußte. In einem ausführlichen biologisch-naturphilosophischen Teil stellt Weininger die Theorie von einem absoluten Mann und einem absoluten Weib auf, die in jedem Einzelwesen verschieden gemischt seien, natürlich mit überwiegendem Anteil des eigenen Geschlechtes. Das so abstrahierte Weib, oder W, wie Weininger es scheinnaturwissenschaftlich nennt, sei metaphysisch nichtig, es sehne sich nach dem Koitus an sich und an anderen. Das wahre Wesen der Frau bestehe aus Kuppelei und dem Bedürfnis, Objekt des wollenden Subjekts Mann zu werden. Dies sei erniedrigend und diene nicht dem höheren kulturellen Zweck, dessen nur der Mann und Frauen mit Beimischungen (absolut) männlichen Wesens fähig seien. Deshalb empfiehlt Weininger Enthaltung vom Geschlechtlichen, nicht aus religiösen oder gesundheitlichen, sondern aus kulturellen Gründen, um der Idee der Menschheit willen. Dies sei dann die wahre Emanzipation der Frau. Das Buch trägt der pansexuellen Tendenz des Jugendstils Rechnung, wenn es auch zu einer asketischen Empfehlung kommt. In der Verallgemeinerung von Vorurteilen und Erziehungsergebnissen der Zeit hat es Gemeinsamkeiten mit dem weit vorsichtigeren Freud. Weininger tötete sich noch im Erscheinungsjahr des Buches (1903) in einem Zimmer von Beethovens Sterbehaus, das er sich gemietet hatte. Kraus verteidigte ihn gegen das Klischee der Presse, in der zu lesen stand, Weininger habe sich in geistiger Verwirrung getötet. Nein, das sei mit Bedacht geschehen. August Strindberg, der Weiningers Buch schätzte, ließ durch Kraus einen Kranz am Grabe niederlegen.

Nach dem Erscheinen des Buches hatte Kraus den Autor beglückwünscht: „Ein Frauenverehrer stimmt den Argumenten Ihrer Frauenverachtung mit Begeisterung zu.“ Was Kraus von Weininger annahm, ist die Tendenz, die Frau als nur sexuell begabtes Wesen zu sehen. Diese Auffassung, die damals nicht nur bei Weininger und Kraus vorkam, erschien den Zeitgenossen modern, weil sie unbürgerlich und anscheinend biologisch-wissenschaftlich war. Natürlich ist sie im Grunde konservativ-patriarchalisch und weist, mit umgekehrten Vorzeichen, auf die Bewertung der Frau als Gefäß der Sünde bei den Kirchenvätern zurück.

Ein Kapitel in Weiningers *Geschlecht und Charakter* behauptet die religiöse und metaphysische Nichtigkeit des absoluten Juden analog zu der der Frau. Der Jude sei prinzipiell unfromm und die genaue Negation des Christen. Mag Weininger auch den Einfluß von Houston Stewart Chamberlain (*Die Grundlagen des 19. Jahrhunderts*, 1899) anerkennen, seine Ansicht ist doch im wesentlichen gespeist aus selbstkritischer Introspektion des kulturell und religiös emanzipierten Juden in Wien. Während seiner Argumentation vertritt Weininger die Ansicht, der Kommunismus sei wesentlich jüdisch. Natürlich bezieht diese Meinung sich auf den abstrakten „absoluten“ Juden, was aber nicht hinderte, daß sie in Hitlers Hirn und Propaganda ohne Subtilitäten wieder erschien. Weininger wollte keine Judenverfolgung, er wandte sich ausdrücklich gegen den Antisemitismus. Er wollte die Selbstüberwindung des glaubenslosen Juden zum neuen Menschen.

Kraus' Vorgehen gegen (großenteils jüdische) Presse und (teilweise jüdischen) Kapitalismus ist eine sublime Selbstkritik an der Richtung, die die Emanzipation der Juden genommen hatte. Nur Anteil an den Privilegien, Vorurteilen und liberalen Klischees der Oberklasse zu gewinnen war ihm ein falsches Ziel der Emanzipation. Er wollte sich zur moralischen Unabhängigkeit emanzipieren. Übrigens wurde er 1911 Katholik, trat aber nach dem Ersten Weltkrieg wieder aus der Kirche aus, weil sie im Kriege sich nicht christlich bewährt hatte.

Aus dieser überkritischen Schärfe, gegen die eigene jüdische Herkunft gerichtet, lädt er Heine eine schwere Schuld auf:

> Ohne Heine kein Feuilleton. Das ist die Franzosenkrankheit, die er uns eingeschleppt hat. Wie leicht wird man krank in Paris! Wie lockert sich die Moral des deutschen Sprachgefühls! Die französische gibt sich jedem Filou hin. Vor der deutschen Sprache muß einer schon ein ganzer Kerl sein, um sie herumzukriegen, und dann macht sie ihm erst die Hölle heiß. Bei der französischen aber geht es glatt, mit jenem vollkommenen Mangel an Hemmung, der die Vollkommenheit einer Frau und der Mangel einer Sprache ist. Und die Himmelsleiter, die zu ihr führt, ist eine Klimax, die du im deutschen Wörterbuch findest: Geschmeichel, Geschmeide, Geschmeidig, Geschmeiß.
>
> (*Heine und die Folgen*, 1910)

In seinem Heine-Aufsatz trifft Kraus zwar die Schwächen der lyrischen Sprache im *Buch der Lieder*, sein kritischer Maßstab ist jedoch Naturnähe und das „Wunder der sprachlichen Schöpfung", aus der Heine nur einen Zauber gemacht habe. Neben Goethe erscheint als positives Gegenbeispiel Liliencron, der in Schleswig-Holstein „kosmischer" gewesen sei als der Kosmopolit Heine „im Weltall". Liliencron, der ein Jahr vorher (1909) gestorben war, hatte er als Freund

Karl Kraus (1908)

gekannt. Freundschaftliche Bevorzugung erfuhr auch Peter Altenberg, dem Kraus den impressionistischen Feuilletonismus nachsah, den er sonst bekämpfte. Sogar Kraus konnte es nicht ganz vermeiden, gegen die eigenen Prinzipien zu sündigen.

In den Anfängen der *Fackel* (1899/1900) brachte Kraus einen Aufsatz des Sozialdemokraten Wilhelm Liebknecht zur Dreyfus-Affäre. Liebknecht wandte sich gegen beide Parteien, hielt Dreyfus für nicht völlig unschuldig und griff die jüdische Solidarität an, die sich in der Affäre gezeigt habe. Das tut auch Kraus wiederholt, der es nicht vertragen konnte, wenn die liberale Presse über Antisemitismus klagte und Spekulantenprofit meinte. Freilich konnte er selbst auf antisemitische Bahnen geraten, besonders wenn er seinem Spott die Zügel schießen ließ. Daß er von Schaukal und von Adolf Lanz, genannt Jörg Lanz von Liebenfels, dem antisemitischen Pamphletisten, gelobt wird und am Ende seines Lebens dem Austrofaschismus zuneigte, gehört ebenso zu seinem Bilde wie sein Haß auf die deutschen Nationalsozialisten. Dabei darf nicht vergessen werden, daß er auch den Philister-Antisemitismus angriff, noch öfter ihn im Vorübergehen belächelte.

Seine Feinde warfen Kraus vor, er schwelge in Vernichtungen und Negativitäten. Er konnte jedoch auch verehren. Strindberg und Wedekind hat er gelobt. Für Wedekind gewann er eine besondere Bedeutung, weil er 1905 in Wien dessen sonst überall verpöntes und zensuriertes Schauspiel *Die Büchse der Pandora* zur Uraufführung brachte, natürlich nur vor einem eingeladenen Publikum.

Kraus hätte gerne den literarischen Teil der Fackel vergrößert, aber sein Publikum wollte ihn als Korrektiv der Presse. Sein literarischer Ehrgeiz war dennoch bedeutend. Er war ein berühmter und gesuchter Vorleser von Dichtungen. Er belebte das Andenken Nestroys in einem bedeutenden Aufsatz, er druckte Erzählungen von Heinrich Mann, er förderte Peter Altenberg literarisch und finanziell, trotz dessen Unzuverlässigkeit. Auch Else Lasker-Schüler erfreute sich seiner Protektion. Er druckte Gedichte von ihr in der *Fackel* und führte mit ihr einen Briefwechsel, der am Ende zu Haßausbrüchen der Dichterin führte (woran ihre Freunde sich gewöhnen mußten). Der Regisseur, Dichter und Schriftsteller Berthold Viertel war Kraus' Freund. Gedichte von ihm erschienen in der *Fackel.* Auf Georg Trakl, Franz Werfel und Albert Ehrenstein hat er aufmerksam gemacht. Auch den Verleger der Expressionisten, Kurt Wolff, hat er gut gekannt. Wolff war zeitweise Verleger seiner Bücher. Kraus war also ein Förderer des frühen Expressionismus, dessen weitere Entwicklung er aber skeptisch beurteilte. Zwischen ihm und Werfel entstand später Feindschaft.

Kraus war eine irritierende Persönlichkeit, weil er auf Freundschaften keine Rücksicht nehmen wollte. Anfangs begünstigte er Freuds Werk, seit etwa 1910 bespöttelte er die Psychoanalyse, weniger Freud als dessen Anhänger, u. a. mit dem berühmten Aphorismus: „Psychoanalyse ist jene Geisteskrankheit, für deren Therapie sie sich hält.“ Auch politisch war er unberechenbar. Dem österreichischen Staat, dem er im Grunde eng verbunden war, sagte er den Untergang voraus, was sich freilich im Rahmen eines allgemeinen Kulturpessimismus hielt. Nachdem er lange Zeit die Wiener *Arbeiterzeitung* von seinen Attacken auf die Presse ausgenommen hatte, griff er auch sie an, als er sie für durch Anzeigen bestochen hielt. Kraus war ein Gegner der etablierten Mächte, aber er verliebte sich 1913 in die Freiin Sidonie Nádherný, Besitzerin des böhmischen Gutes Janowitz. Zu einer Heirat kam es nicht. Kraus schrieb unter dem Einfluß dieser Beziehung lyrische Gedichte, eine wohl immer vorhandene Neigung zum Dichter verratend, die sich früher durch seine Theaterliebe und seine Liebe zu Peter Altenbergs hymnisch-impressionistischer Prosa, vor allem in seinen Sprachspielen versteckt hatte. Ebenfalls im Ersten Weltkrieg schrieb er sein episches Super-Drama *Die letzten Tage der Menschheit.*

Seine dichterische Neigung macht seine Rigorosität verständlich. Durch das Geld seines Vaters und den unerwarteten Erfolg der *Fackel* unabhängig geworden, genoß er die Narrenfreiheit des Dichters, dessen bürgerliches Publikum bloß ästhetische Abschweifungen von der Norm bis zu einem gewissen Grade gestattet. Dem entspricht seine gelegentliche Berührung mit Boheme-Schriftstellern. Przybyszewski, Scheerbart kamen vorübergehend in den Anfangsjahren der *Fackel* zu Worte, und Mühsam veröffentlichte dort seine Ansicht über die Boheme. Aber Kraus hatte zu viel Bürgerlichkeit, zu viel moralisches Schwergewicht, vielleicht auch Enge, um zur Boheme zu gehören. Er war mutig, er litt für seine Überzeugung, und er bildete ein notwendiges Korrektiv für eine unkontrollierte Presse. Aber er half auch die Utopie einer abstrakten Gerechtigkeit zu verewigen, die der deutsche Leser allzuleicht mit einer poetischen Hoheit und mit kulturpessimistischen Klagen über die verderbte Zeit verknüpft. Auch Kraus konnte von einem „Ursprung“ schwärmen. In seinen Angriffen auf das liberale Wien traf er das sich mühsam entwickelnde deutsch-österreichische demokratische Bewußtsein mit.

Der berühmteste der späteren Chronisten des untergehenden Habsburgerreiches ist Robert Musil (1880 bis 1942). In Klagenfurt geboren, wuchs er in Steyr und Brünn in Mähren auf, wo sein Vater als Professor an der Technischen Hochschule lehrte. Die Eltern

Robert Musil als Leutnant (1903)

waren beide glaubenslos, ein Geliebter der Mutter lebte im Haushalt. Andererseits war Professor Musil strebsam, bürgerlich angepaßt und ein tüchtiger, wenn auch keineswegs genialer Techniker. Die offenbar sinnliche und leicht unordentliche Mutter brachte ihren starken Willen gegenüber Robert zur Geltung, was zu Konflikten führte. Sie setzte es durch, daß er in österreichischen Militär-Internatsschulen erzogen wurde. Die Militär-Oberrealschule in Mährisch-Weißkirchen war die gleiche, die Rilke wenige Jahre vorher besucht hatte. Obwohl Musil großenteils ein guter Schüler war, haßte er den Zwang der Militärerziehung.

Er verließ darum die vorgezeichnete Laufbahn und studierte Ingenieurwesen. Nach dem anschließenden Militärjahr und Beförderung zum Leutnant entschloß er sich, während er Assistent an der Technischen Hochschule Stuttgart war, das Abitur nachzuholen und Philosophie zu studieren. Er wurde 1908 mit einer Arbeit über die Philosophie Ernst Machs in Berlin zum Dr. phil. promoviert. Anschließend arbeitete er an den Novellen *Vereinigungen*, die 1911 erschienen.

Musil stand in der Berliner Zeit bis 1910 zwischen zwei Frauen, seiner langjährigen Geliebten Herma Dietze, die kleinbürgerlicher Herkunft war, und Martha Marcovaldi, die sich von ihrem (zweiten) italienischen Mann getrennt hatte. Sie war jüdischer Herkunft, stammte aus Berlin, war sechs Jahre älter, hatte zwei Kinder und war ungemein geistig interessiert und als Malerin ausgebildet. Sie lebte ihrerseits in Liebeswirren, von denen Züge in Musils Werke eingingen; er heiratete sie nach schwierigen Scheidungsverhandlungen und Übertritt zur evangelischen Kirche 1911. Martha Musil wurde Roberts unentbehrliche Gefährtin, die seine dichterischen Intentionen verstand.

Sein Vater verschaffte ihm einen Bibliotheksposten in Wien, den er 1913 mit einer Anstellung bei S. Fischers *Die Neue Rundschau* vertauschte. Schon von Wien aus hatte er sowohl an der *Neuen Rundschau* wie an expressionistischen Zeitschriften mitgearbeitet. Im August 1914 mußte er in Südtirol Dienst tun.

Aus der Frühzeit sind sentimentale und holprige Gedichte und dialogische Skizzen in der Nachfolge Peter Altenbergs und des frühen Schnitzler erhalten, viel ist verlorengegangen. Seit der Jahrhundertwende beschäftigte Musil sich mit Plänen, die miteinander zusammenhingen und aus denen sein Hauptwerk, *Der Mann ohne Eigenschaften*, hervorging. Es geht darin um den Versuch, eine Mittelpunktsfigur zu gestalten, die von ihrer Umgebung distanziert ist, die Dinge und Menschen erlebt, als ob sie selbst nicht dazugehöre, die aber dennoch nach etwas Unbekanntem im Dunkel sucht, nach einer „Erhöhung der Person" in der Kunst. Mit der entfremdeten Distanziertheit konkurrieren Kontakte, die diese männliche Mittelpunktsfigur, Monsieur le vivisecteur, Robert, Hugo, schließlich Ulrich, dennoch findet: mit Herma (anfangs erscheint der wirkliche Name, ebenso wie „Robert" im Tagebuch), mit einem männlichen Freund Gustl (Gustav Donath). Das Verhältnis zu Herma ist durch Schuldgefühle belastet. Viel später wurde daraus die Novelle *Tonka*. Die Liebe zu Martha Musil und deren Vorgeschichte wurde in den Novellen *Vereinigungen* ins Fiktive gespiegelt.

Eine Variante des großen Romanplanes wurde die Erzählung oder der kleine Roman *Die Verwirrungen des Zöglings Törleß* (1906). Auch hier stößt die Darstellung einer Entfremdung ins Ästhetische zusammen mit sozialen Kontakten, die unheimlich grob und kompakt zu der zarten Entfremdung der Hauptfigur, des Zöglings Törleß, in ein Verhältnis der Dissonanz treten. Musil hat Erinnerungen aus seinen Militärschulen verwendet, die den preußischen Kadettenanstalten entsprachen. Er macht die Militärschule allerdings zu einem adligen Konvikt und variiert seine Erinnerung auch dadurch, daß er dem Zögling Törleß ein liebevolles Elternpaar gibt, das den Jungen kaum fortlassen möchte; insbesondere die Mutter wirkt am Ende geradezu als erotische Befriedigung des Jungen, den sie aus seinen Verwirrungen nach Hause holt. In Musils Wirklichkeit war die Quelle der Entfremdung jedoch die gestörte Mutterbindung und ein schwieriges Verhältnis zur Familie, der sich Musil entwachsen fühlte, die aber noch den Verfasser der *Verwirrungen* finanziell unterstützen mußte. Familie und Heimat als Zuflucht sind im Hintergrund des Romans ein Gegengewicht gegenüber einem deprimierenden Gesellschaftsbild. Die den vornehmen Kreisen angehörende Familie des Hofrats Törleß wohnt in Wien, während der Vater Musils aus der Brünner Provinz nicht herauskam. Der Roman vereinigt also die Darstellung der Entfremdung mit einer Wunschheimat ähnlich wie Rilkes *Die Aufzeichnungen des Malte Laurids Brigge* (1910).

Die distanzierte Haltung des jungen Törleß zur Welt ist im Grunde jenseits der Begriffe, mit Worten nur zu umkreisen, was immer wieder aufs neue geschieht:

> Die hohe Anspannung, das Lauschen auf ein ernstes Geheimnis und die Verantwortung, mitten in noch unbeschriebene Beziehungen des Lebens zu blicken, hatte er nur für einen Augenblick aushalten können. Dann war wieder jenes Gefühl des Allein- und Verlassenseins über ihn gekommen, das stets dieser zu hohen Anforderung folgte.

Möglichkeiten der Kommunikation mit seinen Konviktskameraden scheitern, werden gehemmt oder negativ belastet. Daran ändert die erwachende Erotik nichts:

> Denn die erste Leidenschaft des erwachsenden Menschen ist nicht Liebe zu der einen, sondern Haß gegen alle. Das sich unverstanden Fühlen und das die Welt nicht Verstehen begleitet nicht die erste Leidenschaft, sondern ist ihre einzige nicht zufällige Ursache. Und sie selbst ist eine Flucht, auf der das Zuzweinsein nur eine verdoppelte Einsamkeit bedeutet.

Diese beiden Zitate bezeichnen auch den Bereich der Erzählperspektive. Der Erzähler bleibt großenteils dem Bewußtsein Törleß' nahe, kann sich aber auch von ihm entfernen und in einer verallgemeinernden Form zum Leser sprechen. Dem entspricht die Intention, den Fall des pubertären Törleß als Bild für den nihilistischen modernen Menschen zu zeigen, und zwar in einem Augenblick, wo sich ihm die existentielle Konsequenz des Nihilismus, die Entfremdung aufdrängt. Das Konvikt liegt „draußen“, „im Osten des Reiches“, „an der Strecke, welche nach Rußland führt“, „wohl um die aufwachsende Jugend vor den verderblichen Einflüssen einer Großstadt zu bewahren“. Andererseits ist es den Söhnen „der besten Familien des Landes“ vorbehalten, es war das „ehrgeizige Drängen“ des Knaben, das ihn in das Institut bringt. Dort schließt er sich zuerst an einen jungen Fürsten, dann an den jungen Baron Beineberg an. Aber der Anschluß an die Gesellschaftsordnung mißlingt. Das Leben im Konvikt wird charakterisiert durch die „abweisende stumpfe Melancholie“ der Landschaft, in der es gelegen ist. Törleß' Freunde und er selbst unterbrechen die Monotonie, indem sie einen Kameraden, der gestohlen hat, in sklavische Abhängigkeit pressen.

Die erwachende Sexualität erweist sich als destruktiv, die adlige Herkunft von Törleß' Freunden hindert nicht ihr Bedürfnis nach brutaler Macht. Törleß glaubt, daß hinter den entwerteten sozialen Ordnungen ein unbekannter Lebensbereich sein muß. Sogar die Mathematik rechnet mit imaginären Zahlen. Gegen das bedrängende Unbekannte hilft zunächst das Gegengewicht des Familienidylls, in das Törleß zurückkehrt. Er will lernen, das Irrationale als zweite Sichtweise anzuerkennen. Die Phantasie wird zwischen der hellen normalen und der dunklen irrationalen Welt vermitteln, so daß er „ein junger Mann von sehr feinem und empfindsamen Geiste" werden kann, der die Gesetze und „teilweise" die öffentliche Moral beachtet, um, so geschützt, seine „ästhetisch-intellektuelle Natur" entwickeln zu können. Hierin steckt vermutlich sehr viel weniger Ironie, als der moderne Leser wünschen würde. Der kleine Roman hatte Alfred Kerr vor der Veröffentlichung vorgelegen, der den Dichter ermutigte und im Berliner *Tag* eine lange und gute Kritik schrieb. Kerr hat in gewissem Umfang auf die Endfassung des Textes eingewirkt.

Musil ist ein Liebling der Interpreten geworden. Seine Intentionen sind kompliziert und können leicht mißverstanden werden. Musil bedarf also der erläuternden Empfehlung. Diese Lage hat dazu geführt, daß manche Interpreten ihn vor seinen Zeitgenossen durch größere Modernität auszeichnen wollen. Musil hat von dem impressionistischen Skeptizismus Machs gelernt, den er in seiner Dissertation kritisierte, von dem Empirismus Franz Brentanos, der ihm durch seinen Lehrer Stumpf vermittelt wurde, ebenso wie seine Schriftstellerkollegen jedoch auch von der Lebensphilosophie in der Nachfolge Nietzsches. Er stellte den *Verwirrungen* ein Motto aus Maeterlincks *Le Trésor des humbles* (1896) voran. Seinen kleinen

Roman bot er anfangs dem Diederichs-Verlag an, der die deutsche Übersetzung, *Der Schatz der Armen*, veröffentlicht hatte. Das Motto behauptet, mit dem Aussprechen werde das Ausgesprochene entwertet. Maeterlincks Kult des Schweigens geht auf den Symbolismus zurück. Musil kannte auch Mallarmés Schriften. Seine Phantasie ist weit weniger bildlich und anschaulich als die Hofmannsthals oder Schnitzlers. Reflexion und inneres Bild möchte er vereinen, was oft auf Kosten der Deutlichkeit geht.

Die zweite der Erzählungen in *Vereinigungen* (1911), *Die Versuchung der stillen Veronika*, zeigt das Überwuchern der Reflexion. Es gibt mehrere Vorfassungen, eine davon gedruckt im *Hyperion* unter dem Titel *Das verzauberte Haus* (1908). Die Geschichte ist die eines Mädchens von achtundzwanzig, das sich in sich verschlossen hat, einen Bewerber abweist, der mit Selbstmord droht, und dann einen wildfremden Offizier nimmt, der in das Haus einquartiert ist. Auch der Selbstmörder entschließt sich zur banalen Wirklichkeit. Am Ende wird daraus die Darstellung einer Gefühlsambivalenz. Das Mädchen, zwischen zwei Brüdern, einem spirituellen und einem zynisch-sinnlichen, produziert tiersymbolische Ersatzbefriedigungen in ihrer Phantasie, was mit der Suche des spirituellen Mannes nach einem Seinsgrund, einer Seele, nach Gott, durch wuchernde Reflexionen verbunden wird, die zwischen Handgreiflichem und ganz Vagem abwechseln. Die Rückkehr des Todesentschlossenen entspricht Törleß' Annahme von zwei Sichtweisen. *Die Vollendung der Liebe* ist die andere, in der Anordnung die erste Erzählung, in der eheliche Treue durch Untreue reflektiert wird. In der Hingabe an den Augenblick der Verführung wird einer Frau klar, daß sie ihren Mann wirklich liebt. Während die Verführungshandlung den Körper und seine Verführbarkeit betrifft, zielt die Reflexion auf eine tiefere Schicht des Bewußtseins. Zwischen den Augenblicken, in denen Tatsachen, Worte, Dinge, Handlungen bewußt werden, liegt Leere, ein schweigendes Dunkel, ein „Abgrund zwischen den Stößen zweier Handlungen". Sich über diese Tiefe bewußt werden bedeutet, daß, was auf der Oberfläche geschieht, selbst Lüge und Untreue, nicht mehr zerstörend ist. Musils Werk hat ein quasi-religiöses Ziel. Die Phantasie öffnet den Seinsgrund, was zum Akt der Erlösung wird. Freilich bleibt er eine Selbsterlösung.

Den Gegensatz zwischen den beiden Schichten des Ich-Bewußtseins hat Musil offenbar parallel zu Freud entwickelt. Ihm gegenüber suchte er seinen Glauben an die tiefere, künstlerische Bedeutung des schweigenden Dunkels, des Seinsgrundes, zu bewahren, die er aus der Romantik, aus Nietzsches dionysischer Lebenslehre, aus Maeterlincks Spekulationen, vielleicht auch aus Mallarmé gewonnen hatte. In einem Aufsatz von 1913, *Politik in Österreich*, erklärt er den Nationalitätenstreit für ein Phänomen der Oberfläche. Das eigentliche Übel liege im Kulturellen. Es gebe kein eigentliches kulturtragendes Bürgertum in Österreich. Was fehle, sei „den ganzen Bewußtseinsumfang beanspruchende Inhalte". Impliziert ist, daß ein Dichter fehle, der solche Inhalte gibt. Das will Musil tun. Musils Frühwerk ist ein Zeitdokument, das impressionistische, empirokritische und symbolistische, glaubensbereite Züge seltsam vereinigt.

Stefan Zweig (1881-1942) hat in seinem letzten Werk, der autobiographischen Beschreibung der *Welt von gestern*, das im Jahre seines Selbstmords, 1942, erschien, seine Kindheit im alten Österreich vor dem düsteren Hintergrund seiner Gegenwart aufleuchten lassen. Heimat und Fremde, Freiheit und zwanghafte Objektivierung sind schon Probleme seines Frühwerks.

Anpassung an die Oberklasse ging mit Gesellschaftskritik einher.

Stefan Zweig steht im Alter den Expressionisten nahe, von denen er sich jedoch fernhielt. Erst das Kriegsdrama *Jeremias* (1917) nimmt Elemente des expressionistischen Zeitstils auf. Er wuchs in einer wohlhabenden jüdischen Familie in Wien auf, deren Wunsch es war, daß er sich den Doktorgrad erwarb. Zunächst benutzte Stefan Zweig seine akademische Freiheit zu ausgedehnten Reisen, privater Lektüre und einer distanzierten Gastrolle in der Berliner Boheme. In Belgien lernte er Emile Verhaeren kennen, mit dem er sich befreundete und von dem er Verse und Dramen übersetzte, in Paris traf er Renoir, Rilke, Valery und Rodin, bei einem späteren Besuch auch Rolland. Zweig gab eine deutsche Verlaine-Auswahl mit einleitender Biographie heraus (1902) und erwarb sich 1904 nach kurzer und schneller Arbeit den philosophischen Doktor. Danach reiste er wieder, in fast alle europäischen Länder, nach Indien, nach Nord- und Mittelamerika. Friederike von Winternitz, geborene Jüdin, zum katholischen Glauben übergetreten, verliebte sich in ihn, trennte sich von ihrem Mann und gründete einen Wohnsitz in Kalksburg bei Wien für ihren Dichter, für sich und ihre zwei Kinder. Sie schrieb selbst und muß eigenwillig, sentimental und ein wenig hysterisch gewesen sein, widmete sich aber dem Werk ihres Geliebten und späteren zweiten Ehegatten mit großer Hingabe. Es gibt Anzeichen dafür, daß Zweig dieser Seßhaftigkeit mit ambivalenten Gefühlen gegenüberstand.

Frühe Gedichte ließ Stefan Zweig schon 1901 unter dem bezeichnenden Titel *Silberne Saiten* erscheinen. Titel wie *Wunder des Abends*, *Einsamkeit*, *Schneewinter*, *Sehnsucht*, *Ahnung* weisen sie als Produkte des Jugendstils aus. Der erst Zwanzigjährige paßte sich nicht ohne Eleganz an den vorgefundenen Stil an. Ein neuklassisches Versdrama *Tersites* (1907) vereinigte den klassischen Stoff von Achills Zorn mit dem Amazonenthema von Kleists *Penthesilea.* Es geht hier, wie in Zweigs folgendem Drama, um Zwang und Selbstbestimmung, um den Widerstand eines Menschen gegen seine Objektivierung, der bei der Amazone positiv bewertet wird und tragisch verläuft, während Tersites eine tragikomische Intrigantenrolle mit obligaten Prügeln spielt, jedoch trotzdem Anspruch auf Mitleid erhebt. Dramatische Straffung fehlt diesem wie dem zweiten Versdrama *Das Haus am Meer* (1912), in dem szenische Anklänge an Hofmannsthals *Das Bergwerk zu Falun,* motivische an Hauptmanns *Fuhrmann Henschel* vorkommen. Der Titel dürfte auf Ibsens *Die Frau vom Meer* (1888) anspielen. Heimatliche Bindung und staatlicher Zwang, sittliche Freiheit und amoralische Bindungslosigkeit werden verwoben. Der Verkauf von Soldaten für die englische Armee im amerikanischen Unabhängigkeitskrieg bildet ein Handlungsmoment, das Sich-Anklammern einer früheren Dirne an die Bürgerlichkeit ein anderes. Der Vertreter der alten Generation heißt Gotthold und kann dem Verfall der Familie und der Sitten nicht wehren. Die Sprache ist dem Gegenstand nur stellenweise gewachsen, sie artet manchmal ins Schauerdramatische aus.

Wesentlich subtiler ist Zweigs frühe Prosa, gesammelt in dem Band *Erstes Erlebnis* (1911). Die Erotik Heranwachsender führt zu Konflikten mit der Erwachsenenwelt, die ernst genommen werden. Stefan Zweig treibt solche Probleme aber nicht ins Groteske oder Absurde, wie seine expressionistischen Zeitgenossen. Die konziliante Note in seinem Werk sucht dem Leser den Ausblick in die Zukunft offenzuhalten. Insofern ist er ein Erbe des österreichischen Liberalismus.

Das Habsburgerreich war trotz seiner politischen Schwierigkeiten nicht einfach ein Reich des Untergangs. Die untergangsbestimmte Gesellschaft ist vielmehr eine Metapher der Ursprungsgläubigen, die durch das Ende des Habsburgerreiches scheinbar bestätigt wurde. Bewundernswert bleibt die Qualität der Literatur, die diese Wiener Kulturbürger-Gesellschaft hervorbrachte, ein Reichtum, der mit der Katastrophe des Ersten Weltkrieges nicht aufhörte.

10. Hofmannsthals deutscher Freundeskreis

1912 besprach Hugo von Hofmannsthal Rudolf Alexander Schröders Übersetzung der *Odyssee* unter dem Titel *Ein deutscher Homer von heute.* Am Ende steht dieser Satz:

> Die geistige Sphäre aber, die eine solche Hervorbringung begünstigt, von ihr wiederum bereichert und gestärkt wird, mag wohl als ein Zentrum künstlerisch-sittlichen Strebens inmitten einer allseitigen diffusen, ja chaotischen Betätigung angesehen werden können, um so erfreulicher, je anonymer und verdeckter sie, als ein Wirksames innerhalb unseres Volkes, scheinbar auseinanderliegende Elemente zu binden und den Zusammenhang mit den Bestrebungen früherer deutscher Epochen zu beleben vermögen wird.

Die einigermaßen kryptische Anspielung bezieht sich auf den Freundeskreis Hofmannsthal, Schröder, Rudolf Borchardt und auf Menschen, die mit diesem Kreis Berührung hatten, wie Schröders Vetter Heymel, Harry Graf Kessler. Mittelpunkt des Kreises war Eberhard von Bodenhausen eher als der nervöse Hofmannsthal, seiner steten und überlegenen Persönlichkeit wegen. Bodenhausen hing an der ästhetischen Welt, weil sie ihm innere Freiheit versprach. Sein Vater stammte aus dem niedersächsischen Uradel, an dessen Verhältnisse seine Mutter, eine Amerikanerin, sich offenbar nicht anpassen konnte; die Ehe der Eltern wurde geschieden. Bodenhausen studierte Jura und beteiligte sich als Berliner Student an der Gründung des ersten *Pan.* Mit Hofmannsthal kam er durch den *Pan* in Verbindung. Ein weiterer Schritt aus den traditionellen Bahnen des Adels war sein Entschluß, aus der Beamtenkarriere auszuscheiden und

Industriekaufmann zu werden. Aber auch diese Laufbahn verließ er zeitweilig, um Kunstgeschichte zu studieren. Er schrieb ein Buch über den holländischen Maler Gerard David (1905). Dann aber genügte die Stellung eines Museumsdirektors doch nicht seinen Ansprüchen. Er wollte Bilder kaufen, Reisen unternehmen, ein großes Haus führen und seine Familie standesgemäß unterhalten. So ging er zurück in die Industrie und wurde ein leitender Angestellter der Krupp-Werke, zeitweise Geschäftsführer eines Stahlkartells. Sowohl von der Geldknappheit seines mehrere Güter bewirtschaftenden Vaters als auch von der Geldgier der Neureichen wollte er frei sein. Er wurde mit dem Reichskanzler Bethmann Hollweg bekannt, Staatsstellungen boten sich ihm an, entzogen sich. Im Frühjahr 1918 starb er. Die Freundschaft mit Hofmannsthal beruhte auf Bodenhausens Verständnis für dessen Dichtung und Hofmannsthals Bewunderung für einen Menschen, der das moderne Leben meisterte. Bodenhausen ist der ideale Leser der Literatur seiner Zeit. An ihm zeigt sich, wie stark das Streben nach Freiheit von den Zwängen der bürgerlichen Gesellschaft war, selbst in einem wohlhabenden Angehörigen der Oberschicht. An Hofmannsthal schrieb er (10. Juli 1904):

> Die mühsam gezüchtete und durch Generationen gepflegte Unselbständigkeit des Denkens, die hier umgeht, werde auch ich nie ganz los werden können und der Hansi [sein Sohn] wird vielleicht der erste B[odenhausen] sein, der in Freiheit aufwächst.

Wechselvoller war Hofmannsthals Freundschaft mit dem anderen Förderer des *Pan*, Harry Graf Kessler, obwohl er zeitweise mit diesem eng zusammenarbeitete. Harry Graf Kessler (1868–1937) war der wohlhabende Erbe eines Kaufmannsgeschlechtes, das erst von Wilhelm I. den Grafentitel verliehen bekommen hatte. Seine Mutter war Irin, und er korrespondierte englisch mit seiner Schwester. Kessler, Bodenhausen und Hofmannsthal wurden durch die Mitarbeit am *Pan* miteinander bekannt. Kessler wohnte 1902 bis 1906 in Weimar und leitete dort zeitweise das Museum. Bodenhausen und Kessler betrieben zusammen die Berufung des Belgiers Henry van de Velde an die Kunstgewerbeschule in Weimar. Eine Zeitlang hatte Kessler den Plan, Hofmannsthal in Weimar an der Theaterleitung zu beteiligen. Kesslers Freund, der Maler Ludwig von Hofmann, lehrte an der Weimarer Kunstschule. (Hofmann wurde von George, Hofmannsthal, Rilke und Thomas Mann besonders geschätzt, von George und Rilke gibt es Gedichte an ihn, Thomas Mann hatte eines seiner lichten und bukolischen Werke, *Die Quelle*, im Arbeitszimmer hängen.) Kesslers Kunstverbindungen waren international. Unter den Künstlern, die er besonders schätzte, waren der Franzose Maurice Denis, der englische Bühnenbildner Gordon Craig, die amerikanische Tänzerin Ruth Saint Denis und der russische Ballettmeister Serge Diaghilew.

Der Weimarer Großherzog, in Konkurrenz mit dem hessischen in Darmstadt, war bestrebt, Weimar erneut zu einem Kunst- und Kulturmittelpunkt zu machen, an dem übrigens auch Elisabeth Förster-Nietzsche teilnahm, die das Nietzsche-Archiv mehr um ihrer Geltungssucht als um des Werkes ihres Bruders willen betrieb. Freilich waren es dann doch Hofintrigen, die Kesslers amtlicher Weimarer Tätigkeit ein Ende machten. Der Architekt Paul Schultze-Naumburg, ein Vertreter des völkischen Jugendstilkitsches, gewann dagegen an Einfluß. Kessler beschäftigte sich in Weimar noch später mit wertvollen Drucken, für die er die Cranach-Presse gründete.

Harry Graf Kessler
Gemälde von Edvard Munch

Hofmannsthal war zeitweise eng mit dem weitgereisten Kessler befreundet. 1904 schrieb er ihm: „Das Gefühl, eins zu sein mit meiner Epoche, dieses Gefühl überhaupt kennengelernt zu haben, danke ich Ihnen." Kurz darauf kommt es zum Du. Einmal, nach einer Reihe von ästhetischen Erlebnissen und produktiven Tagen und aus Dankbarkeit für Kesslers Teilnahme, kann Hofmannsthal schreiben (13. Februar 1908): „Das Leben ist manchmal so überströmend schön, daß mir die Tränen in die Augen kommen, wie ich daran denke. Ich dank dir so sehr, daß du auf der Welt bist." Es kommt zu kritischer und anregender Mitarbeit Kesslers an Hofmannsthals Komödien, besonders am *Rosenkavalier*. 1908 unternahmen Hofmannsthal, Kessler und der französische Bildhauer Aristide Maillol eine Griechenlandreise. Hofmannsthal freilich verließ die Freundesgruppe nach elf Tagen, von der herben Landschaft enttäuscht. Dies tat zwar der Freundschaft keinen Abbruch, wohl aber kam es nach der Arbeit am *Rosenkavalier* zu Spannungen, zu Abkühlungen und Schwankungen im Verhältnis der beiden. Jedoch schrieben sie zusammen 1913 das Tanzspiel *Josephslegende* für die russische Tanzgruppe Serge Diaghilews und die Musik von Richard Strauss. Die Uraufführung fand im Mai 1914 in Paris statt; bald nach der Londoner Premiere im Juni kam die Nachricht von dem Attentat in Sarajewo; die geplante Aufführung in München 1914 fand nicht statt.

Kesslers Wandlungen im Ersten Weltkrieg kommen im Kapitel über „Die bedrohte Kultur" zur Sprache. Sein Nationalismus machte ihn zum Kritiker Österreichs, was die Freundschaft mit Hofmannsthal belastete. 1928 schrieb Hofmannsthal noch einmal einen einigermaßen freundlichen Brief über die künstlerische Form von Kesslers Biographie Walther Rathenaus, den beide kannten. Rathenau hatte ab und zu an dem jährlichen Treffen des Freundeskreises in Schloß Neubeuern am Inn teilgenommen, das Verwandten der Bodenhausens gehörte. Dorthin kamen auch Rudolf Alexander Schröder, Alfred Heymel und Helene und Alfred von Nostitz. Diese Zusammenkünfte am Jahresende wurden Hofmannsthal ein Bedürfnis in den Vorkriegsjahren (1911–13).

Rudolf Alexander Schröder (1878–1962) kam 1897 aus Bremen als Student der Kunstgeschichte und Architektur nach München, wo er bald mit seinem Vetter Heymel an der Gründung der Zeitschrift *Die Insel* beteiligt war. Er richtete seinem Vetter eine Wohnung in der Leopoldstraße ein, und zwar im Sinne eines gereinigten Jugendstils. Diese Einrichtung wurde bald sehr berühmt. Sie diente Heinrich Mann als Anregung für eine Szene in *Die Jagd nach Liebe* (1903) und gab Schröder die Gelegenheit, als Innenarchitekt sich wirtschaftlich unabhängig von dem unsicheren Schriftstellereinkommen zu machen. Übrigens war sein technischer Helfer dabei ein junger Architekt namens Paul Ludwig Troost (1878–1934), der als Innen- und Außenarchitekt sowohl der Passagierschiffe des Norddeutschen Lloyd wie der neuklassizistischen Parteibauten in der Frühzeit Hitlers berühmt werden sollte. Schröder, der anfangs leicht und schnell Gedichte produzierte, stellte bald höhere Formansprüche an sich selbst. Melancholie und Todesgefühle bestimmen viele dieser frühen Gedichte.

Aus späterer (1935) Erinnerung stellt Schröder sein anziehend-abschreckendes Vorbild George so dar:

Stefan George war fast ein Jahrzehnt lang den Weg vorangeschritten, auf dem eine nicht geringe Anzahl mehr oder weniger Berufener ihm bereits damals folgten. Uns schreckten an seinem auch uns in vielem verehrenswert dünkenden Vorbild nicht nur die Riten des „Kreises“, die

– abgesehen von allen andern Bedenken – schon unserm hansischen Unabhängigkeitssinne zuwider waren, sondern vor allem auch eine Haltung gegenüber der Kunst und dem Leben, die in einer der Großartigkeit gewiß nicht entbehrenden Willkür das eigene Wirken und seinen Kreis vorwegnehmend geschichtlich zu determinieren und zu isolieren versuchte innerhalb eines lebendigen Ablaufes, in dem alles zum Leben und Wirken Geschickte und Gerüstete sich mit dem Kompromiß bescheiden muß, als der „Leben“ nun einmal ohne Ausnahme gelebt wird.

Sein und der *Insel* Anschluß an Hofmannsthal ist eine bewußte Wahl: Formgefühl *und* Weltoffenheit. 1900 treffen sich Hofmannsthal und Schröder zuerst. 1905 bespricht Hofmannsthal Schröders Gedichte in der *Neuen Rundschau* (*Eines Dichters Stimme*). An Hofmannsthal ist Schröders Elegie *Der Landbau* (1907) gerichtet, die so beginnt:

Honig ging ich suchen für dich und fand bei den Bienen
Nördlich darbenden Gaus spärliche Waben, o Freund,
Der du doch wohnst im phäakischen Land, wo immer die Süße
Tropft aus der Höhlung des Baums, wo der ambrosische Wind
Rieselnden Hauchs die Fluren erfrischt, und es spendet die Sonne,
Spendet lebendiger Tau Fülle verschiedenen Guts.
Siehe, wir sind die Bescheidenen hier: mit kärglicher Labung
Dünkt sich der Gaumen verwöhnt; und das geringere Maß
Goldener Zeit gibt schmalen Gewinst, wann immer vom Meere
Steigt mit dem grauen Gewölk Nebel und Regen und Rauch.

In der Elegie ist von Sternen als Richtzeichen die Rede und der Gefahr verführender, ablenkender Sirenen, dann von Besuchen Schröders in Hofmannsthals Haus mit humorvoller Selbstkritik. Er kommt auf Vergils *Georgica* zu sprechen, von der die Elegie den

Namen hat, und auf die Wünschbarkeit erdverbundener Dichtung, die „festet den Sinn unter den Strudeln der Zeit“. Freundschaft sei eine einfache und wertvolle Gabe. Um einer Begegnung willen lohne es sich sogar fast, in Berlin „die neueste Weise des Markts und des kritischen Froschteichs / Breites Gequäk ...“ zu ertragen. Die Themen Nord und Süd, Antike und Spätzeit, städtischer Verfall und landschaftliche Gesundheit, das der Dichterfreundschaft und der bürgerliche Einschlag in der Elegienform deuten auf fortdauernde Orientierung an der Goethezeit, inmitten zunehmender Angst vor nihilistischer Richtungslosigkeit in der modern-urbanen Welt. *Römische Elegien* in der Nachfolge Goethes schrieb Schröder 1913 (beendet 1940). Das rousseauistische Motiv der heilenden Erde finden wir auch in Rilkes *Duineser Elegien*, in denen freilich das Klassische auf sprachlich und formal kühnere Weise nachgeahmt wird. Schröder bleibt bürgerlich gemäßigt, aber ohne enge Beschränkung. Sein Geschmack ist gleich frei von bohemischer Genialität und Ängstlichkeit, jedoch reicht seine kritische Begabung nicht immer aus, ihn vor gelegentlichen Banalitäten in seiner Gedichtsprache zu behüten. Seine Verbundenheit mit dem Bürgertum wird im unguten Sinne sichtbar, wenn er in seinen *Deutschen Oden* (1908–13) die außenpolitischen Ansichten des deutschen Stammtischbürgers über Deutschland und England in Odenform besingt:

Den schönen Wachstum neiden die andern dir;
Doch stehst du heilig mitten im Haß, die nicht
Von fremder Nahrung wuchs und friedlich
Unter den Völkern zu wohnen dachte.

Auf ihren Inseln sinnet die Schwester dir
Verwirrten Hader, bräche mit Listen gern
Dein Panzerkleid, auf daß du nimmer
Den unersättlichen Plan ihr kreuzest.

Hofmannsthal schätzte Schröder weniger seiner Gedichte als seiner aufrechten Person wegen, auch schätzte er die freiere hansestädtische Variante des Norddeutschen. Er hat, nach Schröders eigenem anschaulichen Bericht über das Verhältnis zu urteilen (*Erster und letzter Besuch in Rodaun*, 1929), Schröder eine kosmopolitischere Blickrichtung suggeriert, die, wenn man von den freilich peinlichen Kriegsgedichten absieht, in Schröders späterer Zeit sein national-konservatives Wesen erweiterte, was sich in Übersetzungen und Essays niederschlug. Gegen Ende des Ersten Weltkrieges begann Schröder seine geistlichen Gedichte, die einen großen Raum in seinem späteren Schaffen einnehmen.

Eine sehr bedeutende, von Hofmannsthal bewunderte sprachliche Leistung ist Schröders Übersetzung von Homers *Odyssee* (1910), der er 1943 die *Ilias* folgen ließ. Sein deutscher Homer ist altertümlich genug, um ihn nicht ins Moderne zu verfälschen, aber schlichter, klarer als die Übersetzung von Voß. Sie ist zum Lautlesen bestimmt. Der folgende Auszug aus dem sechsten Gesang der *Odyssee* zeigt das Erwachen des Odysseus aus dem Schlaf der Erschöpfung, nachdem er auf die Phäakeninsel verschlagen wurde, während Nausikaa mit ihren Mägden Ball spielt, was ihr von Athene zu gutem Zweck eingegeben wurde:

Also warf die Herrin den Ball gen eine der Mägde
Und verfehlte die Magd. Er fiel in den reißenden Strudel.
Weithin scholl das Geschrei: da erwachte der große
Odysseus.
Und er setzte sich auf und sprach mit Zweifeln im Herzen:
„Weh, wo mag ich denn sein? In welchem Lande der
Menschen?
Sind sie vielleicht verwegen und roh und Feinde der
Satzung,

Oder von gastlichem Sinn und ehren die himmlischen Götter?
Eben grad umtönte mein Ohr ein Mädchengeschreie,
Wohl von Nymphen, die droben die schroffen Gebirge bewohnen
Und die Quellen der Flüsse und blumenbestandenen Auen.
Oder befind ich mich doch ganz nah bei menschlicher Rede?
Aber wohlan, ich mache mich auf und werd es erkunden."
Sprach's und kroch aus dem Dickicht hervor, der große Odysseus.
Erst aber brach er mit mächtiger Hand im Busch einen starken,
Laubichten Zweig und deckte damit die Blöße des Mannes.
Wie ein Leu des Gebirgs mit trotzigen Kräften hervortritt,
Regengepeitscht und windzerzaust, und innen die Augen
Glühn, und so überkommt er die Rinder, oder die Schafe,
Oder den flüchtigen Hirsch im Feld, und es stachelt der Bauch ihn,
Daß er die Hürden versucht und selbst ans feste Gehöft kommt,
Also gedachte der Mann den zierlich gescheitelten Mägden
Sich zu gesellen, wiewohl er doch nackt; denn es trieb ihn die Notdurft.
Denen erschien er ein furchtbar Greuel, besudelt mit Salzschaum.
Hierhin und dorthin stoben sie fort auf die äußersten Klippen.
Einzig die Tochter Alkinoos' blieb. Ihr hatte Athene
Mut in die Seele gelegt und die Furcht aus den Gliedern genommen.

Schröder hat auch Horaz und Vergil, Corneille, Racine und Molière sowie flämische Dichter übersetzt.

Rudolf Borchardt (1877–1945) stammte aus einer christlich assimilierten jüdischen Familie aus Königsberg, wo er geboren wurde. Er wuchs in Berlin auf, nachdem sein Vater dort eine Bank gegründet hatte. Aus seinen Erinnerungen *Aus Kindheit und Jugend* (Zeitungsdruck 1927–28, als Buch 1966) kann man entnehmen, daß der nüchterne, altpreußische und dennoch großbürgerliche Zuschnitt des Hauses, in dem provinzielle Tugenden gepflegt wurden, von dem neureichen, wilhelminischen Bürgertum der Zeit abstach. Borchardt war überzeugt, daß „die Geschichte meines Lebens die Geschichte des Zusammenbruchs der deutschen Überlieferung gewesen ist und des Versuches eines Einzelnen, diese aus den Trümmern zu ergreifen und in sich herzustellen". Eine wichtige Rolle scheint sein Vater gespielt zu haben, von dem ihn zuerst altmodischer Respekt, dann Widerstand, endlich „bittere Feindschaft" trennten. Aus den Jugenderinnerungen ist eine seltsame Mischung von Familienstolz und entfremdeter Vereinsamung zu entnehmen. Der Vater wollte den Sohn auf eine feste Lebensstellung hinlenken. Borchardt studierte Archäologie, Orientalistik und klassische Philologie, ohne einen Abschluß. Er schwankte zwischen Gelehrsamkeit und Dichtung. Die Neigung zur letzteren erhielt durch Herders Schrift *Älteste Urkunde des Menschengeschlechtes* und durch die Begegnung mit Hofmannsthals Frühwerken, die er im *Pan* und in den *Blättern für die Kunst* fand, und mit denen Georges eine Richtung: mythische, vorbildliche Gedichte, die einen religiösen Lebenskult zum Untergrund hatten. Nach Veröffentlichung von Gedichten in der *Insel* wurde er mit Hofmannsthal bekannt (1902). Er wollte sich in Baden bei Wien niederlassen, verschwand aber grußlos unter Hinterlassung einer kleinen Geldschuld und nahm in Italien Wohnung. Irritierendes Benehmen wird auch späterhin von Borchardt berichtet und hängt damit zusammen, daß er, wenn irgend möglich, Teile der Wirklichkeit ignorierte. Theodor Lessing, der ihn gut kannte, schrieb:

Ich könnte bei Borchardt auch Züge [nennen], die im Lichte des gemeinen Menschenverstandes einfach als Prahlhanserei, Aufschneiderei, ja als Schlimmeres zu betrachten wären und dennoch zusammenhängen mit Grundwurzeln der dichterischen Seele, deren erhabene Bildkräfte überwuchert wurden von einem unmenschlich rechthaberischen Willen zur großen Leistung.

(*Einmal und nie wieder*)

Was Borchardt so leidenschaftlich bekämpfen wollte, das wilhelminische Bürgertum, das steckte tief in ihm: ein usurpiertes Sendungsbewußtsein, humorloses Pathos, eine durch Haltung überspielte Unsicherheit. Seine ästhetische Sendung war für ihn eine Erlösung, was letztlich noch Stil Wagners ist, wie die eben berichtete Episode. In dem Brief, in dem er sich bei Hofmannsthal entschuldigt, steht in Andeutungen, daß er an seiner *Rede über Hofmannsthal* arbeite, die er im September 1902 in Göttingen halten sollte, aber auch das arrogante Wort, daß nur er allein bestimmt sei, „Ihrer Leistung die Verbindung mit Welt und Geschichte zu erleichtern" (26. Mai 1903). Unter diesen Umständen ist es verständlich, daß die Freundschaft zwischen den beiden schwankte. Zeitweise, von 1912 bis 1923, war sie intensiv.

Eine Frucht der ersten Begegnung ist Borchardts Gedicht *An Hofmannsthal*, das 1903 entstand. Es hat eine schwerverständliche gewaltsam konstruierte Bildlichkeit, die sowohl von Borchardts hoher Verehrung wie von der Schwierigkeit seines Charakters eine Vorstellung gibt.

...
Auch starb der Gott nicht aus, und wer du bist,
Weiß ich genau, und führe ja durch Nacht
Die Straße solchen Strahles, den du wirfst
Noch in kein Aug, entbehrten des Geschlechts
Gewahrender die Örter noch, durch die
Er heut schon fortfliegt, steh du, wo du stehst,
Und sei voll großen Mutes, Hofmannsthal;
Seit Goethe uralt fortgegangen ist,

Von wannen er gekommen war, und Kleist
In sich zusammenstürzte wie ein Turm,
Sprach keiner Vers und Deutsch wie du, noch sah
Ein Herzog der, die in Gedanken gehn,
So einsam aus dem Purpur.

Das Bild des Dichters als Leuchtturm, der einen Strahl aussendet, ist gekoppelt mit dem Bild dieses Strahls als Straße, an der Örter liegen, in denen „Gewahrende“, verständige Leser, wohnen sollten, deren Anwesenheit aber noch zweifelhaft ist. Das ist zwar symbolistische Technik, gerät aber kaum über bemühte allegorische Verschlüsselung hinaus. Das Bild führender Intellektueller als einsamer Herzöge im Purpur verrät das Vorbild George, nur daß es bei Borchardt sowohl rationaler als auch symbolistischer eingesetzt wird. Es ist zugleich usurpierendes und konservatives Symbol: der Dichter ist dem regierenden Adel gleich, er will aber die stabile Welt bewahren, garantieren, repräsentieren. Thomas Mann sollte wenig später *Königliche Hoheit*, bald darauf *Felix Krull* konzipieren, der dann in seinen später geschriebenen Teilen diesen Widerspruch satirisch herausstellt. Bei Borchardt wie bei George ist er ganz ernst gemeint, in *Königliche Hoheit* humorvoll umspielt. In einem etwas anderen Sinne ist Heinrich Manns Herzogin von Assy in *Die Göttinnen* (Ende 1902) ein Symbol idealer künstlerischer Lebensgestaltung.

Der Schluß von Borchardts Gedicht ist sprachlich freier und anschaulicher. Von Hofmannsthal und Borchardt als Reitern ist die Rede. Borchardt hofft, nicht zu weit zurückgelassen zu werden, daß

... auf der gleichen Straße uns Gespräch
Und dich und mich das riesenhafte Ziel
Hoch in den Sätteln finde, Reitende
Durch Winter in die Nacht und Rauch von Rom.

Das „riesenhafte Ziel“ ist vielleicht, worauf die Schlußwendung hinweist, die Dichterkrönung in Rom, wenn man „Rauch“ friedlich als Annäherung an die Stadt und nicht als Vernichtungssymbol deuten will. „Riesenhafte Ziele“ lagen Hofmannsthal nicht. Dennoch hat er auf die Dauer Borchardts Person, Werk und Freundschaft hochgeschätzt.

Borchardts Gedichtsprache ist schwer, auch wo sie nicht zwei Metaphern koppelt. Sie lebt in einer imaginativen Welt, nicht der Umwelt des Lesers, sie neigt zu eigenwilligen Verkürzungen, zu erdachten Bildern, oft aus mythologischem Wissen angereichert. Erotische Themen sind häufig, ebenso die Melancholie der Vergänglichkeit und das Todesthema. Dionysischer Rausch, erotische Ekstase und Tod gehen eine dunkle Mischung ein in dem langen Gedicht *Bacchische Epiphanie*, dessen 1. Fassung aus der Jugendzeit, dessen letzte aus dem Jahre 1912 stammt. Fast immer sind es strenggebaute Strophen, oft traditionelle Formen. Das folgende Sonett, streng in der Reimführung, ist typisch für die grüblerische Sprache Borchardts.

Sonett

O strenge Ferne! Morgengraues Feld!
Gesicht schlafloser Augen, aus der Flut
Der Nacht sich hebend mit der fahlen Glut
Von Auen, die ein fremdes Licht erhellt,
Nicht unseres Tages! unentschiedene Welt,
Gelände, das noch vor der Grenze ruht,
Heilst du mein Blut? Gewänn ich noch den Mut
Den Pflug zu führen, der dich Flur bestellt?

Land Kommender und Künftigen bestimmt,
Bärgst du für mich nur Zaubernacht und Hafen,
Wenn anderen Schiffen gegen Ost erglimmt
Purpurn der Tag an neuer Fernen Saume?
Sollt ich dich sehn, und gehn und früh einschlafen
Im Gras bei einem weißen Rosenbaume?

Eine in ihrer Gegenständlichkeit nicht greifbare Landschaft im Morgengrauen wird zum Symbol für die Entfremdung des Dichters von der Wirklichkeit und damit von der Hoffnung auf Zukunft. Ein anderes Thema ist der Gegensatz menschlichen Mitleids zur mitleidlosen Gleichgültigkeit der Natur oder des Göttlichen. Dies findet Ausdruck in *Auf eine angeschossene Schwalbe, die der Dichter fand* und in dem schönen Hexametergedicht *Klage der Daphne.* Die von der Lorbeernymphe geschützte Daphne beobachtet Apollo und Hermes im Gespräch, nachdem sie die Jagd auf sie unterbrochen haben:

Nebeneinander, Entsetzliche, standet ihr, größer, als wir sind,
Harte Gewältiger, gleißender Haut, mit lachenden Zähnen
Zwischen dem schwelgenden Munde, Verzehrende, Flammengeschwister
Und ihr beredetet euch, über mich, in eigener Sprache.

Am Ende des Gedichtes steht der Wunsch Daphnes, Baum zu bleiben, der thematisch im Anfang von Rilkes *Neunter Elegie* wiederkehrt.

Eine Reihe von Kleinepen wird eröffnet durch *Das Buch Joram* (gedruckt 1905) in biblischer Sprache, an das Buch Tobias angelehnt. Joram führt ein Leben im Genuß, wofür Gott ihn straft. Er muß in der Fremde leben, sein Kind wächst in der Fremde auf, wird jedoch „Meister“ und Heiland, zu dem Gott manchmal spricht. Dies ist offenbar Borchardts Mythos des eigenen Dichtertums, seiner Entfremdung als Sohn assimilierter Juden, der durch den Dichterauftrag zu einer Bestimmung zurückfindet. Die Sprache lehnt sich an das Lutherdeutsch an, dem Borchardt sich zugehörig fühlte. Das Buch war zu Borchardts Enttäuschung erfolglos.

Mit Heimat, Herkunft und seiner Sendung setzt

sich Borchardt auch in dem langen und schwierigen Gedicht *Wannsee* (entstanden 1911) auseinander. Der Titel weist auf Kleists Selbstmord hin. Die Entfremdung des Dichters steht im Vordergrund. Der wirkliche Borchardt hat in zwei Ehen und bei Freunden, vornehmlich Rudolf Alexander Schröder, menschlichen Anschluß gefunden.

Das Kleinepos *Die Beichte Bocchino Belfortis* (entstanden 1904) gibt ein düsteres Bild von dem gewalttätigen Spätmittelalter im Italien Dantes. Zur gleichen Zeit entstand *Der Durant* (gedruckt 1920), eine Art von Minnegroteske, eine Parodie mittelhochdeutscher Epen im Neuhochdeutschen.

Borchardts Reden und Aufsätze wenden sich an die gebildeten Leser, nicht an einen esoterischen Kreis wie George, erheben aber ähnliche Ansprüche einer kulturellen Umkehr und Erneuerung. *Das Gespräch über Formen* (entstanden 1900/01, gedruckt 1905) entwickelt den ästhetischen Lebenskult. Es geht von dem Problem der Übersetzung aus den alten Sprachen aus, trifft die deutsche Wissenschaftlichkeit, die Philologie und das bürgerliche Gymnasium. Borchardt beruft sich auf Walter Pater und die englische Literatur der Viktorianischen Epoche überhaupt. Sein Prinzip spricht er so aus:

... Leben heißt das große Wort, Leben, nur Leben, nicht Buch, und ich wollte, ich könnte es für Sie mit einem Atem von Schauer und Geheimnis, mit einer Wucht von wundervollem Irrsal, so überfüllen, daß Ihnen der Ton nicht mehr vergeßbar wird, mit dem es hier so oft ausgesprochen worden ist. Wem zehn Worte, die als das, was sie sind, *so* und nicht anders im Verse beieinander stehen, wem die *so* im Raume stehenden Linien, der so und nur einmal so von Farbe, Licht und Wind schütternde Baum, wem diese Unwiderruflichkeit der Formen nicht sinnliches, geliebtes Dasein schlechtweg sind, der glaube nicht zu leben.

Neben George ist ihm vor allem Hofmannsthal das Beispiel für die Anfänge „einer neuen Kultur, eines neuen Lebens, einer neuen Kunst“. Von dieser Voraussetzung geht die *Rede über Hofmannsthal* aus, die er während des Schreibens auch „Hofmannsthal und die Zukunft der deutschen Dichtung“ nannte. Borchardt beginnt mit einer ausgiebigen Klage über den diffusen Zustand der Literatur und den „chaotischen“ der Gesellschaft. Dagegen bewundert er Hofmannsthals Überlegenheit über seine Stoffe, die vom Naturalismus absticht. Denn Freiheit ist für Borchardt das Kriterium wahrer Kultur. Borchardt vollendete die Rede nie. Der Verleger druckte 1907 die ihm vorliegende fragmentarische Fassung. Ein Grund für Borchardts Zögern war, daß er Hofmannsthals nach 1900 erschienene Dramen zuerst nicht mochte. Borchardts Fixation auf Hofmannsthals Frühwerk war ein wunder Punkt in der Freundschaft, der damals und später Spannungen und Entfremdungen zwischen ihm und Hofmannsthal verursachte.

Eine besondere Art des Essays, die Borchardt pflegte, sind Versuche über Städte und Landschaften. *Villa* wurde 1907 zuerst gekürzt in der *Frankfurter Zeitung* gedruckt, dann 1908 in einem Pressendruck. Borchardt behandelt das toskanische Herrenleben zwischen Stadtwohnung und Landsitz, wie es sich auf antiker Grundlage erhalten hat. Er preist das System der Halbpacht als Bollwerk gegen Kapitalismus und Sozialismus. *Villa* dient Borchardt dazu, die italienische, auf Stadt und Land beruhende, im vorindustriellen Zeitalter verwurzelte Kultur als attraktiv erscheinen zu lassen gegenüber dem Bürgertum des deutschen Industriestaates.

Der Freundeskreis Hofmannsthal – Borchardt – Schröder stellte sich der Öffentlichkeit vor in dem nur 1909 erschienenen Jahrbuch *Hesperus*, das Schrö-

Rudolf Borchardt in Italien (1906)

der redigierte. Dort finden wir Proben aus Rudolf Alexander Schröders deutscher *Odyssee*, Gedichte von Schröder und Borchardt, Proben aus Pindar- und Dante-Übersetzungen von Borchardt, das Lustspielfragment *Silvia im Stern* von Hofmannsthal und nur einen Aufsatz, der deshalb so etwas wie programmatische Bedeutung erhält. Es ist die Besprechung von Georges *Der siebente Ring* durch Borchardt, die, mit kritischem Respekt geschrieben, souverän lobt und verwirft, dem „großen Künstler" George Mißgriffe ankreidet. Von der Dialektik von Verehrung und Tadel können einige Sätze aus der Einleitung einen Begriff geben:

> Wo findet sich ein zweites Mal der Klassiker einer Nation, der in seinem siebenten großen Werke die Gesetze seiner Sprache noch nicht beherrscht, der Grammatik so wenig sicher ist wie des Geschmackes und dennoch eine neue Epoche eben dieser Sprache, eine neue Wendung des Geschmakkes gigantisch erzwungen zu haben und zu erhalten sich rühmen darf? Wo noch einmal ein Dichter und Künstler, der fast nirgends seine Gattungen erfüllt, der fast außerstande ist, zehn Verse hintereinander zu formen, in denen das Ohr oder der Nerv des reizbaren Lesers nicht gequält oder empört würde – durch Ungeschicklichkeiten, durch Kindlichkeiten – durch Unreines und Gewöhnliches, durch das Maßlose der Unsicherheit, durch falsche Musik oder durch hölzernen Mißklang – und der dennoch den Ruhm, Form und Musik, Reinheit und Fehllosigkeit, Geschlossenheit und Einheit der Wirkung auf eine im Deutschen unerhörte Höhe gehoben zu haben, genießt und freilich in einem ungewöhnlichen Sinne in Anspruch nehmen darf?

Solche Sätze mußten natürlich in dem auf verehrende Auslegung gestimmten Kreis der George-Anhänger erhebliche Mißstimmung erregen.

Das 1910 erschienene *Jahrbuch für die geistige Bewegung* des Kreises enthielt denn auch Polemik gegen Borchardt und Hofmannsthal. Borchardt antwortete in einem Artikel in den *Süddeutschen Monatshefte*n (1910) mit dem Titel *Intermezzo*, der sich auf die „Bewegung" des Georgekreises bezieht, der er nachweist, daß sie gleichzeitig mit dem Naturalismus emporgekommen sei. „Die Herren Przybyszewski und Peter Hille, Derleth und, etwas später, Dauthendey, um nur die bekannter gewordenen zu nennen, waren keineswegs Reaktionen gegen den Naturalismus." Die kosmischen Tendenzen und sogar die Sprache Peter Hilles (was Borchardt durch Zitate belegt) stünden dem Georgekreis nahe. So richtig das ist und so treffend manche polemische Spitzen die Schwächen des Kreises treffen, so peinlich ist die Heftigkeit von Borchardts haßerfülltem Angriff gegen Gundolf, den er nur bei seinem bürgerlichen Namen Gundelfinger nennt.

In seiner Heidelberger Rede *Die neue Poesie und die alte Menschheit* (gehalten 1912) wendet Borchardt sich gegen die eigene Hoffnung früherer Jahre, daß aus der neuen Poesie neues Leben entstehen werde. Die neue Dichtung sei am Theater gescheitert. Er nimmt nur Hofmannsthal aus, dessen Wendung zur Komödie er jetzt begreift und anerkennt. „Der große Dichter verzichtet auf alles, was ihm die Herzen einer ganzen Jugend gewonnen hat, und demütigt sich vor der Humanität." Die Rede endet mit dem Wort „Freiheit", das sich gegen die George-Jünger um Gundolf richtet. Gemeint ist natürlich eine ästhetische Spielfreiheit.

Borchardt hatte auch politisches Interesse. 1908 verteidigte er Wilhelm II. gegen den *Simplicissimus* in einem Artikel *Renegatenstreiche* und 1913 zum Regierungsjubiläum in *Der Kaiser*. Wilhelms II. Unverständnis für moderne Kunst und Literatur hatte zu Gleichgültigkeit oder leicht verschleierter Gegnerschaft unter Literaten geführt, gerade 1908, als Wilhelms leichtfertiges *Daily Telegraph*-Interview zu öffentlicher Kritik führte. Grund genug für Borchardt, das Gegenteil zu sagen. Das liberale Bürgertum folge dem Kaiser nicht in die Weltpolitik. Vom März bis Juni 1912 erscheint eine Reihe von politischen Artikeln von Borchardt in den *Süddeutschen Monatsheften* unter dem Pseudonym Spectator Germanicus, das auch von anderen benutzt wurde. Er kritisiert die deutsche Italienpolitik. Dabei fallen einige bemerkenswerte Einsichten ab. In Deutschland, wo „die politische Betätigung ... eine Sackgasse ist, aus der kein Weg zu verantwortlicher öffentlicher Tätigkeit führt", unterliegen Politiker wie Journalisten einer negativen Auslese. Auslandskorrespondenten und Beamten-Diplomaten werden falsch ausgewählt. „Eine deutsche Presse gibt es nicht, so wenig wie es noch eine deutsche Politik gibt, so wenig es in politischen Dingen jenseits des Klassengeldbeutels und der Klassenphrase eine deutsche öffentliche Meinung gibt." Borchardt wünscht sich ein Deutschland, dessen Politik sich am Völkerrecht orientiert, aber entschlossene Machtpolitik verfolgt. Das Vorbild ist offensichtlich England.

An Hofmannsthal schreibt er, im Hinblick auf seine politischen Artikel: „Meine ganze Art die Dinge anzusehen, ist bis ins Molekül hinein von der Tatsache Bürger des um sich greifenden Weltstaates zu sein tingiert, mein Verantwortungsgefühl steht damit in einem unterirdischen Zusammenhang..." Er fühlt sich berufen, Deutschland „in seiner weltbestimmenden Funktion zu repräsentieren" (5. August 1912), eine Wendung, die bei dem scharfen Kritiker des wilhelminischen Bürgertums, auch in diesen Artikeln, überraschen würde, wäre sie nicht die genaue Entsprechung seiner Kulturkritik, die, wie die Georges, das Kritisierte dennoch repräsentiert.

Literarische Aufsätze und Übersetzungen Pindars, Tacitus', Dantes zeigen Borchardt geschäftig, eine dichterisch konzipierte weltliterarische Tradition im Deutschen herzustellen. Gelehrte Kompetenz und eigenwilliges Neuschaffen konkurrieren miteinander. Tacitus' *Germania* wandelte er durch Textemendationen zu einem poetischen Dokument, Dante bot er in archaischem Deutsch als Übersetzung, wobei ihm Dante Gabriel Rossettis Übertragung der *Vita Nuova* in die Sprache der englischen Bibel vorschwebte. Gebrauchsübersetzungen hatte Borchardt ja schon im *Gespräch über Formen* abgeschworen.

Borchardt hat sich auch im Dramatischen versucht. Der Plan des dramatischen Gedichtes *Die Päpstin Jutta* stammt von 1904. 1920 veröffentlichte er einen 1. Teil, *Die Verkündigung*, der, nach seiner Angabe, 1906 entstanden war und 1918 redigiert wurde. Es sollte sich offenbar um ein Teufelsbündlerin-Drama handeln. Nach der Legende verleugnet Jutta ihr Weibtum und wird Papst. Ihre Entlarvung geschieht durch die Geburt eines Kindes vom Teufel während einer Prozession. Borchardts *Die Verkündigung* sollte als kontrastierende Legende die biblische Maria in einem keusch-erotischen Zustand zeigen. Vielleicht sollte echtes gebundenes, natürliches religiöses Leben in der Jungfrau falscher emanzipierter Arroganz als Zeitsymbol in der Päpstin Jutta gegenübergestellt werden. Das Stück ist von Hofmannsthals lyrischen Dramen beeinflußt, verschließt sich dem Leser und Zuschauer aber durch geheimnisvolle Wortflut. Es wurde einmal erfolglos aufgeführt.

Während des Ersten Weltkrieges, jedoch ohne Bezug auf das Kriegsgeschehen, entstand *Petra und das Tier* (1916), das aus dem Nachlaß fragmentarisch gedruckt wurde. Es handelt sich um eine Reihe von Dialogen um Liebe und Wollust in der „Oberwelt", die von Dialogen, obszönen Pantomimen und Liedern in der „Unterwelt“ abgelöst werden, wobei Petra, die Liebende, mit einem wollüstigen Affen zusammen spielend, die großen Liebenden der Literatur besingt. Offenbar sollte die gesellschaftliche Sublimation des Erotischen konfrontiert werden mit dem tierischen Trieb, der sich in Poesie verklärt, am Ende aber die Sängerin zerstört. Die Konzeption ist faszinierend, der Ausführung gelingt es jedoch keineswegs, soweit man aus dem Fragment urteilen kann, Schnitzler und Wedekind zu übertreffen, was Borchardt wohl beabsichtigt hatte.

Borchardts Werk stellt einen Versuch dar, sowohl dem modernen Geldbürgertum wie dem intellektuellen Pluralismus einen ästhetischen Lebensstil entgegenzusetzen, eine neue religiöse Orientierung, die national und weltliterarisch war. Sein Versuch ist dem Georges in sehr vielem ähnlich, ohne die kultischen Formen des Kreises, aber nicht ohne Pseudoreligion. Borchardt beschrieb einmal (an Hofmannsthal, 23. Juli 1911) treffend Georges „Manier, sich dem Leben grundsätzlich nicht zu stellen, und durch seine Feuerproben nicht zu schreiten, wobei es denn leicht ist sich siegermäßig aufzutun“. Es ist zu bezweifeln, daß Borchardt selbst sich dem „Leben“, der Öffentlichkeit, der Kritik, einem anderen als esoterischen Publikum wirklich stellt. Das hindert sein dunkler Stil. Sein oft genug ungehemmter Wortfluß bezeugt die Abwesenheit von Kommunikation mit einem Publikum. Selbst Hofmannsthals höfliches Lob verrät nicht selten Unverständnis. Was Borchardt von George unterschied und ihn Hofmannsthal annehmbar machte, war, daß er sich nicht „siegermäßig“ auftat. Borchardt predigte wohl das Heil der ästhetischen Religion, behauptete aber nicht seine Verwirklichung. Er hatte keinen Maximin; er begnügte sich damit, seinen Mythos als

Maßstab hinzustellen, von dem er glaubte, daß seine Freunde ihn teilten.

Im Jahre 1912 besuchte Hofmannsthal Borchardt in dessen Haus bei Lucca. Nach diesem Besuch war ein lebendiges Freundschaftsverhältnis erneuert. 1913 trafen sich die drei Freunde Schröder, Borchardt und Hofmannsthal wieder in Borchardts Haus, eine Begegnung, die für alle drei so beglückend war, daß sie sie jedes Jahr wiederholen wollten. Auch der immer latente Plan einer Fortsetzung des „Hesperus“ wurde vermutlich während des Treffens und nachher brieflich diskutiert. Als der Briefkontakt mit Schröder einmal abgebrochen war, schreibt Hofmannsthal an Borchardt: „Soll uns hier George beschämen, der so eisern zusammenhält was des Zusammenhaltens kaum wert ist?“ (3. August 1912.) Im Jahre 1913 wurde die Bremer Presse gegründet, die auf den Bremer Buchwerkstätten von Willy Wiegand aufbaute. Die drei Dichterfreunde und Wiegand zeichneten mit anderen technischen und kaufmännischen Helfern als Verantwortliche für die Presse. Sie sollte Liebhaberdrucke herausgeben, deren Inhalt „an die Phantasie appelliert“, einschließlich älterer Texte und Übersetzungen, die wissenschaftlich gesichert waren. Der Krieg unterbrach die Anfänge des Unternehmens, das nach dem Kriege, mehr und mehr unter Wiegands Leitung, in München fortgesetzt wurde. Borchardt, Hofmannsthal und Schröder blieben ihr eng verbunden.

11. Erzähler

Rudolf Borchardts Versuche, das Versepos zu regenerieren, gehören stilistisch zu den konservativen Zügen im Jugendstil. Künstlichkeit war ein Wert, ein Mittel, sich auf ein höheres Niveau zu schwingen, sich vom Interesse der faulen Masse zu distanzieren. Das Versepos verfremdet das Erzählte in eine mythische, phantastische, fiktiv-historische oder erträumte Distanz von der verhaßten Alltäglichkeit. Es knüpft überdies an klassische Vorbilder an: an Homer, an mittelalterliche Versepen, an Dante, an Goethe. Die Überlieferung des Versepos war nicht ganz verschwunden. Von Heinrich Harts *Das Lied der Menschheit* (1888–1896) war schon die Rede. Das groß angelegte mythische Werk war nach dem 3. Band abgebrochen worden. Gerhart Hauptmann trat mit dem Stanzen-Epos *Promethidenlos* (1885) in die Literatur ein. Sein Stoff war die moderne Mittelmeerreise eines Dichters, durch die versepische Form zu überpersönlicher Bedeutsamkeit verfremdet. Die merkwürdigen, umfangreichen Reise-Epen Max Dauthendeys *Die geflügelte Erde* (1910) sind ein anderer Versuch, das Versepos zu modernisieren.

Der Schweizer Carl Spitteler (1845–1924) hatte 1880 bis 1881 in 2 Teilen *Prometheus und Epimetheus – Ein Gleichnis* veröffentlicht, eine symbolisch-allegorische Dichtung in lyrischer Prosa, an biblische Sprache anklingend. Das Werk blieb so gut wie unbeachtet. Es entstand vor Nietzsches *Also sprach Zarathustra* (1883–85), mit dem es einige Ähnlichkeit hat. Spitteler hatte Theologie studiert, stand aber zum Kirchenchristentum in Opposition. Sein Werk setzt Genialität in Gestalt des Prometheus gegen die Anpassung an eine schlechte Welt in der Gestalt des Epimetheus. Ein Versepos *Olympischer Frühling* entstand seit 1897 und wurde 1900 bis 1904 in 4 Bändchen zuerst veröffentlicht. Eine revidierte Fassung in 2 Bänden erschien Ende 1909. Es besteht aus 6hebigen, paarweise gereimten Versen. Das Thema der Auffahrt der olympischen Götter in den Frühling ihrer Herrschaft wird kontrastiert durch pessimistische Symbole. Der Zwang der Naturgesetze ist in dem Gott Ananke symbolisiert, dessen kleinliche Macht den Göttern vorgesetzt ist. Im Kampf um die Herrschaft siegt nicht der glänzende Apoll, sondern Zeus, dessen Macht groß, aber fragwürdig ist. Apoll repräsentiert den schönen Schein, der die böse Welt erträglich macht. Der Grundzug der bösen Welt, der auf Schopenhauers Pessimismus zurückgeht, ruft eine Fülle von satirischen Episoden hervor. Spittelers zweideutiges Verhältnis zum Weiblichen spiegelt sich in den Göttinnen: in der neidischen, herrschsüchtigen, bösartigen Hera, in der frechen Aphrodite.

Spitteler hatte Essays in der Zeitschrift *Der Kunstwart* veröffentlicht, an deren Leiter Ferdinand Avenarius ihn Nietzsche empfohlen hatte. Diese Mitarbeit an einer Zeitschrift des modisch-elitären Ästhetizismus hatte dem Eigenbrötler Spitteler eine gewisse Anhängerschaft gesichert; in *Olympischer Frühling* gewann das Versepos noch einmal öffentlichen Ruhm. Spitteler erhielt dafür 1920 den Nobelpreis für 1919. Das mag Gerhart Hauptmann ermutigt haben, die versepische Tradition wiederaufzunehmen.

Spittelers Werk bietet viele Parallelen zu dem Nietzsches. Dennoch, oder vielleicht deswegen, schwankte er zwischen Anerkennung Nietzsches und Mißtrauen gegen ihn. In späten Briefen und in dem freilich schon enthemmten *Ecce Homo* äußerte sich Nietzsche seinerseits ungehalten über eine Gesamtkritik Spittelers, die ihm zu kritisch war. Einen seiner Wahnsinnsbriefe, unterzeichnet „Dionysos“, schickte Nietzsche an ihn.

Wie Nietzsches ist auch Spittelers politische Stellung merkwürdig schillernd. Er war demokratisch-elitär eingestellt, der Verlag des *Olympischen Frühlings* war Diederichs. Von dessen nationalistischen Tendenzen trennte Spitteler jedoch seine profranzösische Haltung. Sowohl deutscher epigonaler Dichtung wie dem Naturalismus feind, verachtete er besonders die deutsche Kritik. In seiner Jugend hatte er schwere Konflikte mit seinem Vater gehabt, woraus sich ein anarchistischer Zug herleitet, der mit seinem grundsätzlichen Konservativismus stritt.

Alles dies schlug sich in einer Prosaerzählung *Conrad der Leutnant* (1898) nieder, mit der er beweisen wollte, daß er Prosa schreiben konnte, nachdem er den *Olympischen Frühling* konzipiert hatte. In einer Vorbemerkung weist Spitteler darauf hin, daß er ganz bewußt die Perspektive einer Figur in den Mittelpunkt stellte. Es ist die eines Wirtssohnes, der mit einem bösen Vater zu kämpfen hat und bei einer dörflichen Schlägerei umkommt. Der Protest gegen die väterliche Autorität widerstreitet einem bürgerlich-konservativen Grundzug, der Tüchtigkeit, Ansehen, kluge Selbstdisziplin mit der Sympathie des Lesers belohnen will. Conrad ist eine Figur, die Gottfried Kellers Begriffen von schweizerischer Tüchtigkeit entspricht. Sie fällt einem niedrigen und feigen Mörder zum Opfer. Ein junges Mädchen, mit Schönheit, Selbständigkeit, innerer Freiheit, Energie und Klugheit begabt, auch sie gegen die Autorität rebellierend, muß ohne Conrad fortziehen, der sie als seine Braut zu betrachten angefangen hatte. Das wirkt wie eine Zurücknahme, ja Leugnung bürgerlicher Zukunftshoffnung. Die Härte und Schärfe des Generationskonfliktes weist auf den Expressionismus voraus, von dem Spitteler durch konservativen Geschmack und im Alter durch eine Generation getrennt ist.

Der Roman *Imago* (1906) ist ein autobiographisch gespeister Liebesroman über den Konflikt eines Dichters mit der Wirklichkeit und der bürgerlichen Gesellschaft, von der er sich freihalten will durch Verzicht auf Ehe und bürgerliche Familie. „Imago" ist das imaginäre, idealisierende Komplementärbild seiner wirklichen, irdischen Geliebten. Der Begriff ging in Carl Gustav Jungs und Sigmund Freuds Psychoanalyse ein und wurde zum Titel einer Zeitschrift, die dem Verhältnis der Psychoanalyse zu den Geisteswissenschaften gewidmet war (seit 1912). Spitteler kümmerte sich freilich nicht um psychoanalytische Interpretationen seiner Dichtung.

Sein ganzes Leben begleitete die Freundschaft mit Joseph Viktor Widmann, dem Feuilletonredakteur an der Berner Zeitung *Der Bund*. Derselbe Widmann hat das Verdienst, die junge Ricarda Huch (1864–1947) ermutigt zu haben. Sie stammte aus einer wohlhabenden Braunschweiger Kaufmannsfamilie. Deren Geschäft ging allerdings in der zweiten Hälfte der achtziger Jahre zurück. Ihr Bruder Rudolf und ihr Vetter Friedrich traten, später als sie, als Schriftsteller hervor. 1887 starb ihr Vater. Ricarda ging im selben Jahr nach Zürich, studierte dort Geschichte und erwarb 1892 als eine der ersten deutschen Frauen den Doktortitel. Frauenemanzipation betrachtete sie mehr als eine Angelegenheit der individuellen Leistung denn als soziale Bewegung. Gedichte entstanden während ihrer Studienzeit, auch Erzählungen und dramatische Spiele. 1893 veröffentlichte sie ihren ersten Roman. Die ersten Jahre nach der Promotion verdiente sie sich ihren Lebensunterhalt als Bibliothekarin und Lehrerin in Zürich. 1897 fand eine entscheidende Aussprache zwischen ihr und ihrer Jugendliebe, ihrem Vetter Richard Huch, statt, der mit ihrer Schwester Lilli verheiratet war. Richard und Ricarda wollten zusammen auswandern, aber Richard konnte sich nicht von seinen Kindern, insbesondere Roderich, trennen und kehrte zu seiner Frau zurück. Ricarda flüchtete sich in die Ehe mit dem Zahnarzt Ceconi, den sie in Wien traf und mit dem sie 1898 bis 1900 in Triest lebte, wo ihre Tochter Marietta geboren wurde. 1900 bis 1926 lebte sie mit Unterbrechungen in München, seit 1905 geschieden. 1907 bis 1910 war sie mit Richard Huch verheiratet. Daß auch diese so lange ersehnte Ehe mißlang, erschütterte sie schwer.

Ricarda Huchs frühe Lyrik ist, wie die Hesses, wenig bedeutend. Liebesgedichte aus weiblicher Sicht (obwohl die ersten Gedichte anfangs unter einem männlichen Pseudonym veröffentlicht wurden), direkt oder mythisch verkleidet, einerseits, historische Balladen in der Nachfolge Conrad Ferdinand Meyers andererseits machen die Pole aus, zwischen denen die Thematik ausgespannt ist. Naturmotive im nachromantischen Stil sind häufig. Kellers Gedichte dienten ihr als Vorbild. Bemerkenswert ist hier und da, auf das Thema von *In der Triumphgasse* vorausweisend, ein Gedicht über das Los der Armen in der 1891 veröffentlichten ersten Gedichtsammlung.

Unter Ricarda Huchs dramatischen Versuchen ist der erste ein Schweizer Revolutionslustspiel, dessen Handlung 1798 stattfindet, *Der Bundesschwur* (1891). Es ist technisch ziemlich holprig, läßt aber die Ideologie der bürgerlichen Mitte erkennen, in der Ricarda Huch lebte. Ernster zu nehmen ist der Konflikt von antik-moderner Lebensfreude und christlicher Schuldethik in dem Renaissancedrama *Evoe!* (1892) in Blankversen. Es spielt im Rom Leos X. Wie in einer Episode in Hofmannsthals *Gestern* (1891) tritt ein

Ricarda Huch. Anno 1903
Lithographie von Karl Bauer

Bußprediger der Renaissancepracht entgegen, ein Thema, das Thomas Manns *Fiorenza* (1905) bestimmen sollte. Eine vornehme schöne Dichterin bekommt am Schluß ihren Sänger (ein durchsichtiges Wunschbild). Auch dieses Spiel ist weder technisch befriedigend, noch überzeugt die dramatische Notwendigkeit seiner Handlung. Dennoch wirft es ein Licht auf den religiösen Untergrund in Ricarda Huchs Werk, der einerseits mit Abneigung gegen die katholische Kirche verbunden ist, andererseits als individuelles Schuldbewußtsein den modernen Lebenskult des Elementaren und Ästhetischen einschränkt.

Die Themen Bürgertum, religiöses Schuldbewußtsein und die von Goethe und Nietzsche überkommene Verehrung der unschuldigen Natur bestimmen Ricarda Huchs ersten Roman, *Erinnerungen von Ludolf Ursleu dem Jüngeren* (1893). Sie schrieb das Buch während ihrer Studienzeit, gleichzeitig mit ihrer (250 Seiten langen) Dissertation über die Neutralität der Schweiz im Spanischen Erbfolgekrieg und mit Gedichten, frühen Dramen und Erzählungen. Ludolf Ursleu, ihrem Bruder Rudolf nachgebildet, erzählt die Geschichte seiner Schwester Galeide und ihrer und seiner Familie, während er sich in ein Schweizer Kloster eingeschlossen hat, in das er nicht aus religiösem Eifer, sondern aus Lebensschwäche geflohen ist. Der Leser sieht die Ereignisse aus der Perspektive eines schwachen Charakters und ist gezwungen, über das Berichtete selbst zu reflektieren. Diese Erzählhaltung ist ein Erbe des deutschen bürgerlichen Realismus, wir finden sie bei Keller und Meyer, die Ricarda Huch damals nahestanden. Den alten Gottfried Keller hat sie in Zürich noch lebend gesehen. Die junge Ricarda Huch verstärkt die Begrenztheit des Erzählers bis ins Unsympathische, teils durch seine Selbstanklagen aus der mönchischen Perspektive, teils durch seine Handlungen und Unterlassungen als agierende Person in seiner Geschichte. Die schuldhafte Liebe Galeides zu einem verheirateten Vetter ist ein autobiographisches Motiv. Galeide trägt ihre Schuld im Gefühl eines natürlichen Rechtes, das aber durch eine andere Leidenschaft schwer erschüttert wird, so daß sie sich selbst zerstört. Das geschieht auf dem Hintergrund des Abstiegs einer norddeutsch-hanseatischen Kaufmannsfamilie, ein Motiv, das Thomas Mann in *Buddenbrooks* wiederaufnehmen sollte. Es zeigt sich, daß die Moral dieser glaubenslos gewordenen Familie nicht ausreicht, religiöse Bindung zu ersetzen, worauf auch das falsche Mönchstum des Erzählers hinweist. Ein soziales Motiv ist die Frage der Verantwortung des reichen Bürgers vor der Gesamtbevölkerung, eine Frage, die durch einen Sozialisten aufgeworfen wird. Der Konflikt einer vornehm-zivilisierten Familie mit elementarer Leidenschaft steht in der Tradition der *Wahlverwandtschaften*, wozu auch sentenzenhafte Kommentare des Erzählers passen. Es kommen überzeichnete Metaphern vor, auch gelegentlich ein sentimentales Ausgleiten, aber diese Schwächen werden überwogen durch die subtile Kunst sparsamer, andeutender Aussage.

In der strukturellen Anlage des Romans – ein männlicher, aber passiver Erzähler, eine weibliche Figur als zentraler Erzählgegenstand – liegt eine Dialektik verborgen, die Ricarda Huchs Auseinandersetzung mit der traditionellen weiblichen Geschlechtsrolle spiegelt. Ihre bürgerliche Neigung zur Vermittlung hinderte sie, sich als Vorkämpferin der Frauenemanzipation zu fühlen. Dennoch mußte sie sich schon um ihrer Freiheit willen mit dem Problem auseinandersetzen. Es spiegelt sich in ihren frühen Erzählungen. In ihrer ersten, *Die Goldinsel* (1888), die stilistisch von klassischer Novellenform zu märchenhaftem Phantasiespiel übergeht, wehrt sich ein Mädchen gegen die doppelte Moral. *Die Hugenottin* (1893) ist eine historische Novelle, in der gefühlsbedingte, aber einspurige weibliche Orientierungen mit politischen und sozialen Rücksichten der Männer in Konflikt geraten. Die politische Geschichte ist offenbar ein Mittel für Ricarda Huch, ihren Stand in der Männerwelt (im Vorurteil der Zeit gesprochen) zu behaupten. Der Erzähler urteilt zurückhaltend in realistischer Novellentradition. Auf den Stoff der Novelle kam Ricarda Huch durch ihre Dissertation.

Weitere Erzählungen aus den neunziger Jahren setzen die Tradition der realistischen Erzählung fort. *Teufeleien* (1897) sind zwei humoristische Erzählungen, die sich durch ihre sehr verschiedenen (männlichen) Erzähler unterscheiden. Wie diese spielt *Der Mondreigen von Schlaraffis* (1896) in einer Kleinstadt der Schweiz, die mit zurückhaltender Ironie gezeichnet ist, eine Ironie, die ins Politische reicht, wenn es z. B. von den Stadträten heißt, sie seien dem Stadtgeistlichen zwar nicht zugetan, aber „einmütig entschlossen, mit allen Mitteln für den Pfarrer einzustehen, da sie doch das unbotmäßige Volk für den gemeinsamen Feind halten durften“. Diese Erzählung geht von einer Sonderlings-Erzählung im Stile Kellers über eine politische Satire in eine groteske Tragödie ohne Bruch über, wobei Ricarda Huchs Thema der Unzuverlässigkeit des Elementaren den Hintergrund bildet. Das Wassermotiv des Jugendstils ist hier desillusionierend angewendet. Verhaftetsein ans Bürgerlich-Materielle und lügenhafte politische Unterdrükkung zerstören, was an elementarem Glück verfügbar gewesen wäre. Der Spott über einen Geistlichen, wobei der Verspottete trotz menschlicher Schwächen die Sympathie des Lesers erwirbt, ist Gegenstand der heiteren Erzählung *Patatini* (1899). *Fra Celeste* (1899) kehrt das Verhältnis um, ein vom Erzähler und seiner fiktiven Umwelt hochverehrter mönchischer Prediger wird dem Leser zu einer zweifelhaften Figur. Der Erzähler der Geschichte ist ein moderner Ungläubiger, der von der Genialität des Predigers, seiner lügenhaften Kunst, Menschen zu manipulieren, so fasziniert ist, daß er eine Rolle übernimmt, die man heute „public relations man“ nennen würde. Das eigentliche Thema der Erzählung ist die falsche Gewalt der Worte. Es ist kein Wunder, daß Hofmannsthal sehr für die Novelle eingenommen war (Brief vom 21. April 1900 an Ria Schmujlow-Classen). Der lügenhafte Priester ist auf seine Bahn geraten, nachdem er als junger Mensch die Macht der Klassenvorurteile und des Geldes über seine Liebe erfahren mußte.

Wie wenig der Begriff ‚Neuromantik‘ aussagt, der gewöhnlich auf Ricarda Huch angewendet wird, ließe sich an *Der arme Heinrich* demonstrieren (1899 in der Sammlung *Fra Celeste*). Zwar stellt die Erzählung einen Ritter, einen Zauberer und eine morgenländische Schöne vor, jedoch von einer poetischen Mittelalterverklärung ist die skeptisch-ironische Erzählung weit entfernt. Die Gerechtigkeit Gottes, sagt die Geschichte, ist eine Fiktion. Die Gerechtigkeit der Welt, so sagt sie auch, hängt von der Klassenzugehörigkeit ab. Das kommt zwar nur episodisch, nebenbei, zur Sprache, aber deutlich genug. Der Ritter darf das Opfer des Mädchens für sein eigenes Leben annehmen, weil er Ritter ist und darum zu Glück und Wohlstand bestimmt. Die Eltern des geopferten Mädchens haben zu schweigen, weil sie bloß Leibeigene sind. Eine Belohnung nehmen sie nicht an, ein Zug, der sie, wie ihre Tochter, über den Ritter erhebt, der jedoch nicht schlecht, nur gewöhnlich ist. Die beiden restlichen mit *Fra Celeste* veröffentlichten Geschichten,

Der Weltuntergang und *Die Maiwiese*, sind milde satirisch. Die erstere, eine fiktiv-historische Geschichte von zwei Weltanschauungen, der Weltlust und der Weltflucht, die, wie auch ein Regimewechsel, an den auf Geld beruhenden Verhältnissen nichts ändern, hat am Ende einen Satz, aus dem die skeptische Sozialkritik Ricarda Huchs erkennbar wird.

Die Strafe wurde schleunigst an den unbußfertigen Sündern vollzogen, was die günstige Folge hatte, daß sich in Zukunft kein Unzufriedener mehr zu mucksen wagte und diejenigen, die sich in dieser Zeit der Umwälzung aus früherer Dunkelheit zu hübschem Wohlstande aufgeschwungen hatten, ohne Bemäkelung ihres Glückes froh werden konnten.

Die andere, *Die Maiwiese*, ist eine Satire auf den erotischen Lebenskult der Zeit.

Die soziale Intention in Ricarda Huchs zweitem Roman, *Aus der Triumphgasse* (1902), mit dem ursprünglichen Untertitel „Lebensskizzen“, ergibt sich schon aus der Erzählsituation. Der Erzähler ist ein wohlhabender Mann, der ein Haus im Viertel der Armen, der Römerstadt, besitzt. Er läßt sich in das Leben dieser armen Leute hineinziehen, wofür er in seiner eigenen Umwelt keinerlei Verständnis findet. Die Beziehungen des Reichen zu den Armen spielen im Raum der Phantasie, ohne Wirkung oder mit deprimierender, zwanghafter, wie in einem bösen Traum. Der individualistische Schicksalsglaube des Erzählers, ebenso wie die zweifelhaft gewordene Religion, reicht nicht hin, mit dem Phänomen des hoffnungraubenden Zwanges der Armut fertigzuwerden. Palliative, ein wenig Freundschaft und Menschlichkeit, kleine Geschenke, ändern nichts.

Ich dachte: wozu befasse ich mich mit Leuten, die wie ein anderes Volk mit eigenem Glauben und eigenen Gesetzen von uns geschieden sind? Freundschaft und Verständnis kann zwischen ihnen und uns nicht sein. Es haben schon Leute, die auf dem Meere verschlagen oder zwischen Eisbergen oder in einer Wüste ohne Mittel und Hilfe waren, ihre Kameraden getötet und verzehrt, und man hat sie nicht strafbar gefunden; wer halb verhungert um sein Leben kämpft, ist nicht nach der Moral der Menschen, sondern nach der der wilden Tiere zu beurteilen. Solche kann man nur töten oder, wenn man sie nicht ihrem Schicksal überlassen will, ihnen von Grund aus helfen, übrigens sich mit ihnen einzulassen, ist Narrheit.

Ricarda Huch steht hier in der realistischen Tradition, die von Annette von Droste-Hülshoffs *Judenbuche* bis zu Hauptmanns *Die Weber* die entdeckte Perspektive der Unbemittelten mit der der Oberschicht konfrontiert. Man kann diese Tradition von einem theoretisch basierten Naturalismus absetzen, wenn man will. Das würde Ricarda Huchs Selbstbewußtsein entsprechen.

Die Handlung besteht aus lose verbundenen Episoden aus dem Leben, Leiden und Verbrechen der armen Leute. Die Römerstadt, mit einem altersschwarzen römischen Triumphbogen, nach dem die ärmliche Gasse heißt, und einer Kirche, in die ein antiker Venustempel verbaut ist, erinnert an die antike Lebensfülle, von der die Literatur spricht. In Träumen und Visionen des Erzählers herrscht eine andere Göttin der Liebe, die auch diese Menschen unter ihr Joch zwingt und noch elender macht. Sie ist von Panthern, Tigern und Hyänen umgeben.

Ihr unerbittliches Auge sieht gleichgültig auf die gehetzten, blutenden Menschen, die jammern, kämpfen, sich winden und verzweifeln und immer wieder auf und weiter müssen, aufgeschreckt von den mordlustigen Tieren, und ihr herrischer Mund lächelt müde, wenn sie die Arme gen Himmel ringen und ewig ferne Götter und Heilige um Hilfe anflehen.

Der Roman entstand in Triest und beruht zu einem Teil auf den Erzählungen einer Aufwartefrau Ricarda Huchs. Sie selbst war mit ihrem Mann in großen Geldschwierigkeiten.

Vita somnium breve (1903), späterer Titel *Michael Unger*, ist bereits im Herbst 1901 nahezu abgeschlossen, also offenbar z. T. gleichzeitig mit *Aus der Triumphgasse* entstanden. Noch bevor dieser Roman fertig war, begann Ricarda Huch ihren vierten, *Von den Königen und der Krone*, zu schreiben. In dieser Zeit entstand auch das literarhistorische Werk über die Romantik, *Blütezeit der Romantik* (1899) und *Ausbreitung und Verfall der Romantik* (1902), das die Kenntnis dieser deutschen Literaturperiode aus ihren späteren Verstellungen zu befreien half. Für Thomas Mann zum Beispiel war Romantik lange Zeit im wesentlichen Richard Wagner, für das Bürgertum assoziierte sich der Begriff mit fröhlichen Wandergefühlen. Die Intellektualität des Schlegelkreises wurde erst durch Ricarda Huchs Werk über die Literaturhistorikerkreise hinaus bekannt. Während der ersten Zeit in München dauerte die finanzielle Bedrängnis fort. Ricarda Huch mußte schnell schreiben, weil sie Geld brauchte. Ihre 1899 geborene, häufig kranke Tochter Marietta nahm viel Zeit in Anspruch. Das alles erklärt die erheblichen Schwächen des dritten Romans, der in 2 Bänden erschien und künstlerische Disziplin auf weite Strecken vermissen läßt.

Michael Unger ist ein Zeitroman über das Bürgertum unter dem Einfluß des weltanschaulichen und ästhetischen Wandels der Jahrhundertwende, eine melancholische, aber auch halb widerwillige Klage über die Unmöglichkeit, von dem Glauben an elementare Kraft zu leben. Am Ende erklärt die Hauptfigur der Pflegetochter das Rauschen der Bäume als „O Leben, o Schönheit!“. Der Erzähler kommentiert, daß dem dreizehnjährigen Mädchen „die Worte ... einen rätselhaften und wundervollen Sinn einzuschließen schienen ...“. Michael Unger, der sie spricht, ist aus dem Versuch, sein eigenes Leben zu leben, in die Bürgerlichkeit zurückgekehrt, um das Familienvermögen zu retten und um seinen Sohn nicht zu verlieren, der zwar als Kind liebenswert an ihm hing, aber egozentrisch, tückisch und schwach ist. In ihm und einigen anderen ebenso egozentrischen Familienmitgliedern, die als Pseudokünstler dargestellt sind, verarbeitet Ricarda Huch Erfahrungen aus der Münchener Boheme, unter anderem die von Roderich Huch, dem Sohn ihres geliebten Vetters Richard, der als „Sonnenknabe“ in Franziska zu Reventlows Roman *Herrn Dames Aufzeichnungen* eine Rolle spielen sollte. Die Schwabinger Theorien der neuen Lebensauffassung und der Kosmiker sind gespiegelt in den Ansichten eines im Laufe der Handlung relegierten Professors, der seines Adelstitels wegen, aber nicht ohne Anspielung der „Freiherr“ genannt wird. Leider bleiben jedoch die meisten Details undeutlich. Dazu kommen die gelegentlichen sentimentalen stilistischen Entgleisungen, von denen auch das wesentlich bessere frühere Werk Ricarda Huchs nie ganz frei war. Der Roman ist traditionell in der 3. Person, zumeist in der Perspektive des Helden, erzählt. Die Abwesenheit eines greifbaren Erzählers, der zu Widerspruch und Teilnahme auffordert, wirkt im Vergleich zu *In der Triumphgasse*, ja auch zu *Ludolf Ursleu* als Mangel, mehr noch die schwache Zeichnung des Gesellschaftlichen, das in vage und stellenweise unglaubhafte Psychologie aufgelöst wird, womit die bedrängte Autorin dem herrschenden Publikumsgeschmack Rechnung trug.

In München hatte Ricarda Huch Berührung mit den Kosmikern und dem Georgekreis durch Karl

Wolfskehl. Der George-Kult befremdete sie freilich, trotzdem muß sie von der Kritik der Moderne beeinflußt worden sein, wie sie in diesen Zirkeln geübt wurde. Die Klage über den Verlust aristokratischer Werte durch das Geldbürgertum ist romantischen Motiven benachbart, die Ricarda Huch durch ihre literarhistorischen Studien nahelagen. So erklärt sich die Konzeption des Romans *Von den Königen und der Krone* (1904). Hinzu kam ihre Kenntnis des Adriatischen Meeres und der südslawischen Gebiete nahe bei Triest und vor allem der Charakter ihres Mannes Ermanno Ceconi. Dessen Schwierigkeiten erklärten sich zum Teil aus dem Konflikt zwischen seiner kleinbürgerlich-patriarchalischen Familie in Florenz und der modernen Welt, in der er mit Ricarda lebte. Dies alles ging in den Roman ein. Eine sagenhafte romantische Motivschicht, eine Krone und die Königsfamilie einer armen südslawischen Gegend, ist mit einer modernen Themengruppe verwoben, die von einer deutschen Fabrikantenfamilie am Adriatischen Meer repräsentiert wird. Die moderne Welt zerstört die romantische, aber die eigentlich fällige harte Konfrontation wird durch den Stil verwischt, durch die Phantasiegeschichten Laskos, des abtrünnigen Sohnes des abtrünnigen Königs, durch eine verschwommene Psychologie, wie sie auch in *Michael Unger* herrscht. Diese Psychologie will nicht aufklären, sondern das Geheimnis der Charaktere verstärken. Erzähler und Leser gewinnen keine klare Distanz von der Sentimentalität des Elementaren. Das für den Jugendstil typische Tod-Leben-Motiv durchzieht den Roman noch mehr als die früheren von Ricarda Huch. Eindrucksvoll ist die Figur von Laskos Vater, der sein Königtum durch Auswanderung und Anpassung an die moderne Welt verrät, der aber dadurch nur Ruhelosigkeit erntet und trotz böser Unvernunft das verkörperte Gewissen Laskos bleibt. Die strukturelle Zwiespältigkeit des Romans wird durch seinen Schluß unterstrichen. Auf die knappe, wirkungsvolle Szene von Laskos Ermordung folgt ein bukolisches Idyll voll dick aufgetragener Symbolik.

Die Geschichten Garibaldis (1906/07), ein 2teiliger Roman, dessen angekündigter 3. Teil nicht erschien, halten sich an die Geschichte, möchten jedoch in fiktiver Ausgestaltung historischer Szenen Bewunderung für den tatkräftigen Helden wecken, der gleichsam aus Naturinstinkt für sein republikanisches Ideal kämpft. Er wirkt in einer Zeit, in die er eigentlich nicht gehört, weil seine Hoheit, sein Glaube an das Volk, sein irrationaler Enthusiasmus nicht in die auf niedrigerer Ebene sich abspielende Wirklichkeit politischer Interessen passen. Die Konzeption des Romans *Von den Königen und der Krone* wird in *Garibaldi* in historische Wirklichkeit transponiert. Die Darstellung der politischen Interessen und der resultierenden Intrigen ist realistisch. Sie umfaßt alle Bevölkerungsschichten von Papst und König bis zu den Kleinbürgern und einfachen Soldaten. Diesen Realismus will Ricarda Huch überhöhen sowohl durch rhetorische Partien in Ansprachen und Dialogen als auch durch lyrische Passagen im Stil des Lebenskultes. Eine solche lyrische Prosahymne ist die visionäre Beschwörung der Legion Garibaldis.

O Heer des Frühlings! Er liebte dich, weil du mit ihm sterben solltest! Er kränzte deine Stirn mit Rosen und Lorbeer, die sich mit ihm neigen und in Feuer verzehren sollte. Er überschüttete die quellende Erde mit Narzissen und Lilien, die dich begraben sollte, und entblätterte Tag für Tag die Krone der Sonne, damit deine Wege von rotem Ruhme rauschten. Er sang in Pinienhainen Lieder der Liebe und Heldengesänge, damit du melodischen Schrittes mit ihm hinunterstiegest in die Nacht. O Heer des Frühlings, er berauschte dich mit Sieg und Freiheit, ehe er dein Herz zerriß, um mit dir zu verbluten!

Die Verhältnisse sind immer stärker als der Enthusiasmus. Der 1. Teil, *Die Verteidigung Roms*, endet nach dem Fall der Republik an die Franzosen (1849) mit dem Bild des geächteten, flüchtenden Helden. Der 2., *Der Kampf um Rom*, schließt, nach dem Triumph der sizilischen Unternehmungen, mit der Kapitulation vor den königlichen italienischen Truppen in Kalabrien (1862). Cavour (der 1862 schon tot war) und die konservative Realpolitik waren Garibaldis Gegner, noch mehr als der Papst, die Franzosen und die Österreicher. Die Parallele zu Bismarck und seinem Sieg über die Liberalen drängt sich dem deutschen Leser auf. Angehängt an die historischen Ereignisse ist am Schluß des 2. Teils ein lyrisches Nachspiel, in dem der an seiner Verwundung darniederliegende Garibaldi auf seiner Insel Caprera vom „Leben mit der Stimme des Meeres" für weitere Leiden beansprucht wird. Jedoch, „aus den Trümmern seines Leibes noch sollen mir Rosen wuchern". Es ist die über den Mißerfolg triumphierende reine Gesinnung, die Ricarda Huch in der modischen Sprache des Lebenskultes bezeichnet. Jedoch bilden die Gerechtigkeit, mit der sie Cavours Politik beschreibt, und der historische Realismus der Hauptmasse des Buches Gegengewichte zu dem Enthusiasmus für den Helden.

Ricarda Huchs Interesse für neuere italienische Geschichte, durch ihre Heirat, ihr Leben in Triest und Reisen in Italien erweckt und aufrechterhalten, setzte sich fort in der biographisch-historischen Darstellung *Menschen und Schicksale aus dem Risorgimento* (1908). Sie stellt mit großer Sympathie die Vorkämpfer der liberalen und nationalen italienischen Sache dar, einschließlich der Kerkerhaft auf dem Spielberg in Mähren unter der persönlichen Fernkontrolle des Kaisers Franz. Sie wendet Gerechtigkeit an einen Vertreter der Gegenseite in dem Richter Salvotti. Das Porträt des pedantisch-boshaften Kaiser Franz ist vernichtend. Der Erste aus der Reihe der Freiheitskämpfer ist Federigo Confalonieri, ein Aristokrat, der aus Patriotismus mit den liberalen Piemontesen während der Kämpfe von 1821 Verbindung hatte und deshalb zum Tode verurteilt, begnadigt und für 14 Jahre auf den Spielberg geschickt wurde. Aus diesem Stoff entstand der biographische Roman *Das Leben des Grafen Federigo Confalonieri* (1910). Er ist mit einer kühl abwägenden Sachlichkeit geschrieben, hinter der ab und zu sogar die Ironie der Autorin wieder erkennbar wird. Es gibt einige überhöhte Stellen, in denen die Gefühle des beherrschten Aristokraten gedeutet werden. In ihnen kann man noch einen Rest des Lebensenthusiasmus aus Ricarda Huchs erster Münchener Periode erkennen, aber nur einen Rest. Ihre Bewunderung der männlichen Welt, des Rechtes, der Geschichte und der Selbstbehauptung in der „Ehre“, der adligen Selbstachtung, findet hier einen sowohl lebendigen wie sprachlich disziplinierten Ausdruck. Die Ironie, in der die Handlung einer Figur deren Worte oder Charakterisierung widerlegt, richtet sich z. B. gegen den „guten“ Kaiser Franz, von dessen „Milde“ wiederholt die Rede ist. Politisch hat Confalonieri schon während des Gerichtsverfahrens resigniert. Dies kommt in einem Gedankenbericht zum Ausdruck, einem Mittel, das Ricarda Huch zur Verlebendigung und Formung des historischen Stoffes vielfach benutzt. Bei der öffentlichen Verkündigung des Urteils drängt sich die neugierige Menge.

Es kam ihm sonderbar vor, daß dies das Volk war, auf das er gebaut hatte und von dem er jetzt fühlte, daß es ihn so wenig anging wie das Volk von Rom oder von Wien und London, von dem zu ihm kein Verständnis, kein Band ging.

Während der Vorbereitung auf eine Beichte in der Gefangenschaft gesteht er sich:

> Er hatte vergessen, daß die Menschen nicht mehr anstreben sollen, als das Wohl einzelner zu befördern; er hatte sich blindlings zu den wenigen gezählt, die, das Wohl einzelner mißachtend, ihr Bild des Guten zu verwirklichen wagen dürfen. Mit einem Male wurde er sich aller Härte seines Handelns bewußt, unter der diejenigen, die ihm nahestanden, von jeher gelitten hatten.

Diese Härte wird durch den Schluß gemildert, in dem von seinem Grabe in der mailändischen Heimat eine unsichtbare Freiheitsbotschaft ausgeht.

Zwischen die größeren Werke pflegte Ricarda Huch Erzählungen einzuschieben. 1910 erschien *Der Hahn von Quakenbrück und andere Erzählungen*. Die Titelgeschichte ist ein historischer Scherz, der in der Zeit gleich nach dem Dreißigjährigen Krieg handelt und nur zart auf diesen Hintergrund anspielt. In dieser Geschichte heißt eine Figur „von Klöterjahn“, offenbar eine komische Huldigung an Thomas Mann (*Tristan*). *Der Sänger* ist eine Farce über den Mißbrauch der Justiz im päpstlichen Rom, *Der neue Heilige* eine barocke Geschichte über die Anfänge des Ausbaus der Landstadt München zur künstlerischen Residenz. Eine Sonderstellung nimmt die „Erzählung in Briefen“ *Der letzte Sommer* ein, die ebenfalls 1910 separat veröffentlicht wurde. Sie handelt von einem russischen revolutionären Studenten, der sich als Sekretär und Leibwächter in das Haus eines Gouverneurs einschleicht, den er ermorden will. Ricarda Huch nutzt den Perspektivenwechsel der Briefform geschickt aus. Die Kinder des Gouverneurs sind dandyhaft, hochkultiviert. Sie haben Verständnis für die politischen Ansichten des Attentäters. Dieser hält sich für einen starken Willensmenschen. Dem bösen Ausgang hält eine gute Portion Humor die Waage.

Als 3bändiges Werk erschien 1912 bis 1914 *Der große Krieg in Deutschland*, nach dem Ersten Weltkrieg in *Der dreißigjährige Krieg* umbenannt, in dem die Verschmelzung von Geschichtsschreibung und fiktiv verlebendigten Szenen nicht mehr durch das Porträt einer Person zusammengehalten wird, sondern Bild auf Bild zu dem düsteren Gemälde einer leidenden Nation zusammenwächst. Es beginnt mit einer Fürstenhochzeit in Düsseldorf, aus der sich die böse kinderlose Ehe des Herzogs von Jülich und Berg entwickelt, dessen Land zu einem der Streitpunkte wird. Die Verkommenheit der Fürsten, ihre Genußsucht, die mit der ewigen Geldknappheit kontrastiert und sie in Abenteuer auf Kosten ihrer Untertanen treibt, die häufig psychopathische Unzuverlässigkeit der Herrschenden bringen von Anfang an die trüben Farben in das Bild. Die Leiden der Opfer werden bald in knappen, aber eindrucksvollen Bildern vergegenwärtigt, bald dürr erzählt. Das Bürgertum, vorwiegend von Gelehrten und Bürgermeistern repräsentiert, hätte wohl bessere Möglichkeiten der Entfaltung als der verkommene Adels- und Fürstenstand, wenn es nicht durch den Krieg der Herren zunichte gemacht würde. Besonderen Raum nimmt das Hexenwesen ein, wobei deutlich wird, wie Anklagen und Verurteilungen mit Gewinnsucht zusammenhängen. Überhaupt kann man das Buch großenteils als Anklage gegen die Ausnutzung der Menschen durch ihren religiösen Glauben ansehen. Der Antikatholizismus Ricarda Huchs wird durch ihr Streben nach historischer Gerechtigkeit gemildert. Zwar wird die jesuitische Kasuistik angeprangert, aber auch des Jesuiten Friedrich von Spee Eintreten gegen den Hexenwahn erhält ein Denkmal.

Das Werk schließt mit einer lutherischen Abendmahlsszene, an der nach dem Friedensschluß marodierende und mordende Soldaten und ihre Opfer, Bauern aus einem halbzerstörten Dorf, zusammen eine zögernde und nicht eigentlich verläßliche Versöhnung begehen. Daß der Sinn dieser Schlußszene, die Versöhnung, sich nicht frei entfaltet, vielmehr nur in ihr enthalten ist, ohne voll durch sie dargestellt zu sein, entspricht der tragischen Intention des ganzen Werkes. Von Grimmelshausen und Gryphius bis zu Brecht ist der Dreißigjährige Krieg immer wieder in Dichtungen als das Trauma des deutschen Volkes dargestellt worden. In der Härte seiner Trostlosigkeit nimmt dieses Werk Ricarda Huchs einen hohen Rang ein.

Während des Ersten Weltkrieges und danach hat Ricarda Huch sich im wesentlichen ihrem Werk als Historikerin gewidmet, wozu noch weltanschauliche Schriften und Essays kamen. In Ricarda Huch stritt Lebensenthusiasmus mit einem harten Sinn für Realität, für Gerechtigkeit und ihre Gefährdung, für soziale Vernunft. Ricarda Huchs soziales Interesse, bei bürgerlich-konservativer Grundhaltung, wirkte mit, ihr dichterisches Werk über die Versuchung zum Sentimentalen hinauszuheben.

Der Elementarkult, oft ins Sentimentale ausartend, herrscht in der Heimatkunst (s. Bd. 4, S. 827–853), die damals außerordentlich publikumswirksam war. Sie erfüllte die Funktion, gegen das Anwachsen der Städte ein imaginatives Gegengewicht zu liefern, neigte aber dazu, das Bewußtsein sozialer Spannungen zu vernebeln.

Hermann Löns (1866–1914) wurde in Kulm in Westpreußen geboren, lebte aber seit 1893 meistens in Hannover als Journalist. Er fiel 1914 als Kriegsfreiwilliger. Sein Roman *Der Wehrwolf* (1910) kombiniert Heimatliteratur mit einem historischen Thema.

Eine Gruppe von Bauern wehrt sich gegen die Soldaten im Dreißigjährigen Krieg. Das nationale Trauma wird gleichsam durch Tatkraft verdrängt, wobei es schlagetotmäßig zugeht. Zwei andere Romane spielen in der Gegenwart und profitieren von der antistädtischen Sentimentalität. Löns' Tiergeschichten und Naturskizzen erreichen stellenweise eine impressionistische, liebevolle Stilqualität.

Die kleine Welt, die regenerative Kraft der Landschaft und grüblerische Religiosität finden wir bei dem Erfolgsschriftsteller Gustav Frenssen (1863 bis 1945) und bei dem Kleinbürger-Rebellen Hermann Stehr (1864–1940). Der Holsteiner Frenssen verdankt seinen Erfolg seiner leicht eingängigen Erzählweise. Seine Geschichten wechseln zwischen der Stille der Heimat und aufregenden Ereignissen in der Fremde, im Kriege oder auf See. Er unterbricht seine am Rande des Trivialen sich bewegenden Romane immer wieder mit Betrachtungen der Figuren oder des Erzählers, womit er den Anschein des Bedeutenden erweckt. Auch der Schlesier Stehr überhöht das Triviale, tut es aber aufdringlicher; von Anfang an legt er etwas Visionär-Überhöhtes in seine kurzen, fast atemlosen Absätze. Ein naturalistisches Milieu steht hinter den Ereignissen, muß aber durch die forcierte Bedeutsamkeit hindurch erschlossen werden. Stehr, der als Lehrer von seiner Behörde seiner Schriften wegen gemaßregelt wurde, erreichte nie so recht die erstrebte Popularität. Sein Schicksal spannte sein Sendungsbewußtsein noch an. Frühe Erzählungen aus schlesischem Milieu (*Auf Leben und Tod*, 1898) entstanden fast gleichzeitig mit einem autobiographisch fundierten Bekenntnisroman (*Drei Nächte*, geschrieben 1898, gedruckt 1909). Eine individualistische Weltanschauung geht über in einen unkirchlichen, beseelten Gottesglauben auf monistischer Grundlage mit mystischen Zügen. Stehr sah den Anlaß seiner Produktion im „Ringen um religiöse Fragen, nach den letzten Lebens- und Jenseitsdingen". In dem 2bändigen Roman *Der Heiligenhof* (entstanden 1911–16, gedruckt 1918) tritt die realistische Darstellung eines münsterländischen Bauernhofes mit feindlichen Nachbarn, das Motiv von Romeo und Julia auf dem Dorfe, deutlicher in den Vordergrund, auch ist der Stil ruhiger als in den frühen Erzählungen. Aber das Streben nach bedeutsamer Überhöhung ist auch hier der eigentliche Zweck. Im Mittelpunkt steht das Gottsuchen des Sintlinger-Bauern, das durch seine Tochter Helene, oder Lenlein, wie sie meist genannt wird, eine wunderbare Wendung erfährt. Denn ihr körperliches Sehen ist in ihr schon im Kindesalter durch eine geheimnisvolle ahnende Wesensschau ersetzt worden, die sie freilich zuletzt verliert, als sie sich in den Sohn des feindlichen Nachbarn verliebt, der ihrer nicht würdig ist. So aus einem Engel wieder menschlich geworden, erkennt sie die bösen Wege der Welt und geht ins Wasser, wohin sie im Glauben der neufrommen, von dem Sintlinger-Bauern beeinflußten Leute in Wahrheit entrückt ist.

Die monistisch-individualistische Frömmigkeit des Bauern wird artikuliert mit Hilfe Fabers, eines anfangs rebellischen Arbeiterführers, der am Ende verdienstvoller Vermittler und Verhinderer von Ausständen ist. Der seßhafte Bauer und der flüchtige Faber treffen sich auf wunderbare Weise mitten in der Nacht im Freien. Bevor der Hufschlag eines Gendarmen den Flüchtigen verjagt, hört der Bauer noch die Weisheit: „Das Denken ohne Bewußtsein erlebt die Bewegungen des Weltalls und das Gefühl, das sich nicht kennt, die Bewegungen Gottes." Die Episode beleuchtet schlagartig das Bedürfnis dieser Art von Literatur, dem Bürger soziale Fragen in nebelhaft geistige Probleme umzusetzen. Eine Art Fortsetzung ist *Peter Brindeisener* (1924), wo der schuldige Bauernsohn sich in ein einfaches Leben flüchtet.

Emil Strauß (1866–1960) arbeitete tatsächlich mehrere Male in seinem Leben als Landwirt, darunter auch als Kolonist in Blumenau in Brasilien, wo er Lehrer wurde. Nach einigen Jahren kehrte er nach Europa zurück. Der Roman *Freund Hein*, eine Schulkritik, erschien 1902. Seine Erzählung *Der Engelwirt: Eine Schwabengeschichte* (1901) ist eigentlich ein frommer Traktat von der Schuld und Strafe des Engelwirtes in einer schwäbischen Kleinstadt, der aus Stolz und Furcht vor Lächerlichkeit seine Frau verläßt und mit seiner Magd und deren Kind, seiner Tochter, auswandert. In Brasilien stirbt die junge Mutter als stellvertretendes Opfer, so daß der verlorene Schwabensohn bald wieder heimkehren kann. In der gesetzlosen Fremde wird er ausgeraubt; die heimische Ordnung ist besser. Strauß' biedere und klare Sprache, zu seiner Zeit oft gerühmt, kann freilich auf die Dauer über die einspurige Schlichtheit des Erzählten nicht hinwegtäuschen. Strauß blieb der ersehnte große Erfolg für seine Romane und Erzählungen versagt. Nur die Neugestaltung der kurzen Novelle *Der Schleier* aus Goethes *Unterhaltungen deutscher Ausgewanderten*, die aus den Memoiren von Bassompierre übersetzt ist, erreichte eine gewisse Popularität (geschrieben 1912, gedruckt 1920).

Wie Stehr war auch Wilhelm Schäfer (1868 bis 1952) Lehrer. Zwar stammte er aus Hessen, wuchs aber bei Düsseldorf auf. 1898 bis 1900 lebte er in Berlin, mit der Boheme und dem Dehmel-Kreis verbunden, nach 1900 wieder im Rheinland, wo er die Zeitschrift *Die Rheinlande* herausgab. Er wurde durch seine *Anekdoten* bekannt, die seit 1907 in immer wieder vermehrten Ausgaben erschienen. Es handelt sich nicht um witzige Kleinprosa, sondern um Erzählungen und Novellen von mäßigem Umfang, zumeist nach historischen Stoffen, mehrere von Künstlern handelnd, darunter auch eine Erzählung über den Bohemien Peter Hille auf der Wanderschaft. Nicht alle sind auf eine Pointe zu geschrieben, sondern eher erfundene Impressionen zur Verlebendigung eines Momentes. Das Streben nach Straffheit verbindet diese Wiederaufnahme der klassischen Novellenform (freilich ohne Rahmen) mit neuklassischen Intentionen. Schäfer schrieb längere Erzählungen, fiktionalisierte Biographien und Romane, die meisten davon nach 1914. Als Schriftleiter der *Rheinlande* dem regionalen Schrifttum verpflichtet, suchte Schäfer durch seine klassischen Tendenzen überregionalen Rang zu gewinnen. Die Stellung eines Praeceptor Germaniae mag auch ihm wie Rudolf Borchardt vorgeschwebt haben.

Kurze Erzählungen in einem um Vornehmheit bemühten Ton, Geschichten, die ein Gefühl, eine Stimmung festlegen wollen oder von parapsychologischen Phänomenen handeln, schrieb Ernst Hardt (d. i. Ernst Stöckhardt, 1876–1947). Man kann auch an diesen Texten die Gefahr des ästhetischen Lebenskultes demonstrieren, die darin liegt, daß belanglose Erfindungen in einen Nebel der Bedeutsamkeit gehüllt werden. So endet die Erzählung *Gespenster* (1897) über Rettungen auf See, die durch eine Geistererscheinung gelenkt werden, eine Geschichte, deren Handlung aus einem Biedermeier-Almanach entnommen sein könnte, mit dem folgenden Satz: „Die Nacht trat in mein Herz, ich fühlte mich im Innersten erschüttert, und ein Hauch wie aus dem Reich der Mütter traf mich.“

Ludwig Thoma (1867–1921) muß zwar zu einem großen Teil als bayrisch-regionaler Heimatschriftsteller angesprochen werden, unterscheidet sich aber von den Stehr, Frenssen und Hermann Löns dadurch, daß seine Texte Sentimentalitäten und falsche Bedeutsamkeit nicht nur vermeiden, sondern durch Humor und drastische Realistik geradezu bekämpfen. In einer Bauerngeschichte heißt es einmal: „Da erhellt ein wohlwollendes Lächeln seine harten Züge, wie die Romanschreiber sagen, und heitere Zufriedenheit glänzt in seinen Augen." Die Opposition gegen die modische Literatur ist durchaus gewollt. Die schollenbewußte Heimatromantik wird z. B. in der satirischen Geschichte *Das Volkslied* und in anderen Erzählungen verhöhnt oder ironisiert.

Thoma wendet sich an Städter, deren von „gebildeten" Konventionen geregelte Welt er mit der wirklichkeitsnahen, nicht weniger konventionellen, keineswegs unschuldigen Gesellschaft auf dem Dorf konfrontiert. Der gebildete bürgerliche Leser kann in der Bauernwelt seine eigene Habgier oder Scheinheiligkeit in aufs Tatsächliche reduzierter Verfremdung wiedererkennen. Das Dorfleben wird nicht in idyllischer Absonderung, sondern im Wechselverhältnis mit der bürgerlichen Klein- und Großstadt gezeigt. Thoma stammte aus Oberammergau, wo sein Vater Förster war, und wurde Rechtsanwalt in Dachau. Seine führende Mitarbeit am *Simplicissimus* veranlaßte ihn, seinen Humor zur Satire zuzuspitzen. Angriffsziele waren der bayrische Klerikalismus und die verlogene bürgerliche Moral. Wegen eines satirischen Gedichtes auf einen Kongreß von Sittlichkeitsvereinen verbrachte Thoma einige Wochen im Gefängnis. Er rächte sich durch seine Komödie *Moral* (1909).

Unter den Satiren ist der *Briefwechsel eines bayrischen Landtagsabgeordneten* (1909), mit der Fortsetzung *Jozef Filsers Briefwechsel* (1912), hervorzuheben, in dem die Manipulation eines bäurischen Abgeordneten durch geistliche und weltliche Führer der Zentrumspartei mit derber Komik umspielt wird. Seinen Filser brachte Thoma in dem Schwank *Erster Klasse* (1910) auch auf die Bühne. Der Witz liegt hier in der klassenbedingten Irritation, die Reisende erster Klasse durch den zusteigenden bäurischen Abgeordneten erleiden. Mit Hermann Hesse gab Thoma die Zeitschrift *März* heraus, deren politischer Teil gegen das kaiserliche Regime Opposition trieb. Thoma schrieb selbst Artikel, z. B. eine stilistische Kritik der Reden Wilhelms II. (1907), die eine Majestätsbeleidigung durch strikte Sachlichkeit vermeidet, aber dennoch vernichtend ist. Diese Opposition war freilich zum großen Teil regional motiviert. Den norddeutschen strammen Handlungsreisenden hat Thoma oft karikiert, gelegentlich auch die in Schwabing entgleisende Hamburger Senatorentochter.

In den bekannten *Lausbubengeschichten* (1905) mit der Fortsetzung *Tante Frieda* (1907) ist nicht einfach das Kind ein unschuldiges Opfer der Schule, sondern Thomas Jungen-Ich ist ein Tunichtgut, nur daß die moralisierende und strafende Erwachsenenwelt nicht besser, bloß mächtiger ist und brutal ihren Willen durchsetzt. Diese Übermacht, die Emil Strauß in *Freund Hein* sentimental dargestellt hatte, wirkt in Thomas Realismus wahrhaftiger. Thomas Romane sind zwar frei von falscher Bedeutsamkeit, stehen aber ansonsten dem Heimatroman nahe. *Der Wittiber* (1911) läßt einen bäurischen Generationsgegensatz tragisch ausgehen.

Thomas breite Schilderungen der Dorfwelt in den Romanen dürften kaum bleibende Bedeutung haben. Dagegen gehören seine humoristischen, satirischen und politischen Schriften zu den künstlerisch gelungenen Äußerungen der bürgerlichen Opposition gegen das Kaiserreich. Wie bürgerlich diese Opposition war,

Ludwig Thoma
Zeichnung von Olaf Gulbransson

sieht man aus Thomas Äußerungen nach der Revolution von 1918, als der Zusammenbruch des immer Bekämpften ihn doch erschütterte. Und sieht man genauer hin, dann merkt man, daß Thoma sich der alten ständischen Unterschiede, solange sie nicht modern verfälscht waren, im Grunde freute und daß seine realistische Skepsis die staatliche Rechtsordnung kaum ergriff. Wenn er einen Advokaten lächerlich machen wollte, pflegte er ihm einen jüdischen Namen zu geben. Das ist kein aktiver Antisemitismus, sondern eher ein Ausdruck des altbürgerlichen Widerstandes gegen die moderne Welt.

Diese bürgerliche Literatur neigte im Grunde dazu, das industrielle Zeitalter zu fliehen, das von demselben bürgerlichen Publikum getragen wurde, das auch die Leser stellte. Bei den einen äußerte sich dies im Anschluß an den bürgerlichen Realismus der Jahrhundertmitte, bei den anderen in der Produktion eines antistädtischen Gegenbildes zur sie umgebenden Realität; auch die Flucht in den pseudoreligiösen Lebenskult, in den Ästhetizismus nach Vorbild der englischen Präraffaeliten oder des französischen Symbolismus, auch der Anschluß an französische neu-konservative Richtungen gehören in diesen Zusammenhang. Man darf das nicht zu schnell verdammen. Denn in allen diesen Versuchen ist das Bedürfnis spürbar, für Autor und Leser eine Freiheit zu erhalten, die durch großstädtische Vermassung und durch wissenschaftlichen Determinismus bedroht erschien. Dieses Freiheitsbedürfnis ist im Grunde ein legitimer Ausdruck des Pluralismus in einer Welt, die sich anschickte, auch die Reste der religiös fundierten alten Ständeordnung abzuwerfen. Eine solche deutbare Ordnung eignete sich besser für fiktive Welten, für Modelle menschlichen Verhaltens als die minutiöse Darstellung von großstädtischen Elendsmilieus. Dies ist einer der Gründe, warum bürgerliche Literatur vor 1914 zugleich konservativ und fortschrittlich ist.

Ein noch im Romantischen wurzelndes Bild einer alten Stadt, die sich während der Handlung modernisiert, bietet *Der Golem*, der bedeutendste Roman von Gustav Meyrink (1868–1932). Er war der uneheliche Sohn einer Münchener Schauspielerin, Marie Meyer. Geboren wurde er in einem Wiener Hotel. Der Vater war ein württembergischer Adliger, ein hoher Beamter. In der Familie seiner Mutter gab es eine Legende, nach der sie von einer adligen Familie von Meyrink abstammte. Diesen Namen benutzte Gustav Meyrink als Schriftsteller und ließ ihn sich legalisieren. Er begann um 1903 mit Geschichten für den *Simplicissimus*, leichte phantastische Produkte in der romantischen Nachfolge. E. T. A. Hoffmann war Meyrinks Lieblingsschriftsteller, aber auch der zu seiner Zeit sehr populäre Edgar Allan Poe muß vorbildlich gewirkt haben, auch Dickens, den er übersetzte. Meyrinks Geschichten wurden gesammelt unter den Titeln *Der heiße Soldat* (1903), *Orchideen* (1904), *Das Wachsfigurenkabinett* (1907). Eine erweiterte Sammlung, aus den vorigen zusammengestellt, erhielt den Titel *Des deutschen Spießers Wunderhorn* (1909). 1913 erschien sein Roman *Der Golem* in den *Weißen Blättern*, 1915 bei Kurt Wolff als Buch. 1889 bis 1902, bevor er seine Schriftstellerei begann, lebte Meyrink als Bankier in Prag, später in Wien und in Bayern. 1927 trat er zum Buddhismus über. Er war ein Freund des Malers Alfred Kubin, dessen Name ab und zu in seinen Geschichten auftaucht. Meyrink hat nach dem *Golem* noch drei Romane, *Das grüne Gesicht* (1916), *Der Engel vom westlichen Fenster* (1920) und *Der weiße Dominikaner* (1921), verfaßt.

Der Golem gibt sich als Roman eines Traumes. Der Ich-Erzähler träumt die Existenz eines zweiten Ich-

Erzählers, des Gemmenschneiders und Restaurators Athanasius Pernath. Der volle Name ist wohl als ‚durch Geburt Unsterblicher' zu deuten. Athanasius lebt im alten Prager Ghetto. Er liebt eine Gräfin Angelina und die Tochter des Rabbi Hillel, Mirjam, steht also zwischen Christentum und Judentum. Im Laufe der Handlung entdeckt er seine Identität mit dem Golem, einem sagenhaften künstlichen Menschen aus der Zeit Kaiser Rudolfs II. Der Roman besteht aus lose gereihten episodischen Kapiteln, in denen moderne Psychologie und alte Prager Sagen wunderlich gemischt sind. Die lockere Szenenfolge und visuelle Suggestionen: das enge verwinkelte Ghetto, unterirdische Gänge, ein Raum mit nur unterirdischem Ein- und Ausgang, ein Haus, das nur im Mondlicht erscheint, bieten sich zur Verfilmung an. Der Roman hat einen der ‚klassischen' Stummfilme angeregt, der jedoch eine andere Handlung hat.

Der Golem ist sicher von Schriftstellern der expressionistischen Generation gelesen worden, spielt selbst eine Rolle in dem schwer definierbaren Komplex Expressionismus. Einmal setzt der Traumerzähler Athanasius den „irrigen Grundsatz der Maler, man müsse äußere Natur studieren", gegen „das innere Schauen". Mirjam bezieht sich auf den Ausspruch ihres Vaters Hillel, den man auch als ‚expressionistisch' ansehen kann:

Die Welt ist dazu da, um von uns kaputt gedacht zu werden . . ., – dann, dann erst fängt das Leben an.

Jedoch liegen solche Zitate auch auf der Linie Jean Paul – E. T. A. Hoffmann, sind Relikte des deutschen Idealismus und der Romantik mit ihrer nihilistischen Komponente. Meyrinks *Golem* ist eines der Bindeglieder von der Romantik zum Expressionismus.

Jakob Wassermann (1873–1934) hat ebenfalls, besonders in der exotischen Prosa seines Alexander-Romanes, auf die Expressionisten gewirkt. Ebenso wie Ricarda Huch und Hermann Hesse knüpfte er an den bürgerlichen Realismus an. Er hatte den Willen zur Zeit- und Bürgerkritik, jedoch neigte seine Phantasie dazu, seine Intentionen zu verwischen. Er stammte aus einer kleinbürgerlichen, alteingesessenen jüdischen Familie in Fürth. Seine Jugend war überschattet von dem Bemühen seines Vaters, sich im bürgerlichen Rahmen zu behaupten, noch mehr von seinem eigenen Kampf um die bare Existenz. Er versuchte sich mit allen möglichen Arten des Geldverdienens über Wasser zu halten, immer mit dem brennenden Ehrgeiz, schreiben zu dürfen. In München wurde er 1895 Sekretär des erfolgreichen Schriftstellers Ernst von Wolzogen, der ihm den Eintritt in die Literatur ermöglichte, danach Redakteur an Albert Langens *Simplicissimus.* Er veröffentlichte dort kleinere Prosa und nahm frühe Arbeiten von Thomas Mann für die Zeitschrift an. Thomas Mann und Wassermann waren eine Zeitlang Kollegen im Lektorat des Langen-Verlages. Nach einem kleinen Roman *Melusine* (1896) über einen eifersüchtigen Studenten und Erzählungen, die er bald verwarf, begründete Wassermann seinen Ruhm mit *Die Juden von Zirndorf* (1897). Im folgenden Jahre siedelte er nach Wien um, wo er im Kreise Schnitzlers, Beer-Hofmanns und Hofmannsthals verkehrte, wenn er auch niemals als voll zugehörig empfunden wurde. „Ich bin kein Schriftsteller, ich bin ein Herr, der schreibt", sagte nach Wassermanns Erzählung Schnitzler einmal zu ihm, wobei man berücksichtigen muß, daß Schnitzler selbst keineswegs aristokratischer Herkunft war. Ein Herr, der schreibt, war Wassermann nicht. Dennoch unternahm er Wanderungen mit Schnitzler und siedelte sich später in Alt-

Aussee an, wo Hofmannsthal ein Sommerhaus hatte. Es entwickelte sich eine achtungsvolle, wenn auch niemals distanzfreie Freundschaft zwischen diesen beiden, für die Hofmannsthals Dialog über Wassermanns *Die Schwestern* (1906), *Unterhaltungen über ein neues Buch* (1906, Erstdruck in *Der Tag*, Berlin), ein dauerndes Denkmal ist. Unter dem Einfluß der Wiener Freunde ging Wassermann von Langen zum S. Fischer Verlag über, was insofern von Bedeutung ist, als dessen Lektor Moritz Heimann durch Kürzungen und Umarbeitungen einen ungewöhnlich großen Einfluß auf Wassermanns Werk nahm, was auch sehr nötig war, da Wassermanns Phantasie immer zum Überfließen neigte. Er war verheiratet mit Julie Speyer, Tochter eines Wiener Textilfabrikanten. Obwohl vier Kinder geboren wurden, war das Verhältnis der Ehegatten bald gespannt.

Die Juden von Zirndorf (1897, Umarbeitung 1906) sind auch noch in der Neufassung voller visionärer Bilder, mit denen die außerordentliche Qualität des Helden Agathon bekräftigt wird. Der Roman spielt 1885 bis 1886 in der fränkischen Heimat Wassermanns, deren schlichte Züge liebevoll hervorgehoben werden. Agathon stammt aus einer um ihre Existenz kämpfenden, jüdischen, dörflichen Familie. Er befreit sich jedoch von dem gedrückten Wesen seiner Glaubensgenossen und von ihrer Religion. Er hat Messias-Qualitäten; es zeigt sich aber, daß das Messianische in der modernen Welt verpufft. Aus der höheren Schule wird er hinausgeworfen, als er in einem Aufsatz seine Erziehung kritisiert. Weder eine antireligiöse Freiheitsbotschaft, in einer brennenden Kirche herausgeschrien, noch eine Rede an bayrische Bauern mit dem Ziel, König Ludwig II. aus Schloß Berg zu befreien, führen zu einer Wirkung, nicht einmal zum Martyrium. Gegenspieler Agathons ist Stefan Gudstikker, ein modischer Dichter. Die Kritik an der modernen Großstadtkultur, an dem Kult der Schwäche und Dekadenz, und die Anhänglichkeit an die fränkische Heimat beruhen auf modischen Strömungen der Zeit und auf der Tradition der Dorferzählung des bürgerlichen Realismus. Jedoch wird die Enge der Kleinbürgerlichkeit nicht verklärt. Dem Roman geht ein Vorspiel voraus, in dem die Messiaserwartung der Fürther Juden im Jahre 1666 dargestellt wird, in ihrer millenarischen Euphorie. Die gedrückten Juden ziehen dem Messias entgegen, da trifft sie die Nachricht, daß Sabbatai Zewi, der gefeierte Erlöser, zum Islam übergetreten ist. Religiosität, Hysterie, Erotik und Betrug haben zusammengewirkt, um ein Hochgefühl zu erzeugen, das in dumpfer Verzweiflung endet. Aus Resten des Zuges wird Zionsdorf gegründet, das die Christen später in Zirndorf umbenennen.

Der Roman ist trotz seiner überbordenden Phantasie ein Dokument des deutschen Judentums auf dem Wege der Assimilation. Einige Dialoge bemühen sich ausdrücklich um die Rolle der Juden in der modernen Kunst. Jüdische Schriftsteller, die aus gleichsam nachgeholtem Christentum eine neue asketische Moral predigen, werden abgelehnt, die Tendenz des Romans geht auf sinnliche und geistige Befreiung im Sinne des Lebenskultes. Die traditionelle Religion, jüdisch und christlich, wird als das Trennende empfunden, das zu Unwissenheit, Unterdrückung und Annahme der Unterdrückung führt. Freiheit ist Resultat des Entschlusses, frei und gut zu sein trotz der Niedrigkeit des Lebens. Schnitzlers Roman *Der Weg ins Freie*, der gerade das Problematische der Befreiung vom Judenwie vom Kleinbürgertum einfängt, ist in gewissem Sinne eine Antwort auf *Die Juden von Zirndorf*.

Die Geschichte der jungen Renate Fuchs (1900), eine Art Fortsetzung der *Juden von Zirndorf*, läßt

Gudstikker und am Schluß auch Agathon wieder auftreten. Jedoch ist der Schauplatz bis auf den Schluß und eine Zwischenepisode städtisch, meist München, auch Zürich und Wien; es handelt sich um einen Roman über die bürgerliche Gesellschaft, von ihren Rändern her gesehen. Er enthält ein Kaleidoskop von freiwilligen und unfreiwilligen Karikaturen: Bürger, Adlige, Bohemiens, Literaten, Kleinbürger, Arbeiterinnen, Journalisten, Studenten und Studentinnen in Zürich, das Personal eines teuren Varietés. Niemand, auch die Proletarier und Kleinbürger nicht, ist besser als die schrecklichen Geldmenschen, niemand ist liebe- und verständnisvoll genug. Die Heldin will sich von der Bürgerlichkeit ihrer Herkunft befreien und bleibt doch den Männern, die sich um sie bemühen, verfallen. Personale Liebe lernt sie erst am Schluß durch Agathon kennen, der, obwohl schwer herzkrank, mit ihr einen Sohn zeugt. Dieser wird in mährischer Landeinsamkeit aufwachsen, weil Renate sich mit ihrem reichen Vater versöhnt hat. Liebeserfüllung und Tod fallen zusammen. Agathon wird zum verborgenen Erlöser, der im persönlichen Einzelfall das Leiden an der verlorenen Geldgesellschaft aufheben kann.

Wassermanns nächster Roman *Der Moloch* (1902) will sich mit der modernen Großstadt auseinandersetzen. Es handelt sich um Wien, das den Helden demoralisiert. Er war ausgezogen, um ein Unrecht an einem jüdischen Mädchen zu verhindern. Der versagende Erlöser endet durch Selbstmord. Wassermann kürzte den Roman 1908, nahm ihn aber dennoch nicht in seine Gesamtausgabe auf. Statt dessen schrieb er *Die Masken Erwin Reiners* (1910), später in *Erwin Reiner – Leben eines jungen Herrn um 1905* umbenannt. Ohne das Heilandsmotiv wird die moralische und physische Vernichtung eines reichen, jungen, eleganten Wieners vorgeführt. Für die Verführungsgeschichte hat sich Wassermann auf Rat Hofmannsthals Anregung von Samuel Richardsons *Clarissa* (1748) geholt. Der amoralische Impressionismus Wiens, die Fähigkeit zur maskenhaften Verwandlung, weil die Substanz fehlt, wird entschieden negativ bewertet. Ein gelegentliches Abgleiten in trivialen, reißerischen Stil fehlt auch hier nicht.

Ein aufgeregter Stil und ein exotisch-historischer Stoff charakterisieren *Alexander in Babylon* (1905). Alexanders Charisma entzieht ihn der menschlichen Aufgabe, mit den Niedrigkeiten des Lebens fertigzuwerden. Er will seine Sterblichkeit leugnen; aber sie holt ihn ein in Form eines banalen Fiebers, dessen Ansteckungskeim als Folge einer Gewalttat seiner Armee an ihn gelangt. Daß das Machtgefühl täuscht, bringt Wassermann in ein Bild, das Hofmannsthal brieflich hervorhob (an Wassermann 26. Februar 1903): Alexander reitet ein Pferd, das ihn mit rasender Geschwindigkeit vorwärtsträgt. Es will die Zeit besiegen, denkt Alexander zustimmend. Aber in Wahrheit geht das Pferd durch, weil ein Skorpion sich an ihm festgebissen hat. Ein Halbbruder Alexanders, Arrhidäos, ein träumerischer Mensch, sehnsüchtig nach Taten, aber unfähig, geistert durch Alexanders letzte Tage. Arrhidäos ist eine Karikatur der Künstlerexistenz. Der Künstler, der die Größe zugleich bewundert und zynisch verlacht, dient auch in seiner Lächerlichkeit noch der Menschlichkeit durch nötige Reduktion.

Arrhidäos ist der unangepaßte Außenseiter in Alexanders Welt von Macht, Glanz und Herrschaft. Die Perspektive der Erzähler Wassermanns hat sich geändert. Sie können den Außenseiter jetzt objektivieren; sie zwingen den Leser nicht mehr in seine Sichtweise. Wassermanns Erfolg und sein gesellschaftlicher Aufstieg wirken sich auf die Erzählperspektive aus. In seinem Bewußtsein freilich war der Antisemitismus ein fortdauerndes Hindernis gegen seine volle Aufnahme in die Gesellschaft, wie *Mein Weg als Deutscher und Jude* (1921) bezeugt.

Der Alexander-Roman verrät Einflüsse der orientalischen Mode, die schon in Flauberts *Salammbô* einen Gipfel erreicht hatte, in dem Herodias-Salome-Thema, bei George in den *Hängenden Gärten* fortwirkte und in Thomas Manns *Joseph* einen neuen Gipfel erreichen sollte. Wassermanns Roman gewinnt seine Eigenart gegenüber *Salammbô* durch einen durchgehaltenen gesteigerten Ton, der schon Partien des Vorspiels zu *Die Juden von Zirndorf* erfüllt hatte, der etwas Visionäres hat und auf expressionistische Prosa vorausweist. Freilich hat diese dauernd durchgehaltene Gespanntheit der Diktion auch ihr Bedenkliches.

Die Schwestern (1906) sind drei historische Novellen. Die erste deutet das Leben Johannas der Wahnsinnigen, Königin von Spanien. Als Ausgangspunkt ihres Wahnsinns wird ein unerfülltes Bedürfnis nach echter Liebe angenommen. *Sara Malcolm* ist eine Geschichte aus dem London des 17. Jahrhunderts, in dem sich eine Dienstmagd lieber hinrichten läßt, als einen Traum vom Glück preiszugeben. Die dritte schildert eine kleinstädtische Massenhysterie, die einem Unschuldigen das Todesurteil einträgt. Schwestern sind die drei Hauptgestalten, weil die Phantasiewelt sich ihnen vor die Wirklichkeit schiebt, wofür sie mit ihrem Leben zahlen müssen. Nur die erste Geschichte hat den allzu gehobenen Ton wie in *Alexander in Babylon*. Hofmannsthal hebt in seinem *Gespräch über ein neues Buch* (1906) hervor, daß Wassermann „die Maße einzuhalten“ verstehe. Damit sei er über die meisten Deutschen hinausgekommen. Darin steckt natürlich eine Kritik der früheren Werke Wassermanns.

Ein historischer Roman ist auch *Caspar Hauser oder Die Trägheit des Herzens* (1908). Mit dem im Untertitel ausgedrückten Thema ist die Schwierigkeit gemeint, die der Erkenntnis und der Annahme der reinen Unschuld in der menschlichen Gesellschaft entgegensteht. In gewissem Sinne ist das eine Fortsetzung des Agathon-Messias-Themas. Caspar Hauser wird zunächst als extremer Fall der Objektivierung des Menschen dargestellt, eines Menschen, dem um eines dynastischen Ehrgeizes willen die Jugend, ja durch Isolierung und Einkerkerung bei lebendigem Leibe das Leben gestohlen wurde. Als er, ungeübt in der Technik der gesellschaftlichen Selbstbehauptung, in die Stadt gebracht wird, ergibt sich eine neue Chance: ein durch und durch reines, von Lüge und Bosheit noch unbelastetes, innerlich vornehmes Geschöpf wird der Welt konfrontiert. Die Gesellschaft versagt. Speziell die kleinkarierte deutsche kleinstädtische Biedermeiergesellschaft, aber auch die große Welt in Gestalt des Lord Stanhope, der als reicher und freier Brite, die deutsche Pedanterie verachtend, auftritt, aber in Wahrheit heruntergekommen und ein bezahlter Agent ist. Hauser wird Schritt für Schritt in Verstellung und Hoffnungslosigkeit hineinmanipuliert. Eindrucksvoll ist die Gestalt des Gerichtspräsidenten Feuerbach, den man geradezu als Widerstandskämpfer gegen das herrschende System bezeichnen muß, mit Mut zum Selbstopfer, aber auch er versagend vor der Aufgabe, Caspar Hauser Liebe zu geben. Die Erzählweise wechselt zwischen chronikartigem Bericht, Dialog, gelegentlichen Briefen und relativ seltenen knappen Erzählerkommentaren. Von einigen trivialen Schnörkeln abgesehen, die bei Wassermann leider unvermeidlich sind, ist ihm in *Caspar Hauser* ein bedeutender Roman gelungen, dessen Wert nicht zuletzt darin liegt, daß er auf den Zusammenhang von Moral und politischen Bindungen, auf die Manipulierbarkeit des Menschen in einer Zeit hinweist, in der die bürgerliche Ideologie noch dazu neigte, sich solche Zusammenhänge zu verschleiern. Thomas Mann hat in einer sehr freundlichen Besprechung des Romans, die in den *Münchener Neuesten Nachrichten* erschien, die Figur des Lehrer Quandt „humoristisch" genannt, wohl weil der Erzähler auf die Motive dieser gräßlichen Figur zumeist sachlich eingeht. Das ist jedoch eine Verkennung. Der typische Kleinbürger Quandt, manipuliert und selbst manipulierend, ist mit derselben bösen Ironie dargestellt, mit der in *Clarissa Mirabel,* der letzten der *Schwestern*-Geschichten, die falsche Anklage begreiflich gemacht wurde. Da in beiden Fällen die Manipulation sich durch Überredung, durch Sprache, aktualisiert, gehören der Roman wie die Erzählung zu dem großen Thema des Chandos-Briefes, der Warnung vor der metaphysischen Unzuverlässigkeit der Worte, wie auch Ricarda Huchs *Fra Celeste.*

Nach dem Bemühen, menschliche Merkwürdigkeiten in klassischer Novellenform vorzutragen, einschließlich eines Erzählrahmens, in *Der goldene Spiegel* (1911) und einem kleinen Roman über die überwundene Egozentrik eines Gutsbesitzers (*Der Mann von vierzig Jahren*, 1913) wandte sich Wassermann einem Stoff zu, der wieder in seiner fränkischen Heimatprovinz spielt und Gesellschaftskritik mit einer sehr entschiedenen Kritik an dem egozentrischen Charakter der Kunst verbindet. *Das Gänsemännchen* (entstanden 1912–14, gedruckt 1915) ist auf einem Widerspruch aufgebaut, der einiges verspricht. Der Leser, der sich mit dem unverstandenen Genie identifizieren möchte, soll lernen, dessen Selbstisolierung zu kritisieren. Die Konzeption ist also antiromantisch im doppelten Sinne: weder das Genie noch das Volk sind gut. Beide mißverstehen sich, und das sollte nicht sein. Dieser Wunsch ist dann wieder romantisch. Der Komponist Daniel Nothafft lebt seinem Werk, das er aber verbirgt, teils aus Selbstkritik, teils weil er Unverständnis fürchtet. Das liebende Lebensopfer zweier Frauen nimmt er an, glaubt sich aber frei von sozialen Verpflichtungen. Am Ende holt ihn seine Umwelt ein, was durch einen Brand demonstriert wird, bei dem Nothaffts Manuskripte verbrennen. Während die Katastrophe sich abspielt, erkennt Daniel Nothafft seinen Lebensfehler im Gespräch mit dem Gänsemännchen auf dem Nürnberger Markt. Nur für ihn ist es lebendig geworden und vertritt Stadt, Landschaft und Bürger: „Bilde dir nur nicht ein, daß du das Leiden der Welt getragen hast, dein eigenes hast du getragen, liebend-lieblos, selbstlos-selbstsüchtig, Unmensch, der du warst, Unbürger!“ Das Gänsemännchen repräsentiert volkstümliche, schlichte, unoriginelle Kunst. Diese romantisch-antiromantische Wendung gegen steile Artistik, für volkstümliche Integration der Kunst sollte später Thomas Mann in *Doktor Faustus* aufnehmen, einem Roman, der ebenfalls das deutsche Thema im Gegeneinander eines Komponisten und der deutschen bürgerlichen Gesellschaft aufrollt. Wie dieser wirft Wassermann auch Schlaglichter auf die dargestellte Zeit: auf Bismarcks Außenpolitik, die Versicherungs- und Sozialistengesetze, Bismarcks Entlassung, die liberale und die sozialdemokratische Partei. Das soziale Spektrum reicht von Adelsfamilien (die eine, die aus dem *Mann von vierzig Jahren*, leicht verklärt, die andere eine Karikatur) über brave, verbissene, hämische Bürger bis in kleinbürgerliche Verhältnisse. Die Szene, wie der gescheiterte Scheinsozialist und Kleinausbeuter Jason Philipp, der Bismarck-

Hasser, vom Blick des entlassenen Reichskanzlers gezwungen, endlich doch Hurra schreit, könnte von Heinrich Mann sein. Dennoch sind die böse Bürgersatire, die tragische Musikergeschichte und die antiromantische Forderung nach Einordnung der Kunst in die Bürgerwelt nicht in eine überzeugende Struktur gebracht worden. Die Episoden wuchern, vieles bleibt unglaubhaft, manches gleitet in Kitsch ab.

Der Roman ist in der 3. Person erzählt. Der Erzähler kennt die Gedanken der Personen und beurteilt sie. Diese altmodische Erzählweise soll den Leser über seine Gesellschaft hinausheben, besonders über die provinziell-bürgerliche Variante. Eine Nebenhandlung stellt einen jüdischen Gelehrten und eine verzichtende jüdische Verehrerin des Komponisten unter eine selbst gegebene moralische Forderung: auch der Zurückgewiesene darf nicht aufhören zu lieben, besonders dann nicht, wenn er intellektuell überlegen ist. Die jüdische Außenseiterstellung in einer antisemitisch gefärbten Gesellschaft soll zu menschlichen Werten geführt werden. Der auf Assimilation, auf Aufnahme in die deutsche Kulturwelt gerichtete Wunsch des Autors biegt in resignative Skepsis ab, die aber versöhnlich bleibt. So virulent der Antisemitismus schon vor 1914 sein konnte, er war doch noch nicht so giftig, wie er nach 1918 werden sollte, als er mit nationaler Demütigung vermischt wurde. Wassermanns *Caspar Hauser* und *Das Gänsemännchen* sind spezifisch deutsche Romane, in denen die Distanz des Erzählers nicht größer ist als etwa beim frühen Hesse.

Wie Ricarda Huch und Jakob Wassermann setzt sich auch Hermann H e s s e (1877–1962) mit dem Lebenskult der Zeit von einer autobiographisch bestimmten Basis her auseinander. Man kann das Werk Hesses nicht verstehen ohne seine Lebensgeschichte. Es ist ein dauerndes Streben nach Befreiung und zugleich nach Geborgenheit, eine Bejahung der einsiedlerischen Außenseiterexistenz und Klage über die Entfremdung; Flucht vor der Welt und Sehnsucht nach Welt, Liebe zum Leben und Bedürfnis nach Auslöschung des Ich. Schon seine Herkunft und Heimat enthält etwas Mehrdeutiges: Geborgenheit und Unsicherheit. Er wurde 1877 in Calw im Schwarzwald geboren. Der Vater stammte aus dem deutschen Bürgertum Revals im russischen Baltikum, ließ sich als Missionar nach Indien schicken, wo er das Klima aber nur drei Jahre aushielt. Zurückgekehrt blieb er in den Diensten der Basler Mission, für die er in Calw und einige Jahre in Basel publizistisch, unterrichtend und verwaltend wirkte. In Calw heiratete er eine verwitwete Missionarstochter, die in Indien geboren war. Sie hatte einen schwäbischen Vater und eine französisch-schweizerische Mutter. Hermann Hesses erste Jugendjahre waren zwischen seinem Geburtsort und Basel geteilt. Nach Calw zurückgekehrt, erwarb der Vater, der mit seiner Familie inzwischen Schweizer geworden war, für Hermann die württembergische Staatsangehörigkeit, um ihn die freie Staatsausbildung für künftige Theologen in Maulbronn und Tübingen genießen zu lassen. Hermann bestand auch das schwierige ‚Landexamen‘, entfloh aber im Frühjahr 1892, während seines ersten Jahres, aus dem Internat. Eine Mischung von Trotz und neurotischer Schwäche mit häufigen Kopfschmerzen machte den weiteren Besuch der Eliteschule unmöglich. Gegen den an sich eher milden und sanften Vater lehnte er sich auf. Die Eltern waren bestürzt, als einige der zu Rate gezogenen Ärzte „primäre Verrücktheit“ diagnostizierten. Hermann konnte nicht zu Hause bleiben, doch sehnte er sich, in Anstalten und in Privatpension untergebracht, immer wieder nach Hause. Einmal suchte er seinen Ausweg in der Liebe zu einer Zweiundzwanzigjährigen. Als diese den Fünfzehnjährigen abwies, verschaffte er sich einen Revolver und drohte mit Selbstmord. Todessehnsucht, Heimweh, Trotz, erste Dichtungsversuche, Lektüre von Turgenjew und Heine, manchmal auch kleine Trinkgelage mit Freunden, beschränkt durch Geldknappheit, kennzeichnen diese jugendliche Krise, während der es Hermann Hesse nicht gelang, wieder auf einem Gymnasium Fuß zu fassen. 1895 konnte er heimkehren und arbeitete zeitweise als Schlosser, während seine Lektüre sich Goethe und den Romantikern zuwendete. Er schrieb selbst Gedichte und versuchte sich auch in Prosa. Schließlich beendete er eine Buchhändlerslehre und arbeitete einige Jahre als Gehilfe in Tübingen und dann in Basel.

Diese unruhige Jugendzeit blieb auf lange der Antrieb seines Schreibens, und zwar hauptsächlich aus dem Bedürfnis heraus, sie umzugestalten, seine eigenen Erlebnisse in veränderten Umständen als sinnvoll wiederzuerleben, sei es als Opfer des Erziehungssystems (*Unterm Rad*), wobei er seine eher verständnisvollen Eltern durch einen unwissenden spießbürgerlichen Vater ersetzte, sei es, indem er seine pubertären Liebeskonflikte in geordneten und wohlhabenden Verhältnissen rekonstruierte (*Heumond*), sei es daß er sich als allzu behüteten Bürgerssohn sah (*Demian* und *Kinderseele*), der die religiös begründete Schwarz-Weiß-Weltanschauung seiner Eltern zu überwinden hatte.

Bewunderungswürdig ist die Energie, mit der Hesse als Mechaniker- und Buchhändlerlehrling in seiner knappen Freizeit sich eine literarische Bildung verschaffte. Er nahm auch Moderne wie Bruno Wille und Maeterlinck zur Kenntnis, seine intensivsten Studien galten jedoch Goethe und den Romantikern. Er las Schopenhauer, und von Nietzsche war er begeistert. Sein literarisches Urteil war damals, wie meist auch später, entschieden konservativ, bestimmt von Abneigung gegen die laute moderne, technisierte Welt und das sie tragende neudeutsche wilhelminische Bürgertum. Jedoch konnte er seinem gläubigen Vater gegenüber auch das pluralistische Suchen der neuen Zeit verteidigen. Neben dem Studium deutscher Literatur interessierte er sich bald auch für Italienisches: Dante, alte Novellen und Florentiner Kunst.

Seit 1899 veröffentlichte er Gedichte und Prosa. 1904 war sein erster Roman *Peter Camenzind* ein Erfolg. Daraufhin konnte er ein fünfunddreißigjähriges Mädchen heiraten, eine Photographin, die im Typus seiner 1902 gestorbenen Mutter ähnlich war. Sie stammte aus dem Basler Geschlecht der Bernoulli, und die Ehe wurde gegen den Willen ihres Vaters geschlossen. Das Paar ließ sich in Gaienhofen am badischen Ufer des Bodensees nieder, einem durch Verkehrsmittel nur schwer erreichbaren Dorf, wo schon der junge Hesse sich den Anforderungen der Berühmtheit entzog. Besuche von Freunden, Reisen und die Mitarbeit an der Zeitschrift *März* des Verlegers Albert Langen (1907–12), die auch mehrere Erzählungen zuerst druckte, verbanden ihn dennoch mit der Welt. Der Titel der Zeitschrift sollte die süddeutsche Tradition des März 1848 gegen die Wilhelminische Reichshauptstadt setzen und zugleich das Frühlingsmotiv des Jugendstils anklingen lassen. Auch am *Simplicissimus* beteiligte sich Hesse, und ein entschieden liberaler Mitarbeiter des *März*, der Württemberger Conrad Haußmann, wurde sein Freund. Freilich blieben Hesses Beiträge auf Literarisches beschränkt. Er zeichnete jedoch mit Ludwig Thoma als Herausgeber. In großem Umfange schrieb Hesse damals (und auch später) Buchbesprechungen.

1911 unternahm er mit einem befreundeten Maler eine Reise nach Singapur, Sumatra und Ceylon. Im

Jahr darauf zog er mit seiner Familie in die Nähe von Bern, aus „Bedürfnis nach Menschennähe", wie Hesse in einem Aufsatz (*Untersee*, 1912) schreibt, auch weil es für die heranwachsenden Kinder untunlich war, in der ländlichen Einsamkeit zu bleiben, und weil Hesses Frau die Kinder als Schweizer aufwachsen lassen wollte. Dieser äußere Wechsel konnte die sich verstärkende innere Unruhe Hesses nicht auffangen. Er liebte seine Kinder, konnte seine Familie jedoch als Last ansehen, die seiner Künstleraufgabe widersprach. Den Konflikt zwischen Künstlertum und Bürgertum, Bedürfnis nach gesicherter Existenz und Bedürfnis nach Ungebundenheit, durchlebte Hesse besonders stark. „Ja ich liebe den Philister (mit dem ich in Wirklichkeit keinen Tag auskäme), weil ich ihn um das feste Fundament seines Lebens beneide, wie ich gesunde, robuste, frohe Menschen um ihren Appetit, ihren Schlaf, ihr Lachen beneide." Dies schrieb Hesse 1912 (30. Mai). Eine Briefstelle aus dem Jahre 1913 (23. August) markiert die latente Lust an Selbstzerstörung, die unter Hesses Bürgertum schwelte und die am Ende des Krieges, als seine Ehe sich auflöste, zum Vorschein kam: „Alles, was ich schreibe, ist im Kampf mit der tiefsten Unzufriedenheit mit mir selbst entstanden."

Hesses frühes Werk besteht aus Geschichten, die sich an die Romantik anschließen, und aus autobiographisch bestimmter Prosa. Schon früh zeigen sich Motive wie frustrierte Liebe, Selbstmord, Liebe zu Landschaft und Kleinstadtwesen Schwabens und der Schweiz, sowie Symbolisierungen des dichterischen Selbstbewußtseins z. B. in dem Jugendstilmärchen *Der Inseltraum* aus *Eine Stunde vor Mitternacht* (1899). Nicht selten ist die autobiographische Realität phantasievoll erhöht. Der Erzähler in *Hermann Lauscher* (1901) stammt aus einem wohlhabenden Haus in

Basel (Hesses Eltern mußten immer sparsam leben) und ist Student in Tübingen (wo Hesse Buchhändlerlehrling war). Selbstenthüllung ist das Selbstmordmotiv, das in vielen späteren Werken wiederkehrt. Hermann Lauschers Tagebuch ist das fiktive Selbstzeugnis eines Bohemiens, der mit dem wirklichen Hermann Hesse befreundet sein will, in Wahrheit aber eine Art Doppelgänger ist. Landschaftseindrücke vom Vierwaldstätter See nähern sich dem malerischen Impressionismus, eine zum Schönseligen neigende Zärtlichkeit steht stellenweise den Florentiner und Worpsweder Tagebüchern des jungen Rilke nahe. Der Widerspruch zwischen der Sehnsucht nach ästhetischer Idylle, einem artistischen und gefriedeten Bürgertum, und der Überzeugung, daß seine Natur eine solche Idylle nicht zulasse, äußert sich in der folgenden Stelle:

> Alle wichtigen Augenblicke meines Lebens, in denen ich meiner Bestimmung einen neuen, engeren Kreis gezogen, in denen ich dem Gefühl des Ewigen, dem naiven Instinkt, dem eingeborenen, unbewußten Leben ein Feld entzogen hatte, traten in voller, feindseliger Schar vor mein Gedächtnis. Vor ihrem Andrängen begannen alle Throne und Säulen zu zittern. Und nun wußte ich plötzlich, daß nichts mehr zu retten wäre; freigelassen taumelte die ganze untere Welt in mir hervor, zerbrach und verhöhnte die weißen Tempel und kühlen Lieblingsbilder. Und dennoch fühlte ich diese verzweifelten Empörer und Bilderstürmer mir verwandt, sie trugen Züge meiner liebsten Erinnerungen und Kindertage.

In diesem Text ist schon sehr viel vom späteren Hesse enthalten; er hat sich später häufig auf „seinen Freund" Hermann Lauscher berufen. *Der kleine Herr Friedemann* (1897), eine Erzählung des jungen Thomas Mann, behandelt einen ähnlichen Gegensatz, der auf Nietzsches *Die Geburt der Tragödie aus dem Gei-*

ste der Musik zurückgeht. Weltflucht und Zerstörung der ersehnten Idylle, die Jugendzeit als Paradies und als Qual bleiben Grundmotive Hesses bis zuletzt. *Hermann Lauscher* reflektiert die Lektüre des damaligen Hesse, wenn auch sicher nicht vollständig. Genannt werden Dante, Jakob Böhme, die Romantiker, besonders Novalis und E. T. A. Hoffmann, Heine, Jens Peter Jacobsen und von den Mitlebenden der „preziöse“ George und der „lyrische“ Hofmannsthal.

Hesses frühe Lyrik begann mit Nachklängen der Romantik und bewegt sich dann lange in den Bahnen bürgerlich-realistischer Lyriker wie Storm und Mörike. Häufig werden Landschaftseindrücke auf Persönliches bezogen, oft in einem melancholischen Sinne:

Schwarzwald

Seltsam schöne Hügelfluchten,
Dunkle Berge, helle Matten,
Rote Felsen, braune Schluchten,
Überflort von Tannenschatten.

Wenn darüber eines Turmes
Frommes Läuten mit dem Rauschen
Sich vermischt des Tannensturmes,
Kann ich lange Stunden lauschen.

Dann ergreift wie eine Sage,
Nächtlich am Kamin gelesen,
Das Gedächtnis mich der Tage,
Da ich hier zu Haus gewesen.

Da die Fernen edler, weicher,
Da die tannenforstbekränzten
Berge seliger und reicher
Mir im Knabenauge glänzten.

In der Keller- und Raabe-Nachfolge steht *Peter Camenzind* (1903, als Buch 1904). Der Roman ist die Geschichte eines Schweizer Bauernsohnes, der in den

Hermann Hesse mit seiner Frau Maria am Bodensee

bürgerlichen Erziehungsprozeß, dann in den Journalismus und in Bohemekreise gerät. Aus den Gefahren der Verfälschung seines eigenen Wesens rettet er sich schließlich. Dabei hilft ihm die Pflege eines kranken Buckligen, der ein schlichtes, unmittelbares Verhältnis zum Leben hat. Am Ende kehrt Camenzind in sein Dorf heim. Sehr typisch für den frühen Hesse ist es, daß alle Versuche des Helden, Liebesverhältnisse anzuknüpfen, trotz sehnsüchtigen Verlangens scheitern, sei es an seiner Schüchternheit oder weil das Mädchen schon gebunden ist.

Das Motiv der unerfüllten Liebe fügt Sentimentalität dem Thema der Entfremdung hinzu in *Unterm Rad*. Der unglückliche Held wächst in einem Schwarzwaldstädtchen auf, das Hesses Heimat Calw sehr ähnelt. Die Pädagogik der gelehrten Abrichtung trennt ihr Opfer, den Jungen, von seiner Welt, der Kleinstadt und der sie umgebenden Natur. Deren Darstellung überwuchert die Pädagogik-Kritik.

Solche Ausmalungen stehen dem bürgerlichen Realismus der Storm und Keller näher als Hesses Zeitgenossen. Das gilt auch von den Erzählungen, die in einer Folge von Bänden mit den Titeln *Diesseits* (1907), *Nachbarn* (1908), *Umwege* (1912) erschienen. 1928 bis 1930 unterwarf Hesse viele dieser Erzählungen einer Umarbeitung und verteilte sie neu auf die Bände *Diesseits* und *Kleine Welt*. Einige von ihnen spielen in Gebersau, dem fiktiven Calw, das auch die Heimat des Landstreichers Knulp (in *Knulp*, 1915) ist. Hesses Distanz zur Bürgerwelt ist gering. Sie äußert sich in der Kühle des Erzählers, mit der er die Kleinbürgerwelt beurteilt, die er doch liebevoll darstellt. Durch die harte Distanziertheit des Erzählers der Geschichte eines Armenhauses *In der alten Sonne* (1904) wird die herzlose Seite der auf Besitz und Erfolg gegründeten Kleinbürgerwelt an ihren Opfern sichtbar, die von der Orientierung der Gesellschaft, die sie ausgestoßen hat, nicht lassen können. Diese Seite in Hesses bürgerlicher Dichtung irritierte manche Zeitgenossen. So schrieb der Lyriker Carl Busse in *Velhagens und Klasings Monatsheften* (1911/12) über *Ladidel* (1909): „Man fragt sich händeringend, was der Erzähler eigentlich an den dürftigen Philistern findet, mit deren billigen Zielen er uns vertraut macht.“ Für Hesse war diese Geschichte eines absteigenden Gymnasiasten ein autobiographisches Motiv. Er hatte den Abstieg aus der Bildungs-Oberklasse zeitweise selbst vor Augen. Aber davon abgesehen, gehört diese Seite durchaus in eine deutsche bürgerliche Tradition: die Entdeckung der Kleinbürger- und Arbeitswelt von Droste-Hülshoffs *Die Judenbuche* bis zu Hauptmanns *Bahnwärter Thiel.* Hesses Versuche, die Arbeitswelt der Lehrlinge und Handwerksburschen in seine Welt einzubeziehen, finden wir von *Unterm Rad* bis zu *Knulp* in den veröffentlichten Werken. Der Nachlaß zeigt, daß Hesse sich von diesem Milieu noch öfter hat anziehen lassen.

Autobiographischen Charakter hat *Schön ist die Jugend* (1907). Der Ich-Erzähler ist „etwas Anständiges geworden“ und hat eine Stellung im Ausland, wie Hesse nach Beendigung der Buchhandelslehre in Tübingen. Die im Heimatstädtchen verbrachten Ferien werden mit großer Liebe geschildert, es ist die Heimkehr in das gewohnte Milieu, die Rettung vor dem Absinken. Die Freude wird gedämpft durch unerfüllte Liebe gleich zu zwei Mädchen, die der Erzähler nicht gewinnen kann. Der Titel kann kaum ironisch gemeint sein. Psychologie des Heranwachsenden trägt die Erzählung *Heumond* (1905), in der Hesses Affinität zu einer anachronistisch bürgerlichen Realistik besonders deutlich wird. Im Mittelpunkt steht der sechzehnjährige Sohn eines wohlhabenden Hauses. Dessen unleidlicher Hauslehrer hat sich an kulturellen Reformbestrebungen der Zeit verdorben, wogegen der Leser sich an einer Tante erfreuen soll: „... denn ihr Lächeln war von der echten Art ... es sah aus wie ein tiefes Verstehen und Liebhaben.“ Abneigung sowohl gegen die Boheme (die schon in *Peter Camenzind* deutlich wurde) wie gegen die Lebensreform-Sektierer der Zeit bestimmt die Erzählung *Der Weltverbesserer* (entstanden 1906, gedruckt 1911). Ein junger und wohlhabender Intellektueller versucht es mit einem Einsiedlerleben, kehrt aber reumütig in die Bürgerlichkeit zurück. „Nichts ist gefährlicher und seelenmordender als die beständige Beschäftigung mit dem eigenen Wesen und Ergehen ...“ Das dürfte als Selbstkritik gemeint sein, denn wie sehr Hesse der Versuchung zum Einsiedlertum ausgesetzt war, demonstriert die Erzählung *Eine Fußreise im Herbst* (1906), in der der Erzähler seine frühere Geliebte als angepaßte Bürgerin wiederfindet und seine Melancholie auf Stormsche Art in das Gedicht *Im Nebel* faßt:

Seltsam, im Nebel zu wandern!
Leben ist Einsamsein.
Kein Mensch kennt den andern,
Jeder ist allein.

Dieser Sentimentalität wirkte Hesse durch Nachahmung italienischer Novellistik entgegen. Deren kühlen Ton trifft er in mehreren frühen Stücken des *Fabulierbuches*, wie *Der Zwerg*, *Üble Aufnahme*, *Chagrin d'Amour*, *Die Belagerung von Kremna*. Jedoch bleibt die Neigung zu intensiver Beschäftigung mit einem isolierten Ich bestehen.

Der Kult des Außenseitertums, wie wir ihn auch beim frühen Thomas Mann finden (in einer Form freilich, die strukturell viel fester gefügt ist), bestimmt den Entwicklungsroman eines Komponisten, *Gertrud*

(1910), in der Ichform erzählt. Die Außenseiterstellung des Erzählers ist sichtbar gemacht durch ein steifes Bein, das er sich durch einen Unfall auf einer Schlittenpartie zugezogen hat. An der verhängnisvollen Schlittenfahrt war die Herausforderung eines Mädchens schuld gewesen. Normales erotisches Leben ist an die Bürgerwelt geknüpft, die den Künstler-Außenseiter in sein Schicksal stößt. Eine der Figuren kommentiert: „Ein anständiger Künstler hat im Leben unglücklich zu sein."

Dieser Satz aus *Gertrud* könnte das Motto für *Roßhalde* (1914) sein, den Roman eines Malers, der sich von einer inhaltslos gewordenen Ehe befreit, die er nur äußerlich wegen der Liebe zu seinem jüngeren Sohn aufrechterhalten hatte. Als er sich die Notwendigkeit seiner Befreiung für sich und den Rest seiner ehemaligen Familie klarmacht, erkrankt das Kind qualvoll an Gehirnhautentzündung und stirbt. Auch in diesem Roman meldet sich unter der Oberfläche schon der stark autobiographische Zug der Frühzeit Hesses wieder, der dann in *Demian* strukturbestimmend werden sollte. In *Roßhalde* ist von „innerer Vereinsamung" und von „seelischer Selbstpeinigung" die Rede, was auf den *Steppenwolf* vorausweist. Auch das Thema der Eheschwierigkeiten, die auf sexuelle Kühle der Frau zurückgehen, ist offenbar autobiographischer Herkunft. Im Sinne von Hesses bürgerlich-realistischer Periode ist das Bemühen, der kühlen und beherrschten Frau Gerechtigkeit widerfahren zu lassen, ebenso wie der Versuch, die beginnenden Symptome der Gehirnhautentzündung aus dem Blickwinkel des Kindes zu zeigen. Auf den späten Hesse weist eine gegenlaufende Intention voraus, die dem Freiheitsbedürfnis des Malers recht gibt gegenüber seinem bürgerlichen Schuldgefühl. Obwohl eine menschliche Schuld am Tode des Kindes ausgeschlossen wird, stellt dessen Todesqual dennoch den Preis der künstlerischen Befreiung und Entfremdung dar, ein Motiv, das viel später in Thomas Manns *Doktor Faustus* wiederkehrt.

Die religiöse Ambivalenz des *Demian* ist in früheren Erzählungen schon spürbar. Zwar hate sich Hesse von dem Glauben seiner Eltern gelöst, muß aber eine emotionale Leerstelle empfunden haben. *Walter Kömpff* (1908) ist die Geschichte eines Durchschnittsmenschen, der seine Lebensenttäuschung erst an einen religiösen Glauben wendet und dann doch im Selbstmord endet, *Robert Aghion* (1913) die Geschichte eines Missionars, der abfällt, indem er sich dem Reiz der exotischen Welt Indiens hingibt.

Die Ambivalenz von Dichter und Bürger, das Bedürfnis nach Ungebundenheit, nach einer zauberhaft-kindlichen Existenz einerseits und die Rückbindung an das Bürgerliche andererseits wird in den drei Geschichten *Knulp* (1915; die erste Erzählung, *Vorfrühling*, 1908) gestaltet, die zu Hesses beliebtesten Werken gehören. Außer Eichendorffs *Aus dem Leben eines Taugenichts* dürfte Robert Walsers Simon aus *Geschwister Tanner* (1907) auf die Figur eingewirkt haben, ein glücklicher Tagedieb, der sich nicht gegen die Gesellschaft auflehnt. Der Landstreicher Knulp hat sein Wanderbuch in einer fingierten Ordnung, er scheint ans Bürgerliche angepaßt und ist es doch nicht. Er beglückt seine Mitmenschen und nutzt sie doch aus. Er hat überall Freunde, aber bleibt bei niemandem lange. Sein Leben ist leicht, aber es führt ihn in Krankheit und Tod. Als er sein Ende nahe weiß, umkreist Knulp ruhelos seine Heimatstadt und stirbt im ersten Schnee, nachdem er sein Leben im Gespräch mit Gott gerechtfertigt hat. Seine ungebundene Landstreicherexistenz stellt die bürgerliche Solidität in Frage, aber auch umgekehrt. Eine bürgerliche Orientierung gilt gleichzeitig mit einer unbürgerlich-dichterischen, im Grunde ähnlich wie bei Thomas und Heinrich Mann. Der *Knulp* bezeichnet wieder einmal Hesses Mißverhältnis zum Bürgerlichen, das seine konservativen, individualistischen und heimatgebundenen Neigungen widerspruchsvoll störte.

Robert Walser (1878–1956) war Schweizer. Er wurde in dem zweisprachigen Biel-Bienne im Kanton Bern geboren, wo sein aus der Ostschweiz stammender Vater sich niedergelassen hatte. Diesem gelang es nicht, sich als Kaufmann erfolgreich zu behaupten. Die Mutter, Tochter eines Schmiedes aus dem Emmental, starb 1894. Robert bemühte sich vergebens, ihre Liebe zu erwerben. Sie war nervös und streng und zuletzt geistesgestört. Robert war eines von acht Kindern. Einer der Brüder litt an Schizophrenie und starb 1916 in einer Heilanstalt, ein anderer lehrte Geographie an der Universität Bern. Der Bruder Karl war ein bekannter Maler, Bühnenbildner und Buchillustrator. Robert erfuhr eine nur sehr schwache, abgebrochene Schulbildung, eine Kaufmannslehre schloß sich an. Mehrfach versuchte er sich als Schriftsteller in Berlin zu behaupten, kehrte aber immer wieder in seine Schweizer Heimat zurück. In Biel, Zürich, Bern lebte er von häufig wechselnden Beschäftigungen meist kaufmännischer Art. Oft trieb es ihn auf lange Fußwanderungen. Er schrieb Gedichte und kleine Prosa, die in Zeitungen und Zeitschriften erschienen. 1907 bis 1909 veröffentlichte er drei Romane mit mäßigem Erfolg. Sammlungen seiner Kleinprosa hatten einen noch geringeren Widerhall. Er wurde aber gefördert von Schriftstellern wie Hermann Hesse, Alfred Walter Heymel, Franz Blei, Wilhelm Schäfer und Efraim Frisch. Seit 1929 lebte Walser in Sanatorien, wo er als Schizoider betrachtet wurde. Er weigerte sich um 1933, außerhalb eines Sanatoriums zu wohnen, und ging in die Heilanstalt Herisau, wo er Heimatrecht hatte. Auf einer seiner Wanderungen starb Walser an einem Herzanfall. Der Zürcher Journalist und Schriftsteller Carl Seelig hatte sich um ihn in seinen letzten Lebensjahren gekümmert. Er war der erste Herausgeber von Walsers Schriften.

Aus den frühen Gedichten spricht eine geradezu kindliche Naivität, der jedoch ein mehr oder weniger deutlicher Zug von Fremdheit in der Welt zuwiderläuft. Das folgende Gedicht wurde zuerst 1899 in der *Wiener Rundschau* gedrückt.

Bangen

Ich habe so lang gewartet auf süße
Töne und Grüße, nur einen Klang.

Nun ist mir bang; nicht Töne und Klingen,
nur Nebel dringen im Überschwang.

Was heimlich sang auf dunkler Lauer:
Versüße mir, Trauer, jetzt schweren Gang.

Eine bescheidene Melancholie kann sich in Symbole umsetzen. Diese, neben dem Erlebnisbericht und naiver Selbstaussage, geben dem Gedicht *Im Bureau* einen vorexpressionistischen Charakter:

Der Mond blickt zu uns hinein,
er sieht mich als armen Kommis
schmachten unter dem strengen Blick
meines Prinzipals.
Ich kratze verlegen am Hals.
Dauernden Lebenssonnenschein
kannte ich noch nie.
Mangel ist mein Geschick;
kratzen zu müssen am Hals
unter dem Blick des Prinzipals.

Der Mond ist die Wunde der Nacht,
Blutstropfen sind alle Sterne.

Gedichte

von

Robert Walser

Mit Radierungen von Karl Walser

Bruno Cassirer
Berlin

Titelblatt von Robert Walsers »Gedichte« mit Radierungen von Karl Walser (1909)

Ob ich dem blühenden Glück auch ferne,
ich bin dafür bescheiden gemacht.
Der Mond ist die Wunde der Nacht.

Das zuerst 1907 gedruckte Gedicht ist vielleicht das berühmteste von Walser; das kühne Bild von dem Mond als der Wunde der Nacht ist aber weniger typisch für seine Lyrik als die gedämpft klagende Selbstaussage. Der Humor ist hier eine besondere Form der bescheidenen Resignation, mit der sowohl der Dichter als der Mensch Walser sein schwieriges Leben ertrug. Eine Reihe dieser frühen Gedichte wurde von Joseph Viktor Widmann im Feuilleton des Berner *Bund* zuerst gedruckt, demselben Widmann, der Spittelers Freund war und Ricarda Huch förderte.

Die frühen Dialoge und Märchenspiele Walsers wurden 1900 bis 1902 in *Die Insel* gedruckt, sie entstanden 1899 bis 1900. In *Aschenbrödel* tritt das Märchen selber auf und schenkt das schöne Kleid. Aschenbrödel ist der Traum, der aus der erniedrigenden Wirklichkeit befreit. Die Schwestern, die die Realität vertreten, verschwinden am Ende in bloßer Erstarrung. Sie können nicht einmal versuchen, wie im überlieferten Märchen, sich den Prinzen der Erfüllung anzueignen. Jedoch erscheint die Erfüllung des Traumes fragwürdig, denn zum Traum gehört seine Unerfülltheit. Das kleine Stück ist in ungereimten 4hebigen Versen geschrieben wie *Schneewittchen*, ein Spiel mit den Personen des Märchens, das dieses voraussetzt. Haß, Eifersucht, Liebe, Erinnerung werden so vermischt, daß aus dem Spiel auf der Bühne ein Spiel mit der Märchenfiktion wird.

Walsers Kleinprosa nimmt den größten Teil seines Werkes ein. Es sind Feuilletons, Impressionen und Reflexionen, die vom Kindlich-Banalen über das Besinnliche zur Parabel reichen. Naturstimmungen,

Großstadtbeobachtungen, Jugenderinnerungen, puppenspielartige schlichte Geschichten, Träume, Phantasien, Geschichtserinnerungen, Lektürereflexionen sind ihre Gegenstände. In dem schon 1899 erschienenen Feuilleton *Der Greifensee*, dem frühesten gedruckten, wird die Schilderung einer Wanderung vom großen Zürichsee zum kleinen „fast unbekannten" Greifensee zu einer farbigen Naturstimmung, von der der Berichtende sagt, sie sei „ganz und gar die Beschreibung meines Herzens". Um es einer einsamen Ente auf dem Seespiegel nachzutun, schwimmt der Erzähler in den See hinaus. Das beschreibende Ich möchte sich in der Landschaft auflösen. Diese Tendenz ist typisch für eine Seite von Walsers Prosa. Eine andere ist die Rollenprosa. *Fritz Kochers Aufsätze*, zuerst 1902 als Feuilletons veröffentlicht, dann 1904, vermehrt durch andere Prosastücke, als Buch, sind fiktive Schüleraufsätze, in denen eine früh verstorbene Erzählerfigur sich zwischen Anpassung, sanfter Auflehnung und Sehnsucht nach dem großen Leben ausspricht. Eine gewisse Kindlichkeit des Stils ist häufig bei Walser, auch ohne die Rolle des schreibenden Schülers. Eine Reihe von Skizzen *Der Commis* beschreibt die Lebensanschauung und gesellschaftliche Einordnung eines kaufmännischen Angestellten, natürlich aus autobiographischem Anlaß. An die heitere Oberfläche über einem angedeuteten Abgrund, die wir in den Romanen vor uns haben, erinnert schon der Aufsatz *Der Wald* (1903, ebenfalls in dem Buch *Fritz Kochers Aufsätze* enthalten). Auf immer neue Weise wird dem Leser versichert, wie der grüne lebendige Wald der Heimat so schön sei, daß es stellenweise kindlich klingt. Aber dann blitzt unerwartet eine sprachliche Formung auf wie diese:

Aber am herrlichsten sind doch die Wälder am ganz frühen Morgen, lange bevor die Sonne kommt, wenn im Raum alles noch Nacht ist und nur ein bleiches, lebloses Licht von oben herunterfällt, kein Licht eigentlich, bloß müdes und totes Dunkel. Da redet der Wald eine Sprache ohne Laut, ohne Atem, ohne Bildung, und alles ist süße kalte Verständnislosigkeit.

Der Erzähler nennt anfangs eine Tatsache, die er noch aus der Schule weiß, daß der Wald die ganze mitteleuropäische Zivilisation zudecken würde, ließe man ihn ungehindert wachsen. An diese abgründige Seite des Objektes der Naturliebe wird der Leser ab und zu sanft erinnert, so auch in den oben zitierten Sätzen. Der Gegensatz von bewaldeten und Felsenbergen wird augenblicksweise zu einem Bild von Leben und Tod.

Freilich, wo die höheren Berge anfangen, da hört selbstverständlich der Wald auf. Da, wo Fels ist, stirbt der Wald. Oder das, was, wenn es tiefer und wärmer und breiter läge, Wald wäre, ist eben dann Fels. Fels, das ist toter, gestorbener, erdrückter Wald. Wald ist so holdes, reizendes Leben! Was Fels ist, das möchte gern das fressen, was so beweglich und reizend Wald ist. Der Fels starrt, der Wald lebt, er atmet, saugt, strömt, ist See, der tiefströmend liegt, ist Fluß, der aufatmend fließt, ist Wesen, ist fast mehr Wesen als Element, denn er ist zu weich, um Element zu sein.

In Berlin schrieb Walser Großstadtfeuilletons. *Friedrichstraße, Berlin W, Aschinger* sind herausgegriffene Titel (1907–10). In ihnen drückt sich eine sozusagen gewaltsame Zustimmung zum Berliner Leben aus. In dieser Gewaltsamkeit liegt natürlich eine Einschränkung. „Wer keine gar so besondere Herzlichkeit beansprucht, der darf ein Herz haben, man erlaubt ihm das.“ So lautet der Schlußsatz des Aschinger-Feuilletons. *Gebirgshallen* (1908, zuerst unter dem Titel *Reklame*) enthält die spaßhafte Empfehlung eines Varieté-Restaurants mit Animiermädchen. Das geschilderte Milieu ist jedoch eher abstoßend. Kafka soll dieses Stück gerne vorgelesen haben. *Ovation* (1912) hat wahrscheinlich auf Kafkas *Auf der Galerie* eingewirkt. Walsers Prosastück spielt im Theater, er läßt es unbestimmt, ob die gewaltige Ovation einer Schauspielerin, Sängerin oder Tänzerin gilt. Höhepunkt ist, wie sie eine Tausendmarknote zurückweist, die ein schwärmerischer Baron ihr unter die Füße gelegt hat. Dieser Hinweis auf die Käuflichkeit inmitten der Kunstbegeisterung ist eine Art der leisen Entfremdung, wie man sie bei Walser findet. In *Meta* (1913), einer parabelartigen Geschichte, bittet eine Prostituierte den Erzähler, nicht als Kunde, sondern als ihr Geliebter mit ihr zu kommen. Sie wird mit Odysseus' Kirke verglichen, deren Liebe sie von ihrer Qualität als böse Zauberin befreit. Odysseus verläßt sie jedoch. „Ist er so hart?“ fragt die Geschichte. Diese spielerische Parabelform weist auf Kafka und auf Brecht voraus, die freilich größere Ökonomie walten lassen. Walser schrieb Aufsätze und Feuilletons über das Theater und über Dichter wie Lenz, Kleist, Brentano und Büchner. *Kleist in Thun* (1907) beschreibt das Schweizer bukolische Idyll des Dichters, die Verzweiflung über seine Arbeit und seine Heimfahrt als Kranker unter Zeichen geistiger Verwirrung.

Der „Roman“ *Geschwister Tanner* (1907) stellt einen jungen Mann, Simon Tanner, in den Mittelpunkt. Obwohl in der 3. Person erzählt, wechselt die Perspektive ziemlich selten, Simon bleibt im Zentrum. Die wenigen Male, in der die Perspektive einer anderen Person eingenommen wird, wirken als Reste aus der traditionellen Erzählweise. Simon ist ein Außenseiter, ein Tagedieb und Taugenichts, der aber keineswegs gegen die Kategorien der Gesellschaft revoltiert. Im Gegenteil, er erkennt alle Gesetze und Gewohnheiten an, obwohl er ihnen nicht gerecht werden kann. Eine regelmäßige Arbeit und das gute Gewissen erfüllter Pflicht sind ihm erstrebenswert. Aber er hält es in keiner Stellung aus, seine Freiheit ist ihm ebenso lieb. Tadel, strenge Behandlung, ja das Unglück lobt er, weil sie ein menschliches Verhältnis implizieren. Er unternimmt eine lange winterliche Nachtwanderung, um am Widerstand der Natur sich die Realität zu bestätigen, wobei er einen jungen Dichter erfroren findet. Erst ganz allmählich wird dem Leser, der durch die lose Aneinanderreihung von Episoden verwirrt wird, deutlich, daß Angst vor Realitätsverlust hinter dem Ganzen steht. Simons Geschwister, einer bürgerlich angepaßt, einer nicht, eine Schwester schwankend, dienen als Kontraste zu Simon.

Simons Entfremdung von anderen Menschen zeigt sich unter einer freundlichen und heiteren Oberfläche. Er gewinnt sie leicht für sich, kann aber niemanden halten. Am nächsten kommt er Klara, einer engelhaften Frauenfigur, der er „sich schenkt", aber es wird keine Liebe daraus. In einem Traum wird sie zur Zauberin und zeigt Simon seine Geschwister ähnlich wie später in dem magischen Theater in Hesses *Steppenwolf*. Da Simon während seiner vergeblichen Suche nach dauernder Kommunikation mit Welt und Menschen heiter bleibt, ist, was dargestellt wird, eine abgründige Heiterkeit am Rande des Wahnsinns, der im völligen Verlust der Kommunikation bestünde. Leider ist die Erzählung wenig fesselnd, ihr lockerer, episodischer Charakter läßt kaum künstlerische Disziplin erkennen. Vielleicht haben diese Unvollkommenheiten Hermann Hesse gezeigt, wie das Thema des entfremdeten liebenswürdigen Taugenichts in einer dem Leser mehr entgegenkommenden Weise in *Knulp* zu gestalten sei. Für Walser selbst, der sich in einigen Figuren sehr eng an seine eigenen Geschwister gehalten hatte, war der Roman das Werk, das ihm am nächsten stand.

Der Gehülfe (1908) ist leichter lesbar. Auch dieser Roman hat eine autobiographische Grundlage. Der Leser folgt der Perspektive des Helden Joseph Marti, der sich auf die Familie seines Arbeitgebers einstellen muß. Dieser, Tobler (das Vorbild hieß Dubler), zieht Joseph aus dem Elend der Erwerbslosigkeit und nimmt ihn fast in die Familie auf, Dankbarkeit erwartend, aber auch immer den sozialen Unterschied hervorkehrend. In Wirklichkeit jedoch ist die Pracht seines Hauses und seines technischen Büros untergraben. Seine Erfindungen bleiben ohne kommerziellen Abnehmer, und er geht dem Konkurs entgegen. Aus dieser Situation wird leicht satirisch gefärbter Humor gewonnen. Freilich wuchert auch diese Geschichte. Der Vertrauensverlust, den Herr Tobler wegen seiner Geschäftslage erleidet, wird allzu breit ausgesponnen, die Stimmungen der Zürichseelandschaft und die des Gehilfen werden poetisch ausgemalt, die Komik, die darin liegt, daß die hübsche Frau Tobler von dem heiter-bescheidenen Gehilfen Annäherungen erwartet, die dieser einfach nicht unternimmt, wird in Variationen vorgebracht. Dennoch ist der Roman auf weite Strecken eine bemerkenswerte soziale Studie. Den Charakter bürgerlichen Lebens beleuchtet der Sonderfall: eine Bürgerfamilie, deren Bürgertum zur bloßen Fassade geworden ist.

Fast noch eindrucksvoller ist die Darstellung der letztlich unüberbrückbaren Kluft zwischen dem Unternehmer und dem Angestellten, wie heiter-bescheiden er auch ist. Mit sozialistischen Ideen habe er sich in der Vergangenheit einmal beschäftigt, erfahren wir. Dies bleibt aber in der Vergangenheit, wirkt nur als Hinweis. Manchmal, doch relativ selten, gerät der Held Joseph Marti aus dem seelischen Gleichgewicht.

Er lehnt sich auf und fühlt sich dann in absurder Weise schuldig. In Ansätzen wird die imaginative Möglichkeit angeboten, das Haus Toblers und das Treueverhältnis des Gehilfen als mythische Rittergeschichte zu sehen.

Der Tagebuch-Roman *Jakob von Gunten* (1909) deutet ein hinter ihm stehendes Märchen an, das aber durch Desillusionierung auch ins Anti-Märchen umschlagen kann. Die Gefühlsambivalenz von Furcht und Liebe, die der Schüler Jakob gegenüber dem „Vorsteher", dem Institutsdirektor Benjamenta, und dessen Schwester, der Lehrerin, empfindet, ist gegenüber *Der Gehülfe* einerseits intensiviert, andererseits noch absurder geworden. Waren dort die Erfindungen des Erfinders nichts wert, gibt es hier ein Lehrinstitut, eine Dienerschule, in der man nichts lernt. Die Hauptsache ist die Unterordnung unter Vorschriften und die Erzeugung einer „richtigen" Haltung, deren Sinn nicht befragt werden darf. Der Tagebuchschreiber kommt aus einer guten Familie, von der er sich getrennt hat. Jakob will von unten anfangen, die Haltung des Dienens erlernen, kann aber von kleinen inneren Auflehnungen nicht ganz lassen, im Gegensatz zu dem Musterschüler Kraus, der keine Individualität besitzt. Deren Auslöschung ist das Ziel. Aber das Institut und die von ihm erzeugte Haltung inmitten der modernen Großstadt Berlin ist unzeitgemäß, und es geht deshalb auch ein. Jakob hat Benjamenta als Kleinbürger erkannt, dessen „innere Gemächer" kein Geheimnis enthalten. Die alte Zeit pflegte das Gefühl von „oben" und „unten", loyale Kleinbürger halten sie am Leben. Die neue Zeit erscheint symbolisch in einem Traum, in dem der Tagebuch-Erzähler ein moderner Reicher ist, der die Allegorien der Tugenden, die er alle gekauft hat, mißbraucht, vergewaltigt und verhöhnt. Als Gott auf seinen Pfiff hin erscheint, offenbar auch er gekauft, wacht der Träumer auf. „Wie im Traum doch alles an die Grenze des Wahnsinns streift“, ist sein Kommentar. Am Ende steht der Traum von der Freiheit und dem Glück, die Flucht in die Phantasie, der sich Benjamenta, der Besitzer des Instituts, anschließt. Der Erzähler ordnet sich ihm sogar unter, was man als ironische Anerkennung der Macht des Kleinbürgers ansehen kann – auch über Phantasie und Literatur.

Die Strukturschwächen in Walsers Romanen rücken diese in die Nähe der Bohemeliteratur. Das gilt auch für *Jakob von Gunten*, dessen Tagebuchform allerdings einen assoziativen Stil entschuldigt. Auf Kafka und Brecht weist Walsers Sprache voraus. Aus seinem Mangel an formaler Bildung (der freilich manchmal peinlich hervortritt) kann er in seinen besten Stücken eine Tugend machen, indem er die moderne Welt ins Naiv-Schlichte verfremdet und dennoch das Abgründige unter der spielerischen Naivität erkennen läßt. Auch aus Walsers Werk spricht die Sprachproblematik, die bei Hofmannsthal oder in Ricarda Huchs *Fra Celeste* noch um einen Grad bewußter ist. Walsers Figuren bereden die Realität, die sich ihnen jedoch entzieht.

Ricarda Huch, Jakob Wassermann, Hermann Hesse und Robert Walser knüpfen an den bürgerlichen Realismus an, sind vom Naturalismus nur insofern berührt, als soziale Fragen in ihrem Werk eine Rolle spielen und Sozialisten, oft als fragwürdige Romanfiguren, vorkommen. Joseph Viktor Widmann förderte Ricarda Huch und Robert Walser und unterstützte deren Anknüpfung an Keller. Der Ästhetizismus und das eng damit verbundene Künstlerthema hat, sosehr es die Epoche mitbestimmt, romantische Wurzeln. Dennoch liegt in der Intensität, in der eine neue Orientierung im Lebenskult gesucht wird, ein moderner Zug. Selbst der Sonderfall Walser paßt in die Epoche. Die Tendenz zu puppenspielhaften und parabelartigen Spielformen verbindet ihn mit Hofmannsthal, die impressionistische Kleinprosa mit Peter Altenberg und anderen Vertretern des Wiener Feuilletons. Die Tendenz zur Einschränkung der Perspektive und eine beginnende Verfremdung der gesellschaftlichen Umwelt führt zu Kafkas fiktiver Welt hin; jedoch ist die Traumbefreiung am Ende des *Jakob von Gunten* ein romantisch-ästhetisches Motiv, und elementare Naturbewunderung verbindet seine Prosa sowohl mit der epischen deutschen Tradition wie mit allen hier beschriebenen Prosaisten.

In einem neuen Prosastil schreiben wollte Alfred Döblin (1878–1957). Er war ebenso alt wie Robert Walser, ein Jahr jünger als Hermann Hesse. Seine Anfänge standen unter dem Zeichen des Jugendstils. Unter dem Einfluß der Psychiatrie, auf die er sich am Anfang seiner ärztlichen Laufbahn spezialisierte, interessierte er sich für abnorme, schizophrene, der Umwelt entfremdete Bewußtseinszustände, die er aus konsequenter Innensicht darstellte. Diese Einschränkung der Perspektive weist auf Kafka voraus, weshalb Döblins Frühwerk manchmal zum Expressionismus gezählt wird.

Alfred Döblin wurde in Stettin geboren. Seine Mutter stammte aus einer aufstrebenden, aber ganz materiell eingestellten, aus Posen eingewanderten Kaufmannsfamilie, sein Vater, ebenfalls aus Posen – beide Eltern waren jüdischer Herkunft –, war als Geschäftsmann wenig erfolgreich. 1888 wanderte der Vater mit einer zwanzig Jahre jüngeren Angestellten nach Amerika aus und ließ seine Frau mit fünf Kindern und Schulden zurück. Die Mutter zog in den Osten Berlins. Alfred liebte seine tatkräftige Mutter und fühlte sich verpflichtet, moralisch auf ihrer Seite

Alfred Döblin als Assistenzarzt

zu stehen, führte aber seine künstlerische Begabung mit ihrer bürgerlichen Unregelmäßigkeit, für die die Mutter kein Verständnis hatte, auf das Erbe des Vaters zurück, der ein wenig musisch begabt war. Döblin entwickelte in seinen erzählenden Schriften einen heftigen Antifeminismus, der vielleicht die Reaktion auf die dominierende Stellung der Mutter in seinem Leben war.

Einige Jahre lang konnte die wirtschaftlich schwer kämpfende Frau Döblin das Schulgeld für das Gymnasium nicht aufbringen. Alfred konnte aber eine Freistelle erlangen und schließlich, nach großen Schwierigkeiten mit der verhaßten Lernschule, 1900, mit zweiundzwanzig Jahren, das Abitur ablegen. Er studierte Medizin auf Kosten seiner mütterlichen Verwandten in Berlin und Freiburg, wo er 1905 seine Examen mit gutem Erfolg ablegte. Während seines Medizinstudiums hörte er philosophische Vorlesungen. Während er Assistenzarzt war, arbeitete er noch eine Zeitlang wissenschaftlich in der Psychiatrie, Neurologie und inneren Medizin. Eine nichtjüdische Krankenschwester aus einfachen Kleinbürgerverhältnissen, die ein Kind von ihm hatte, verließ er auf Betreiben seiner Familie, der er ja sein Studium zu verdanken hatte, und verlobte sich 1911 mit Erna Reiß, die seiner Mutter ähnlich gewesen sein soll. Im gleichen Jahre ließ er sich im Osten Berlins als Arzt nieder.

Döblins erste Versuche waren lyrisierend und pathetisch, seinen ersten Roman nannte er *Jagende Rosse*. 1902 bis 1903 schrieb er den Roman *Der schwarze Vorhang*, den er 1912 im *Sturm* veröffentlichte. Ein anfänglicher Versuch, durch Betonung der Fiktionalität eine epische Distanz zu schaffen: „Dieser Mann ist ja nur erdacht", wird fallengelassen. Statt dessen wird die Gefühlsdarstellung einer Haßliebe großenteils aus der Perspektive des Mannes geboten. Sie führt zu einem Lustmord im Wald; der Mann beißt der Frau die Kehle durch, vielleicht eine Erinnerung an Kleists *Penthesilea.* Nur selten wird die Perspektive der Frau einbezogen, dann ist sie noch unbestimmter, gefühlshafter, passiver als die des Mannes. Nahe dem Höhepunkt wird ihre Gefühlsambivalenz so wiedergegeben:

> Oh, wie begehren meine Arme und Lippen dich, nur dich. Komm zu mir, du Entsetzlicher. Im Traum und heimlich fiel ich zusammen und wenn mein Leib sich in Trunkenheit wand, fuhr mir der tolle Ekel mit dunstigen gallertigen Händen über das Gesicht.

Der Mann liebt mit Lebensüberdruß und Todeswunsch:

> Wie wenig will mir das Leben halten, was es mir versprach, ach und weinend muß ich gestehen: wie wenig habe ich dem Leben gehalten.

Die Ambivalenz von Todeswunsch und Lebensgier erzeugt die Maske des Lebensüberdrusses als Schutz, kommt aber, das läßt der Text gut erkennen, aus sexueller Verdrängung. Sexualität verlockt zur Überwindung der Einsamkeit des dem Leben entfremdeten Individuums; Liebe wird aber nur durch Unterwerfung realisiert.

Döblin wollte sich diese Probleme, die ihn auch nach partnerschaftlichen Liebesverhältnissen weiter bedrängen, durch Gestaltung vom Leibe halten. 1905 schrieb er *Lydia und Mäxchen*, das er 1906 drucken ließ. Das Stück behandelt den Versuch des „Dichters“, ein Drama so zu schreiben, daß seine innersten Gedanken nicht berührt werden, was auf komische Weise mißlingt.

Die seit 1904 entstandenen Novellen des Bandes *Die Ermordung einer Butterblume* (1913) setzen das Bemühen fort, den aus Sexualnot, Lebensangst, Todeswunsch und rächender Mordlust zusammengesetzten Komplex in Gestalt zu verwandeln. *Die Verwandlung* ist eine Art modernes Märchen, modern, weil Telephon und Dampfschiff vorkommen. Eine „wilde Königin" und ein „melancholischer Prinzgemahl" können sich weder lassen noch richtig lieben. Hier verkörpert offensichtlich die Frau das Böse der Sexualnot. Döblin widmete den Erstdruck im *Sturm* (1911) seiner damaligen Verlobten Erna Reiß. Von der Perspektive des Mannes geht die Ich-Erzählung *Die Memoiren eines Blasierten* aus, eines anfänglich Naiven, der die Liebe sucht und nicht findet, so daß er sich schließlich an einem „Aufwaschmädchen" vergeht, sie liebt und mißhandelt. Die vielen misogynen Äußerungen dieser Erzählung sind durch die Fiktion eines anscheinend pathologischen, mindestens neurotischen „Falles" gedeckt, die Geschichte leitet zu den psychiatrischen Fallstudien Döblins über. Man wird aber den Verdacht nicht los, daß die Ich-Erzählung Döblins eigene innere Bedrängnis nicht befreit, sondern nur überspitzt und karikiert. *Der Ritter Blaubart* gibt der Sexualnot die Gestalt eines Fabel-Untiers. *Der Dritte* ist die Geschichte eines Arztes, der mit seiner Sekretärin schläft, aber von ihrer Unschuld so verstört ist, daß er sie zwar heiratet, aber quälen muß. Groteskerweise bringt er sich ums Leben, weil ein von seiner Potenz überzeugter Bewerber um die Gunst seiner Frau das so will. Diese Wendung der Geschichte, in der die normale Psychologie aufgehoben wird, könnte auch bei Kafka vorkommen, der Döblins Geschichte in der Erstveröffentlichung im *Sturm* vielleicht gelesen hat. Übrigens haben Kafkas Frauengestalten eine verwandte morbide Ambivalenz gegenüber der Sexualität.

Weibliches Begehren, ein beliebtes Thema des Jugendstils, stellt Döblin auf makabre Weise in *Der Tod und das Stiftsfräulein* (im Manuskript 1905 datiert) dar. In *Die Segelfahrt* wird Selbstmord zum Vollzug der Liebe, auch hier nicht ohne daß die weibliche Partnerin, ein spätes Mädchen, zeitweise sich zur Dirne erniedrigen muß. Die Titelerzählung *Die Ermordung einer Butterblume* (vermutlich um 1905 entstanden) ist die Darstellung eines schizophrenen Schubes in erlebter Rede, verbunden mit einer Bürgersatire. Kaum verdeckt herrscht auch hier das sexuelle Thema. Der Erzähler vermeidet direkte Erklärungen, er hält sich innerhalb des Bewußtseins des Freiburger Bürgers. Nur durch substantivierte Adjektive wie „der Verhärtete“, „der Glückliche“, durch gelegentliche Erinnerungen an den vorigen Zustand, „der ruhige Kaufmann“, durch Adjektive wie „krampfhaft“ wird eine Erklärung vermittelt. Dem Bürger kommt auf einem Spaziergang nach St. Ottilien die fixe Idee, eine Butterblume ermordet zu haben, die er Ellen nennt. Der Ausbruch eines Wahnsinns wird auch in *Astralia* (im Manuskript 1904 datiert) gezeigt, es handelt sich um einen kleinen Privatgelehrten und religiösen Lebensreformer, dessen Bindung an die Normalität seine bürgerliche Frau ist, wie im Falle Paul Scheerbarts. Diese Frau bildet einen komischen Kontrast zu dem nach einer nächtlichen Sitzung als Erleuchtung ausgebrochenen Sendungsbewußtsein des Außenseiters. Die Verwandlung des überbürgerlichen neuen Heilands ist nur kläglicher Wahnsinn. Hermann Hesses Erzählung *Der Weltverbesserer* (1911, entstanden etwa 1906) bietet sich zum Vergleich an. Beide Erzählungen wenden Ironie gegen die scheinrevolutionäre, neureligiöse Lebensreform. Während Hesse in Stil und Intention in der Bürgerlichkeit bleibt, ist in Döblins Erzählung die bürgerliche Welt ebenso wie die irrende Mittelpunktsfigur der Satire ausgesetzt. *Die Tänzerin und der Leib* (Erstdruck 1910) behandelt den Konflikt zwischen dem künstlerischen Willen der Tänzerin und ihrem Körper, der durch Krankheit zum „trägen Tier" geworden ist und ihrem Ausdruckswillen nicht gehorcht. Dies kann man als Gleichnis für den Widerstand des Mediums lesen.

Die drei Sprünge des Wang-lun ist ein Roman, der 1912 bis 1913 geschrieben wurde und 1915 bei S. Fischer erschien. Döblin hatte, wie wir aus einem seiner Futurismus-Aufsätze wissen, Marinettis *Mafarka le futuriste* (1909) gelesen. Dieser Roman stand in der Nachfolge von Flauberts *Salammbô* und Nietzsches Übermensch-Gedanken. Exotismus und Bilderfülle beherrschen auch Geschichten, die Else Lasker-Schüler im *Sturm* drucken ließ. Döblin hat aus allen diesen Anregungen etwas ganz anderes gemacht. Im Gegensatz zu Else Lasker-Schüler, die eine Phantasiewelt hinstellt, hat Döblin chinesische Studien getrieben. Allerdings ist sein China nicht ganz authentisch; auch er läßt der Phantasie Spielraum, was schon deshalb nötig ist, weil Döblins China die Verfremdung des Gegensatzes von Außenseiter und Gesellschaft zu tragen hat, eines Gegensatzes, der als Dialektik von Anpassung und Widerstand in immer neuen Variationen durchgespielt wird. Was an Marinettis *Mafarka* erinnert, ist die Bewegung von Massen und einzelne durch massierte Bilder gegebene Schlachtszenen. Döblins Wang-lun ist ein starker Mensch, aber hat nichts von Nietzsches amoralischem Übermenschen, wie er Marinetti fesselte. Der Rausch der Daseinsbegeisterung dominiert Döblins Roman nicht, sondern ein reflektierender, moralischer, melancholischer Grundzug; die Vergeblichkeit des Versuchs, das eigene Leben zu finden, behauptet sich unter der Fülle von Bildern und Figuren. Humor, der zu grotesker Komik werden kann, modifiziert den melancholischen Grundzug. Die chinesische Welt dieses Romans erhält ihre exotische Note von naturhaften und dämonischen Bildern, eine eigenartige Gesellschaft (ob historisch exakt oder nicht) wird anschaulich. Sie ist strukturiert durch den Gegensatz von Tao und Kung-fu-tse, westlichem Paradies und moralischem Handeln, Versenkung und sozialer Pflicht, Gewaltlosigkeit und Zwang, Unterwerfung unter das Schicksal und bürokratischer Organisation. Diese Dialektik beherrscht den Roman; sie treibt den Konflikt der buddhistisch-taoistischen Sekte der „Wahrhaft Schwachen“ mit der staatlichen Ordnung hervor, sie bestimmt auch die Geschichte dieser Sekte, deren Führer Wang-lun ist. Die „Wahrhaft Schwachen“ können politischem Verhalten, moralischen Entscheidungen nicht ausweichen. Die Dialektik findet sich sogar auf der Seite der staatlichen Ordnung, im kriegerischen Kaiser Khien-lung, der vorübergehend unter dem Einfluß des Taschi-Lama, eines hohen tibetanischen Priesters, die Lehre der Gewaltlosigkeit toleriert. Die reaktionäre und intolerante Gegenposition wird von dem beschränkten Kronprinzen Kia-ling vertreten, der vielleicht eine Anspielung auf Kronprinz Wilhelm ist.

Die Verfremdung in die chinesische Welt geht so weit, daß dem Leser zugemutet wird, den Dämonenglauben der handelnden Personen zu teilen. Dämonen verwandeln sich; sie erzeugen Krankheiten und geistige Verwirrung, künden den Tod an. Dem steht eine naturalistische Nüchternheit entgegen, die auch die exotische Welt der Gärten, Zeremonien, Gewänder, Riten, Städte, Volksmengen immer wieder auf die Wirklichkeit menschlichen Leidens, menschlicher Schuld reduziert. Die formelle Höflichkeit der chinesischen Gesellschaft und krasse, krude Grausamkeit stoßen zusammen.

Inmitten der Verfremdung werden politische Allegorien sichtbar. Ein exotisch-religiöses Priesterkönigtum entsteht, weil Kapitalisten das Volk gereizt hatten. Als die Macht der alten Ordnung das Priesterkönigtum besiegt, vergiftet Wang-lun seine früheren Freunde, die, in aussichtsloser Lage, sich in einem Stadtteil verbarrikadiert haben, der keine eigenen Brunnen hat. Wang-lun will ihr Ende abkürzen, in die eigene Hand nehmen. Die Vergiftung des Wassers, gewissermaßen ideal konzipiert und eulenspiegelhaft ausgeführt, erzeugt jedoch eine Nacht von Krämpfen und krassen Leiden. Hier stoßen politische Wunschträume, wie die der Boheme, gegen die zähe, widerspenstige Realität. Man könnte den Wang-lun als Voraussage der Enttäuschungen von 1918/19 lesen, wenn man davon absieht, daß der Roman die Bereitschaft breiter Volksmassen, Befreiungsbewegungen zu unterstützen, überschätzt.

Das letzte Buch schildert Wang-lun als Rebellenführer, halb gezwungen, halb gebrochen aus der Anonymität eines privaten Lebens auftauchend und gezeichnet durch seine Schuld. Die Revolution soll Befreiung sein und wird Gewalt, führt zu Grausamkeiten auf beiden Seiten. Die drei Sprünge des Wang-lun sind die von Gewalt in Gewaltlosigkeit und zurück. Wang-lun ist gebrochen, weil er, der einmal die Gerechtigkeit, das Lebensrecht, die Vereinigung mit Leben und Schicksal vertrat, nun ein Dämon des Todes geworden ist. Am Ende des Buches steht eine Wallfahrt der verwöhnten Frau eines Generals, die beide Kinder in den Kämpfen verloren hat. Die Gebete, die sie sich durch eine ungeheure Summe von den Mönchen erkauft, nützen nichts, aber sie selbst erzwingt eine Erscheinung der Göttin, deren Weisung ist: „Stille sein, nicht widerstreben, oh, nicht widerstreben." Der Text fährt fort:

Hai-tang blickte weiter in den grünschleppenden Mondschein. Sie setzte sich auf, schob die Schaufeln ihrer Hände über das kalte Gesicht: „Stille sein, nicht widerstreben, kann ich es denn?“

Wie hier eine schöne Szene, die Erscheinung der „schmalhüftigen“, „perlmutterweißen“ Göttin mit einem „grasgrünen“ Diadem im Mondschein durch die „Schaufeln“ der menschlichen Hände halb ins Krude zurückgenommen wird, aber dennoch bestehen bleibt, ist typisch für den Stil des Romans. Das Wort „grünschleppend“, als Attribut des Mondscheins, enthält den Übergang von Jugendstil zum Expressionismus in sich. Chinas Tao, die gestillte, stilisierte inaktive Betrachtung der Welt, und der Protest gegen Ungerechtigkeit und Leiden, das aktive Sich-Auflehnen stehen ungelöst nebeneinander. Gerade dies trägt zu der Bedeutung des Romans bei.

Döblin schrieb 1913 im *Sturm*: *An Romanautoren und ihre Kritiker* mit dem Untertitel „Berliner Programm“. Darin wendet er sich gegen den im Roman modernen Rationalismus, die Psychologie. Statt dessen empfiehlt er die Psychiatrie, die nur Abläufe und Bewegungen registriere. In diesem Sinne ist der *Wang-lun* ein antipsychologischer Roman. Es handelt sich mehr um den Darstellungsstil. Da Wang-lun selber im Mittelpunkt steht, durchaus ein ‚Held‘ ist, muß der Leser sich die Psychologie aus seinen Handlungen formen, wobei der Erzähler oft genug mithilft. Auch unterbricht der Erzähler immer wieder die Handlung, um Lebensläufe von Nebenfiguren zu erzählen, damit der Leser psychologische Schlüsse ziehen kann. Bemerkenswert und für den *Wang-lun* bezeichnend sind die folgenden Sätze:

Die Darstellung erfordert bei der ungeheuren Menge des Geformten einen Kinostil. In höchster Gedrängtheit und Präzision hat „die Fülle der Gesichte“ vorbeizuziehen. Der Sprache das Äußerste der Plastik und Lebendigkeit abzuringen. Der Erzählerschlendrian hat im Roman keinen Platz. Man erzählt nicht, sondern baut.

Der Wille zur bewußten Komposition zähmt die Bilderflut Döblins. *Die drei Sprünge des Wang-lun* ist einer der bedeutendsten deutschen Romane dieser Zeit. Er ist noch nicht zu seiner verdienten Wirkung gekommen, was vielleicht mit seiner Veröffentlichung im Ersten Weltkrieg zusammenhängt, vielleicht auch damit, daß er weder eindeutig ein expressionistischer Text ist noch bürgerliches Milieu reproduziert, wie es die meisten Autoren des Fischer Verlages tun. Aber diese Sonderstellung trägt eher zu seiner Bedeutung bei.

12. Die Bürger-Künstler-Brüder: Heinrich und Thomas Mann

Der älteste Sohn des Lübecker Senators Thomas Johann Heinrich Mann saß mit Ungeduld auf der Schulbank der Unterprima des Gymnasiums. Denn Schreiben war sein einziges Interesse. Luiz Heinrich Mann (1871–1950, der erste Vorname, den er später fallenließ, kommt von seinem brasilianischen Onkel her) dichtete im Stil Heinrich Heines. In diesen Jugendgedichten spiegeln sich weiche erotische Sentimentalität und aggressive antichristliche Gesinnung. In einem Anfall von Selbstkritik reimte er in einem Werbungsgedicht an ein angeschwärmtes Mädchen:

Und auch ein'germaßen lyrisch
Bin ich leider angehaucht, –
Meine Reime sind gestohlen,
Meine Bilder sind verbraucht.

Auch Novelletten verfaßte er. Die früheste erhaltene ist von 1885, Heinrich Mann war vierzehn. Sie handelt von einem Grafen, dem „schönsten Cavalier von ganz Paris“, der in einem amerikanischen Duell das schlechte Los zieht und sich aus einem Ballon zu Tode stürzt, bis zuletzt dem Banalen feind. Vier Jahre später wurden einige Prosastücke von Heinrich Mann in der Feuilletonbeilage der *Lübecker Zeitung* veröffentlicht. Der Verfassername blieb unter Chiffren verborgen. Es sind belanglose Geschichten, die teils in Bürger-, teils in Adelskreisen spielen, eine berührt ein italienisches Bettlermilieu. Diese frühen Versuche verraten eine Neigung zu sentimentaler Selbstbespiegelung im Stile des *Buches der Lieder* von Heine, der jedoch wache Selbstkritik entgegenwirkt, außerdem das Bedürfnis nach gesellschaftlichem Glanz und gesellschaftlicher Sicherheit und schließlich eine zunächst nur fiktiv zu befriedigende Neugier nach einer nicht-bürgerlichen Welt. Denn die bürgerliche möchte Heinrich verächtlich finden. Im Mai 1889 schreibt er heimlich ein Prosastück, *Fantasien über meine Vaterstadt L.*, in dem er Lübeck einen „Millionengestank" nach Leder und Petroleum andichtet und mit Hohn zu dem in diesem Text angeredeten „Fräulein" bemerkt, daß das Stadttheater und die Börse in derselben Straße liegen. Weder Politik noch Poesie und Literatur seien in Lübeck ein angemessener, moderner Gesprächsstoff. Zwar habe man ein Geibel-Denkmal errichtet, aber das gelte einem toten Dichter. Noch ist diese Satire nicht durchschlagend, sie zeugt nur von einer vagen Unzufriedenheit des jungen Menschen mit seiner bürgerlichen Umgebung, von der er Erlösung in der Literatur erhofft.

Im Herbst desselben Jahres, 1889, durfte Heinrich Mann die Schule, ohne Abitur, verlassen. Er wurde in eine Buchhandelslehre nach Dresden geschickt. Auch dort mochte er sich nicht in die kleinen bürgerlichen Verhältnisse finden, zum Kummer des Senators. Er erlaubte seinem Sohn schließlich, als Volontär in den aufblühenden Verlag S. Fischer in Berlin zu gehen. Dort erreichte ihn 1892 ein dringendes Schreiben der Mutter. Der Vater sterbe an einer Blutvergiftung. Im Testament standen harte Worte, die den Vormund und die Mutter anwiesen, „den Neigungen meines ältesten Sohnes zu einer sogenannten literarischen Tätigkeit entgegenzutreten. Zu gründlicher, erfolgreicher Tätigkeit in dieser Richtung fehlen ihm meines Erachtens die Vorbedingnisse: genügendes Studium und umfassende Kenntnisse. Der Hintergrund seiner Neigungen ist träumerisches Sichgehenlassen und Rücksichtslosigkeit gegen andere, vielleicht aus Mangel an

Nachdenken.“ Trotzdem hat am Totenbett nach Heinrich Manns späterem Bericht eine Art von Versöhnung stattgefunden. Etwas in Heinrich Mann mußte diesem harten bürgerlichen Urteil eine gewisse Berechtigung eingeräumt haben, denn er bezeugte später Hochachtung für seinen Vater. Die Mutter setzte seiner weiteren Entwicklung zum Schriftsteller keinen Widerstand entgegen, zumal da Heinrich eine Lungentuberkulose ausheilen mußte. Von seiner kleinen Rente aus dem väterlichen Erbteil lebte er, oft seinen Aufenthalt wechselnd, in deutschen Bädern und Kurorten, in Lausanne, Paris, Florenz, Riva, München. Er las und schrieb. Das beschränkte Leben wurmte ihn. Er träumte davon, einen Monat auf großem Fuße zu leben, das müßte auch seinen literarischen Geschmack verbessern. Die große Welt war Paris, aber Italien war ebenso anziehend. Aus dem Erbe der deutschen Literatur, das er sich in Lübeck und Dresden angeeignet hatte, mußte er ausbrechen. Das große Leben war im französischen Roman zu finden, bei Balzac, Stendhal, Flaubert und bei zeitgenössischen Romanciers wie Bourget. Dieser war gerade von Hermann Bahr empfohlen worden, der die Überwindung des Naturalismus aus Paris nach Berlin gebracht hatte. Zur gleichen Zeit begann Heinrich Mann Nietzsche zu lesen.

Sein Bruder Thomas Mann (1875–1955) machte der verwitweten Mutter eher noch größere Sorgen, denn er wollte auf der Schule nicht gut tun. In des Vaters Testament war er mit etwas freundlicheren Worten erwähnt, aber ebenfalls auf einen praktischen Beruf hingewiesen worden. Dem großen Bruder muß er mit einer stets beunruhigenden Mischung von Bewunderung und Furcht nachgeeifert haben. Auch er schrieb Gedichte, auch er bewunderte Heine, auch er war antiklerikal – von einem Drama

„Die Priester" berichtete er später einmal –, auch er lastete seiner Vaterstadt an, was ihn einengte. Er gründete eine private Schülerzeitschrift, die er *Der Frühlingssturm* benannte, schon unter dem Einfluß Hermann Bahrs und der neuesten deutschen literaturrevolutionären Richtungen, auf die er sicher durch seinen Bruder aufmerksam gemacht wurde, der an seinem ersten Roman schrieb.

Ja, wie der Frühlingssturm in die verstaubte Natur, so wollen wir hineinfahren mit Worten und Gedanken in die Fülle von Gehirnverstaubtheit und Ignoranz und bornierten, aufgeblasenen Philistertums, die sich uns entgegenstellt.

Dies schrieb der Untersekundaner Thomas Mann 1893. Er war im selben Alter wie sein Bruder, als dieser die *Fantasien über meine Vaterstadt L.* verfaßt hatte. Ostern 1894 endlich, wegen mehrfachen Sitzenbleibens fast neunzehn Jahre alt, verließ Thomas Mann die Untersekunda, reiste nach München, wohin seine Mutter schon zwei Jahre zuvor umgesiedelt war, und trat als Volontärlehrling in eine Feuerversicherungsanstalt ein. Er schrieb weiterhin Gedichte, die glücklicherweise fast alle verloren sind, und Prosa.

Auch Heinrich verfaßte ab und zu noch Gedichte, von denen eines in *Die Gesellschaft* veröffentlicht wurde. Rezensionen erschienen in der gleichen Zeitschrift, dann auch in anderen. Novellen entstanden, die zumeist noch unveröffentlicht blieben. 1892 bis 1893 schrieb Heinrich Mann den Roman *In einer Familie*, der 1894 auf Kosten der Mutter gedruckt wurde. Er war Paul Bourget gewidmet. Diesem neigte Heinrich Mann zu, weil der konservative Franzose eine Prosa vertrat, in der die intuitive Beschreibung eines sensiblen Individuums die Hauptrolle spielte, während er den Milieu-Determinismus des Naturalismus Zolascher Prägung ablehnte. Modern war die Nervosität auserlesener Individuen, die Dekadenz der Schwäche. Feierlich verurteilte Bourget den Dilettanten, den ästhetischen Genießer, den intellektuellen Epikureer, wie er ihn beschrieb. Bourget entwickelte einen konservativ-bürgerlichen, neukatholischen Wertmaßstab. Auf den Deutschen wirkte er gleichsam als ästhetische Befreiung und bürgerlich-väterliche Bindung zugleich.

Heinrich Manns Erstlingsroman führt ein Familien-Viereck vor, in dem es zu „Wahlverwandtschaften" und Ehebruch kommt. Goethes Eheroman wird im Text erwähnt. Heinrich Wellkamp, der Dilettant, steht zwischen seiner modernen, offenen, emanzipierten Frau, die sozialistische Bücher liest, und der leicht exotisch angehauchten, geheimnisvollen jungen Frau seines Schwiegervaters. Daß die gespaltenen Gefühle des grübelnden Dilettanten einer moralischen Beurteilung unterliegen müssen, dafür sorgt die Familienkonstellation. Dora, die Seelenverwandte und Nervenschwache, stirbt, und Wellkamp wird mit seiner starken und liebevollen Frau weiterleben. Der Schluß läßt den Leser hoffen, daß „nach uns eine Generation von Männern käme, die wieder einfacher, lebensfreudiger und in einem Glauben besser gegründet wären als wir heutigen ...". Dekadenz und Regenerationshoffnung stehen nebeneinander. Die ästhetische Existenz unterliegt also einer moralischen Selbstbeurteilung, die nicht nur in Bourget ihre Quellen hat, sondern auch auf Goethe zurückgeht. Ein anderes frühes Beispiel der Doppelorientierung am Ästhetischen, Nervösen, Geheimnisvollen einerseits, an Regeneration, Moral und Bürgertum andererseits bietet die frühe Erzählung *Das Wunderbare* (1894). Ein Künstler, als Ich-Erzähler, findet, daß ein früherer Freund, der inzwischen verbürgert zu sein scheint, als innersten Schatz das Erlebnis des „Wunderbaren“ in sich trägt, in Gestalt einer geheimnisvollen Frau, die er, rätselhaft krank, aber einig mit der wachsenden Natur um sie, versöhnt mit dem eigenen Tod, in einer einsamen Villa an einem italienischen See gefunden hatte. Das Dasein des Berufskünstlers, des Erzählers der Rahmenerzählung, wird als unruhiges Leben charakterisiert. Das Ideal ist eine durch einen Schuß Künstler-Schönheit und Sensitivität geläuterte solide Bürgerlichkeit. Jedoch ist eine solche Synthese nicht typisch für Heinrich Manns Stoffe. Schließlich schreibt er für Bürger, hat sich von einer Bürgerexistenz gelöst und kann deshalb die Seite des Außergewöhnlichen, Unbürgerlichen, Sensitiven und Geheimnisvollen betonen. Wunderbare, geheimnisvolle Begebenheiten von Almanach-Charakter wie bei Ernst Hardt finden wir in Heinrich Manns frühen Erzählungen. Der Künstler erscheint als Zerstörer eines zarten Lebens in *Contessina* (1894), in der auch wieder Heinrich Manns Bedürfnis nach aristokratischer Vornehmheit zum Vorschein kommt. Er schrieb 1895 bis 1897 eine Reihe von Erzählungen, in denen ein Doppelmaßstab erkennbar bleibt: was ästhetisch schön und attraktiv ist, ist ethisch verboten, was ethisch gut, befriedet, geordnet ist, schließt das Schöne und Volle des Lebens aus. In *Die Enttäuschung* (1896) scheitert der Versuch, eine Prostituierte zu domestizieren, an deren Wunsch nach einer schönen Armspange. Gerne läßt Heinrich Mann aus ruhigem Erzählfluß eine grelle und ungewöhnliche Szene entstehen (so in dem Selbstmord der Contessina), aber er kann auch einfach den Leser zwingen, die bürgerliche Karrierebesessenheit eines Ministerialbeamten zu durchschauen (in *Das gestohlene Dokument*, entstanden 1896, gedruckt im *Simplicissimus* 1897). Sowohl die Unempfindlichkeit des

Bürgers wie die Unverantwortlichkeit des emanzipierten Künstlers werden kritisiert.

Der Linie einer konservativen bürgerlichen Zeitschrift bequemten beide Brüder sich an durch Mitarbeit an einem Organ, das zeitweise von Heinrich Mann redigiert wurde, *Das zwanzigste Jahrhundert.* Die Zeitschrift hatte eine keineswegs einheitliche, nationalistische, aber auch gelegentlich gegen den Kaiser rebellische Linie. Es war ein Mittelstandsblatt. Auch die antisemitische Tendenz machte zumindest Heinrich Mann mit, wobei er nur auf Vorurteile zurückzukommen brauchte, die ihm von Hause aus nahelagen. Thomas Mann steuerte einige Rezensionen bei. Man muß aber einen gewissen inneren Vorbehalt annehmen, denn Hermann Bahr und die von ihm empfohlene moderne Prosa, psychologischer Relativismus und der trotz aller Verurteilung reizvolle ästhetische Dilettantismus, vor allem aber Nietzsche wurden von beiden zur gleichen Zeit (1895/96) aufgenommen.

Heinrich Mann schrieb 1895 einen Aufsatz über Barbey d'Aurevilly, einen antimodernistischen Schriftsteller der vergangenen Generation, er las Stendhal, dessen Liebe zu Italien er teilte. Stendhal, Flaubert und Balzac blieben seine wesentlichen französischen Lehrmeister. Flauberts bürgerlicher Realismus und seine haßerfüllte Distanz zum Bourgeois, seine Neigung zu exotischer Romantik, gebändigt durch die Disziplin des Stils, müssen Heinrich Mann sehr vertraut vorgekommen sein. 1897 schrieb er eine unveröffentlichte Erzählung *Die Königin von Cypern* mit einem mittelalterlich-byzantinischen Stoff, der auf Quellenstudien beruht und dessen Wahl vermutlich von *Salammbô* angeregt war. Zur gleichen Zeit begann die Darstellung des bürgerlichen Kapitalismus bei Balzac, Zola, Maupassant ihn zu faszinieren. Diese

Eindrücke verbanden sich 1897 mit der Erinnerung an seine Berliner Erlebnisse zur Konzeption der Neureichen-Satire *Im Schlaraffenland.* Damals lebte er in Italien fast anderthalb Jahre mit Thomas zusammen.

Dessen erste bekannte Erzählung, *Gefallen* (1894), gedruckt in *Die Gesellschaft*, läßt einen Rahmenerzähler an einer Diskussion junger Leute über die Emanzipation der Frau teilnehmen. Sie findet in einem Atelier statt, das in „bizarrer Künstlerlaune" hergerichtet ist. Der Binnenerzähler wird als moderner Zyniker bezeichnet. Die bohemische Runde erfährt das Jugenderlebnis (er ist älter als die anderen), das ihn zum Weltverächter gemacht hat. Er war ein „guter Junge", den die Liebe poetisch verwandelte, bis er feststellen mußte, daß sein Schauspielerinnenliebchen sich an einen anderen verkaufte. Der gesellschaftliche Druck war größer als ihre Liebe. In seiner Enttäuschung erfährt er die Fühllosigkeit der Natur. Lyrische Sentimentalität stößt auf moderne Weltanschauung.

In einer Reihe von Erzählungen, die 1895 bis 1897 geschrieben wurden, geht es um das Thema des Außenseiters im stillen Kontrast zur Gesellschaft. Thomas eiferte dem Bruder in seiner literarischen Bildung nach. Auch er nahm das Dilettantenthema mitsamt seiner Kritik auf, auch er las Nietzsche. Seine Erzählungen zeigen weniger Lust am vornehmen Leben, neigen auch nicht zu südlichen Milieus wie die Heinrichs. Sie erschienen im *Simplicissimus* und in der *Neuen deutschen Rundschau. Der kleine Herr Friedemann* (1897) erzählt von der Zerstörung eines ästhetischen Dilettantenidylls durch die Leidenschaft, das „Leben". Die Dilettantenexistenz wird nicht moralisch verurteilt, dafür sorgt das Unglück, das den Säugling durch die Unachtsamkeit einer alkoholisierten Amme (ein naturalistischer Zug) zum Verwachsenen machte. Friedemanns ästhetisches Idyll ist kluge bürgerliche Lebensanpassung. Daß das starke und gleichgültige Leben sie nicht duldet, ist Nietzsche-Einfluß. Die Leidenschaft des Unglücklichen gilt übrigens einer nervösen und etwas geheimnisvollen Frau, die ihr Vorbild wohl in Gestalten des Bruders hat. In *Der Bajazzo* (1897) berichtet ein ästhetischer Dilettant mit kleiner Rente über sein verfehltes Leben. Er scheitert in seinem Glücksverlangen an den starken, weil angepaßten und unreflektierten Bürgern. *Der kleine Herr Friedemann* ist aus der Bürgerperspektive erzählt, *Der Bajazzo* aus der des Ästheten. Der Vorrang der Bürgerperspektive im Werk Thomas Manns bei offensichtlichem Interesse für den Außenseiter ist der Ursprung seiner vielberufenen Ironie; sie ist zugleich auch eine Verbindung mit dem bürgerlichen Leser, halb gewinnend, halb spielerisch-humoristisch distanzierend. Die frühen Novellen erschienen als Buch im S. Fischer Verlag. Im Jahre 1897 erreichte Thomas Mann in Italien ein Brief von Samuel Fischer, in dem er ihn aufforderte, einen Roman zu schreiben, den er verlegen wollte. Daraus wurden *Buddenbrooks* (1901).

Sowohl Heinrich Manns *Im Schlaraffenland* (1900) wie Thomas Manns *Buddenbrooks* setzen sich mit dem Bürgertum auseinander. *Buddenbrooks* enthält gleichsam die Entschuldigung für die Familiensünde beider Brüder, die Weigerung, die Firma des Senators weiterzuführen. *Im Schlaraffenland* ist eine satirische Verurteilung der modernen großstädtischen Bürgerwelt einschließlich des ihr angepaßten Kunstbetriebes. Eine erhabene Stellung des Autors und Lesers über dieser Verderbnis ist impliziert. Beide Romane benutzen übrigens jüdische Figuren, um Abneigung gegen das Parvenütum auszudrücken. Bei Heinrich geschieht das ganz massiv, bei Thomas weniger: die mit den Buddenbrooks konkurrierende Familie ist durch eine jüdische Geldheirat zu Aufstiegsmitteln gekommen. Beide Romane wurden von französischen Modellen angeregt: Heinrichs von Guy de Maupassants *Bel Ami*, Thomas' von *Renée Mauperin* der Brüder Goncourt. In *Schlaraffenland* finden sich Anspielungen auf den französischen Ästhetizismus, Huysmans' raffinierte künstliche Genüsse und symbolistische Verse. *Im Schlaraffenland* spielt in Berlin, *Buddenbrooks* in Lübeck. Der Roman beschäftigte Thomas Mann seit der Rückkehr nach München, 1898, noch bis 1900, er erschien Oktober 1901.

Verschieden sind die Standpunkte des Erzählers. In *Buddenbrooks* gibt es sozusagen einen Perspektivenbereich. Der Erzähler behandelt den Leser als Mitbürger, dem die Ereignisse chronikartig berichtet werden; er kann ihn aber auch zu intensiver Teilnahme an den Gedanken, Stimmungen und Gefühlen der Hauptpersonen aktivieren. Der Erzähler von *Im Schlaraffenland* dagegen hält sich mehr an die eine Hauptperson, einen kleinstädtischen Studenten mit literarischen Ambitionen. Es handelt sich um einen negativen Helden, für den der Leser keine Sympathie haben soll. Während der Erzähler der *Buddenbrooks* den Verfall der Familie als trauriges, aber notwendiges Gesetz hinnimmt und mit seinem Humor umspielt, will der Erzähler von *Im Schlaraffenland* den Leser moralisch engagieren, indem er sich scheinbar gleichgültig zeigt gegenüber der Verkommenheit dieser bürgerlichen Gesellschaft, in der moralische Erwägungen entweder zweckmäßig genutzt oder als schärfender Reiz des Schlaraffenlebens empfunden werden. Hierzu dient auch ein fiktives naturalistisches Proletarierdrama (mit Anspielungen auf Gerhart Hauptmanns *Die Weber*), das vom guten Publikum beklatscht wird und von einem Autor stammt, der tief in dem moralischen

Sumpf der gleichen Gesellschaft steckt, gegen die sein Schauspiel sich aufzulehnen vorgibt.

Übrigens wendet sich diese implizierte Moral, die zwischen Autor und Leser spielt, ausdrücklich gegen den Renaissancekult des immoralistischen Machtmenschen. „Sie vergönnen uns geschwächten Modernen, einen Eroberertypus, einen Renaissancemenschen zu schauen." Das sagt der Scharlatan Zumsee zu dem Bankier-Spekulanten Türkheimer. Nietzsches Lehre wird auf bürgerliches Maß reduziert und so in die Satire einbezogen.

In *Buddenbrooks* ist der Humor ein Spiel vor dem dunklen Hintergrund des unausweichlichen Schicksals der Dekadenz. Steht der älteste Buddenbrook, der Firmengründer, noch mit beiden Beinen fest in einer aufgeklärten Welt, ist der zweite schon von Gewissenszweifeln angekränkelt, die er durch ein pietistisches Christentum beschwichtigt. Weil ihm das gelingt, kann er hart und entschieden handeln. Der dritte, der Senator, führt die Familie auf die Höhe ihrer Geltung. Dabei ist gerade er kein richtiger Bürger. Er spielt seine Rolle nur. Sein Bruder ist krankhafter Introspektion ergeben und ein Nachahmungstalent. Die künstlerischen Eigenschaften treten bei dem kleinen Hanno hervor, dem Sohn Thomas', des Senators, bleiben aber unproduktiv. Er durchschaut die Sinnlosigkeit der Welt und erliegt einer Typhusepidemie, weil er nicht genügend Lebenswillen zur Heilung aufbringt. Dekadenz ist also einerseits biologische Schwäche, andererseits Einsicht in die Sinnlosigkeit des Daseins. Diese Einsicht hat die Entbürgerlichung zur Folge.

Die Schriftstellereigenschaft des Durchschauens seiner selbst und anderer, die in Thomas Manns Werk die entbürgerlichte Außenseiterstellung begründet, wird in Heinrichs Roman ebenso ins Komische gezogen wie der Gegensatz von Macht und Geist, der später für seinen Verfasser eine grundlegende Rolle spielen sollte. Künstler- und Bürgerkritik durchdringen sich.

Auch *Buddenbrooks* enthalten ein versteckt moralisches Motiv, das den Leser fast unmerklich beeinflußt. Die Buddenbrooks erkaufen ihren Aufstieg durch den Verzicht auf Liebe. Sie stammen aus der zweiten Ehe des alten Johann, die ebensowenig eine Liebesheirat war wie die Johann juniors. Tony, die durch den ganzen Roman naiven Familienstolz vertritt, wird gezwungen, auf ihre Liebe zu verzichten, Thomas hält es für ganz selbstverständlich, um der Größe und des Aufstiegs willen seine kleine Blumenbinderin zu verlassen. Mehr als einmal wird dem Leser zu verstehen gegeben, daß etwas Liebe Hannos Hoffnungslosigkeit gemildert hätte. Die implizierte Kritik des Autors wendet sich also nicht gegen den Aufstieg der Hagenströms, etwa gegen den Typus des neuen, harten Bourgeois, sondern gegen die Buddenbrooks selbst, und zwar deshalb, weil die Anbetung der Größe der Firma sie in ihrer Liebesfähigkeit beschränkt.

In Heinrichs *Schlaraffenland* ist ein Liebesverhältnis grotesker als das andere, die Liebe wird gestört durch die falschen gesellschaftlichen Verhältnisse unter den Neureichen. Anders, und doch ähnlich, sind die Liebesverhältnisse in seiner Trilogie *Die Göttinnen.* Die Herzogin von Assy lebt ihr Leben als Kunstwerk um den Preis der Unfruchtbarkeit. Dies gilt auch für ihre erotischen Bindungen. Besonders die an Künstler wie den Maler Jakobus Halm sind unbefriedigend. Zwar ist die Liebe zu dem Jüngling Nino mythisch reiner als die anderen: Nino ist Eros, Hermes und am Ende ihr Tod – damit den Tadzio des Bruders vorwegnehmend –, aber gerade darum ist

Einband zur zweibändigen Erstausgabe von Thomas Manns Roman »Buddenbrooks« von Otto Eckmann

diese Liebesbeziehung unwirklich, sie befriedigt den Leser nicht, er erkennt sich nicht darin wieder. Diese Liebe ist poetischer Rausch, kein Geben und Nehmen. Eben dies ist das Unfruchtbare, der Preis, der auf dem Leben als Kunstwerk steht. Gewiß, *Die Göttinnen* sind Nietzsches Amoralismus aufs tiefste verpflichtet. Kraftvolle Freiheit, die Schönheit als Lebenszweck, die Liebe als elementare Leidenschaft, alle diese Motive sind als Gegenbild des Bürgerlichen gemeint. Das Wort „Bürger" wird von einer Künstlerfigur, der Schriftstellerin Blâ, mehrfach als Ausdruck der Verachtung gebraucht.

Freiheit und Freiheitskämpfe sind ein Grundmotiv, der „Traum" der Herzogin ist es, „über Schönheit und Stärke ein Reich der Freiheit aufzurichten". Jedoch wird der Freiheitskampf des ersten Romans zur Groteske und der Volkstribun Pavic zu einer elenden Figur. Die Wertungen sind ambivalent. Für einen Verkünder des rauschhaften Lebens gibt es zu viel melancholische Skepsis in diesem Werk, zu der die Unfruchtbarkeit der Heldin und das Fragmentarische aller ihrer Liebesaffären gehören. Die Renaissance des Romans ist nur „hysterisch", das Zeitalter ist dekadent und läßt freie Größe und kraftvolle Kunst nicht zu. Unter dem erotischen Rausch, der dem Bruder Thomas so peinlich war, liegt dessen moralische Verurteilung als falsch und unzeitgemäß.

Wie wenig eindeutig die Wertungen des frühen Heinrich Mann sind, zeigt auch der Gesellschaftsroman, der, während der Arbeit an der Trilogie konzipiert, nach deren Vollendung geschrieben und noch im gleichen Jahre 1903 veröffentlicht wurde, *Die Jagd nach Liebe.* Der passive Held, ein reicher Erbe und Dilettant, kann die Liebe der Schauspielerin Ute nicht erringen, obwohl er ihr Jugendfreund ist und sie selbstlos finanziert. Er fühlt sich ihrem entschiedenen Kunstwillen unterlegen. Vornehme, sensitive Reserve und psychologisches Wissen hindern ihn daran, ein rücksichtsloser Draufgänger zu werden, obwohl er Rücksichtslosigkeit gerade für stark hält. Diese Orientierung, die auf Nietzsche zurückgeht, wird jedoch durchkreuzt von einer anderen, deren Wert nicht Stärke, sondern Fähigkeit zu lieben ist. Utes Überlegenheit ist erkauft durch Frigidität, Unfähigkeit, Liebe zu geben und zu empfangen. Der Roman macht es ganz deutlich, daß diese Unfähigkeit ein Mangel ist. Die entschieden künstlerische Existenz der Schauspielerin führt zu ihrer Prostitution. Ute will ihr Publikum verachten und doch zum Beifall zwingen. Ihr Wille und ihre intellektuelle Unabhängigkeit, die in Nietzsches Sinne eins sind, befähigen sie, ihr ganzes Selbst, Geist, Seele und Körper, in künstlerischen Ausdruck zu verwandeln. Die Schwäche dieser Verwandlung liegt aber darin, daß sie, um sich zu erfüllen, auf Wirkung angewiesen ist, die nur von dem stumpfen bürgerlichen Publikum kommen kann. Wenn sie ihren Körper, nicht ihre Liebe, die sie ja verleugnet, dem hingibt, der ihr ein Engagement verschaffen kann, ist das ein bürgerliches Geschäft, in dem sie mit etwas zahlt, was sie für unwichtig hält. Dennoch gibt es Stellen (z. B. ihre Reaktion auf das erste dieser Geschäfte), an denen deutlich wird, daß ein letztes Liebesbedürfnis hinter ihrem modernen und unbürgerlichen Zynismus lebendig blieb.

Der Schluß ist aus Utes Perspektive erzählt. Sie hat sich zu einem letzten Liebesbekenntnis entschlossen, das ihr Claudes Millionenerbe sichern wird. Aber nur ihr nackter Körper drückt Liebe und Leben aus, die schlichten Worte „ich liebe dich“ versagen ihr, denn es ist zu spät, ihre Worte erreichen den sterbenden und schon verblödeten Claude nicht mehr. Wie in den *Buddenbrooks* steht die verfehlte Möglichkeit der schlichten Liebe am Ende, als moralische Aufforderung an den Leser gerichtet. Claude, der kultivierte, aber dilettantische Bürgererbe, könnte übrigens als ein älterer Hanno Buddenbrook angesehen werden.

Heinrich Mann hat in der Schauspielerin Ute seine Schwester Carla porträtiert. Auch andere Figuren des Münchener Lebens dienten als Vorbilder. Der reiche Dilettant Claude Marehn ist Alfred Walter Heymel nachgebildet. Auch die Sensation, die dessen von Rudolf Alexander Schröder modern und kunstgewerblich eingerichtete Wohnung machte, ist reflektiert in Claudes Haus. Der Dichter Pömmerl ist eine Karikatur Otto Julius Bierbaums.

Ein Nebenmotiv in *Die Jagd nach Liebe* ist der „falsche" Ästhetizismus eines Malers, des Vaters der Ute Ende, der „etwas Hübsches" für den Markt anfertigt und das Prinzip der Kunst darin sieht, die Welt zu verschönen. Eine Dialektik der wahren, existentiellen und geistigen Kunst und der bloßen Verschönerung erfüllte Thomas Manns wenig dramatische Dialoge *Fiorenza*, deren Konzeption sehr früh liegt – noch während der Arbeit an den *Buddenbrooks* finden sich die ersten Notizen – und über die Heinrich gut unterrichtet war, wie wir aus dem Briefwechsel wissen. Da *Fiorenza* (1905 gedruckt) mit Nietzsches Willen zur Macht und seinem Ressentimentbegriff spielt, gehört das Drama des fanatischen Außenseiters Savonarola, der im Begriff ist, sich Florenz zu erobern, enger zu Heinrich Manns Thematik als andere Werke Thomas Manns, nicht nur des italienischen Schauplatzes wegen. Savonarolas asketisches Prinzip ist der ästhetischen Askese nahe, wie sie in *Die Jagd nach Liebe* gestaltet ist oder in Heinrichs späterer Erzählung *Die Branzilla* (entstanden 1906/07), einer seiner besten. Ute, noch mehr die Branzilla geraten ins Böse, weil sich ihr künstlerischer Ehrgeiz nur in

Rücksichtslosigkeit gegenüber der Mitwelt behaupten kann. Dies und das Ressentiment des zurückgewiesenen Liebhabers sind auch der Grund für Savonarolas Machtstreben. Sein Fanatismus ist der des Künstlers, „der zugleich ein Heiliger ist“, der reine Geist, intolerant und sendungsbewußt, „das Wunder der wiedergeborenen Unbefangenheit“, der Florenz unterwerfen, seine festliche Kunst verbrennen und ihm „die großen Flügel brechen“ will. Einig sind sich die Gegenspieler Lorenzo Magnifico und Savonarola über die Willigkeit des Volkes, sich beherrschen zu lassen: „Man verachtet die niedrig, die bedächtig hausenden und läßt sie staunen, daß man ein wildes, kurzes, inniges Leben wählt, statt ihres langen, ängstlich armen ...“

Der künstlerische Ehrgeiz vermag dem Bürger Eindruck zu machen, denn Kunst sublimiert und erhöht das bürgerliche Leben; das Streben des Künstlers ist aber immer in Gefahr, sich ins steil Künstliche und Wertlose zu verlieren. Dieses Dilemma drückte Thomas Mann in den Erzählungen *Tristan* und *Tonio Kröger* zugespitzt aus. Sie gehören komplementär zusammen, übrigens auch entstehungsgeschichtlich. Ihre Konzeption geht auf die Jahrhundertwende, auf die Zeit der Arbeit an den *Buddenbrooks* zurück. Beide haben Heinrich Mann im Frühjahr 1903, also während der Entstehung der *Jagd nach Liebe* vorgelegen, *Tonio Kröger* im Abdruck der *Neuen Rundschau* schon im Februar. Es ist nicht ausgeschlossen, daß er *Tristan* sogar schon früher aus einer privaten Lesung des Bruders kannte.

In beiden Erzählungen setzt sich Thomas Mann mit der Literatur seiner Zeit auseinander. In *Tonio Kröger* begründet er seinen eigenen doppelten Maßstab, seine Weigerung, die Antibürgerlichkeit der Jugendstil-, Lebenskult-, Boheme- und ästhetischen Literatur zu übernehmen. *Tristan* ist aus der Perspektive der Bürger-Patienten eines Sanatoriums geschrieben. Im Mittelpunkt steht der groteske Künstler-Dilettant Spinell, der zwar seiner Lebensschwäche wegen im Sanatorium am Platze, aber gar nicht wirklich krank ist, sondern von dem Biedermeierstil des ehemaligen Schlosses sich Arbeitsstimmung erhofft. Isoliert von den Mitpatienten, erwächst ihm eine ästhetische Aufgabe aus der Begegnung mit der jungen Frau eines norddeutschen Kaufmannes, Gabriele Klöterjahn. Sie aus dem praktischen Leben in das ästhetische zu ziehen gelingt ihm um den Preis ihres Todes. Ihre Verführung ist die ästhetische Sublimation des Sexualaktes in Wagners *Tristan*-Musik, von Gabriele auf dem Klavier gespielt:

> Unter ihren arbeitenden Händen vollzog sich die unerhörte Steigerung, zerteilt von jenem beinahe ruchlosen, plötzlichen Pianissimo, das wie ein Entgleiten des Bodens unter den Füßen und wie ein Versinken in sublimer Begierde ist. Der Überschwang einer ungeheuren Lösung und Erfüllung brach herein, wiederholte sich, ein betäubendes Brausen maßloser Befriedigung, unersättlich wieder und wieder, formte sich zurückflutend um, schien verhauchen zu wollen, wob noch einmal das Sehnsuchtsmotiv in seine Harmonie, atmete aus, erstarb, verklang, entschwebte. Tiefe Stille.

Die ästhetische Sublimierung, die Umsetzung sexueller Energien in ästhetische, ist sehr eng mit der verwandt, die Heinrich in der Figur Ute Endes in *Die Jagd nach Liebe* vorführt. Andererseits ist dieser Liebesersatz in *Tristan* auch grotesk. Wie in Heinrichs Roman stößt die ästhetische Sublimierung auf ihre Grenze im Bürgerlichen, was eine Dissonanz ergibt, die durch Gestalten mit grotesken Zügen angezeigt wird, in *Tristan* wie in *Die Jagd nach Liebe*.

Spinell ist zugleich eine Satire auf den Jugendstil.

Umschlagtitel zur Erstausgabe von Thomas Manns Novelle »Tristan« von Alfred Kubin

Peter Altenbergs Titel *Wie ich es sehe* wird verborgen in einem schlichten Dialogsatz zitiert; Spinells Ausmalung von Gabrieles Jugend als Märchenkönigin, die mit sechs anderen Jungfrauen singend am Springbrunnen sitzt, ist ein satirischer Hinweis auf den ästhetischen Stil der Zeit. Spinells einziger Roman wird mit einer Einbandzeichnung versehen, in der man Melchior Lechters Ausstattung der öffentlichen Erstausgaben von Georges Gedichten wiedererkennt. Gabrieles Tod, mit Wagners Sehnsuchtsmotiv auf den Lippen, vereint Liebe und Tod in Schönheit, wie es der Lebenskult zelebrieren wollte. Nur hat diese Szene bei Thomas Mann ein banales Nachspiel. Spinell wird im Auskosten seiner Stimmung während des Sonnenuntergangs durch den Klöterjahnschen Säugling gestört, ein Bild des Lebens, vor dem Spinell die Flucht ergreifen muß.

Auch Tonio Krögers Geschichte ist eine „Jagd nach Liebe“. Nur soll Tonio im Gegensatz zu Claude Marehn und Detlev Spinell als echter Künstler verstanden werden, er ist kein Dilettant, weder im Sinne Bourgets noch im allgemeingültigen Sinne. Tonio Kröger liebt die Welt des Gewöhnlichen und Bürgerlichen, in der unkomplizierte Liebe möglich ist, während er zugleich den unüberbrückbaren Abstand sowohl schmerzlich als auch stolz empfindet.

Tonio Kröger ist eine Mischung von Erzählung und Essay. Was in einzelnen Szenen bildhaft, wenn auch fast ganz aus Tonios Perspektive gestaltet wird, soll in dem Lisaweta-Gespräch und in Tonios Brief an die russische Malerin am Ende der Erzählung voll in das Bewußtsein des Lesers gehoben werden. Tonio stellt sich selbst dar als einen, der zwischen Kunst- und Bürgerwelt steht. Er distanziert sich von den Künstlern der ästhetischen Weltanschauung, was man wohl als Anspielung auf den Heinrich Mann lesen muß, der an den *Göttinnen* schreibt (das Werk war Ende 1902 mit dem Datum 1903, also kurz vor Vollendung des *Tonio Kröger* erschienen):

> Ich bewundere die Stolzen und Kalten, die auf den Pfaden der großen, der dämonischen Schönheit abenteuern und den ‚Menschen' verachten, – aber ich beneide sie nicht. Denn wenn irgend etwas imstande ist, aus einem Literaten einen Dichter zu machen, so ist es diese meine Bürgerliebe zum Menschlichen, Lebendigen und Gewöhnlichen. Alle Wärme, alle Güte, aller Humor kommt aus ihr, und fast will mir scheinen, als sei sie jene Liebe selbst, von der geschrieben steht, daß einer mit Menschen- und Engelszungen reden könne und ohne sie doch nur ein tönendes Erz und eine klingende Schelle sei.

Wenn dies eine Anspielung auf den Bruder ist, so ist darin nur der Stilunterschied richtig getroffen. Die Intentionen des Autors Heinrich Mann, der hinter dem Erzähler und den fiktiven Figuren steht, sind nicht so verschieden von denen seines Bruders. Ein bürgerliches moralistisches Gewissen und das Bedürfnis nach ehrlicher Liebe vermittelt auch er, wenn auch unter der vornehmen Maske des Erzählers halb verborgen.

Neben der Arbeit an *Tonio Kröger* beschäftigte sich Thomas 1901 bis 1902 mit Plänen für eine andere Novelle, „Die Geliebten", aus der dann der Plan eines Gesellschaftsromanes „Maja" wurde. Dieser Plan blieb lange liegen, wurde aber viel später zum Teil in den *Doktor Faustus* aufgenommen. In „Maja" sollte die Sehnsucht nach schlichter, aber erfüllender Liebe, nach dem Glück, eine komplizierte, aber vornehme weibliche Person erfüllen, die einen oberflächlichen Charmeur liebt, einen Künstler nur reproduzierender Natur. Nach den Notizen zu schließen, hätte die in München spielende Handlung auch skurrile, satirische Züge gehabt, wäre also Heinrich Mann in vielem nahe gewesen. Manches von der Intention und auch von dem gesammelten Notizenmaterial ging in den *Tonio Kröger*, in die Studien *Die Hungernden* (1903), *Ein Glück* (1904) und *Anekdote* (1908) ein. Während die Skizze *Die Hungernden* das Ausgeschlossensein des Künstlers von dem bürgerlichen Glück mit dem des Proletariers vergleicht, enthüllen die anderen beiden falschen gesellschaftlichen Schein.

Heinrich Manns *Pippo Spano* (1905) ist seine Version des *Tonio Kröger*-Themas und angeregt von Bourgets *Le Disciple* (1889) sowie von Biographie und Werk des italienischen Dichters Gabriele d'Annunzio. Im Mittelpunkt steht ein erfolgreicher Künstler, Mario Malvolto, der von einer siebzehnjährigen Tochter des Florentiner Adels um seiner Kunst willen geliebt wird. Die Kunst, möchte er ihr zur Warnung schreiben, „höhlt ihr Opfer so aus, daß es unfähig bleibt auf immer zu einem echten Gefühl, zu einer redlichen Hingabe. Bedenke, daß mir die Welt nur Stoff ist, um Sätze daraus zu formen." Das entspricht genau Tonio Krögers Position. Der Unterschied ist freilich, daß Mario Malvolto sich nicht den Bürger, sondern das Bildnis des Renaissance-Condottiere Pippo Spano als Maßstab für seine komödiantische Schwäche gewählt hat und weiß, daß er vor ihm versagen muß. Trotzdem verraten die Wörter „echt" und „redlich", daß die bürgerlichen Werte noch zugrunde liegen. Pippo Spano steht für Stärke und Zielsicherheit; vor ihm wird des Künstlers Anspruch auf Ruhm und Größe zunichte. Mit anderen Worten, wie in *Die Jagd nach Liebe* wird die Nietzsche-Orientierung nach Stärke und Schwäche von einer bürgerlich-moralischen nach Redlichkeit und Betrug ergänzt, die ja auch bei Nietzsche nicht fehlt.

Als Thomas sich 1904 verlobte, rechtfertigte er die bevorstehende Heirat in eine reiche Familie in langen

Briefen an den Bruder, dessen Antworten wir leider nicht besitzen.

Das Glück ist ganz und gar etwas Anderes als diejenigen, die es nicht kennen, sich darunter vorstellen. Es ist schlechterdings nicht geeignet, Ruhe und Behagen und Skrupellosigkeit ins Leben zu bringen, und ich bestreite ausdrücklich, daß es zur Erleichterung und Erheiterung beizutragen vermag. Ich habe das gewußt. Nie habe ich das Glück für etwas Leichtes und Heiteres gehalten, sondern stets für etwas so Ernstes, Schweres und Strenges, wie das Leben selbst – und vielleicht *meine* ich das Leben selbst. Ich habe es mir nicht „gewonnen“, es ist mir nicht „zugefallen“, – ich habe mich ihm *unterzogen*: aus einer Art Pflichtgefühl, einer Art von Moral, einem mir eingeborenen Imperativ, den ich, da er ein Zug vom Schreibtische *weg* ist, lange als eine Form von Liederlichkeit fürchtete, den ich aber mit der Zeit doch als etwas Sittliches anzuerkennen gelernt habe. Das „Glück“ ist ein Dienst – das Gegenteil davon ist ungleich bequemer; und ich betone das, nicht, weil ich irgend etwas wie Neid bei Dir voraussetzte, sondern weil ich argwöhne, daß Du im Gegenteile sogar mit etwas Geringschätzung auf mein neues Sein und Wesen blickst. Tu das nicht. Ich habe es mir nicht leichter gemacht. Das Glück, *mein* Glück ist in zu hohem Grade Erlebnis, Bewegung, Erkenntnis, Qual, es ist zu wenig dem Frieden und zu nahe dem Leide verwandt, als daß es meinem Künstlertume dauernd gefährlich werden könnte ... Das Leben, das Leben! Es bleibt eine Drangsal. Und so wird es mich denn wohl auch mit der Zeit noch zu ein paar guten Büchern veranlassen.

Dieser Briefabschnitt ist erst dann voll verständlich, wenn wir „Glück“ mit Bürgerlichkeit assoziieren. Das Gegenteil ist die Boheme. Es sei also schwerer, es sei ein „Dienst“, sich mit seinem künstlerischen Beruf in das bürgerliche Leben einzuordnen, anstatt in der Schwabinger Boheme ungebunden zu bleiben. Es ist die Tonio-Kröger-Moral, die hier zugrunde liegt. Thomas rechtfertigt sich vor seinem Bruder, dem er einen ausschließlich künstlerischen Maßstab seines Handelns zuschreibt.

Heinrich war einer sehr dringlichen Einladung zur Hochzeit seines Bruders nicht gefolgt. In dem Dankbrief für das Hochzeitsgeschenk fügt Thomas den Satz ein:

> Du weißt, ich glaube, daß Du Dich ins andere Extrem verloren hast, indem Du nachgerade nichts weiter mehr, als nur Künstler bist, während ein Dichter, Gott helfe mir, mehr zu sein hat, als bloß ein Künstler.

Das ist wiederum auf der Grundlage der *Tonio Kröger*-Intention zu verstehen und Selbstverteidigung. Zwar benehme ich mich wie ein Bürger, will Thomas sagen, zwar nehme ich sogar am bürgerlichen Reichtum teil, aber wenn Du das tadelst, nimmst Du die Position der künstlerischen Freiheit ein, im extremen Sinne der Boheme, während ein Dichter seinen bürgerlichen Gegenpol, die Welt seiner Leser, zu kennen und zu lieben hat, mag es ihm auch schwerfallen. Unter dieser Voraussetzung verdiene ich mein „Glück". In einem früheren Brief hatte er geschrieben, Nietzsches *Zarathustra* paraphrasierend: „Trachte ich nach dem Glück? Ich trachte – nach dem Leben; und *damit* wahrscheinlich ‚nach meinem Werke'."

Sehr bald allerdings zeigte es sich, daß diese Annäherung an das bürgerliche Leben tatsächlich Kompromisse erforderte. Rücksicht auf seinen Schwiegervater Alfred Pringsheim führte dazu, daß Thomas die schon gedruckte Erzählung *Wälsungenblut* (geschrieben 1905) zurückzog. Deren Thema, der raffinierte kulturelle Snobismus der zweiten Generation einer neureichen jüdischen Familie, war keineswegs direkt auf die Pringsheims gezielt, die nicht neureich waren, dennoch war es eine Art von Freiheitsdemonstration des Autors, daß er Einzelzüge aus der Pringsheim-

Heinrich und Thomas Mann
Photographie: Atelier Elvira, München (1905)

schen Familie künstlerisch verwandelt hatte. Bezeichnend ist, was er dem Bruder darüber schreibt:

> Ein Gefühl von Unfreiheit, das in hypochondrischen Stunden sehr drückend wird, werde ich freilich seither nicht los, und Du nennst mich gewiß einen feigen Bürger. Aber Du hast leicht reden. Du bist absolut. Ich dagegen habe geruht, mir eine Verfassung zu geben.

Diese Wendung bezieht sich schon auf das Bild des Bruders, das er in *Königliche Hoheit* (geschrieben 1905–09) in der Figur Albrechts, des älteren Bruders Klaus Heinrichs, gestalten sollte. Dieser kränkliche, linkische und unnahbare Großherzog verschmäht die Popularität: „Ich für mein Teil lehne es ab, irgend jemand anders auszudrücken und vorzustellen als mich selbst ... Ich weiß, was die Volkstümlichkeit wäre, wenn sie käme. Ein Irrtum über meine Person." Die letztere Wendung ist beinahe ein Zitat und sicher eine Anspielung auf die Schlußwendung in Heinrichs Aufsatz über Choderlos de Laclos (1905), wo über den Ruhm gesagt ist, daß er „selten mehr ist als ein weit verbreiteter Irrtum über unsere Person". Im Hintergrund der zitierten Worte aus *Königliche Hoheit* und des Verhältnisses der fiktiven Brüder liegt der Erfolg der *Buddenbrooks*, dem Heinrich nichts Gleichwertiges entgegenzustellen hatte, was für den älteren Bruder nicht leicht gewesen sein muß. Albrecht ist ein spielerisches Porträt des Bruders, wie Klaus Heinrich ein spielerisches Selbstporträt ist. Klaus Heinrich erkennt den Älteren als den „Vornehmen und Höheren" an, wie Thomas tatsächlich den älteren Bruder als sein künstlerisch-aristokratisches Gewissen betrachten konnte. Aber der Autor des Romans, nicht sein fiktiver Vertreter Klaus Heinrich, läßt Albrecht auch eine andere, seine verborgene Seite, in seinen eigenen Worten sich ausdrücken:

Ich bin kein Aristokrat, ich bin das Gegenteil, aus Vernunft und aus Geschmack. Du wirst zulassen müssen, daß ich das Juchhe der Menge nicht aus Dünkel verschmähe, sondern aus Neigung zur Menschlichkeit und zur Güte. Es ist ein erbärmliches Ding um menschliche Hoheit, und mir scheint, daß alle Menschen das einsehen müßten, daß alle sich menschlich und gütig nebeneinander verhalten und einander nicht erniedrigen und beschämen sollten.

Was bei Albrecht im Inneren verborgen bleibt, stellt Klaus Heinrich in seiner Geschichte dar: die Vereinigung von künstlerischer Distanz und Hinwendung zum Bürgerlichen im Gedanken der sowohl zucht- wie liebevollen Repräsentation.

Die Konzeption des Prinzen in *Königliche Hoheit* war ursprünglich eine Variation des Außenseiterthemas. Im Laufe der Arbeit und unter dem Einfluß der Ehe-Anpassung an die bürgerliche Welt wurde die Idee der leeren fürstlichen Repräsentation (wie sie übrigens der *Simplicissimus* gerne lächerlich machte) zu der einer sozialen Aufgabe. Ohne eine solche lustspielhafte Versöhnung hat Heinrich Mann die Neugier des Außenseiters auf das wirkliche Leben in der Tragikomödie des Schultyrannen *Professor Unrat* (1905) dargestellt, aus der später der Stoff für den Film *Der blaue Engel* entnommen wurde. Der Schauplatz des Romans ist Lübeck. Bei der Ausgangssituation in der Schule denkt man sofort an das Schulkapitel der *Buddenbrooks*. Der intelligente, aber faule Schüler Lohmann trägt Züge des jungen Thomas Mann. Schon der Name ist als Anspielung deutbar. Lohmann ist überalterter Untersekundaner, wie Thomas es war. Er ist einerseits überlegen und zynisch, andererseits dichtet er verliebt und melancholisch. Dies traf auf beide Brüder zu.

Professor Raat, genannt Unrat, ist ein Außenseiter, charakterisiert durch seine Feindschaft gegen seine

Schüler und die Bürger, die aus seinen Schülern geworden sind. Zum Schluß, in seiner anarchistischen Phase, will er die Bürgerwelt ganz und gar verderben. Sein Abstand von ihr wird gleich zu Anfang deutlich. Auf seinen einsamen Wegen durch die Stadt, auf der Suche nach der Künstlerin Fröhlich, kommt Unrat einmal an einem hellerleuchteten Haus vorbei. Bei Konsul Breetpoot ist Ball. Ein Kollege, von dem man sagt, daß er auf eine reiche Heirat aus ist, betritt das Haus als Gast. Unrat bleibt im Dunkeln.

> Er machte sich in seinem bespritzten Kragenmantel lustig über den wohlaufgenommenen, aussichtsreichen Menschen, wie ein höhnischer Strolch, der unerkannt und drohend aus dem Schatten heraus der schönen Welt zusieht und das Ende von alledem in seinem Geist hat, wie eine Bombe.

Dies ist eine Anspielung auf das Schlußbild in Thomas' Studie *Die Hungernden* (1903), wo eine Proletariergestalt die von einem Ball kommenden Bürger Zorn und Verachtung sehen läßt. Der ressentimentgeladene Haß Unrats ähnelt dem des Priors von San Marco in *Fiorenza* oder dem apokalyptischen Wunsch des Hieronymus am Ende von Thomas' *Gladius Dei* (1902):

> Unrat hatte die lechzende Vision der ausgepreßten, um Gnade flehenden Menschheit; dieser Stadt, die zerbrach und öde stand; eines Haufens von Gold und Blut, der zerrann ins Aschgrau der Dinge.

Die drei Schüler, mit denen es Unrat zu tun hat, sind wohl nicht zufällig ein Querschnitt durch die bestehende Gesellschaft, freilich ins Komische verschoben, wie dieser Roman überhaupt mehr komisch als grotesk oder satirisch ist: ein unintelligenter Graf mit einem Kaufmann als Vormund, ein frecher und verlogener Kleinbürger und schließlich der dichtende

Großbürgerssohn Lohmann, auf den Unrat fixiert ist.

Heinrich Mann hat zwischen 1905 und 1907 eine Reihe von Novellen geschrieben, von denen *Pippo Spano* schon erwähnt wurde. Eine davon, *Abdankung* (1905), ist die Geschichte eines Schuljungen, dessen brennender Ehrgeiz ihn zum Tyrannen seiner Mitschüler macht. Aber er sehnt sich nach dem Aufgehobensein unter der Befehlsgewalt eines Freundes. Freiwillig unterwirft er sich gerade dem trägen, starken und dicken Gärtnerssohn, den zu demütigen ihm anfangs am meisten Lust gemacht hatte. Die Abdankung wird vollendet, als Felix ins Wasser geht, um einen äußersten Befehl auszuführen. Diese Erzählung widmete Heinrich „meinem Bruder Thomas“, und dieser nannte sie „die perverse Tragödie des Genies als Schulknabengeschichte“ und bekannte: „... ich nehme nicht Teil, ich *habe* Teil daran.“ Es ist schwer zu sagen, ob diese „Abdankung“ einen fiktiv übertriebenen Verzicht des älteren Bruders auf die Rolle des Überlegenen andeutet oder Thomas wegen Unterwerfung unter die Bürgerwelt anklagt. Man kann auch in dem Verhältnis des Tyrannen Unrat zu dem Schüler Lohmann, der, als wohlhabender Bürger zurückgekehrt, den anarchistisch und moralisch pervertierten Lehrer am Ende verhaften läßt, eine komisch-intime Anspielung sehen. Thomas mochte *Professor Unrat* nicht, wie wir aus Aufzeichnungen in einem seiner Notizbücher wissen. Das Tyrannenthema behandelte Heinrich auch in der Geschichte eines italienischen Despoten, der mit der aus Haß entstandenen Liebe einer Freiheitskämpferin zynisch umgeht: *Der Tyrann* (1907/08). Das Thema ging in die Satire des *Untertan* ein.

Eine andere Novelle Heinrichs, *Der Unbekannte* (1906), mit autobiographischen Zügen, die an die ersten Kapitel des *Tonio Kröger* erinnern, zeichnet die Phantasiewelt eines Jungen auf, der eine fremde Dame liebt, ihren Mann haßt und in die Welt der Wirklichkeit gestoßen wird, als die Frau von Geburtswehen überrascht wird. (Von den beiden Knabennovellen wurde wahrscheinlich Thomas zu seiner späteren Erzählung *Wie Jappe und Do Escobar sich prügelten*, 1910/11, angeregt.) Jedoch unterbricht Heinrich Manns Bedürfnis nach freiem symbolischen Spiel immer wieder die Reihe seiner Erzählungen mit psychologischer oder gesellschaftsdarstellender Intention. *Ein Gang vors Tor* (1905) ist symbolistisches Mittelalter, *Mnais* (1906) ein antikisierendes Märchen. Der *Drei Minuten Roman* (1905) behandelt Heinrich Manns eigenen Wunschtraum eines vornehmen Lebens auf Zeit, um literarischer Vorteile willen, als fiktive Wirklichkeit, führt jedoch zum Zweifel an der Geltung einer Wirklichkeit für Literaten, also zu einer Variante des *Tonio Kröger*- und *Pippo Spano*-Problems. Weil Heinrich Mann seiner Schwester Carla nahestand, die es mit sich und ihrem Schauspielerinnenberuf schwer hatte, beschäftigte ihn das Schwanken zwischen Kunstwelt und bürgerlicher Existenz, die Frage nach der Freiheit, die Kunst gewähren kann, in *Schauspielerin* (1906). Der innere Monolog einer Toten, um Liebe, Schuld und Religion in einem harten italienischen Herrenmilieu, ist *Ginevra degli Amieri* (1906). *Fulvia* (1905) spielt auch im vornehmen Milieu, betrifft aber den italienischen Freiheitskampf. Fulvias Gefühle sind gespalten zwischen einem attraktiven Herrenjüngling, der auf seiten der Reaktion steht, und ihrem Mann, der für die Freiheit kämpft. Am Ende zieht sie ihren Geliebten auf die andere Seite, für die er sein Leben opfert. Diese Konstellation ist tatsächlich bezeichnend für ein Schwanken Heinrich Manns, der einer liberalen Tendenz in sich jetzt stärkere Bedeutung einräumt. Sein Bruder schrieb ihm zu *Fulvia*:

Viel merkwürdiger, seltsam interessant, für mich immer noch ein bißchen unwahrscheinlich ist die Entwicklung Deiner Weltanschauung zum Liberalismus hin, die sich auch in dieser Arbeit ausspricht. Seltsam, wie gesagt, und interessant! Du mußt Dich wohl ganz ungeahnt jung und stark damit fühlen? Wirklich, ich würde Deinen Liberalismus als eine Art bewußt eroberte Jugendlichkeit auffassen, wenn er nicht, wahrscheinlicher, ganz einfach „Reife des Mannes" bedeutete. Reife des Mannes! Ob ich's auch soweit bringen werde? Fürs Erste verstehe ich wenig von „Freiheit". Sie ist für mich ein rein moralisch-geistiger Begriff, gleichbedeutend mit „Ehrlichkeit". (Einige Kritiker nennen es bei mir „Herzenskälte".) Aber für politische Freiheit habe ich gar kein Interesse.

Der Unterschied dürfte geringer sein, als diese Briefstelle und die spätere Auseinandersetzung zwischen den Brüdern im Ersten Weltkrieg ihn erscheinen ließen. Denn Heinrich Manns Freiheitsbegriff ging wie der des Bruders von der inneren Freiheit der Phantasiewelt aus. Elend und Größe dieser inneren Freiheit des Außenseiters war sein Thema wie das des Bruders. Wie Thomas in *Königliche Hoheit* suchte Heinrich jedoch darüber hinauszukommen. Sein Mittel war die Forderung, daß äußere Freiheit, Gerechtigkeit und Demokratie der inneren entsprechen müßten. Das Genie mit seiner inneren Freiheit von der Bürgerwelt, mit der Ungebundenheit seiner kindlichen Phantasiewelt und der Überzeugung seiner äußeren Schwäche war nicht wirklich frei, wie der Tyrann nicht frei ist. Diese Erkenntnis wird in *Professor Unrat* und den Novellen dieser Zeit umspielt. Freiheit wird evident in einer menschlichen Entscheidung, die aus Liebe geschieht.

Auch essayistisch zeigte sich Heinrichs offenes Eintreten für die soziale Demokratie an. 1906 suchte er deutsches Verständnis für einen aktuellen Kriminalfall in Italien zu wecken. Ein Mord aus Leidenschaft, wie er in Italien nicht selten ist, wurde kompliziert durch die sozialistische Überzeugung des Täters (*Der Fall Murri* in *Die Zukunft*, 5. Mai 1906). Dieser Fall fand Verwendung in *Zwischen den Rassen.*

Heinrich Manns Wendung zur Demokratie, seine Entfernung vom Neu-Konservativismus und dem Persönlichkeitsideal dürfen nicht überschätzt werden. Sein Spiel mit einer vornehmen, überlegenen Gesinnung war niemals unbedingte Parteinahme für einen ausschließlich konservativen Standpunkt. Sozialisten kommen als Nebenfiguren in allen Romanen Heinrich Manns vor und mit ihnen das Verlangen nach Freiheit und Gerechtigkeit. Gewiß, sie sind oft lächerlich und manchmal ambivalent. Das ist noch in *Der Untertan* so. Jedoch lag das Motiv der Liebe und Güte schon immer bereit, um als positiver Wert politisch zu werden.

In *Zwischen den Rassen* (1907) nimmt Heinrich das Thema der unterschiedlichen Eltern aus *Tonio Kröger* auf, führt es aber weiter zu einem Programm der Überwindung der intellektuellen Außenseiterposition, wie es auch Thomas zur gleichen Zeit in *Königliche Hoheit* vor Augen schwebte. Liebe als menschliches Verstehen tritt in deutlichen Kontrast zu einer Erotik, die auf Kampf, männlichem Sieg und weiblicher Unterwerfung beruht, wie in den von Heinrich Mann übersetzten und eingeleiteten *Liaisons dangereuses* von Choderlos de Laclos. Die männlich pfauenhafte Erotik wird in der Gestalt eines Florentiner Grafen mit dem raubtierhaften Namen Pardi dargestellt, der, wie ausdrücklich betont wird, aus einem patrizischen Bürgerhause stammt, jetzt jedoch die konservative Herrenmoral der italienischen Gesellschaft verkörpert.

Der prächtig männlichen, immer kampfbereiten, wenn auch geschmacklosen und beschränkten Erscheinung dieses ‚Helden' stellt der Roman den Außenseiter Arnold Acton gegenüber, einen deutschen Intellektuellen, der sich in seiner halbgebildeten Umwelt isoliert fühlt. Da er sich selbst beständig analysiert, fühlt er sich schwach. Zwar ist er über Nietzsches Lehren des starken Lebens hinausgekommen und will an Menschenliebe und einen ziemlich vagen Sozialismus glauben, seine Isolierung aber hindert ihn daran, seine innere Freiheit zu realisieren.

Der Roman ist fast ausschließlich aus der Perspektive Lolas erzählt, deren Kindheit auf einer brasilianischen Insel jäh beendet wurde, als ihr Vater sie zur Erziehung nach Deutschland schickte. (Heinrich Mann benutzte die Erinnerungen seiner Mutter.) Keinem Lande, keiner Heimat zugehörig, fühlt sie sich ausgesetzt. Zwischen die Werbung Pardis und die Liebe Arnold Actons gestellt, entscheidet sie sich zuerst für die prächtige Sinnlichkeit des Italieners, wird aber von der Heuchelei der vornehmen Gesellschaft wie von der skrupellosen Herrenmanier ihres Gatten abgestoßen. Sie entdeckt die junge, soziale und progressiv eingestellte Demokratie des gleichen Italiens, das ihr so lange seine konservative Seite zeigte. In dieser Atmosphäre faßt auch Arnold Acton den befreienden Entschluß zur Tat: er will den arroganten Pardi im Duell töten und Lola befreien. Dieser Entschluß erlöst ihn aus dem quälenden Gefängnis seiner Selbstüberwachung und der puritanisch-sublimierten platonischen Liebe.

Dem Roman ist ein Wunschbild unterlegt, zu dem sein Leser überredet werden soll: Die subtile innere Freiheit, wie sie unter Deutschen kultiviert wird, soll vereinigt werden mit dem Streben nach äußerer, politischer und sozialer Befreiung, das gerade in

Deutschland noch zu schwach entwickelt ist. Dieses Wunschbild überträgt Heinrich Mann wenig später auf die Franzosen, denen er in Aufsätzen wie *Voltaire–Goethe* (1910) und *Geist und Tat* (1911) die ideale Verbindung von nordischer Geistigkeit und südlichem Leben zuschreibt. Daß den Franzosen so gleichsam ein Vorrecht auf die Zukunft gegeben wurde, wird Thomas Mann während des Bruderzwistes im Ersten Weltkrieg bestreiten. Wir sollten aber beachten, daß *Zwischen den Rassen* ebenso seine Zustimmung fand wie Heinrich Manns nächster Roman *Die kleine Stadt* (1909).

Die Brüder hatten sich 1897 zusammen in Palestrina aufgehalten. Ihr Hauswirt dort ist Vorbild der Mittelpunktsfigur des Romans, des Advokaten Belotti. Nicht die vornehme Welt wie in *Zwischen den Rassen* ist Gegenstand, vielmehr wird die Welt der kleinen italienischen Stadt in liebevollem Detail ausgemalt. Das geschieht vornehmlich in Dialogen, denn es geht darum, wie diese Leute sich redend vor ihren Mitbürgern behaupten, nicht um Wahrheit, nicht um Erkenntnis noch darum, einen höheren künstlerischen Standpunkt zu gewinnen. Kunst dient zur Befreiung der Menschlichkeit, diese Menschlichkeit ist bei Künstlern und Bürgern freilich nur allzumenschlich.

Liebe, Güte und Demokratie sind Themen hier wie in *Zwischen den Rassen*. Der Advokat Belotti gefährdet seine politische Autorität in der kleinen Stadt und die Autorität der Fortschrittspartei der Honoratioren, weil er eine Opernaufführung durchgesetzt hat, die das Städtchen leidenschaftlich bewegt, aber auch zu Spannungen und Feindseligkeiten führt. Es zeigt sich, daß die Berufung auf Garibaldi nicht mehr genügt, daß ein handwerklicher Mittelstand gesonnen ist, zusammen mit den Klerikalen den Honoratioren die Macht zu entreißen. Dieser Kampf der Meinungen und der Fäuste, die schwankenden Sympathien, die Neigung, sich dem jeweiligen Sieger anzuschließen, relativieren den versöhnlichen Schluß der politischen Handlung im voraus. Die Schwierigkeiten und Schwächen des Systems werden deutlich, eigentlich deutlicher als seine sympathische Stärke.

Die Versöhnung am Ende kommt durch eine Bekehrung des geistlichen Gegenspielers zustande, in dem Heiligkeit und erotische Gier nahe zusammenliegen. Sein Bedürfnis, die sündige Stadt brennen zu sehen, ist, wie im Falle Unrats, eine Anspielung auf Thomas Manns Savonarola. Die Erotik spielt überhaupt eine Hauptrolle. In der Gestalt der kalten, weil ihrer Kunst hingegebenen Primadonna wird die Kritik des Ästhetizismus wiederaufgenommen. Die Begeisterung des Dirigenten Dorlenghi über die Musik vom Typus Puccini läßt die Möglichkeit einer volksverbundenen Kunst aufblitzen.

Die Kunst möchte sich als Katalysator des Volkslebens verstehen, sowenig ein individueller Künstler auch geeignet ist, diese Rolle durchzuspielen. Die Verbindung der Hoheit des Künstlers mit der Liebe zur Menschheit, wie sie am Ende von *Königliche Hoheit* als Lösung erscheint, ist auch hier gemeint, wobei freilich gerade Heinrich Mann, der in Thomas' Roman das Vorbild des aus Scham distanzierten Großherzogs war, die Hoheit weiter reduzieren will als sein Bruder. Die Liebe zum Bürger, sogar zum Kleinbürger, eine Liebe, die Schwächen einschließt, ein sympathisches Lächeln bewirkt, das ist die Wirkung des Buches auf den Leser. Freilich sind italienische, nicht deutsche Bürger gemeint. Noch ist die intendierte Humanität im deutschen Publikum utopisch.

Thomas' *Königliche Hoheit* ist dagegen ein durchaus deutsches Buch. Das Volk des fiktiven deutschen Kleinstaates ist sehr verschieden von den italienischen

Kleinbürgern der *Kleinen Stadt.* Der Erzähler in Thomas' Roman ist ein Bewohner des Kleinstaates, er sagt „hierzulande" und braucht das Possessivpronomen „unser", wenn von dem Lande die Rede ist. Andererseits spielt sich das erzählte Geschehen eben nicht auf der Ebene des Volkes ab, sondern auf der „repräsentativen" der Fürstlichkeiten, wozu auch der reiche Amerikaner Spoelman und seine Tochter zu rechnen sind. Klaus Heinrichs Tanz auf dem Bürgerball, wo er sich eine Weile als Gleicher unter Gleichen benimmt, führt zu einer Entwürdigung, die der Leser mißbilligen soll. Dennoch gibt es Parallelen zwischen beiden Romanen. Der Lehrer der Prinzenwürde, Überbein, der ganz auf die außerordentliche Leistung gestellt ist, spielt eine ähnliche Rolle wie die Primadonna Heinrichs. Beide verzichten auf Liebeserfüllung, auf die „Bummelei des Glücks", wie Überbein das ausdrückt. In beiden Fällen soll der Leser sich reserviert verhalten. Überbein ist wie die Primadonna Heinrichs eine leichte Abwandlung des Künstler-Außenseiters, der auf die Leistungsethik gestellt ist. Dagegen wird am Ende von *Königliche Hoheit* das „strenge Glück" als Vereinigung von Hoheit der Repräsentanz und der Liebe als möglich hingestellt. Ehe und Familie sind Anpassung an die Grundlage des Bürgerlichen, Absage an steile Einsamkeit. Mit diesem Schluß seines Romans gab Thomas Mann seiner eigenen Ehe eine Deutung, die sich gegen zeitbedingte Kunstauffassungen richtete: gegen Boheme und ästhetische Religion.

Um 1910 war Thomas Mann mit Studien für einen maßgebenden Literaturaufsatz beschäftigt, der „Geist und Kunst" hätte heißen sollen und eine Auseinandersetzung mit dem bürgerlichen Publikum der Zeit, mit der Wagner- und Nietzsche-Nachwirkung, mit dem Lebenskult und der Abneigung gegen die Kritik enthalten hätte, wenn es Thomas Mann gelungen wäre, die vielfältigen Themen zusammenzuschließen. Im *Versuch über das Theater* (1908) hatte er den deutschen Glauben an das Theater als Tempel einer kritischen Prüfung unterzogen, nicht ohne seine eigenen Neigungen zum Theater zu bekennen. Dem Roman spricht er, wie Heinrich Mann, repräsentative Bedeutung in der modernen Bildung zu. Thomas Mann möchte am liebsten seinen Leser als kritischen Genießer sehen. Dahinter steht ein Jugendeindruck: Nietzsches Kritik an Wagner als Schauspieler, begleitet von fortdauernder Faszination durch Wagnersche Musik. Weil Kunstbegeisterung durch Kritik geschärft sein soll, kann man die fiktive Welt zugleich als unwirklich, falsch, ja gefälscht und als begeisternd, faszinierend empfinden. Dies ist der Hintergrund für den Hochstaplerstoff, der sich jetzt in Thomas Mann vordrängt. Der Stoff, aus dem ursprünglich eine Novelle werden sollte, war zuerst eine Art Satyrspiel zu *Königliche Hoheit.* Felix Krull ist, wie sein Vorname schon andeutet, ein Glückskind. Repräsentanz, das Scheinleben, das bei ihm kriminelle Züge hat (die Verwandtschaft von Kunst und Kriminalität ist schon in *Tonio Kröger* ein Motiv), und Liebe zur Welt, zum Leben, sind in ihm verbunden. Der Roman ist eine Satire auf Bürgerwelt und Künstlertum zugleich, überdies in der Memoirenform eine bis in den Stil der Anfangskapitel reichende Parodie von *Dichtung und Wahrheit.* Aber nach den 9 Kapiteln des 1. Buches brach Thomas Mann ab. Im Sommer 1911 begann er eine Novelle, deren Stoff er Reiseeindrücken aus dem Frühjahr entnahm: *Der Tod in Venedig* (1912). In sie ging ein früherer Goethe-Plan ein, die Entwürdigung des alten Goethe in Marienbad, als er ein junges Mädchen liebt. Gustav von Aschenbach (der nur den Vornamen und wenige Äußerlichkeiten von dem im Mai

1911 fürstlich zu Grabe getragenen Mahler hat) ist ein anerkannter und angepaßter klassischer Künstler, der den Relativismus seiner Zeit überwunden zu haben und in strengem Moralismus und Leistungswillen Halt und Würde gefunden zu haben glaubt. Aber diese Überwindung der Entlarvungspsychologie Nietzsches schlägt fehl. Die Lebenskräfte von Nietzsches Gott Dionysos im Bunde mit der eigenen künstlerischen Sensibilität und Sinnlichkeit brechen die apollinische Haltung des Künstlers. Er verfällt an eine in ihm erwachte homosexuelle Sinnlichkeit. Die letzten Stufen der Entwürdigung bleiben ihm erspart, als die Cholera ihn dahinrafft. Im Stil hielt Thomas Mann sich an die *Wahlverwandtschaften*. Der Erzähler hat zum großen Teil die Haltung eines Biographen, der die Vorgänge abkühlt und nur ab und zu den Leser in das Innere der Hauptfigur blicken läßt. Mythische Motive beleben diese klassische Beschränkung. Die Tendenzen zu einer klassischen Prosa, die als Gegenwirkung gegen Jugendstilgeziertheit entstanden waren, verbinden sich mit dem dionysischen Lebenskult zu einer Novelle von außerordentlicher Wirkung.

Nach dem *Tod in Venedig* wendete sich Thomas Mann wieder *Felix Krull* zu, und in dieser Arbeitsperiode entstand die berühmte Szene von Krulls Musterungsbetrug, in der eine Satire auf das militaristische Wilhelminische Regime steckt, dem Krull (und Mann) trotzdem einige geistige Sympathien entgegenbringen. Satirische Tendenzen auf den Vater Staat und auf herrenmäßiges Benehmen finden sich auch in der autobiographischen Erzählung *Das Eisenbahnunglück* (1909). Diese Satiren auf die staatliche Ordnung bleiben jedoch nur Ansätze. Thomas Mann unterbrach den Krull-Roman 1913 noch einmal, und diesmal für Jahrzehnte. Er wollte sich in einer humoristischen Erzählung über die neuklassische Intention des *Tod in Venedig* lustigmachen, indem er einen harmlosen jungen Mann in eine Lage brachte, wo ihm, durch Krankheit, Erotik und Abschließung von der Welt, seine zivilisatorische Würde zweifelhaft wird. Als diese Arbeit Ende 1915 für die *Betrachtungen eines Unpolitischen* unterbrochen wurde, hatte sie sich schon zum Roman *Der Zauberberg* ausgewachsen.

Heinrich Mann veröffentlichte 1910 und 1911 je eine Novellensammlung. In *Das Herz* ist die Titelnovelle, die zum größten Teil aus Dialog besteht, die Geschichte eines jungen Bürgers und einer Frau und ihrer Gewissensehe, deren Wert höher gestellt wird als eine offizielle Heirat. Dagegen verspottet die humoristische Erzählung *Gretchen*, die schon 1907 geschrieben wurde, die bürgerliche Ehemoral. Das Milieu ist schon das des späteren Romans *Der Untertan*. Auch die Anziehungskraft des Unbürgerlich-Exotischen kommt wieder einmal zur Geltung in der Erzählung *Alt*, in der ein vereinsamter alter Mann ein unzähmbares Zigeunermädchen liebt, bis er von ihr vergiftet wird. *Die Unschuldige* (1910), zuerst von Karl Kraus in der *Fackel* gedruckt, ist von Otto Weininger beeinflußt und handelt von einer des Mordes angeklagten Frau, die in ihrem Unschuldsgefühl wankend wird. Innerhalb einer Liebe findet ein Kampf der Geschlechter unter extremen Umständen statt. *Die Rückkehr vom Hades* (1911), die Titelnovelle der zweiten Sammlung, erzählt die Geschichte des Dichters in altgriechischer Kostümierung. Seine Liebe zum Volk ist vergeblich, es hört ihm zu, bevorzugt aber Komödianten und einen falschen Gott. Er lebt von den Groschen der ungläubigen Reichen, die er nicht achten möchte. Und doch trägt ihn die Liebe einer treulosen Komödiantin und Hetäre, die Göttinnen spielt, über die Niederlage hinweg. Gespiegelt ist die Lage des Dichters in gottloser Zeit, der das Göttlich-Erhebende aus dem Tode holt, wenn er auch selber voller Skepsis ist. Die desillusionierende Skepsis eines Lebens zwischen Freiheitskampf, Reaktion, Macht und Niederlage ist der Gegenstand der Novelle *Auferstehung* (1911). Der Titel verspricht ein Gegenstück zu Tolstois letztem Roman gleichen Titels. Heinrich Manns Novelle ist von religiösen Schuldgefühlen weit entfernt. Don Rocco ist Führer der Freiheitspartei eines oberitalienischen Herzogtums. Er entgeht der Hinrichtung, gelangt in der Restauration an die Macht, läßt Freiheitskämpfer hinrichten und wird von Garibaldi verhaftet. Er begegnet seiner Frau wieder, und in einem letzten Gespräch vor seinem Tode entsteht der Glaube an die zerstörte Liebe und die zerstörte Freiheit neu. Der atemberaubende Wirbel dieser diskontinuierlichen Handlung wird in Reden, Gesten, Szenen dargeboten, die etwas Hastiges und oft auch opernhaft Künstliches haben. Auch Heinrich Mann bleibt von der modischen Bedeutsamkeit, die der Prosa poetische Qualität verleihen will, nicht verschont. Es ist gerade der Stil dieser hastig hervorgestoßenen bedeutsamen Sätze, der auf die Expressionisten anregend wirkte. Seinem Bruder Thomas war dieser Stil peinlich. Das Altersverhältnis schien sich umzukehren. Heinrich ging mit den Jungen.

Obwohl er den Roman über das Drama stellte, reizte es Heinrich Mann, für die Bühne zu schreiben. Er begann mit der Umsetzung von einigen Novellen, die ohnehin dramatisch angelegt waren. Über das Thema *Schauspielerin* schrieb er nach dem Selbstmord der sehr geliebten Schwester Carla (1910) ein neues Stück (1911). Einen Erfolg errang 1917, mitten im Kriege, das Schauspiel *Madame Legros*, das 1913 veröffentlicht worden war. Heinrich Mann hatte es in die Arbeit an dem Roman *Der Untertan* eingeschoben. Es zeigt eine Pariser Kleinbürgerin, die nicht mehr mit dem Unrecht leben kann, seit sie von einem Gefangenen in der Bastille erfahren hat, der dort vergessen wurde. Ihr unermüdlicher Kampf um seine Entlassung erfüllt den literarischen Tugendbegriff mit Leben. Das ist mit einer Adelssatire zusammenkomponiert, die an Schnitzlers *Der grüne Kakadu* anklingt. Wie Schnitzlers Spiel läuft *Madame Legros* in den Bastillensturm aus. Ein Einakter *Varieté* (1910) klingt an Wedekinds *Der Marquis von Keith* (1901) an. Heinrich Mann war in München, wo er vor dem Kriege oft wohnte, mit Wedekind befreundet.

Frankreich war Heinrichs politische Utopie. Der deutschen Wirklichkeit wurde sie in *Geist und Tat* (1911) entgegengesetzt. In diesem Aufsatz steckt eine kaum verborgene Polemik gegen den Bruder. Schon im Titel; denn *Geist und Tat* verschiebt Thomas' ehrgeizigen Aufsatzplan „Geist und Kunst“ ins Praktisch-Politische. Die Intellektuellen müßten sich politisieren:

> Ein Intellektueller, der sich an die Herrenkaste heranmacht, begeht Verrat am Geist. Denn der Geist ist nichts Erhaltendes und gibt kein Vorrecht. Er zersetzt, er ist gleichmacherisch; und über die Trümmer von hundert Zwingburgen drängt er den letzten Erfüllungen der Wahrheit und Gerechtigkeit entgegen, ihrer Vollendung, und sei es die des Todes.

Sicher ist Thomas mitgemeint, auf dessen *Königliche Hoheit* Heinrich ebenfalls anspielt. Konkreter ist der Aufsatz *Reichstag* von 1911. Im „christlich geschminkten Feudalstaat“ stehe der „Volksfeind“ rechts, er sei nicht bei den Sozialdemokraten zu suchen, „die nichts wollen als Kindern und Enkeln ein spießiges Wohlleben verschaffen“. Unbegreiflich sei die Haltung des Bürgertums, das den Feind auf der falschen Seite sehe. Besser könne es erst werden, wenn „der Typus, den ihr darstellt“, sich abnutze: „... dieser widerwärtig interessante Typus des imperialistischen Untertanen, des Chauvinisten ohne Mitverantwortung, des in der Masse verschwindenden Machtanbeters, des Autoritätsgläubigen wider besseren Wissens und politischen Selbstkasteiers."

Mit diesen Worten ist die Richtung der Satire in dem Roman *Der Untertan* umschrieben. Das Werk, schon seit etwa 1906 konzipiert, wurde 1912 bis 1914 geschrieben. Es erschien in Fortsetzungen in der Zeitschrift *Wort im Bild*, die den Abdruck bei Kriegsausbruch unterbrach. Die erste öffentliche Ausgabe, 1918, wurde zu diesem Zeitpunkt ein Erfolg. Im Manuskript lautete der Untertitel: „Geschichte der öffentlichen Seele unter Wilhelm II." *Der Untertan* ist der Entwicklungsroman eines abschreckenden Typus, dargestellt durch Diederich Heßlings Aufstieg vom Sohn eines Unteroffiziers zum Generaldirektor und führenden Provinzbürger. Die satirische Absicht beherrscht das Werk nicht ausschließlich, sondern weicht strekkenweise den Konventionen des psychologischen Romans. Das geschieht in den ‚weichen' Szenen mit der Mutter und mit Heßlings erster Geliebten. Diese Szenen haben eine Funktion in der ‚Seelengeschichte': sie repräsentieren das romantisch-sentimentale Erbe, das Diederich in sich bekämpft, weil er glaubt, daß nur er weich sei, während seine Umwelt Härte verlange. Der deutsche Leser soll sich in diesem psychologischen Motiv wiedererkennen, weshalb er in den Konventionen des psychologischen Romanes angesprochen wird. Heßlings angenommene Härte bei weichem Kern erklärt seine Unterwerfungslust, die satirisch dargeboten wird, etwa wenn der Schüler Heßling den Rohrstock des Lehrers bekränzt. Die Satire kann in Psychopathologie übergehen. Wer mit den Konventionen des psychologischen Romans mißt und auf Gattungsreinheit besteht, hat es leicht, dem Werk Fehler anzukreiden. Doch die Übertreibungen und die sichtbaren Nähte zwischen Satire und Psychologie sind die formale Entsprechung der intendierten Karikatur, die ein Leitbild trifft und es ins Bewußtsein bringt, das damals unter Phrasen verborgen war.

Der ursprüngliche Untertitel verrät den Ehrgeiz, ein historisches Dokument zu geben. Die ‚Geschichte der öffentlichen Seele' unter Wilhelm II. ist der Verfall des deutschen Liberalismus. Heßling setzt sich durch gegenüber dem Achtundvierziger Kommunalpolitiker Buck. In dessen Sohn und Heßling stehen sich der skeptisch-intellektuelle und der forsch angepaßte präfaschistische Typus des kaisertreuen deutschen Bürgers gegenüber. Ihre Diskussionen sowie die Gespräche des alten Buck mit Heßling rücken, verkürzt zwar, aber gerade dadurch plakathaft verdeutlicht, die Vollendung der Selbstabdankung des deutschen Bürgertums vor Augen. Das durch die Industrialisierung zum staatstragenden Faktor gewordene Bürgertum ließ sich 1848/49, dann 1862 noch einmal durch Bismarcks Staatsstreich von der Teilhabe an der Macht zurückdrängen. *Der Untertan* zeigt, wie der wilhelminisch-chauvinistische Bürgertyp diese Entwicklung vollendet, wie er die Isolierung Deutschlands vom liberalen Europa aktiv betreibt und deshalb die Katastrophe des Ersten Weltkrieges herbeizuführen hilft.

Das Verhältnis zwischen den Brüdern war schon vor Ausbruch des Krieges gespannt. Dazu trug eine Reihe von Faktoren bei: die nie ganz beseitigte Rivalität aus der Jugendzeit, Thomas Manns Kritik an Heinrichs Schreibweise, im Briefwechsel oft in Lobworten versteckt, Spannungen unter den Geschwistern, besonders zwischen Heinrich und Julia, unterschiedliche Reaktionen auf Carlas Selbstmord, ein Darlehen, das Thomas Heinrich aus den Honoraren von *Königliche Hoheit* anbot (während *Die kleine Stadt* finanziell wenig abwarf) und das er 1912 wieder einforderte. Andererseits hatte Heinrich *Königliche Hoheit* öffentlich gegen eine Kritik von Schaukal verteidigt, auch sorgte die Mutter immer wieder für Ausgleich. Thomas verfolgte die Entwicklung des *Untertan* anfangs mit Interesse, trug auch eigene Erfahrungen mit dem Militär bei. Eine boshafte Anspielung Heinrichs ist es wohl, wenn er die Hochzeitsreise seines Diederich Heßling wie die Thomas Manns in Zürich beginnen läßt. Von dort hatte Thomas Heinrich den Brief mit dem S. 480 zitierten Satz geschrieben, in dem er Heinrich als Nur-Künstler tadelt. ‚Du bist in Gefahr, nur Bürger zu werden', soll dieser kleine Zug offenbar sagen. Der Erste Weltkrieg sollte die latente Spannung in offenen Bruderstreit verwandeln.

13. Gerhart Hauptmann

Gerhart Hauptmann repräsentierte zu seinen Lebzeiten deutsche Literatur in der Welt, bis Thomas Mann ihn 1933 in dieser Rolle ablöste. 1912 erhielt er den Nobelpreis, 1905 hatte er schon ein Ehrendoktorat der Universität Oxford empfangen. Vor 1914 galt er als oppositionell und war es auch im Hinblick auf das kaiserliche Regime. Während der Weimarer Republik war er als nationaler Künstler hochgeehrt. Im Anfang der Hitler-Herrschaft kompromittierte er sich durch einen Modus vivendi mit dem Regime, das er privat mißbilligte. Hauptmann steht tatsächlich in hohem Maße für die geistigen Möglichkeiten des deutschen Bürgertums seiner Zeit. Seine Skala reichte von der Satire auf das Wilhelminische Regime bis zu präfaschistischer Pseudoklassik. Er vertrat das alte liberale Bürgertum, das von geschickten Kleinbürgern und reaktionären Herren der alten Ordnung in seinem Selbstbewußtsein zerrieben wurde. Er war Autodidakt und repräsentierte dennoch den deutschen Kulturbürger. Sozialkritischer Humanismus, ein Rest Christentum und ein sich metaphysisch gebärdender monistischer Lebenskult lagen nebeneinander in ihm und seinem Werk, Nietzsches Amoralismus und christliches Schuldgefühl, dionysische Erotik und Mitleid mit den Mühseligen und Beladenen. Schon seine Lebensdaten sind symbolische Schicksalsjahre Deutschlands: Er wurde geboren im Jahre des verhängnisvollen Staatsstreichs Bismarcks gegen die preußische Verfassung, das Parlament und die Liberalen, 1862. Er starb 1946, als er mit der Bevölkerung des schlesischen Kreises, in dem er über vierzig Jahre gelebt hatte, ausgewiesen werden sollte.

Gerhart Hauptmann stammte aus dem Eulengebirge in Schlesien. Seine Jugendjahre ließen eigentlich nichts Gutes erhoffen. In der Schule brachte er es nur bis zur Quarta, eine Landwirtschaftslehre brach er ab, als Kunstschüler zeichnete er sich nicht durch Fleiß und Zielstrebigkeit aus, Universitätsvorlesungen hörte er wenig planvoll. Der Vater war ein anfangs erfolgreicher, später von Fehlschlägen geplagter Gastwirt. Die Mutter neigte zum Pietismus, mit dem Hauptmann auch während seiner Zeit als Landwirtschaftseleve in Berührung kam. Während er in Jena Vorlesungen hörte, regte sein Bruder Carl ihn an, moderne Wissenschaft und Weltanschauung zur Kenntnis zu nehmen. Durch die Verbindung mit Marie Thienemann, die herrnhutisch-pietistisch erzogen war und über ein beträchtliches Erbe verfügte, wurde Hauptmann wirtschaftlich gesichert und konnte noch lange weiter dilettieren. In Rom versuchte er sich als Bildhauer. Nach der Heirat, 1885, zog er nach Berlin, wo er großenteils in Vororten wohnte. Hier beschäftigte sich Hauptmann mit Marx und dem Sozialismus. Er hatte persönliche Berührung mit den frühen Naturalisten, den Gebrüdern Hart, mit Holz und Schlaf, den Verfassern von *Papa Hamlet*, deren gemeinsamem Pseudonym, „Bjarne P. Holmsen“, er *Vor Sonnenaufgang* widmete. In dem Verein „Durch“ hielt er einen Vortrag über Georg Büchner. Ein längerer Aufenthalt in Zürich bei seinem Bruder Carl brachte ihn in Berührung mit der Psychiatrie des Professors Auguste Forel. Eine kurzlebige Freundschaft mit Frank Wedekind, der er den Stoff für *Das Friedensfest* verdankte, führte zu Wedekinds lebenslanger Feindschaft gegen den zu seiner Zeit Berühmteren.

Die ersten Dramen Hauptmanns, *Vor Sonnenaufgang* (1889), *Das Friedensfest* (1890), *Einsame Menschen* (1891), setzen das Familiendrama Ibsens im Stil des milieubeschreibenden Naturalismus fort (s. Bd. 4, S. 784–791).

Einsame Menschen verwendet als Motiv Eheschwierigkeiten des älteren Bruders Carl Hauptmann, der eine Schwester Marie Thienemanns geheiratet hatte, aber sich von der polnischen Studentin Josefa Krzyzanowska eine Zeitlang besser verstanden fühlte. Auch Gerhart lernte sie kennen, und sie gilt als Vorbild für die emanzipierte Studentin Anna Mahr in *Einsame Menschen.* Vermutlich hat auch Lou Andreas-Salomé, die Hauptmann während der Entstehungszeit des Dramas gut kannte, Züge für die Figur geliefert. Hauptmanns eigene Eheschwierigkeiten kündigen sich an. Das Drama, das Hauptmann auch später noch schätzte, ist ein Dokument für die bürgerliche Pseudorevolution der Zeit.

1891 bis 1893 lebte Hauptmann im gleichen Hause mit seinem Bruder Carl im schlesischen Riesengebirge, in Schreiberhau. Dort entstanden die Künstler-Komödie *College Crampton* (1892) und *Die Weber* (1892), *Der Biberpelz* (1893) und *Hanneles Himmelfahrt* (1894). Carl Hauptmann (1858–1921) war anfangs Naturwissenschaftler und begann, nach dem Erfolg des jüngeren Bruders, auch Gedichte, Novellen, Dramen und Romane zu schreiben. Neben Jugendstil-Enthusiasmus stehen Heimat-Milieu-Dramen im schlesischen Dialekt, ein Märchendrama, Ideendramen in Prosa und in Versen, stilisierte Einakter mit erotischen Themen. Heimatgebundenheit und triebhafte Liebe sind seine bevorzugten Themen. Er liebte scharfe Kontraste, auch moralischer Art. Diese Dramen und Erzählungen haben oft etwas Dumpfes und Planloses (eine Gefahr, die auch in Gerhart Hauptmanns schwächeren Werken erkennbar wird). Der Roman *Einhart der Lächler* (1907) stellt in 2 Bänden eine Künstlerentwicklung dar. Einhart ist

Sohn eines Geheimrates und einer adoptierten Bürgertochter, die von einer Zigeunerin abstammte. Einhart wird zum Künstler, weil er in die bürgerliche Welt nicht hineinpaßt, was durch die Bindung an sein Zigeunertum ausgedrückt ist. Endlich gelingt es ihm, seine Fremdheit in künstlerische Meisterschaft zu verwandeln. Carl Hauptmann hatte den Brücke-Künstler Otto Mueller als Vorbild im Sinn. Manchmal erhebt sich seine Prosa zu hymnischen Reflexionen, die man vorexpressionistisch nennen kann. Eine bohemeartige Episode mit einer Putzmacherin und einem Dreiecksverhältnis endet stilgerecht mit Tuberkulosetod des Mädchens. Am Ende finden wir Einhart in vornehmer Gesellschaft, eine junge Witwe still verehrend, fast im Stile Rilkes. Mit Rilke war Carl Hauptmann in Worpswede gut bekannt geworden. Die idyllische Wohngemeinschaft der Brüder Hauptmann und der Schwestern aus dem Hause Thienemann war 1893 zerbrochen; schon vorher hatte Gerhart eine innere Trennung herbeigeführt.

Er hatte die Außenseiter-Künstler-Thematik zehn Jahre vor Carl in die Symbolik seines Schauspiels *Die versunkene Glocke* (1897, s. Bd. 4, S. 799–803) verkleidet und mit dem Thema des Elementaren verknüpft, das auch Carl so faszinierte. Seine Erfolge erzielte Gerhart großenteils durch Konfrontation der bürgerlichen Orientierung der Zuschauer mit der von Kleinbürgern. *Die Weber* (1892) sind dafür ein Beispiel. Dort erscheinen die Kleinhäusler als Opfer des Großbürgerhauses, das von der Industrialisierung profitiert. In *Der Biberpelz* (1893) dagegen findet sich der liberale Bürger in der prekären Situation zwischen dem Vertreter des Restfeudalstaates und dem zielbewußten Aufstiegsstreben der kriminellen Kleinbürgerin. Zehn Jahre vor Heinrich Manns *Untertan* konstruierte Gerhart Hauptmann ein Gesellschaftsmodell,

Gerhart Hauptmann

das dem des Romans ähnlich ist. Die Fortsetzung des *Biberpelz*, *Der rote Hahn* (1901), ein noch weniger komisches Lustspiel, rückt das gierige Streben der Kleinbürger nach oben stärker ins Zwielicht. Während Frau Fielitz, die frühere Mutter Wolffen, im Sterben mit den Armen „nach was langt", lassen die Bauarbeiter ihren rüden Schwiegersohn, einen harten Emporkömmling, hochleben. Das Stück spielt übrigens auf Ibsens *Baumeister Solness* an. Das religiöse Thema Hauptmanns, das, mehr oder weniger, überall in seinem Werk eine Rolle spielt, tritt in *Hanneles Himmelfahrt* (1894) in den Vordergrund, naturalistische und Jugendstilzüge vereinigend. Die Möglichkeit, daß der Traum von der Seligkeit als bloße kitschige Illusion enthüllt werden soll, bleibt offen. In *Florian Geyer* (1896) wird die Tragödie eines kämpferischen Reformers vorgeführt, mit dem der fortschrittliche Bürger sich identifizieren sollte. Das Stück ist nationale Geschichtsdeutung wie Ricarda Huchs (spätere) historische Prosa *Der große Krieg in Deutschland*. Hauptmanns Stück fand nicht das Publikum, auf das er hoffte. Sein – neben *Die Weber* – zweites Meisterwerk im naturalistischen Stil, *Fuhrmann Henschel* (1899), hat mit materialistischer Ideologie nichts zu tun. Sein Thema steht der Lebenskult-Literatur näher. Ein Mann findet sich zwischen Leben und Tod, wobei das Leben eine rücksichtslose, amoralische, sinnliche junge Frau ist. *Fuhrmann Henschel* könnte, im bestmöglichen Sinne, auch als Heimatliteratur angesehen werden. Das Drama stellt die bürgerliche Orientierung gegen die des bodenständigen, geraden Fuhrmanns. Dabei zeigt sich in Henschel eine eindrucksvolle Persönlichkeit, mit einer geradezu antiken Schicksalsfähigkeit, vor der der gutgemeinte Zuspruch des bankrotten Bürgers Siebenhaar verblaßt. Und doch geschieht dieser Zuspruch stellvertretend für das bürgerliche Publikum. Henschels unzeitgemäße einspurige Gradheit ist es, die ihn unfähig macht, mit der aufstiegsbesessenen, ihrer Kraft bewußten, gerissenen und verlogenen Hanne fertigzuwerden. Hanne gehört zu den harten aufsteigenden Kleinbürgern, wie sie in *Der Biberpelz* und *Der rote Hahn* gezeichnet sind. Fuhrmann Henschel ist weder eine sentimentale noch eine vorbildliche Figur, sondern Modell einer einfachen Welt, die nicht mehr lebensfähig ist.

Die Situation des Mannes zwischen zwei Frauen, schon in *Bahnwärter Thiel* (1888, s. Bd. 4, S. 769 bis 773) gestaltet, war inzwischen Hauptmanns eigene geworden. Die Ehe- und Liebeswirren von 1893 bis 1905 waren wohl hauptsächlich ein Sich-Wehren gegen die eigene Bürgerlichkeit, ein Bedürfnis nach der alten Ungebundenheit, nun, da er sich wirtschaftlich selbst erhalten konnte. Margarete Marschalk, die andere Frau, war Musikerin und Schauspielerin. Er glaubte wohl ihr künstlerisch näher zu stehen als seiner ersten Frau, von der er sich schwer löste, weil sie ihn gefördert und erhalten hatte, als er in Not war. Nachdem er 1904 Margarete Marschalk geheiratet hatte, brach er eine Zeitlang wieder aus in eine Affäre mit der Schauspielerin Ida Orloff (d. i. Ida Wissbeck), in der er eine Art dämonisches Mädchen sah. Seit 1905 dann blieb er bei seiner zweiten Frau, mit der er in Agnetendorf im Riesengebirge in einer Art Dichterfürsten-Hofhaltung wohnte. Der Niederschlag einer schuldhaften Verbundenheit mit Marie zeigt sich bis ins Spätwerk hinein.

Michael Kramer (1900) ist nach der Gestalt eines Bürger-Künstlers benannt, der Lehrer an der staatlichen Kunstschule ist, seinen Ehrgeiz jedoch in die Vollendung eines Bildes des dornengekrönten Christus setzt. Sein Talent reicht jedoch nicht aus; das Bild verfällt seiner eigenen Kritik. Dieses Motiv ist angeregt von Balzacs Erzählung *Le Chef-d'œuvre inconnu* (1831). Talent hat dagegen sein Sohn Arnold, dem aber die bürgerlichen Qualitäten, Selbstdisziplin und Aufrichtigkeit, abgehen. Arnold ist verwachsen und schon deswegen Außenseiter, und er muß ein gewöhnliches Mädchen lieben, was ihm nur Spott einträgt. Dafür sorgt eine Stammtischrunde, ein satirisches Porträt des deutschen Publikums. Die Kluft zwischen Bürgertum und den Anforderungen der Kunstreligion ist das eigentliche Thema des Dramas, das mehrfach abgewandelt wird. Der Selbstmord des begabten und gequälten Sohnes löst die Schlußszene aus, die Michael Kramer beherrscht. Eine unkirchliche Gottesgewißheit schlägt um in die skeptische Frage:

> Von irdischen Festen ist es nichts! – Der Himmel der Pfaffen ist es nicht! Das ist es nicht, und jen's ist es nicht, aber was ... – *mit gen Himmel erhobenen Händen* – was wird es wohl sein am Ende???

Es ist kein Wunder, daß sowohl Rilke wie auch Thomas Mann dieses Spiel mit Lob bedachten. Denn hier sind der Lebenskult und die ästhetische Religion zugleich ernstgenommen und skeptisch in Zweifel gezogen.

Während der Entstehung von *Fuhrmann Henschel* und *Michael Kramer* hatte Hauptmann ein Versdrama begonnen, das in Jamben geschrieben und ohne die Jugendstillyrik und Elementargeister der *Versunkenen Glocke*, in die Tradition des klassischen und nachklassischen Dramas einschwenkt. Es ist *Der arme Heinrich* (entstanden seit 1897, gedruckt 1902). Die sinnliche Liebe, die in *Fuhrmann Henschel* dämonisch war, wird hier mit der religiösen, karitativen Liebe versöhnt. Das Erlösungsthema weist auf Richard Wagners Musikdramen zurück und unterscheidet

Hauptmanns Neubehandlung des Stoffes von der Ironie, mit der Ricarda Huch ihn in einer ungefähr gleichzeitig entstandenen Erzählung wiederbelebt hatte. Hauptmanns Stück fehlt die dramatische Notwendigkeit, es ist ein episches Drama ohne überzeugende Beispielwirkung, aber bezeichnend für Hauptmanns Bedürfnis, aus dem Klischee des naturalistischen Dramatikers herauszukommen und ein Dichter im klassischen Sinne zu werden.

Wieviel mehr das Heimatdrama mit naturalistischen Stilmitteln Hauptmanns Stärke war, zeigte das 1903 entstandene und im gleichen Jahre gedruckte Schauspiel *Rose Bernd*. Hauptmann hatte als Geschworener an einem Prozeß gegen ein Mädchen wegen Meineids und Kindesmords teilgenommen und den Freispruch erwirkt. Aus diesem Erlebnis wuchs das Drama. Der Versuch eines sittenstrengen und frommen Vaters, sich und die Seinen von der Mitwelt abzuschließen, scheitert an der blühenden Sinnlichkeit seiner Tochter Rose. Die sinnliche Mitwelt ist freilich ohne Sinn für Verantwortung. Rose Bernd kann den Konflikt zwischen enger und frommer Familienbindung und der leichtfertigen, verlockenden und bösen Welt nicht meistern. Sie wird in eine innere Einsamkeit gezwungen, die ihr ursprünglich wahrhaftiges Wesen zerstört und sie in Meineid und Kindesmord treibt. In ihrer Verzweiflung hat sie in die Sterne gesehen. „Do hoa ich wull ernt geschrien und geruffa! Kee himmlischer Vater hat sich geriehrt.“ Die Engstirnigkeit ihres Vaters wird in der letzten Szene auf der Bühne deutlich, zugleich aber auch die Bewährung der christlichen Liebe des armen geschlagenen Verlobten August, der das Wort des Sekretärs in Hebbels *Maria Magdalena*: „darüber kann kein Mann weg“, für sich rückgängig macht. Er versteht auch, daß er an dem Zwang, den der Vater ausübte, mitschuldig war. Sein berühmtes letztes Wort im Drama: „Das Mädel ... was muß die gelitten han!“, ist also ein Durchbruch in menschliches Verständnis durch den Teufelskreis der Isolierung, der die Katastrophe herbeigeführt hatte. Wieder sind irdisch-menschliche und religiös motivierte Liebe vereinigt, freilich ohne daß sie ein Wunder bewirkt haben. Das Stück klagt die Herrschaft des Sexualtabus und die falsche Frömmigkeit an, die durch das Sexualtabu in Lieblosigkeit pervertiert wird. Mit Hebbels *Maria Magdalena* (1844), Schillers *Kabale und Liebe* (1784), Heinrich Leopold Wagners *Die Kindermörderin* (1776) und Goethes Gretchen-Tragödie gehört Hauptmanns *Rose Bernd* zu den Verführungs-Tragödien, deren Voraussetzungen bald nur noch durch historische Rekonstruktion verständlich sein werden.

Anläßlich der Uraufführung in Berlin hielt Hofmannsthal eine Ansprache. Hauptmann machte seinen Besuch in Rodaun anläßlich der Wiener Premiere 1904. Hofmannsthal besuchte Hauptmann in Agnetendorf im gleichen Jahre. Die Wiener Aufführung am Burgtheater wurde übrigens aus Gründen der Prüderie bald abgesetzt, nachdem eine Erzherzogin demonstrativ das Theater verlassen hatte. Trotz der persönlich höflichen und herzlichen Beziehungen hat Hofmannsthal das eigentlich Dichterische in Hauptmann vermißt. Der Georgekreis lehnte wie immer den naturalistischen Stil ab. Das muß auf Hauptmann gewirkt haben. Die Rolle des berühmten deutschen Dichters verlangte symbolischen, bedeutsamen Stil. *Die versunkene Glocke* war ein Erfolg beim Publikum gewesen. Er mußte sich fragen: hängt dauernder Nachruhm nicht davon ab, über den naturalistischen Stil endgültig hinauszukommen? *Und Pippa tanzt* (1906) demonstriert auf märchenhaft-symbolische Weise, wie die Freiheit der Phantasie sich sowohl von dem zahlenden Kapitalisten wie von heimatlicher Urwüchsigkeit, dargestellt durch den Unhold Huhn, ablösen will, sei es auch um den Preis des Lebens. Die Domestizierung der Phantasie in der einsiedlerhaften Abgeschiedenheit des alten Wann gelingt nicht (vgl. Bd. 4, S. 803 f.). Die Ida-Orloff-Affäre spielt in die Erfindung der Pippa hinein. Obwohl das Stück eigentlich in die Jugendstildramatik hineinpaßt, hatte es zunächst keinen Erfolg.

Für ein leichtes, allzu leichtes Gesellschaftslustspiel benutzt Hauptmann Erinnerungen aus der Brautzeit: In *Die Jungfern vom Bischofsberg* (1907) tritt ein humorloser Oberlehrer auf, der die Komik zu liefern hat, und ein Deutsch-Pole mit Anklängen an Przybyszewski. Ansonsten könnte das Stück einem Familienblatt der Zeit entnommen sein. Daß er es drucken ließ und zur Aufführung brachte (wobei es verdient durchfiel), demonstriert Hauptmanns manchmal peinlichen Mangel an Selbstkritik. Hauptmanns Frauenaffären und ihre potentiellen Gefahren für die künstlerische Produktion lieferten den Stoff für das Künstlerdrama *Gabriel Schillings Flucht* (entstanden 1905–06), das Hauptmann bis 1912 in der Schublade behielt. Damals wurde es in Goethes Lauchstedter Theater uraufgeführt und im gleichen Jahre gedruckt. In diesem Stück fällt der Ausdruck „Rinascimento des vierten Jahrzehnts“. Das vierte Lebensjahrzehnt hatte für Hauptmann von 1892 bis 1902 gedauert und ihm trotz der Liebes- und Ehewirren bedeutende Werke gebracht. Gabriel Schilling ist vom Schicksal weniger glimpflich behandelt worden als sein Autor. Vielmehr hilft der Streit der Frauen, Schilling endgültig zu ruinieren. Liebe und Freundschaft vermögen ihn nicht zu halten. Übrigens spielt eine unheimliche Galionsfigur eine Rolle, ähnlich wie später in Günter Grass' *Die Blechtrommel.* Den ruinierten Schilling stützt ein Bildhauer, für den Max Klinger das Vorbild lieferte.

Die Ida-Orloff-Affäre steht hinter *Kaiser Karls Geisel* (1908), einem historischen Drama in Jamben, das Hauptmann „Legendenspiel" nannte. Hohe Bedeutsamkeit ist beabsichtigt, aber die Rückführung Kaiser Karls zu seiner Pflicht, seine gewaltsame Erlösung von einem sexuell überaktiven Mädchen, ist heute eher peinlich zu lesen. Ein anderes historisches Phantasiedrama *Griselda* wurde 1909 ohne Erfolg aufgeführt. Erst in der Ausgabe letzter Hand (1942) ließ Hauptmann es vollständig drucken. Der Gegenstand, eine von Konventionen freie Liebe zwischen einem frühmittelalterlichen Markgrafen und einem Bauernmädchen, wird dramatisch zerredet, er hätte sich besser für eine Erzählung geeignet. Auch hier ist Hauptmann der Jugendstil-Mode und dem Ehrgeiz verfallen, neuklassisches oder neuromantisches Bildungstheater zu produzieren.

Die Traumspiele Maeterlincks und des späten Strindberg, Hofmannsthals Griechendramen, sein *Jedermann*, sein allerdings erfolgloses *Gerettetes Venedig*, die Mischung von Lebenskult und Groteske im Drama Wedekinds, die Jugendstildramen Karl Gustav Vollmoellers und Herbert Eulenbergs, Ernst Hardts *Tantris der Narr*, alles dies mußte in Hauptmann den Wunsch erwecken, mit der Zeit zu gehen. Darum tragen *Die versunkene Glocke* wie *Und Pippa tanzt* Züge des symbolischen Märchenspiels, und *Kaiser Karls Geisel* und *Griselda* folgen der ‚neuromantischen' Vorliebe für historische Phantasien. Zwar trug Hauptmanns ‚Naturalismus' immer schon Jugendstilzüge und war nie einer materialistischen oder sozialistischen Ideologie verpflichtet. Andererseits war Hauptmanns Rest-Christentum daran beteiligt, auf eine Erschütterung des Zuschauers durch Schuld und

Leid in seinen realistischen Stücken hinzuspielen. Hauptmanns Modernismus, sein Kult des Elementaren und die Vorführung moderner Glaubenslosigkeit konkurrierten mit einem latenten Christentum. Wann immer er dieses latente Christentum zugunsten eines sündenlosen Monismus und mythischer Lebensfeier zurückdrängte, mußte er sich den zeitgemäßen literarischen Strömungen näher fühlen.

Im Frühjahr 1907 unternahm Hauptmann mit Familienmitgliedern und dem Maler Ludwig von Hofmann eine Reise nach Griechenland. Sein Reisetagebuch veröffentlichte er 1908 in bearbeiteter Form als *Griechischer Frühling.* Hauptmann betritt Griechenland, entschlossen, dort den Mythos zu finden, in der Berglandschaft Götter, Nymphen, Najaden anzutreffen, in Hirten und Herden einem patriarchalischen Altertum zu begegnen. Als er am Anfang der Reise auf deutsche Spießbürger trifft, ist er pflichtschuldigst indigniert. *Er* wird anders erleben. Ihn begleiten die *Odyssee* und Goethes Nausikaa-Entwurf.

> Und ich strecke die Arme weit von mir aus und drücke mein Gesicht antaioszärtlich zwischen die Blumen in diese geliebte Erde hinein.

Das Elementare der Landschaft zieht ihn an. Er vergleicht sie mit der deutschen und findet Ähnlichkeiten. Demeter und Dionysos interessieren ihn besonders. Dem Christentum lastet er die Verteufelung der Landschaft an, findet aber auch mythische Züge im Christentum anläßlich seines Besuches in Eleusis erwähnenswert. Das Buch ist Harry Graf Kessler gewidmet, der darüber schrieb und im folgenden Jahr seine eigene Griechenlandreise mit Hofmannsthal unternahm (die diesen jedoch enttäuschte). Der vorwiegend im Präsens geschriebene Erlebnisbericht wurde als ein Zeugnis des Regenerationsverlangens und des Lebenskultes angesehen. Thomas Mann meinte in den Notizen zu „Geist und Kunst", Hauptmann suche eifrig „Anschluß" an die Jugend. Auch in *Griselda,* nach der Reise entstanden, kann man dieses Anschlußsuchen konstatieren.

Ein antikes Drama konzipierte Hauptmann schon auf der Reise; *Der Bogen des Odysseus* wurde 1912 beendet und 1914 gedruckt. Das Stück ist in Jamben geschrieben, in denen Banales und Bedeutsames nebeneinanderstehen. Das Land Ithaka leidet unter einer Trockenheit, unter der Abwesenheit des rechtmäßigen Königs Odysseus und unter den wüsten fürstlichen Freiern. Der heimgekehrte Odysseus paßt sich zuerst den Bedingungen seines Landes an, indem er den Bettler spielt, und wächst dann ins Heroische. Der Vorgang findet im Gehöft des Schweinehirten Eumaios statt. Hauptmann benutzt also dieselben Szenen der *Odyssee,* die Goethes Werther über adlige Verbohrtheit trösteten, als Grundlage und verlegt auch die Tötung der betrunkenen Freier-Fürsten in das Anwesen des treuen Hirten. Die schwache Handlung wird mäßig belebt durch Erotik von der schwarzen, schlechten, dirnenhaften und von der hellen, göttlichen Art. Letztere ist die Liebe einer Hirtin zu dem noch ungefestigten Telemach. Der zurückgekehrte Odysseus macht die Brunnen wieder fließen und stellt die Ordnung wieder her. Die unheroischen Freier werden besiegt durch das Zusammenwirken des treuen Hirten und des leidgeprüften Heros. Der opportunistische Ziegenhirt Melantheus, der sich den Fürsten allzu bereitwillig zur Verfügung stellte, und seine Dirnentochter werden mit dem Tode bestraft. Die Schwarz-Weiß-Malerei, der Preis bodenständiger Treue, das heroische Ideal und die Mythisierung der Ordnung lassen präfaschistische Züge erkennen. Es gibt zu denken, daß sie sich aus Hauptmanns Absicht ergeben, ein neuklassisches Drama zu schreiben, in dem er die Reinigungs- und Versöhnungshumanität von Goethes *Iphigenie* mit Zügen des Elementarkultes versetzte und das Märchenmotiv der bösen und der guten Diener hinzufügte.

Bezeichnenderweise wandte sich Hauptmann jedoch mitten in der Arbeit von dem Odysseus-Drama wieder ab und einem älteren religiösen Stoff zu, und zwar einem Roman. Schon der Stoff zu *Und Pippa tanzt* war aus einem halb autobiographischen, halb symbolischen Romananfang *Der Venezianer* entstanden, den Hauptmann nicht zu Ende führte. *Der Narr in Christo Emanuel Quint* (1910) geht in seinen Anfängen auf 1901/02 zurück, er wurde 1907 bis 1910 zu Ende geschrieben. Hauptmanns Titel war zuerst, während der Planung des Werkes, „Des Menschen Sohn“, der Vorabdruck hieß einfach „Emanuel Quint“. Der endgültige Titel drückt eine absichtliche Unentschiedenheit der Beurteilung aus. Der Roman ist von einem bürgerlichen Erzähler für bürgerliche Leser geschrieben. Der Erzähler spricht seine Leser in deren Welt an, indem er skeptisch Quint als Narren bezeichnet, von seiner Torheit spricht und Züge einer religiösen Besessenheit beschreibt. Eigentlich erzählt er jedoch eine Legende, die Wiederkehr Jesu in einem schlesischen Dorfbewohner, einem arbeitsscheuen unehelichen Kind aus einer protestantischen Tischlerfamilie, als dessen Vater sich ein katholischer Priester herausstellt. Der Hintergrund ist schlesisches Dorfelend. Unter den mühseligen und beladenen Handwerkern lebt noch die Hoffnung auf das Tausendjährige Reich, in dem die Ungerechtigkeiten dieser Welt ausgeglichen werden. Im Heilandsthema berührt sich also der Roman mit *Der Bogen des Odysseus.*

Quints Auftreten wird mit dem Lebenskult der Jahrhundertwende ausdrücklich in Verbindung gebracht:

Es kommt von Zeit zu Zeit über die alte Welt ein Verjüngungsgefühl, verbunden mit einem neuen oder erneutem Glauben, und gerade zu jener Zeit, um das Jahr neunzig verwichenen Säkulums, schwamm neuer Glaube und Frühlingsgefühl in der deutschen Luft.

Quint kommt immer wieder mit Sozialisten in Berührung, er begegnet den Brüdern Hassenpflug, die ein Porträt der Brüder Julius und Heinrich Hart sind. Bei aller Sympathie für die Armen grenzt Quint sich ab, er will keine Veränderung der Welt und der Gesellschaft, er verkündet die Wiedergeburt aus dem Geist, die zu einem bescheidenen, schlichten menschlichen Leben in Gott führe. Quint kommt auch in bürgerliche Kreise und paßt sich dort an. Der Roman und Quint selber lassen keinen Zweifel daran, daß das herrschende bürgerliche Geldsystem, die etablierte Kirche und die dieses System schützende Macht unchristlich sind. Solche Überzeugung setzt ihn natürlich polizeilicher Verfolgung aus, die aber wieder aufgehoben wird, um Aufsehen zu vermeiden und um liberalen Spöttern keine Waffen zu liefern. Seine Versuchung ist die Glaubensbereitschaft der Anhänger, die, zusammen mit seinem Sendungsbewußtsein, schließlich zu der offenen Erklärung führt, er sei Christus. Über die Nachfolge des biblischen Jesus schreitet er fort zu einer freien Religion der Entselbstung und Gewaltlosigkeit. Sein Verzicht auf Hölle, Sünde und Wunder wird von seinen Anhängern nicht mehr begriffen.

Quint sucht sein Golgatha in Breslau, wo er mit bürgerlichen Kreisen in Berührung kommt. In einer zweifelhaften Kneipe, wo es der dort geübten Prostitution wegen sowohl Bohemepublikum als auch bürgerliches gibt, kommt es zu einer halb grotesken, halb realistischen Diskussion, in der Wissenschaftsglaube und Individualismus vertreten sind. Jedoch wirken

Quints Predigtworte auf diesem Hintergrund echt. Unter den Bohemetypen findet sich übrigens das nur durch andere Namen verhüllte Paar Peter Hille und Else Lasker-Schüler. Quint gewinnt das ersehnte Martyrium nur in Andeutungen. Er selber fühlt, daß sein Märtyreropfer nicht angenommen wird. Zwar wird er mit Steinen beworfen, niedergeschlagen und des Mordes angeklagt, aber wegen erwiesener Unschuld freigelassen. Schließlich erfriert er auf der Wanderung im Winter auf dem Gotthard. Das ist, wie man vermuten muß, ein freiwilliger Tod.

Emanuel Quint gehört zu den bedeutenden deutschen Romanen. Das Motiv des „In-Spuren-Gehens", der spielerischen und doch ernsten Identität mit einem Vorbild, hat auf Thomas Manns Josephs-Roman eingewirkt, übrigens auch einige andere Motive. Vielleicht ist es unwahrscheinlich, daß ein Kleinbürger sich so von seiner Enge löst, glaubhaft „wiedergeboren" wird, aber wir müssen Emanuel Quint als kleinbürgerliche Utopie-Figur sehen, die dem herrschenden System entgegengehalten wird. Solche Figuren findet man zum Beispiel im Werk von Heinrich Böll wieder. Daß die utopische Figur durch den Erzähler angezweifelt wird, macht sie annehmbar.

Besonders am Anfang findet man Spuren eines Naturkultes in Quints Geschichte. Er zelebriert eine Art von Sonnenkult, auch das Hirtenmotiv wird mehrfach angesprochen. Das paßt zu *Griechischer Frühling* und zu der sozusagen komplementären Geschichte *Der Ketzer von Soana*, 1918 veröffentlicht, aber 1911, bald nach Erscheinen des *Quint*, begonnen. Auch der Ketzer befreit sich, wie Quint, von der Sündenreligion, gerät aber, im Gegensatz zu ihm, in eine heidnisch-dionysische Lebensform und Religion, die ihn freilich von seiner Umgebung ebenso trennt wie Quint die seine. Daß Quint am Gotthard stirbt und der Ketzer jenseits des Gotthard lebt, deutet auf einen schon am Ende des *Quint* konzipierten Zusammenhang hin.

Der Roman *Atlantis*, 1909 bis 1911 entstanden, 1912 im *Berliner Tageblatt* und als Buch veröffentlicht, ist noch ein Reflex der Ehe und Liebeswirren Hauptmanns. 1894 war seine erste Frau nach Amerika geflüchtet, und Hauptmann war ihr gefolgt. Jetzt, mehr als fünfzehn Jahre später, spielen auch seine Mißerfolge eine Rolle. Die Hauptperson ist ein Bakteriologe, dessen wissenschaftlicher Ruf gelitten hat. Die Frau dieses Helden ist wahnsinnig geworden, und er fühlt sich gescheitert. Er sehnt sich nach Erneuerung, nach Verjüngung durch die Liebe zu einer Tänzerin. Eine Ida-Orloff-Figur, ein Schiffsuntergang, Rettung, Hauptmanns amerikanische Erfahrungen – auch ein bißchen europäischer Kulturhochmut läuft unter –, eine englische Bildhauerin, Margarete Marschalk nachgebildet, Heilung der Lebensverzweiflung durch Bildhauerkunst ergeben eine Distanzierung vom Lebensschiffbruch und einen unterhaltsamen Roman, aber nicht viel mehr.

Gleichzeitig, 1909 bis 1910, arbeitete Hauptmann an einer „Berliner Tragikomödie“ im alten bewährten Stil, *Die Ratten* (1911). Zwei Handlungen sind zusammenkomponiert. Die erste ist die der Frau John, die sich ein Kind erschleicht und sich dazu der Hilfe ihres nichtsnutzigen Bruders bedient, den sie großgezogen hat. Durch ihn wird sie an der Ermordung der Mutter ihres erhandelten Kindes mitschuldig. Die zweite Handlung ist die des Theologiekandidaten Spitta, der aus Wahrhaftigkeit die Theologie verläßt und Schauspielunterricht nimmt, um selber Stücke zu schreiben, in vielem ein Selbstporträt des jungen Hauptmann. Spitta verliebt sich in die Tochter seines Lehrers, eines verkrachten Theaterdirektors alten

Halle in Gerhart Hauptmanns Haus auf dem Wiesenstein

Stils. Der Schauplatz ist eine zu Wohn- und Lagerzwecken vermietete Kavalleriekaserne, die baufällig ist und von Ratten wimmelt. Das ist, vom Titel unterstrichen, als allgemeine Zeitkritik gemeint. Beide Handlungen werden zusammengehalten durch das Motiv der Verlogenheit. Frau John lügt, um ihre Mutterschaft zu gewinnen, und Spitta verläßt die ihm unwahr erscheinende Theologie und gerät in die ebenso unwahre Theaterwelt. Dazu paßt das Thema der verstockten bürgerlichen Sexualmoral, das mehrfach angerührt wird. Die Geschichte der aus ehrbarem Hause verstoßenen unehelichen Mutter, die zum Dirnendasein gezwungen wird, kam schon in *Quint* vor. Sie wird hier wiederholt in einer grotesken Variante ohne Selbstmord. Der Ausgang ist, wie so oft bei Hauptmann, mehrdeutig. Der sozialdemokratische Maurerpolier John ist die ehrbarste Figur, der aber am Ende zur Verzweiflung seiner Frau beiträgt. Diese, durch ihren Drang zur Mutterliebe und ihr Mitschuldgefühl in den Selbstmord getrieben, erreicht tragischen Status. Um durch das Kind die Ehe mit ihrem Mann zu erfüllen, nimmt sie die Selbstisolierung in ihrem Lügengewebe auf sich, die ausweglos wird. Der ehemalige Theologiekandidat bekommt sein Mädchen, jedoch nur dadurch, daß der reaktionäre Theaterdirektor durch Protektion eines Prinzen wieder eine Direktorenstelle im Reichsland Elsaß-Lothringen erhält. Die Zukunftshoffnung des künftigen Schriftstellers Spitta kommt so in ein ironisches Zwielicht:

> In uns liegen die Keime. Der Boden lockert sich schon! Wir sind, wenn auch noch unterirdisch, die künftige Ernte! Wir sind die Zukunft! Die Zeit muß kommen, da wird die ganze weite, schöne Welt unser sein.

Das Stück wurde anfangs nicht so recht verstanden. Die Komposition verwirrte. Später, bei der Wiederaufführung 1916, nahm man es symbolischer, und seitdem gehört es zu Hauptmanns besten Stücken.

1912 erhielt Hauptmann den Auftrag der Stadt Breslau, ein Festspiel für die riesige Jahrhunderthalle zu schreiben, anläßlich der Hundertjahrfeiern des Krieges von 1813. Das *Festspiel in deutschen Reimen* (1913) wird von einem Prolog eingeleitet, der an Goethes *Vorspiel auf dem Theater* (zu *Faust*) erinnern soll. Es ist offensichtlich auch von Schnitzlers *Zum großen Wurstel* (1905) beeinflußt. Das Spiel rekapituliert die Geschichte der Französischen Revolution und Napoleons. Es stellt die deutschen Bürger dar, wie sie jeder Obrigkeit untertan sind, gibt das Verdienst der Befreiung an den Freiherrn vom Stein, Fichte, Jahn und Scharnhorst, ohne Monarchen viel zu erwähnen. Auch der Haudegen Blücher kommt vor, wird aber am Schluß ausdrücklich in seine Marionettenkiste geschickt. Es soll ihm nicht gestattet sein, den Frieden zu stören. Das Festspiel, durchweg in einem halb parodistischen Ton geschrieben, klagt Unterdrückung und Kriegstreiberei an. Es empfiehlt ein friedliches Deutschland. Für national gesinnte Bürger und Kriegervereine war dies unzureichend. Sie mobilisierten den Kronprinzen, der als Protektor der Jahrhundertausstellung fungierte. Als dieser drohte, das Protektorat niederzulegen, setzte der Breslauer Magistrat das Festspiel nach elf Aufführungen ab. Im folgenden Januar kam *Der Bogen des Odysseus* in Berlin zur Aufführung mit seinem präfaschistischen Reinigungsmythos.

Faßt man beides, die Opposition gegen den veralteten halbfeudalen Staat und das Verlangen nach Erneuerung, als eine unklare Mischung von Orientierungen auch in den kulturbürgerlichen Lesern, dann werden politische Neigungen, die sich im Bildungssystem reproduzierten, erkennbar. Heinrich Mann, der die mythische Erneuerungssehnsucht des Jugendstils in die politisch-konkrete Forderung nach mehr Demokratie überführte, hatte vor dem Kriege noch wenig Nachfolger. Der Jugendstil öffnete den ‚geistigen' Ausweg ins Mythische. Daß Hauptmann, der in seiner Sympathie für die Unterdrückten und in seinen Kämpfen gegen die Zensur sich gegen das herrschende System stellte, dennoch beim Ausbruch des Krieges von der nationalen Woge mitgeschwemmt wurde, muß mit der mythischen Regenerationshoffnung zusammenhängen. Der Krieg konnte als mythische Befreiung empfunden werden. Das sind alles zunächst nichts als imaginative Alternativen, die einer starren staatlichen Ordnung ungeklärt entgegenstanden. Daß sie ungeklärt waren, hing mit dem Glauben an eine unpolitische Dichtung zusammen, die der Jugendstil förderte. Gerade Hauptmann bietet Gelegenheit, darüber und über die Folgen zu reflektieren.

14. Weihe und Satire: Dramatiker vom Jugendstil zum Expressionismus

Gerhart Hauptmann hatte als modern-traditioneller Epiker und klassizistischer Bildhauer begonnen, hatte sich dann dem naturalistischen Stil zugewandt und war als Stern der deutschen Moderne aufgegangen. In *Die Weber* ist Mitleid mit den wirtschaftlich Schwachen mit einer scharfen Bürgersatire verbunden. In seiner Rolle als deutscher Nationaldichter hatte Hauptmann auch Bildungstheater produzieren wollen. Rückgriffe auf Sagen- und Legendenspiele wechseln sich in seinen Stoffen ab mit dem Milieutheater. In beiden Formen ist eine epische Tendenz. Es wird eine Geschichte erzählt, nicht so sehr ein klassisches dramatisches Gebäude errichtet. Hauptmanns Dramen wollen Mitleid erwecken. Insofern hängen sie noch mit der Dramaturgie des bürgerlichen Theaters im 18. Jahrhundert zusammen, im Gegensatz zu Brechts antiaristotelischer Begründung seiner Form des epischen Theaters.

Das gesellschaftskritische Theater war von den Stücken des späten Ibsen angeregt, blickte aber auch auf Vorläufer wie Büchner und Lenz zurück. Die Bürgersatiren in *Die Weber*, *Der Biberpelz*, *Der rote Hahn*, *Die Ratten* zeigen eine Neigung zum Grotesken, die sich auch bei Wedekind findet. Auf der anderen Seite stehen die neuklassischen und neuromantischen Stoffe Hauptmanns, die zum neureligiösen Erbauungstheater gehören, das durch das symbolistische Drama Maurice Maeterlincks ermutigt wurde. In dessen mittelalterlichen Dramen spielen sich moderne glaubenslose Angst und anarchische Leidenschaft vor dem Hintergrund einer gebundenen höfischen Ordnung ab, was die Dialektik von Freiheit und Ordnung im Bürgertum widerspiegelte. Ein anachronistisches Spiel ist auch Hofmannsthals Interesse für Barockformen. Im *Jedermann* kann der kapitalistische Bürger sich in Verfremdung selbstkritisch erkennen, er kann natürlich auch die Verfremdung zur Flucht vor der Selbstkritik mißbrauchen. Richard Wagner hatte den Fluch des Geldes seinem mythischen *Ring des Nibelungen* zugrunde gelegt, der freilich oft bloß nationalistisch verstanden wurde. Wagner hatte auf den Symbolismus gewirkt; sein Musikdrama war nach wie vor auf der Bühne lebendig.

Während die Berliner naturalistische Bühne durch Otto Brahm (1865–1912) streng im Sinne der Intention des Autors diszipliniert wurde (er leitete das Deutsche Theater 1894 bis 1904, das Lessingtheater 1904 bis 1912), erwuchs ihm Konkurrenz aus seinen eigenen Reihen. Max Reinhardt (d. i. Max Goldmann, 1873–1943), der aus Baden bei Wien stammte, war zuerst Schauspieler bei Brahm. 1905 wurde er Direktor des Deutschen Theaters, Brahms früherer Bühne. Reinhardt war ein schauspielerischer Regisseur, der das Spielhafte des Theaters wieder aus der autorbezogenen Strenge löste, womit er den modernen spielerisch-symbolischen Tendenzen entgegenkam, die nicht nur in Wagner und Maeterlinck, sondern auch in Gerhart Hauptmanns und Hofmannsthals Märchen, Legenden und antikisierenden Dramen schon literarisch lebendig waren und nach adäquatem Ausdruck suchten. Reinhardts bunte Bühnenbilder und bewegte Regie auf möglichst großer Bühne, ja im Zirkus, bildeten keinen einheitlichen modernen Stil aus, sondern übersetzten Brahms Prinzip der Werkgerechtigkeit ins Komödiantische. Reinhardts artistische Spielfreudigkeit wurde Strindberg und Wedekind gerechter, als naturalistische Regie es je gekonnt hätte, und bereitete so das expressionistische Theater vor. Sein Stilpluralismus griff gern auf historische Stoffe zurück. Die Inszenierung von Shakespeares *Sommernachtstraum* machte ihn weltberühmt; er griff zu griechischen Klassikern, Molière, Klassikern der Goethezeit und modernen Stücken in jederlei historischem Kostüm. Hofmannsthal rühmte Reinhardts „tausendfach nuancierte Stimmung“, sein Theater der immer erneuten künstlerischen Phantasie. In die gleiche Richtung wirkte der englische Bühnenbildner Gordon Craig (1872–1966), den Harry Graf Kessler vorübergehend nach Deutschland zog. Eine Zusammenarbeit Reinhardt–Craig kam freilich nie zustande, weil beide dafür zu eifersüchtig über ihre eigene künstlerische Oberherrschaft wachten.

Sieben Jahre, von 1905 bis 1912, wirkten Reinhardt und Brahm nebeneinander in Berlin. Der Gefahr des Willkürlichen in Reinhardts artistischer Spielregie wirkte Brahms Sachlichkeit jahrelang entgegen, wozu noch das künstlerische Gewissen kam, das Brahm Reinhardt mitgegeben hatte. Literarisch gesehen, entsprechen der von Brahm und Reinhardt dominierten Praxis, nach Abzug des immer wirksamen kassenfüllenden Unterhaltungstheaters, zwei dramatische Grundtendenzen in dieser stilpluralistischen Zeit: 1. Den symbolistisch-anachronistischen, manchmal lyrischen Spielformen wird durch die Erbauungstendenzen des klassischen deutschen bürgerlichen Tempeltheaters Bedeutung verliehen. 2. Eine gesellschaftskritische Tendenz erhält sich, die eine Ausschlagsmöglichkeit ins Epische und Groteske hat. Beide Tendenzen münden ins expressionistische Drama.

Paul Ernst (1866–1933), mit dessen Namen neuklassisch-moralistische dramatische Intentionen assoziiert sind, begann seine literarische Laufbahn als Sozialist. Er war der Sohn eines Harzer Bergmannes und studierte zuerst Theologie. Als Student wurde er zum Sozialismus bekehrt und betätigte sich als sozialdemokratischer Redakteur. 1892 erwarb er den Doktorgrad in Nationalökonomie. Künstlerisch schloß er sich anfangs Arno Holz an. Nach 1891 entfremdete er sich allmählich der SPD zusammen mit anderen bürgerlichen Literaten, die den offiziellen marxistischen Kurs der SPD zu doktrinär fanden. Der zum Teil autobiographische Roman *Der schmale Weg zum Glück* (1904) spiegelt den Aufstieg aus kleinbürgerlicher Enge über eine sozialistische Periode in die obere Gesellschaftsschicht. Der Roman zeigt ein gedrücktes norddeutsches Elternhaus, dann empörende Einzelheiten aus der Zeit der Sozialistengesetze, endet aber doch nur im bürgerlichen Glück auf höherer Gesellschaftsstufe: der Kleinbürger heiratet die geläuterte Tochter der moralisch verkommenen Grafenfamilie. Besser als Ernsts episodische Romane (auch *Die selige Insel*, 1909) sind manche seiner Novellen. Nach der Nachahmung romanischer Formen in *Altitaliänische Novellen* (1902) gelangen ihm die *Spitzbubengeschichten* (1913–16 geschrieben). Ihr Schauplatz ist das päpstliche Italien des Barock, das ins Biedermeier spielt. Der Humor liegt in einer verfremdeten Spiegelung der bürgerlichen Welt durch die Gauner, eine späte Reflexion aus Ernsts sozialistischer Zeit. Ernsts Novellen, zumeist in vortechnischer, kleinstädtischer und dörflicher Umgebung spielend, sind moralisch befrachtet. In der Kriegs- und Nachkriegszeit war Ernst verstört. Seine zeitgenössischen Erzählungen mißlangen.

In seinen Dramen begann Ernst mit Naturalismus, Nachahmung Ibsens und Arno Holz'. Dann aber wendete er sich gegen den Determinismus der naturalistischen Theorie. Er wollte den „Kampf zwischen dem Willen zur Reinigung und der menschlichen Bedürftigkeit" darstellen. So schrieb er schon 1898 in einem Aufsatz *Das Drama und die moderne Weltanschauung*, im gleichen Jahre, in dem naturalistische Stücke wie *Lumpenbagasch* und *Im Chambre separée* erschienen. Er wollte seine Kritik an der herrschenden Gesellschaft als auf sittliche Erneuerung gerichtet verstanden wissen, was er als ungewöhnlich und den Zeittendenzen widersprechend empfand. Damit hatte er unrecht, auch Hauptmann oder Schnitzlers Dramen haben solche Absichten. In Hauptmanns *Fuhrmann Henschel* sah Ernst „nur Umwelt und nichts weiter" (*Das moderne Drama*, 1898). Der Naturalismus zwinge den Dramatiker, das Gemeine darzustellen, nicht das Schicksal hochstehender Menschen, die eine sittliche Weltanschauung demonstrieren könnten.

In dem Aufsatz *Die Möglichkeiten der klassischen Tragödie* von 1904 gewinnt Ernst eine geschichtliche Anschauung. Das antike Drama ist ihm Vorbild, er verfolgt den Ersatz des antiken Schicksalsbewußtseins im modernen. Ernst genügt weder das Shakespearische Charakterdrama noch das Schillersche Schulddrama, noch Hebbels Dramatik, in der die Menschen „die Funktion ihrer Welt" sind. Es sei eine neue, der griechischen ähnliche Situation eingetreten, seit die kapitalistischen Sozialverhältnisse nach ihren eigenen, von Religion, Konvention und Sittlichkeit unabhängigen Gesetzen ablaufen und damit für den einzelnen wieder zum blinden Schicksal geworden sind. Darum habe der Naturalismus die Blindheit dieses Schicksals, Mitleid suchend, dargestellt. Der Zuschauer im Theater habe aber das Verlangen, den höheren Menschen zu sehen, der gegen den Zwang der Verhältnisse kämpfe und so sich in Freiheit darstelle.

Dieser moderne Aristokratismus steht natürlich in entschiedenem Gegensatz zu Ernsts jugendlichem Demokratismus. Dennoch bleibt er kritisch gegenüber dem Bürgertum. Den höheren Menschen sieht Ernst eher im Sinne Nietzsches als in dem der Konservativen des Kaiserreichs. Paul Ernst gehört zu den Antikapitalisten von rechts, die in der Nachfolge Nietzsches unter den Schriftstellern seiner Zeit so häufig waren. Er wollte durch Gottlosigkeit zu einer neuen Religiosität kommen, die eine moderne sittliche Tragödie wieder möglich machen sollte. Dieses Ziel, von dem er glaubte, es sei seine besondere Aufgabe, führte ihn zu grotesker Selbstüberschätzung, die sich in Aburteilungen äußerte. Hofmannsthal war für ihn ein feuilletonistischer Dilettant (*Merope*, 1905), Hauptmann produziere sentimentale Trivialität (Vorwort zu *Der Weg zur Form*, 1915), was manchmal zutreffen mag, als Pauschalurteil aber unannehmbar ist. Es sei noch angemerkt, daß Ernst in seinen Überlegungen zur Dramentheorie gelegentlich auf das epische Element in der Shakespeareschen Charaktertragödie hinwies und Aristoteles kritisierte, der zu sehr an der Schauspielwirkung bei den ohnehin elenden Athenern orientiert sei, statt an dem tragischen Gefühl des unbürgerlichen Zuschauers. Die gottlose religiöse Sittlichkeit war das Ziel der neuklassischen Bestrebungen Paul Ernsts, denen zeitweise der Kritiker Samuel Lublinski und Georg von Lukács in seiner vormarxistischen Zeit nahestanden.

Das erste Drama, das Ernst, nach verworfenen Versuchen, der Absicht nach befriedigte, war *Demetrios* (entstanden 1903, gedruckt 1905, Uraufführung 1910). Ernst hatte den Ehrgeiz, dem Demetrius-Stoff, dessen dramatische Bearbeitung Schiller und Hebbel unvollendet hinterlassen hatten, eine endgültige Form zu geben. Dabei verlegte er die Handlung vom neuzeitlichen Rußland in ein spätes Sparta, in dem die alten Geschlechter fast ausgestorben sind. Die Dekadenz der alten Ordnung und die Befreiung der Heloten hat zu einem Demagogen-Königtum geführt. Dieses wird von Demetrios gestürzt, einem ehemaligen Sklaven, in dem man den ermordeten Thronfolger wiedergefunden zu haben glaubt. Demetrios möchte legitim, auf sein Recht gestützt, zum Wohle des Volkes regieren. Aber er wird in politische Ränke verwickelt. Seine Herkunft wird mit Recht bezweifelt, er ist zwar der Sohn des Königs, aber von einer verlogenen Sklavin. Am Schluß in Bedrängnis, wird er aufgefordert, seine Sklaven-Mutter zu töten, um damit zu beweisen, daß er nicht ihr Sohn ist. Er verweigert es und wird erstochen. So hat er die Legitimität gegen sich und verliert sein Spiel. Die Erkenntnis, daß eine politische Ordnung weder auf adlige Traditionen noch auf einen religiösen Glauben gegründet werden kann, gehört zur Voraussetzung des Stückes. Aber die Werte-Orientierung, die Struktur und Handlung des Stückes bestimmt, ist eindeutig konservativ und ‚unpolitisch', ja sogar politikfeindlich. Es sind die politischen Kompromisse, die den Helden zu moralischer Korrumpierung als Gewaltherrscher bringen. Das Versdrama im klassischen Gewand, das an die Weimarer Klassik anschließt, verkörpert formal den Vorrang des Moralischen über das Politische. Paul Ernsts *Demetrios* demonstriert die konservative Orientierung des deutschen Bildungsbürgertums der Zeit.

In Versen geschrieben ist auch das Schauspiel *Canossa* (1908), das ebenfalls eine politische Note hat. Heinrich IV. wird von dem national gesonnenen Dichter zu einem strahlenden Helden der Lebensfreude idealisiert. Politik lernt Heinrich von seinem Gegenspieler Hildebrand-Gregor VII. Im Gegensatz zu dessen moralischer Korruption bleibt Heinrich anständig. Robert Guiscard, der Verbündete des Papstes, ist amoralisch offen:

Herrschaft ist nur, wenn Menschen ungleich sind,
Der Arme unten steht, der Reiche oben.

Gregor wird gezwungen, seine Verbündeten, die armen Bauern, fallenzulassen. Das Stück stellt zwar einen Schritt in Richtung auf die Politisierung des deutschen Bürgertums dar, hat aber auch die verhängnisvolle Tendenz, politische Korruption von deutscher Anständigkeit zu trennen. Seinen ehemaligen sozialdemokratischen Genossen will Paul Ernst offenbar soziale Politik als hoffnungslos demonstrieren. Ihre Ideen müssen im politischen Getriebe untergehen.

Die Nibelungen-Tragödie *Brunhild* (1909) konkurriert mit Hebbel. Paul Ernst konzentriert den Stoff der Siegfried-Katastrophe in 3 Akte. Er motiviert die Tragödie, indem er Siegfried und Brunhild als die füreinander bestimmten hohen, starken, unschuldigen und wahrhaftigen Menschen den unter ihrer eigenen Schwäche und Niedrigkeit leidenden Geschwistern Gunther und Chriemhild gegenüberstellt. Nietzsches Anti-Moral wird als natürliche Moral der Wahrheit und der Stärke vorgeführt, was aber im Gewand des neuklassischen Verses nicht überzeugend ist. Wenn Gunther von seiner Feigheit und masochistischen Schwäche in Blankvers-Dialogen berichtet, so wirkt das peinlich verfehlt. Am Ende des Ersten Weltkrieges schrieb Ernst eine Fortsetzung, das ebenfalls 3aktige Drama *Chriemhild* (1918), an dessen Ende Hagen seine Treue verflucht und sein Leben berichtigen möchte: „Aufrührer mußt' ich sein." Hier haben sich offensichtlich zeitgenössische Erfahrungen niedergeschlagen, aber ohne daß Paul Ernst an seine sozialistische Vergangenheit wieder anknüpfte, vielmehr lenkte er in präfaschistische Bahnen ein, auf denen er sittliche Größe und eine neue Moral suchen wollte.

Ein moralischer Protest gegen die erotischen Befreiungstendenzen der Jugendstilliteratur ist *Ninon de Lenclos* (1910). Dieses Trauerspiel in 3 Akten nimmt einen damals außerordentlich häufig behandelten Stoff auf. Nicht nur war das Frankreich des Ancien régime als Rahmen verspielter Stücke beliebt, Ernst zielt offensichtlich auf den gleichnamigen Einakter von Ernst Hardt (1905). Dieser war Generalintendant in Weimar und mußte so Ernst geradezu als Repräsentant für den lasziven und unsittlichen Geschmack des Theaterpublikums vor Augen stehen. Bei Hardt macht der mit seiner Herkunft unbekannte Sohn der berühmten Kurtisane dieser eine glühende Liebeserklärung und tötet sich, als er von dem Inzesthindernis erfährt. Bei Paul Ernst dagegen tötet sich der Sohn aus Verzweiflung darüber, daß seine Mutter für ihre Liebeskünste gut bezahlt wird. Der Schluß wird noch durch einen Mord schauerdramatisch aufgeladen, was der Moralität der Tragödie nicht günstig ist. Ninons emanzipiertes Liebesleben, ihre erotische Befreiung sollen verurteilt werden. Das Problem, der Frau eine Art von Freiheit und Selbstbestimmung zuzugestehen, ohne sie gesellschaftlich voll zu emanzipieren, umspielte Paul Ernst in der Komödie *Über alle Narrheit Liebe* (1909). Ein anderes 5aktiges Lustspiel *Der heilige Crispin* (1910) hat das spätrömische Reich Diokletians zum Hintergrund. Das Thema ist verfehlte Größe.

Das Mysterium der übersittlichen Vergöttlichung einer schuldigen, aber durch Bewußtheit geläuterten Frau ist Ernsts *Ariadne auf Naxos* (1912). Mit der an das höhere Menschentum in Nietzsches Sinne glaubenden Frau verbunden ist ein praktischer, königlicher Reformpolitiker, Theseus. Dessen Reformkönigtum auf Naxos wird durch das Gerücht untergraben, daß Ariadne bei der Flucht aus Kreta ihren Vater vergiftet habe. Die sichere Nachricht darüber wird von den herrschenden Klassen geschickt benutzt, um Theseus ihrer Kontrolle zu unterwerfen. Theseus, in seiner Liebe zu Ariadne schwer erschüttert, stirbt unter den Händen eines abergläubischen Volkshaufens, während Ariadne, durch Leiden geläutert, auf das Böse in sich hinabblickend, zu Dionysos erhoben wird. Dieses Erlösungsmotiv hat das Drama mit Hofmannsthals *Ariadne auf Naxos* gemeinsam. Der Unterschied ist aber der ungelöste Ernst. Das zeigt sich auch in einer zum Abstrakten neigenden eintönigen Verssprache.

Es war gerade der sittliche Ernst, verbunden mit dem Versuch, soziale Reformideen dem Nietzsche-Leitbild von Vornehmheit und Größe zuzuordnen, der zu seiner Zeit Eindruck machte. Georg Lukács, mit dem Paul Ernst zeitweise befreundet war, stellte diesen in einem Artikel zu Ernsts 50. Geburtstag als „einzig Ebenbürtigen" neben den „Lyriker Stefan George". Freilich fehle ihm der Erfolg:

> Er hat, als einziger in unseren Tagen, ein Drama geschaffen, das ewig ist und doch nicht esoterisch; er ist in Wahrheit unser Führer geworden, und daß die – empirische – Gesellschaft ausbleibt, ist wieder nur ein Gericht über uns.

Zu Lukács' Schrecken wurde sein ehemaliger Freund immer esoterischer und konservativer.

Ernst verkörpert den neuklassischen Moralismus, der in Thomas Manns Aschenbach (*Der Tod in Venedig*) mit Sympathie und Entschiedenheit als künstlerisch steril gezeichnet wird. Aschenbach wird als ein mit der Gesellschaft versöhnter, anerkannter Künstler gezeigt. Der Gesellschaft dienen wollte auch Paul Ernst. Daß seine Mahnung nach moralischer Erneuerung im konservativen Geist sich mit politischen Reformkonzeptionen verband, daß er auf den Konflikt von Moral und Politik den Finger legte, gibt ihm einen Platz in der wechselvollen Geschichte der politischen Bildung des deutschen Bildungsbürgertums.

Paul Ernsts Freund Wilhelm von Scholz (1874 bis 1969), dem *Demetrios* gewidmet ist, stammte aus Berlin, verbrachte einen Teil seiner Jugend in Konstanz, wurde nach kurzer Offizierskarriere und Studium Schriftsteller u. a. in München, wo er sich mit dem jungen Rilke befreundete, war Dramaturg in Stuttgart und 1926 bis 1928 Präsident der Sektion Dichtkunst der Preußischen Akademie der Wissenschaften, was freilich bei manchem Schriftsteller Zweifel an dieser Institution erweckte. Auch er galt als Neuklassiker. *Der Jude von Konstanz* (1905, 2. Fassung 1913) ist das Drama eines Menschen, der zwischen zwei soziale Gruppen gerät und so seinen Wunsch nach Heimat und sozialem Wirken nicht erfüllen kann. Der Jude Nasson (schon im Namen an Lessings Nathan anklingend) hat sich taufen lassen, obwohl oder weil er religiöse Vorstellungen nur symbolisch auffaßt. Er kann sich weder ganz von seiner früheren jüdischen Gemeinde lösen, noch wird er von seinen neuen Glaubensgenossen vertrauensvoll aufgenommen. Der Hintergrund ist ein mittelalterliches Konstanz mit Judenpogrom. Der seine Isolierung erkennende Nasson sieht seinen Tod aus Lebensekel in den Flammen des Scheiterhaufens als Erlösung von dem Leid des einsamen Individuums an. Das Hebbel-Erbe ist erkennbar in dem Motiv des Menschen, der in seiner Zeit nicht verstanden wird. Nasson vertritt die Vereinzelung des glaubenslosen, in keine Gruppe integrierten Individualisten, dessen humanistische Hilfsbereitschaft allein ihn nicht rechtfertigen kann. Die Gruppen, zwischen die er gerät, zeigen den latenten Atavismus jeder Gruppenintegration. Freilich sind diese modernen Probleme in einem klassizistischen

Versdrama mit einer großenteils unwahrscheinlichen Handlungsführung nicht überzeugend darstellbar. Das Nachspiel, das Scholz nicht aufführen lassen wollte, enthält mit dem (ganz unwahrscheinlichen) Todesentschluß des Juden Züge, die auf ein Mysteriendrama anspielen und damit auf den Expressionismus vorausweisen.

Die Komödie *Vertauschte Seelen* (1910) ist ein Zauberspiel, in dem drei Personen in den Körper eines Toten schlüpfen können. Spiele mit der Identität hat Scholz auch später geschrieben: das Stück *Der Wettlauf mit dem Schatten* (1921) und den Roman *Perpetua* (1926). Wilhelm von Scholz neigte zunehmend zum Mysteriösen.

Eine Rätselsprache hat Ernst Barlachs Drama *Der tote Tag*. Es entstand 1907 bis 1909. Seine Titel waren zuerst „Der Göttersohn", dann „Das Blutgeschrei". Es wurde 1912 im Verlag Paul Cassirer gedruckt. Dies und der Charakter von Barlachs Bildhauerei führten dazu, daß es als expressionistisches Drama gewertet wurde. Ernst Barlach (1870–1938) ist fünf Jahre älter als Thomas Mann und Rilke. Sein Stück gehört in den Bereich der Märchendramen des Jugendstils, was nicht hindert, daß die andeutende, symbolische Rätselsprache auch mit dem Expressionismus zusammengesehen wird.

Barlach war der Sohn eines holsteinischen Arztes, der schon 1884 starb. Barlachs Mutter litt unter Nervenzusammenbrüchen und endete 1920 durch Selbstmord. Im Alter von achtzehn Jahren hatte Ernst Barlach sich zu einer Künstlerlaufbahn entschlossen. Er studierte und arbeitete in Paris und Florenz, wo er Theodor Däubler kennenlernte. Aus der Pariser Zeit stammen die frühesten erhaltenen Prosafragmente. Er konnte sich durch Auftragsarbeiten in Hamburg und Berlin erhalten. Seinen künstlerischen Durchbruch erlebte er erst 1906 nach einer Rußlandreise. Im gleichen Jahr wurde ihm ein unehelicher Sohn geboren, für den er sich das Sorgerecht in einem Prozeß erstritt. Mit seiner Mutter und seinem Sohn ließ er sich in Güstrow nieder.

Abstrakte Kunst lehnte Barlach ab, Picasso und Kandinskys Schrift *Das Geistige in der Kunst* waren nichts für ihn. Die erhaltene frühe Prosa beginnt mit einem allegorischen Märchen, *Reise des Humors und des Beobachtungsgeistes*, das fragmentarisch blieb. Barlach plante es als „Geisterroman". Andere frühe Prosa besteht aus Pariser Impressionen, Landschaftsbildern und mythisch-märchenhaften Prosastücken. In einer Betrachtung über Märchenmotive, *Im Märchenlande*, heißt es: „Hinten im Märchenlande, da bin ich ja als Kleinster gewurzelt!" Reflexionen der russischen Reise von 1906 sind in einem *Russischen Tagebuch* niedergelegt, das übrigens weit größere Distanz gegenüber dem Russischen zeigt als die Briefe Rilkes aus Rußland. Daß Barlachs künstlerischer Durchbruch mit russischen Motiven erfolgte, ist offenbar mehr oder weniger Zufall gewesen. Den Bettlerfiguren, die er dann plastisch gestaltete, steht er im Tagebuch mit Skepsis gegenüber. Er berichtet einmal das Gerücht, die Bettler einer Stadt seien von einem Unternehmen organisiert (etwa wie in der *Dreigroschenoper*).

Der tote Tag ist eine Auseinandersetzung mit der dominierenden Mutter im Märchenstil, und zwar sowohl mit der eigenen wie der seines Sohnes. Die Handlung spielt sich in einem Hausflur ab, meist in Dämmerung oder in der Dunkelheit. Gnomen, teils sichtbar und stumm, teils unsichtbar und redend, eine Mutter, ein Sohn und ein Blinder, der allem Anschein nach ein früherer Geliebter der Mutter, aber nicht der Vater des Sohnes ist, sind die Figuren. Der Vater ist ein Gott, und von ihm ist ein kleines Pferd angekommen, Symbol der göttlichen Genialität des Sohnes, die die Mutter domestizieren will, um den Sohn, ihren einzigen Lebenszweck, zu behalten. Sie tötet das Gottesgeschenk und sich selbst. Der Sohn folgt ihr nach, was offenbar das tragische Gewicht der Mutterbindung betonen soll. Der Text ist durch märchenhaft-symbolische Rätselreden garniert, deren raunende nordische Blut- und Hausmysterien undeutlich bleiben. Deutlich wird eigentlich nur die Gestalt der Mutter mit ihrer pervertierten Liebe. Eine Parodie, wenn nicht Satire auf das Christentum wird erkennbar: Die Mutter ist auch Maria, ihr früherer Geliebter Kule ist Joseph, der Sohn natürlich Jesus. Als diesem Sohn freilich eine Erlöseraufgabe zufällt, versagt er. Bösartig wird die Satire, wenn der Gnom Steißbart, der allen, außer dem Sohn, unsichtbar ist, durch die Kraft seines Steißes unter Einwirkung übler Düfte „auffährt". Aber derselbe Steißbart oder, für die Zuschauer, seine Stimme spricht das letzte Wort im Drama:

> Sonderbar ist nur, daß der Mensch nicht lernen will, daß sein Vater Gott ist.

Das soll sicher ernst genommen werden. Die Uraufführung fand 1919 in Leipzig statt.

Barlachs zweites Drama, *Der arme Vetter*, entstand 1911 bis 1913, es war, nach einer Überarbeitung, 1914 fertig. Gedruckt erschien es 1918. Es erinnert anfangs an ein Milieudrama mit lokalen Eigenheiten, einschließlich des Dialektes. Der Schauplatz ist ein Restaurant an der Elbe unterhalb Hamburgs, in der Nähe von Barlachs Heimatstadt Wedel. Ein satirischer Einschlag und das Aneinander-vorbei-Reden der Figuren erinnern an Wedekind. Das Stück spielt am Ostertag und beginnt, sicher mit Anspielung auf

Goethes *Faust*, mit Osterspaziergängen. Barlach führt in mehreren Variationen das Streben des bürgerlichen Menschen vor, aus der Umschränktheit seines Daseins hinauszugelangen. Das beginnt mit dem kleinen Seitensprung einer alternden Frau in den Büschen und geht bis zur Lebensmüdigkeit eines jungen Mannes aus wohlhabendem Hause. Die Bürger, durch seinen versuchten Selbstmord herausgefordert, werden entweder selbst aus der Bahn geworfen oder wollen den Selbstmordversuch nicht wahrhaben. In den Schlußbildern herrscht die schwer verständliche, sich in Andeutungen ergehende Barlach-Sprache. Der junge Selbstmörder verblutet. Er zweifelt an sich und den Mitmenschen. Das Drama wird wohl nicht ganz richtig verstanden, wenn die Hauptperson Iver als vollständig positiv den beschränkten Bürgern gegenübergestellt wird. Iver ist an das Phantastische verfallen, und einige der Kleinbürger sind offensichtlich gerade in ihrer norddeutschen Nüchternheit sympathisch gemeint. Auch hat die Braut, Lena Isenbarn, die sich für den toten Selbstmörder und gegen ihren lebenden und tief verstörten Verlobten entscheidet, etwas Hysterisches. Eine in viel späterer Zeit spielende Schlußszene deutet an, daß sie ihre alte Identität abgelegt hat und als „Magd eines hohen Herrn", ihres eigenen hohen Sinnes, eine neue gefunden hat. Der Titel bezieht sich auf den Menschen, der nur der arme Vetter dessen ist, der seine Bestimmung erfüllt. Ein früherer Titel war „Die Osterleute". Barlachs Drama diskutiert die expressionistische Möglichkeit des ‚neuen Menschen', bezweifelt sie aber auch. Das Stück wurde 1919 in den Hamburger Kammerspielen uraufgeführt.

Aus den Jahren 1913 bis 1914 stammt der fragmentarische autobiographische Roman *Seespeck*. Er beginnt mit einer grotesken Szene in der Kajüte eines Elbdampfers. Hier kommt Spießbürgersatire zusammen mit der Frage, welches Recht die Mittelpunktsfigur Seespeck eigentlich hat, aus verletztem Geschmack aggressiv zu reagieren, einer Frage, die dem Selbstzweifel verwandt ist, der der Iver-Figur in *Der arme Vetter* zugrunde liegt. *Seespeck* ist die Selbstdarstellung eines Menschen, der seine eigene Aufgabe nicht gefunden hat, der auf die Mitmenschen eingeht, ausführlich und in Bildern ihr Dasein erörtert, aber selbst nicht dazugehört. Im 5. und 6. Kapitel begegnet Barlach-Seespeck Theodor Däubler als Gast eines mäzenatischen Doktors in einem Haus an der Ostsee. Der Widerspruch zwischen Däublers massiger Gestalt, bedeutenden Gebärden und seiner offenbaren Unnützlichkeit faßt das Problem des Romans zusammen.

Im Modestrom des zum Kitsch tendierenden Jugendstils schwamm Karl Gustav Vollmoeller (1878–1948). Vollmoeller wurde als Sohn eines reichen Schweizer Industriellen in Stuttgart geboren. Er studierte Philosophie, klassische Philologie und Archäologie. Nach dem Ersten Weltkrieg bewohnte er den Palast am Canal Grande in Venedig, in dem Wagner gestorben war. Er liebte es, als Grandseigneur zu leben, markierte jedoch als Autofahrer und Flieger auch den modernen Menschen. Er war lange als Filmschreiber tätig und starb in Los Angeles. In seinen Anfängen hatte er den Beifall Stefan Georges. Ein Akt des Dramas *Catherina, Gräfin von Armagnac und ihre beiden Liebhaber* erschien 1901 in den *Blättern für die Kunst*, auch einige Gedichte wurden in den *Blättern* gedruckt. Sogar Hofmannsthal äußerte sich wohlwollend über die Produktion des frühen Vollmoeller, legte aber auch den Finger auf dessen modeverhaftete Schwäche, wenn er dem Autor „ein Blendenwollen“ zur Last legte.

Catherina, 1903 bei Fischer als Ganzes gedruckt (was eine Trennung vom Georgekreis implizierte), ist ein schwüles Ehebruchstück, das im Paris des 15. Jahrhunderts spielt. Die vom Tod bedrohte Liebe, kalte Intrigen, das Bestreben nach vornehmer, lebensverachtender Größe werden mit billigen Schauereffekten versetzt. Auf dem Höhepunkt des Stückes wird die Sprache lyrisch, auf weite Strecken auch gereimt. Vollmoeller will, wie Maeterlinck, Gefühle dramatisieren, spielt diese jedoch breit aus, begnügt sich nicht mit Andeutungen, überläßt kaum etwas der Phantasie des Zuschauers, mutet ihm jedoch allerlei Unwahrscheinliches zu.

Vermischung von religiösen Traditionen mit Erotik im Gewande der Bedeutsamkeit ist zeittypisch. Catherina bietet zwar nicht volle Liebe, aber ihren Körper als Preis für das Selbstopfer einer Figur namens Tristan:

> ... Kommt, nehmt von meinen Brüsten
> Die letzte Zehrung für die Ewigkeit –
> Ich lass Euch nicht bevor ihr heiß gebetet
> An meinem Leib. So stillt Euch noch am warmen
> Lebendigen Leben und lebendigen Armen,
> Eh Ihr hinaus ins große Dunkel tretet.

Weder die sprechende Figur noch Autor und Leser nehmen Christliches ernst. Damit verliert das säkularisierte Symbol seinen Wert und wird zur billigen Staffage.

Verrät dieses Stück Hofmannsthals von d'Annunzio angeregtes lyrisches Drama *Die Frau im Fenster* (1898) als sein Vorbild, so erinnert Vollmoellers zweites Stück *Assüs der Findling, die treue Fitne und die Herrin Sumurud, oder: die Geschichte der drei unglücklichen Liebenden* (1904) durch seinen persisch-orientalischen Schauplatz an Hofmannsthals *Die Hochzeit der Sobeide*, das Motiv der belagerten Stadt an Schnitzlers *Der Schleier der Beatrice*. Liebesverfallenheit, eine launische, herrschsüchtige Schöne, ein grausamer Bettlerkönig, ein ebenso grausamer, pflichtvergessener Fürst, eine extrem selbstlos-treue Liebende, Inzest, eine nächtliche Bettszene, die Nacktheit der Schauspielerin vorschreibt (das Stück wurde erst 1922 durch Ernst Hardt inszeniert), ergeben ein farbiges, halb märchenhaftes Phantasiespiel. Ein soziales Motiv steht im Hintergrund. Die Unfähigkeit des bösen Fürsten führt zur Bereitschaft des Volkes, gegen ihn zu revoltieren. Das Motiv kommt nicht zur Entfaltung, sondern dient nur dazu, der Handlung einen neuen aufregenden Zug hinzuzufügen.

Ein phantastisches Spiel mit Technik, Mythos und einer ins Groteske spielenden Parodie des modernen Gesellschaftsdramas ist *Wieland: Ein Märchen in drei Akten* (1911). Die Wielandsage wird nachgespielt zwischen zwei Flugzeugerfindern, einem englischen Lord und einem deutschen Musiklehrer. Stilistisch geht das Stück vom Traumhaften ins Groteske über. Das Motiv der allgewaltigen Presse erinnert an Wedekinds *Der Marquis von Keith* (1901) und *Hidalla* (1904).

Großen Erfolg hatte die Pantomime mit Musik von Engelbert Humperdinck *Das Wunder* (*Das Mirakel*, 1912), die von Max Reinhardt inszeniert wurde, zuerst Ende 1911 in London, dann in Wien und Dresden, 1913 in New York, 1914 im Zirkus Busch in Berlin, immer vor Tausenden von Zuschauern. Die Handlung geht von einer alten Klosterlegende aus, die, in der Fassung von Ludwig Theobul Kosegarten (1804), Quelle für eine von Gottfried Kellers *Sieben Legenden, Die Jungfrau und die Nonne*, war. Vollmoeller bezieht Züge seiner Pantomime aus Maurice Maeterlincks *Sœur Béatrice* (1901; deutsch *Schwester Beatrix*, 1904) ein, malt aber vor allem das Weltleben der entlaufenen Nonne in seiner Handlungsvorschrift aus.

Diese ließe sich als pseudoromantischer Kitsch kennzeichnen: eine junge hübsche Nonne spürt den Maiendrang in die Welt und folgt einem Ritter und einem Spielmann, der, je nachdem, eine Leidenschafts- und eine Todesmelodie spielt. Die Heilige Jungfrau übernimmt den Pförtnerinnendienst für die Entflohene, deretwegen etliche Männer sich gegenseitig umbringen, wobei der Spielmann halb naiv, halb teuflisch behilflich ist. Zur Soldatendirne mit Kind herabgesunken, flieht die ehemalige Nonne in ihr Kloster zurück, übergibt ihr totes Kind der Madonna und setzt ihren Dienst fort. Der Spielmann pocht vergebens ans Tor.

Natürlich ist ein solches Spiel entfernt dem *Jedermann* Hofmannsthals oder dem *Großen Salzburger Welttheater* verwandt. Der Vergleich zeigt aber auch, daß Hofmannsthals Modelldramen mit historischen Stoffen den bürgerlichen Zuschauer viel stärker ethisch engagieren als Vollmoellers Spektakel, in dem das Liebe-Tod-Thema des Jugendstils (oder, wenn man will, der Neuromantik, hier hat der fragwürdige Begriff einige Berechtigung) zur Gelegenheit wird, für die schaulustige Menge Massen in Bewegung zu setzen. Die in Gnaden aufgenommene Sünderin sündigt weder gegen Gott noch gegen das große Leben (die pseudoreligiöse Macht in Wedekinds Dramen), noch wird sie ethisch schuldig wie bei Hofmannsthal oder Schnitzler, sie mobilisiert nur restreligiöse Vorstellungen der Massen, indem sie eine Erlösung durch Mirakel und Abscheidung von der Welt vorführt, deren theologischer und ethischer Wert gleich Null ist. Von großer Bedeutung war jedoch diese Wiedererweckung der Pantomime, die zugleich mit dem damals aufkommenden Stummfilm auf die nach neuen, unverbrauchten Ausdrucksmitteln suchenden jungen Dramatiker des beginnenden Expressionismus wirkte.

Vollmoellers Freund Ernst Hardt (d.i. Ernst Stöckhardt, 1876–1947) schrieb in *Tantris der Narr* (1907) ein Schauspiel, das die von Maeterlinck herkommende Linie des ästhetischen Seelendramas fortsetzt. Es hat in der ästhetisierenden Erotik Jugendstilzüge; des mittelalterlichen Schauplatzes wegen und weil es Züge des Legenden- und Mysteriendramas aufnimmt, kann man es auch neuromantisch nennen. Unter einer dünnen Schicht von höfischer Form lauert kreatürliche, tierische Leidenschaft, repräsentiert von Tristans wildem Hund. Auf dem Höhepunkt der Handlung prügelt der verkleidete Tristan die Siechen aus der Burg, denen Isolde zur Strafe preisgegeben werden sollte. Er deckt die nackte Isolde mit seinem Mantel, ähnlich wie der heilige Martin, und steht gewappnet auf der Burgmauer, wie Sankt Georg. Ein lyrischer Höhepunkt ist die Beschreibung, die Tristan als Tantris von Isoldes Körper gibt.

> Dein Leib ist eine Kirche aus Basalt,
> Ein Elfenberg, in dem die Harfen klingen,
> Ein jungfräuliches Schneegefild. Und deine Brüste
> Sind heiligstes Geknosp des Strahlengartens,
> Fruchtkapseln, die noch harren auf den süßen Seim
> Des Sommermonds! Dein Hals ist wie ein Lilienschaft
> Emporgehoben, deine Arme weisen
> Wie Blütenzweige eines jungen Mandelbaumes
> Keusch und verheißend in das Paradies,
> In dem das Wunder deiner starken Lenden
> Geheimnisvoll und drohend thront wie Gott.

Die Kombination von religiöser mit pflanzlicher Metaphorik kennzeichnet den Jugendstil. Die Erotik ist jedoch hier nicht mehr ein Ausdruck der Lebensfreude oder der Faszination durch das Elementare. Das ganze Drama ist bestimmt von dem Motiv einer ins Leere stoßenden Liebe. Die Erotik mündet in hoffnungslose Isolierung und Entfremdung. Eine ins Ele-

TANTRIS DER NARR

DRAMA IN 5 AKTEN
VON ERNST HARDT

MCMXXIII
IM INSEL-VERLAG · LEIPZIG

Titelblatt von Ernst Hardts Drama »Tantris der Narr«
mit Buchschmuck von Marcus Behmer

mentare pervertierte Religiosität läuft aus in scheinbedeutsame Leere, in eine Schein-Metaphysik. Strindbergs und Otto Weiningers Gedanke des Kampfes der Geschlechter, auch der der Objektivation der Frau, der bei Wedekind eine so große Bedeutung hat, spielen in das Werk hinein. Jedoch sorgen die legendären Züge dafür, daß solche sozialen Fragen nicht einmal in Gleichnisform klärend ausgebildet werden.

Dionysische Tragödien (1913) des Lyrikers und Essayisten Rudolf Pannwitz (1881–1969) stehen unter dem Einfluß der deutschen Klassik, Nietzsches und Wagners. Pannwitz' Sprache strebt nach dunkelraunender Bedeutsamkeit. Manchmal forciert er seine Sprache zu Neubildungen, so daß die zeitliche Nähe des Expressionismus erkennbar wird. Seine Handlungen sind spannungslos und schwierig zu verstehen, weil die Personen nicht nach herkömmlichen Kategorien verständlich sein sollen. Gelegentliche Erotik bleibt papieren.

Der *Tod des Empedokles* ist eine Neuaufnahme des Hölderlinschen Themas. Empedokles wird von dem als Gespenst auftretenden Pythagoras als Demagoge beschimpft. Hinter Pythagoras darf man Stefan George vermuten. Der Sprung in den Ätna ist als monistischer Weiheakt aufzufassen. Vorher erkennt das Volk Empedokles als König an, was offensichtlich Pannwitz' Wunschtraum gestaltet. *Der glückliche König Kroisos. Eine Schicksalskomödie*, in 5 Akten, ist nicht komisch, sondern hat nur einen versöhnlichen Ausgang, wenn König Kroisos von seinem Scheiterhaufen herabsteigen und sein Leben als glücklicher Landstreicher fortsetzen darf. Sein Schicksal begleitet Adrastos, ein exzentrischer Intellektueller, der ebenso wie sein König den Konsequenzen seiner amoralischen Handlungen entgeht. Hierin zeigt sich ein monistisch-versöhnliches Wunschdenken, das mit dem Verlangen nach einem apolitisch-ästhetischen „Geist" eng zusammenhängt. Versöhnungsmysterien, in denen Apollinisches und Dionysisches sich vereinigen, sind *Die Befreiung des Oidipus. Ein dionysisches Bild* und *Iphigenia mit dem Gotte. Ein apollinisches Spiel.* Das Bestreben, die Goethezeit in dionysisch-monistischem Geist zu erneuern, wird zum Rückfall in das Wagnersche Weihefestspiel, hinter Nietzsches harte Kritik des Künstlers. Nietzsche ist der Band gewidmet, als dem „Schöpfer unseres neuen Lebens".

Der Übergang vom ästhetischen, stilisierten Spiel mit historischer Kulisse zur expressionistischen Bürger-Groteske unter Mitwirkung naturalistischer und vitalistischer Intentionen läßt sich in der Entwicklung dreier Dramatiker zeigen, die nur wenig jünger als Hofmannsthal sind: Eulenberg, Sternheim und Kaiser. Hierzu gehört auch ein Spiel des frühen Döblin.

Herbert Eulenberg (1876–1949) war Rheinländer. Nach abgeschlossenem juristischen Studium wurde er Dramaturg am Berliner Deutschen Theater, dann im Düsseldorfer Schauspielhaus. Seit 1910 lebte er als freier Schriftsteller in Kaiserswerth am Rhein (bei Düsseldorf). Zu seiner Zeit war er sehr erfolgreich. Die Verlage der Expressionisten, Rowohlt und Kurt Wolff, gaben einige seiner Bücher heraus. Er war ein Freund Gerhart Hauptmanns. Während der Zeit des Nationalsozialismus geriet Eulenberg, der nicht emigrierte, langsam in Vergessenheit.

Sehr beliebt waren seine Sammlungen von Skizzen und Anekdoten über berühmte Leute, meist Künstler, die unter dem Namen *Schattenbilder* (1910), *Neue Bilder* (1912) und *Letzte Bilder* (1915) erschienen, ähnlich den Anekdoten Wilhelm Schäfers, jedoch ohne dessen gewollte Klassizität, schlichter und charmanter vorgetragen. Eulenberg schrieb auch Erzählungen. Das Hauptgewicht seines Werkes liegt jedoch im Dramatischen.

Er begann mit Stücken, in denen er bewußt und entschieden dem naturalistischen Stil auswich. Ein im 18. Jahrhundert, „zur Zeit der Empfindsamkeit“ spielendes Stück *Münchhausen* (1900) stellt das Ende des Lügenbarons dar, der abgerissen, als Bettler, jedoch von dem rauhbeinigen Diener Raspe (das ist der historische Name des Erfinders der Figur) begleitet, in seine Heimat zurückkehrt. Dort findet der Phantasiemensch sich in einer wirklichen Situation, die durch Duell und Selbstmord auch wirklich endet. Die Diener-Rüpel-Szenen sind Shakespeare nachempfunden. *Anna Walewska* (1899) ist eine Inzesttragödie, die im polnischen Landadel spielt, *Ritter Blaubart* (1905) konkurriert mit Maeterlinck und bezieht Psychopathologie ein. Ein Generationsgegensatz wird zur Kritik gegenüber dem romantischen Erlebnisdrang der Jugend benutzt. Das Drama *Ein halber Held* (1903) spielt im Siebenjährigen Krieg. Es ist ein Beispiel-Drama, geradezu ein Lehrstück, eine Äußerung des bürgerlichen Widerstandes gegen den neupreußischen Wilhelmismus. Bedenkt man die Theaterzensur und die Möglichkeit eines Prozesses wegen Beleidigung eines (wenn auch historischen) Mitgliedes des Herrscherhauses, muß man dieses Drama als eine mutige Tat bezeichnen. Die als preußisch gerühmten Tugenden der unpersönlichen Disziplin, der Pflichterfüllung, der Subordination werden einer vernichtenden Kritik unterzogen. 1914 schrieb Eulenberg zum Ausgleich einen Einakter, *Der Morgen nach Kunersdorf*, wo der nach der verlorenen Schlacht verzweifelte Alte Fritz das Kommando auf Bitten seiner Soldaten wieder übernimmt. Ein Jahr vor dem Kriege hatte Eulenberg für einen Monistenkongreß eine groteske Komödie *Krieg dem Kriege* geschrieben, die skurrile, individuelle Reaktionen auf die bedrohlichen außenpolitischen Krisen vorführt.

Eulenberg schrieb viele Lustspiele und Tragödien, oft mit skurrilen und grotesken Einschlägen, im Stil shakespearisierend. Die Komödie *Alles um Liebe* (1910) z. B. enthält das Motiv von Hofmannsthals *Der weiße Fächer*, die Heilung einer absurden ehelichen Treue über den Tod hinaus. Die Tragikomödie *Alles um Geld* (1911), von Eulenberg nur „Stück" genannt, mischt eine Phantasie- und Traumwelt mit Elementen aus der bürgerlichen Ökonomie. Die Handlung ist ein grotesker Bankrott. Komödienhafte Züge enden in Tod und Selbstmord, deren poetische Verklärung quälend unglaubhaft erscheint. Im Personenverzeichnis wird die Mittelpunktsfigur, der poetische Bankrotteur, „Kreatur Gottes" genannt. In einer Szenenanweisung wird vorgeschrieben, daß außer den drei Personen auf der Bühne niemand anwesend sei, „selbst der Allgegenwärtige nicht". Das gereimte Vorwort spricht von dem „Geldgespenst, das wir zu unserem Gott auf Erden machten".

Das „Schauspiel in fünf Akten" *Zeitwende* (1914) ist die Tragödie einer großbürgerlichen Familie. Die Kinder des alten Industriellen leiden an Realitätsschwund. Der Wohlstand begünstigt unwahre Existenzen, die von einem Sohn, der sich in eine naive Märchenwelt einspinnt, über einen Hypochonder bis zu einem schwindelhaften Bewerber um die jüngste Tochter reichen. Eine liebende Schwiegertochter und ein tüchtiger Schwiegersohn sind zu unkompliziert, um den Untergang verhindern zu können. Der Fall der Familie ist, wie besonders am Schluß deutlich wird, sentimental gemeint, bewegt sich aber stellenweise an der Grenze der Satire. Zur satirischen Darstellung hätte eine Angriffsrichtung gehört: der Wille des Autors, bestimmte Mißstände in einer intakten Ordnung anzuklagen, oder der auf den Zuschauer zu übertragende Wille, die gespiegelte, auf der Bühne exemplarisch gewordene Ordnung zu ändern. Aber eine solche Angriffsrichtung hatte Eulenberg nur im Hinblick auf die preußische Subordination. Für die bürgerliche Gesellschaft seiner Zeit bot sich ihm die sentimentale Lösung an, die Anregung des Mitgefühls des Zuschauers mit einer Spielart, die ins Absurde reichte.

Ein Spiel mit dramatischen Motiven des Jugendstils ist *Lydia und Mäxchen. Tiefe Verbeugung in einem Akt* (1906) von Alfred Döblin (1878 bis 1957). Die Requisiten werden lebendig, und die Personen des Dramas spielen selbst – die Schauspieler sind davongelaufen. Der Dichter kann seine Figuren nicht innerhalb der Grenzen seines Textes halten, eines mittelalterlichen Märchendramas. Sie bemächtigen sich eines Motivs, einer märchenhaften orientalischen Zauberblume, die nach der Göttin Astarte genannt ist und Erotik, Wahnsinn und Tod bedeutet. Die lebendig gewordenen Requisiten enden das Spiel, indem sie ein allgemeines Durcheinander erzeugen. Der Dichter hat zwar auf der Bühne versucht, sein Drama, das harmonisch und sinnvoll enden sollte, durchzusetzen, muß aber anerkennen, daß in den lebendig gewordenen Figuren sein eigenes Inneres gesprochen hat. Das Stück ist als Literatursatire zu lesen und auch als groteskes Liebesdrama. Der Text des Dichters wird von seinen Figuren verlassen, als der König auftreten und das Schicksal der Märchen-Liebenden entscheiden soll. Statt dessen werden chaotische Kräfte frei, doch so, daß das ganze noch ein Spaß ist. Das kleine Stück wird oft als Vorläufer des expressionistischen Dramas angesehen. Döblin hat es als Buch in einem Straßburger Verlag veröffentlicht, es ist seine erste Buchveröffentlichung.

Carl Sternheim (1878–1942) stammte aus einer großbürgerlichen Bankiersfamilie jüdischer Herkunft. Nach Jugendjahren in Berlin und Hannover studierte er Jura ohne Abschluß, heiratete 1900 und ließ sich in Weimar als Schriftsteller nieder. Bis 1911 schrieb er Stück auf Stück, von denen nur eines, ohne Erfolg, aufgeführt wurde und nur wenige im Druck erschienen. Er und seine Frau lebten von ererbten Renten. Beide betrachteten sich als nervenschwach. Carl Sternheim suchte wiederholt Sanatorien und Kliniken auf. Die enge Verbindung mit seiner zukünftigen zweiten Frau Thea Bauer seit 1904 empfand er als eine Erneuerung seines Schaffens. In Freiburg hörte er Vorlesungen bei Heinrich Rickert, durch die er ermutigt wurde, als Schriftsteller in der Mannigfaltigkeit des Lebens Leitvorstellungen zu erwecken. Mit Thea seit 1907 verheiratet, baute er sich, mit deren Vermögen, ein Schloß in der Nähe von München im Louis-seize-Stil, mit dreißig Räumen, einem Theater, zahlreicher Dienerschaft, einer Bibliothek aus alten Lederfolianten, modernen Bildern, Möbeln von erlesenem Geschmack und von einem Park umgeben. Hier verkehrten Heinrich Mann, Frank Wedekind, Rudolf Alexander Schröder, Alfred Walter Heymel, Karl Gustav Vollmoeller, Hugo von Hofmannsthal, Max Reinhardt, Walther Rathenau, Julius Meier-Graefe. Mit Franz Blei gründete er die Zeitschrift *Hyperion.* Durch seine Frau angeregt, die in Belgien erzogen worden war, fand er Zugang zur französischen Literatur, zu Flaubert und Molière.

1911 erschien das bürgerliche Lustspiel *Die Hose*, das im gleichen Jahre in Berlin und München aufgeführt wurde. Zwar war es noch kein eindeutiger Erfolg, aber Sternheim wurde endlich beachtet, und weitere Komödien brachten ihm den Ruhm. 1912 siedelte er nach Belgien über, wo er sich in La Hulpe bei

Brüssel ein Haus baute. Kurz vor Kriegsausbruch 1914 kam er nach Deutschland zurück.

Sternheims dramatisches Frühwerk ist sehr aufschlußreich. Es zeigt, wie er sich in mehreren Stilen versucht und eine Reihe von Themen durchspielt. Intensiv war sein Interesse für Fragen der Religion und Moral. Von früh an beschäftigte ihn die Aufgabe des Dichters und die mögliche Verfehlung der Aufgabe infolge Erfüllung seiner Wünsche. Liebe, Tod und Kunst, sexuelle Emanzipation, Sinnlichkeit und Religion, Lebensenttäuschung, moralische Gesellschaftskritik, zumeist also ästhetische und moralische Probleme, bestimmen eine ganze Reihe von Stücken und Entwürfen aus der Zeit vor 1900. *Das eiserne Kreuz* (1898–1902) verbindet das sexuelle Emanzipationsthema mit einer explizierten Kritik der bürgerlichen Pflichtmoral, die, verbunden mit der Rücksichtnahme auf das äußere Ansehen, zur Knebelung des Lebensgefühls führt. Um sich als Autorität zu halten, hat der Bürgermeister einer Provinzstadt seine Frau verstoßen und verweigert seiner Tochter die Zustimmung zur Heirat, weil der Bewerber aus einer getauften Judenfamilie kommt. Am Ende wird seine Starre durchbrochen. Veröffentlicht wurde die ziemlich ernst geratene Gesellschaftskomödie *Der Heiland* (1898). Der banale Alltag behindert einen Dichter in der Rolle des Verführers.

Die im Frühwerk sehr lebendigen religiösen Tendenzen, in denen sich Sternheims Herkunft von einem jüdischen Vater und einer lutherisch-christlichen Mutter spiegeln, finden wir in der 4aktigen „Tragödie vom Verrat“ *Judas Ischarioth* (1898/99 entstanden, 1901 gedruckt). Eigentlich ist das Drama eine große Exposition für das Passionsdrama, das nicht auf der Bühne gezeigt wird. Jesus von Nazareth redet in Gleichnissen und verkündet sein inneres Gottesreich, während Judas (nach einer in Klopstocks *Messias* eingeführten Tradition) auf die irdisch-politische Befreiung hofft. Dessen Liebe zu dem ersehnten Messias schlägt in Haß um. Dieser Umschlag sowohl wie die Katastrophe des 4. Aktes fällt gegen die Exposition der ersten 3 Akte stark ab. In den Gleichnisreden Jesu, die übrigens von Judas nachgeahmt werden, ist die Frage nach der Wirkung des Dichters, in der ganzen Anlage des Stückes das Verhältnis von Dichtung und politischer Wirklichkeit angesprochen.

Auf Krugdorf (1902), das in Dresden mit schwachem Erfolg aufgeführt wurde, spielt in einem Gutsmilieu unter ehemaligen und aktiven preußischen Offizieren. Auch ein Dichter kommt vor, der sich von seiner Frau befreit und daraus ein Drama macht, das seinen Erlebnissen eine schlimme Wendung gibt. Die Darstellung des leeren Daseins dieser Herren hat einen sozialkritischen Zug. Sternheim, der selbst ein Snob war, ist in gleicher Weise von dem Leben der ‚großen' Welt fasziniert wie kritisch dagegen eingestellt. Das gilt auch für sein reifes Werk. Manchmal erinnert *Auf Krugdorf* an Schnitzler. Parodie der Wiener, des Schnitzlerschen Einakters in Prosa und des Casanova-Themas aus Hofmannsthals *Der Abenteurer und die Sängerin* (1899) sind die Casanova-Einakter, deren 1. Fassung unter dem Titel *Herr von Seingalt* 1902 vorlag, die dann zum Teil 1908 und als Ganzes 1922 unter dem Titel *Der Abenteurer* veröffentlicht wurden. Während der erste Einakter Casanova als Snob vorführt, ist der in Rom spielende zweite eine Parodie des lebenerweckenden Abenteurers Hofmannsthals.

Im Strom des Jugendstildramas treiben die Stücke in Versen und Prosa *Ulrich und Brigitte* (entstanden 1904, gedruckt 1907), *Vom König und der Königin* (entstanden 1904, jedoch nach *Ulrich und Brigitte*, gedruckt 1905) und *Don Juan*, eine Tragödie (1909).

Ulrich und Brigitte, „ein dramatisches Gedicht“, behandelt das alte Thema von zwei Geschwistern, deren Liebe durch die Entdeckung, daß sie nicht miteinander blutsverwandt sind, legitimiert wird. Der Fall wird morbide durch Krankheit beider Beteiligten, so daß ihre Frühlingshoffnung auf Lebenssinn und Glück im gemeinsamen Tode auf der Bühne untergeht. Der Grund für die Krankheit des Mädchens Brigitte ist übrigens, wie in Wedekinds *Frühlings Erwachen*, ein Abtreibungsmittel. Ein Hausaltar und eine sündenleugnende Religion, symbolisiert durch Dürers Adam-und-Eva-Bild (das Stück spielt in der deutschen Renaissance), ergänzen die Ereignisse bedeutsam-sentimental. Es gehört zu den schwächsten von Sternheims Jugenddramen. *Vom König und der Königin*, „Tragödie in fünf Aufzügen“, spielt unter Goten, die eine Stadt belagern. Deren König, eine Führerfigur mit präfaschistischen Zügen, verliebt sich in den Haß einer Fürstentochter. Zwar wirft seine strahlende Sexualität sie einmal aufs Bett, aber am Ende läßt sie einen Felsblock auf den wieder Verhaßten rollen. Dazwischen herrschen Kampf, Belagerung, Pest und Kampf der Geschlechter. Sternheim wollte offensichtlich Kleists *Robert Guiscard* übertreffen. Auch Hebbels Judith, August Strindberg und Otto Weininger wirkten als Anregungen für das Thema des Geschlechterkampfes. 1905 schrieb Sternheim eine bürgerliche Dialektkomödie *Mihlow*, die er 1917 in einer hochdeutschen, umgearbeiteten Fassung unter dem Titel *Perleberg* erscheinen ließ. Danach wandte er sich von der bürgerlichen Komödie zunächst wieder ab und schrieb die 2teilige Tragödie *Don Juan* (1909), an der er vier Jahre arbeitete, unterbrochen von Scheidungsverhandlungen, Nervenzusammenbrüchen und Sanatoriumsaufenthalten. Der Preis von Leben, Liebe und Sinnlichkeit geht in eine politische Haupt- und Staatsaktion über, Don Juan wird zu Don Juan d'Austria, dem unehelichen Sohn Karls V., der unter Philipp II. seine ausstrahlende Persönlichkeit in den Dienst der Unterdrückung der Niederländer stellen muß. Das Stück ist die Tragödie der Lebensfreude. Andererseits wird revolutionäre Auflehnung gegen Philipp, den legitimen Träger der Staatsmacht, mißbilligt. Das ist sehr bezeichnend. Die Lebenskult-Revolution bleibt im Moralischen. Es ist Don Juans Pflichterfüllung, die ihn um die Erfüllung seines Lebens bringt. Philipp ist nicht ganz schlecht. Die politische Notwendigkeit ist auf seiner Seite, während Don Juan sich der notwendigen Anpassung an seine gesellschaftliche Umgebung zu entziehen sucht.

Sternheim schrieb um die Jahrhundertwende eine große Anzahl von Gedichten, darunter sehr viele Liebesgedichte, die den Einfluß Dehmels wie Georges erkennen lassen. Auch in den frühen Prosaversuchen zeigt sich seine Vorliebe für erotische Themen. Einige Geschichten spielen in der großen Gesellschaft, einige Skizzen beschäftigen sich mit den sozialen Unterschieden. Wenige fragmentarische Erzählungen sind in einem verklärenden Jugendstil geschrieben. Der größere Teil der frühen Geschichten hält sich demgegenüber im Realistischen, das nur selten ins Sentimentale reicht. Die Kurzprosa, die Sternheim unter dem Titel *Brutalitäten und Wildheiten* sammelte, aber nicht drucken ließ, zeigt oft die zynische Seite in Sternheim, die zu seinen Lebzeiten allzu ausschließlich sein Bild als Dramatiker bestimmte. Bemerkenswert demgegenüber ist die liebevolle eindringende Jugendpsychologie in der ebenfalls unveröffentlichten Sammlung *Kindergeschichten für Große*. Sternheim geht wie Wedekind in *Frühlings Erwachen* auf die seelischen Folgen der fehlenden Sexualaufklärung ein. Diese Kurzprosa ist in einer ganzen Reihe von Stücken eine erst 1970 ans

Licht getretene Bereicherung unserer Literatur, mit der Kurzprosa von Robert Walser vergleichbar, diese hin und wieder in pointierter Struktur übertreffend.

Das Frühwerk Sternheims zeigt, daß erst der Erfolg der *Hose* ihn auf den Typ der Bürgerkomödie festlegte. Noch als er *Die Hose* schon konzipiert hatte, bastelte er in Gedanken an einem historischen Drama um Heinrich VIII. von England. Die „eigene Nuance", die Sternheim pries, war so unabhängig von Publikum und Gesellschaft nicht.

In der Komödie *Die Hose* (1911, entstanden 1909 bis 1910) wirkt das Vorbild Wedekinds gegen das Hauptmanns, an dem Sternheims erfolgloses Jugendwerk immer gemessen worden war. Der Stil neigt zum Abstrakten, zu Verkürzungen. Ein Beispiel für diesen Stil ist der folgende Dialog zwischen dem Barbiergesellen Mandelstam und der Kleinbürgerin Luise.

Mandelstam. Man ist so blödsinnig allein. Gar keine Wurzeln in der Erde, nichts, an das man lehnt, das einen hält.

Luise. Ein bißchen pflegen muß man Sie. Es ist auch vieles nervös. Nur sind Sie so wild.

Mandelstam. Nein.

Luise. Heftige Naturen muß ich verachten. Das Gehorsame, Schmiegsame liebe ich. Die guten Kinder.

Mandelstam. Wer keine Mutter hatte, dessen einziger Wunsch ist es doch.

Diese ins Abstrakte verfremdete Sprache kontrastiert mit dem Kleinbürgermilieu, in dem sie gesprochen wird. Die Kleinbürgerwelt zeigt sich und entzieht sich dem Zuschauer wieder, lädt ihn zu Vergleich und Wertung ein. Was als Kleinbürgersatire zu beginnen scheint, wendet sich gegen die Dichterfigur Frank Scarron. In dessen Namen ist Frank Wedekind und ein französischer Schriftsteller der Molière-Zeit angesprochen. Seine Phantasiewelt und das Bedürfnis,

Carl Sternheim
Holzschnitt von Conrad Felixmüller

seine Erlebnisse zu Papier zu bringen, entfernen ihn von der Wirklichkeit, von der Gelegenheit, die zum Abenteuer bereite Bürgerin Luise zu verführen. Statt dessen siegt die Maßhaltephilosophie des legalen Ehemannes Maske. Was als Farcenviereck im Commedia-dell'-arte-Stil zu beginnen scheint, endet anders als erwartet. Man könnte *Die Hose* deshalb satirische Überraschungskomödie nennen. Ausgelöst wird die Komödienhandlung durch den peinlichen Zufall, daß Frau Maske, während der König vorbeifährt, in der Menge ihre leinene Hose verliert. Daher der Titel. Die verlorene Hose ist komisches Symbol für die Lockerung der sexuellen Unterdrückung, für eine träumerische Freiheit, die Herr Maske Liederlichkeit nennt und mit Prügeln auf der Bühne bestraft. Der Dichter Scarron belegt die träumerische Freiheits-Liederlichkeit mit darwinistischen und nietzscheanischen Ideen. Auch die moderne Neurasthenie, als deren Opfer sich der Mensch Sternheim fühlte, bekommt von dem Autor Sternheim ihr Teil. Theobald Maske, der in der Rolle des prügelnden Vertreters der Sexualrepression kaum des Zuschauers Sympathie gewonnen haben kann, wandelt sich im Laufe der Handlung zu deren ruhendem Pol. Die auf seine Frau lüsternen Untermieter haben das Nachsehen, und der legitime Ehemann kommt, gegen die Komödien-Erwartung des lüsternen Zuschauers, in den Genuß der erotischen Erregung seiner Frau. Die vitalistische Lehre des Lebensgenusses, eine Satire auf den Dichter, fließt zusammen mit farcenhafter Darstellung kleinstädtischer Sitten.

An die Uraufführung des Stückes heftete sich ein Skandal. Der Berliner Polizeipräsident von Jagow hatte das Stück anfangs verboten, kam aber zur Generalprobe einer etwas gemilderten Fassung. Max Reinhardt, der Direktor des Deutschen Theaters, bat die Schauspielerin Tilla Durieux, den Polizeipräsidenten bei zensurempfindlichen Stellen ein wenig abzulenken. Dies gelang, die Aufführung wurde erlaubt (unter dem weniger verfänglichen ursprünglichen Titel *Der Riese*). Der Polizeipräsident sagte sich bei Tilla Durieux am nächsten Nachmittag an, ohne zu wissen, daß sie mit dem Verleger Paul Cassirer verheiratet war. Die Geschichte wurde durch Alfred Kerr in die Öffentlichkeit getragen und beschäftigte Karl Kraus, der die Gelegenheit benutzte, gegen Kerr vorzugehen. Es kam zu einem Duellangebot von Jagows (an den Juden Cassirer!), das dann wieder zur Anregung für Sternheims *Bürger Schippel* (1913) wurde.

In stärkerem Maße als *Die Hose* ist *Die Kassette* (1912) eine Bürgersatire. Der Spaß besteht diesmal darin, daß eine Erbtante ihr Vermögen der Kirche vermacht, ihre Familie aber im Glauben läßt, das Geld ginge an sie. So kann sie sich unbekümmert weiter unbeliebt machen. Ihre Bosheit beruht auf sexueller Frustration. Der Zuschauer sieht die Wahrheit des Hasses, den sie erweckt, und die falsche Versöhnungsbereitschaft der Familie im schnellen Wechsel und weiß doch, daß die Bezwingung der wahren Gefühle ganz umsonst ist. Ein Photograph, dessen Beruf wohl eine Anspielung auf Hjalmar Ekdal aus Ibsens *Die Wildente* (1884) ist, und ein Familienvater gehen mit einer Wertpapierkassette anstatt mit Frauen ins Bett, obwohl der Photograph Seidenschnur Chancen hätte. Dieser gibt sich als Künstler. Seine Verführungsphrasen werden durch Wiederholung bei Tochter und Stiefmutter als Klischees entlarvt. Künstlerklischees und Bürgerklischees gelten gleich viel, die Auflehnung des Künstlers gegen den Bürger wird als Schein erkannt. Auch hier verfremdet Sternheim den Stil. Einzelne Substantive müssen für ganze Sätze eintreten, auch andere Verknappungen des Stils fallen auf.

Bürger Schippel (geschrieben 1911–12, gedruckt 1913) wurde Sternheims größter Bühnenerfolg. Die Uraufführung leitete Max Reinhardt 1913 in Berlin. Ein kleinstädtisches Männerquartett ist durch die Statuten eines Sängerwettstreits gezwungen, den einzigen ortsansässigen brauchbaren Tenor aufzunehmen, obwohl dieser deklassierter Musiker und unehelich geboren ist. Komik entsteht aus den vergeblichen Versuchen der kleinstädtischen Sänger-Bürger, die Deklassierung aufrechtzuerhalten. Die Selbstabgrenzung der Bürgergesellschaft nach unten wird durchbrochen, aber auch die nach oben. Der thüringisch-kleinstädtische Duodezfürst entjungfert die Schwester des führenden Bürgers Hicketier, die ausgerechnet Thekla heißt (nach der sentimentalen Liebenden in Schillers *Wallenstein*). Thekla begeht ihren Fehltritt ganz bewußt als einen märchenhaft-romantischen Ausflug aus der bürgerlichen Realität ihres Bruders, der ihr nur die übliche passive, unwissende und unschuldige Mädchenrolle zubilligen will (und kann). Sie besteht aber darauf, daß ihr Partner, der Fürst, die Bewußtheit des Spiels versteht. „Wir haben einen Landtag, hoher Herr", sagt sie ihm, als er sich halb scherzhaft als absoluter Herrscher gebärden will. Den Ausflug ins Märchen mit Anklängen an Shakespeare und Kleists *Käthchen von Heilbronn* spielen sie dann gemeinsam, komisch begleitet von dem Kleinstadt-Chor, den der Fürst als Gegengewicht gegen die „ideallose Zeit" gefördert hatte. Die kleinbürgerliche Realität kommt nach dem Märchen wieder zur Geltung, als der deklassierte Schippel den Fehltritt der Bürgertochter durch Heirat verdecken soll. Plötzlich den Ehrenkodex anrufend, lehnt er diese Zumutung ab, so daß es zu einem Duell kommt. Diese Ehrenhandlung wird zur grotesken Farce, was aber nicht hindert, daß Schippel nun tatsächlich gesellschaftsfähig wird. Die ernste Seite des Lustspiels ist die Darstellung der Macht absurder, lebenshemmender gesellschaftlicher Formen, die im Kleinbürgertum besonders deplaziert sind.

Das Stück sollte erst „O Täler weit, o Höhen" heißen, dann, mit Anspielung auf Molières *Le bourgeois gentilhomme*, „Der Prolet: Le prolétaire bourgeois". Der endgültige Titel stammt von Alfred Walter Heymel, der das Stück verlegte. Schippel hieß übrigens damals ein führender reformistischer Sozialdemokrat. Das Thema des rücksichtslos aufsteigenden Kleinbürgers kennen wir bei Hauptmann, das der Absurdität des Duells von Schnitzler.

Die Komödie *Der Snob* (1914) bringt Theobald und Luise Maske aus *Die Hose* wieder auf die Bühne. Ihr Sohn, den sie sich damals leisten konnten, ist jetzt im Begriff, Generaldirektor zu werden, und möchte seine kleinbürgerliche Vergangenheit loswerden. Eltern und seine Geliebte, die ihm die Formen der Gesellschaft beigebracht hat, findet er ab und heiratet eine Gräfin. Er beherrscht die Formen zwar tadellos, ist aber, wie es nicht ausbleiben kann, von der Formenbeherrschung selbst ganz beherrscht. Er hat auch eine andere Möglichkeit, nämlich auf sich als Selfmademan stolz zu sein. Das Stück zeigt, wie er zwischen diesen Rollenmöglichkeiten schwankt, also keine innere Sicherheit findet. Seine Assimilationen scheinen ein Fiasko zu werden. Da fällt ihm gerade noch rechtzeitig etwas ein: während er ein Renoir-Porträt für ein Bild seiner verstorbenen Mutter ausgibt, deutet er die Geschichte von der Hose (aus der früheren Komödie) so um, daß seine junge Frau an seine illegitime Abstammung von einem Pariser Vicomte glauben soll. Was vor Unsicherheit und Rollenerstarrung rettet, was vor Impotenz schützt und zum Vollzug der Ehe führt, ist also ganz im Gegensatz zur Handlung in *Die Hose* die Fiktion, die Phantasie. Auch der Snobismus der eigenen Existenzschöpfung ist, im Gegensatz zu dem in vererbten Lebensformen befangenen wirklichen Adel, eine Phantasietätigkeit. Phantasie und Kunst sind bei Sternheim ambivalent. Sie können als Ersatzhandlung lebenshemmend, aber auch als beschwingende Alternative zur rollenhaften wirklichen Existenz befreiend wirken. Phantasie und Kunst als organisierte Phantasie sind Realitätsverlust und Freiheit zugleich. Übrigens hat Sternheim sich bei der Gestaltung des Snobs in einigen Einzelheiten an Walther Rathenau gehalten.

1913 (vor Kriegsausbruch beendet, gedruckt 1915) zeigt Christian Maske, den Snob, als siebzigjährigen Todeskandidaten. Er ist inzwischen geadelt und Exzellenz geworden, sein Sohn ein Playboy, der mit der Wirklichkeit nichts zu tun haben will, eine Tochter Ottilie ist anlehnungsbedürftig, die andere, Sofie, ein Willensmensch. Zwischen dieser und ihrem Vater spielt ein harter Kampf um die Herrschaft über ein Industrie-Imperium, wobei es einerseits darum geht, wer zynischer als der andere die religiösen Vorurteile der potentiellen Kunden ausnutzt, andererseits darum, ob eine Spekulation auf Krieg berechtigt ist oder nicht. Dieser Kampfatmosphäre kontrastiert die *Mondnacht*, von Eichendorff/Schumann, auf der Bühne von der romantisch-erotischen Tochter Ottilie vorgetragen, begleitet vom dörflichen Pastor. Sternheim konzipierte die erste Idee für das Stück, während seine Frau ihm das Lied vortrug. Es ist das „nach Haus“, am Ende des Liedes, das es in der Familie Maske nicht mehr gibt, weder in der direkten noch in der im Gedicht gemeinten religiösen Bedeutung. Der Alte bringt noch im Tode einen Coup an: er wird katholisch, um eine auf dem Protestantismus der Familie beruhende Werbekampagne der Tochter unwirksam zu machen.

Als Gegenspieler der Kapitalistenfamilie möchte sich der Sekretär Wilhelm Krey verstehen (dem Namen nach offenbar der Sohn Theklas und des Fürsten, legitimiert durch den Beamten Krey aus *Bürger Schippel*). Er predigt einen vagen nationalistischen Antikapitalismus, kann sich aber den Lockungen der Familie, dargestellt durch die anlehnungsbedürftige Tochter Ottilie, nicht entziehen. Wilhelm Krey wird in der 1. Szene eingeführt, als er sich weigert, Ottilie das Buch *Geschlecht und Charakter* von Otto Weininger zu geben, es sie aber selbst finden läßt. Ihr eingleisig auf Einfangen des Mannes gestelltes Bewußtsein entspricht Weiningers Bild der Frau. Wilhelms vage nationale Ideologie erscheint seinem Chef brauchbar, da er ja auf einen nationalen Krieg hin spekuliert. Die präfaschistische Ideologie (zu der auch Weiningers Buch gehört) ist also zugleich als Gegner und als Werkzeug der herrschenden Kreise vorgestellt, was sich als historisch richtig herausstellen sollte. Dem schwankenden Krey wird in Friedrich Stadler ein entschiedener und radikaler Vertreter der neuen chauvinistisch-antikapitalistischen Partei entgegengestellt. Das Stück ist „dem Andenken Ernst Stadlers, des Dichters“, gewidmet, der 1914 fiel. Die Figur Friedrich Stadler, die durch Namensgleichheit mit Ernst Stadler im Zusammenhang mit der Widmung Gewicht erhält, repräsentiert eine Beziehung zwischen Jugendbewegung, bürgerlicher Pseudorevolution, Jugendstil und Expressionismus, eine Beziehung, deren präfaschistischer Charakter einer historischen Perspektive deutlich ist. Sternheim hat *1913* später immer als ein prophetisches Stück sehen wollen. Sein Nachkriegskommentar ist *Das Fossil* (1923), ein Drama, das in der Familie der energischen Tochter der Exzellenz Maske spielt.

Antidemokratisch ist auch die Komödie *Der Kan-*

didat (1914), in den ersten 3 Akten einer gleichnamigen erfolglosen Komödie von Flaubert folgend. Während des Krieges schrieb Sternheim *Tabula rasa* (veröffentlicht 1916, uraufgeführt 1919), eine politische Komödie, die sich gegen die Verbürgerlichung der sozialdemokratischen Partei richtet. Die Motive aller beteiligten Sozialisten werden auf Egoismen zurückgeführt: sei es aufstiegswillige Anpassung, sei es die ausreichende Rente, sei es Machtausübung, alles bürgerliche Motive. Der Arbeiter Ständer verschafft sich selbst eine ausreichende Rente, so daß er künftig seine eigene Nuance leben kann, was offenbar Sternheims Beifall findet. So dreht sich Sternheims Bürgerkritik in ihrem eigenen Kreise. Zwar ist der Kapitalismus schlecht, Mitarbeit innerhalb seines Systems entweder lächerlich oder sogar tödlich, aber seine Renten sind gut, denn nur sie gestatten die eigene Nuance.

Sternheims Prosa weist einen leicht verfremdenden Stil auf, indem er den bestimmten Artikel häufig fortläßt. Die Erzählung *Busekow* (1913) will die Euphorie eines Polizisten darstellen, der seine Kleinbürgerfrau verläßt und sich einer Prostituierten zuwendet, die nur noch für ihn lebt. Ihr Glück drücken sie mit biblischen Bildern aus und durch Singen der Kaiserhymne. Hochgemut tritt Busekow seinen verkehrsregelnden Dienst an und wird vor dem königlichen Theater von einem Auto getötet, dem die Menge zujubelt, wohl weil es ein Mitglied der königlichen Familie enthält. Die Erzählung drückt eine satirisch gebrochene Sehnsucht nach den Freuden des unkomplizierten Lebens aus.

Busekow verwirklicht sich selbst in seinen Grenzen. Das war im Sinne von Sternheims Theorie, die er nach 1914 aufzeichnete, aber vorher entwickelte. Sie richtet sich gegen bürgerliche Scheinwerte, die er „Metaphern“ nannte und von denen er meinte, daß sie die bürgerliche Praxis, einen rücksichtslosen Kampf um Macht und Geld, verdeckten. Auch den Marxismus lehnte er ab, weil er dem Menschen die Freiheit zur Selbstverwirklichung durch die Behauptung eines ökonomischen Automatismus nehme. Dem antiautoritären Sozialismus der *Aktion* Franz Pfemferts brachte er später Sympathie entgegen, ohne sich wirklich anzuschließen. Fände jeder zu seiner eigenen Wahrheit, meinte Sternheim, so sei jeder zufrieden und alles in Ordnung. Das ist Individualismus, den Sternheim vitalistisch verstand. Freiheit des Menschen zeigt sich im Sexuellen, Unfreiheit in der Übernahme einer falschen Moral. Sternheim suchte jedoch nicht einen Ausweg in einen utopisch-freien Zustand, sondern empfahl Enthusiasmus für die Wirklichkeit. Wirklichkeit aber verlangt Anpassung. So kommen die Ambivalenzen in seinen Werken zustande. Anpassung entspringt aus Wirklichkeitssinn, Selbstverwirklichung aus poetischer ‚Romantik'. Romantische Flucht aus der Anpassung ist gut, da sie auf Selbstverwirklichung, auf die eigene Nuance hinführt, kann aber als Ersatzhandlung zum Realitätsverlust führen, was schlecht ist. Anpassung ist gut, wenn sie Mittel zur Selbstverwirklichung ist, den Realitätsverlust verhindert. Solche Anpassung praktizieren die Maskes. Anpassung tötet aber natürlicherweise die individuelle Selbstverwirklichung. Der gute Bürger, der bürgerliche Held, befreit sich durch Anpassung zu seiner Ursprünglichkeit; das Ziel der Satire wird zum Helden. Dieses Spiel der Ambivalenzen in Sternheims Werken hat zu dauernden Mißverständnissen und heftigem Streit der Interpreten geführt. Sternheims sprachliche Manierismen, die das Verständnis erschweren, verschlimmern mögliche Mißverständnisse noch.

Man darf diesen Autor weder ausschließlich als Satiriker noch aus seiner fragwürdigen Theorie erklären, sondern muß ihn in seiner Zeit sehen. Die Lebensbefreiung des vitalistischen Lebenskultes war seine eigentliche Sache. Mit ihr gehört er zur Literatur seiner Zeit, der er zu opponieren meinte. Das Bedürfnis nach Distanz vom Bürgertum teilte er mit George, Rilke, der Boheme und den Expressionisten. Die Snob-Generationen der Maske-Familie ähneln der Familie Aarenhold in Thomas Manns *Wälsungenblut*. Die Ehe von Adel und Bürger in *Der Snob* ist die gleiche, die in *Der Rosenkavalier* gefeiert wurde, auch den Rückbezug auf Molière gibt es sowohl bei Sternheim wie bei Hofmannsthal. *Busekow* und *Reitergeschichte* weisen thematische Ähnlichkeiten auf. Sternheims Neigung zur Groteske verbindet ihn mit Wedekind. Die groteske Bürgersatire ist eine Form ästhetischer Überhöhung, nicht ihre Überwindung.

Georg Kaiser (1878–1945) ist im gleichen Jahre wie Sternheim geboren. Er stammte aus einem Magdeburger Bürgerhaus, brach die gymnasiale Schulbildung aus Widerwillen ab und wechselte durch mehrere Berufe kaufmännischer Art. 1898 bis 1901 reiste er als Kohlentrimmer nach Südamerika, wo er in Buenos Aires in einer deutschen Firma als Kontorist arbeitete. 1901 malariakrank nach Deutschland zurückgekehrt, brauchte er lange, um wieder Fuß zu fassen. Schreibversuche machte schon der Schüler. In Berlin hatte er 1903 Kontakt mit den dortigen George-Jüngern, von denen er sich bald abwendete. Er heiratete ein wohlhabendes Mädchen, verbrauchte die Mitgift aber schnell. Erst 1911 gelang ihm die erste öffentliche Buchausgabe, das Schauspiel *Die jüdische Witwe*, durch S. Fischer. 1917 hatte er endlich Bühnenerfolg mit den vor dem Kriege entstandenen Stücken *Die Bürger von Calais* und *Von morgens bis mitternachts*.

Das früheste Stück, das erhalten ist, *Schellenkönig*, wurde 1895 bis 1896 geschrieben. Es ist ein historisierendes, moralisierendes Versdrama, nicht allzu fern von Hofmannsthals gleichzeitigen kleinen Dramen. Der Unterschied ist allerdings schon im Untertitel ausgedrückt: „eine blutige groteske“. In einem phantastischen Königreich lacht ein junger Bedienter bei der Einübung von Zeremonien. Der König will ihn loben, aber die etablierte Ordnung ist bedroht, der Nonkonformist muß sterben. Beachtlich ist, wie der junge Georg Kaiser spielerisch herauskehrt, welchen Vorteil konservative Gesinnungen für politische Manipulationen bieten. Im realistischen Stil spielen zwei Schuldramen den Gegensatz zwischen Bildungsfetischismus und Vitalismus aus: *Der Fall des Schülers Vehgesack* (entstanden 1901–13) und *Rektor Kleist* (1903–14). Eine Tragikomödie *Die melkende Kuh* (entstanden 1903) konkurriert mit Hauptmann. Der rücksichtslose Aufstiegswille einer Kleinbürgerin übertrifft den der Mutter Wolffen aus *Der Biberpelz.* Kaisers Stück spielt ganz in der Proletarierwelt.

Kaisers Teilnahme am Jugendstil ist am besten an seinem Stück *Die jüdische Witwe* zu erkennen. Es trägt als Motto die Aufforderung aus Nietzsches *Zarathustra*: „O meine Brüder, zerbrecht, zerbrecht mir die alten Tafeln.“ Das Werk wurde seit seiner Konzeption von 1904 mehrfach umgearbeitet. Die 1. Druckfassung (1911) nennt sich: „biblische Komödie“, die 2. von 1920: „Bühnenspiel in fünf Akten“. Es ist eine Tragikomödie, in der eine Komödienhandlung auf groteske, ja (im 4. Akt) sogar absurde Weise mit pseudotragischen Elementen versetzt ist. Streckenweise wirkt das Stück wie ein Mysterienspiel, das jedoch nur eine Schein-Heilige betrifft. Denn das Motiv der jungfräulichen Witwe in Hebbels *Judith* wird von Kaiser mit satirischer Spitze aus dem Tragischen ins Komische parodiert. Dabei läuft auch eine Satire gegen das Thema vom Kampf der Geschlechter mit, das durch Strindberg und Otto Weininger aktuell geworden war.

Im Mittelpunkt steht eine Judith, die, mit zwölf Jahren verheiratet, ihre Jungfräulichkeit verteidigt, bis ihre Sexualität erwacht. Jetzt gelingt es ihr paradoxerweise nicht, mit den Männern ihrer Wahl ins Bett zu gehen. Holofernes schlägt sie den Kopf ab, weil sie den König Nebukadnezar will, der daraufhin vor Schrecken mit seinem Heer abzieht. Zurückgekehrt soll sie zur Heiligen erklärt werden; glücklicherweise ist der aus Jerusalem herbeigerufene Priester ein junger Mann, so daß Judith hinter den Vorhängen des Allerheiligsten endlich das Ersehnte geschieht. Die Handlung spielt zwischen sexualer Komödie und halb-parodiertem Tempeltheater. Diese Mischung bringt die divergierenden dramatischen Tendenzen der Zeit auf witzige Weise zusammen. Die Gesellschaftskritik ist gegen den sozialen Zwang gerichtet, das Tempel- und Erbauungstheater wird innerhalb seiner eigenen tektonischen Form mit satirischer Absicht parodiert. Die Botschaft von der starken und zu befreienden Sexualität bleibt bestehen.

Jugendstiltheater mit satirischem Einschlag ist auch *König Hahnrei* (entstanden 1910–13), eine Parodie des Tristan-Themas. Die Handlung bewegt sich stets am Rande des Absurden, weil sie die Erwartungen des Zuschauers stört, allen sozialen und Theaterkonventionen ins Gesicht schlägt. König Marke ist übrigens, wie der Ehemann der Judith in *Die jüdische Witwe*, ein alter Schwätzer.

Kaiser schrieb auch Bürgerdramen, sicher unter dem Eindruck Ibsens, Hauptmanns und Schnitzlers. *Hete Donat* (entstanden seit 1904) enthält Kritik an dem oberflächlichen Münchener Künstlertreiben, dessen bürgerlicher Mutterboden gezeigt wird. *Die Dornfelds* (entstanden 1904–10) ist die Darstellung einer Familienkrise, für die Kaiser Züge aus seinen eigenen Familienerlebnissen verwendete. Zugrunde liegt der Konflikt zwischen der auf Respektabilität ausgerichteten bürgerlichen Lebensform und den emotionalen Bedürfnissen derer, die sich ihr unterwerfen. Bürgersatire ist das Lustspiel *David und Goliath* (frühere Fassung von 1905, Privatdruck 1914, öffentliche Ausgabe 1915, letzte Fassung 1923; die endgültige Gestalt strafft die milieuschildernden Züge der früheren Fassung). Der Titel des Druckes von 1914, *Großbürger Möller*, erinnert an Sternheims *Bürger Schippel* (1913). Wie bei Sternheim ist auch Kaisers Bürgerkomödie ins Groteske überspitzt. Die spätere Fassung hat sprachliche Verkürzungen, wie Sternheim sie liebte. Das Stück beruht auf der Erfahrung, daß man, um reich zu werden, als reich gelten muß, spielt diese Erfahrung jedoch ins Unwahrscheinliche. Satirische Bürgerkritik enthalten die Komödien *Der Zentaur* und *Der Geist der Antike*, die auf die Zeit 1905 bis 1906 zurückgehen und 1926 (*Der Zentaur* unter dem Titel *Margarine*) und 1923 in endgültiger Fassung erschienen. *Der Geist der Antike* ist eine Satire auf die Annahme des Lebenskultes durch das Bürgertum. Ein Professor wendet sich von der Wissenschaft ab und wird grotesk.

Ein ganz ähnliches Thema behandelt *Die Versuchung*, ein Stück, das im Untertitel „eine Tragödie unter jungen Leuten aus dem Ende des vorigen Jahrhunderts in fünf Akten" genannt wird. Entstanden ist es 1909/10, die Buchausgabe erschien 1917. Die Tragödie trägt die Hoffnung und den Glauben der neunziger Jahre auf eine neue Zeit zu Grabe. Die Lebensreligion, zur Weihe des Kinderkriegens vergröbert, wird von einem Bohemien vertreten, der am Bürgertum zu zerbrechen meint. Der ursprüngliche Titel „Die Muttergottes" bezieht sich auf eine Frau, deren

Mutterschaft des „Neuen" in Hysterie und Selbstmord endet und so symbolisch wird. Das Stück macht es dem Zuschauer schwer. Die Personen reden miteinander, als seien sie in die Orientierung des anderen eingeweiht, während sich immer wieder herausstellt, daß sie einander auf absurde Weise mißverstehen.

Kaisers Frühwerk zeigt, wie intensiv er sich mit dem Bürgertum auseinandergesetzt hat, zu dem er gehörte, von dem er sich satirisch distanzieren wollte. Das Tragikomische einer solchen Distanzierung liegt seinem ersten Erfolgsstück zugrunde. *Von morgens bis mitternachts* (geschrieben 1912, gedruckt 1916) ist ein Stationendrama (das Wort „Stationen" erscheint im Text) und zeigt die Wirkung von Strindbergs *Till Damaskus* (1898–1904) und *Ett drömspel* (1902: *Ein Traumspiel*). Wie bei Strindberg wandert eine Figur durch eine Reihe von enttäuschenden Szenen. Anspielungen auf christliche Symbole sind eine weitere Gemeinsamkeit. Jedoch steht der Autor Kaiser viel kälter hinter seinem Spiel als Strindberg, dessen Figuren sich als Projektionen seiner selbst erweisen und hinter dessen Spielen seine Gefährdung durch Wahnsinn sichtbar wird. In Kaisers Stück führt der Autor die geldabhängige bürgerlich-kapitalistische Lebensform ins Absurde, indem er seinen Protagonisten mit den nötigen Geldmitteln versieht, um sein Leben von bürgerlicher Enge zu befreien, was mißlingt. Dieser Protagonist ist ein bisher beschränkt lebender Bürger, ein Weimarer Bankkassierer. Den Zugang zur großen Welt glaubt er zu finden, indem er für eine vermeintliche Abenteurerin Geld unterschlägt. Es handelt sich aber nur um eine vornehme und innerlich freie Dame, die für ihren Kunsthistoriker-Sohn ein Gemälde von Lucas Cranach erwerben möchte: Adam und Eva, im Paradies kopulierend. Die Dame, dieses Symbol einer neuen Freiheit, weist den Kassierer ab, treibt ihn da-

Georg Kaiser

mit aus seiner Familie, die als bürgerliche Karikatur dargestellt ist, nach der „asphaltenen“ Stadt Berlin, wo er sich mit dem unterschlagenen Geld Leben kaufen will. Seine Erlebnisse sind enttäuschend, sogar die zuletzt gesuchte religiöse Buße erweist sich als Betrug, als die Heilsarmeeversammlung von den fortgeworfenen Scheinen seines Restgeldes gesprengt wird und das scheinbar fromm-treue Heilsarmeemädchen sich die polizeiliche Belohnung verdient. Er erschießt sich vor dem aufgenähten Kreuz eines Vorhangs, „sein Ächzen hüstelt wie ein Ecce – sein Hauchen surrt wie ein Homo“. Durch diese Regiebemerkung wird das Stück als Parodie der Passion gedeutet. Das menschliche Ausleben führt nur zum Gerippesymbol des Todes, das am Anfang und am Ende des Weges auftaucht. Der Kassierer ist also keineswegs ein „neuer Mensch“ im Sinne von Kaisers *Die Bürger von Calais*, er demonstriert die falsche Erlösung, so daß allenfalls der Zuschauer sich die richtige überlegen muß. Auch das Bild von der paradiesischen Liebe am Anfang impliziert keine Befreiung. Es wird für Geld gekauft.

Die mögliche Erlösung zum neuen Menschen, der aus dem Bürger entstehen könnte, wenn er seine Individualität aufgäbe, zeigt das „Bühnenspiel in drei Akten“ *Die Bürger von Calais*, dessen 1. Fassung 1912/13 entstand. Eine 2. Fassung wurde 1914 gedruckt. (Eine Überarbeitung von 1923 wurde erst seit 1966 zur Grundlage des Textes in den Werkausgaben.)

Die schwierige, mit Metaphern beladene Sprache des Stückes und die langsam vorschreitende, gleichsam zelebrierende Handlung geben dem Stück eine Weihefestspiel-Form, die mittelalterlichen Spielen wie Hofmannsthals *Jedermann* und Ernst Hardts *Tantris der Narr* verwandt ist. Religiöse Motive wie das Schwert im Herzen der Mutter und eine ernste Parodie des Abendmahles heben diesen Charakter hervor. Obwohl das Stück im Mittelalter spielt, sich auf die Einnahme Calais' durch die Engländer 1347 bezieht, ist es unhistorisch. Den Figuren im Spiel geht es nicht um christliche Religion, sondern um Lösung von der nationalen Kriegerehre, deren zerstörerische Bereitschaft zum Einsatz des Lebens durch das bewußt übernommene Selbstopfer der sechs Bürger für das friedliche Weiterbestehen von Stadt und Hafen ersetzt wird. Die Forderung, die das Drama stellt, ist die Selbstüberwindung des Bürgers zu einem neuen Menschen, der sich mit seiner Opfertat identifiziert, nicht auf das Glück zurückschaut. Eustache, der Führer der Elitemenschen, tötet sich, um damit das Zurückschauen, den Rückweg in das individuelle, bürgerliche Leben unmöglich zu machen. Am Ende soll er in einer Kirche aufgebahrt werden, in der der Sieger, der König von England, beten will, nachdem er die Sechs begnadigt hat. Der militärische Sieger soll vor dem Friedensbürger knien, der als neuer Mensch, als eine Art Übermensch, die Stelle Gottes einnimmt.

Die Fassung von 1923 arbeitete den Unterschied der Bürgertat und der fragwürdigen Ehre des militärischen Anführers noch etwas stärker heraus, sicher aus der Erfahrung des Hindenburg-Ludendorff-Kultes. Die Grundkonzeption wurde nicht verändert. Man muß die Frage stellen, ob das Kriterium des neuen Menschen, die Hingabe an die Tat unter Zurücklassung bürgerlicher Hoffnungen, das Selbstopfer, nicht sehr eng mit der Opferbereitschaft der jungen Deutschen 1914 zusammenhängt, obwohl das Stück vor Kriegsausbruch konzipiert und geschrieben wurde und trotz der antimilitärischen Züge. Der neue Mensch überwindet Leben und Tod und erlöst die Gemeinschaft. Das ist eine Säkularisierung der paulinischen Christologie (was ja auch in der Niederlegung der Leiche Eustaches vor den Altar zum Ausdruck kommt). Die bürgerliche Ideologie des Individualismus soll geopfert werden zugunsten der bürgerlichen Tugend des Gemeinsinns. Dem Opfer soll die Weihe einer neuhumanen Religion zukommen.

Das Motiv des neuen Menschen und der Tatphilosophie gestattet, *Die Bürger von Calais* dem Expressionismus zuzuordnen. Die neureligiösen Züge und die Form des Weihefestspiels zeigen Kaiser jedoch ebenso einem vorexpressionistischen Zug des neuen deutschen Dramas verhaftet. *Europa*, „Spiel und Tanz in fünf Aufzügen" (1915), ist zugleich Satire auf dieses Theater des Jugendstils und der Neuromantik und ihm doch auch stilistisch und ideologisch verbunden. Wenn es den unmännlichen Ästhetizismus verspottet, führt es die Selbstkritik am ästhetischen Leben weiter, wie wir sie in Hofmannsthals kleinen Dramen finden. Der Preis des Ursprünglichen und Kriegerischen kommt teils aus der Entstehungszeit (1914–15), teils intensiviert er den Ruf des Jugendstils nach dem Elementaren.

Europa, *Von morgens bis mitternachts* und *Die Bürger von Calais* sind Dramen, die über bürgerliche Lebensformen hinausweisen wollen. Diese Tendenz, die sich Formen suchte durch Rückgriffe auf Mysterienspiel, Legendenspiel, Moralität, auf ein neuromantisches Mittelalter, auf die Biedermeier-Klassik Hebbels, geht während dieser Periode des deutschen Dramas neben dem spezifischen Bürgerdrama einher. Letzteres tendiert zur Tragikomödie mit grotesken und absurden Ausschlagmöglichkeiten und mit einer epischen Tendenz, die sich in einer relativen Selbständigkeit von Akt und Szene äußert. Man muß zu den in diesem Kapitel betrachteten Dramatikern Hofmannsthal, Wedekind, Hauptmann und Schnitzler hinzunehmen. Hofmannsthal ist ein in Lebensform und politischem Konservativismus bürgerlicher Dichter, der jedoch in seiner Dramatik über das Bürgertum hinausweisen will. Sein stetes Suchen nach neuen Formen ist, historisch gesehen, ebensowenig ungewöhnlich wie die Erkenntnis, daß in diesen historischen Spielformen bürgerliche Probleme der Zeit verborgen sind, sei es die Stellung der Frau zwischen Gebundenheit und Freiheit, sei es der Intellektuelle im Umsturz, sei es die Konfrontierung der bürgerlichen Geldwirtschaft mit den christlichen Traditionen der Gesellschaft. Schnitzler, dessen Stücke selten scheinhistorische oder zeitlose Schauplätze haben (*Der Schleier der Beatrice*), bleibt eher im bürgerlichen Rahmen, ja, eine ganze Reihe von Dramen, darunter *Der einsame Weg*, *Der Ruf des Lebens* und *Der junge Medardus*, bezweifeln die phantasiebeschwingten Ausbruchstendenzen. An das letztere Stück ist hier zu erinnern wegen seiner tragikomischen Qualität, seiner epischen Tendenz und seiner ins Groteske spielenden Züge.

Das zwischen Tragödie und Komödie spielende bürgerliche Drama steht noch immer in der Tradition des 18. Jahrhunderts, nur daß sich die moralischen Fragen auf andere Situationen beziehen. Neben der ‚zersetzenden' Diskussion der bestehenden Orientierungen behauptet sich das Tempeltheater, das über menschliches Leid eine Vision setzt. Das Tempeltheater reichte von der historisch-ahistorischen Monumentalität Richard Wagners, vom Scheinmittelalter in der Nachfolge Maeterlincks zurück zur deutschen bürgerlichen Tradition. Lessings *Nathan der Weise*, Goethes *Iphigenie auf Tauris* und *Torquato Tasso* mit ihren Visionen von Toleranz, Verzeihung und dem Dichter als Propheten der Gemeinschaft (eine Vision, die auch durch das tragische Mißlingen Tassos vermittelt wird) sind Feier einer bürgerlichen Religion wie Kaisers Spiel vom neuen opferbereiten Menschen, der sich nicht mehr mit seinem Besitz identifiziert. So unbürgerlich sich das expressionistische Drama und noch mehr das Drama Brechts verstehen sollten, sie gehören alle in eine Entwicklung, in denen fortwährend Formenvariationen vorkommen, neue Erlebnisse verarbeitet, eine sich verändernde Gesellschaft gespiegelt werden, die aber keinen Bruch aufweist. Das Publikum blieb das Bildungsbürgertum, das sich als Kulturträger fühlte. Diesem Publikum Vision und Kritik zu vermitteln, wie es der kirchliche Prediger jahrhundertelang getan hatte, blieb der Ehrgeiz der Dramatiker.

15. Lyriker zwischen Jugendstil und Expressionismus

In früheren Kapiteln war davon die Rede, wie George, Hofmannsthal und Rudolf Borchardt eine sensitive, farbige und symbolträchtige Formstrenge der üblichen Dutzendware ihrer Zeit entgegensetzten. Trotz dieser elitären Absonderung sind sie mit dem vitalistischen Jugendstil ihrer Zeit verbunden. Dazu kommt bei George und Borchardt noch eine ihnen selbst unbewußte Rückbindung an den so verhaßten Pomp der Wilhelminischen Gründerzeit. George mußte den läßlichen naturalistischen und impressionistischen Lyrikern in dieser Hinsicht rückschrittlich erscheinen. Jedoch ändern solche historischen Gebundenheiten, denen jeder Schreibende unterliegt, nichts an der großen historischen Bedeutung von Georges Formanspruch. Seine Wirkung haben Hofmannsthal und Borchardt bezeugt, auch bei Rilke ist sie nachzuweisen.

Georges gemäßigter Symbolismus war französischen (Baudelaire, Mallarmé, Verlaine) und englischen (Keats und Swinburne) Vorbildern verpflichtet. Jedoch läßt Conrad Ferdinand Meyers Lyrik in einigen Gedichten eine dem deutschen Sprachraum eigene Richtung auf den Symbolismus erkennen. Damit ist ein Gedichttyp gemeint, in dem sprachlich geformte Bilder sich verselbständigen, wenn der Sprecher des Gedichtes hinter seine Bilder zurücktritt. Die deutsche Lyrik zögerte lange, bis sie den hermetischen Symbolismus, also die geheimkultische, rätselhafte Dichtung Mallarmés oder Rimbauds aufnahm. Das ist eigentlich erst bei Trakl der Fall. Dagegen übt Baudelaire seinen Einfluß früher aus. Er wirkte vor allem auf George, der schon 1891 Übersetzungen von Gedichten aus *Les*

Fleurs du mal unter seinen Freunden zirkulieren ließ. 1901 veröffentlichte er seine Übersetzung der *Blumen des Bösen*, wobei er freilich Gedichte ausließ, die seiner Ansicht nach Unschönes behandelten. Solche Gedichte beeindruckten dagegen Rilke, dessen Wendung zum in sich konsistenten Gedicht in den *Neuen Gedichten* unter dem Einfluß Baudelaires sich vollzog, dessen *Fleurs du mal* Rilke in Paris durch Rodin nahegebracht worden waren.

Weder George noch Baudelaire (noch Meyer) entfernen den ich-sagenden Sprecher aus allen ihren Gedichten. Jedoch verstehen sich die Dichter des beginnenden Symbolismus als Entfremdete der Bürgerwelt, die sie in der visionären Kraft ihrer sprachkünstlerisch geformten Bilder transzendieren. Baudelaire und, ihm folgend, Rilke wollen in diese Verwandlung auch das Häßliche der modernen Welt einbeziehen, im Gegensatz zu George.

Während Mallarmés Gedichte in Übersetzungen nur zögernd in Deutschland Eingang fanden, waren Verlaine und der Belgier Verhaeren gut bekannt. Der Wiener Stefan Zweig (1881–1942) bemühte sich durch Übersetzungen und in Büchern und Artikeln erklärend um Verhaeren, dessen Freund er wurde, und um Verlaine. Er versah das 1907 erschienene Buch von K. L. Ammer (d. i. Karl Klammer) *Arthur Rimbaud: Leben und Dichtung* mit einer Einleitung. Zweig trat am Anfang seiner Laufbahn als Lyriker hervor. Seine Gedichte zeigen das Bemühen, sich den romanischen Klängen und Formen anzupassen.

> Du mußt dich ganz deinen Träumen vertrauen
> Und ihr heimlichstes Wesen erlernen,
> Wie sie sich hoch in den glutenden blauen
> Fernen verlieren gleich wehenden Sternen.

Manche dieser Verse klingen Georges, manche denen Rilkes ähnlich.

Die Berufung auf Träume, die in unzugänglichen Bereichen stattfinden, verweist auf den Symbolismus, die Annäherung an den Leser mit „du“ bleibt in der Tradition des Erlebnisgedichtes. Die langsame Lockerung der Herrschaft des ich-sagenden Erlebnisgedichtes, wie es von Goethe autorisiert war, kennzeichnet die lyrische Entwicklung im Jugendstil. Der Unterschied bedarf der Erläuterung.

Im Erlebnisgedicht teilt ein lyrisches Ich ein Erlebnis mit dem Leser. Dessen sprachliche Formung soll ihn in eine Stimmung versetzen, die über das einmalige Ereignis ins allgemein Menschliche hinausreicht, insofern mitteilbar im vollen Sinne des Wortes ist. Das Einmalige, Persönliche wird zu einer typischen Befindlichkeit. Wurde im Barock- oder Rokokogedicht eine Situation im Lichte des gemeinsamen Glaubens, der Moral, der Tradition oder der gesellschaftlichen Konvention in rhetorische Formen gebracht und durch Rhythmen und Reime ins Schöne überhöht, so wirbt im Erlebnisgedicht ein einmaliges Ich um schöne Einstimmung in die göttliche Natur. Eine menschliche Situation und eine übergreifende Ordnung werden hier und dort vermittelt, jedoch erreicht der Erlebnisdichter die allgemeingültige Ordnung durch einen Appell an die Emotionen, die Autor und Leser gemeinsam sind, nicht durch die vermittelnde Vernunft, die Topoi erkennt und in Rhetorik geschult ist. Das Mittel, diese Stimmungen anzusprechen, sind Bilder, meistens Landschaftsbilder. Insofern die Metaphern des Barockgedichtes ihre untergeordnete rhetorische Funktion verlieren und als Bilder oder Symbole Eigengewicht erhalten, ist das Erlebnisgedicht auf dem Weg zum symbolistischen, weshalb auch viele Zwischenformen möglich sind. Andererseits ist die Komposition des Barockgedichtes der symbolistischen oft näher als das Emotionen anregende Erlebnisgedicht.

Das Muster eines Erlebnisgedichtes ist Goethes „Über allen Gipfeln ist Ruh'" (*Wanderers Nachtlied* II), in dem ein Landschaftsbild zu monistischer Annahme des Todes führt. Da es jedoch viele Misch- und Zwischenformen gibt, käme eine strenge Theorie des Erlebnisgedichtes in große Schwierigkeiten. So ist etwa Goethes *Gefunden* ein diskursiv auflösbares Metapherngedicht (die Auflösung ist „Christiane"), das sich halb als Verserzählung, halb als Erlebnisgedicht präsentiert, während das frühere Gedicht *Auf dem See* als typisches Erlebnisgedicht beginnt (mit der Landschaft des Zürichsees), aber als ein Bildgedicht endet, aus dem das Ich verschwunden ist.

Für unsere Zwecke genügt der Hinweis, daß der deutsche Leser bis ins 20. Jahrhundert hinein von der Vorbildlichkeit einiger Gedichte Goethes seine Erwartungen bestimmen ließ. Ja, man kann sagen, wieder bestimmen ließ, denn Schillers Gedichte, vielen Lesern durch die Schule verleidet, versanken gerade um die Jahrhundertwende, ihres altmodischen diskursiven Charakters wegen, aus dem Bewußtsein des Bürgertums, das Schillers bürgerliche Moral so lange geschätzt hatte, während Goethes Lebensbegriff durch Nietzsche wieder modern wurde.

Der deutsche Leser erwartete, von einem lyrischen Ich geführt zu werden. Goethes weltanschauliche Dichtung und Nietzsches dichterische Philosophie, besonders im *Zarathustra*, reizten zu neureligiöser, monistischer weltanschaulicher Dichtung, wie wir sie bei Dehmel finden, und als priesterliche Prophetie auch bei seinem Feind George, bei Rilke, Hesse und vielen anderen bis in den Expressionismus hinein.

Wie sehr auch Dehmel noch in der Nachfolge Goethes steht, beweisen die Anfangs- und die Schlußstrophe seines Gedichtes *Morgenandacht*:

Sehnsucht hat mich früh geweckt;
Wo die alten Eichen rauschen,
Hier am Waldrand hingestreckt,
Will ich dich, Natur, belauschen.

...

Wie es mir ins Innre dringt,
All das Große, all das Kleine,
Wie's mit mir zusammenklingt
In das übermächtig Eine!

Das ist noch die gleiche von Goethe hergeleitete, reduzierte Naturreligion wie auch in *Schäfers Sonntagslied* von Ludwig Uhland, das zu den Lieblingsstücken des Bürgerhauses gehörte und als solches in Thomas Manns *Buddenbrooks* vorkommt:

Das ist der Tag des Herrn!
Ich bin allein auf weiter Flur;
Noch eine Morgenglocke nur,
Nun Stille nah und fern.

Was diese Art Gedicht am Leben erhielt, war offenbar das Bedürfnis des der Kirche entfremdeten Bürgers nach einer humanistischen, natürlichen Ersatzreligion, die den Menschen mit dem Kosmos zu verbinden und mit dem Tode zu versöhnen schien, ohne doch ernstliche kultische Ansprüche zu stellen.

Dehmel hat ästhetische Ansprüche gestellt (s. Bd. 4, S. 815–827), jedoch erregen gerade seine weltanschauliche Dichtung und seine Formexperimente heute nur noch zeitgeschichtliches Interesse. Das gilt auch für Arno Holz, der naturalistische und impressionistische Anregungen aufnahm und seine Modernität sich, wie oft auch Dehmel, durch seine formlose Versfreiheit beweisen wollte, der er als ‚Mittelachsenlyrik' durch das Druckbild eine Scheinform lieh. In seinem *Phantasus* (1898 mit Fortsetzungen und Umarbeitungen, s. auch Bd. 4, S. 753–764) pries Holz die Freuden der Phantasie, die vom Elend der Großstadt zu befreien imstande war. Dabei konnte er eine träumerische Phantasiewelt beschwören, die der Georges nahekam und zugleich ein Muster des Jugendstils ist:

In meinem schwarzen Taxuswald
singt ein Märchenvogel
die ganze Nacht

Blumen blinken

Unter Sternen, die sich spiegeln,
treibt mein Boot.

Meine träumenden Hände
tauchen in schwimmende Wasserrosen.

Unten
lautlos, die Tiefe.

Fern die Ufer! Das Lied ...

Wie die Ich-Struktur des reduzierten Erlebnisgedichtes und der moderne Ruf nach Versfreiheit sich zu einer pseudomodernen Oberflächlichkeit verbinden können, zeigen die Verse des seinerzeit berühmten Lyrikers Otto Julius Bierbaum. Das Erotikthema des Jugendstils handelt er in Unmengen von leichtfertigen Versen ab, wie den folgenden aus einem Gedicht, das ausgerechnet *Jenseits von Gut und Böse* heißt:

Wortelos
Im Arm uns lagen wir und kosteten
Vom Baume holdester Erkenntnis.

Wegen der Komposition durch Richard Strauss werden von Bierbaum immerhin die Gedichte *Traum durch die Dämmerung* und *Freundliche Vision* als

Zeugnisse eines träumerischen Impressionismus fortleben. Das erstere ist eines der ganz wenigen gelungenen Gedichte Bierbaums, das zweite sehr zeittypisch. Derselbe Bierbaum, der so oft durch eine gewisse leichtfertige Frechheit provozieren wollte, vertritt hier im Wunschtraum eine müßige, aristokratische Lebensform, ein Stück Ancien régime, die freundliche Vision eines lebensgenießerischen 18. Jahrhunderts, wie er in der Literatur dieser Zeit nicht selten geträumt wurde.

Nicht im Schlafe hab ich das geträumt,
Hell am Tage sah ich's schön vor mir:
Eine Wiese voller Margeritten;
Tief ein weißes Haus in grünen Büschen;
Götterbilder leuchten aus dem Laube.
Und ich geh mit Einer, die mich lieb hat
Ruhigen Gemütes in die Kühle
Dieses weißen Hauses, in den Frieden,
Der voll Schönheit wartet, daß wir kommen.

Man kann in diesem Gedicht das symbolistische Phantasie- und Traummotiv, das Hervortreten farbiger Bilder und die Jugendstil-Erotik erkennen und zugleich beobachten, wie sie an ein lyrisches Ich gebunden bleiben, das seine Stimmung auf den Leser überträgt und durch das Wort „Schönheit" im letzten Vers allzu simpel deutet. Neben dem Georgeschen Stilsymbol in den „Götterbildern" steht das „ruhige Gemüt", der Seelenfrieden, der das Ziel von Goethes *Wandrers Nachtlied* I gewesen war („Der du von dem Himmel bist ...").

Unter den Gedichten Maximilian Dauthendeys (1867–1918) finden sich viele Liebesgedichte in der Ichform. Dauthendeys Lyrik hat jedoch auch einen auf den Symbolismus weisenden Zug, dem freilich der strenge Formwille zumeist abgeht. Das folgende Gedicht steht in seiner ersten Sammlung *Ultra-*

Violett (1893). Es findet sich dort in einer Sektion, die *Stimmen des Schweigens: Gesänge der Düfte, Töne und Farben* überschrieben ist. Die Überschrift deutet ein Naturerlebnis an, jedoch formen die Metaphern einen autonomen Zusammenhang:

Regenduft

Schreie. Ein Pfau.
Gelb schwankt das Rohr.
Glimmendes Schweigen von faulem Holz.

Flüstergrün der Mimosen.
Schlummerndes Gold nackter Rosen
Auf braunem Moor.

Weiße Dämmerung rauscht in den Muscheln.
Granit blank, eisengrau.
Matt im Silberflug Kranichheere
Über die Schaumsaat stahlkühler Meere.

Sozusagen ein Georgekreis der Mittelklasse war der *Charon-Kreis*, den Otto zur Linde (1873–1938) um die Zeitschrift *Der Charon* versammelte. Erneuerung aus dem Geist des Lebenskultes und mit Hilfe der Kunst war auch sein Ziel, wobei freilich, im Unterschied zum Georgekreis, jede Exklusivität abgelehnt wurde. Zur Linde verkündete Dogmenfreiheit als Prinzip. Kunst ist dem *Charon*-Kreis eine theoretisch nicht faßbare Befreiung vom Alltag, Lyrik demgemäß eine erhöhte Sprache, die, im Gegensatz zu der Georges, keinen strengen formalen Vorbildern unterworfen wird. Metrik nannte Otto zur Linde „das Lulalei“, sprach von „Metrikfusel“ und forderte statt dessen „Kontakt der Sprachseele mit dem ... na nennen wir es Objekt“. Die saloppe Sprache hatte er von Arno Holz, von dem er sich ansonsten zu unterscheiden suchte.

Otto zur Linde stammte aus Essen; er hatte den

Dr. phil. mit einer Arbeit über *Heinrich Heine und die deutsche Romantik* erworben. In Berlin gab er den *Charon* von 1904 bis 1914 heraus. Danach ließ er seine Gedichte in Sammlungen drucken. In den letzten Jahren lebte er vereinsamt, vergessen, fast blind in seinem kleinen Berliner Vorstadthaus.

Zur Linde schrieb überwiegend in lyrischer Prosa, die in Zeilen abgesetzt ist, eine Form, die Gottfried Benn weiterentwickeln sollte und die durch ihn in der modernsten deutschen Lyrik geradezu vorherrschend geworden ist. Die lyrische Qualität liegt großenteils in den Bildern. Diese folgen gewöhnlich einem ichsagenden Erlebenden. Manche Gedichte zeigen ihre Herkunft von Arno Holz, andere weisen auf den Expressionismus voraus. In einem langen Gedicht wird ein Jugendstilmotiv, eine Frau im weißen Kleid, Schwäne fütternd, ausgewalzt, bis der Dichter seine eigene Stimmung in ein Bild komprimiert:

> Ach mein Herz ist eine weiße Taube,
> Meine Flügelspitzen sind
> Gelbumsäumt
> . . .

Das Gelb wurde aus der Situation des herbstlichen Parks gewonnen. Das Bild ist auf dem Wege zur absoluten Metapher, jedoch noch durch das Possessivpronomen der 1. Person an die Stimmung des Sprechers gebunden.

Der Sympathiezauber zwischen dem lyrischen Ich und der Natur, die Ersatzreligion der Goethezeit, ist in zur Linde neben so vielen modernen Ansätzen noch ungehindert lebendig:

> Oh Sonne, wie du scheinst so hell,
> Springt auf in meiner Brust ein Quell,
> Der rieselt froh durch Herz und Gemüt,
> Davon ein erstes Märzveilchen blüht.

Die 2. Strophe dieses Gedichtes, das *Erster Märztag* überschrieben ist, ist noch kindlicher. Dennoch kann man zur Linde nicht einfach unter Hinweis auf seine Entgleisungen abtun. In den folgenden Versen wächst die poetische Phantasie aus einer bürgerlichen Situation. „Charon“ ist hier das Reizwort für die Entfesselung der Phantasie. Das Gedicht steht zwischen dem Stil Arno Holz' und dem von Else Lasker-Schüler:

Als mir die blonde Frau das Abendessen gebracht,
Saßen wir Freunde um den Tisch und erzählten,
Saß unter uns der liebe, alte Vater Charon.

Der Mond stieg hoch,
Wir gingen auf den Balkon.
Da kam geschwommen schon
Der Kahn von fernen Ufern.

Stieg in den Weltkahn
Fahrtvater Charon,
Reichte uns die Hand über die Brüstung vom Balkon.

Und schwamm der Weltkahn
So leise fort,
Eine Nachtigall sang, aus den Sternen klang ein Wort:
Tüo, und Charons Kahn schwamm mitten unter Sternen.

Im bürgerlichen Rahmen erscheint zunächst die klassisch-romantische Erlebnissituation der Mondnacht. Sie wird hier noch als poetisch empfunden (während expressionistische Gedichte dieses Klischee satirisch angreifen werden). Auch das alte Nachtigall-Symbol findet Verwendung. Und doch mischt sich das Bild des visionären Kahns als autonom gewordene Metapher so in die bürgerlich-bohemische Umwelt und die traditionelle Erlebnissprache, daß eine poetisch verschleierte Inkongruenz entsteht, die von ferne an Gemälde Chagalls erinnern könnte.

Die Bedeutsamkeit, die zur Linde anstrebt, gipfelt

in monistischer Religion. Die Menge, die sich um die lyrische Religion nicht kümmert, wird mit Einsamkeitspathos verachtet. Selten in zur Lindes Gedichten ist die gewollte Bedeutsamkeit durch eine Spur Humor aufgelockert.

Der *Charon*, zunächst kümmerlich von den Mitarbeitern finanziert, fand bald besonders starken Zuspruch in Lehrerkreisen und wuchs zu einer beachtlichen Bewegung mit Ortsvereinen an. Er öffnete den reglementierten und gedrückten Volksschullehrern einen Ausweg in weltanschauliche Freiheit. Otto zur Lindes engster Mitarbeiter, Karl Röttger (1877–1942), war Lehrer. Ein Dichter, der den Zug zu ernsthafter Bedeutsamkeit verstärkte, Rudolf Pannwitz (1881–1969), arbeitete für kurze Zeit am *Charon* mit. In seine 1963 herausgegebene, stark bearbeitete Gedichtsammlung nahm er ein Nachruf-Gedicht an Otto zur Linde auf, in dem er sich als dessen Schüler bekennt. Das Gedicht betrachtet allerdings zur Lindes Leistung nicht unkritisch. Pannwitz machte später als Essayist durch sein Buch *Die Krisis der europäischen Kultur* (1917) bedeutenden Eindruck auf Hofmannsthal. Jedoch wurde er Hofmannsthal einige Jahre später unheimlich. In der Rede *Das Schrifttum als geistiger Raum der Nation* (1927) zeichnete Hofmannsthal ein abschreckendes, beinahe satirisches Bild von Pannwitz.

Im *Charon* veröffentlichte Pannwitz Gedichte mit Themen aus dem griechischen und germanischen Mythos, auch eines mit dem Titel *Caliban*, „Shakespeare gewidmet“, mit Zügen, die auf den Expressionismus vorausweisen und auch noch naturalistische Reste erkennen lassen wie beim frühen Benn:

Kam eine Leiche mit langem Haar,
er drückt die laue bis sie schwitzt,

setzt sie aufrecht in die Nacht.
Er reibt die Schöne, sie tat nicht Bescheid,
und auch den Würmern wehrt sie nicht,
er hat seine Lust und Last mit ihr –
küsse! Caliban küsse!

(*Charon*, Februar 1904)

Man könnte meinen, der Jugendstil werde hier parodiert. Aber Pannwitz läßt auch ernstgemeinte, schönselige Natursymbolik im *Charon* drucken:

Ich kenne Nächte, die von Sternen scheinen,
in die wir schreitend goldne Tropfen weinen
...

(*Charon*, September 1904)

Diese Verse machen verständlich, daß Pannwitz für die Lyrik Georges empfänglich war. Im Nachwort zu seiner Gedichtsammlung *Wasser wird sich ballen* (1963) mißt er Georges Einfluß auf sich die größte Bedeutung zu. Auswahl und Bearbeitung dieser Sammlung zeigen das deutlich.

Da im *Charon* Kindlich-Naives durchging, konnte dort auch dieses Selbstbekenntnis von Pannwitz stehen, das in seiner peinlichen Schlichtheit immerhin die Isolierung des deutschen Lyrikers widerspiegelt, des Lyrikers in einer Sprache ohne literarisches Zentrum:

Ich glaube daß mich keiner versteht
Und daß ich niemandem nütze,
Wer aber ein Stücklein mit mir geht
Dem drück ich gerührt die Hände.

(*Charon*, Juli 1904)

Ebendieses Isoliertheitsgefühl treibt die weltanschauliche Prophetie hervor, die Pannwitz' Pathos ausmacht. Er hat die bis ins Kindliche reichende Läßlichkeit des *Charon* bald abgelegt. Dafür steigerte er sich in ein anspruchsvolles Verkündertum, das im Verhältnis von Nachfolge und Konkurrenz zu Georges Dichtung steht. In einem Epos *Prometheus* (1902) und in *Dionysischen Tragödien* (1913) suchte Pannwitz goethesche Klassik unter dem Schopenhauer-Nietzsche-Gesichtspunkt des leidenden Lebens neu zu fassen.

Eine Art von phantastischer lyrischer Ersatzreligion bot Theodor Däubler (1876–1934) an. Er stammte aus einer wohlhabenden deutschen Kaufmannsfamilie, die in Triest ansässig war. Seine Jugend wurde mitbestimmt durch eine Spannung zwischen den aufgeklärten Eltern und der Welt der Dienstboten, die in einer halb magischen, halb katholischen Weltauffassung lebten. Seine Schulbildung war ungeregelt, jedoch übten Hauslehrer, darunter ein national begeisterter Italiener, großen Einfluß auf ihn aus. Er beherrschte Italienisch wie Deutsch. Im Alter von etwa achtzehn Jahren beschloß er, deutscher Dichter zu werden, und faßte den Plan zu seinem lyrisch-epischen Hauptwerk *Das Nordlicht*, das 30 000 Verse umfassend, 1910 als Subskriptionsdruck erschien. Däubler führte ein unstetes Wanderleben meist im Süden, auch in Deutschland und Frankreich. Nachdem das väterliche Erbe aufgezehrt war, ließ er sich von Freunden zu Freunden weiterreichen, wobei er als Hausgast immer erstaunliche Portionen verzehrte. In Paris soll er manchmal unter den Brücken geschlafen und am gleichen Tage Salons besucht haben. Er las aus seinen Werken, hielt Vorträge, schrieb gelegentlich für Zeitungen. In Artikeln setzte er sich für moderne Malerei und Bildhauerei ein. Er wurde von Otto Dix gemalt mit vom Bart umflossenem Gesicht und massiger Gestalt, die auch Ernst Barlach eindrucksvoll modellierte. Er wurde Mitglied der Preußischen Akademie der Wissenschaften und erhielt die Goethe-Medaille. Trotz dieser Auszeichnungen stand er sowohl in seiner Lebensweise wie in seiner Produktionsart der Boheme nahe. Die Verse des *Nordlicht* sind wenig strukturierte Emanationen von Däublers Phantasie. Das lyrisch-kosmische Epos beruht auf einem privaten Mythos von Sonnenlicht und Erdendunkel. Eine Fülle von phantastischen Pseudosagen, Märchengestalten und Symbolen wird in 4zeiligen Strophen, in Terzinen, Sonetten, Einzelgeschichten aufgerufen. Erotik, Tod und Religion in verschiedenen Formen einschließlich der christlichen sollen dem Gedicht Bedeutsamkeit geben, erzeugen aber kaum mehr als ein unbestimmtes Gefühl der Verwirrung. Wortgebilde wie „Urglutbrunstunschuld" und „Schluckgurgelwirbel" demonstrieren genialische Unbekümmertheit. Auch Däublers übrige Gedichte weisen nur geringe Formungskraft auf. Als Beispiel eine Strophe aus der *Ode an Florenz*:

> Kastanienwälder klimmen zu den Eichen.
> Sie wallen über Kuppen weit hinan.
> Die Eichen können bleich ein Tal erreichen,
> Dann halten sie die Ölbäume im Bann.

Die Landschaft soll ein mythisches Eigenleben gewinnen. Zwei Strophen vorher hatte sich ein Vers an den Leser gewandt: „Du sollst vergnügt durch diese Wälder kommen." Milde Lebensfreude fließt mit Naturmythen zusammen; so sympathisch das ist, die langen Folgen von gereimten Strophen, in denen diese mythische Lebensfreude vorgetragen wird, vermögen auf die Dauer ebensowenig zu fesseln wie die Masse des *Nordlichts*.

Einen privaten Mythos schuf sich Alfred Mombert (1872–1942). Er war in Karlsruhe aufgewachsen, wurde Jurist, gab aber 1906 den Beruf auf und lebte vom ererbten Vermögen. Auf Reisen lernte er den Mittelmeerraum kennen, besonders liebte er die

Theodor Däubler
Gemälde von Otto Dix

Alpen. Er schrieb Gedichte seit seiner Studienzeit. In Heidelberg lebte er trotz Gefährdung als Jude auch nach 1933. 1940 in ein Konzentrationslager in Südfrankreich verbracht und dort schwer erkrankt, rettete ihn der Schweizer Mäzen Hans Reinhart. Ein halbes Jahr nach seiner Befreiung starb Mombert in Winterthur.

Momberts erste Gedichte zeigen den Einfluß von Arno Holz in einigen Großstadtgedichten, jedoch gehört seine Lyrik überwiegend zum Jugendstil. Ein Gedicht *Schmerz* ist schon zitiert worden (S. 129), weil es Jugendstil-Erotik mit dem Todesthema in symbolischer Form verbindet und dabei durch das Ekstatische auf den Expressionismus vorausweist. Es ist diese Seite von Momberts Dichtung, in der Psychologisches, Elementares und Kosmisches symbolisch zusammenfließen, die das Zusammengehen Momberts und Richard Dehmels begründen. Dehmel beeinflußte Mombert stark. Manche seiner frühen Gedichte haben Ida Dehmel als bewundertes Modell. In seinen Anfängen haben manche Gedichte eine ironisch-satirische, manchmal skurrile Ausschlagsmöglichkeit, die später unter Momberts kosmischem Grundthema verschwindet.

Das „Gedicht-Werk“ *Der Denker* (1901) ist „dem Sternbild Orion geweiht“, sehr bezeichnend wirkt auch der Titel *Blüte des Chaos* (1905). Mombert schreibt hier symbolische Lyrik, in der ein ich-sagender Sprecher anwesend ist, der durch das Medium einer traumhaften Phantasie fortwährende Verwandlungen erfährt. Das dient zum Ausdruck eines kosmischen, monistischen Alleinheitsgefühls.

Ich bin ein Vogel; ruhend auf der Woge.
Bläulich schimmern Schwingen
im weißen Tropfen-Gischt.
Das Meer nachtet; ganz hinaus.

Aus meinen Augen halbgeöffnet
strömt ein goldener Schein
hinunter in die Wassergründe.
In der Tiefe schläft mein Bild.

Sieh: der Mond schwebt auf!
Ruhe du geliebt bei meinem Bilde,
wann die Menschen nachts vorüberschiffen
und das Herz ihnen staunt und herrlichtut.

In der Frührotglut
werd ich goldene Schwingen breiten,
und du sollst mich – Ätherglanz-Versinker! –
vor der Sonne schweben sehen.

Solches Schwelgen in farbigen Phantasiebildern herrscht auch in dem 3teiligen dramatischen Gedicht *Aeon* (1907–11), mit dem ein Weltmythos intendiert ist, den sich der Leser aus Andeutungen konstruieren muß. Es bleibt ein Privatmythos.

Christian Morgenstern (1871–1914) wurde als Sohn eines Landschaftsmalers und Kunstprofessors in München geboren, wuchs in Schlesien auf und wurde nach wechselndem Studium Journalist und Übersetzer Ibsens, später Verlagslektor in Berlin. Seit 1893 wurde sein Leben von der Tuberkulose mitbestimmt, an der er 1914 starb. Morgenstern hat sich als Romanschreiber und Lustspielautor versucht, hauptsächlich aber schrieb er Verse. Er fühlte sich als freier Idealist, ließ sich von Nietzsche und Paul de Lagarde beeinflussen und endete bei der Theosophie und Anthroposophie Rudolf Steiners. Mehrere Bände ernster Gedichte handeln zumeist von Natur und Liebe. Sie erheben sich nur ganz ausnahmsweise über den Durchschnitt.

Erster Schnee

Aus silbergrauen Gründen tritt
ein schlankes Reh

im winterlichen Wald
und prüft vorsichtig, Schritt für Schritt,
den reinen, kühlen, frischgefallnen Schnee.

Und Deiner denk ich, zierlichste Gestalt.

Schon früh hatte Morgenstern humoristische Gedichte geschrieben, als Studentenulk. 1905 erschienen *Galgenlieder*, die mehrfach unter verschiedenen Titeln vermehrt wurden und sofort großen Erfolg hatten. Manche verspotten die Erwartungen der Leser, merkwürdigerweise gerade der Leser, für die Morgensterns ernste Gedichte geschrieben sind, so etwa das Gedicht *Das ästhetische Wiesel*, das nur des Reimes wegen im Bachgeriesel auf einem Kiesel sitzt. Komisch sind auch die später hinzugefügten scheingelehrten Kommentare zu den *Galgenliedern*. Die Erklärung des Gedichtes *Der Rabe Ralf*, der nach einigem Unsinn „im Rot" tot daliegt, lautet: „In diesem Gedicht wird die Sozialdemokratie charakterisiert bzw. ihr Übergang von lasallischen zu marxistischen Ideen."

Weitere komische Gedichte Morgensterns kreisen um die Gestalten Palmström und Korf. Diese beiden sind als müßige Dilettanten zu denken, aus deren Nutzlosigkeit sich ihre Komik ergibt. Das Ästhetentum der Zeit wird in mehreren Gedichten verspottet. Eines heißt geradezu *L'art pour l'art*. Bekannt ist das Gedicht über Palmströms Taschentuch, dessen schönes Bildmuster diesen zwingt, ungeschneuzt zu entschreiten; weniger bekannt ist *Die Geruchs-Orgel*, die ein Motiv aus Huysmans' *A rebours* parodiert. Der Spott ist gutartig. *Die Korfsche Uhr*, auf der die Zeit sich selber aufhebt, und *Palmströms Uhr*, die nicht regelmäßig, sondern „mit Herz" vor- oder nachgeht, oder *Der Weltkurort*, den kein Wind erreicht, weil er durch einen riesigen künstlichen Luftwirbel geschützt wird, sind Zeichen sorgloser Existenz, die eine Verwandlung der Welt in Phantasie gestatten. Gelegentliche Seitenhiebe auf den bürgerlichen Polizeistaat kommen vor. Bekannt ist *Die unmögliche Tatsache*, der „messerscharfe" Schluß, daß „nicht sein kann, was nicht sein darf". In *Palmström wird Staatsbürger* geht der Held wegen Pazifismus ins Gefängnis, wo ihn das Phantasiegebilde Korf besucht, was die Obrigkeit allzusehr verwirrt, so daß sie Palmström entlassen muß. Andererseits parodieren Palmström und Korf die Industriegesellschaft durch unmögliche Erfindungen oder machen sich Sorgen darüber, daß die Zunahme von Freiballons den Sonnenschein gefährden könne. Diese scherzhafte Spielart des Protestes gegen soziale Zwänge hat die bürgerliche Ideologie des Individualismus zum Maßstab. Als Bild des freien einzelnen dient der müßige Dilettant mit aristokratischen Zügen, der lächerlich und sympathisch zugleich ist.

Der Symbolismus, sei es in seiner hermetischen oder in seiner gemäßigten (den Leser noch in seiner Welt anredenden) Form, nimmt romantische Anstöße wieder auf. In der Romantik kamen strenge Komposition und freie Versrhythmen nebeneinander vor, die beide die reale Bürgerwelt in Phantasiegebilde auflösen wollten. Wer sich nicht in den Formen der Welt ausdrücken will, die er mit dem Leser gemeinsam hat, der möchte Stimmungen, Gefühle, Befindlichkeiten durch selbständige Metaphern, nicht realisierbare Bilder, auf den Leser übertragen und damit eine neue Welt, frei von sozialem Druck und irdischer Relativität, schaffen. Diese Lyrik will also durch ihre Bilder einen Zustand des Bewußtseins im Leser herstellen. Das romantische Erbe liegt dem Symbolismus zugrunde und geht in den Expressionismus ein.

Die Psychologie Sigmund Freuds hat neben ihrer naturwissenschaftlichen auch eine literarische Wurzel, die ebenfalls auf die Romantik und auf Schopenhauers

Philosophie des blinden Willens zurückgeht, dem die Vernunft als Knecht dient. Die romantische Seite der Tiefenpsychologie kommt in der Abspaltung Carl Gustav Jungs, aber auch bei Freud selber zur Geltung. Freuds Interesse für Träume und seine Traumdeutungen weisen schon auf einen literarischen Beiklang seiner Lehre, die durch direkte Hinweise auf literarische Parallelen wie Ödipus und Elektra nur bestätigt wird. Traum, Liebe und (beim späten Freud) Tod sind Grundmotive sowohl der Psychoanalyse wie auch der Literatur der Zeit, nicht zuletzt der Lyrik. Der Gedanke von farbigen Traumbildern, die, nicht von logischer Vernunft gelenkt, ihre eigenen Wege gehen, ist eine lyrische, also künstlerische, also spielerische Parallele zur Psychologie des Unterbewußtseins. Dem freien Fluten der traumhaft-unterbewußten Bilder entspricht der freie Vers, der im Deutschen durch die freien Rhythmen Klopstocks und Goethes schon lange klassisch gerechtfertigt war und durch den langsam vordringenden Einfluß Rimbauds und Walt Whitmans gegen Mallarmé, Verlaine und George als moderne lyrische Aussagemöglichkeit bestätigt wurde.

Die Gedichte Else Lasker-Schülers (1869 bis 1945) nehmen die Freiheit der Phantasie in besonders starkem Maße in Anspruch. Phantastik durchsetzte ihre Existenz. Ihre Biographie war lange Zeit von Legenden illuminiert, die sie selbst erfunden und, mit Wahrheit vermischt, in autobiographischen Schriften niedergelegt hatte. Zur Legenden-Biographie gehörten falsche Geburtsdaten, ein spanischer Vorfahr und ein anderer, der Oberrabbiner gewesen sein sollte. Elisabeth Schüler, wie ihr Mädchenname eigentlich lautete, ist weniger als ein Jahr jünger als Stefan George und sechs Jahre älter als Rilke. Mit dem letzteren hat sie die Neigung zu legendären Vorfahren gemeinsam, mit George die Neigung, eine poetisch konzipierte Rolle ins Leben zu übertragen. Diese Gemeinsamkeit geht auf den Einfluß der Boheme zurück, der bei diesen drei Lyrikern wirksam ist, bei ihr zweifellos am stärksten.

Ihre Heimatstadt war Elberfeld, ihre Familie eine wohlhabende, jüdische Bankiersfamilie. Mit fünfundzwanzig Jahren, 1894, heiratete sie den Berliner Arzt Dr. Berthold Lasker, den Bruder des Schachweltmeisters Emanuel Lasker. Die Ehe war kinderlos. Die Dichterin verglich ihren Mann später mit einem Marder, der Schlangen zu töten pflege, wahrscheinlich ein Bild für seine ethische Rigorosität. 1898 verliebte sie sich in einen sonst unbekannten Mann, der in ihren Dichtungen als Grieche erscheint, und hatte einen Sohn, Paul, von ihm, den Lasker anerkannte. Die Ehe löste sich dennoch auf. Else schloß sich der „Neuen Gemeinschaft“ der Brüder Hart in Berlin-Schlachtensee an. Von dem Monismus und der Lehre individueller Selbsterlösung dieses Kreises wurde sie beeinflußt, und ihre Freundschaft mit Peter Hille spielte für sie eine bestimmende Rolle. Er nannte sie Tino von Bagdad. Diese Station ihres Lebens und das Liebeserlebnis mit dem Griechen lösten ihre Dichtung aus. Erste Gedichte erschienen 1899, das erste Buch, die Sammlung *Styx*, 1902.

Um diese Zeit (der genaue Zeitpunkt ist unbekannt) löste Else Lasker-Schüler sich wieder aus der „Neuen Gemeinschaft“, um mit dem neun Jahre jüngeren Georg Lewin zusammenzuleben, den sie Herwarth Walden nannte. 1903 wurde sie von Lasker geschieden und heiratete Walden im gleichen Jahre. Herwarth Walden, der Gründer der Zeitschrift *Sturm*, ist einer der Träger der expressionistischen Bewegung, weshalb man sich daran gewöhnte, Else Lasker-Schüler zur expressionistischen Lyrik zu zählen. Auch von Walden trennte sie sich wieder, die Ehe wurde erst 1912 geschieden. Bis zur Flucht vor den Nationalsozialisten lebte sie in Berlin, großenteils in Armut. Sie war bekannt oder liiert mit Richard Dehmel und Theodor Däubler, mit expressionistischen Dichtern und Künstlern wie Alfred Döblin, Gottfried Benn, Ernst Toller, Franz Marc, George Grosz, Oskar Kokoschka und anderen Gästen im Café des Westens, in Kontakt mit Karl Kraus und Georg Trakl. Ihre Briefe zeigen, wie sie sich mit ihrer Phantasiewelt umhüllte, nicht nur Peter Hilles Namen „Tino von Bagdad" benutzte, sondern eine andere Person zu sein versuchte. Später spielte sie sich inmitten ihrer oft genug bettelhaften Armut eine Rolle als Jussuf, Prinz von Theben, vor, den biblischen Joseph mit orientalischer Märchenwelt verknüpfend.

Die erste Gedichtsammlung *Styx* reflektiert ihre Liebesnöte und die damit verbundenen Gewissenskonflikte, die durch monistische Alleinheit der Natur und poetische Freiheit gerechtfertigt werden. Schon hier zeigt sich eine Tendenz, den Metaphern eine spielerische Selbständigkeit zu gewähren:

Abend

Es riss mein Lachen sich aus mir,
Mein Lachen mit den Kinderaugen,
Mein junges, springendes Lachen
Singt Tag der dunklen Nacht vor Deiner Tür.

Es kehrte aus mir ein, in Dir
Zur Lust Dein Trübstes zu entfachen –
Nun lächelt es wie Greisenlachen
  Und leidet Jugendnot.
Mein tolles, übermütiges Frühlingslachen
  Träumt von Tod.

Die Motive des „Frühlingslachens" und das des Traums vom Tod zeigen, wie sehr dieses Gedicht dem Jugendstil verhaftet ist. (Die beiden letzten Zeilen sind in einer späteren Fassung gestrichen.) Ein Konflikt in den Stimmungen der Liebenden ist in die Personifikation des leidenden jungen Lachens umgesetzt, das auf die unbewegliche Stimmung des Partners wie auf die Wirklichkeit stößt. Der Gegensatz von Tag und Nacht als Bild des Liebeskampfes läuft mit dem Wort „Greisenlachen“ in enttäuschte Depression aus, der das Wort „Jugendnot“ eine allgemeine Bedeutung abgewinnt. Die Schlußzeilen der 1. Fassung deuten eine Einheit von Leben und Tod an, wie sie der Lehre der „Neuen Gemeinschaft“ entsprach und weit darüber hinaus verbreitet war. Wie zeitlebens bei Rilke ist auch bei Else Lasker-Schüler die monistische Versöhnung von Leben und Tod begleitet von unversöhnter Todesangst: „Was willst du von mir, Tod!“ (aus dem Gedicht *Jugend*). Auch der Titel der ersten Sammlung soll wohl darauf hinweisen.

Neben der Verzweiflung über das Ende der Liebe kann auch ein poetischer Aufschwung stehen. *Das Lied des Gesalbten* weist im Titel auf den Messias hin und gibt sich als Worte Zebaoths:

> Verschwenden sollst Du mit Liebe!
> Und mit schmelzendem Jubel meine Feste umgolden
> Und die Schwermut, die über Jerusalem trübt,
> Mit singenden Blütendolden umkeimen.

In der nächsten Strophe kommt der Vers vor: „O, ein hängender Garten wird Dein Herz sein...“, mit deutlichem Bezug auf Stefan Georges Titel (*Das Buch der hängenden Gärten*, 1895) innerhalb des biblischen Kontextes. Das Motiv knüpft an die orientalische Exotik des Symbolismus an.

Eine soziale Entfremdung der Dichterin, das Bewußtsein, gespannt zu sein zwischen messianischem, poetischem Schöpferauftrag und der Verzweiflung darüber, keine dauernden menschlichen Bindungen eingehen zu können, ist in *Mein stilles Lied* zur Bildsprache geworden. Das Gedicht erschien zuerst in *Der siebente Tag* (1905). Es weist Kurzstrophen auf, die sehr oft auch syntaktische Einheiten sind. Diese 2zeiligen (in anderen Gedichten auch 3zeiligen) Strophen ohne Versmaß, die sich der Prosa annähern, bilden einen eigenartigen Stil Else Lasker-Schülers, den sie jedoch nicht ausschließlich verwendet. Dies sind die beiden Anfangsstrophen:

Mein Herz ist eine traurige Zeit,
Die tonlos tickt.

Meine Mutter hatte goldene Flügel,
Die keine Welt fanden.

Die Mutter dient als Zeichen der dichterischen Bestimmung. Sie steht außerhalb und ist nicht mächtig über die „traurige Zeit“, der das Herz der Sprecherin ausgesetzt ist. In immer neuen Bildern wird der Konflikt des Angewiesenseins auf Menschen mit dem Ungenügen an ihnen durchgespielt.

Einen nahm ich von euch und den zweiten
Und küßte ihn,

Aber meine Blicke blieben rückwärts gerichtet
Meiner Seele zu.

Arm bin ich geworden
An eurer bettelnden Wohltat.

Der zuletzt zitierte Vers in seiner paradoxen Zusammenziehung eines komplizierten psychologischen Sachverhaltes gehört zu den genialen Einfällen Else Lasker-Schülers. Die Wohltat der Männer ist gering. Sie haben um Liebe gebettelt. Das war Wohltat, zog die Dichterin aber von der Quelle ihres Reichtums ab, ihrer Kunst, die sie über die Zeit erhebt, wenn auch nicht von ihr löst.

Aber mein Auge
Ist der Gipfel der Zeit,

Sein Leuchten küßt
Gottes Saum.

Ein anderer Vers präsentiert das Dichtertum als Rätsel:

Ich bin der Hieroglyph,
Der unter der Schöpfung steht.

Hieroglyph ist ein Zeichen für ein heiliges Rätsel, was die Hieroglyphen vor ihrer Entzifferung lange waren. Ist die „Schöpfung“ Gottes oder die der Dichterin gemeint? Sie sind offensichtlich beide zugleich angesprochen, wobei Gott im Kontext des Gedichtes die Zeitenthobenheit bedeutet. Die Sprecherin ist also ein Rätsel, das unter dem Gesetz ihrer Dichtung steht, die ins Zeitlose und damit Göttliche reicht. So erklärt sich auch der Titel der Sammlung. Das Ausruhen und Gutbefinden des biblischen Schöpfers am siebenten Tage steht im Kontrast zu dem melancholischen Inhalt dieses und anderer Gedichte. Aber die ins Gedicht verwandelte Klage ist als Schöpfung gerechtfertigt. Was im Gedicht aufgehoben ist, ist gut. Der Schluß des Gedichtes kehrt zu dem Konflikt mit den Mitmenschen zurück:

Und ich artete mich nach euch,
Der Sehnsucht nach dem Menschen wegen.

Das ist eine direkte, nicht ins Bild übersetzte Selbstaussage.

Ich riß die ewigen Blicke von meinen Augen,
Das siegende Licht von meinen Lippen –
...

Mit dem „siegenden Licht“ stößt die Sprache, obwohl wieder symbolistisch im Metapherngebrauch, an die

Grenze der pompösen Überzeichnung, vielleicht auch schon mit den „ewigen Blicken". Das Gedicht gehört zu den wertvollen Else Lasker-Schülers, ist aber nicht durchweg von gleicher Qualität. Ihre Nähe zu Bohemekreisen erklärt das, wo unkontrollierte, strukturlose Verse durchgingen. In der vorletzten Strophe werden die Metaphern ganz durchsichtig, um dann in eine mehrdeutige Gebärde auszulaufen.

> Weißt du einen schwereren Gefangenen,
> Einen böseren Zauberer, denn ich.
>
> Und meine Arme, die sich heben wollen,
> Sinken ...

Der schroffe Gegensatz zwischen der ins Religiöse reichenden dichterischen Erfüllung und der Unfähigkeit, sich in der Gesellschaft anzupassen, macht die Sprecherin zum Gefangenen und zum bösen Zauberer, wobei diese Metaphern männlich sind. Die Außenseiterrolle ist männlich im Bösen wie in der guten, phantasievollen Verwandlung in Jussuf, Prinz von Theben.

Die Prosa in *Das Peter Hille-Buch* (1906) bleibt an der Grenze des Phantasievoll-Lyrischen. In kurzen Episoden erzählt Tino, wie das weibliche Erzähler-Ich von Petrus, der Peter-Hille-Figur, gleich am Anfang genannt wird, von ihren Wanderungen mit ihrem Propheten, der sich auch zum heidnischen Gott auswachsen kann. Sie und andere Jünger verhalten sich zu ihm wie zu dem Wanderprediger Jesus, wobei Anklänge an Nietzsches *Zarathustra* mitschwingen. Der Name Tino könnte an Bettina Brentano anklingen; wie sie verwandelt Else Lasker-Schüler das Wirkliche in ein Phantasiespiel, das vom Legendenhaften ins Märchenhafte und Mythische reicht. Hinter dem Schleier werden autobiographische Elemente umrißhaft erkennbar: ihr kleiner Sohn etwa oder die Befremdung, die Peter Hille bei den Philistern, darunter den eigenen Verwandten der Dichterin, auslöst, Herwarth Walden und der bohemische Kreis, in dem sie lebte. Jedoch ist eine solche widerstandslos im Phantasieraum schwebende Prosa in Gefahr, in unbedeutende Schönseligkeit, in Kitsch abzugleiten:

Und Onits Negerknaben trugen Petrus auf ihren Schultern in einer goldenen Sänfte in den weißen Rosengarten. Dort grünten schon die Zweige und seidige Vögelinen sangen. Und um Mittag kam im Strahlenkleid die wiegsame, goldene Frau und reichte Petrus den leuchtenden Pokal.

Noch weiter von der Wirklichkeit entrückt, „aus Traumseide gesponnen“ ist ein anderes Buch aus Prosastücken, *Die Nächte Tino von Bagdads* (1907). Liebesgeschichten, von orientalischer Grausamkeit untermalt, die manchmal abgebogen wird, bleiben ziel- und ergebnislos. Paul Scheerbart dürfte diese Erfindungen beeinflußt haben. Die letzte der Geschichten des Buches heißt *Der Dichter von Irsahab.* Sie ist eine Märchenparabel über den Dichter Grammaton, Sohn Methusalems, der von seinen Brüdern aus seinem Erbe vertrieben wird, dessen Dichtung aber von Heimat und Herkunft abhängig bleibt. Der Haß des Dichters gegen das Geschlecht seiner Brüder führt zu Zerstörung. Dies ist Else Lasker-Schülers Version des Themas der Ambivalenz von Entfremdung und Zugehörigkeit des Dichters, wie wir es von Thomas Manns *Tonio Kröger* kennen. Dieselbe Ambivalenz bestimmt weithin das Werk Rilkes, Kafkas und Georg Heyms. Der Dichter stört die alte Ordnung, wird darum aus ihr ausgeschieden, was zu Liebe oder Haß führen kann. Der Ernst unter aller Verspieltheit in Else Lasker-Schülers Lyrik und – zum Teil – auch in ihrer Prosa geht auf diese Dialektik zurück. Der Dichter möchte zwar Prophet, Führer, Fürst sein, ist aber doch nur Flüchtling.

Das Schauspiel *Die Wupper* (1909) handelt von dem Mißlingen der Verbindung einer groß- und einer kleinbürgerlichen Familie wie in Sudermanns *Die Ehre*, jedoch pessimistischer. Während dort ein junges Paar die Standesvorurteile überwindet und dem Zuschauer erlaubt, an eine bessere Zukunft zu glauben, führt hier die Freundschaft zweier Abiturienten aus groß- und kleinbürgerlichem Haus zu Liebesbeziehungen zwischen den Familien, die in groteske Katastrophen auslaufen. Ein feiger, aber angepaßter Emporkömmling gewinnt die Braut und die Erbschaft. Das Personal des Stückes erinnert an bekannte naturalistische Dramen: eine zwar nicht diebische, aber gerissene Mutter-Wolffen-Type, der vom Pfarrhaus träumende Student aus *Die Familie Selicke*, ein bibelgläubiger Alter, ein ehemaliger Weber und sozialdemokratische Arbeiter. Das Aneinander-vorbei-Reden der Figuren, ähnlich wie oft bei Wedekind, ist spezifisch modern. Jedoch bleibt das Ganze ein impressionistisches Farbtupfengemälde. Der von der Dichterin sehnsüchtig erhoffte Erfolg blieb aus.

Mein Herz: Ein Liebesroman mit Bildern und wirklich lebenden Menschen (1912) besteht aus Briefen an Herwarth Walden und einen Freund, die großenteils zuerst im *Sturm* veröffentlicht wurden. „Mein Herz – Niemandem“ lautet das Motto. Die Bohemeexistenz ist der Ausgangspunkt, der immer wieder zugunsten einer Phantasiewelt verlassen wird. Wirkliche Namen ihrer Freunde und Bekannten wechseln ab mit den Übernamen, die sie einigen gibt, z. B. Dalai Lama an Karl Kraus. Dieses Spiel ist stellenweise reizvoll, gerät jedoch immer wieder in eine selbstbespiegelnde Koketterie, in der Liebesbedürfnis abwechselt mit der Unfähigkeit, Bindungen einzugehen, die über momentane Sympathie hinausgehen. Auch literarische Anmerkungen sind eingestreut. Über Reinhardts Aufführung von Hofmannsthals „Irrspiel“ *Jedermann* äußert sich die Briefschreiberin verbittert: „eine unkünstlerische Tat, eine schmähliche...“ Stefan George dagegen begegnet sie mit Respekt:

> Ich muß Euch heute nacht noch etwas ganz Seltenes erzählen, Stefan George ist mir in der Dunkelheit eben begegnet. Er trug einen schwarzen Samtrock, ließ die Schultern hängen, wie müde von der Last des Flügels. Ich schrie ganz laut. Ich bin einem Erzengel begegnet, wie er gemalt ist auf den Bildern Dürers.

Das Würde-Spiel des Meisters in seinem Staat und Else Lasker-Schülers Rolle als Prinz von Theben sind letztlich verwandt, Produkte der Boheme, Spiel des Scheins gegen die Bürger. Unterschieden sind sie freilich durch die Formdisziplin, durch die George seinem Spiel Gültigkeit und Respektabilität zu erzwingen suchte, während solch ein Zwang Else Lasker-Schüler fremd war.

Suche nach Legitimität ist in den *Hebräischen Balladen* (1913). Sie gehen großenteils von biblischen Themen aus, verändern diese aber, manchmal willkürlich. Eines der einleitenden Gedichte bringt das Verhältnis der Dichterin zu „ihrem Volk“, dem in der Assimilation verschwindenden Judentum, in das Bild des morschen Felsen, über den ihr Dichterquell, wohl eine Erinnerung an Goethes *Mahomets Gesang*, dahinströmt. Fels und Wasser sind dabei zwei getrennte Größen:

Mein Volk

Der Fels wird morsch,
Dem ich entspringe
Und meine Gotteslieder singe ...
Jäh stürz ich vom Weg
Und riesele ganz in mir

Fernab, allein über Klagegestein
Dem Meer zu.

Hab mich so abgeströmt
Von meines Blutes
Mostvergorenheit.
Und immer, immer noch der Widerhall
In mir,
Wenn schauerlich gen Ost
Das morsche Felsgebein
Mein Volk,
Zu Gott schreit.

Der Widerhall der erstarrten, morsch und zum toten Gebein gewordenen Religion ist in der lebendigen Dichtung, die den Gebetsschrei aufnimmt und in eigene „Gotteslieder" verwandelt. Von der Quelle wird ausdrücklich gesagt, daß sie „ganz in mir fernab, allein" rieselt, „abgeströmt" von der Herkunft, die das abfließende Wasser dennoch zu legitimieren hat. Über „Klagegestein", ein Motiv, das Rilke in der *Zehnten Elegie* ausbilden sollte, strebt das Quellwasser „dem Meer zu", dem Elementaren, das seit ihrer monistischen Frühzeit seine Anziehungskraft für Else Lasker-Schüler nicht verloren hat.

Dieser Verehrung des Elementaren, das die alte Religion ersetzen soll, steht die Auflösung alter bürgerlicher, ethischer Ordnungen in der Freiheit ästhetischer Phantasie und das Leiden am daraus folgenden Außenseitertum gegenüber. Das Dilemma zwischen Außenseiter-Freiheit und Außenseiter-Leiden führt zu einer dennoch festgehaltenen Rückbindung an eine legitimierende Herkunft, an eine ästhetisierte Religion und Geschichte. Genau das gleiche läßt sich von George, Hofmannsthal und Rilke sagen. Else Lasker-Schülers Metaphern, hervorgehend aus Gestaltung ihres Phantasie-Ich, behaupten ihren eigenen Wert.

Hebräische Balladen
von
Else Lasker-Schüler

A. R. Meyer Verlag
1913
Berlin-Wilmersdorf

Titelblatt von Else Lasker-Schülers Gedichtband »Hebräische Balladen« mit einer Zeichnung der Autorin

16. Rilkes Flucht in die Kunst

Den Bürger, den Gemeinschaftsmenschen, ganz und gar abzustreifen und zum absoluten Künstler zu werden, in einer Welt zu leben, wo bürgerliche, traditionelle Wertschätzungen ersetzt worden sind durch künstlerisch empfangene, inspirierte, neue Ansichten der Geschichte, der Dinge, der Verhältnisse, das war das Lebensziel Rainer Maria Rilkes. Es hat eine Verwandtschaft mit dem Stefan Georges, doch verzichtete Rilke nicht nur auf die Beherrschung eines Kreises, er betonte auch gerne seine Schlichtheit und seine Demut. Alle Dinge, meinte Rilke, warten auf den Dichter, um, aus ihrer Vergänglichkeit erlöst, rein in ein Kunstwerk einzutreten.

Anfangs nur bestrebt, als Künstler anerkannt zu werden, ist es Rilkes bedeutende Lebensleistung, den Stil der unverbindlichen, reimklingelnden Verse seiner Frühzeit überwunden zu haben, zugunsten eines bewußt komponierten Gedichtstils, der die Neuschaffung der Welt in sprachlich ausgedrückter „Fühlung“ bezweckte, die Umwertung aller Werte in lyrische Sprache. Diese Umwertung führte zu einer ganz eigenartigen Sonderform des Symbolismus, der sozusagen mit dem Hermetischen spielt. Denn Rilke ist auch dem Impressionismus verhaftet. Seine Ding-Demut ist Offenheit dem Eindruck gegenüber, den er mit dem Leser teilt, aber dann vor dessen Augen in eine imaginäre Bedeutung verwandelt. Um diese Verwandlung „leisten“ zu können, wie Rilke sich gerne ausdrückte, mußte er den Leser von seinen bürgerlichen Orientierungen fortlocken. Die christliche Moral und die bürgerliche Ehe hat Rilke verlassen, ja bekämpft. Oft klingen Rilkes Lehren wie ethische

Forderungen, besonders in seinem Hauptwerk, den *Duineser Elegien.* Jedoch steht und fällt das Verständnis des Lesers mit der Einsicht, daß Rilkes künstlerische Umwertungen keinen anderen als einen ästhetischen Reiz vermitteln, die bedrückende Faktizität der modernen Welt für einen Augenblick auflösen wollen. Sie lehren keine metaphysischen oder ethischen Wahrheiten, nach denen der Leser leben könnte.

René, wie sein Taufname lautete, wurde 1875 in Prag geboren, also im gleichen Jahre wie Thomas Mann. Sein Vater vermochte als kleiner Beamter nicht den gesellschaftlichen Ansprüchen seiner Frau zu genügen, die sich deshalb von ihrem Manne 1885 trennte. Der Knabe, der Mutter zugesprochen, wurde in seinen unreifen poetischen Ambitionen von ihr bestärkt, aber 1886 in die kostenfreie österreichische Militärerziehung gesteckt. Dem Zusammenleben mit Gleichaltrigen wegen seiner Fehlerziehung nicht gewachsen, hat Rilke diese Zeit als eine Vergewaltigung seiner Seele betrachtet, obwohl sie das wohl nicht unbedingt hätte sein müssen. Nach Abbruch der Militärerziehung erreichte Rilke, über eine Handelsakademie und private Vorbereitung zum Abitur, 1895 die Prager Universität und wechselte zum Wintersemester 1896 nach München über. Jedoch hatte schon in Prag die literarische Tätigkeit so überhandgenommen, daß von einem Studium nicht mehr die Rede sein konnte. Sein Bildungsgang ließ ihn nahezu orientierungslos, so daß er in der Jugend einen ganz unsicheren Maßstab erkennen ließ.

Rilke hat seine frühesten Produkte verleugnet, weil sie aus einer literarischen Geschäftigkeit hervorgegangen seien statt aus dem Ringen „innerhalb der Arbeit“ (an Hermann Pongs, 17. August 1924), übrigens eine Formel, mit der er sein Ziel, die absolute Kunst, ausdrückte. Die frühen Erzählungen zeigen, daß er Anschluß an die Literaturmoden suchte. Sie ersetzen Struktur durch eine rührselige Stimmung; grelle Effekte zeigen das Verlangen nach Wirkung. *Das Ereignis. Eine ereignislose Geschichte* (1896) ist die Klage eines Künstlers über die ihm entgehende Wirklichkeit; sie hat eine gewisse Verwandtschaft mit Heinrich Manns *Drei Minuten Roman*, einer Erzählung, die später (vor 1905) entstand. Weit mehr noch ähnelt Rilkes Geschichte der Skizze *Enttäuschung* von Thomas Mann; diese wie die Rilkes wurden im gleichen Jahre verfaßt. Da Rilkes Arbeit in einer Prager lokalen Zeitschrift einige Monate vor der (wahrscheinlichen) Niederschrift von Manns *Enttäuschung* erschien, ist an irgendeine gegenseitige Abhängigkeit kaum zu denken. Rilkes Sprecher ist enttäuscht über sein ereignisloses Leben: „In meinem Herzen liegt ein Drang nach Großem, Mächtigem, Ungewöhnlichem!" Während der entsprechende Drang in Thomas Manns Erzählung durch den Ich-Erzähler in eine ironische Distanz vom Leser gebracht wird, spricht sich Rilke viel unmittelbarer aus. Er ist es durchaus selbst, der an „diesem glatten, farbenarmen Leben" leidet. „Meine Wange glüht vor Sehnsucht, aber der Sturm des Lebens kommt nicht, der sie kühlen soll." Sehnsucht war noch einige Zeit ein Leitwort der Dichtung Rilkes, das Bild des Sturmes, des Wehens mindestens, sollte in seiner reifsten Zeit als kosmisches Symbol eine wichtige Rolle spielen. Das Wort ‚Leben' schließlich ist ein Lieblingswort des Jugendstils, in dessen Bann Rilke bleiben sollte. Das Außerordentliche, den „Sturm des Lebens", lernte Rilke in seine Dichtungen zu sublimieren. Dem Ordentlich-Bürgerlichen entzog er sich zeitlebens.

Seit 1895 schrieb Rilke auch Dramen. Bevor er sich der Jugendstilform in *Die weiße Fürstin* (1898) zuwandte, und auch nachher noch, folgte er dem naturalistischen Stil Hauptmanns oder vielleicht auch Sudermanns. In zwei dieser kleinen Dramen wird je eine Sexualerpressung mit grellen Effekten vorgeführt: *Im Frühfrost* (entstanden 1895) und *Jetzt und in der Stunde unseres Absterbens* (1896). Es sind Familiendramen im Kleine-Leute-Milieu. In dem einen wird eine unmoralische Mutter, in dem anderen ein unmoralischer Hausbesitzer gezeigt, jedoch wird das bürgerliche Moralsystem selbst noch nicht angegriffen. Der Titel *Jetzt und in der Stunde unseres Absterbens* (der eine katholische Gebetsformel zitiert) ist zweideutig. Er kann eine demütige Anspielung darauf sein, daß wir alle Sünder sind, er kann aber auch blasphemisch verstanden werden, denn in der Stunde des Absterbens der Mutter gibt sich die Tochter dem Erpresser hin. Eine solche Zweideutigkeit ist charakteristisch. Nach Rilkes Umsiedlung nach München und seiner Berührung mit der Boheme kommt eine antibürgerliche Tendenz eindeutiger heraus: *Höhenluft* (1897) zeigt eine Näherin, die mit ihrem unehelichen Kind aus ihrer bürgerlichen Familie verstoßen wurde, die angebotene Rückkehr aber ablehnt, weil sie sich dann von ihrem Kinde trennen müßte. Es erweist sich, daß sie über die bürgerliche Moral hinausgekommen ist.

Gesellschaftliche Rücksicht habt ihr und Lebensart und Ehrenhaftigkeit und ... Erziehung und Bildung und Ehre und – nur kein Herz!

Das Hauptmann-Thema des Mannes zwischen zwei Frauen hat Rilke zweimal dramatisiert, in *Mütterchen* (1896/97) und *Ohne Gegenwart* (1897). Statt der grellen Effekte auf der Bühne geht es hier eher um dramatische Stimmungsmalerei. Maeterlinck wirkt als Vorbild ein. Seinen Malte Laurids Brigge läßt Rilke sich über zehn Jahre später an ein Drama erinnern,

„das ‚Ehe' heißt und etwas Falsches mit zweideutigen Mitteln beweisen will". Ein Dreiecksverhältnis liegt auch der Handlung des späteren Zweiakters *Das tägliche Leben* (1900) zugrunde, der eine Künstlerexistenz behandelt.

In München (seit Herbst 1896) wollte Rilke zuerst die in Prag begonnene literarische Geschäftigkeit fortsetzen. Als Haupt eines Bundes moderner Dichter plante er, eine Zeitschrift herauszugeben. Seine Münchener Bekanntschaften reichten von dem Erfolgsschriftsteller Ludwig Ganghofer bis zur Schwabinger Boheme, in der die Gräfin Franziska zu Reventlow großen Eindruck auf ihn machte, einmal weil sie dem Hochadel entstammte, dann aber auch, weil sie sich von ihrer Familie getrennt hatte und verstoßen worden war. Ihr Sohn Rolf, den sie damals zur Welt brachte, gehörte ihr allein. Wie mehrere Briefe beweisen, faszinierte Rilke gerade dieses Mutter-Sohn-Verhältnis. Er dichtete für sie eine Art von Privatmythos, nach dem Rolf der Mutter die verlorene Heimat bedeuten sollte.

In München traf Rilke Jakob Wassermann, der ihm zwei der wichtigsten Begegnungen seines Lebens vermitteln sollte. Die eine war literarisch: die Prosa Jens Peter Jacobsens. Dieser Däne sagte ihm zu, er teilte dessen Monismus. Jedoch war die Sprachkunst Jacobsens allem überlegen, was Rilke an moderner Kunst kannte. Jacobsen wurde der erste Lehrmeister, den Rilke sich vorsetzte, wie später George und Baudelaire. Jacobsen wirkte Rilkes Neigung zu zerfließender Sentimentalität entgegen. Später übten auch die Dänen Herman Bang und Sören Kierkegaard und der Norweger Obstfelder Einfluß auf Rilke aus, selbstverständlich auch Ibsen. Nicht ohne Grund ist der fiktive Schreiber seines Tagebuchromans *Die Aufzeichnungen des Malte Laurids Brigge* (1910)

Däne. Die andere von Wassermann vermittelte Begegnung war persönlicher Art und von einschneidender Bedeutung: Lou Andreas-Salomé.

Lous Vater war ein baltendeutscher General in russischen Diensten. Die Familie lebte in St. Petersburg. Lou ging nach Zürich und Berlin, um zu studieren, zunächst noch begleitet von ihrer Mutter, von der sie sich allmählich löste. Um ihrer Familie die Berechtigung weiterer Studien zu beweisen, begann sie zu schreiben und wurde bekannt als Verfasserin von Essays und autobiographisch bestimmten Romanen. Der erste dieser Romane trug den bezeichnenden Titel *Im Kampf um Gott* (1885). Die Erzählung *Ruth* (1895) schätzte Rilke sehr.

Ihre freie Art, in Gelehrten- und Künstlerkreisen zu diskutieren, erweckte in ihren männlichen Partnern oft genug Liebe, die Lou regelmäßig abwies. Sie lebte eine Zeitlang mit ihrem Freunde Paul Rée in einer Wohnung, ohne den in sie Verliebten zu erhören. Nietzsche, Rées Freund, diskutierte mit ihr über Fragen einer neuen Religion. Er fand ihre Gespräche wohltuend, auch er wollte sie zur Frau gewinnen, auch ihn wies sie ab. Nietzsche, dessen Lebensstil anders als seine Schriften, nämlich bürgerlich war, hatte seine Schwester in einen gemeinsamen Urlaubsort nach Thüringen mitgebracht, was zu dem tragikomischen Haß der kleinbürgerlich-beschränkten Elisabeth Nietzsche auf Lou führte, während ihr Bruder die Abweisung durch das lebendige und geistvolle Mädchen Lou nur schwer verwand (1882). Nietzsche schrieb *Also sprach Zarathustra* in dieser Zeit des enttäuschten und sich aufbäumenden Stolzes. Die neue Religiosität, die dieses Werk verkünden will, und seine an vielen Stellen deutliche, verkrampfte Geschlechtlichkeit, seine stilisierte Sprache lassen es als Vorläufer des Jugendstils erscheinen; jedenfalls beeinflußte der *Zarathustra* die deutsche Literatur der neunziger Jahre wie kaum ein anderes Buch. Es ist kein Zufall, daß gerade Lou an seinem Ursprung beteiligt ist und daß der *Zarathustra* ohne sie wohl kaum entstanden wäre. 1894 benutzte sie ihre frühere Bekanntschaft literarisch, es entstand ihr Buch *Friedrich Nietzsche in seinen Werken*, eine der frühesten Gesamtwürdigungen. Nietzsche dämmerte damals seinem Ende entgegen.

Lou löste sich von Rée, als der Orientalist Andreas sie durch einen Selbstmordversuch zur Heirat zwang, wofür sie ihn bestrafte, indem sie ihn ebenfalls auf bloß geistigen Austausch beschränkte, während beide die Freiheit haben sollten, sexuelle Entspannung anderswo zu suchen. Diese Freiheit nahm sie für sich erst in ihrem vierten Lebensjahrzehnt in Anspruch. Sie kehrte aber immer wieder zu ihrem Namensgatten zurück, zunächst nach Berlin, später nach Göttingen. Der unkonventionelle Lebensstil, den sie praktizierte, brachte sie in Berührung mit der literarischen Boheme; ihre Herkunft hinderte sie jedoch daran, dem Bohemienstil zu verfallen.

René Rilke war nicht ihre erste Liebesbeziehung, wohl aber die erste, in der gleichgestimmte literarische Interessen in der sexuellen Bindung zusammenflossen. Lou sah wohl ihre Freiheit diesmal nicht gefährdet, einmal weil ihre Scheinehe sie schützte, dann aber auch weil sie sechsunddreißig Jahre alt war, Rilke dagegen noch einundzwanzig. Rilke fand in der erfahrenen und erfolgreichen Schriftstellerin geistigen Austausch, Muttersatz und sexuelle Erfüllung zugleich. Er schrieb Lou schwärmerische, sentimentale Briefe; mehrfach brachte er zum Ausdruck, daß er mit ihr ein völlig neues Leben beginne. „Ich will nichts wissen von der Zeit, die vor Dir war in meinen Tagen ..."

Rainer Maria Rilke
Radierung von Emil Orlik

Rilke, Lou und August Endell, der als Architekt des Jugendstils berühmt werden sollte (das Haus des Photostudios Elvira in München entstand ein Jahr später, 1898), zogen sich für den Sommer 1897 in den kleinen oberbayerischen Ort Wolfratshausen zurück. Dort erhielt René von Lou den Namen Rainer, unter dem er berühmt werden sollte. Rilke folgte seiner jugendlichen Gewohnheit, Gefühle sofort in Lyrik umzusetzen. Seine schwärmerische Anbetung, deren Gefühlsintensität sich religiösen Ausdruck suchte, sogar in sadistische Bilder ausgleiten konnte, ist der Gegenstand der Gedichte *Dir zur Feier*, die erst aus dem Nachlaß veröffentlicht wurden. Neben der monistischen Naturreligion braucht Rilke auch die Requisiten seiner katholischen Herkunft, indem er Lous Stube „die einsame Kapelle" nennt, „welche Zuflucht mir bedeutet". Mit Lou und Endell studierte er die italienische Renaissance, ein Interesse, das damals, angeregt durch die englischen Präraffaeliten, weit verbreitet war. Mit Botticelli trieb er geradezu einen Kult, der an Wackenroders romantische Kunstreligion erinnert.

Schon während der Militärschulerziehung hatte Rilke sich entschieden vom christlichen Glauben gelöst. In der Erzählung *Der Apostel* (1896), die Rilke sein „halb tief ernstes, halb satirisches Glaubensbekenntnis" nannte, ist Nietzsches Einfluß deutlich:

> Der, den sie als Messias preisen, hat die ganze Welt zum Siechenhaus gemacht ... Wie sollen wir denn hinauf, wenn wir unsere Stärke den Elenden leihen ... Nur der „Eine", der Große, den der Pöbel haßt im dumpfen Instinkte eigener Kleinheit, kann den rücksichtslosen Weg seines Willens mit göttlicher Kraft und sieghaftem Lächeln wandeln.

Der antichristliche Affekt hat, wie bei Nietzsche, auch seine antisoziale Seite.

Christus. 11 Visionen, Gedichte der Jahre 1896/97, die erst aus dem Nachlaß veröffentlicht wurden, sind Auseinandersetzungen mit den christlichen Lehren, die der Ablehnung verfallen. Christus wird, visionär wiederkehrend, nur als Mensch anerkannt, nicht als Gott. Rilke war weder Christ noch auf Dauer eindeutiger atheistischer Monist. Er lehnte zwar den persönlichen Gott, die Gottheit Jesu und das jenseitige Leben bei Gott ab, wollte aber an einer gewissen Spiritualität festhalten; lange Zeit liebäugelte er auch mit dem Spiritismus. Auch erkannte er im Rahmen seiner ästhetischen Religion manchmal einen nicht feststellbaren, aber unter anderem auch persönlichen Gott an. Diese sehr dehnbare Spiritualität ermöglichte ihm, den religiösen Wortschatz zu verwenden. Man darf auch nicht übersehen, daß Rilke von biblischen Themen immer wieder angezogen wurde, trotz seiner Ablehnung ihrer dogmatischen Deutung.

Nachdem Rilke, um Lou nahe zu sein, sich seit Herbst 1897 in der Nähe ihres Wohnsitzes in Berlin-Wilmersdorf niedergelassen hatte, reiste er von dort aus im April 1898 nach Florenz, um die Kunst der Renaissance weiter zu studieren. Für Lou schrieb er ein Tagebuch, das von einem künstlerischen Aristokratismus erfüllt ist:

> Wisset denn, daß der Künstler für sich schafft – einzig für sich ... Der Schaffende ist der weitere Mensch, der, über welchen hinaus die Zukunft liegt ... Langsam geht die Entwicklung vor, aber der Umstand, daß Jahrtausende Künstlertums die höhere Gattung noch nicht abgegrenzt haben, darf nicht entmutigen ... Wenn es für den Künstler eine Verheißung gibt, der er vertrauen kann, ist es: der Wille zur Einsamkeit.

Der Übermensch aus Nietzsches *Zarathustra* wird hier mit dem Künstler identifiziert, der sich im Sinne eines spirituellen Darwinismus zu einer eigenen Gattung entwickeln soll. Der Weg dazu ist Absonderung vom Bürgertum, d. h. von der selbstzufriedenen, daher nicht entwicklungsfähigen Menschenart. Aus diesem Grunde wird sich Rilke immer wieder für unbürgerliche Menschentypen interessieren: den Armen, den fahrenden Artisten, den russischen Bauern, den russischen Mönch, aber auch den Helden, den Aristokraten, den einsamen Herrscher. Dem Künstleraristokratismus will er eine religiöse Weihe geben: „Der Künstler ist die Ewigkeit, welche hineinragt in die Tage." Diese Formulierung paßt nicht so recht zu dem spirituellen Entwicklungsgedanken an anderen Stellen des Florentiner Tagebuches. Aber gerade das ist typisch für Rilke: ein spiritueller Modernismus geht in einen umgedeuteten religiösen Traditionalismus über und umgekehrt.

Rilkes Tendenz, seinen Protest gegen seine bürgerliche Herkunft von den dafür üblichen Formen, dem Sozialismus oder der Künstlerboheme, fernzuhalten und in innerliche Kunst zu verwandeln, kann man an den Erzählungen der Jahre 1897 bis 1899 ablesen. *Zwei Prager Geschichten* (geschrieben 1897–98, gedruckt 1899) haben den tschechischen Nationalismus als Hintergrund. Rilke spielt eine Neigung für das seiner Ansicht nach kindhafte tschechische Volk gegen die Vorurteile seiner deutsch-bürgerlichen Herkunft aus. Die Prager Deutschen werden einer harten Satire unterzogen. Neben romantischer Sentimentalität steht eine stellenweise scharfe Zeichnung des Kleinbürgermilieus und der Kleinbürgerpsychologie. Satirisch werden auch die bürgerlich-maßvollen tschechischen Kaffeehaus-Künstler behandelt. *König Bohusch* hat einen grellen Schlußeffekt, die Ermordung eines buckligen

Kopisten, der sich vom Anschluß an einen nationalrevolutionären Zirkel Erlösung von seiner Kleinbürgermisere erhofft hatte.

Wesentlich besser ist die Erzählung, in der Rilke die Loslösung von seiner Familie darstellt. Sie wird nach ihrer Hauptfigur *Ewald Tragy* genannt; der Titel stammt nicht von Rilke. Sie ist weitgehend autobiographisch und wurde erst nach seinem Tode veröffentlicht (entstanden 1898). In dieser Erzählung ist Ironie, die sich sogar gegen Rilkes Ebenbild, den jungen Ewald Tragy, richtet. Er erzählt, wie er vor einer Tante auftrumpft:

„Das ist ja alles recht schön und gut; ich weiß, es gibt Gesetze und Sitten, und die Menschen pflegen sich mehr oder weniger daran zu halten. Aber mich darfst du nicht zu diesen ehrsamen Staatsbürgern zählen, beste Tante. Ich bin mein eigener Gesetzgeber und König, über mir ist niemand, nicht einmal Gott. –“

Aber er empfindet sofort, daß er nur „irgendeine Rolle“ spielt. Denn er hält sich auch für „feige und unbedeutend“. Dieser Kontrast ist erklärlich durch die dichterische Phantasie, die Ewald Tragy bestimmt:

„Sie müssen nämlich wissen: Ich lüge sehr oft. Je nach Bedürfnis, einmal nach oben, einmal nach unten; in der Mitte sollte *ich* sein, aber manchmal mein ich, es ist gar nichts dazwischen.“

Das ist eine erstaunliche und schmerzliche Einsicht, die man im Auge behalten muß. Die Arroganz hat Rilke unter dem Einfluß Jacobsens zugunsten des „Leisen“ und Wahrhaftigen korrigiert, ohne aber sein Selbstbewußtsein zu verlieren. Die Entfremdung des Dichters vom Menschlichen, vom bürgerlich Normalen blieb sein Thema. Sie erscheint auch in dieser Geschichte, in deren 2. Teil, in München, wo er alsbald unter Heimatlosigkeit zu leiden beginnt.

Die Titelerzählung der kleinen Sammlung *Die Letzten* (geschrieben 1898/99, gedruckt 1901) läßt einen jungen Sozialreformer aus früher adligem Geschlecht zu seiner Mutter zurückkommen, wo er, lungenkrank, seine Aktivität verwirft und mit dem Wunsch, Künstler zu werden, stirbt. In einer anderen Erzählung dieser Sammlung, *Im Gespräch*, die in einem venezianischen Salon spielt, spricht ein Pole in Worten, die Rilkes eigenem Programm sehr nahe kommen:

Kunst ist Kindheit nämlich. Kunst heißt, nicht wissen, daß die Welt schon *ist*, und eine machen. Nicht zerstören, was man vorfindet, sondern einfach nichts Fertiges finden. Lauter Möglichkeiten.

Diese Lehre wird sogleich religiös eingeordnet. Der Gott der Schöpfung, der am siebenten Tage fertig war, sei leider kein Künstler gewesen; der Künstler und der Nachempfindende schaffen Dinge, die nicht sind, sondern jedesmal wieder *werden*. Dieses Bewußtsein hebe uns hoch hinauf „bis zu Gott“, was offenbar jetzt ein anderer, ein Künstler-Gott ist.

In Berlin und, durch ein zufälliges Zusammentreffen in den Boboli-Gärten, in Florenz kam Rilke mit Stefan George in Berührung. George meinte, im Falle Rilkes sehr mit Recht, es sei nicht gut für einen jungen Dichter, seine Verse zu früh zu veröffentlichen. Rilkes Verhältnis zu George war ambivalent. Er respektierte den Älteren, hätte auch gerne am Kreise der *Blätter für die Kunst* teilgenommen, aber nicht um den Preis der Unterwerfung. Seinen Gedichtband *Mir zur Feier* (1899) hätte er wohl gerne bei Bondi in Verbindung mit den *Blättern* veröffentlicht. Aber das Manuskript George zur Prüfung einzureichen kam für Rilke nicht in Frage.

Mit Lou unternahm Rilke 1899 und 1900 zwei Reisen nach Rußland. Gemeinsame Studien des Russischen waren offenbar Versuche Lous, dem prekären Liebesverhältnis einen Inhalt zu geben. Wie Rilke sich in Lou eine Mutter-Geliebte geschaffen hatte, so wollte er Rußland zu seiner Heimat machen. Sein Verhältnis zu Rußland bezog sich nur ungefähr auf das Land, hauptsächlich wollte er eine künstliche Heimat, die auf keinen Fall seiner bürgerlichen Herkunft gleichen durfte. Zu bürgerlicher Selbstgefälligkeit stand die demütige russische Frömmigkeit, die ihm vor allem Eindruck machte, in ebenso großem Gegensatz wie die kleinkarierten Besitzordnungen der mitteleuropäischen Landschaft zu den russischen Weiten.

Von der ersten Rußlandreise nach einem Vorort von Berlin zurückgekehrt, schrieb Rilke *Gebete* in ein Heft. Er glaubte einem inneren Diktat zu gehorchen. Aus dieser Handschrift wurde in redigierter Form der 1. Teil des 1905 veröffentlichten und Lou Andreas-Salomé gewidmeten *Stunden-Buches*. Der fiktive Sprecher der Gebete ist ein russischer Mönch. 1901 und 1903 kamen weitere Gedichte hinzu, auch sie in einem Zustand der Inspiration geschrieben. Wie die Fiktion des Mönchs, der schreibt und Ikonen malt, ein Wunschbild ist, das den auf seine Kunst konzentrierten Künstler ausdrückt, so ist der Gott, zu dem er betet, eine Apotheose der künstlerischen Inspiration. In der Gottesfiktion des *Stunden-Buches* erkennen wir leicht den Künstler-Gott des Florentiner Tagebuches wieder. Das Schlußgedicht von *Mir zur Feier*, das ohne weiteres in das *Stunden-Buch* hätte eingefügt werden können, sprach von einem schlichten, unauffälligen Gott, der im Herzen „schafft". Der Gott des *Stunden-Buches* wird von den Künstlern wie ein Dom gebaut, er ist ein neuer, ein werdender, ein reifender Gott, ein Gott für junge Künstler. Für Rilke kennzeichnend ist der große Spielraum zwischen dem großen Gott, dem „Wald der Widersprüche", den es „von

Ewigkeit zu Ewigkeit“ gibt, und dem schlichten, dem „Nachbar Gott“, der auf den Mönch, eigentlich den Künstler, angewiesen ist, der Gott, der in den Dingen gefunden wird, sozusagen ein Gott des Motivs.

Die Sprache des *Stunden-Buches* bedeutet einen Schritt fort von den Seelenergüssen der früheren Gedichte, die durch Wortbildungen wie „sehnsuchtsgeweiht“, „angstallein“ oder den Titel einer Sammlung „Traumgekrönt“ gekennzeichnet waren. Die Mönchsfiktion schuf eine gewisse innere Ordnung. Die Sprache läßt gerade genug Bilder deutlich werden, um den Leser nicht zu verlieren. Aber diszipliniert ist sie noch nicht, was besonders an der Hochflut von Reimwiederholungen deutlich wird. Die Gedichte haben eigentlich keine Grenze, sie könnten so immer weiter fließen.

Das gilt im wesentlichen auch von den beiden anderen Teilen des *Stunden-Buches*, die später geschrieben wurden, das *Buch von der Pilgerschaft* (geschrieben 1901) und das *Buch von der Armut und vom Tode* (geschrieben 1903). In ihnen kommt Rilkes Abneigung gegen Städte und Technik zum Ausdruck; er hatte schon in Paris gelebt, als er diese Gedichte schrieb. Zu den Armen hat Rilke ein rein ästhetisches Verhältnis: sie sind frei von bürgerlichem Besitz. Der bescheiden in Paris lebende Rilke empfand sich selbst als arm. Das Todesthema gehört ebenfalls zur religiösen Thematik. Die pseudochristliche Deutung eines persönlichen Weiterlebens im Jenseits konnte er nicht akzeptieren, aber ein spurloses Verlöschen auch nicht. Im 3. Teil des *Stunden-Buches*, unter dem Einfluß von Jens Peter Jacobsen, verkündet Rilke die Lehre vom eigenen Tode, der ein eigenes Leben sinnvoll abschließen solle, eine Lehre, die dann in die *Aufzeichnungen des Malte Laurids Brigge* überging. Unterdessen entstanden schon andere Gedichte, die Rilke für das *Buch der Bilder* sammelte (1. Auflage 1902, 2. Auflage

1906). Zwar griff er bis 1898 zurück, und sehr viele Gedichte haben noch den alten gefühlsseligen Stil. Dennoch enthält die 2. Auflage des *Buches der Bilder* gültige Gedichte Rilkes, darunter *Kindheit*, *Der Knabe*, *Abend*, alle diese schon aus der Pariser Zeit. 1899, etwa gleichzeitig mit den ersten *Gebeten*, dem Anfang des *Stunden-Buches*, entstand die 1. Fassung einer zwischen Lyrik und Prosa spielenden Dichtung, die großen Erfolg in der 1906 umgearbeiteten Fassung haben sollte: *Die Weise von Liebe und Tod des Cornets Christoph Rilke*. Der Text verbindet eine rührende Jungennaivität mit soldatischer Herbheit und aufbrechender Sexualität.

Russische Studien und italienische Eindrücke sind reflektiert in *Geschichten vom lieben Gott* (1900). Deren Erzählsituation ist auf Ironie angelegt. Das ist ein entschiedener Fortschritt weg von der sentimentalen Neigung des jungen Rilke. Es sind Geschichten, die Erwachsenen zur Weitergabe an Kinder erzählt werden. Sie haben also eine Erwachsenen-Naivität. Ein Gott, der sich in mehreren Gestalten äußert, vornehmlich den Künstlern nahe ist, ein zukünftiger Gott, umgekehrt die Aufgabe der Künstler, den Menschen, wie er wirklich ist, Gott zu zeigen, ihn von der unnatürlichen bürgerlichen Bekleidung zu befreien, das alles liegt noch auf der Linie von Rilkes variabler Kunstreligiosität, wie sie sich in den frühen Erzählungen und im *Stunden-Buch* äußert.

Von der zweiten Rußlandreise zurückgekehrt, war Rilke nach Worpswede, einem Moordorf bei Bremen, gegangen, wo sich eine Kolonie von Malern angesiedelt hatte, darunter Heinrich Vogeler, ein Jugendstilmaler und -graphiker, den Rilke in Florenz kennengelernt hatte. Besonderen Eindruck machte ihm dort Paula Becker, in die er sich verliebte, die aber mit dem Maler Otto Modersohn verlobt war, was Rilke zuerst nicht wußte. Deren Freundin war die Bildhauerin Clara Westhoff. Vor einer Bindung floh er nach Berlin, kehrte aber wieder zurück und fand sich im Frühjahr 1901 mit Clara Westhoff verheiratet in einem Bauernhaus in Westerwede wohnend. Rilke schrieb fleißig für Zeitungen und suchte sich vor der Bürgerlichkeit durch seine Definition der Ehe zu schützen. Im Falle einer Ehe zweier Künstler sei der eine der Wächter vor des anderen Einsamkeit. So soll ihm die Ehe dazu dienen, sich von den Bürgern abzuschließen, nicht dazu, sich in die Gesellschaft einzuordnen.

Diese Bindung löste sich schon im August 1902 wieder. Das Geld reichte nicht, und Rilke hatte den Auftrag übernommen, ein Buch über Rodin zu schreiben, weshalb er nach Paris reisen mußte. Daß die Ehe in den folgenden Jahren nur für kurze Zeit wiederaufgenommen wurde und dann ganz aufhörte, obwohl sie rechtlich fortbestand, hatte sicher nicht nur äußere Gründe. Vielmehr hielt Rilke seine Kompromisse mit dem bürgerlichen Leben, seine künstlichen Heimaten, schließlich für unvereinbar mit seiner dichterischen Existenz, die auf absolute Kunst, auf Verwandlung des Konventionellen in das Ungewöhnliche, nie Gehörte, gestellt war. Glücklicherweise waren die Eltern seiner Frau wohlhabend und bereit, für Tochter und Enkelkind aufzukommen.

Die Beziehung zu Lou war inzwischen eine Zeitlang abgebrochen gewesen. Aus Paris schrieb Rilke ihr wieder lange Briefe, die voller Ängste sind. Sie ermutigte ihn, sich seiner Depressionen briefschreibend zu entledigen. Unter seinen Ängsten erhielt sich jedoch das alte künstlerische Selbstbewußtsein mit dem Entschluß, seine Heimat in der Dichtung zu finden. In einem Brief vom 8. August 1903, geschrieben ausgerechnet während eines Besuches bei seinen Schwiegereltern, wo seine Tochter Ruth lebte, steht das endgültige Urteil über seinen eigenen Versuch, seßhaft zu werden:

> Als ich mich immer nach einer Wirklichkeit sehnte, nach einem Haus, nach Menschen, die weithinsichtbar zu mir gehörten, nach dem Täglichen –: wie irrte ich da. Seit ich es habe, fällt es von mir ab, eins nach dem anderen. Was war mir mein Haus anderes, als eine Fremde, für die ich arbeiten sollte, und was sind mir die nahen Menschen mehr als ein Besuch, der nicht gehen will ... O Lou, in einem Gedicht, das mir gelingt, ist viel mehr Wirklichkeit als in jeder Beziehung oder Zuneigung, die ich fühle: wo ich schaffe, bin ich wahr, und ich möchte die Kraft finden, mein Leben ganz auf diese Wahrheit zu gründen ...

Dies sollte ihm aber nur unvollkommen glücken, da seine Arbeit ihm nur selten gelang. Immer wieder hielt er sich die Notwendigkeit vor, wie Rodin seine Kunst geduldig und handwerklich zu betreiben. So trieb er einen Kult mit der Arbeit, mit der Inspiration, die er sich von veränderten äußeren Umständen erhoffte. Einsamkeit sollte ihm zur Inspiration verhelfen, jedoch konnte er es, verständlicherweise, in der Einsamkeit nicht lange aushalten. Die Entfremdung von der bürgerlichen Lebensweise gestaltete er in den Mythos vom einsamen und gegenbürgerlichen Künstler, aus dem in Paris das *Requiem für eine Freundin* (1908, gedruckt 1909) wurde. Paula Becker-Modersohn war im Kindbett gestorben. Sie hatte sich mit ihrem Mann versöhnt, nachdem sie sich schon von ihm getrennt hatte. Ihre Rückkehr in die Ehe deutet Rilke im *Requiem* als Schuld. „Da gingst du hin / und brachst in Brocken dich aus dem Gesetz mühsam heraus“. Statt ihren eigenen Tod zu sterben, den Tod, der zu ihrem Künstlerleben gehört hätte, starb sie einen gewöhnlichen Tod, „den Tod der Wöchnerinnen“. Denn einer künstlerischen Zukunft gegenüber ist das Eherecht nichtig:

...
das wirre Leiden von der falschen Liebe,
die, bauend auf Verjährung wie Gewohnheit,
ein Recht sich nennt und wuchert aus dem Unrecht.

Das *Requiem* gehört zu Rilkes Umdeutung des bürgerlichen Lebens aus dem Geist des absoluten Künstlers und weist so auf die Elegien voraus.

Denn irgendwo ist eine alte Feindschaft
zwischen dem Leben und der großen Arbeit.

Schon in der Zeit des ersten Pariser Aufenthaltes 1902 bis 1903 entstanden die ersten der *Neuen Gedichte.* Anfangs gingen Gedichte des *Buches der Bilder* und des *Stunden-Buches* nebenher, die „neue" Stufe ist aber so deutlich, daß der Titel *Neue Gedichte*, der auf einen Vorschlag des Verlegers Kippenberg zurückgeht, seine Berechtigung hat. Rilke löste sich von dem Niveau der Dehmel, Schaukal, Mombert, das er, langsam ansteigend, erreicht hatte. Neben George und Hofmannsthal tritt erst jetzt Rilke als der dritte bedeutende Vertreter der deutschen Sonderform des Symbolismus in Erscheinung. Georges Mahnungen zeitigten in den *Neuen Gedichten* eine Spätwirkung, die zusammenfloß mit dem Einfluß Baudelaires, wie er ihm in Paris durch Rodin nahegebracht wurde. Die Mahnungen des Bildhauers zur künstlerischen Geduld und zum Immer-Arbeiten blieben unerreichbare und bewunderte Ideale, auch dann noch, als Rodins erotische Besessenheit Rilke veranlaßte, seine Bewunderung auf menschliches Maß zu reduzieren. Als er 1905 bis 1906 eine Zeitlang auf Rodins Besitzung wohnte und ihm als Sekretär diente, führte sein Hausherr ihn nach Versailles und Chartres. Die Kathedrale wurde Rilke unter Rodins Anleitung ein künstlerisches Erlebnis. Dazu kam 1907 seine Aneignung des Werkes von Paul Cézanne, mitten in der Entstehungszeit der

Neuen Gedichte. Cézannes Werk, mit Einschränkungen auch van Goghs, lernte Rilke intensiv kennen und schätzen, nachdem er sich persönlich von Rodin gelöst hatte. Dagegen nahm Rilke die modernsten Richtungen seiner Zeit, den Fauvismus, den beginnenden Kubismus und den deutschen Expressionismus, kaum zur Kenntnis, von Ausnahmen abgesehen wie seine (spätere) Schätzung des Saltimbanques-Bildes von Picasso.

Rilke benutzt Beispiele aus der bildenden Kunst, um in Briefen an Lou Andreas-Salomé und seine Frau Clara eine Theorie für seine eigene Kunst zu entwickeln.

> Das Ding ist bestimmt, das Kunst-Ding muß noch bestimmter sein; von allem Zufall fortgenommen, jeder Unklarheit entrückt, der Zeit enthoben und dem Raum gegeben, ist es dauernd geworden, fähig zur Ewigkeit.
>
> (8. August 1903 an Lou Andreas-Salomé)

Diese Briefstelle enthält das ganze Programm Rilkes. Die Dinge, die als Modelle dienen, sollen aus den Zufälligkeiten ihrer Lebenszusammenhänge herausgelöst und damit über sich selbst hinausgehoben werden, damit sie in zeitlos dauernde Ewigkeit, d. h. Kunstwerke, verwandelt werden können. Die Kunst-Religion der Frühzeit geht jetzt ein in die Theorie von der Zeitlosigkeit des Kunst-Dinges, das die Vergänglichkeit überdauert.

Es sei ein „alter Fluch der Dichter“, zu klagen und ihre Gefühle „voller Wehleid“ in Gedichte zu bringen,

> ...
> statt hart sich in die Worte zu verwandeln,
> wie sich der Steinmetz einer Kathedrale
> verbissen umsetzt in des Steines Gleichmut.

Diese Verse sind aus dem *Requiem für Wolf Graf von Kalckreuth* (1908, gedruckt 1909). Die Verwandlung ins Kunst-Ding soll also von persönlich-privaten Stimmungen und Gefühlen unabhängig sein, was freilich kaum vollständig gelingen kann. Gemeint ist vielmehr, die Wörter so zu manipulieren, daß ihre Bedeutungen sich aus ihrer alltäglichen Wirklichkeit, auch der des Autors, loslösen, um damit die Möglichkeit des Überdauerns zu erreichen. Das ist dann eine Befreiung, die Rilke aber nicht als Willkür, sondern als demütigen Dienst an dem entstehenden Kunst-Ding aufgefaßt haben will.

Am Beispiel Cézannes konstatiert Rilke,

> ... daß es niemals noch so aufgezeigt worden ist, wie sehr das Malen unter den Farben vor sich geht, wie man sie ganz allein lassen muß, damit sie sich gegenseitig auseinandersetzen. Ihr Verkehr untereinander: das ist die ganze Malerei.

Übersetzt in dichterische Arbeit an der Sprache, ist dies ein symbolistisches Programm. Deshalb kann man Rilke nicht ganz wörtlich nehmen, wenn er die Manipulation des Künstlers leugnet. Die Briefstelle (an Clara Rilke, 21. Oktober 1907) fährt fort:

> Wer dazwischenspricht, wer anordnet, wer seine menschliche Überlegung, seinen Witz, seine Anwaltschaft, seine geistige Gelenkigkeit irgend mit agieren läßt, der stört und trübt schon ihre Handlung.

Aus Äußerungen wie dieser entstand das Mißverständnis, Rilke habe treu und objektiv die Wirklichkeit wiedergeben wollen, während es sich doch um Beziehungen der Farben als Kunstmittel untereinander handelt. Auf Worte übertragen, besagt das nur, daß ein Gedicht in sich stimmig sein muß, so wie er es am nächsten Tage, wieder von Farben in Cézanne-Gemälden, schreibt: „Es ist, als wüßte jede Stelle von allen." Was abgelehnt wird, ist Rhetorik, Propaganda für eine Meinung, für eine Weltanschauung; denn die Verbindung mit der Wirklichkeit soll gelockert werden. Sie ist vergänglich, das Kunstwerk dauert. Alle Dinge müßten der Verwandlung ins Gedicht fähig sein. Das exemplifiziert Rilke an Baudelaires Gedicht *Une Charogne* (*Ein Kadaver*).

Sowenig eine Auswahl zugelassen ist, ebensowenig ist eine Abwendung von irgendwelcher Existenz dem Schaffenden erlaubt: ein einziges Ablehnen irgendwann drängt ihn aus dem Zustand der Gnade, macht ihn ganz und gar sündig.
(19. Oktober 1907 an Clara Rilke)

In dieser Briefstelle bezieht Rilke sich auf einen Abschnitt aus den *Aufzeichnungen des Malte Laurids Brigge*, deren Anfänge seine Frau von einem gemeinsamen Aufenthalt in Rom 1904 her kannte. Angesichts Cézannes, der dieses Gedicht von Baudelaire auswendig wußte (und es illustrieren wollte), versteht Rilke jetzt seinen fiktiven Tagebuchschreiber besser. Ihm sei diese schlichte Verwandlung der Dinge als Dichter aufgegeben, ohne daß er sie leisten könne. *Neue Gedichte* und *Malte* verhalten sich also komplementär. In den Gedichten wird die „Verwandlung“ vorgeführt, oft auch das Programm der Verwandlung (was Rilke offenbar in der symbolischen Form nicht als „Dazwischensprechen“ ansieht), im *Malte* die bedrückenden und befreienden Bedingungen einer einsamen, dem Bürgertum entfremdeten Dichterexistenz, ohne die Rechtfertigung durch gelungene Gedichte oder Erzählungen.

Das Gedicht *Der Schwan* schrieb Rilke im Winter 1905/06, als er bei Rodin in Meudon wohnte. In der Anordnung der *Neuen Gedichte* steht es in einer Reihe (von *Der Engel* bis *Der Dichter*), deren Texte symbolisch vom Auftrag des Dichters handeln, die Vergänglichkeit des Irdischen durch künstlerisches Neu-Sehen zu überwinden. Er selbst bleibt leer und allein zurück, wenn er von der Inspiration verlassen wird. Das sagt das Gedicht *Der Dichter*, das etwa gleichzeitig mit *Der Schwan* entstand und sein komplementärer Gegensatz ist. Das Gedicht *Der Schwan* gibt ein Bild für die dichterische Inspiration:

Diese Mühsal, durch noch Ungetanes
schwer und wie gebunden hinzugehn,
gleicht dem ungeschaffnen Gang des Schwanes.

Und das Sterben, dieses Nichtmehrfassen
jenes Grunds, auf dem wir täglich stehn,
seinem ängstlichen Sich-Niederlassen –:

in die Wasser, die ihn sanft empfangen
und die sich, wie glücklich und vergangen
unter ihm zurückziehn, Flut um Flut;
während er unendlich still und sicher
immer mündiger und königlicher
und gelassener zu ziehn geruht.

Der Schwan wird mit Menschlichem verglichen. Sein schwerfälliger Gang auf dem Land ist sicher eine Anspielung auf Baudelaires *Le Cygne*, ein Gedicht, in dem der Sprecher einen aus einer Menagerie mitten in Paris entflohenen Schwan, der vergeblich Wasser sucht, mit dem mythischen Schicksal der aus Troja entführten Andromache zusammenkomponiert, als Zeichen für Entfremdung und Leiden um Unwiederbringliches. Bei Rilke dient als Metapher für den schwerfälligen Gang des Schwanes das Gefühl, von einer unbewältigten Aufgabe gehemmt zu sein. Die 2. Strophe beginnt wieder mit einer menschlichen Metapher, sie setzt das Sterben, die Angst vor dem Verlust des alltäglich Gewohnten, als Zeichen für den ängstlichen, langsamen, schwerfälligen Eintritt des Schwans in sein eigentliches Element. In der 6zeiligen Schlußstrophe ist die Pracht des Schwanes auf dem Wasser in Worte gebracht.

Rainer Maria Rilke
in seinem Arbeitszimmer im Hôtel Biron, Paris

Eine Vollkommenheit der Seele nach dem Tode hat Rilke nicht anzubieten. Seine Überwindung des Todes ist das Gedicht. Das „noch Ungetane" ist der Zustand des unfertigen Gedichtes, der Arbeit, die im alltäglichen Leben des Dichters geschieht. Der „ungeschaffne" Gang des Schwanes deutet darauf hin, daß der Schwan für das Wasser, nicht für das Land geschaffen ist, das Wort ist aber auch Schlüssel für das noch „ungeschaffene" Gedicht. Für sein Gelingen ist das Verlassen „jenes Grunds, auf dem wir täglich stehn", nötig, was das Gedicht mit dem Tode gleichsetzt. Wenn die Inspiration das Gedicht zusammenschießen läßt, ist die Alltäglichkeit in einen anderen Zustand umgeschlagen. In dem gelungenen Gedicht ist die Zeit aufgehoben; es ist Leben und Tod zugleich, ein Tod ohne Schrecken, der Verklärung des Lebens ist.

Die Gedichtgruppe, die sich um *Der Schwan* versammelt, hat es mit dem Dichter und der Verwandlung ins Gedicht zu tun. Andere der *Neuen Gedichte* stellen einen Bezug von Wirklichkeit und Imagination her, indem sie verschiedene Bereiche metaphorisch verbinden. Das hat Dichtung natürlich von jeher getan. Rilkes Metaphern entziehen sich der Unterordnung unter das Bezeichnete. Sie sind suggestiv, bringen menschliche Bereiche in den ästhetisch gebildeten Zusammenhang ein, um damit das Menschliche aus seiner alltäglichen Bedeutung herauszulösen. So weisen in *Blaue Hortensie* die Metaphern „verweint", „in alten blauen Briefpapieren", „Verwaschenes wie an einer Kinderschürze" mit dem Hinweis, daß diese nicht mehr getragen wird, auf den Tod eines Kindes und die Trauer um die Vergänglichkeit des Lebendigen hin, die in der Freude an den Farben der Blüte am Ende wieder aufgehoben wird. Das berühmteste der *Neuen Gedichte*, *Der Panther*, stellt das Kraftvolle, aber bewußtseinslose Anderssein eines Tieres vor, das in der Phantasie lebendig werden und vom Gedicht ausgesprochen werden kann. Das Lächeln, das wie Blüten, Bilder und plastische Kunstwerke sprachloser Ausdruck ist, wird in *Das Karussell* und in *Alkestis* in der Verlebendigung einer mythischen Szene berufen. Gedichte über Kunstwerke, wie die beiden über Apollo-Statuen, die den ersten und den „anderen Teil“ der *Neuen Gedichte* einleiten, oder *Kretische Artemis*, setzen die Phantasie aus Anlaß der Statue in Bewegung. Im Falle des *Archaischen Torsos Apollos* ergänzt sie das „unerhörte Haupt“ und empfängt von dieser Skulptur die Aufforderung: „du mußt dein Leben ändern“, um dem Kunstwerk angemessen zu sein. Alltägliches auf Schönes beziehen und darin aufheben wie in *Die Rosenschale* ist eine Aufgabe, die sich Rilke besonders gerne stellt. Seltener ist die Umkehrung wie in *Geburt der Venus*, wo der tote Delphin als Symbol des Uterus die Suggestion des Botticelli-Gemäldes am Schluß auf Blut, Leiden und Tod bezieht.

Es handelt sich also in den *Neuen Gedichten* nicht etwa allein um das Anschauen der äußeren Welt, wie das aus manchen gleichzeitigen und späteren Selbstäußerungen Rilkes hervorzugehen scheint, sondern um ein imaginatives, verschiedene Seinsbereiche kombinierendes Anschauen. Wir können diese Phase der Lyrik Rilkes ‚imaginativen Symbolismus‘ nennen. Dieser Symbolismus ist leichter zu interpretieren als der Mallarmés. Das ist aber kein Grund, ihn geringer zu schätzen. Er geht, wie der Bezug zu Baudelaires *Le Cygne*, das Gedicht *Der Dichter* und die parallelen Aufzeichnungen des *Malte Laurids Brigge* beweisen, von der Entfremdung des bürgerlichen Dichters in seiner Welt aus. Diese Entfremdung wird bewußt benutzt zur Verwandlung der Alltäglichkeit in eine neue Wortwelt, das zeitlose Gedicht.

Nachdem Jakob Wassermann den jungen, zum Sentimentalen neigenden Prager Dichter auf Jacobsen hingewiesen hatte, wirkten die atheistische Religiosität des Niels Lyhne und das „eigene" Leben der Frau Marie Grubbe weiter. Mit den anderen disziplinierenden Einflüssen vereinigte sich der Zuspruch Lou Andreas-Salomés, die, obwohl dem schönseligen Stil immer noch verhaftet, genug Geschmack besaß, um einen langen Brief Rilkes vom 18. Juli 1903 über seine Ängste in Paris und sein impressionistisches Preisgegebensein an deprimierende Eindrücke seiner Ausdruckskraft wegen zu loben. Dieser Brief wurde so zum Ausgangspunkt der *Aufzeichnungen des Malte Laurids Brigge.*

In Rom, im Februar 1904, hat Rilke diese Prosaarbeit begonnen. Zuerst wollte er sich durch eine Art von Rahmenerzählung oder durch das Auftreten eines Herausgebers von Malte distanzieren. Die Herausgeberfiktion ist in der endgültigen Fassung durch einige wenige Anmerkungen aufrechterhalten. Aber sonst spricht Malte selbst in seinen einsamen Notizen, teils Erinnerungen, teils Impressionen.

Rilke las noch in Rom Kierkegaard, der ihm die leichtfertigen optimistischen Lösungen der monistischen Kunstreligion verbot, ohne Rilkes Grundauffassungen zu erschüttern. Im Sommer und Herbst 1904 unternahm Rilke eine Reise nach Skandinavien, wo er bei Bekannten in Südschweden wohnte. Dort schrieb er eine Besprechung über das Werk des norwegischen Dichters Sigbjörn Obstfelder, der, wie Rilke und Jacobsen, ein religiös erregter Monist war. „Sein Wesen war ja, Fremdling zu sein", charakterisiert Rilke Obstfelder, aus dem sozusagen Malte wird.

Rilke gab Malte viel von sich selbst, er versetzt ihn in seine erste Pariser Wohnung in die Rue Tollier. Mit Rilke teilte Malte seine Bestimmung, Dichter zu werden. Maltes adlige Herkunft entspricht Rilkes Wunschtraum; dafür belastet er seine Figur mit einer noch größeren Empfindlichkeit seinen Eindrücken gegenüber. Malte registriert das moderne Massenzeitalter in den fabrikmäßigen Toden in großen Hospitälern, wie er sie in Paris sieht. Malte hält sich an das Individuelle, ausgedrückt durch den eigenen Tod und das eigene Leben. Aber seine individuellen, freien Phantasiekräfte arten immer wieder aus, bedrohen Maltes Persönlichkeit durch Ängste und Neurosen. Der Mann auf dem Boulevard St. Michel, der den Veitstanz vergeblich unterdrückt, ist anderen Gegenstand flüchtigen Amüsements, Malte aber muß ihn verstehen, verfolgen und ist am Ende „leer" von dem Erlebnis. Das abgebrochene Pariser Haus ist nur ein flüchtiger Eindruck, aber es löst in Malte eine Flut von imaginierten Impressionen aus, unter denen die Gerüche der Armut die quälendsten sind. Die „Fortgeworfenen", wie Malte sie nennt, Alte und Verbrauchte, die sich aufgegeben haben, scheinen ihn in ihre Reihen ziehen zu wollen. Malte empfindet das mit seinem Oberklasseninstinkt, aber es hat auch eine andere Seite, die nur andeutungsweise sichtbar wird: die Entfremdung, der Verlust der bürgerlichen Existenz, des Selbstbewußtseins und der Scham, öffnet den Weg, die von allen Menschen gedeutete Welt zu verlassen, um sie um- und neu zu deuten, in andere, künstliche Zusammenhänge zu bringen.

Eine Eigenart des *Malte* ist das Nebeneinander von Grauen und Humor. So in seiner Kindheitserinnerung, in der Malte sich verkleidet und maskiert und, so verwandelt, sich an sein Spiegelbild verliert, vor Schrekken davonläuft und besinnungslos wird. Andere Stellen haben einen versteckten, ins Groteske spielenden Humor, wie in der Beschreibung des Predigers, der in dem unfrommen Hause der Kindheit Maltes nicht an seinem Platze war.

... er lag sozusagen auf dem Land und schnappte. Die Kiemenatmung, die er an sich ausgebildet hatte, ging beschwerlich vor sich, es bildeten sich Blasen, und das Ganze war nicht ohne Gefahr.

Ein Abschnitt des *Malte* mokiert sich über bohemische Kunstschülerinnen, die sich für emanzipiert halten und so die (zunächst ganz konservativ gesehene) Bestimmung der Frau verfehlen. Es ist jedoch bezeichnend für Malte wie für Rilke, daß die konservative Sicht nicht zu einer konservativen Verhaltensnorm führt, sondern in die paradoxe Lehre von den großen Liebenden umschlägt. In Bettina Brentano (deren Verhältnis zu Goethe Malte-Rilke nur von ihrer Fassung des Briefwechsels her beurteilt), in Héloïse, in der portugiesischen Nonne Marianna Alcoforado (die er als wirkliche Figur behandelt, sie wurde erst nach Rilkes Tod als Dichtung nachgewiesen), in der italienischen Dichterin Gaspara Stampa, in Sappho und anderen Frauen findet Malte Beispiele für eine Liebe, die den gemeinten Mann und das eigene Ich und seine Wünsche übersteigt. Die erotische Liebe öffnet den Zugang zum Elementaren der Welt, darf aber um keinen Preis zur persönlichen Bindung führen, die bürgerlich wäre und den Zugang des Dichters zum Weltganzen hemmen würde.

Die bürgerliche Gesellschaft wird überwiegend mit Verachtung behandelt. Ruhm erklärt Malte am Beispiel Beethovens und Ibsens für ein Mißverständnis, offenbar weil die Gesellschaft über den Ruhm Einfluß auf den Künstler nehmen könnte, was nicht sein darf. Die Bürger umgeben den einsamen Künstler mit Haß, oder, was beinahe noch schlimmer ist, seine Familie umgibt ihn mit Liebe. Dies wird legendenartig in der Geschichte des verlorenen Sohnes am Schluß erzählt. Zur Entfaltung seiner freien Phantasiewelt muß er sich von der Konformität mit seiner Familie befreien, darf er nicht der sein, den sie meinen. Gegenstand seiner Liebe kann nur Gott sein, der im *Malte* an einigen Stellen als die Instanz erscheint, vor der das Ich seine festgelegte Eigenart verlieren muß. Der Gott Maltes ist ein Künstlergott, dessen Gegenliebe verwandelnde Inspiration wäre. Aber Gott „wollte noch nicht", wie es in der Geschichte des verlorenen Sohnes am Schluß heißt.

In dem versuchenden Erzählen der *Aufzeichnungen* hat man eine Form des modernen Experimentalromans gesehen. Man darf jedoch nicht vergessen, daß die *Aufzeichnungen* einen fiktiven Dichter zum Verfasser haben. Das macht ihre Bedeutung aus, ist aber auch eine enge Begrenzung. Zur modernen Gesellschaft, zum Selbstbewußtsein des modernen Menschen haben sie nichts beizutragen. Ihre Bedeutung ist die strenge Forderung, die der Dichter an sich stellt, nämlich die Entfremdung von seiner bürgerlichen Basis auszuhalten und gutzuheißen und zugleich dem modernen Massenzeitalter zu opponieren.

Im persönlichen Leben war Rilke durchaus nicht bereit, aus dem Postulat der Arbeits-Einsamkeit asketische Folgerungen zu ziehen. Er suchte nach Begegnungen, vornehmlich erotischer Art, bestand aber darauf, daß sie nicht zu menschlichen Bindungen führten, daß er das Recht habe, jederzeit wieder fortzugehen. Nach der Vollendung des *Malte* war Rilke besonders ruhelos. Er reiste, unter anderem, nach Nordafrika und Ägypten, er besuchte adlige Freundinnen auf ihren Gütern. Von der Fürstin Marie von Thurn und Taxis und von Anton und Katharina Kippenberg ließ er sich Goethe näherbringen, reiste auch nach Weimar und gewann tatsächlich ein Verhältnis zu ihm, den er bisher seiner Kompromisse mit den Philistern wegen abgelehnt hatte. Er verachtete das übliche Goethebild, bestand vielmehr auf seinen eigenen Entdeckungen, unter ihnen die *Harzreise im Winter* und die Elegie *Euphrosyne.* Er studierte auch Klopstock, dessen Verssprache ihm wichtig wurde, und, angeregt von Norbert von Hellingrath, Hölderlin. Monatelang nach Abschluß des *Malte* gelangen ihm keine Gedichte, die ihn zufriedenstellten, er beschäftigte sich mit Übersetzungen und klagte.

Durch die Fürstin Marie von Thurn und Taxis lernte Rilke 1910 Rudolf Kassner (1873–1959) kennen. Er eignete sich dessen schwieriges Werk auf seine Weise an. Kassner, der durch die Folgen einer Kinderlähmung behindert war, stammte aus Mähren und lebte als Privatgelehrter in Wien, wenn er nicht eine seiner großen Reisen unternahm. Er und Rilke waren mehrfach gleichzeitig auf einem der Güter der Fürstin Marie zu Besuch. Ein ursprünglich ästhetisches Interesse, von den Präraffaeliten angeregt, verband sich bei Kassner mit einem religiösen, der Herausbildung eines esoterischen Christentums, das einerseits hochindividualistisch war, andererseits die Umkehr, das Opfer des Individuums verlangte. Vieles hatten Rilke und Kassner gemeinsam, so ein Interesse für Kierkegaard bei grundsätzlichem Festhalten an ihrer katholischen Herkunft, ohne doch Kirchenkatholiken zu sein, und eine scharfe Kritik der Moderne, ohne doch die üblichen reaktionären Positionen einzunehmen. Rilke überbaute eher seinen Spiritualismus mit dezidiertem Monismus, was eine von Kassners Lehren grundverschiedene Position war. So kommt es, daß Kassner sich von Rilke mißverstanden fühlte. Er hielt vor allem die ihm gewidmete *Achte Elegie* (1922) für gegen seine Lehre gerichtet.

Im Dezember 1911 hatte Rilke sich auf das Schloß Duino am Adriatischen Meer zurückgezogen, das den Fürsten von Thurn und Taxis gehörte. Dort entstand *Das Marienleben*, ein Zyklus von Gedichten, ur-

Schloß Duino (um 1910)

sprünglich für Illustrationen durch Heinrich Vogeler bestimmt. Sie sind ein Spiel mit Bibeltext und Legende zwischen Ernst und Humor. Die Engelfiguren könnten die Frage angeregt haben, wie Rilke sich ernsthafte Engel vorstellen könne. Rilke hat abgestritten, daß seine Engel mit christlichen zu tun hätten. Damit wollte er einer verniedlichenden Auffassung entgegenwirken. Eine eigene, aus dem Künstlerauftrag entspringende Vorstellung eines Engels ist der Ausgangspunkt der *Elegien.* Dieser ist mit dem 1. Vers gesetzt, der Rilke in Duino in der zweiten Januarhälfte 1912 plötzlich einfiel:

Wer, wenn ich schriee, hörte mich denn aus der Engel
Ordnungen? ...

Die Langverse lehnen sich lose an den klassischen Hexameter an, auch Pentameter kommen vor. Formal sind die *Duineser Elegien* Parodien der deutschen klassischen Elegie mit Klopstock, Hölderlin und Goethes *Euphrosyne* als Vorbildern. Zwei später entstandene Elegien, die *Vierte* und *Achte*, sind in ebenfalls klassischen Blankversen geschrieben. Es ist eine wehmütige Beziehung auf das Klassische, auf das ästhetisch Vorbildliche, das in einer Zeit aufrechterhalten werden will, in der Vorbilder sich verflüchtigen.

Rilkes Engel entziehen sich der Zeit, der Vergänglichkeit und der Trauer. Sie sind in festen Ordnungen, sie sind überwältigend, zeitlos, gehen, ohne es zu wissen, unter Lebenden und Toten, sie sind „Räume aus Wesen“, und als einzelne sind sie Spiegel, die die Schönheit, die von ihnen ausströmt, wieder zurückschöpfen, wie es in der *Zweiten Elegie* heißt. Rilkes Engel sind ideale Künstler und zugleich Gedichte, die von jedem Nur-Menschlichen, Zeit-Unterworfenen, Sinnlichen befreit sind. Die Frage ist nur, wie kann der menschliche Künstler, der nach Liebe verlangt und von Vergänglichkeit bedroht ist, vor dieser Idealforderung bestehen? Die *Elegien* fragen: wie kann ich Künstler, Dichter sein, eine Aufgabe, die Übermenschliches verlangt, wenn ich doch nur Mensch bin? Über den Menschen überhaupt sagen sie nur dann etwas aus, wenn der Leser den Dichter als idealen Menschen betrachten will.

Der Wunsch nach einer Geliebten stört den Auftrag des Dichters, die noch sichtbaren kosmischen Symbole Nacht, Stern und Frühling in das Gedicht umzusetzen. Darum soll er die Erotik kompensieren, die transzendierende Liebe oder die Liebe als Teilnahme am Elementaren besingen. Menschliche Beziehungen sollen zu leichten Berührungen werden, ihre festen Verbindlichkeiten verlieren. Der Kult des Elementaren und die Ablösung von der bisherigen Welt fordern eine neue Religion, die die Aufgabe der alten übernimmt, mit dem Tode fertigzuwerden. Kunst ist deshalb in Leben und Tod. Die Klage um Tote ist künstlerische Verwandlung.

Die *Elegien* zeigen das Ideal totaler künstlerischer Konzentration als unerreichbar, ja als schrecklich und unmenschlich. Daß das Schöne nur des Schrecklichen Anfang ist, wie es in der *Ersten Elegie* heißt, verweist auf die Schönheit des Bösen, die Baudelaire gepriesen hatte. Der menschliche Bereich jedoch lenkt ab von der künstlerischen Konzentration, die dennoch das Erstrebenswerteste bleibt, der einzig erreichbare Sinn des Daseins. Es gilt, der Unterworfenheit des nur menschlichen Künstlers unter Liebe, Vergänglichkeit und Tod einen Sinn abzugewinnen. Dieser Sinn ist die Teilhabe an der Unvergänglichkeit durch das verwandelnde Kunstwerk.

Der Stil der *Elegien* mischt elementare und menschliche, kulturelle Bilder mit Abstraktem. Einzelne Bildbezüge werden einem rhetorischen Zusammenhang untergeordnet, der sich aus dem *Malte* herleitet. Wie in den *Aufzeichnungen* Erlebnisse, Erinnerungen und Betrachtungen durch das Thema der Entfremdung des Künstlers zusammengehalten werden, so werden in den *Elegien* Bilder mit der Dialektik von Künstlerauftrag und ausgesetzter Menschlichkeit des Dichters verflochten, aber nicht so, daß die Bilder sich als Metaphern unterordnen, sondern so, daß sie sich streckenweise verselbständigen, die Argumentation verdrängen, sich an ihre Stelle setzen und fortwährend in die Argumentation zurückgeholt werden müssen.

Zwischen den ersten beiden Elegien entstand der Anfang einer weiteren Elegie, in der der Sprecher sich vornimmt, die Städte zu rühmen, was er als Zeitaufgabe erkennt. Freilich wirkt dieses Vorhaben wenig überzeugend und bricht ab. Nach der *Zweiten Elegie* stockte das Werk. Der steckengebliebene Anfang einer dritten wurde Ende 1913 beendet. Sie spricht von dem Überpersönlichen der elementaren sexuellen Leidenschaft im Hinblick auf die Psychoanalyse. Ob er sich selbst psychoanalytisch behandeln lassen sollte, hatte Rilke in Duino erwogen, den Gedanken aber aufgegeben. Eine ebenfalls in Duino begonnene Schlußelegie wurde zur gleichen Zeit in Paris weitergeführt, aber bis auf den Duino-Anfang wieder verworfen.

Seine Versuche, das Pariser Leben wiederaufzunehmen, wurden immer wieder von Reisen unterbrochen, jetzt oft nach Deutschland. Die Spanienreise vom Herbst 1912 bis zum Frühjahr 1913 brachte neue Eindrücke. In dieser Zeit der Unruhe entstanden Gedichte. Einige, wie *Die spanische Trilogie* (1913) mit dem Hirten als Gegenbild und Gleichnis des Dichters, knüpfen an *Malte*-Themen an. Ein Gedicht *An den Engel* (1913) steht in engem thematischen Zusammenhang mit der Engelgestalt der *Elegien*, ist aber formal ganz anders. Der Wunsch nach einer irdischen Geliebten findet Ausdruck in dem Fragment „Perlen entrollen...“, das in elegienartigen Langzeilen geschrieben ist. Eine andere Gruppe von Gedichten verbirgt in Bildern den Wunsch, das Dichten aufzugeben und ein normales Leben zu führen, den Rilke in dieser Zeit ab und zu hatte. Hierzu gehört *Der Geist Ariel* (1913), das aus der Perspektive von Shakespeares Prospero (*Der Sturm*) das Aufgeben der Magie behandelt, und *Die Auferweckung des Lazarus* (1913), das von Jesu Abneigung, das Wunder zu tun, spricht und von seinem Grauen, während er „das Unerlaubte an der ruhigen Natur“ tut. Auch das letzte Wort von *Christi Höllenfahrt* (1913) („schwieg“) gehört möglicherweise in diesen Zusammenhang. Die *Gedichte an die Nacht*, ein unvollendeter und von Rilke nicht veröffentlichter Zyklus, variieren die *Elegien*-Themen der Nacht, des Engels und der erwarteten Geliebten in Versen, die manchmal in der Häufung von Reimen und den variablen Strophenformen wieder an das *Stunden-Buch* erinnern, jedoch sind diese Gedichte zumeist symbolistisch verschlüsselt. Zwei Gedichte, in denen Rilke einen Grund für seine Unruhe sucht und dagegen sich sein *Elegien*-Programm bestätigt, sind „Waldteich, weicher, in sich eingekehrter...“ und *Wendung* (1914). Er möchte die Bilder, die er durch seine Art imaginativen Anschauens erworben hat, in sich durch Liebe zusammenschließen. Der „innere Mann“ solle durch ein „inneres Mädchen“ ergänzt werden, ein Gedanke des norwegischen Dichters Obstfelder, dessen Gestalt und Gedanken schon auf den *Malte* gewirkt hatten. Die *Duineser Elegien* sollen bei der gebotenen Demut einen bejahenden Mythos, eine Rechtfertigung des Dichters als liebenden Erlösers der Welt enthalten. „Waldteich...“ geht von dem Kontrast eines idyllischen Stücks Natur als Bild der Innerlichkeit und dem stürmischen Meer als Bild der schicksalunterworfenen Außenwelt aus. Beiden müsse der Dichter gerecht werden im Anschluß an das Elementare.

Das Thema des vital Elementaren, das in den erotischen Stellen der *Zweiten* und *Dritten Elegie* schon behandelt war, tritt in den folgenden noch stärker hervor. Ein Lebensrückblick in der *Vierten* und die Gruppe der fahrenden Artisten in der *Fünften* (1922) erinnern an *Malte*-Themen, das biblische Heldenthema der *Sechsten* an verwandte Motive der *Neuen Gedichte.* Die Lösung: „sag ihm [dem Engel] die Dinge" und „Erde du liebe, ich will" in der *Neunten Elegie*, sowie die Verwandlung der Klagen in den Preis der Erde erfüllt das ursprüngliche Programm. Die verworfene Stadt-Elegie wurde in der *Zehnten Elegie* mit ironisch gefärbter Bildlichkeit als Leid-Stadt wiedererweckt. Die symbolische Bildlichkeit nimmt im Laufe der Arbeit auf Kosten der *Malte*-Rhetorik zu. Die zuletzt geschriebene *Fünfte Elegie* ist überwiegend von dem Bild der Fahrenden beherrscht, das um einer halb rätselhaften Deutungsmöglichkeit willen gezeigt wird, des Umschlags vom Versuchen ins dichterische Können, der, wie die Schlußstrophe zeigt, nur um den Preis des Lebens möglich ist. Die *Fünfte Elegie* sagt also etwas ganz Ähnliches wie *Der Schwan* aus den *Neuen Gedichten*, wenn auch in einem anderen Stil. Der rhetorische Symbolismus der *Duineser Elegien* schließt sich dem imaginativen Symbolismus der *Neuen Gedichte* als kongeniale sprachliche Leistung der Lyrik Rilkes an.

»Die Gaukler« (»Les Saltimbanques«)
Gemälde von Pablo Picasso

17. Expressionismus

Das Wort ‚Expressionismus' gewann 1911 seinen programmatischen Sinn als Bezeichnung eines Gegensatzes zum Impressionismus, zuerst in der Malerei. Es wurde seit 1911 vereinzelt, ungefähr fünf Jahre später allgemein auf deutsche Dichtung angewandt. Die 22. Ausstellung der Berliner Sezession zeigte 1911 einen Saal mit Bildern der Kubisten und Fauvisten, darunter Braque, Picasso, Dufy und de Vlaminck. Um sie als Nachimpressionisten zu kennzeichnen, benutzte der Ausstellungskatalog den Begriff ‚Expressionisten', den die betreffenden Maler selbst nicht verwendeten. Im Juli 1911 wandte der Schriftsteller und Lyriker Kurt Hiller in einem Gelegenheitsartikel in der monatlichen Beilage *Literatur und Wissenschaft* der *Heidelberger Zeitung* den Satz „Wir sind Expressionisten" auf Dichter an, und zwar, um den Gegensatz auszudrücken zu „Ästheten, die nur zu reagieren verstehen". Der Begriff ‚Expressionismus' als Epochenbegriff, der bildende Kunst und Dichtung umfaßt, setzte sich in Deutschland durch und wurde als solcher exportiert, obwohl es zu gelegentlicher Verwendung des Begriffes in England, Frankreich und USA schon früher gekommen war.

Der Impressionismus ist ursprünglich ein malerischer Stil, der sich die Welt aus Farbflecken zusammensetzt unter Verzicht auf feste Umrisse. Die literarischen Parallelerscheinungen suchen ein modernes, vieldeutiges Bild der Welt wiederzugeben. Der impressionistische Dichter glaubt nicht an eine metaphysische, gesicherte Ordnung. Das bedeutet, daß er das traditionelle Bedürfnis des Lesers nach einem eindeutigen Sinn, nach einem Schluß, nach einer klar umrissenen Aussage enttäuschen und statt dessen eine ‚Stimmung', ein Moment, eine Impression geben will oder sein Gedicht, sein Drama (einen Einakter etwa), seinen Prosatext aus solchen Momenten zusammensetzt. Dadurch ergibt sich eine Dissoziation. In Wien wurde sogar das dissoziierte Ich gelehrt, was dem bürgerlichen Individualismus, dem Originalitätsbewußtsein des Außenseiters, das einen großen Teil der Literatur dieser Zeit erfüllt, merkwürdig zuwiderläuft. Das Leiden des einzelnen an Zeit und Gesellschaft konnte durch eine Literatur gemildert werden, die Ersatzerfüllung bot oder eine neue Zeit verkündete. All das finden wir auch im Expressionismus, nur in anderer Form, nämlich provokativer.

Die nachimpressionistische Malerei begann damit, daß sie die gleichsam selbständig gewordenen Farbflecken der Impressionisten bewußter und eigenwilliger komponierte. Dabei konnten Kontraste wichtiger werden als die verschwimmenden Übergänge. Das Bild wurde eine selbständige Sinneinheit, die sich vom Modell zu lösen begann. Diesen Vorgang begriff Rilke 1907 in der Betrachtung von Bildern Cézannes und deutete ihn sich als Begründung seiner besonderen Art von verwandelndem Symbolismus. Rilke lernte in seiner Pariser Zeit von Baudelaire. Dies taten unabhängig von Rilke auch Georg Heym und Georg Trakl. Diese beiden waren auch von Rimbaud beeindruckt. Heym und Trakl, besonders der letztere, schrieben Gedichte im konsequenten Stil des Symbolismus. Sie folgten dem Prinzip der Eigenständigkeit des Gedichtes, der Verfügungsgewalt des Dichters über die Bilder, unabhängig von der Welt des Lesers. Auch Rilke vertrat die Eigenständigkeit des Gedichtes, auch er wollte die Wirklichkeit „verwandeln", rechnete aber weit mehr mit dem Verständnis seines Lesers. Ein Teil der als ‚expressionistisch' bezeichneten Lyriker, besonders Trakl, führen also den französischen Symbolismus in Deutschland ein. Der Übergang von Jugendstillyrik zu symbolistischer ist gut in den Gedichten Else Lasker-Schülers zu verfolgen, die zur Generation des Jugendstils gehört, mit Jugendstilgedichten begann (*Styx*), aber im Berliner Expressionismus mit der jüngeren Generation engen Kontakt hatte. Übergänge von der Erlebnislyrik, die noch im impressionistischen Stil möglich ist, zu neuen, symbolistisch-expressionistischen Formen in der Lyrik sind auch bei Mombert und zur Linde zu verfolgen. ‚Expressionismus' ist also kein eindeutiger Begriff. In der Lyrik schließt er den Übergang zum konsequenten Symbolismus ein, ist aber nicht durch ihn definiert.

Wir stoßen auf eine Schwierigkeit der Begriffsabgrenzung: die Zeit des Expressionismus setzt den Stilpluralismus der Jugendstilepoche fort. Man kann in der Lyrik nicht den Symbolisten Trakl, den Großstadt-Satiriker Lichtenstein und die Weltfreund-Gedichte Werfels auf einen stilistischen Nenner bringen, ebensowenig das konstruktive und das satirische Drama. Ein Begriff der expressionistischen Prosa, der nicht auch Rilkes *Die Aufzeichnungen des Malte Laurids Brigge* einschlösse, ist kaum denkbar. Die expressionistische Prosa zeigt sehr viele verschiedenartige Stilformen, die von traumhaft visionären Texten zu solchen in realistischem Stil reichen, die jedoch in den Intentionen mit den Themen der expressionistischen Generation zusammenhängen. Aber will man diese Themen aussondern: etwa Anklage gegen die Väter und die bürgerlichen Konventionen oder Darstellung psychologischer Ambivalenzen, dann kommt man keineswegs zu eindeutigen Bestimmungen, die niemals früher gegolten hätten. Der Expressionismus ist historisch fest in der ersten Phase der Moderne, der Literatur von 1890 bis 1910, verankert. Das expressionistische Drama wäre ohne Wedekind und Strindberg nicht dasselbe gewesen. Diese dem Expressionismus zuzuschlagen und dem vitalistischen Jugendstil zu entziehen wäre historische Willkür. Das gleiche gilt für Heinrich Mann in der Prosa.

Was die Expressionisten verband, war eine entschiedene Opposition zum Bürgertum. Den fünf bis fünfzehn Jahre Älteren, Hauptmann, Schnitzler, George, Hofmannsthal, Rilke, warfen sie Anpassung an ihr bürgerliches Publikum vor. Daran ist etwas Wahres. Tatsächlich ist die Provokation ein wichtiges Kriterium. Die Frage, ob die Expressionisten ihre bürgerliche Grundlage verlassen hatten, muß man jedoch verneinen. Ihre Unbürgerlichkeit war bohemisch, der angegriffene Bürger wurde nur literarisch zu einem in Traditionen erstarrten Vater stilisiert. Obwohl es sicher Reste der patriarchalischen Lebensordnung gab, war der Fortschritt der Liberalisierung in Deutschland gar nicht aufzuhalten. Expressionistische Literatur und Kunst waren ökonomisch nur möglich, weil es eine aufgeschlossene Elite gab. Der Prozeß einer kulturellen Liberalisierung setzte sich ins Politische fort. Der Widerspruch gegen die Welt der Väter hatte schon vor dem Ersten Weltkrieg eine linke und eine rechte Ausschlagmöglichkeit. Nach der Niederlage entstand eine Kluft zwischen ihnen.

Bürgertum ist ein Kompromiß von Sicherheit und Freiheit, der den bürgerlichen Erwerbsquellen Handel und Handwerk die optimalen Bedingungen einräumt. Die in die Literatur entflohenen Bürgersöhne suchten dort die Freiheit und gefielen sich darin, die beneidete Sicherheit zu verachten. Wer als arrivierter Schriftsteller ökonomische Sicherheit gewonnen hatte, wie Hauptmann und Thomas Mann, geriet in den Verdacht, seine Freiheit verloren zu haben. Das Elitedenken der Oberklassen, das die deutschen Bürger des

Kaiserreiches sich zugelegt hatten, findet man bei den meisten Expressionisten wieder. Sofern es sich ins Politische wendet, verführt es zur Erwartung leichter und schneller Lösungen der sozialen Probleme. Jedoch ist eine größere Bereitschaft, sich zu engagieren, bei der expressionistischen Generation zu verzeichnen, was als ein weiteres Kriterium des Unterschieds zur Rilke-Thomas-Mann-Generation zu gelten hat (die beiden Genannten politisierten sich während des Ersten Weltkrieges unter dem Einfluß der expressionistischen Strömung). Damit hängt zusammen, daß der Expressionismus sich zum großen Teil in Gruppen abspielt, während die Jugendstilautoren wohl ihre Freunde hatten, aber sich viel mehr als Individuen verstanden, jedenfalls wenn sie arriviert waren. Man kann das auch so ausdrücken: die bohemische Gruppe, der Stammtisch im Café, ist im Expressionismus Keimzelle von ernstzunehmender Produktion geworden. *Der Sturm* und *Die Aktion*, die wichtigsten expressionistischen Zeitschriften (wozu wenig später auch *Die Weißen Blätter* zu zählen sind), waren von der bohemischen Stammtischrunde abhängig, wo Ideen getauscht wurden. Zu dieser Soziabilität der Programme, der Absichten und des politischen Engagements steht oft genug der Inhalt der Dichtungen im Gegensatz, wenn er Isolierung, Entfremdung des Menschen in der Großstadt lyrisch ausdrückt oder wenn im Drama kein Dialog zustande kommt, die Figuren aneinander vorbeireden (was schon in Wedekinds Dramen stattfindet) oder wenn in der Prosa ein Wahnsinniger in Innensicht vorgeführt wird (was schon Hauptmann tat). Das kann bis zum Solipsistischen gehen. Strindbergs Ich-Dramen sind das eine, Freuds Psychoanalyse das andere Vorbild. Dem freien Fluten der Traumbilder, nicht mehr von einer Wahrscheinlichkeitsforderung beschränkt, entsprechen unzusammenhängende Impressionen, die sich in der modernen Großstadtwelt anbieten.

Schon im Naturalismus-Impressionismus wurden Bilder ohne Sinnzusammenhang nebeneinandergesetzt, z. B. in Liliencrons Gedicht *In einer großen Stadt* (s. Bd. 4, S. 812). In der expressionistischen Generation wird dieses Nebeneinander als Ausdruck des Großstadterlebnisses empfunden und oft mit provokativen Stilmitteln versetzt. Hierfür diene Alfred Lichtensteins Gedicht *Die Stadt* als Beispiel. Das Gedicht ist von 1913, setzt also Stadtdichtung von Georg Heym und Jakob van Hoddis voraus, ja, man kann es geradezu als Parodie auf diese beiden und vielleicht Ernst Blass lesen (s. S. 693–716). Betrachten wir hier, wie expressionistische Stadtdichtung die Reihung von Impressionen mit verfremdenden Stilmitteln versetzt:

Ein weißer Vogel ist der große Himmel.
Hart unter ihn geduckt stiert eine Stadt.
Die Häuser sind halbtote alte Leute.

Griesgrämig glotzt ein dünner Droschkenschimmel.
Und Winde, magre Hunde, rennen matt.
An scharfen Ecken quietschen ihre Häute.

In einer Straße stöhnt ein Irrer: Du, ach, du –
Wenn ich dich endlich, o Geliebte, fände ...
Ein Haufen um ihn staunt und grinst voll Spott.

Drei kleine Menschen spielen Blindekuh –
Auf alles legt die grauen Puderhände
Der Nachmittag, ein sanft verweinter Gott.

Das Gedicht ist in gereimten Terzinen geschrieben, einer Form, die Hofmannsthal dazu benutzte, um Bilder aneinanderzureihen, hinter denen unbeantwortbare Fragen nach dem Lebenssinn standen (*Terzinen über Vergänglichkeit*, *Weltgeheimnis*, *Ballade des äußeren Lebens*), oder um, im Gegenteil, den Zauber der dichterischen Schöpfungskraft auszudrücken (*Ein Traum von großer Magie*). Lichtensteins Terzinengedicht wirkt der Tendenz dieser Form zum Fließen entgegen, indem er die Reime je zweier Strophen streng aufeinander bezieht: abc, abc, def, def. Zwei symbolische Metaphern, der weiße Vogel und der sanft verweinte Gott, schließen voneinander isolierte städtische Impressionen ein. Die Wörter „geduckt, griesgrämig, stieren, glotzen“ erzeugen eine negative Gefühlsqualität. Daß Häuser mit „halbtoten Leuten“ verglichen werden, ist doppelt deprimierend, weil Lebendiges für Totes als Metapher gesetzt wird und weil das Bild an sich negativ ist. Dem wirken die Tierbilder, der Himmel als weißer Vogel, die Winde als Hunde, entgegen: lebendige Natur ist als Bezugshintergrund vorhanden, darf sich aber nicht entfalten. Die Hunde, die Winde bedeuten, sind matt. Der „quietschende“ Lärm, den die Winde an den Ecken erzeugen, ist kaum realistisch als Pfeifen des Windes zu fassen, vielmehr wird Großstadtlärm so mit den Häuten der metaphorischen Hunde verquickt, daß ein absurd-komischer Effekt entsteht. Zu dem Bezugshintergrund des Lebendigen gehört der Liebende, der aber ein Irrer ist und Spott erntet, und Kinder, die das Gedicht nur als „kleine Menschen“ sehen will, die Blindekuh spielen, ihr Leben als Erwachsene vorwegnehmend, wie der Irre, der vergeblich nach der Geliebten sucht. Diese graue Vergeblichkeit und Bezugslosigkeit wird am Ende in die Metapher des verweinten, also passiven und machtlosen Gottes gefaßt, dessen „Puderhände“ ihn zu einem melancholischen Clown machen. Er ist ja auch nur der „Nachmittag“, eine Stimmung.

Der milde melancholische Spott gehört zu Lichtensteins Stil. Für die expressionistische Großstadtdichtung ist bezeichnend, wie die zugrunde liegende Reihung von Impressionen durch Metaphern aufgebrochen wird, Metaphern, die das Gedicht beherrschen, ihm Form geben. Das Winde-Hunde-Bild mit den quietschenden Häuten wird provokativ zur Absurdität vorgetrieben. Auf der anderen Seite transzendieren die Metaphern des Himmels als großer weißer Vogel und des Nachmittags als das Gedicht beherrschender Gott das graue und griesgrämige Stadtelend, ohne daß die Richtung der Transzendenz deutlich würde.

Man muß sich hüten, den Ausdruck einer dissoziierten Sinnlosigkeit in den expressionistischen Dichtungen als Spiegelbild einer verkommenen Welt des spätkapitalistischen Bürgertums anzusehen, deren Untergang die Expressionisten prophezeit haben sollen. Sie waren Bürgersöhne, die vor dem Erwerbsleben in die Kunst flohen, wie Rilke oder Thomas Mann. Als Leser Nietzsches und Baudelaires protestierten sie gegen eine Welt, an deren religiöse und ethische Fundamente sie nicht glaubten, eine Welt jedoch, deren Solidität unerschütterlich schien. Ihr einen Stoß zu versetzen konnte den Expressionisten in der Wirklichkeit nicht gelingen, wohl aber im Gedicht. Weltuntergang, Krieg, Wahnsinn waren Motive, in denen die langweilige Alltäglichkeit in Bewegung kam. Es handelt sich nicht um Voraussage des Untergangs der Bürgerwelt im Ersten Weltkrieg, sondern eher um ein Symptom der Ungeduld mit der immer gleichen Alltagswelt, die Nietzsches Forderung nach der Umwertung aller Werte nicht nachkam. Äußere Anstöße waren die Marokko-Krisen 1905 und 1911, die Bosnien-Krise von 1908 und die Furcht vor einer kosmischen Katastrophe beim Durchgang der Erde durch den Schweif des Halley-Kometen 1910. Man sollte das apokalyptische Symbol als Symptom der Stimmung in der gebildeten Jugend der Oberklasse jedoch auch nicht unterschätzen. Es äußerte sich 1914 in breiten

Kreisen als Lust am Außerordentlichen, an einem gewaltsamen Ende der soliden Friedenswelt. Schaurige Tragik ist literarischer als langweilige Wirklichkeit. Dem Untergangs-Nihilismus oder der grausigen Lust an Tod und Zerstörung, an der Entwertung des Anerkannten, auch in der Literatur, steht der Traum des ganzen, vitalen, ‚neuen' Menschen entgegen, der mit seiner Welt versöhnt ist. Auch dieser Traum ist natürlich älter als der Expressionismus, er geht zumindest auf die Anfänge der bürgerlichen Literatur im 18. Jahrhundert zurück. Kaisers *Die Bürger von Calais* zeigt die Verbindung von Jugendstil-Tempeltheater mit einer als neu empfundenen Diktion, die provokativ wirken konnte.

Der Vitalismus, der schon den Jugendstil erfüllte, übte auch im Expressionismus weiter seine Wirkung aus. Man kann das bei Heym beobachten, an der Wirkung, die das Gedicht *Junge Pferde* von Paul Boldt hatte, auch an manchen exotischen Neigungen sowie antikisierenden und urzeitlichen Motiven. Exotische Landschaft wirkt unbürgerlich, das war schon bei Dauthendey so und wurde von den Bildern Gauguins bestätigt, von dem Interesse für primitive Kunst. Die Zeitschriftentitel *Der Sturm*, *Die Aktion*, *Das neue Pathos* drücken vitalistische Bewegung aus ebenso wie der Titel einer Gedichtsammlung von Ernst Stadler, *Der Aufbruch*. Aktion, Bewegung, der Reiz des Ungewöhnlichen ließen sich in der modernen Welt auch durch den Rausch der Geschwindigkeit und durch den ganz neuen Reiz des Fliegens erzeugen.

Hierher gehört die Wirkung des Italieners Emilio Filippo Tommaso Marinetti (1876–1944). Dieser hatte am 20. Februar 1909 im Pariser *Figaro* sein erstes futuristisches Manifest veröffentlicht. Marinetti hatte in Paris studiert und war dort mit der Dichtung Mallarmés, die er später ins Italienische übersetzte, und mit der Malerei der Kubisten in Berührung gekommen. Im Gegensatz zu Georges Braque und Pablo Picasso, die kein in Worte gefaßtes Programm wollten, suchte Marinetti sich durch seine Manifeste, durch Kunstausstellungen, Vortragsreisen, Flugblätter zum Führer der europäischen Moderne zu machen. In Deutschland gewann er Herwarth Walden, den Herausgeber der Zeitschrift *Sturm*, als seinen Vertreter. *Der Sturm* veröffentlichte 1912 das erste *Manifest des Futurismus* sowie ein *Technisches Manifest der Futuristischen Literatur* mit einem Supplement und das zweite Manifest des Futurismus unter dem Titel *Tod dem Mondschein*. Das erste Manifest beginnt mit einer Art von Prosagedicht. Eine Gruppe von Freunden wacht in der Nacht. Der Ort der Handlung wird durch exotische Bilder: Moscheen mit Kupferkuppeln, üppige Perserteppiche, und moderne Requisiten: elektrisches Licht, große Dampfschiffe, Lokomotiven, Straßenbahnen und Automobile, bezeichnet. Dann geht der Text zu einer Automobilfahrt mit glimpflich ablaufendem Unfall (Landung in einem stinkenden Graben) über. Nachdem das Automobil wieder läuft, „diktieren wir“ das Manifest. Liebe zur Gefahr, die Schönheit der Schnelligkeit, Kampf, Krieg, Militarismus und Patriotismus werden gelobt. Das Weib und der Feminismus sollen verachtet, die Museen und Bibliotheken zerstört werden, besonders im antiquarischen Italien. Dennoch ist der symbolistische Hintergrund in den exotischen und opulenten Requisiten noch erkennbar. Das *Technische Manifest der Futuristischen Literatur* empfiehlt die Konzentration der Dichtung auf Substantive und Verben im Infinitiv. Adjektive, Adverbien und Konjunktionen seien abzuschaffen. Das ganze wird als Ausspruch eines Flugzeugpropellers ausgegeben und mit Beispielen aus Marinettis Werken garniert, aus *Mafarka der Futurist* und aus der *Schlacht von Tripolis.* Das „Wie" des Vergleichs, der Metapher sei abzuschaffen, dennoch solle die Dichtung aus gehäuften Bildern bestehen, aus einem Netz überraschender, weithergeholten Analogien. Psychologie sei auszuschalten, statt dessen solle die Materie, sollten die Objekte in ihrer Selbstbewegung intuitiv erfaßt werden. Auch die Tricks des Stummfilms (des „Kinematographen"), z. B. das Rückwärtslaufen des Films, werden erwähnt. Intelligenz, Geschichte und humanistische Tradition gehören der alten Zeit an.

Die lateinische Periode, die wir bisher gebrauchten, war eine anspruchsvolle Geste, durch die eine anmaßende und kurzsichtige Intelligenz das vielgestaltige und geheimnisvolle Leben der Materie zu bändigen versuchte. Die lateinische Periode war Totgeburt.

Die tiefe Intuition des Lebens verbindet Wort an Wort nach der logischen Entstehung, sie gibt die Hauptlinien einer intuitiven Psychologie der Materie. Sie entstand in meinem Geiste hoch oben im Aeroplan.

Verstandenwerden und Schönheit sind unnötig.

Im Gegenteil, wir werden alle brutalen Töne gebrauchen, alle ausdrucksvollen Schreie des heftigen Lebens, das uns umkreist.

Dabei ist viel Effekthascherei; immerhin führte Marinettis Weg in den italienischen Faschismus. Das zweite futuristische Manifest, *Tod dem Mondschein*, ist eine symbolistische Prosadichtung über den Bau eines Schienenweges durch das persische Hochland auf den Himalaja, durchsetzt von Schlachten, Raubtiersymbolik und Sieg über die Frauen, die von klammernden Lianen und vom Mond symbolisiert werden, der durch „dreihundert elektrische Monde" zum Verblassen gezwungen wird. Am Ende vernichtet eine große Schlacht die Horden „Podagras und Paralysias", die

Masse der Spießbürger. Die „Verrückten", die Futuristen, haben bewaffnete Flugzeuge und sogar den Ozean auf ihrer Seite.

In Berlin hielt Marinetti 1912 Vorträge und warf Flugblätter für seine Ausstellung futuristischer Maler aus offenen Automobilen. Alfred Döblin, der Marinettis Vorstoß zuerst begrüßte, sagte ein Jahr später im *Sturm* dieser Diktatur des Modernen ab, er wünschte seine eigene Ausdrucksfreiheit: „Pflegen Sie Ihren Futurismus. Ich pflege meinen Döblinismus." Das Interesse für die moderne Technik wäre wohl auch ohne Marinetti ein Thema für die Expressionisten geworden. Großstadtdichtung, Umwertung des romantischen Mondes und Traditionsfeindlichkeit finden sich bei Heym, der umkam, bevor Marinetti auf der Berliner Szene erschien. Reduktive Syntax wurde von Sternheim und August Stramm wohl unter Marinettis Einfluß versucht, der *Mafarka* Marinettis, ein exotischer Übermenschenroman, hat auf Döblin gewirkt; eigentlich interessant ist Marinetti aber weniger als Anreger, sondern als Parallelerscheinung des Expressionismus. Die merkwürdige Verbindung von Symbolismus, Exotismus, Lust auf den Krieg, Rausch der Geschwindigkeit, Innovationsbedürfnis, Primitivismus und Traditionsfeindlichkeit finden wir in anderer Zusammensetzung, in unterkühlterer, weniger effektbeladener Form im deutschen Expressionismus wieder. Politisch ist der Patriotismus allerdings im deutschen Expressionismus kaum vorhanden, den vertrat die Großväter- oder Vätergeneration. Marinetti zeigt, daß die Langeweile mit der bestehenden Gesellschaft und die daraus entspringende Sehnsucht nach dem Außerordentlichen nicht auf Deutschland beschränkt waren.

Das futuristische Programm ist ästhetischer Ausdruck, ist als Programm nicht beim Wort zu nehmen.

Das gilt für alle expressionistischen Programme. Welche der Vorläufer man dem Expressionismus zuteilt, kann leicht willkürlich werden. In der Einteilung dieser Literaturgeschichte werden die in den achtziger Jahren (1881–92) geborenen Expressionisten zusammen behandelt. Das Frühwerk der nur wenig älteren Dramatiker Sternheim und Kaiser, die sich beide lange mit dem naturalistischen und dem Jugendstildrama auseinandergesetzt hatten, wurde als Übergang vom Jugendstil zum Expressionismus dargestellt, denn tatsächlich hängen sie stärker mit ihren Zeitgenossen zusammen, als man das unter einer ausschließlich expressionistischen Optik wahrnimmt. Die expressionistische Phase vor 1914 ist also charakterisiert durch die Generation Georg Heyms (1887–1912), Alfred Lichtensteins (1889–1914), Ernst Stadlers (1883 bis 1914), René Schickeles (1883–1940), Reinhard Johannes Sorges (1892–1916), Walter Hasenclevers (1890 bis 1940) und Georg Trakls (1887–1914), der Generation also, die gerade noch vor dem Ausbruch des Weltkrieges mit bedeutenden Leistungen hervortrat. August Stramm, der, 1874 geboren, älter als Rilke und Thomas Mann ist, gehört nicht zu dieser Altersgruppe. In Stramms besonderem Falle spielt das Alter keine große Rolle, weil sein Eintritt in die Literatur später liegt als bei seinen Altersgenossen. Zwar haben wir einige dramatische Versuche von ihm, die zeigen, daß er anfangs naturalistisch und dann im Jugendstil schrieb. Seine Gedichte und die eigentlich interessanten Dramen sind jedoch nach 1913 unter dem Einfluß Herwarth Waldens, des Futurismus und des *Sturm* entstanden, während Kaiser, Sternheim und Döblin (alle drei 1878 geboren) bereits um die Jahrhundertwende schrieben und zuerst mit Jugendstilprodukten an die Öffentlichkeit traten. Herwarth Walden (1878 bis 1941) selbst, Franz Pfemfert (1879–1954) und Salomo Friedländer (1871–1946) werden als Anreger expressionistischer Dichter in deren Zusammenhang behandelt, obwohl sie älter sind. Döblin fand durch den *Sturm* den Anschluß an die große Literatur wie Stramm. Das ändert aber nichts daran, daß sein Frühwerk von Jugendstil und Symbolismus zumindest sehr stark mitgeprägt ist, bestimmt der 1902 bis 1903 geschriebene Roman *Der schwarze Vorhang*, obwohl er im *Sturm* 1912 zuerst gedruckt wurde. Unter den Erzählungen aus der Sammlung *Die Ermordung einer Butterblume* sind einige, deren provozierende Merkwürdigkeit man zum Anlaß nehmen könnte, sie zum Expressionismus zu rechnen, zumal da einzelne ebenfalls zuerst im *Sturm* erschienen sind. Der Roman *Die drei Sprünge des Wang-lun* (geschrieben 1912–13, veröffentlicht 1915) gilt als expressionistisch, er hat aber auch symbolistische Züge. Döblins Frühwerk steht an der Grenze von Jugendstil/Symbolismus (die psychiatrischen Studien haben sogar eine naturalistische Note) und Expressionismus.

Charakteristisch für die literarische Szene im deutschen Expressionismus sind Künstlergruppen. Der „Neue Club" entstand 1909 als Verein von Studenten und jungen Literaturinteressierten in Berlin. Sein Vorsitzender und intellektueller Führer war Kurt Hiller. Hans Davidsohn, der sich Jakob van Hoddis nannte, Ernst Blass und seit Frühjahr 1910 Georg Heym gehörten zu den Mitgliedern. Zu einer Art von Gegenspieler Kurt Hillers entwickelte sich Erwin Loewenson (1888–1963), der sich Golo Gangi nannte. Hiller und Loewenson vertraten die Forderung, daß Intelligenz und Leidenschaft sich als „Voluntarismus" oder „neues Pathos" in der neuen Lyrik zu vereinen hatten. Nietzsches Willensphilosophie war die Grundlage dieses Programms. Das Geistige sollte „eine Flamme sein, von der die Seele ständig geheizt ist" (Hiller).

Der „Neue Club“ veranstaltete ein „Neopathetisches Kabarett“, öffentliche Vorlesungsabende mit Essays, Dichterlesungen und Rezitationen. Auch sprach man über eine „Neue Bühne“, auf der ein Drama von Heym aufgeführt werden sollte, woraus aber nichts wurde. Die Abende des „Neopathetischen Kabaretts“ wurden in Berliner Zeitungen besprochen, wenn auch oft herablassend oder verächtlich. Andererseits nahm die Avantgarde an den Abenden teil, darunter Else Lasker-Schüler, Gottfried Benn und Herwarth Walden.

1911 spaltete sich der „Neue Club“ über die Definition des Gleichgewichts zwischen Intelligenz und Leidenschaft. Kurt Hiller und Ernst Blass traten aus und gründeten ein Konkurrenzunternehmen, das sich „Literarischer Club Gnu“ nannte und ebenfalls „Kabarettabende“ veranstaltete. Georg Heym hielt die Beziehungen zu den beiden feindlichen Fraktionen aufrecht, blieb jedoch im „Neuen Club“. Nach seinem Tode (1912) verfiel dieser. Das „Gnu“ bestand bis zum Sommer 1914. Hiller zog andere Lyriker heran, darunter Ferdinand Hardekopf (1876–1954), der auch Kritiken und Feuilletons schrieb, sowie die Dichter Paul Zech, Paul Boldt und Ernst Wilhelm Lotz. Max Brod kam aus Prag und las aus eigenen Werken. Bei dieser Gelegenheit machte er die Gedichte Franz Werfels in Berlin zum erstenmal bekannt. Werfel selbst las später im „Gnu“, auch Walter Hasenclever trug aus seinem Drama *Der Sohn* vor. 1912 veröffentlichte Hiller eine erste Sammlung neuer Lyrik *Der Kondor*. Darin wurden Verse von Else Lasker-Schüler, Ernst Blass, Max Brod, Georg Heym, Ludwig Rubiner, René Schickele, Franz Werfel, Paul Zech, von Hiller selbst (unbedeutende Gedichte) und einigen anderen aufgenommen.

Kurt Hiller (1885–1972) war also einer der be-

Berlin, Leipziger Straße (1904)

deutendsten Anreger des frühen Expressionismus. Er wurde in Berlin geboren, sein Vater war Teilhaber einer kleinen Fabrik. Ein Onkel seiner Mutter, Paul Singer, war Fraktionsvorsitzender der SPD im Reichstag. Die Familie war jüdischer Herkunft, Kurt Hiller wuchs jedoch religionslos auf. Er studierte in Berlin Rechtswissenschaften. Das Ergebnis seines Studiums war ein Buch *Das Recht über sich selbst* (1908), in dem er gegen die Paragraphen Stellung nahm, die Abtreibung oder Homosexualität unter Strafe stellten, sowie über die strafrechtliche Bedeutung des Selbstmords und der Tötung auf Verlangen philosophierte. Ein Teil der Arbeit wurde in Heidelberg als Dissertation angenommen. Dr. jur. Kurt Hiller wurde Kritiker und Essayist.

1913 erschien eine Aufsatzsammlung *Die Weisheit der Langenweile* bei Kurt Wolff, dem Verlag, um den sich Expressionisten sammelten. Hillers Programm ist in dem ersten Aufsatz *Der Eth* enthalten, der 1910 entstand. „Eth" ist eine Analogiebildung Hillers: wie Ästhetiker und Ästhet solle sich Ethiker und Eth verhalten. Zwar besitzt Hillers Intellektuellentypus möglicherweise keine ethische Philosophie, „lebt und webt aber in jedem Augenblick seiner Bewußtheit für eine Idee". Ästhet und Eth stünden im Verhältnis einer Antinomie, und Antinomien dialektisch nebeneinanderzusetzen und womöglich aufzulösen gehörte zu Hillers Prinzip, ungeachtet einer erklärten Feindschaft gegen Hegels Philosophie. Der kleine Aufsatz stellt Ideendogmatismus und moralische Indifferenz nebeneinander als Auswüchse der ethischen oder der ästhetischen Lebenshaltung. Beide Extreme möchte Hiller vermeiden, er möchte, wenn möglich, einer undogmatischen ethischen Haltung das Wort reden. Aber bloß indifferent darf sie nicht sein. Den Prolog seines Buches (Erstdruck in den *Weißen Blättern*) beginnt er:

Es kommt nicht darauf an, geistreich zu sein; es kommt darauf an, zu helfen.

Offensichtlich sucht hier eine politische Potenz nach einer Wirkungsmöglichkeit. Andererseits waren kulturelle, literarische Zeitschriften Hillers Feld, und er mochte sich nicht von der Kunst und Literatur lösen. Aus diesem Dilemma wuchs im Ersten Weltkrieg und danach sein Aktivismus, auch die merkwürdige Mischung von revolutionären Umbruchwünschen und einem Elitedenken, das sich auf den „Geist“ berief, womit Hiller Schriftstellerei meinte. Darum fährt schon der „Prolog“ von 1913 fort:

Wem aber zu helfen? Möglicherweise denen gerade, denen mit Geist geholfen ist.

Alfred Kerr, Heinrich Mann, Karl Kraus preist Hiller als Führer im Kampf gegen blasierten Ästhetizismus und für die „Politik des Geistes“, die Hiller selbst vertritt und die er nicht mit Interessenpolitik verwechselt wissen will. Geist ist für ihn Skepsis, ja nihilistische Skepsis, er soll fern aller Sicherheit sein, allem Dogmatismus, jeder spezifischen Weltanschauung. Diesen Geist möchte er jedoch künstlerisch, also sinnlich haben, nicht in blasser Abstraktion. Gegen den bloßen ästhetischen Genuß wendet er die Forderung seiner Geist-Politik. Hiller legt auf Niveau Wert und verachtet bürgerliche Kompromisse. So kann man sagen: Kurt Hiller ist ein unpolitischer Ästhet, der politisch und kein Ästhet sein will. Den 2. Band seiner Essaysammlung beschließt er mit einem Gespräch, das vor der Reichstagswahl 1912 geschrieben wurde (Erstdruck Januar 1912 in *Die Aktion*). Der Gesprächspartner, der Hiller am nächsten steht, tritt für die sozialdemokratische Partei ein, nicht aus Sozialismus, sondern aus Widerspruch gegen Krieg und den

Zwangsstaat und weil er für eine neue kunstdurchsättigte Kultur ist. Der andere Gesprächspartner ist ein zynischer Skeptiker. Anläßlich des Regierungsjubiläums Kaiser Wilhelms II. 1913 kommentierte Hiller die Auszeichnungen, die der Kaiser den Schriftstellern Ganghofer, Höcker und Lauf verliehen hatte, „schriftstellernden Personen", die außerhalb der ernstzunehmenden deutschen Literatur stünden. Es sei besonders bedauerlich in einer Monarchie, daß „der Regierer Deutschlands ... zu dem was (vor Gott) Deutschlands Wert ist, nämlich zum deutschen Geist ... nicht den Schatten der Spur einer Beziehung hat". Zwar könne man nicht verlangen, daß ein Bohemegenie ausgezeichnet würde, aber die Erhebung Stefan Georges oder Heinrich Manns in den erblichen Adelsstand wäre eine symbolische Handlung, die diesen das verleihen würde, „was sie aus eigener Herrlichkeit schon besitzen". Die unverständige Kulturpolitik der Regierenden sei unweise. „Warum nutzt man unsre Kontrainstinkte gegen die Bourgeoisie (gegen die ‚Liberalen') nicht weidlich aus? Warum züchtet man sich Demagogen und Revolteure in uns heran und *zwingt* uns in den Republikanismus?" Auch dieser Artikel erschien in der *Aktion*. Franz Pfemfert versah ihn zu Hillers Ärger mit einem distanzierenden Kommentar, weil ihm die aristokratische Tendenz Hillers nicht in sein sozialistisches Konzept paßte.

Hillers elitistische Opposition ist außerordentlich bezeichnend für die Literaten aus der bürgerlichen Oberschicht. Literatur war ein Aufstiegsmittel, eine Ehrgeizleiter, aber Literatur war im bürgerlichen Sinne irregulär und daher oppositionell. Die etablierte Bourgeoisie erwartete von den jungen Menschen Anpassung, die Ochsentour; sie war schon deswegen der Feind. Innerhalb der literarischen Opposition gab es nur wenige überzeugte Sozialisten. Pfemfert war einer. Die anderen waren links als Ausdruck provokativer Opposition, sie wären auch fähig gewesen, provokative Opposition von rechts zu machen, woran sie nur die Existenz einer kulturfremden Restfeudalität hinderte. Es gab damals Rechtsopposition aus Kulturgründen, zum Beispiel bei Rudolf Borchardt, potentiell auch bei mehreren Expressionisten, die freilich in der Praxis zum großen Teil aus den von Hiller angezeigten Gründen nach links gedrängt wurden, oft auch wegen des in der rechten Oberschicht verbreiteten Antisemitismus. Übrigens hängte Hiller Pfemfert eine Replik an (in *Die Weisheit der Langenweile,* weil er vorerst kein Publikationsorgan mehr besaß), die diesen als „Knirps" beschimpfte, als „mesquinen Spießer, dem es sogar an Bildung gebricht". Da Pfemfert ohne seine Schuld sich hatte autodidaktisch bilden müssen, ist diese Polemik peinlich. Hiller dürfte von Karl Kraus gelernt haben, der solche Mittel nicht verschmähte.

Hillers literarische Urteile nehmen weniger für den Avantgardismus und für Schriftsteller seiner Generation Partei, als man vielleicht erwarten könnte. Unter seiner forschen Aggressivität zeigt sich eine Gegentendenz. Zwar verdammt er Wilhelm Schäfers Anekdoten und verteidigt Heinrich Mann gegen die Betulichkeit Jakob Schaffners. Für raunende Sprache hat er die Bilder „Qualle" oder „Molluske" bereit. Er ist für die Moderne, möchte sie aber an eine Vorstellung klarer Geistigkeit binden, die dem Vitalistischen und Provokativen im Expressionismus oft nicht entspricht. Heyms ersten Gedichtband *Der ewige Tag* preist er geradezu hymnisch, läßt aber einfließen, daß seine Gedichte ihm nicht ganz genügen:

Er ist ein Bildner. Ein Zauberer. Ein ... Landschafter. Er packt mich gewaltig an; das Wesentliche tut er nicht kund.

An anderer Stelle unterscheidet er zwischen Niveau und Potenz:

> Heym, dieses Wunder an Zeugungskraft, war beinahe ein Trottel.

Hiller preist seinen Freund Ernst Blass als „der besten deutschen Gedichtschreiber einer", hat aber (mit mehr Recht) auch formale Bedenken. Ferdinand Hardekopf habe keinen Satz ohne das Ethos der Revolution geschrieben, das Ethos der Zukunft. Dagegen bleibe Franz Jungs *Trottelbuch* „die Geste eines Barbaren", und Carl Einsteins *Bebuquin*, worin Denken und sinnliches Fühlen umspielt werden, ist Hiller nicht geheuer. Die „Terminologie" sei allzu privat, und die Bohemeatmosphäre einer Bar ist ihm „antigeistig". Schickele verhalte sich in *Schreie auf dem Boulevard* lediglich betrachtend zur Revolution (Hiller nicht?), und Gottfried Benn ist nur ein Medizyniker. Werfels Lyriksammlung *Der Weltfreund* dagegen erhält einen enthusiastischen Artikel, wenn man es nicht schon als leichte Distanzierung ansehen will, daß Hiller nicht im eigenen Namen schreibt, sondern einen „Herrn von B." sprechen läßt. Später wurde er Werfels Gegner. Der Abschnitt über Max Brod, aus älteren Kritiken zusammengesetzt, trägt den Untertitel „Stadien einer Enttäuschung". Musil dagegen schätzt Hiller sehr (wenn auch nur in vergleichenden Bemerkungen), auch die Dichtungen Rilkes und Georges. Von der Hochschätzung Heinrich Manns war schon die Rede. Dessen Werk ist ihm „ein tragischer Panegyricus auf den vornehmen Menschen". Wedekind wird oft lobend erwähnt. Neben Heinrich Mann ist immer wieder Alfred Kerr für ihn der legitime Nachfolger Nietzsches am Werk der „Entkafferung, Erhellung, Befreiung Deutschlands".

Ein halb-bohemischer Kreis bildete sich um den

Verleger Alfred Richard Meyer (1882–1956), der *Lyrische Flugblätter* herausgab, in denen einige expressionistische Lyriker, darunter Gottfried Benn, zum ersten Mal an die Öffentlichkeit traten. Mit Heinrich Lautensack und Anselm Ruest (d. i. Ernst Samuel) gab Meyer 1912 bis 1914 *Die Bücherei Maiandros* heraus, eine Folge von zweimonatlich erscheinenden Bänden. Einer war die Lyriksammlung *Der Mistral* (1913) mit je einem Gedicht von Autoren wie Hofmannsthal, Wedekind, Benn, Johannes R. Becher und Paul Zech.

Herwarth Walden (d. i. Georg Lewin, 1878 bis 1941), 1903 bis 1912 mit Else Lasker-Schüler verheiratet, stammte aus Berlin und studierte Musikwissenschaften. Er wurde Redakteur und muß Else Lasker-Schüler kurz nach der Jahrhundertwende kennengelernt haben, in einem der bohemischen Kreise, in denen sie sich bewegte. Sie hatten um die Zeit ihrer Heirat, 1903, einen festen Tisch im Café des Westens, und Walden gründete mit diesem Kaffeehauskreis einen „Verein für Kunst“. Seit 1908 versuchte er sich als Schriftleiter einer Reihe von Zeitschriften, darunter zwei Theaterzeitschriften, wurde aber jedesmal entlassen, weil er avantgardistische Mitarbeiter heranzog. 1910 brachte er deshalb seine eigene heraus, deren Titel von Else Lasker-Schüler stammen soll: *Der Sturm.* Die Zeitschrift empfing ihre Impulse von Waldens Café-Runde. Nach der Scheidung von Else Lasker-Schüler, 1912, heiratete Walden eine Schwedin, Nell Roslund. Seit 1912 veranstaltete er avantgardistische Kunstausstellungen in einer eigenen Galerie.

Walden und Else Lasker-Schüler sind das Verbindungsglied zwischen der Berliner Boheme der Jahrhundertwende mit Peter Hille und Paul Scheerbart und dem Berliner Expressionismus. *Der Sturm* hatte durch Albert Ehrenstein, Adolf Loos und Oskar Kokoschka Verbindung nach Wien, durch Max Brod nach Prag. Alfred Döblin gehörte zu Waldens Freunden schon Jahre vor der Gründung des *Sturm*, nach Döblins Erinnerung seit dem Ende seiner Schulzeit 1900. Salomo Friedländer, Philosoph und als „Mynona“ Feuilletonist, Kurt Hiller, Ludwig Rubiner, René Schickele verkehrten in seinem Kreis. Sie alle wurden Mitarbeiter des *Sturm*. Auch Gottfried Benn gehörte dazu. Er ließ allerdings sehr wenig im *Sturm* drucken.

Das 1. Heft erschien am 3. März 1910 mit dem Untertitel „Wochenschrift für Kultur und die Künste“. *Programmatisches* wurde von Rudolf Kurtz formuliert. Es ist vom Publikum die Rede, das in der Mehrzahl angesprochen wird:

> Wir wollen sie nicht unterhalten. Wir wollen ihnen ihr bequemes ernst-erhabenes Weltbild tückisch demolieren. Denn wir halten ihren Ernst für Lebensträgheit, Hinterwäldler-Dumpfheit, deren Psychologie Nietzsche längst geschrieben hat.

Nur die Provokation freilich sollte gelingen. Kurtz empfiehlt Ironie, die für den Expressionismus weit weniger typisch ist. Jedenfalls soll die etablierte Literatur des Bürgers getroffen werden, Naturalismus, Neuklassik und der österreichische Stilismus, womit wohl eher Schaukal als Hofmannsthal gemeint ist. Übrigens kam auch der neuklassische Kritiker Samuel Lublinski im 1. Heft zu Wort, und zwar zu seiner Affäre mit Theodor Lessing. Im Heft vom 28. April 1910 wird die Verteidigung Lublinskis durch den „Dichter“ Thomas Mann lobend erwähnt.

Im 1. Jahrgang des *Sturm* stehen Texte der Berliner Boheme: Przybyszewski, Scheerbart, Hille, auch Texte von Dehmel, Dauthendey und Strindberg. Dazu

Umfang acht Seiten

Einzelbezug: 10 Pfennig

DER STURM

WOCHENSCHRIFT FÜR KULTUR UND DIE KÜNSTE

Redaktion und Verlag: Berlin-Halensee, Katharinenstrasse 5 Fernsprecher Amt Wilmersdorf 3524 / Anzeigen-Annahme und Geschäftsstelle: Berlin W 35, Potsdamerstr. 111 / Amt VI 3444

Herausgeber und Schriftleiter: HERWARTH WALDEN

Vierteljahresbezug 1,25 Mark; Halbjahresbezug 2,50 Mark / Jahresbezug 5,00 Mark / bei freier Zustellung / Insertionspreis für die fünfgespaltene Nonpareillezeile 60 Pfennig

JAHRGANG 1910 BERLIN/DONNERSTAG DEN 14. JULI 1910/WIEN NUMMER 20

Zeichnung von Oskar Kokoschka zu dem Drama
Mörder, Hoffnung der Frauen

INHALT: OSKAR KOKOSCHKA: Mörder, Hoffnung der Frauen / PAUL LEPPIN: Daniel Jesus / Roman / ALFRED DÖBLIN: Gespräche mit Kalypso über die Musik / SIEGFRIED PFANKUCH: Liegt der Friede in der Luft / PAUL SCHEERBART: Gegenerklärung / KARL VOGT: Nissen als Theaterdirektor / MINIMAX: Kriegsbericht / Karikaturen

Mörder, Hoffnung der Frauen

Von Oskar Kokoschka

Personen:

Mann
Frau
Chor: Männer und Weiber.

Nachthimmel, Turm mit großer roter eiserner Käfigtur; Fackeln das einzige Licht, schwarzer Boden, so zum Turm aufsteigend, daß alle Figuren reliefartig zu sehen sind.

Der Mann

Weißes Gesicht, blaugepanzert, Stirntuch, das eine Wunde bedeckt, mit der Schar der Männer (wilde Köpfe, graue und rote Kopftücher, weiße, schwarze und braune Kleider, Zeichen auf den Kleidern, nackte Beine, hohe Fackelstangen, Schellen, Getöse), kriechen herauf mit vorgestreckten Stangen und Lichtern, versuchen müde und unwillig den Abenteurer zurückzuhalten, reißen sein Pferd nieder, er geht vor, sie lösen den Kreis um ihn, während sie mit langsamer Steigerung aufschreien.

Männer

Wir waren das flammende Rad um ihn,
Wir waren das flammende Rad um dich, Bestürmer verschlossener Festungen!

gehen zögernd wieder als Kette nach, er mit dem Fackelträger vor sich, geht voran.

Männer

Führ' uns Blasser!

Während sie das Pferd niederreißen wollen, steigen Weiber mit der Führerin die linke Stiege herauf.

Frau rote Kleider, offene gelbe Haare, groß,

Frau laut

Mit meinem Atem erflackert die blonde Scheibe der Sonne, mein Auge sammelt der Männer Frohlocken, ihre stammelnde Lust kriecht wie eine Bestie um mich.

Weiber

lösen sich von ihr los, sehen jetzt erst den Fremden.

Erstes Weib lüstern

Sein Atem saugt sich grüßend der Jungfrau an!

155

Titelblatt der Zeitschrift »Der Sturm«

kommen die neuen Autoren: Jakob van Hoddis, Alfred Lichtenstein und Kurt Hiller. Lyrik und Prosa von Else Lasker-Schüler nehmen viel Raum ein, darunter exotische Phantasien. Döblins frühe Erzählungen mit ihrer dumpfen Erotik und Tendenzen zur Schauergeschichte im Stile Edgar Allan Poes finden sich neben Feuilletons von Ferdinand Hardekopf und Salomo Friedländer (Mynona). Neben der neuen Lyrik behauptet sich Dehmel- und Rilke-Nachfolge, auch Arno Holz, von dessen Gedichten Walden einige in Musik setzte. Neben Hillers Aggressivität finden sich vorsichtigere Vorschläge für Reformen in Erziehung und Sexualgesetzgebung. Karl Kraus, in Originalartikeln und in Nachdrucken aus der *Fackel*, kommt in den Anfängen des *Sturm* oft zu Wort. Der Übergang zu provokativem, aggressivem oder auch satirischem expressionistischen Stil ist also allmählicher, als man unter dem Einfluß des Schlagwortes der „Literaturrevolution“ erwarten sollte, die Verbindung mit den kritischen und bohemischen Elementen der Jugendstilgeneration ist eng. Auch gehörte Walden selbst ihr an.

Man kann das auch an dem Bildmaterial ablesen. Das Titelblatt der 1. Nummer zeigt einen Holzschnitt, der einen Versuch der Behörden angreift, die Wahlkandidaturen im ostpreußischen Allenstein zuungunsten der polnischen Wähler zu manipulieren. Ein Gendarm steht einem sich verbeugenden Narren gegenüber, der einen liberalen Parteipolitiker darstellen soll. Diese Karikatur ist im Stil des *Simplicissimus* gehalten. Sehr bald erscheinen Graphiken von Oskar Kokoschka. Der verspielte Jugendstil tritt, nach einer Periode des Nebeneinander, zurück, und der kontrastive, klobigere Stil des Expressionismus überwiegt. Max Pechstein, Erich Heckel, Karl Schmidt-Rottluff, Otto Mueller, Emil Nolde, Ernst Ludwig Kirchner,

Wassily Kandinsky, Franz Marc lassen Holzschnitte erscheinen. In der Lyrik vertritt *Der Sturm* nach dem Auftreten August Stramms eine Theorie des „Wortkunstwerks". Gemeint ist ein Gedicht, das seine eigene Logik hat und aus Bildern besteht, die nicht als Vergleiche fungieren und sprachlich komprimiert sind. Die Bandbreite Arno Holz, Dehmel, Lasker-Schüler, Heym, Lichtenstein verengt sich zu dem „Wortkunstwerk" Stramms, das eine Zeitlang für Walden und seinen Kreis alleiniger Maßstab für expressionistische Gedichte war.

Die Aktion, 1911 von Franz Pfemfert (1879 bis 1954) gegründet, war, wie *Der Sturm*, das Produkt eines Freundeskreises, der im Café des Westens in Berlin seinen Treffpunkt hatte. Die beiden Kreise überschnitten sich. Ferdinand Hardekopf, Lyriker und Feuilletonist, und Salomo Friedländer, Philosoph und Feuilletonist, gehörten zu beiden. Kurt Hiller, Hoddis und Lichtenstein standen in den Vorkriegsjahren der *Aktion* näher als dem *Sturm*; Heyms Gedichte erschienen hier. Gottfried Benn, Franz Jung und Pfemferts Schwager Carl Einstein gehörten zum *Aktions*-Kreis. Durch den Studenten Johannes R. Becher und dessen Verleger Bachmair wurde eine Verbindung nach München geschlagen.

Pfemfert unterschied sich von Waldens *Sturm* erstens dadurch, daß die jungen Dichter stärker das Gesicht des Blattes bestimmten, daß Kunst und Graphik anfangs kaum, seit 1913 stärker vertreten waren, aber immer geringere Bedeutung hatten als im *Sturm*; schließlich, als wichtigstes Kriterium, hatte Franz Pfemfert von Anfang an ein stärkeres politisches Engagement. Er war entschiedener Pazifist und hatte sozialistisch-anarchistische Sympathien. Er wurde in Lötzen in Ostpreußen geboren, wuchs in Berlin auf und bildete sich autodidaktisch. Er schrieb für die anarchistische Zeitschrift *Kampf* und wurde 1910 mit der Leitung der Freidenkerzeitschrift *Der Demokrat* beauftragt. Durch Kurt Hiller bekam er Verbindung mit dem „Neuen Club“ und druckte Gedichte von Heym und Hoddis in *Der Demokrat*, darunter Hoddis’ berühmtes *Weltende*. Durch Veröffentlichung in dieser Zeitschrift wurde Ernst Rowohlt auf Heym aufmerksam und nahm Verhandlungen über den Druck einer Gedichtsammlung (*Der ewige Tag*) mit dem sonst ganz unbekannten Heym auf. Wegen eines Artikels von Hiller kam es zum Streit mit dem Herausgeber des *Demokrat* und zur Gründung der *Aktion*, die im Februar 1911 zu erscheinen begann. Ihr Untertitel war zuerst: „Zeitschrift für freiheitliche Politik und Literatur“, seit April 1912: „Wochenschrift für Politik, Literatur, Kunst“.

Pfemferts erster Leitartikel, *Der Aufmarsch der Parteien*, bezieht sich auf die Aufstellung von Kandidaten für die Reichstagswahl 1912.

> Für Fortschritt, Freiheit und Kultur! Alle Parteien, die sich unter diesem Schlachtruf zusammenfinden, sollten (schon bei der Aufstellung der Kandidaten) versuchen, sich auf diese Formel für den kommenden Wahlkampf zusammenzuschließen [sic], um als geschlossener Kulturblock der Reaktion gegenüberzutreten.

Eine „Note“ am Ende der ersten Hefte bestimmt die Linie des Blattes im Sinne der „großen deutschen Linken“, es will die Intelligenz organisieren, dem Begriff „Kulturkampf“ nicht nur im kirchenpolitischen Sinne „zu seinem alten Glanz verhelfen“, es will „neuere Regungen“ in Kunst und Literatur vor dem Totschweigen der offiziellen Presse bewahren. „Die ‚Aktion‘ hat den Ehrgeiz, ein Organ des ehrlichen Radikalismus zu sein.“ Pfemfert trat anfangs für Wahlbündnisse der Sozialdemokraten mit den Linksliberalen ein, entrüstete sich über die Tötung eines linken Arbeiters in Moabit durch Polizei, beteiligte sich an Alfred Kerrs Polemik gegen den Polizeipräsidenten von Jagow, kritisierte den Kanzler Bethmann Hollweg und die deutsche Kolonialpolitik, erinnerte an die Märzgefallenen von 1848 und wendete sich immer wieder gegen den Militärstaat und gegen die Klassenjustiz. Ein Leitmotiv, das sich durch *Die Aktion* zieht, nicht nur von Pfemfert vertreten, ist die Organisation der Intelligenz. Pfemfert beklagt, daß die Presse Heinrich Manns Essay *Geist und Tat* (1911) nicht diskutiere. Dessen Essay *Der französische Geist* (1912, Erstdruck in *Der Sozialist*, 1910) wird abgedruckt. Ludwig Rubiner setzt sich in einem (nicht sehr klaren) Artikel für Alfred Kerr ein unter dem Titel *Der Dichter greift in die Politik*. All dies sprach noch den linksliberalen bürgerlich Gebildeten an. Nachdem *Die Aktion* etabliert war, wird Pfemfert deutlicher: er wendet sich gegen Nationalliberale und gegen den rechten Flügel und die Führung der Sozialdemokratie. Er unterstützt Rosa Luxemburg. Ja, er fängt an, den politischen Ausgleich überhaupt als typisch deutsche „Kompromiß-Seuche" zu bekämpfen, und fordert die Anerkennung einer politischen Rolle für Heinrich Mann, den politischen Erwecker (1913). Der Name des Anarchisten Krapotkin (Kropotkin) erscheint als Autor und Gegenstand. Zugleich wird Pfemferts Pazifismus entschiedener, er spricht vom „Wahnsinn Patriotismus", verteidigt „die Ehre der Vaterlandslosigkeit", bekennt sich zur Frankophilie und fordert „Los von Österreich!" – die Balkaninteressen Österreichs seien keinen deutschen Krieg wert.

Diesem politischen Engagement entspricht das Engagement für moderne Literatur, das ebenfalls im Anfang toleranter ist. Im ersten Jahr erschien viel von Paul Scheerbarts leichtfertigen Geschichten in der

Aktion, wie die ältere Berliner Boheme anfangs auch im *Sturm* stark vertreten war. Kurt Hiller schrieb 1911 einen enthusiastischen Artikel über Rainer Maria Rilkes *Die Aufzeichnungen des Malte Laurids Brigge*. Pfemfert selber rühmt 1911 Thomas Mann, seine Schärfe der Beobachtung, psychologische Genauigkeit, seine eisig-sarkastische Ironie. Er sieht ihn als Darsteller der Gesellschaft und ihrer Außenseiter. Typisch ist, daß er die kleine Geschichte *Ein Glück* besonders hervorhebt, wobei es ihn rührt, daß die Hauptperson Anna ihren gemeinen Offiziersgatten liebt. Erst allmählich geht der ästhetische Geschmack der *Aktion* über ins Außergewöhnliche und Provokative. Pfemfert druckte 1912 Carl Einsteins „Roman“ *Bebuquin* ab und René Schickeles *Der Fremde*. Großes Gewicht legte er auf neue Lyrik. Ganze Hefte enthalten lyrische Anthologien.

Zwischen Pfemfert und Herwarth Walden gab es Spannungen. Gegenüber der Unterstützung Marinettis durch den *Sturm* war *Die Aktion* dem Futurismus gegenüber nüchterner: „Der gute Dichter dichtert nicht von den Fabriken, den Telefunkenstationen, den Automobilen, sondern von den Kraftlinien, die aus diesen Dingen im Raum umherlaufen“ (Ludwig Rubiner, *Der Dichter greift in die Politik*, 1912). Dennoch entwickeln sich beide Zeitschriften im großen und ganzen parallel. Erst nach dem Ersten Weltkrieg änderte sich das, Pfemfert machte die Zeitschrift zu einer fast ausschließlich politischen, die linksradikal, freikommunistisch engagiert war.

Pfemferts *Aktion* spiegelt eine Seite, eine Möglichkeit des deutschen gebildeten Bürgertums. Sie leistete dem Chauvinismus der Mehrheit Widerstand, bestand auf Frieden, war frankreichfreundlich. Sie sah den Feind in der Monarchie, im Militär und im nationalliberalen Bürgertum, tendierte aber auch dazu, ausgleichende Demokratie überhaupt zu verachten und eine neue Welt aus kreativer Imagination zu erwarten. Die Forderung nach Politisierung der Literatur war zugleich eine Forderung nach Vergeistigung der Politik, die ihrerseits zum Elitismus hin tendierte. Die Verachtung der praktischen Politik auf der Rechten hatte auf der bürgerlich-literarischen Linken ihre Parallele im Traum von der Möglichkeit unmittelbarer Wirkung literarischer Phantasie auf die Politik, von der Heinrich Mann schwärmte. „Denn Freiheit: das ist die Gesamtheit aller Ziele des Geistes, aller menschlichen Ideale." Dieser Satz aus *Der französische Geist* ist auf dem Hintergrund von mangelnder Berührung mit praktischer Politik zu lesen, er ist Ausdruck einer Phantasie, die das Glück von der bloßen Beseitigung der existierenden Macht erwartet. Heinrich Mann und Pfemfert identifizierten diese Macht leicht mit der Restfeudalität, mit der das Deutsche Reich garniert war. Pfemfert stimmte immer zu, wenn ein Gerichtsurteil zugunsten des Militärs oder der Polizei ergangen war: Der Bürger sollte die wahre Natur seines Staates sehen. Die Nationalliberalen, der Kapitalismus und die Prosperität wurden in der *Aktion* als Feinde identifiziert. Diese politischen Tendenzen gingen sozial aus den gleichen Schichten hervor wie die Leser der *Aktion.* Eine bloße Beseitigung der Militärmacht und der Konservativen konnte also gar nicht die erträumte Freiheit bringen; Freiheit, Geist, Bildung, Kultur in jeglichem Sinne kamen vielmehr aus dem Bürgertum. Die von Pfemfert (und anderen, zum Beispiel Sternheim) so verachtete Verbürgerlichung der Sozialdemokratie geschah offenbar aus einem Instinkt, der den literarischen Linken aus Geschmacksgründen abging. Dieselbe Zeitschrift, die auf der einen Seite die Politisierung der Literatur vertrat, verkündete auf der anderen *Das Zeitalter der Lyrik*

(Titel eines Artikels von Peter Scher, 1913). Die expressionistische Lyrik, die gemeint ist, erschöpfte sich zu einem erheblichen Teil in der provokatorischen Geste, hing also von der Existenz des zu provozierenden Bürgertums ab.

Daß *Die Aktion* von einer werbenden Haltung gegenüber dem bürgerlichen Leser zu einer provokativen überging, dürfte eine Auswirkung der Kaffeehaus-Literatenrunde gewesen sein, die das Blatt mitbestimmte. Es war das Verhängnis dieser Generation, der der Zugang zu praktischer Politik erschwert war, daß sie literarische Varianten der Wirklichkeit für leicht realisierbar hielt, dagegen keine rechte Vorstellung von der Mühe hatte, die es kostet, Wähler für neue Ziele zu gewinnen. Diese Überlegung ändert nichts daran, daß Pfemfert und seine *Aktion* Freiheit und ein erhebliches Maß politischer Vernunft in einem Bürgertum vertraten, dessen Mehrheit eine ruinöse Politik unterstützte.

Heinrich Manns Essay *Geist und Tat* erschien am 1. Januar 1911 in *Pan*. Diese Zeitschrift hat nicht viel mehr als den Titel mit dem *Pan* von 1895 gemein. Julius Meier-Graefe, einer der Gründer des ersten *Pan*, wurde um seinen Segen gebeten und warnte in der 1. Nummer, Herbst 1910, vor der Preziosität des alten *Pan* und vor den „Geheimräten“, den Mäzenen, von denen die Gründer hinausgeworfen wurden, auch vor der Vielseitigkeit des früheren Gründungsversuchs.

> Werden Sie einseitig, parteiisch, ungerecht bis zum Exzeß und womöglich etwas zackig [im Sinne von ‚Zacken haben‘ zu verstehen] . . . Die Kunst sollte mit dem Leben verbunden werden. Wir erdachten alle möglichen Verbindungen, aber sie waren alle zu künstlerisch, um nicht zu sagen künstlich.

Der Gründer war der Verleger und Kunsthändler Paul Cassirer (1871–1926). Er stammte aus der gleichen jüdischen Familie wie seine Vettern, der Verleger Bruno Cassirer (1872–1941) und der Philosoph Ernst Cassirer (1874–1945). Paul Cassirer studierte in München und war dort am *Simplicissimus* beteiligt. 1898 gründete er zunächst mit Bruno Cassirer einen Verlag und eine Kunsthandlung, trennte sich jedoch von ihm und führte die Kunsthandlung allein. Er wurde bald bekannt, weil er die Berliner Sezession und französische und deutsche Impressionisten, auch Cézanne, ausstellte. Cassirer befreundete sich mit Frank Wedekind, Julius Meier-Graefe, Alfred Walter Heymel und Rudolf Alexander Schröder; die zwei letzteren waren Freunde Hofmannsthals. 1907 wurde Ernst Barlach ein enger Freund und Hausgast. 1908 gründete Paul Cassirer seinen eigenen Verlag. Wilhelm Herzog wurde Lektor und erster Redakteur des *Pan*. Im gleichen Jahre 1910, in dem der *Pan* gegründet wurde, heiratete Cassirer die Schauspielerin Tilla Durieux (1880–1971), die mit Mitgliedern des „Neuen Club" gut bekannt war. Sie spielte unter Max Reinhardt am Deutschen Theater. Paul Cassirer war temperamentvoll, enthusiastisch, er konnte in Äußerungen seines Unwillens bis zum Hysterischen gehen. Sicher ist, daß er einer der verdientesten Förderer moderner Kunst und Literatur in Deutschland war. Während des Krieges war er zuerst Freiwilliger, dann Kriegsgegner und Sozialist (USPD). Er starb durch Selbstmord in einer der vielen schweren Ehekrisen mit Tilla Durieux.

Wilhelm Herzog (1884–1960) schlug als Redakteur des *Pan* eine entschieden antimonarchische, demokratische politische Richtung ein. Er mokiert sich über eine Ehrenpromotion des Kaisers, über Reden des Kronprinzen, er schildert die repressive Atmosphäre in der Gerichtsverhandlung gegen Beteiligte an einer Arbeiterrebellion in Moabit. Einen Artikel überschreibt er direkt mit *Die kommende Demokratie*. Sein Ergebnis ist die Hoffnung, „daß Demokratie und Kultur sich nicht ausschließen, sondern bedingen“. In diesem Sinne wollte ja auch Heinrich Manns Essay *Geist und Tat* wirken. Unter den sozialen und juristischen Reformen, die der *Pan* wie *Der Sturm* und *Die Aktion* vertraten, ragt die Forderung nach Abschaffung der Todesstrafe heraus.

Dichtungen von Heinrich Mann, Peter Altenberg, Jakob Wassermann, Frank Wedekind, Robert Walser, Max Brod, Ernst Barlach, Max Dauthendey, Oskar Loerke finden wir im *Pan*; Artikel von Herbert Eulenberg, René Schickele (über Briand), Franz Blei, Kritiken von Ludwig Rubiner. Von Heym erscheinen Gedichte, von Kurt Hiller mehrere Aufsätze, einer über Heym. Von Alfred Kerr, der mit Paul Cassirer befreundet war, steht ein Begrüßungsbrief schon in der 1. Nummer, Gedichte folgen, darunter ein sehr aggressives, *Deutscher Schwund*, das das Benehmen der Polizei während der Moabiter Rebellion angreift und den Bürger, der den traurigen Zustand Deutschlands duldet: „Wenn ihr man Geschäfte macht.“ Im *Pan* führte Kerr 1911 seinen Kampf gegen den Berliner Polizeipräsidenten Traugott von Jagow. Dieser hatte die Zeitschrift wegen eines Abdrucks von Stellen aus dem Tagebuch des jungen Flaubert beschlagnahmen lassen. Kerr, in einem Artikel *Jagow, Flaubert, Pan*, lobt den Polizeipräsidenten wegen der Kürze seiner Erlasse, was er als literarische Tugend in seiner, Kerrs, Nachfolge schätze, belehrt Herrn von Jagow über Flaubert und fordert Aufklärung über den Tod eines Mannes, der in Moabit von Polizisten erschlagen wurde, ohne daß der Täter gefunden werden konnte: „Haben Sie wirklich Zeit – bevor es Ihren Leuten gelang, einen Blutschuldigen in der eigensten Mitte zu finden? und da machen Sie sich die

Umstände mit dem ‚Pan‘?“ Als Kerr der Brief in die Hände fiel, den von Jagow an die Schauspielerin Tilla Durieux geschrieben hatte (s. S. 556f.), veröffentlichte Kerr den Brieftext und kommentierte ihn, was Karl Kraus so sehr mißbilligte, daß er Kerr mehrere Monate lang auseinandernahm. Kerr konnte gegen das Flaubert-Verbot die literarische Öffentlichkeit mobilisieren.

Paul Cassirer verlor die Lust am *Pan*, weil es ihm im Grunde nicht recht war, daß Kerr seine, Cassirers, Privatangelegenheiten in seinen Kampf gegen Jagow hineinzog. Er verkaufte die Zeitschrift, und Kerr fing an, sie zu beherrschen. Kurt Hiller und sein Freund Ernst Blass blieben dabei, auch René Schickele und Max Brod. „Fortgeschrittene Lyrik“ (manchmal unter diesem Titel) findet man von Alfred Lichtenstein, Franz Werfel, Walter Hasenclever, Emmy Hennings, Max Herrmann-Neiße und Klabund (d. i. Alfred Henschke, 1890–1928). 1912 erschien ein Artikel von Sigmund Freud *Über die Inzestscheu der Wilden*, eine gekürzte Fassung des ersten Aufsatzes aus *Totem und Tabu*. Jedoch nahmen Kerrs eigene Artikel, die meisten in seiner impressionistischen Art in Mini-Kapiteln geschrieben, mehr und mehr Raum ein. Der *Pan* begann in seiner Endphase Karl Kraus' *Fackel* zu ähneln. 1914 erschien die Zeitschrift unregelmäßig, zuletzt 1915 mit einer Kriegsnummer, die ein merkwürdig gespaltenes Bild bietet: einerseits patriotisch, andererseits mit Reserven gegen den kriegsbedingten Chauvinismus.

Die Weißen Blätter wurden im Herbst 1913 von Erik Ernst Schwabach gegründet, einem damals zweiundzwanzigjährigen jungen Mäzen, der von dem Kreis des Kurt Wolff Verlages für die neue Literatur gewonnen wurde. Schwabach selber hatte eine eher konservative Linie. Eine Verbindung zur Avantgarde kam durch die Beteiligung Kurt Hillers zustande, dessen Prolog zu seiner Aufsatzsammlung *Die Wahrheit der Langenweile* abgedruckt wurde. Im ganzen bleibt das Programm vage, abgesehen davon, daß der Verfasser des einleitenden Artikels *Von dem Charakter der kommenden Literatur*, vermutlich Schwabach, sich entschieden gegen die Schriftsteller der *Neuen Rundschau*, also die Gerhart-Hauptmann-Generation wandte.

Eine antimilitaristische Note wurde schon im ersten Heft angeschlagen durch Abdruck des Einakters *Krieg dem Kriege* von Herbert Eulenberg, der als Reaktion auf die Marokko-Krise von 1911 entstanden war. Wichtiger wurde die Mitarbeit René Schickeles, der anfangs unter dem Pseudonym Paul Merkel (der Hauptfigur seines Romans *Der Fremde*) eine politisch-kulturelle Artikelserie unter dem Titel *Zwischen den kleinen Seen* erscheinen ließ, die eine deutliche Opposition gegen das Wilhelminische Regime erkennen läßt. Schickele bezeichnete die Serie anfangs als „politischen Roman in Tagebuchform“. Tatsächlich wechselt der Text zwischen impressionistischen Landschaftsbildern, einem nächtlichen Stimmungsbild in preziöser Sprache, einer Barszene mit einer Spitze gegen den umstrittenen Berliner Polizeipräsidenten von Jagow und politischen Gesprächen. Die Romanabsicht wird offenbar bald aufgegeben, und die Serie bricht ab. Sie ist jedoch kennzeichnend für das Ineinanderfließen des Kulturellen und Politischen, wie sie Kurt Hiller und der *Pan* gefordert hatten und wie sie zunehmend möglich wird. Das Reservoir für demokratisch und pazifistisch gesinnte Schriftsteller und Leser sollte während des Krieges die Unabhängige Sozialdemokratische Partei Deutschlands werden. In Schickeles Texten sehen wir gleichsam dieses Reservoir sich bilden. Gesprächspartner sind Hanssen, ein demokratisch engagierter Däne, Poninski, ein anarchistisch-aristokratischer Pole, und „ich", der Elsässer Merkel, also Vertreter der Minderheiten, die sich im Kaiserreich unterdrückt fühlten. Die Gesprächsform erlaubte natürlich eine Verteidigung gegen mögliche Anklagen wegen Majestätsbeleidigung. Einmal wird offensichtlich Wilhelm II. mit dem amerikanischen Zirkusdirektor Barnum verglichen. Die Grundlagen des Bismarck-Staates, den Verfassungsbruch von 1862, die antiparlamentarische Tendenz, läßt Schickele durch seine Figur Merkel für unzeitgemäß erklären. Im Januar 1914 bekannte sich Schickele mit seinem eigenen Namen zu dem letzten Teil der Serie, aus Anlaß der Zabern-Affäre im Elsaß und aus Anlaß von (nur zu berechtigten) außenpolitischen Sorgen. Ein „Ruf" an die deutsche Jugend schließt den Text ab. Dieser Ruf, eine Art von Prosagedicht, zeigt, wie leicht Politik und Literatur damals, kurz vor Ausbruch des Ersten Weltkrieges ineinanderfließen können:

> wir schlagen euch Brücken!
> wir bereiten euch den Weg!

Die „wir" sind offenbar die Literaten, die eine Führungsaufgabe haben.

Der Aufsatz von Robert Musil *Politisches Bekenntnis eines jungen Mannes* drückt den guten Willen aus, von dem Vorurteil fortzukommen, daß es sich im Falle von Parteiprogrammen und Parlamentsreden um „ganz untergeordnete menschliche Tätigkeit handle". Er will glauben, daß er selbst schon ein „Geschöpf der Demokratie" sei, die sich in 200 Jahren entwickelt habe. Musil meint also den humanitären bürgerlichen Liberalismus. Er werde liberal oder sozialdemokratisch wählen. Dann aber zerredet er seine Einsicht. Er befürchtet ideologische Einseitigkeiten, er fürchtet, daß unerfreuliche Betätigungen wie Schuheputzen und Müllabfuhr nicht mehr für ihn ausgeführt werden, wenn demokratische Gleichheit herrsche, er fürchtet „die stabilisierte Hoffnungslosigkeit, die der allmächtige Staat wäre“, und fragt: „trauen wir wirklich irgendeiner sozialen Organisation zu, die guten Künstler zu fördern und die schlechten zu unterdrücken?“

Die Weißen Blätter standen im ersten Jahr, in dem Schwabach Herausgeber war, unter dem Einfluß Franz Bleis, der Kritiken und Aufsätze beisteuerte, René Schickeles und der Lektorenrunde des Kurt Wolff Verlages. Die Zeitschrift brachte 1913 bis 1914 Beiträge von Carl Einstein, Franz Werfel, Paul Zech, Alfred Wolfenstein, Gottfried Benn, Walter Hasenclever, Max Herrmann-Neiße, Max Brod und dessen Freund Felix Weltsch, von Else Lasker-Schüler, Carl Sternheim, Robert Walser; auch den Aufsatz *Puppen*, den Rainer Maria Rilke Kurt Wolff 1914 spontan für die *Weißen Blätter* anbot, was ihm den Tadel seines Verlegers und Mäzens Anton Kippenberg eintrug. Aufsätze erschienen unter vielen anderen von Salomo Friedländer, Max Scheler und Martin Buber. Wenn diese (unvollständige) Liste auch eine große Anzahl von Angehörigen der Expressionisten-Jahrgänge enthält, zu denen Schwabach und sein Freund Kurt Wolff selbst gehörten, so doch auch in den siebziger Jahren Geborene. Die *Weißen Blätter* hatten von Anfang an eine kulturbürgerliche Seite, die den Avantgardismus einschränkte.

Kurt Wolff (1887–1963) war der Sohn eines Professors für Musikwissenschaften. Seine Mutter stammte aus der alten und reichen jüdischen Bonner Familie Marx. Sie starb, als ihr Sohn siebzehn Jahre alt war, und hinterließ ihm ein Vermögen. Während seines Militärjahres in Darmstadt hatte

Kurt Wolff Friedrich Gundolf und durch ihn Stefan George kennengelernt. Er heiratete Elisabeth Merck aus der alten Darmstädter Familie, die seit der Industrialisierung durch Chemiewerke reich geworden war. Sein Interesse für alte Bücher vertiefte er durch das Studium der Germanistik. Mit Hilfe der Leipziger Druckerei Drugulin gab er Neudrucke heraus. Dort traf er Ernst Rowohlt, der als Drucker gelernt und einen Verlag gegründet hatte, dem das Kapital fehlte. Kurt Wolff und Ernst Rowohlt leiteten unter Rowohlts Namen von 1909 bis 1912 zusammen einen Verlag, der sich zunächst der Schriften Paul Scheerbarts, Herbert Eulenbergs, Max Dauthendeys und Carl Hauptmanns annahm. Herbert Eulenberg hatte 1910 einen Schiller-Vortrag in Leipzig gehalten, der für das kulturbürgerliche Publikum zu kritisch war. Kurt Wolff und sein Kreis unterstützten ihn gerade deshalb. Rowohlt eröffnete den Kontakt zu Georg Heym und Wolff später zu Franz Werfel, dessen zweite Gedichtsammlung *Wir sind* 1913 im Kurt Wolff Verlag erschien. Mit diesen Autoren begann der Verlag sein eigenes Gesicht zu finden und sich auf neue Literatur zu spezialisieren. Wolff trennte sich Ende 1912 von Rowohlt. Ein Autoren- und Lektorenkreis des Verlages bildete sich in Leipzig mit Walter Hasenclever, dessen Drama *Der Sohn* im Verlag erschien, Kurt Pinthus und Franz Werfel. Zu den bohemischen Café-Runden, an denen der vornehmere Kurt Wolff nicht teilnahm, kamen bald Autoren angereist. Verlegt wurden Kurt Hiller, Max Brod, der seinen Freund Franz Kafka mit Kurt Wolff zusammenbrachte, Else Lasker-Schüler, Oskar Kokoschka, Georg Trakl, Arnold Zweig, Robert Walser, später (1916) auch Heinrich Mann und Carl Sternheim. 1915 wurde Gustav Meyrinks *Der Golem* ein Erfolg, nachdem der Roman 1913 bis 1914 zuerst in den *Weißen*

Blättern erschienen war. 1913 wurde als Konkurrenz zur Insel-Bücherei die Reihe *Der jüngste Tag* herausgegeben, die jungen, zunächst unbekannten Autoren gewidmet war. Der Titel stammte aus einem Gedicht Werfels.

Entdeckung und Förderung junger Talente war nicht das einzige literarische Interesse Kurt Wolffs. Er ließ bibliophile Texte, Kunstbücher und Werke zur Kunstgeschichte erscheinen. Wolff hat sich im Rückblick (in einem Rundfunkvortrag, gedruckt in *Autoren, Bücher, Abenteuer*, 1965) dagegen gewehrt, daß ein Kollektiv den Expressionismus hervorgebracht habe, und bestand auf individueller Leistung. Er habe immer geglaubt, „Verleger junger Dichter zu sein und älterer Autoren, die ich mit Recht oder Unrecht für gut hielt. Nie habe ich einem Schlagwort, einer Richtung gedient." Im Kurt Wolff Verlag war der Verleger selbst ein Vertreter des besten deutschen Kulturbürgertums, kultiviert, planend, von bestimmtem persönlichem Geschmack und mit den Mitteln versehen, seine Planungen auszuführen. Und doch ist der Verlag nicht ohne den Anschluß an die Künstlerboheme zu denken. Der Expressionismus produzierte in den bohemischen Runden in Berlin, Leipzig und München einen gewissen Konsensus darüber, was als „neu" zu gelten habe. Wolff selber hat in einem Brief an Rainer Maria Rilke vom 10. Dezember 1917 der „Überzeugung" Ausdruck gegeben, die ihn bei der Führung des Verlages leitete,

> ... daß das Bild, aufgefangen im Spiegel meines Verlages, Geist und Herz meiner Zeit am treuesten widerspiegelt in der ganzen Vielfältigkeit ihrer Erscheinungen, ihrer Hysterie und Bizarrerie, ihrer Sehnsucht nach Brüderlichkeit und Güte, ihrer Liebe zum Menschen, und ihrem Haß gegen den Bürger.

KURT WOLFF VERLAG • LEIPZIG

KWV

DER JÜNGSTE TAG

NEUE DICHTUNGEN

Jeder Beitrag erscheint einzeln als gesonderter Band zum Preise von M —.80 geheftet, M 1.50 gebunden. Doppelbände geheftet M 1.60, gebunden M 2.50.

Der jüngste Tag soll mehr als ein Buch sein und weniger als eine Bücherei: er ist die Reihenfolge von Schöpfungen der jüngsten Dichter, hervorgebracht durch das gemeinsame Erlebnis unserer Zeit. Ohne im Gestrüpp erdrückenden Zeitschrifteninhalts erstickt zu werden, soll, was unsere Zeit an starker Dichtung — gleichviel in welcher Form — zu bieten hat, hier in würdige Erscheinung treten. — Die soeben zur Ausgabe gelangende neue Serie gehört den

Neuen deutschen Erzählern

19. Carl Sternheim. Napoleon. Eine Erzählung
20. Kasimir Edschmid. Das rasende Leben. 2 Nov.
21. Carl Sternheim. Schuhlin. Eine Erzählung

22/23. Franz Kafka, Verwandlung. Eine Novelle

24. René Schickele, Aïssé. Aus einer indisch. Reise

Sämtliche Bände mit Titelzeichnungen nach Original-Lithographien von Ottomar Starke. Gemeinsam ist diesen Arbeiten scharf unterschiedener Künstlernaturen eine rasende Lebensempfindung, welche mit bewußt neuen Mitteln gesteigerter Darstellung herausgebracht ist.

Verlagsprospekt von Kurt Wolffs Reihe »Der jüngste Tag«

Daß dieses Bild nicht nur widerspiegelt, sondern selektivem Einfluß unterlag, läßt Wolff ungesagt, vielleicht aus Bescheidenheit. Als Bildungsbürger ist es ihm selbstverständlich, daß literarische Zeugnisse „Geist und Herz“ der Epoche verkörpern. Er bedenkt nicht, daß Literatur aus einer Oberschicht kommt und von dieser aufgenommen wird. Die Briefstelle läßt jedoch den Widerspruch erkennen, der in der antibürgerlich-bürgerlichen Literatur liegt: der Literatenhaß auf den Bürger einerseits, die Sehnsucht nach Güte und Brüderlichkeit, die Liebe zum Menschen andererseits. Es ist die alte bürgerliche Humanität des 18. Jahrhunderts, die neu verkündet werden soll.

Unter den vielen kleinen und kurzlebigen expressionistischen Zeitschriften greifen wir *Die Revolution* heraus. Auf das 1. Heft dieser billigen Zeitschrift als Keimzelle für Hugo Balls Dadaismus werden wir noch zurückkommen. Der Kreis, der sie herausgab, gruppierte sich um den jungen Verleger F. S. Bachmair und umfaßte Hugo Ball, Johannes R. Becher, Erich Mühsam und Hans Leybold (1893–1914). Derselbe Kreis gab auch die aufwendigere Zeitschrift *Die neue Kunst* heraus. Die Beiträger sind zum großen Teil auch die der *Aktion*. Das letzte Heft der *Revolution*, die nur im Herbst 1913 erschien, war dem Fall Otto Groß gewidmet. Franz Jung betrieb die Pressekampagne, um seinen Freund zu befreien. Dieser war ein Bohemien, der in einen spektakulären Konflikt mit seinem Vater geriet, was damals breite Wellen schlug und das Thema des Generationskonflikts im Expressionismus beeinflußte. Auch *Die Aktion* widmete eine Nummer dem Fall Groß.

Otto Groß war der Sohn eines Professors der Rechtswissenschaft in Graz. Er war Psychiater geworden und hatte sich der Lehre Freuds angeschlossen. Er wird als genialer Psychoanalytiker beschrieben. Als Assistenzarzt in München geriet er in die Bohemekreise des Café Stefanie und wurde drogensüchtig. Leonhard Frank hat in *Links wo das Herz ist* (1952) ein ziemlich boshaftes Porträt von ihm als Doktor Kreuz geliefert. Als Doktor Hoch erscheint er in Johannes R. Bechers Roman *Der Abschied*. Franz Jung, der zwischen bohemischer Ungebundenheit und bürgerlicher Seßhaftigkeit abwechselte und der Groß von München her kannte, hatte diesen in seine Berliner Wohnung aufgenommen. Dort wurde Otto Groß von der preußischen Polizei verhaftet, was auf Antrag seines Vaters geschah. Der Vater wollte ihn vor der Boheme retten und ihn einer Drogenentziehungskur unterwerfen. Otto Groß wurde nach Österreich ausgeliefert und in eine Irrenanstalt in Troppau gebracht. Franz Jung, der in Berlin mit dem *Aktions*-Kreis bekannt war, begann eine Publikationskampagne zu seiner Befreiung. Jung kannte auch Johannes R. Becher und Bachmair in München. Er borgte sich eine Nummer der *Revolution*, schrieb einen Leitartikel, veröffentlichte einige verlangte Zuschriften von Freunden, darunter Erich Mühsam, und sandte die Nummer nach Graz und Wien. Die Tagespresse in Wien und Berlin nahm sich des Falles an, und Groß wurde tatsächlich befreit. Er blieb drogensüchtig, lebte zeitweise in einem Bohemekreis in Ascona im Tessin, wurde während des Krieges als Militärarzt eingezogen und verkam nach dem Kriege in München, als er sein Drogenbedürfnis nicht mehr befriedigen konnte.

Die Proteste in der *Aktion* kamen von Franz Pfemfert und Ludwig Rubiner, der auch in der *Revolution* zu Wort kam. In der seinem Fall gewidmeten Nummer der *Aktion* stand eine ziemlich verworrene *Notiz über Beziehungen* von Otto Groß, die so beginnt: „Die Beziehung als Drittes, als Religion genommen, enthält den Zwang zur Individualisierung." Konfus ist auch der Leitartikel in der *Revolution* von Franz Jung. Psychologische Kategorien wechseln mit einem Vater-Sohn-Mythos ab:

> Hans Groß lebt die Tragödie des Vaters, dessen Genialität an der des Sohnes sich zerreibt und im Erleben unproduktiv wird.
>
> ...
>
> Er [Otto Groß] will keine Anpassung an die Normalität, er wütet gegen sich, er braucht Rausch, Kokain, Opium. Er vernichtet sich – solange der „Vater" lebt.

Es war also deutlich genug, daß ein drogensüchtiger Wirrkopf von seinen bohemischen Freunden vor der Bevormundung geschützt werden sollte. Daß dies mit Hilfe der sonst verhaßten liberalen Presse gelang, zeigt, daß die patriarchalische Militärherrschaft, die gerade in der Zabern-Affäre sich blamiert hatte, nicht mehr so stark war wie früher. Selbst Jung schreibt: „Wir wollen den Glauben haben an eine Verständigung zwischen Jugend und Alter." Die Fronten zwischen Vater und Sohn, älterer und jüngerer Generation waren in der historischen Wirklichkeit nicht so scharf wie im spezifisch expressionistischen literarischen Mythos.

Ein Charakteristikum des Expressionismus sind die engen Beziehungen von Dichtung und bildender Kunst, vor allem durch den *Sturm*-Kreis, dem Lyonel Feininger, Paul Klee, Franz Marc und Oskar Kokoschka nahestanden. Enge Beziehungen bestanden zwischen den Expressionistenkreisen und der Malergruppe „Die Brücke", Ernst Ludwig Kirchner, Emil Nolde, Karl Schmidt-Rottluff, Max Pechstein, Erich Heckel, Otto Mueller, die in Dresden gegründet, 1911 nach Berlin übersiedelte und deren Mitglieder an den Stammtischrunden des *Sturm* und der *Aktion* teilnahmen. Diese wiederum hatten engen Kontakt zu der losen Gruppe „Der blaue Reiter“ in München, zu der Wassily Kandinsky, Franz Marc, Paul Klee und August Macke gehörten. Durch Herwarth Walden hatten diese Münchener engen Kontakt zu Berlin. Ludwig Meidner fand durch ihn Anschluß an die „Brücke“-Künstler. Sein Atelier wurde ein Treffpunkt für Maler und Dichter. Mit Jakob van Hoddis unternahm er lange nächtliche Märsche durch Berlin, mit Ernst Wilhelm Lotz lebte und arbeitete er 1914 zusammen in Dresden. Meidner hat auch Gedichte geschrieben. Von ihm und von Max Oppenheimer, der dem *Aktions*-Kreis näherstand, haben wir mehrere graphische Porträts der expressionistischen Lyriker. Eine andere Kontaktstelle zwischen literarischem und malerischem Expressionismus war Paul Cassirer.

Wassily Kandinsky (1866–1944) kam 1896 aus Rußland nach München, wo er Maler wurde und führend an den Richtungskämpfen der neuen Kunst teilnahm. 1911 begründete er in *Über das Geistige in der Kunst* das Prinzip der „inneren Notwendigkeit“ als Gesetz der Kunst. Die Formidee habe sich von den äußeren Vorbildern zu emanzipieren. Kandinskys Bühnenkomposition *Der gelbe Klang* (1912) will einen Bühnenvorgang ohne fiktionale Fabel zeigen, zusammengesetzt aus Musik, Farben, einem Bühnenbild aus Vorhängen und konkreteren Requisiten wie einem grünen Hügel, Felsen und Blumen, aus Fabel-Riesen und Menschen, einem Chor und einer Tenorstimme, gelegentlich, aber selten, einem Sprechchor mit einem symbolischen Gedicht, auch Unsinnslauten. Die Vorgänge sind schwer zu deuten, sollen auch nicht gedeutet werden; sie enthalten Natursymbole und religiöse Anspielungen. Die Komposition ist ein Formexperiment, das moderne Bühnentechniken zu einem absoluten Gesamtkunstwerk verwendet, das in seiner

Wortlosigkeit experimentierendes Spiel bleiben muß, vielleicht als ein auf die Bühne versetztes, vivifiziertes, gegenstandsloses Gemälde angesprochen werden kann.

Der Wiener Oskar Kokoschka (1886–1976) schrieb Stücke, in denen Otto Weiningers Lehre vom Schöpferisch-Wollend-Männlichen und dem Verführerisch-Schmarotzend-Weiblichen verarbeitet wurde. In den Stilmitteln ergänzt Kokoschka das Wort durch Bühnenbeleuchtung, choreographische Anordnung und mimisches Spiel, nicht ganz so sehr die Fabel verdrängend wie Kandinsky, aber doch die modernen Bühnenmöglichkeiten ausnutzend. *Mörder, Hoffnung der Frauen* (entstanden 1907, uraufgeführt 1908, Erstdruck in *Der Sturm*, 1910) ist ein vom Stil des Weihespiels geprägtes Stück, das andeutend und traumhaft die Ambivalenz der Sexualität in symbolische Sprache, Choreographie und rudimentäre Handlung umsetzt. Umarbeitungen des Stückes erschienen 1913, 1916 und 1917 im Kurt Wolff Verlag. 1920 setzte Paul Hindemith das Spiel in Musik. Gleichzeitig mit *Mörder, Hoffnung der Frauen*, 1907, entstand *Sphinx und Strohmann. Ein Curiosum*, in dem ebenfalls Sexualität und Tod in motivische Verbindung gebracht werden. Statt des Tempeltheater-Stils ist dies ein satirisch getöntes, groteskes Spiel mit der Fiktion auf dem Theater. Eine Neufassung erschien 1917 im Paul Cassirer Verlag unter dem Titel *Hiob. Ein Drama. Der brennende Dornbusch* (entstanden 1911, Erstdruck 1913 unter dem Titel *Schauspiel*, 1917 mit dem endgültigen Titel in der Reihe *Der jüngste Tag*) ist eine neue Illustration der Weininger-Gedanken. Weiningers Lösung, die Enthaltsamkeit des Mannes, liegt der Anfangssituation des Spiels zugrunde. Die Frau wird böse wegen der Zurückweisung. Im Hintergrund wird Religiöses zelebriert und die Frage gestellt: Warum ist der Mensch nicht gut? Kokoschkas Werk vertritt wie das Döblins und des Futurismus einen Antifeminismus, dessen soziale Bedingungen verborgen bleiben: in der Oberschicht ist das vom Religiösen emanzipierte, von der Erwerbsarbeit befreite „Weib" auf das erotische Spiel als Lebensinhalt hingewiesen. Das Spiel bedarf der gesellschaftlichen Konvention. Die Lösung von den konventionellen Geschlechtstabus konnte bei empfindlichen Männern ein Gefühl der Bedrohung erregen. Dies hatte Weininger in eine Theorie gebracht.

Kokoschka hat Gedichte und Prosa geschrieben, in denen das Erotische symbolisch behandelt wird. Das Thema der aus der konventionellen Ordnung befreiten Sexualität ist, wie wir wissen, prä-expressionistisch. Kokoschkas 1908 mit seinen Holzschnitten veröffentlichte Lyrik *Die träumenden Knaben* ist Gustav Klimt, dem führenden Vertreter des Wiener malerischen Jugendstils, zugeeignet. Kokoschkas Drama treibt den Symbolismus Maeterlincks in Richtung auf das Strindbergsche Seeelendrama weiter, bleibt aber im Kammerspiel-Format, das den symbolistischen Charakter der Spiele zu betonen gestattet. Die expressionistischen Züge: Reduktion des Dialogs, Ausnutzung farbiger moderner Bühneneffekte, die Handlung als Deutung innerseelischer Ambivalenzen, ergeben sich aus der Aufnahme und Weiterentwicklung des europäischen Symbolismus. Autonomie der Bilder, lyrische und opernhafte, choreographische Elemente im Drama erlauben, neue und alte Ansichten über die vorbewußte Seele auf der Bühne auszuspielen.

Während Paul Hindemith (1895–1963) noch zu jung war, um vor dem Ersten Weltkrieg mit neuartigen Kompositionen hervorzutreten, wurde seine Musik in dem Jahrzehnt 1920 bis 1930 als expressionistisch angesprochen. Der ältere Arnold Schönberg (1874 bis

1951) wurde damals mit den malerischen Expressionisten in Zusammenhang gebracht. Er malte selbst und war ein Freund von Wassily Kandinsky. 1909 hatte er begonnen, atonal zu komponieren, eine Methode, die der symbolistischen, eigenständigen Dichtung vergleichbar ist und auf ähnliche Weise sowohl provozierend wie elitär wirken mußte. Lösung von der Konvention und konstruktive Komposition sind Parallelen zu den Intentionen einiger Expressionisten. Falls man von einem musikalischen Expressionismus sprechen kann, träfe dies eher auf Schönbergs Schüler, Anton von Webern (1883–1945) und Alban Berg (1885–1935), zu. Bergs *Wozzeck*, oft expressionistisch genannt, wurde erst 1917 bis 1921 komponiert.

Als europäische Erscheinung gehen dem deutschen Expressionismus die Kubisten und Fauvisten in der französischen Malerei parallel, auch Igor Strawinskys (1882–1971) Übergang vom Impressionismus zu dem provokativen *Le Sacre du printemps*, dessen Aufführung 1913 in Paris einen Skandal erregte, wäre als Parallele zu nennen. Der deutsche literarische Expressionismus, der seinerseits Baudelaire, Rimbaud und Strindberg verpflichtet ist, wirkte nach dem Ersten Weltkrieg als Stilvorbild in Europa und Amerika.

Was also ist der Expressionismus? Zusammenfassend läßt sich folgendes sagen: Der Expressionismus ist eine zweite Phase der bürgerlich-antibürgerlichen literarischen Moderne, die Nietzsches Gedanken der Umwertung aller Werte verarbeitete und einer Art von Lebensreligion anhing. Außer Nietzsche waren Flaubert, Baudelaire, Rimbaud, Strindberg und Wedekind ihre Leitbilder, ähnlich wie Vincent van Gogh und Edvard Munch in der Malerei. Dichter, Verleger und Journalisten, die Ende der sechziger und in den siebziger Jahren des 19. Jahrhunderts geboren waren, förderten als Vorbilder (wie Wedekind, Heinrich

Mann, Alfred Kerr, George und Rilke) oder Organisatoren von Gruppen, Verlagen und Zeitschriften (wie Kurt Hiller, Herwarth Walden, Franz Pfemfert, Kurt Wolff) jüngere Dichter, die in den achtziger Jahren geboren, die Literatur der Lebensreligion um die Jahrhundertwende schon voll entwickelt vorfanden. Einige wandten sich darum mit eifersüchtiger Entschiedenheit gegen die älteren Brüder und erklärten sich entschlossen, jede bürgerliche Anpassung abzulehnen. Bohemische Provokation des bürgerlichen Publikums, von dem ihre Werke gelesen, ihre Zeitschriften abonniert wurden, war ein Grundzug der Bewegung, der mit der Darstellung einer entfremdeten Isolierung korrespondiert. Diesem Zug wirkt jedoch eine humane Sympathie entgegen, die sich am deutlichsten in der stürmischen Rezeption des frühen Werfel und in dem Glauben an den ‚neuen Menschen' im Drama äußert. Die dialektische Spannung zwischen Selbstisolierung und humaner Mission liegt manchen Dichtungen, z. B. Trakls, als Struktur zugrunde. Andererseits widersprechen Tendenzen zur Formauflösung, zur Anbetung des Häßlichen, zum kreativen Schrei den Tendenzen zu konstruktiver Form, ja, zum sich selbst genügenden symbolistischen Kunstwerk.

Merkwürdig ambivalent ist auch die Stellung der Expressionisten zur Psychologie. Einerseits protestieren sie gegen die Psychologie in der literarischen Gesellschaftsdarstellung, wie sie aus dem französischen Roman der achtziger und neunziger Jahre auf den deutschen übergegriffen hatte. Die Expressionisten bevorzugten kräftige Bildlichkeit, auch um den Preis sozialer Desintegration, wie man es im Drama beobachten kann. Aber eine neue, entlarvende Sexualpsychologie im Anschluß an Freud (manchmal auch an Weininger), die sich sowohl in Symbolen als auch in Ambivalenzen äußerte, ersetzte die ältere Romanpsychologie und bot das Neue an, dem die Expressionisten nachjagten. Das Bedürfnis nach dem provokativ Neuen, das den deutschen Expressionismus mit der internationalen Moderne der Zeit, den Kubisten, Fauvisten, Futuristen verband, drückte eine Unzufriedenheit mit der bürgerlichen Gesittung, dem kapitalistischen Liberalismus, dem allzu beschränkten Humanismus aus, die einen selbstzerstörerischen Zug hat. Dieser Drang zur Selbstzerstörung wurde außerhalb der elitistischen Kultur im Ersten Weltkrieg und in seinen Folgeerscheinungen sichtbar, von der Revolution der Bolschewiki bis zum Stalinismus, Faschismus, Nationalsozialismus und dem Zweiten Weltkrieg. Die Befreiung des Kreativen und der Absturz in totalitäre Inhumanität, die Beschwörung der Kraft und die des Untergangs lagen zuerst in der elitären Phantasiewelt nebeneinander. Das ist die eine, die politisch fragwürdige Seite des Expressionismus. Seine Förderer und Anhänger, damals und noch lange nachher, hielten die bürgerlich-humanistische individualistische Tradition aus dem 18. Jahrhundert für hoffnungslos mit dem Kapitalismus verquickt und für so solide, daß sie Stöße und Anstöße brauchte. Sie hat sich dagegen als empfindlich und fragil herausgestellt gegenüber Aufrufen zum Fanatismus und zu totalitärer Machtkonzentration. Andererseits politisierte der Expressionismus das deutsche Bürgertum. Im Anarchismus Gustav Landauers und Franz Pfemferts, dem viele Expressionisten nahestanden, und in der USPD, die sich im Ersten Weltkrieg bildete, sammelte sich viel guter Wille mit dem Ziel, kulturbürgerliche Traditionen mit sozialer Verantwortung zu vereinen. Der Expressionismus vor 1914 bildete ein Reservoir dafür. Es war eine Tragödie der politischen und der Literaturgeschichte, daß dieser gute Wille 1918 keine Chance hatte.

18. Lyrischer Expressionismus (I). Berliner Großstadtlyrik

Eine der Wandlungen, die die deutsche Gesellschaft und Literatur in den Jahren vor dem Ersten Weltkrieg veränderten, war die Funktion Berlins als Hauptstadt. Deutsche Literatur war immer grundsätzlich provinziell, das heißt weder von einem literarischen noch von einem gesellschaftlichen Konformismus zu sehr bestimmt. Das hat nicht nur Nachteile, eine solche Situation ermöglicht eine große Bandbreite von Talenten. Durch Kurt Hiller und durch die beiden Zeitschriften *Der Sturm* und *Die Aktion*, beide in Berliner Kaffeehäusern beheimatet, bildete sich in Berlin ein literarischer Mittelpunkt, wo Ideen getauscht und ein Konsensus darüber stattfand, was modern und literarisch aufregend war. Die führenden Schriftsteller der Jugendstilgeneration blieben in der Provinz, kamen nur ab und zu nach Berlin, sei es zu Aufführungen eines neuen Stückes von Gerhart Hauptmann, sei es zu Besprechungen mit Verlegern wie Samuel Fischer. Die neuen expressionistischen lyrischen Talente wie Georg Heym, Alfred Lichtenstein und Gottfried Benn sind mit ihrem Hintergrund verwachsen, der neuen Weltstadt Berlin.

Georg H e y m (1887–1912) kam als Kind nach Berlin, wohin sein Vater als Militärjurist versetzt worden war. Dieser Vater war pietistisch religiös, gewissenhaft, sensitiv und auf bürgerliches Ansehen bedacht. Obwohl er dem Sohn viel Freiheit gab, fühlte dieser die Notwendigkeit zu rebellieren. Eigentlich wollte er in den Spuren seines Vaters gehen, in dasselbe Heidelberger Korps eintreten, in dem dieser aktiv gewesen war. Der Vater verbot ihm das. Allerlei schlechter Schülerstreiche wegen stand zu erwarten, daß Georg dem alten Herrn keine Ehre machen würde. Auf dieses Verbot führte Georg Heym sein Abweichen von der Normalität zurück, in die er sein Dichten einbezog. Auf den Bahnen der Normalität absolvierte Heym schlecht und recht ein juristisches Studium, bestand die Prüfung mit Betrug und mußte seine Referendarausbildung abbrechen. Er erwog, als diplomatischer Dolmetscher nach Ostasien zu gehen, zog es dann aber doch vor, Offizier werden zu wollen. Die Nachricht, daß er von einem elsässischen Infanterieregiment als Offiziersanwärter angenommen worden war, kam nach seinem Tode an.

Aus seinen Tagebüchern geht hervor, daß er sich mit literarischen Außenseitern identifizierte, mit Günther, Lenz, Kleist, Grabbe, Hölderlin, Lenau, Baudelaire und Rimbaud. Goethe nennt er (3. November 1910) einen „Weimarer Höfling und Kunstbonzen im Nebenberuf". Die etablierten Dichter Rilke und George lehnt er heftig ab, obwohl der Einfluß dieser beiden in seiner Lyrik leicht erkennbar ist.

Wogegen Heym aufbegehrte, war die Konvention und Langeweile eines gesicherten bürgerlichen Lebens in einer sparsam-frommen Beamtenfamilie. Er konnte es nicht ertragen, daß sein eigenes Leben nach den Erwartungen seiner Familie ablaufen sollte, deren Schutz er dennoch brauchte. Am 20. November 1911 vertraute er seinem Tagebuch an: „Das wunderbarste ist, daß noch keiner gemerkt hat, daß ich der allerzarteste bin ... aber ich habe es gut versteckt, weil ich mich immer dessen geschämt habe." Klagen über Langeweile in der Bürgerlichkeit finden sich im Tagebuch und in einem Prosatext *Eine Fratze*, der 1911 in *Die Aktion* gedruckt wurde: „Unsere Krankheit ist grenzenlose Langeweile". Dem steht eigener Aktionsdrang gegenüber; unter dem 15. September 1911 steht im Tagebuch: „Mein Gott – ich ersticke noch mit meinem brachliegenden Enthusiasmus in dieser banalen Zeit." Ungeduldig erwartete er die Ausgabe seiner Gedichtsammlung *Der ewige Tag*. Er erhoffte sich eine große Wirkung auf die verhaßte bürgerliche Gesellschaft.

Als Schüler hatte Georg Heym mit dem Gedanken des Selbstmords gespielt. Seine Dichtung kommt immer wieder auf Todesbilder. Die Umstände seines Todes weisen jedoch auf die vitalistische Seite Heyms, seine Körperfreude. Was seine robuste und seine makabre Seite verband, war die Verachtung der Lebensgefahr, die zu dem Unglück auf dem Eis der Havel führte. Georg Heym und sein Freund Ernst Balcke waren am 16. Januar, einem Dienstag, zum Schlittschuhlaufen auf dem werktäglich verlassenen Eis der Havel aufgebrochen. Sie vermieden die von der Polizei abgesteckte Bahn und gerieten in ein nur oberflächlich zugefrorenes Fischloch. Aus den Umständen war zu schließen, daß Ernst Balcke zuerst versank und Georg Heym ihn retten wollte. Eine halbe Stunde soll er um Hilfe geschrien haben nach der Aussage von Waldarbeitern, die selbst nicht helfen konnten, aber auch nichts weiteres unternahmen. Die Leiche Georg Heyms wurde vier Tage später gefunden. Sie zeigte verzerrte Gesichtszüge, eine verkrampfte Körperhaltung und wunde, zerkratzte Hände von dem Kampf, den der Dichter des Todes um sein Leben führte.

In den Jugendgedichten findet man schon einige der späteren Themen Heyms, Melancholie, das Todesthema, die Verbindung von Vitalität und Tod, z. B. in dem schönen impressionistischen Gedicht *Juni-Nachmittag* von 1909, auch biblische Stoffe wie *Der Asket* aus dem gleichen Jahr mit dem Thema der Passion. Ein Gedicht *Dionysos* (1910) spielt den griechischen Gott gegen Jesus aus im Sinne Nietzsches.

Heyms Bedürfnis nach Aktivität und Anerkennung schlug sich in Dramenversuchen nieder. *Arnold von Brescia,* ein Stück, das er nicht ganz fertigstellte, ist die Tragödie eines Revolutionärs, *Die Revolution* ein Dramenentwurf über den badischen Aufstand von 1848, *Spartacus* der antike revolutionäre Stoff. *Der Feldzug nach Sizilien* ist als Kampf zwischen dem amoralischen Alkibiades und dem häßlichen, ressentimentgetriebenen Spartaner Gylippos dargestellt, offensichtlich unter dem Einfluß Nietzsches. Ein Versdrama im Renaissancegewand und in der Nachfolge Hofmannsthals und Maeterlincks ist *Atalanta oder Die Angst* (1910–11). Entwürfe und Bruchstücke aus dem Jahre 1911 zeigen Heym mit einer *Faust*-Satire beschäftigt, die möglicherweise eine ganz eigene Form expressionistischen Theaters geworden wäre.

In der von Heym selbst zusammengestellten Sammlung *Der ewige Tag* sind (mit nur einer Ausnahme) Gedichte aus dem Jahre 1910 und Anfang 1911 enthalten. Die Ausgabe von 1964, die auch eine Auswahl von Entwürfen enthält, druckt die Produktion der zwei Jahre von Anfang 1910 bis Anfang 1912 auf über 500 Seiten ab. Dazu kommen noch Erzählungen und Heyms dramatische Versuche. Der Umfang des Geschriebenen macht begreiflich, daß Heym den Anforderungen seiner bürgerlichen Laufbahn nicht genügte.

Eine Reihe von Sonetten aus dem Sommer 1910 haben Ereignisse der Französischen Revolution zum Gegenstand. Man sollte von Heym, dem Rebellen, eine Heroisierung der Revolutionäre erwarten. Statt dessen wird das menschliche Handeln ausgeschaltet. In *Bastille* steht die wütende Volksmasse gegen Turm und Kanonen. Die Unterhändler richten nichts aus. Der König in *Louis Capet* ist ein stumpfes Objekt der Hinrichtung, *Danton* besteht zwar fast ganz aus einem wütenden Monolog des Gefangenen gegen Robespierres Regime, doch ist er vergeblich. Die letzten Worte lauten: „Die Augen werden leer." *Robespierre* ist eines der besten Gedichte Heyms. Es zeigt den verwundeten Delinquenten, der nicht weiß, was ihm geschieht, bis er das Schafott sieht:

Die aschengraue Stirn wird schweißbetaut.
Der Mund verzerrt sich furchtbar im Gesicht.
Man harrt des Schreis. Doch hört man keinen Laut.

Die kühl episch erzählte Erniedrigung des einstigen Diktators widerspricht der Erwartung, die wir an die Sonettform herantragen. Solange die humanistische Tradition galt, war das Sonett, seiner Form wegen, besonders gut geeignet, aus einer bildlichen Situation eine überdauernde Bedeutung zu gewinnen. In Heyms Sonetten bleibt die Bedeutung verborgen. Statt dessen wird ein banges Gefühl vermittelt, in dem der Mensch stumm oder seine Rede wirkungslos bleibt. Ein anderes gelungenes Sonett mit historischem Thema ist *Savonarola.* Der Bußprediger wird zu einem Dämon.

Verzweiflung dampft um ihn, furchtbare Qual
Des Höllentags. Wenn er die Hände weitet,
Wird er ein Kreuz, das seine Balken breitet
Auf dunklem Himmel, groß, und furchtbar fahl.

Sonette sind auch die Berlin-Gedichte. Es handelt sich um die Kontrastierung von Impressionen aus der Stadt mit Idyllischem, das in das Getriebe eingesprengt ist. Die Sonettform wirkt der Tendenz zur impressionistischen Auflösung entgegen, die im Thema und in der im Naturalismus begründeten Tradition liegt. Heym hat drei dieser Berlin-Gedichte selbst veröffentlicht. Eines, *Berlin II* (so in der Ausgabe von 1964, der Chronologie wegen, *Berlin I* in Heyms *Der ewige*

Tag) hat eine Wasserfahrt zum Gegenstand und verwendet naturalistischen Wortschatz. Am Ende erscheinen „die Gärten“ als idyllischer Gegensatz, denen wiederum „der Riesenschlote Nachtfanale“ gegenübergestellt werden. In diesem metaphorisch verstärkten Bild kommt die barock anmutende „neue Pathetik“ zum Ausdruck, die im „Neuen Club“ gelehrt wurde, vielleicht auch schon der Einfluß des futuristischen Programms Marinettis. Ein anderes Berlin-Gedicht stellt die Bäume einer Landstraße vor der Stadt gegen das „Riesensteinmeer“ und seine Bewohner, die von Ausflügen in die Stadt zurückströmen. Der Sonnenuntergang versöhnt den Kontrast:

Auf allen Köpfen lag des Lichtes Traum.

Ein von Heym nicht veröffentlichtes Berlin-Gedicht entwickelt den Gegensatz von Idylle und Großstadtgetriebe weiter:

Berlin III

Der Zug hielt eine Weile in den Weichen.
Von einem Tone ward das Ohr gefangen.
Von eines alten Hauses Mauern klangen
Drei Geigen schüchtern auf mit dünnen Streichen.

Drei Männer spielten in dem Hofe leise,
Vom Regen waren naß die Pelerinen.
Der Blinden Schirm trug einer unter ihnen.
Die Kinder standen um sie her im Kreise.

Indes am niedren Bodenfenster oben
Ein alter Mann sah auf zur Wolkenfalle,
Die stürmend sich am grauen Himmel schoben.

Der Zug fuhr an. Wir brausten in die Halle
Des Bahnhofs ein, die voll war von dem Toben
Des Weltstadtabends, Lärm und Menschenschwalle.

Georg Heym

Zwischen Großstadtidyll (Quartette) und Großstadtgetriebe ist hier das Motiv des alten Mannes eingeschoben, der nach den Wolken sieht, die bei Heym immer die Bedeutung von Traumphantasie und Vision haben. Auch hier vermittelt die dichterische Vision zwischen den divergenten Bildern des Gedichtes, ohne sie zu deuten. Darin liegt offenbar Heyms dichterisches Programm, das den beiden Seiten seines eigenen Wesens entsprach: der sensitiven, zur Sentimentalität neigenden, liebebedürftigen und der zynischrobusten. Dazu kommt der Einfluß Baudelaires, der ein ambivalentes Verhältnis zur Stadt, zu ihrer kranken Schönheit, eine Haßliebe, in seinen Pariser Gedichten vorstellte. Heym stellt das Häßliche und das Idyllische nebeneinander, ohne sich und den Leser für das Idyllische einzunehmen. Das Idyllische ist nicht mehr, wie noch für Arno Holz, der eigentliche Bereich des Poetischen, sondern das Gedicht öffnet sich, befreit die Phantasie, die alles aufnehmen muß. Der Akt der Befreiung kann sich zeigen im Symbol von Wolken, im Bilde des Abendhimmels, des Sonnenuntergangs, in mythischen Bildern und in Bildern der Vernichtung.

Wolken als Symbol der Befreiung reflektieren ein apokalyptisches Zeichen des Untergangs in dem späten Sonett (November 1911), das unter dem Titel *Die Stadt* aus dem Nachlaß veröffentlicht wurde. Die Perspektive bleibt außerhalb der Stadt, die in den Metaphern wie ein lebendes Wesen erscheint. Die Fenster blinzeln als Augen, und die Straßen wirken als Adern. Zugleich ist das Stadtwesen aber auch tot, ein System von Kanälen, in denen Menschen wie Abfall aus- und eingeschwemmt werden. Die Stadt erzeugt ein stumpfes, monotones und sinnloses Leben. Dem steht die Vision des letzten Terzetts entgegen:

Und Schein und Feuer, Fackeln rot und Brand,
Die drohn im Weiten mit gezückter Hand
Und scheinen hoch von dunkler Wolkenwand.

Die Vision der Zerstörung ist auch die Befreiung von der Monotonie. Das Gedicht, eines der besten von Heym, zwingt großstädtische Entfremdung und eine befreiende Vision zusammen. Daß diese Vision apokalyptisch ist, hat eine prophetische Wucht, so bedenklich diese Verbindung auch ist.

Aus dem Frühherbst 1911 stammt auch das berühmte Gedicht *Der Krieg*, das ein Niederschlag der Kriegsgefahr ist, die im Sommer 1911 herrschte. Das bekannte Gedicht „Aufgestanden ist er, welcher lange schlief ...“ ist als Entwurf überliefert. Ein zweites mit demselben Titel sollte das erste offenbar ersetzen. Dessen letzte Strophe läßt die Ambivalenz erkennen, die Heym gegenüber Tod, Krieg und Revolution hegte. Er hielt sich von den üblichen Reaktionen fern, von Ehrfurcht, Abscheu und heroischen Illusionen, aber jede Art von Zerstörung übte eine starke Anziehung auf ihn aus.

Aber riesig schreitet über dem Untergang
Blutiger Tage groß wie ein Schatten der Tod,
Und feurig tönet aus fernen Ebenen rot
Noch der Sterbenden Schreien und Lobgesang.

Daß Heym einen Krieg geradezu herbeiwünschte, weil er die Langeweile des bürgerlichen Daseins unterbrechen würde, beweist nicht nur eine Tagebuchstelle, sondern auch das Gedicht *Gebet*, ebenfalls aus dem September 1911, das an den Kriegsgott gerichtet ist, der kommen soll, um die Öde zu unterbrechen mit Leichen, Hungersnot und Feuer. Auch der Baal in dem bekannten Gedicht *Der Gott der Stadt* ist ein Gott der Zerstörung.

Immer wieder griff Heym zu makabren Motiven.

Das Gedicht *Die Morgue* (1911) hat 26 Strophen. In schockierend ekelhaften Verfallsbildern wird „Der Verwesung blauer Glorienschein“ beschworen. Die Toten haben völlige Freiheit, sie können in den Himmel fliegen, wo sie „ein leeres Nichts“ finden. Sie warten auf einen „Herrn“, auf einen, der sie führen wird, zum Vergessen, zu Verwandlungen in andere Wesen. An den klassischen Vers angenähert stellen sie die Frage:

Werden wir blühen im Baum und schlummern in Frucht?

Auch Rilke prüft die Frage nach der Tragfähigkeit des Monismus in der parodierten klassischen Versform der *Duineser Elegien.* Heym stellt sich dem Nihilismus direkter. *Die Morgue* endet mit einer anderen Frage:

Oder – wird niemand kommen?
Und werden wir langsam zerfallen,
In dem Gelächter des Monds,
Der hoch über Wolken saust,
Zerbröckeln in Nichts,
– Daß ein Kind kann zerballen
Unsere Größe dereinst
In der dürftigen Faust.

Der Nihilismus ist nicht blasiert, sondern wird als bedrohlich empfunden, ein Beweis, daß in Heym ein religiöses Bedürfnis bereitlag. Das Gedicht gehört nicht zu seinen besten. Es zeigt seine Neigung, sich von seinen bedrängenden Bildern fortschwemmen zu lassen.

Der Tod faszinierte Heym immer wieder. Ein Eifersuchtsmord, Tote nach der Schlacht, Gehenkte, Sterbende in einem Hospital, ein makabrer Tanz der Versailler Hofgesellschaft unter der Erde werden zu Gedichten. *Die Tote im Wasser* treibt in Abwässern. Rimbauds Ophelia-Gedicht sowie sein *Le Bateau ivre*

(*Das trunkene Schiff*) haben Heyms *Ophelia* angeregt, ein Gedicht, das auf Gottfried Benn und Bertolt Brecht wirkte.

Das nihilistische Motiv verbindet sich mit dem des Hingleitens in eine Welt der Imagination, das von Rimbaud herkommt. Der „große Urwald" der Wasserpflanzen, die gleichgültigen Tiere und der Kran, der zum „Moloch" mythisiert wird, vereinen sich in der Sinnlosigkeit; nur ein „dunkler Harm" geht von der ungesehen dahintreibenden Ophelia-Leiche aus, ein Hauch von poetischer Melancholie, der die sinnlos wuchernde Natur und die sinnlose Hast der Städte nicht deutet, sondern nur begleitet und in das Abendbild auflöst:

Vorbei, vorbei. Da sich dem Dunkel weiht
Der westlich hohe Tag des Sommers spät,
Wo in dem Dunkelgrün der Wiesen steht
Des fernen Abends zarte Müdigkeit.

Vielleicht das schönste Gedicht von Heym ist das Liebesgedicht an Hildegard Krohn. Im Gegensatz zu den meisten der Gedichte Heyms, deren strenges Versmaß die Neigung seiner Bilder zum Ausufern in Grenzen hält, hat dieses eine freie Versstruktur, jedoch einen zwingenden Rhythmus von zwei oder drei Hauptbetonungen je Zeile, der die 12 4zeiligen Strophen zusammenhält. Die Liebe soll in den dichterischen Prozeß der Neuschöpfung der Welt einbezogen werden. Das Dichterische wird durch das romantische Bild des bergmännischen Abstiegs in die Tiefe bezeichnet.

Deine Wimpern, die langen,
Deiner Augen dunkele Wasser,
Laß mich tauchen darein,
Laß mich zur Tiefe gehn.

Steigt der Bergmann zum Schacht
Und schwankt seine trübe Lampe
Über der Erze Tor,
Hoch an der Schattenwand,

Sieh, ich steige hinab,
In deinem Schoß zu vergessen,
Fern, was von oben dröhnt,
Helle und Qual und Tag.

Eine Fülle von Bildern wird einbezogen: die Weite des Himmels, der häßliche Dornstrauch, Gewitter, Abendrot, das Meer, Herbst, Schlaf, Grab. Heyms dichterische Welt wird in diesem Gedicht fähig, das Naturhäßliche und das Naturschöne, Liebesekstase und Vorwissen des Todes zu vereinigen in einem kosmischen Glücksgefühl. Das Verschmelzen von Liebe und Tod und den zugrunde liegenden Monismus hat Heym mit dem vitalistischen Jugendstil gemein. Er intensiviert die Vision, bezieht symbolistische Verabsolutierung der Metaphern ein, hält dem Leser aber bereitwillig den Zugang zu seinem Gedicht offen, weil er die Situation der Anrede an die Geliebte festhält. In der letzten Strophe wird die Vision der kosmischen Auflösung im Tode überholt von dem Symbol des toten Blattes auf dem Nacken der lebenden Geliebten – das Blatt als Zeichen des Herbstes im Sommer, das aus dem „Ewigen Blauen“ kommt.

Doch von der Pappel,
Die ragt im Ewigen Blauen,
Fällt schon ein braunes Blatt,
Ruht auf dem Nacken dir aus.

Die letzte Zeile ist daktylisch. Sie drückt das Momentane des Gleichgewichts von Tod und Leben aus mit einer formalen Anspielung auf klassische Dichtung.

Hildegard Krohn stammte aus einer jüdischen Familie. Sie ist in einem der Vernichtungslager umgekommen. So ist dieses Gedicht auch ein Denkmal für die deutsch-jüdische Kultursymbiose. Die Deutschen jüdischer Herkunft waren ein integrativer Bestandteil des deutschen Kulturlebens dieser Zeit, nicht nur als Produzenten, Kritiker und Vermittler, sondern auch als aufgeschlossenes Publikum. Das Gedicht ist dieses Denkmal auch dann noch (und vielleicht gerade dann), wenn man weiß, daß Heym selbst antisemitische Reaktionen keineswegs fremd waren. Der geschichtlich gewordene nationalsozialistische Rassismus war keine unvermeidbare Konsequenz der deutschen Kultur. Jedoch hat die Schwächung des bürgerlichen Humanismus durch den Expressionismus daran teil, daß er überhaupt möglich wurde.

Unter den späten Gedichten sind einige, die Jesus und Judas und das Passionsgeschehen zum Gegenstand haben. In dem Gethsemane-Gedicht *Der Garten* wird Judas in expressiv häßlichen Bildern dargeboten, während Jesus, „der Gott", in die Metapher einer zerbrechlichen Silberfigur gefaßt ist. Die Umwelt bleibt gleichgültig. Einige Bilder des Gedichtes, besonders die haarigen Krallen und der breite Mund Judas', nehmen die biblischen Bilder Emil Noldes vorweg.

Zum Vergleich bietet sich Rilkes Gethsemane-Gedicht aus den *Neuen Gedichten* an: *Der Ölbaum-Garten.* Rilke läßt den betenden Jesus sprechen, der Gott verloren hat und nun allein ist. Während Heym die dramatische Situation des Verrats in ein expressives Bild umsetzt, läßt Rilke den Leser die Verzweiflung des Gottverlassenen spüren. Beiden gemeinsam ist das Motiv der gleichgültigen Wache, bei Rilke ausdrücklich, bei Heym bildlich suggeriert.

Heym hat Gedichte geschrieben, die den Schönheitsmaßstäben des Georgekreises hätten entsprechen können: *Der Abend* („Versunken ist der Tag in Pur-

purrot...“), *Die Tänzerin in der Gemme.* Daneben stehen andere, in denen die Requisiten von schönen Gedichten ins Groteske verfremdet werden. So geschieht es in einer Herbstabendszene in „Lichter gehen jetzt die Tage...“, wo die Gehängten „freundlich oben auf den Bergen“ schwanken, während die Henker schlafend dabeiliegen, und mit dem Mondthema in dem folgenden Gedicht, wo das Symbol des Mondes als Zauberers, der die Phantasie befreit, zugrunde liegt und Heym seinen eigenen Kontrapunkt von städtischer Enge und kosmischer Weite glücklich parodiert:

Spitzköpfig kommt er über die Dächer hoch
Und schleppt seine gelben Haare nach,
Der Zauberer, der still in die Himmelszimmer steigt
In vieler Gestirne gewundenem Blumenpfad.

Alle Tiere unten im Wald und Gestrüpp
Liegen mit Häuptern sauber gekämmt,
Singend den Mond-Choral. Aber die Kinder
Knien in den Bettchen in weißem Hemd.

Meiner Seele unendliche See
Ebbet langsam in sanfter Flut.
Ganz grün bin ich innen. Ich schwinde hinaus
Wie ein gläserner Luftballon.

Diese Art von Gedichten zeigt den Einfluß von Jakob van Hoddis und von Alfred Lichtenstein, der Hoddis in diesem Stil folgte.

Als Heym verunglückte, hatte er eine Sammlung von Erzählungen zusammengestellt, die 1913 unter dem Titel *Der Dieb* veröffentlicht wurde. Die Titelgeschichte bezieht sich auf den Diebstahl von Leonardos Mona Lisa aus dem Louvre, der 1911 geschah (das Bild wurde erst 1913 wiedergefunden). Heyms Erzählung erklärt die Tat aus religiösem Wahnsinn. Der Text beginnt wie einer von Thomas Mann und endet wie einer von Kafka. Der ersatzreligiöse Charakter des Ästhetizismus wird als Zwangsneurose bloßgestellt. Der religiöse Wahn führt in Gottverlassenheit. Die Erzählung bleibt nicht bei Psychologie und symbolischer Zeitkritik stehen, sondern setzt in dem Tod der Feuerwehrmänner ein Bild grausigen Untergangs an das Ende, in dem kein Sinn liegt, sondern bloße Todesangst und bloßer Lebenswille herrschen. Aus der Perspektive eines Wahnsinnigen ist die Erzählung *Der Irre* geschrieben. *Der fünfte Oktober* zeichnet ein Bild aus der Französischen Revolution. Eine ganz eigenartige Skizze ist *Die Sektion*, wo freundliche Ärzte „in weißen Kitteln mit Schmissen und goldenen Zwickern" eine Leiche öffnen, während der Erzähler den Liebestraum des Toten berichtet. In diesem Kontrast ist Heym: sein Haß auf die bürgerliche Welt, die doch die seine ist, Rausch und Schrekken des Todes, schockierend-groteske Häßlichkeit und der Traum von Liebe im Gleichgewicht mit der Natur.

Heyms Produktion war die stärkste in Kurt Hillers „Neuem Club", jedoch zogen Hiller und seine Freunde die Dichtungen Jakob van Hoddis' vor, weil sie ihrer Vorstellung von „Gehirnlyrik" eher entsprachen als Heyms grotesker Vitalismus. Zwischen Heym und van Hoddis bestand ein zerbrechliches Freundschaftsverhältnis. Heym fühlte sich von dem Gleichaltrigen verstanden, dann wieder gestört, schließlich entschied er, daß Hoddis nichts könne. Hoddis war psychisch labil, er brach später auch mit Hiller. Sein Verhältnis zu Heym spiegelt sich in seinem Gedicht

Am Lietzensee

Meinem Freunde Georg Heym

Die rote Sandsteinbrücke packt
Staubig die andere Seite vom schwärzlichen Tümpel.

Laternen. Das verirrte Mondlicht zackt
Über Sträucher und Wellen und träges Gerümpel.

Doch zu uns tönt der Abendschrei der Stadt.
Ich spüre noch die Lust der vielen Straßen
Und Trommelwirbel um Fortunas Rad.
Doch du stehst vor mir schläfrig und verblasen.

Feindselig reichst du mir die plumpe Hand,
Von neuem Zorn die starke Stirn betört.
Und als ich längst schon meinen Weg gerannt,
Hat alle Schritte noch dein Traum gestört.

Jakob van Hoddis (1887–1942) hieß eigentlich Hans Davidsohn. Seinen Dichternamen bildete er aus seinem bürgerlichen durch Anagramm. Er wurde im selben Jahre wie Heym in Berlin geboren. Seine Mutter war die Nichte Friederike Kempners, deren ernstgemeinte Gedichte Quelle der Komik geworden waren. Sie und ihre Nichte verstanden sich idealistisch-kulturbürgerlich. Hoddis' Vater war Arzt und vertrat eine materialistische Philosophie. Die Eltern pflegten ihre weltanschaulichen Gegensätze am Familientisch auszutragen. Beide waren jüdischer Herkunft. Hans Davidsohn war nur 1,55 Meter groß und hatte sich oft mit den Fäusten unter seinen Schulkameraden Geltung verschaffen müssen. Er führte weder ein Architektur-, noch ein Philosophie-Studium zu Ende und wurde ein Bohemien, der sich von Freunden und von der Mutter aushalten ließ. Diese ließ ihn 1912 in eine Heilanstalt bringen. Er brach zunächst aus, mußte jedoch seit 1914 in dauernde Pflege. 1942 wurde er in den Osten deportiert und mit Sicherheit ein Opfer der nationalsozialistischen „Endlösung“. Wo und wann er getötet wurde, ist nicht bekannt.

Am 11. Januar 1911 wurde in der Zeitschrift *Der Demokrat*, die damals Franz Pfemfert leitete, das Ge-

Jakob van Hoddis
Graphik von H. Th. Bauer (1916)

dicht *Weltende* gedruckt (übrigens zusammen mit einem Gedicht von Heym). Es hatte sofort eine große Wirkung unter den jungen Lyrikern. Der Anlaß war wahrscheinlich der Halleysche Komet, der 1910 Erwartungen des Weltuntergangs hervorgerufen hatte.

Weltende

Dem Bürger fliegt vom spitzen Kopf der Hut,
In allen Lüften hallt es wie Geschrei,
Dachdecker stürzen ab und gehn entzwei
Und an den Küsten – liest man – steigt die Flut.

Der Sturm ist da, die wilden Meere hupfen
An Land, um dicke Dämme zu zerdrücken.
Die meisten Menschen haben einen Schnupfen.
Die Eisenbahnen fallen von den Brücken.

Das Gedicht wirkt durch die Distanz von den apokalyptischen Ereignissen, die es nennt. Man „liest" nur davon, realisiert sie nicht. Die Katastrophe wird einerseits suggeriert, andererseits verniedlicht. Bilder werden nebeneinandergereiht, ohne logische Folge, was eine schon destruierte Welt anzeigt, während die unauffällige, aber feste Form, 5hebige gereimte Verse, der Destruktion entgegenwirkt.

Andere Gedichte von Hoddis präsentieren Bilder der Großstadtwelt, ein Zyklus Bilder aus dem *Varieté*, einschließlich eines Gedichtes über den frühen Stummfilm: *Kinematograph*. Der Zyklus *Der Todesengel*, 1914 in *Die Aktion* veröffentlicht, zeigt Einfluß von Heym. Hoddis ist ein Hauptvertreter des dissoziativen Impressionismus, der Dichtung des Nebeneinander, der Simultandichtung, die in seinem Falle offenbar durch eine Schizophrenie begünstigt wurde.

Ein anderes Mitglied des „Neuen Clubs", ebenfalls von Kurt Hiller begünstigt, war Ernst Blass (1890 bis 1939). Er war drei Jahre jünger als Heym und Hoddis, veröffentlichte aber mit ihnen Gedichte in

Der Demokrat und *Die Aktion*. Sie haben im Anfang den Charakter einer zur Karikatur tendierenden Großstadtlyrik. Blass benutzte die Sonettform und bestand überhaupt auf regelmäßigen Formen, mehr noch als Heym. Dessen elementare Wildheit vermied er ebenso wie die Problematik Hoddis'. Mehrere Gedichte reihen Bilder aneinander, ähnlich wie *Weltende*, jedoch sprechen sie den Leser direkter an, sind leichter, oft eleganter, manchmal aber im Versklang mißlungen.

Blass studierte Jura. Er schloß sein Studium 1915 auch ab, hatte aber schon vorher 1912 in Heidelberg die Zeitschrift *Die Argonauten* herausgegeben. In Heidelberg näherte er sich dem Georgekreis, wandte sich von seinen Berliner Anfängen ab und produzierte formstrenge Lyrik mit traditionellen Themen. Blass wurde später Lektor des Cassirer-Verlages, erblindete und starb 1939 im jüdischen Krankenhaus von Berlin. Nur sein erster Gedichtband, *Die Straßen komme ich entlanggeweht* (1912), gehört in den Zusammenhang des Frühexpressionismus. Dieser Band hat ein Vorwort, das den Einfluß seines Freundes Kurt Hiller verrät. Der Lyriker werde künftig ein Erkennender sein, ein Kämpfer, „einer, der für das Fortschreiten der Menschheit morastlosen Boden sucht“. Die beiden folgenden Sätze bezeichnen das Leitbild des „Neuen Clubs“: „Der zukünftige intellektuelle Lyriker wird sich nicht schämen, weder wegen Intellektuellseins, noch wegen Träumerischseins. Als Mann der Schönheit wird er voll irdisch-kämpferischer Stimmung und Kämpfer voll Stimmung und Schönheit sein ...“. Davon ist in den Gedichten selbst nicht viel zu spüren.

Das Gedicht, aus dem der Titel stammt, heißt eigentlich *An Gladys* und hat als Motto: „O du, mein holder Abendstern ... Richard Wagner“, offenbar in heiter-parodistischer Absicht. Auch die Sonettform steht in einem spaßhaften Konflikt mit dem leichten Gegenstand. Ein junger Mann, zwischen einsamem Selbstbewußtsein und heiterer Anpassung, schwankend zwischen der eigentlich Geliebten und möglichen Begegnungen mit Prostituierten, stellt sich selbst dar und endet mit einer naiv-scherzhaften Verführung:

So seltsam bin ich, der die Nacht durchgeht,
Den schwarzen Hut auf meinem Dichterhaupt.
Die Straßen komme ich entlanggeweht.
Mit weichem Glücke bin ich ganz belaubt.

Diese liebenswerte Eleganz wird nicht in allen Gedichten durchgehalten. Wenn Blass bedeutsam werden will, versagt sein Geschmack.

Alfred Lichtenstein (1889–1914) führte den Berliner Großstadtstil fort. Er war der Sohn eines Fabrikanten jüdischer Herkunft, studierte Jura und veröffentlichte seit 1910 Gedichte. Er las Wedekind und Rilke. Seinen eigenen Stil fand er, nachdem er Hoddis' *Weltende* kennengelernt hatte. Er schloß sein Studium durch Promotion ab, diente als Einjährig-Freiwilliger, kam deshalb gleich zu Anfang des Ersten Weltkrieges in einem aktiven bayerischen Regiment an die Front und fiel schon am 25. September an der Somme.

Lichtenstein nutzte das Aneinanderreihen der Bilder, das er von Heym, von Hoddis' *Weltende*, auch von Blass gelernt hatte, zu komischen Effekten. Dabei spielte die Absicht mit, der ernsthaften Dichtung des Jugendstils einschließlich Rilke und George durch Parodie eins auszuwischen. So mußte der Gedichttitel *Die Dämmerung* (1911) für die Zeitgenossen die Erwartung eines schönen polierten Abendgedichtes erwecken, etwa im Stile von Rilkes

Der Abend wechselt langsam die Gewänder,
die ihm ein Rand von alten Bäumen hält
...

eine Erwartung, die Lichtensteins Gedicht gründlich enttäuscht:

Ein dicker Junge spielt mit einem Teich.
Der Wind hat sich in einem Baum gefangen.
Der Himmel sieht verbummelt aus und bleich,
Als wäre ihm die Schminke ausgegangen.

Die Sprache überrascht durch unübliche Vergleichsbeziehungen. Menschliches kann zur Metapher der Natur werden, während wir das Umgekehrte gewöhnt sind. Andererseits wird der natürliche Teich zum Spielzeug reduziert. Lichtenstein hat sein Gedicht (das noch 2 weitere Strophen hat) impressionistisch erklärt. Die Wendung „ein Kinderwagen schreit" aus der 3. Strophe gebe den sinnlichen Eindruck wieder. Jedoch werden die Impressionen über die Grenze des Grotesken getrieben mit komischem Effekt. Das Gedicht *Die Stadt* (s. S. 649) kann man als Parodie auf die Stadtdichtung des „Neuen Clubs" lesen. Parodie der Weltuntergangsdichtung ins Komische ist das Gedicht *Prophezeiung* (1913), von dem eine Strophe folgt:

Finster wird der Himmelsklumpen,
Sturmtod hebt die Klauentatzen:
Nieder stürzen alle Lumpen,
Mimen bersten, Mädchen platzen.

Eine eigene Gruppe von Gedichten sind die des Kuno Kohn, eines ungeliebten Buckligen, der sich Selbstmitleid gestattet.

Gebet an die Menschen

Ich geh in Tagen
Wie ein Dieb
Und niemand höre
Mein Herz zu sich klagen.

Habt, bitte, Erbarmen,
Habt mich lieb.
Ich hasse euch.
Ich will euch umarmen.

Das ist zwar nicht Heyms Ausdrucksweise, aber Heyms Selbstverständnis im Tagebuch nahe, wobei Lichtenstein die Ambivalenz von Liebebedürftigkeit und Provokation offenbar reflektiert hatte. Kuno Kohn erscheint auch in Lichtensteins Prosaskizzen. In einer wird er, der eigentlich homosexuell ist, aus der Perspektive einer Prostituierten vorgestellt. Es ist das gleiche „Zarte", das Heym verstecken wollte, dem Lichtenstein in der Maske Kuno Kohns Ausdruck gab.

In einer anderen Prosaskizze, *Mabel Meier*, kommt der Satz vor: „Ich merkte, daß ich ohne Beziehung zu mir bin." Diesen Satz verbesserte Lichtenstein in: „Ich betrachtete mich gleichgültig wie einen fremden Gegenstand." Das ist eine sehr gute Formulierung für das Empfinden der großstädtischen Selbstentfremdung. Dieses Thema verfolgt Lichtenstein in einer Reihe von Erzählungen, einige davon mit erotischer Note. Andere verknüpfen das Thema der Reduktion menschlicher Beziehungen mit literarischer Satire. In *Der Selbstmord des Zöglings* (1912) werden Carl Einstein und Franz Blei, in *Der Sieger* Jakob van Hoddis verspottet, in der letzten Erzählung zusammen mit Kuno Kohn, mit dem Lichtenstein sich selbst persiflierte. In einer Mischung von Selbstspott und Selbstanalyse läßt Lichtenstein seinen Kohn diesen Text vortragen:

Die alten, prächtigen Geschichten von Gott sind totgeschlagen. Wir dürfen ihnen nicht mehr glauben. Aber die Erkenntnis des Elends, glauben zu müssen, bedrängt uns – die Sehnsucht nach neuem, stärkerem Glauben. Wir suchen. Wir können nirgends finden. Wir grämen uns, weil wir hilf-

Die Aktion

WOCHENSCHRIFT FÜR POLITIK, LITERATUR, KUNST

III. JAHR HERAUSGEGEBEN VON FRANZ PFEMFERT NR. 40

INHALT: Max Oppenheimer: Der Lyriker Alfred Lichtenstein (Titelbild) / Franz Blei: Blatt aus meinem Tagebuch / Franz Pfemfert: Massenstreik-Unsinn / Ludwig Rubiner: Manuskripte / Oskar Kanehl: Im Zeltgarten zu Breslau / D. Wensickendorf: Aus dem Leben Voltaires / Alfred Lichtenstein: Selbstkritik; 8 Gedichte / Henriette Hardenberg: Verse / Sylvester von Babenhausen: Ueber die Ehe / Glossen

VERLAG / DIE AKTION / BERLIN-WILMERSDORF

HEFT 30 PFG.

Titelblatt der Zeitschrift »Die Aktion« mit einem Porträt Alfred Lichtensteins von Max Oppenheimer

los verlassen sind. Komm doch einer, lehre uns Ungläubige, Gottsüchtige.

Aus dem Nachlaß wurden Fragmente eines Romans bekannt, in dem Lichtenstein das „Café Klößchen“, das Berliner Café des Westens, und Kurt Hiller als Oberlehrer Bryller, Karl Kraus als Dackel-Laus und Gründer einer gottlosen Religion auf neojuristischer Grundlage, Georg Heym als Gottschalk Schulz verspottet. Auch Jakob van Hoddis, Ernst Blass, Franz Pfemfert kommen unter Decknamen vor, sogar *Die Aktion* als veraltete Zeitschrift *Das andere A*. Offenbar sollte die Satire verbunden werden mit einer Parodie des Entwicklungsromans, in der die Lebensgeschichte Kuno Kohns erzählt worden wäre. Die großen Probleme, die schon den kleinen Kuno quälen, sind Tod und Gott. Seine Zweifel zwingen ihn, den Glauben an Gott aufzugeben.

Lichtenstein ist es nicht vergönnt gewesen, aus dem Kreis einer spielerischen, witzig-melancholischen Großstadtdichtung völlig auszubrechen. Er stellt die Dehumanisierung der modernen Großstadt auf seine eigene Weise dar, wobei er sie vielleicht sogar verharmlost, weil er sie in Verspieltes überträgt. Jedoch zeichnet sich, besonders in seiner Prosa, doch auch eine entschieden kritischere Richtung ab. Sein Roman hätte vermutlich in witziger Weise eine ernsthafte Kritik am Berliner expressionistischen Literaturbetrieb geübt, an dem nihilistischen Erlebnisdrang, an den literarischen Fehden, an der Gesellschaftskritik, die ins Leere stößt.

Einem durchaus nicht verspielten Zorn auf die Großstadt gibt Armin T. Wegner (1886–1978) Ausdruck. Aus Elberfeld kam er als Student nach Berlin, das seine frühe Dichtung prägte. Die Sammlungen *Das Antlitz der Städte* (1917) und *Die Straße mit den tausend Zielen* (1924) enthalten Gedichte, die von 1909 an geschrieben worden sind, die erstere war 1913 abgeschlossen. *Das Warenhaus* (in *Das Antlitz der Städte*) wird mit einer Kultstätte verglichen, was die Architektur des Warenhauses Wertheim nahelegte. Dort werden Dinge, vor denen „die Seelen der Menschen knien“, von Verkäuferinnen, den „Priesterinnen“ des materiellen Kultes, vergeben. Für Lebendige gibt es dort keinen Platz. In der Nacht „schließt sich das Haus wie das Herz einer Dirne zu“. *Die Schlachthallen* symbolisieren die Lebensfeindlichkeit der Großstadt. Die sterbenden Tiere senden „ihr letztes Gebet, ihre qualvoll rufenden Blicke“. Dennoch spricht ein Gedicht von der *Sehnsucht nach der Stadt.* – Ein anderes Thema Wegners ist Erotik. Der Sprecher des Gedichtes *Von der Keuschheit* wendet sich gegen die „wohlbehütete Reinheit“ der Bürgermädchen:

> Das Weib, das ich begehre, muß gekostet haben von allen Übeln der Welt,
> Mit allen Tugenden und Untugenden soll sie gewappnet sein.

Paul Boldt (1885–1921) stammte aus Ostpreußen, wurde Berliner und veröffentlichte Gedichte in *Die Aktion.* Berühmt wurde besonders ein Gedicht *Junge Pferde* (1912), weil der Rhythmus die scheue Bewegung der Tiere einfing:

> Über Gräben, Gräserstoppel
> Und entlang den Rotdornhecken
> Weht der Trab der scheuen Koppel,
> Füchse, Braune, Schimmel, Schecken!

Er schrieb Stadtgedichte, eines über den widerlichen Vorgang einer Exekution: *Hinrichtung* (1913 in *Die Aktion*), und viele erotische Gedichte, in denen wenig Glück und viel Fremdheit zwischen den Partnern herrscht. Boldts Geschmack ist nicht sicher; das Expressive in seinen Gedichten wirkt oft gesucht, ausgesprochen schlechte Reime stören.

Aus Culm an der Weichsel kam Ernst Wilhelm Lotz (1890–1914) nach Berlin. Er war erst Offizier, dann Kaufmann und fiel Ende September 1914. Seine Gedichte spiegeln jugendliche Lebensfreude. Ein Langzeilengedicht über eine politische Demonstration, *Erster Mai*, macht sich über Bürger lustig, die zuschauen, darunter „brillenbepanzerte Professoren“. Die Söhne der Bürger folgen der Demonstration von ferne.

Und sie fühlten sich heldisch durchglüht, als sie
verstohlene Fäuste in den Taschen ballten,
Leuchtend von Träumen des Tages, der Barrikaden und
Flammen versprach.

Das Gedicht ist vermutlich von Ernst Stadlers Langzeilen beeinflußt. Es steht in der Sammlung *Wolkenüberflaggt* (1914). Das Gedicht *Erscheinung*, das im Februar 1917 im *Sturm* stand, hat Berlin als Schauplatz. Es beginnt:

Ich tanze die Treppen herab mit federnden Sehnen.
Mit glänzend geöffneten Augen fühle ich Straßen hin.

Das längere Gedicht führt zu der Hoffnung, daß der Dichter seine Gemeinschaft, die der Suchenden finden werde, und zwar in Torwegen und Seitengassen, in proletarischer Umgebung. Die Bereitschaft seiner Jugend für große Ereignisse hat Lotz mehrfach dichterisch ausgesprochen:

Wir sind nach Dingen krank, die wir nicht kennen.
Wir sind sehr jung. Und fiebern noch nach Welt.
Wir leuchten leise. – Doch wir könnten brennen.
Wir suchen immer Wind, der uns zu Flammen schwellt.

Eine unbestimmt oppositionelle Richtung hatte auch

Ludwig Rubiner (1881–1920), von dessen Leben wir nicht viel wissen. Er war jüdischer Herkunft und lebte in Berlin als Literatur- und Musikkritiker. In dem Gedicht *Mein Haus*, das 1913 in *Die Aktion* erschien, werden Ereignisse in Langzeilen aneinandergereiht, ein anderes Beispiel des Simultanstiles, der in einer Welt, die an Gesetz, Hierarchie und zeitlich geregelte Pflicht glaubte, eine Alternative anbieten wollte, eine ungeordnete Anschauung der Weltphänomene. Jedoch endet das Gedicht, indem es „mein Haus" nennt, das der Flucht der Erscheinungen ein Gegengewicht bietet. Das symbolische Gedicht *Die Stadt*, 1912 in Kurt Hillers *Der Kondor* gedruckt, läßt einen „er", vermutlich den Dichter, einem Stern begegnen, der die Verwandlung der wirklichen Welt in eine befreite Phantasiewelt auslöst.

Alfred Wolfenstein (1883–1945) kam aus Halle nach Berlin. Er studierte Jura und wurde Gerichtsreferendar. Seit 1912 veröffentlichte er Kritiken und Gedichte in der *Aktion. Die gottlosen Jahre* (1914) reduzieren die Thematik des Gedichtes auf innere Bewegungen, auf symbolisch-abstrakten Ausdruck des Ich. Von dem ästhetisierenden Jugendstil will Wolfenstein sich abwenden, steht aber offenbar unter dem Eindruck des frühen Rilke. Ein Bemühen, sich von dem ich-zentrierten Nihilismus zu lösen, drückt der Titel des letzten Abschnittes in *Die gottlosen Jahre* aus: *Das neue Bewußtsein.* Es bleibt aber bei der Forderung:

> Werden müßt ihr, was so lang nicht war,
> Durchgefühlter Geist, ein neues Paar
> ...
> Bietet euch in eurer ganzen Fläche!

Paul Zech (1881–1946) hatte noch mehr Mühe, sich von dem Einfluß des Jugendstils zu lösen. Es ist ihm nur selten gelungen, seine sentimentalen Neigungen in Kunst zu verwandeln. Er stand in der Spannung von Naturfrömmigkeit und moderner Welt, von Emanzipation und Sehnsucht nach Aufgehen im Elementaren. Er hatte es schwerer als die meisten anderen Dichter seiner Generation. Seine Biographie ist unsicher, weil er mehrere, sich widersprechende Lebensläufe schrieb. Seinen Vater bezeichnet er gern als Lehrer, aber auch als Seilermeister oder als Bahnmeister. In Briesen bei Thorn in Westpreußen ist er geboren, wuchs jedoch bei Verwandten in Elberfeld auf. Seine Schulausbildung schloß er nicht ab, sondern ging in den Bergbau, vielleicht, um Bergbauingenieur zu werden. Etwa anderthalb Jahre arbeitete er in Gruben im Ruhrgebiet und in Belgien. Er kehrte nach Wuppertal zurück und heiratete dort 1904, weil seine Geliebte ein Kind erwartete. Er arbeitete in verschiedenen Berufen und schrieb Kritiken für Zeitungen. Ehe und Familie, besonders die Verwandten seiner Frau, empfand er bald als Last und Hemmung seines dichterischen Talentes. Er schrieb zuerst Naturgedichte und plante Dramen. Seit 1911 verfaßte er Gedichte und Novellen über die Arbeitswelt. Else Lasker-Schüler, mit der er in Verbindung stand, ermutigte ihn, nach Berlin überzusiedeln, was er 1912 tat. Als freier Mitarbeiter von Zeitungen schlug er sich durch. Er übersetzte aus dem Französischen. 1913 gab er mit anderen die Zeitschrift *Das neue Pathos* heraus. Er nahm am Weltkrieg teil, lebte dann wieder als Schriftsteller in Berlin. 1933 emigrierte er nach Südamerika, ob aus privaten oder politischen Gründen, ist umstritten. Er starb in Buenos Aires.

Zech hat eine gewisse Berühmtheit als expressionistischer Arbeiterdichter. Das Gedicht *Fabrikstraße Tags*, das zuerst in der Sammlung *Menschheitsdämmerung* (1920) erschien (Zech wollte es auf 1911 zurückdatieren), faßt die Bedrückung in Worte, die aus der reiz- und lieblosen Umgebung einer Fabrikstraße entsteht. Gedichte dieser Art repräsentieren nur eine Seite Zechs. Viel mehr Wert legte er auf die andere, die bestimmt ist von dem Wunsch nach Erlösung in der elementaren Natur. Zechs Anfänge stehen unter dem Zeichen des Jugendstils. Seine frühen Gedichte erschienen 1912 unter dem Titel *Schollenbruch*. Er liebte Rilkes *Stunden-Buch* und hat mehrfach über Rilke geschrieben, jedoch ohne Verständnis für die *Duineser Elegien*. Der Rilke-Einfluß blieb lange stark.

Durch seine Verbindung mit dem Berliner Expressionismus wurde er ermutigt, seine Erfahrungen aus der Arbeitswelt künstlerisch zu formen. 1913 erschien in einem anderen lyrischen Flugblatt ein Zyklus von 12 Sonetten und ein längeres Gedicht in 6- und 7hebigen Versen unter dem Titel *Das schwarze Revier*. Einzelne Gedichte daraus wurden schon 1911 im *Sturm* gedruckt. Ludwig Meidner lieferte einen Holzschnitt als Titelblatt. Die Gedichte spiegeln die Welt des Kohlenreviers: die Arbeit selbst, ihre Gefahren, die Arbeiterkolonie, den Agitator, einen Streik, die noch arglosen Arbeiterkinder und den Eigentümer:

Der Kohlenbaron

Durch die schmale schnurgerade Straßenzeile,
wo ein schales Blau an Häuserspitzen klebt
und das Harrende und aufgerissene Geile
flacher Neugier straffgespannte Bänder webt,

durch das Abgestumpfte vieler Mördermienen:
schiebt er sein Gesicht, das Würde kühl umprallt.
Und wie Donnern schwillt aus schnellbefahrnen Schienen,
wirbelt aus der überwältigten Gewalt

der längst Hingescharten ein Hosiannahsturm.
Und die Pose seines Blicks bejohlt die Krämpfe
und zerstört des Aufruhrs Babelturm.

Und die vielen Härten um sein hochgezognes Kinn
kräuseln sich und flattern blau wie Weihrauchdämpfe
über der Zerknirschten Büßersinn.

Eindrucksvoll ist die technische Metapher, die eine paradoxe Szene vorbereitet: der Kohlenbaron wird begeistert begrüßt. Das Rufen wird „Hosiannahsturm" genannt, eine biblische Anspielung, die das „Kreuzige" noch offenläßt. Das Gedicht läßt unter dem Sieg des Kohlenbarons die nur oberflächlich unterdrückte Aufruhrstimmung erkennen, die Arbeiter sind die „überwältigte Gewalt". Deshalb ist die Sonettform sinnvoll, sie drückt das mühsam Unterdrückte gut aus.

Der Zwang der Arbeiterwelt herrscht in den Novellen *Der schwarze Baal*, die 1917 erschienen, aber von Zech auf 1910 bis 1912 datiert sind. Einige wurden im *Sturm* 1913 und 1914 gedruckt. Das Manuskript war nach der Angabe eines Briefes von Zech im Sommer 1914 druckfertig. Die ersten Geschichten spielen im Ruhrgebiet, die übrigen in Belgien. Der Stil ist manchmal forciert expressionistisch, das heißt, Zech sucht durch Neologismen und krasse Metaphern sich auf der Höhe der damaligen Modernität zu halten. Was im psychologischen Erzählstil grober Aberglaube wäre, erscheint in diesem Stil holzschnitthaft und eigenartig. Das Aberglaubenmotiv in einigen der Erzählungen verstärkt die Intention, zu zeigen, wie wenig Chancen die Arbeitswelt dem einzelnen läßt, sich selbst zu behaupten und dem schwarzen Baal, der Selbstvernichtung durch den Zwang, zu entgehen, sei es durch Vorsorge, sei es durch Gefühle, sei es durch Auflehnung. Die letzte Geschichte dieser Sammlung,

Paul Zech
Zeichnung von Ludwig Meidner

Der Anarchist, erzählt von einem Ingenieur, der mit einem Streik sympathisiert, aber die gewerkschaftliche Organisation als zu bürgerlich verachtet. Ihn verlangt nach dem elementaren Ausbruch der Masse. Am Ende sprengt er das Maschinenhaus, weil er glaubt, daß das Neue nur aus der Zerstörung der Maschinen kommen kann. Das muß nicht Zechs eigene Meinung sein, der Autor distanziert sich durch den Titel *Der Anarchist* und dadurch, daß er den Ingenieur zum Mörder werden läßt, aber daß ein unbestimmtes „Neues“ aus der Zerstörung von Maschinen kommen soll, steht Zechs Gefühlen nahe. In dieser Erzählung klingen schon Motive an, die Georg Kaiser in seiner *Gas*-Trilogie ausgestalten sollte. Eine Anregung Kaisers durch Zech ist durchaus möglich.

„Man wird bürgerlich mit der Zeit und der Kampf mit diesem Feind aller seelischen Freiheit macht müde“, schrieb Zech an seine künstlerische Freundin Emmy Schattke (22. Januar 1914), an die auch die *Sonette aus dem Exil* (1913) gerichtet sind. Das Exil war damals Berlin, das ihn von der Freundin entfernt hielt, die Sorgen für die ungeliebte Familie eingerechnet. Das Berliner Literatenleben war zwar das ihm Erreichbare, das ihm gemäß schien. Freiheit aber bedeutete es ihm nicht. Das Gedicht *Café* (veröffentlicht 1919 in *Der feurige Busch. Neue Gedichte 1912–1917*) dokumentiert seine Unzufriedenheit:

> ... durch jede Gurgel müssen wir den Fluch
> hindonnern: „alte Ordnung stirb!“
> Ich höre nur Gezirp.

Daß ein so abstrakter „Fluch“ niemals mehr als Literatengezirp bewirken kann, kam Zech nicht in den Sinn.

Zechs Heirat aus bürgerlichen Rücksichten betrachtete er als Schuld gegenüber seiner Dichterfreiheit. Er führte diese Schuld auf die Sexualität zurück, die andererseits doch zu dem Lebenskult gehörte, der ihm noch immer lieb war. Sexuelle Befreiung und sexueller Zwang formen eine wilde Dialektik in Gedichten und Erzählungen. Am stärksten ist diese Wildheit in *Allegro der Lust*, das 1921 ohne den Namen des Verfassers in 50 Exemplaren gedruckt wurde, aber offensichtlich zu dem Abschnitt *Zwischenspiel* in der Sammlung *Die eiserne Brücke* (1914) gehört.

> Du spürst nur zärtliche Berührung jetzt?
> Ha, deine weißen Hügel drängen mich
> noch tiefer in die Schlucht. Ich stachle dich,
> bis sich dein Herz mit Blut und Galle netzt.

Wut auf die „Sage Ewigkeit“, vermutlich den Anspruch der Ehe auf Dauer, führt in Verzweiflung über das Tier-Weib, von dem der Sprecher nicht loskommt:

> Ich aber kann nur winseln aus dem Staub:
> O, deiner Krallen Rüstigkeit, Tier-Weib,
> O, deiner Haare weiches Silberlaub –:
>
> wie bin ich noch als Asche dir, du Vieh,
> genug, und, jenseits allem Leib,
> verdammt zur Sodomie.

Die entfesselten Metaphern treiben ins Unmenschliche.

Auf eine mildere Weise dem Elementaren verhaftet ist Oskar Loerke (1884–1941). Er wuchs in Graudenz auf, studierte in Berlin und wurde freier Schriftsteller und Verlagslektor. Seit 1907 schrieb er Romane über sonderbare Menschen, etwa im Stil des frühen Hesse oder Emil Strauß. Loerkes Gedichte beruhen auf dem Monismus. Die Welt ist ein großes Du, mit dem das Ich sich im künstlerisch inspirierten Zuschauen vereinigt, was in melancholischer Stimmung geschieht.

Mein Leben ist: ich schaue zu
Einem guten großen Du.
Ich muß es immer begehrlicher sehn
Und lasse es im Winde stehn
Und kann nichts sagen von meinem Vergehn.
(Aus *Das Du* in *Wanderschaft*, 1911)

Eine melancholische Nostalgie zum Elementaren charakterisiert auch Gottfried Benn (1886–1956). Sein Vater war Pfarrer in einem märkischen Dorf, seine Mutter stammte aus der französischen Schweiz. Gottfried Benn kam 1904 als Student nach Berlin. Dort bestand er 1910 bis 1912 seine ärztlichen Examina und erhielt die Approbation als Arzt. Anfangs für Psychiatrie interessiert, spezialisierte er sich für Dermatologie.

In einem frühen Text, *Ein Gespräch*, 1910 in der Zeitschrift *Die Grenzboten* erschienen, geht es um die Frage, wie einer, der es nicht lassen könne zu schreiben, dies ohne Gefahr der Lächerlichkeit tun könne: nicht durch Symbole, sondern durch Reduktion auf das Tatsächliche, auf wissenschaftlicher Basis. Diese möchte der Gesprächspartner, der Benns Ansicht vertritt, mit unabgegriffenen Wörtern verbinden. Er empfiehlt Jens Peter Jacobsen, der als Monist und Naturwissenschaftler imstande gewesen sei, Niels Lyhne sich über seine Müdigkeit freuen zu lassen.

Das Resultat millionenjähriger Entwicklung, das Hirntier, das Zerebralgeschöpf, nun wird es zurückgezogen zum Vegetativen, Pflanzlichen, zu allem, das anheimgegeben ist an Tag und Nacht und Glut und Frost; nun sitzt es da, wie nie aufgestört aus der Seligkeit gehirnloser Urahnen ...

Die monistische Liebe zum Elementaren hat bei Benn die Form naturwissenschaftlicher Faktizität. Diese wird benutzt, um Sentimentalität und damit Lächer-

Gottfried Benn in Mohrin/Neumark (1910)

lichkeit zu vermeiden. Dennoch ist die Argumentation geleitet von künstlerischer Sensibilität.

Der Zyklus *Morgue* (1912), durch den Benn bekannt wurde, beruht auf seiner ärztlichen Erfahrung. Der zwischen Prosa und Vers schwebende Parlandostil hat etwas vom Kasinoton an sich, von der zynisch-feinen Berliner Lebensart, die Benn auch verhöhnen konnte. Die Körperlichkeit von Unfalltoten und Selbstmördern, die zur Obduktion bereitliegen, wird ohne jeden humanen Respekt in eine zynische Sprache gebracht, die den Leser frappieren mußte. Der Gedichttitel *Schöne Jugend* bezieht sich nicht auf das junge Mädchen, deren Körper lange im Schilf gelegen hatte, bevor man die Ertrunkene fand, sondern auf ein Nest junger Ratten, die in der Leiche lebten. Die Reduktion der schönen Welt geht über Heyms Ophelia-Gedicht hinaus. Wenn Benn damit die Flucht in die Idylle satirisch trifft, so trifft er sich selbst mit. Der Zynismus würde nicht dichterisch ausgedrückt werden, wenn die zu bekämpfende Sentimentalität nicht zugrunde läge. Das ist in dem Eingangsgedicht *Kleine Aster* symbolisch ausgedrückt. Inmitten der faktischen Beschreibung des Seziervorgangs wirkt die kleine Aster, die „irgendeiner" dem „ersoffenen Bierfahrer" in den Mund gesteckt hatte, als Symbol eines Restes von sympathischem Gefühl. Unter dem Zynismus versteckt wird ausgedrückt, daß die Aster als Liebeszeichen den ärztlichen Sprecher gerührt hat. Außerdem wird deutlich, daß Benn auf Symbole nicht verzichten kann, will er sich lyrisch ausdrücken. Ebenso wird soziales Mitleid unter Zynismus nur versteckt, wenn es in dem Gedicht *Saal der kreißenden Frauen* heißt:

> Es wird nirgends Schmerzen und Leid
> so ganz und gar nicht wie hier beachtet,
> weil hier eben immer was schreit.

Auf *Morgue* reagierte Else Lasker-Schüler mit einem Text, der am 25. Juni 1913 in der *Aktion* erschien: *Doktor Benn.* Sie betont den Primitivismus Benns, sein Bedürfnis nach Erde und Freiheit, die seiner naturwissenschaftlich-ärztlichen Außenseite Tiefe gibt. An seiner Festigkeit möchte sie sich halten. In der Spalte gegenüber steht ein Gedicht von Gottfried Benn, *Drohungen*, das das Tierthema aufnimmt. Es drückt sowohl Leidenschaft aus als auch, von der Überschrift an, ein Befreiungsbedürfnis. Das Gedicht endet betont auf dem Wort „ich“. 1917 veröffentlichte Else Lasker-Schüler einen Zyklus von 17 Liebesgedichten mit dem Titel *Gottfried Benn.* Sie zeigen das intensive Gefühl, von dem Benn sich lösen mußte, wollte er sich und seine Doppelexistenz als Arzt und Dichter bewahren.

Die Sammlung *Söhne* (1913), wie der Erstdruck der *Morgue* ein lyrisches Flugblatt, widmete Benn Else Lasker-Schüler. Hier findet sich von Nietzsche inspirierte Pathetik:

> Aber ich will mein eigenes Blut.
> Ich dulde keine Götter neben mir.

Ein Gedicht gilt dem jungen Hebbel, ein anderes dem *Räuber*-Schiller:

> Das bißchen Seuche
> aus Hurenschleim in mein Blut gesickert?
> Ein Bröckel Tod stinkt immer aus der Ecke –
> pfeif darauf! Wisch ihm eins! Pah!

Kühl registrierend, manchmal mit Hohn, in Gedichten aus Parlando-Prosa bestehend, die in Zeilen abgesetzt ist, spießt Benn Impressionen aus der Berliner Lebewelt auf: Cafés, der Bäderschnellzug, Kurkonzert. Aber trotz allem Todesbewußtsein, trotz Skepsis und Hohn kommt doch immer wieder ein dionysisches Lebensgefühl zum Vorschein, das den Traum eines urzeitlichen Idylls auch wieder zuläßt:

> Dämmert ein Tal mit weißen Pappeln
> ein Ilyssos mit Wiesenufern
> Eden und Adam und eine Erde
> aus Nihilismus und Musik.

Das Väter-Söhne-Thema, der Aufruhr gegen die überkommene Welt der Werte steht hinter der Sammlung. Ihr letztes Gedicht, *Schnellzug*, macht das Vorübergleiten der Landschaft zum Symbol für den Tod der Eltern und das „entbundene Blut" der Söhne. Ein Aufschrei nach einer Frau, die dem Sprecher „Nest" sein könnte, vergeht in den „weiten Feldern der Verlassenheit", die Landschaft bietet weder Trost noch Symbole, sie gehört zum kleinen Leid und Glück:

> Doch Gleitendes, das in dem Fenster steht:
> Von meinen Schultern blättern die Gefilde,
> Väter und Hügelgram und Hügelglück –:
> Die Söhne wurden groß. Die Söhne gehn
> nackt und im Grame des entbundenen Blutes,
> die Stirn aufrötet fern ein Abgrund-glück.

Die Freiheit von der überkommenen Wertewelt ist Gram, trägt aber die Möglichkeit eines dionysischen Glückes über dem Abgrund in sich. Daneben steht immer wieder die Sehnsucht ins Primitive, die Benn im Gedicht *Gesänge* (1913) naturwissenschaftlich formuliert:

> O daß wir unsere Ururahnen wären.
> Ein Klümpchen Schleim in einem warmen Moor.

Damit soll nicht nur der Gottes-, sondern auch der Fortschrittsglaube getroffen werden. Dieses Bedürfnis war offensichtlich sehr stark in Benn, denn er schrieb immer neue Gedichte über die gleichen Themen. Der

SÖHNE

Neue Gedichte von GOTTFRIED BENN, dem Verfasser der Morgue

A. R. MEYER VERLAG BERLIN-WILMERSDORF

Titelblatt von Gottfried Benns Gedichtband »Söhne« mit einer Zeichnung von Ludwig Meidner

Drang, den Schock immer und immer zu wiederholen, zeigt an, wie stark die Gegenseite, bürgerliches Maß, Glaube an Gott, Glaube an die Vernunft, in diesem Sohn eines ländlichen Pfarrhauses war. Vergessen und Primitivität suchte Benn in Rauschgiften, wovon Gedichte Zeugnis geben, die 1917 in der Sammlung *Fleisch* veröffentlicht wurden.

Die Prosaskizze *Nocturno*, die zu Benns Lebzeiten nach dem Erstdruck im *Sturm* (Januar 1913) nicht mehr nachgedruckt wurde, endet mit dem Selbstmord eines vergeblich Liebenden, der nackt vor einem Gewässer steht und mit einer Handbewegung „das Schönste das an ihm war … sie“ in die Nacht streut, „mit einer letzten schluchzenden Zärtlichkeit“. Hier tritt Benns unterdrücktes Sentiment an die Oberfläche. In der Erzählung *Gehirne* treibt vereinsamte Entfremdung zu Wahnsinn.

Die elementare Nostalgie bringt Benn in Gegensatz zum Wissenschaftsbetrieb in der Szene *Ithaka* (1914), wo ein Professor der Pathologie ermordet wird von seinem Assistenten Rönne, ein Name, den Benn häufig für sein anderes Ich verwendete, auch in *Gehirne*. Der Wissenschaftsbetrieb, ja die Entwicklung zum Menschen, das Gehirn, seien ein Irrweg, „ein Bluff für den Mittelstand“. In südlicher Landschaft, für die Ithaka steht, die Insel der Heimkehr, geschieht die Vision der Auflösung in unbewußtes Leben.

> O was ist
> Kerker und was ist Tod. Rausch, Rausch ist stärker
> als der Tod. (Ergreift den Professor)

(Diese Stelle hat Benn 1922 gestrichen.) Natürlich ist das nur als visionäre, symbolische Ermordung der Wissenschaft gemeint, an der Benn ja festhielt. Die Möglichkeit, daß solche Fiktionen verdorben in Wirklichkeit überführt werden könnten, schien damals noch weit. Wenige Monate später lebten hochgebildete Professoren, Studenten, Dichter und Arbeiter zwar nicht im warmen Mittelmeer, aber in schlammigen Schützengräben.

Gottfried Benns Dichtung, auch seine frühe, hat auf Studenten, die nach dem Zweiten Weltkrieg zu studieren begannen, wie ein Narkotikum gewirkt. Kunst aus Nihilismus, die sich dem Dionysischen offenhielt, dargeboten in einem scheinbar gleichgültigen Parlandoton, darunter die vergewaltigte Sentimentalität, die spürbar blieb, das war wohltuend für die skeptische Generation. Die Bedeutung von Benns Dichtung liegt darin, daß er Werte, die ihm falsch erschienen, nicht gelten ließ, daß er das Depressive und die erhebenden Möglichkeiten des Nihilismus in sich ausfocht und für diesen Widerspruch manchmal einen packenden Ausdruck fand. Man darf aber nicht vergessen, daß er für eine bürgerliche Generation schrieb, die traditionelle humane Gegengewichte noch zu besitzen glaubte. Daß die Medizin auch heilt, war ihm selbstverständlich, jeder wußte es, er brauchte es nicht zu sagen. Was ihm der Umgang mit dem Physischen über den Wert des Menschen, der Krone der Schöpfung, wie er mehrfach höhnte, aussagte, das glaubte er mitteilen zu müssen. Dabei wollte er jedoch an Kommunikation nicht glauben, da ihm die alten Grundlagen der menschlichen Gemeinschaft mit der Möglichkeit jedes Glaubens abhanden gekommen waren. Das Ich war für ihn wie für Rönne in einem Kristall. Kunst wurde eine gefrorene Ersatzkommunikation. Wie bei Heym muß man aber bei Benn feststellen, daß im Ausblenden auch der schlichten mitmenschlichen Humanität das von seinem unmittelbaren zeitgenössischen Publikum gelöste Kunstwerk zum Ausdruck der Destruktion wird, die wenig später ihre Triumphe in der Wirklichkeit hatte. Es ist nicht richtig, Benn zum Ankläger des dehumanisierten Bürgertums zu machen. Die Resthumanität, die noch im Bürgertum war, war gerade Zielscheibe seines Hohns. Benn war der Exponent einer extremen Übersteigerung des Oberklassen-Individualismus, der sein Selbstmitleid nur durch Dehumanisierung zügeln zu können glaubte, aus Angst vor der Lächerlichkeit. Die Furcht vor der Lächerlichkeit ist pervertiertes Sozialbewußtsein.

Eine neue Art der sprachlichen Kommunikation wollte August Stramm (1874–1915) finden. Seine Frau Else Krafft, die Tochter eines Journalisten, produzierte Gedichte, Feuilletons und Romane im Zeitgeschmack. Das muß ihren Mann veranlaßt haben, sich eine ganz eigene Ausdrucksform zu suchen. Dazu kam es aber erst, als August Stramm sich beruflich fest verankert hatte. Er wurde Postbeamter wie sein Vater. Es gelang ihm, aus der mittleren Laufbahn aufzusteigen. Als Gasthörer bildete er sich an Universitäten, schrieb eine Dissertation über ein postalisches Thema, die ihm den Doktorgrad einbrachte. Als Beamter des Reichspostministeriums und Reserveoffizier hatte er eine angesehene Stellung. Dennoch stand er politisch der Sozialdemokratie nahe.

Soziales Verständnis schlug sich in einem Drama nieder, das er 1907 schrieb: *Die Bauern.* Hauptmanns *Florian Geyer* war sein Vorbild. Der Bauernführer im Mittelpunkt der Handlung heißt Kohlhas und ist noch rebellischer als der Kohlhaas Kleists. Er scheitert an der Disziplinlosigkeit der Bauernmassen, die er aber als Folge immerwährender Untertänigkeit versteht. 1909 schrieb Stramm einen Einakter *Der Gatte*, der Schnitzlers Stil ähnelt. Ein Stück um den romantischen Selbstmord der Charlotte Stieglitz, *Das Opfer*, entstand um 1910 und ist verloren. Um die gleiche Zeit schrieb Stramm ein Milieustück über sexuell frustrierte Studenten *Die Unfruchtbaren* (gedruckt 1916). Von Maeterlincks *Sœur Béatrice* (1901) und vielleicht auch von Karl Gustav Vollmoellers *Das Wunder* (*Das Mirakel*, 1912) angeregt wurde *Sancta Susanna. Ein Gesang der Mainacht*, das 1913 entstand. Es stellt die Macht der Geschlechtlichkeit über eine besonders heilige Nonne dar. Dieses Spiel wurde als erstes Werk Stramms von Herwarth Walden für den *Sturm* angenommen und dort im Juni 1914 gedruckt. Walden ließ Stramm an den modernen Theorien teilnehmen, wahrscheinlich hat er ihm die futuristischen Manifeste Marinettis zukommen lassen. Dies ermutigte Stramm, mit seiner besonderen Art von Lyrik hervorzutreten.

Zugleich setzte er seine dramatischen Experimente fort. *Die Haidebraut* (1914) ist vom Jugendstil berührt. Der Konflikt zwischen Natur und Zivilisation steht im Mittelpunkt. Symbolistische Stilmittel werden schon verwendet. *Rudimentär* (1914) ist wieder ein Zustandsdrama, das in einem Berliner Elendsquartier spielt. Das auf der Bühne nicht verstandene Wort „rudimentär“ soll den Zuschauer auf die verkümmerte Menschlichkeit lenken, die durch soziale Deklassierung entsteht.

Erwachen (gedruckt 1914 im *Sturm*) dürfte von Strindberg beeinflußt sein. Die Handlung wird aus einer banalen Situation entwickelt. Die Frau eines Bürgers erwacht mit ihrem Liebhaber in einem Hotelzimmer und empfindet Angst. Daraus entsteht eine traumhaft-symbolische Handlung, in der „Er“ sich zugleich als Baumeister und Zerstörer der kleinen Stadt offenbart. „Sie“ verläßt ihn, für sie tritt ihre Schwester ein, die sich ihm gläubig ergibt. Das Erwachen am Ende hat symbolische Bedeutung, löst die Ambivalenz von Aufbau und Zerstörung. Ein Drama über Eifersucht und Lüsternheit in einem reichen Haus ist *Kräfte* (1915). Das Melodrama ist sprachlich verfremdet. Der Dialog besteht aus halben Worten und Andeutungen. *Geschehen* (1915) ist schon im Krieg entstanden, soll aber hier erwähnt werden, weil es die Reihe von Stramms symbolistischen Dramen fortsetzt. Stramms reduzierter Dialogstil umschreibt Probleme eines Ichs mit einem Du. Die Szene spielt zwischen dem Wirklichen und dem Unwirklichen, zwischen Erde und kosmischen Räumen.

Stramms vor dem Ausbruch des Krieges entstandene Gedichte verteilen sich auf die Sammlung *Du* (1915) und das lange Gedicht *Die Menschheit* (1915). Die erotischen Gedichte in *Du* enthalten oft ein Minidrama, das in sprachlich reduzierten Andeutungen dargeboten wird; z. B. der Übergang von Depression zu Glück in der Versöhnung:

Abendgang

Durch schmiege Nacht
Schweigt unser Schritt dahin
Die Hände bangen blaß um krampfes Grauen
Der Schein sticht scharf in Schatten unser Haupt
In Schatten
Uns!
Hoch flimmt der Stern
Die Pappel hängt herauf
Und
Hebt die Erde nach
Die schlafe Erde armt den nackten Himmel
Du schaust und schauerst
Deine Lippen dünsten
Der Himmel küßt
Und
Uns gebärt der Kuß!

Nicht eindeutig ist der Vers:

Die schlafe Erde armt den nackten Himmel.

„Schlafe“ steht wohl für „schlafende“, wie „schwank“ schon vorher für „schwankend“ gebraucht wurde. „Armt“ könnte sich auf die Pappel beziehen, die wie mit einem Arm in den Himmel hineinlangt. Diesem „armt“ läßt sich „umarmen“ assoziieren, so daß Pappel und Himmel das Vorbild für das Menschenpaar abgeben. Aber auch „macht arm“ wäre denkbar als Ausdruck irdischen Stolzes. Der Neologismus „schamzerpört“ im Gedicht *Freudenhaus* bringt „zerstören“ und „empören“ mit Scham zusammen. Dieses Gedicht ist weniger dramatisch, eher impressionistisch.

In vielen Gedichten aus *Du* herrscht das Sprachspiel so, daß der Leser sich die Situation erst konstruieren muß.

Schön

Wissen Tören
Wahr und Trügen
Mord gebären
Sterben Sein
Weinen Jubeln
Haß Vergehen
Stark und Schwach
Unmöglich
Kann!
Dein Körper flammt!
Die Welt
Erlischt.

Wie oft bei Stramm ist das Gedicht zweiteilig. Zuerst wird eine Reihe von Gegensätzen aufgestellt, die der Schönheit der Frau widersprüchlich zugrunde liegen. Am Ende steht die Überwältigung des männlichen Sprechers durch die erotische Ausstrahlung ihres Körpers. Die ersten beiden Wörter sind Infinitive, was auf eine Empfehlung Marinettis zurückgeht. „Tören“ ist aus „betören“ reduziert. Das Präfix *be-* macht ein Verb sozusagen transitiver, richtet es auf ein Objekt, wie z. B. „befühlen" gegenüber bloßem „fühlen". Tören ist also ein unbestimmteres „betören", das einfach von der schönen Frau ausgeht. Sie hat aber auch „Wissen" und die menschliche Fähigkeit, das Wahre zu erkennen. Zugleich stellt sie durch ihre Schönheit ein Wahres dar. Die Frau ist gefährlich. Sie kann den Mord wie ein Kind gebären; Sterben und dauerndes Sein repräsentiert sie, wie die folgenden Gegensätze, innerhalb ihres Lebens, unter ihnen Liebes-Haß und „Vergehen" in Hingabe, im Orgasmus, in dem ein Haß verschwinden kann. Die Einheit und das Zusammenwirken dieser Kontraste scheint unmöglich, „kann" aber dennoch sein. In den letzten drei Zeilen versinkt die rationale Reflexion über die Kontraste; im erotischen Rausch erlischt die Welt, womit sowohl das Begehren wie der männliche Orgasmus gemeint ist.

Durch ein Minimum an Worten kann so ein Maximum von beziehungsvoller Wirkung erzielt werden. Die Gefahr ist freilich, daß die reduzierte Grammatik durch eine pathetische Häufung von Ausrufen überschrien wird. Das lange Gedicht *Menschheit* überfällt den Leser mit einer Flut von Wörtern, die dissoziiert, wie sie sind, sich nicht zu einer überschaubaren Struktur fügen. Die Spannung zwischen den in sich verfangenen Individuen drückt Stramms Gedichtserie stärker aus als die versöhnende Kommunikation, auf die es ihm eigentlich ankam.

Das ist nicht zufällig so. Das Bedürfnis nach neuen Ausdrucksmitteln, nach einer neuen Literatursprache, verbunden mit dem Zweifel an der überkommenen bürgerlichen Gesellschaft, führt zu einer Sprachbehandlung, die den Leser provozieren sollte und mußte. Während eine Elite auf die Provokation antwortete, konnte und sollte eine Kommunikation mit der Mehrheit der lesenden Kulturbürger nicht zustande kommen. Deshalb blieb diese neue Literatur individualistischer, als die sozialistischen Ideen vieler ihrer Produzenten vermuten lassen würden. Diesen Widerspruch benutzte Georg Lukács in der Auseinandersetzung um den Expressionismus in der Moskauer Emigration, wobei das Wort „kleinbürgerlich“ fiel. Dieser Begriff ist jedoch ganz unpassend, was man gerade an Stramm zeigen kann, bei dem sich beruflicher Fleiß und Literatur verbanden, ihn über die Kleinbürgerlichkeit seiner Herkunft hinauszubringen. Vor seinem unzeitigen Ende an der Ostfront 1915 schrieb Stramm Kriegsgedichte, von denen im Kapitel über „Die bedrohte Kultur“ die Rede sein wird.

Neben dem Widerspruch zwischen literarischem Elitismus und dem Wunsch nach sozialistischer Überwindung der Bürgerlichkeit gibt es im Berliner Expressionismus noch einen zweiten. Der dissoziativen Großstadtdichtung, der Simultanlyrik des Nebeneinander, widerspricht die Neigung zu kreatürlicher Einfachheit, die fortdauernde Faszination durch das Elementare als Gegenbild zu gesellschaftlichem Zwang und Organisation. Wenn man das Modern-Dissoziative negativ, das Elementare positiv bewertete, wie Benn (und auch Rilke), so entstand eine Weltanschauung, die sich der deutsche Nationalsozialismus zu eigen machen sollte. In das Elementarthema spielen die makabren Themen von Krankheit und Tod hinein, als Widerspruch gegen idyllischen Illusionismus und auch als Bekräftigung des Elementaren, des Körperlichen und Kreatürlichen. Faszination durch den Tod, Anbetung primitiver Gewalt und Pseudo-Eliten sind Elemente des internationalen Faschismus. Die bürgerlich-humanen Ideen, die 100 bis 150 Jahre zuvor in Berlin von der literarischen Elite gepflegt worden waren: Aufklärung, Toleranz, mitmenschliche Religion, Meliorismus, waren in den Hintergrund getreten.

19. Lyrischer Expressionismus (II)

Johannes Robert Becher (1891–1958) stammte aus München, er ging vom Jugendstil, von dem Einfluß Richard Dehmels zum Expressionismus über, während er 1912 in Berlin studierte und Anschluß an literarische Kreise fand. 1912 erschien ein Gedicht von ihm über die Märzgefallenen in der *Aktion.* Er lernte Jakob van Hoddis kennen, dessen Gedicht *Weltende* großen Eindruck auf ihn machte. Mehr als alle stilistischen Einflüsse ist das frühe Werk von Becher jedoch bestimmt von einer neurotischen, verklemmten Sexualität, einem andauernden Konflikt mit dem Elternhaus, von unbefriedigter Religiosität und durch ein traumatisches Erlebnis, das er 1910, mit neunzehn Jahren hatte. Auf der Suche nach Lösung sexueller Spannungen war Becher an eine siebenundzwanzigjährige Zigarrenhändlerin geraten, mit der er ein Doppelselbstmordabkommen traf. Becher tötete seine Freundin und schoß sich selber in die Brust, überlebte aber. Sein Vater, der Staatsanwalt war, bewahrte ihn vor strafrechtlichen Folgen. Becher suchte einen Ausweg in die Dichtung. Die Verse in *Die Gnade eines Frühlings* (1912) sind expressiv auf eine banal und peinlich wirkende Weise. Der Doppelselbstmord kommt zweimal in dem gleichzeitigen Roman *Erde* vor, der von Todesmotiven beherrscht ist. Der Tod sei sowohl Gegensatz zum Leben als auch seine Erlösung und darum identisch mit der Kunst. Sexualität, meint der Protagonist, offensichtlich im Namen des Autors, sei Trost und Verheißung. Monistische und christliche Religionsvorstellungen werden vermischt. Der Text ist stilistisch auf weite Strecken durch Lyrik und lyrische Prosa bestimmt.

Nach dem Berliner Studienjahr 1912 kehrte Becher auf Wunsch des Vaters nach München zurück, der aber nicht hindern konnte, daß sein Sohn in der Münchener Boheme Anschluß fand. Der junge Becher war von Emmy Hennings und Lotte Pritzel fasziniert, die beide in Jakob van Hoddis' Leben eine Rolle gespielt hatten. Er nahm Rauschgifte; nur unter Drogeneinfluß glaubte er dichten zu können. Sein Studium vernachlässigte er. Zum endgültigen Bruch mit der Familie kam es 1914, vermutlich weil Becher sich nicht kriegsfreiwillig meldete, auch wohl, weil er Entziehungskuren verweigerte.

Becher sammelte seine 1912 bis 1914 entstandene Dichtung in 2 Bänden, einer Gedichte, der andere Prosa enthaltend, unter dem Titel *Verfall und Triumph* (1914). In dieses Buch gingen Teile der Hymne *De Profundis Domine* ein, die 1913 erschienen war. Die Tiefe, aus der deren Dichter ruft, ist die der Boheme, der Drogen, der Unterseite der Großstadt. Die Dichtung soll ihm zu einem phantastischen Aufschwung verhelfen.

Empor aus Spielhöllen, dem stieren Blick, dem Münzengeklirr,
Empor aus Zuhälterkneipen, Ställen mit Absinthgerüchen,
Schmierigen Aborten, Samengestank und Eitergeträufel
...

Eine Flut von Bildern, Trommeln und Flammen, Sonnenuntergänge, Blut, und die aus der Droge geschöpften Erhebungen gehen unvermittelt über in vage Religiosität:

Mir ist so leicht, oft fühle ich mich seltsam erhoben, und für Augenblicke in die blühenden Bereiche einer himmlischen Macht entführt. Als höbe sich die Erde, an der ich hafte. Das ist ein seliges Schweben. Und sehe im Abendrot die blinkenden Zinnen der ewigen Stadt.

Die Gedichte aus *Verfall und Triumph* haben im Gegensatz zu den unregelmäßigen Jugendgedichten jetzt gewöhnlich Versmaß und Reim, was den Einfluß Heyms, Baudelaires und Rimbauds verrät. Auch Langzeilen im Stil Ernst Stadlers finden sich (Stadler publizierte seit 1911 in der *Aktion*). Der Eindruck Berlins schlug sich nieder in langen Gedichten, aus real Erlebtem und absoluten, symbolischen Metaphern zusammengesetzt: *Die Huren*, *Die Armen*, *Café*, *Die Stadt der Qual*, *Berlin*. Das Gedicht *Beengung* schließt an Heym an, die Rhetorik ist jedoch Bechers Eigentum:

Die Welt wird zu enge. Die Städte langweilig.
So schmal alle Länder. Die Meere zu klein.
Die Körper, in giftigen Räuschen entheiligt,
Sie welken und stürzen zu Schutthaufen ein.

Da ahnen wir Himmel voll gischtenden Blutes.
Ekstasen trommeln wach Hölle und Grab.
Wir stöhnten verkommend in halbfeuchter Bude,
Daß uns der Zusammenbruch rette und lab!

4 Strophen später heißt es ausdrücklich:

Wir horchen auf wilder Trompetdonner Stöße
Und wünschten herbei einen großen Weltkrieg.
In unseren Ohren der Waffen Lärm töset,
Kanonen und Stürme in buntem Gewieg.

Im Fortgang des Gedichtes fordert der Sprecher mit entwaffnender Banalität: „Erreget Skandale“, und stellt fest: „Nicht ehren wir Gott mehr“. Im Gedicht *Berlin* dagegen finden wir im Stil des Georgekreises die Erwartung, daß

Der Gott wie einst die milbige Kruste sprenget.

Rimbaud wird einem Bergführer verglichen:

Du zerre uns empor am Führerseil!

Das Gedicht *Ahnung* prophezeit:

Triumph wird über uns schreiten.

In einigen Gedichten ist Lichtensteins Einfluß spürbar, etwa in dem Gedicht *Deutschland*, das satirischen Charakter hat. Das alles klingt „typisch" expressionistisch, ist aber weder neu noch zwingend.

Die Prosa aus *Verfall und Triumph* enthält Erzählungen, die Bechers frustrierte Liebe zu Emmy Hennings reflektieren, besonders *Um Dagny heulen wir Gespenster* (Dagny war Emmy Hennings' Bühnenname). Eine ausgesprochen expressionistisch-provokative Erzählung ist *Der Dragoner*, in der die Titelfigur von gelber zu blauer Farbe wechselt und am Ende lustmordet. Einen Drogenrausch stellt die Erzählung *Der Idiot* dar. Den Protagonisten nennt Becher Hans Marterer. Hans war sein eigener Rufname in der Familie. „Marterer" bezeichnet seine Selbstpeinigung. Diese drogeninspirierte Selbstzerstörung wirkt auf den heutigen Leser entweder peinlich oder mitleiderregend. Becher fand erst später in der kommunistischen Partei Heimat und Aufgabe.

Ernst Stadler (1883–1914) begann wie Becher im Jugendstil. Auch er änderte seinen Stil unter dem Einfluß des Berliner Expressionismus. Wie Becher entstammte Stadler einer gutbürgerlichen Beamtenfamilie. Aber Lebensweg und Dichtung sind sehr verschieden. Stadler rebellierte nicht, er blieb in den Bahnen des Bürgertums, dessen Durchschnitt er überragte. Sein Tod an der Westfront im Oktober 1914 unterbrach eine vielversprechende akademische Laufbahn.

Stadlers Eltern stammten aus dem Allgäu. Der Vater war als kaiserlicher Staatsanwalt in das Reichsland Elsaß-Lothringen gekommen. Er wurde Kurator der Straßburger Universität. Als Straßburger Student schloß sich Ernst Stadler dem Kreis um René Schickele an, der Sohn eines dem Elsaß aufgezwungenen Beamten dem Sohn eines Eingesessenen. Schickeles Zeitschrift *Der Stürmer* wollte im Elsaß das Provinzielle überwinden, das allen deutschsprachigen Kulturbestrebungen anhaftete. Zwar widersprach Schickele der im gehobenen elsässischen Bürgertum trotzig festgehaltenen Neigung, das Französische als seine Hochsprache zu betrachten, zugleich aber wollte er alles Deutschtümelnde fernhalten. Von dem Heimatdichter Friedrich Lienhard (1865–1929; s. Bd. 4, S. 831 f.) hatte er sich deshalb getrennt. Das Elsaß sollte sich als deutschsprechend empfinden, aber grenzlandbewußt Französisches an die Deutschen vermitteln. René Schickele, der einen elsässischen Vater und eine französische Mutter hatte, lag dieses Programm von Haus aus nahe. Stadler unterstützte das Programm des geistigen Elsässertums aus Überzeugung: „Warum sollte Mischkultur etwas Verwerfliches sein? Alles Feinste und Letzte ist noch immer aus Mischung gezogen worden, und nur vierschrötige Germanisatoren können wünschen, das was das Elsaß unter französischer Herrschaft an wertvollem Kulturbesitz aus dem Nachbarland sich zu eigen gemacht hat, bei Stumpf und Stiel auszurotten“ (Rezension über Karl Abel, 1911). So europäisch und zukunftsweisend dieses Programm auch war, es hatte damals eine ungenügende Basis. *Der Stürmer* machte sich mehr Feinde als Freunde und ging nach einigen Monaten ein. In dem Streben nach einer antiprovinziellen kulturvermittelnden Mission des Elsaß blieben sich die Freunde Schickele und Stadler jedoch einig. Stadler veröffentlichte 1912 in der *Aktion* einen Essay über seinen Freund, in dem er dessen Gedichte mit Sympathie besprach.

Stadler wurde 1906 mit einer Arbeit über Wolframs *Parzival* promoviert, anschließend ging er als Rhodes-Scholar nach Oxford. 1908 habilitierte er sich in

Ernst Stadler
Photographie: Thea Sternheim (1914)

Straßburg mit einer Arbeit über Wielands Shakespeare-Übersetzung. 1910 wurde er Dozent in Brüssel, 1914 nahm er eine Gastprofessur an der Universität Toronto an, wurde aber vor der Abreise als Leutnant der Reserve mobilisiert. Er führte, wie seine Briefe zeigen, ohne Begeisterung Krieg gegen Franzosen, Engländer und Belgier, Nationen, die er kannte und hochschätzte. Dennoch erhielt er das Eiserne Kreuz. Er fiel im Oktober 1914.

Stadlers frühe Gedichte sind von Formvorbildern geprägt. Zuerst schloß er sich an Arno Holz an, dann an Dehmel, dann mit der Sammlung *Präludien* (1905) an Stefan George und Hugo von Hofmannsthal. Die feste Form, die Wahl der „schönen“ Motive, zeigt das George-Vorbild, die Sinnlichkeit dieser Verse eher das Hofmannsthals. Ein diesem gewidmetes Spiel, *Freundinnen* (1904), führt von dem Zauber der Nacht in lesbische Leidenschaft, treibt die Lebenserwartung des *Tod des Tizian* in Gebiete, die Hofmannsthal selbst nicht gerne betrat.

Stadler schrieb Essays und Kritiken über moderne deutsche Literatur, darunter einen Artikel über Kleists *Penthesilea.* Unter seinen Rezensionen ist eine verständnisvolle Besprechung von Heyms *Der ewige Tag* (1912). 1913 rezensierte er mit grundsätzlicher Zustimmung Kurt Hillers Sammlung *Der Kondor*; auch Benns *Morgue* und Werfels *Wir sind* begrüßte er. Hillers *Die Weisheit der Langenweile* charakterisierte er treffsicher. Seit 1911 erschienen Gedichte, Kritiken und der Essay über Schickele in *Die Aktion.* Durch die aktive und passive Teilnahme an dieser Zeitschrift fühlte sich Stadler offenbar ermutigt, über seine Stilvorbilder hinauszugehen.

Das Gedichtbuch *Der Aufbruch* (1914) enthält Gedichte, die nach 1911 entstanden sind. Es ist René und Anna Schickele gewidmet. Das Titelgedicht *Der Auf-*

bruch ist ein symbolischer Rückblick auf Stadlers dichterische Laufbahn. Seine Zuwendung zur ästhetisierenden Dichtung ist als Stillstand des Lebens, seine Teilnahme an der Bewegung der *Aktion* als ritterlicher Kampf symbolisch dargestellt. Der Sprecher lebt in der Erwartung einer Entscheidung, die Sieg oder Tod bringen könne. Form, sagt ein anderes Gedicht, sei „Wollust", eine Freude, die nicht über sich selbst hinausweist. Stadler suchte nach einem neuen, weniger selbstzufriedenen, weniger einschränkenden Stil. Er fand ihn in Langzeilen, einer Mischform von Prosa und Vers. In dem Gedicht *Ende*, das in solchen Langzeilen geschrieben ist, schränkte er das Programm des Gedichtes *Aufbruch* ein. Die ritterlichen Fanfaren, alle Abenteuerlichkeit gehören zu der Welt der Träume, zu dem, „was berauscht und trunken macht". Statt dessen ist erstrebenswert, „seine Arbeit wissen":

> Aus seinen Träumen fliehen, Helle auf sich richten,
> jedem Kleinsten sich verweben,
> Aufgefrischt wie vom Bad, ins Leben eingeblüht,
> dunkel dem großen Dasein hingegeben.

Die letzte Wendung zeigt, daß weder der Monismus noch eine dichterische Auffassung des Daseins aufgegeben werden sollen. Stadlers Ethos ist jedoch der Wirklichkeit verpflichtet, und mit dem „Wolkigen" verfällt hysterischer Enthusiasmus der Kritik.

Stadlers mit Recht bekanntestes Gedicht *Fahrt über die Kölner Rheinbrücke bei Nacht* vereinigt dieses Interesse an der modernen Wirklichkeit mit einem poetischen Daseinsenthusiasmus. Das Gedicht benutzt anfangs eine Fahrt im Schnellzug durch Dunkelheit, um Bilder der Bedrückung zu erzeugen. Die ganze Welt sei wie ein Gang in einem Bergwerk. Die Beklemmung wird aufgehoben, als der Zug auf der Brücke den Eindruck des Fliegens erweckt. Der Anblick des Stromes führt zu einer visionären Metapher. Der Rhein wird Symbol des Lebens. Wie die Eisenbahnfahrt aus nächtlicher Enge zu freudiger Weite führte, so bezeichnet der Rhein den Wechsel von Einkehr und Vereinigung mit dem Meer, Eros und Thanatos zugleich:

> Und dann die langen Einsamkeiten. Nackte Ufer.
> Stille. Nacht. Besinnung. Einkehr. Kommunion. Und
> Glut und Drang.
> Zum Letzten, Segnenden. Zum Zeugungsfest. Zur
> Wollust. Zum Gebet. Zum Meer. Zum Untergang.

Tod und Liebeserfüllung, Natur und Technik werden zu einem enthusiastischen Daseinsgefühl vereinigt, in das mit „Kommunion" auch ein Motiv aus der katholischen Religion eingeht. Das ist durchaus Teil von Stadlers Programm, der die Verschmelzung von Eros und Katholizismus von seinem Freund Schickele übernahm.

Stadlers Gedichte sind vielseitig. Unter seinen Liebesgedichten ist *In der Frühe* ein modernes Tagelied, wo der Sprecher das Nachgefühl der Geliebten auskostet, die im Morgengrauen hatte weggehen müssen. Das Dirnenthema findet sich in den Gedichten des *Aufbruch* sowie in separat veröffentlichten. Stadler möchte soziale Verkrustungen aufzeigen und daraus befreien. Einige Stadtgedichte haben Londoner Motive. *Abendschluß* ist ein Gedicht über die beengte Existenz von Verkäuferinnen. Ohne ausgesprochenes soziales Engagement zeigt das Gedicht Gefühl für den Unterschied der Lebensqualität der arbeitenden Klasse von der Erwartung, die er selbst und seine Leser an das Leben stellen. Umdeutungen von literarischen Motiven, wie sie sich auch in Rilkes *Neuen Gedichten* finden, zeugen von Stadlers dichterischer Selbständigkeit gegenüber den Inhalten seiner germanistischen

Wissenschaft. *Parzival vor der Gralsburg* wird an die Welt gewiesen. Ein anderes Gedicht heißt: *Simplicius wird Einsiedler im Schwarzwald und schreibt seine Lebensgeschichte.* Es vergleicht das bewegte Leben mit dem beschaulichen und gibt beiden recht.

In der Schlußsektion *Die Rast* finden sich elsässische Legenden und Impressionen. Wie ein impressionistisches Thema, die *Kleine Stadt*, von Stadler dynamisiert wird, zeigen die folgenden Verse:

> Und durch den grauen Ausschnitt niedrer Dächer schwankt
> Gebirge, über das die Reben klettern, die mit hellen Stützen in die Sonne leuchten.
> Darüber aber schließt sich Kiefernwald: der stößt
> Wie eine breite dunkle Mauer an die rote Fröhlichkeit der Sandsteinkirche.

Diese lyrische Beschreibung erinnert an expressionistische Landschaftsbilder in der Nachfolge van Goghs.

Max Herrmann-Neiße (1886–1941) nannte sich seit etwa 1920 nach seiner Vaterstadt Neiße in Schlesien, wo sein Vater eine kleine Ausschankstube betrieb. Max Herrmann war verwachsen, und anfangs war seine Dichtung Klage über dieses Schicksal und Lebensersatz. Er studierte Literatur- und Kunstwissenschaft in München und Breslau und wurde dann Theaterkritiker in seiner Heimatstadt. Seit 1911 erschienen Gedichte in *Die Aktion* und in *Pan.*

Sein erstes Buch *Ein kleines Leben* (1906) ist von Selbstmitleid bestimmt und nur biographisch interessant, *Das Buch Franziskus* (1911) ist dem Jugendstil verhaftet. Melancholischer Spott durchzieht das lyrische Flugblatt *Porträt eines Provinz-Theaters* (1913), in dem er seine Erfahrungen als Theaterkritiker in Sonette umsetzte. Sein erstes bedeutendes Buch ist *Sie und die Stadt* (1914), mit dem Max Herrmann sich an den Berliner Expressionismus anschloß. Die Sammlung wird eröffnet mit Liebesgedichten an die schöne Leni Gebeck, die das Leben des Verwachsenen erfüllte, verschönte und mit offenbar berechtigter Eifersucht quälte. Sie ging später (1917) mit ihm nach Berlin und wurde seine Frau. In den Gedichten wechselt Glück mit Selbstzerstörung. Die Sektion *Stimmungen der Stadt* enthält Kleinstadtbilder, die, an van Hoddis und Alfred Lichtenstein angelehnt, zwischen Impression und Satire schweben:

Und Sterne stolpern in die tiefe Nacht,
Und Obdachlose liegen wie erstarrt,
Und bleiern hängt der Mond, und hohl und hart
Glotzt breit ein Turm, verstockt und ungeschlacht.
(aus *Nacht im Stadtpark*)

In dem Gedicht *Der Orkan* nimmt Herrmann teil an dem grotesken Weltuntergangsthema:

Dächer fallen flackernd auf die Felder,
Menschen werden an die Wand gebreitet,
Eine Wolke gegen Giebel reitet,
Über Katzenköpfe flüchten Gelder.

Franz Werfels Lyrik hängt eigentlich nur durch ihre Egozentrik mit dem Expressionismus zusammen. Als Lektor des Kurt Wolff Verlages hatte er enge persönliche Verbindungen mit seinen schriftstellerischen Altersgenossen. Jedoch ist der Tenor seiner Lyrik weltfreudig. Mit Lotz steht Werfel im Gegensatz zu der satirischen, kritischen, provokativen, makabren, apokalyptischen Berliner Lyrik.

Franz Werfel (1890–1945) stammte aus Prag. Sein Vater war ein reicher Handschuhfabrikant, deutschsprechend und jüdischer Herkunft. Werfels tschechisch-katholische Kinderfrau war ein bleibender Eindruck für ihn; Werfel hatte katholische Neigungen bis zu seinem Lebensende und verließ wohl nur aus Solidarität mit den Verfolgten nicht das Glaubensjudentum. Der Vater wollte den Sohn studieren oder wenigstens den kaufmännischen Beruf erlernen lassen. Werfels schriftstellerische Neigungen widersprachen diesen Plänen. Der Verleger Kurt Wolff rettete ihn mit einer Anstellung als Lektor, die ihm viel freie Zeit ließ.

Bemerkenswert ist Rainer Maria Rilkes Interesse für den jungen Werfel seit 1913. Ein Gedicht über pubertäre Liebessehnsucht aus Werfels Lyriksammlung *Der Weltfreund* (1911) enthält die Wendung „mein überströmtes Antlitz", woraus „strömendes Antlitz" in Rilkes *Zehnter Elegie* wurde, deren 1. Fassung Ende 1913 geschrieben wurde. In beiden Fällen ist Weinen gemeint. In dem Gedicht *Ein Lebens-Lied* aus *Wir sind* lauten zwei Verse:

> Sahst du die große Güte
> Im Sterben eines Kindes?

Das Motiv des Kindertodes ist ein wichtiges in Rilkes *Vierter Elegie*, die 1916 entstand. Werfels Gedicht enthält eine human-religiöse Alliebe, die behauptet, auch vom Leben Benachteiligte, darunter Bauernmädchen und Mägde, hätten an der Schönheit des Daseins teil. Das erinnert an eine Stelle aus der *Siebenten Elegie* (1922), in der Rilke erniedrigten Mädchen aus den Städten eine Stunde oder einen Augenblick voll Dasein zubilligt. In Rilkes *Vierter Elegie* steht allerdings auch: „Feindschaft ist uns das nächste", was wesentlich skeptischer ist als Werfels „Feindschaft ist unzulänglich" aus dem gleichen Gedicht *Ein Lebens-Lied*. Zwar werden in diesem Gedicht unbürgerliche Existenzen genannt, was klassenbedingter Beschränkung des Blickfeldes widerspricht; jedoch wendet der Gedichttext sich ausdrücklich gegen politische Aktion:

Wer handelnd sich empörte,
Bedenke doch!! Unsagbar
Mit Reden und Gestalten
Sind wir uns fern und nah!

Diese Haltung entsprach Rilkes ästhetischem Sozialbewußtsein.

Rilke liebte das Gedicht *Vater und Sohn* aus *Wir sind*. Es beginnt mit dem mythischen Traum kindlicher Seligkeit, wendet sich dann zu der kalten „Feindschaft der geschiedenen Lebensalter". Jedoch mildert Werfel die „höllische Gewalt". Rührung unterbricht sie, und eine Erinnerung an die mythische Seligkeit im uranischen Zeitalter steigt herauf:

Und die leichte Hand zuckt nach der greisen
Und in einer wunderbaren, leisen
Rührung stürzt der Raum.

Werfel mythisiert hier das Verhältnis des Dichters, der sich als Vertreter einer neuen Zeit fühlt, zu seiner bürgerlichen Herkunft, ein Verhältnis, das auch Rilke bekümmerte. Die mildere Behandlung des mythischen Generationsgegensatzes, „die herrlich hinübergewölbte Versöhnung der zwei letzten Strophen" (an Hedwig Bernhard, 15. August 1913), sprach ihn an. Die Wendung von dem stürzenden Raum stand seinem Stil nahe.

Wahrscheinlich vor der persönlichen Begegnung ist Rilkes Aufsatz *Über den jungen Dichter* geschrieben. In einer Anmerkung verrät Rilke, daß „die vielfach beglückende Beschäftigung mit den Gedichten Franz Werfels gewissermaßen die Voraussetzung zu diesem Aufsatz" gewesen sei. Er war sehr wahrscheinlich für eine geplante bibliophile Zeitschrift des Kurt Wolff Verlages, *Orion*, bestimmt, die Kurt Tucholsky herausgeben sollte. Rilkes Verleger mißbilligte diese Verbindung zur Konkurrenz, auch kam die Zeitschrift nicht zustande. Rilkes Aufsatz wurde erst aus dem Nachlaß veröffentlicht. In dem nicht leicht verständlichen Text spricht Rilke vom Dichter in einem religiösen Kontext. Zwar dringe das Berechenbare vor gegen das Heilige, zwar seien Heiligtümer „entkernt“, aber was wolle das besagen, „wenn hier, neben mir, in einem auf einmal verfinsterten Jüngling Gott zur Besinnung kommt“. Von dem Gegensatz des jungen Dichters zu seiner Familie ist die Rede. Am Ende des Aufsatzes fragt Rilke mit spürbarer leichter Skepsis, ob die jungen Dichter, „die ihr drittes Jahrzehnt kürzlich angetreten haben“, das Werk der Älteren fortsetzten, ob es der neuen Zeit „wirklich um Fruchtbarkeit zu tun sei, oder nur um eine mechanisch bessere und erschöpfendere Ausbeutung der Seele?“. Das muß man als Kritik an dem Qualitätsmaßstab der Jungen lesen. Eine persönliche Begegnung zwischen Rilke und Werfel im Oktober 1913 in Hellerau bei Dresden war enttäuschend. Rilke fühlte sich von dem erfolgsgewohnten jungen Mann abgestoßen, Werfel seinerseits fürchtete, von Rilke als Jünger mißbraucht zu werden. Rilkes Respekt für manche von Werfels Gedichten dauerte jedoch an.

Werfels erstes Gedichtbuch *Der Weltfreund* enthält Gedichte aus den Jahren 1908 bis 1910, als Werfel achtzehn bis zwanzig Jahre alt war. Wie bei einem so jungen Menschen kaum anders zu erwarten, steht sein Ich im Vordergrund, das Buch besteht überwiegend aus Erlebnisgedichten. Viele verarbeiten Erinnerungen aus der Kindheit: Militärmusik, eine Flußdampferfahrt, die dem phantasiereichen Knaben zur Weltreise wird. Die Welt ist schön und in Ordnung:

> Und draußen! Da werden Herrschaften reiten
> Auf weichem Boden, o dumpfer tönende Hufe!

Eine theistische, enthusiastische Religiosität besteht neben einem monistischen Weltgefühl und einem dichterischen Selbstgefühl. Der Dichter fühlt sein Ich bestätigt durch den Glauben an die aufschließende schöpferische Kraft des dichterischen Wortes. Diesen Glauben schränkt er ein durch das Anerkenntnis der Kreatürlichkeit. Es gibt auch einige mild-satirische Gedichte wie *Erzherzogin und Bürgermeister*, wo sich beide als Ständevertreter umeinander bemühen, obwohl sie lieber bei ihresgleichen wären.

Am Ende des Bandes steht das bekannte Gedicht *An den Leser* mit der Versicherung: „mein einziger Wunsch ist, Dir o Mensch verwandt zu sein!“ Werfel denkt sich als Leser Menschen mit unbürgerlicher Beschäftigung, vom Dienstmädchen bis zum Aviatiker. Darin klingt verhalten die expressionistische Antibürgerlichkeit an, während das Gedicht sonst den Gegensatz zu Heyms und Benns Schockgedichten demonstriert.

In *Wir sind* (1913) kommt gelegentlich ein mildes Sozialbewußtsein zum Ausdruck.

> Nie war ich ein Kind, zermalmt in den Fabriken
> Dieser elenden Zeit, mit Ärmchen ganz benarbt!

Dennoch nimmt der Sprecher am Leiden durch Gott teil. An ihn richtet er die Bitte: „zerreiße mich“. Gegenüber dem schöpferischen Ich-Bewußtsein steht ein kreatürliches Anti-Individuationsmotiv.

> Und wenn ich erst zerstreut bin in den Wind,
> In jedem Ding bestehend, ja im Rauche,
> Dann lodre auf, Gott, aus dem Dornenstrauche
> (Ich bin dein Kind).
> Du auch, Wort, praßle auf, das ich in Ahnung brauche!
> Geuß unverzehrbar dich durchs All: Wir sind!!

Das monistische Alleben und das dichterische Wort

werden durch die Inspiration Gottes vermittelt. Das Teilhaben des Dichters am All ist seine Religion und begründet seine Berechtigung, Dinge zu nennen, von denen er keine Erfahrung hat. Das gelingt aber nicht. Kindheitserinnerungen und künstlerische Probleme kann der junge Werfel gestalten, anderes nicht. Weltfreundschaft ist schön als Programm; Erfassung der Welt im Wort ist mit den Mitteln eines jungen Dichters aus reicher Familie kaum auszuführen.

Ein 1910 geschriebener Einakter heißt *Der Besuch aus dem Elysium* (1912 gedruckt). Das Stück beginnt im Schnitzler-Stil, bis sich herausstellt, daß der Besuch ein Toter ist, ein Revenant, der sich fragt, ob die Sublimation seiner bürgerlichen Liebe zu einem abenteuerlichen Leben in Übersee ihren Preis wert war. Das Revenant-Thema wird in Werfels letztem Werk, *Stern der Ungeborenen* (1946), wiederkehren.

Ein dramatisches Prosagedicht *Die Versuchung* erschien 1913 als erstes Bändchen der Reihe *Der jüngste Tag* im Kurt Wolff Verlag. Der Titel der Reihe stammt aus einem Gedicht (*Der Feind*) aus *Wir sind.* Das symbolische Spiel handelt von der Außenseiterstellung des Dichters in der bürgerlichen Erfolgsgesellschaft. Die Versuchung wäre seine Einordnung, die er ablehnt, weshalb ein Erzengel dem Dichter bestätigt, daß kein Gesetz und keine Moral für ihn gälten, da er einer der unendlichen Geister sei. Zwischendurch fällt ein selbstkritisches Wort:

> Es ist etwas Unpolemisches in mir. Etwas, was einem irdischen Übel ein ironisch transzendentales Gewicht entgegenhält. Einen vielleicht billigen Trost in der ewigen Ordnung.

Wenn wir Schwächen in Werfels Jugendwerk registrieren mußten, so ist an sein Geburtsjahr 1890 zu erinnern. Das Erlebnis des Ersten Weltkrieges war dann geeignet, Werfels Neigung zu billigem Trost in Frage zu stellen. Der Erfolg von Werfels unreifen Gedichten ist jedoch ein wichtiges Zeichen der Zeit. Die Empfangsbereitschaft für ersatzreligiöse, weltfreundliche Dichtung war groß. Das Gefühl der Entfremdung, der Vereinzelung, der Isolierung, das bei Hofmannsthal, Schnitzler, Thomas Mann, Rilke, Heym, Benn laut geworden war, erweckte das Bedürfnis nach tröstender Kompensation.

Religiöses Erlösungsbedürfnis und ein idyllischer Humanismus kommen in Konflikt mit einem bedrängenden Gefühl der Vereinzelung und des Verfalls der Welt in der Dichtung Trakls. Georg Trakl (1887 bis 1914) war drei Jahre älter als Werfel, trat aber später als dieser, Ende 1912, mit seinen Gedichten im *Brenner* an die Öffentlichkeit. Werfel gab 1914 eine Auswahl von Gedichten Trakls in der Reihe *Der jüngste Tag* heraus. Trakl stammte aus Salzburg, wo sein Vater ein angesehener und wohlhabender Eisenhändler war. Dessen Familie, die von Donauschwaben im ungarischen Ödenburg abstammte, schrieb den Namen „Trackel“, so daß das *a* kurz auszusprechen ist. Georg Trakl wuchs mit fünf Geschwistern auf; seine Lieblingsschwester Grete war viereinhalb Jahre jünger. Die Eltern gehörten der evangelischen Kirche an, die Mutter, ursprünglich tschechische Katholikin, war nach einer Scheidung konvertiert. Die Scheidung und ein früh verstorbener erster Sohn, der vor der Eheschließung der Eltern geboren war, wurden als Familiengeheimnisse betrachtet. Maria Trakl, die Mutter, kümmerte sich kaum um die Familie. Sie hatte depressive Zustände und nahm Opium. Die Erziehung der Kinder lag in der Hand einer Elsässerin, Marie Boring, die strenggläubig katholisch war.

Trakl durchlief in Salzburg eine Apothekerlehre und erwarb den Magistergrad der Pharmazie in Wien.

Georg Trakl (1914)

In Salzburg gehörte er einem literarischen Kreis an, wo Baudelaire, Dostojewski und Nietzsche diskutiert wurden. 1906 wurden zwei Einakter von Trakl am Salzburger Stadttheater aufgeführt, die er nach dem Mißerfolg des zweiten vernichtete. Ebenfalls 1906 erschien jugendstilgetönte Prosa in der *Salzburger Zeitung.* Ein Feuilleton, *Verlassenheit*, eigentlich ein Prosagedicht, schlägt schon das Thema der Isolierung an. Zur gleichen Zeit begann Trakl Drogen zu nehmen. Von einer Chloroformvergiftung ist in einem Brief aus dem Jahre 1905 die Rede. Berichte über ihn sind widersprüchlich. Offenbar konnte er aufgeschlossen und redselig, dann wieder in sich gekehrt sein.

Zu der Schwester Grete hatte er ein enges Verhältnis. Möglicherweise haben in der Kinderzeit oder auch später sexuelle Beziehungen bestanden. Es ist auch möglich, daß eine Inzestschuld nur in Trakls Phantasie vorkam. Der Nachlaß der Schwester Grete ist verloren, vielleicht von der Familie vernichtet. Da sie exzentrisch war und im Selbstmord endete (1917), könnte das viele Gründe haben. Während der Wiener Studienzeit Georg Trakls hielt sich Grete ebenfalls zu Musikstudien in Wien auf. Auch sie verfiel Drogen, vielleicht durch das Beispiel des älteren Bruders.

In Drogen und Alkohol suchte Trakl Erleichterung von den Depressionen, die ihn plagten. Die psychopathischen Bedingungen, unter denen er lebte, zeigen sich in brieflichen Äußerungen wie:

Ich möchte mich gerne ganz einhüllen und anderswohin unsichtbar werden. Und es bleibt immer bei den Worten, oder besser gesagt bei der fürchterlichen Ohnmacht! Soll ich Dir weiter in diesem Stil schreiben. Welch ein Unsinn!

(an Erhard Buschbeck; Wien, etwa 9.–15. Juli 1910)

Ich bin wie ein Toter an Hall [in Tirol] vorbeigefahren, an einer schwarzen Stadt, die durch mich durchgestürzt ist, wie ein Inferno durch einen Verfluchten. Ich geh in Mühlau [Wohnort Ludwig von Fickers bei Innsbruck] durch lauter schöne Sonne und bin noch sehr taumelnd.

(an Erhard Buschbeck; Innsbruck, 4. Januar 1913)

... ich habe jetzt keine leichten Tage daheim und lebe so zwischen Fieber und Ohnmacht in sonnigen Zimmern dahin, wo es unsäglich kalt ist. Seltsame Schauer von Verwandlung, körperlich bis zur Unerträglichkeit empfunden, Gesichte von Dunkelheiten, bis zur Gewißheit verstorben zu sein, Verzückungen bis zu eiserner Erstarrtheit; und Weiterträumen trauriger Träume. Wie dunkel ist diese vermorschte Stadt voll Kirchen und Bilder des Todes.

(an Karl Borromaeus Heinrich;
Salzburg, etwa 19. Februar 1913)

Sagen Sie mir, daß ich nicht irre bin. Es ist steinernes Dunkel hereingebrochen.

(an Ludwig von Ficker; Wien, November 1913)

Von Ende 1911 bis zu seiner Mobilisierung im Sommer 1914 hatte Trakl eine Vielzahl von Stellungen, in denen er es nicht aushielt. Er hatte Angst vor den Kunden und konnte deshalb nicht in der Apotheke bedienen. Andere Stellungen verließ er in der vergeblichen Hoffnung, durch eine äußere Veränderung seinen Depressionen abhelfen zu können. Vom April bis Oktober 1912 legte er in Innsbruck eine Probezeit als aktiver Heeresapotheker ab. Dies war eine gute Zeit in seinem umgetriebenen Dasein. Er lernte Ludwig von Ficker, den Herausgeber des *Brenner*, kennen, der ihm immer wieder half. Trotz guter Beurteilung verließ er den Heeresdienst, um eine Beamtenstelle in Wien anzutreten, aus der er sich jedoch schon nach zweistündiger Tätigkeit entlassen ließ. Nachdem er einen Probedienst im Kriegsministerium nach wenigen Tagen verlassen hatte, gelangen ihm weitere Anstellungen nicht mehr. Aus dem väterlichen Erbe erhielt

Trakl zwar Zahlungen, aber sie reichten ihm trotz bescheidener Lebensführung nie aus, da er viel Geld für Drogen und Alkohol verbrauchte. Ludwig von Ficker bot ihm in Innsbruck zeitweise Unterkunft und immer Rat und Hilfe. Kurz vor Kriegsausbruch ließ er ein kleines Kapital an Trakl gelangen, 20 000 Kronen aus einer Stiftung Ludwig von Wittgensteins, die dieser an Ludwig von Ficker zur Verteilung übergab (Rilke erhielt ebenfalls 20 000 Kronen).

Im Juli 1914 stellte Trakl sich gemäß Mobilmachungsplan in Innsbruck und wurde als Heeresapotheker mit einem Reservelazarett nach Galizien gebracht. Während des Transportes und im Einsatz benahm er sich anomal, wollte Selbstmord begehen oder als Infanterist an die Front, jedenfalls zum gleichen Zweck. Er wurde nach Krakau zur Beobachtung seines Geisteszustandes geschickt. Die Diagnose dort war Dementia praecox, ein damals üblicher Name für Schizophrenie, was freilich auch heute keine eindeutig bestimmbare Krankheit ist. In Krakau besuchte ihn Ludwig von Ficker, dem er erzählte, wie er allein zwei Tage 90 Verwundete zu versorgen gehabt habe, wie einer der Verwundeten sich in den Kopf schoß, so daß sein Gehirn an der Wand klebte, und wie er, vor Entsetzen ins Freie gelangt, dort Ruthenen hätte an den Bäumen hängen sehen, die als Spione oder Verräter exekutiert worden seien. Was davon wirklich geschehen und was Trakls Schreckensvision war, ist kaum zu sagen. Er fürchtete, seine Selbstmordabsicht könne dazu führen, daß er wegen Feigheit vor dem Feinde belangt und hingerichtet werden könne. Etwa eine Woche nach Fickers Abreise, am Abend des 2. November 1914, muß Trakl eine Überdosis Kokain genommen haben. Am 3. war er in einem Koma, aus dem er nicht mehr erwachte. Am 4. November abends starb er. Die Krankengeschichte spricht von Selbstmord; es ist jedoch nicht ganz auszuschließen, daß Trakl in seinem herabgesetzten Zustand eine Überdosis ohne bestimmte Selbstmordabsicht zu sich nahm.

Trakls frühe Gedichte hat er selbst 1909 in einer Sammlung zusammengestellt, so daß sein Freund Buschbeck sie einem Verleger anbieten konnte. Ein Druck kam erst 1939 zustande. In der Sammlung überwiegen die ich-sagenden Gedichte.

> Meine Seele schauert erinnerungsdunkel,
> Als ob sie in allem sich wiederfände –
> In unergründlichen Meeren und Nächten,
> Und tiefen Gesängen, ohn' Anfang und Ende.
> (*Drei Träume*, 1909)

Die Identifikation mit „allem“ ist ein Programm, das vom Impressionismus bis zu Werfel reicht. Trakl könnte es von Hofmannsthal übernommen haben. Er gibt ihm aber eine entschieden düstere Note. In dem bekenntnishaften Gedicht *Confiteor* heißt es:

> Die bunten Bilder, die das Leben malt,
> Seh ich umdüstert nur von Dämmerungen
> ...

Der Sprecher dieses Gedichtes ist zugleich Zuschauer und Komödiant in dem heldenlosen Trauerspiel der Menschheit. In dem Gedicht *Das Grauen*, einem Sonett, sieht der Sprecher sich durch verlassene Zimmer gehen und entdeckt schließlich in einem Spiegel: „ein Antlitz: Kain!“ Das letzte Terzett erinnert im 1. Vers an die Ausstattung symbolistischer Gedichte. Die nächsten beiden Zeilen sind echt Trakl:

> Sehr leise rauscht die samtene Portiere,
> Durchs Fenster schaut der Mond gleichwie ins Leere,
> Da bin mit meinem Mörder ich allein.

Das eigene Spiegelbild wird nicht nur mit Schuld beladen, das Kainsmotiv treibt zur Selbstzerstörung weiter. Der Zuschauer ist Akteur, der Akteur auch das Opfer. In Trakls Gedichten herrscht eine Dialektik von Schuld und Entsühnung, von sexueller Aggressivität und religiöser Hingabe. Deshalb läßt sich aus Gedichten wie *Blutschuld*, *Der Heilige* und *Metamorphose* kein Beweis für den Inzest Trakls gewinnen. Sicher ist nur, daß Trakl seine Depressionen mit Schuldgefühlen in Verbindung brachte und daß daraus Gedichte entstanden.

In den frühen Gedichten und in der zweiten, bei Kurt Wolff in *Der jüngste Tag* erschienenen Sammlung *Gedichte* (1913) kommen auch hellere Töne vor. Ein sehr bekanntes Gedicht, das freundliche Impressionen aneinanderreiht, ist *Verklärter Herbst.* Im letzten Vers ist freilich vom Untergang die Rede. Auch *Die schöne Stadt* ist ein weniger beunruhigendes Gedicht, außer einem Vers: „Blütenkrallen drohn aus Bäumen". In anderen Gedichten wiegen grausige Bilder vor, z. B. in *Die Ratten*, dessen Bilder den schokkierenden von Heym ähnlich sind. Das folgende Gedicht, entstanden zwischen Ende 1911 und Mai 1912, gedruckt in der Sammlung von 1913, bringt die beiden Bildbereiche, den hellen idyllischen und den düsteren, zusammen. Es führt uns in das Zentrum von Trakls Intentionen:

Seele des Lebens

Verfall, der weich das Laub umdüstert,
Es wohnt im Wald sein weites Schweigen.
Bald scheint ein Dorf sich geisterhaft zu neigen.
Der Schwester Mund in schwarzen Zweigen flüstert.

Der Einsame wird bald entgleiten,
Vielleicht ein Hirt auf dunklen Pfaden.
Ein Tier tritt leise aus den Baumarkaden,
Indes die Lider sich vor Gottheit weiten.

Der blaue Fluß rinnt schön hinunter,
Gewölke sich am Abend zeigen;
Die Seele auch in engelhaftem Schweigen.
Vergängliche Gebilde gehen unter.

Die 3 Strophen bestehen aus je 2 4hebigen Zeilen und je 2 5hebigen. Die so auseinanderfallenden Verse sind aber innerhalb der Strophe durch den umschließenden Reim zusammengebunden. Der Sprecher ist ein Wanderer. Das Verfallsthema ist anfangs ganz impressionistisch da im Bild des (vorjährigen) Laubes. Es wird auf den Wald ausgedehnt, erfüllt die Welt schweigend. Eine menschliche Wohnstätte wird in das Verfallsthema einbezogen, ein Dorf am Berghang scheint sich zum Absturz zu neigen. Zugleich spricht aber die Schwester aus den „schwarzen Zweigen“. Die Farbe schwarz zeigt sowohl impressionistisch den winterlichen Wald wie die negative Verfallsdeutung der Natur an. Aus dem Verfall heraus findet also eine schwesterliche, visionäre Kommunikation statt, eine mythische Inspiration. Im Flüstern ist Sprache enthalten, die sich in die dem Verfall unterworfene Natur integriert.

Die Bewegung ist also: distanziertes Feststellen des Verfalls in der schweigenden winterlichen (oder herbstlichen) Natur, Einbeziehung des Menschlichen in den Untergang, in den schwesterlich-liebende sprachliche Kommunikation einwirkt. In der 2. Strophe nennt der Sprecher sich selbst „der Einsame“. Er wird seiner Existenz „entgleiten“, in den Tod oder in eine Verwandlung. Der Verwandelte wird ein Hirt. Mit diesem Wort ist eine sowohl idyllische als auch religiöse Dimension eröffnet. Der Hirt als Heger tritt dem Verfall entgegen, er ist aber auch Symbol Christi und des Geistlichen, der das Wort bewahrt und deshalb dem Dichter entspricht. Trakls Hirt transzendiert die Natur aber nicht. Er bewegt sich auf „dunklen Pfaden". „Dunkel" assoziiert den Hirten mit den „schwarzen Zweigen", aus denen die Schwester spricht, suggeriert aber auch den Tod. Aus den dunklen Pfaden, die der Einsame im Tode gehen muß, kann das Bild des Hirten herausragen, der die Schöpfung im Wort hegt. Die Vorstellung „Hirt" ist in ihrer idyllischen Bedeutung dem „Tier" als Symbol der Unschuld assoziiert. Das Auge des Einsamen sieht nicht mehr allein den Verfall in „weitem Schweigen", sondern in dem, was er sieht, staunend, mit geweiteten Augen, ist „Gottheit". Dann kann der fließende Fluß, der alte Topos für vergehende Zeit, „schön" sein. Das „Gewölk", Symbol des schnell Vergänglichen und der umgestaltenden Phantasie, ist mit der Seele, dem schweigenden Ich, durch das gleiche Verb „sich zeigen" verbunden. Die Seele zeigt sich „auch", wie das Gewölk, am Abend, im Westen, in „engelhaftem" Schweigen, das das „weite" Schweigen der Natur in sich enthält, aber positiv bewertet. Die letzte Zeile ist sowohl eine Bestätigung des Untergangsthemas als auch eine Verheißung: *nur* vergängliche Dinge gehen unter, es gibt aber unvergängliche. Die Gebilde, Wald, Dorf, der Einsame, sind und bleiben vergänglich. Jedoch hat das Gedicht das Motiv des Untergangs und des Verfalls so mit positiven Motiven (die Schwester, der Hirt, das Tier, die Gottheit) aufgeladen, daß am Ende keine Klage über Untergang, Tod und Verfall mehr ist, sondern „Seele des Lebens". Das dem Verfall ausgesetzte „Leben" und die von der religiösen Tradition und der Vereinzelung des Individualismus bestimmte „Seele" sind im Gleichgewicht, und zwar durch das dichterische Wort, das, von dem Flüstern der Schwester inspiriert, dem Einsamen die Vision des Hirten eingibt, das Naturschweigen in engelhaftes Schweigen in Anwesenheit der Gottheit verwandelt. Keines der Symbole, die eine

Transzendenz des Verfalls suggerieren, ist dauerhaft: Fluß, Gewölk und ein aus dem Winterwald tretendes fluchtbereites Tier. Aus der bedrängenden Vision von der Hinfälligkeit alles Irdischen entsteht die Vision des Unvergänglichen, bleibt aber inspirierte Vision, wird keine Glaubensgewißheit. Der christliche Glaube bleibt im Hintergrund, informiert die Symbole, spendet aber nicht den Frieden mit Gott. Dem entspricht die Wiederholung des Wortes „Schweigen“, obwohl das Gedicht eine dichterische Verwandlung beschreibt.

Das Gedicht *Menschheit* (1912) setzt Bilder der Vernichtung durch kriegerische Waffen, Erotik und Geldgier, Verzweiflung und Depression gegen christlich-religiöse Bilder, die zunächst durch ein „sanftes Schweigen“ die Verzweiflung aufzuheben scheinen. Jedoch erstreckt sich der Zweifel auf die religiöse Sphäre, denn die schlafenden Jünger im Ölbaumgarten „schreien“ im Schlaf, vielleicht im Bewußtsein, vor ihrem Herrn zu versagen (vgl. Markus 14,32–42 und Parallelstellen, besonders Lukas 22,45). Das letzte Bild ist das vom ungläubigen Thomas. Das Gedicht ist im Herbst 1912 entstanden. Im Oktober 1912 brach der erste Balkankrieg aus, während der italienische Kolonialkrieg in Libyen gerade beendet wurde. Das Bild des 1. Verses dürfte von Darstellungen der Exekutionen im Sepoy-Aufstand in Indien (1857) angeregt worden sein.

Menschheit

Menschheit vor Feuerschlünden aufgestellt,
Ein Trommelwirbel, dunkler Krieger Stirnen,
Schritte durch Blutnebel; schwarzes Eisen schellt,
Verzweiflung, Nacht in traurigen Gehirnen:
Hier Evas Schatten, Jagd und rotes Geld.
Gewölk, das Licht durchbricht, das Abendmahl.
Es wohnt in Brot und Wein ein sanftes Schweigen
Und jene sind versammelt zwölf an Zahl.

Nachts schrein im Schlaf sie unter Ölbaumzweigen;
Sankt Thomas taucht die Hand ins Wundenmal.

Was im Druckbild wie regelmäßige Verse aussieht, erweist sich bei näherer Prüfung als metrisch unruhig. Von Anfang an wechseln Verse mit und ohne Auftakt, mit 1 oder 2 Senkungen. Der Anfang des 3. Verses, „Schritte durch Blutnebel", müßte als 2 Daktylen gelesen werden, wenn man dem 5hebigen Metrum folgte, der *u*-Klang und das semantische Gewicht der Silben widerstreben dem jedoch. Regelmäßige 5hebige Jamben sind dagegen die Verse

Es wohnt in Brot und Wein ein sanftes Schweigen
Und jene sind versammelt zwölf an Zahl.

Gleich im Anfang des nächsten Verses: „Nachts schrein", ist jambisch-metrische Lesung kaum möglich. Die metrisch-rhythmische Unruhe strebt hier noch nicht zu einer Auflösung traditioneller Versformen (wie etwa Stramm), sondern hält die Rückkehr zu traditioneller Form offen, gewinnt eine Spannung aus Form und Formauflösung. Diese Struktur des Gedichtes entspricht dem Kriegsbild, mit dem es beginnt. Aus dem Grunde der Friedenszeit 1912, die von Spannungen und kleinen Kriegen erfüllt war, erhob sich der Zweifel an der Humanität als Bestimmung der Geschichte des Menschen.

Der Gebrauch der Farben Schwarz und Rot soll Gefühlsintensitäten suggerieren. Rotes Geld verweist auf das Erregende, Gewaltsame der Geldwirtschaft, vielleicht auch auf Judas' Blutgeld. Es entspricht dem „Blutnebel" in Vers 3, während das schwarze Eisen, das mit den „dunklen Kriegern" korrespondiert, etwas Fatalistisches hervorruft, wie schon die schwarzen winterlichen Zweige in *Seele des Lebens*. Solch absoluter Farbengebrauch ist bei Trakl häufig:

Ein blaues Tier will sich vorm Tod verneigen
(*Verwandlung*)

Einfältig schweigen goldene Wälder
(*Kleines Konzert*)

Der graue Wind, der flatterhaft und vag
Verfallene Düfte durch die Dämmerung spült.
...
Nach Früchten tastet silbern deine Hand
...
(*Der Spaziergang*)

In vielen Gedichten werden solche Bilder aneinandergereiht:

Sterbeklänge von Metall;
Und ein weißes Tier bricht nieder.
Brauner Mädchen rauhe Lieder
Sind verweht im Blätterfall.
(*In den Nachmittag geflüstert*)

Trakls späte Gedichte rufen kein Erlebnis, auch nicht die Erinnerung an ein Stück reproduzierbarer Welt herauf, sondern setzen gleichsam Welt-Stücke neu zusammen zu einer eigenen Gedichtwelt, in der die Bilder sich miteinander und gegeneinander autonom bewegen. Klänge, Lieder, Mädchen, Blätter, in der oben gegebenen Beispielstrophe aus *In den Nachmittag geflüstert*, sind für sich idyllische Motive, die Trakl mit den Motiven Sterben, Metall, niederbrechen, rauh, verwehen, Fall versetzt. Gegenüber dem Weltuntergangsthema, den Städtekarikaturen van Hoddis' und Lichtensteins ist Trakls Verfahren weniger witzig als melancholisch, auch zwanghaft. Trakl schockiert seine Leser nicht, er steht ihnen nicht gegenüber; seine Worte zwingen eine Welt, die ihm zerfällt, in einen Wortzusammenhang, den er noch kontrollieren kann.

Trakls Symbolismus wurde von Rimbaud beeinflußt, den er in der Übersetzung Karl Klammers (Pseudonym K. L. Ammer) las. Man kann das aus Trakls *Psalm* erkennen, der mit den Versen beginnt:

Es ist ein Licht, das der Wind ausgelöscht hat.
Es ist ein Heidekrug, den am Nachmittag ein Betrunkener verläßt.
Es ist ein Weinberg, verbrannt und schwarz mit Löchern voll Spinnen.

In dem Prosagedicht *Kindheit* (*Enfance*) aus den *Erleuchtungen* (*Illuminations*) in der Klammerschen Übersetzung finden sich ganz ähnliche Bilder, die mit „es ist" („il y a") anfangen und aus je einem Satz bestehen:

Es ist eine Uhr, die nicht schlägt.
Es ist ein Schneeloch mit einem Nest von weißen Tieren.

Viele Übernahmen von Wörtern und Wendungen aus dieser Rimbaud-Übersetzung sind nachgewiesen worden. Rimbauds *Illuminations* können Trakl darin bestätigt haben, das Aneinanderreihen von Impressionen, das ihm von Anfang an eigen war, in gänzlich imaginäre Zusammenhänge fortzusetzen, die Welt gleichsam in Stücke zerbrechen zu lassen und im Gedicht neu zusammenzusetzen. Trakls impressionistisches Erbe, das es ihm nahelegte, die Welt in gleitende Bilder aufzulösen, sein vom Wahnsinn bedrohtes Bewußtsein, das ihn zwang, Erotik und Schuld, Idyll und Verfall, Helle und Dunkel, Bedrohung und Zuflucht in einen kontrastierenden Zusammenhang künstlich zu verschmelzen, drängte ihn auf eine imaginäre Welt hin, für die das symbolistische Verfahren gut paßte. Die dahinterliegende Spannung ist ganz seine eigene, wir finden sie schon in den Prosastücken von 1906. Außerdem hatte er ja in den Berliner Expressionisten, die er aus den Zeitschriften kennen mußte, und in Else Lasker-Schüler auch deutsche Vorbilder auf dem Weg zum Symbolismus. Insofern das symbolistische Gedicht sich vor der alltäglichen Umwelt des Lesers verschließt, kommt es einem psychopathisch bedrohten Bewußtsein entgegen.

Eines der bedeutendsten symbolistischen Gedichte Trakls, *Helian*, schließt die Sammlung *Gedichte* von 1913 ab. Es ist in freien Metren geschrieben, jedoch klingen immer wieder traditionelle Versformen an, auch Daktylen und Anapäste. Die befreite Form hält die Erinnerung an die traditionell gebundene aufrecht. Dem entspricht das Gegeneinander von einer idyllischen Bildschicht gegen eine des Verfalls, des Ekels, des Wahnsinns, kompliziert durch eine christliche Motivkette. Vielleicht ist auch der rätselhafte Titel vieldeutig: er erinnert an Helios, Heiland und Lélian, den Namen, den Verlaine sich selber in seinem *Les Poètes maudits* gab. Die Gestalt des Sprechers erscheint in mehreren Rollen im Laufe des Gedichtes. Trakls symbolistische Gedichte bestehen aus gleichsam musikalischen Motiven, die variiert werden, niemals feste Größen sind. Trakls Welt ist nicht feststellbar; wie die Sprecher seiner Gedichte oft von innen sowohl als auch von außen zu sehen sind, so sind auch die Bilder nicht feststehend, nicht absolut, nicht durch Vergleich mit der wirklichen Welt des Lesers deutbar, sondern aus ihren Beziehungen untereinander.

Die Sammlung *Sebastian im Traum* enthält solche symbolistischen Gedichte. Das Buch erschien 1915, nach Trakls Tod, er hat den Text aber noch selbst zum Druck vorbereitet. Die Gestalt des Elis verweist auf Hofmannsthals *Das Bergwerk zu Falun*. Elis ist tot, zugleich ein Symbol des Schönen und der Dichtung:

Ein goldener Kahn
Schaukelt, Elis, dein Herz am einsamen Himmel.

Das Gedicht *Abendland* ist „Else Lasker-Schüler in Verehrung" gewidmet. Die 3. Strophe wird beherrscht von Melancholie. Der einsame Sprecher folgt „sprachlos" den Natursymbolen, die in der Abendröte, in der sich brechenden Welle, in fallenden Sternen zu der Angst beitragen, die ausgelöst wurde von den steinern aufgebauten Städten. Die Klage über das Abendland ist eine Klage über sterbende Völker. Die Untergangsvision erscheint wie in Heyms *Die Stadt* in dem Gegensatz zwischen toter Stadt und Wolken im Abendrot. Was bei Heym triumphierender, prophetischer Trotz ist, ist bei Trakl Klage, Ausdruck eines bedrängten, bedrohten Ich.

Ihr großen Städte
Steinern aufgebaut
In der Ebene!
So sprachlos folgt
Der Heimatlose
Mit dunkler Stirne dem Wind,
Kahlen Bäumen am Hügel.
Ihr weithin dämmernden Ströme!
Gewaltig ängstet
Schaurige Abendröte
Im Sturmgewölk.
Ihr sterbenden Völker!
Bleiche Woge
Zerschellend am Strande der Nacht,
Fallende Sterne.

Der Band *Sebastian im Traum* enthält auch zwei Prosagedichte, *Verwandlung des Bösen* und *Traum und Umnachtung*, in denen familiäre, autobiographische Motive sich verselbständigen. Das letztere endet mit einem Bild der Selbstzerstörung. In Trakls Dichtung ist jedoch noch immer Liebe, Sorge um das Bild des Menschen enthalten.

Im August 1914, vor der Abreise auf den galizischen Kriegsschauplatz, schrieb Trakl den folgenden kurzen Text auf einen Zettel, den er Ludwig von Ficker übergab:

> Gefühl in den Augenblicken totenähnlichen Seins: Alle Menschen sind der Liebe wert. Erwachend fühlst du die Bitternis der Welt; darin ist alle deine ungelöste Schuld; dein Gedicht eine unvollkommene Sühne.

Die „Augenblicke totenähnlichen Seins" können sich auf Drogenrausch, auf dichterische Inspiration oder auf schizophrene Bedrängnisse beziehen, vielleicht auf alle drei Zustände, die mit seiner Imagination verknüpft waren. Eines der letzten Gedichte Trakls, das wahrscheinlich kurz vor seinem Tode im Lazarett entstanden ist, nach der Erfahrung des Krieges, das er *Klage* nannte, drückt Sorge aus um „des Menschen goldnes Bildnis", während das sprechende Ich als „ängstlicher Kahn" versinkt. Kunst war Trakl eine Verwandlung unter der Bedingung des Verfalls, des Todes. In seiner Dichtung verquickten sich die schöne Welt mit dem Untergang, Verzweiflung mit Erlösung. Der Krieg trat ihm endlich in der wirklichen Welt als Äquivalent des Wahnsinns entgegen, von dem er sich bedroht fühlte.

Dichtung findet im Bereich der Möglichkeiten statt, sie richtet sich an die Phantasie. Trakls Endzeitbewußtsein ist sowenig wie das Heyms oder Lichtensteins eine historisch gültige Aussage. Die bürgerliche Kultur hat den selbstzerstörerischen Wahnsinn ihrer Weltkriege überdauert. Dennoch hat Trakls Dichtung eine hohe Bedeutung. Nicht ohne Grund wurden die Dichtungen eines vom Bewußtseinszerfall Bedrohten als große Kunst rezipiert. Das liegt nicht nur daran, daß Trakl die Technik des Symbolismus auf eine eigene und oft genug faszinierende Weise verwendete, sondern auch daran, daß die Bedingungen seines Bewußtseins Extreme, Gefahren, Ängste der bürgerlichen Kultur hervortrieben. Er, der sich selbst als „Fremdling" sehen, aus der Spielerrolle in die Zuschauerrolle überwechseln mußte, repräsentierte die Selbstentfremdung des ästhetischen bürgerlichen Individualismus. Daß christliche Erlösung auf eine freilich nicht eindeutige Weise in Trakls Dichtung einbezogen ist, hat eine ähnliche Bedeutung wie das Motiv der Schwester, die idealer Leser, Muse, Inspiration, anderes Ich zugleich ist. Vor der völligen Entfremdung in der ästhetischen Vereinzelung bewahrt eine, wenn auch noch so prekäre, familiäre Kommunikation und eine fragile religiöse Rückbindung. Familie und christliche Religion waren die erhaltenden Kräfte gewesen, von denen sich bürgerlich-antibürgerliche Dichtung in die Vision der Freiheit absetzte.

20. Antiautoritäres Drama

Vom naturalistischen Determinismus hatten sich das Jugendstiltheater und das neuklassische lösen wollen. Paul Ernst nannte das „Willen zur Reinigung". Die Lebensreform hatte einen freien und großen, durch Charakter geadelten Menschen im Auge, der Symbolismus interessierte sich für den Bereich des Ungewöhnlichen, Zauberhaften, Exotischen, Mythischen oder Legendären. Georg Kaiser und Carl Sternheim, beide in den siebziger Jahren geboren und darum zur Jugendstilgeneration gehörend, experimentierten in ihrem Frühwerk sowohl mit dem Ibsen-Hauptmann-Stil (der ja trotz Milieudarstellung lebensreformerische Tendenzen hatte) als auch mit den antideterministischen „künstlerischen" Jugendstiltendenzen. In ihnen wirkte die von Nietzsche formulierte Sehnsucht nach dem höheren Menschen, der sich in freier geistiger Selbstbestimmung erfüllt. Als Widerstand wurde das traditionelle, das in seine Lebensformen eingesperrte Bürgertum empfunden. Der Widerspruch gegen die durch die bürgerliche Gesellschaft festgelegte Ordnung kann die mannigfachsten Formen annehmen. Der Symbolismus stellte bürgerferne Welten dar; Antikapitalismus von rechts in historischer Verfremdung war Hofmannsthals *Jedermann.* Die Spannung zur bürgerlichen Wirklichkeit kann sich als Groteske zeigen. Alfred Döblins kleines Spiel *Lydia und Mäxchen* drückt witzig ein Schwanken zwischen Wirklichkeit und Phantastik aus. Kaisers Projektion eines neuen Menschen will den Bürger über sich hinaustreiben. Als eigentlich expressionistisch gilt das Ich-Drama, wie Sorges *Der Bettler* und Hasenclevers *Der Sohn.* Zwischen Freiheit und Zwang des Bürgerlichen bewegen sich diese wie auch die Dramatiker Lautensack, Unruh und Kornfeld.

Heinrich Lautensack (1881–1919) wurde im niederbayrischen Vilshofen geboren und wuchs in Passau auf. Sein Vater hatte sich vom ambulanten Händler zum eingesessenen Geschäftsinhaber emporgearbeitet und wollte seinen Sohn studieren lassen. Er war sehr enttäuscht, als Heinrich die Technische Hochschule München verließ, um im Kabarett und Theater Fuß zu fassen. Das gelang ihm nie so recht. Heinrich Lautensack begann seine Laufbahn als eine Art von Faktotum bei den „Elf Scharfrichtern", dem Münchener literarischen Kabarett, in dem auch Wedekind auftrat. Er schrieb Kabarettlieder und reiste, nach dem Ende der „Scharfrichter", mit kleinen und kleinsten Truppen durch Deutschland. 1904 erschien sein erstes Stück, nachdem Lyrik schon 1901 veröffentlicht worden war. In Berlin wandte er sich auch dem Film zu und lieferte mehrere Skripte. Seine Theaterstücke wurden von der Zensur vor 1918 nicht zur Aufführung freigegeben. Obwohl seine erotische Lyrik und seine sinnlichen und zugleich katholischen Stücke die Kleinbürger schockieren mußten, hielt er die Verbindung mit Heimat und Familie aufrecht. 1914 wurde er Soldat, 1917 freigestellt zur Filmproduktion. Als sich schon Symptome der Paralyse gezeigt hatten, erreichte ihn 1918 die Nachricht vom Tode Wedekinds. Er eilte nach München, verursachte eine groteske Szene am Grabe, indem er die Trauergesellschaft filmen ließ. Er entwarf eine Filmpantomime zu Ehren Wedekinds und halb-wahnsinnige Verse, in denen er ihn als seinen „Abgott" feierte. Im Januar 1919 starb er in einer Heilanstalt in Berlin. Nach Aufhebung der Zensur hatten seine Dramen in den zwanziger Jahren großen Erfolg, der freilich nicht sehr lange anhielt.

Das erste veröffentlichte Stück von Lautensack, *Medusa* (1904), ist ein Einakter, vielleicht der 1. Akt eines geplanten größeren Dramas. Es ist als psychologische Studie ein durchaus ernst zu nehmender Text. Ein spätes Mädchen wird aufgerieben zwischen Begehren, bürgerlicher Dezenz, Resignation und wildem Geschlechtsneid. Lautensack selber tritt als Einjährig-Freiwilliger mit Schriftstellerambitionen auf, den sexuellen Wirbel in dem Mädchen auslösend. Das Stück ignoriert die Sexualtabus der Zeit in ungewöhnlich hohem Maße.

Das „Komödie“ genannte Stück *Hahnenkampf* (1908, vor Ludwig Thomas *Moral*, 1909) gibt ein Bild vom Leben in einem bayrischen Marktflecken. Treibende Kräfte sind der bürgerliche Vorteil und das Sexuelle: „Es kann nicht Sünd sein, wenns der Körper braucht.“ Das Recht und die Staatsautorität erscheinen wie eine hauchdünne Schicht, unter der jeder um seinen Vorteil ringt. Mühsam behauptet sich ein wenig freie Menschlichkeit in einer Sünderin, die anspielungsreich Innocentia heißt. So ist Lautensack auf sehr zarte Weise Schüler Wedekinds. Bemerkenswert sind die Bühnenanweisungen, in die der Autor ein wenig epische Psychologie einflicht. Er spricht darin sogar gelegentlich in der ersten Person, so daß man die Komödie auch als dramatische Erzählung lesen kann.

Die Pfarrhauskomödie, im Untertitel „Carmen Sacerdotale“ genannt, erschien 1911 und erreichte nach der Uraufführung 1920 große Theatererfolge, nicht selten mit Skandalen. Das Pfarrhaus soll auf der Bühne ausdrücklich kleinbürgerlich wirken, die Bewohner sind, auch wenn die beiden Geistlichen Brillen tragen, niederbayrische Bauern. Die alte Ordnung im Pfarrhof ist erschüttert, weil nicht nur die Köchin ein Kind vom Pfarrer erwartet, sondern auch ihre

Vertreterin mit zigeunerschwarzem Haar ihr sexuelles Lebensrecht vertritt, indem sie erst den Kooperator verführt und zu einem neuen Menschen macht und dann, um den Pfarrer in ihrer Hand zu haben, auch diesen. Die Priesterehe erscheint als ein Gebot der Menschlichkeit, das Gute kann auch außerhalb der alten kirchengesetzlichen Ordnung, sogar besser erreicht werden.

Ehe, Zölibat und religiöse Skrupel sind Themen des „Schauspiels“ *Das Gelübde*, das bei Kriegsanfang 1914 fertig war und 1916 gedruckt wurde. Es handelt sich um einen von Lautensack ausgetüftelten Fall, wo kirchenrechtliche Satzungen, Lebensformen der vornehmen Welt und Ehrenstandpunkte, dazu übermäßige Gewissensskrupel dem Einfach-Menschlichen, dem Vollzug der Liebe entgegenstehen. Das Stück ist eine Anklage, nicht gegen den Glauben, wohl aber gegen die Formalisierung des Lebens in Staat und Kirche, keine antikatholische Propaganda, sondern ein Ausdruck des Lebenswillens, den Lautensack von den geheiligten Autoritäten verstellt fühlte.

Fritz von Unruh (1885–1970) sehnte sich aus der festgefügten preußischen Offiziersordnung in die Literatur. Sein Vater stammte aus dem Adel und war Offizier, zuletzt Generalleutnant, seine Mutter bürgerliche, katholische Badenerin. Geboren wurde Unruh in Koblenz und verbrachte einen Teil seiner Jugend in Berlin. Im Alter von zwölf Jahren wurde er auf die Kadettenanstalt in Plön geschickt. Dort legte er als Mitschüler von Kaisersöhnen 1906 das Abitur ab. Schon in Plön begann er zu schreiben, Gedichte, Erzählungen, Dramen. Seit 1906 Offizier in einem Berliner Garderegiment, schrieb er 1907 bis 1908 das Drama *Jürgen Wullenweber*, das 1909 mit Erfolg in Detmold aufgeführt und 1910 unter dem Pseudonym Fritz Ernst gedruckt wurde. Es ist „meinen geliebten

Eltern in inniger Dankbarkeit" gewidmet, obwohl sein Vater jedes Abweichen von der Offizierskarriere entschieden mißbilligte. Wie Lautensack suchte Unruh den Bruch mit seiner Familie zu vermeiden. Während seiner Berliner Offizierszeit hörte er Vorlesungen an der Universität, nahm Kontakt mit Berliner Künstlerkreisen auf und schrieb. In den frühen Dramen wollte er die kämpferischen und nationalistischen Ideale der Zeit verherrlichen, die er durch Feigheit und starren Ordnungsdogmatismus behindert und verstellt sah. Er glaubte vor dem Ersten Weltkrieg daran, den freien Lebenswillen innerhalb der bestehenden Ordnung in der Kunst propagieren zu können. Dieser Intention folgen die beiden preußischen Dramen *Offiziere* (1912) und *Louis Ferdinand, Prinz von Preußen* (1913). Wegen Krankheit und einer Ehrensache, die aus Kasinoklatsch entstanden war, nahm er 1911 seinen Abschied als Offizier. Das 1913 fertiggestellte Drama *Louis Ferdinand* durfte nicht aufgeführt werden, weil Kaiser Wilhelm seine Genehmigung nicht erteilte, die nach den preußischen Gesetzen erforderlich war, da das Stück von einem Mitglied des Hauses Hohenzollern handelte.

In *Jürgen Wullenweber* (1910) ist der Protest gegen eine feste und unbewegliche, konservative, dogmatische Ordnung seltsam gemischt mit kriegerischem Nationalismus und einem Führerideal, das unbedingte Gefolgschaftstreue verlangt. Auf der anderen Seite steht das Klischee des wankelmütigen, jederzeit unzuverlässigen Volkswillens. Begehrlichkeit und Wankelmut des Volkes werden symbolisch in eine Frauengestalt zusammengezogen, der Unruh, deutlich genug, den Namen Mala Meier gibt. Sie spielt in der Handlung eine Art von Hexenrolle. Das Stück hält sich im Stil des traditionellen historischen Dramas mit Shakespeare-Reminiszenzen. Goethes *Götz von Berlichingen* dürfte dem jungen Unruh vor Augen geschwebt haben, jedoch auch Wildenbruch. Unruhs dramatischer Ausflug in ein demokratisches Rebellentum trägt präfaschistische Züge. Wullenwebers Gegner, die konservativen katholischen Stadtväter Lübecks, sind friedliebend, Wullenwebers Politik ist kriegerisch. Der Krieg für Freiheit und Herrlichkeit der Stadt wird als Mittel der Erneuerung gepriesen.

Die gleiche Tendenz beherrscht *Offiziere.* Das Stück entstand in Berlin, nachdem Unruh Kontakte mit Berliner Schriftstellern, einschließlich der Boheme, gehabt hatte. Otto Erich Hartlebens *Rosenmontag* (1900), ebenfalls im Kasinomilieu spielend, dürfte als Anregung gewirkt haben. Über weite Strecken hinweg ist *Offiziere* stilistisch ein Milieudrama. Besonders der 1. Akt bringt eine breite Zustandsschilderung der Leere des Garnisonslebens. Die Mechanik des Dienstes und der Kasinounterhaltung untergräbt das Selbstwertgefühl der Hauptperson, des Leutnants Ernst von Schlichting, in dem Unruh sich selbst darstellt. Er findet die Erlösung von der Kasinoleere in der freiwilligen Meldung zum Dienst in der Schutztruppe in Südwestafrika, wo der Hereroaufstand niederzuschlagen ist. Der Entschluß zum Kampf bewirkt einen expressiven Ausbruch:

Dir zu gehorchen! ... Titanenrausch!

Paradoxerweise nimmt Ernst von Schlichting gar nicht am eigentlichen Kampf teil. Er hatte nämlich, wie der Prinz von Homburg, die Entscheidungsschlacht gegen einen ausdrücklichen Befehl ausgelöst, und die tödliche Verwundung trifft ihn auf dem Weg zu seinem väterlichen Oberst, dem er alles erklären will.

Ohne daß dies Unruhs Absicht zur Zeit der Abfassung des Dramas gewesen wäre, kann sein Text als

Dokument für den Hochmut der damaligen Offizierskaste gelesen werden. Die einfachen Reiter sind im Kampf und nahe dem Verdursten entweder stumpfsinnig oder rebellisch. Der Mensch fängt erst beim Leutnant an. Eine verächtliche Haltung der Offiziere gegen die aufständischen Hereros wirkt auf den heutigen Leser peinlich, sosehr der Rassenhochmut in die Zeit paßt und daher realistisch ist. Der Autor läßt seinen Helden einen Schwarzen mit eigener Hand erwürgen. Der lebensbefreiende Kampfrausch enthüllt sich als atavistisch, während der Glaube an die väterliche Ordnung der atavistischen Entfesselung entgegensteht. So weist das Drama auf die nationalistische Kriegsideologie voraus.

Erneuerung eines veralteten Preußen durch den Krieg ist das Wunschthema von *Louis Ferdinand, Prinz von Preußen* (1913). Der begabte und beliebte Prinz muß sich dem pflichttreuen, aber ungenialen König Friedrich Wilhelm III. unterordnen, dessen Ideal ein friedliches Preußen mit vorbildlicher Verwaltung ist. Louis Ferdinand, der selbst komponiert, spielt Beethoven und nimmt an einer Künstler-Tafelrunde teil, einem freilich eher satyrhaften Chor. Während der König, unterstützt von seinen servilen Ministern, eine Friedenspolitik treibt, vertritt Louis Ferdinand in der Situation von 1806 eine Kriegspolitik gegenüber Napoleon. Die preußische Ehre, das Erbe Friedrichs des Großen erfordere sie. Er kann seinen Standpunkt jedoch weder persönlich vor dem Monarchen noch durch die verehrte Königin Luise durchsetzen. Da bietet eine Militärverschwörung ihm die Krone. Aber Louis Ferdinand lehnt ab. Er hat den Aufmarsch der französischen Armee beobachtet und weiß, daß es nur noch den Untergang für ihn gibt. Er fällt am Beginn der Kampfhandlungen, den er vielleicht selbst herbeigeführt hat; das Prinz-von-Homburg-Motiv bleibt im Halbdunkel. Königin Luise klagt:

Sucht Preußen! Es gibt keine Preußen mehr.

Dieser Schluß konnte damals auf das Regime Wilhelms II. bezogen werden, was wohl zum Verbot des Dramas beitrug.

Während die Verehrung der Königin Luise bis zum Absurden geht, wird auf der anderen Seite die Geliebte des Prinzen, Pauline Wiesel, als ein sinnliches Schreckgespenst dargestellt. Ähnlich wie Mala Meier im *Jürgen Wullenweber* geht sie zum Feind über. Erotik ist für den jungen Unruh tabubelastete Dämonie. Das herablassende Verhältnis des Prinzen zum Volk, das er „meine stinkenden geliebten Bürger" nennt, zeigt, wie sehr auch dieses Drama den Protest gegen das phantasielose Alltagspreußen innerhalb eines auch für 1913 entschieden rückständigen Klassenbewußtseins hält. Die Lösung aus erstarrtem Friedensalltag ist, wie in *Offiziere* und schon vorher in *Jürgen Wullenweber*, der Krieg auch und gerade um den Preis des glorreichen Untergangs.

Unruh empfand sich als Rebell in seinem Milieu, wo schon das Schreiben selbst als indezent empfunden wurde. Seine Dramen reflektieren die Potsdamer Kasinorebellion, die sich gegen den faulen, liberalen, friedliebenden Staat richtete, einschließlich seines Repräsentanten Wilhelms II. Diese Stimmung geht derjenigen Heyms und Bechers parallel. Unruhs Klassenvorurteile waren damals entschieden rückständig, sie fielen hinter den Standard der deutschen Literatur des 18. Jahrhunderts zurück.

Zersetzt Unruh die bürgerlichen Maßstäbe mit rebellischem Pathos, so geschieht das in Paul Kornfelds Stück *Die Verführung* auf eine raffinierte Weise. Wie Kafka, Werfel und Max Brod stammte

Paul Kornfeld (1889–1942) aus den deutsch-jüdischen Kreisen Prags. Er lebte 1917 bis 1932 in Deutschland, in Frankfurt und Berlin, kehrte nach Prag zurück, von wo er 1942 ins Getto von Lodz abtransportiert wurde. Dort kam er noch im selben Jahre um.

Die Verführung nennt Kornfeld „eine Tragödie". Das Stück wurde 1913 geschrieben, 1916 gedruckt und Ende 1917 in Frankfurt uraufgeführt. Einen antinaturalistischen Stil der Aufführung fordert der Autor in einem „Nachwort für Schauspieler". Kornfeld verlangt große Gesten und opernhaftes Spielen, das „Pathos des Eindeutigen". Der Charakter des Dramas ist der eines Puppenspiels in Prosa, das sich immer an der Grenze des Absurden bewegt. Ein junger, beschäftigungsloser Mann, dessen Weltschmerz schon in seinem Namen Bitterlich zur Geltung kommt, erdrosselt einen Bürger, nur weil er ihm unsympathisch ist. Er hofft im Gefängnis zum Frieden zu kommen, wird aber von einer Bürgerstochter namens Ruth Vogelfrei zum Leben „verführt". Deren Bruder Wilhelm bringt Bitterlich und sich selbst am Ende um, wobei ein zweimal verwechseltes Gift eine Rolle spielt. Die amoralische Tendenz soll der bürgerlichen Theaterpraxis als satirische Parodie entgegengesetzt werden.

Die Verführung spiegelt im Grunde nur die Phantasie-Erlebnisse, die sich aus dem Gegensatz eines Bewußtseins zu der bürgerlichen Familie ergeben. Ein Drama, das in der Nachfolge von Strindbergs *Nach Damaskus* noch intensiver ein Bewußtsein spiegelt, ebenfalls im Gegensatz zu der bürgerlichen Weltordnung, stammt von Reinhard Sorge (1892–1916), der sich seit 1913 Reinhard Johannes Sorge nannte. Sein Schauspiel *Der Bettler* (1912) wirkte auf Walter Hasenclevers *Der Sohn* (1914). In beiden Stücken stirbt ein Vater, in beiden Stücken repräsentiert ein

Sohn eine dichterisch konzipierte neue Freiheit. Sorges Stück wurde mit der Absicht geschrieben, ein neues Drama zu schaffen.

Sorges und Hasenclevers Lebenslauf haben einiges gemeinsam. Beide fühlten sich zum Dichter berufen, stießen auf Schwierigkeiten in der eigenen Familie, und beide fanden Helfer, die an sie glaubten; in beiden Fällen sicherten Verleger den Lebensunterhalt auf das Versprechen eines Frühwerks hin. Es wäre also nicht richtig, aus der Betonung des Generationsgegensatzes in diesen Dramen zu schließen, daß ein angehender Dichter um 1910 hoffnungslos auf Repression gestoßen sei. Hasenclevers Vater suchte seinen Sohn allerdings in einen bürgerlichen Beruf zu zwingen. Sorge hatte nicht einmal mehr mit seinem Vater zu rechnen. Beiden wurde die Fortsetzung ihres dichterischen Werkes ermöglicht, weil nach 1910 eine große Bereitschaft für neue Dichtung da war.

Sorge wurde in Berlin geboren. Der Vater war beamteter Baumeister, er starb 1909 nach langer Geisteskrankheit in einer Heilanstalt. Reinhard Sorge hatte schon früh zu schreiben begonnen. Er wußte es durchzusetzen, daß ihm Berufsausbildung und die oberen Klassen des Gymnasiums erspart blieben, damit er seiner Dichtung leben konnte. Er las moderne Dichter, Dehmel, George, Rilke, Mombert, und wurde stark von Nietzsche beeindruckt, wenig später auch von Strindberg. 1912 fand er einen Mäzen, und bald darauf war Samuel Fischer bereit, auf drei Jahre Sorges Lebensunterhalt zu bestreiten. Von dem Glauben an Nietzsche wendete er sich 1912 bis 1913 erst zu seinem angestammten evangelischen Glauben, dann der katholischen Kirche zu. Bei der Firmung in Rom 1913, zusammen mit seiner jungen Frau Susanne, legte er sich den Namen Johannes bei, in Erinnerung an einen Knaben, den er einmal geliebt hatte. Sorge hatte sowohl Kontaktschwierigkeiten wie die Fähigkeit, schwärmerisch-intensive persönliche Beziehungen herzustellen. Nach der Konversion betrachtete er sein Dichtertum als Predigtamt. Er spielte mit dem Gedanken, Priester zu werden, obwohl seine Frau ihm einen Sohn geboren hatte. 1915 wurde er Soldat. Seine Teilnahme am Krieg beurteilte er nicht politisch. Er zog sich auf sein Innenleben zurück und betrachtete es als seine christliche Pflicht, ein gehorsamer Soldat zu sein. 1916 fiel er in Frankreich, vierundzwanzigjährig. *Der Bettler* wurde erst nach seinem Tod am 23. Dezember 1917 im Deutschen Theater Berlin durch Max Reinhardt in einer geschlossenen Vorstellung der Gesellschaft „Das junge Deutschland" uraufgeführt. Öffentliche Aufführungen schlossen sich an.

Reinhard Sorge suchte in der Dichtung einen Weg zur inneren Läuterung, nach Vornehmheit, nach Lösung aus der konventionellen Ordnung. Er schwankte zwischen dem modernen bürgerlichen Individualismus, dem Pathos der Befreiung des eigenen Innenlebens, verbunden mit monistischer Naturverehrung, der neuen Religion also, auf der einen Seite und auf der anderen einem starken Zug zur traditionellen christlichen Religion, der sich 1912 nach Vollendung des *Bettler* als bestimmend erwies, aber von Anfang an erkennbar ist.

Seine Frühwerke spiegeln die jugendlichen Orientierungskonflikte. Lyrik des Sechzehn- bis Achtzehnjährigen drückt unbestimmte Sehnsucht, Einsamkeitsgefühle und Naturschwärmerei aus, eine „episch-dramatische Dichtung" *Kinder der Erde* (entstanden 1908) fragt nach einem Lebenssinn, der erst unter Führung des „Jüngeren" in der Natur, dann unter der des „Älteren" in einer Religion der Liebe gefunden wird, jedoch ausdrücklich nicht in Büchern. Ein Drama im naturalistischen Stil *Das Unbekannte* (entstanden 1909) ist gegen die Konventionalität gerichtet. Das Stück hat eine gewisse Ähnlichkeit mit Hasenclevers *Nirwana.* In beiden Fällen hatte ein junges Paar neue Ideale, die gegen die Lebenslüge der alten Bürgerlichkeit stießen, in beiden Stücken kommt das getrennte Paar nach vielen Jahren wieder zusammen. In beiden Stücken wird die lutherische Kirche als bürgerlich kritisiert. In Sorges Stück ist das jugendliche Ideal jedoch nicht wie bei Hasenclever eine indisch-monistisch bestimmte Lebensform, sondern christlicher „Opfermut".

Ein Entwurf *Spartacus* (entstanden 1910) wurde von Lessings Fragment angeregt. Sorges Gladiatorenführer will befreien, scheitert aber an der Sklavengesinnung der Befreiten. In einem kultischen Stück *Der Jüngling* (entstanden 1910) und in der dramatischen Phantasie *Odysseus* (entstanden 1911) probiert Sorge den symbolistischen Stil. Ein groß angelegtes mythisch-neuklassisches Drama *Prometheus* blieb 1911 im Entwurf stecken. Zwei kleine Stücke *Zarathustra* und *Antichrist* (entstanden 1911) wollen sich über die populäre Nietzsche-Rezeption erheben. Das letztere stellt Jesus und Judas-Nietzsche zusammen. Die christliche Konversion kündigt sich schon an. Sorges Jugendgedichte sind wenig bedeutend. Ein pathetisches Gedicht *Das Drama* (1910) erhebt selbstbewußte Ansprüche.

Der Entwurf *Prometheus* folgte dem Programm, ein neues Drama zu schaffen, das neuklassische und neuromantische Elemente vereinigen sollte. Das Stück blieb stecken und mißlang. Richard Dehmel hatte ihm sein Stück *Odysseus* mit dem Bemerken zurückgeschickt, er schätze gräzisierende Dramen nicht. Dazu bedrückte ihn der immerwährende Kummer seiner Mutter, die keine bürgerliche Zukunft für ihren Sohn erkennen konnte. Sorge war neunzehn Jahre alt, als ihn die Liebe Susannes, seiner späteren Frau, aufmunterte. Die Konzeption des neuen Dramas, zu dem er sich berufen fühlte, zeigte sich ihm in seiner eigenen Situation. Das Drama hatte sich mit der Bürgerlichkeit auseinanderzusetzen, und dafür bot sich die eigene Familie an. Das positive Gegenmotiv war die Vision eines Dichterauftrages, der ihm von dem gläubigen Vertrauen der Susanne-Gestalt des „Mädchens“ bestätigt wurde. Sie hatte für die neue Gemeinschaft einzutreten, die das Bürgertum ersetzen sollte. Darum nannte er die Dramenkonzeption während der Entstehung zuerst „Ich-Drama“, dann mit Anlehnung an Goethe „Theatralische Sendung“, was in „Dramatische Sendung“ geändert wurde. Diesen anspruchsvollen Titel verkehrte Sorge vor der Drucklegung ins Gegenteil: *Der Bettler*.

Der bescheidene Arme als Mythos des Künstlers stammt aus Maeterlincks Essay *Der Schatz der Armen* (*Le Trésor des humbles*, 1896, deutsch 1898). Maeterlinck ging aus von Mallarmés Motiv des Schweigens und betonte, daß der Künstler das Letzte nicht ausdrücken könne. Dieses Motiv kommt auch im 4. Akt des Dramas vor. Sorge interpretierte die Titeländerung des Dramas später religiös: „weil nämlich darin ein großes Schreien an den Tag kommt, ein bettelndes Hungern und Flehen in den Himmel hin“ (undatierter Brief, zitiert von Susanne Sorge in *Unser Leben*). Die Spannung zwischen Sendungsbewußtsein und äußerer sozialer Abhängigkeit, die während der Abfassung Sorge hatte quälen müssen, ist in dem Kontrast zwischen Titel und Untertitel gespiegelt, denn „Eine dramatische Sendung“ behielt Sorge als Untertitel bei.

Am Anfang wird ein Drama als erfolgreich aufgeführt genannt, am Ende erfahren wir, daß das vorliegende gemeint war und ist. Diese Aufhebung der Zeit ist gegennaturalistisch. Die Personen sind abstrakt bezeichnet, wie schon in Sorges *Der Jüngling* und wie in Strindbergs *Nach Damaskus* (1898–1904, *Till Damaskus*). Mittelpunktfigur ist „Der Dichter", der in der Familie „Der Sohn" und im Verhältnis zu dem Mädchen „Der Jüngling" genannt wird. Darüber hinaus wachsen aus dem Ich des Dichters gelegentlich „Gestalten", die sein Bewußtsein dramatisieren.

Schon in der 1. Szene wird die häusliche Misere des „Dichters" genannt: der Wahnsinn des Vaters. Hauptsächlich ist der 1. Akt aber dazu bestimmt, die bestehende Gesellschaft als geistig unzureichend zu verurteilen. Dazu dient eine durch Scheinwerfertechnik modifizierte Simultanbühne, die realistische Szenen bietet, als ob sie aus einer kontinuierlichen Wirklichkeit herausgeschnitten wären. Natürlich sind die Szenen aufeinander bezogen und erzeugen eine gleichsam choreographische Ordnung. Sensationelle Zeitungsnachrichten werden von einer Kaffeehausgesellschaft dumm kommentiert, eine Dirnenszene ist zotig, drei Kritiker lassen sich über Ernst Hardts *Gudrun* aus. Mit dem ersten Kritiker ist Alfred Kerr gemeint, der dritte formuliert die Erwartung des neuen Dramas. Fünf Flieger trauern um einen abgestürzten Kameraden. Die Verbindung dieser Welt mit dem Dichter geschieht durch einen Mäzen, der den Dichter finanzieren will, aber nicht ein neues Volkstheater, das die Seele der modernen Zeit retten soll. Dagegen interessiert sich ein Mädchen, das ein uneheliches Kind erwartet, für den Dichter.

Der 2. Akt zeigt die bürgerliche Familie im Verfall, was durch das autobiographische Motiv des wahnsinnigen Vaters ausgedrückt wird. Der Sohn-Dichter vergiftet seine überflüssigen Eltern im 3. Akt, was im 4. Akt gerechtfertigt wird. Aber leider zeigt das Dichten des Dichters, für das die Eltern sterben mußten, keine Wirkung. Sein Schrei „Empfangt mich doch!"

verhallt. Da der Dichter den Mäzen zurückgewiesen hat, muß er Zeitungsschreiber werden. Auch das mißlingt. Ein militärischer Vorbeimarsch mit dem Kaiser an der Spitze weckt ihn aus der Depression. Ein „Kronentraum" hält ihn aufrecht. Die Aufführung seines Dramas will er durch keinen Kompromiß erkaufen, auch wenn sein Freund ihn darum verläßt. Mit dem Mädchen will er sein eigenes Kind zeugen und in die Zukunft, „lichtwärts in den nächsten Kreis" schreiten. Das neue Drama besteht also aus dem Führungsanspruch des Dichters, der allein zu einer Heilung der kranken Gesellschaft führen kann.

Der Bettler ist von einem jungen Mann geschrieben, der sich durch ein originelles neues Drama den Durchbruch zur gesellschaftlichen Anerkennung erhoffte. Anpassung an die bestehende Gesellschaft lehnte er ab, jedoch wollte er die Folgen der Konflikte vermeiden. Die Eltern werden getötet, aber die Tat wird als sinnvoll gerechtfertigt. Von dem Freund trennt sich der Dichter, aber ohne Feindschaft. Der Aufschwung in das Neue ist sicher von Nietzsche inspiriert, aber die soziale Tendenz ist sehr viel stärker, als man es von einem Nietzsche-Jünger erwarten sollte, wenn auch nur als Antrieb erkennbar. Denn *Der Bettler* ist das Werk eines sozialschwachen Eigenbrötlers, dessen Konzeption einer neuen Welt symbolisch und artistisch bleibt, ja sogar in dem Motiv des militärisch-kaiserlichen Vorbeimarsches eine reaktionäre Ausschlagmöglichkeit besitzt. Die traditionelle Familie wird vernichtet, und die moderne Großstadt wird abgelehnt. Auf der Bühne spielt ein Bewußtsein im Konflikt mit der bestehenden Welt. Die neue Ära soll durch einen betont individuellen, originellen Dichter in der Dachstube heraufgeführt werden, ohne daß klar wird, wie er eigentlich einen Kontakt mit der Gesellschaft, auf die er wirken will, herstellen kann.

Mit Nietzsche rechnete Sorge 1912 ab in *Gericht über Zarathustra* (gedruckt 1921). Die Wortflut dieser „Vision“ wird ihrem Gegenstand nicht gerecht. Wortflut charakterisiert auch *Guntwar* (entstanden 1912, gedruckt 1914), in dem ein Mäzen von seinem Schützling zu Gott bekehrt wird. Die realistischen Szenen sind von Mysterienspiel umgeben, etwa im Stil von Goethes *Faust*. Religiöse Mysterienspiele entstanden 1914 und wurden 1915 unter dem Titel *Metanoeite* gedruckt. 1914 entstand auch *König David* (gedruckt 1916), ein Beispiel des gottergebenen Menschen, der vor seinem Tode die Erscheinung Christi prophezeit. Sorge hat diese Werke als Erfüllung seiner Sendung aufgefaßt.

Walter Hasenclever (1890–1940) war der Sohn eines wohlhabenden Sanitätsrats in Aachen, über dessen Strenge der Sohn sich beklagte. Die Mutter soll ihren Sohn gehaßt haben. Hasenclever studierte in Oxford und Lausanne, benutzte aber die Zeit, um ein Drama in der Ibsen-Nachfolge zu schreiben: *Nirwana. Eine Kritik des Lebens in Dramaform.* Er ließ es 1909 auf eigene Kosten drucken, angeblich mit Pokergewinnen aus seiner Oxforder Zeit. Während die Ehe des Oberbürgermeisters Berger, der ein Modellbürger ist, sich als unterhöhlt herausstellt, fällt auch die Illusion von Lebensreformern, durch ein Buch oder auch eine symbolische Tat, wie das Niederbrennen einer Kirche, das Leben erneuern zu können. In einer Szene klagt eine Dirne den Lebensreformer an, sie unter Ausnützung des Klassenunterschieds objektiviert zu haben.

1910 verließ Hasenclever Lausanne gegen den Willen des Vaters und veröffentlichte seine Gedichte, darunter viele Dirnengedichte, unter dem Titel *Städte, Nächte und Menschen.* 1913 erschien der Gedichtband *Der Jüngling* im Kurt Wolff Verlag. Hasenclever wurde in literarischen Kreisen bekannt. Es handelt sich um ich-sagende Gedichte, in denen angedeutete erotische Wünsche und Erlebnisse zur Sprache kommen. Der Einfluß von Werfel ist sowohl in den Gedichten aus *Der Jüngling* spürbar wie in *Das unendliche Gespräch. Eine nächtliche Szene*, die als Nummer 2 nach Werfels *Die Versuchung* in der Reihe *Der jüngste Tag* erschien. Werfel und Hasenclever treten selbst auf, sowie ein Chor der Unsichtbaren und ein Chor der Damen. Das Thema ist Alliebe. Nachdem Hasenclevers Versuch, sein Studium mit einer Dissertation über die Zeitschrift *Die Gesellschaft* abzuschließen, an Einwänden des Professors gescheitert war, erhielt Hasenclever eine Anstellung im Kurt Wolff Verlag. Werfel, Hasenclever und Kurt Pinthus (1886 bis 1975) bildeten ein Lektoren- und Freundschaftstrio.

1913 bis 1914 entstand das Drama *Der Sohn* (1914), das als eines der neuen expressionistischen Musterstücke begriffen wurde, nach Reinhard Sorges *Der Bettler*. 1916 wurde Hasenclevers Stück in Prag und in einer geschlossenen Vorstellung in Deutschland, seit Januar 1918 öffentlich gezeigt. Zur ersten öffentlichen Aufführung in Mannheim schrieb Hasenclever für das Programmheft: „Dieses Stück ... hat den Zweck, die Welt zu ändern. Es ist die Darstellung des Kampfes durch die Geburt des Lebens, der Aufruhr des Geistes gegen die Wirklichkeit." Aber der Sinn des Lebens sei „nicht die Tat, sondern die Frage des Sittengesetzes". Auch wenn man bedenkt, daß der Krieg und das alte Regime noch andauerten und der Dichter auf die Zensur Rücksicht nehmen mußte, so wird doch deutlich, wie eine politische Absicht sich im Allgemein-Menschlichen, im Moralischen hält. Hasenclever war, während er an dem Stück schrieb, von Kurt Hiller für den politischen Aktivismus der Schriftsteller gewonnen worden.

Die „Revolution“ des Stückes bleibt in der Familie. Hasenclever gibt seinem eigenen Vaterkonflikt die Bedeutung einer Auflehnung gegen puritanisch-strenge Erziehung, gegen das Recht der bürgerlichen Väter, ihre Söhne vor dem Sich-Ausleben zu bewahren. Wie bei Sorge haben die Hauptpersonen keine individuellen Namen, sondern heißen „Vater“, „Freund“, „Hauslehrer“ und „Das Fräulein“, eine Erzieherin, mütterliche Freundin und willige, aber nicht angenommene Geliebte. Die Personen sind also auf den Sohn hin angeordnet. Wie bei Sorge handelt es sich um ein Ich-Drama.

Am Anfang erwägt der Sohn Selbstmord in Versen, die auf Hofmannsthals *Der Tor und der Tod* und auf Goethes *Faust* anspielen. Er hat das Abitur nicht bestanden. Ein dämonischer Freund erscheint und gewinnt den Sohn für eine Rede gegen die bösen Väter und für Befreiung der Söhne. Diese Befreiung droht im Lebensgenuß steckenzubleiben, als eine Kurtisane den Sohn von seinen sexuellen Hemmungen befreit. Der Freund treibt den Sohn weiter auf der Befreiungsbahn, er soll seinen Vater ermorden, um ein Zeichen zu setzen. Es kommt zur Konfrontation. Dem Vater tritt der Sohn so männlich entgegen, daß der Familientyrann beim Anblick des Revolvers, vom Schlag getroffen, tot zusammenfällt. Natürlich ist das nur eine zensurbedingte Tarnung des wirklichen Vatermordes. Der Ausklang ist dann wieder lyrisch, zwischen Resignation und kraftvollem Zukunftsbewußtsein schwankend.

Das Stück knüpft an den Vitalismus und den Jugendstil an. Der lebensreformerische Impuls wird zu einer vagen Revolutionsgebärde geführt, die verschwommen und bewußtseinsimmanent bleibt. Das ist ein Erbe des lyrischen Jugendstildramas, das im Expressionismus zum Bewußtseinsdrama ausgestaltet

Holzschnitt zu Walter Hasenclevers Drama »Der Sohn«
von Conrad Felixmüller

wird. *Der Sohn* ist als Wandlungsdrama konzipiert, hat aber in den lyrischen Stellen Elemente eines Stimmungsdramas.

Außer dem lyrischen Element gibt es auch ein episches. Das Nacheinander von Szene zu Szene erzählt die Geschichte des Sohnes. Dramatisch sind die beiden Gespräche mit dem Vater, in denen der ethische Rigorismus der alten mit dem Freiheitsrecht der neuen Zeit zusammenstößt. Diese Szenen haben den Erfolg des Stückes begründet:

> Der Sohn. Ich bin nicht hier, um ... dich um etwas zu flehn, für das ich zu klein und niedrig dich erkannte. Ich bin hier, Rechenschaft von dir zu fordern – und Sühne: Auge um Auge.

Auf der anderen Seite bleiben die lyrischen Partien, die in den Reden des Fräuleins ins Sentimentale reichen, im Bereich des Privaten. Auch muß der Freund den Sohn ja erst in die Tat hineinstoßen. Dessen aktivistische Tatphilosophie wirkt kaum ansprechend auf den Zuschauer, der auch durch den geplanten Selbstmord des Freundes kaum zu versöhnen sein dürfte, zumal dieser Selbstmord den aktivistischen Intentionen ins Gesicht schlägt. Das Stück hat einen revolutionären Impuls, spiegelt aber zugleich Fremdheit gegenüber dem Politischen. Es bleibt wie Schillers *Räuber* eine Familientragödie mit politisch unklaren Freiheitswünschen.

21. Protest und Anpassung: Prosa der expressionistischen Generation

In diesem Kapitel werden Schriftsteller behandelt, die in den achtziger Jahren geboren wurden und sich vorwiegend in Prosa ausdrückten. Ein einheitliches Bild ergibt sich nicht, was lange zu der Ansicht geführt hat, es gebe keine expressionistische Prosa. In der Zeit kurz vor dem Ersten Weltkrieg ist sehr viel Prosa geschrieben worden. Die materielle Lage eines Schriftstellers, der einigermaßen Erfolg hatte, besserte sich, es gab kaum noch solche, die außer dem Schreiben einen anderen Beruf brauchten, was um die Mitte des Jahrhunderts weit eher die Regel war. Freilich war es wirtschaftlich nicht lohnend, die bürgerlichen Leser zu schockieren, was aber dennoch seinen Reiz ausübte, um das Unbehagen am geordneten Leben in bescheidener Sicherheit, an der geregelten Karriere auszudrücken. Solche Texte mit Schockabsicht sind nicht sehr zahlreich. Denn für einen gewissen Grad der Anpassung an das Verständnis des Lesers winkte Erfolg, der eine materielle, aber auch eine ideelle Seite hatte. Der gepflegte Schriftsteller befriedigte ein bürgerliches Vornehmheitsbewußtsein. Der erste Roman von Annette Kolb, *Das Exemplar* (1913), der in der englischen Oberschicht spielt (aber wenig bedeutend ist), und Arnold Zweigs *Die Novellen um Claudia* wären hier zu nennen. Erweiterung der bürgerlichen Enge durch einen Rausch der Technik stellte Bernhard Kellermanns Roman *Der Tunnel* (1913) dar, ein trivialisierter Futurismus, der großen Erfolg hatte. Andererseits konnte gerade der Rückblick auf das Kleinbürgertum (wie in Leonhard Franks *Die Räuberbande*) das Aufstiegsbewußtsein aktivieren. Ein paralleles

Phänomen war die jüdische Assimilation, die ihre eigenen Fragen aufwarf.

Es ist ein Klischee, an den bürgerlichen Roman zu glauben, der eine Normalität vertreten habe, die im Expressionismus zweifelhaft geworden wäre. In Wahrheit ist auch der realistische bürgerliche Roman sehr oft kritisch. Das gilt für Balzac, Flaubert, Fontane und Keller, sicher auch für Thomas Mann, dessen vielbeneideter Erfolg ihn in den Augen seiner Kollegen zum bürgerlichen Normalschriftsteller machte, eine Rolle, die er dann auch selbst gerne öffentlich spielte. Seine Romane und Erzählungen sind sicher für bürgerliche Leser geschrieben, aber nur für solche, die sich humorvoll, ironisch und mit einem Schuß von Bösartigkeit über ihre Umgebung wenigstens lesend hinwegsetzen wollten. Nicht umsonst hat Thomas Mann im politisch rechten Bürgertum immer Anstoß erregt. Mit Recht hat er eine Affinität seines *Der Tod in Venedig* zu den neuen Strebungen behauptet. Die Absage Gustav von Aschenbachs an den Psychologismus der Zeit entspricht expressionistischen Tendenzen, wenn auch Aschenbach eher ein neuklassischer Schriftsteller ist. Gerade die neuklassische bürgerliche Anpassung bricht zusammen, wenn sie auch einen tragischen Wert behält. In der Konzeption des *Zauberbergs* sollte der junge Bürger Hans Castorp erst durch Entbürgerlichung Zugang zu intellektuellen Fragen finden, die jedoch humorvoll unlösbar bleiben.

Thomas Manns stilistischer Anschluß an den Realismus des 19. Jahrhunderts, daß er seinen fiktiven Welten nur geringe Abweichungen von der Umwelt seiner Leser gestattete, erschien manchen jungen Autoren als unmodern. Da waren Heinrich Manns *Göttinnen* schon eher als Vorbild geeignet. Nicht nur stand dort der Wille einer unbürgerlichen Frau zu freier Lebensgestaltung im Mittelpunkt, der Roman enthielt nicht nur tabu-befreite Erotik, sondern auch eine Freude an Stilkühnheiten, an überhöhter Sprache, die imstande war, zugleich knapp und üppig zu sein, Bilder in schneller Folge in Bewegung zu setzen:

> Vom Garten herauf und über die Terrasse hinweg brachen mit glühender Gewaltsamkeit massige Wülste roter Pflanzen. Sie drängten ihre gedunsenen Kelche zwischen die Säulchen des Geländers, sie krochen feucht und in Knollen über die Fliesen hin, wölbten sich in klebrigen Bügeln auf der Balustrade und erfüllten den Garten mit einem dunstenden Blutmeer.

Carl Sternheim in seiner ersten Erzählung *Busekow,* die 1913 in den *Weißen Blättern* erschien, begann die Syntax ungewöhnlich und auffallend zu behandeln:

> Er flog und wippte auf Draht, schlug mit der Linken einen mächtigen Bogen gegen nahendes Vehikel, und der Platz hallte von seiner Stimme.

Hier ist einmal das „wie" (vor: „auf Draht"), einmal der unbestimmte Artikel (vor: „nahendes Vehikel") ausgelassen, was jedoch nicht konsequent geschieht, sondern nur ab und zu, um dem Stil einen spröden Anschein zu geben. Diese Sprödigkeit wird verstärkt durch die gehobene, vornehme Sprache, die in der Erzählung über einen Schutzmann, der seine Frau verläßt und Glück mit einer Dirne findet, ganz unangemessen, also verfremdend wirkt.

Behäbige Schilderungen des Bürgerlebens mit ausführlicher psychologischer Begründung des Handelns der Personen werden bei der Avantgarde zum Kennzeichen eines unmodernen Stils. Als modern empfunden werden statt dessen einerseits knappe Darstellungen von Bildern und Gesten, aus denen der Leser das Innenleben der Figuren zu schließen hat, andererseits, ebenso die Führung durch den Erzähler verbergend, der innere Monolog oder erlebte Rede, oft mit satirischen oder grotesken Ausschlägen, so in den Geschichten Albert Ehrensteins oder in den Erzählungen Georg Heyms, besonders wenn sie Wahnsinnige darstellen.

Aus Widerspruch gegen das sorgfältig gebaute Kunstwerk greift mancher Schriftsteller zu der Form des Feuilletons, das durch eine unwahrscheinliche Handlung oder durch eigentlich unangebrachte Anspielungen verfremdet wird. Diese verfremdende Absicht veranlaßte Salomo Friedländer (1871 bis 1946), seine humoristisch-satirischen Erzählungen „Grotesken“ zu nennen. Er schrieb seine Feuilletons unter dem Namen „Mynona“ (einer Umkehrung von ‚anonym‘), während er seinen bürgerlichen Namen Büchern mit philosophischen Themen vorbehielt. Friedländer stammte aus einer jüdischen Arztfamilie in der Provinz Posen und wurde 1902 in Jena mit einer Arbeit über Schopenhauers Kant-Verständnis promoviert. Er verfaßte Bücher über Kant, Schopenhauer, Jean Paul und Nietzsche, darunter eines mit dem Titel *Kant für Kinder* (1924), das zum „sittlichen Unterricht“ dienen sollte. Als sein Hauptwerk betrachtete er das Buch *Schöpferische Indifferenz* (1918), eine Polaritätsphilosophie. In der Nachfolge Goethes stritt er gegen die Physik in Schriften, die Kant gegen Einstein ausspielen sollten. Als Mynona veröffentlichte er Besprechungen, Aufsätze und Feuilletons in den Expressionisten-Zeitschriften *Der Sturm* und *Die Aktion.* 1913 erschien die Sammlung *Rosa, die schöne Schutzmannsfrau und andere Grotesken* im Verlag der Weißen Bücher. Eine dieser Geschichten, zuerst 1912 in der *Aktion* veröffentlicht, heißt *Der Schutzmannshelm als Mausefalle.* Schon der Titel ist irreführend, denn der Mißbrauch dieses Requisits ist nur ein zusätzlicher Spaß mit der Ordnungsmacht, der am Rande vorkommt. Die Geschichte kann als Satire auf den Lebensstil der Reichen gelesen werden, aber auch als Literatursatire, was Anspielungen nahelegen. Jedenfalls parodiert der Erzähler die verfeinerte Psychologie:

> Es gibt schamhaft verkrochene Seelen, die beim Anblick, im Erleben eines Feinsten, Leisesten, Zartesten sofort gern trotzig tun, ja rüpelhaft werden.

Das ist zugleich eine komische Anwendung von Friedländers Polaritätsphilosophie. Der verwöhnte Sohn eines Finanzmagnaten verfolgt mit Haßliebe das Symbol eines paradiesischen Familienlebens, einen Kolibri mit dem Namen Pilili. Der Schutzmannshelm gehört in die Satire als Symbol der für die reiche Familie wirkenden Ordnungsmacht und auch um ein Schiller-Zitat einbringen zu können, das komisch wirkt und zugleich zu den verfremdenden Signalen gehört, die auf die Literatursatire hindeuten. In zwei anderen Grotesken kommen Marsbewohner vor, die paradoxe Philosophie im Sinne von Friedländers Polaritätslehre vortragen. Die Mischung von phantastischer, grotesker und komischer Wirkung, die mit Hilfe von außerirdischen Figuren erzielt wird, hat Mynona von Paul Scheerbart, der unter seinen phantastischen Geschichten etliche auf fremden Sternen spielen ließ. Scheerbart und Mynona waren befreundet. Auch Stanislaw Przybyszewski mit seiner Außenseiterperspektive und seinem Sexualismus hat mit seinen vor 1900 erschienenen Frühwerken in der avantgardistischen Prosa nachgewirkt. In den ersten Jahren (vor 1912) finden sich Werke der älteren Berliner Boheme in den Zeitschriften *Der Sturm* und *Die Aktion*.

Die Verfremdung des Zarten und Sentimentalen ins Groteske und Skurrile übte Alfred Lichtenstein in seinen Kuno-Kohn-Geschichten. Literatursatire mit

Spitzen gegen die Expressionisten hatte er in einem Roman geplant. Lichtenstein bietet Beispiele für den unterkühlten Erzählton, in dem der Erzähler den Leser daran hindert, sich mit den Figuren zu identifizieren. Der Leser soll die Figur eher wie eine groteske Puppe ansehen, von außen, als Objekt. Lichtensteins Figuren können sich selbst so sehen.

Gottfried Benns frühe Erzählung *Gehirne* (1914 geschrieben, 1915 veröffentlicht) hat einen sachlichen Erzähler, der das Bewußtsein des Arztes Rönne darstellt; dieses Bewußtsein selbst zieht sich jedoch von der Wirklichkeit in eine neurotische Traumwelt zurück. Der Erzähler setzt gegen den Schluß noch einen Zug, der den Leser in seiner vertrauten Welt anspricht. Der Chefarzt, den Rönne vertritt, kehrt zurück und behandelt Rönne schonend. Ebendaraus schließt der Leser, daß es sich um eine neurotische Störung handelt, und er kann Rönnes Phantasien in seine Welt noch einbauen. Das Motiv der Gehirne, die Rönne als Pathologe in der Hand gehalten hat, was ihm zum Symbol des Todes und der Sinnlosigkeit wurde, darf der Leser als Begründung nehmen. Dennoch ist dieser naturalistische Rahmen zu schwach, um die Erzählung als psychologische Studie zu halten. Vielmehr geht es eigentlich um das Freiheitsgefühl, das Rönne gewinnt, indem sein neurotisches Selbstmitleid in wahnsinnige Entfremdung von seiner bürgerlichen Umwelt übergeht. Ein ähnliches Verhältnis von wahnhafter Entfremdung und Freiheitsgefühl im Leser produziert Georg Heyms Erzählung *Der Irre.*

Von verfremdeten Störungen einer Leser und Erzähler gemeinsamen Welt kann im Falle von Carl Einsteins *Bebuquin oder die Dilettanten des Wunders* nicht die Rede sein, weil der „Roman" dem Leser nicht gestattet, seine Welt mit der fiktionalen zu vergleichen. Seine Szenen sind nur lose durch wiederkehrende Personen und deren Bohememilieu verbunden, jedoch wird die fiktive Welt von Einfällen durchkreuzt und so humorvoll zu einer willkürlichen gemacht. In einem 1910 in der Zeitschrift *Hyperion* veröffentlichten Aufsatz über ein Kunstmärchen (William Beckford, *The History of Caliph Vathek*, 1786) stellte Einstein seinen *Bebuquin* als „pure Kunst“ neben Baudelaire, Swinburne, Beardsley und die Herodias-Salome-Dichtungen Mallarmés und Flauberts. „Das Kunstwerk ist Sache der Willkür“, schrieb Einstein 1912 in dem Essay *Anmerkungen über den Roman* (in *Die Aktion*). Diese widersprüchlichen Forderungen, Symbolismus als geschlossenes Kunstwerk und romantisch-bohemische Willkür, machen Reiz und Schwierigkeit des kleinen Werkes aus. Ein Teil des Romantextes erschien schon 1907 unter dem Titel *Herr Giorgio Bebuquin* in der Zeitschrift *Die Opale*, einer der künstlerischen, auf gehobene Ansprüche zielenden Zeitschriften vom Insel-Typus. 1912 erschien der erweiterte Text in der *Aktion* unter dem Titel *Bebuquin*, 1913 als Buch mit dem längeren Titel, der in der 2. Auflage 1917 wieder fallengelassen wurde. Einige Textteile dürften nach 1910 entstanden sein, so das 8. Kapitel mit einer Satire auf eine Filmschauspielerin und einer Anspielung auf d'Annunzios Automobildichtungen.

Carl Einstein (1885–1940) stammte aus einer religiös-jüdischen Familie, sein Vater war Lehrer am Israelitischen Landesstift in Karlsruhe. 1904 studierte er in Berlin Kunstgeschichte und Philosophie. Er war mit Franz Pfemfert, dem Herausgeber der *Aktion*, verschwägert. Einstein war auch Kunstschriftsteller. 1929, nach einem Gotteslästerungsprozeß, siedelte er sich in Frankreich an. 1940 nahm er sich das Leben, als er nach der Niederlage Frankreichs keinen Ausweg wußte.

Bebuquin läßt erkennen, daß der Text von einem jungen Menschen verfaßt wurde. Ungelöste philosophische Probleme, von dem Gedanken des Nihilismus gereizt, fließen in phantastische Erotik. Die Andeutungen einer Handlung bewegen sich zwischen der Hauptfigur Giorgio Bebuquin, einem reflektierenden, zweiten Bewußtsein seiner selbst, das Nebukadnezar Böhm heißt, eine silberne Hirnschale mit Edelsteinen besitzt und eigentlich tot ist, und Fräulein Euphemia, einer „dicken Dame" mit festen Brüsten, die in den Zirkus gehört. Zusätzliche Personen kommen und gehen willkürlich, eine Hetäre kehrt nach einer Nacht in der Bar in ein Plakat zurück; gelegentlich erscheinen ein Platoniker und eine Hure, die Spiegelung des Verhältnisses Bebuquin – Euphemia sind. Das Sinnliche, dem Geistigen entgegengesetzt, wird der Frau zugeschrieben; Frauenemanzipation wird nur als sexuelle Tabubeseitigung zur Kenntnis genommen. Das ist unmittelbare Wirkung Strindbergs und Otto Weiningers, die auf Traditionen zurückweisen, in denen die Frau als ungeistiges Naturwesen und Gefäß der Sünde abgewertet wurde. Dieser atavistischen Tendenz steht die Einbeziehung der modernen Großstadtwelt: Bogenlampen und Reklame, gegenüber. Das ungelöste Nebeneinander von Primitivismus und Modernität enthält einen spezifisch antibürgerlichen Reiz.

Spiegelung ist eines der Hauptmotive. Durch einen Spiegeleffekt im Zirkus werden die Bürger der Stadt irre:

> In der Stadt war ein halb Jahr Fasching. Bürger leisteten Bedeutendes an Absurdität. Ein grotesker Krampf überkam die meisten. Ein bescheidener Spaß war, sich gegenseitig die Hirnschale einzuschlagen.

In diesem Zusammenhang wird ein Mädchen geschildert, das seinen eigenen Tod wünscht:

Sie wurde unter nicht unbedeutenden Greueln beinlings gehängt. Jedoch verübelte man ihr, daß sie keine gute Unterwäsche trug.

Phantastische Einfälle, sadistische Phantasien und billige Witze stehen neben zeitsatirischen Anspielungen. Unmittelbar an das obige Zitat anschließend ist von „verschiedenen Messiassen“ die Rede, „Messiasse der Reinheit, der Wollust, des Pflanzenessens ...“, die, wenn sie genug Anhänger haben, die Menge langweilen und Redakteure werden.

Eine Furcht vor Langeweile und dem Nichts steht hinter dem kleinen Werk. Die ungeregelte Folge von Einfällen hängt zusammen mit dem Verlangen nach Verwandlung, das der alten starren Vernunft entgegengestellt wird.

Häufig wiederholter Blödsinn wird integrierendes Element unseres Denkens; bei einer gewissen Stufe der Intelligenz interessiert man sich für das Korrekte, Vernünftige gar nicht mehr.

Böhm-Bebuquin beruft sich auf die Romantik, die freilich nach einem Schritt vorwärts zwei zurück tue. Eine Art Kloster-Tempel, in dem indische Alleinheit gepredigt wird, befriedigt Bebuquin nicht. Er will den „neuen Menschen“, der sein Gedächtnis verliert und sich verwandeln kann. Ihm wird gesagt, der Preis der Verwandlung sei der Tod. So begräbt er Böhm, sein Reflektivbewußtsein, und stirbt selbst mit dem Worte „aus“.

Verwandlungen. Vier Legenden erschien 1908 im *Hyperion*, also nach der Teilveröffentlichung des *Bebuquin*. Dieser Text ist ganz anderer Art als *Bebuquin*. Der Ton ist ernst und religiös. Ein Jüngling reflektiert über die Sünde, aber die Betrachtung eines herabgefallenen Blattes erschüttert ihn. Man findet ihn am Ende unter einem Haufen welker Blätter erstickt. Ein Dichter lebt ganz in den Worten, aber „es straft sich, wer aus dieser Welt sich im Geiste lösen will". Gefangen vom Tanz einer Frau, der Sünde, versteht er die Worte nicht mehr. Ein heiliger Mann opfert sich selbst und wird zum Erlöser. Jemand setzt sich mit seinem Schatten, „Duich", auseinander. Diese Texte in ihrer Jugendstil-Religiosität beruhen auf der melancholischen Klage über intellektuelle Vereinsamung und Isolierung und auf dem Wunsch nach Integration in das ‚Leben'.

Einstein hat ein Buch *Negerplastik* (1915) geschrieben. Archaisches und Exotisches waren ihm ein Ausweg aus dem Bürgerlichen. Er hat die parlamentarische Demokratie in dem Aufsatz *Politische Anmerkungen* in der *Aktion* von 1912 angegriffen, und zwar in der Nummer vom 25. September 1912, in der Franz Pfemfert, nach dem Parteitag von Chemnitz, über die Liberalisierung der SPD klagte. Einstein hielt den „Revolutionär" für den „Belebenden", während der demokratische Kompromiß zum Verlust des Ideellen und Religiösen führe:

> Hingegen ist es das Geheimnis aller heutigen Kämpfe, daß sie unfehlbar den Vergleich bringen – das demokratische Kompromiß, wo immer beide Ideen (das Wesentliche) in gemeinsamem Einverständnis schänderisch verletzt werden. Wo das Menschliche und das, was Menschen treibt, verplattet und entstellt wird. Dies ist schließlich der Sinn des Parlamentarismus. Was uns fehlt: eindeutige unnachgiebige Gewalten. Diese kommen jedoch immer vom Religiösen, vielmehr war dies bisher der einzige Schutz von Ideen. Jedoch selbst diese eo ipso fanatischen Dinge dehnte man zu liberalem Kautschuk, bar jeden fanatischen Dogmas, das ist zwingende Gewalt.

Der Aufsatz wendet sich weiter gegen den Gott, den die Zentrumspartei für ihre Zwecke braucht. Auch für den klassisch Gebildeten, den „beherrschten Dilettanten", hat Einstein nur Verachtung.

Im gleichen Heft steht eine Fortsetzung des *Bebuquin*. Der spielerisch dargestellte Massensadismus und das Wort von dem häufig wiederholten Blödsinn, der Bestandteil unseres Denkens wird, sind ebenso präfaschistische Gedanken wie die Verachtung des demokratischen Ausgleichs, der Wunsch nach einer irgendwie religiös legitimierten „unnachgiebigen Gewalt" und die Verwendung des Wortes „fanatisch". Ein verächtlicher Artikel von Einstein über *Die Sozialdemokratie*, die „lediglich die Vollendung des von ihr verpönten Kapitalistenstaates herbeiführen" werde, erschien im März 1914 in der *Aktion*.

Einstein hat sich, so berichtet Robert Musil in seinem Tagebuch, 1914 von der Begeisterung des Kriegsausbruchs mittragen lassen; 1919 kämpfte er für die Revolution und in Spanien gegen den Faschismus, dem er 1940 zum Opfer fiel. Das ändert aber nichts daran, daß sein antibürgerlicher Affekt mitgeholfen hat, mit der verhaßten bürgerlichen Normalität auch den wie immer rudimentären bürgerlichen Humanismus im Bewußtsein und im politischen Willen der deutschen gebildeten Leser zugunsten eines fanatischen Blödsinns zu verdrängen. Man zögert, diese Bemerkung mit der Interpretation eines so wenig ernstgemeinten Textes wie *Bebuquin* zu verbinden; jedoch lehrt die Geschichte des Expressionismus, daß Leserprovokationen unberechenbare Risiken enthalten.

Bohemisch sind die Frühwerke von Franz Jung (1888–1963). Er stammte aus einer bürgerlichen Familie in Neiße. Max Herrmann-Neiße führte ihn in die Literatur ein. Über sein abenteuerliches Leben hat Jung berichtet in seiner Lebensbeschreibung, die er unter dem Titel *Der Weg nach unten* (1961) erscheinen ließ (späterer Titel: *Der Torpedokäfer*, 1972). Vor 1914 hat er zwischen einem bohemischen Leben und der Bürgerlichkeit geschwankt. Er studierte

Volkswirtschaft und übte zeitweise einen regelrechten Beruf als Wirtschaftskorrespondent aus. Als Student in München lernte er die Schwabinger Boheme kennen, die damals von Otto Groß dominiert wurde. Seine erste Frau Margot war Malermodell und Tänzerin, seine zweite, Claire, schrieb. Zeitweise lebte er mit einer, manchmal auch mit beiden Frauen zusammen, dann wieder brach er aus seinen Ehen aus. Besonders die erste Ehe mit Margot muß voll gegenseitiger Quälerei gewesen sein. In München hatte er durch Erich Mühsam Verbindung mit anarchistischen Gruppen. Er veröffentlichte in der *Aktion*, gelegentlich im *Sturm*. 1912 erschien sein erstes Buch, drei Geschichten unter dem Titel *Das Trottelbuch*, 1913 der Roman *Kameraden*. Bei Kriegsausbruch 1914 entlief er, wenn man seine Geschichte glauben kann, von einem Ehestreit in die mobilisierte Armee, obwohl er noch kurz vorher an einer Friedensdemonstration der SPD teilgenommen hatte. Es ist auch möglich, daß er sich als Anarchist freiwillig meldete, um im Heer pazifistisch zu wirken. Später entfernte er sich von der Truppe und wurde nach Gefängnisaufenthalten als psychiatrischer Fall für untauglich erklärt. Vom Anarchismus Mühsams und Landauers ging er zu kommunistischen Splittergruppen über, lebte zeitweise in der Sowjetunion, dann wieder in Deutschland, meist illegal, floh erst 1937 vor den Nazis, nachdem er jahrelang untergetaucht war, lebte nach Kriegsende zehn Jahre in USA. Er kehrte nach Europa zurück, führte ein ruheloses Leben in Pariser Hotelzimmern, einer provenzalischen Kleinstadt und in der Bundesrepublik. Neue literarische Pläne, kleine Aufträge für Radio und Fernsehen wechselten mit dem Wunsch, in der Anonymität zu verschwinden. Eine allgemeine Linkseinstellung blieb, aber er kehrte zur katholischen Kirche zurück. 1963 starb er in Stuttgart. Sein Leben ist eines der abenteuerlichsten unter deutschen Schriftstellern. Der oft abrupte Wechsel von bürgerlicher Existenz, wobei er zeitweise viel Geld verdiente, zu einem bohemischen Vagabundenleben ist charakteristisch für ihn.

Das Trottelbuch (1912) enthält Geschichten, die Strindbergsche Haßliebe-Verhältnisse kraß darstellen. Die Lehren von Otto Groß, daß die Konventionalität des bürgerlichen Lebens die sexuellen Energien des Menschen zur Selbstzerstörung umbiege, werden in lose erzählten Geschichten demonstriert. Es gibt keine zusammenhängende Handlung, sondern Szenen und Erzählstränge, die den Menschen als irrationales Wesen vorführen, dessen destruktive Triebe aus dem Konflikt von Selbstbewußtsein und Anlehnungsbedürfnis stammen. Jung will seine Geschichten nicht realistisch verstanden wissen. Eine einleitende Szene bietet eine trinkende Bohemerunde im Café. Schriftsteller lesen Szenen vor, in denen Erlebnisse mit einer Frau, die sie alle kennen, ins Fiktive übersetzt werden. Andererseits ist, wenn man Jungs Autobiographie zur Interpretation heranziehen will, das Mittelstück, *Die Erlebnisse der Emma Schnalke*, eine Art von Racheakt an seiner ersten Frau Margot. Auch der kurze Roman *Kameraden ...!* (1913) erzählt in hingeworfenen Andeutungen und Dialogfetzen von den Quälereien, die ein Paar sich zufügt. Die Frau ist geschlechtskrank, ein Kind wird geboren, zwischen Schlägereien, Lügen und Beschimpfungen finden wieder Sexualakte statt, Freunde werden angezogen und abgestoßen, am Ende steht ein Mord, der aber „nicht so ernst zu nehmen war".

René Schickele (1883–1940) war der Sohn eines Polizeibeamten und Weingutbesitzers im Elsaß. Seine Mutter war Französin, und zu Hause wurde französisch gesprochen. René lernte Deutsch in der Schule. Er besuchte das Gymnasium in Straßburg und in Zabern und studierte in Straßburg, München, Paris und Berlin. In der Straßburger Zeit gab er mit Freunden die Zeitschrift *Der Stürmer* heraus mit dem Untertitel „Halbmonatsschrift für künstlerische Renaissance im Elsaß", der das Programm anzeigte, das auch Ernst Stadler teilte. Die Zeitschrift brachte es auf 9 Nummern. Andere Zeitschriftengründungen folgten. Eine, *Der Merker,* wurde wegen Majestätsbeleidigung beschlagnahmt. Im Elsaß wollten die jungen Leute eine moderne Kunst begründen, deutsch, aber nichtpreußisch und nach Frankreich hin offen. 1904 heiratete Schickele Anna, die Schwester des Schriftstellers Hans Brandenburg. Seit Juli 1904 leitete er *Das neue Magazin*, das in den wenigen Monaten seines Bestehens bedeutende Schriftsteller als Beiträger gewann und mehrfach wegen Sittlichkeitsverletzung beschlagnahmt wurde. Als der Geldgeber sich erschoß, brach das Unternehmen zusammen; Schickele verlor Geld und hatte jahrelang Schwierigkeiten, sich als Schriftsteller zu halten. Seit 1902 gab es Gedichtbände von ihm mit den bezeichnenden Titeln *Sommernächte, Pan* (1902) oder *Der Ritt ins Leben* (1906). 1910 erschien *Weiß und Rot*, eine Sammlung, die elsässische Heimatgedichte und Berliner Stadtgedichte enthält. Schickeles frühe Lyrik hat Sturm-und-Drang-Charakter; die in *Weiß und Rot* charakterisierte Schickeles Freund Ernst Stadler als weltfreudig. Sie ist eklektisch und weniger bedeutend als Schickeles Prosa. Bessere Gedichte sammelte er 1914 in dem Band *Die Leibwache.* Sein erster Roman *Der Fremde* erschien 1909. 1909 wurde er Korrespondent in Paris, leitete 1911 die *Straßburger Neue Zeitung*, zog aber 1913 wieder in den Umkreis Berlins nach Fürstenberg in Mecklenburg. Im gleichen Jahre unternahm er eine Reise nach Griechenland, Ägypten und Indien.

Schickeles erster Roman *Der Fremde* (1909, in Fortsetzungen 1912/13 in *Die Aktion* wiederabgedruckt), die Geschichte eines empfindsamen Einzelgängers, ist, ganz ähnlich wie die frühen Werke Heinrich Manns, an den Vorbildern der französischen Romane der Jahrhundertwende ausgerichtet. Paul Merkel wächst mit der Liebe zu Frankreich und dem Haß auf die deutsche Besatzung auf, wie die anderen elsässischen Bürger. Dann aber läßt Schickele das Thema der Vereinzelung seines Helden einsetzen. Bindungen an Freunde, an Geliebte, unter denen die hingebungsvolle Malva hervorragt, berühren ihn nur. Sexualität ist ihm ein schöner Rausch, der gerade dann in Visionen übergeht, wenn die Geliebte sich von ihm abwendet.

Malva, ich liebe dich, komm! Ich war krank, lag im Fieber der Ferne, war trunken vom glanzvollen Aufstieg des Frühlings in das blaue Feuer der himmlischen Lichtwüsten, ich war todkrank – Nun gib mir deinen Schoß, ich will mich in ihn wühlen, in breit aus gelockerten Schollen atmende Frühlingserde, die bis in die fernsten Horizonte mit Flügeln schlägt. Sie erzeugen den dunkeln beseligenden Rausch, in dem wir bald vereint emporfahren werden, durch viele böse Erdennächte in die Heimat der blühenden Aprikosenbäume, im Land der goldgesponnenen Bienenschwärme und der blauen Gewässer, die ein kristallenes Feuer sind.

Der Roman kann ganz in visionäre Phantasie übergehen. In einer Szene „spielt“ das Meer. Strand und Konzertsaal, Elementares und Kulturelles verschmelzen. Das Spiel zieht das Leben aus blassen Frauen und Mädchen, denen ein nackter Totschläger den Schädel zerschlägt, bis Malva, als Stimme der Liebe, „das Hosianna über dem Leben“ singt, die Zeit vernichtend, aber Vision bleibend. Der Roman geht am Ende wieder in den Stil eines konventionelleren Dekadenzromans über, der in Venedig und Florenz spielt. Paul Merkel liebt die tuberkulöse Tochter eines britischen Rüstungsfabrikanten. Wie in Thomas Manns *Tristan* und in dem 1912 bis 1913 konzipierten *Zauberberg* dient die Tuberkulose dazu, ein Unbehagen an dem beschäftigungslosen Leben der großbürgerlichen Nachkommen zu symbolisieren, wobei noch ein sentimentaler Nachklang von Murger/Puccinis *La Bohème* mitschwingt.

Der Roman *Meine Freundin Lo. Eine Geschichte aus Paris* (1911) spielt zwischen dem Erzähler-Journalisten, einem Regisseur, einem Dichter, einem Abgeordneten und der Schauspielerin Lo. Alle lieben Lo. Sie ist vital, aber keineswegs unmoralisch, nur frei von den beengenden Tabus der Familien- und Ehemoral. Der leichte Ton des Romans ist offenbar bewußter Gegensatz zu der schwerblütigen Prosa, wie sie in Deutschland üblich war. Sie weist auf Tucholsky voraus. Eine politische Debatte, im Unterhaltungston gehalten, will zeigen, wie Meinungen nebeneinander bestehen können, obwohl sie sich ausschließen. Ein Dichter glaubt an eine bessere Zukunft, ein Abgeordneter ist zynisch-skeptisch über „die menschliche Bewegung“, die ihm in der Reihe „Knechtschaft, Befreiung, Besitz und Verfall“ abläuft. Und doch eint sie alle ein schöner Blick auf Paris von einer Terrasse in Meudon und der Stolz auf das freie Frankreich mit königlichen Traditionen.

Fortschrittlichkeit mit kulturell-konservativer Rückbindung finden wir in einer Sammlung von Zeitungsartikeln und Reportagen Schickeles, *Schreie auf dem Boulevard* (1913). Wir begegnen darin auch seiner Freundin Lo wieder. Schickele bemüht sich offensichtlich um einen ehrlichen Journalismus. Deutlich ist seine Vorliebe für den sozialistischen Politiker Jean Jaurès (der ganz kurz vor dem Kriegsausbruch 1914 ermordet wurde). Eine Reportage über einen unpopulären Eisenbahnerstreik 1910 zeigt Verständnis für die Streikenden. Die französischen Royalisten und

König Leopold von Belgien werden scharfer Kritik unterzogen. Ein Artikel beschreibt den Aufstieg Aristide Briands vom Sozialisten, der den Generalstreik predigte, zum Ministerpräsidenten, der den Eisenbahnerstreik niederschlug, mit Abneigung gegen Briands kleinbürgerlichen Ehrgeiz und seine Anpassung an die Reaktion, die Macht und das gute Leben. „Die Menschheit will vorwärts“, schließt der Artikel, „... trotz allem.“ Schickeles demokratisches Engagement hindert ihn nicht, einen Antiamerikanismus zu vertreten, der sich gegen „Geldverdienen auf Kosten der Geistigkeit“ wendet.

Der Roman *Benkal der Frauentröster* (1914) spielt in einem halb-phantastischen „Mittelland“. Die Titelfigur ist ein lebensdurstiger Bildhauer, der einen ihn liebenden bürgerlichen Bruder hat. Benkal liebt die Frauen und Mütter seines Landes, vor allem die Tänzerin Ij, die der Kriegerkaste entstammt, deren politischer Gegner Benkal ist.

So sehr der Umgang mit den Kriegern der Kaste ihm gefiel, so sehr er sie als Verwandte empfand – es war, und er konnte es nie vergessen, ein Kampf zwischen ihnen und ihm. Die glatten Ringer entzückten ihn, aber er jubelte ihrem Untergang zu. Er war ein Teil der Menge, die an ihnen emporwuchs und die Strauchelnden unter sich begrub. Er mußte sie alle überdauern. Alle, auch Ij.

Am Ende geht Benkal in die Museen und zerschlägt seine eigenen Werke.

Der Stil ist andeutend, jedoch nicht immer suggestiv genug, die Erzählung bewegt sich episodisch vorwärts. Mit wachem politischen Bewußtsein zeichnet Schickele ein grotesk verfremdetes Bild der Reaktion des deutschen Kaiserreichs. Von dessen Niederlage erhoffte Schickele sich eine Revolution des Volkes, die von den Künstlern zu unterstützen sei. Jedoch sind ihm auch Züge der alten Ordnung sympathisch, vor allem der überbürgerliche Lebensrausch, den die Tänzerin Ij repräsentiert. Das Verhältnis Benkals, des Künstlers, zu seiner Gesellschaft ist zugleich parasitär und repräsentativ, ein Motiv, mit dem Schickele sich in die Künstlerproblematik seiner Zeit einschaltet. Während Paul Merkel in *Der Fremde* in die Reihe der Künstler-Dilettanten gehört, wie sie Paul Bourget und, von ihm angeregt, die frühen Novellen der Brüder Mann dargestellt hatten, ist in Benkal der Wunsch nach dem volksverbundenen Künstler Gestalt geworden, wie ihn Heinrich Mann in *Die kleine Stadt* (1909) ausgesprochen hatte (allerdings nicht in einer Zentralfigur). Der politische Anspruch wird mit dem Motiv des Lebensrausches verknüpft, das aus dem Jugendstil stammt und in den Expressionismus übergeht. Daß der Rausch sich gegen den fertigen Werk-Charakter der Kunst wendet, könnte man als expressionistisches Motiv ansprechen. Indem das fertige Steinbild zerstört wird, soll sich die Kunst in ein Lebenselement wandeln.

Die Erzählung *Trimpopp und Manasse* (1914) ist eine humoristische Satire auf die reiche Berliner Gesellschaft. Die andere, exotisch-phantastische Seite Schickeles zeigt sich in der Erzählung *Aissé*, die 1915 in der Sammlung *Der jüngste Tag* erschien. Indisches Licht, Seelenwanderung und die Geschichte einer exotischen Sklavin im Paris des 17. Jahrhunderts werden motivisch verwoben.

Schickeles Gedichtsammlung *Leibwache* (1914) ist erfüllt von pantheistischer, oft erotisch getönter Sinnlichkeit. Das Gedicht *Pfingsten* endet mit der folgenden Strophe, in der pantheistischer Enthusiasmus wie im Jugendstil festgehalten wird:

Die Fische schaukeln den Himmel auf ihren Flossen
und sind von blitzenden Horizonten umringt,
Sonne tanzt auf dem Rücken der Hunde.
Jedes ist nach Gottes Gesicht in Licht gegossen
und weiß es in dieser einzigen Stunde
und erkennt Bruder und Schwester und singt.

Es ist diese heimatverwurzelte, panerotische, pantheistische Lebensfreude, die Schickeles Pazifismus erfüllen wird. Ihr steht eine satirische Tendenz gegenüber, die sich sowohl gegen das modische Dionysische wie gegen Kaiser Wilhelm II. richten kann. Das Gedicht *Die Geier seiner Majestät* ist symbolistisch verschlüsselt. Eine Gruppe von Gedichten, *Elsässischer Bildersaal*, verlebendigt Situationen und Figuren der elsässischen Geschichte, den Bauernkrieg oder eine elsässische Prostituierte aus dem Palais Royal, die einen makabren *Revolutionsball* inszeniert. Dieses Gedicht könnte von Heym angeregt sein. Schickele selber identifiziert sich mit *Gottfried von Straßburg*, besonders in den Versen am Anfang:

In den stark und klugen Zärtlichkeiten
und gelebten Liebesträumen
gallischer Konzerte aufgewachsen,
schrieb er rotdurchpulstes blankes Deutsch,
so schlank wie Schwert und Frauen.

Das Gedicht enthält einen Vers, den man ebenso als Bekenntnis Schickeles herausheben kann:

Es sollte nichts Lebendiges verderben.

Ein Ungenügen an dem Alltäglichen und Bürgerlichen, an Haushalten und Mäßigung durchzieht die Erzählung von Kasimir Edschmid (d.i. Eduard Schmid, geboren 1890) *Die sechs Mündungen* (geschrieben 1913/14, veröffentlicht 1915). Ihre Hauptfiguren zeichnen sich dadurch aus, daß sie selten das

Naheliegende und Vernünftige tun. Einige Erzählungen schwelgen im Adelsstolz vergangener Zeiten, *Der aussätzige Wald* und *Yousouf*, das längste Stück der Sammlung. Man könnte sie neuromantisch nennen, ein durch gesuchte Ausgefallenheit manchmal dunkler Stil spricht nicht dagegen. Die erste Erzählung *Der Lazo* läßt den snobistischen Sohn eines reichen Hauses sich im Wilden Westen Amerikas mit Lasso, Pferd und Pistole als Held bewähren, wobei er einen deutschen Baron erledigt, der auch Cowboy geworden ist. Er verschmäht aber die stolze Ranchertochter, die ihm durch diese Tat zufallen könnte (der Freiherr war ihr zu nahe getreten), und reitet in den Horizont, weg von der Gefahr einer festlegenden Existenz, und sei es auch im Wilden Westen. *Yousouf* ist besonders bemerkenswert wegen des Grades an Unmenschlichkeit, mit der sich der stolze Spanier Las Casas Gehorsam bei seinen Galeerensklaven verschafft. Die liebende Frau wird wenig geachtet. Ist sie stolz, bietet sie dem stolzeren Mann Gelegenheit, sie zu verschmähen, ist sie treu, muß sie ihre Treue durch Erniedrigungen bewähren. Einmal ruft der Erzähler sentenzenhaft aus: „O wie die Frauen über alles umronnen stehn von ihrem Blut!“ Offensichtlich spuken hier Otto Weiningers Theorien. *Fifis herbstliche Passion*, die Erzählung einer unerfüllten Liebesbeziehung, die zwischen einem schüchternen Herrn und einer erniedrigten Jahrmarktstänzerin stattfindet, hat ein Motto aus Carl Sternheims Jugendstildrama *Ulrich und Brigitte*, ein anderes von Ernst Stadler. Den Titel der Sammlung begründet Edschmid damit, daß die sechs Erzählungen „einströmen in den unendlichen Dreiklang unsrer endlichsten Sensationen: – des Verzichtes – der tiefen Trauer – und des grenzenlosen Todes“. Das romantische Erbe wird zur antibürgerlichen Sensation, die den Kontakt zur Menschlichkeit verliert. In diesem

Sinne haben Edschmids Erzählungen sowohl Anteil an der Lust am Ruchlosen in der Nachfolge Nietzsches als auch an der expressionistischen Provokation des bürgerlichen Lesers.

Von Albert Ehrenstein (1886–1950) erschien 1911 die Erzählung *Tubutsch*, mit Zeichnungen von Oskar Kokoschka, und im folgenden Jahre eine Sammlung von Erzählungen *Der Selbstmord eines Katers*. Deren Titelgeschichte war zuerst in Karl Kraus' *Fackel* gedruckt worden, wie auch Gedichte von Ehrenstein seit 1910. Seit seinem 1. Jahrgang (1910/11) brachte *Der Sturm* Gedichte und Erzählungen von ihm. Die Gedichtsammlung *Die weiße Zeit* erschien 1914. Ehrenstein ist gebürtiger Wiener und wuchs in dem Bezirk Ottakring auf, was eine soziale Minderstellung implizierte. Sein Vater verdiente sein Geld als kaufmännischer Angestellter. Die Familie war jüdisch. Ehrenstein hat seine Herkunft gerne als arm geschildert, sie rangierte offenbar am unteren Rande der Bürgerlichkeit. Er besuchte die höhere Schule und die Universität Wien, wo er mit einem historischen Thema promovierte. Er hielt es danach in keiner Stellung aus, auch ein Lektorat bei Kurt Wolff mußte er 1916 nach kurzer Zeit aufgeben. Das lag offenbar an einer schizoiden, neuropathischen Veranlagung, die Kontaktschwierigkeiten verursachte. Vom Heeresdienst zurückgestellt, wurde er ein entschiedener Kriegsgegner. Er lebte in Österreich und Deutschland, in Berlin, als freier Schriftsteller, oft von Freunden unterstützt, die er trotz seiner psychischen Schwierigkeiten besaß. Ein frühes, unglücklich endendes Liebeserlebnis verband ihn mit der Schauspielerin Elisabeth Bergner, bevor sie berühmt wurde. Er unternahm Reisen in Europa, Ägypten und Asien. 1932 ging er in die Schweiz, 1941 nach Amerika, wo er 1950 in einem Wohlfahrtshospital starb, nachdem er nach 1945 noch einmal versucht hatte, in der Schweiz Fuß zu fassen. Aber die Artikel, die er schrieb, waren unbrauchbar, sei es einer Gehirnsklerose wegen, sei es weil die neuropathische Anlage in der Emigration sich verschlimmert hatte.

Ehrensteins Gedichte spiegeln einen Gegensatz von Weltfreude und Menschenekel, Sehnsucht nach menschlicher Beziehung und Klage über deren Unmöglichkeit:

Dem Rauch einer Lokomotive juble ich zu,
mich freut der weiße Tanz der Gestirne,
hell aufglänzend der Huf eines Pferdes,
mich freut den Baum hinanblitzend ein Eichhorn,
oder kalten Silbers ein See, Forellen im Bache,
Schwatzen der Spatzen auf dürrem Gezweig.
Aber nicht blüht mir Freund noch Feind auf der Erde,
ferne Wege gehe ich durch das Feld hin.

(1. Strophe von *Auf der hartherzigen Erde*)

Der gleiche Gegensatz zwischen Erlebnissehnsucht und nihilistischer Enttäuschung gilt auch für die Erotik:

Ich sehne mich nach Weibern leibig, brüstig
. . .
Und fand das Nichts, zu gutem Fleisch gestaltet.

(*Leben*)

Schockierende, provozierende Sprache wechselt ab mit Naturbildern, diese mit Symbolen in liebevoller Phantasieausmalung. Besonders antike Motive kann Ehrenstein sehnsuchtsvoll, geradezu hymnisch-lyrisch aussprechen, aber auch diese Gedichte enden in Klage. Die meisten antiken Gedichte stehen in späteren Sammlungen wie *Der Mensch schreit* (1916) und *Dem ewigen Olymp* (1921). Melancholische symbolistische Gedichte können provokative Stadt- und Ekelmotive verbinden und stellenweise an Trakl anklingen:

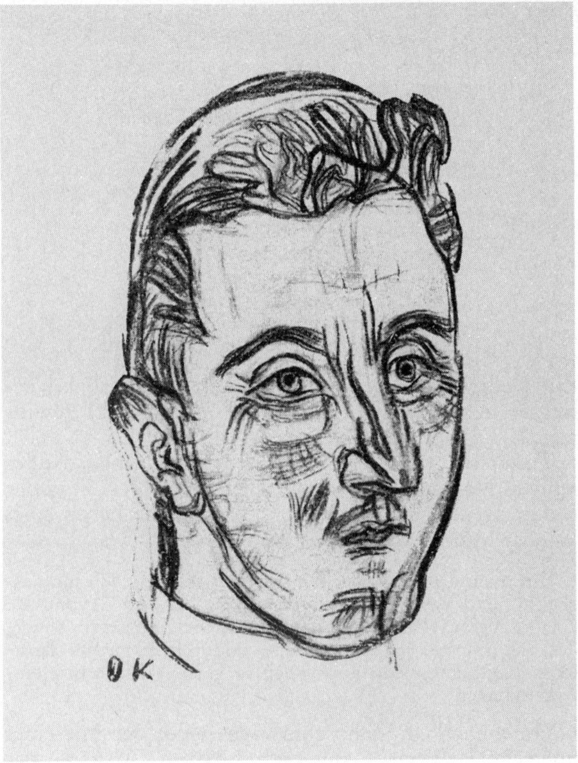

Albert Ehrenstein
Zeichnung von Oskar Kokoschka

Leid

Wie bin ich vorgespannt
dem Kohlenwagen meiner Trauer!
Widrig wie eine Spinne
bekriecht mich die Zeit.
Fällt mein Haar,
ergraut mein Haupt zum Feld,
darüber der letzte
Schnitter sichelt.
Schlaf umdunkelt mein Gebein.
Im Traum schon starb ich,
Gras schoß aus meinem Schädel,
aus schwarzer Erde war mein Kopf.

Ein Gedicht aus *Die weiße Zeit* ist an Rimbaud gerichtet; ein Nachruf-Gedicht ist Georg Trakl gewidmet.

Tubutsch (1911) ist in Ichform geschrieben. Außer seinem Namen, Karl Tubutsch, besitzt der Erzähler wenig. Dennoch führt er das betrachtende Leben eines Wiener Müßiggängers, das ihn langweilt.

Um mich, in mir herrscht die Leere, die Öde, ich bin ausgehöhlt und weiß nicht wovon ... Den Grund davon, den Grund meines Fallens vermag ich nicht einmal zu ahnen, das Schlimmste: ich sehe nichts, wodurch in meiner trostlosen Lage eine wenn auch noch so geringe Änderung eintreten könne.

Nicht einmal an Zahnschmerzen leidet der mit einer unerschütterlichen Gesundheit begabte „Mensch, der in der Luft steht ...". Diese Wendung erinnert an Thomas Manns „Alles muß in der Luft stehen" aus der Geschichte *Der Kleiderschrank*, die er 1898 in Schwabing geschrieben hatte. Es gibt einen Brief von Thomas Mann an Ehrenstein, in dem sich der Ältere, der an *Der Tod in Venedig* schreibt, etwas mühsam interessiert über *Tubutsch* äußert. Vieles darin erinnere an ihn selbst vor fünfzehn Jahren, also an seine Schwabinger Junggesellenzeit, an die frühen Außenseiter-Erzählungen, an *Der Bajazzo* etwa. Ehrensteins Ich-Erzähler Tubutsch ist ohne Herkunft und hat keine Geschichte. Das Absinken aus dem Bildungsbürgertum stellt sich ihm in der Lebenserzählung seines Schusters Kekrewischy vor. Seine bürgerlichen Bekannten verliert er durch Spott über deren Bürgerlichkeit. So bleiben ihm nur unzusammenhängende Erlebnisse: ein alter und ein junger Hahn kämpfen miteinander um die „Weltherrschaft", um die „Hegemonie auf dem Düngerhaufen", zwei Fliegen ertrinken in seinem Tintenfaß, ein Hund bellt ihn an, ein Betrunkener fragt, wo er sei. Auch die Auswege in die Phantasiewelt sind nicht so recht befriedigend, nicht einmal der Tod, dessen moderne Gestalt banale Kleinbürgerzüge trägt:

> Ich sehe ihn nicht als schwarzen Ritter, er kommt als nahender Meister, oder ein Clown tritt auf, steckt die Zunge heraus, sie wächst ins Unendliche und durchsticht mich ... ich sehe ihn als Kondukteur, der meinen Fahrschein einzwickt, für ausgenützt erklärt, nicht warten will bis zur nächsten Haltestelle, mich zum Aussteigen drängt ... mit eines tschechischen Akzentes nicht entbehrenden Worten ... ich sehe ihn als rohen Jungen, Fledermäuse annagelnd, als Laternen auslöschenden Studenten, Reichsrat auflösenden Minister und jüngst sah ich ihn gar als Motorführer. „Dem Wagenführer ist es verboten, mit den Fahrgästen zu sprechen." Die Übereinstimmung ist auffallend.

Das traditionelle Verfahren, erzählte Realität durchlässig für Symbole zu machen, wird hier satirisch entwertet. Die Furcht vor dem banalen Tod war schon Thema in Rilkes *Aufzeichnungen des Malte Laurids Brigge* gewesen, die Ehrenstein gekannt haben könnte, es sollte wenig später als ein Hauptmotiv in Thomas Manns Konzeption des *Zauberbergs* eingehen. Jedesmal wird die Furcht durch eine gegenteilige Orientierung ausgelöst: eigentlich sollte der Tod ein Gott des Lebens sein. Während in Thomas Manns *Der Tod in Venedig* der Tod als Landstreicher, unlizenzierter Gondoliere, Straßensänger auftritt und zugleich Dionysos ist, überdies noch Hermes in der Gestalt des schönen Polenknaben, die Banalität also von der Symbolik aufgehoben wird, wiegt bei Ehrenstein die Desillusionierung vor, die Bedeutung der Realitätstrümmer reicht nicht ins Symbolische. Das große Leben wird ausdrücklich reduziert:

> Das Leben. Was für ein großes Wort! Ich stelle mir das Leben als eine Kellnerin vor, die mich fragt, was ich zu den Würsteln dazu wolle, Senf, Kren oder Gurken ... Die Kellnerin heißt Thekla ...

Der Erzähler spielt noch mit der Symbolerwartung des Lesers, die durch ein banales Symbol zerstört wird, wobei im Namen der Kellnerin auch noch eine Anspielung auf Schillers sentimentale Figur aus *Wallenstein* abfällt. Dies ist eine Parallele zu der die literarisch-humanistische Tradition destruierenden Tendenz in der frühexpressionistischen Lyrik etwa Heyms, eine Parallele, die in Ehrensteins Prosa entschiedener ausfällt als in seiner Lyrik. Für Malte Laurids Brigge gibt es in seinem entfremdeten Elend die Besinnung auf seine Jugend, die aus ihm einen Dichter machen sollte. Der Umschlag aus dem Elend in die Seligkeit des vollendeten Gedichtes findet zwar im *Malte* nicht statt, ist aber wenigstens möglich. Für Tubutsch gibt es „so garnichts, nichts, was mich im Innersten froh machen könnte".

Der Selbstmord eines Katers (1912) ist eine Sammlung von Erzählungen. Die Titelgeschichte, in der 1. Person geschrieben, schildert die Phantasiewelt eines benachteiligten und vereinsamten Bürgersohnes, der an der Wirklichkeit vorbeilebt. Diese Wirklichkeit ist die der Triebe, vor allem der sexuellen. Eindrucksvoll und eigenartig ist die Doppelerzählung *Tai-Gin*. Ein chinesisches Märchen von einem Prinzen, den eine Weissagung und die Sorge der Mutter um die Liebe der Frauen bringt, kontrastiert mit einer bürgerlichen Geschichte, in der ein Fabrikantensohn sich dieses Märchen zwischen Traum und Tag dichtet und sich als Mahnung deutet, das Stubenmädchen, das seine Geliebte ist, abzuschaffen, damit der erfolgreichere Bruder sie ihm nicht wegnehmen kann. Wieder wird der sexuelle Trieb in eine Geschichte sublimiert. Die exotische Phantasiewelt des Traums führt jedoch nicht zur Befreiung von der beziehungslosen Entfremdung, sondern ist ihr traumsymbolisch verbunden. Anspielungen auf die Lehre Freuds, den Ödipuskomplex, kommen vor. Autorität und Übermacht verhindern das sexuelle Idyll.

Mehrere Erzählungen haben großstädtische Motive mit einem autobiographischen und einem satirischen Einschlag. Andere sind Phantasieerzählungen, die in der Antike oder in Indien spielen. Einige lassen ein buntes Leben in Traum und Erinnerung unter dem Zeichen des Todes sich abspielen. Traumhafte Phantasie, verbunden mit einer Lähmung, der Unfähigkeit zu handeln, ist der beunruhigende Reiz in Ehrensteins Erzählkunst. Die letzte Erzählung der Sammlung, *Ansichten eines Exterritorialen*, frappiert durch die indifferente Distanz, mit der ein Jupiterbewohner davon erzählt, wie er unabsichtlich die Menschen ausgerottet hat. Die Perspektive eines Nicht-Menschen, der die Menschen beobachtet, weist auf Kafkas *Ein Bericht für eine Akademie* (aus *Ein Landarzt*, 1919) voraus. Übrigens kannte Kafka Ehrenstein persönlich, obwohl Ehrenstein mit Kafkas Freund Max Brod verfeindet war. Im Gespräch mit Gustav Janouch soll Kafka gesagt haben: „Albert Ehrenstein ist einer des

Geschlechts dieser Zeit. Er ist ein ins Leere verlorenes, schreiendes Kind."

Max Brod (1884–1968) stammt aus einer alten Prager jüdischen Familie. Sein Vater war leitender Bankangestellter. Der Musikpflege im Kreis der Familie verdankt Max Brod die Entwicklung seiner Musikalität, er hat viel komponiert. Er studierte Rechtswissenschaften, wurde 1907 zum Dr. jur. promoviert und hatte eine Anstellung bei der Post von 1907 bis 1924. Mit dem philosophischen Essayisten und Bibliothekar Felix Weltsch und dem blinden Dichter Oskar Baum bildeten Brod und Kafka seit der Studienzeit, etwa 1902, einen Freundeskreis. 1909 wurde Brod mit dem sechs Jahre jüngeren Franz Werfel bekannt, dessen erstes Buch, *Der Weltfreund*, er seinem Verleger Juncker empfahl. Aus den Aushängebogen las er in einer Veranstaltung des „Neopathetischen Kabaretts" in Berlin als Zugabe nach einer Lesung eigener Werke Werfels Gedichte vor. Während der Kerr-Jagow-Cassirer-Affäre (s. S. 556f.), als Karl Kraus Alfred Kerr angriff, verteidigte Brod Kerr. Da Kraus Werfel protegierte, gab es einen Konflikt zwischen Werfel und Brod, der etwa 1913 beigelegt wurde. Damals war Werfel im Kurt Wolff Verlag in Leipzig tätig, wo, auf Brods Drängen, Kafkas Bücher seit 1913 erschienen. Ebenfalls 1913 veröffentlichte Brod dort das Jahrbuch *Arkadia*, in dem er nichtradikale Dichtung der jüngeren Generation sammeln wollte. Der Band enthält den Erstdruck von Kafkas Erzählung *Das Urteil* und Beiträge von Robert Walser, Kurt Tucholsky, Heinrich Lautensack.

Brod, Kafka, Weltsch und Baum gehörten zu den Prager deutschsprechenden Juden. Es ist ein Klischee geworden, von Prag als einem potenzierten Getto zu sprechen, wo Brod und seine Freunde deutsch unter der überwältigenden Majorität der Tschechen waren, jüdisch unter den Deutschen. Jedoch geben die zeitgenössischen Zeugnisse nicht den Eindruck einer Isolierung. Die deutschsprachigen Prager hatten enge Verbindung mit der deutschen Literatur. Sie waren zumeist mit Tschechen befreundet. Die Zahl der Juden kam der der Nichtjuden unter den Deutschen in Prag ungefähr gleich. Brod wuchs in einer religiös fast gleichgültigen Familie auf. Als Student und in seinen schriftstellerischen Anfängen war er ein Anhänger Schopenhauers. Freilich führte gerade das zahlenmäßige Gewicht der deutschsprechenden Juden in Prag zu antisemitischen Manipulationen, die Brod in einer Studentenorganisation zuerst bewußt wurden. Er reagierte, indem er einen jüdischen Nationalstolz entwickelte. Um 1910 begann er sich seiner jüdischen Religion wieder zuzuwenden im Dialog mit Kafka. Brod wurde ein erfolgreicher, schnell-produzierender Schriftsteller, wurde Zionist, blieb aber in Prag, bis er 1939 gerade noch nach Palästina entkommen konnte.

Brods Frühwerke, die Novellensammlungen *Tod den Toten* (1906), *Experimente* (1907) und die Romane *Schloß Nornepygge* (1908, geschrieben seit 1903) und *Ein tschechisches Dienstmädchen* (1909) zeigen seinen Willen, sich eine literarisch-philosophische Weltanschauung zu gewinnen. Kunstreligion, moderner Individualismus, der Stolz, der Oberschicht anzugehören, stehen gegen skeptische Fragen nach dem Sinn des Ganzen, die von Nietzsche und Schopenhauer angeregt sind. „Indifferentismus" nannte Brod seine Philosophie des Geltenlassens, des Nicht-Abwertens, mit der er Wert und Schönheit der Welt bewahren wollte. *Indifferentismus* heißt die letzte Erzählung der Sammlung *Tod den Toten*, in der diese Philosophie von einem kranken Jungen vertreten wird, der sich die Welt mit Phantasie belebt. Die Erzählungen und Dialoge dieses Buches befassen sich mit Problemen wie Kunst und Leben, Selbstbestimmung und Konvention, Skepsis und Optimismus.

Im Kreise Kurt Hillers galt *Schloß Nornepygge* als Roman des modernen Bewußtseins. Sein Untertitel lautet: „Der Roman des Indifferenten". Der Indifferentismus des letzten Stückes aus *Tod den Toten* wird einer experimentellen Prüfung unterzogen, indem er nicht der Trost eines phantasiebegabten Kranken ist, sondern zur Weltanschauung eines lebenshungrigen jungen Menschen wird, der in der Lage ist, sich seine Wünsche zu erfüllen. Der Held Walder Nornepygge ist ein Chemiker. Durch eine Erfindung reich geworden, will er sich im modernen Amoralismus ausleben. Ein „Klub der Differenzierten" praktiziert Individualismus in der Nachfolge Edgar Allan Poes, E. T. A. Hoffmanns und Joris-Karl Huysmans', die alle genannt werden. In der reichen Gesellschaft wird auch das 18. Jahrhundert gespielt. Am Ende läßt Brod seinen Helden sich als modernen Menschen beklagen:

> ... krank von den einströmenden Schätzen des Weltverkehrs, krank von allzu viel Empfängnis, von allzu vielen Möglichkeiten, unabgeschlossen, ein Opfer des geistigen Freihandels, durchfurcht von allen Dampferlinien und Telegraphendrähten der Welt. Ich weiß, was ich bin. Der moderne Mensch. Der hypertrophierte Intellekt.

Walder Nornepygge gehört so zu den Vorfahren des „Mannes ohne Eigenschaften". Der spätösterreichische Zweifel an Welt und Ich wird vor dem Hintergrund der modernen bürgerlichen Zivilisation ausgespielt. Eine Kontrast- und Komplementärfigur Walders ist Don Juan Tenorio, dreihundert Jahre alt, ein Revolutionär aus Lebens- und Bewegungsdrang, jedoch verheiratet mit einer schreibenden, getreuen deutschen Bürgersfrau.

Der Lebenskult des Jugendstils tritt in Widerspruch

zu dem Überdruß an der modernen glaubenslosen Freiheit. *Schloß Nornepygge* schwankt zwischen märchenhafter symbolistischer Üppigkeit und sozialem und psychologischem Realismus. Das märchenhafte Symbol und die soziale Psychologie sollte Brods Freund Kafka strukturell vereinigen. Brod hat seinen Jugendroman verleugnet. Der schopenhauerisch-skeptische Schluß paßte bald nicht mehr zu seinem neuen Humanismus und jüdischen Selbstbewußtsein. Auch liegt der künstlerische Eklektizismus allzu offen zutage. Gerade weil er jedoch das Motivreservoir anzeigt, das den Expressionisten aus der verhaßten Tradition zukam, gerade weil der Widerspruch zwischen Lebenskult und entfremdeter moderner Ziellosigkeit noch ungelöst ist, ist der Roman historisch bedeutsam.

Eine entschiedene Abwendung vom Indifferentismus ist der Roman *Jüdinnen* (1911). Im Mittelpunkt steht ein Siebzehnjähriger, der, frühreif in heiratsfähige Mädchen verliebt, deren sozial bedingte menschliche Verarmung erfährt. Dagegen strebt der Held nach „etwas was edel und jüdisch zugleich war". Er fühlt sich „in manchen Augenblicken recht stark als Jude, und dennoch von keinem edlen Gefühl der allgemeinen Menschheit ausgeschlossen". Eine Kontrastfigur, ein Student und Bergwanderer, ebenfalls jüdisch, vertritt die Anpassung an die deutsch-arische Ideologie. Der Leser wird Zeuge einer Saalschlacht. Man kann aus den Realien des Romans die böhmischen Ursprünge des Nationalsozialismus kennenlernen. Das Wort „Heil" als Gruß kommt vor, das Wort „arisch" und der Begriff „germanische Weltanschauung". Der Roman ist auf weite Strecken, besonders im Anfang, im Stil des realistischen Familienromanes geschrieben. Die sozialkritische Intention schält sich erst allmählich klar heraus. Brods Zionismus, für den er Kafka zu gewinnen suchte, erweist hier seinen literarischen Ursprung in der Vision vom neuen freien Leben nach Überwindung alter, lebensbehindernder Konventionen.

Arnold Beer. Das Schicksal eines Juden (1912) erzählt in heiter distanzierter Realistik von einem Sohn wohlhabender Eltern, der sein Leben verschwendet mit bedeutungslosen Sammlungen, in abgebrochenen Bildungsversuchen, in einem betrügerischen Geschäftsunternehmen, das den Schauflug eines Aviators vorbereitet (was vielleicht eine Spitze gegen Marinettis Schwärmereien enthält). Walder Nornepygge wird hier des symbolistisch-phantastischen Beiwerks entkleidet und in eine konkrete soziale Situation gestellt. Brod verwendet einige autobiographische Züge. Offenbar will er an seiner eigenen eklektischen vielfältigen Neugier Kritik üben. Am Ende besucht Arnold Beer seine hexenhafte, ärmliche, mütterliche Großmutter, vor der er einen ihm selbst schwer begreiflichen Respekt hat. Seine Abreise in den Journalistenberuf möchte der Held als grundsätzliche Trennung von Familie und früherem Leben auffassen, er bleibt aber, was metaphorisch angedeutet wird, desorientiert. Die Bedeutung des Romans liegt in seiner Kritik am Pluralismus der Moderne, an der entwurzelten Falschheit des eigenen assimilierten Judentums. Kafka schätzte das Werk sehr. Sein Tagebuch bezeugt Einwirkung auf seine Erzählung *Das Urteil.*

Tycho Brahes Weg zu Gott (1915, als Buch 1916), Franz Kafka gewidmet, ist eine Konzeption der Vorkriegszeit. Brod begann den Roman 1913. Er erschien im Vorabdruck in den *Weißen Blättern* und als Buch bei Kurt Wolff, ist dem Stil nach jedoch keineswegs expressionistisch. Besonders am Anfang finden sich lehrhafte Spuren des traditionellen historischen Romans. Die Intention hängt dennoch eng mit Problemen zusammen, die in expressionistischer Dichtung diskutiert werden. Da ist zuerst der Generationsgegensatz. Zwischen den historischen Figuren Brahe und Kepler herrschte ein Altersunterschied von fünfundzwanzig Jahren. Im Hintergrund dachte Brod, wie er in seiner Autobiographie *Streitbares Leben* berichtet, bei der Konzeption der Figuren an sein Verhältnis zu Werfel. Werfel war allerdings nur sechs Jahre jünger. Brod hatte ihn gefördert, und Werfel begann schnell seinen Förderer an Ruhm zu übertreffen.

Brods Tycho Brahe ist eine barocke Figur, pompös, ein patriarchalischer Haustyrann, zerrissen zwischen genauer mathematischer Wissenschaft und leidenschaftlicher, gefühlvoller Gottsuche. Kepler dagegen wird von Brod auf einen moderneren Menschen hin stilisiert, als er wirklich war. Brods Kepler ist kühl, rationalistisch, zweckmäßig handelnd und dennoch unglücklich, weil distanziert, mit der mitmenschlichen Wirklichkeit nur lose zusammenhängend, ein Mangel, der ihm nur unreflektiert bewußt ist. Brahe glaubt zwischen Geist und Macht vermitteln zu können. Er findet das göttliche Gesetz am Ende in der Aufgabe seines Stolzes, eine Einsicht, zu der ihm der berühmte Prager Rabbi Löw verhilft. Er ringt sich dazu durch, die Andersartigkeit Keplers anzuerkennen. Nicht nur der Generationsgegensatz, auch der Zusammenstoß von barocken und rationalistischen Gedanken, Religion und Mathematik, Anpassung an die herrschende Gesellschaft und innere Freiheit, Sozialbewußtsein und Elitismus gehören in die Thematik der Zeit. Brods Darstellung einer widersprüchlichen, fragwürdigen Größe ist überhaupt eine bedeutende Leistung.

Eine Stelle gegen Ende dürfte Kafka angeregt haben. Kaiser Rudolf sendet einen Boten, um sich nach Tycho Brahes Ergehen zu erkundigen. Vor Brahes Haus steht die Menge Kopf an Kopf.

Der Eilbote des Kaisers, der jede Stunde erschien, um für seinen Herrn Erkundigungen einzuziehen, wurde ehrerbietig durchgelassen; hinter ihm schloß sich das Gedränge eisern wieder zusammen.

Dient dieses Bild zur Demonstration des Ruhmes, den Brahe trotz allem, wovon der Leser Zeuge wurde, genießt, so benutzt Kafka es als Parabel in einem kleinen Prosatext aus *Beim Bau der chinesischen Mauer*, den er unter dem Titel *Eine kaiserliche Botschaft* in *Ein Landarzt* (1919) veröffentlichte. Kafkas Text spricht von der Unmöglichkeit, daß die kaiserliche Botschaft den Empfänger erreicht. Es gibt keine Offenbarung Gottes, die greifbar ist. Damit ist ein Zweifel an religiösen Lösungsmöglichkeiten ausgedrückt, wie Brod sie bereit hatte, auch in *Tycho Brahes Weg zu Gott*, was schon der Titel anzeigt. Und doch wird Tycho Brahe der Weg zu Gott erst erkennbar, nachdem er alle Eitelkeit abgelegt hat, was sicher auch im Sinne Kafkas war. Religion und Menschlichkeit werden in Brods Roman als Ideologien dargeboten, als Leitbilder in einer imperfekten Welt. Brod wollte auch die Lebensanschauung seines Freundes Kafka in diesem Sinne sehen; vermutlich war er da zu optimistisch.

Ein anderer Freund Kafkas war Ernst Weiß (1884–1940). Er stammte aus Brünn, studierte in Wien, wo er bei Freud hörte, wurde 1908 zum Doktor der Medizin promoviert. Als Schiffsarzt fuhr er nach Indien und Japan. Die Freundschaft mit Kafka war 1913 am engsten.

Der Roman *Die Galeere* (1913) handelt von den Liebesaffären eines Sohnes aus reichem Hause, wobei seine finanzielle Abhängigkeit von den Eltern thematisiert wird. Er ist Privatdozent der Physik und ein führender Strahlenforscher, dessen Forschung seine Gesundheit ruiniert. Der Fleiß des Dozenten ist sexuelle Sublimation nach Freuds Lehre. Seine Affären bekommen etwas Bösartiges, weil er als „ein Mensch ohne Gemeingefühle, ohne Mitfreude, ohne Mitleid“ dargestellt ist. Weiß will die Sexualität als Triebkraft unter den Konventionen der bürgerlichen Lebensart erkennen lassen, und zwar nicht bei einem reflektierenden Bohemien, sondern bei einem angepaßten, äußerlich erfolgreichen Angehörigen der Oberschicht. Das Symbol der Galeere im Titel bedeutet die Verfallenheit an die Geschlechtlichkeit. Dazu kommen die Familienabhängigkeiten. Der Roman hat eine Szene zwischen Mutter und Sohn, die von Franz Jung erfunden sein könnte. Erik Gyldendal, die egozentrische Hauptfigur, dürfte auf Kafkas Josef K. eingewirkt haben.

Weiß’ zweiter Roman *Der Kampf* erschien 1916, war jedoch schon im Mai 1914 fertig, als Franz Kafka ihn im Manuskript las und lobte (an Grete Bloch, 12. Mai 1914). Felice Bauer gegenüber bekannte er (28. Mai 1916), er selber erscheine in dem Buch als Typus, der dem westeuropäischen Juden gleiche. Er kann nur die schwache männliche Figur Erwin gemeint haben, der im Roman nicht als Jude dargestellt ist, sondern als ziellos schwankender Mensch, verfallen an ein Mädchen, das sich selbst zerstört. Züge von Selbstzerstörung hat die unbegreifliche Liebe der weiblichen Hauptfigur zu ihm, Franziska, deren andere Seite jedoch eine ungeheure Selbstdisziplin ist, mit der sie zur Klaviervirtuosin aufsteigt. Das Opfer ihrer beiden Schwestern nimmt sie mit kalter Härte und ohne Dank entgegen. Hart ist ihr „Kampf“ um den ihrer Liebe nicht werten Mann und um ihre Selbstbestimmung gegen ihr Bedürfnis nach Hingabe. Die Schauplätze formen ein Bild von der mitteleuropäischen Gesellschaft: das moderne Berlin, Prag, die Stadt mit verfallenen Palästen, und das kleinbürgerliche, enge, verklatschte nordböhmische Städtchen, das die Heimat der Hauptperson ist, die Lebensform der Familie, die sich auflöst. *Der Kampf* ist der Roman des Aufstiegs einer Frau zu künstlerischer und menschlicher Reife, aber so, daß der Leser empfindet wie Franziska: „Wie grauenhaft geht diese grauenhafte Zeit zu Ende."

Eine egozentrische Hauptfigur bietet Albert Paris Gütersloh in *Die tanzende Törin* (1913). Es ist Ruth, die achtzehnjährige Tochter eines reichgewordenen Berliners. Als sie merkt, daß sie durch erotische Reizlügen die Männer beherrschen kann, verlegt sie ihre Sexualität in das verhüllende Reizspiel, freilich immer mit der Erwartung, daß einer der Männer es als Spiel durchschaut und Ernst macht, was nie geschieht. Der Vorwurf ähnelt also Georg Kaisers *Die jüdische Witwe.* Da der Roman schon 1909 geschrieben wurde, ist eine Beeinflussung unwahrscheinlich. Im Gegensatz zu Kaisers Drama herrscht die Lüge bis zuletzt, wie auch die bloß physische und darum auch lügenhafte Jungfräulichkeit. Als Gegengewicht dient die Möglichkeit des Glaubens an Gott.

Albert Paris Gütersloh (d. i. Albert Conrad Kiehtreiber, 1887–1973) wurde in Wien geboren, wollte eine Zeitlang Priester werden, wurde Kunstgewerbler, Maler als Schüler von Klimt, Schauspieler und Regisseur, 1929 Professor an der Wiener Kunstgewerbeschule. Er hat in den zwanziger Jahren weitere Prosa veröffentlicht, darunter *Innozenz oder Sinn und Fluch der Unschuld* (1922). 1962 erschien der späte Roman *Sonne und Mond.*

Der Titel *Die tanzende Törin* deutet die Verurteilung der lügenhaften Kunstwelt an. Der Vorname der Hauptfigur dürfte auf Ruth Saint Denis (d. i. Ruth Dennis, 1877–1968) anspielen, auf die Begeisterung, die diese amerikanische Tänzerin in Europa und besonders in Wien erregt hatte. Die Jungfräulichkeit der Ruth des Romans treibt das Mädchenthema der Jugendstil-Erotik ins Groteske. Die religiöse Gegenposition wird durch eine Episode der Haupthandlung, außerdem durch ein Märchen gesetzt, das aus einer Metapher entsteht. Die üppig wuchernde Metaphorik kann sowohl in ernstzunehmende Lyrik übergehen wie in barocke Hyperbeln. Eine dynamische Eigenständigkeit mancher Metaphern ist ein dem Symbolismus analoger Zug, z. B. in dem Satz: „Willig, wie Weizenkörner kam sie herauf in die Schnäbel meiner Finger." Gemeint ist der Körper Ruths, wie sie von dem Sprecher geliebkost wird. Daneben stehen bis zur Unverständlichkeit gesuchte Metaphern.

Gerade der Lyrismus der Bilder behindert jedoch die kritische Distanz, die von der Intention her gefordert werden müßte. Der Autor ist der modernen Kunstwelt, die er kritisieren will, offensichtlich zu eng verhaftet. Nietzsches Immoralismus, Otto Weiningers Buch *Geschlecht und Charakter*, Anspielungen auf Freuds Lehre kommen vor, die Namen Maeterlinck, Rodin, Rilke und Kokoschka fallen. Ebenso ambivalent ist der soziale Aspekt. Eine von Bildern und kleinen Szenen getragene Einleitung über die Bewohner des Berliner Tiergartenviertels läßt kritische Distanz zur Welt der Reichen erwarten, die aber nachher verschwindet. Der größere Teil des Romanes spielt in Wien, geht von Salons in die Künstlerboheme über. Erst am Ende sind Handlung, Symbolik und Bilder klar in die kritische Intention integriert.

Leonhard F r a n k (1882–1961) stammte aus einer Würzburger Kleinbürgerfamilie, wurde Schlosser, brach aus der Kleinbürgerexistenz 1905 in die Münchener Boheme aus, um Maler zu werden. Sein beherrschender Eindruck wurde eine Zeitlang Otto Groß. 1910 ging er nach Berlin. Erste Novellen erschienen im *Pan* und in den Münchener expressionistischen Zeitschriften *Die neue Kunst* und *Revolution*. In diesen frühen Versuchen werden Belastung und Befreiung dialektisch nebeneinandergestellt. Jugenderinnerungen spielen eine Rolle, Visionen und symbolistische Motive passen die Skizzen in das expressionistische Milieu ein. Frank erwartete sich von der Dichtung Befreiung von der Belastung durch eine restriktive Erziehung und von der Erniedrigung, der er als Angehöriger der Unterschicht ausgesetzt gewesen war. Sein erster Roman, der ihn bekannt machte, geht in die gleiche Richtung, kritisiert sie aber auch: *Die Räuberbande* (1914) gibt sich zunächst als realistische Erzählung, in der ein junger Lehrling, zuerst durch seine Phantasie, dann durch die Kunst, sich von den Bedrückungen seiner Herkunft zu befreien sucht, aber scheitert, weil seine Freunde, mit denen er die Phantasiewelt teilte, sich an die bestehende Gesellschaft anpassen und die Bohemewelt, in die er flüchtet, sich als haltlos herausstellt. Dem frivolen Künstlerscherz einer falschen Anklage ist er mit seiner soliden Kleinbürger-Ehrlichkeit nicht gewachsen. Er erschießt sich. Die realistische Handlungsschicht wird von einer symbolischen gehalten, in der das ältere und das jüngere Selbst des ‚Helden' dialogisch zusammenkommen. Diese Dialoge weisen auf die eigentliche Intention, eine autobiographische Selbstinterpretation, eine Art von Selbstanalyse im Fiktiven. Der Ältere, im Text „der Fremde" genannt, kommt „aus der Zukunft zurück in die Gegenwart", er ist das „ältere Ich" des Helden, er trägt gegen Ende „das Lächeln der Verheißung" auf seinem Gesicht und befiehlt: „... töte das Schwache und Feige an dir." Darauf folgt der Selbstmord, der auf der realistischen Ebene blutig abläuft, auf der symbolischen jedoch die Freiheit bedeutet. Der Fremde kehrt nach Würzburg, dem Schauplatz der jugendlichen Räuberbande, zurück und sieht mit nun gewonnener Distanz, nicht mehr erkannt von seinen Freunden, deren Anpassung an die Bürgerlichkeit. Erst die Distanz macht den Roman und mit ihm die Befreiung möglich.

Es ergibt sich eine Ambivalenz. Die eine Seite ist Anklage gegen die tyrannische Strenge der Erwachsenen, den rohrstockschwingenden Volksschullehrer Mager, den ohrfeigenausteilenden Lehrherrn, den Schlossermeister Tritt; damit ist die Bürgersatire verbunden. Die andere Seite ist eine humorvolle Verklärung der Heimat, die gelegentlich sogar an die Grenze des sentimentalen Klischees gerät, wenn etwa von den „guten klugen Augen“ der Mutter die Rede ist. Die realistische Ebene enthält scharfe und zumeist ganz in Darstellung umgesetzte Beobachtungen des Kleinbürgermilieus. Die unterdrückten Jungen reagieren mit Streichen und Betrügereien und mit Flucht in die Trivialliteratur: sie reden davon, die Stadt in Brand zu setzen und ein Karl-May-Leben in Amerika zu beginnen. Michael Vierkant (ein sprechender Name: der sich sperrende Held) hält sich bis zuletzt an diesem Traum fest, der ihn in die Kunst treibt. Die Weigerung, sich anzupassen, führt zur Außenseiterstellung.

> Es gibt nur zweierlei – lügen wie die anderen = sein wie sie, oder ihre Verachtung verachten = einsam sein.

Die Künstlereinsamkeit ist Freiheit von der Kleinbürger-Bedrückung, impliziert aber auch die Gefahr der Boheme-Haltlosigkeit. Aus der Distanz dieser unbürgerlichen Freiheit werden die bürgerlichen Quälgeister als Produkte ihres Milieus verständlich, werden sie schuldlos. Ein Freund Michael Vierkants erlebt am Totenbett seiner Mutter deren Wandlung von der Strenge ins Liebevolle. Dieses Erlebnis treibt ihn ins

Kloster, wo er glücklich wird. Religiöse Symbolik wird in den Szenen zwischen dem „Fremden" und seinem jüngeren Ich ernsthaft gebraucht: der Leidensweg Christi entspricht dem Weg des Unangepaßten. Mehr noch trägt die vom Bürgertum distanzierte Sicht marxistische Züge: das Böse ist nicht individuell, sondern Produkt der Gesellschaft.

Bemerkenswert ist eine Cafészene, in der kubistische und expressionistische Malerei karikiert wird. Auf die Frage: „Ist das der Architekturplan zu einem Haus?", lautet die Antwort: „Nein, das ist ein Frauenakt." Der realistische Rückschlag gegen den Expressionismus, die ‚Neue Sachlichkeit', kündigt sich in Franks erstem Roman schon an, mag die realistische Schicht auch vom Stil des bürgerlichen Realismus und der Milieu-Orientierung des Naturalismus mitbestimmt sein. Daß der ganze Roman eine Heilung vom Bürgertum als psychoanalytische Selbstbehandlung darstellt, auch die realistische Schicht dieser Erforschung des eigenen Ich unterordnet, läßt ihn mit dem Expressionismus zusammenhängen.

Arnold Zweig (1887–1968) stammte aus einer schlesischen jüdischen Kleinbürgerfamilie. Der Vater war Sattler, dann Getreidehändler. In dieser Eigenschaft hatte er einen Bankrott erlitten, wobei der Umstand beteiligt war, daß er als jüdischer Zwischenhändler von Heereslieferungen ausgeschlossen worden war. Arnold teilte die wirtschaftlichen Sorgen der Familie, konnte aber Germanistik und Sprachwissenschaften studieren. Unter dem Einfluß seines Vaters interessierte er sich zeitweise für zionistische Bestrebungen, assimilierte sich jedoch andererseits der deutschen Kultur. Schreiben war ihm ein Weg zur Vornehmheit, aber wie bei Leonhard Frank war es für ihn auch ein Weg, sich mit seiner kleinbürgerlichen Herkunft auseinanderzusetzen. In seinem Falle war diese Herkunft mit der jüdischen Besonderheit belastet. Diese empfand er zusammen mit der Härte des kleinbürgerlichen Lebens als Wert, der von der Assimilation bedroht war.

Seine frühen Erzählungen spiegeln ein Bewußtsein, das sich durch seine Sensibilität von der Gesellschaft getrennt weiß, sei es das der Entfremdung des Künstlers, sei es das der Besonderheit des Juden, der aber nach Integration verlangt, nach innerer Harmonie und nach Frieden mit der Umwelt. Eine seiner früheren Erzählungen, *Vorfrühling* (1909), zeigt die Erweckung eines schüchternen Studenten zu Natur und Liebe. *Aufzeichnungen über eine Familie Klopfer* (1912) ist in der Nachfolge Thomas Manns geschrieben. Die Familie gehört zum jüdischen Kleinbürgertum. Ihre Angehörigen sind harten Erlebnissen ausgesetzt, Ungerechtigkeiten und Unterdrückung. Der Antisemitismus der Umgebung hält das Gefühl der Besonderheit aufrecht, das Emporstreben aus Armut kompliziert. Ein Schriftsteller, der zu Vermögen gekommen ist, abstrahiert das Leben in seine Werke, heiratet eine schöne italienische Schauspielerin, zieht sich nach Palästina, an den See Tiberias, zurück und tötet sich schließlich, um seinen Neurosen zu entfliehen. Seine Nachkommen sind „losgelöst von allen Wurzeln, allen Gesetzen, allen Sitten, unabhängig von allen Wertungen, von keiner Strafe geschreckt, gelockt von keinem Lohne, ohne Reue und Zukunft". Es sind Bruder und Schwester, die wie die alexandrinischen Ptolemäer in Geschwisterehe leben, jedoch unfruchtbar. In ihnen ist der Prozeß des gesellschaftlichen Aufstiegs aus der mühsamen, vom Antisemitismus bedrängten Kleinbürgerwelt beendet, als Umkehr des zionistischen Traumes, ohne Spannung, aber auch ohne Hoffnung. Der Leser soll offensichtlich gegen den Erzähler eingenommen werden, er soll den

Schriftsteller-Vater nicht wegen seiner Distanz zum Leben, sondern wegen seiner trotz seines Berufs vorhandenen Liebe zum Leben schätzen, literarisch ausgedrückt: die Tonio-Kröger-Seite in Thomas Mann und Arnold Zweig über die Darstellung des Verfalls stellen. In der Perspektive der eigenen Herkunft bedeutet das: gerade die Schwere des Lebens der Vorfahren, ihre Behinderung durch Antisemitismus, ihre mühsame kleinbürgerliche Begrenzung waren die Wirklichkeit, die den entfremdeten und elitistischen, aber hoffnungslosen Nachkommen auf der Höhe der modernen Bildung abgeht.

Das jüdische Thema erscheint in anderen Erzählungen: Antisemitismus, jüdisches Selbstbewußtsein, gelungener Ausgleich. Eine besonders eindrucksvolle, *Die Flucht der Spandows*, setzt Assimilation, bürgerliches Glück tragisch gegen Untreue zum angestammten jüdischen Glauben. Sie spielt am Anfang des 19. Jahrhunderts. Auf der anderen Seite stehen bürgerlich-harmonische Erzählungen wie *Das Kind*, wo das bürgerliche Tabu gegen ein uneheliches Abenteuer überwunden wird. Die Eckermann-Erzählung *Der Gehilfe* ist vielleicht von Thomas Manns *Schwere Stunde* angeregt. Sie beginnt mit einer langen Darstellung von Eckermanns Bewußtsein in erlebter Rede. Das Motiv des ichsüchtigen Goethe, das Schwanken Eckermanns zwischen Selbstbewußtsein und Hingabe an den Großen weisen auf Thomas Manns *Lotte in Weimar* voraus. Wieder andere Geschichten haben den Selbstmord als Thema, das übrigens häufig beim jungen Arnold Zweig vorkommt. *Abreise* ist die Geschichte eines verarmten Adligen und erfolglosen Schriftstellers, der mit seiner schönen Geliebten, der Tochter eines reichen Berliner Juden, in den Tod geht, wobei auf Kleists Selbstmord angespielt wird. Die Erzählung *Cinéma* parodiert das Selbstmordthema in einem deklassierten Kleinbürgersohn, Buchhandelslehrling, der im Kino „das Leben“ gesehen hat. Er überlebt; sein sentimentaler Lebensüberdruß war nur Produkt eines unreifen Bewußtseins. Der Konflikt zwischen kulturellem Elitismus und Zionismus ist Gegenstand der Erzählung *Quartettsatz von Schönberg*; die Geschichte ist eine Episode aus einem geplanten Roman „Brüder“, der ein Pogrom im russischen Polen zum Ausgangspunkt hat. Die vorhandenen Fragmente wurden 1912 bis 1913 geschrieben. Diese vor 1914 entstandenen Erzählungen erschienen in *Geschichtenbuch* (1916) und *Zweites Geschichtenbuch* (1923).

Seinen ersten Erfolg hatte Arnold Zweig mit einem Novellenkranz, der im Untertitel als „Roman“ bezeichnet wird: *Die Novellen um Claudia* (1912). Tatsächlich werden die Novellen durch ein gemeinsames Thema zusammengehalten, nämlich die Entwicklung des Verhältnisses eines armen Privatdozenten zu einem verwöhnten, reichen Mädchen vor und in der Ehe. Walter Rohme wird nicht als Jude dargestellt, muß aber doch eine innere Schwäche, eine Art von Selbstentfremdung überwinden. Er wird von seiner Selbstquälerei befreit, während seine Verlobte und Frau Claudia ihre Oberklassen-Sicherheit in einer ästhetischen Weltanschauung hatte, zu deren Modifizierung sie gedrängt wird. Die Erzählung *Das dreizehnte Blatt* handelt von dem Konflikt zwischen dem absoluten Ausdruckswillen eines Künstlers und der Verkäuflichkeit seines Kunstwerkes. Es geht nicht nur um den Warencharakter, sondern auch um die Wirkung, um eine mögliche Kommunikation mit dem Publikum. Nach Arnold Zweigs eigenem Bericht ist diese Erzählung entstanden, nachdem der verehrte Thomas Mann ihm die Entscheidung eines Preisgerichtes erläuterte, dem er selbst angehörte. Das Thema der Novelle *Das*

Kind sei für ein bürgerliches Publikum zu heikel gewesen. Tatsächlich hat diese sonst harmlose Geschichte einige Sätze, in denen Sexuelles deutlicher als damals üblich dargestellt wird. Jedoch ist *Das dreizehnte Blatt* keine Anklage. Arnold Zweig paßt sich dem ästhetisch empfindenden Kulturbürgertum seiner Zeit an in seinem preziösen Stil. Ein labiles Gleichgewicht zwischen ästhetischem Elitismus und den Anforderungen einer taktvollen bürgerlichen Gemeinschaftsordnung ist das Ziel des Werkes.

Die Aufzeichnungen einer Familie Klopfer nennen Dramenstoffe aus dem Alten Testament. Damals, 1909, schrieb Arnold Zweig gleichzeitig die 1. Fassung von *Abigail und Nabal* in Versen und druckte sie in einer kleinen Zeitschrift, die er leitete. Er arbeitete die „Tragödie in drei Akten“ in Prosa um, sie wurde in dieser Form 1913 veröffentlicht und 1920 noch einmal umgearbeitet. Das Stück ist nicht tragisch, denn Nabal, der sich am Ende umbringt, ist ein verwöhnter und unnützer Reicher. Dagegen findet Abigail sich selbst in einer erotischen Bindung an den charismatischen David. Auch in dem biblischen Thema finden wir eine durchgehende Tendenz, die unter Arnold Zweigs Werk verläuft. Er möchte Vornehmheit und Selbstzucht verbinden mit der lebenszugewandten Tatkraft des gesellschaftlich Aufstrebenden, anders ausgedrückt, er möchte kleinbürgerliche Werte im Elitismus der Oberschicht erhalten.

Als gesellschaftliche Aktion und als Bindung an seine Herkunft kann man ansehen, daß er den Mechanismus antisemitischer Vorurteile in dem Drama *Ritualmord in Ungarn* (1914) dem traditionellen jüdischen Glauben entgegensetzt. Eine Neufassung von 1918 erhielt den Titel *Die Sendung Semaels*, der sich auf eine Rahmenhandlung nach dem Vorbild des Buches Hiob bezieht. Eine Teufelshandlung ist in die realistische Handlung eingeschoben. Der Antisemitismus wird als göttliche Schickung mit der Absicht der Läuterung gedeutet, der moderne Drang zur Assimilation ist die Sünde. Die realistische Haupthandlung zeigt manipulative Perversionen der Justiz aus festsitzenden dummen Vorurteilen, Ehrgeiz, Geldgier und Klasseninteresse, unterstützt durch Demagogie. Den guten Ausgang bewirken ein tapferer Gendarm deutscher Herkunft und ein ehrlicher Staatsanwalt mit dem Namen Szeyfferth, der ebenfalls deutsche Herkunft verrät. Dagegen sind zwei demagogische Abgeordnete einer antisemitisch-patriotischen Partei die größten Übeltäter. Gerechtigkeit der Staatsautorität wird also als Schutz gegen reaktionäre Demagogie hingestellt. Der jüdische Glaube ist an die kleine lokale Gemeinde gebunden, deren Existenz durch den modernen Staat, die moderne Wirtschaftsordnung, die moderne Liberalität bedroht ist. Mit anderen Worten, das Übel des Glaubensverlustes, der Assimilation, kommt aus derselben Quelle wie die am Ende siegende Gerechtigkeit. Diese Einsicht wird jedoch verdeckt durch die Meinung, daß nur Geldwirtschaft und Parteiwesen die spezifisch modernen Übel seien, die durch religiös-moralische Läuterung zurückgedrängt werden können. Arnold Zweigs Drama, wie sein Vorkriegswerk überhaupt, ist ein Zeugnis für den Glauben an eine konservative Liberalität, eine Versöhnung von Gerechtigkeit und Glauben unter einer wohlmeinenden Autorität, an eine Bereicherung des inneren Lebens durch aufklärende Kultur und umgekehrt, an eine Bereicherung der Kultur durch freigelegte religiöse Werte. Dieser Glaube wurde von großen Teilen der kulturellen Elite für spezifisch deutsch und 1914 für verteidigungswürdig gehalten. Arnold Zweig wollte seine jüdischen Erfahrungen in diese Synthese einbringen. Mag er Irrtümern seiner Zeit erlegen sein,

sein erzählerisches Frühwerk behält Wert, weil seinem sittlichen Ernst ein sauberer und gepflegter Stil entspricht. Das Erlebnis des Ersten Weltkrieges sollte ihn zu einem der wirkungsvollsten Kritiker an der historisch wirklichen Autorität machen.

22. Franz Kafka

Franz Kafkas (1883–1924) Bedeutung für eine Geschichte der deutschen Literatur ist ein eigenes Problem. Er gehört dem Alter nach zu den Expressionisten, von denen er sich jedoch fernhielt, wenn er auch den größten Teil des von ihm selbst veröffentlichten Werkes bei Kurt Wolff, dem Verleger vieler Expressionisten, erscheinen ließ. Wir wissen, daß er von der Literatur seiner Zeit und von der Weltliteratur, von Goethe, Kleist, Flaubert, Dostojewski, Strindberg, Thomas Mann, Robert Walser, seinem Freund Max Brod beeinflußt war. In hohem Maße bildete er um, was auf ihn einwirkte. Das Besondere und oft Rätselhafte in seinen Werken ist die vieldeutige Struktur, die in Kafkas Texten aus einfachen, deskriptiven Sätzen entsteht. Was aus seinem Leben, aus seiner Umgebung, aus seiner Lektüre kam, wurde in diese Strukturen umgesetzt, oft genug umfunktioniert. Seine Ansicht der Realität war dadurch kompliziert, daß er die Welt durch die Augen eines Neurotikers sah, der sich selbst beobachtete und am eigenen Wert zweifelte.

Diese psychologische Bedingung steht im Zusammenhang mit seiner Herkunft, obwohl man sich hüten muß, sie allein daher kausal zu erklären. Denn sie ist natürlich auch Teil seiner Begabung als Schriftsteller, treibt sie hervor. Kafka führte seinen Mangel an Selbstwertgefühl auf die übermächtige Erscheinung seines Vaters Hermann Kafka zurück, während er seine besinnliche und grübelnde Verfassung von der Familie seiner Mutter herleitete. Hermann Kafka stammte aus der jüdischen Minderheit in einem tschechisch sprechenden Dorf, etablierte sich mit einem

Geschäft in Prag und heiratete Julie Löwy, Tochter einer wohlhabenden deutsch sprechenden jüdischen Familie, die ihrerseits aus der tschechisch sprechenden Provinz stammte. Da beide Eltern im Geschäft arbeiteten, war das Kind Franz oft sich selbst oder angestellten Betreuern überlassen, was einsame Grübeleien sowie das Gefühl von Schwäche und Ausgeliefertsein begünstigt haben muß. Nur seine Schwester Ottilie, genannt Ottla, hat in seinem späteren Leben eine Rolle gespielt, weil sie sich auflehnte gegen die Erwartungen und Anforderungen der Familie an sie, was Franz unterstützte. Übrigens wurden die drei Schwestern Kafkas in nationalsozialistischen Konzentrationslagern getötet.

Hermann Kafka, der sich und seine Familie bei den Volkszählungen als Tscheche deklarierte, sandte seinen ältesten Sohn auf ein deutsches Gymnasium und die deutsche Universität, wo Franz Kafka nach anfänglichem Schwanken Jura studierte, einen Brotberuf antizipierend, der ihn innerlich wenig anging, so daß er Zeit und Kraft zum Schreiben behalten könne. Das Bild der Übermacht des Vaters, das wir aus Tagebuchstellen und aus Kafkas erst 1919 geschriebenem *Brief an den Vater* gewinnen, ist Kafkas Perspektive. Worunter der sich schwach fühlende, zum Schreiben neigende Franz Kafka sicher litt, war die Erwartung des Aufstiegsbürgers, daß sein Sohn in seinen Bahnen fortschreiten würde. Der Vater fühlte seine Erwartung enttäuscht, betrachtete das Schreiben seines Sohnes als nutzlos und ließ ihn das fühlen. Die Mutter vermittelte zwar, war aber dem Vater ergeben. Den Konflikt zwischen seinem Freiheits- und seinem Sicherheitsbedürfnis löste Franz Kafka nicht durch Trennung von der Familie, auch dann nicht, als er ein ausreichendes Einkommen als Beamter der halbstaatlichen Arbeiterunfallversicherung für das Land Böhmen besaß. Das Leben in der Familie bot ihm trotz des Unverständnisses des Vaters die Sicherheit, die er für sein Schreiben brauchte. Aber diese Sicherheit war vielfach gefährdet. Nicht nur durch die Übermacht des Vaters, sondern auch dadurch, daß dessen moralische Autorität für den sensiblen Sohn untergraben wurde durch dessen Verhältnis zu seiner jüdischen Herkunft. Hermann Kafka selbst scheint in seiner losen Verbindung zur jüdischen Religion kein Problem gesehen zu haben; für den Sohn prägte sie sich als Halbheit aus, die ihm unerträglich wurde. Später, 1910 bis 1911, kostete Kafka den Widerspruch aus, der aus der Verachtung des assimilierten und aufstrebenden Vaters gegenüber den Ostjuden entsprang. Kafka selbst näherte sich damals einer jiddischen Schauspieltruppe und befreundete sich mit deren führendem Schauspieler, was sein Vater als nutzlos ansah. Und doch fragte Kafka in dem Medium der jiddischen Stücke und der Erzählungen der Schauspieler vom ostjüdischen Leben nach seiner eigenen Herkunft und Zugehörigkeit. Die Tagebuchzeugnisse dieser Freundschaft erwähnen auch skurrile Züge und solche, die Kafka abgestoßen haben müssen, vor allem den im ostjüdischen Milieu oft herrschenden Schmutz, vor dem er eine besondere Furcht hatte. Kafka wußte, daß er Westjude war, nicht in die ostjüdische Gemeinde zurückkonnte. Sein Westjudentum nahm er als Entfremdung von jeder Gemeinschaft, ohne recht zu merken, daß das Erlebnis der Großstadtentfremdung nicht an das Judentum gebunden war.

Der Antisemitismus der Tschechen, der Sudetendeutschen und der der Christlich-Sozialen in Wien war seit Kafkas Geburt im Wachsen. Er hat ihn zu einem jüdischen Selbsthaß verinnerlicht, aus dem er zur Handarbeit, zum Dorfleben, zum Zionismus, zum Gedanken an ein einfaches Leben in Palästina fliehen wollte, ohne daß diese Auswege wirklich halfen. Viel später, in einem Brief vom Juni 1921 an Max Brod, hat Kafka am Beispiel Karl Kraus' auch das Schreiben als eine Fluchtbewegung gedeutet. Die Äußerung ist offensichtlich autobiographisch:

Besser als die Psychoanalyse gefällt mir in diesem Fall die Erkenntnis, daß dieser Vaterkomplex, von dem sich mancher geistig nährt, nicht den unschuldigen Vater, sondern das Judentum des Vaters betrifft. Weg vom Judentum, meist mit unklarer Zustimmung der Väter (diese Unklarheit war das Empörende), wollten die meisten, die deutsch zu schreiben anfingen, sie wollten es, aber mit den Hinterbeinchen klebten sie noch am Judentum des Vaters und mit den Vorderbeinchen fanden sie keinen neuen Boden. Die Verzweiflung darüber war ihre Inspiration.

Kafka schloß, daß das Ergebnis dieser Inspiration nicht deutsche Literatur sein könne. Diese Meinung beruht auf seinem Glauben, der Nichtjude sei weniger isoliert, empfinde die Entfremdung des Großstadtmenschen nicht. Jedoch, Kafkas Zweifel an dem Wert seiner literarischen Produktion ist durch die Rezeption seines Werkes widerlegt. Offenbar traf gerade die zwar schlichte, aber abgründige Darstellung vieldeutiger Strukturen eine Empfänglichkeit der Leser für das Bewußtsein der Entfremdung in der modernen Großstadtwirklichkeit.

Auch ist Kafkas Interesse für deutsche Literatur lebhaft gewesen, sein Bemühen um wirksamen Ausdruck in Werken und Briefen offenbar. Eine Zeitlang, von 1902 bis etwa 1904, war er sogar Leser der reformistischen und deutschtümelnden Zeitschrift *Der Kunstwart*. Von deren blumiger Sprache anfangs beeinflußt, löste er sich entschieden von diesem Stil. Max Brod berichtet, Kafka habe ihn beeinflußt durch seine Abneigung gegen die Phantasmen Gustav Meyrinks und Edgar Allan Poes. Kafka las regelmäßig

Die Neue Rundschau. Mit Nietzsche muß er sich auseinandergesetzt haben, jedenfalls ist Nietzsche-Lektüre gesichert, wenn auch direkte Spuren selten sind. Tschechisch sprach und schrieb Kafka gut; er kannte auch tschechische Literatur.

In der Schule interessierte Kafka sich für Sozialismus. Er hat sich auch später gelegentlich sozialistischen und anarchistischen Gedanken nahegefühlt, ohne sich jedoch für eine Partei einzusetzen. Dafür war er zu sehr Einzelgänger. Jedoch war dieses Einzelgängertum ihm auch wieder problematisch, weil es ja durch die Entfremdung des assimilierten Juden von der Gesellschaft charakterisiert wurde. Das bürgerliche Familienleben wertete er keineswegs ab wie seine ‚expressionistischen‘ Zeitgenossen, im Gegenteil, es war ihm ein unerreichbares Ideal, die Erfüllung persönlicher und übrigens auch religiöser ethischer Forderungen. Andererseits sollte es ein Ideal bleiben, vor der Verwirklichung ist er in drei Verlobungen und Entlobungen zurückgeschreckt. Eine neurotisch belastete Sexualität spielte dabei eine Rolle. Erst kurz vor seinem Tode wagte Kafka einen Absprung in ein freies Schriftstellerleben, betreut von einer ostjüdischen Lebensgefährtin. Aber auch diese Handlung war nicht eindeutig. Kafka wußte, daß er nicht lange zu leben hatte, und war durch eine Pension notdürftig gesichert.

Das erste erhaltene Werk Kafkas ist *Beschreibung eines Kampfes*. Der Text wurde nie veröffentlichungsreif. Kafka hat Stücke daraus in die Sammlung von Kleinprosa *Betrachtung* aufgenommen, die er 1908 in der Zeitschrift *Hyperion* und Ende 1912 (mit dem Druckjahr 1913) als Buch veröffentlichte. *Beschreibung eines Kampfes* liegt in 2 Fassungen vor. Die 1. ist nicht genau zu datieren, sie könnte zwischen 1903 und 1905 entstanden sein. In einer komplizierten Verschachtelung werden verschiedene Perspektiven vorgeführt, in denen Schwierigkeiten im Umgang mit Mitmenschen und eine losgelöste, die Dinge benennende oder verändernde Phantasie miteinander verflochten werden. In der 2. Fassung suchte Kafka die Perspektive zu vereinfachen. Sie ist noch unfertiger als die 1., vermutlich um 1907 geschrieben. Aus dem Jahr 1907 stammen 2 Fassungen des Fragmentes einer Erzählung *Hochzeitsvorbereitungen auf dem Lande*, das in der 3. Person geschrieben, auf die Perspektive des Protagonisten Raban eingeschränkt ist, wie in Kafkas Hauptwerken. Wie dort wird erkennbar, daß der Leser die Begrenzung der Perspektive transzendieren soll. Raban fährt zu seiner Verlobten, hat jedoch einen Widerstand gegen die Verbindung, ohne daß er das wahrhaben will. Sein Widerstand kommt in seinen Gedanken, in der Reaktion eines Freundes zum Ausdruck, aber auch in der Weise, wie Raban die Welt erlebt, ja in den dargestellten Erlebnissen selbst, also in einer Fülle von Signalen. Eine graue, regnerische oder dunkle Umwelt entspricht der Mißstimmung Rabans, der sich in einem Wachtraum vorstellt, als Käfer im Bett liegenzubleiben, während sein angekleideter Körper auf die Reise geht, dessen traumhafte Bewegungen seine Nichtigkeit bedeuten. Die Käfermetapher sollte Kafka in *Die Verwandlung* wiederaufnehmen. Die Menschen in Rabans Umwelt sind mit einer distanzierten Deskription gegeben, die auf das Vorbild Flaubert zurückgeht.

Aus der Zeit zwischen 1907 und 1912 stammen die kleinen Prosastücke, die unter dem Titel *Betrachtung* Ende 1912 als Kafkas erstes Buch erschienen. In den kleinen Stücken, von denen viele etwas Rätselhaftes haben, geht es um Variationen des Themas von fehlschlagender Kommunikation. Das erste Stück, *Kinder auf der Landstraße*, ist der 2. Fassung der *Beschrei-*

bung eines Kampfes entnommen. Es beginnt mit einem einsamen Jungen, der ein Idyll im Garten erlebt; in der Nacht nimmt er halb widerwillig an einem wilden Gruppenspiel teil, um schließlich im Wald zu verschwinden auf der Suche nach der „Stadt im Süden“. Idylle, halb erzwungene Gemeinschaft und Phantasiewelt sind die Elemente dieser traumhaften Erzählung. Ein anderes Stück heißt *Das Unglück eines Junggesellen* (Vorform im Tagebuch, November 1911), ein weiteres *Die Abweisung*. Ein nicht zustande kommender erotischer Kontakt wird durch Phantasiereden umspielt. *Das Gassenfenster* beginnt so:

> Wer verlassen lebt und sich doch hie und da irgendwie anschließen möchte ...

Ähnlich ist der erste Satz in *Der Kaufmann*:

> Es ist möglich, daß einige Leute Mitleid mit mir haben, aber ich spüre nichts davon.

Die tiefe Melancholie der *Betrachtung* ist so mit leichter Ironie versetzt, um Sentimentalität nicht aufkommen zu lassen.

Seit 1910 führte Kafka Tagebuch. Am 16. Dezember 1910 notiert er:

> Ich werde das Tagebuch nicht mehr verlassen. Hier muß ich mich festhalten, denn nur hier kann ich es.

Das Tagebuch enthält neben Eindrücken aus dem täglichen Leben, aus Lektüre oder Theateraufführungen (wobei das Gewöhnliche, Auffallende, Im-Gedächtnis-Bleibende meist ausgelassen ist) sehr viele Erzählansätze. Nicht selten kann man beobachten, wie Autobiographisches in Fiktives übergeht. Metaphern schieben sich ein mit einer Tendenz zu skurriler Selbständigkeit. Dazu gehört eine Eintragung vom 15. Dezember, dem oben Zitierten vorausgehend, in der Kafka Zweifel an seinem Schreiben ausdrückt:

> Ich bin ja wie aus Stein, wie mein eigenes Grabdenkmal bin ich, da ist keine Lücke für Zweifel oder für Glauben, für Liebe oder Widerwillen, für Mut oder Angst im besonderen oder allgemeinen, nur eine vage Hoffnung lebt, aber nicht besser als die Inschriften auf den Grabdenkmälern. Kein Wort fast, das ich schreibe, paßt zum andern, ich höre, wie sich die Konsonanten blechern aneinanderreiben, und die Vokale singen dazu wie Ausstellungsneger. Meine Zweifel stehn um jedes Wort im Kreis herum, ich sehe sie früher als das Wort, aber was denn! ich sehe das Wort überhaupt nicht, das erfinde ich. Das wäre ja noch das größte Unglück nicht, nur müßte ich dann Worte erfinden können, welche imstande sind, den Leichengeruch in einer Richtung zu blasen, daß er mir und dem Leser nicht gleich ins Gesicht kommt.

Das mag zuerst wie der Ausdruck einer Depression aus Mangel an Inspiration aussehen, ist aber mehr. Aus der Metapher „wie aus Stein“ entwickelt sich das Bild des Grabdenkmals. Das Todessymbol bestimmt auch das Folgende, den Ausdruck des Zweifels am richtigen Wort. Die Erfindung wird nicht wie am Beginn der deutschen humanistischen Klassik im Bilde der Schöpfung, der Natur gesehen, sondern unter dem Bild des Todes. Das Wort legt fest, ist deshalb lebensfeindlich. Unter diesem Gesichtspunkt ist es verständlich, daß Kafka Thomas Manns *Tonio Kröger* sehr schätzte. Auch für Kafka war die Literatur der Tod, aber trotzdem das, woran er sich festhielt. Leben war Familienleben, Aufstiegsstreben, kräftiges Sich-Durchsetzen. Literatur, sein Teil, war Schwäche, Rückzug in ein nächtliches Zimmer, Festlegen des Lebens im Wort, das überdies von Zweifeln umstellt war. Es galt, die Erstarrung im Wort mit fiktivem Leben zu verhüllen.

Franz Kafka

Der Gegensatz von Leben, Gesellschaft auf der einen, Literatur und Tod auf der anderen Seite stellte sich Kafka unmittelbar als die Ambivalenz in der Beziehung zu seiner Familie vor. Sein Vater, der Geschäftsgründer und Aufstiegsbürger, war ihm ein Bild der Übermacht des Lebens, dessen abendliches Kartenspiel ein immer wiederholtes Zeichen der völligen Gleichgültigkeit gegen alles war, was Kafka bewegte. Und doch war dieses ein wenig verachtete, oft gehaßte Bild des Lebens zugleich beneidete und geliebte Autorität, Verbindung zu der Herkunft aus dem jüdischen Glauben. Hermann Kafka brauchte keine Erinnerung an die Glaubenssicherheit, weil die dörfliche Heimat für ihn Armut und wirtschaftliche Unsicherheit bedeutete, aus der er sich in einen relativen Wohlstand gerettet hatte. Um der Erhaltung dieses Wohlstandes willen verlangte der Vater, unterstützt von seiner Familie, daß Franz Kafka sich um eine Asbestfabrik kümmere, deren Gründung er betrieben hatte und an der er finanziell beteiligt war. Dieser aus dem bürgerlichen Erwerbsleben stammende, mit familiärer Liebe versetzte Zwang, der sich gegen Kafkas Schreiben, seine Rettung vor dem Versinken in neurotischer Schwäche, gegen seine Selbstrechtfertigung richtete, trieb Kafka zeitweise zu Selbstmordplänen, die er seinem Tagebuch sowie seinem Freund Max Brod anvertraute.

In der Nacht vom 22. zum 23. September 1912, zwei Tage nach Jom Kippur, dem jüdischen Bußtag und Versöhnungsfest, schrieb Kafka die Erzählung *Das Urteil.* Der zuerst schwache, dann übermächtige Vater, der seinen geschäftlich erfolgreichen Sohn zum Tode des Ertrinkens verurteilt, ist kein Bild Hermann Kafkas. Die Erzählung läßt sich überhaupt nicht realistisch deuten. Könnte man die irrationale Handlungsweise des Vaters noch aus dem irrationalen Haß auf den Sohn verstehen, die Annahme des Todesurteils ergäbe dann erst recht keinen Sinn. Vielmehr sind die fiktiven Personen als Symbole von inneren Tendenzen der Zentralfigur zu verstehen, deren Widerstreben durch den Sprung in den Fluß gelöst wird. Diese Erzählung stellt die innere Welt dar, ohne daß sie als Vision, als Erinnerung, als Wahnsinn, als Traum kenntlich gemacht noch an die realistische Konvention angeschlossen würde.

Jedoch beginnt der Text mit einer Parodie dieser Konvention:

> Es war an einem Sonntagvormittag im schönsten Frühjahr.

Georg Bendemann wird im Lichte eines Frühlingstages gezeigt, wie er über Stadt, Fluß und Grünanlagen hinwegblickt, während er den Brief an einen Freund in Rußland verschließt. Dieser Freund ist Junggeselle, unangepaßt, erfolglos in die Weite Rußlands verschlagen. Georg Bendemann teilt ihm seine Verlobung mit einem Mädchen aus wohlhabendem Hause mit. Diese Verbindung soll Georgs Glück und Erfolg besiegeln. Aber die Existenz des Freundes wird zum Problem. Georg erinnert sich, daß seine Verlobte gesagt habe:

> Wenn du solche Freunde hast, Georg, hättest du dich überhaupt nicht verloben dürfen.

Der Freund in der Fremde ist die Entfremdung selber. Bei seinen wenigen Besuchen in der Familie hat der Freund Geschichten aus seiner Fremde erzählt. Die Mitteilung der Verlobung – der Vollendung der Anpassung an die lichte Welt des Erfolges, des Aufstiegs, der bürgerlichen Achtung und Selbstachtung – an den Fremden, den Unangepaßten, den Geschichtenerzähler will oder vielmehr muß Georg dem Vater melden. Diesen findet er in einem dunklen Zimmer, dessen

Fenster geschlossen ist. Dunkel und dumpfe Luft werden später im *Prozeß* Symbole für die innere Welt. Der Gang zum Vater ist die Wendung ins Innere, wo das Gewissen geschlafen hat. Der Vater ist im Geschäft tätig, das Gewissen war also an die Erfolgswelt angepaßt. Georgs Erfolg hat mit dem Tod der Mutter, mit dem Ausgang aus der kindlichen Idylle begonnen. *Das Urteil* erzählt die Wandlung des Vaters, des Gewissens, von der angepaßten Erfolgswelt zu der unangepaßten des Fremden. Indem der Vater wider Erwarten aufsteht, eine übermächtige Gewalt ausübt, was bei aller Wirkung auch einen spielerisch komödienhaften, ja komischen Aspekt hat, wird Georg der sonnigen Erfolgswelt entzogen. Der Vater nennt ihn ein unschuldiges Kind und zugleich einen teuflischen Menschen. Seine eigentliche Bestimmung ist die des unangepaßten Geschichtenerzählers, der mit dem Leben spielt und es teuflisch fremd macht. Daraus folgert der Vater das Todesurteil, das Georg mit Eifer annimmt. Tod ist mit dem festgelegten Wort assoziiert. Die Annahme der unangepaßten Existenz als der, die vom Gewissen vorgeschrieben ist, bedeutet den Tod des angepaßten und glücklichen Bendemann, der mit dem Gedanken an seine Liebe zu den Eltern stirbt, also seinen Abschied aus der Anpassung in Erinnerung an die kindliche Idylle vollzieht. Man kann den Strom, in dem er versinkt, als Strom des Lebens auffassen, weil der Strom in *Beschreibung eines Kampfes* eine solche Bedeutung zu haben scheint. Dazu würde eine von Max Brod überlieferte Bemerkung passen, Kafka habe bei der Brücke, über die ein „unendlicher Verkehr" geht, während Georg das Gitter losläßt und sich fallenläßt, an eine Ejakulation gedacht. Die Brücke der Sexualität verbindet Gegenwart und Zukunft und überspannt den Strom des Lebens, in dem zu versinken zugleich den Tod bedeutet, während der angepaßte bürgerliche Erfolgsmensch an seinem festen Ufer wohnt. Die Einheit von Leben und Tod wird in der Annahme der unangepaßten Existenz gefunden, im festlegenden Wort, das dennoch das Eigentliche des Lebens offenlegt, ein Gedanke, der einem anderen Dichter aus Prag, Rainer Maria Rilke, nahekommt. Schreiben ist Leben und Tod, es ist Schicksal, zu dem der Schreibende von innen her bestimmt ist und das eine Abwendung von der Bürgerlichkeit verlangt, die für Kafka auch eine Abwendung von Familie und Ehe und Nachkommenschaft bedeutete. Es ist aber natürlich auch möglich, den Tod Georgs enger mit der Symbolik der Erzählung zu verknüpfen. Tod wäre dann das eigentliche Ziel dessen, für den die Anpassung an die Erfolgswelt nicht mehr gilt. Dem würde Kafkas eigenes Spiel mit dem Selbstmordgedanken entsprechen, wie auch der Hinweis auf Kleists Selbstmord als „richtigen Ausweg" knapp ein Jahr später in einem Brief an Felice Bauer.

Die Erzählung wurde im folgenden Jahr (1913) in einem Jahrbuch *Arkadia* gedruckt, das Max Brod herausgab (es blieb ein einmaliges Jahrbuch). Sie ist Felice Bauer gewidmet, die Kafka im August kennengelernt hatte und an die er am 20. September seinen ersten Brief schrieb. Felice Bauer lebte in Berlin in ihrer Familie, die wie die Kafkas zum aufstrebenden jüdischen Kleinbürgertum gehörte. Sie selbst hatte eine Stelle als Stenotypistin gefunden und war zur Prokuristin einer Firma für Diktiergeräte aufgestiegen. Kafka hatte sie kennengelernt, als sie einen Besuch im Hause der Eltern von Max Brod in Prag machte. Dabei waren Bilder von der Reise Kafkas und Brods nach Weimar zu den Goethestätten gezeigt worden. Halb scherzhaft war zwischen Kafka und Felice von einer gemeinsamen Reise nach Palästina gesprochen worden. Felice war achtundzwanzigjährig, wirtschaftlich unabhängig, halb emanzipiert. Bei dem Besuch Kafkas im Hause Brod hatten die Freunde in Anwesenheit Felices die Reihenfolge der Erzählstücke in Kafkas erstem Buch *Betrachtung* festgelegt. Felice hat Kafka, wenigstens anfangs, erotisch wenig angezogen, sie war, nach Bildern zu urteilen, nicht sehr reizvoll. Jedoch bewunderte er sie wegen ihrer praktischen Tüchtigkeit, wegen ihrer Teilemanzipierung. Sie interessierte Kafka, weil sie ganz ruhig und problemlos im Kreuzungspunkt von Tendenzen lebte, die für Kafka widersprüchlich waren: Assimilation und Zionismus, Emanzipation und Familiensinn, Bildung und Erwerbswelt. Sie für sich zu gewinnen, einen unkomplizierten, in seine Welt integrierten Menschen zum Verständnis seiner selbst zu bringen wurde zu einem faszinierenden Ziel für Kafka. In dieses Ziel floß sein Traum der Emanzipation von seiner Familie ein, der durch innere und äußere Selbständigkeit und Familiengründung sich darstellen mußte. So steigern sich die Briefe zu Liebesbriefen. Er redete Felice mit Liebste und Du an. Jedoch geriet diese halb erträumte Liebe sehr schnell in Konflikt mit den inneren Kräften, die ihn bisher zum Schreiben angetrieben hatten. Er versicherte Felice, er werde nie Familienvater werden können. Er dachte daran, seinen Beamtenberuf aufzugeben, nur noch zu schreiben, und wollte sich am liebsten von Felice erhalten lassen, ohne diese Absicht doch zugeben zu können. Seine Emanzipation war die Literatur, eine Emanzipation von Familie und Beruf, die überdies noch eine ersatzreligiöse Funktion annehmen konnte, was sowohl in der deutschen Tradition von Weimar wie in der ostjüdischen der Verehrung des Schriftlichen lag.

Kafka wollte Felice dazu veranlassen, ihn als Schriftsteller mit allen seinen neurotischen Zuständen anzunehmen, er wollte sich ihr durch Briefeschreiben annähern; ja er suchte lange Zeit das Verhältnis in der Distanz des Schreibens zu belassen, sie von seiner Wirklichkeit entfernt zu halten. Diese Tendenz ging so weit, daß er sie abstoßen wollte, wobei er sein Minderwertigkeitsgefühl herauskehrte, das er doch gerade durch Gewinnung eines im wirklichen Leben stehenden Menschen loswerden wollte. Komplizierend kam dann noch das Dazwischentreten von Felices Freundin Grete Bloch im Jahre 1913 hinzu. Sie war damals einundzwanzig Jahre alt und muß Kafka auch erotisch sehr gereizt haben. Ebenfalls 1913 verliebte Kafka sich in eine christliche Schweizerin, die er in einem Sanatorium in Riva am Gardasee kennengelernt hatte. Felice gegenüber fühlte er sich dennoch verpflichtet, weil er sie durch die zweijährige Verbindung an sich gefesselt hatte.

Im Jahre 1914 kam es zu einer Verlobung. Nach Rückkehr von der Verlobungsfeier in Berlin schrieb Kafka in sein Tagebuch: „War gebunden wie ein Verbrecher." Ende Juli 1914 gingen Kafka und Felice wieder auseinander. Felices bürgerliche Züge hatten Kafka schwer erschreckt, er fürchtete um seine Arbeit, er äußert sich zu Grete Bloch zweifelnd über die Verbindung, was Felice zu hören bekam. Die Entlobung geschah in Form einer Aussprache zwischen Kafka und Felice, in Kafkas Hotel Askanischer Hof in Berlin, in Gegenwart von Felices Schwester Erna, Grete Bloch und Kafkas damaligem Freund, dem Schriftsteller Ernst Weiß, der gegen die Verbindung war. Diese Aussprache erscheint im Tagebuch als „Der Gerichtshof im Hotel". Als Felice im Oktober 1914 Franz noch einmal schrieb, begründete er sein Verhalten: „Ich hatte die Pflicht, über meiner Arbeit zu wachen, die mir allein das Recht zum Leben gibt ..." Trotzdem kam es zu einer Wiederanknüpfung. Während eines gemeinsamen Urlaubs in Marienbad 1916 beschlossen sie, nach dem Kriege zu heiraten. Eine erneute Verlobung 1917 wurde im gleichen Jahre nach der Diagnose von Kafkas Tuberkulose wieder aufgelöst. Der Band der *Briefe an Felice* (1967) kann als eigenes Werk Kafkas gelten, das auf seine Weise zwischen Wirklichkeit und Fiktion spielt.

Die Niederschrift des Romans *Der Prozeß* begann im August 1914. Vorhergegangen war im Herbst 1912 im Anschluß an die Niederschrift der Erzählung *Das Urteil* die 2. Fassung des Romans *Der Verschollene*, den er zuerst im Januar 1913, dann nach Wiederaufnahme der Arbeit im Oktober 1914 endgültig liegenließ. Max Brod veröffentlichte den Text 1927 unter dem Titel *Amerika. Der Verschollene* erzählt die Geschichte eines sechzehnjährigen Jungen, Karl Roßmann, der aus seiner Familie verstoßen, nach Amerika geschickt wird. Kafka stand damals unter dem Eindruck der Romane von Charles Dickens, besonders *David Copperfield.* Er benutzte Reiseberichte für die Zeichnung eines großen in dauernder Bewegung begriffenen Landes, das in der Perspektive Roßmanns fremd erscheint. Natürlich unterliefen Kafka auch Irrtümer in der Darstellung des Sachlich-Lokalen. Sie sind von intendierten Verfremdungen nicht zu unterscheiden, unter denen das Schwert in der Hand der Freiheitsstatue die berühmteste ist. Karl Roßmann sucht sich anzupassen und findet immer wieder Ersatz für die verlorene Familienbindung. Zugleich aber möchte er seine Freiheit behaupten, was ihn hindert, in die Geborgenheit seiner jeweiligen Ersatzfamilie zurückzukehren. Weder Anpassung noch Selbstbehauptung gelingen ihm, er sinkt sozial immer tiefer. Ein bezeichnendes Motiv des Romans ist das Labyrinthmotiv, das Sich-Verirren in dunklen oder unübersehbaren Gängen, ein anderes das Eingesperrtsein in einem Zimmer. Streiks und Wahlversammlungen sind begleitende Motive. In einem fragmentarischen Kapitel, das vermutlich den Schluß einleiten sollte, wird Roßmann in ein Theater von Oklahoma aufgenommen unter Zeremonien, die z. T. der modernen Arbeitswelt angehören, z. T. einen religiösen Charakter halb parodistisch verraten. Karl wird unter dem falschen Namen „Negro" technischer Arbeiter des Theaters und sagt sich: „... es kam nicht so sehr auf die Art der Arbeit an, als vielmehr darauf, sich überhaupt irgendwo dauernd festzuhalten." Sein Name „Negro" bezieht sich auf ein unausgeführtes Kapitel. Brod behauptet, auf Grund von Andeutungen Kafkas, daß Roßmann im Theater von Oklahoma, das er „Naturtheater" nennt, „Beruf, Freiheit, Rückhalt, ja sogar die Heimat und die Eltern wie durch paradiesischen Zauber wiederfinden werde". Im Tagebuch erscheint am 30. September 1915 der Vermerk:

> Roßmann und K., der Schuldlose und der Schuldige, schließlich beide unterschiedslos strafweise umgebracht, der Schuldlose mit leichterer Hand, mehr zur Seite geschoben als niedergeschlagen.

Brods optimistische Deutung ist also wahrscheinlich einseitig. Karl Roßmanns Ende war vermutlich mehrdeutig angelegt, wie das von Georg Bendemann und Josef K.

Im Dezember 1912, eingeschoben in die Arbeit an *Der Verschollene*, schrieb Kafka *Die Verwandlung* (gedruckt 1915), in der eine Familie mit der plötzlichen Gestaltveränderung des Familiensohnes Gregor Samsa fertigwerden muß. Aus „unruhigen Träumen" erwachend, findet er sich zu einem Ungeziefer verwandelt. Als Wunsch, sich der Verlobung zu entziehen, kam das Käfermotiv schon in *Hochzeitsvorbereitungen auf dem Lande* vor. Die Geschichte ist großenteils aus Gregors Perspektive erzählt und stellt so seine Entfremdung von Familie und Menschenwelt dar. Will er sie rückgängig machen und in seiner widerlichen Gestalt Schritte auf die Familie zu machen, wird er zurückgetrieben. Die Familie, die er alleine wirtschaftlich erhalten hatte, lernt, ohne ihn auszukommen. Gregor hatte für die Tilgung der Schulden der Familie gearbeitet. Die Familie war also durch ihn wirtschaftlich freier, aber auch von ihm abhängig geworden, zugleich von der Gesellschaft durch Gregors Arbeit und Herrschaft getrennt. Insbesondere der Vater ist in einen Abgrund der Faulheit und Gleichgültigkeit versunken. Dieses Verhältnis kehrt sich durch die Verwandlung um.

Gregor ist ganz unkünstlerisch, aber einmal spielt seine Schwester Violine vor den Mietern, die die Familie in die Wohnung aufgenommen hatte, um Gregors Einkommen zu ersetzen. Dies wird zum Wendepunkt und zugleich Schlüssel der Geschichte.

> War er ein Tier, da ihn Musik so ergriff? Ihm war, als zeige sich ihm der Weg zur ersehnten, unbekannten Nahrung.

Die Musik veranlaßt Gregor, aus seinem Zimmer hervorzukommen, um der Schwester seine Liebe anzuzeigen. Dieser Ausbruch führt zu dem ausgesprochenen Wunsch der Familie, Gregor loszuwerden, der in Gregors Tod ausläuft. Sein Tod hat die merkwürdige Folge einer Befreiung. Nicht nur von ihm ist die Familie befreit, auch gegen die Unterworfenheit unter wirtschaftliche Zwänge setzen sich die Familienmitglieder zur Wehr. Die Schulden des Vaters stellen sich als wenig gravierend heraus. Der Vater arbeitet wieder und gewinnt Selbstrespekt. Die drei Zimmerherren werden ohne Kommentar hinausgeworfen, die Familie unternimmt einen Ausflug, und das letzte Bild ist das der Tochter, die „zu einem schönen und üppigen Mädchen aufgeblüht war“. Dieser letzte Teil ist nach dem Tode Gregors aus der Familienperspektive erzählt. Mit seinem Tode ist also die Perspektive befreit. Man kann auch sagen: Gregors Tod unter dem Zeichen der Musik bringt der bürgerlichen Familie einen höheren Grad von Freiheit. Die Verwandlung des Familiensohns und Familienernährers in einen abstoßenden Außenseiter hat durch die Kunst ihre Deutung gefunden, die Kunst gehört dem Tode zu, produziert aber Freiheit und neues Selbstvertrauen.

Der Prozeß (gedruckt 1925) ist aus der Perspektive eines ungebundenen, aufstrebenden dreißigjährigen Mannes erzählt, der es zum Prokuristen einer Bank gebracht hat. Er hat sich von seiner Familie gelöst, kommt nicht dazu, seine Mutter zu besuchen, seinen Vater hat er früh verloren, seinen Vaterersatz, den Onkel, seinen Vormund, vernachlässigt. Eine mögliche Liebe zu einem Schreibmaschinenfräulein, Fräulein Bürstner, in der Handschrift meist mit F. B., den Initialen Felice Bauers, bezeichnet, hat der Prokurist Josef K. verdrängt. Seine Sexualität hat er durch wöchentliche Besuche bei einer Kellnerin unter Kontrolle gebracht. In diese geordnete Welt eines modernen, bindungslosen, freien und zugleich entfremdeten Menschen bricht das Gericht ein, das ihn verhaftet, aber dennoch frei läßt. Es ist kein gewöhnliches Gericht, auf die Einrichtungen des Rechtsstaates kann K. sich nicht berufen. Von diesem Gericht wird Josef K. abhängig, sosehr er auch seine Ungebundenheit bewahren möchte. Am Ende wird er von zwei Henkern, die wie schlechte Schauspieler aussehen, getötet. Die Interpretation des Romans wird davon bestimmt, welche Bedeutung man dem Gericht und welche der „Schuld“ K.s zumißt.

K.s Schuld ist jedenfalls keine, die mit dem Maßstab üblicher Strafgesetze gemessen werden kann. Sie ist mit ihm selbst verknüpft, seine Form der Existenz ist die Schuld. Seine Lebensform ist die des ungebundenen jungen Mannes mit Herrschaftsansprüchen. Das Gericht, das von dieser Schuld, die mit K.s ungebundener Freiheit identisch ist, angezogen wird, kann darum auch nur eine Reflexion seiner selbst sein. Es reflektiert aber mehr als sein rationales Ich, es enthält offenbar seine unbewußten Kräfte, die seinem Ich oft widersprechen, und enthält vor allem die Richtung auf ein Über-Ich, in der Symbolsprache des Romans auf das höhere Gericht. Die niederen Gerichte tagen auf Dachböden in Proletariervorstädten, Kinder gehören zum Gericht, es herrscht schlechte, bedrückende Luft, oft Dämmerung oder Dunkel und eine lüsterne, ungebundene, aber nicht befreiende Sexualität, Elemente, die Josef K. aus seinem Leben verdrängt hatte. Diese Elemente können übermächtig werden und K. sogar objektivieren. Das erscheint im Bild, wenn er aus den Gerichtskanzleien geradezu hinausgetragen werden muß, schließlich auch in seiner Passivität während der Exekution. Die Gerechtigkeit dieses Gerichtes ist, wie aus dem Symbol am gemalten Thron eines Richters hervorgeht, zugleich in der Göttin mit der Waage, der Göttin des Sieges (und damit der Niederlagen) und der Göttin der Jagd dargestellt. K.s verdrängtes Unterbewußtsein richtet ihn, unterdrückt ihn, hetzt ihn. Sein Bestreben, das Gericht von seiner Alltagswelt in der Bank getrennt zu halten, mißlingt. Freilich sind gerade die Kapitel, in denen Josef K.s Versuche, außerhalb der Anklage zu leben, dargestellt werden sollten, fragmentarisch. Es scheint, daß ein stärkeres Gleichgewicht zwischen der realistischen Welt und der Gerichtswelt konzipiert war.

Von der Unterdrückung seiner zielbewußten, aufstiegsorientierten Rationalität durch sein unterbewußtes Gewissen, durch die sich rächenden verdrängten Kräfte seines Bewußtseins sucht Josef K. sich durch eine Eingabe an das Gericht zu befreien, die er zu Hause in den Nächten fertigstellen will. In ihr soll „das ganze Leben in den kleinsten Handlungen und Ereignissen in die Erinnerung zurückgebracht, dargestellt und von allen Seiten überprüft werden“. Diese Formulierung ist eine deutliche Anspielung auf das Schreiben als Rechtfertigung des Lebens. Offenbar wird nichts aus dieser Rechtfertigung, denn K.s Fall stößt nie zu höheren Gerichten vor.

K. will nicht sehen, daß das Gericht seine eigene Sache ist. Er täuscht sich in dem Gericht. Von dieser Täuschung handelt die Parabel von dem Türhüter und dem Mann vom Lande, die Kafka „Legende“ nannte und unter dem Titel *Vor dem Gesetz* in *Ein Landarzt* 1919 selbst veröffentlichte. In ihr ist das Paradox gestaltet, daß der Mann vom Lande vor seiner eigenen Tür zum „Gesetz“ ankommt, die offen ist, aber sich durch die Worte des Türhüters am Eintritt hindern läßt. Der Türhüter dürfte für die Reflexe anderer Menschen in unserem Bewußtsein stehen, wie die Gerichtspersonen im Roman. Zu der geheiligten Ordnung, symbolisiert durch den Glanz, der aus der Tür des Gesetzes bricht, könnte der einzelne nur vorstoßen, wenn er von den Wirkungen anderer Menschen absehen könnte. Das aber ist unmöglich. Das Gesetz, von dem Glanz ausgeht, könnte sehr wohl ein Symbol für das perfekte Kunstwerk sein, die eigene Tür dazu die vollkommene Originalität. Beide sind unmöglich, weil ohne Vermittlungen nicht zu erreichen. Das Medium, um das es Kafka geht, ist natürlich das Wort. Die gewöhnlichen Worte, die der naive Mann vom Lande mit dem Türhüter spricht, behindern den Zugang zum glanzerfüllten Gesetz, den Worten in feststehender, inspirierter, aus sich leuchtender Ordnung.

Gelingt die Rechtfertigung durch das Schreiben nicht, wird das perfekte Wort nicht erreicht, ist auch die Originalität, die Ungebundenheit nur Schuld, eine sinnlose und nutzlose Existenz, eine Einsicht, die K. durch die Freiwilligkeit bezeugt, mit der er zu seiner Hinrichtung geht. Zwar kann sein rationales Ich sich nicht das Messer ins Herz stoßen, er braucht dazu die zwei Vertreter seines triebhaften Unterbewußtseins, die wie schlechte Schauspieler aussehen. Im Sterben sieht K. ein Fenster der Hoffnung sich öffnen, ein Mensch, „schwach und dünn“, wie sich Kafka selbst sah, streckt die Hände aus. Dies geschieht aber zugleich mit K.s Tod:

„Wie ein Hund!“ sagte er, es war, als sollte die Scham ihn überleben.

Das Paradox von Hoffnung und Verzweiflung am Ende des Schlußkapitels könnte ein Bild für das Scheitern des Romans selbst sein.

Ungenügen an dem ungebundenen, freien Abendländer zeigt sich in dem Reisenden der Erzählung *In der Strafkolonie* (entstanden Oktober 1914, gedruckt 1919). Einem System gegenübergestellt, bei dem die Schuld jedes Individuums „immer zweifellos“ ist, bei dem jeder Angeklagte sofort verurteilt werden kann, jedem Verurteilten das Gebot durch die Strafmaschine auf den Leib geschrieben wird, verhält er sich distanziert und will nicht eingreifen. Erst als er von dem Offizier, der Richter und oberster Henker zugleich ist, dringend aufgefordert wird, den Wert seines Strafsystems zu vertreten, der in einer wortlosen verklärten Einsicht des Gemarterten in der sechsten Stunde liege, entzieht der Reisende sich der Zumutung und bewirkt dadurch, daß der Offizier einen Verurteilten in die Freiheit entläßt und sich selbst in die Maschine legt, die ihn freilich auf kurzem Wege umbringt, ohne ihm die gepriesene Verklärung zu gewähren. Die Maschine löst sich auf, wobei ihre Zahnräder einzeln auf die Erde purzeln, ein Beispiel für die Komik, die in Kafkas Werken oft an unerwarteter Stelle erscheint. Der Reisende entzieht sich allen möglichen Konsequenzen.

Kafka hat vor der Veröffentlichung der Erzählung, drei Jahre nach ihrer Niederschrift, Alternativen des Schlusses erwogen, die die Unbekümmertheit des Reisenden durchbrochen hätten, ist aber zum ursprünglichen Schluß zurückgekehrt. *In der Strafkolonie* stellt die Frage nach dem Wert der irreligiösen Freiheit, eine Frage, die Kafka als Westjuden quälte, wenn er auf ostjüdische, erfüllte Religiosität zurückblickte. Die Erzählung wendet sich aber auch gegen politische Romantik, indem ihr Autor dem Offizier, der eine an der Vergangenheit orientierte Totalität bewahren möchte, die verklärende Erlösung versagt.

Kafkas Werke haben enge Beziehungen zur gleichzeitigen Literatur. Das Thema des Außenseiters im Gegensatz zum bürgerlichen Leben ist ihm so wichtig wie Thomas Mann, nur daß sein Bildsystem und damit die Annäherung an den Leser ganz anders ist. Josef K. ist ein in die bürgerliche Arbeitswelt übertragener ungebundener Dilettant, wie sie das Jugendwerk Heinrich und Thomas Manns, Hofmannsthals und Schnitzlers dargestellt hatte. Schon Ernst Weiß hatte in *Die Galeere* dem ungebundenen jungen Mann der Oberschicht einen Beruf gegeben. Kafka überträgt die entfremdete Ungebundenheit auf den Selfmademan Josef K. Wie bei Trakl läßt sich Sinn erst aus der Beziehung auf das ganze Gedicht gewinnen, wobei dieser Sinn oft eine Entfremdung von der Normalwelt ausdrückt. Wie in Rilkes *Neuen Gedichten* verlockt Kafkas Bildlichkeit den Leser eine Strecke weit in realistische Mißverständnisse, bis er gezwungen wird, auf das Gedicht zurückzublicken und seinen vom Alltag gelösten Schwebezustand zwischen zwei oder mehr Bedeutungsebenen zu erkennen. Wie in den *Elegien* werden Bilder der perfekten Kunst neben Bilder ihrer menschlichen Unerreichbarkeit gestellt.

Die Gewissensforderung nach dem perfekten Wortkunstwerk ist lebensfeindlich und daher mörderisch. Diese Forderung verbindet Kafka mit George, Thomas Mann, Rilke und Hofmannsthal. Wie Thomas Mann hütet er sich vor dem Bohemischen, das er in der Gestalt Else Lasker-Schülers ablehnte, vielleicht wie im Falle Manns aus dem Bewußtsein eigener Gefährdung. Kafkas Zurückhaltung vor der Öffentlichkeit, gipfelnd in der Anordnung, nach seinem Tode seine ungedruckten Romane zu verbrennen, unterscheidet ihn von der hektischen Betriebsamkeit seiner expressionistischen Altersgenossen. So auch sein klarer und konziser Stil, der Paradoxien und Ambivalenzen bildlich beschreibt, der aber nicht provozieren will.

Die Jahre 1915 und 1916 waren quälend für Kafka. Der Krieg verhinderte seine Absicht, sich von der Büroarbeit unabhängig zu machen. Eine Zeitlang wollte er seine Unabkömmlichkeit als Beamter aufheben und sich einziehen lassen. Dann wiederholte er 1916 bis 1917 den Verlobungsversuch mit Felice. Der zweiten Entlobung konnte Kafka einen glaubhaften Grund geben, nachdem mit Blutstürzen die Tuberkulose ausgebrochen war. Von jetzt ab lebte er in Sanatorien und ländlichen Zufluchten, unterbrochen von neuen Arbeitsversuchen. 1922 wurde er pensioniert. Januar bis Juli 1917 entstanden die Erzählungen, die in dem Band *Ein Landarzt* (1919) veröffentlicht wurden. Den Band hat Kafka seinem Vater gewidmet.

Die kurze Einleitungserzählung *Der neue Advokat* ist ein humorvolles Phantasiespiel. Bucephalus, das „Streitroß Alexanders“, ist Advokat geworden und liest Gesetzesbücher. Zwar können die Menschen in unserer Gesellschaftsordnung noch die üblen Taten Alexanders nachvollziehen, aber den Weg nach Indien zeigt niemand mehr.

Heute sind die Tore ganz anderswohin und weiter und höher vertragen; niemand zeigt die Richtung; viele hatten Schwerter, aber nur, um mit ihnen zu fuchteln, und der Blick, der ihnen folgen will, verwirrt sich.

In die Richtungslosigkeit der Zeit ist der Krieg einbezogen, auf den Kafka wohl durch das Fuchteln mit den Schwertern hindeuten will. Bei aller Fragwürdigkeit bestand die Größe Alexanders darin, daß er eine Richtung angeben konnte, konzipiert in seiner Phantasie. Daß sein Pferd, die Zeiten überdauernd, überlebt und Advokat geworden ist, ist spielerische Ironie, eine entfernte Parallele des Dadaismus.

Die beflügelte Phantasie ist in den Pferden der Titelgeschichte *Ein Landarzt* Symbol geworden. Sie stammen aus dem Unterbewußtsein des Landarztes, dem Schweinestall in seinem Haus. Sie befreien ihn aus einer realistisch dargestellten Situation. Mit ihnen ist ein Pferdeknecht erschienen, der sich mit erotischer Aggressivität des Dienstmädchens bemächtigt. Der Landarzt, von den Pferden unwiderstehlich fortgezogen, muß Rosa zurücklassen. Eine Möglichkeit, sie zu lieben, taucht erst in ihrem Verlust auf. Sie bedeutet wohl die Liebesfähigkeit des Landarztes, die mit der Abfahrt aggressiver, nackter Erotik ausgesetzt bleibt. Die Verbindung von Unterbewußtsein und Erotik mit Symbolen der Phantasie haben wir auch in *Der Prozeß* und *Das Schloß*. Als der Landarzt zu dem Kranken gelangt, fängt dessen Familie an, einen Zwang auf ihn auszuüben. Der Kranke, ein Knabe, will zuerst sterben, während der Arzt ihn für gesund erklärt. Auf den Zwang der Familie und der Dorfbewohner hin entdeckt der Arzt eine Wunde. Der Knabe fragt jetzt schluchzend: „Wirst du mich retten?" Jedoch stirbt er beruhigt, als der Arzt seine Wunde preist. Die merkwürdige Gestalt des Knaben kann einerseits als anderes Ich des Erzählers aufgefaßt werden. Der Knabe ist „mager", was Kafka mit seiner eigenen Unangepaßtheit zu assoziieren pflegte. Er kann aber auch ein junger Dichter sein, Vertreter der Zeitgenossen Kafkas, dessen Leiden in seiner Phantasie bestehen, eine künstliche Todessehnsucht, zu der „Mondschein" paßt und die phantastischen Pferde, die von außen „den Kranken betrachten". Das wäre der romantische Zug des Expressionismus, die Lust am Morbiden und Dekadenten, die Nachfolge Baudelaires, der *Blumen des Bösen.* „Blume" nennt der Landarzt die von ekelhaften Würmern befallene Wunde des Knaben, zu deren Entdeckung „das Volk" den Arzt drängt, was die Pferde mit lautem Wiehern begleiten. Der innere Monolog des Landarztes kommt an dieser Stelle auf die Glaubenslosigkeit der Moderne zu sprechen. Der Dichter ist der, von dem spirituelle Heilung erwartet wird. Daß der Arzt ein Dichter wie Kafka ist, wird auch durch die nächtliche Handlung nahegelegt. Der Arzt-Dichter wird von der Familie und der anwesenden Gemeinde entkleidet und zu dem Knaben-Dichter ins Bett gelegt. Er leistet dagegen nur passiven Widerstand in seinem Bewußtsein, in der Ironie der Gedankenrede. Vielleicht ist das ein Bild der Abwehr gegen die Einordnung von Kafkas Werk in den Expressionismus, die sowohl seines Symbolismus, seiner Unverständlichkeit als auch seines Verlegers wegen den Zeitgenossen nahelag. Der Arzt will fliehen. Nackt steigt er auf eines der Pferde. Von seiner früheren Bürgerlichkeit ist noch der Wagen übrig, dem der Pelz des Landarztes, sein Schutz vor der Außenwelt, nachschleift. Diesmal sind die Phantasiepferde langsam. Sie tragen ihn nicht zu Rosa und in sein Bett zurück, sondern durch eine Schneewüste. Als langsamer nackter Reiter mit dem Wagen hinter sich ist er eine Karikatur der nackten Reiter des vitalistischen Jugendstils. Der Ruf zur Heilung, zu einer Aufgabe, die Berührung mit einer Gemeinde hat nur zum Verlust der Liebesfähigkeit und zum Ausgesetztsein in der Schneewüste geführt, in die Entfremdung.

> Nackt, dem Froste dieses unglückseligsten Zeitalters ausgesetzt, mit irdischem Wagen, unirdischen Pferden, treibe ich mich alter Mann umher.

Dies ist vielleicht die rätselhafteste Geschichte Kafkas. Daß sie mit dem Verlust der Religion und mit dem Unbehagen in Kafkas Geschichtsepoche zu tun hat, ist durch den Text gesichert, daß die Familie des Kranken sich zu Gemeinde und Volk erweitert, ebenfalls. Deshalb liegt es nahe, *Ein Landarzt*, wie spätere Erzählungen, unter dem Aspekt des Verhältnisses von Schriftsteller und Publikum zu sehen, das im Ersten Weltkrieg im ganzen deutschen Sprachraum in eine Krise geraten war.

Der kurze Text *Auf der Galerie*, der ein hartes Traumbild dem schönen Schein einer Zirkusvorführung entgegensetzt, ist einer der stärksten Kafkas. *Ein altes Blatt* sowie *Eine kaiserliche Botschaft* gehören zu einem steckengebliebenen Romanplan: *Beim Bau der chinesischen Mauer*, in dem Staatlichkeit und Unterwerfung Bilder abgeben für den Konflikt von Größe und Enttäuschung. Dieser lag im Krieg nahe genug. *Ein altes Blatt*, wo „uns Handwerkern und Geschäftsleuten“ die „Rettung des Vaterlandes“ vor wilden Nomaden anvertraut ist, darf man bestimmt als Bild der Lage im Ersten Weltkrieg ansehen. Merkwürdig ist, daß die barbarischen, rohes Fleisch verschlingenden Nomaden sich wie Dohlen verständigen, was nur eine Anspielung auf Kafkas eigenen Namen sein kann (*kavka*, tschechisch: ‚Dohle'). *Schakale und Araber* ist eine Tierfabel, in der die „Wahrheit" der Schakale relativiert wird. Perspektiven werden gegeneinandergestellt und gestisch widerlegt. Hier wie in den meisten Werken Kafkas spielen Lebenskraft und Lebensgier eine Rolle, die erkennen läßt, wie sehr die Literatur des Lebenskultes in Kafka nachwirkt. Zwei Stücke, die Parabel *Vor dem Gesetz* und *Ein Traum*, wurden aus dem *Prozeß*-Manuskript entnommen.

Die abschließende Erzählung *Ein Bericht für eine Akademie* erklärt die Anpassung an die Ordnung der Menschen für den einzigen Ausweg eines gefangenen Affen. Die Anpassung gelingt aber nicht vollständig. Der Affe kann nur im Varieté auftreten und darf es sich nachts nur mit einer halbdressierten Schimpansin wohl gehen lassen, die er bei Tage nicht ansehen kann, „sie hat nämlich den Irrsinn des verwirrten dressierten Tieres im Blick". Es ist also ein Scheinleben und eine Schein-Häuslichkeit, zu der die Anpassung führt, ein paradoxes Bild sowohl für die bürgerliche Notwendigkeit der Anpassung zur Erzielung von Teil-Freiheit, wie für eine Kunst, die von der Neugier der Bürger abhängig ist. Das eigentliche Thema der Erzählung ist die unerreichbare große Freiheit.

Zirkus- und Varietébilder für den Konflikt von Künstlern und Gesellschaft, genauer, die Schwierigkeit der Kommunikation für den Künstler, erscheinen in mehreren Erzählungen und Fragmenten aus dem Nachlaß und in zwei der Erzählungen in Kafkas letztem Buch *Ein Hungerkünstler*. Als Parallele kann man an Rilkes 1922 entstandene *Fünfte Elegie* denken.

1919 verlobte Kafka sich zum dritten Mal, diesmal mit Julie Wohryzek, deren Vater Schuster und Synagogendiener war. Die Familie sprach tschechisch. Diese Verbindung lehnte Kafkas Vater entschieden ab (während er die mit Felice begünstigt hatte), weil er sie als Familienschande ansah. Auch die Widmung des Buches *Ein Landarzt* hatte der Vater gleichgültig aufgenommen. *Der Brief an den Vater* (geschrieben 1919) war ursprünglich tatsächlich als Mitteilung an den Vater gedacht. Eine Analyse der Beziehung sollte ihn zum Verständnis des Sohnes anregen. Die Mutter, die ihn dem Vater übergeben sollte, stellte ihn dem Sohn zurück. Er ist ein autobiographisches Dokument, das, besonders am Schluß, wo Kafka dem Vater eine Erwiderung in den Mund legt, manchmal Züge der Dichtung zeigt. Das meinte Kafka wohl, als er, mit typischer Selbsterniedrigung, an Milena Jesenská von den „advokatorischen Kniffen" sprach. Der Brief kann nicht durch die Perspektive des Vaters ergänzt werden. Dieser erscheint als übermächtige Lebensforderung, der Kafka sich nicht gewachsen fühlte. Gegenüber den Erzählungen von Rechthabereien und Taktlosigkeiten darf man nicht vergessen, daß nach Zeugnis des Briefes selbst der Vater den Sohn offenbar so gut wie nie geschlagen hatte, ihm ein Studium nach seiner Wahl ermöglichte und daß Kafka immer wieder in das elterliche Haus zurückkehrte. Aus dem Brief spricht eine Haßliebe, in der letzten Endes das Liebesverlangen dominiert.

Milena Jesenská, die Tochter eines tschechischen Professors der Kiefernchirurgie, war eine der ersten Absolventinnen eines Prager Mädchengymnasiums. Sie lief mit dem jüdischen Literaten Ernst Polak nach Wien davon, der ihr jedoch, trotz Legalisierung der Ehe, kein Geld gab. Sie bat Kafka um die Erlaubnis der Übersetzung einiger seiner Geschichten ins Tschechische. Daraus entwickelte sich eine Brieffreundschaft, die auf den leidenschaftlichen Höhepunkt eines viertägigen Besuches Kafkas in Wien zuführte. Milena weigerte sich jedoch, Kafka nach Prag zu folgen, obwohl Ernst Polak eigentlich keine Ehe mit ihr führte. Milena gegenüber sprach sich Kafka über seine Lebensangst aus, über sein Judentum, über sein prekäres Verhältnis zur eigenen Sexualität. Er gab ihr den *Brief an den Vater* und seine Tagebücher. Jedoch mußte er sie bitten, die leidenschaftliche Briefbeziehung abzubrechen, da sie sich nicht für ihn entscheiden wollte, auch dann nicht, als sie in großen Geldschwierigkeiten und krank war. „Ich mußte zurück ins Dunkel", schrieb er ihr. Nachdem Milena sich von ihrem Mann getrennt hatte, sah sie Kafka 1921 noch mehrmals in Prag. Eine lose Briefverbindung bestand fort.

1922 schrieb Kafka an dem letzten seiner Romanfragmente, *Das Schloß* (erschienen 1926). Es ist die Geschichte eines Winterwanderers namens K., der auf der Reise eine Brücke überschreitet, in ein Dorf kommt, das von einem Schloß beherrscht wird, der behauptet, als Landvermesser berufen zu sein, der ins Schloß will, aber von diesem Ziel abgedrängt, sich nur noch im Dorf festsetzen möchte. Bei diesem Versuch gerät er vor allem mit Frauen zusammen, Wirtinnen, dem Ausschankmädchen Frieda, angeblich der Geliebten des wichtigen Kanzleivorstehers Klamm, der mit K.s Fall befaßt ist, mit der stolzen und einsamen Amalia und der demütig sich erniedrigenden Olga. Man kann erkennen, daß K. im Dorf von Stufe zu Stufe sinken sollte, während Teilerfolge ihn halten. Nach einem Bericht Max Brods sollte K. vor Entkräftung sterben und im Tode die Bewilligung erhalten, im Dorf bleiben zu dürfen.

Der Text wurde in der Ich-Form begonnen, aber Kafka wollte seinen Helden K. rätselhaft, undurchsichtig erscheinen lassen, weshalb er dann doch die Erzählung in der 3. Person bevorzugte. Man kann eine Reihe von autobiographischen Anspielungen nachweisen; unter ihnen ist der Name des Wirtshauses „Herrenhof“, tatsächlich ein Wiener Kaffeehaus, in dem Milenas Mann Ernst Polak mit Schriftstellern verkehrte. Wie Julie Wohryzeks Vater ist der Vater der Amalia-Olga-Barnabas-Familie Schuster. Spiegelung der Milena-Beziehung hat man in dem Verhältnis von K. zu Frieda sehen wollen, insbesondere stimmt die Rückkehr Friedas zu Klamm zu der Weigerung Milenas. K.s Ermüdbarkeit, sein Schlafbedürfnis, sein Tod aus Entkräftung (nach Brod) stimmen zu Kafkas Gesundheitszustand. Jedoch passen alle diese Details auch wieder nicht: die stolze distanzierte Amalia ist nicht Julie, die Kafka gegenüber eher demütig war, die aufstrebende ehemalige Stallmagd Frieda ist nicht die unabhängige Milena und der unzuverlässige Polak nicht der treue hingebungsvolle Beamte Klamm. Vor allem ist K. mit seiner Fähigkeit zu energischer Skrupellosigkeit nicht Kafka, der an Milena schrieb: „Lüge ist entsetzlich, ärgere geistige Qualen gibt es nicht.“ Das hindert nicht, daß Details aus Kafkas Leben verwendet wurden. Auch erotische Heimsuchungen Max Brods spielen in den Roman hinein, wie er sie selbst in den Romanen *Franzi oder Eine Liebe zweiten Ranges* (1922) und *Leben mit einer Göttin* (1923) sich hat spiegeln lassen. Die Briefe Kafkas an Brod zeigen, wie intensiv Kafka in Brods Ehewirren hineingezogen wurde.

Soweit man dies aus dem Fragment erkennen kann, wollte Kafka diesmal stärker als in seinen früheren Romanen mit verschiedenen, ja gegensätzlichen Perspektiven arbeiten. Zwar ist die Hauptperspektive die K.s, aber da er über die Verhältnisse von Schloß und Dorf nichts weiß, ist er auf Erzählungen der Dorfbewohner angewiesen. Jedoch stimmen diese nicht immer überein. Vom Schloß erhalten wir nur einmal eine Nachricht, nämlich, daß in den Kanzleien Beamte lesen und diktieren. Das könnte ein Zeichen für ein konzentriertes Sich-Hingeben an das Schreiben sein. Die merkwürdige Abhängigkeit der Dorfbewohner von den Schloßbeamten wäre dann die des Stoffes von der Gestaltung, was durch die Metapher sexueller Abhängigkeit der Frauen von den Beamten ausgedrückt würde. K. unterscheidet sich jedenfalls von den Dorfbewohnern und den Beamten durch seine Freiheit, die er anfangs stark betont, bald aber als ambivalent erkennen muß:

... da schien es K., als habe man nun alle Verbindung mit ihm abgebrochen und als sei er nun freilich freier als jemals und könne hier auf dem ihm sonst verbotenen Ort warten, solange er wolle, und habe sich diese Freiheit erkämpft, wie kaum ein anderer es könnte, und niemand dürfe ihn anrühren oder vertreiben, ja kaum ansprechen; aber – diese Überzeugung war zumindest ebenso stark – als gäbe es gleichzeitig nichts Sinnloseres, nichts Verzweifelteres als diese Freiheit, dieses Warten, diese Unverletzlichkeit.

K.s Freiheit ist durch seine Herkunft aus der fernen Welt bedingt, während Dorf und Schloß anderen Gesetzen unterliegen. Welches diese anderen Gesetze sind, sollte dem Leser in einer Art von Rätselspiel gezeigt und entzogen werden. Die Motive von Schnee, Krankheit, Müdigkeit und Nacht, immer neue Variationen von Leblosigkeit und Tod, das Vexatorische, das der Diensttreue der Beamten so merkwürdig widerspricht, deuten auf einen Komplex von Anti-Leben hin, der das Leben auf seine Art aufgenommen hat. Ein Beispiel ist dafür die Feuerspritze, die das Schloß dem Dorf übergibt, ein groteskes Phallussymbol.

K.s Aufnahme durch seinen Tod hätte dann den Sinn, daß der Schriftsteller erst durch Abscheiden von der Welt, durch Verwandlung der Freiheit seines Lebens in die Hingabe an die fiktive Ersatzwelt in seine

Arbeit kommt. Eine solche Interpretation würde *Das Schloß* thematisch mit Rilkes *Duineser Elegien* und Thomas Manns Gegensatz zwischen Leben und Kunst vergleichbar machen. Man könnte dann einen Humor feststellen, der in der Verwendung der Kanzlei- und Beamtenmetapher für die Hingabe des Schriftstellers läge. Andere Auffassungen nehmen gerade das Thema der autoritären Bürokratie realistisch als negatives Bild unserer Welt, im Gegensatz zu der religiösen Interpretation, die auf Max Brod zurückgeht, der K.s Streben nach dem Schloß als positiv und die moralische Fragwürdigkeit der Schloßbeamten mit Kierkegaards Deutung des Opfers Abrahams erklärt hatte. Tatsächlich hatte Kafka sich intensiv mit Kierkegaard auseinandergesetzt. Sicher ist, daß Kafka hier, wie so oft, ein Rätsel intendierte.

Die letzten vollendeten und von Kafka zur Veröffentlichung vorbereiteten Erzählungen bilden den Band *Ein Hungerkünstler* (1924). Sie entstanden 1922 bis 1924, zwei davon in Berlin, wohin Kafka im September 1923 zog und mit einer jungen Frau, Dora Diamant, zusammenlebte, die aus einer ostjüdisch-chassidischen Familie geflohen war. Im März 1924 machte die Verschlechterung der Krankheit dem selbständigen Leben in Berlin ein Ende. Die Tuberkulose hatte den Kehlkopf ergriffen. Am 3. Juni 1924 starb Kafka in einem Sanatorium in Niederösterreich, versorgt von einem Freund, Robert Klopstock, einem jungen Arzt.

Ein Hungerkünstler und *Josefine, die Sängerin oder Das Volk der Mäuse* sind Künstlergleichnisse. *Ein Hungerkünstler*, zuerst 1922 in der *Neuen Rundschau* erschienen, ist in der 3. Person geschrieben. Der Hungerkünstler kann die Nahrung, die ihm schmeckt, das richtige Verhältnis zur gesellschaftlichen Realität, nicht finden. Er wird bewundert für etwas, was ihm ein Bedürfnis ist, und hat es paradoxerweise schwer, mit dem Hungern aufzuhören und in die Normalität zurückzukehren. Das führt zu tragikomischen Mißverständnissen des Publikums, das voraussetzt, die Lust an der Nahrung sei bei dem Hungerkünstler ebensogroß wie bei jedem. Erst als er aus der Mode kommt und in einem Käfig für sich weiterhungert, erreicht er seine Bestimmung ohne Lüge und ohne von falschem Mißtrauen wie falscher Bewunderung beirrt zu werden. Die Erzählung unterscheidet also zwischen Entfremdung von der Normalität und Kunst als Schaustellung dieser Entfremdung, wobei die letztere als falsch erkannt wird. Nach dem Tod des Hungerkünstlers kommt ein Panther in seinen Käfig, ein Bild des starken unentfremdeten Lebens. *Josefine, die Sängerin* ist in der 1. Person von einem Mitglied des Volks der Mäuse erzählt, zeigt das Künstlertum also von außen, aus der Perspektive des Publikums, das freilich ebenso wie die „Sängerin" in Unsicherheit lebt. Josefine benimmt sich, als ob sie eine große Sängerin wäre, aber es ist nicht nachweisbar, daß ihr Pfeifen von den anderen Mitgliedern des verfolgten Volkes verschieden ist. Das ständig unter Drohungen stehende Volk dürfte ein Bild des Judentums sein. Josefine weigert sich am Schluß zu singen. Der Erzähler sagt voraus, sie werde, „bald, da wir keine Geschichte treiben, in gesteigerter Erlösung vergessen sein wie alle ihre Brüder".

Die späten Geschichten sind durch Ironie oder, besser noch, durch hintergründigen Humor gekennzeichnet. Die Künstlergleichnisse in *Ein Hungerkünstler* reflektieren nicht unmittelbar Kafkas eigene problematische Lage, sondern spielen mit der Außenseiterstellung des Künstlers wie des Juden. Sie stellen also eine verallgemeinernde Distanz her. Spielerische, symbolische Autobiographie ist die in Berlin geschriebene

Erzählung *Der Bau*, die aus dem Nachlaß nur fragmentarisch überliefert ist. Sie ist aus der Ich-Perspektive eines einsam in seinem Bau lebenden Tieres geschrieben, das sich um seine Sicherheit Sorge macht, in unbestimmten Geräuschen den Einbruch des Feindes fürchtet. Das ist ein Bild von Kafkas Lebensangst, jedoch dadurch ins Spielerische transformiert, daß der Bau des Tieres auch ein Werk ist, auf das dessen Erbauer stolz, ja geradezu eitel ist. Das Kunstwerk des Baus schließt seinen Erbauer, den Künstler, von außen ab, demonstriert seine Angst vor dem Leben. Dennoch braucht er die Außenwelt als Fluchtmöglichkeit vor dem Feind, der von innen droht. Das Prekäre ist der Eingang, ein Labyrinth, das Bild der Verbindung von Welt, Leben und Kunstwerk.

Unter den vielen kleinen Prosatexten spiegelt einer diese Ambivalenz auf eine andere Weise. Es handelt sich um eine Maus, die den offenen Raum, die Freiheit der weiten Welt fürchten muß und deshalb auf die Falle zuläuft. Der Text wurde von Max Brod *Kleine Fabel* überschrieben.

„Ach", sagte die Maus, „die Welt wird enger mit jedem Tag. Zuerst war sie so breit, daß ich Angst hatte, ich lief weiter und war glücklich, daß ich endlich rechts und links in der Ferne Mauern sah, aber diese langen Mauern eilen so schnell aufeinander zu, daß ich schon im letzten Zimmer bin, und dort im Winkel steht die Falle, in die ich laufe." – „Du mußt nur die Laufrichtung ändern", sagte die Katze und fraß sie.

Wer aus Angst vor der Offenheit davonläuft, wünscht sich in die Enge, zuletzt in die Falle, wie das Tier in und von seinem eigenen Bau gefangen ist: ein Bild von der Abgeschlossenheit des Kunstwerks, das der Unzugänglichkeit und Verschlossenheit des Schlosses entspricht. Die Änderung der Laufrichtung ist die in die offene Freiheit, wo die Gefahr des Gefressenwerdens lauert. Die Katze ist ein Bild der Gefahr in der Wirklichkeit, des Risikos des Lebens überhaupt, vielleicht auch speziell der Gefahr des Identitätsverlustes in der Notwendigkeit, sich anzupassen. Georg Bendemann, bevor er zu seinem Vater geht, Josef K., bevor er verhaftet wird, der Reisende in der *Strafkolonie*, die Familie Gregor Samsas, nachdem Gregor beseitigt ist, der Panther im Käfig des Hungerkünstlers, sie sind alle Bilder der Anpassung, des Gleichschritts mit der Welt, was jedoch den Verzicht auf Individualität, auf den eigenen Weg impliziert. Für Kafka war die Anpassung auch Assimilation des Juden an die Umwelt, dagegen der Weg in die eigene Tiefe zugleich ein Offenhalten der Möglichkeit einer religiösen Erfahrung. Kafka war sehr skeptisch gegenüber deren Formen, jüdischen und christlichen. Man kann ihn für keine in Anspruch nehmen. Jedoch sah er sich außerstande, seine Anpassung an die Welt als endgültig hinzunehmen. Die Furcht, zu einer solchen Anpassung gezwungen zu sein, trieb ihn aus den Eheplänen immer wieder in die Literatur, die er aber als Anti-Leben empfand, als Verhaftung, Tod, Eingeschlossensein. Es ist das letzten Endes das Dilemma der bürgerlichen Literatur, die aus dem Bedürfnis nach der Freiheit entsteht, deren Erzeuger in einer Periode hochgezüchteter, symbolistischer, elitistischer Kunstansprüche in seiner befreiten Entfernung von der Gesellschaft aber den „Gleichschritt mit der Welt“ verliert, was Kafka in seinem letzten Brief an Felice Bauer mit dem Schicksal Kains verglich:

> ... es bedeutet, daß der, welcher das Zeichen trägt, die Welt zerschlagen hat und, unfähig sie wieder lebend aufzurichten, durch ihre Trümmer gejagt wird.

Kafka ist ein Dichter der Entfremdung. Viele seiner Figuren sind Reisende. Aus der Anpassung an die

Realität werden einige seiner Gestalten in eine der Normalität entfremdete Existenz berufen. Verzicht oder Entzug der Normalität kann symbolisch als Strafe erscheinen. In seinem Spätwerk jedoch wird die Pathetik durch Ironie entschärft. Hintergründiger Humor, den es auch schon im Frühwerk gibt, tritt hervor und gibt den Bildern der Entfremdung wieder einen Hauch von Freiheit.

23. Die bedrohte Kultur

Im Kapitel über „Hofmannsthals deutschen Freundeskreis“ war von Harry Graf Kessler die Rede gewesen, dem Freund Hofmannsthals und Maillols. Dieser europäisch gebildete Dilettant wurde im August 1914 als preußischer Rittmeister mobilisiert und verwandelte sich in einen glühenden deutschen Patrioten. An Hofmannsthal schreibt er am 17. August 1914:

> Übermorgen hoffe ich nachzurücken und meine Abteilung im Feindesland zu erreichen. Es stehen dort wohl ziemlich erbitterte Kämpfe bevor, jedoch ist die Stimmung unserer Truppen und die Organisation des Ganzen so glänzend, daß an dem endlichen Sieg nicht zu zweifeln ist. Überhaupt haben diese ersten Kriegswochen in unserem deutschen Volk irgendetwas aus unbewußten Tiefen emporsteigen lassen, das ich nur mit einer Art von ernster und heiterer Heiligkeit vergleichen kann. Das ganze Volk ist wie umgewandelt und in eine neue Form gegossen. Schon das ist ein unschätzbarer Gewinn dieses Krieges; und es miterlebt zu haben, wird wohl die größte Erfahrung unseres Lebens sein.

Ganz ähnlich, vielleicht noch berauschter, klingen die Kriegsberichte von Alfred Walter Heymel, der, obwohl tuberkulosekrank, an den belgischen Kämpfen teilnahm. Krankheit, Anstrengungen, den Anblick der Toten und Verwundeten, Ungeziefer, Schmutz ertrug dieser von Glücksgütern verwöhnte Ästhet, um nur weiter dabeisein zu können. Seine Berichte wurden in Abschriften unter den Freunden verbreitet und viel gelesen. Man muß sich vergegenwärtigen, daß Heymel, der Gründer des Insel Verlages, selbst Produzent mittelmäßiger Lyrik, in mehreren Romanen der Zeit als Symbol des reichen ästhetisch inklinierten Bürgertums auftritt, mit bedenklich desorientierten, ja dekadenten Zügen (Otto Julius Bierbaum, *Prinz Kuckuck*, 1907; Heinrich Mann, *Die Jagd nach Liebe*, 1903; Jakob Wassermann, *Christian Wahnschaffe*, 1919). Im November mußte Heymel zurückkehren und starb. Übrigens war seine Todeskrankheit eine tuberkulöse Verseuchung des ganzen Körpers, darunter Kehlkopftuberkulose. Da Heymels Tod in literarischen Kreisen weithin Teilnahme erweckte, kann man vermuten, daß die Umstände von Joachim Ziemßens Tod in Thomas Manns *Der Zauberberg* von Heymel abgelesen sind.

Bei allem begeisterten Patriotismus erhoffte Heymel sich eine Demokratisierung nach dem Siege. Er schrieb an Annette Kolb (19. September 1914):

> Aber wenn dieser Sieg errungen ist, dann wird es die Aufgabe der Intelligenz und der wahrhaft Gebildeten sein, Deutschland im fortschrittlichen Sinne umzuorganisieren, das vergossene Blut will seinen Lohn haben. Ein verantwortliches Volksparlament soll eine verantwortliche Regierung kontrollieren.

Wenige Tage später, am 26. September, schreibt er an dieselbe Empfängerin:

> ... letzten Endes ist dieser grauenhafte Krieg das größte Glück für das germanische Europa, wir haben durch ihn wieder und neu gewonnen einen Kaiser, eine Monarchie, eine Jugend, einen Gott.

Rudolf Alexander Schröder, ein anderer Freund Hofmannsthals, dichtete einen pseudoreligiösen Vaterlandschoral unter dem Titel *Deutscher Schwur*, der auch unter seinen Anfangsworten „Heil'g Vaterland“ bekannt ist. Eine Strophe lautet:

> Ob sie dir ins Herz
> Grimmig zielen,
> Ob dein Erbe sie

Dreist beschielen,
Schwören wir bei Gott
Vor dem Weltgericht:
Deiner Feinde Spott
Wird zunicht.

Noch schlimmer sind Verse aus einem anderen Kriegsgedicht:

Eh sie uns auf den Knieen sehn,
soll alle Welt zum Teufel gehn.
Ihr habts gewollt, nicht wir!

Schröder rechtfertigte sich in einem Brief (an Bodenhausen, 19. Oktober 1914):

Ich halte es für richtig, daß sich der Dichter in solcher Zeit nicht auf sein hohes Piedestal zurückzieht, sondern in usum delphini drauf los dichtet, auf die Gefahr hin, hier und da zu entgleisen.

Mit ihm entgleisten andere. Von Hauptmanns und Dehmels Versen wird noch die Rede sein. Ernst Lissauer (1882–1937) dichtete einen *Haßgesang gegen England*, den er später bereute. Übrigens war Lissauer Jude, was seinem Bedürfnis, der Sprecher der Volksstimmung zu sein, einen Schimmer von rührender Tragik gibt. 1914 erfüllte ihn, wie fast alle Deutschen, ein starkes Gefühl der Zugehörigkeit zur Nation. In Österreich wurde eines der populärsten Soldatenlieder des Krieges von dem Wiener Zionisten Hugo Zuckermann verfaßt. Es heißt *Österreichisches Reiterlied* und enthält weder Haß noch Begeisterung, nur eine melancholische Schicksalsergebenheit:

Drüben am Wiesenrand
Hocken zwei Dohlen.
Fall ich am Donaustrand?
Sterb ich in Polen?

Kriegsausbruch 1914, Auszug der ersten Freiwilligen

Kampf gegen das Regime des Zaren, das Pogrome duldete, konnte ein Zionist zu seiner Sache machen. Zuckermann fiel 1916.

Rudolf Alexander Schröder verbrachte den Herbst 1914 auf einer Nordseeinsel, wo er Telephonist bei der Küstenwache war. Dies gab ihm Zeit, in sorgenvollen Briefen an seine Freunde darüber zu reflektieren, „welche Fülle von Übeln dieser Krieg, mit dem Europa sich selbst zerfleischt, noch hervorbringen kann" (24. Oktober 1914 an Anton Kippenberg). Ein Brief Schröders an Hofmannsthal (13. November 1914) wurde von diesem veröffentlicht. Darin gibt er der Einsicht Ausdruck, daß der Krieg so etwas wie ein Bergsturz sei, den man überleben kann, der aber die Grundlagen der Existenz verändere:

Wir werden uns gewiß inniger lieben, aber der leichte, heitere Halbschlummer unserer arkadischen Zeiten, denen der Ernst und das böse Antlitz der Wahrheit doch nur ein Traum unter Träumen, eine Wolkenphantasmagorie am Horizont war, wird uns nicht wiederkehren.

Schröder wandte sich zur biblischen Religion.

Ein Artikel von Robert Musil erschien im Septemberheft der *Neuen Rundschau* unter dem Titel *Europäertum, Krieg, Deutschtum.* Musil blickt auf die Vorkriegszeit zurück, in der der „Geist" Sache „einer oppositionellen europäischen Minderheit" gewesen sei.

Die wertvollen der seelischen Leistungen aus den letzten dreißig Jahren sind fast alle gegen die herrschende gesellschaftliche Ordnung und die Gefühle gerichtet, auf die sie sich stützt; selten als Anklage, sehr oft aber als gleichgültiges Darüberwegschauen zu den Problemen für vorausgeartete Menschen ...

Der Krieg werfe diese elitären, künstlerischen, oppositionellen Geistigen in ihr Volk zurück, „eine betäubende Zugehörigkeit riß uns das Herz aus den Händen, die es vielleicht noch für einen Augenblick des Nachdenkens festhalten wollen". Musil versteigt sich sogar in eine Art Beschwörung des schicksalhaften Todes. Intelligenz und eine irrationale Verlockung lagen bei diesem Schriftsteller immer nebeneinander. Musil tat Dienst an der italienischen Grenze, seit 1915 an der Südtiroler Front.

Thomas Mann pries in einem Aufsatz *Gedanken im Kriege*, im November 1914 in der *Neuen Rundschau* gedruckt, die Affinität von schöpferischer Kunst zum Krieg. Gegenüber dem gelangweilten nihilistischen Pluralismus, wie er vor dem Kriege geherrscht habe, dem jedes Kriterium des Echten gefehlt habe, sei der Krieg „Reinigung, Befreiung" gewesen.

> Was die Dichter begeisterte, war der Krieg an sich selbst, als Heimsuchung, als sittliche Not. Es war der nie erhörte, der gewaltige und schwärmerische Zusammenschluß der Nation in der Bereitschaft zu tiefster Prüfung ...

Diese Bereitschaft empfand Thomas Mann als schöpferisch, als kulturell. „Kultur" war ihm das Wort, mit dem er die schöpferische deutsche Ideologie von der bürgerlichen, westlichen Zivilisation unterscheiden wollte. Diese These von einem Gegensatz deutscher Kultur und westlicher Zivilisation war damals im Schwange. Der Gegensatz von rationalem Geist und der die Zukunft öffnenden Seele in Walther Rathenaus *Zur Mechanik des Geistes oder Vom Reich der Seele* (1913) meint im Grunde das gleiche. Es war ein Glaube an eine irrationale Instanz, deren Qualität eine quasi-religiöse Erlösung von der Entfremdung des Menschen in gesellschaftlich erstarrten Formen des modernen industriellen Staates versprach. Dieser Irrationalismus wurde als spezifisch deutsch empfunden. Ganz ähnliche Gedanken mit einer etwas anderen Terminologie vertrat Max Scheler in Zeitschriftenartikeln, aus denen das Buch *Der Genius des Krieges und der deutsche Krieg* entstand, das 1915 im Verlag der Weißen Bücher, einer Zweigfirma des Kurt Wolff Verlages, erschien. Es wurde damals viel gelesen und zitiert. Das Buch wendet sich gegen pazifistische, utilitaristische und sozialdarwinistische Geschichtstheorien, die sämtlich britischen Ursprungs und zu verdammen seien. Leben sei Steigerung und Wachstum, und zu diesem Leben gehöre auch der Krieg. Der deutsche Krieg sei gerecht, weil er den Gemeinwillen des Staates erfülle, den Scheler mit viel vertracktem Scharfsinn von jeglicher demokratischen Theorie abzuschirmen trachtet. So windig diese Gedanken auch sind, sie sind ein Ausdruck dessen, was Schröder in seiner pseudoreligiösen Hymne, was Thomas Mann, was der größte Teil der gebildeten Elite, was fast das ganze Volk im August 1914 empfand: daß Deutschland trotz der Bismarck-Verfassung mit ihrer Restfeudalität sich als einige Nation, als führendes Kulturvolk fühlte. Die Nation glaubte ihre Existenz, Lebensweise und Kulturbesonderheiten zu verteidigen und für eine bessere Zukunft zu kämpfen. Das Gefühl der Einigkeit umfaßte Oberschicht und Unterschicht, dokumentiert in der Genehmigung der Kriegskredite durch die Sozialdemokraten im Reichstag. Daß diese Einigkeit das Ergebnis einer außenpolitischen Manipulation der Regierung Bethmann Hollweg war, die Rußland als Angreifer erscheinen ließ, war damals kaum jemandem bewußt.

Es gab Opposition, aber sie äußerte sich vorsichtig. Wilhelm Herzog (1884–1960) gab seit dem April 1914 die Zeitschrift *Das Forum* heraus, die sich gegen die Kriegshetze in allen Ländern und spezifisch gegen die Alldeutschen wandte. 1915 wurde *Das Forum* verboten. Die kritische Haltung gegenüber dem Krieg im *Forum* und in den *Weißen Blättern* war für Max Herrmann-Neiße ein Trost. Über seine Vereinsamung im Krieg schrieb er am 13. März 1915 an René Schickele. Er teilte ihm zwei Gedichte mit, die in Zeitschriften erschienen, die in Zürich herauskamen und dem deutschen Krieg opponierten. Das erste, im Brief ohne Titel, erschien in *Der Mistral* 1915 mit dem Titel *Kriegs-Begeisterung* (dort auch in 4zeilige Strophen abgesetzt):

An Anschlagsäulen fummeln wichtig Flappen.
Begeisterung sickert von den Telegrammen,
Nach denen ausgefranste Schnauzen schnappen,
Und Alkoholgemüter schlagen Flammen.
Geheimnisse verteilen die Friseure
Freigebig in geübter Kräusler-Kurve.
Vetranen unter schwarzgewichster Röhre
Entwickeln sich zu schwerem Falten-Wurfe.
Mit Trinkgeld klimpern Kellner Kriegsfanfaren.
Kampfesmut landet in die Dirnen-Mieder.
Aus Königshymnen Rowdie-Fäuste fahren.
Mord wird pensionsberechtigt, zahm und bieder.
Die Leutnantssäbel sperren jedes Pflaster.
Analphabeten sind bebrillt und lesen. –
Abseits wird ein zerplatzter, tiefverhaßter
Poet ins Grab gefegt von Kehricht-Besen!

Das Gedicht beschreibt die Welt der anderen, der Angepaßten, die mit vorgeschobener Unterlippe (Flappe) die Anschläge über Mobilmachung und erste Siege betrachten. Von den anderen, den Lebenskräftigen hatte sich der Krüppel Max Herrmann immer getrennt gefühlt. Statt bei Kriegsausbruch Revolution zu machen, wie er es gehofft hatte (so schreibt er erläuternd an Schickele), brachen sie in Kriegsbegeisterung aus und blieben Bürger wie bisher. Das Gefühl der Verlassenheit, nachdem er Kriegsbeiträge von seinen schlesischen Landsleuten Hauptmann, Stehr und Kerr gelesen hatte, drückte er in einem anderen Gedicht aus, das er Schickele ebenfalls mitteilt (veröffentlicht 1916 in der Zeitschrift *Sirius* unter dem Titel *Trauer*, 1919 in dem Privatdruck *Die Preisgabe* mit dem Titel der Anfangszeile: *Meine Seele ist betrübt bis in den Tod*). Die mittlere Strophe (in der Fassung des Briefes an Schickele) lautet:

> Während rings die Flammen frecher lodern,
> ist mein Tag umdunkelt und mein Lied für immer still.
> Schnee deckt alles, was ich blühen will.
> Unter meinen Füßen schreit das Blut der Brüder.
> Aber, die uns hassen, steigen stolz gegürtet,
> unbezwinglich! –

„Die uns hassen" sind die Alldeutschen und das Militärregime, das totalitäre Züge annahm. Sie werden, zusammen mit den Mitläufern, die das vorher zitierte Gedicht nannte, als Feinde *der* Welt angesehen, in der Max Herrmann lebt und in der Dichtung möglich ist.

Damit betont Max Herrmann-Neiße negativ dasselbe, was Thomas Mann als positiv verteidigte: die Trennung von Literatur und Politik. Daß junge Bürgersöhne ihren nationalen Ehrgeiz eher in einer literarischen Zeitschrift als auf der Rednertribüne des Parlamentes befriedigten, konnte man als nationales Zurückgebliebensein beklagen oder als Kulturideal preisen.

Die *Neue Rundschau* war 1914 immer noch eine führende Zeitschrift, die den Geschmack der Leser von Literatur, der Bildungsbürger, repräsentierte. Musils Artikel, der von der sozialkritischen Haltung der deutschen Literatur Abschied nahm, und der Aufsatz Thomas Manns, der sich an einer deutschen Ideologie versuchte, waren dort im September und November 1914 erschienen. Die Septembernummer wurde von einem chauvinistischen Gedicht des erdschweren schlesischen Erzählers Hermann Stehr eingeleitet. Aber solcher Primitivismus blieb selten. Emil Ludwig vertrat einen skeptischeren nationalen Liberalismus, wenn er in seine Reportage über seine Eindrücke der Julikrise in verschiedenen Teilen Europas den Satz einflocht: „Politisch mag man über manches grollen." Er fährt jedoch fort: „Menschlich ist diese deutsche Affäre sagenhaft schön."

Noch zweifelnder war die Begeisterung Alfred Kerrs, der sich (vergeblich) freiwillig meldete. Zwei „Regungen" lägen hinter ihm:

> Ein Gefühl des Abrückens von einer Menschengattung, die Besseres noch nicht gelernt hat als mit solchen Mitteln hiesige Dinge zu ordnen. Habe nichts mit ihnen zu schaffen; in Ewigkeit; in Ewigkeit; in Ewigkeit.
>
> Der andere Ruf sagt: sie dürfen diesem edlen Volk nichts tun. Nichts diesem „Deutschland" benannten Gefühl, das wir im Blut haben.
>
> Man hat die Frechheit, uns am Atmen hindern zu wollen. Schluchzende Wut packt einen.

Begeisterung und Zweifel wechseln sich ab:

> Ich selbst fühle manchmal so: „Mit einem Schlag erwuchs eine große Gemeinsamkeit ..." Nicht wahr? Man hört es allenthalben: „Die Standesunterschiede werden weggewischt."
>
> Ich freue mich dessen auch. Doch bei schärferem Zusehen scheint es mir seltsam, daß bei Furcht und gemeinsamer Schrecknis der Höhere zum Untengehaltenen sagt: „Lieber, ein Bruderpaar sind wir, komm ..."

Vom Frieden hofft Kerr „eine Abrechnung". Ein Artikel von S. Fischers Cheflektor Moritz Heimann *Der Krieg* zog sich durch drei Hefte. Heimann erwartete von dem Krieg eine „moralische Einheit", der politischen Einheit äquivalent, die der Krieg von

1870/71 gebracht hatte. Gegen Ende erscheint ein Satz, der einen Wunschtraum des fortschrittlichen Bürgertums formuliert:

> Das Maß bürgerlicher Freiheit darf in dem Maß der zunehmenden sozialen Bindung nur wachsen. Je mehr Organisation nötig ist, um so mehr Freiheit.

Das kommt einer Art von Beschwörung gleich, die der wirklichen Entwicklung zum totalitären Militärstaat entgegengehalten wurde.

1916 erschienen Aufsätze des Religionshistorikers Ernst Troeltsch in der *Neuen Rundschau*, *Die deutsche Idee von der Freiheit* und *Die Ideen von 1914*. Troeltsch bemüht sich, eine spezifisch deutsche Idee von Freiheit zu entwickeln, die konservativ und fortschrittlich zugleich ist. Die Würde des Deutschen liege in seiner sowohl autonomen wie pflichtmäßigen Mitwirkung an dem politischen Ganzen, dem alle, einschließlich des Monarchen, dienten. Dabei wendet er sich gegen die politischen Ideen der Expressionisten.

> Das Spiel mit den Paradoxien und Revolutionen war zum Merkmal der Geistreichen geworden, und in der Blasiertheit griff man dann zu allen Gegen- und Trostmitteln, die in solcher Lage möglich sind, zu Archaismen, gesuchten Kindlichkeiten, schwärmerischer Mystik, brutaler Kraftmeierei. Es war die Welt des Papiers und der Schriftstellerei.

Hierin war Troeltsch mit Thomas Mann einig. Beide dürften sich gegenseitig beeinflußt haben. Jedoch ist Troeltsch nicht reaktionär. Er möchte das gehobene Bürgertum mehr als bisher in den Sozialkörper integriert sehen, eine Art von Sozialismus einführen:

> Wir werden von den sozialen Reformen, von den umfassenden Organisationen, von der rationellen Gemeinwirtschaft ein gutes Teil behalten. Die Wirtschaftsgesinnung und

das Wirtschaftsziel werden verändert bleiben. Die Ideen des Liberalismus, deren große Zeit längst im Abflauen ist, werden noch weiter zurückgehen, so notwendig die Belebung auch des individuellen Interesses und Schaffens bleiben wird.

Wenn Troeltsch meint, der deutsche Freiheitsbegriff vereinige „Bejahung des überindividuellen Gemeingeistes" und „persönlich-lebendige Originalität des einzelnen innerhalb des Ganzen" und sei damit ganz verschieden vom englischen und französischen Wesen, so kann das nur auf Unkenntnis beruhen. Solche Unkenntnis entspricht dem Bestehen auf Militarismus oder auf Barbarei als Charakteristika alles Deutschen auf seiten von Deutschlands damaligen Feinden.

Die liberale Münchener Zeitschrift *Der neue Merkur*, geleitet von Efraim Frisch, spiegelte bis 1916 die Hoffnung, der Frieden werde Liberalisierung, Demokratisierung und ein vereintes Europa bringen. 1915 erschienen dort Thomas Manns Aufsatz *Friedrich und die große Koalition* sowie ein Aufruf von Kurt Hiller, *An die Partei des deutschen Geistes*, in dem er noch überzeugt ist, der gegenwärtige Krieg dürfe von der grundsätzlichen Pflicht des Geistigen zum Pazifismus ausgenommen werden. 1916 hörte *Der neue Merkur* auf zu erscheinen. Die Zeitschrift wurde nach dem Krieg wiederaufgenommen.

Die *Weißen Blätter* konkurrierten mit der *Neuen Rundschau* um die bildungsbürgerlichen Leser. Die Zeitschrift erschien im Herbst 1914 nicht, weil ihr Herausgeber Erik Ernst Schwabach eingezogen wurde. René Schickele übernahm die Leitung, das erste von ihm redigierte Heft wurde Anfang 1915 ausgeliefert. Für den vorsichtigen Pazifismus unter den Augen der militärischen Zensur ist der Artikel *Das zerstörte Dorf* von Ulrich Rauscher im ersten Heft 1915 typisch. Grundlage ist eine Reportage über die Zerstörungen in Ostpreußen, in Gebieten, die von den deutschen Truppen wiederbesetzt wurden. In der Klage über die lebenzerstörende Vernichtung des Bauerndorfes ist für den aufmerksamen Leser impliziert, daß nicht nur die russische Armee im Osten, sondern auch die deutsche Armee im Westen Dörfer zerstört. Der Aufsatz *Für die Kunst* von Wilhelm Hausenstein hätte auch in der *Neuen Rundschau* stehen können. Die Funktion des Künstlers, meint Hausenstein, höre im Krieg auf, er sei „formvernichtend, nicht formbildend. Er schafft zwar eine Luft, in der die Menschen einer seltsamen Überhobenheit fähig werden. Aber diese metaphysische Überhobenheit ist nicht der Zustand, in dem man die Dinge beim Namen nennt." Jedoch folgert Hausenstein aus der Aufgeschlossenheit des deutschen Publikums für moderne Kunstrichtungen, daß ihnen die Zukunft gehöre.

Wie übrigens auch Wilhelm Herzog im *Forum* wandte sich Schickele in den *Weißen Blättern* gegen Thomas Manns Kriegsaufsätze. Heinrich Mann ließ dort seinen *Zola* erscheinen, den Aufsatz, der die Verpflichtung des Schriftstellers für den Fortschritt vertrat. 1916 wich Schickele mit der Redaktion in die Schweiz aus, übrigens legal, denn er war krankheitshalber militärfrei, und das Auswärtige Amt unterstützte die Verlegung einer reichsdeutschen Kulturzeitschrift in die deutsche Schweiz. Das schloß spätere Verbote der Einfuhr nicht aus. Vom Sommer 1917 bis Juli 1918 erschienen *Die Weißen Blätter* nicht. Im Juli 1918 ließ die Militärdiktatur eine Demokratisierung zu, um der Demokratie die Verantwortung für die Niederlage aufbürden zu können. Schickele vertrat in den *Weißen Blättern* den gewaltlosen Geist, den er von dem Materialismus des Maschinenkrieges absetzte. Damit bekannte er sich zu einer internationalen Utopie des Humanismus.

Nach anfänglichem Schwanken wurde Kurt Hiller ein entschiedener Kriegsgegner. Hiller hat mit Alfred Wolfenstein, der sich bald zurückzog, den Begriff ‚Aktivismus' erfunden. Hiller verstand seine politische Haltung als linksstehend, obwohl er niemals eine elitistische, geistesaristokratische Haltung aufgab. Im 1. Jahrbuch *Das Ziel* (1916), das nach und nach in den verschiedenen Generalkommandos verboten wurde, stehen programmatische Essays, auf die Thomas Mann reagierte. Hillers Essay *Philosophie des Ziels* soll uns deshalb noch beschäftigen. Das 2. *Ziel*-Jahrbuch erschien 1918 unter dem Titel *Tätiger Geist*. Hillers politisch-geistige Utopie ist in dem programmatischen Essay *Ein deutsches Herrenhaus* enthalten, in dem er die bloß egalitäre Demokratie auf das entschiedenste verurteilte und eine Verfassung vorschlug, in der einem proportional gewählten Volkshaus ein Herrenhaus aus der geistigen Elite die Waage zu halten hätte. Der Verfassungsplan sah auch einen Völkerbund vor. Natürlich hatte er nie Chancen, weil er aus literarischer Phantasie entstanden war, den Ausgleich wirklicher Interessen verachtete. Dennoch ist auch dieser Plan noch ein Ausdruck des Selbstbewußtseins der literarischen Elite, die sich gerade dann politisierte, als Ludendorffs Militärdiktatur ihr jeden Spielraum entzog.

Unter den expressionistischen Zeitschriften blieb *Der Sturm* literarisch. Kriegsgedichte von August Stramm und Kurt Heynicke, Nachrufe auf Gefallene lassen erkennen, daß ein Krieg stattfindet. Wichtig war Herwarth Walden die Verteidigung des Expressionismus gegen den Vorwurf, er sei bloß eine Zeitkrankheit der Vorkriegszeit. Auch *Die Aktion* kündigte an, sich auf Literatur und Kunst zu beschränken. Ihr Herausgeber Pfemfert verstand es aber, auf schwer angreifbare Weise politisch zu bleiben. In einer Rubrik, die er „Kleiner Briefkasten“ nannte, reagierte er auf Meinungen in Zeitschriften und Zeitungen, beantwortete fingierte oder wirkliche Fragen. In einer anderen Rubrik „Ich schneide die Zeit aus“ brachte er Zitate ohne Kommentar. Im April 1918 druckte er z. B. Teile der Denkschrift des Fürsten Lichnowsky ab, die in der deutschen Presse und als Broschüre erschienen war. Lichnowsky stellte die Mitschuld Deutschlands am Kriegsausbruch fest, setzte sich für einen Verständigungsfrieden ohne Annexionen und für eine demokratische Verfassung ein. Daran anschließend brachte Pfemfert Kommentare aus dem mehrheitssozialdemokratischen *Vorwärts*, die sich vorsichtig von Lichnowsky distanzierten. Unterstützungen des Krieges durch Schriftsteller wurden einfach durch Zitat in Pfemferts Zeitschrift vor den Lesern blamiert. Pfemfert druckte Kriegsgedichte und Erzählungen, wenn sie hart und realistisch waren und so den Krieg verurteilten, darunter auch die Erzählung *Johann Schuster* von Hanns Johst, die Geschichte eines Kleinbauern, dessen schwerer Anfang auf kleinstem Hof durch seine Einberufung unterbrochen wird, was nichts als Sorge und unterdrückten Zorn verursacht. Nur die dumpfe Erdschwere dieser Prosa weist auf den zukünftigen Nationalsozialisten voraus. Unter den Gedichten nahm das apokalyptische Thema, das schon vor dem Kriege begonnen hatte, durch den Zeithintergrund ein besonderes Gewicht an. Wenn Pfemfert mitteilte, daß Dichter wie Lichtenstein und Stadler im Krieg gefallen waren, dann betonte der Kontext der *Aktion* die Absurdität eines solchen Verlustes, ohne daß dies ausdrücklich gesagt werden mußte. Eines der ersten Kriegsgedichte, *Schlacht an der Marne* von Wilhelm Klemm, in der *Aktion* vom 24. Oktober 1914, enthält die Verse:

Mein Herz ist so groß wie Deutschland und Frankreich zusammen,
Durchbohrt von allen Geschossen der Welt.

Seine anarchistischen Überzeugungen ließ Pfemfert durch seine Kritik an den Mehrheitssozialdemokraten erkennen, wobei er sich auf Artikel berief, die er vor 1914 geschrieben hatte. Außerdem druckte er Texte von und über Bakunin und Herzen ab. 1917 und 1918 ließ er christliche Themen pazifistisch wirken. Franz Pfemfert stand mit Gustav Landauer, Karl Liebknecht und Rosa Luxemburg in Verbindung, wurde aber im Unterschied zu diesen niemals verhaftet. Wie weit Pfemferts literarisch-politische Opposition, links von den Mehrheitssozialdemokraten, wirken konnte, ist schwer zu sagen. Jedenfalls wurden die Nummern seines Blattes von lesenden Bürgern gekauft, und sicher verbreitete er die Ansicht, daß Literatur nicht nur engagiert sein dürfe, sondern müsse.

Ein anderer Versuch literarischer Opposition unter der Militärdiktatur war die *Neue Jugend*, eine Zeitschrift, die 1916 und 1917 in Berlin erschien als Nachfolgerin einer Schülerzeitschrift gleichen Namens, womit die im Kriege nötige Genehmigung der Gründung umgangen wurde. Das ursprünglich entschieden politisch-pazifistische Programm ließ sich unter der Zensur nicht durchführen. Der Mittelpunkt der Zeitschrift war Wieland Herzfelde (geboren 1896). Der satirische Zeichner George Grosz arbeitete mit. *Der Almanach der Neuen Jugend auf das Jahr 1917* wurde von der Redaktion der *Neuen Jugend* herausgegeben. Hier wurde die Erzählung *Der Vater* von Leonhard Frank (aus *Der Mensch ist gut*) gedruckt, die zuerst in den *Weißen Blättern* in der Schweiz erschienen war. Eine pazifistische Satire von Mynona (Salomo Friedländer) läßt einen Verrückten, einen durch Kopfschuß Kriegsbeschädigten, behaupten, die wahre, göttliche Realität sei Friede und Seligkeit. Der Almanach wurde sofort verboten. In den letzten beiden Nummern der Zeitschrift, die sich kurz zuvor als neues Wochenblatt installiert hatte, kamen Richard Huelsenbeck und die DADA-Bewegung zu Wort.

Mehr und mehr oppositionell wurde *Die Schaubühne*. Diese Zeitschrift begann 1905 als Theaterzeitschrift. 1914 trat Politik in den Vordergrund. *Die Schaubühne* paßte sich im August 1914 großenteils der vorherrschenden Stimmung an, jedoch ließ der Herausgeber Siegfried Jacobsohn seinen Mitarbeitern breiten Spielraum, so daß auch kritische Stimmen zu Wort kamen. So wies Gustav Landauer Romain Rollands Aufforderung an die deutschen Intellektuellen, gegen den Einmarsch in Belgien zu protestieren, mit anarchistischen Argumenten zurück. Jeder, der den Staat anerkenne, sei mitschuldig. Schon im Herbst 1914 finden sich häufig Zensurlücken in der *Schaubühne*. Seit 1915 steuerte sie, mit kriegsbedingter Vorsicht, einen oppositionellen Kurs. Im April 1918 änderte die Zeitschrift ihren Namen in *Die Weltbühne*, womit die Verlegung des Hauptinteresses auf das Politische dokumentiert wurde. Als *Weltbühne* repräsentierte die Zeitschrift die linke Intelligenz während der Revolution und der Weimarer Republik.

Die deutschen literarischen Zeitschriften bezeugen, daß das deutsche Bürgertum sich während des Krieges politisierte, ein Prozeß, der schon vorher langsam eingesetzt hatte, aber in dem gemeinsamen Erlebnis des Aufbruchs zur Verteidigung des eigenen Lebensstils 1914 einen ungeheuren Anstoß erhielt. Die alte Spaltung von Literatur und Politik war deshalb nicht außer Kraft gesetzt, denn die Militärdiktatur und ihre Zensur sorgten dafür, daß das politische Interesse keine praktische Anwendung finden konnte. Die Opposition mußte sich mit pazifistischen Andeutungen begnügen oder konnte christlich-apokalyptische Vorstellungen beschwören. An den praktischen Auseinandersetzungen um Kriegsziele, Annexionspolitik und die Friedensresolution des Reichstages nahmen Literatur und literarische Zeitschriften kaum teil. Politik blieb eine Frage der Grundsätze, der Grundhaltung, der Weltanschauung. Diese Form der bürgerlichen Politik auf der Rechten, auf der Linken und selbst in der liberalen Mitte neigte weiterhin zu Utopie, zu traumhaften Synthesen, sie war kompromißfeindlich und sollte verhängnisvoll werden.

Das Ende der „arkadischen" Vorkriegszeit, der „machtgeschützten Innerlichkeit", wie Thomas Mann 1933 den Zustand des deutschen bürgerlichen Bewußtseins nach 1848 im Hinblick auf Wagner charakterisierte, ist also nicht nur durch den Krieg selbst, durch das Erlebnis von 1914, durch die Kriegswirtschaft, die Brotkarte, durch die Materialschlachten, die Perversion des industriellen Zeitalters bedingt, sondern auch durch eine Veränderung des Interesses der Leser. Selbst in der weltanschaulichen und unpraktischen Form war Politik wichtiger geworden, Literatur als Repräsentation des bürgerlichen Selbstbewußtseins hatte zurückzutreten.

Ein Repräsentant der deutschen literarischen Bürgerkultur war Gerhart H a u p t m a n n, Nobelpreisträger und Besitzer des Schlößchens Wiesenstein im schlesischen Riesengebirge. Aus seiner früheren Rolle als Vertreter literarischer Opposition war er zum Fortführer der deutschen literarischen Tradition geworden. Auf den Kriegsausbruch, den er in Berlin erlebte, reagierte er zunächst betroffen. Am 31. Juli schrieb er in sein Tagebuch:

Man spürte die Hinfälligkeit des allgemein gepriesenen Kulturstandes: man ahnte nahe, nächst! – den Zusammenbruch.

Dann aber wurde er von der Kriegsstimmung mitgerissen. Davon zeugen nicht nur die Tagebucheintragungen, sondern auch Gelegenheitsgedichte, in denen sowohl Sorge:

> O mein Vaterland, heil'ges Heimatland,
> welche Prüfung mußt du nun bestehn! –

als auch altmodisches Säbelgerassel spricht:

> Schon wecken die Trompeten durchs Land,
> jeder hat ein Schwert zur Hand.

Eines dieser Gedichte ist „Fritz von Unruh, dem Dichter und Ulanen", zugeeignet. An Unruh hat er möglicherweise auch bei der Konzeption des Dramas *Der General* gedacht, wo, jedenfalls in den ersten Fassungen, zwei Brüder, ein zivilistisch-kritischer und ein loyaler, aktiver Ulanenoffizier, einander gegenüberstehen sollten. Die Brüder verkörpern den Konflikt, den Fritz von Unruh in seiner Person auszufechten hatte. Dieser Plan wurde wahrscheinlich 1915 gefaßt, aber nach drei Ansätzen bald wieder aufgegeben.

Ende August veröffentlichte Hauptmann in der liberalen Zeitung *Berliner Tageblatt* einen Artikel *Gegen Unwahrheit*, in dem er sich gegen eine Rede Henri Bergsons wendet, der den Kampf gegen Deutschland einen Kampf gegen die Barbarei genannt hatte. Dieser Artikel rief einen offenen Brief von Romain Rolland hervor, der Hauptmann aufforderte, gegen den deutschen Überfall auf Belgien zu protestieren, was dieser am 10. September in der *Vossischen Zeitung* ablehnte (*Antwort an Herrn Romain Rolland*). Hauptmann erfüllte hier offensichtlich eine Pflicht; von ihm als damals prominentestem Schriftsteller wurden solche Äußerungen erwartet. Der kaiserliche Hof zeigte sich erkenntlich und verlieh dem sonst verlästerten Dichter der *Weber* und des *Biberpelz* den Roten Adlerorden Vierter Klasse. Im September 1914 schrieb Hauptmann einen Artikel gegen England, gegen den Theodor Wolff, der liberale Chefredakteur des *Berliner Tageblattes*, leise Bedenken erhob. Hauptmann zog den Artikel zurück. Enge Verbindung hielt Hauptmann in Berlin mit Walther Rathenau. Mit ihm gründete er die „Deutsche Gesellschaft von 1914". Dies war eine Art von Debattierklub von Bildungsbürgern, Industriellen und Beamten, der eine politische Meinungsbildung fördern sollte, ohne natürlich die Kriegsanstrengung selbst in Frage zu stellen.

1915 bis 1918 äußerte sich Hauptmann kaum noch öffentlich zur Kriegslage. Eine mögliche Ausnahme ist durch ein Redekonzept belegt, das vermutlich aus dem Jahr 1916 stammt. Die Rede geht von dem „Augenblick höchster Einigkeit" in Deutschland 1914 aus. Bürger und Adel müßten sich vereinigen, Dünkel und Kastenvorurteile abgeschafft werden. „Positive", „produktive" Kritik sei zu ermutigen. Aber Hauptmann glaubte damals noch an einen deutschen Sieg und wollte Belgien behalten. Freilich müsse Deutschland seines Sieges würdig sein. Die Rede zeigt zwar ethischen Ernst, aber in dem Ineinander von moralischer Mahnung und Reformhoffnungen auch ein politisch unerfahrenes Wunschdenken. Wir wissen nicht, ob die Rede (vielleicht in der „Deutschen Gesellschaft von 1914"?) gehalten wurde. Aufforderungen, sich öffentlich gegen den Militarismus und für den Frieden zu äußern, darunter einer von Ernst Toller, entzog er sich. Als das Kriegsende sich abzeichnete, teilte Hauptmann das Gefühl, betrogen zu sein. Er entwarf Aufsätze. Der Staat, meinte er jetzt, habe versagt, nur auf eine „Epiphanie der Menschheitsvernunft" sei zu hoffen.

Gegenüber dem konformistischen Inhalt seiner öffentlichen Äußerungen bieten die Werke, an denen Hauptmann in den Kriegsjahren schrieb, ein anderes Bild. Aus dem Wiedertäufer-Roman entwickelte er einen Dramenplan, der in einer deutschen Reichsstadt des 16. Jahrhunderts spielt, möglicherweise Rothenburg, *Magnus Garbe*. Es ist ein spezifisch deutsches Drama wie *Florian Geyer*, jedoch mit einem durchaus passiven Helden. Magnus Garbe, ein führender, reicher, humaner Elitebürger, kann seine Frau Felicia nicht vor der Verfolgung der Dominikaner-Inquisition retten, deren Feindschaft er sich zugezogen hat. Das Drama betont die vollkommene Lähmung und Machtlosigkeit des Großbürgers gegenüber einer absurden Massenbewegung. In der Schlußszene erinnert der Wahnsinn der verurteilten Felicia an die Kerkerszene in Goethes *Faust*, jedoch ohne Rückkehr zum Glauben. Die letzten Worte des Bürgermeisters sind: „Es ist kein Gott, es ist nur der Teufel." Leider wird das Stück seiner Intention, eine monumentale Verzweiflung an humaner Vernunft, an goethezeitlicher Naturverbundenheit und religiösem Gefühl zu zeigen, nur teilweise gerecht. Auf weite Strecken hin wird der Vorwurf zerredet. Hauptmann hat das Stück erst 1942 in der Ausgabe letzter Hand veröffentlicht. Es entstand 1914 bis 1915 und spiegelt die Möglichkeit des Untergangs der humanen bürgerlichen Kultur, wie sie Hauptmann sich in den Tagen des Kriegsausbruchs vorstellte; vielleicht schon durch eine Reaktion auf die Kontroverse um sein *Festspiel in deutschen Reimen* ausgelöst, die er als Hetze gegen seine Dichterautorität empfinden mußte. Die bürgerliche Kultur ist verletzlich gegenüber einer fanatischen religiösen Ideologie und gegenüber dem „Pöbel", der in *Magnus Garbe* durch verrohte Henkersknechte vertreten wird. Wie bei Hauptmann nicht anders zu erwarten, gibt es auch positive Vertreter der Unterschicht. Aber das Stück verrät doch Angst des elitistisch gewordenen Kulturbürgers vor der Macht der Ungebildeten und Unaufgeklärten. Der Fanatismus der Dominikanermönche wird als etwas dem Deutschen Fremdes dargestellt.

Drei dramatische Dichtungen, an denen Hauptmann während des Krieges arbeitete, waren schon vorher begonnen worden. Ihr Pessimismus ist aber sicher durch die Kriegsstimmung beeinflußt. In *Winterballade* (1917), der Dramatisierung von Selma Lagerlöfs Erzählung *Herr Arnes penningar* (*Herrn Arnes Schatz*, 1904), werden der Mythos des befreienden Frühlings, das Symbol des unschuldigen Mädchens und das Motiv des Gewissens quälend pervertiert. *Der weiße Heiland* (1920) wurde nach einer ersten Arbeitsphase 1912 bis 1913 im Jahre 1917 fortgeführt. Das Stück über die Eroberung Mexikos durch Cortez und den Betrug an dem Kaiser Montezuma drückt Zweifel an der abendländischen Kultur aus. Montezuma wird von seinem Gott getäuscht. Kein Weißer, sondern der braune Montezuma durchlebt am Ende eine christliche Passion. Das Stück ist in vierhebigen Versen, meistens Trochäen, geschrieben, im Stil der romantischen Nachfolge des spanischen Dramas. Das Motiv des Kulturzweifels beherrscht auch *Indipohdi* (1920), ein Stück, das ebenfalls vor dem Krieg, 1913, begonnen wurde. Hauptmann arbeitete 1915 bis 1916 daran und beendete es 1919. Hauptfigur ist der Dichter Prospero, dessen Name und Vorgeschichte aus Shakespeares *The Tempest* (*Der Sturm*) stammen. Das Stück ist dementsprechend in Blankversen geschrieben. Prosperos Insel, auf die er als Füchtling kommt, wird von Indianern bewohnt, die ihn freundlich aufnehmen und als weißen Heiland verehren, so daß er segensreich und kultivierend wirken kann; es gelingt ihm, die Menschenopfer des indianischen Kults zurückzudrängen. Das Stück hat also einen Kulturtraum zum Ausgangspunkt. Tropische Farbe, primitive Gesundheit und europäische Vernunft formen eine Idylle, die aber bedroht ist durch einen Aufstand, der die Wiedereinführung von Menschenopfern bezweckt. Als Opfer findet sich Prosperos rebellischer Sohn, der den Vater vertrieben hatte. Die Situation soll an Goethes *Iphigenie auf Tauris* anklingen. In dem Generationskonflikt – auch Prosperos Tochter lehnt sich auf – steckt offenbar eine Anspielung auf den Mythos der Jugend im Expressionismus. Die Lösung ist Selbstopfer des Dichters Prospero, durch Sturz in den Vulkan, der sich geöffnet hat. Das soll nicht nur an Goethes Selbstopferungsmotiv (Homunkulus, Die Schlange im *Märchen*), sondern auch an Hölderlins *Empedokles* erinnern. Jedoch winkt dem Zauber-Dichter Prospero kein Weltsinn:

> Furchtbare Schöpfung, die uns mit Magie
> säugt, daß wir Träume haben müssen, die
> sie um die fremden Glieder hüllt wie Schleier,
> um unser Sein unrettbar zu verwirren.

Sein Humanismus ist resigniert, „diese blutige Riesenmühle Schöpfung“ bleibt sinnlos. Wie ein göttlicher Herrscher im (offensichtlich erfundenen) Mythos des indianischen Inselvolkes „Indipohdi“, nämlich „niemand weiß es“ hieß, so verlangt Prospero „das Nichts, das mir gebührt“. Jedoch wird er, während er dies spricht, „von der aufgehenden Sonne beleuchtet“, er trägt seine Bettlerschale, „aus der eine blaue Flamme lodert“, und sein Magiermantel „wallt von seinen Schultern“. Diese Jugendstil-Szenerie, wie sie auch in Reinhard Sorges *Der Bettler* vorkommen könnte, die mythischen und literarischen Anspielungen erwecken den Schein der Bedeutsamkeit, der den quietistischen

Schopenhauer-Nihilismus im Gefühlsrahmen der humanistischen Tradition festhalten und damit noch etwas von der Autorität des Magier-Dichters retten soll.

Mit dem Zweifel an der überlieferten Humanität war die neue deutsche Literatur angetreten. Der Pessimismus, wie Prospero ihn am Ende des Stückes vertritt, ist mehr als Zweifel, auch mehr als Trotz, er zeigt Verzweiflung an, gegen die bedeutsame Gebärden nicht aufkommen. Das Elementarthema des Jugendstils, mit Verbindung zur Antike und zum Kult des Dionysos, führte Hauptmann in einer schon 1911 konzipierten Erzählung weiter, *Der Ketzer von Soana* (1918). Die Geschichte spielt im Tessin. Ein sehr frommer Priester wird zum Kult des Eros bekehrt. Er verläßt seine Gemeinde und lebt als Hirt mit seiner aphrodisischen Frau auf einer idyllischen Alpe, auf einer „Weltinsel". Auch dieser Traum von einer Flucht in eine insulare idyllische Existenz ist eine Form des Kulturzweifels. Die Erzählung erschien zuerst in der *Neuen Rundschau*, wo Thomas Mann sie bestimmt las. Das Motiv des Wasserfalls von Soana ist vermutlich in den *Zauberberg* eingegangen. Vor einem Wasserfall bereitet Peeperkorn, der Gesten und Manieren des wirklichen Gerhart Hauptmann wiederholt, seine Abdankung vom Leben vor.

Als eine Art von Insel hat offenbar auch Else Lasker-Schüler ihren Roman *Der Malik* betrachtet. Erste Abschnitte wurden schon vor Kriegsausbruch in der *Aktion* gedruckt, andere in *Der Brenner* und 1916 bis 1917 in Wieland Herzfeldes Zeitschrift *Die neue Jugend*. Wieland Herzfelde wird im Text mit Namen genannt, auch Richard Dehmel. Es ist ein Bohemeroman, der in Theben in Ägypten zu spielen vorgibt. Die Dichterin verwandelt sich in den orientalischen Kaiser, den „Malik", Jussuf Abigail I.

Der 1. Teil des Romans besteht aus Briefen an den „blauen Reiter“, den Maler Franz Marc, den der Malik auch Ruben nennt. In diese Phantasiewelt mischt die Autorin ihre wirklichen Erlebnisse, darunter ihre Erinnerung an den verlorenen Giselheer, Gottfried Benn. Der 2. Teil ist in der 3. Person in fortlaufender Prosa geschrieben. In diesen Textteil spielt der Krieg hinein: Giselheer-Benn ist in Flandern (Brüssel), Ruben-Franz Marc kämpft gegen die Abendländer. Jussuf Abigail lebt sein Leben in seinem phantastischen Ägypten. Zwar hat er dort im 1. Teil phantastische Feldzüge unternommen, aber in den „Weltkrieg“ will der Malik sich nicht locken lassen:

> Jussuf war fest entschlossen, unter keiner Bedingung sich an dieser Menschenschlacht zu beteiligen.

Der spielerische Charakter des Romans bleibt bestehen, die im Krieg geschriebenen Teile geraten jedoch mehr und mehr ins Melancholische. Der Kaiser muß am Ende Selbstmord begehen, nachdem sein Halbbruder Ruben gefallen ist. Franz Marc fiel am 4. März 1916 in der Verdunschlacht. Nachrufe auf Franz Marc und zwei Gedichte auf Trakl nahm Else Lasker-Schüler in ihre *Gesammelten Gedichte* von 1917 auf.

Ein Repräsentant der modernen deutschen Literatur wie Hauptmann und Thomas Mann war Richard Dehmel. Seine Kriegsbeteiligung war aktiver als die der beiden anderen. Sie führte ihn aus der Begeisterung der Augusttage zu einer ethischen Kritik an den Grundlagen der Bürgerlichkeit. Von einem Gespräch mit ihm während der Mobilmachung berichtete der Germanist Philipp Witkop. „Ich habe vor Freuden geweint“, habe Dehmel gesagt, „als mir der Krieg gewiß wurde. Wie tief steckten wir in Materialismus und Genießertum! Wir bedurften der heiligen, allaufrüttelnden Not.“ Dehmel schrieb bei Kriegsausbruch mehrere Gedichte. Sein *Lied an alle* erschien am 4. August in der *Frankfurter Zeitung*, dem Tag der denkwürdigen Reichstagssitzung, in der die Sozialdemokraten den Kriegskrediten zustimmten, dem Tag auch der englischen Kriegserklärung. Das Gedicht drückt aus, wie die Friedenszeit als eine moralisch belastete empfunden wird:

> Dumpfe Gier mit stumpfer Kralle
> feilschte um Genuß und Pracht;
> . . .

Eine moralische Erneuerung soll der Krieg bringen. Dies ist die 1. Strophe:

> Sei gesegnet, ernste Stunde,
> die uns endlich stählern eint;
> Frieden war in aller Munde,
> Argwohn lähmte Freund wie Feind –
> jetzt kommt der Krieg,
> der ehrliche Krieg!

Hält schon dieser Text einer Nachprüfung nicht stand (ist Frieden im Frieden in aller Munde? wie lähmt Argwohn den Feind?), so sollte es noch schlimmer kommen. In einem Gedicht über die Mobilmachung feierte Dehmel „die deutschen Pferde“:

> Mit witternden Nüstern auf der Wacht
> Tragen auch sie ihr Blut zur Schlacht
> Für Deutschlands Ehre und Recht und Macht. –

Dehmel wollte nicht nur mit seinen Worten, sondern mit seiner Person an dieser nationalen Kommunion teilnehmen und meldete sich als Kriegsfreiwilliger. Er wollte ein Beispiel geben. Er war fünfzig, fast einundfünfzig Jahre alt. Es gelang ihm nur mit Hilfe des preußischen Kriegsministeriums, eingestellt zu werden. In einem damals geschriebenen Brief an seine erwachsenen Kinder, den er an den Anfang seines Kriegstagebuches *Zwischen Volk und Menschheit* (1919) stellte, erklärte er „den scheinbaren Gesinnungswiderspruch zwischen meiner sonstigen Humanität und meinem jetzigen Furor teutonicus“ durch die deutsche Überlegenheit:

> Wir *sind* humaner als die anderen Nationen; wir *haben* mehr Zucht und Sitte im Leibe, mehr Geist und Gemüt und Phantasie, daher auch mehr Mitgefühl mit fremder Art. Also haben wir auch ein adliges Recht auf Weltherrschaft unseres Geistes; was nichts zu tun hat mit gewaltsamen Vorrechten, sondern im Gegenteil einzig und allein mit der Gleichberechtigung unsers guten Willens.

Er fügte 1919 hinzu, daß auch Schuldgefühle mitgespielt hätten. Denn „die Leithämmel der verbiesterten Völker“ hätten den Krieg verschuldet, auch „wir ‚geistigen Pioniere‘ mit unsrer seelischen Wühlarbeit, die zwar manche neuen Fundamente gemeinsamen Weltgefühls gelegt, aber leider auch alte unterminiert hat“. Ob diese Selbstkritik wirklich schon 1914 stattfand oder nicht, unter dem Einfluß seiner Kriegserlebnisse begann Dehmel bald, die nationale Selbstüberschätzung zu reduzieren. Eine Strophe aus einem 1915 geschriebenen Gedicht ist zwar immer noch sprachlich sehr schwach, aber einsichtig:

> Wir lagen fürs Vaterland im Krieg
> und haben gemordet und gebrandschatzt
> und nannten unsre Feinde Schweine,
> die doch nichts andres taten als wir;
> denn wir sind alle viehisch gemein.

Obwohl er das Eiserne Kreuz bekam, zum Leutnant befördert wurde und obwohl ihm, zur gleichen Zeit wie Gerhart Hauptmann, der Kaiser den Roten Adlerorden Vierter Klasse verlieh, begann Dehmel die Gesellschaft, für die er kämpfte, wieder, wie früher, anzuzweifeln, freilich ohne seine grundsätzliche Loyalität aufzugeben:

Fast möchte ich wünschen, daß uns der Krieg keinen allzu ‚siegreichen' Frieden bringe; ich befürchte, es würde sich sonst in den herrschenden Klassen ein schnöder Übermut breit machen, der ein entsetzliches Strafgericht innerhalb unseres Volkes zeitigen könnte. Es gibt im deutschen Bienenkorb gar zu viel anmaßliche Mittelstandsdrohnen, die sich als Träger unsers Wohlstandes und Hüter unserer Bildung vorkommen ...

So sehr Dehmel bei sich selbst mit dem Hurrapatriotismus aufräumte, so kritisch er gegenüber seinen Mit-Offizieren, den Stäben, der Verwaltung, der Oberschicht überhaupt wurde, er hielt sich an die in der deutschen kulturellen Elite herrschende nationale Utopie. Im Sommer 1916 schreibt er:

Es ist die bitterste Selbstüberwindung, für eine Sache weiterkämpfen zu müssen, deren menschlichen Unwert man zu spät erkannt hat, gemeinsame Sache mit Leuten zu machen, mit denen man eigentlich nichts gemein hat als den Steuerzettel und das Sprachwörterbuch. Aber schon während ich dies niederschreibe, sagt mir die Gewissensstimme: ist das nicht auch bloß Eigendünkel?! Denn ich glaube doch immer noch an das geistig strebsame Deutschland, das für alle guten Ziele der Menschheit kämpft; nur darf man es nicht auf dem Erdboden suchen, es liegt leider erst in der Luft.

Sehr oft sympathisiert er mit dem einfachen Soldaten, dem Sozialdemokraten.

Im Herbst 1918 trat er mit Plänen für einen sozialistischen Völkerbund mit internationalen Streitkräften hervor; er protestierte gegen Waffenstillstands- und Friedensbedingungen, rief zur nationalen Verteidigung gegen einen kapitalistischen Frieden auf, bloß auf seine moralische Autorität als Dichter gestützt, die keine politische Wirkung hatte. Gegen Ende des Kriegstagebuches findet sich der Satz:

> Wir haben den Krieg nicht deshalb verloren, weil bei uns weniger hoher Geist als in den gegnerischen Staaten, sondern weil kein höherer herrschte.

Das nimmt zwar den Chauvinismus von 1914 real zurück, erhält aber den Gedanken der Besonderheit des deutschen Volkes, der deutschen Kultur als Idealforderung aufrecht, dieselbe nationale Utopie, die noch hinter Thomas Manns *Doktor Faustus* steht.

Nach einer Venenentzündung nur noch im Etappen- und Garnisonsdienst verwendet, schrieb Dehmel das Drama *Die Menschenfreunde* (1917), das auf vielen deutschen Bühnen aufgeführt wurde. Das Stück spielt 1913 und diskutiert bürgerliche Moral. Die im Krieg akute Frage wird gestellt, was uns berechtige, andere zu opfern. Antwort gibt der „Minister" des Großherzogs: es ist „die innere Stimme", die „Sache, der man dient", das, „was uns verpflichtet, uns selbst zu opfern". Der überindividuelle Wert, um den es hier geht, ist der Einsatz eines Privatvermögens für soziale Zwecke, der nur durch die Ermordung einer Erbtante möglich war. Der Mörder opfert sich, indem er sich mit dem gleichen langsam wirkenden Gift tötet, das er verwendete. Der Fall ist zu vertrackt konstruiert und auch zu fragwürdig, um mehr auszudrücken als das Bedürfnis, die Grundlagen von bürgerlicher Individualität und bürgerlicher Gemeinschaft neu zu durchdenken.

Frank Wedekind hatte vor dem Weltkrieg eine politische Haltung gezeigt, die man als unernst und schwankend bezeichnen muß. Sie erklärt sich wohl daraus, daß er weder die Bewunderung der Jungen verlieren noch die Chance eines Erfolges beim Bildungsbürger missen wollte. Schon für seine *Simplicissimus*-Gedichte hatte er die Verantwortung abgelehnt. Im April 1914 hatte er unter dem Titel *Weltlage* in Wilhelm Herzogs *Forum* gegen den Militarismus argumentiert, aber bloß Witz und Satire empfohlen. Am 18. September 1914 hielt Wedekind in München eine Ansprache, die unter dem Titel *Vom deutschen Vaterlandsstolz* gedruckt ist. Er preist darin „die Einigkeit zwischen der Sozialdemokratie und dem deutschen Vaterlande", behauptet, daß „wir Künstler ... im monarchischen Deutschland uns eines freieren Wirkens erfreuen, als es uns das republikanische Amerika heute bietet", hofft auf einen deutschen Sieg, der deutsche Freiheit verbreiten werde, in Fühlung mit der sozialen Freiheitsbewegung im Westen und der politischen im Osten. Der deutsche Verwaltungsbeamte werde nach dem Sieg eine Arbeit erhalten, an der er wachsen werde, „daß man sich im Innern Deutschlands weniger als in einem anderen Lande über Engherzigkeit der Behörden zu beklagen haben wird". Das hat im Munde des zensurgeplagten Wedekind einen sarkastischen Beiklang. 1915 trat Wedekind auf Aufforderung Walther Rathenaus der „Deutschen Gesellschaft von 1914" bei. Er sprach die Hoffnung aus: „Möge es der Gesellschaft beschieden sein, den Sieg des deutschen Volkes zum Glück für das deutsche Volk zu gestalten." Auf der anderen Seite begrüßte Wedekind Heinrich Manns oppositionellen *Zola*-Aufsatz als Zeichen der Freiheit. Mehr und mehr wurden seine Äußerungen zum Kriege ambivalent, z. B. diese Strophe aus einem Gedicht, das *Diplomaten* überschrieben ist.

Was wir konnten
an vier Fronten
das hat, seit sich die Erde sonnt,

kein Heldenvolk gekonnt.
Der Feind verblutet sich.
Wir haben unterdessen
  nichts zu fressen.
Seit wir auf den Knopf gedrückt,
ist der Erdball ganz verrückt
und am Ende stopft ihn Krupp
in die dicke Berta – Schwupp!

Im gleichen Gedicht wird die Frage nach der Länge des Krieges beantwortet: dreißig Jahre. Menschen werde es dann nicht mehr geben, nur Militär, worauf die sarkastischen Zeilen folgen:

Ach, wie schön ist's in der Welt!
Wo man hinspuckt, sitzt ein Held.

Dabei war Wedekind von der Bewunderung des Helden keineswegs frei. Er konnte den Krieg als heroisches Ereignis rechtfertigen und vertrat eine Zeitlang sogar Annexionsansprüche. Zu einer „Kriegsmappe des Schutzverbandes deutscher Schriftsteller" hatte er den Satz beigetragen (vermutlich 1914 oder 1915):

> Ruhmvoller als die volkstümliche Überlieferung, daß die erste Kriegsmacht der Welt von ihren Feinden umkreist und überfallen wurde, steht die Auffassung da, daß die bedeutende Mehrheit des Volkes seit seiner Erstarkung einen Krieg ersehnte, durch den gesteigerte Kraft und gesteigerter Lebensgenuß sich in politische Macht umwandeln.

Schon vor dem Kriege hatte er mit dem Drama *Simson* das Problem des Helden aufgeworfen, dort noch mit Erotik verknüpft. Auf dieser Linie schreitet Wedekinds Werk fort, wobei er die anstößige Erotik wegläßt. Nach Kriegsausbruch begann er an einem historischen Drama zu schreiben. *Bismarck*, Maximilian Harden gewidmet, erschien in der Zeitschrift *Der neue Merkur* 1915 (als Buch 1916). In einer Folge von Bildern, die überflüssigerweise noch in Akte eingeteilt sind, dramatisiert Wedekind einige Verhandlungen und Gespräche, die Bismarcks Österreichpolitik vom dänischen Krieg bis zum Nikolsburger Vorfrieden beleuchten. Er sucht dabei dem historischen Ablauf gerecht zu werden. Wedekinds Bismarck-Figur ist sowohl konservativ als auch fortschrittlich, ja revolutionär. Diese zukunftweisende Seite wird überbetont, was wohl Wunschdenken ist. Ein Satz dieses Bismarck verdient näher angesehen zu werden:

Der Zweck des Daseins ist die Steigerung der Kraft, zu deren Erhaltung der Kampf mit dem Bösen unentbehrlich ist.

Bismarck fasziniert alle Menschen, bleibt aber moralisch fragwürdig. Es entsteht der Verdacht, daß die ethische Schwäche Bismarcks in Wedekinds eigenem Vitalismus begründet ist. Die Hoffnung des Autors, mit diesem patriotischen Geschichtsdrama die Mauer der offiziellen Ablehnung zu durchbrechen, schlug fehl. Weil die Handlung die Konflikte mit Österreich betonte, wurde die Aufführung während des Krieges nicht zugelassen.

Wedekinds Dramen wurden nach Kriegsausbruch, zusammen mit expressionistischen, manchmal als Beispiele der Vorkriegsdekadenz zitiert, die man durch den Krieg überwunden zu haben glaubte. Die Zensur verbot seine Stücke mehr als früher. Das änderte sich jedoch im Laufe des Jahres 1915. Mehrere Aufführungen fanden statt. Sein letztes Drama wurde *Herakles* (1917). Es ist ein neuklassisches Versdrama. Das Heldentum des Herakles beruht auf seiner übermenschlichen Kraft, die ihn zu kopflosen Handlungen verführt. Das Stück ist symbolisch für die Ambivalenz der Macht. (Wie Herakles zeigte Deutschland bei all seiner Kraft soziale Schwächen.) Der leidende

Held wird gerade seiner Übermenschlichkeit wegen nicht geliebt. Darin steckt wohl auch eine Selbstbeurteilung Wedekinds, der, in der Nachfolge Nietzsches, Kraft und Stärke bewunderte, während er die moralischen Grundlagen menschlichen Zusammenlebens verfehlen mußte.

Wedekind litt seit Ende 1914 an den Folgen einer Blinddarmoperation. Im März 1918 starb er. Sein Begräbnis wurde zu einem Kuriosum der Literaturgeschichte. Gegen Ende der *Betrachtungen eines Unpolitischen* kam Thomas Mann darauf zu sprechen:

> Ein Dichter, ein bei aller schillernden Verschlagenheit seines Geistes doch grenzenlos naives, dämonisch gequältes Menschenkind, war gestorben, und es hieß, seine letzten Stunden seien von religiösen Bemühungen erfüllt gewesen ...

Heinrich Mann, im Text „der Zivilisationsliterat" genannt, habe sich auf diese religiösen Bemühungen mit den Worten bezogen: „Die Verpflichtung zum Geiste, die wir Religion nennen ..." (In Heinrich Manns Manuskript der Grabrede lautet der Satz: „Die hohe Verpflichtung zum Geist, die man Religion nennt, bewegte Diesen bis in seine Sterbestunde.") Als Thomas Mann Religion und Geist, unter der der Zivilisationsliterat Politik verstehe, so zusammen hätte nennen hören, als er „diese salbungsvolle Begriffsfalschmünzerei vernommen", habe er seinen Zylinder aufgesetzt und sei nach Hause gegangen. Dabei waren beide Brüder ein Opfer der unpräzisen Bedeutung von ‚Geist', wie sie rechts und links herrschte. Thomas Mann versäumte durch sein frühes Weggehen offenbar das merkwürdig-groteske Schauspiel, wie Heinrich Lautensack die Feierlichkeiten filmen wollte und selbst am Grabe einen paralytischen Zusammenbruch erlitt.

Heinrich Manns Essay *Geist und Tat* (1911)

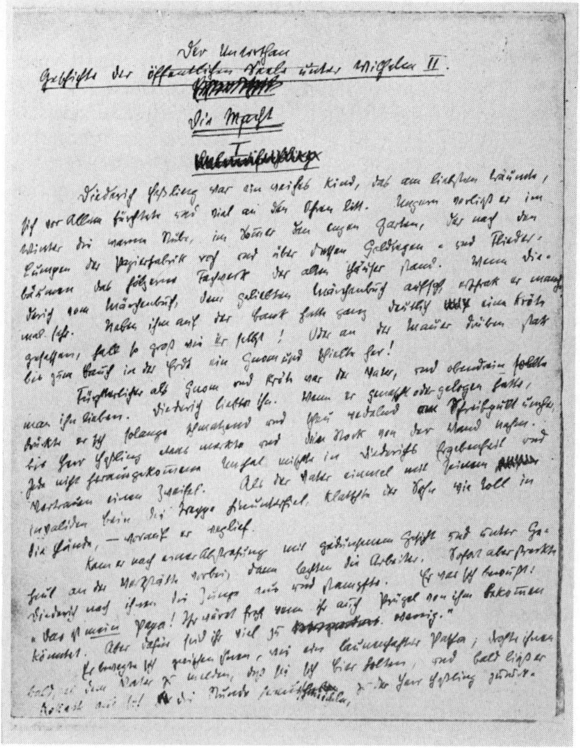
Der Untertan
Geschichte der öffentlichen Seele unter Wilhelm II.
Die Macht
I

Beginn von Heinrich Manns Roman »Der Untertan«
in der Handschrift des Autors

war das eigentliche Manifest der aktivistischen Opposition. Kurt Hiller eröffnete sein 1. Jahrbuch *Das Ziel* mit einem Wiederabdruck. Die Rolle dieses Essays in dem schwierigen Verhältnis der Brüder ist schon berührt worden. Die Kriegsaufsätze Thomas Manns, die 1914 und 1915 erschienen, waren vom Gefühl getragen, der Verfasser sei sich einig mit seiner Nation, sei nicht mit seinen „hohen Erlebnissen" vom Volk getrennt, wie *Geist und Tat* das angedeutet hatte. Heinrich Mann holte jetzt weiter aus, um den für Fortschritt und Demokratie verantwortlichen Schriftsteller im Bild Émile Zolas zu beschreiben. *Zola* erschien im November 1915 in den *Weißen Blättern* noch vor deren Umsiedlung nach Zürich. Unter der Tarnung, Émile Zola und sein Verhältnis zum Kaiserreich Napoleons III. zu beschreiben, griff Heinrich Mann das deutsche Kaiserreich an, dem der Schriftsteller Widerstand leisten müsse. Angeblich mit Zolas Stimme an dessen literarische Gegner sich wendend, kritisierte er konservative Schriftsteller, wobei er seinen Bruder zuerst im Auge hatte:

> Wie wenn man ihnen sagte, daß sie das Ungeheure, das jetzt Wirklichkeit ist, daß sie das Äußerste von Lüge und Schändlichkeit eigenhändig mit herbeigeführt haben, – da sie sich ja immer in feiner Weise zweifelnd verhielten gegen so grobe Begriffe wie Wahrheit und Gerechtigkeit. ... Lieber als umzukehren und, es zurückbannend, hinzutreten vor ihr Volk, laufen sie mit seinen abscheulichsten Verführern neben ihm her und machen ihm Mut zu dem Unrecht, zu dem es verführt wird. Sie, die geistigen Mitläufer, sind schuldiger als selbst die Machthaber, die fälschen und das Recht brechen.

Thomas' ‚Repräsentation' traf Heinrich mit den folgenden Worten:

Buchumschlag zu Heinrich Manns Roman »Die Armen« von Käthe Kollwitz

> Durch Streberei Nationaldichter werden für ein halbes Menschenalter, wenn der Atem so lange aushält; unbedingt aber mitrennen, immer anfeuernd, vor Hochgefühl von Sinnen, verantwortungslos für die heranwachsende Katastrophe, und übrigens unwissend über sie wie der Letzte!

Zola habe sich getrennt von denen, die er bisher „trotz allem für seinesgleichen gehalten hatte". Er hätte zu wählen gehabt zwischen dem Augenblick (gemeint ist unter dem Symbol der Anti-Dreyfus-Kampagne die Aufbruchstimmung von 1914) und der Geschichte, den „ewigen Dingen". Die „elegante Herrichtung" (der Stil des Bruders) mache nichts aus, wenn man „gegen die Wahrheit und die Gerechtigkeit steht". Mit dieser Wahl habe „man" (gemeint ist sicher Thomas) eingestanden, „daß man mit allen Gaben doch nur ein unterhaltsamer Schmarotzer war". Diese Wendung spielte auf die Kritik an, die Heinrich schon immer an seines Bruders reicher Heirat geübt hatte.

Von Thomas Manns Reaktion wird gleich die Rede sein. Heinrich schrieb während des Krieges eine Fortsetzung des *Untertan*-Themas, Heßling als Fabrikbesitzer im Kampf mit einem Proletarier, *Die Armen* (1917). *Der Untertan* selbst, dessen Vorabdruck in einer illustrierten Zeitschrift bald nach Kriegsausbruch eingestellt wurde, hatte die Aufmerksamkeit von Kurt Wolff gewonnen, der 1916 einen Privatdruck in 10 Exemplaren herstellte, die fast alle an prominente Angehörige der Gesellschaft geschickt wurden, soweit Kurt Wolff sie kannte, darunter den Großherzog von Hessen, Helene von Nostitz und Fürstin Mechtilde Lichnowsky, die Frau des letzten deutschen Botschafters in London und selbst Schriftstellerin des Kurt Wolff Verlages. Kurt Wolff brachte das Buch Ende 1918 heraus, das sofort Erfolg hatte. In *Die Armen* wie schon im *Untertan* wird das Motiv des Machtmißbrauchs und das des bürgerlichen Klasseninteresses vom Realen bis ins Groteske geführt. Der sozialdemokratische Abgeordnete Napoleon Fischer hat sich angepaßt, nur seine Rhetorik ist noch revolutionär. Noch mehr an die Macht Heßlings angeschlossen ist der spielende intellektuelle Rechtsanwalt Buck. Seine Ironie ist nur Maske seiner Feigheit. Seine Einsicht nützt nichts:

> Die Macht – das ist mehr als Menschenwerk; das ist uralter Widerstand gegen unser Atmen, Fühlen, Ersehnen. Das ist der Zwang abwärts, das Tier, das wir einst waren. Das ist die Erde selbst, in der wir haften. Frühere Menschen, zu Zeiten, kamen los aus ihr, und künftige werden loskommen. Wir heutigen nicht. Ergeben wir uns.

In der Negativität der Bewertung spricht der Autor; in der Darstellung der Ergebung in die eigene Schwäche will er seine Enttäuschung über seinen Bruder und die deutschen Dichter und Intellektuellen ausdrücken, die mit der deutschen „Sache“ eine verbürgerlichte, unfreie Position verteidigten. Inmitten des resignierten Schlusses gibt Heinrich Mann seinem Arbeiter Balrich immerhin die Einsicht, daß Güte und Vernunft „das wahre Leben“ seien, nicht der Klassenhaß.

Thomas Mann verstand sein Schreiben als eine Art von symbolischem Dienst. Organisation sei das Prinzip der Kunst:

> Solidarität, Exaktheit, Umsicht, Tapferkeit, Standhaftigkeit im Ertragen von Strapazen und Niederlagen, im Kampf mit dem zähen Widerstand der Materie; Verachtung dessen, was im bürgerlichen Leben „Sicherheit“ heißt („Sicherheit“ ist Lieblingsbegriff und lauteste Forderung des Bürgers), die Gewöhnung an ein gefährdetes, gespanntes, achtsames Leben; Schonungslosigkeit gegen sich selbst, moralischer Radikalismus, Hingebung bis aufs Äußerste, Blutzeugenschaft, voller Einsatz aller Grundkräfte des Leibes und der Seele, ohne welchen es lächerlich scheint, irgend etwas zu unter-

nehmen; als ein Ausdruck der Zucht und Ehre endlich Sinn für das Schmucke, das Glänzende! Dies alles ist in der Tat zugleich militärisch und künstlerisch.

(*Gedanken im Kriege*)

Er ließ es sich gern gefallen, von Ärzten, die seine Leser waren, als untauglich eingestuft zu werden. Soldat zu sein, selbst zu kämpfen, dazu fühlte er sich ungeeignet. Dennoch nahm er mit seinem Werk leidenschaftlich teil. An seinen Verleger Samuel Fischer schrieb er am 24. August 1914 mit Beziehung auf die Schlacht in Lothringen:

Es ist der deutsche Geist, die deutsche Sprache und Weltanschauung, deutsche Kultur und Zucht, was dort siegt und so braucht auch meinesgleichen sich jetzt nicht zu verachten.

Und im gleichen Brief bezieht er das Kriegsgeschehen auf die laufende Arbeit, das Projekt des *Zauberberg*:

Das Problem, das mich nicht seit gestern ganz beherrscht: der Dualismus von Geist und Natur, der Widerstreit von civilen und dämonischen Tendenzen im Menschen, – im Kriege wird dieses Problem ja eklatant, und in die Verkommenheit meines ‚Zauberbergs' soll der Krieg von 1914 als Lösung hereinbrechen, das stand fest von dem Augenblick an, wo es losging.

Dennoch war sein Patriotismus nicht ganz frei von Zweifeln. Schon vor dem Erscheinen der *Gedanken im Kriege* bezeichnete er den Aufsatz als „Produkt der Korruption“ und distanziert sich (in einem Brief an Annette Kolb vom 28. Oktober 1914). Zwei Wochen später nannte er *Gedanken im Kriege* „reine Journalistik“, was ebenfalls distanzierend gemeint ist (an Philipp Witkop, 11. November 1914).

Der Aufsatz *Friedrich und die große Koalition* wurde Ende 1914 bis Anfang 1915 geschrieben. Thomas Mann griff auf Studien zu einem Friedrich-

Roman zurück und zog die Parallele zwischen Friedrichs Angriff auf Sachsen 1756 und dem deutschen auf Belgien 1914. Das packte nicht nur die deutsche Sache an ihrer schwächsten Stelle, sondern gab Thomas Mann auch Gelegenheit, ein differenziertes Bild Friedrichs zu entwerfen, dessen Heldentum ein erhebliches Maß von Anti-Heldentum beigemischt ist.

Nach einigen Monaten Arbeit am *Zauberberg* wandte sich Thomas Mann Ende 1915 wieder einem Kriegsessay zu, den *Betrachtungen eines Unpolitischen.* Es galt, die deutsche „Sendung“ zu begründen. Eine solche Begründung sei keine Frivolität, meint er, im Gegenteil, die Feststellung eines Sinnes sei eigentlich human, auch wenn sie sich auf so eine schreckliche Sache wie den Krieg richte. Aber damit hat es seine Schwierigkeiten, denn Deutschland sei eigentlich ein unliterarisches Land, an der wortlosen Musik orientiert, auch in der Literatur, es könne gegen die Schlagkräftigkeit der Sprache der Zivilisation, gegen den Zivilisationsliteraten sich nicht recht artikulieren. Deutschland sei eher als protestierende Nation anzusehen, der Protest gegen die Festlegung auf Zivilisationsprinzipien, Konventionen und Klischees sei eigentlich deutsch. Jetzt, 1914, protestiere Deutschland gegen den „Imperialismus der Zivilisation“, gegen die „Ausbreitung des bürgerlich politisierten und literarisierten Geistes“, der unter dem Zeichen Rousseaus und der Französischen Revolution stehe. Dieser Protest ist aber dadurch kompliziert, daß der resultierende Kampf auch in Deutschland selber geistig ausgefochten wird. Deutschland selbst hat seine Zivilisationsliteraten, wobei das Bild des Bruders Heinrich sich vordrängte, so daß Thomas von ihm als Typus und Person zugleich sprechen konnte, als „dem“ Zivilisationsliteraten.

Während der Arbeit kam Thomas Mann der Zola-

Aufsatz seines Bruders zu Gesicht. Er war schwer getroffen. Etwa gleichzeitig wurde ihm die Kritik Romain Rollands an *Gedanken im Kriege* bekannt. Gegen diesen und gegen den Bruder wendete er sich in einem Kapitel der *Betrachtungen*, das er „Gegen Recht und Wahrheit" nannte. Vorher hatte er über die Bürgerlichkeit, über seinen eigenen Anteil daran und über den seiner Bildungsvorbilder Schopenhauer, Wagner und Nietzsche reflektiert, immer mit dem Ziel, das Deutsche zu erfassen, es aber niemals festzulegen, da dies ja zivilisationsliterarisch gewesen wäre. Zuletzt setzt er eine Ironie mit Vorbehalt, eine „Ironie nach beiden Seiten hin", gegen Leben und gegen den Geist, als deutsches Prinzip, das auch sein Kunstprinzip ist. Kunst sei „zugleich Erquickung und Strafgericht, Lob und Preis des Lebens durch seine lustvolle Nachbildung und kritisch-moralische Vernichtung des Lebens". Von dieser Position ausgehend, rückt er in dem nachträglich geschriebenen Vorwort von den extrem konservativen polemischen Positionen wieder ab.

Es ist leicht, Widersprüche in Thomas Manns Kriegspolemik zu finden. Daß Künstlertum unbürgerlich, weil unsicher, dann aber wieder bürgerlich, weil ethisch sei, ist einer der vielen, der sich aus der Schwierigkeit ergibt, bürgerliche Kunst zu bestimmen, die Bindung und Freiheit zugleich verkörpert. Im Kampf gegen den Bruder und im Versuch, sich selbst zu klären, geht es im Grunde nur um Nuancen des literarischen Ausdrucks von bürgerlicher Freiheit. Für Thomas war diese Freiheit ideologische Unabhängigkeit, die er sich leisten konnte, wenn er keine direkte politische Verantwortung übernahm. Für Heinrich war eine solche Verantwortung notwendig, weil das deutsche Volk die bismarckisch-wilhelminische Entwicklung des Bürgertums zu korrigieren hatte, die in einen leichtfertig entfesselten Krieg geführt hatte. Beide Brüder hatten Illusionen. Heinrich über die Demokratie, von der er ohne weiteres Humanität und Befreiung Deutschlands erwartete, Thomas über die konservativen Kulturbürger, die er für unideologisch hielt, während sie in der alldeutschen Bewegung entschieden politisch geworden waren.

In *Betrachtungen eines Unpolitischen* nahm Thomas Mann den Niederschlag neuer Eindrücke auf, Aufsätze über Hans Pfitzners Oper *Palestrina* und über Eichendorffs *Taugenichts*. Dieser, der im Erstdruck in der *Neuen Rundschau* im November 1916 erschien, enthielt in der ursprünglichen Fassung (von der nur Teile übernommen wurden) einige der Grundgedanken der *Betrachtungen*. Im ersten Satz bezog er sich auf „literarische Aktivistentugendhaftigkeit", die das Menschliche „restlos organisiert und sozialisiert" haben wolle. Dagegen stelle er die Nutzlosigkeit des Eichendorffschen Taugenichts als Symbol des ungebundenen deutschen Menschen.

Thomas Mann bezog sich dabei auf Kurt Hillers Aktivismus, den er aus dessen Aufsatz *Philosophie des Ziels* kennengelernt haben muß, offenbar ungehindert durch das Verbot des Jahrbuchs *Das Ziel* (dessen bürokratische Langsamkeit eine Verbreitung noch zuließ). In seinem Aufsatz wendet sich Hiller entschieden gegen jeden ästhetischen Quietismus, gegen die „Schau" des Georgekreises, gegen Irrationalismus. Dem „Geist", dem Schriftsteller, erteilt er die Aufgabe, das Paradies auf Erden herzustellen. Die Feinsinnigkeit vor 1914 habe dazu geführt, daß man den Weltkrieg zugelassen habe. Der Geist solle jetzt die Macht erhalten, Geist sei der Inbegriff aller Bemühungen um die Besserung des Loses der Menschheit. Ist dies Hillers progressive Seite, so fehlt sein ausgeprägter Elitismus nicht. Sein soziales Programm, von

Gustav Landauer inspiriert, ruft nach einer Föderation lokaler Gruppen, die er sich aber, im Gegensatz zur anarchistischen Tradition, straff geleitet denkt. Organisation und Disziplin verlangt er. Schon den Expressionismus verulken, wenn auch mit guten Gründen, sei Verrat.

Hiller polemisierte seinerseits gegen den Taugenichts-Aufsatz in einer Broschüre *Taugenichts – Tätiger Geist – Thomas Mann* (1917). Anfangs mit Respekt setzt Hiller sein Prinzip des Aktivismus, die „Umgestaltung der Welt nach dem Befehl der Idee", gegen die Idealisierung des romantischen Taugenichts. Den Aufsatz Thomas Manns nennt er am Ende ein „Pogrom gegen den Geist", ein „Verbrechen", das nach Sühne schreie. Das waren starke expressionistische Worte. Noch 1930, am Anfang der berühmten *Deutschen Ansprache*, spielt Thomas Mann auf sie an, indem er sich von einem Aktivismus distanziert, der das „Nutzlos-Schöne" in die Kategorie des „Verbrecherischen" verweise. Dann aber kooptiert er sich einige von Hillers Prinzipien. „Geist" ist ihm „Führer des Menschen auch zum gesellschaftlich Besseren" geworden. Das war die Folge einer Entwicklung, die schon im Vorwort der *Betrachtungen* einsetzte, ja in Ansätzen schon vorher, in den Entwürfen zu dem ungeschriebenen Aufsatz „Geist und Kunst", sich nachweisen läßt. In den *Betrachtungen* vertritt Thomas Mann mit talentvoller Polemik Standpunkte, die nur vorübergehend, im Versuch, sich mit der deutschen Sache zu identifizieren, seine Weltanschauung verengen. Überdies hat die aktivistische Polemik daran mitgewirkt, daß Thomas Mann 1922 es als Pflicht empfand, für Demokratie und sozialdemokratische Reformen einzutreten.

Gegen Ende des Krieges hat Thomas Mann die Ansicht vertreten, daß eine deutsche Niederlage die unvernünftigen und chauvinistischen Tendenzen in Deutschland hochziehen werde (*Ein Brief von Thomas Mann*, *Frankfurter Zeitung* vom 23. März 1917), wobei er sich wie nebenbei gegen die Annexionspolitik wandte. Einige Monate früher erklärte er in einem Privatbrief (1. September 1916 an Philipp Witkop) die „Entmachtung" und „Ausschaltung" Deutschlands durch eine Niederlage für „entwicklungsgeschichtlichen Widersinn". Dies dürfe nicht Wirklichkeit werden, „denn die Wirklichkeit darf nicht unsinnig sein". Im künftigen Europa erwartete er Ende 1917 eine „Verfeinerung durch Leiden" (*Weltfrieden*, *Berliner Tageblatt* vom 27. Dezember 1917). Diese Äußerungen beweisen, wie Thomas Mann nach einem Sinn des Krieges suchte, wobei er auch von der Richtung der *Betrachtungen* abweichen konnte. Einen Versöhnungsversuch des Bruders, ausgelöst durch diesen Artikel, wies Thomas Mann zurück (3. Januar 1918). Zwar könne der Bruder jetzt triumphieren, gerade darum könne er, Thomas, der schwer von dem Zola-Aufsatz Verletzte, nicht einlenken. Er wollte keinen Trost von der Gegenpartei. „Laß die Tragödie unserer Brüderlichkeit sich vollenden."

In dem Verlangen nach Sinn in der Wirklichkeit und in dem Wort von der „Tragödie" im Verhältnis zu seinem Bruder steckt die deutsche ästhetische Tradition des 18. und 19. Jahrhunderts, die Säkularisierung der Religion ins Ästhetische, nicht zuletzt auch Hegels Identifizierung des Wirklichen und des Vernünftigen. Diese Tradition lag jedoch auch der Forderung nach Herrschaft des „Geistes", des Schriftstellers, zugrunde. Heinrich Mann, Hiller und deren Freunde wollten das ästhetische Erbe nicht nur als Wertmaßstab der deutschen Nation, sondern als Aufforderung zur sozialen Umgestaltung verstehen. Heinrich Mann warf dem Bruder in einem unabgesandten

Brief vom 5. Januar 1918 (der Reaktion auf Thomas' Absage vom 3. Januar) eine „wütende Leidenschaft für das eigene Ich" vor. Tatsächlich glaubte Thomas Mann an die Individualität der Kunst. Sie wirke aus dem einzelnen Bewußtsein auf ein einzelnes Bewußtsein: „Um die Seele des Einzelnen geht es – und nicht um Politik" (an Martin Borrmann, 5. Februar 1918). Wie um das zu demonstrieren, wendete er sich nach den *Betrachtungen* einer autobiographischen Idylle zu: *Herr und Hund.* Die *Betrachtungen eines Unpolitischen* erschienen Ende Oktober 1918, also paradoxerweise zu Kriegsende, lösten aber trotzdem ein lebhaftes Echo aus. Der Schatten einer nationalistischen Parteinahme sollte Thomas Mann noch sehr lästig werden.

Jakob Wassermanns Tagebuch bezeugt seine intensive Teilnahme am Kriegsgeschehen. Er wollte sich, obwohl nicht militärpflichtig, als Freiwilliger stellen, was seine Frau verhinderte. Zwei Kriegsnovellen, *Das Amulett* und *Olivia oder die unsichtbare Lampe*, entstanden 1914 bis 1915, befriedigten ihn nicht. Der Aufsatz *Nationalgefühl* (1915) und eine Sammlung historischer Geschichten *Deutsche Charaktere und Begebenheiten* (1915) waren öffentlicher Ausdruck seiner nationalen Sympathien. Jedoch bedrängten ihn Kritik und Zweifel an der sozialen Ordnung, die in die Novelle *Olivia* eingingen. Seine Phantasie zwang ihn, sich die fürchterlichsten Kriegssituationen, von denen er erfuhr, auszumalen. „Mein Geist ist wie in einem Kerker", schreibt er am 25. Oktober 1914 in sein Tagebuch. Trotz seiner Teilnahme an dem Kriegsgeschick seines Heimatlandes Deutschland und seines Gastlandes Österreich war er sich jederzeit seines Judentums bewußt. Sein Sicherheitsgefühl wurde zusätzlich bedroht durch die Auflösung seiner Ehe.

Die äußeren und inneren Erschütterungen und Zweifel schlugen sich in dem Roman *Christian Wahnschaffe* nieder, der 1915 bis 1918 geschrieben und 1919 veröffentlicht wurde. Die Handlung spielt im Jahre 1905 und rechnet mit der stolzen Kulturepoche und deren ästhetischer Ersatzreligion ab. Wassermann hat den Roman während der Arbeit als „modernisiertes Franz von Assisi Problem" charakterisiert, was aber kaum ein richtiges Bild gibt. Denn das religiöse Thema tritt erst im 2. Band hervor und ist mehr Gegengewicht, ja ein Ruhepunkt, eine Art Zuflucht für den Leser inmitten einer großen Anklage gegen das Leben der Oberschicht. Die Titelfigur löst sich von ihrer bürgerlichen Herkunft wie Franz von Assisi; Christian Wahnschaffe wird gegen Ende eine innere Sicherheit gegeben, die eine Jesus-Nachfolge nahelegt. Eine noch stärker religiös geprägte Gestalt ist Ruth Hofmann, Tochter eines glücklosen jüdischen Agenten aus dem Osten, die die Unschuld selber ist. Diese religiöse Themenschicht ist Dostojewski-Nachfolge. Dennoch liegt das Hauptgewicht der Handlung auf der Darstellung der großbürgerlichen und restfeudalen Lebewelt, einer parasitären Gesellschaftskonstruktion, die auch ohne verbrecherische Tat schuldig ist. Das ist eigentlich die Aussage dieses Romans, das verbindet ihn mit seiner Entstehungszeit. Den verantwortungslosen, schauspielerischen Parasiten der Oberschicht entsprechen gesetzlose, zynische, entgleiste Vertreter der Unterschicht. Zu diesen gehört die Prostituierte Karen Engelschall, auf die Wassermann einmal nicht das Klischee der guten Dirne anwendet, und ihr Bruder Niels Heinrich, der die Unschuld vergewaltigen und morden muß aus pervertierter Restreligiosität, übrigens auch er ein Parasit auf proletarischer Ebene. Dieser Roman stellt eine Gesellschaft dar, die zum Teufel geht. Die Revolution steht überall hinter der eleganten Fassade. Eine glänzende Gestalt ist die Tänzerin Eva Sorel, die, wie Wassermann, aus Armut emporstieg. Sie ist die uneheliche Tochter des Komponisten Daniel Nothafft aus *Das Gänsemännchen*. Ihr Name deutet auf Julien Sorel in Stendhals *Le Rouge et le noir* (1830), eine Gestalt, die auch repräsentativ für ihre Zeit sein sollte, auf Agnes Sorel, die Renaissance-Schöne, und auf Georges Sorel, den Theoretiker des Syndikalismus. Wassermann läßt Eva Sorel in einem revolutionären Krawall der russischen Revolution von 1905 umkommen. Der Roman hat Schwächen. Wassermann überzieht die Symbolik, und ihm unterlaufen billige Effekte. Wer die übersehen kann, müßte *Christian Wahnschaffe* als einen großen, zu Unrecht vergessenen Zeitroman anerkennen, dessen Gesellschaftskritik scharf und differenziert ist.

Auch Hermann Hesses Ehe zerbrach während des Krieges, er geriet in eine seiner schweren Unsicherheitskrisen. Der Konflikt zwischen dem Zug zum einsamen Sonderling und dem Gewissen, das auf humane Gemeinschaft hinwies, quälte ihn. Hesse hatte 1912 seinen Wohnsitz nach Bern verlegt. Nach Ausbruch des Krieges meldete er sich als Freiwilliger beim Berner deutschen Konsulat, wurde aber nicht angenommen. Er hielt die deutsche Sache für die seine, ungeachtet seiner stillen Opposition zum Wilhelminischen Deutschland. Haß gegen Frankreich hatte er nicht, dem Zarenreich und England als kapitalistischem Land gönnte er eine Niederlage. Eine Zeitlang konnte er den Krieg bejahen, der den „blöden Kapitalistenfrieden" (Brief vom 26. Dezember 1914) beendete. Aber Kultur und die Idee der Menschheit wollte er über dem Streit erhalten wissen. Im Herbst wendete er sich in einem Artikel mit dem bezeichnenden Titel *Freunde, nicht diese Töne* (aus Beethovens 9. Sinfonie) gegen die Bestrebungen, den Krieg auf geistiges Gebiet zu übertragen, gegen gelehrten und künstlerischen Chauvinismus. Romain Rolland nahm daraufhin mit ihm Verbindung auf. Seit 1915 wurde er von der deutschen Botschaft in Bern als unbezahlter Beamtenstellvertreter beschäftigt. Er versorgte mit großer Mühe deutsche Kriegsgefangene mit Lektüre. Diese Aufgabe betrachtete er als ein für ihn mögliches Mithelfen. Daß er, wegen der französischen Zensur und der Schweizer Neutralität, darauf bestehen konnte, die Büchersendungen im friedlichen Geiste zu tun, erfüllte ihn fast mit Stolz. Zugleich betrachtete er seine Sendungen auch als human-soziale Bildungsaufgabe.

Sein innerer Widerstand gegen den Hurrapatriotismus, seine schnell reifende Erkenntnis, daß der Krieg ein Wahnsinn sei, hinderten ihn dennoch nicht daran, einige Male für Deutschland gegen die Propaganda seiner Gegner einzutreten. Deutschland sei nicht nur Staat und Kaserne, schrieb er in der *Neuen Zürcher Zeitung* (11. Juli 1915) an die Adresse der Welschschweizer, sein Individualismus, sein Stammesbewußtsein, ja Eigenbrötelei lebten nach wie vor unter der kriegsbedingten nationalen Einheit, wie sie ja auch in den anderen kriegführenden Ländern herrschten (*Individuelle Denkart in Deutschland*). Über diesen nationalen Ernst schrieb er mit Hochachtung, ebenfalls in der *Neuen Zürcher Zeitung* (10. Oktober 1915), in einem Reisebericht *Wieder in Deutschland*. Einige einleitende Sätze über Schwierigkeiten mit der Einreise griff eine Kölner Zeitung auf, präsentierte sie als Drückebergerei und entfaltete eine Pressekampagne gegen Hesse, die ihn schwer und anhaltend erbitterte. Dennoch wendete er sich fast gleichzeitig noch einmal gegen den norwegischen Schriftsteller Bernt Lie, der sich über die deutsche Kulturpropaganda in Norwegen beschwert hatte. Ohne die ungeschickten deutschen Propagandaschriften in Schutz zu nehmen, wies Hesse auf ebenso chauvinistische Propaganda der Gegner hin (5. November 1915 in der *Frankfurter Zeitung*). Im Verlauf der Debatte bestritt er Lie das Recht, zwischen einem „guten“ Deutschland, dem Lande Goethes und Beethovens, und dem „bösen“, der neuen Weltmacht, zu unterscheiden.

Es geht nicht an, daß man von einem großen Volke alles dankbar und genießerisch hinnimmt, was es an geistigen, künstlerischen, kulturellen Werten in die Welt gebracht hat, daß man aber diesem selben Volke das Recht zu nationalem Selbstgefühl und zur konsequenten Verteidigung seiner Stellung als Weltmacht abspricht.

(*Frankfurter Zeitung*, 9. Dezember 1915)

Dieses Eintreten für die „Macht“ aus Gerechtigkeitsgefühl war nicht Hesses ungeteilte Meinung. Zwei Jahre später konnte er schreiben, er habe das Gefühl, mit seiner Gefangenenarbeit einer Macht zu dienen, der man nicht dienen solle. Das preußische Machtprinzip sei zwar nicht schlimmer als das in England und Amerika, er erkenne in ihm aber mehr und mehr „den Gegenpol und Todfeind, gegen den sich mein ganzes Wesen wehren muß“ (Brief vom 25. Dezember 1917).

Dazwischen lag eine schwere persönliche Krise, in der Hesse Erleichterung durch eine psychoanalytische Behandlung bei Dr. Josef Bernhard Lang, einem Schüler Carl Gustav Jungs, fand (1916). Auch einsame Urlaubswochen im Tessin und Malen mit Wasser- und Temperafarben halfen. Die Krise hing offenbar eng mit seinem Verhältnis zum Bürgertum zusammen, an das ihn früh erworbene ethische Pflichtgefühle banden. Seine Anhänglichkeit an Deutschland, die durch

Antichauvinismus und durch die Schweizer Nationalität seiner Familie kompliziert wurde, der Wahnsinn des Krieges und dazu ein seit jeher prekäres Verhältnis zum Erotischen, Schwermutsanfälle seiner Frau, psychotische Schwierigkeiten bei einem Kind und seine eigene von jeher labile Psyche mit Neigung zum Selbstmord, dies alles kam zusammen in einem starken Gefühl der Selbstentfremdung. Dennoch hielt er auf seinem Posten in der Gefangenenfürsorge aus, ja er schrieb Aufrufe und Bettelbriefe, um die Mittel für den Bücherankauf zu gewinnen.

Seine Selbstentfremdung suchte er durch einen intensivierten Individualismus zu heilen.

> Möge der Weltlauf gehen, wie er wolle, einen Arzt und Helfer, eine Zukunft und neuen Antrieb wirst du immer nur in dir selber finden, in deiner armen, mißhandelten, geschmeidigen, nicht zu vernichtenden Seele.
>
> (*Von der Seele*, 1917)

Die Psychoanalyse erlaubte ihm, seine künstlerische Phantasie ernst zu nehmen, die bürgerlichen Zweifel an ihrem Wert zu überwinden, ein innigeres Verhältnis mit seinem Unbewußten zu suchen und gerade dieses als innere Wahrhaftigkeit ethisch zu billigen (*Künstler und Psychoanalyse*, 1918).

1917 ließ er nunmehr entschiedene Proteste gegen die Fortdauer des Krieges in der Schweiz erscheinen: *An einen Staatsminister, Soll Friede werden?* und die Satire *Wenn der Krieg noch zwei Jahre dauert.* Da er als Beamtenstellvertreter dem Kriegsministerium unterstand, wurde ihm diese Art der politischen Schriftstellerei verboten. Gelegentlich griff er darum zu dem Pseudonym, das er wie ein zweites Ich behandeln wollte. Der Name, den er wählte, ist bezeichnend: Emil Sinclair. Isaak von Sinclair war ein Schöngeist und Freund Hölderlins, aber auch ein deutscher Jakobiner. Sinclair, den er als seinen kranken und unzugänglichen Pflegling erklärte, machte er zum Verfasser seines *Demian*, der 1917 geschrieben, aber erst 1919 veröffentlicht wurde.

In *Demian* versetzte Hesse sich in seine frühere deutsche Umwelt zurück. Sein Emil Sinclair ist etwa fünfzehn Jahre jünger als Hesse selbst zu denken. Er wächst in einer bürgerlichen Umgebung auf, die der von Hesses Kindheit ähnelt, nur nicht so arm ist. Das Elternhaus vermittelt Sinclair ein dualistisches Weltsystem, das eine helle und richtige Welt abgrenzt gegen die dunkle, in der die Proletarier leben, in der es Verbrechen gibt. In seiner Berührung mit der anderen Welt hilft ihm Demian, der eine Art von jugendlichem Übermensch und Sinclairs Dämon ist, indem er Sinclair den Glauben an einen monistischen Individualismus lehrt. Der Fehler der Bürgerwelt liege darin, daß sie fremdbestimmt sei. Die eigentliche Aufgabe des Menschen, von der auch seine Ethik abhänge, sei, seine eigene Bestimmung zu finden. Demians und Sinclairs monistischer Gott ist Abraxas, eine Vereinigung des Bösen und des Guten. Sinclair muß seinen Weg selbst finden, nur ganz von ferne von Demian geleitet. Erst ganz zum Schluß vereinigt beide eine elitäre Bohemegruppe, deren Mittelpunkt Demians Mutter, Frau Eva, ist, die der Roman als eine Art von Göttin darstellt.

Dort erleben sie den Kriegsausbruch als den Anfang eines Neuen, das unbestimmt bleibt.

> Und alle Menschen waren wie verbrüdert. Sie meinten das Vaterland und die Ehre. Aber es war das Schicksal, dem sie alle einen Augenblick in das unverhüllte Gesicht schauten.

Diesen Schicksalswillen hält der Icherzähler Sinclair für etwas, was die Menschen „brauchbar“ macht: „... aus ihnen würde sich Zukunft formen lassen.“

Er glaubt: „In der Tiefe war etwas im Werden. Etwas wie eine neue Menschlichkeit.“

Denn viele konnte ich sehen, und mancher von ihnen starb an meiner Seite – denen war gefühlhaft die Einsicht geworden, daß Haß und Wut, Totschlagen und Vernichten nicht an die Objekte geknüpft waren. Nein, die Objekte, ebenso wie die Ziele, waren ganz zufällig. Die Urgefühle, auch die wildesten, galten nicht dem Feinde, ihr blutiges Werk war nur Ausstrahlung des Innern, der in sich zerspaltenen Seele, welche rasen und töten, vernichten und sterben wollte, um neu geboren werden zu können.

Am Ende taucht Demian auf geheimnisvolle Weise auf dem Verbandsplatz auf, wo Sinclair schwer verwundet liegt. Demian stirbt und vereinigt sich mit Sinclairs tiefstem Ich, so daß dieser ihm gleicht, „meinem Freund und Führer“.

In *Demian* will Hesse den Krieg als Revolution verstehen, die von der alten kapitalistischen in eine neue Welt der Menschlichkeit führt. Jedoch ist der soziale Charakter dieser neuen Welt vollkommen undeutlich. Demian soll „Freund und Führer“ sein, ist übrigens auch Leutnant, hat also soziale Funktionen, wirkt aber parapsychologisch in Sinclairs Seele, wird wesentlicher Bestandteil von Sinclairs Bewußtsein. Demians Charakter als fiktiver Figur löst sich in eine Symbolfunktion auf. Da die Figur Leutnant Demian ein Opfer des Krieges wird, kann man als Aussage des Romanschlusses entschlüsseln: Der Krieg mit seinen Toten ruft zur Verinnerlichung auf. Mit anderen Worten, Hesse hält an seiner romantisch getönten, elitären Vorkriegsposition fest, deren Individualismus er mit Hilfe Nietzsches, der Psychoanalyse in der Version Jungs und der Parapsychologie erweitert. Die Befreiung von bürgerlicher Beschränkung bleibt eine Befreiung des genialen Ichs. Daß ein unverständliches äußeres Geschehen auf die symbolische Ebene übertragen wird und dort individualpsychologische Bedeutung annimmt, erwies sich als wirkungsvoll bis heute.

Rudolf Borchardt wollte vermöge seiner ästhetischen Weltanschauung über den Dingen stehen, zugleich aber aktiv teilnehmen. Er meldete sich freiwillig, geriet jedoch an wenig befriedigende Stellen der Militärmaschine. Seine Briefe zeugen davon, wie schwer es ihm wurde, an seinen „höheren", sehr abstrakten Ideen über den Sinn des Krieges festzuhalten. An Hofmannsthal schreibt er am 2. Januar 1915:

> Überhaupt ist mir das sichere Gefühl, daß der Krieg die Katastrophe einer nicht-schaffenden und nicht-schenkenden, sondern fruchtlosen und geizigen Weltverfassung ist, und dem Schaffenden und Freigebigen das Feld reinfegt, die Achse der moralischen Sicherheit, die als solche eine ungeheure Belastung durch negative Phänomene ruhig erträgt.

Borchardts historisches Kriterium ist das Bild einer genialen schöpferischen Kultur. In einer Rede, die er im Dezember 1914 in Heidelberg in der Uniform („Tracht" nannte er es selbst) des Musketiers hielt, *Der Krieg und die deutsche Selbsteinkehr* (gedruckt 1915), spielte er diese seine Utopie aus gegen die westlichen Demokratien, die er Plutokratien und Ochlokratien nennt und denen er mit einigem Recht den Charakter eines konservativen Systems zuschreibt, weil dort die Macht von gesellschaftlichen Zirkeln ausgeübt werde. Die Rede wendet sich gegen die Deutschen, die den Vorkriegszustand wiederherstellen wollen. Deutschlands Aufgabe sei es, nach dem Kriege eine europäische Ordnung zu schaffen, wie es Roms Aufgabe gewesen war, dem mittelmeerischen Raum seinen Stempel aufzuprägen.

Im Gegensatz zum Durchschnittskonservativen lehnte er Annexionspolitik als krämerisch ab in einer

Rede vor der „Deutschen Gesellschaft von 1914“, zu der er von der Front herbeireiste. Die Opfer seien nicht zu bezahlen, das deutsche Europa sei durch Bündnisse und Schutzverträge zu organisieren. Das ist großherzig genug, ändert aber nichts daran, daß er einer deutschen Machtpolitik das Wort redet, die eine Hegemonie in Europa durchzusetzen habe, auch wenn Borchardt sie dann durch kulturelle Leistungen gerechtfertigt haben will. Wie sich dieses schöpferische deutsche Europa angesichts des gerade von Borchardt klar gesehenen europäischen Widerstandes gegen deutsche Herrschaftsformen verwirklichen ließe, sagt Borchardt nicht. Er hält den Krieg für einen „Krieg des Innern gegen das Innere um ein Inneres“. Der Dichter sei „Bewahrer“ und „Seher“, die „geistige Produktion und als ihr höchster Ausdruck die Poesie ... setzt sich vor, durch ihre Schöpfung und ihre Gestalten das geistige Leben der Nation zu führen ...“, eine Selbsttäuschung, die beweist, wie sehr noch der Frontsoldat Borchardt neben der Wirklichkeit her lebte. Hofmannsthal bediente sich Borchardtscher Gedanken für seine Rede *Die Idee Europa*, die er 1916 in neutralen Ländern hielt. In einem 1917 geschriebenen Aufsatz *Öffentlicher Geist* tritt Borchardt für seine Art von partizipatorischer Demokratie ein. Öffentlicher Geist sei „Geist des Mitlebens mit jedem öffentlichen Vorgang“. Die realen Institutionen zu reformieren sei nicht genug, auch Ideale mußten umgestellt werden. Borchardt erhoffte sich also eine bessere Welt nach dem Kriege, Politik war ihm das Aufstellen von Idealen. Ausgleich von Interessen war nicht seine Sache. Mit solchen Spekulationen über Sinn und Ziel einer besseren Welt nach dem Kriege ist ein Gedicht Borchardts schwer zu vereinigen:

Nach der Lothringer Schlacht

Laß die Waffen, letzter Held
Aus den letzten Händen:
Die Geschicke dieser Welt
Sind nicht mehr zu wenden.

Mit dieser Skepsis kommt Borchardt der Haltung seines Widerspiels Stefan George nahe.

Einen ganz anderen antibürgerlichen Konservativismus vertrat Carl Sternheim. In ihm mußten bei Kriegsausbruch notwendig der Internationalismus, den er als unbürgerlich empfand, und seine Bewunderung von Entschiedenheit und Stärke in Konflikt geraten. Der deutsche Angriff auf seine zweite Heimat Belgien hat ihn sicher nicht mit Begeisterung erfüllt. Im Oktober 1914 schrieb Sternheim ein Mobilmachungsstück mit Anlehnung an Friedrich Maximilian Klingers gleichnamiges Trauerspiel (1775), *Das leidende Weib* (1915). Ein Gesandter, der Friedenspolitik trieb, und ein Höfling mit literarischer Bildung verlieren nach Kriegsausbruch ihr Ansehen bei Hof; sie verlieren auch in der Liebe. Ihr ruhiges Festhalten an der Vernunft gegenüber den spontanen Meinungen des Chauvinismus ist eindrucksvoll. Beide machen sich melancholisch über einen „Aufruf" lustig, in dem die bedeutenden Männer des Landes versichern, der Deutsche sei kein Barbar; das ist eine Anspielung auf einen Professorenaufruf, der die deutsche Kriegführung in Belgien verteidigte. Der wahre Held des Stückes ist jedoch ein preußischer Hauptmann, ein tapferer und ehrenhafter Soldat, der vorher niemals etwas anderes sein wollte als Soldat, jetzt in der Liebe gewinnt, den Schurken des Stückes (Klinger folgend) tötet und dafür an der Front in den Tod geht. Der Intellektuelle dagegen blickt zurück auf sein Bestreben, „jedes Gesetz menschlicher Vernunft zu strecken", das er in der langen und lauen Friedenszeit geübt habe. Nach einsamer Besinnung findet er es den „wirklichen, nicht nur gedruckten Erschütterungen" nicht mehr angemessen und verurteilt es.

In einseitigem Drang nach vorwärts hatten wir vergessen, das Neue mit dem schon Erworbenen zu verknüpfen. Jetzt aber wurde es unsere Pflicht, die innen niedergerissenen Bollwerke wieder aufzurichten.

Allerdings nimmt er diesen Moralismus unter dem Eindruck der starken und elementaren Liebe seiner ehebrecherischen Schwester dann doch wieder zurück. So bleibt der moralische Maßstab zweifelhaft. Das Stück wurde zuerst von der Zensur nicht zur Aufführung zugelassen, 1916 aber doch inszeniert. Es hatte eine schlechte Kritik.

Mit *Tabula rasa* setzte Sternheim 1916 seine Bürgerkomödien fort. Dieser Angriff auf die Sozialdemokratie wurde schon im Zusammenhang der früheren Bürgerkomödien erwähnt. Der rücksichtslose Egoismus des Helden soll belacht werden. Eine andere Linie sind moralisch-erotische Stücke im Stil des 18. Jahrhunderts, *Der Geizige* nach Molière (1916) und *Die Marquise von Arcis* (1918) nach einer Episode aus *Jacques le fataliste et son maître* von Denis Diderot (1796); auch *Der Scharmante* (1915), obwohl in der Moderne spielend, gehört stilistisch in diese Gruppe. In *Die Marquise von Arcis* wird eine Rache-Intrige am Ende von der Wahrheit durchbrochen, die eine humane Anerkennung menschlicher Schwäche einschließt. Solche greifbare Humanität ist Sternheims Sache nur selten.

Unter Sternheims Erzählungen, die er unter dem anspruchsvollen Titel *Chronik von des Zwanzigsten Jahrhunderts Beginn* (nach dem Untertitel von Stendhals *Le Rouge et le noir*) 1918 veröffentlichte, sind die meisten während des Krieges geschrieben worden. In *Napoleon* (1915) läßt er einen Koch und Wirt aus Anlaß des Kriegsausbruchs von 1870 die Ansicht haben, daß es auf den Willen der Völker nie ankäme, da sie sich von den Regierenden manipulieren lassen:

Es genügt, ihnen zuzurufen: Das Vaterland ist in Gefahr! Sie fragen nie: Durch wen im letzten Grund? Lassen sich bewaffnen, morden jeden beliebigen als Erbfeind, erst zögernd, dann mit Überzeugung und Hochrufen.

Der Held der Geschichte flieht vor dem kapitalistischen Bürger in eine ländliche Idylle. Die politischen Einsichten haben keine Funktion in der Struktur, weder hier noch in der Erzählung *Die Schwestern Storck* (entstanden 1916, gedruckt 1918). Dort wurde eine Stelle mit Rücksicht auf die Kriegszensur gestrichen, in der es heißt:

Die kaum Zwanzigjährige sah als der Menschheit überragendes Teil unerschütterliche geistige Trägheit, auf die gestützt eine dünne Oberschicht die Massen von jeher über alle Erdteile in hoffnungsloser Abhängigkeit hielt. Sie ahnte auch das Mittel, mit dem alle fünfzig Jahre der mäßig summende Kessel der Völkervernunft reguliert wird: Kriege, die den gespannten Drang des Menschenherzens vor die Mündungen der Geschütze und Gewehre bringen, wo er gekühlt wird und, niedergeschlagen, leicht in die eisernen Windungen zurückzuführen ist.

Muffige, verklemmte oder Schmarotzer-Existenzen werden vorgeführt, herrschsüchtige, sexuell frustrierte Frauen, fragwürdige Künstlertypen, Karikaturen des Individualismus. Trotzdem gilt Sternheims Ethik des Strebens nach Selbstverwirklichung und nach der eigenen Nuance. Die Syntax ist oft manieriert durch Fortlassung des Artikels oder willkürliche Wortfolge. Ein Beispiel aus *Die Schwestern Storck*, wo es um eine Erziehungsfrage geht:

Leicht sah Martha das Mittel ein: Erziehung zu vollendeter Geistigkeit. Doch ohne, wie sie die Elemente an Maria bringen könnte, zu wissen.

In *Ulrike* wird eine junge Adlige, die als Schwester in einem Lazarett dient, durch einen schwerverwundeten ehemaligen Verbrecher in ihrem Glauben und ihrem Idealismus erschüttert. Bitter geworden, gerät sie an den Maler Posinsky, für den Carl Einstein als Modell diente. Er befreit ihre verklemmte Sexualität, sie spielen exotischen afrikanischen Primitivismus und setzen ihn in sadistische Sexualität um. Die frühere Komtesse singt ein Liedchen, in dem sie ihre Vergangenheit im Stil der Berliner Simultantechnik verhöhnt:

Gouvernante, Stundenplan,
Knicks, Pflicht, Ordnung, lieber Gott!
Taufe, Impfung, danke schön,
Polizei und Magistrat –

Schließlich stirbt sie „mit verzückten Grimassen“ an der Geburt eines Kindes, das Posinsky gleich ins Findelhaus gibt (vielleicht eine Anspielung auf Rousseau). Das ist offensichtlich eine Satire auf den Expressionismus. In der Fortsetzung, *Posinsky* (1917), wird der Maler zu einem egoistischen Einsiedler, der seine Lebensmittelvorräte allein verzehrt und Zeuge wird, wie ein Schauspielerpaar neben ihm verhungert. Da die beiden in Zitaten, also in Klischees und Gleichnissen leben und reden, verdammt Posinsky sie, nach Sternheims eigenem Prinzip, „Kampf der Metapher“, das der Leser von dem geizigen Posinsky freilich kaum wird annehmen können. In der Geschichte einer reichen Frau, *Yvette* (1918), kommt der Dichter René Maria Bland vor, ein Ästhet, offensichtlich nach Rilke benannt. Als Liebhaber einer elementar liebenden Frau wird er wider Erwarten am Ende achtenswert. Solche Wertungsumschläge nahm Sternheim als

Wirklichkeit in Anspruch. Dagegen erscheint Sexualität in einer Gruppe von Jungen in *Die Hinrichtung* (1918) negativ. Die *Chronik* führt kein Kaleidoskop bürgerlicher Typen von einem überbürgerlichen Standpunkt aus vor. Vielmehr drehen sich bürgerliche Ideologie, ästhetische Phantasiewelt und religiöse Reste in einem Karussell, das die verstörte Orientierungslosigkeit des Verfassers verrät.

Alfred Döblin tat nach Kriegsausbruch als Arzt in Lazaretten Dienst. In Briefen und einem Aufsatz, *Reims*, reflektierte er seinen Eindruck, wie der Krieg über kulturelle Gefühle hinweggeht, weil die Menschen gleichgültig werden über Leben und Tod. Er nimmt jedoch sehr entschieden für Deutschland Stellung. Die Klage über die Beschädigung der Kathedrale von Reims zeuge von einem musealen Kulturbegriff. August bis Dezember 1914 schrieb er nach seinem Dienst den grotesken Roman *Wadzeks Kampf mit der Dampfturbine*, der erst 1918 veröffentlicht wurde. Ursprünglich hatte Döblin wohl eine Auseinandersetzung mit der Industriewelt geplant, jedenfalls wird berichtet, daß Döblin Studien über die Berliner Industrie getrieben habe. Der Roman hat aber nur im Ansatz mit Technik zu tun: Wadzek ist ein kleiner Fabrikant, dessen Kolbendampfmaschine durch die Konkurrenz der Dampfturbine unverkäuflich wird. Er und sein Helfer, der verkrachte Erfinder Schneemann, spielen die Don-Quijote- und Sancho-Pansa-Rollen in der modernen bürgerlichen Welt. Wadzek versucht vergeblich, seine Trivialität tragisch zu verkleiden. Diese Reduktion falscher Prätentionen verbindet den Roman mit Döblins Erlebnissen. Döblin als Arzt kam täglich mit den Opfern des industrialisierten Krieges in Berührung. Dem einzelnen wurden heroische Opfer abverlangt, die jedoch in der Anonymität des Massenkrieges verpufften. Auf die

Nachricht vom Tode August Stramms reagierte Döblin in einem Brief an Herwarth Walden (21. September 1915):

> Das unausdenkbar Brutale des Krieges wird wieder einmal evident, wo jemand hingerissen wird, wie Stramm, der so sichere Bewegung war und weiter drängte. Unser Dasein ist abrupt. Es kommt, wie es scheint, auf garnichts an, auf garnichts.

Wie ein einzelner seine privaten Gefühle, seine Freiheit, seine Menschlichkeit verliert, führt die Erzählung *Die Schlacht, die Schlacht* vor, die im April 1915 veröffentlicht wurde. Sie spielt, vielleicht der Zensur wegen, auf der französischen Seite. Der Anblick fallender Soldaten aus der Perspektive der Hauptfigur wird so beschrieben:

> Holzpuppen kippen vornüber, als wenn man einem Hammel die Beine wegschlägt.

Die entfesselte Unmenschlichkeit im Krieg ist das Thema des 2bändigen Romans *Wallenstein*, den Döblin Ende 1916 begann. Er wurde 1920 veröffentlicht. Das Werk ist ähnlich wie *Die drei Sprünge des Wang-lun* in Szenen geschrieben, die keine klar zusammenhängende Handlung ergeben: der Leser muß viel erraten. Der Erzähler führt ein ungeheures Kaleidoskop vor, aus Hofszenen, die immer wieder ins Groteske geraten, politischen Verhandlungen, in denen der Zwang hinter den Worten steht, kriegerischen Szenen, die wahllos Leiden ausstreuen. Döblin läßt Kommata zwischen aufgezählten Wörtern fort, wohl um die Wirkung eines Bilderrausches auf den Leser noch zu erhöhen. Der folgende Satz ist auch ein Beispiel für die Satire auf die Oberschicht, auf die vornehme regierende Welt:

Hexenfolterungen Maskeraden Ballspiele Wallfahrten Jagden Messebesuch füllten die Zeit ganz mit Wohlgefühl aus.

Wallenstein, der den Roman nicht dominiert, ist ein gewalttätiger und raffinierter Geschäftemacher. Der dicke Gustav Adolf ist nicht viel besser. Der Gegensatz zwischen dem aktiven Wallenstein und dem passiven Kaiser Ferdinand ist nur ein Unterschied in Formen vornehmer Schlechtigkeit. Aus krassem Realismus kann der Roman in ein Phantasiespiel mit Teufeln übergehen. Das grausige Ende, in dem Ferdinand mit kriegsmäßig Verwahrlosten zusammengerät, widerspricht jedem Trost, jeder Hoffnung auf heilende Kräfte der Natur oder der Liebe. So stark ist der visionäre Nihilismus dieses Werkes, daß es durch die Überfülle der Schrecken nach Sinn und Frieden ruft.

In einem Artikel in der *Neuen Rundschau* vom August 1917, *Es ist Zeit*, begrüßte Döblin die demokratische Revolution in Rußland. In der gleichen Zeitschrift erschien im Februar 1918 der Aufsatz *Drei Demokratien*, der für das Weiterkämpfen eintritt. England, Frankreich, Amerika seien des Sieges nicht würdig. Döblins Verteidigung Deutschlands geschieht im Namen der deutschen Demokratie, die den Feinden ein neuer Feind sei:

> Ihr freut euch, daß Potsdam versinkt: siehe da: Weimar, die unverwüstliche lebenzeugende Menschlichkeit, die Todfeindin erloschener Formen und Phrasen lebt, regt sich, auch gegen euch, regt sich, die Köpfe der Hydra werdet ihr nicht abschlagen.

Merkwürdig ist, wie Döblins grundsätzlicher Nihilismus einhergehen kann mit der Hoffnung auf Weimarer Humanität als deutsche Stärke. In seinem Panorama des Dreißigjährigen Krieges stellte er sich der Möglichkeit, daß jede humanistische Hoffnung Illusion sei, eine Möglichkeit, die der Weltkrieg nur allzu nahe legte.

Georg Kaiser, der mit Döblin und Sternheim gleich alt war, gelang während des Krieges endlich der Durchbruch in die Öffentlichkeit. Eine Schrift von Gustav Landauer, *Ein Weg deutschen Geistes* (1916), die sich mit Goethe, Stifter und Kaiser befaßte, machte einen Frankfurter Regisseur aufmerksam. Unter dessen Leitung wurden *Die Bürger von Calais* am 29. Januar 1917 mit Erfolg aufgeführt, am 28. April des gleichen Jahres in München *Von morgens bis mitternachts.* Die pazifistischen Züge in dem vor dem Krieg fertiggestellten Stück *Die Bürger von Calais* könnten den Eindruck erwecken, daß Kaiser ein entschiedener Oppositioneller war. Diese Opposition war aber nicht politisch in dem Sinne, daß sie zu gemeinsamer politischer Aktion anregte.

Wie Sternheim in *Das leidende Weib* reagierte Kaiser auf den Krieg zunächst mit einem Spiel, das die Lust an rauher, kriegerischer Ursprünglichkeit gegen eine friedliche, vernünftige Zivilisation stellte, allerdings symbolisch in einem idyllischen, antiken Land: *Europa*, „Spiel und Tanz in fünf Aufzügen“. Die 1. Fassung wurde im Januar 1915 beendet. Wie im Falle von Eva Sorel in Wassermanns *Christian Wahnschaffe* ist Tanz das Symbol der ästhetischen, arkadischen Vorkriegszeit. Zeus als Symbol elementarer Kraft beendet sie, indem er Europa, die Tochter des zivilisierten Königs, entführt. *Europa* ist einerseits eine literarische Satire auf die Neuklassik, auf die Erlösungsmythen, auf die Wasser-, Mädchen-, Blumen- und Todesthemen des Jugendstils. An Hauptmanns *Griselda* und *Der Bogen des Odysseus* wäre speziell zu denken. Andererseits ist die Erneuerung aus dem Ursprünglichen, der Vitalismus, ernst gemeint. Auch ist das Spielerische, das getroffen werden soll, viel zu stark Element des Stückes selbst, um vernichtend zu wirken. Das Stück spiegelt seine Entstehungszeit als ein Zeugnis für den Gedanken des Krieges als eines heilsamen Einbruchs des Ursprünglichen in die matte und verweichlichte Zivilisation.

Zwei während des Krieges geschriebene Stücke *Das Frauenopfer* (1918) und *Der Brand im Opernhaus* (1919) setzen öffentliche und private Existenz gegeneinander mit entschiedener Bevorzugung der privaten. Beide Dramen haben wie *Die Bürger von Calais* das Selbstopfer als Motiv, *Der Brand im Opernhaus* spielt im Frankreich Ludwigs XV., *Das Frauenopfer* hat Napoleons Rückkehr von Elba 1815 zum Hintergrund. Ein Durchspielen der Frage, was vornehmes Verhalten ist, interessierte Kaiser wie Sternheim (und andere), ein Nachwirken der Kulturepoche vor 1914.

Kaisers berühmte *Gas*-Trilogie bewegt sich in einem ähnlichen Motivkreis zwischen privater Moral und öffentlicher Verführung, mit dem Motiv des Selbstopfers als Echtheitsbeweis und einer vitalistischen Ideologie als Unterlage. *Die Koralle* wurde 1916 bis 1917 geschrieben. Jedoch wird hier wie in Wassermanns *Christian Wahnschaffe* der Oberklassenstatus in Frage gestellt. Die Kinder eines Milliardärs betrachten ihn als Schuld. Der Milliardär ist Arbeitersohn und verdankt seinen Aufstieg der panischen Furcht vor Armut. In seinen Kindern hofft er auf ein glückliches Leben, frei von jener Furcht. Als Tochter und Sohn sich für soziale Fragen interessieren, die untere Welt kennen wollen, gerät der Milliardär in Selbstmord-Verzweiflung und findet auf eine komplizierte Weise seinen Frieden, um den Preis seines Todes auf dem Schafott: er ermordet seinen Sekretär, der auch sein Double ist, von ihm nicht zu unterscheiden, der aber eine glückliche Kindheit hatte. Die Existenz des Sekretärs einschließlich der Kindheit eignet der

Milliardär sich durch seinen Mord an und damit das Glück. Das einzige Unterscheidungsmerkmal zwischen ihm und dem Sekretär, die Koralle, wird zum Dingsymbol. Ein Dasein, festgewurzelt und „immer verbunden in Dichtigkeit des Meeres", steht für das Glück.

> Ausgetriebene sind wir alle – Ausgetriebene von unserem Paradies der Stille. Losgebrochene Stücke vom dämmernden Korallenbaum – mit einer Wunde vom ersten Tage an.

Dieser Primitivismus erinnert an Benn und Rilkes *Vierte* (und spätere *Achte*) *Elegie*. Die Theorie vom Ursprung des Reichtums in der Furcht vor Armut ist vitalistisch. Es ist offensichtlich, daß ein Modell des Klassenunterschiedes, das vom Selfmademan ausgeht, zu viel soziale Realität ausklammert. Kaiser gibt ein spielerisches Modell, das trotz des tödlichen Ausgangs als witzig anzusprechen ist. Seine Variante des Generationsgegensatzes enthält eine Parodie auf Hasenclevers *Sohn* und Sorges *Bettler*. Eine Szene bringt den Versuch des Vatermordes, aber der Vater lebt, um selbst zu morden, um sich ausgerechnet die behütete Kindheit zu verschaffen, aus der die jüngeren Expressionisten ausbrechen wollten.

Gas, Schauspiel in 5 Akten, wurde 1917 bis 1918 geschrieben, 1918 zuerst gedruckt und noch im gleichen Jahre uraufgeführt. Der Milliardärssohn aus *Die Koralle* ist jetzt sechzig Jahre alt, hat sein Vermögen in den Werken vollständig sozialisiert, der Gewinn wird verteilt. Das Produkt ist Gas, das die Energie für die Welt liefert. Wie schon in *Die Koralle* tragen die Personen keine Namen, sondern sind nur durch ihre Funktion bezeichnet. Der Konflikt wird von den Arbeitern um die Frage ausgetragen, ob die Industrialisierung rückgängig gemacht werden soll. Das Gas hat die Fabrik explodieren lassen, ohne daß der Ingenieur einen rationalen Grund finden kann.

Der Fehler wird von jenseits diktiert. Unauffindbar von hier.

Der Milliardärssohn will deshalb das Werkgelände aufsiedeln, damit die Arbeiter wieder Menschen werden können, eine Idee, die auf Kropotkins Anarchismus zurückgeht, den Kaiser durch Landauer kennenlernte. Der Ingenieur gewinnt sie zum Wiederaufbau des Werkes, obwohl er dieselbe Formel für das Gas verwenden muß. Dem Milliardärssohn nützt es nichts, sein altes Eigentumsrecht geltend zu machen. Die Regierung nationalisiert das Werk. Dieser Zug reflektiert sicher die gelenkte Kriegsproduktion.

Das stilistisch Neuartige war die Arbeiterversammlung des 4. Aktes. Arbeiter und ihre Angehörigen artikulieren die inneren Verstümmelungen, die sie in der Industriewelt erleiden, und leiten daraus den Anspruch auf Erfüllung ihrer Forderungen nach Bestrafung eines Sündenbocks und Fortsetzung der Produktion ab. Der strenge parallele Bau des Aktes, die Massen auf der Bühne, aus denen sich eine Tribüne erhebt, von der die Sprecher ihre Reden verkünden, lassen erkennen, daß dieses Theater vom Tempeltheater des Jugendstils herkommt. *Die Bürger von Calais* sind das Zwischenglied.

Am Ende sucht der Milliardärssohn allein den Menschen:

Sage es mir: wo ist der Mensch? Wann tritt er auf – und ruft sich mit Namen: – Mensch? Wann begreift er sich – und schüttelt aus dem Geäst sein Erkennen? Wann besteht er den Fluch – und leistet die neue Schöpfung, die er verdarb: – – den Menschen?!

Seine Tochter verspricht:

Ich will ihn gebären!

Szenenbild einer Aufführung von Georg Kaisers »Gas« in der Volksbühne Berlin 1919

Dieser neue Mensch soll frei sein von den Übeln des Industriezeitalters. Daß aber gerade die Massen, die Kaiser im 4. Akt auf die Bühne brachte, in dieser Vision keine Lebensmöglichkeit hätten, ist unausgesprochen das Paradoxe dieses Spiels. Der vitalistische Primitivismus der Ideologie bleibt individualistisch: nur der Milliardärssohn weiß den richtigen Weg. Das Stück wuchs aus dem Zweifel an der industriellen Welt, die sich im Ersten Weltkrieg offensichtlich pervertiert hatte. Der Traum von der Idylle als Erlösung von allem Übel erklärt sich aus der Entstehungszeit des Werkes in der zweiten Hälfte des Krieges. Aus den Erfahrungen von Krieg und Revolution sollte *Gas. Zweiter Teil* entstehen, ein Stück, das die totalitäre Bedrohung, die schon am Ende von *Gas* erscheint, zum Ausgangspunkt hat.

Kaisers *Gas*-Trilogie wird zum Expressionismus gerechnet. Sie gehörte sicher zu einer damals als neu empfundenen Dramenform. Kaisers Verbindung mit dem Tempeltheater, mit dem Vitalismus der vom Jugendstil bestimmten Schriftsteller ist ebenso deutlich. Von *Europa* zu *Gas* zeigt sich der Weg vom Einverständnis mit elementarer Gewalt zum Zweifel an der humanen Zivilisation, die in Verzweiflung umschlagen konnte. Der Mensch strebt nicht zur Selbstvervollkommnung, sondern ist manipulierbar. Sternheim läßt dies als Einsicht fallen, Döblin setzt sie in Erzählung um, Kaiser macht eine der eindrucksvollsten Szenen der Theatergeschichte daraus. Hauptmann, Wassermann, Döblin (*Wallenstein*) und Kaiser stellen Werke hin, die ein Ende humaner Hoffnung suggerieren. Der neue Mensch muß erst geboren werden, die Hoffnung auf ihn gewinnt keine politisch wirksame Gestalt. Immer wieder stoßen wir in der seit 1914 entstandenen Literatur auf ein Gefühl des Endes, des Endes einer großen und hoffnungsvollen Literaturepoche, deren Dichter sich als Führer der Nation gefühlt hatten. Dieser Führungsanspruch ist in Hillers Aktivismus enthalten wie in Thomas Manns Bedürfnis, den Sinn des Krieges festzustellen. Der zerbröckelte ihm unter den Händen und brachte ihn zum Rückzug auf sich selbst, eine in der Literatur immer schon bereitliegende Alternative. Rückzug auf das Ich, auf den Traum von der Idylle, auf traditionelle Religion oder mythische Geste ist in dieser Situation Abdankung von kultureller Führung, vor der Militärdiktatur, dem industrialisierten Krieg und dem Schwinden der humanen Grundlagen der bürgerlichen Literatur. An deren Erschütterung hatte die Literatur selber mitgewirkt.

24. Entfremdung und Unmittelbarkeit: Paradoxie der Lyrik im Krieg

Den Untergang der industrialisierten Massengesellschaft hatte Stefan George im *Stern des Bundes* (1914) prophezeit, ja gefordert:

Zehntausend muss der heilige wahnsinn schlagen
Zehntausend muss die heilige seuche raffen
Zehntausende der heilige krieg
...

Der Stern des Bundes soll 1914 in manchem Soldatentornister mit ins Feld gezogen sein. George bezeichnete es als ein Mißverständnis, wenn *Der Stern* als „Kriegsbrevier" gelesen wurde. Als seine Jünger, unter ihnen Wolters und Gundolf, in die patriotische Ergriffenheit einstimmten und viele jüngere Kreisangehörige sich freiwillig meldeten, verhielt George sich zurückhaltend und anders als erwartet. Dieser Krieg der Bürger untereinander war nicht der heilige, zumal er dem George tief verhaßten Preußentum Auftrieb gab. Er hatte Sympathie für das literarische Frankreich, aber nicht für die Republik der Bourgeois. Er verkündete ein künftiges Deutschland, aber das „verkommene Volk" werde nicht durch den Krieg verwandelt, sagte er 1916 zu Edgar Salin, zu einer Zeit also, als sein Feind und alter Rivale Richard Dehmel zu dem gleichen Schluß gekommen war. So verkündete das 1914 bis 1916 entstandene Gedicht *Der Krieg*, das 1917 zuerst gedruckt wurde und 1928 seinen Platz in *Das Neue Reich* fand:

Zu jubeln ziemt nicht: kein triumf wird sein ·
Nur viele untergänge ohne würde. .
Des schöpfers hand entwischt rast eigenmächtig

Unform von blei und blech · gestäng und rohr.
Der selbst lacht grimm wenn falsche heldenreden
Von vormals klingen der als brei und klumpen
Den bruder sinken sah · der in der schandbar
Zerwühlten erde hauste wie geziefer. .
Der alte Gott der schlachten ist nicht mehr.

George wollte keineswegs von seinem kulturellen Führungsanspruch abdanken. Er war eifersüchtig auf den Krieg. Er fühlte sich berufen, das neue Reich aus dem „geheimen Deutschland" zu entwickeln, und der Krieg entzog ihm die Jugend. Im Jahre 1916 hat George sogar mit dem Gedanken gespielt, Reichskanzler zu werden. Er traue sich das zu, sagte er dem Historiker Kurt Breysig und deutete an, „Männer in hoher Lebensstellung" träten für seine Ernennung ein. (Gemeint war vermutlich Prinz August Wilhelm.) Er entging dem Zwang zum Politischen also nicht, sosehr er sich widersetzte. George hätte vermutlich befehlen können, ausgleichen konnte er nicht. Daß er den Gedanken, Reichskanzler zu werden, auch nur diskutierte, ist eines der Zeichen des Abstandes zu praktischer Politik, wie er in der deutschen Literatur gegeben war.

Rainer Maria Rilke war der Staatsangehörigkeit nach Österreicher, hatte aber Loyalitätsgefühle weder für seine Heimat Prag noch für seinen Staat. Von seiner deutschen Familie hatte er sich gelöst. Vom Kriegsausbruch in München überrascht, erlebte er dort die Augusttage. Er blieb auch nachher in Deutschland. Das Gefühl, das die Deutschen bei Kriegsausbruch einte, hat Rilke in seinen *Fünf Gesängen* mythisch als Gott angesprochen und zu deuten gesucht.

Rilke kannte Norbert von Hellingrath, den Herausgeber von Hölderlins Werken. Seine *Duineser Elegien*, die er Anfang 1912 begonnen hatte, aber nicht vollenden konnte, waren formal von den Dichtungen Klopstocks, Hölderlins und Goethes angeregt. Das Thema der *Elegien* ist die Entfremdung des Dichters, die darzustellen und zu rechtfertigen war, um ihr einen Sinn abzugewinnen, sie als Menschenaufgabe im Kosmos zu verstehen.

Das Gemeinschaftserlebnis der Deutschen in mythische und symbolische Bilder zu fassen konnte als eine solche menschliche Aufgabe für den Dichter erscheinen. Rilke machte sie sich in *Fünf Gesänge. August 1914* (gedruckt 1915) nicht leicht. Wenn die Begeisterung „endlich ein Gott" war, dann konnte sie keine billige Siegeszuversicht sein, sondern mußte den Schmerz und die ganze Schwere des Krieges umfassen, der in die Vorstellungen der Bürgerwelt einbricht und Ursprüngliches freimacht, die Bürger von den sich widersprechenden pluralistischen Interessen abzieht und zu einer naturhaften Notwendigkeit hinführt:

> ... denn *was*
> wäre nicht Willkür neben der frohen, neben der
> sicheren Not?

Der 2. Gesang beginnt:

> Heil mir, daß ich Ergriffene sehe ...

und geht dann über in eine Metapher, in der die Leser, das deutsche Volk, mit „ihr" angeredet werden:

> Hört. Noch hörtet ihrs nie. Jetzt seid ihr die Bäume,
> ...

Die Verwandlung der Gesellschaft in Natur wird ergänzt durch das Gebot der Liebe, das jetzt die Übersteigerung erfahren sollte, die Rilke mit der besitzlosen Liebe meinte. Natur und Liebe ist die Erfüllung von Hölderlins Verlangen, es ist auch der monistische, ja uralte Traum einer liebenden Gesellschaft in Ein-

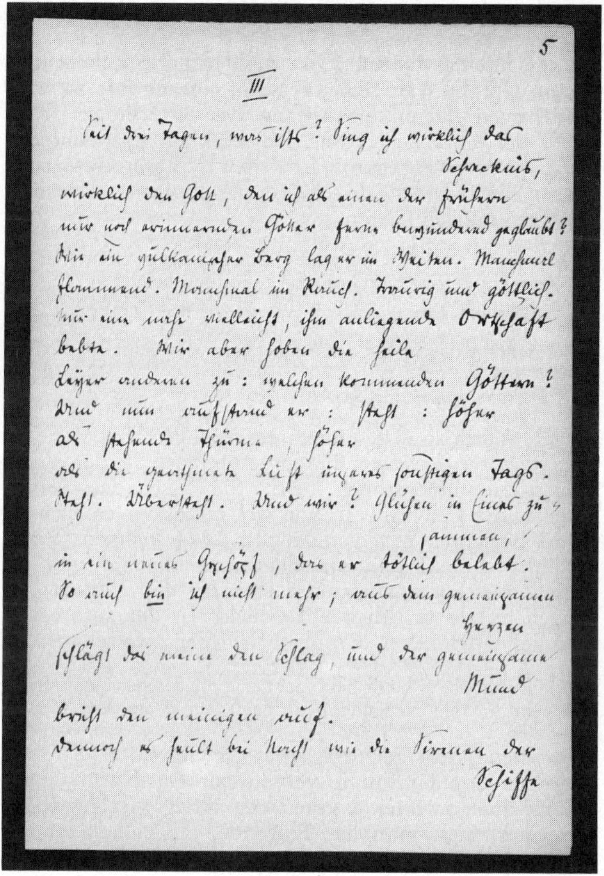
5

III

Seit drei Tagen, was ists? Sing ich wirklich das
Schrecknis,
wirklich den Gott, den ich als einen der frühern
nur noch erinnernden Götter fern beruhend geglaubt?
Wie ein vulkanischer Berg lag er im Weiten. Manchmal
flammend. Manchmal im Rauch. Traurig und göttlich.
Nur eine nahe vielleicht, ihm anliegende Ortschaft
bebte. Wir aber hoben die heile
Leier anderen zu: welchen kommenden Göttern?
Und nun aufsteht er: steht: höher
als stehende Türme, höher
als die geatmete Luft unseres sonstigen Tags.
Steht. Übersteht. Und wir? Glühen in Eines zu-
sammen,
in ein neues Geschöpf, das er tödlich belebt.
So auch bin ich nicht mehr; mit dem gemeinsamen
Herzen
schlägt das meine den Schlag, und der gemeinsame
Mund
bricht den meinigen auf.
Dennoch es heult bei Nacht wie die Sirenen der
Schiffe

Rainer Maria Rilkes »Gesang III« aus »Fünf Gesänge« in der Handschrift des Autors

klang mit der Natur. Rilke muß bemerkt haben, daß er in Gefahr war, seine Verse in eine Utopie zu verflüchtigen. Denn am Anfang des 3. Gesanges fragt sich der Sprecher: „Sing ich wirklich das Schrecknis ...?" Der Kriegsgott ist kein vertrauter Gott, sondern ein fremder, dessen Verwandlungen zu Selbstentfremdungen führen.

> ... Und wir? Glühen in Eines zusammen,
> in ein neues Geschöpf, das er tödlich belebt.
> So auch *bin* ich nicht mehr; aus dem gemeinsamen Herzen
> schlägt das meine den Schlag, und der gemeinsame Mund
> bricht den meinigen auf.

Diese Verse sind besonders eindrucksvoll, weil sie in Pentameter-Art zwei Hauptbetonungen in der Versmitte zusammenstoßen lassen. Sie fassen das Gefühl der nationalen Einheit, wie wir es aus vielen Briefen und Berichten aus dem August 1914 kennen. Wortwahl, Kontext und vielleicht auch die auf und ab fließende Form schränken ein: Ist der Verlust des eigenen Ichs wirklich ein Glück? In der sofort anschließenden neuen Strophe bricht der Zweifel aus:

> Dennoch, es heult bei Nacht wie die Sirenen der Schiffe
> in mir das Fragende, heult nach dem Weg, dem Weg.

Der neue Gott zerstört „alles Gewußte", er hat den innigen Sommerhimmel verwandelt. Das Natursymbol kann auch zweifelnd gegen den Kriegsgott gewendet werden. Liest man das Folgende, die beiden letzten Gesänge, genau, so wird deutlich, wie der Zweifel der rühmenden Absicht widerstrebt. Von einer Fahne des Schmerzes ist die Rede, die den Kampf veredeln soll. Einen Entwurf, wo von der Fahne als positivem Kampfsymbol die Rede war, ein Rückgriff auf pubertäre Größenträume, die sich bis in die *Neuen Gedichte* bei Rilke finden, hat er fallengelassen und den Gedanken in das ambivalente Symbol der Schmerzfahne überführt. Man darf diesen Entwurf, der beginnt: „Dich will ich rühmen, Fahne ...“, also nicht als Rilkes Beitrag zur Kriegsbegeisterung anführen. Ambivalent wird auch die Erwähnung der anderen Völker am Schluß, die zwar „die Irrenden“ genannt werden, aber zugleich mit der Aufforderung, „euer eigenes Irrn“, offenbar den Nationalismus, im „schmerzhaften ..., im schrecklichen Herzen“ zu verbrennen. Gemeint ist wahrscheinlich, den nationalistischen Haß in dem tragischen Bewußtsein des schrecklichen Krieges zu vernichten, vielleicht auch durch schmerzhaft geleistete Kriegstaten, jedenfalls nicht als Haß bestehen zu lassen. Das ist eine utopische Forderung, die sich an den Menschen von Rilkes Fühl- und Denkweise wendet. Außerdem wird die für Deutschland geltende Berufung, vieles, auch Fremdes, aufzunehmen, gegen nationalistische Beschränkung ausgespielt, ein Gedanke, der auch in Thomas Manns *Betrachtungen eines Unpolitischen* eine Rolle spielt.

In den *Fünf Gesängen* wird das Erlebnis einer als notwendig, als elementar, mitreißend empfundenen historischen Wende so dargestellt, daß sich in dem Notwendigen etwas Verfremdendes zeigt. Das ist im Umkreis der *Elegien* nicht neu, denn auch der Engel, das Symbol künstlerischer Vollendung, ist „schrecklich“. Der mythisierte Krieg, der als Schmerzbringer zweifelnde Rechtfertigung finden kann, wird, wie Rilkes Konzeption seiner Kunst, zugleich erfaßbar und fremd. Der Krieg in seiner Realität als Perversion der Industriewelt wird natürlich verfehlt, diese Realität war Anfang August 1914 noch nicht offenbar. Die Gefahr der Mythisierung liegt überdies darin, daß die Entfesselung des Krieges nicht mehr politisch, als eine von Menschen gewollte, als moralisch zu beurteilende Entscheidung erscheint.

Die geradezu beschwörende Absicht, den Krieg als fremden Einbruch zu verstehen, führt jedoch auch innerhalb des mythischen Verständnisses zur entschiedenen Kriegsgegnerschaft. Man kann das verfolgen in einem Text vom Anfang Oktober 1914, den Rilke in der Münchener Kriegs-Zeitschrift *Zeit-Echo* veröffentlichte. Er hat keinen Titel und beginnt „Wir haben eine Erscheinung ...". Gemeint ist der Krieg. In der Art eines Prosagedichtes wird der Leser beschworen, den Krieg nicht als bekannt anzusehen, ihm nicht „das Zubehör und die Zunamen früherer Kriege anzuhängen". Es handele sich um „die schreckliche Vertraulichkeit des Todes". (In Rilkes ursprünglichem Text hieß es, daß die Liebe des Todes „den Völkern der Erde" gelte; diese Stelle wurde gestrichen.) Er gibt Beispiele für Verfremdungen, die durch Kunstwerke bewirkt werden, nur außerdeutsche Beispiele, darunter auch einen Aufsatz des Belgiers Maeterlinck (ohne den Namen zu nennen). Rilkes Text fordert auf, die Erscheinung des Krieges „mit Nichtkennen" auszuhungern.

Hier ist offensichtlich der Nerv von Rilkes Dichtung angerührt. Denn es geht ihm ja um eine dichterische Neudeutung der Welt, in der der Tod eine schreckliche Herausforderung ist. Der Krieg reißt diese Neudeutung an sich um einen furchtbaren Preis. Seine ideologische Verharmlosung, die Pressephrasen, verdecken diese Furchtbarkeit, halten den Krieg auf der Ebene der alten bürgerlichen Welt, es kommt zu dem „‚Unternehmen' dieses Krieges, der Gewinn zu bringen hat" (Brief vom 23. August 1915). Rilke faßt diesen Gedanken in das boshafte Wort: „... die Welt ist in die Hände der Menschen gefallen ..." (in demselben Brief), womit die angepaßten Menschen, die konformen, säkularisierten Bürger gemeint sind. In seiner Feindschaft gegen die Kriegspresse wurde Rilke übrigens von Karl Kraus bestärkt.

Rilkes *Elegien*-Problem, sein Schwanken zwischen den Polen der sozialen Entfremdung und ihrer (letztlich auch sozialen) Rechtfertigung, dauerte im Kriege fort, ja mußte sich in dem gleichen Umfang verschlimmern, in dem er sich aus dem zweifelhaften Gemeinschaftsrausch auf sich selber als Dichter verwiesen sah. Er nannte das schon am 17. September 1914 brieflich „den Rückschlag aus dem allgemeinen Herzen, in das aufgegebne, in das verlaßne, namenlose eigne Herz“. Und am 6. November 1914 schreibt er mit Beziehung auf die *Fünf Gesänge*: „... jetzt ist mir längst der Krieg unsichtbar geworden, ein Geist der Heimsuchung, nicht mehr ein Gott, sondern eines Gottes Entfesselung über den Völkern.“ Diese Position war schon in den *Gesängen* selbst kenntlich. Der Rückzug auf die eigene dichterische Welt brachte jedoch nur vorübergehende Beruhigung. Im August oder September 1914 schrieb Rilke das gereimte Gedicht, das beginnt:

> Es winkt zu Fühlung fast aus allen Dingen,
> ...

und diesen Gedanken durch 5 Strophen ausführt, wobei das Wort „Weltinnenraum“ fällt, das sich anbietet, wenn man aus Rilkes Ambivalenzen eine Botschaft herauslösen will. Dem widerspricht der Schluß dieses Gedichtes:

> ... an mir ruht
> der schönen Schöpfung Bild und weint sich aus.

In diesem Rückfall in Rilkes Jugendsentimentalität liegt immerhin ein Widerspruch gegen die Glätte dieser Trost-Strophen, in denen kein Grund für Traurigkeit angegeben ist. Vielleicht ist der Krieg gemeint. Viel besser gelang Rilke wenig später, am 26. September 1914, ein Gedicht, das sich formal in die *Elegien* einfügt, weil es das Gefühl der Entfremdung zugleich in Bilder und ihre Deutung umsetzt.

> Ausgesetzt auf den Bergen des Herzens. Siehe, wie klein dort,
> siehe: die letzte Ortschaft der Worte, und höher,
> aber wie klein auch, noch ein letztes
> Gehöft von Gefühl. ...

Das Gedicht spricht von dem Wissenden, „der zu wissen begann / und schweigt nun", was sich wohl auf Rilkes seit über zwei Jahren vergebliches Bemühen bezieht, die *Elegien* fortzuführen. Aber die Entfremdung von Worten und Gefühlen der Mitmenschen muß auch im Kontrast zu den *Fünf Gesängen* gesehen werden. Dort gab es ein „Heldengebirg, das nächstens im Neuschnee / eines freudigen Ruhms reiner, näher erglänzt" – hier gibt es nur „der Gipfel reine Verweigerung". Das Gedicht endet als Fragment:

> ungeborgen, hier auf den Bergen des Herzens ....

Aus Entwürfen zur Fortsetzung ist ersichtlich, daß Rilke diesem negativen Pol der *Elegien* auch Positives entgegensetzen wollte, ohne daß ihm dies glückte.

Im Herbst 1915 setzte Rilke dieses Auf-sich-selbst-Zurückgeworfensein in eine Elegie um. Die *Vierte Elegie* beginnt mit Naturbildern, die alle eine negative Funktion haben. Weder sind die „Bäume Lebens" (Bäume, die als Metaphern für menschliches Leben dienen können, wie es im ersten der *Fünf Gesänge* geschehen war) je „winterlich", d. h. einem notwendigen Zyklus unterworfen, noch läßt unser Bewußtsein uns in der Weise starker Tiere, wie Löwen, leben, noch wissen wir unseren Weg wie Zugvögel. Wir, die

Menschen, die wie Rilke fühlen, sind vielmehr wie Strichvögel

> und fallen ein auf teilnahmslosen Teich

– wie er seinen Kriegs-Zwangsaufenthalt in München jetzt empfand. Die Elegie unternimmt einen langen Lebensrückblick, in dem Rilke (es kann nur er selbst sein) fragt, ob er berechtigt gewesen sei, Menschen, die ihm nahestanden, zu verletzen. Die Antwort ist ein Bild: Engel und Puppe, Inspiration und der künstliche Ausdruck. Daraus besteht Kunst, deren Aufgabe es ist – wie die Symbolsprache der Elegie es umschreibt –, die leere Freiheit des menschlichen Bewußtseins in ästhetische Notwendigkeit zu verwandeln. Diese Aufgabe wird am Schluß am Beispiel des Kindertodes, einem Paradoxon jeden Weltsinns, in eine fragende Schwebe gebracht.

Neben der späteren *Fünften* gehört die *Vierte Elegie* zu den bedeutendsten Leistungen des deutschen Symbolismus. Sie wird erst voll verständlich auf dem biographischen Hintergrund. Die bedrängende Wirklichkeit des Krieges hemmt die Produktion von Kunst, weil Kunst „Puppen" braucht, anschauliche Verfestigungen des sozialen Lebens, die in schnellebigen Kriegszeiten sich leicht als falsch herausstellen.

Schon einige Monate vorher, in einem Brief vom 28. Juni 1915, hatte Rilke sich eine bohrende Frage gestellt:

Wunderbar freilich ist die Sichtbarkeit des Ertragens, Hinnehmens, Leistens so großer Not auf allen Seiten, bei Allen. Größe kommt an den Tag. Standhaftigkeit, Stärke, ein zum-Leben-stehen quand-même – –, aber wieviel in solchem Verhalten ist Verbissenheit, ist Verzweiflung, ist (schon schon) Gewohnheit? Und kaum, daß so Großes sich zeigt und bewährt, kann das irgend den Schmerz mindern, darüber, daß solches Wirrsal, solches Nicht-aus-und-einwissen, die ganze trübe Menschenmache dieses heraufgereizten Schicksals, daß genau diese Nichts-als-Heillosigkeit nötig war, um Beweise von Herzhaftigkeit, Hingabe und Großheit zu erzwingen? Während wir, die Künste, das Theater, in ebendenselben Menschen nichts hervorriefen, nichts zum Aufstieg brachten, keinen zu verwandeln vermochten. Was ist anderes unser Metier als Anlässe zur Veränderung rein und groß und frei hinzustellen, – haben wir das so schlecht, so halb, so wenig überzeugt und überzeugend getan? Das ist Frage, das ist Schmerz seit bald einem Jahr, und Aufgabe, daß mans gewaltiger täte, unerbittlicher. Wie?!

Diese Frage war geeignet, das Gefühl der Entfremdung zu verschlimmern und damit den ersehnten positiven Pol der *Elegien*, die Hoffnung, als Dichter eine kosmische Aufgabe zu haben, immer weiter wegzurücken. Die mythische Deutung des Krieges verschwand. Der Krieg war nur „Menschenmache“, eine absurde Fortsetzung der alten Gewohnheit, der kapitalistischen Industriewelt. Rilke suchte sich abzukapseln, er schloß sich an Menschen an, die, gleich ihm, auf die Dauer nicht nationaldeutsch denken konnten.

Anfang 1916 wurde Rilke zu seinem großen Schrekken Soldat. Nach drei Wochen Grundausbildung kam er ins Kriegsarchiv nach Wien, wo er als Schreiber tätig war. Propagandadienste lehnte er ab. Im Juli gelang es seinen Freunden, seine Entlassung zu erreichen. Nachdem er in Rodaun Hofmannsthal besucht hatte, kehrte er nach München zurück und hatte dort Kontakt sowohl mit expressionistischen Malern und Dichtern als auch mit dem Kreis um die Verlegersgattin Elsa Bruckmann, wo er den Vorträgen des bohemischen Alfred Schuler zuhörte. Im Bruckmann-Kreis verkehrte einige Jahre später Adolf Hitler. Rilke blieb dem Hause Kippenberg eng verbunden, von dem er wirtschaftlich abhängig war. Anton und Katharina Kippenberg waren frei-konservativ und national. Jedoch ließ Rilke sich weder nach rechts noch nach links politisch festlegen. Er war offener nach links, als seine Nachlaßverwalter es wahrhaben wollten, weshalb diese Seite Rilkes lange unbekannt blieb. Er empfahl neue Dichtung zum Druck an Katharina Kippenberg, Alfred Wolfenstein an S. Fischer; ja einer Korrespondentin schlug er vor, Leonhard Franks revolutionäre Erzählungen *Der Mensch ist gut* zu lesen, „allerdings nur, wenn Sie ganz und gar sich bewegen lassen wollen..." (31. Januar 1918). Er stand im Briefwechsel mit Sophie Liebknecht, der russischen Gattin Karl Liebknechts, der zum linken Flügel der SPD gehörte und seit 1916 im Zuchthaus saß; Anfang 1918 lernte er Kurt Eisner kennen, den er sehr schätzte. Gelegentlich konnte er die Erneuerungshoffnung seiner künstlerischen Zeitgenossen, die er von jeher teilte, ins Politische wenden und gegenüber den Kriegsgewinnlern die „große menschliche Partei" derer ergreifen, die im Krieg „das mächtigste und unwidersprechlichste Gebot zur Änderung aller menschlichen Dinge erkennt" (an Katharina Kippenberg, 31. August 1917). Den Aufruf des Volkskommissars Trotzki an die bedrückten und verblutenden Völker Europas vom Ende 1917 begrüßte Rilke (an Katharina Kippenberg, 17. Dezember 1917) mit dem Ausruf: „neue Zeit, Zukunft, endlich!"

Dem politischen und ästhetischen Offensein nach links und rechts entspricht seine Unsicherheit darüber, ob eine Kontinuität mit der Vorkriegswelt, in der seine *Elegien* begonnen wurden, möglich sei. Am 5. Juli 1917 schreibt er an seinen Verleger Anton Kippenberg:

> Wenn ich meine fruchtbarsten Erinnerungen aufschlage –, ich weiß kaum eine, die nicht wie durchgestrichen und widerrufen wäre. Wozu alles Sinnvolle, wenn uns, gegen allen Sinn, ein allgemeines Irrsal bereitet war?

Am 3. Juli 1918, fast ein Jahr später in einem Brief an denselben Empfänger, der von den Änderungen des Weltbildes geschrieben hatte, spricht Rilke wieder von dem „heillosen Abbruch des früheren", von der „wirrsäligen Unterbrechung", sieht aber seine Aufgabe darin, „das Gewesene fortzusetzen in reinster Unbeirrtheit und unerschöpflichem Erinnern . . .".

Der Symbolismus beruht auf dem Unangepaßtsein des ästhetisch eingestellten Individuums. Symbolismus war vor dem Kriege möglich, weil er eben doch ein soziales Fluidum besaß, die elitären Leser. Der Krieg zog die Existenzberechtigung des elitären Individuums auf jede Art in Zweifel. Ihn zu ignorieren, an das Frühere anzuknüpfen, war die einzige Möglichkeit, die *Elegien* fortzusetzen. Tatsächlich schrieb Rilke während des Krieges mehrere Gedichte, die in den Umkreis der *Elegien* gehören. Einige, wie *Ausgesetzt* und *Der Tod*, blieben Fragmente. Aber Rilke war nicht zufrieden. Die harte Abwendung von dem ihn umgebenden sozialen Geschehen, dem Leiden wie der Frivolität, war ihm auf die Dauer unmöglich. Zeitweise zog er seine elitäre Grundlage in Zweifel. In einem Brief vom 12. Februar 1918 kommt er auf die „Verknüpfung des Dichters mit seinem ganzen lebenden Geschlecht" zu sprechen und bekennt:

> Ach, lieber Freund, ich denke da mit den Jüngsten, daß wir uns, alle, die wir der Strömung des getragenen höheren Wortes nachgaben, eben dieser Verbundenheit nicht genügend versichert haben.

Aber er konnte nach dem Krieg und den Revolutionswirren doch nicht anders, als die Vollendung der *Elegien* zu erstreben. Daß er dazu als Umgebung die friedliche Schweiz brauchte, das französisch sprechende Wallis nahe der Sprachgrenze, läßt erkennen, wie sehr er während des Krieges in seiner Umwelt befangen war.

Unmittelbar dem Kriegsgeschehen ausgesetzt war August Stramm, der als Reserveoffizier zu seiner Truppe einrückte und im Westen wie im Osten kämpfte, bevor er fiel. Stramm wandte sein lyrisches Verfahren mit der Absicht an, die harte Realität des Krieges auf knappe Wortformeln zu bringen. Nicht immer führen Neologismen und eigenwillige Wortkombinationen zu einem Gedicht, dessen freier Rhythmus überzeugt. Gelungen ist das in

Patrouille

Die Steine feinden
Fenster grinst Verrat
Äste würgen
Berge Sträucher blättern raschlig
Gellen
Tod.

Die Wirkung des Gedichtes beruht darauf, daß es ein Gefühl der Entfremdung von der natürlichen, menschlichen Umgebung vermittelt, die sich in Angst umsetzt. Ein anderes Beispiel der pervertierten Welt im Krieg ist das Gedicht *Schlachtfeld.* Pervertiert ist das Unschuldssymbol der „Kinderblicke", ein Wort, das die Immoralität des Mordes auszudrücken hat:

Schollenmürbe schläfert ein das Eisen
Blute filzen Sickerflecke
Roste krumen
Fleische schleimen
Saugen brünstet um Zerfallen.
Mordesmorde
Blinzen
Kinderblicke.

Mikroskopische Unmittelbarkeit, das Nebeneinander von Impressionen, die nur durch den Abscheu des

Lesers vor der Perversion der Welt zusammengehalten werden, erzeugen eine Entfremdung von der Welt, die ganz anders ist als Klagen um ein von der Gesellschaft isoliertes Ich. Diese Entfremdung demonstriert ihre eigene Absurdität und impliziert das Verlangen nach Aufhebung der Perversion, hat also im kleinen eine ähnliche Wirkung wie Döblins *Wallenstein.*

Carl Einstein, der ebenfalls am Krieg teilnahm, übersteigert Stramms Methode in einem Gedicht, das einen Selbstmord zum Gegenstand hat. Schon im Titel *Tödlicher Baum* ist die Perversion eines Wachsenden angezeigt. Hier folgen die ersten Zeilen des Gedichtes, das 1917 in der *Aktion* erschien:

Glasig Zerstücken zerrt tauben Hals in quere Masche.
Gefetzter schwert blättrige Luft.
Dein Fleisch nährt Wind.
Auge blendet fremd Gestirn.
Verscherbter zackt in bergigem Schrei,
Gilb Wiese mit zersticktem Vorwurf.

Diese Assoziationen von Ausdrücken körperlicher Bedrückung wie Ersticken und blenden mit Bildern der Zerstörung, in die Naturbilder eingestreut sind: Luft, Gestirn, Wind, Wiese, gibt als Ganzes ein Bild vom Selbstmord durch Erhängen. Die letzte Zeile ist:

Ersticken türmt.

Die oben zitierte 1. Zeile besagt also, daß „das Zerstücken", die Zerstörung, den Hals in die Schlinge treibt. Einsteins Gedicht beschwört den Selbstmord, gleichsam den Selbstmord der ästhetischen Kultur. Man kann es als Satire auf lyrische Bilder überhaupt lesen, besonders auf den Kult des Lebens.

Paul Zechs Kriegsdichtungen zeigen den Weg von Begeisterung über Ernüchterung zu dem Bedürfnis nach Neuanfang, der im großen und ganzen das

August Stramm (1914)

Verhältnis der meisten Deutschen zum Krieg beschreibt. Zech war in den ersten Monaten des Krieges noch militärfrei, in denen er ein Kriegs-Jahrbuch seiner Zeitschrift *Neues Pathos* herausgab und schlechte Verse über den Krieg verfaßte, die er unter dem Titel *Helden und Heilige: Balladen der Zeit* (1914) gleich unter die Leute brachte. Wie Dehmel und Stramm lag Zech dann im Dreck des Schützengrabens. Er erreichte nie Offiziersrang. Ein unmittelbarer Reflex spricht aus den folgenden Strophen des Gedichtes *Wir haben unser Herz verraten*, aus der Sammlung *Vor Cressy an der Marne* (Privatdruck 1916, nach Zechs Angabe beschlagnahmt):

Durch unser Wurzelloch spazieren
Gewürm und Ratten quietschvergnügt;
wir haben den Geschwistertieren
noch nie was Böses zugefügt.

Doch draußen in den Drähten
die Totenschädel beinernweiß:
als wir sie niedermähten
mit dem Gewehr um einen Scheiß,

da spukte noch durch unsere Köpfe
barbarisch der Soldatenruhm
und trieb die armen Tröpfe
hinein, für Gott und Christentum,

in das Gewürge der Granaten,
in das Gemetzel Brust an Brust.
Wir haben unser Herz verraten,
nichts mehr von Menschlichkeit gewußt.

Zechs Ehrgeiz ging nicht nach solcher Schlichtheit, sondern nach preziösen Formen, in denen er Anschluß an die große Literatur zu finden suchte. In dem Gedicht *Verdun* aus dem Band *Golgatha*, der 1920 gedruckt wurde, kommen diese Zeilen vor:

Wir kuschen uns Befehlen hin wie Fell,
das eine grausam weiße Hand beschneit.

Die erotische Preziosität der Metapher ist der Realität des Befehlszwanges bis zum Komischen unangemessen. In der lyrischen Darstellung eines Granateinschlags kommt ein Rilkewort vor:

...
aus Kratern springt zertrümmertes Gestein.
Entmannte Augen geistern angstallein
durch der Gestirne roten Mohn.

Das Wort „angstallein" stammt aus Rilkes *Mir zur Feier*. Das Gedicht führt zum Tode des Sprechers und zu einer christlich-religiösen Schlußwendung.

Religion ist Zechs Ausweg aus der Verzweiflung. Monismus, christliche Religion und revolutionäre Stimmung bestimmen das symbolistische Spiel *Gelandet* (1918), das Zech schon 1916 bis 1917 verfaßt haben will, was aber unwahrscheinlich ist. Zech behauptete, er sei wegen des Erstdrucks dieses Spiels, eines Privatdrucks, der in Laon von Soldaten hergestellt wurde, verfolgt worden. „Die Anklage des Kriegsgerichtes verhinderte der Ausbruch der Revolution." Ihm war, was zu einer solchen Verfolgung nicht recht passen will, zuletzt vaterländischer Unterricht anvertraut. Erzählungen in dem Band *Das Ereignis* (1919), die während des Krieges verfaßt wurden, spiegeln Zechs ungelöste Erotik. Eine andere Sammlung heißt *Das Grab der Welt* (1919); sie enthält Texte, aus denen Kriegsgegnerschaft spricht. Zech drückte seine Absage an den Expressionismus in den Sonetten *Das Terzett der Sterne* (1920) aus, einem religiösen Bekenntnis, das auf die Erfahrung des Krieges bezogen ist.

Das Gefühl einer nationalen Gemeinschaft bei Kriegsausbruch schloß die Arbeiter mit ein. Das hat sein Echo in Gedichten von Arbeiterdichtern gefunden. Heinrich Lersch (1889–1936) gab dem Gefühl der Freiwilligkeit Ausdruck in dem Gedicht *Soldatenabschied.* Jede Strophe wendet sich an ein Familienmitglied:

Laß mich gehn, Mutter, laß mich gehn!

Jede Strophe endet mit dem nationalen Glaubensbekenntnis:

Deutschland muß leben, und wenn wir sterben müssen.

Die an den Vater gerichtete Strophe hat den sozialistischen Kampf zum Hintergrund:

Wir sind frei, Vater, wir sind frei!
Tief im Herzen brennt das heiße Leben,
Frei wären wir nicht, könnten wir's nicht geben.

Aus der Opferwilligkeit wird die Freiheit abgeleitet. Lersch war gläubiger Katholik. Er konnte im Gedicht die „schmerzhafte Mutter Maria" bitten, die Menschheit „von der Sünde des Krieges" abzulösen. Es gibt Gedichte der Klage um die Toten des Krieges, und ein Traumgedicht *Vom Eisen* spricht den Verdacht aus, daß das Material, von Arbeitern der Erde abgerungen, von den Menschen zu ihrem Gott gemacht sei:

Geschütze, Gase, Minen, prall von Todbegier.
„Wir sind die Herren! Maschinen, Knechte ihr!"

Es ist aber auch Heinrich Lersch, der mehrfach von seinem Glauben an Deutschland dichtet bis hin zu der viermal wiederholten Zeile in dem Gedicht *Bekenntnis*:

Ich glaub an Deutschland wie an Gott!

Dieser Glaube wurde von ihm offensichtlich als Befreiung von der Gebundenheit an die Proletarierexistenz empfunden. Dem Nationalsozialismus gelang es, ihn durch seinen nationalen Pseudosozialismus zu täuschen. Lersch dichtete ein Lied *Soldaten der braunen Armee* und ein *Jungvolklied*, letzteres mit erinnerndem Hinweis auf den Krieg von 1914. Der Nationalsozialismus brauchte das für seinen Mythos der Volksgemeinschaft, der auf die Freiwilligkeit des Aufbruchs von 1914 verwies, ihn benutzte, um dem Aufbau eines totalitären Machtstaates einen freiheitlichen Schein zu verleihen.

Auch Verse des aus einer Arbeiterfamilie stammenden Karl Bröger (1886–1944) von der Liebe und dem Glauben zu „unserem Land" wurden von der Hitlerjugend gesungen, obwohl Bröger zeitweise im Konzentrationslager festgehalten wurde. 1914 war er gleich Soldat geworden. Eindrücke des Krieges hielt er in einem Gedicht *Ein Nachtgefecht* fest, das aus 2zeiligen Strophen besteht wie:

Und die Maschine ohne Rast und Ruh'
Taktak – als hämmre einer Särge zu.

Die romantisierende Volksliedformel „ohne Rast und Ruh'" und der vorindustrielle Sargtischler werden als lyrische Mittel gebraucht, um den bedrohenden Charakter der Maschine des Todes auszudrücken, des Maschinengewehrs, das die Taktik des Ersten Weltkrieges bestimmte, indem es die Feuerkraft der Verteidiger so verstärkte, daß die alte Angriffsweise mörderisch wurde. Da dennoch beide Seiten an der überlieferten Bravour festhielten, kam es zu so sinnlosen Operationen wie dem deutschen Angriff auf das flandrische Dorf Langemarck, bei dem das Deutschlandlied gesungen und die Opferbereitschaft der jungen Deutschen aufs gräßlichste erprobt wurde. Der wirkliche Krieg war kein Durchbruch zum Ursprünglichen, sondern eine pervertierte Form der Industriewelt, der Menschen geopfert wurden.

Ein Gedicht von Armin T. Wegner liefert eine Demonstration, wie Kriegsbegeisterung schon bald von den Tatsachen des Krieges reduziert wurde. Wegner war als Krankenpfleger im Osten und ab 1915 im Stabe des Generals von der Goltz in der Türkei eingesetzt. Ein Gedichtkreis *Das Lazarett*, datiert Radom in Polen, Oktober 1914, Käthe Kollwitz gewidmet, hat er in die Sammlung seiner Gedichte *Die Straße mit den tausend Zielen* (1924) aufgenommen. Eine Reihe von Gedichten läßt Soldaten sprechen: einen sechzehnjährigen Freiwilligen, den „der große Donner der Gefühle" von der Schulbank riß und der der Heimkehr in die Schule entgegensieht, nachdem ihm ein Bein amputiert wurde:

> Soll ich mit der Faust, die blutumflossen
> Gottes greise Welt in Brand geschossen,
> Bleicher Worte Staub und Tinte riechend,
> Mir mit Andacht neu den Bleistift spitzen?

In der Türkei wurde Wegner Zeuge der Austreibung und Ermordung von Armeniern, die er 1919 in einem offenen Brief an Präsident Wilson an die Weltöffentlichkeit zu bringen suchte. Briefe und Tagebuchaufzeichnungen hat er in den Büchern *Der Weg ohne Heimkehr* (1919) und *Im Hause der Glückseligkeit* (1920) veröffentlicht.

Rudolf Leonhard (d. i. Rudolf Lewysohn, 1889–1953) war vor dem Krieg Mitarbeiter der *Aktion*. In einem Artikel über die Zabern-Affäre vertrat er einen entschiedenen Liberalismus. Seine Gedichte standen dem Jugendstil näher als dem Expressionismus. 1914 wurde er mitgerissen. Franz Pfemfert trennte sich von ihm, weil er sich kriegsfreiwillig meldete und schicksals- und todesbewußte, ja blutrünstige Kriegsgedichte von ihm erschienen. Aber Leonhard wurde schon 1915 Kriegsgegner. 1918 erschienen *Pol-*

Verwüstete Landschaft nach den Flandernschlachten 1917

nische Gedichte in der Reihe *Der jüngste Tag.* Er wollte Sympathie für den Nationalismus der Polen wecken. Den Kampf der Polen gegen das zaristische Rußland stellte er zum Vorbild für die Deutschen hin. Leonhard stammte aus Posen, wo Polenfreundlichkeit unter Deutschen nicht üblich war, besonders nicht unter deutschen Juden. In dieser Sammlung findet sich eine aus dem Kriegserlebnis stammende Anklage, gestaltet als stumme Szene.

Das verlassne Dorf

Wild stiert der Mond über ein Fensterkreuz.
Am eingestürzten Zaune wächst ein Pumpenschwengel
Nachthimmels lauer Wüste eingedrückt.
Roh klafft das Dach, spitz starren schwarze Sparren.

Nicht einmal wilde Hunde, die nach Knochen scharren;
nicht einmal Ratten. In die Nacht gebückt
bleibt das Gehöft, bleibt breit und braun zerstückt,
und lautlos, da die Fledermaus nicht fliegt.

Aber der Mond hört nicht auf zu scheinen;
unversiegt
stürzt er blaues flutendes Weinen
auf einen nackten Leichnam, der mit gespreizten Beinen
bleich über aufgerissne Stubendiele liegt.

Eine formsprengende und eine formgebende Tendenz streiten in diesem Text. Verse werden abgebrochen und fließen weiter. Der Reim tritt fast unmerklich im 4. Vers ein. „Zerstückt“ und „Weinen“, beides Reimwörter, sprechen die beiden Bewegungen unmittelbar aus. Auch das Hauptmotiv des Mondes ist zwischen „wild“ und „flutendem Weinen“ gespannt. Der anfangs dämonisierte Mond wird zu einer Klage zurückgeführt, die menschliche Trauer verfremdend vertritt. Die Klage gewinnt poetische Qualität aus der Zerstörung, ohne diese zu beschönigen.

Gottfried B e n n hatte als Militärarzt anfangs an

Kampfhandlungen teilgenommen. Ende 1914 bis 1917 war er im Dienst der deutschen Militärregierung in Brüssel. Seine damals geschriebenen Gedichte sind von dem Kontrast zwischen zynischem Materialismus und visionärem Gefühl bestimmt. Die zynische Seite kommt in dem Gedicht *Fleisch* zum Vorschein; das *Morgue*-Thema spielt ins Groteske. Die visionären Gedichte dagegen repräsentieren den Traum von der Flucht ins Glück des Unproblematischen, Mythischen, Urzeitlichen, Elementaren.

O dieses Licht! Die Insel kränzt
sternblaues Wasser um sich her,
am Saum gestillt, zu Strand ergänzt,
und sättigt täglich sich am Meer.

(aus *Reise*)

In *Karyatide* wird die Wohltat der Auflösung fester Formen imperativisch und orgiastisch ausgesprochen, *Das Plakat* erzeugt sie durch eine Farbimpression in der Großstadt. *Ikarus*, *Reise*, *Kretische Vase* fassen den Wunsch nach Verschwimmen im Elementaren in Bilder von Wasser, Wein und Blut, *Strand* beschwört das Monotone der See. Auch Drogen dienen zur glückspendenden Auflösung, ein Gedicht heißt direkt *Kokain*. Mehr oder weniger deutliche erotische oder autoerotische Anspielungen durchziehen diese Gedichte. Eine leicht kontrastierende Variante der Auflösungswünsche ist *O Nacht*, wo der Sprecher trotz der Kokainwirkung und obwohl er sich der Vergänglichkeit bewußt ist, um „eine Wallung ... von Ichgefühl" bittet, was möglicherweise mit Potenzgefühl gleichzusetzen ist. Die Bilder sind nicht immer leicht zu entschlüsseln, auch Neologismen bieten Schwierigkeiten. Viele der Gedichte, die Benn in Brüssel schrieb, wurden zuerst in der *Aktion* gedruckt.

Weniger rauschhaft, aber ähnlich distanzierend abstrakt sind die Kriegsgedichte von Alfred Wolfenstein. Im Herbst 1914 hatte Wolfenstein mit Kurt Hiller über den Begriff ‚Aktivismus' entschieden. Er entzog sich Hiller jedoch bald wieder. Die Stimmung von 1914 war nicht ohne Wirkung auf Wolfenstein; auch Hiller hatte ja anfangs diesen Krieg gerechtfertigt. In einem Sonett *An die von 1914* aus dem Band *Die Freundschaft* (1917) preist Wolfenstein die Verwandlung, die der August 1914 bewirkt habe. Aus Bürgern seien Tänzer geworden. Hätten die Bürger vorher so „außer sich" sein können, hätten sie sich also expressionistisch benommen, der Krieg wäre nicht gekommen. „Dies Feuer" möchte Wolfenstein für den Frieden bewahren. Wolfenstein ist wie auch sonst immer abstrakt in diesem Gedicht. So ist unklar, welches Außerordentliche er denn meint. Der Verdacht bleibt bestehen, daß die provokative Lust am Außerordentlichen den Krieg eher begünstigt hat. Ein anderes Gedicht aus diesem Band ist pessimistischer. Es heißt *Nacht des Krieges* und bietet ein Bild für den Nihilismus der Vorkriegszeit, der durch den Krieg nur noch verschlimmert wird:

> Wohl rollte die Nacht uns immer, ein führerloses Schiff,
> Vom heulenden Maul des Traumes stumm in hohles Meer
> .. Doch jetzt das Steuer umkrampft ein Griff
> Und lenkt uns leer.

Wolfenstein verstand es, sich dem Kriegsdienst zu entziehen. Das gleiche gelang Johannes R. Becher, der fortfuhr zu dichten, während wohlmeinende Freunde und sein Verleger versuchten, ihn zu Entziehungskuren zu überreden. Seine Gedichte sind reichlich mit Ausrufezeichen versehen, einzelne Wörter und Wortgruppen werden hingeworfen; Strophen müssen sie

Alfred Wolfenstein
Zeichnung von Ludwig Meidner

zusammenhalten. Man sieht diesen Versen oft genug den Drogenrausch an, unter dem sie produziert wurden. Der provokative Expressionismus überschlägt sich und bringt sich um seine Wirkung:

> Knochen-Wüste. Turmberg aus Menschbrei-Schutt.
> ...Wann blüht ihr auf, ihr finsteren Generäle?!..
> (Firmamente blank euch aus Stank-Dämpfen
> schälend...)
> Brüder schmetternd steilste Sonn-Choräle!!!
>
> (aus *Ode im Frühjahr 1917*)

Seiner Krankheit wegen blieb Klabund (d. i. Alfred Henschke, 1890–1928) vom Krieg verschont, obwohl er 1914 versuchte, sich freiwillig zu melden. Sein Gedicht *Freiwillige vor* (späterer Titel *Lied der Kriegsfreiwilligen*) wurde auf einer Postkarte weit verbreitet. Henschke stammte aus Crossen an der Oder in der Mark Brandenburg, wo sein Vater Apotheker und ein angesehener Bürger war, ohne Verständnis für die Gedichte seines Sohnes. Der hatte 1913 einen Gedichtband veröffentlicht, *Morgenrot! Klabund! Die Tage dämmern.* Klabund wurde sein Dichtername. Henschke war in Berlin und München Student gewesen, hatte seine Zeit aber meist mit Schreiben verbracht. Natur, Großstadt, Cafés, Bars, Erotisches, auch Kabarett-Lyrik gehörten zu seinen Themen. Einige Gedichte, die in Zeitschriften erschienen waren, wurden wegen Verbreitung unzüchtiger Schriften strafrechtlich verfolgt. Er produzierte sehr schnell. Sein Stil reicht von schlichter Lyrik bis zu den modernen expressionistischen Ausdrucksmitteln, einschließlich der Groteske. Der Ausdruck einer sinnlichen Lebensfreude überwiegt.

Nachdem er 1915 einen kleinen Band frisch-fröhlicher, auch kitschiger Soldatenlieder *Dragoner und Husaren* publiziert hatte, kam er zur Besinnung. Da er in Sanatorien in der Schweiz lebte, müssen seine Freunde ihn über den wahren Krieg aufgeklärt haben. Klabund kannte Benn sehr gut. Das folgende Gedicht ist Klage über den Grabenkrieg und zugleich eine Parodie auf die Sehnsucht ins Elementare. Es spielt nicht nur auf ein Thema Benns, sondern auch auf seinen Stil an.

Es war so gut, ein Mensch zu sein

Man ist nicht tot. Man lebt nur unter der Erde.
Ein wenig feucht. Maulwürfen brav verbrüdert.
Wenn eine Granate gröhlt, springt man zum Himmel hoch.
Man möchte wieder einmal die Sonne sehn.

Mit Mäulern werfend Sand und grünen Saum
Der Wieseninbrunst. Raupentraum. Der Kies
Knarrt zwischen Zahn und Zahn. Und blinder Blick
Fühlt sich ans Herz der Höhle, herzgewölbt.

Es war so gut, ein Mensch zu sein. Mit Frauen
Im Blauen zu spazieren. Angeln am Fluss.
Die Kuckucksrufe zählen. Wein trinken.
Kinder haben und einen Glauben an Gott.

Das ist vorbei wie Mutterschrei am Grab.
Man möchte gehn, aber man hat kein Bein.
Man möchte denken. Aber das Hirn
Schaukelt an einer einsamen Buche im Wind.

Zweifel am Krieg ist in dem biographischen Roman *Moreau* (1916) erkennbar. Der Revolutionsgeneral und Rivale Napoleons wird immer zynischer und unsympathischer, je mehr er siegt. Ganz deutlich ist das Antikriegsmotiv in *Bracke* (1918), dem Roman eines Dichter-Vaganten zur Lutherzeit, dessen Gegenspieler der kriegerische und zynisch-grausame Kurfürst von Brandenburg ist. Legenden, Antilegenden, Märchen, Anekdoten werden eingestreut. Bracke tötet den Kurfürsten zwar, endet aber in Pessimismus. Weder die Kirche noch der Humanismus, noch der Elementarkult bieten Antworten auf seine Frage nach einem Sinn.

1917 veröffentlichte Klabund in der *Neuen Zürcher Zeitung* einen *Offenen Brief an Kaiser Wilhelm II.*, in dem er dessen Osterbotschaft kritisierte, weil sie davon sprach, dem deutschen Volk demokratische Rechte aus kaiserlicher Gnade zu verleihen.

> Rechte, Majestät, werden nicht verliehen. Sie sind ursprünglich da, sind wesentlich und existieren.

Er empfiehlt eine demokratisch verantwortliche Regierung und Abschaffung des Machtprinzips als Voraussetzungen für den Frieden. Henschke glaubt, es werde künftig „nur mehr einen Imperialismus der Menschlichkeit geben“. Diese Hoffnung verrät den Märchenglauben des Schriftstellers. Der Brief und eine Episode, in der Henschke beinahe verhaftet worden wäre, fanden, verfremdet, Aufnahme in *Bracke*. Der halb-dichterische Text *Eine Bußpredigt* erschien 1918 in den *Weißen Blättern*. Er spricht von der Verantwortung des einzelnen, statt schöne Worte zu singen, den Krieg zu bekämpfen.

Iwan (später Yvan) Goll (1891–1950) verbrachte ebenfalls den Krieg in der Schweiz. Sein Vater war Elsässer deutscher Staatsangehörigkeit, seine Mutter Lothringerin, die Familie jüdischer Herkunft. Im französischen Lothringen geboren, wuchs er in Metz zweisprachig auf. Seine Klage über das sterbende Europa erfüllt das *Requiem. Für die Gefallenen von Europa*, das er in einer französischen und einer deutschen Fassung (1917) dichtete. Es ist Romain Rolland gewidmet. Rezitative in Langzeilen, in Prosa übergehend, wechseln mit „Chören“ zumeist in freien Versen. In einem Text aus *Dithyramben*, 1918 in der

Reihe *Der jüngste Tag* erschienen, spricht Goll die Trauer um die Wirkungslosigkeit der „Geistigen" aus, die ihm, der zwischen Frankreich und Deutschland stand, besonders nahe lag. In dem Schlußabsatz des Prosagedichtes *Der pflichtvergessene Geistige* wird das Dilemma des distanzierten Dichters ausgesprochen, der „Liebe", eine neue Menschheitsreligion verbreiten will:

> Ich bin's nicht wert, heute noch von Liebe zu singen. Ihr hasset mich, weil ich nicht mit euch hasse. Ihr wehrt mich ab wie den steigenden Schatten der Sühne. Ihr Sterbenden, ihr laßt mich nicht in eure Schuld einziehn!

Lyrik verlangt nach der Identifikation mit der geformten Sprache. Sie will den Leser in ihre Beschwörung einbeziehen. Ein letztlich sprachloses, weil immens inhumanes Ereignis, wie der industrialisierte Krieg, ist schwer in lyrische Sprache zu fassen. Rilkes *Fünf Gesänge* vermitteln die zweifelnde Freude am nationalen Aufbruch, weil sie nicht den Krieg selbst, sondern das Erlebnis der gemeinsamen Notwendigkeit ausdrücken und dies überdies mit einer außerordentlichen, wenn auch utopischen Erwartung menschlicher Verwandlung verknüpfen. Danach fiel Rilke wieder in Isolierung, weil er sah, daß der Krieg das Menschliche erniedrigte, nicht steigerte, weil das Wissen um den Krieg ihn hinderte, lyrische Verwandlung als die Krone des Menschlichen zu feiern. Einige Kriegsgedichte halten die genaue Grenze des Humanen, indem sie das Schreckliche als das Inhumane in unmittelbare Sprache bringen, ohne es durch Deutungen zu reduzieren. Andere bieten Einsicht in den inhumanen Charakter des irrationalen Elementarkultes, der bürgerlicher Humanität entgegengehalten worden war. In Benns Gedichten fand dieser Kult des Elementaren seine Fortsetzung.

Entfremdete Isolierung war die vorherrschende Haltung der Dichter des Symbolismus und Expressionismus. Der Augenblick, in dem lyrische Sprache wirkt, kann entfremdete Isolierung unterbrechen, bietet aber keine verläßliche Welt. Über den Verlust humaner Orientierung vermag Lyrik nicht zu trösten.

25. Isolation und Sozialenthusiasmus: Prosa und Drama der Jüngeren 1914 bis 1918

Von Gottfried Benns in Brüssel entstandenen Gedichten ist schon die Rede gewesen. In Brüssel spielt das kleine Stück *Etappe* (entstanden 1915, gedruckt 1919), in dem der Oberarzt Olf seinen Autor vertritt. Diesen Olf reizen die Redensarten, die amtlichen Euphemismen, die Phrasen, mit denen die Etappenbürokratie sich ihre kulturelle Überlegenheit bestätigen will, aber den wirklichen Krieg vernebelt.

Wie kommt das Land, das von den Wunden seiner Jugend lebt und durch die zerschossenen Lungen seiner Knaben atmet, dazu, mit dem Hotelbau Ihrer geistigen Persönlichkeit das verkommenste aller moralischen Systeme in dieses von uns eroberte Reich zu überpflanzen, in diese Stadt, deren Steine noch warm sind vom Blut der Knaben, die Sie bespeien würden?

Olf bricht aus in unzusammenhängende Beleidigungen und Beschwörungen des Ekels und wird in die Irrenanstalt abgeführt. Benns angewiderter Nihilismus spricht aus den Szenen *Der Vermessungsdirigent* (entstanden 1916, gedruckt 1919) und *Karandasch* (1917). Groteskes, Absurdes und Zynisches werden vermischt. Ein anderes Ich der Arztfigur Pameelen heißt Picasso. Drogen und die Produktivität der Phantasie sind austauschbare Mittel, der schlechten Wirklichkeit zu entfliehen. „Karandasch" wird erklärt als Eidesformel mit der Bedeutung, „als ob Worte Sinn hätten".

Alle Vokabeln, in die das Bürgerhirn seine Seele sabberte, jahrtausendelang, sind aufgelöst, wohin, ich weiß es nicht.

1915 bis 1916 entstanden die Erzählungen, die Benn 1916 unter dem Titel *Gehirne* veröffentlichte. Das

Titelstück, das aus dem Juli 1914 stammt, ist schon erwähnt worden. In *Die Eroberung* will Rönne, wie Benns unzynischer Vertreter hier wie in *Gehirne* heißt, nach „unaufhörlichen Vertriebenheiten" und „Ohnmacht", was seine unmittelbare Kriegsteilnahme bezeichnet, für sich die Stadt, gemeint ist Brüssel, erobern. Aber der Versuch, sich an die „Gemeinschaft" der fremden Stadt anzuschließen, bestimmte Rollen auch nur in der Phantasie zu spielen, enthüllt nur das Unangemessene für ihn, den „Einsamen". Grotesker Banalität tritt ein plötzlicher sexueller Rausch gegenüber, an den sich ein gestilltes Berühren von Palmenblättern anschließt, als anderes Symbol des Elementar-Organischen. In den folgenden Erzählungen treten die alltägliche Welt und visionäre Erlebnisse von südlichem Meer, von der Liebe zu einem neuen Frauentyp, „blond, und Lust und Skepsis aus ernüchterten Gehirnen", nebeneinander. Die Welt ist ungeordnet. Aus dem Banalen, wie einem trivialen Kinostück oder einem Stadtviertel aus kleinen Häusern, läßt der Dichter-Arzt Rönne die Vision entstehen, deren Traum wie eine Droge von der Misere befreien soll. Gottfried Benn und nicht etwa Rilke, Hofmannsthal oder Thomas Mann stellt den extremsten ästhetizistischen Gegenpol zu einem politisch aktiven Engagement in der Dichtung des Ersten Weltkrieges dar, woran auch die Verachtung des führenden „Gesindels" in *Etappe* nicht viel ändert. Benns Ästhetizismus wurde durch seinen metaphysischen Nihilismus hervorgetrieben, der das humanistische Erbe allenfalls als Inhalt eines Traumtrosts, aber nicht als Verpflichtung gelten ließ.

In ganz anderer Form wendet sich die Erzählung *Die Ursache* (1915) von Leonhard Frank gegen die bürgerliche Bildungstradition. Es ist die Geschichte eines armen desillusionierten Dichters, der sich von

Gottfried Benn in Brüssel

dem Zwang der Gesellschaft unterdrückt fühlt. Die Ursache dieses Zwangs führt er auf seinen Lehrer zurück. Er besucht ihn, erlebt, wie dieser den Zwang fortsetzt, und erwürgt ihn darum. Das ist eine Variante des expressionistischen Vatermordes im Anschluß an die Psychologie Otto Groß'. Die Gerichtsverhandlung bietet Gelegenheit für sozialistische Gedanken, die Hinrichtungsszene wird zu einer leidenschaftlichen Anklage gegen die Todesstrafe. Vitalismus und Sozialismus vermischen sich in Franks Weltanschauung. Seine Kritik der Bürgerlichkeit hält an deren humanitärer Basis fest.

Frank flüchtete 1915 nach Zürich und schrieb dort eine Folge von Erzählungen, die er 1917 unter dem Titel *Der Mensch ist gut* in der Schweiz veröffentlichte. Sie gestalten seinen Wunschtraum von dem Ende des Krieges durch einen Aufstand der Opfer. Wie in Franks früheren Erzählungen steht die psychologische Wirkung des sozialen Zwanges im Mittelpunkt, von der jeder einzelne sich zu befreien hat. Der Vitalismus tritt zurück, an seine Stelle treten das letztlich religiös begründete Liebesgebot und das „reine Ich" als Leitbegriff, das sich vom Konformismus frei halten soll. Die Massenwirkung des militaristischen und nationalistischen Konformismus wird als Materialismus erklärt.

Christus und Kant, Schiller und Goethe, sind vor dem Kriege für eine Leberwurst, für drei Mark Wochenlohn mehr, für eine Wohnung mit Dampfheizung, für das Aufrücken in die ungeistige bürgerliche Lebenshaltung, oder für das Verharren in ihr hingegeben worden. Materialismus: angefangen beim entseelten, maschinierten Fabrikarbeiter, über den vor Bequemlichkeit stinkenden Kanapeebürger und über den Kapitalisten, den modernen Philosophen und Dichter weg, bis hinunter zum ersten Diener des Staates. Hier haben Sie die Ursache des Krieges . . .

Das ist die Meinung eines jungen Philosophen, die von der des Autors nicht weit entfernt sein dürfte. Die Bildungshumanität wird einbezogen in eine sozialistische Forderung, die nicht spezifisch marxistisch, sondern an der anarchistischen Utopie einer neuen Gemeinschaft ausgerichtet ist.

Als Dichtung sind diese Erzählungen durch das Vorwiegen von Rhetorik gekennzeichnet, soweit nicht die Flut der Leidensbilder dominiert. Das Werk konnte in der Situation, für die es geschrieben wurde, wirken, aber kaum weit darüber hinaus. Die Rhetorik soll die elitistische Isolierung des Dichters durchbrechen. Einmal ist von „den vor Machtlosigkeit schon irrsinnig gewordenen jungen Dichtern, die noch leben", die Rede. Frank denkt an Altersgenossen, wie Lichtenstein, Stadler, Lotz, die gefallen waren. Von einer Figur, einem Arzt, heißt es, daß ihm das Gefühl des Vorhandenseins der Realität entgleiten will, so schrecklich waren seine Erfahrungen. Da Benns Erzählungen in den *Weißen Blättern* erschienen, wo auch einige aus *Der Mensch ist gut* vorabgedruckt wurden, ist es nicht ausgeschlossen, daß Frank Benn im Auge hatte. Franks Arzt wehrt sich gegen den Realitätsverlust, er reagiert anders als Benn:

> Er will die furchtbare Realität in den Dienst seiner Absicht stellen.

Die Absicht ist, zur Revolution aufzufordern. Franks Vision in Zürich 1917 ist der Umschlag in Brüderlichkeit und in „den Aufstieg der Freiheit und der Liebe ins Land".

Arnold Zweig identifizierte sich bei Kriegsausbruch ganz mit der deutschen Sache. Ende 1914 veröffentlichte er eine Reihe von Erzählungen, die man als Kriegspropaganda ansprechen muß, darunter neun im *Simplicissimus*, einer Zeitschrift, deren oppositioneller Charakter 1914 verschwunden war. *Die Bestie*, im Dezember 1914 in *Die Schaubühne* erschienen, beschreibt einen belgischen Bauern, der deutsche Soldaten wie Schweine schlachtet. Im Laufe des Krieges wurden Arnold Zweigs Novellen nachdenklicher. Er nahm als Armierungssoldat an der Schlacht um Verdun teil und entwickelte sich zum Kriegsgegner. Während er Schreibdienste in der Etappe im Osten leistete, erfuhr er von der Geschichte eines hingerichteten Kriegsgefangenen. Er gestaltete sie zuerst in das Drama *Das Spiel vom Sergeanten Grischa*, das 1921 fertig wurde, und brachte den Stoff dann in Romanform: *Der Streit um den Sergeanten Grischa* (1927).

Das Bedürfnis, um jeden Preis daran festzuhalten, daß das freiwillige Opfer des Soldaten für sein Land eine sittliche Leistung ist, die deutsche Humanität verkörpere, erfüllt das kleine Buch *Der Wanderer zwischen beiden Welten. Ein Kriegserlebnis* (1917) von Walter Flex (1887–1917). Flex beschreibt einen jüngeren Freund, der 1914 zwanzigjährig als Kriegsfreiwilliger auszog. Diese Beschreibung hat Dokumentarcharakter, ähnlich wie die *Kriegsbriefe gefallener Studenten*, die nach Kriegsende von dem Freiburger Professor Philipp Witkop herausgegeben wurden. In den jungen gefallenen Freiwilligen wurden Hoffnungen auf eine sittliche Erneuerung getötet, die viele Deutsche mit dem ‚Geist von 1914' verbanden. Deshalb ist Flex' Buch so viel gelesen worden. 1966 erreichte es eine Auflage von einer Million. Flex und sein Freund Wurche teilen zwar nationale Klischees, aber weder Autor noch Freund sind eigentlich militaristisch. Die Drillausbildung im Offizierskurs ist beiden unangenehm, sie lassen sie an sich abgleiten und trösten sich mit einem Vers aus dem *Buch des Unmuts* des *West-östlichen Divans*. Die Kameradschaft mit Menschen aus allen Berufen an der Front wird als Aufgabe und Erlebnis ernst genommen, wenn auch der Klassenhochmut nicht verschwindet. Jedoch soll die Überlegenheit sittlich gerechtfertigt werden aus der Forderung nach Reinheit und Verpflichtung zum Vorbild, die Flex und sein Freund aus der Jugendbewegung mitbrachten.

Aller Glanz und alles Heil deutscher Zukunft schien ihm aus dem Geist des Wandervogels zu kommen, und wenn ich an ihn denke, der diesen Geist rein und hell verkörperte, so gebe ich ihm recht.

Die Trauer um den Soldatentod des Freundes wird in lyrischen Betrachtungen beschwichtigt. Walter Flex glaubte selbst an die Höhe eines deutschen Geistes, an eine menschlich-sittliche Erfüllung im Soldatendienst, deren Ziel und Qualität unbestimmt blieben. Er fiel 1917 in Kämpfen auf der Insel Ösel.

Fritz von Unruh feierte den Kriegsausbruch in Gedichten, die an den Stil von 1813 anknüpften. Er nahm als Ulanenoffizier an der Marneschlacht 1914 teil. Im Oktober 1914 schrieb er das (dramatische) Gedicht *Vor der Entscheidung*. Ein junger, kriegsbegeisterter „Freiwilliger“ steht einem reiferen, zweifelnden, besinnlichen Ulanen gegenüber. Die 1. Fassung entstand im Spätherbst 1914. 1915, unter dem Einfluß von gewichtigeren Zweifeln, veränderte Unruh seinen Text und ließ ihn drucken, aber nicht ausliefern. Nur eine Vorzugsausgabe wurde privat verteilt. In dieser Fassung wird die Beschießung der Kathedrale von Reims gerechtfertigt, und ein geradezu blinder Haß richtet sich gegen England. Jedoch wird am Ende eine sowohl religiös wie sinnlich gestimmte Verklärung visionär beschworen, aus dem „Seelensturm der Erde“, dem „Frühlingszorn“ soll der „deutsche Mann“ entstehen, die „Lügenburgen“ brechen nieder, und die Sonne leuchtet. 1919 erschien eine wieder veränderte, jetzt stark pazifistisch bestimmte öffentliche Ausgabe. Vernichtung, Opfer, Leiden des Krieges sollen zu einer religiösen Besinnung führen. Das neue „Sonnenglück“ entsteht aus Wahrheit, Frieden, Vernunft, Liebe und Recht.

1916 nahm Unruh an dem Angriff auf Verdun teil. Im Auftrag der Heeresleitung schrieb er 1916 die Erzählung *Opfergang* (gedruckt 1919) als Denkmal für die Schlacht. Das Maß an Realismus, das er in *Opfergang* einbrachte, enttäuschte seine Auftraggeber, noch mehr die pazifistischen Ansichten einiger Gestalten der Erzählung. Im Stil lehnte Unruh sich an modernste, expressionistische Vorbilder an, vor allem Sternheim. Das folgende Beispiel wird wenig später als Durchfahrt dreier Batterien von 42-cm-Geschützen durch ein Etappendorf entschlüsselt.

Geräusche, Echo und Gegenecho, lärmten straßenheran. Grundmauern bebten. Fenster beschlugen vom Dampf fauchenden Atems. Ungeheuer regten sich in der Ruinenstadt. Clemens schreckte hoch, zimmerein quoll rote Luft. In seinen Mantel gekrallt, starrte er durch das Bodenfenster zur Straße: Um Höllenmaschinen marschierten dünne Männchen mit rotgestreiften Hosen. Ihr Wille trieb den Nachtspuk an.

Einige der Figuren hören nicht auf, nach dem Sinn des Mordens zu fragen, andere glauben, daß der Krieg irgendeine Erneuerung bringe. Beim Sturm zeigt sich der Zweifler dann als guter Kämpfer:

Clemens warf in höchster Nervenspannung, schön wie ein gestreckter Panther, Handgranaten in blaue Haufen, die mit starren Augen an ihrem Verhängnis hingen. Linkes Bein stellte er schräg vorwärts, daß sein Becken krachte, holte mit rechtem Arm aus, als schleudere er alle Donner Gottes, und warf letzten Widerstand vor sich blitzend, aufschreiend um.

Es meldet sich in einer Szene sogar militärische Kritik, in einer anderen wird das völlige Unverständnis der Heimat demonstriert. Dennoch stören die sprachlichen Manierismen, die großenteils gehobene Sprache ist, trotz starker realistischer Einsprengsel, der Furchtbarkeit dieser unsinnigsten aller Schlachten nicht recht angemessen.

Die Frage, ob der Krieg vor dem elementaren Leben gerechtfertigt werden könne, verneint Unruh in dem expressionistischen Drama *Ein Geschlecht* (1917), das seit 1915 entstanden war. Ursprünglich wollte er die Kriegsmütter ehren. Sorges *Der Bettler* dürfte als Stilvorbild gewirkt haben. Jedenfalls ist der Stil ein emphatischer Symbolismus. Die urtümliche Ordnung des Elementaren ist durch die Gestalt der „Mutter“ repräsentiert. Einer ihrer Söhne ist gefallen, ein anderer soll wegen Feigheit erschossen werden, ein dritter ist zum gesetzlosen Rebellen geworden und soll als Notzüchter ebenfalls erschossen werden. Die Tochter schließt sich ihm an. Die Mutter protestiert gegen den „Wahnsinn“ des Krieges, kann den Inzest ihrer Kinder verhindern, aber nicht den Selbstmord des anarchistischen Sohnes. Es gelingt ihr, die Soldaten zur Rebellion anzustiften, der sich die „Soldatenführer“ aus Klugheit anschließen, nachdem sie die Mutter zur Strafe erschlagen haben. Vertreter der elementaren Erneuerung wird der jüngste Sohn. Der Charakter dieser Erneuerung bleibt vage. Der Stil ist überladen-bedeutsam und wirkt heute stellenweise unfreiwillig komisch.

Unruh hatte natürlich Schwierigkeiten wegen seiner Kriegsschriften. Einmal erhielt er ein gefährliches Kommando, ein anderes Mal wurde ein kriegsgerichtliches Verfahren eröffnet. Aber es erwies sich als nützlich, daß Unruh aus altem Adel stammte und Prinzenmitschüler gewesen war. Ein General oder der

Kronprinz selber schützte ihn. Krankheitshalber beurlaubt und schließlich entlassen, arbeitete er in der Schweiz und in Darmstadt unter dem Schutz des Großherzogs von Hessen. Er führte *Ein Geschlecht* als Kriegstrilogie weiter. Der 2. Teil *Platz* erschien 1920, der 3., *Dietrich*, wurde zweimal umgeschrieben, 1957 beendet und erst 1974 veröffentlicht.

René Schickele mußte als frankreichfreundlicher Elsässer, Sohn einer französischen Mutter, den Krieg als Unglück empfinden. Dennoch war er anfangs überzeugt, ein deutscher Sieg stehe bevor. „Tod oder Sieg" endet ein Gedicht *Erster August 1914*, in dem der Krieg als drohendes Verhängnis angesprochen ist, das „wir" aufhalten wollten, aber nicht konnten. Sein Schauspiel *Hans im Schnakenloch* wurde im Oktober 1914 geschrieben, 1915 veröffentlicht und 1916 sogar in Frankfurt aufgeführt, dann auch in Berlin und anderen Städten, bis es nach Eingreifen der Obersten Heeresleitung verboten wurde. Auch in Frankreich war man über das Stück des Elsässers enttäuscht, weil es mit einem deutschen Sieg rechnete.

Das Stück ist auf drei Gegensätzen aufgebaut: Elsässer mit deutschen, Elsässer mit französischen Sympathien, Verwurzelung und Entwurzelung, das blühende Elsässerland und der zerstörende Krieg. Die Konfliktstoffe des Elsaß werden gezeigt, aber auch, wie sie im Frieden durch Humor und guten Willen lösbar sind. Erst der Krieg bringt einen atavistischen Rückfall, der blinde Grausamkeit aus Menschen herausschlagen läßt, die der Zuschauer noch eben als gemütliche Bürger gesehen hat. Das Elementarthema steckt in Schickeles Liebe zu der blühenden Landschaft, aber das Stück bezeichnet genau die Grenze, wo elementare Inhumanität beginnt.

Schickeles pazifistischer Einfluß hat Walter Hasenclever berührt. Bei Kriegsausbruch hatte sich

Hasenclever als Freiwilliger gemeldet, war aber nicht angenommen worden. Später tat er Etappendienste. 1916 erhielt er Urlaub zur Aufführung seines Dramas *Der Sohn* in Dresden. Um nicht zum Militär zurückkehren zu müssen, markierte er Wahnsinn, indem er sich mit der Hauptgestalt seines Dramas identifizierte. Nach Aufenthalten in Nervensanatorien kam er schließlich frei.

Im Frühjahr 1915 stellte Hasenclever in einem märchenhaft symbolischen Drama *Der Retter* (Privatdruck 1916, öffentlicher Druck 1919) Dichter und Feldherr einander gegenüber. Ein Märchenkönig will zugunsten eines „Retters" abdanken. Da der Dichter vorwiegend Gesellschaftskritik übt, während der Feldmarschall die militärischen Mittel zur Rettung beherrscht, muß der Dichter abtreten. Er entschließt sich dazu, „liebet Eure Feinde" an der Front zu predigen, und wird darum erschossen, jedoch vorher von der Märchenkönigin in gereimten Versen getröstet. So schwach das ist, es ergibt dennoch ein Bild der historischen Situation der deutschen Dichtung im Ersten Weltkrieg. Aus dem Glauben an die eigene Autorität wurde sie jäh gerissen, als Ludendorffs Militärdiktatur sich das Land unterwarf.

Hasenclevers *Antigone* (1917) wurde für das Arenatheater Max Reinhardts geschrieben. Die Uraufführung fand jedoch im Dezember 1917 im Leipziger Stadttheater statt, was als mutige Handlung gelten muß, denn Hasenclever hat einen Volksaufstand in die Handlung eingeführt, der in Verbindung mit Antigones Friedensworten in der damaligen Situation revolutionär wirken mußte. Diese Wirkung schwächte Hasenclever dadurch ab, daß er auch das sittlich Bedenkliche eines Pöbelaufstandes ins Spiel brachte. Der bessere Teil des Volkes ist schon vor dem Pöbelaufstand abgezogen, nachdem ein Mann aus dem Volke eine demokratische und völkerversöhnende Rede gehalten hat:

> Die neue Welt bricht an.
> ...
> Ihr werdet schaffen. Ihr werdet leben.
> Brot und Früchte für jedermann.
> Blut ist geflossen.
> Der Krieg versinkt.
> Völker reichen sich die Hände.

Die Gedichtsammlung *Tod und Auferstehung* (1917) enthält einige Kriegsgedichte und politische Aufrufe in dem längeren gereimten Gedicht *Der politische Dichter*. Der Dichter soll Gründer und Führer der Republik werden. 1917 bis 1918 wandte Hasenclever sich von der politischen Bühne ab und schrieb ein 3aktiges groteskes Spiel *Die Menschen* (1918), in dem ein Ermordeter ins Leben zurückkehrt und noch einmal an Liebe und Tod teilnimmt, in einem halb pantomimischen Spiel. Mit Kornfelds *Die Verführung*, *Himmel und Hölle* und Goerings *Der Erste* gehört dieses Stück zu einer Linie, die auf das absurde Theater vorausweist.

Gustav Sack (1885–1916) glaubte an seine Berufung zum Dichter, obwohl er noch nichts veröffentlicht hatte, als er 1914 in der Schweiz von dem Kriegsausbruch erfuhr. Er versuchte zu bleiben, um weiter schreiben zu können, ging dann doch nach Deutschland zurück, stellte sich, wurde Offizier und fiel 1916 in Rumänien. Das Drama *Der Refraktär*, an dem er 1914 bis 1916 arbeitete (gedruckt 1920), hat den Dichter Egon zur Hauptgestalt, der aus den gleichen Gründen wie sein Autor in der Schweiz bleibt, den Krieg als falschen verdammt und schließlich sich von einem Berggipfel stürzt, nicht ohne zuvor eine Anzahl ihn verfolgender Schweizer Bürger in den

Umschlagtitel zu Walter Hasenclevers Gedichtband »Der politische Dichter« mit einer Zeichnung von Ludwig Meidner

Abgrund befördert zu haben. Das Schauspiel enthält billige Karikaturen der Bürgerwelt, einen geilen Geistlichen, einen stupiden Gutsbesitzer, ein girrendes Weibchen nach Otto Weininger. Die Reden des Schriftstellers Egon erinnern oft an Nietzsche. Sie gehen gern in Lyrik über. Einmal bekennt er, daß er über den Nihilismus geschrieben habe, wie er zu „einer allgemeinsten tiefsten Deprimiertheit" führen müsse, aus der die „Erkenntnis der Sinnlosigkeit, Wertlosigkeit und unrettbaren Verfahrenheit unseres verlogenen wissenschaftlichen, ästhetischen und sittlichen Zustandes" folgen und sich in einem allgemein gewollten Krieg entladen müsse. Das gelte aber nicht für den gegenwärtigen Krieg, der nicht gewollt, nur gemacht sei. Sack war kein Marxist. Der gemachte Krieg ist für seinen Egon der bürgerliche Krieg, der von den apokalyptischen Träumen der expressionistischen Generation vom Ende der Bürgerwelt zu unterscheiden sei.

Als er Ende 1916 fiel, hatte Sack zwei vollendete Romane hinterlassen, die dann gedruckt wurden: *Ein verbummelter Student* (1917) ist eine Selbstdarstellung, die in träumerische Phantasien übergeht und von fragenden Reflexionen über den Sinn des Lebens durchzogen ist. Der verbummelte Student wird Grubenarbeiter, um nicht aus der träumerischen Liebesgeschichte mit einer Grafentochter in die Bürgerlichkeit zurückkehren zu müssen. Nachdem er sich angepaßt und sogar an Agitationen, um des Gefühls der Macht willen, Gefallen gefunden hat, was seine Menschenverachtung bestätigt, erbt er das Grafenschloß und endet in Selbstmord. Das gleiche Ende nimmt der Ich-Erzähler des zweiten Romans *Ein Namenloser* (1919), nachdem er während seiner Dienstzeit als Einjähriger die Liebe eines treulosen Mädchens genossen hat. Sein Experiment, den Lebenssinn in der Unterordnung unter den Trieb zu finden, ist fehlgeschlagen. Sacks unvollendeter Roman *Paralyse* sollte die Selbstdarstellung eines sich auflösenden Bewußtseins werden.

Reinhard Goering (1887–1936) hatte 1912 einzelne Gedichte und 1913 den Roman *Jung Schuk* veröffentlicht, der, wie die beiden vollendeten Romane von Gustav Sack, mit Selbstmord endet. Jung Schuk mißlingt die Anpassung an die Bürgerwelt. Unstete Unzufriedenheiten lenken ihn zum Tod. Goering stammte aus Hessen. Sein Vater beging Selbstmord, seine Mutter war geistesgestört, Verwandte ermöglichten ihm ein Medizinstudium, von dem er immer wieder absprang. Nach einigen Wochen Kriegseinsatz in Lazaretten wurde er 1914 wegen Tuberkulose nach Davos beurlaubt. Stefan Georges Dichtung war ihm ein großer Eindruck. Goering besuchte 1915 Gundolf, 1916 George selbst. In Davos schrieb er 1916 bis 1917, angeregt von der Schlacht am Skagerrak, das Drama *Seeschlacht* (gedruckt 1917, Uraufführung Dresden 1918), das in seiner zweiten Aufführung unter Max Reinhardt in Berlin 1918 Erfolg hatte und seinem Autor den Kleist-Preis eintrug.

Seeschlacht stellt die Frage nach dem Sinn des Lebens im Zwang der Gesellschaft, für den „der Panzerturm eines Kriegsschiffes“ das Symbol abgibt. In den Gesprächen der Matrosen kommen verschiedene Lebenshaltungen vor: Religiosität, Zynismus, Lebensgenuß, funktionale Einordnung in die moderne Welt. „Der fünfte Matrose“ vertritt eine Ich-Erfülltheit, einen Kult des Lebens, der mit dem Zwang des Krieges kollidiert. Der Einsatz des Lebens für abstrakte Ziele sei „Wahnsinn“. Er hat den Abschied eines Seekadetten von dessen älterem Freund belauscht. Hinter dem älteren Freund ist Stefan George als Modell zu vermuten. Der fünfte Matrose hat aus jenen Abschiedsworten des Älteren erfahren, daß es Formen der Kommunikation gibt, die eine „heiligere Pflicht" enthielten als der Kampf. Er erwägt zu meutern, wird jedoch vom Rausch der Schlacht ergriffen. In der Schlacht wird der Panzerturm mehrfach getroffen, eine anonyme Stimme klagt über das Leben, über die Opfer, die zur Passivität verurteilt sind.

> Vaterland, Vaterland, o lieb Vaterland.
> Wir sind Schweine,
> die auf den Metzger warten.
> Wir sind Kälber, die abgestochen werden.

Dieses Bild herrscht als Leitmotiv durch das ganze Werk. Demgegenüber handelt der überlebende fünfte Matrose noch:

> Die Schlacht geht weiter, hörst du?
> Mach deine Augen noch nicht zu.
> Ich habe gut geschossen, wie?
> Ich hätte auch gut gemeutert! Wie?
> Aber schießen lag uns wohl näher? Wie?
> Muß uns wohl näher gelegen haben?

Damit schließt das Stück. Verweigerung des Kampfes aus Achtung vor dem Leben und leidenschaftlicher Kampf im Lebensrausch sind widersprüchlich, doch sie kommen aus der gleichen Quelle, dem Leben und seinem Kult. Der Umschlag aus Kultur in Kriegslust war auch bei ästhetisch Gebildeten im August 1914 zu beobachten gewesen. Die Ablehnung christlicher und humanitärer Moral, in der Nachfolge Nietzsches, um einer elementaren Kraft oder irrationalen ‚Tiefe' willen, hatte zu dem Paradox geführt, das in Goerings Text zutage tritt. Dieser Widerspruch wird mit dem Gegensatz von Handlungsfreiheit und gesellschaftlichem Zwang verbunden:

Der Weg ist nicht gewählt von uns,
die Hände nicht geführt von uns.
Doch, doch wir taten es,
wir führten unsre Hände.
Uns ist die Schuld.

Beide Probleme, die Amoralität des Lebenskultes und der gesellschaftliche Zwang im Nationalstaat, der dem individuellen Handeln die Freiheit raubt und doch die Schuld bestehen läßt, werden durch den Krieg auf die Spitze getrieben, sind aber Probleme des von der Religion emanzipierten, staatlich organisierten bürgerlichen Individualismus überhaupt.

Der Erste (1918, möglicherweise vorher entstanden) ist ein Drama um die erotische Bindung eines Priesters, die ihn in seiner Aufgabe hemmt. Er erdrosselt die Frau, sieht zu, wie sein eifersüchtiger Nebenbuhler für den Mord verurteilt wird, und übernimmt die Verantwortung im letzten Augenblick, als er im Mitleiden der Todesangst des Verurteilten zum Bewußtsein der Realität kommt, das die „Einbildungen“ durchbricht. Der Stil ist ganz anders als in *Seeschlacht*, er kommt Paul Kornfelds *Die Verführung* (1916) näher (das Drama erschien bei S. Fischer, der auch Goerings Verlag war) und weist auf das absurde Theater voraus. Handeln und Leiden, Religion und Verantwortung, Tod und Leben sind hier in ein Spiel gebracht, das sich am Rand des Paradoxen bewegt und ab und zu die Grenze überschreitet.

Goering hat noch einige weitere Dramen geschrieben. Seine Versuche, sich im bürgerlichen Leben zu behaupten, mißlangen. Er suchte 1918 eine Zeitlang sein Heil im Buddhismus, führte das Leben eines Bettelmönches. Mehrere Versuche, eine Arztpraxis zu eröffnen, schlugen fehl. Er versuchte den Kommunismus und den Nationalsozialismus, gründete eine zweite Familie mit einer ganz jungen Frau. 1936 tötete er sich auf ähnliche Weise, wie er es ein Vierteljahrhundert früher in *Jung Schuk* beschrieben hatte. Man kann neurotische oder psychopathologische Züge, die bei ihm wohl vererbt waren, nicht übersehen. Das ändert nichts daran, daß *Seeschlacht* eine der bedeutendsten deutschen Kriegsdichtungen ist, weil hier die Frage nach der moralischen Berechtigung der bürgerlich-individualistischen Kultur auf packende Weise in ein Symbol des Kriegsgeschehens eingebracht wurde.

Wie Goering durch Krankheit war Hanns Johst (geboren 1890) durch einen Körperschaden vom Kriegsdienst ausgeschlossen. In seiner Jugend trieb er von einem Lebensplan in den anderen: wollte Missionar werden und begann als Krankenpfleger, ließ das Studium der Medizin und der Rechtswissenschaft liegen und suchte schließlich Anschluß an das Theater. Vom Kriegsausbruch wurde er erschüttert. Eine kleine Erzählung von einer Kleinbauernfamilie, deren Existenz durch die Einberufung des Mannes bedroht wird, wurde in der *Aktion* gedruckt, ein Kriegsstück *Die Stunde der Sterbenden* erschien noch 1914. Es ist ein Spiel über das Leiden des Krieges, das am Ende in die Ersatzreligion des Vitalismus aufgenommen wird. Verwundete leiden und sterben, von allen verlassen. Die Stimme eines französischen Verwundeten klagt über Jugend, Leben, sein Land. Er wird von den Deutschen als Bruder begrüßt. Christliche Anspielungen nehmen die Passion für die Verwundeten in Anspruch, jedoch setzt die Gestalt des personifizierten Morgens, der den Tod bringt, die christlichen Symbole in den Kult des Lebens um. Die allegorische Gestalt erinnert an den Neo-Barock von Hofmannsthals *Jedermann*. Sie ist jedoch umfunktioniert zum Propheten des Nietzsche-Glaubens an den Willen, mit dem der Mensch sich selbst krönen soll. Diese Botschaft wird von den restreligiösen Motiven und von einem Gefühl humaner und kosmopolitischer Bruderschaft begleitet. Eine der Stimmen spricht einen Fluch auf den Krieg aus.

Eine naturalistische Bauernkomödie *Stroh* (1916) beklagt, daß der Krieg die Kinder, die Knechte, die Pferde und die Ernte der Bauern verschlingt. Das Stück kritisiert das bauernschlaue bürgerliche Gewinnstreben der gleichen Bauern, die Getreide der Ablieferungspflicht entziehen und dabei von einem Landstreicher betrogen werden, der sich als Kriegsheimkehrer ausgibt. Diese wie die satirische Bürgerkomödie *Der Ausländer* (1916) sind auf Bühnenwirksamkeit hin geschrieben. Ein kraß antibürgerliches „Rüpelspiel" *Morgenröte* (1917) wurde in Franz Pfemferts *Aktionsbuch* gedruckt. Zwei patriotische Professoren entsetzen sich in einer Rahmenhandlung über das eigentliche Stück, das die moralische Korruption eines Kriegsgewinnlers vorführt, der den Kommerzienratstitel vom Hof erhält. Das Motiv der bürgerlichen Ehrung eines moralisch Fragwürdigen hat Johst mit Dehmels gleichzeitigem Drama *Die Menschenfreunde* gemein. Die desillusionierende Absicht steht in der Tradition Ibsens, sie verrät eine nur leicht verhüllte antimonarchische Tendenz.

Dem Expressionismus schließt Johst sich an in dem Drama *Der junge Mensch* (1916). Das Stück ist offensichtlich von Wedekind, von Hasenclevers *Der Sohn* und von der epischen Technik der Szenenfolge, dem Stationendrama bei Strindberg und Kaiser (*Von morgens bis mitternachts*), angeregt. In einer satirischen Gymnasiumsszene heißen die Lehrer Sittensauber und Griechenselig. Der junge Mensch ärgert sich überall an der Bürgerlichkeit, die er sogar im Bordell und im Irrenhaus wiederfindet. Er entzieht sich den Zwängen zur Anpassung, ohne daß das wirtschaftliche Folgen für ihn hätte. Nach Scheintod aus dem Sarg gestiegen, sieht er seinem eigenen Begräbnis zu. Der junge Mensch hat eine neue problemlosere Existenz gewonnen, ein Motiv, das ähnlich am Schluß von Leonhard Franks Roman *Die Räuberbande* vorkam. Die Schlußszene ist ein Gegenstück zu der von Wedekinds *Frühlings Erwachen*. Der junge Mensch ist dem Schülerselbstmord seines Freundes Euphorion Jubeljung, von dem im Vorspiel die Rede war, nicht nachgefolgt. Er braucht keinen „vermummten Herrn", um zum Leben überredet zu werden. Er „will eine Tätigkeit beginnen" und verlangt fürs erste Applaus vom Publikum. Auch hier, wie in der *Stunde der Sterbenden*, ist der Vitalismus die grundlegende Ideologie, kaum noch von humanen und religiösen Resten begleitet.

Wie wenig sich Johsts Antibürgerlichkeit von ihrer bürgerlichen Unterlage entfernt, beweist der Roman *Der Anfang* (1917), der die Entwicklung eines Bürgersohnes zum Theaterregisseur darstellt. Die Handlung lehnt sich an Erlebnisse des Verfassers an. Drastisch naturalistisch wird eine Kneipe in einem Korps dargestellt, was gesellschaftskritisch gemeint ist. Jedoch ergehen sich Gespräche über Antike und Christentum bloß in modern klingenden Allgemeinheiten. Nachdem der Held zu Kompromissen in seinen artistischen Konzeptionen beim Theater gezwungen wurde, was weniger ironisch als in *Wilhelm Meisters Lehrjahren* wirkt, gelingt es Johsts Helden wenigstens, eine reiche elegante Frau aus einer alten Familie an sich zu fesseln, womit er sogar seine bürgerlichen Eltern beeindruckt.

Die Grundlage bürgerlicher Moral verliert dagegen Grabbe, der Held von Johsts Drama *Der Einsame* (1917), das er im Untertitel einen „Menschenuntergang" nennt, um damit anzudeuten, daß dem Untergang ein Aufgang als Dichter entspricht. Zu Beginn des Spiels hat Grabbe ein göttliches Gefühl als Schöpfer. Johst treibt das Schema Genie – Philister jedoch so auf die Spitze, daß der Zuschauer einen Dichter hinnehmen muß, dem geradezu alle menschlich-sympathischen Züge fehlen. Grabbe hat Heine geohrfeigt, der krumm und „ein Jüd“ sei, er stößt seine Zechkumpane vor den Kopf, er schläft mit der Braut seines einzigen verbliebenen Freundes, wirft seiner Mutter die Lust vor, die sie bei der Zeugung gehabt habe, und nimmt ihr die letzten sauer verdienten Groschen ab, um im Alkohol sein Elend zu vergessen. Die dargestellten Philister sind nicht einmal bösartig, nur eng und provinziell. Kraftausdrücke und das blutige Laken, auf dem eine Entjungferung geschah, sollen provozierend wirken. Das Stück hatte Erfolg. Eine Figur als Genie anzuerkennen, die keinem moralischen Maßstab gewachsen war, faßte das Publikum im Frühjahr 1918, bei der Uraufführung, offenbar als seine Pflicht zur Aufgeschlossenheit auf.

So demonstriert Hanns Johsts *Der Einsame* die Desorientierung, die in Literatur und Publikum im Ersten Weltkrieg stattfand. Der Moraldiskussion auf der Bühne stand keine feste bürgerliche Moral im Publikum gegenüber. Der Konflikt zwischen berechtigten sozialen Forderungen und wertvollen individuellen Lebensrechten, wie er z. B. in Schnitzlers Dramen herrschte, bei Ibsen, bei Schiller, Goethe und Lessing, war jetzt langweilig geworden und wurde durch die Zumutung der Amoralität ersetzt. Dadurch wurde das Drama bloß pikant. Es konnte noch auf ein Publikum wirken, für das der bürgerliche Moralkonflikt traditionell war, dem seine Entwertung in diesem Stück nur als Neuheit, nicht als Reduktion bewußt wurde. Dem heutigen Leser fällt dagegen die peinlich reaktionäre Bewertung der Frau auf, die im Expressionismus nicht selten ist, und der allerdings noch isolierte antisemitische Zug. Dazu kommen Sentimentalitäten wie der Wassertod der verführten Braut. *Der Einsame* demonstriert ein Wertvakuum zusammen mit der verabsolutierten Freiheit dichterischer Schöpfung. Man kann erkennen, wie verlockend es bald sein mußte, das Wertvakuum mit einer als neu konzipierten ‚Weltanschauung' zu füllen. Die Schwächen des Dramas regten den jungen Bertolt Brecht an, ein Gegenstück zu produzieren, in dem er gerade das Motiv des amoralischen Dichters übernahm. Es wurde der *Baal*, dessen 1. Fassung er noch im Sommer 1918 schrieb.

Eine tragische Behandlung des Konflikts zwischen dem Angepaßten und dem Phantasiemenschen, Bürger und Künstler, hat Friedrich Koffka (1888–1951) in eine mythisch-symbolische Form gebracht in *Kain* (1917). Das 1aktige Drama wurde 1918 in Berlin in der Gesellschaft „Das junge Deutschland" aufgeführt. Koffka war Berliner und hatte sich seit 1917 in Aufsätzen um eine neue Dramaturgie bemüht. Sein Kain erhält Schläge von seinem Vater Adam. Das kleine Drama knüpft also an das expressionistische Thema des Generationenkonfliktes an. Wichtiger aber ist, daß Kain der Bruder Abels ist, der den Erwartungen entspricht, fröhlich und gesellig ist, sich an das Grausige gewöhnt hat, wo es notwendig ist, wofür das Schlachten von Kälbern das Hauptbeispiel abgibt. Diese Fähigkeit, sich an die Welt zu gewöhnen, muß Kain, der von seiner Phantasie, seinen Träumen verfolgt wird, hassen und erschlagen. Nach dem Mord erzeugt er das einseitige Bild eines idealen, friedlichen, guten Abel. Kains Phantasie muß zugleich lügen und zur Wahrheit durchdringen: ein komplexes Bild des Dichters. Komplex ist auch das Bruderverhältnis, dessen Haß auf der Grundlage eines starken Zusammengehörigkeitsgefühls entsteht. Koffka hat damit den Mythos des antibürgerlichen Bürger-Dichters gegeben, dessen freie Phantasie ihn zum Außenseiter einer Gesellschaft macht, der er noch als Mörder und Flüchtling verhaftet bleiben wird.

26. Deutsche Literatur und deutscher Krieg in Österreich

Hermann Bahr schrieb bei Kriegsausbruch in seinem öffentlichen *Gruß an Hofmannsthal*, den Karl Kraus boshaft glossieren sollte: „Jetzt hat uns das große Schicksal wieder auf den Weg gebracht". Trotz aller Vielvölkerprobleme möchte Bahr den Glauben an die Zukunft Österreichs hochhalten. Das Titelstück der kleinen Sammlung von Artikeln zum Ausbruch des Krieges heißt geradezu *Kriegssegen*, was Bahrs religiöser Wendung entspricht. Eine spätere Sammlung *Schwarzgelb* (1917) will das Verständnis für Österreich in Deutschland fördern. Bahr lebte bei Kriegsausbruch in Deutschland, einige seiner Aufsätze ermutigen zum deutschen Krieg. Auch ein „Schwank aus der deutschen Mobilmachung" *Der muntere Seifensieder* (1915) vertritt deutsche Zukunftshoffnungen. Der Schwank hat einen ernstzunehmenden 1. Akt, in dem die Vorurteile, mit denen man damals Deutschland begegnete, diskutiert werden. Die jüngere Generation möchte sich vom Materialismus der Väter abheben. Ein jüdischer, nationaldeutscher, sehr individueller Kunsthändler dürfte Paul Cassirer als Vorbild haben. Am Ende will eine Illusionsbrechung im Stil von Schnitzlers Marionettentheater in *Zum großen Wurstel* nicht recht zu einer religiösen Wendung passen, die Bahr ganz an den Schluß stellt.

War der Krieg auch aus dem Konflikt Österreichs mit Serbien und Rußland entstanden, so war er doch von Anfang an ein deutscher Krieg. Nach den Niederlagen der österreichischen Armee in Galizien gegen die Russen im Herbst 1914 gingen die Wünsche der Deutsch-Österreicher auf Erhaltung der Donaumonarchie innerhalb einer mitteleuropäischen Konstellation. Gegenüber deutschen Phantasien von einer großen Erneuerung waren die österreichischen Zukunftsprojektionen notwendigerweise konservativer. Bahr lenkte die kulturkritische Absicht seines Romanzyklus (der mit dem Theaterroman *Die Rahl* 1909 begann) in die Bahnen der österreichischen Erhaltung. Der Roman *Himmelfahrt* (1917) vertritt einen pluralistischen Katholizismus. Die Handlung endet bei Kriegsausbruch. *Die Rotte Korahs* wurde im Frühjahr 1918 beendet und 1919 veröffentlicht. Der Roman verwendet viele der Gedanken, die in den österreichischen Kriegsessays vorkommen. Die Hauptfigur ist Baron Ferdinand Držić, ein österreichischer Diplomat, der nach einem Lungenschuß seine Karriere fortsetzt. Seine Herkunft gerät ihm in Zweifel, als er entdeckt, daß sein wirklicher Vater ein auf fragwürdige Weise reich gewordener Jude ist, der ihm seine Millionen hinterläßt. Neben der Frage nach dem Wert der Herkunft und des Adels geht das Werk tapfer gegen den Rassenwahn auf christlicher Grundlage vor. Heirat des Barons mit einem stolzen bürgerlichen Mädchen, das schon ein Kind von ihm erwartet, soll das Wiener Thema des Verhältnisses eines Vornehmen mit dem Mädel aus der Vorstadt auf eine moralische Grundlage führen und zugleich eine österreichische Zukunft symbolisieren. Österreich habe sich im Kriege bewährt, einfach indem es sich erhalten habe, was freilich bei der Drucklegung des Romans schon nicht mehr stimmte. 1916 erschien Bahrs Schrift *Expressionismus*, in der er die neue Kunst dem konservativen Bürgertum vermitteln will. Die Schrift ist aus einem Danziger Vortrag entwickelt und beruft sich auf Goethe, der das Gleichgewicht von Innen und Außen repräsentiert, das der Expressionismus gegenüber dem Impressionismus wiederhergestellt habe.

Hofmannsthal, dem Bahrs *Gruß* galt, wurde von der Mobilisierung des österreichischen Heeres aus der Arbeit an der Oper *Die Frau ohne Schatten* gerissen. Er tat Garnisonsdienst in Istrien zum Schutz gegen Italien. Obwohl er später manchmal das Bedauern aussprach, nicht an der Front zu sein, steht fest, daß er von Anfang an seine Versetzung von der Truppe weg betrieb. Seine Gesundheit war nie die beste, und seine sensible Konstitution wäre dem Fronteinsatz wohl auch kaum gewachsen gewesen. Tatsächlich gelangte er an das Fürsorgeamt im Wiener Kriegsministerium und tat dort einige Monate Verwaltungsdienst. Während dieser Zeit arbeitete er an der Herausgabe einer Reihe kleiner Bücher, die den österreichischen Gedanken fördern sollten. Die Reihe erhielt den Namen „Österreichische Bibliothek" und erschien im Leipziger Insel Verlag. Für solche und ähnliche Aufgaben wurde er im Mai 1915 vom Heeresdienst freigestellt. Er empfand sie als eine „mir selbst gestellte Pflicht". Sie umfaßte Artikel-Schreiben, Vorträge in Warschau, Skandinavien, der Schweiz und Deutschland und eine Erkundungsreise nach Belgien. Sein politisches Interesse war lebhaft. Sogar ein Memorandum *Gedanken über eine österreichische Vereinigung zur Erwerbung politischer Bildung* ist erhalten. Einmal dachte er an eine halbdiplomatische Mission in Berlin. Hofmannsthal erhielt sehr wenig Unterstützung von seiner Regierung. Immer wieder mußte er privat um Hilfe bitten, wenn Grenzüberschreitungen mit Manuskripten beinahe unmöglich waren; er unternahm die meisten seiner Reisen auf eigene Kosten. Die Resonanz, die er fand, war beschränkt. 1916 schreibt er an Hermann Bahr, daß von seiner Absicht, eine „Gesellschaft zum Studium der slavischen Culturen" zu gründen, niemand habe etwas wissen wollen. Einmal geht er so weit, seinem deutschen Freund Bodenhausen zu raten, für die Gründung eines freien polnischen Staates einzutreten ohne Rücksicht auf Österreichs Aspirationen auf ein polnisches Kronland. Hier grenzte Hofmannsthals Patriotismus an Landesverrat, weil er an einem europäischen Konzept orientiert war, das er für eigentlich österreichisch hielt.

Hofmannsthals im Krieg geschriebene Artikel haben natürlich etwas Bedenkliches, wenn sie sich durch ein einseitiges Bild zu Propagandazwecken hergeben. Schon Ende 1914 hatte er in der Berliner Zeitschrift *Die Schaubühne* um Verständnis für Österreich geworben. Österreichs Zentrum liege jetzt in seinem Heer. Er lobt die Leistungen dieses Heeres in dem Artikel *Geist der Karpathen* (1915) und idealisiert die administrative Improvisationskunst österreichischer Offiziere in *Unsere Militärverwaltung in Polen* (1915). Offenbar ging Hofmannsthal davon aus, daß Österreich ohnehin genug von allen Seiten kritisiert wurde, nicht zuletzt von dem deutschen Bundesgenossen. In Briefen an Eberhard von Bodenhausen, der als Direktor der Krupp-Werke viele Beziehungen hatte, suchte er die großen Schwierigkeiten verständlich zu machen.

> Der Umfang des Landesverrates im Süden, Osten und Norden einfach monstruös, ein zwanzigfaches Oberelsaß ... man spricht immer von Colonien: wir sind ja doch nichts anderes als eine riesengroße, maßlos schwierige Colonie mitten in Europa ... Bei uns muß, wollen wir nachher überhaupt weiterleben, alles umgeschmiedet werden ... Dabei hat man dieses monstruöse Österreich so lieb. Die unsagbare Bravheit der Leute, dieses kindhaft Naive in alledem ...

Hofmannsthal war durchaus kein Chauvinist, sein Gefühl für die Lebensberechtigung Österreichs kam gerade aus der Einsicht in die Beschränktheit des fast alle Geister beherrschenden Nationalismus. Schon in einem ganz frühen Aufsatz von 1891 hatte er von der „vaterlandslosen Klarheit" von morgen geschrieben. Der moderne Kapitalismus, die Industrialisierung, das Willensstreben der modernen Welt waren ihm unheimlich, sowohl im Wilhelminischen Deutschland als auch in Österreich selber, wo er die Niederlegung alter Wiener Gebäude beklagte. Im ländlichen Österreich sah er konservative Sicherungen gegen chauvinistische Enge und rücksichtslose, unhistorische umgestaltende Kraft. Österreich war ihm Nachfolger zweier Römischer Reiche und daher übernationaler Natur; das „Heilige" Römische Reich insbesondere erschien ihm als eine Tradition, die gegen enge politische Zwecke ausgespielt werden konnte (*Österreichische Bibliothek*, 1916). In *Die Idee Europa* (1916), einem Vortrag, gehalten in Bern und in Skandinavien, erhofft Hofmannsthal von den „nicht formulierbaren Ideen von 1914" eine Ablösung von der Macht des Geldes. Dieser Vortrag beruht z. T. auf Notizen, die ihm Rudolf Borchardt schickte. Im Sommer 1917 wurden ihm die kulturphilosophischen Spekulationen von Rudolf Pannwitz wichtig, dessen *Die Krisis der europäischen Kultur*. Andererseits wurde er skeptisch gegen den modernen intellektuellen Pluralismus und lobte das „Stumme", das um Österreich sei (*Österreichische Bibliothek*), die österreichische Skepsis gegenüber der deutschen Spekulationslust. Er denkt an die Nicht-Intellektuellen und drückt in der Denkschrift über eine österreichische Vereinigung zur Erwerbung politischer Bildung das Ziel so aus: „Aus den politisch Bewegten, die der Krieg entläßt, müssen politisch brauchbare, politisch mündige Individuen gemacht werden." Der Politiker Josef Redlich trägt nach einer Begegnung mit Hofmannsthal in sein Tagebuch ein (23. November 1915): „Der Krieg hat Hofmannsthal merkwürdig beeinflußt: er ist Realist, Politiker geworden, er will Wirkungen im Äußeren hervorbringen. Es ist eigentlich rührend für mich, wie praktisch er sein tiefinnerliches Österreichertum behandelt!" Aber dieses „tiefinnerliche Österreichertum" war und blieb platonisch, eine ästhetische Utopie des Zweckfreien, einer Regierung des Guten oberhalb der einzelnen Interessen.

Der österreichische Enthusiasmus Hofmannsthals, ohnehin aus Pflicht und Neigung gemischt, erfuhr eine entschiedene Dämpfung durch seinen Besuch in Prag 1917, wo er die tschechische Frage studierte. Er hatte immer geglaubt, das Übernationale des Vielvölkerstaates mit einer deutschen Kulturmission vereinigen zu können, und fand nichts dabei, diese Kulturmission mit überseeischer Kolonisation zu vergleichen. Was ihm wohl erst in seinen Prager Gesprächen mit Tschechen klarwurde, war die Ansicht dieses sozusagen kolonialen Systems von der anderen, der betroffenen Seite. Tschechische Intellektuelle empfanden Österreich nicht als einen heiligen Vielvölkerstaat, bestimmt durch naive Sittlichkeit und tolerante Aufnahmebereitschaft nach allen Seiten hin, sondern als ein Unterdrückungssystem, das ihrer Nation eine Stellung zweiten Ranges für immer anwies. Mochte auch diese ‚Unterdrückung' kaum mit den Methoden totalitärer Systeme der Zeit nach dem Ersten Weltkrieg zu vergleichen gewesen sein, es gab tschechische Nationalisten in österreichischen Gefängnissen, und es hatte auch Verratsprozesse mit Todesstrafen gegeben. Zwar schrieb Hofmannsthal an Rudolf Borchardt (7. Juli 1917), seine Prager Reise im Sommer 1917 sei „das stärkste Erlebnis, das ich seit den ersten Kriegswochen gehabt habe", aber mit Rücksicht auf Borchardts Tätigkeit als Nachrichtenauswerter im Generalstab verschwieg er, daß dieses starke Erlebnis das der Hoffnungslosigkeit für Österreich war. Hofmannsthals Bereitschaft, den tschechischen Standpunkt zur Kenntnis zu nehmen, mußte vergeblich bleiben, schon da sein Verständniswille in Deutsch-Österreich nur wenig Resonanz hatte, dann aber weil der Wille zur Eigenstaatlichkeit unter den tschechischen Intellektuellen zu entschieden war, und nur diese konnten Hofmannsthals Gesprächspartner sein. So resignierte er und schrieb an Bodenhausen (10. Juli 1917): „Dies, dies ist jetzt die Agonie, die eigentliche Agonie des tausendjährigen heiligen römischen Reiches deutscher Nation ..." Mit einem „platten" deutschen Nationalstaat mit Einschluß der Österreicher als Ergebnis der Entwicklung konnte sich Hofmannsthal nicht befreunden, „dann ist, für mein Gefühl, der Heiligenschein dahin, der noch immer, freilich so erblichen und geschwächt, über dem deutschen Wesen in der Welt geleuchtet hat".

Kriegsmüdigkeit zeigt sich bei Hofmannsthal schon früh: „Wenn nur dieses gräßliche Morden aufhörte – dies ewige Sterben von Tausenden – mir ist manchmal, man wird nie wieder fröhlich werden können." Dies schrieb er Ostern 1915 an seinen Freund Bodenhausen, und am 27. August des gleichen Jahres: „Der Dichter ist solch ein Geschöpf des Friedens." Dennoch suchte er an seine Arbeiten wieder anzuknüpfen.

Die Utopie der guten, von Dichtung inspirierten, imaginativen Regierung steht hinter Oper und Märchen *Die Frau ohne Schatten*, seit 1911 als Oper konzipiert, 1916 abgeschlossen. Die Prosafassung ging seit Ende 1913 nebenher und wurde 1919 fertiggestellt und gedruckt. Im gleichen Jahre wurde die Oper uraufgeführt. Es war ein halber Erfolg. Sie wurde zeitweise vergessen, hatte aber in den sechziger und siebziger Jahren durch New Yorker und Salzburger Aufführungen einen späten Welterfolg. Am Anfang steht das Motiv des Abstiegs aus dem Palast in die Stadt, das schon für den *Tod des Tizian* geplant war. Im Handwerkerviertel der Stadt sinkt die Kaiserin zu Füßen des gutmütig beschränkten Färbers Barak nieder, den sie nicht betrügen will. Der Kaiser wird für seine Oberklassen-Verwöhntheit, für seine Überzeugung, daß ihm alles gehört, durch Versteinung bestraft, aber durch die Liebe und Selbstüberwindung der Kaiserin, einer Symbolfigur für Dichtung, erlöst. Zeit und dichterische Zeitlosigkeit, Leben und Tod, Phantasie und Wirklichkeit werden aufgehoben im Lob des Augenblicks. Während Kaiser und Kaiserin mit gutem Gewissen sich wieder in ihren Palast über der Stadt zurückziehen, fahren Färber und Färberin auf einem Kahn, beladen mit Hausgeräten geisterhaften Ursprungs, den Fluß hinunter. Das Märchen will der Dichtung heilende Kraft zuschreiben. Die ursprünglich geplante Leichtigkeit eines Commedia-dell'-arte-Spiels wird, wohl unter dem Einfluß des Krieges, der Frivolität verbot, zu einem symbolbeladenen Märchen, besonders in der Opernfassung. Der Einfluß des Expressionismus ist daran mitbeteiligt. Das Prosamärchen entfaltet die Symbolik anmutiger. Präsentiert wird ein Wunschbild, das auch einen sozialen Aspekt hat. Der arme Handwerker wird in seiner Menschlichkeit von der Dichtung ernst genommen, aber dann mit schönen Hausgeräten abgespeist, während die alte Herrschaft fortdauert und den Hohen und Niedrigen Kinder und damit ihre Zukunft zugesichert werden.

Der Schwierige ist die Gesellschaftskomödie, die Hofmannsthal seit 1908 plante. Die Hauptarbeit wurde 1917 getan. Das Stück wurde 1919 fertig, 1920 in der *Neuen Freien Presse* vorabgedruckt, 1921 aufgeführt und als Buch publiziert. Die Handlung blickt auf den Krieg zurück, setzt aber auch ein Österreich mit fortbestehendem Herrenhaus als Teil des Parlaments voraus. Hofmannsthals Nachdenken über das Wesen Österreichs hatte im Krieg zu regelrechten Schemata im Aufsatz *Preuße und Österreicher* geführt, in dem der Österreicher als das Gegenteil des Preußen erscheint, was mit Rücksicht auf den Erscheinungsort, die Berliner *Vossische Zeitung* (1917), streng gerecht durchgeführt ist. Im Stück ist die norddeutsche Art einem Baron Neuhoff zugeteilt, der ziemlich unsympathisch wirkt und im Kampf um die schöne Helene dann auch das Nachsehen hat. Diese fällt dem Österreicher Hans Karl Graf Brühl zu, nachdem er von seinen Schwierigkeiten, zu einem Entschluß zu kommen, endlich mit ihrer tatkräftigen Hilfe erlöst wurde. Auf Hans Karl und Neuhoff hat Hofmannsthal Züge der Dichtkunst verteilt. Hans Karl repräsentiert das Zweckfreie, Unabhängige der Kunst, Neuhoff den zielbewußten Künstler, der mit der Sprache überredet, also ein Lügner und Verführer ist. Der Name Neuhoff spielt auf den Casanovas an, der deutsch Neuhaus lauten würde. Hans Karl haßt das Telefonieren wie Hofmannsthal, er liebt, wie sein Autor, den Clown Furlani. Aber auch Neuhoff äußert manchmal Ansichten seines Autors, wie die über den Doppelsinn des Wortes „kennen“ aus *Die Wege und die Begegnungen.*

Als er noch an dem Stück besserte, am 2. November 1919, schrieb Hofmannsthal an Arthur Schnitzler:

> Vielleicht hätte ich die Gesellschaft, die es darstellt, die österreichische aristokratische Gesellschaft, nie mit so viel Liebe in ihrem Charme und ihrer Qualität darstellen können als in dem historischen Augenblick wo sie, die bis vor kurzem eine Gegebenheit, ja eine Macht war, sich leise und geisterhaft ins Nichts auflöst, wie ein übriggebliebenes Nebelwölkchen am Morgen.

Das Lustspiel ist also historisch-unhistorisch, es korrigiert die Wirklichkeit, stellt sie dar, wie sie Hofmannsthal sich wünschte, wie sie hätte sein sollen. Im Stück macht Neuhoff auf die historische Ironie geradezu aufmerksam.

> Geist und diese Menschen! Das Leben – und diese Menschen! Alle diese Menschen, die Ihnen hier begegnen, existieren ja in Wirklichkeit gar nicht mehr. Das sind ja alles nur mehr Schatten. Niemand, der sich in diesen Salons bewegt, gehört zu der wirklichen Welt, in der die geistigen Krisen des Jahrhunderts sich entscheiden. Sehen Sie doch um sich: eine Erscheinung wie die Figur dort im nächsten Zimmer, vom Scheitel bis zur Sohle sich balancierend in der Selbstsicherheit der unbegrenzten Trivialität – von Frauen und Mädchen umlagert – Kari Bühl.

Man muß darauf achten, daß Neuhoff dies sagt und wie er es sagt. Gewiß, wie die Briefstelle an Schnitzler zeigt, ist Hofmannsthals Meinung in diesen Worten enthalten. Aber sie ist in Neuhoffs Mund entwertet, schon durch den hochtönenden Ausdruck von den „geistigen Krisen des Jahrhunderts“. Das ist eine Anspielung auf die Geistesart Pannwitz’ und Borchardts, die Hofmannsthal auch sehr schätzen konnte. Wenn die wirkliche Welt die ist, in der sich geistige Krisen entscheiden, dann ist diese Wirklichkeit in Wahrheit abstrakt. Hans Karls schlichte Trivialität erweist sich als wahrer. Hohle Geistigkeit wird im Stück durch einen eitlen Professor karikiert. Es geht also darum, daß eine volkstümlich schlichte Vornehmheit, eine zweckfreie Weltlichkeit eine größere und gültigere Wahrheit repräsentieren. Mochte die wirkliche österreichische Gesellschaft vergangen sein, sie stellte einen utopischen Wert dar, an dessen Fortwirken Hofmannsthal glaubte.

Zugleich wird aber auch der Konservativismus als Partei-Ideologie abgelehnt, ob sie nun von dem an sich sympathischen, aber manipulierfreudigen Jungkonservativen Stani vertreten wird oder von snobistischen Parteimännern. Die berühmte Sprachskepsis Hofmannsthals ist im Chandos-Brief eine Skepsis gegen Metaphysik, hier gegen Ideologie überhaupt, einschließlich des kleinbürgerlichen Puritanismus (den der Sekretär Neugebauer verkörpert) und des Bildungsstolzes. Die Skepsis wendet sich nicht gegen die Sprache, sondern gegen zweckgerichtete Rhetorik:

> Durchs Reden kommt ja alles auf der Welt zustande. Allerdings, es ist ein bißl lächerlich, wenn man sich einbildet, durch wohlgesetzte Wörter eine weiß Gott wie große Wirkung auszuüben, in einem Leben, wo doch schließlich alles auf das Letzte, Unaussprechliche ankommt. Das Reden basiert auf einer indezenten Selbstüberschätzung.

Hierauf beruht die Komik dieses Lustspiels, die in immer neuen Variationen Kommunikation durch Sprache, durch Andeutungen, durch Gebärden vorführt, wo die Situationen die Worte widerlegen oder die Worte die Situationen herbeiführen, ein Spiel mit dem Ernst, mit der Moral, der Skepsis, der Bildung. In Hans Karl erscheint eine Gestalt auf der Bühne, in der die Vornehmheit des Menschen verkörpert ist, wie sie ein großer Teil der deutschen Literatur im Zeitalter des Lebenskultes erstrebte, ein Leitbild, mit sympathischer Skepsis gesehen, einer Zeit gezeigt, die seine Voraussetzungen verspielt hatte.

Im letzten Kriegsjahr nutzte Hofmannsthal seine erworbene Geschicklichkeit und seine erworbenen Verbindungen für einen kulturellen Zweck. Er suchte Einfluß auf das Wiener Burgtheater zu gewinnen. Tatsächlich gelang es ihm, seinen Freund Baron Andrian als Intendanten installiert zu bekommen. Es ist merkwürdig, den Briefwechsel der Freunde aus dieser Zeit zu lesen. Im Vordergrund Intrigenspiele, im

Hintergrund der Todeskampf der Monarchie. Jedoch trat Andrian gleich nach der Revolution zurück, da er den neuen Herren nicht dienen mochte. Hofmannsthal war weit weniger reaktionär. Er sah die Möglichkeit, das, was ihm wert war, in seinen Werken zu retten.

Anders als Hofmannsthal verhielt sich Arthur Schnitzler. In privaten Aufzeichnungen aus dem Krieg zeigt er sich zwar anfangs überzeugt, daß Deutschland und Österreich einen Verteidigungskrieg führen, ist er enttäuscht über Maeterlinck, Kipling, Rolland, die Deutschland im Kriege nicht verstehen, bemüht sich aber, mit Skepsis gegenüber den öffentlichen Phrasen, um Gerechtigkeit. Im März 1915 notiert er sich:

> Notwendigkeit, zwei Dogmen zu bekämpfen.
> 1. Das Dogma von der Schicksalsnotwendigkeit des Krieges.
> 2. Das Dogma von dem läuternden Einfluß des Krieges.

Im Laufe des Krieges wurde er immer entschiedener Pazifist. Übrigens wendete er sich nach dem Krieg dagegen, Deutschland und Österreich allein mit Kriegsschuld zu beladen.

Schnitzlers im Krieg geschriebene Werke spielen im Frieden oder in einer historischen Vergangenheit. Sie reflektieren den Krieg indirekt durch eine Schwermut, die Schnitzlers Werk aber auch sonst nicht fremd ist. Die drei Einakter, die 1915 unter dem Titel *Komödie der Worte* erschienen, handeln von der Differenz zwischen einer sozial angepaßten glatten Oberfläche und einem darunter schwelenden Haß, oder umgekehrt von Leidenschaften, die unter einer Lügendecke von Worten verhüllt und entschärft werden. Die groteske Komödie eines opportunistischen Journalisten, der gegen sich selber schreibt und dazu gezwungen wird, sein anderes Ich zum Duell zu fordern, *Flink und*

Fliederbusch (1917), könnte sehr wohl von Schnitzlers Ekel gegenüber den Pressephrasen des Krieges hervorgerufen sein.

Das bedeutendste im Krieg geschriebene Werk Schnitzlers ist *Casanovas Heimfahrt*, das vom Juli bis September 1918 in der *Neuen Rundschau* erschien. Der windige Glanzheld Casanova, im Begriff, sich an den Staat zu verkaufen, vernichtet ein junges Paar, die Vertreter von Jugend und Freiheit. Der verführerische Abenteurer sieht, daß es mit seinem freien und glanzvollen Leben zu Ende ist, daß er dem Zwang des Alterns nicht entgehen kann. Die betrügerische Verführung eines innerlich freien Mädchens endet in einem Duell, in dem Casanova einen jungen Offizier tötet, der seinem eigenen Jugendbild ähnlich sieht. Man kann das als Gleichnis lesen für die verlorenen Hoffnungen auf eine glanzvolle neue Zeit. Dazu würde stimmen, daß die Duellanten sich in mythischer Nacktheit gegenübertreten und ohne Zeugen kämpfen, ohne den üblichen ritterlichen Ritus. Casanovas Lebensstil endet, indem er seine eigene Jugend tötet, wie das bürgerliche Europa seine Jugend auf den Schlachtfeldern umkommen ließ.

Das Casanova-Thema ging auch in eine Komödie ein, an der Schnitzler ebenfalls während des Krieges arbeitete, gleichzeitig und abwechselnd mit der Novelle. Diese Verwechslungskomödie, *Die Schwestern oder Casanova in Spa* (1919), zeigt Casanova auf der Höhe seines Glanzes. Starre Moralbegriffe werden gelockert, aber die Falschheit von Casanovas Welt wird ebenso deutlich. Sowohl in der Novelle wie in der Komödie gibt es eine Frauengestalt, deren freie Selbstbestimmung zu bewundern ist.

Zum Teil während des Krieges wurde *Der Gang zum Weiher* geschrieben. Eine 1. Fassung war 1915 fertig, die endgültige wurde 1921 beendet und 1926 gedruckt. Das Stück ist in Blankversen geschrieben, spielt im 18. Jahrhundert und behandelt die Tragödie eines Kanzlers, dem es nicht gelingt, den Frieden zu bewahren, und die eines Dichters, der dessen Tochter an einen kriegerischen Tatmenschen verliert. Diese Tochter ist durch einen nächtlichen Naturkult an einem Waldweiher charakterisiert. Der Dichter ertränkt sich in dem gleichen Weiher. Schnitzler drückt allegorisch das verbreitete Gefühl von der Abdankung der Dichtung aus, die Resignation von den Hoffnungen auf elementare Erneuerung.

Eine satyrhafte, apokalyptische Tragödie bietet Paul Kornfeld in *Himmel und Hölle* (1919). Das Stück bewegt sich an der Grenze des Naiven und Grotesken. Jakob, so etwas wie der Ewige Jude, zweifelt an der Erlösungsmöglichkeit, wozu ihm die Handlung Grund gibt.

Wir erklären allen ober- und unterirdischen Mächten den Krieg! Der Mensch verschwinde! Das Leben verschwinde, vertilgt alles Leben! Retten wir uns! Werft Euch in die Flüsse, stürzt Euch in die Flammen! Tötet einander! Tötet Euch selbst! Revolution gegen Gott! Massenselbstmord!

Am Ende soll die Liebe über den Mord triumphieren, was das Publikum der Uraufführung (1920) mit einem gewissen Recht nicht glauben konnte.

Die Absurdität des Krieges steht hinter der märchenhaften Prosa *Legende* (1917). Die Handlung spielt anfangs 1613 in Böhmen. Der groteske Kampf zwischen Graf Wratislaw und seinem Diener Wladislaw darum, wer Herr und wer Diener ist und wie Freundschaft und Dankbarkeit jenseits der Klassenschranken möglich sind, endet schließlich in der Begründung einer Idylle. Der Dreißigjährige Krieg, der Geist der Gewalt und der Neuzeit kommt zu deren Bewohnern in der Märchengestalt eines Unersättlichen, der auch ein Feuergeist ist, aber verschwindet. Am Ende freilich erscheint die Neuzeit wirklich in der Gestalt neugieriger Menschen, die das Idyll entdecken und zerstören. Der Stil, der Elemente der Realität mit Märchenhaftem und Groteskem mischt, dabei jedoch kühl bleibt, erinnert an Kornfelds Prager Landsmann Franz Kafka.

Anton Wildgans (1881–1932) übte in Dramen Kritik am Bürgertum von einer intakten katholisch-christlichen Position aus. Dies hatte er schon in dem Einakter aus dem Gerichtsmilieu *In Ewigkeit Amen* (1913) getan (Wildgans war Jurist) und in dem Kleinbürger-Drama *Armut* (1914). Die Kritik wird schärfer in *Dies irae* (1918), Wildgans' Version des expressionistischen Generationenkonflikts. Die bürgerlichen Konflikte entstehen aus menschlicher Verhärtung und sind unentrinnbar. Christlicher Glaube und christliche Liebe erscheinen als Kontraste. Ein anarchistischer Außenseiter klagt den Vater am Ende an, eine Szene, die in ein „Requiem" mit Anklängen an Goethes *Faust* übergeht.

Auch Stefan Zweig fühlte sich gegenüber dem Krieg distanziert. An Paul Zech schrieb er Ende 1914:

Es gehörte wirklich die stärkste Anspannung dazu, sich selbst und seinem Glauben von einst treu zu bleiben. Ich habe dem europäischen Ideal in mir viel opfern müssen, aber meine Hand hat es eisern gehalten. Nur Romain Rolland drüben hat mir geholfen, Zuversicht zu haben für die nächsten Jahre. Seine Briefe waren mir Tröstung wie aus einer anderen Welt.

Lieber, lieber Freund, wie werden wir nach diesem Kriege zusammenhalten müssen! Ich glaube ganz und gar nicht an die „sittliche Reinigung", im Gegenteil, der Haß, der jetzt nach außen sich wendet, wird dann gegeneinander wüten, nur wird er noch kläglicher sein im Unfruchtbaren.

Zweig fand für sich einen Kompromiß. Um Kriegsdienst mit der Waffe zu vermeiden, verschaffte er sich eine Dienstverpflichtung im österreichischen Kriegsarchiv. In dessen Auftrag reiste er 1915 ins galizische Kriegsgebiet, um Dokumente der russischen Besatzungszeit zu sammeln. Der Unterschied zwischen dem, was er sehen mußte, und den Zeitungsberichten beeindruckte ihn tief. Hatte Zweig vor 1914 ein konziliantes Bedürfnis nach Ausgleich gehabt, so fühlte er sich während des Krieges von seiner kulturbürgerlichen Umgebung entfremdet.

Sein Drama *Jeremias* (1917) ist durch die tragische Situation des Unglückspropheten bestimmt, der sich von seinem Volk emotionell zu trennen hat, obwohl er seinem Gott, dem Volksgott Israels, und damit auch seinem Volk aufs tiefste verbunden ist. Zweigs Jeremias ist kein moralischer Bußprediger, sondern ein Visionär, der Tod und Zerstörung Jerusalems unter der Hand Nebukadnezars voraussieht und deshalb für Frieden eintritt. Als das Unglück über Jerusalem hereinbricht, möchte Jeremias sich von seinem Gott lossagen, um mit dem Leiden seines Volkes verbunden zu sein, um nicht in Selbstgerechtigkeit zu fallen. Am Ende kommt dann doch noch eine Versöhnung im Unglück: vor dem Auszug ins Exil darf Jeremias sein Volk mit der Vision des künftigen Wiederaufbaus trösten. Das jüdische Thema ist vielleicht am besten durch das folgende Zitat aus dem letzten Bild charakterisiert:

> Niemalens aber war Sicherheit uns gegeben. Ewig warf er uns nieder mit seiner heiligen Hand! Immer erneute er die Gefahren seinem Volke!

Das Visionäre, die Sprache, die zum Prophetisch-Hymnischen aufsteigen kann, rücken dieses umfangreiche Drama in die Nähe des Expressionismus, dem

Stefan Zweig vorher und nachher skeptisch gegenüberstand.

Franz Werfels milde Weltliebe mußte durch den Krieg einen Stoß erleiden. Sein Gedicht *Der Krieg* ist eine Absage an die „Zeit“, die durch „Lüge“, „eitle Rede“ und kriegerischen Lärm charakterisiert und von Gott verworfen ist, dessen Wahrheit sich der Dichter zuwendet. Werfel war Artillerist, später Telefonist auf dem italienischen und galizischen Kriegsschauplatz. 1915 erlitt er einen Unfall während eines Urlaubs. Er hatte sich wegen Verdachtes der Selbstverstümmelung zu verantworten und wurde an die Front zurückgeschickt. 1917 gelang es Harry Graf Kessler, der mit österreichischen Stäben zu tun hatte, Werfels Versetzung in das Wiener Kriegsarchiv zu erreichen, weil er den Dichter retten wollte. Im Mai 1918 wurde Werfel zu Lesungen in die Schweiz geschickt, die aber eher pazifistisch ausfielen. Während der Wiener Zeit lernte er Alma Gropius kennen, die Witwe von Gustav Mahler, mit der er künftig zusammenlebte. Der symbolische Niederschlag dieser Liebe war das Zauberspiel *Die Mittagsgöttin*, das im Herbst 1918 entstand und eine Hoffnung auf dichterische Erneuerung ausdrückte.

Zwei Gedichte gegen den Krieg hat Werfel gleich im August 1914 geschrieben. *Der Krieg* wurde schon genannt, das andere richtet sich gegen *Die Wortemacher des Krieges.* 1916 erschien in *Die Aktion Der Verwundete*, das einen Sterbenden in der Natur aufgehen läßt. Jedoch hat die Lyrik der Bände *Einander* (1915) und *Der Gerichtstag* (1919) kaum direkte Beziehung auf den Krieg. Oft müssen diese Gedichte eine Art Zuflucht für den bedrängten Werfel gewesen sein. Sie schließen sich an den gedämpften Enthusiasmus in *Wir sind* (1913) an. Traumhaftes dominiert:

Ich ruhe in einer Pagode von Traum.
Meine Feinde schleichen am Waldsaum.
Sie sind wie von Nebel, gespitzt und tief.
Ich schlief mich in Weihrauch tief.
(*Ballade von zwei Türen* aus *Der Gerichtstag*)

Eine Dante-Parodie heißt *Aus dem Traum einer Hölle*. Der Eingang zur Hölle führt durch eine Schule, das Direktorat, das den Staatszwang vertritt. Traumhaft ist, daß der Sprecher sich überall wiedererkennen muß, auch im „Café der Leeren", der Literaten. Werfel reagierte auf den Krieg mit Mitleid, religiösem Pazifismus, dichterischem Individualismus, Selbstzweifel und Ratlosigkeit. Sein Schwanken ist um so verständlicher, wenn man bedenkt, daß sein pathetischer Expressionismus vor dem Kriege vom Publikum mit Begeisterung aufgenommen worden war. Pathetik wie Begeisterung erwiesen sich im Kriege als nicht mehr tragfähig. So erschien ihm die Religion als sichernder Grund.

Von Trakls Ende während der galizischen Schlachten ist schon die Rede gewesen, dieses Ende ist von seiner Dichtung nicht zu trennen. Die *Klage* („Schlaf und Tod, die düstern Adler") der einsamen „dunklen Stimme" des Sprechers, um „des Menschen goldnes Bildnis", während der Klagende als „ängstlicher Kahn" versinkt, gehört zu den größten Leistungen der Lyrik in deutscher Sprache. Das Gedicht spricht das Gefühl, die Epoche sei zu Ende, dem wir immer wieder begegneten, in visionärer Symbolik aus. In *Grodek*, seiner Reaktion auf die galizische Schlacht, deren Opfer er gesehen, kontrastiert die Zeile

Und leise tönen im Rohr die dunkeln Flöten des Herbstes

den grausigen Bildern:

Sterbende Krieger, die wilde Klage
Ihrer zerbrochenen Münder

– dem „vergossnen Blut“, dem „zürnenden Gott“, der in „rotem Gewölk“ wohnt. Der „Schmerz“, der in dem Gedanken an die Zukunft, an die „ungebornen Enkel“ liegt, schließt das mit Recht berühmte Gedicht. Beide Gedichte rufen die Schwester als Zeugin an, die Trakl Partnerin, Muse und zweites Ich war.

Albert Ehrenstein widmete Trakl einen lyrischen Nachruf in seinem Gedichtbuch *Die rote Zeit* (1917). Diese Gedichte enthalten geradezu wilde Anklagen gegen den Krieg. Ein Gedicht *Der Kriegsgott*, mit Anklängen an Trakls *Grodek*, möglicherweise Reaktion auf Georg Heyms *Der Krieg* und Rilkes *Fünf Gesänge*, verlangt:

Lasset ab, den Gott zu rufen, der nicht hört.

Gottes Tod wird in einem Gedicht mit diesem Titel durch die schwarzen Zeilen des Kriegsberichtes festgestellt. *Das sterbende Europa* und *Ende* wenden die expressionistische Apokalyptik auf die geschehende Geschichte an. In diesem Gedicht bildet Ehrenstein das Wort „Barbaropa“. Wie eine Satire auf den Futurismus klingen diese Verse:

Völker sind nur Benzin
In den Automobilen,
Mittel sie, niemals Zweck
Dem Verwicklungswillen.

(*Volkshymne*)

Einer der entschiedensten Kriegsgegner war Karl Kraus. Bei Kriegsausbruch hielt er Schweigen für das angemessenste. Im November 1914 las er seinen Text *In dieser großen Zeit* öffentlich vor, der im Dezember 1914 in der *Fackel* erschien. Die Wortspiele dieses Textes sind bestimmt, die Erwartung des Lesers zu reduzieren:

In dieser großen Zeit
die ich noch gekannt habe, wie sie so klein war; die wieder klein werden wird, wenn ihr dazu noch Zeit bleibt; und die wir, weil im Bereich organischen Wachstums derlei Verwandlung nicht möglich ist, lieber als eine dicke Zeit und wahrlich auch schwere Zeit ansprechen wollen; in dieser Zeit, in der eben das geschieht, was man sich nicht vorstellen konnte, und in der *geschehen* muß, was man sich nicht mehr *vorstellen* kann, und könnte man es, es geschähe nicht –; in dieser ernsten Zeit, die sich zu Tode gelacht hat vor der Möglichkeit, daß sie ernst werden könnte; von ihrer Tragik überrascht, nach Zerstreuung langt, und sich selbst auf frischer Tat ertappend, nach Worten sucht; in dieser lauten Zeit, die da dröhnt von der schauerlichen Symphonie der Taten, die Berichte hervorbringen, und der Berichte, welche Taten verschulden: in dieser da mögen Sie von mir kein eigenes Wort erwarten. Keines außer diesem, das eben noch Schweigen vor Mißdeutung bewahrt.

Der Text geht noch lange weiter, er ist eine von Kraus' Wortorgien, mit denen er zu oft den ernüchternden Effekt seiner Sprache verdarb. Denn er hatte Wesentliches zu sagen in einem Krieg, in dem das Wort zu Kampfparolen und zu feindseligen Schlagwörtern verkam. In den Heften der *Fackel*, die seit Ende 1915 wieder regelmäßig erschienen, rügte er kriegerische, grausame, alberne Schulbuchtexte, kriegerische Vorstellungen auf der Bühne, das Gehabe der reichen Lebewelt im Kriege, Kriegsgedichte.

Einen längeren Artikel widmete er Hermann Bahr, Hugo von Hofmannsthal und Leopold von Andrian, seinen alten Feinden aus dem Café Griensteidl. Kraus machte Hofmannsthals Wiener Verwaltungstätigkeit in Uniform bekannt, zu einer Zeit freilich (Mai 1916), als Hofmannsthal schon seit einem Jahr entlassen war. Kraus, der Liliencron für den größten deutschen Dichter und Hofmannsthal für einen Goethe-Imitator ansah, riet diesem zu schweigen.

Er hätte nichts zu tun gehabt, als zu schweigen, in einer Zeit, in der manche „nichtgediente“ Kollegen, die zum Wort eine, wenn auch nicht so erlesene, so doch tiefere Beziehung haben als er, es der Tat, zu der sie nicht geboren wurden, opfern mußten! In dem Augenblick, als er Musenalmanache auf das Jahr 1916 herausgab, schwarz-gelbe Büchel aussteckte und die unleugbare Popularität des Prinz Eugen-Marsches für literarische Zwecke zu fruktifizieren begann, war jede Diskretion über die weite Entfernung, in der sich seine einwandfreie Gesinnung von dem ihr angemessenen Schauplatz aufhält, überflüssig.

Kraus' Haß hatte sich an Hermann Bahr festgebissen. Dessen *Gruß an Hofmannsthal* vom August 1914 war der Ausgangspunkt der Polemik. In seiner Feindschaft befangen, wollte Kraus nicht das Maß von Selbstverantwortung sehen, das Hofmannsthal sich bewahrt hatte. Als Erhalter des Vielvölkerstaates Österreich suchte Hofmannsthal nach einem Sinn in der Fortführung des Krieges, Kraus suchte nach dem Unsinn in den Parolen, die der Fortführung des Krieges dienten. Beide nahmen am Krieg nicht teil, beide hatten die Gelegenheit zu reisen, die nicht jedem offenstand, und beide schwiegen nicht. So sind beide auf ihre Weise Vertreter eines sich selbst verantwortlich fühlenden bürgerlichen Individualismus.

Kraus' Hauptgegner blieb die Presse. Ihr schob er eine Mitschuld, ja die Hauptschuld am Kriege zu. Er meinte damit die Vereinfachung der Begriffe, das Freund-Feind-Denken. Damit ist Kraus, der Kritiker, ein Beispiel für die Überschätzung der kritischen Intelligenz, die ein Resultat der individualistischen und politisch unerfahrenen Orientierung des Bürgertums in Deutschland und Österreich war. Das kann man an dem folgenden Satz ablesen, der einen Artikel aus dem September 1918 einleitet:

Der geistige Tiefstand, der diese Katastrophe ermöglicht hat und dessen Vertiefung durch eben diese Katastrophe ausgebaut wurde, enthüllt sich am greifbarsten in der völligen Ausgesetztheit, in der sich die Gehirne vor dem Schlagwort befinden.

Man kann der Periode vor dem Ersten Weltkrieg keinen geistigen Tiefstand bescheinigen, noch verursacht ein geistiger Tiefstand Kriege. Das simplifizierende Freund-Feind-Denken hat vorliterarischen Ursprung, so traurig es sich im Literarischen ausnimmt, und wird durch die Qualität der hohen Literatur nicht beeinflußt. Kraus kritisiert, oft mit Recht, die intellektuell führende Elite, überschätzte aber dauernd deren politische Bedeutung.

Zum Teil in persönlichen Verhandlungen mit dem Zensor gelang es Kraus, seine *Fackel* erscheinen zu lassen. Erst Ende März 1918 wurde er einer Untersuchung unterworfen, die bis zur Revolution von Kraus wohlgesonnenen Beamten verschleppt wurde. Es kam ihm zugute, daß es in Österreich hochgestellte Kriegsgegner oder Befürworter eines Sonderfriedens gab und daß er im allgemeinen die Exzesse oder die Sprache seiner Gegner angriff, so daß seine eigene Position nicht immer eindeutig für ein Gericht faßbar war.

Nach dem Kriege (1919) veröffentlichte er die szenische Dichtung, die er während des Krieges geschrieben hatte und die mittlerweile einen Umfang von vielen hundert Seiten erreicht hatte, *Die letzten Tage der Menschheit. Tragödie in fünf Akten mit Vorspiel und Epilog.* 1922 erschien die Buchfassung nach einer Revision. Eine Auswahl der Kriegsartikel aus der *Fackel* wurde 1919 unter dem Titel *Weltgericht* gedruckt.

Die letzten Tage der Menschheit ist eine Folge von Szenen, in denen die Kriegslügen enthüllt werden.

Gespräche auf der Kärntnerstraße in Wien, die jeden der Akte einleiten, zeigen leichtfertige und unwissende Offiziere, andere Wiener Szenen die Kriegsgewinnler, meist als jüdisch dargestellt, die sich vom Wehrdienst drücken konnten: „... ich bin hinauf gegangen und hab mir's gerichtet." Das Vorspiel läßt auf realistische Weise, nur leicht in Schatten- und Marionettenspiel verfremdet, erkennen, daß die Ermordung des Erzherzogs wenig Bewegung in Wien auslöst, nur als Vorwand für das Ultimatum in Frage kommt. Der Epilog ist eine Art Parodie auf Goethes *Faust*. Die Masse der Szenen ist realistisch, zum Teil auf Dokumenten beruhend; sie gehen hier und da ins Groteske, später auch ins Visionäre über. Am Anfang hat das Komische noch seinen Platz: das Wort „Verteilungskrieg" wird mehrfach von einem Bürger für „Verteidigungskrieg" in einer patriotischen Ansprache gebraucht, eine Gruppe, „interimistische Volontäre der provisorischen Zentralkommission des Exekutivkomitees der Liga zum Generalboykott der Fremdwörter", ist blind für die eigene Sprache, gewaltsam gegenüber den Mitbürgern. Am Ende des Stückes herrscht grausige Entmenschlichung, demonstriert hauptsächlich durch Mitglieder von Standgerichten. Leichtsinn gegenüber dem Ernst des Krieges geht über in zynische Verhärtung. Die beiden Kaiser werden vorgeführt: Wilhelm, der von einer zündenden Ansprache in kindisch-boshafte Kasinoscherze übergeht, Franz Joseph, der ein langes albernes Lied singt.

Die letzte Szene des 5. Aktes, „Liebesmahl bei einem Korpskommando", demonstriert die moralische Korruption der Offizierskaste. Ihr apokalyptisches Ende geht über in Erscheinungen, die man sich eigentlich nur filmisch vorstellen kann, eine greulicher als die andere. Dazwischen werden immer wieder Presselügen vorgeführt. Moriz Benedikt, der Chef der *Neuen Freien*

Presse, Kraus' spezieller Feind, geistert hier und da durch die Reporterszenen als „er“, der die Lügen haben will; seine Stimme diktiert einen geschmacklosen Leitartikel, und im Epilog erscheint er als „Herr der Hyänen“ und Antichrist, wobei eine religiös-antisemitische Strophe unterläuft. Eine besondere Zielscheibe ist die Frontjournalistin Alice Schalek. Kraus selbst als „der Nörgler“ kommentiert den Krieg, wobei ihm „der Optimist“, ein Liberaler, der die offizielle Durchhaltephilosophie vertritt, die Stichworte liefert. Gegen den Vorwurf, „Edelsinn und Opfermut, die der Krieg an den Tag gefördert hat, nicht zu bemerken“, wehrt sich der Nörgler:

> Nein, ich übersehe nur nicht, welche Fülle von Entmenschtheit und Infamie nötig war, um dieses Resultat zu erzielen.

Den Militarismus verdammt Kraus als „das Machtmittel, das der jeweils herrschenden Geistesrichtung zu ihrer Durchsetzung dient. Heute dient er, nicht anders als ihr die Presse dient, der Idee jüdisch-kapitalistischer Weltzerstörung.“ Der Krieg ist gleichsam die Offenbarung der kapitalistischen Industriewelt, in der der Mensch der Maschine unterworfen wird. Kraus teilt also den Antikapitalismus seines Feindes Hofmannsthal. Bei größerer Offenheit gegenüber den Sozialdemokraten (damals noch) ist seine eigene Position im Grunde auch konservativ.

Es ist schwer, dieses Werk zu beurteilen. Seine humane Gesinnung ist ebenso zweifelsfrei wie seine mangelnde Form. Die Humanität geht im wirklichen Krieg unter, wie Kraus' künstlerische Formkraft in seinem Drama unter der Fülle der ausgebreiteten Szenen verschwindet. Wie seine Journalistik ein Gegengewicht gegen die herrschende Presse sein wollte, so sind die Szenen der *Letzten Tage der Menschheit* ein

Gegengewicht gegen die offiziellen Versionen, mit denen der Krieg lügenhaft beschrieben wurde. Kraus bleibt aber eine Funktion dessen, was er bekämpft. So ist in der zynischen Verhärtung, die er herausstellt, der Faschismus vorweggenommen. Jedoch steht Kraus selbst dem antisemitischen Antikapitalismus von rechts nahe. Der Ruf nach Wahrheit in der Presse und die Warnung vor der Verquickung von Kapitalismus und öffentlicher Meinung sind Kraus' Verdienst. Jedoch wäre Abschaffung der Presse und des Kapitalismus keine Garantie für die Humanität.

Humanität ist eine private Haltung, die auch Verzeihen und Liebe einschließt. Es gehörte zu Kraus' Schicksal, daß seine Liebe zu Sidonie Nádherný, von der er sich Ausruhen in seinen Kämpfen erhoffte, nur unvollkommen erwidert wurde. Er schrieb während des Krieges Gedichte, von denen einige in *Die letzten Tage der Menschheit* eingingen. Andere sind Zeugnisse seiner Liebe. Eine Strophe aus dem Gedicht *Landschaft*, die sich auf einen Schweizer Aufenthalt 1916 im Kanton Glarus bezieht, möge als Beispiel dienen:

Ein Stern riß mich aus jenes Daseins Nacht
in neue Tage.
Fern webt von blutiger Erinnerung
die Sage.
Der weltbefreite Geist ist wieder jung,
nichts über uns vermag die Menschenmacht.

Kraus veröffentlichte seine Gedichte unter dem Titel *Worte in Versen* (1920).

Diesem Gedicht hätte auch Hofmannsthal zustimmen müssen. Überhaupt gibt es zwischen Kraus und Hofmannsthal, dem entschiedenen Kriegsgegner und dem Lobredner der Armee, dem Kritiker der österreichischen Politik und dem Verfasser des Essays *Die österreichische Idee* (1917) eine Basis, die sie letzten Endes ähnlich macht. Beide glaubten sie an das humane Wort als das Mittel der Führung von Nation und Menschheit. Darin unterschieden sie sich von vielen radikalen Expressionisten in Deutschland.

27. Nihilismus, Anarchismus, DADA und das Ende der bürgerlichen Kunst

'Als die Arbeiterparteien in den kriegführenden Ländern 1914 sich für den Krieg entschieden, hatte der bürgerliche Nationalstaat sich gegen seine Alternative, den internationalen Sozialismus, durchgesetzt. Daran haben bis heute weder die russische Revolution noch der moralische Ruin des Nationalismus in den beiden Weltkriegen und der Zwischenzeit, noch die Wirtschaftskrisen etwas geändert. Wo sie die Wahl haben, ziehen der Kleinbürger und der Arbeiter eine Ordnung vor, die ihnen die Aussicht auf Aufstieg, auf Eigentum und Identifikation mit der Nation ihrer Vorfahren bietet, mögen sie sich auch über die reichen Besitzer der Produktionsmittel ärgern. Der phantasiebegabte Künstler stößt sich leicht an den Beschränkungen der Freiheit, die auch die westliche Welt ihm auferlegt. So ignoriert er es, wenn die privilegierte Klasse immer mehr ausgeweitet wird, und klagt die Massenzivilisation als bedrückend an. In den Händen junger Dichter wendet sich die bürgerliche Freiheitstradition gegen die eigene Welt, deren Starre, Ordnung, Unbeweglichkeit sie herausfordert. Das war schon lange so. Der junge Goethe ließ Götz von Berlichingen und Egmont gegen moderne Staatsräson kämpfen, und Novalis erhob den Bereich der Phantasie, die Nacht, über die Tagwelt. In der gesamten bürgerlichen Literatur liegt der Wertmaßstab in der Originalität des Genies. Das Originalgenie durchstößt die alten Ordnungen der Regeln, die die Erwartungen der lesenden Bildungsbürger bestimmen. Der Dichter schafft neue Kunst, wenn er Konventionen beiseite wirft. Er tut das mit Autorität, weil Literatur, das geformte Spiel mit der Sprache der Nation, zur Bildung gehört und Bildung das Kriterium der Zugehörigkeit zur Oberschicht ist. So hatte sich die merkwürdige Paradoxie ergeben, daß viele Expressionisten zugleich elitistisch und sozial waren, daß sie die Bürgerwelt von oben kritisierten, aber von ihr getragen zu werden erwarteten.

Das Streben nach Freiheit von der wirklichen Welt hatte, besonders in der Lyrik, wo das leichter möglich war, sich in zwei Formen entwickelt: dem Symbolismus, der eine künstliche Ordnung setzt, und dem dissoziierenden Gedicht, das aus dem Impressionismus sich im Berliner Expressionismus zum Großstadt-Simultangedicht, zum Gedicht des Nebeneinander entwickelt hatte. Thematischer Ausdruck der Freiheit von der wirklichen Welt waren einerseits der Elementarkult, das Eintauchen der Phantasie in einen fluiden, vitalen Bereich der Erneuerung, und andererseits die Apokalyptik, der befreiende Gedanke vom Ende der erstarrten und sinnlos gewordenen Zivilisation. Beide Themen haben religiöse Affinitäten, das elementare erweckt magische Ausdrucksformen, das apokalyptische steht in einer ungebrochenen Tradition.

Der Erste Weltkrieg brachte nach dem Verklingen der ersten Begeisterung nicht das befreiende Ende des industriellen Massenstaates, sondern verschlimmerte seine bedrückenden Züge. Die Massen wurden in die Schützengräben gezwungen; die industrielle Welt stellte sich in Perversion dar in Form von Trommelfeuer, Flammenwerfern, Tanks, Giftgas und Fliegerbomben. An die Stelle des feudal verbrämten Bürgerstaates trat in Deutschland die Militärdiktatur. Für die Dichter, die weiterproduzieren konnten und wollten, stellte sich heraus, daß das Interesse für Kunst in den ersten Kriegsmonaten nachließ. Die Reize neuer Kunst wurden in dem veränderten Leben kaum benötigt. Die Bürgerwelt war ohnehin aus den Fugen.

Expressionistische Opponenten der bürgerlichen Ordnung waren schon lange mit der Verbürgerlichung der Sozialdemokratie unzufrieden. Ausdruck dieser Haltung war *Die Aktion.* Größer noch als Pfemferts war die moralische Autorität Gustav Landauers, dessen *Aufruf zum Sozialismus* (1911) viel gelesen wurde. Wer bei dem Wort ‚Anarchist' sogleich an Sprengstoffattentäter denken muß, sollte Landauer lesen, der ein friedfertiger, aber tapferer, gebildeter und gütiger Schriftsteller war.

Gustav Landauer (1870–1919) stammte aus Karlsruhe. In einem autobiographischen Artikel, den er ironischerweise dem Regierungsjubiläum Kaiser Wilhelms II. widmete, erklärte er, daß Ibsen sein geistiger Führer in der Jugend war.

Was mich in Gegensatz zu der umgebenden Gesellschaft und in Traum und Empörung brachte, war keine Klassenzugehörigkeit und kein soziales Mitgefühl, sondern das unausgesetzte Anstoßen romantischer Sehnsucht an enge Philisterschranken.

Sein nächster starker Eindruck war Nietzsches Kulturkritik. Sein Studium brach er ab, weil er sich von seiner jüdisch-bürgerlichen Familie trennte. Er verdiente ein wenig Geld als Schriftsteller, teilweise auch als Buchhändler, erhielt sich jedoch nur mit Mühe.

Seine schriftstellerische Aktivität teilte er zwischen dem Literarischen und dem Politischen. Er gab die Schriften Meister Eckharts heraus, übersetzte Whitman und Oscar Wilde, schrieb Romane und Novellen. Seine politische Aktivität fand großenteils in der Zeitschrift *Der Sozialist* statt. 1893 wurde er wegen „Aufforderung zum Ungehorsam gegen die Staatsgewalt" zu elf Monaten Gefängnis verurteilt, 1899 noch einmal zu sechs Monaten, weil er einen Polizeikommissar in einem Artikel beleidigt hatte. Um die Jahrhundertwende beteiligte er sich an der „Neuen Gemeinschaft“ der Brüder Hart, deren Dilettantismus er kritisierte. Er heiratete die Schriftstellerin und Übersetzerin Hedwig Lachmann, mit der er 1902 für ein Jahr in England lebte. Dort traf er einen der Väter des Anarchismus, Peter Kropotkin. Nach Berlin zurückgekehrt, gewann er Erich Mühsam und Martin Buber zu lebenslangen Freunden.

1903 erschien sein Buch *Skepsis und Mystik*, seine Antwort auf die Sprachskepsis Fritz Mauthners. Gegen die Herrschaft der Begriffe will er eine kosmische Mystik stellen. *Revolution* (1907) ist seine Auseinandersetzung mit Tradition und Geschichte. Landauers Sozialismus beruht auf der anarchistischen Freiheitskonzeption, wie sie von Pierre Joseph Proudhon (1809–1865), Peter Kropotkin (1842–1921) und Michael Bakunin (1814–1876) entwickelt wurde. Jedoch wollte Landauer keinen wissenschaftlichen Sozialismus. Er zielte auf Ersatz des imperialen Nationalstaats durch Interessenverbände. Der Mensch sei sofort zu befreien, nicht erst nach Vollendung des Kapitalismus, wie Marx lehrte. Dessen Methode hielt Landauer für verderblich, weil ihr analytischer Charakter den Entschluß, den Willen zur Bewußtseinsveränderung lähme. Landauers Sozialismus kann man am besten als idealistischen Sozialismus im Gegensatz zu Marx’ materialistischem kennzeichnen. Im *Aufruf zum Sozialismus* (1911) definiert er: „Sozialismus ist die Willenstendenz geeinter Menschen, um eines Ideals willen Neues zu schaffen.“ Für dieses Neue ist die bewußte Konzeption eines neuen Geistes erforderlich. „Wir sind Dichter“, betont Landauer, um den Gegensatz zu den wissenschaftlichen Sozialisten auf die Spitze zu stellen. Er empfand das Herausdenken, das imaginierte Vorwegnehmen sozialistischer Gemeinden als „eine Kunst, die im Lebendigen schaffen will". Landauer sah sechs Jahre vor der Oktoberrevolution den Staatskapitalismus voraus, der sich auf der Grundlage der marxistischen Theorie unter dem Leninismus-Stalinismus entwickeln sollte. Die kapitalistischen Zustände, meinte er, werden sich nicht durch die bloße Veränderung des Eigentumsrechtes ändern lassen. Er propagierte einen Sozialismus der Freude, den er in kleinen miteinander verbundenen Gemeinden entwickeln wollte. Landauer betrachtete die Ausbeutung des Arbeiters unter dem industriellen Kapitalismus, gestützt von Liberalismus und nationalistischem Militarismus, als lebensfeindlich und bedrükkend. Von seiner Art des Sozialismus erwartete er die Befreiung zum Geist, zu sozialistischer Kultur. „Hier oder nirgends ist Amerika", zitierte er aus *Wilhelm Meisters Lehrjahren.* Mag man seinen humanistischen „Glauben an die eigene Macht und die Vervollkommnung des einzelnen Menschenwesens, solange es lebt", auch skeptisch beurteilen, dieser Glaube beruhte auf bürgerlichen Traditionen, die Landauer durch seine ästhetische Sensibilität vor verfälschender Anpassung an die bürgerliche Wirklichkeit schützte. Sein „Sozialistischer Bund" diskutierte ein Rätesystem. Die Räte waren als Interessengemeinschaften konzipiert, als eine Modernisierung mittelalterlicher personaler Verbände, die nicht an einen Flächenstaat und nicht an rationale Prinzipien gebunden waren.

Während des Krieges mußte Landauer sich auf Literatur zurückziehen. Er schrieb an einem 2bändigen Buch über Shakespeare, er hielt eine Vortragsreihe in Berlin über Dichtungen Goethes und der Romantiker, darunter *Friedrich Hölderlin in seinen Dichtungen*, der in den *Weißen Blättern* gedruckt wurde. Landauer vergleicht darin die Genialität Nietzsches und Hölderlins, es ist ein durchaus dichterischer Essay. Ende 1918 folgte Landauer dem Ruf Kurt Eisners nach München und nahm, nach dessen Ermordung, an der Räterepublik teil. Deren zweite, kommunistische, Form mißbilligte er; trotzdem wurde er nach der Einnahme Münchens durch die Reichswehr festgenommen, von Offizieren und Soldaten mißhandelt und am nächsten Tag, dem 2. Mai 1919, mit Kolbenschlägen und Schüssen getötet. „Daß ihr Menschen seid!" soll er seinen Mördern zugerufen haben.

Ein junger oppositioneller Schriftsteller, der 1914 sich der Wirkungsmöglichkeiten beraubt sah, der von Anarchismus und Expressionismus gleichermaßen angezogen wurde, war Hugo Ball (1886–1927). Ball hatte mit Landauers Freund Mühsam in München Kontakt gehabt. 1914 studierte er anarchistische Literatur. Obwohl er Landauers Schriften kannte, hat er sie erst später, 1918, richtig geschätzt. Das ändert aber nichts daran, daß Hugo Ball zu dem Typus des gewaltlosen, freiheitlichen, literarischen Anarchisten gerechnet werden muß. Landauer kam ihm 1914 wohl als Vertreter der älteren Generation vor.

Hugo Ball hatte Philosophie studiert, eine Dissertation über den jungen Nietzsche aufgegeben und war zum Theater gegangen, was ihn so ziemlich von seiner bürgerlichen Familie in Pirmasens trennte. Er war Dramaturg geworden und versuchte sich als dramatischer, lyrischer und essayistischer Schriftsteller. 1913 hatte er sich mit seinem Freund Hans Leybold an der Gründung der Zeitschrift *Revolution* beteiligt. Die 1. Nummer dieser Zeitschrift zeigt uns viel von den Voraussetzungen des Übergangs vom Expressionismus zum Dadaismus. Wir wollen sie uns deshalb genauer ansehen. Erich Mühsam glossierte den Titel und nannte die folgenden Formen der Revolution:

Tyrannenmord, Absetzung einer Herrschergewalt, Etablierung einer Religion, Zerbrechen alter Tafeln (in Konvention und Kunst), Schaffen eines Kunstwerks; der Geschlechtsakt.

Einige Synonyma für Revolution: Gott, Leben, Brunst, Rausch, Chaos.

Laßt uns chaotisch sein!

Johannes R. Bechers *Freiheitslied* in der gleichen Nummer löste einen Aufruf zur Revolution und zur Anarchie in eine Wortflut auf:

Revolution! Revolutionäre! Anarchisten! Gegen den Tod! Gegen den Tod! Brüder, Höllen und Dämone! Mein sprühendes Manifest! Kanonendonner, Lichtgarben! Ich führe euch. Vorwärts! Marsch! Marsch! ... Ich wittere Morgenluft, Sonnenluft. Auf! Granaten zerplatzt! Kartätschen, Fanfarenhymnen steigt! Infernalisches Geschmetter. Vorwärts! Wir kommen.

Der Einfluß von Marinettis Futurismus für die Kriegsmetaphern und für den Dynamismus ist deutlich. Das Ich-Gefühl geht ganz leicht in ein Wir-Gefühl über; das ist expressionistische Boheme. Am Anfang, vor der zitierten Stelle, waren modern-technische Bilder mit exotischen verknüpft, was Becher ebenfalls von Marinetti hat. Die frei fließenden Assoziationen führen am Ende zu einem Märchenbild, in dem das himmlische Jerusalem mitschwingt:

Glänzende Riesenstädte schlagen erstaunt Märchenaugen auf aus grauen, nebelverschleierten Ebenen. Blühende Himmel! Voll Türmen und Zinnen! Und Gold! Und Gold!

Hugo Balls Beitrag ist das Gedicht *Der Henker*. Es leitet sich vom Berliner Expressionismus her, von dem Simultangedicht im Sinne des Nebeneinander logisch nicht oder schwach verbundener Glieder:

Revolution

Auflage 3000 | Zweiwochenschrift | Preis 10 Pfg.

Jahrgang 1913 | Verlag: Heinrich F. S. Bachmair

Nummer 1 | München | 15. Oktober

Richard Seewald: Revolution
(Original-Holzschnitt)

Inhalt:

Mitarbeiter:

Adam, Hugo Ball, Johannes R. Becher, Gottfried Benn, Franz Blei, Max Brod, Friedrich Eisenlohr, Engert, Leonhard Frank, John R. v. Gorsleben, emmy hennings, Kurt Hiller, Friedrich Markus Hübner, Philipp Keller, Klabund, Else Lasker-Schüler, Iwan Lazang, Erich Mühsam, Heinrich Nowak, Karl Otten, Sebastian Scharnagl, Richard Seewald und andere.

Titelblatt der Zeitschrift »Revolution«

Ich kugle Dich auf Deiner roten Decke.
Ich bin am Werk: blank wie ein Metzgermeister.
Tische und Bänke stehen wie blitzende Messer
der Syphiliszwerg stochert in Töpfen voll Gallert und Kleister.

Dein Leib ist gekrümmt und blendend und glänzt wie der gelbe Mond
deine Augen sind kleine lüsterne Monde
dein Mund ist geborsten in Wollust und in der Jüdinnen Not
deine Hand eine Schnecke, die in den blutroten Gärten voll Weintrauben und Rosen wohnte.

Hilf, heilige Maria! Dir sprang die Frucht aus dem Leibe
sei gebenedeit! Mir rinnt geiler Brand an den Beinen herunter.
Mein Haar ein Sturm, mein Gehirn ein Zunder
meine Finger zehn gierige Zimmermannsnägel
die schlage ich in der Christenheit Götzenplunder.

Als dein Wehgeschrei dir die Zähne aus den Kiefern sprengte
da brach auch ein Goldprasseln durch die Himmelssparren nieder.
Eine gigantische Hostie gerann und blieb zwischen Rosabergen stehen.
ein Hallelujah gurgelte durch Apostel- und Hirtenglieder.

Da tanzten nackichte Männer und Huren in verrückter Ekstase
Heiden, Türken, Kaffern und Muhammedaner zumal
Da stoben die Engel den Erdkreis hinunter
Und brachten auf feurigem Teller die Finsternis und die Qual.
Da war keine Mutterknospe, kein Auge mehr blutunterlaufen und ohne Hoffen
Jede Seele stand für die Kindheit und für das Wunder offen.

Ball war damals auch schon Mitarbeiter der *Aktion*. Die Langverse von Stadler wirkten auf ihn, die grotesk-provokativen Gedichte Heyms, van Hoddis’ und Lichtensteins. Das Gedicht komponiert drei Themen: Die Tötung des Henkers, als Symbols der alten Gewalt, durch das Ich, eine religiös-blasphemische Schicht und die entfesselte Ekstase. Das Gedicht setzt divergente Bilder nebeneinander. Der Syphiliszwerg in der 1. Strophe ist dafür ein Beispiel. Der Leser hat den Henker als Objekt vorgestellt bekommen, er hat die Wörter „Metzger“ und „Messer“ vernommen; an Stelle einer Aktion oder einer Entschlüsselung wird ihm ein komisch-groteskes Bild geboten, das allenfalls lose in eine Metzgerei paßt. Ball zersetzt die semantische Bedeutung der Sätze. Der Zusammenhang läßt sich nur erschließen, wenn man den Bildern symbolistische Selbständigkeit gibt und das Gemeinte aus der Kombination der Bilder erschließt. Schon der Berliner Expressionismus, besonders Heym, hatte in symbolistische Gedichte provokative Bilder eingebracht. Ball tut das in solchem Grade, daß das Preziöse des Symbolismus verschwindet. Dieses Gedicht ist kein Kunst-Ding. Die gelegentlich auftretenden, oft unreinen Reime sind eine Parodie der poetischen Form. „Wollust“ und „der Jüdinnen Not“ in Strophe 2 sind Wörter, die sich von der Beschreibung des Mundes der Henkergestalt verselbständigen und zu Bildern der Zeit werden: Der Henker, das Symbol der zwanghaften Welt, genießt die Emanzipation, die ihm nicht gebührt, was in dem Bild der Schnecke im Garten ausgedrückt ist. Die Blasphemie der folgenden Strophen richtet sich gegen das etablierte Heilige, strebt aber auf den apokalyptischen Schluß hin, der Freiheitssymbol ist. Die letzte Zeile sagt im Klartext, daß die Seele erst nach dem Ende des Henker-Zwanges dem „Wunder“ offenstehen werde. Die Eröffnung des Chaos ist ein religiöser Akt.

Bei Kriegsausbruch meldete Ball sich freiwillig, wurde aber einer Herzschwäche wegen nicht genommen. Er unternahm eine Reise auf die Kriegsschauplätze und kam als Kriegsgegner zurück. In Berlin studierte er anarchistische Literatur und schrieb Artikel. Nach Zürich zog ihn die Hoffnung, dort unbehindert durch Kriegszensur wirken zu können. Die Schauspielerin und Sängerin Emmy Hennings (1885 bis 1948) begleitete ihn. In den ersten Monaten schlugen sich beide als Mitglieder eines kleinen Kabaretts durch. Immer schon hatte Ball sich sein eigenes gewünscht. Am 5. Februar 1916 eröffnete das Bierlokal Holländische Meierei in der Spiegelgasse in Zürich das „Cabaret Voltaire“. Balls Mitarbeiter waren außer Emmy Hennings andere Emigranten: der rumänische Maler und Architekt Marcel Janco (geboren 1895), der sich zum Kubismus und Futurismus rechnete. Dieser brachte den elsässischen Bildhauer, Maler und Dichter Hans Arp (1887–1966) hinzu, der sich in München der Malergruppe „Der blaue Reiter“ genähert hatte, 1914 in Paris war, wo er Picasso, Modigliani und den Dichter und Theoretiker des Kubismus, Guillaume Apollinaire, kennengelernt hatte. Arps spätere Frau, die Künstlerin und Lehrerin Sophie Taeuber, war die einzige Schweizerin. Janco brachte auch den Rumänen Tristan Tzara (d. i. Sami Rosenstock, 1896–1963), der besonders von Marinetti beeindruckt war, einschließlich von dessen Methoden, Aufmerksamkeit zu erregen. Ball rief Richard Huelsenbeck nach Zürich. Dieser war Medizinstudent, hatte sich jedoch in Berlin dem Kreis der *Aktion* angeschlossen und produzierte radikal moderne Gedichte.

Anfangs war das „Cabaret Voltaire“ ein offenes Künstlerkabarett, das moderne Dichtung und Kunst

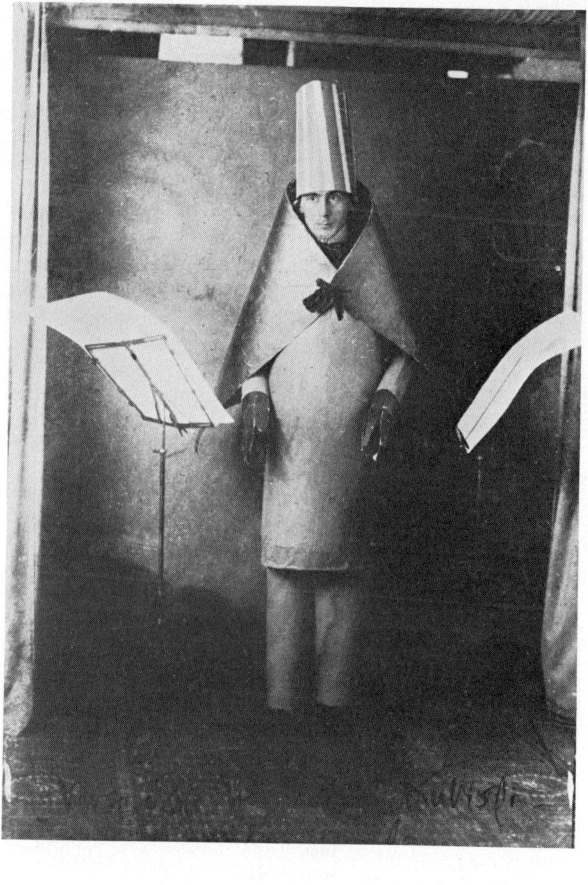

Hugo Ball 1916 in einem Vortragskostüm im Kabarett Voltaire

auf Deutsch und Französisch anbot und auch das Publikum aufforderte, mitzutun. Erst nach einigen Wochen betrachtete sich die Gründergruppe als eine Bewegung und nannte sich DADA. Gedichte von Ball und Arp wurden rezitiert, auch Verse von Wedekind, Morgenstern, Altenberg, Else Lasker-Schüler, Heym, van Hoddis, Lichtenstein, Kandinsky, Werfel. An den Wänden hingen Bilder moderner Maler, darunter Picasso und Werke der Mitarbeiter. Französische und Übersetzungen russischer Dichter wurden vorgetragen, darunter Mallarmé, Verlaine, Teile der Komödie *Ubu Roi* (1896) von Alfred Jarry und Tschechow. Das Musikprogramm war anfangs nicht durchaus modern, auch Schumann und Liszt erklangen. Im Sommer 1916 erschien ein *Almanach Cabaret Voltaire*. Absicht dieser Veröffentlichung und des Kabarettprogramms war es, moderne Kunstrichtungen aus den kriegführenden Ländern nebeneinanderzustellen.

Eine neue Form der Dichtung trug Ball in seinen Lautgedichten oder Klanggedichten vor. Er hatte dabei eine Art von Magierkostüm an und rezitierte im Sprechgesang. Dies sollte Dichtung in einer Sprache sein, die noch nicht durch den Journalismus verdorben, ja überhaupt noch nie von anderen angeboten worden war. Silben ohne semantischen Sinn mit gelegentlichen Anklängen an Wörter oder Geräusche dienten zur Anregung der Phantasie, versetzten sie in einen vorrationalen, in einen magisch-religiösen Zustand. *Totenklage* bietet am Anfang Silben aus allen Vokalen:

ombula
take
biti
solunkola

„solunkola“ bezieht sich im Klang auf das erste Wort „ombula“ zurück. Am Ende stehen künstliche Wörter, die ähnliche Silben geradezu zwanghaft wiederholen, was eine Art magischer Beschwörung ergibt:

bschigi bschigi
bschiggo bschiggo
goggo goggo
ogoggo
a-o-auma

Im letzten Wort ist das *a-o-u*-Thema wieder erreicht. Einige Lautgedichte haben keine besondere Überschrift, die meisten jedoch nennen ein Thema, so daß der Zuhörer eine Brücke zwischen seinen Phantasiebildern und den vorgetragenen Lauten schlagen kann. Das bekannteste Gedicht dieser Art heißt *Karawane* (im Tagebuch hat es den Titel „Elefantenkarawane“). Als Ball es nachträglich drucken ließ, schrieb er für jede Zeile eine andere Schriftart vor. Das war im Sinne der Collage-Technik, die der Berliner Dadaismus gern benutzte. Dieser Druck betont die Dissoziation. Aus der dissoziierenden Beschwörung des Chaos (s. *Der Henker*) war das Lautgedicht hervorgegangen, indem es auf Syntax verzichtete und auf Bilder, die, unter sich divergent, in sich selbst den Leser noch begrifflich lenkten. So trieb Ball Marinettis Forderung nach der Freiheit der Wörter weiter vorwärts. Die Klanggedichte wurden die literarische Parallele der Malerei Kandinskys, der von Ball und allen Dadaisten hochgeschätzt wurde. Jedoch ist das nur die eine Seite. Der Druck gibt den Anschluß an das Magische nicht wieder, wie er im Vortrag herauskam. Das Magische war nicht völlig ernst gemeint, sondern humoristisch gelockert. „Das eine ist sicher, daß die Kunst nur solange heiter ist, als sie der Fülle und der Lebendigkeit nicht entbehrt“, schrieb Ball in sein Tagebuch.

Und: „Wo für den Budenbesitzer der Schreck und das schlechte Gewissen beginnt, da beginnt für den Dadaisten ein helles Gelächter und eine milde Begütigung." Das Kabarettistische schwebte zwischen Ernst und Humor, zwischen der Totenklage angesichts des europäischen Krieges und der befreienden Herausforderung der existierenden Welt, zwischen Zerstörung und Lust an Schöpfung aus dem Chaos.

Humoristisch und tragisch war auch die DADA-Form des Simultangedichtes, nämlich mehrere Gedichte in verschiedenen Sprachen, die weder in sich selbst semantisch-mimetischen Sinn ergaben noch zueinanderpaßten, gleichzeitig vorzutragen. Ähnliches war von dem französischen Dichter Henri Barzun versucht worden. Die dadaistischen Texte enthielten sinnlose oder Lautsilben sowie Geräusche. Der Humor konnte in Tragik übergehen, wenn die menschlichen Worte von Geräuschen zugedeckt wurden. Solche Simultangediche wurden von Janco, Tzara und Huelsenbeck vorgetragen.

Tristan Tzara rezitierte Negergedichte, die auch sinnlose Silben enthielten. Ob der Rest wirklich übersetzt oder erfunden war, steht dahin. Jedenfalls paßten sie zu dem Magischen der Lautgedichte, dem sie eine farbige, exotische Note hinzufügten. Eine weitere Neuigkeit war die „bruitische Musik", eine Zusammenstellung von Geräuschen, die auf eine Praxis Marinettis zurückgeht. Zwischen Provokation und Spaß hielten sich gymnastische Gedichte, die während Körperübungen vorgetragen wurden, und anderes mehr.

Das Wort DADA wurde von der Gruppe akzeptiert, weil es im Rumänischen ‚ja, ja', im Französischen ‚Steckenpferd' bedeutet und im Deutschen Kindersprache ist. DADA ist also sozusagen in sich ein Simultangedicht. Ob Ball, Tzara oder Huelsenbeck es

KARAWANE

jolifanto bambla ô falli bambla
grossiga m'pfa habla horem
égiga goramen
higo bloiko russula huju
hollaka hollala
anlogo bung
blago bung
blago bung
bosso fataka
ü üü ü
schampa wulla wussa ólobo
hej tatta gôrem
eschige zunbada
wulubu ssubudu uluw ssubudu
tumba ba- umf
kusagauma
ba - umf

(1917)
Hugo Ball

Lautgedicht von Hugo Ball

„erfunden“ hat, wissen wir nicht. Die Berichte widersprechen sich.

Huelsenbeck (1892–1974) scheint besonders an provokativer Schärfe in den Darbietungen interessiert gewesen zu sein. Das Programm war nicht mehr offen, die radikalen, provokativen Züge häuften sich unter seinem Einfluß. Seine eigenen Gedichte, die er unter dem Titel *Phantastische Gebete* (1916) sammelte, folgen dem Typus des radikalen Berliner Simultangedichts eines gewissermaßen aufgelösten Symbolismus in der Nachfolge von Rimbaud und Apollinaire, angeregt von Marinettis Futurismus, der schon die Regeln der Sprache angegriffen hatte. Huelsenbeck treibt das Berliner Simultangedicht weiter zu einer willkürlich zusammengesetzten Textmontage, die Provokation, symbolistische Poesie und sinnfreie Lautgebilde durcheinanderwirft. Hier einige Textteile:

Ebene
Schweinsblase Kesselpauke Zinnober cru cru cru
Theosophia pneumatica
die große Geistkunst = poème bruitiste aufgeführt
zum erstenmal durch Richard Huelsenbeck DaDa
...
dick werden die Ascheneimer sokobauno sokobauno
die Toten steigen daraus Kränze von Fackeln um den Kopf
sehet die Pferde wie sie gebückt sind über die Regentonnen
sehet die Parafinflüsse fallen aus den Hörnern des Monds
sehet den See Orizunde wie er die Zeitung liest und das Beefsteak verspeist
...
es schließet der Pfarrer den Hó-osenlatz rataplan rataplan den Hó-osenlatz und das Haar steht ihm au-aus den Ohren
...

katapena kara der Dichter der Dichter katapena tafu
Mfunga Mpala Mfunga Koel
Dytiramba toro und der Ochs und der Ochs und die
Zehe voll
Grünspan am Ofen
...

Andere Gedichte Huelsenbecks stehen dem Symbolismus näher. Das offenbar in Zürich geschriebene Gedicht *Schalaben-schalabai-schalamezomai*, in der gleichnamigen Sammlung 1916 in Zürich gedruckt, besteht ebenfalls aus Sätzen und aus Klanggebilden. Die ‚normalen' Sätze locken Bildfragmente hervor, die sich in der Tradition Rimbauds halten, allerdings stellenweise satirisch gebrochen. Demgegenüber wirken das religiöse Grundthema und die magische Qualität der Klanggebilde dem Zerfall entgegen. Beziehungen auf den Krieg sind erkennbar; sie bleiben poetisch-zeitlos (was der Schweizer Neutralität wegen nötig war):

...
die Schreie der Kometen wandern in der Schale aus
Glas über den Ländern über dem Kampf über dem
endlosen Streite
...

Gegen Ende steht ein apokalyptisches Thema, vermischt mit Satire:

...
wedele mit deinen Ohren so die Eisgrotte zerbricht
ich sehe die Leiber der Toten über die Teppiche
zerstreut
die Toten fallen von den Kirchtürmen und das Volk
schreiet zur Stunde des Gerichts
...

Das ist ein spaßhaft-magisches Chaos mit religiösem Unterton.

Hans Arp schrieb 1917 mehrere Texte, die er „Arpaden" nannte. Er behauptete, sie aus Textteilen zusammengestellt zu haben, die er aus Tageszeitungen einschließlich der Inserate wählte; manchmal habe er ein Wort mit geschlossenen Augen angekreuzt. Er hat nur den Text *Weltwunder* für erhaltenswert angesehen. Hier folgt der Anfang:

Weltwunder sendet sofort karte hier ist ein teil vom schwein alle 12 teile zusammengesetzt flach aufgeklebt sollen die deutliche seitliche form eines ausschneidebogens ergeben staunend billig alles kauft

nr 2 der räuber effektvoller sicherheitsapparat nützlich und lustig aus hartholz mit knallvorrichtung ...

Andere Texte sind wie mit traumhafter Willkür zusammengeworfen. Sie haben gegenüber Ball und Huelsenbeck eine verspieltere, ästhetischere, gefälligere Tendenz. Manche sind humorvoll. Von Ball übernahm Arp die reinen Klanggebilde, die er einflocht:

... das totem der hefenden tiere erfüllt sich und wird die bahn der automobilen vögel gestört so verstummt das ländliche mimi lai gu emi kum kum salem aikum gummi ara und das schiff der wüste zerbricht ...

Dies ist nur ein kleiner Abschnitt aus dem Text *klum bum bussine*. Solche Texte stehen der Zufallskomposition des Pariser Surrealismus nahe. Sie können zu bloßen Wortspielereien entarten oder einen phantastischen Reiz ausüben, besonders wenn banale Wörter oder Redensarten in dem Kontext willkürlichen Unsinns ihre Banalität verlieren:

hier ist der eingang hier ist der hirodulengang gangbar sind auch die alliterierenden fische unter den brennenden eiskandelabern
hier ist gang und gäng und gabe und gängelband
hier ist der ausgang der beseelten hirten

(aus demselben Text)

Arp und Tristan Tzara gehören zu dem Übergang vom Symbolismus zum Surrealismus, den Guillaume Apollinaire verkörperte, der Dichtung des Zerfalls und des Unbewußten.

Arp wendete sich in Essays, die er vortrug, gegen den malerischen Expressionismus. Zürich-DADA produzierte Manifeste und Programme, die dem Stil der Dadaisten entsprechend wirr waren. Dem Almanach des „Cabaret Voltaire" folgten 4 Hefte DADA, 1917 bis 1918 herausgegeben von Tristan Tzara. Eine Parallele zu dem DADA-Gedicht ist die Collage, die von Braque und Picasso 1913 bis 1914 betrieben wurde und die weiterwirkte. Im Berlin-DADA entstand daraus die Photomontage, die zu politischen Zwecken benutzt wurde.

In der nachträglichen Erinnerung der Beteiligten erscheint das DADA-Unternehmen als ein fortdauernder Bürgerschreck. Das ist sehr wahrscheinlich übertrieben. Die Zürcher Bürger kümmerten sich wenig um die Bierkneipe in der Spiegelgasse. Das Publikum bestand größtenteils aus Ausländern. Das Kabarett war dennoch ein Erfolg. Als es zuletzt in größeren Sälen auftrat, dürften auch Zürcher Bürger zugehört haben. Skandale und schwere Tumulte konnten sich die in Zürich geduldeten Ausländer nicht leisten.

Hugo Ball zog sich schon im Sommer 1916 von dem Kabarett zurück und ging ins Tessin, um nur zu schreiben. Es scheint, daß ihn das Provokative störte, auch das Unernste, Scheinhafte des Kabaretts. Schließlich bekümmerte ihn eine französische Kritik, von der er gehört hatte. Sie deutete das Blasphemische als dekadente Folge des drückenden deutschen Militarismus. Im folgenden Jahr beteiligte er sich wieder an einer DADA-Galerie in der Zürcher Bahnhofstraße, wo literarische Soireen stattfanden, die würdiger und künstlerischer waren als das Kabarett. Kokoschkas

Sphinx und Strohmann wurde gespielt, Tänze dargeboten, auch mystische Texte vorgelesen. Eine Affinität zum vorkapitalistischen Mittelalter hatte schon Landauer. In Hugo Ball bereitete sich die Rückkehr zur christlichen Religion vor.

Nach endgültiger Trennung von DADA im September 1917 schrieb Ball politische Artikel für die Berner *Freie Zeitung*, eine anarchistische Arbeiterzeitung. Aus diesen Artikeln entstand das Buch *Zur Kritik der deutschen Intelligenz* (1919), „den Führern der moralischen Revolution gewidmet". „Freiheit und Heiligung" will Ball den Deutschen empfehlen, einen christlichen, anarchistisch inspirierten Sozialismus. Ball ist gegen Preußen, gegen Luther und Hegel, gegen Marx und Lassalle, auch noch gegen den konservativen Papst. Das Buch enthält eine heftige deutsche Selbstkritik, die, ähnlich wie die Heinrich Manns, die französische Geistigkeit als vorbildlich betrachtet. Neben scharfen Einsichten stehen verbohrte Vorurteile, auch antisemitische, die Ball allerdings als solche nicht wahrhaben will. Das Buch bestätigt jedenfalls, daß unter der Blasphemie ein religiöses Bedürfnis vorhanden war, unter der kabarettistischen Leichtigkeit ein revolutionärer Wille. Der mußte freilich ins Leere stoßen, weil für einen christlich-intelligent-anarchistischen Sozialismus keine Anhänger vorhanden waren. Ball kehrte zur offiziellen katholischen Kirche zurück und lebte mit Emmy Hennings, die er heiratete, bis zu seinem Tode im Tessin. Sein Tagebuch *Flucht aus der Zeit* (1927) ist ein bedeutendes Dokument, auch wenn es vermutlich im Sinne seiner Konversion redigiert ist. Aus seiner Freundschaft mit Hermann Hesse entstand die Biographie *Hermann Hesse. Sein Leben und sein Werk* (1927).

Richard Huelsenbeck fuhr 1917 wieder nach Berlin. Dort trat er in Verbindung mit dem Kreis der Zeitschrift *Neue Jugend*, die von Wieland Herzfelde, dem jungen Freund von Else Lasker-Schüler, herausgegeben, aber noch 1917 verboten wurde. Zu diesem Kreis gehörten Max Herrmann(-Neiße) und der Zeichner George Grosz. Wieland Herzfeldes Bruder, der Zeichner John Heartfield, war ebenfalls beteiligt. Franz Jung stand mit dem Kreis in Verbindung. Huelsenbeck schrieb einen Aufsatz über den „neuen Menschen", suchte also offensichtlich die Leser expressionistischer Literatur anzusprechen. Sein neuer Mensch ist ein von Nietzsche inspirierter Solipsist, der „Gott des Augenblicks", der sich selbst anbete. Auf einer öffentlichen Dichterlesung am 22. Januar 1918 in Berlin, wo Theodor Däubler und Max Herrmann(-Neiße) auftraten, berichtete Huelsenbeck vom DADA in Zürich. DADA sei eine internationale Bewegung, die Kubismus und Futurismus in sich überwunden habe. 1919 provozierte Huelsenbeck in Broschüren wie *Deutschland muß untergehen* und *Dada siegt* (1919) den Bürger. Seit 1920 betätigte er sich als Historiker der DADA-„Bewegung".

Berlin-DADA hatte sein Zentrum im Malik-Verlag, den Wieland Herzfelde 1917 gegründet hatte. Der Name weist auf Else Lasker-Schülers Roman zurück, der Verlag wurde jedoch 1919 mehr und mehr politisch. Kurzlebige Zeitschriften wie *Jedermann sein eigner Fussball* und *Der Dada* (1919) benutzten Satire, Unsinnspoesie und Collagen zur Opposition gegen Regierung und Regierungstruppen. Raoul Hausmann (1886–1971) schrieb Satiren über Revolutionsereignisse, einschließlich der Ermordung Karl Liebknechts und Rosa Luxemburgs. Walter Mehring (geboren 1896) verfaßte Artikel, Gedichte und Chansons. Hausmann erklärte DADA als Bewegung zur Beseitigung falscher Ideale, für umfassende Emanzipation. Der „herrliche Blödsinn" führe zur Einsicht in den

Unsinn als Sinn der Welt. Das dadaistische Chaos als Aussicht auf eine neue Welt zieht noch in dieser politisch gemeinten, aber kaum erfolgversprechenden Form seine Kraft aus dem Elementarkult, ja ist überhaupt nur verständlich als Ausläufer der bürgerlich-antibürgerlichen Lebensreform. Ohne diesen Hintergrund hätte den Berliner Dadaisten ja deutlich werden müssen, daß radikale Bürgerprovokation in Deutschland politische Breitenwirkung ausschließt. Sowohl der Reformismus, der auf dem Glauben an die politische Wirkung einer Bewußtseinsveränderung in der Oberschicht beruht, als auch die Provokation, die Aufmerksamkeit auf ihren Verfasser lenken will, beruhen auf der Ansicht, daß der Dichter ein autonomer Prophet sei, der selbstherrlich der Gesellschaft gegenübersteht. Man kann also auch Berlin-DADA nur in einem eingeschränkten Sinne politisch nennen.

Die Methoden, Aufmerksamkeit auf sich zu lenken, waren großstädtischer als in Zürich. Walter Mehring erzählt von einer Musikkapelle, die auf einem Wagen „Ich hatt' einen Kameraden" spielte, während die Autoren ihre Zeitschrift verkauften. Der „Oberdada", der Bohemien Johannes Baader (1875–1955), fuhr nach Weimar und versuchte während eines Festaktes der Nationalversammlung eine Rede zu halten, um in die Zeitung zu kommen. Über eine internationale DADA-Messe fällte Kurt Tucholsky das Urteil: „Wenn man abzieht, was an diesem Verein Bluff ist, so bleibt nicht so furchtbar viel." Die Zeichnungen von George Grosz nahm er aus. Dennoch mußte nicht nur George Grosz, sondern auch Walter Mehring und Wieland Herzfelde vor Gericht wegen Beleidigung der Reichswehr und Verbreitung unzüchtiger Schriften. Sie wurden freigesprochen. Bei diesem oder einem anderen Prozeß, so berichtet Mehring, sei Dr. Gottfried Benn aufgetreten und habe ein Gutachten über

Die Pleite

30 Pf. 1. Jahrgang, Nr. 3 Der Malik-Verlag, Berlin-Leipzig Anfang April 1919 30 Pf.

Prost Noske! — — das Proletariat ist entwaffnet!

Titelbild der Zeitschrift »Die Pleite«
mit einer Zeichnung von George Grosz

Satire und Sexualpathologie abgegeben, was beruhigend auf das Gericht gewirkt habe.

Durch Verbote wurden immer neue Zeitschriftengründungen nötig. Zeichnungen von George Grosz, Gedichte von Walter Mehring, Artikel von Wieland Herzfelde wurden in den Zeitschriften *Der Gegner* und *Die Pleite* (1919–20) für kommunistische Zwecke eingesetzt. *Die Pleite* richtete sich gegen die Regierung der Weimarer Koalition, weil sie die Revolution verraten habe. Carl Einstein war beteiligt, er soll den Titel (der sich auf die Regierung bezieht) erfunden haben. Dieser Weg ins politisch Engagierte führte aus der DADA-Bewegung ebenso heraus wie Balls Wendung erst zu politischer Kritik, dann zu religiösem Einsiedlertum. DADA beruhte auf dem Elementarkult und dem Glauben an die schöpferische Kunst, die Destruktionen vorgegebener Ordnungen zum Spaß machte. Dieser Glaube hat als Glaube eine Affinität zum Religiösen, zur Apokalyptik sowohl als auch zum Blasphemischen als Negativform des Religiösen. Die Destruktion vorgegebener Formen hatte ihr politisches Äquivalent im Anarchismus. Der Dadaismus ist nicht in seinen provokativen, wirren und widersprüchlichen Programmen greifbar, sondern in der Mischung dieser drei Elemente (Elementarkult, apokalyptische Religion, Anarchismus) unter dem Zeichen des Chaos. In Parteidisziplin genommen, mußte er seinen ephemeren Charakter aufgeben.

Sowohl Walter Mehring als auch der Hannoveraner Kurt Schwitters (1887–1948) hatten unter dem Eindruck der „Wortkunst“ August Stramms den Anschluß an den *Sturm* und an die moderne Lyrik gewonnen. Kurt Schwitters war das einzige Kind bürgerlich-strebsamer Eltern in Hannover. Er durchlief eine Kunstakademie-Ausbildung in Dresden ohne Kontakt zur „Brücke“ und zur modernen Kunst. Vom

Krieg wurde er verschont, wohl wegen einer im frühen Alter aufgetretenen Epilepsie. 1918 lernte er den *Sturm* kennen, fuhr nach Berlin und wurde von Herwarth Walden in die von ihm geförderte Kunst und Literatur eingeführt. 1919 stellte er in der *Sturm*-Galerie eine Collage mit den Buchstaben MERZ aus, die aus einer Anzeige der Kommerzbank ausgeschnitten waren. Er nannte es Merz-Bild. Zur gleichen Zeit suchte er Anschluß an DADA-Kreise, wurde mit Raoul Hausmann, Hans Arp und Tristan Tzara bekannt. Er blieb in Hannover im Hause seiner Eltern wohnen. Seine äußere Erscheinung war bürgerlich. Schwitters dichtete seit 1918 im Stramm-Stil. Sein berühmter Text *An Anna Blume*, von dem er mehrere Fassungen produzierte, die erste 1919, enthält eine Satire auf die Wortkunst. Der Text ist eigentlich kein Gedicht, er besteht aus Kurzabsätzen wie manche Texte von Arp.

> O du, Geliebte meiner siebenundzwanzig Sinne, ich liebe dir!
> Du deiner dich dir, ich dir, du mir – Wir?
> Das gehört (beiläufig) nicht hierher.

Pronomina spielen in Stramms Dichtung eine große Rolle. Das Spiel mit den Personalpronomen wird bei „wir“ angehalten, einem Wort, das in Stramms Dichtung wichtig ist. Die Satire soll offenbar also Stramms Dichtung nicht außer Kraft setzen, aber doch mit dem Gewicht spielen, das die Wortkunst auf das einzelne Wort legt. Das Spielerische klingt an Arp an, scheint ein Liebesgedicht zu parodieren, die Sprache spottet aber jeder ihrer Aussagen:

> Rote Blume rote Anna Blume, wie sagen die Leute?
> Preisfrage: 1. Anna Blume hat ein Vogel.
> 2. Anna Blume ist rot.
> 3. Welche Farbe hat der Vogel?

Blau ist die Farbe deines gelben Haares.
Rot ist das Girren deines grünen Vogels.

Schwitters hat Textcollagen verfertigt, die spielerisch bleiben. Spielerisch sind auch seine weitere Lyrik und Prosa, seine „Forderungen" nach einem Merz-Gesamtkunstwerk und seine Zeitschrift *Merz* (1923–31). Schwitters hatte von den Dadaisten die Lautdichtung übernommen. *Ursonate* trug er 1925 zuerst vor, ein langes Stück aus Lauten, deren Komposition er musikalisch erklärte. Er stellte Gedichte aus Zahlen zusammen, aus dem Alphabet vorwärts und rückwärts; ein Gedicht führt das Wort „Cigarren" buchstabiert vor. Das magische Element aus Zürich-DADA ist verschwunden. Schwitters' Spiele sind humorvoll gemeint. Sein Auftreten und seine Leistungen waren nicht frei von Opportunismus. Er produzierte moderne Kunst auf eine leichte Art. Bild- und Wortcollagen sind eine unendlich variierbare Gelegenheit, die Abwesenheit gültiger Orientierungen zu zeigen. Man muß sich vergegenwärtigen, daß Schwitters sie betrieb, während Rilke seine *Duineser Elegien* schrieb, die dann lange Jahre metaphysisch rezipiert wurden. Eine Neigung, den Spielcharakter der Literatur zu ignorieren, von der Literatur „Lebenshilfen", Direktiven zu übernehmen, verdiente einigen Spott. Aber ein unendlich wiederholbares Spiel mit sinnentleerten Versatzstücken muß ins Leere verlaufen. Es ist eine merkwürdige und nachdenkenswerte Ironie, daß die Nationalsozialisten Bilder von Schwitters als entartete Kunst verfolgten, daß er in die Emigration ging, wo er sich mit traditionellen Landschaftsbildern und Porträts am Leben erhielt. Nihilismus als Spiel mag ein elitäres Publikum eine Weile ansprechen, den Bürger treibt solche Kunst in Trivialität und primitive Heilslehren.

Walter Mehring ist im *Sturm* 1918 mit kurzen Dramen und Gedichten im Stil August Stramms vertreten. *Balladen* spiegeln in exotischer Verfremdung den Krieg. Eine Zeile in *Gebet sudanesischer Reiter* lautet: „Gottes Himmel heißt Höllentod". *Dem Tod Wilhelm Runges* ist ein Gedicht Mehrings gewidmet. Runge war ein Dichter aus dem *Sturm*-Kreis, der im März 1918 bei Arras fiel. Mehring komponiert Frühlingsgrün und Kinderlachen gegen Granatexplosionen:

Himmel werfen gräberauf
Nahebei stürzt wirft erdenweit ängstetief und zerrt das Lachen in den Tod
Blühen pochen Tod.

In seinen Chansons verließ Mehring den Wortkunst-Stil. Seine Sammlung *Die Gedichte, Lieder und Chansons des Walter Mehring* ist 1929 im bürgerlichen Fischer Verlag erschienen. Sie sind oppositionell. Nur in der bitteren Spaßhaftigkeit des politischen Kabaretts schwingt noch etwas nach von der dadaistischen Vermischung aller Ebenen:

In diesem Hôtel zur Erde
Von Mord und Krieg umbraust –
Da hat im Keller die Herde
Der Proletarier gehaust –
Sie mußten ihre Zechen
Mit ihren Knochen blechen –
...

Das Chanson heißt *Hopla, wir leben*, eine nach dem Kriege verbreitete Redensart, die Ernst Toller zum Titel eines Schauspiels machte (1927). Das Gedicht beschreibt die unverminderte Lebenslust der herrschenden Schicht, die nichts gelernt hat. Am Ende sprechen die Proletarier:

Hopla! *Sie* leben!
Wann rechnen wir mit ihnen ab!

Es ist offensichtlich, daß diese Botschaft nicht mehr durch Wortkonzentration, auch nicht durch ein semantisches Chaos übermittelt werden konnte.

Der Dadaismus gefiel sich in einer Haltung der Kulturfeindschaft. Weil Kultur Angelegenheit der Oberschicht ist, konnten Dadaisten sich oppositionell verstehen. Chaotische Freiheit ist immer noch bürgerliche Freiheit. Kulturfeindschaft kann Freiheitsdrang gegenüber unerträglichem Zwang sein. Sie kann aber auch die barbarischen Kräfte, die sie beschwört, über sich selbst bringen. Wer warnen, wer überreden will, muß sachlich werden. Sachlichkeit, Realismus ist wieder eine bürgerliche Eigenschaft. Das Ende der bürgerlichen Kunst fand nicht statt.

Von den Widersprüchen, mit denen der Geschichtsschreiber zu rechnen hat, war schon im Vorwort die Rede. Die literarische Epoche der vitalistischen Erneuerung trägt in sich den Zwiespalt der bürgerlichen Antibürgerlichkeit, deren Wirkung in der politischen Bildung der Deutschen (einschließlich der Österreicher, ausschließlich der Deutsch-Schweizer) ein politischer Faktor ersten Ranges geworden ist, bis heute. Das stolze Bewußtsein, einer höheren Ordnung anzugehören als der politisch-sozialen, hat diese Literatur über die Selbstgefälligkeit des zeitgenössischen Bürgertums erhoben. Die Bürgerkritik führte aber auch dazu, gute humane und mitbürgerliche Überlieferungen verächtlich zu machen. Der Nationalsozialismus hat sich antibürgerlich gegeben, er hat sich die Entwertung bürgerlicher Traditionen zunutze gemacht, hat Elementarkult, tragischen Untergang und Erbarmungslosigkeit für Weltanschauung ausgegeben.
Das darf uns nicht den Blick für die Bedeutung unserer Epoche trüben. Während Literatur mit Alternativen spielen darf, muß das politische Verantwortungsbewußtsein einer Nation im Raum der Wirklichkeit reagieren. Überdies wurde das Freiheitsgefühl eines großen Teils der überlebenden Schriftsteller unserer Epoche der etablierten nationalsozialistischen Macht „untragbar". Nur in einem reduzierten, verhunzten Zustand waren die Antriebe des Lebenskultes für die rassistische, chauvinistische Massenorganisation zu nutzen. Der literarische Traum von einer Erneuerung des Lebens und einer beherrschten Vornehmheit des kultivierten Menschen weist in all seiner Gefährlichkeit dennoch über die Epoche hinaus.

Abbildungsverzeichnis

Register

Das Register enthält die Namen aller Autoren, Künstler, Philosophen, Literaturhistoriker und der im Zusammenhang der Darstellung bedeutenden Zeitgenossen. *Kursive* Seitenzahlen verweisen auf die eingehendere Behandlung eines Autors.

Deutsche Dichter

Leben und Werk deutschsprachiger Autoren

Herausgegeben von
Gunter E. Grimm und Frank Rainer Max

Band 1: Mittelalter. 480 S. UB 8611

Band 2: Reformation, Renaissance und Barock. 471 S. UB 8612

Band 3: Aufklärung und Empfindsamkeit. 418 S. UB 8613

Band 4: Sturm und Drang, Klassik. 437 S. UB 8614

Band 5: Romantik, Biedermeier und Vormärz. 624 S. UB 8615

Band 6: Realismus, Naturalismus und Jugendstil. 495 S. UB 8616

Band 7: Vom Beginn bis zur Mitte des 20. Jahrhunderts. 572 S. UB 8617

Band 8: Gegenwart. 620 S. UB 8618

Das achtbändige, insgesamt über 4000 Seiten umfassende Werk *Deutsche Dichter* ist deutschsprachigen Autoren vom Mittelalter bis zur jüngeren Gegenwart gewidmet. Auf anschauliche Weise schreiben Fachleute in Beiträgen von 5 bis zu 50 Seiten Umfang über Leben und Werk von rund 300 bedeutenden Dichtern. Ein Porträt des Autors und bibliographische Hinweise ergänzen die einzelnen Darstellungen.

Philipp Reclam jun. Stuttgart

Die deutsche Literatur

Ein Abriß in Text und Darstellung in 16 Bänden
Herausgegeben von Otto F. Best und Hans-Jürgen Schmitt

IN RECLAMS UNIVERSAL-BIBLIOTHEK

---

1. *Mittelalter I.* Hrsg. Hans Jürgen Koch. 351 S. UB 9601
2. *Mittelalter II.* Hrsg. Hans Jürgen Koch. 330 S. UB 9605
3. *Renaissance, Humanismus, Reformation.* Hrsg. Josef Schmidt. 372 S. UB 9609
4. *Barock.* Hrsg. Renate Fischetti. 366 S. UB 9613
5. *Aufklärung und Rokoko.* Hrsg. Otto F. Best. 336 S. UB 9617
6. *Sturm und Drang und Empfindsamkeit.* Hrsg. Ulrich Karthaus. 334 S. UB 9621
7. *Klassik.* Hrsg. Gabriele Wirsich-Irwin. 331 S. UB 9625
8. *Romantik I.* Hrsg. Hans-Jürgen Schmitt. 319 S. UB 9629
9. *Romantik II.* Hrsg. Hans-Jürgen Schmitt. 307 S. UB 9633
10. *Vormärz.* Hrsg. Florian Vaßen. 335 S. UB 9637
11. *Bürgerlicher Realismus.* Hrsg. Andreas Huyssen. 340 S. UB 9641
12. *Naturalismus.* Hrsg. Walter Schmähling. 336 S. UB 9645
13. *Impressionismus, Symbolismus und Jugendstil.* Hrsg. Ulrich Karthaus. 358 S. UB 9649
14. *Expressionismus und Dadaismus.* Hrsg. Otto F. Best. 336 S. UB 9653
15. *Neue Sachlichkeit, Literatur im ›Dritten Reich‹ und im Exil.* Hrsg. Henri Roger Paucker. 319 S. UB 9657
16. *Gegenwart.* Hrsg. Gerhard R. Kaiser. 400 S. UB 9661

Auch in Kassette erhältlich

Philipp Reclam jun. Stuttgart